ADM

4LTR PRESS

Dados Internacionais de Catalogação na Publicação (CIP)

W722a Williams, Chuck.
ADM: princípios de administração/Chuck Williams; revisão técnica Sergio Lex; tradução técnica Cristina Bacellar. – 2. ed. – São Paulo, SP : Cengage, 2017.
440 p. : il. ; 28 cm.

Inclui índice.
Tradução de: MGMT9: principles of management (9. ed.).
ISBN 978-85-221-2687-3

1. Administração. I. Lex, Sergio. II. Bacellar, Cristina. III. Título.

CDU 658 CDD 658

Índice para catálogo sistemático:
1. Administração 658
(Bibliotecária responsável: Sabrina Leal Araújo – CRB 10/1507)

CHUCK WILLIAMS

ADM

PRINCÍPIOS DE ADMINISTRAÇÃO

Tradução da 9ª edição norte-americana

Revisão técnica
SERGIO LEX
Doutor em Administração de Empresas pela Universidade Presbiteriana Mackenzie, professor titular e pesquisador do Núcleo de Estudos e Pesquisas de Estratégia e Inovação do Centro de Ciências Sociais e Aplicadas da Universidade Presbiteriana Mackenzie, ex-diretor do Centro de Ciências Sociais e Aplicadas, ex-pró-reitor de Extensão e Educação Continuada e atual diretor da Escola de Engenharia da Universidade Presbiteriana Mackenzie.

Tradução técnica
PROF. DRA. CRISTINA BACELLAR
Pró-reitora de Ensino Presencial da Universidade Castelo Branco (UCB), Rio de Janeiro, mestre em Administração pelo Instituto Coppead de Administração da Universidade Federal do Rio de Janeiro (UFRJ), doutora em Administração pela Universidade de São Paulo (USP) com pós-doutorado em Marketing pela IAE/Université Aix-Marseille – Aix-en-Provence (França).

4LTR PRESS

CENGAGE

Austrália • Brasil • México • Cingapura • Reino Unido • Estados Unidos

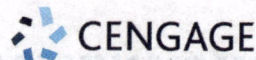

CENGAGE

ADM: princípios de administração
Tradução da 9ª edição norte-americana
2ª edição brasileira

Chuck Williams

Gerente editorial: Noelma Brocanelli

Editora de desenvolvimento: Viviane Akemi Uemura

Supervisora de produção gráfica: Fabiana Alencar Albuquerque

Especialista em direitos autorais: Jenis Oh

Editora de aquisições: Guacira Simonelli

Título original: MGMT9 – Principles of management (ISBN 13: 978-1-305-66159-2; ISBN 10: 1-305-66159-1)

Tradução técnica: Fátima Cristina Bacellar

Revisão técnica: Sergio Lex

Revisão: Ângela Maria Cruz, Setsuko Araki, Bel Ribeiro e Daniela Paula Bertolino Pita

Diagramação: Alfredo Carracedo Castillo

Capa: BuonoDisegno

Imagem da capa: ESB Professional/Shutterstock

Imagem "Ferramenta de estudo": Beboy/Shutterstock

Para informações sobre nossos produtos, entre em contato pelo telefone
800 11 19 39

Para permissão de uso de material desta obra, envie seu pedido para
direitosautorais@cengage.com

ISBN 13: 978-85-221-2687-3
ISBN 10: 85-221-2687-9

Cengage Learning
Condomínio E-Business Park
Rua Werner Siemens, 111 – Prédio 11 – Torre A – Conjunto 12
Lapa de Baixo – CEP 05069-900 – São Paulo – SP
Tel.: (11) 3665-9900 Fax: 3665-9901
SAC: 0800 11 19 39
Para suas soluções de curso e aprendizado, visite
www.cengage.com.br

Impresso no Brasil
Printed in Brazil
1ª impressão – 2017

Sumário

Parte 1
Introdução à gestão

iStockphoto.com/GlobalStock

Parte 2
Planejamento

Jacek Dudzinski/Shutterstock.com

Parte 3 Organização

Turtix/Shutterstock.com

Parte 4 Liderança

Dudarev Mikhail/Shutterstock.com

Parte 5
Controle

Annopk/Shutterstock.com

PARTE
1

1 Gestão

iStockphoto.com/GlobalStock

RESULTADOS DE APRENDIZAGEM

1-1 Descrever o que é gestão.

1-2 Explicar as quatro funções da gestão.

1-3 Descrever diferentes tipos de gestor.

1-4 Explicar os principais papéis e subpapéis que os gestores executam em seus cargos.

1-5 Explicar o que as empresas procuram nos gestores.

1-6 Discutir os principais erros cometidos pelos gestores em seus cargos.

1-7 Descrever a transição pela qual os funcionários passam quando são promovidos à gestão.

1-8 Explicar como e por que as empresas podem criar vantagem competitiva por meio das pessoas.

1-1 GESTÃO É ...

Questões de gestão são fundamentais para qualquer organização: "Como planejamos fazer as coisas?", "Como organizar a empresa para ser eficiente e eficaz?", "Como liderar e motivar os empregados?" e "De que modo implantar controles para garantir que nossos planos sejam cumpridos e nossos objetivos atingidos?". Boa gestão é fundamental para iniciar um negócio, fazê-lo crescer e mantê-lo depois que tiver atingido alguma medida de sucesso.

Para entender a importância da *boa* gestão, pense neste erro. A Sears, uma das varejistas mais antigas dos Estados Unidos, tem uma perda acumulada de $ 7 bilhões desde 2011. Consequentemente, está fechando 235 lojas não lucrativas. Embora analistas da indústria acreditem que a rede norte-americana precisará fechar outras 300 a 400 lojas, eles não acham que a empresa também deva vender lojas lucrativas. No entanto, por causa de tantos problemas de caixa, a Sears tem sacrificado ganhos futuros em prol de necessidades de curto prazo, vendendo uma dúzia de lojas lucrativas. De acordo com Robert Futterman, CEO da RKF, uma empresa de *leasing* e consultoria de varejo: "Os varejistas investem em suas melhores lojas e as renovam, mas não as vendem".[1]

Ah, gestores e gestão ruins. Não é de admirar que as empresas paguem a consultores de gestão cerca de $ 210 bilhões por ano para obter aconselhamento sobre questões básicas de gestão, como a forma de superar os concorrentes para ganhar negócios dos clientes, liderar as pessoas de forma eficaz, organizar a empresa com eficiência e gerenciar grandes projetos e processos.[2] Após a leitura deste livro, você entenderá algumas das questões básicas que os consultores de gestão ajudam as empresas a resolver. (Sem que isso lhe custe bilhões de dólares.)

Muitos dos gestores atuais começaram assim: fizeram soldas no chão de fábrica, limparam pratos das mesas, ajudaram os clientes a experimentar um terno ou enxugaram líquido derramado em algum corredor. Da mesma forma, muitos de vocês começarão por baixo e crescerão na empresa. Não há melhor maneira de conhecer sua concorrência, seus clientes e seus negócios. Mas, se você começar sua carreira no nível mais baixo ou como um supervisor, sua missão como gestor não será fazer o trabalho, mas ajudar os outros a fazer o deles. **Gestão** é criar um ambiente em que as pessoas sejam capazes de fazer o trabalho de maneira eficiente e eficaz.

Vineet Nayar, CEO da empresa de serviços de TI HCL Technologies, não se vê como a pessoa que tem que fazer tudo ou ter todas as respostas. Em vez disso, Nayar se vê como "aquele que está obcecado em possibilitar que os funcionários criem valor". Em vez de apresentar soluções, Nayar cria oportunidades de colaboração, de revisão por pares e de *feedback* dos funcionários sobre ideias e processos de trabalho. Em suas palavras: "Meu trabalho é garantir que todos possam fazer bem aquilo que fazem".[3]

Ken Wolter/Shutterstock.com

A Sears tem tantos problemas de caixa que tem sacrificado lucros futuros ao vender uma dúzia de lojas lucrativas.

A descrição de Nayar das responsabilidades gerenciais sugere que os gestores também têm de se preocupar com eficiência e eficácia no processo de trabalho. **Eficiência** é fazer o trabalho com um mínimo de esforço, despesa ou desperdício. A Starbucks mede a eficiência ou produtividade em termos de transações por hora de trabalho, ou seja, o número de transações de café/comida a cada hora em relação ao número necessário de funcionários para lidar com tais transações. Com 11,7 transações por hora de trabalho, a Starbucks é 46% mais eficiente hoje do que em 2008, quando sua média era de oito transações por hora de trabalho.[4] Como a empresa economiza cerca de 10 segundos por transação com cartões de crédito e 20 segundos por transação em comparação com pagamentos em dinheiro, o aumento no uso de pagamentos com dispositivos móveis pela Starbucks é um fator-chave de sua capacidade de processar mais clientes por hora.[5] Embora a Starbucks atualmente faça cinco milhões de transações com dispositivos móveis por semana, ou 14% de todas as vendas, a eficiência provavelmente aumentará ainda mais, uma vez que tais transações mais do que dobraram no ano passado.[6]

No entanto, apenas eficiência não é suficiente para garantir o sucesso. Os gestores também devem se esforçar em busca de **eficácia**, que significa realizar tarefas que ajudam a cumprir os objetivos organizacio-

Gestão criar um ambiente em que as pessoas sejam capazes de fazer o trabalho de maneira eficiente e eficaz.

Eficiência fazer o trabalho com um mínimo de esforço, despesa ou desperdício.

Eficácia realizar tarefas que ajudam a cumprir os objetivos organizacionais.

nais, como atendimento ao cliente e satisfação. Depois que um aumento de 37% nas compras de fim de ano realizadas de última hora (em comparação com o ano anterior) sobrecarregou a United Parcel Service, mais conhecida por UPS, e levou a dezenas de milhares de entregas atrasadas, a Amazon.com começou a expandir seu serviço de entrega da "última milha" para melhorar o atendimento ao cliente e a satisfação dele, e, portanto, a eficácia.[7] Embora geralmente use UPS, FedEx e o Serviço Postal norte-americano para entregas, a Amazon tem a expectativa de que seus caminhões Amazon Fresh, utilizados em número limitado de cidades, reduzirão os custos crescentes de transporte, desafiarão concorrentes do comércio eletrônico varejista*, como eBay e Walmart, e, se funcionarem, conquistarão o "Santo Graal" da compra *on-line*, ou seja, entrega no mesmo dia. Segundo o analista Ajay Agarwal, da Bain Capital Ventures: "Antigamente, o leiteiro costumava ir à sua casa todas as semanas. Penso que, em alguns anos, [...] um caminhão da Amazon chegará semanalmente às casas de uma parcela significativa da população".[8]

1-2 FUNÇÕES DE GESTÃO

Henri Fayol, que era diretor-executivo (CEO) de uma grande empresa siderúrgica no início dos anos 1900, foi um dos criadores da Administração Contemporânea, que é um conjunto estruturado de procedimentos e processos gerenciais. Você aprenderá mais sobre Fayol e outros contribuintes importantes da administração quando ler sobre a história da administração no Capítulo 2. Com base em seus 20 anos de experiência como CEO, Fayol afirmou certa vez: "o sucesso de uma empresa geralmente depende muito mais da habilidade administrativa de seus líderes do que da capacidade técnica deles".[9] Um século mais tarde, os argumentos de Fayol ainda são verdadeiros. Durante dois anos, o Google desenvolveu estudo sob o codinome "Projeto Oxigênio", cujo objetivo era obter análises de desempenho e pesquisas de *feedback* para identificar as características de seus melhores gestores. De acordo com Laszlo Bock, vice-presidente de operações de pessoas do Google, "para ser um gestor, particularmente no lado da engenharia, o indivíduo precisa ser um especialista tão ou mais profundo do que as pessoas que trabalham para ele. Acreditávamos piamente nisso. Acontece que esse aspecto é o menos importante". O que é mais importante então? "Ser um bom treinador." "Empoderar, ser um bom comunicador e ouvir a sua equipe." "Estar interessado em [seus] relatórios diretos de sucesso e bem-estar." Em suma, o Google descobriu o que Fayol já havia observado: a habilidade administrativa ou de gestão é fundamental para o sucesso de uma organização.[10]

Planejar determinar as metas organizacionais e os meios para alcançá-las.

De acordo com Fayol, para que possam ser bem-sucedidos, os gestores precisam executar cinco funções gerenciais: planejamento, organização, coordenação, comando e controle.[11] Atualmente, a maioria dos manuais de gestão atualizou essa lista abandonando a função de coordenação e referindo-se à função de comando de Fayol como "liderança". As funções gerenciais da Fayol são hoje conhecidas nessa forma atualizada como planejamento, organização, liderança e controle. Estudos indicam que os gestores que desempenham bem essas funções de gestão são mais bem-sucedidos, ganhando promoções para si e lucros para suas empresas. Por exemplo, quanto mais tempo os CEOs passam planejando, mais lucrativas são suas empresas.[12] Um estudo de 25 anos na AT&T descobriu que os funcionários com melhores habilidades de planejamento e tomada de decisão tinham maior probabilidade de ser promovidos a cargos gerenciais, bem-sucedidos como gestores e promovidos aos níveis superiores de gestão.[13]

A evidência é clara. Os gestores servem bem a suas empresas quando planejam, organizam, lideram e controlam. Assim, organizamos este livro com base nessas funções de gestão, como mostra a Figura 1.1.

*Agora, vamos dar uma olhada em cada uma das funções de gestão: **1-2a planejamento, 1-2b organização, 1-2c liderança** e **1-2d controle**.*

Figura 1.1
As quatro funções de gestão

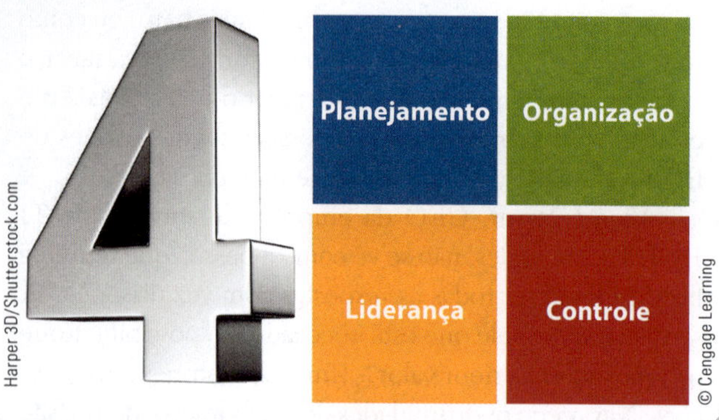

* O termo original, em inglês, é *e-tail*. Trata-se de um neologismo, que se refere a lojas varejistas virtuais; ou seja, o termo "tail" não quer dizer cauda, mas sim é uma abreviatura de "retail". (N. R. T.)

1-2a Planejamento

O **planejamento** envolve a determinação de metas organizacionais e dos meios para alcançá-las. Como você aprenderá no Capítulo 5, o planejamento é uma das melhores maneiras de melhorar o desempenho. Incentiva as pessoas a se esforçar mais, a trabalhar por longos períodos de tempo, a ter comportamentos diretamente relacionados com a realização das metas e a pensar em melhores formas de fazer seu trabalho. Entretanto, o mais importante é que empresas que planejam têm maiores lucros e crescimento mais rápido do que as que não planejam.

Por exemplo, a pergunta "Em que negócio você está?" está no cerne do planejamento estratégico. Estudaremos isso no Capítulo 6. Se for capaz de responder a essa pergunta com duas frases ou menos, é bem provável que você tenha um plano muito claro para o seu negócio. Mas conseguir um plano claro não é tão fácil. Às vezes, até empresas muito bem-sucedidas se desviam do cerne de seu negócio. O Alibaba é uma empresa de comércio eletrônico com sede na China cuja missão é: "Facilitar negócios em qualquer lugar". Como eBay, o Alibaba opera mercados *on-line* e móveis que reúnem compradores e vendedores varejistas e atacadistas. Embora a empresa tenha 600 milhões de clientes na China, agora está se expandindo para o mercado norte-americano, por meio do *site* 11main.com, onde mais de mil empresas venderão de tudo, roupas, joias, artes e artesanato. Com uma missão e um foco tão claros, foi surpreendente quando o Alibaba comprou uma participação de 50% na equipe chinesa de futebol Guangzhou Evergrande. O presidente do Alibaba, Jack Ma, explicou: "acho que não entender de futebol não importa. Também não entendia de varejo, comércio eletrônico ou internet, mas isso não me impediu de trabalhar". A autoconfiança de Ma à parte, adverte Simon Wong, da London School of Economics: "você deve se concentrar no que é bom, e isso parece muito secundário em relação ao que eles estão fazendo hoje".[14]

Nos capítulos 5, 6, 7 e 8, abordaremos, respectiva e detalhadamente, os seguintes temas: planejamento e tomada de decisões, estratégia organizacional, inovação e mudança, e gestão global.

1-2b Organização

Organização é decidir em que pontos as decisões serão tomadas, quem vai fazer que trabalhos e tarefas e quem vai trabalhar para quem na empresa. Com 1.400 sistemas de computador diferentes, diversos sindicatos representando pilotos, comissários de bordo e funcionários de manutenção, e várias formas de lavar aviões e embarcar e alimentar passageiros, bem como diferentes classes nas cabines (sem a primeira classe na Continental), a Continental Airlines e a United Airlines enfrentaram uma enorme tarefa de organização na fusão das duas empresas. O propósito dessa fusão era criar a segunda maior companhia aérea do mundo. Lori Gobillot, vice-presidente de gestão de integração na época da reorganização, supervisionou 33 equipes que decidiram a maneira mais rápida de embarcar passageiros e quais sistemas de computador usar, os da United ou da Continental, para agendar equipes, rotear aviões, manusear bagagens e carga, e até para a contabilidade básica. Gobillot afirmou: "determino que se baseiem em fatos, sejam diretos e objetivos, mantenham as emoções fora disso e não fiquem competindo para ver quem era o melhor. Não é importante quantas coisas vêm da United e quantas da Continental". Três anos após a fusão, há ainda desafios significativos. Por exemplo, os mecânicos continuam a usar sistemas de informação separados (um da United e um da Continental) para acompanhar e gerenciar tarefas críticas de manutenção e consertos de aviões. Da mesma forma, os acordos de trabalho restringem os comissários de bordo "Continental" a trabalhar em aviões "Continental" e comissários "United" para aviões "United".[15] Cada decisão é importante, pois reduzir custos em meio centavo por milha pode resultar em um aumento de $ 1 bilhão em lucros anuais para uma indústria que historicamente perde bilhões por ano.[16]

Nos capítulos 9, 10, 11 e 12, abordaremos, respectiva e detalhadamente, os seguintes temas: organizações adaptativas, gestão de equipes, recursos humanos e pessoas, e uma força de trabalho diversificada.

1-2c Liderança

Nossa terceira função de gestão, **liderança**, envolve inspirar e motivar os funcionários a trabalhar arduamente para atingir os objetivos da organização. Eileen Martinson, CEO do desenvolvedor de *software* Sparta Systems, acredita que é importante que os líderes comuniquem claramente os objetivos de uma organização: "um chefe me ensinou há muito tempo que as pessoas vão se lembrar apenas de duas a três coisas". Assim, em sua primeira reunião em toda a empresa, ela comunicou apenas um objetivo, duplicando as receitas nos anos seguintes.[17] De acordo com Martinson: "os funcionários compreendem completamente para onde estamos indo

Organização decidir em que pontos as decisões serão tomadas, quem vai fazer que trabalhos e tarefas, e quem vai trabalhar para quem na empresa.

Liderança inspirar e motivar os funcionários a trabalhar arduamente para atingir os objetivos da organização.

Mudando o curso com coragem

O desenvolvedor de *videogames* Square Enix tradicionalmente se especializou em fazer jogos de RPG de estilo japonês (JRPGs). Nos últimos anos, a Square começou a se concentrar na tentativa de desenvolver títulos de grande sucesso mundial que atraíssem uma audiência global. A empresa começou a ter problemas quando as vendas de jogos como Tomb Raider, Sleeping Dogs e Hitman: Absolution não atenderam às expectativas. Então, foi uma surpresa quando a Square lançou Bravely Default, um JRPG que vendeu mais de 200 mil cópias nos Estados Unidos, em três semanas. O presidente da Square, Yosuke Matsuda, entendeu isso como uma dica: "No passado, quando desenvolvemos jogos de console com uma premissa mundial, perdemos nosso foco. Não conseguíamos ver isso claramente até agora, mas os fãs de JRPGs estão realmente espalhados pelo mundo". As tendências de vendas de seus diferentes jogos mostraram à Square o que os clientes estavam procurando. Em resposta, Matsuda disse que a empresa começaria a incluir mais JRPGs em seu núcleo estável de títulos.

Fonte: Nintendo

Embora jogos de vídeo globalmente atraentes como Sleeping Dogs (foto) não tenham atendido às expectativas de vendas, a Square Enix teve sucesso inesperado com títulos altamente focados, como o JRPG Bravely Default.

Fonte: M. Futter, Square Enix believes company has "lost focus", *Game Informer*, 31 Mar. 2014. Disponível em: <http://www.gameinformer.com/b/news/archive/2014/03/31/square-enix-president-believes-company-has-lost-focus.aspx>. Acessado em: 9 abr. 2014.

e construímos uma cultura em torno disso. Mostrar 45 gráficos e insistir num blá-blá-blá que ninguém entende não vai funcionar".[18]

Nos capítulos 13, 14 e 15, abordaremos, respectiva e detalhadamente, os seguintes temas: motivação, liderança e gerenciamento de comunicação.

1-2d Controle

A última função de gestão, **controle**, é monitorar o progresso em direção à realização de metas e tomar medidas corretivas quando ele não estiver ocorrendo. O processo básico de controle envolve o estabelecimento de padrões para alcançar objetivos, comparar o desempenho real com tais padrões e, em seguida, fazer alterações para retornar o desempenho aos padrões. De acordo com Michael Corbat, CEO da empresa de serviços financeiros Citigroup, o sucesso da gestão e da empresa depende do estabelecimento de metas, da mensuração do desempenho e da realização de ajustes e correções, conforme necessário. O CEO declarou recentemente durante uma reunião de executivos: "Você é o que você mede". Portanto, uma parte central de seu plano para restaurar o desempenho financeiro do Citigroup é medir o desempenho dos executivos com os planos que eles criaram. A ideia básica, afirmou um executivo do Citigroup, é: "Você disse que faria isso. E fez?". Corbat criou um *scorecard* para medir os cinco principais executivos da empresa em quatro categorias: capital, clientes, cultura e controles. Pontuações que variam de 100 (o mais alto) a –40 (o mais baixo) mostrarão como cada executivo está se desempenhando. Corbat espera que o processo de controle inerente aos *scorecards* ajudará o Citigroup a desenvolver mais responsabilidade e disciplina à medida que tentam recuperar anos de perdas.[19]

Controle monitorar o progresso em direção à realização de metas e tomar medidas corretivas quando ele não estiver ocorrendo.

Nos capítulos 16, 17 e 18, abordaremos, respectiva e detalhadamente, os seguintes temas: controle, gestão de informações e gestão de operações de serviços e manufatura.

1-3 TIPOS DE GESTOR

Nem todos os cargos de gestão são iguais. As demandas e os requisitos impostos ao CEO da Sony são significativamente diferentes dos enfrentados pelo gestor de um restaurante Wendy's.

Como mostrado na Figura 1.2, existem quatro tipos de gestores, cada um com diferentes tarefas e responsabilidades: ***1-3a gestores da alta administração, 1-3b gestores de nível médio, 1-3c gestores de primeira linha*** *e* ***1-3d líderes de equipe****.*

1-3a Gestores da alta administração

Os **gestores da alta administração** ocupam os seguintes cargos: diretor executivo (*chief executive officer* – CEO), diretor de operações (*chief operating officer* – COO), diretor financeiro (*chief financial officer* – CFO) e diretor de informações (*chief information officer* – CIO). Os gestores desse nível são responsáveis pela direção geral da organização.

Apresentam-se, a seguir, as responsabilidades dos gestores da alta administração.[20] Quando R. J. Dourney foi contratado como CEO da rede de sanduíches **Cosi**, ele havia lutado durante 12 anos sob o comando de nove CEOs que nunca conseguiram obter lucro. Depois de apenas dois dias no trabalho, Dourney anunciou aos funcionários corporativos da empresa que a sede em Chicago fecharia e seria transferida para Boston, onde o CEO tinha sido um franqueador bem-sucedido de 13 lojas da rede antes de tornar-se diretor executivo. Dourney fechou imediatamente dez lojas não lucrativas, atualizou o menu e mudou o programa de incentivo de ações da Cosi para se basear em desempenho. Em seguida, lançou um sistema de serviço mais eficiente para atender os clientes rapidamente em todos os locais. Em menos de um ano, as vendas dessas mesmas lojas subiram 20%, enquanto o preço das ações da empresa subiu 160%.[21]

De fato, tanto na Europa quanto nos Estados Unidos, 35% de todos os CEOs são eventualmente demitidos por causa da incapacidade deles de mudar, com sucesso, as empresas.[22] A criação de um contexto para mudanças inclui a formação de uma

Gestores da alta administração executivos responsáveis pela direção geral da organização.

Figura 1.2

O que fazem os quatro tipos de gestor

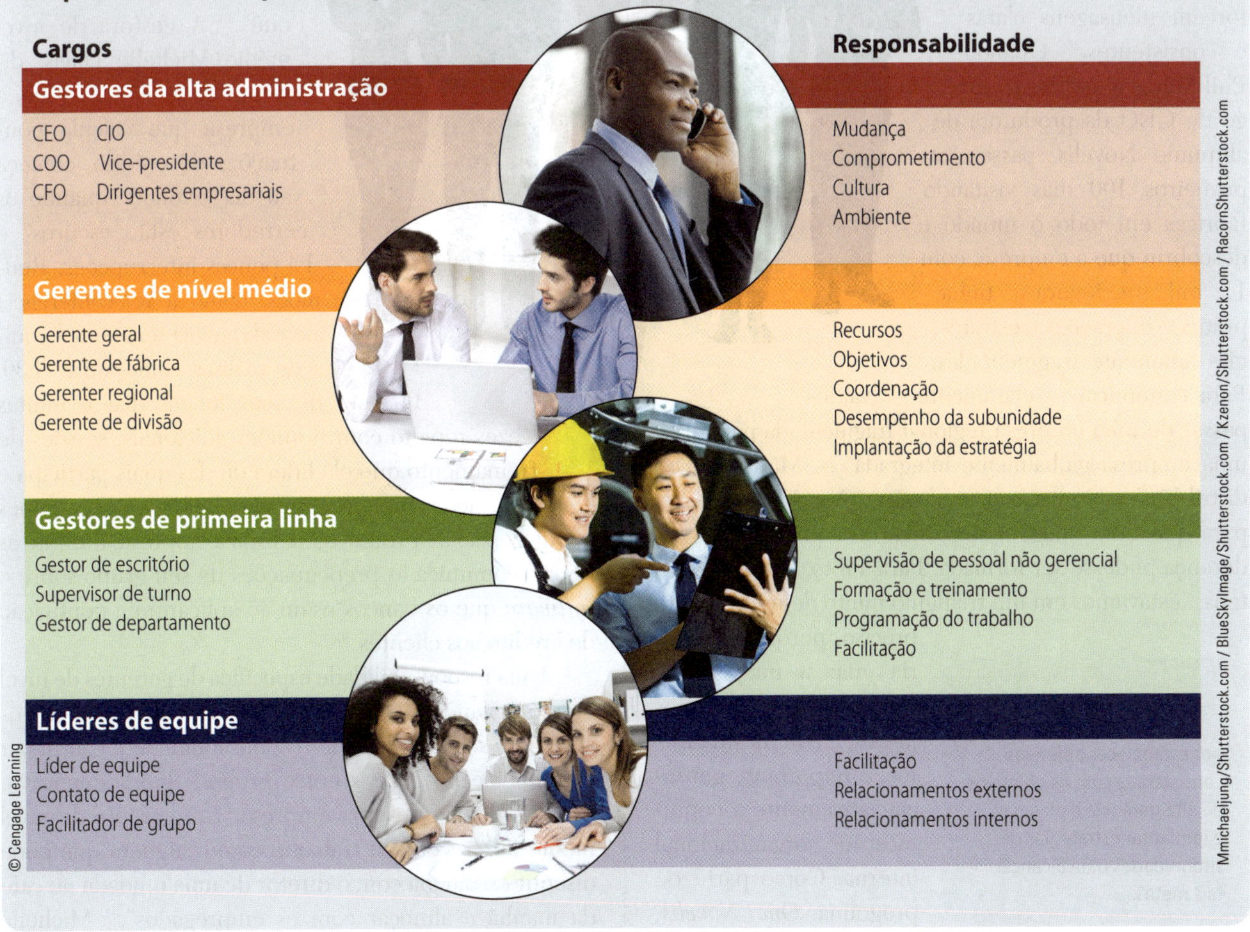

Cargos
Responsabilidade
Gestores da alta administração
CEO
CIO
COO
Vice-presidente
CFO
Dirigentes empresariais
Mudança
Comprometimento
Cultura
Ambiente
Gerentes de nível médio
Gerente geral
Gerente de fábrica
Gerenter regional
Gerente de divisão
Recursos
Objetivos
Coordenação
Desempenho da subunidade
Implantação da estratégia
Gestores de primeira linha
Gestor de escritório
Supervisor de turno
Gestor de departamento
Supervisão de pessoal não gerencial
Formação e treinamento
Programação do trabalho
Facilitação
Líderes de equipe
Líder de equipe
Contato de equipe
Facilitador de grupo
Facilitação
Relacionamentos externos
Relacionamentos internos
© Cengage Learning
Mmichaeljung/Shutterstock.com / BlueSkyImage/Shutterstock.com / Kzenon/Shutterstock.com / RacornShutterstock.com

visão ou missão de longo prazo para a empresa. Quando Satya Nadella foi nomeado CEO da **Microsoft**, a empresa era percebida como um gigante míope. Nadella a reorientou com uma série de aquisições e inovações, incluindo a compra de **Mojang**, fabricante do *videogame* **Minecraft**, e um recurso de holograma 3D para o controle do Windows. Depois de acompanhar a Microsoft por anos, um analista observou sobre a nova direção da Nadella para a empresa: "A Microsoft realmente não mostrava um tipo de visão como essa em muito, muito tempo".[23] De acordo com Jonas III, Fry e Srivastra: "O CEO tem que pensar sobre o futuro mais do que qualquer um".[24]

Depois que a visão ou missão é definida, a segunda responsabilidade dos gestores da alta administração é desenvolver o comprometimento e a apropriação do desempenho da empresa pelos funcionários. Ou seja, os gestores da alta administração são responsáveis pela adesão dos funcionários. Terceiro, os gestores da alta administração devem criar uma cultura organizacional positiva por meio da linguagem e da ação. Os altos executivos transmitem valores, estratégias e lições da empresa pelo que fazem e dizem aos outros dentro e fora da empresa. Na verdade, independentemente do que comuniquem, é fundamental que enviem e reforcem mensagens claras e consistentes.[25] Quando Phil Martens assumiu o cargo de CEO da produtora de alumínio Novelis, passou os primeiros 100 dias visitando fábricas em todo o mundo e descobriu que a empresa, com 11 mil funcionários, tinha práticas, operações e estratégias altamente fragmentadas. Para comunicar-se claramente – "vamos passar de uma empresa regional fragmentada para uma empresa globalmente integrada" –, Martens distribuiu camisetas com o *slogan* "*One Novelis*" para que uma imagem simbólica da equipe de liderança pudesse ser formada. Para a foto, afirmou Martens, "estávamos em um triângulo muito definido, muito preciso, porque eu queria criar a imagem de ordem e de que estamos juntos".[26] Da mesma forma, é importante gerenciar ativamente a comunicação organizacional interna. Como parte do programa *One Novelis*, Martens criou um programa de segurança global, chamado "*Together we are safe*" ("Juntos estamos seguros"), que monitorava as práticas de saúde e segurança nos *sites* globais da Novelis, identificava as melhores práticas e as adotava e comunicava como um padrão global. Como resultado, de 2009 a 2013, a Novelis viu ferimentos, doenças e mortes caírem mais de 40%.[27]

Emerge/Shutterstock.com

Gerentes de nível médio responsáveis por estabelecer objetivos consistentes com os objetivos da alta gerência e planejar e implantar estratégias de subunidades para alcançar tais metas.

Finalmente, os gestores da alta administração são responsáveis pelo monitoramento de seus ambientes de negócios. Isso significa que eles devem acompanhar de perto as necessidades dos clientes, os movimentos dos concorrentes e as tendências comerciais, econômicas e sociais de longo prazo.

1-3b Gerentes de nível médio

Os **gerentes de nível médio** ocupam os seguintes cargos: gerente de fábrica, gerente regional ou gerente de divisão. Eles são responsáveis por estabelecer objetivos consistentes com os objetivos da alta gerência e planejar e implantar estratégias de subunidades para alcançar tais metas.[28] Ou, segundo um gestor de nível médio, é ele "o responsável pela implantação da estratégia da empresa" que define "como" fazer "o quê".[29] A gestora de nível médio Michelle Davis, diretora de análise da Fico, a empresa que calcula pontuações de crédito, começa seu dia às 6h30 "quando os corredores estão escuros" e há poucas interrupções. Reuniões, como a teleconferência mensal que ela tem com a equipe de análises, começam às 7h30. O resto de seus longos dias é muitas vezes repleto com reuniões adicionais, sessões de treinamento que ela lidera ou das quais participa e verificações rápidas com seu chefe e várias equipes de gestão de produtos em toda a empresa, durante as quais comunica as preocupações de seu grupo sobre o *software* que os bancos usam ao aplicarem a pontuação de crédito aos clientes.[30]

Uma responsabilidade específica de gerentes de nível médio é planejar e alocar recursos para atingir os objetivos. Uma segunda grande responsabilidade é coordenar e estabelecer relações entre grupos, departamentos e divisões dentro de uma empresa. Um gerente de nível médio descreveu seu trabalho como "alguém que pode discutir estratégia com o diretor de uma unidade no café da manhã e almoçar com os empregados".[31] Michelle

Davis, da Fico, admite que coordenar e estabelecer relações entre equipes em diferentes grupos e departamentos pode ser "frustrante", mas é uma parte significativa de seu trabalho. Ela acrescenta: "Gasta-se tempo para fazer a gestão certa".[32]

Uma terceira responsabilidade do gerente de nível médio é monitorar e controlar o desempenho das subunidades e cada gerente que se reporta aos gerentes de nível médio. Finalmente, os gerentes de nível médio também são responsáveis pela implantação das mudanças ou estratégias geradas pelos gestores da alta administração. Por quê? Porque eles estão mais próximos dos gerentes e funcionários que trabalham diariamente com os fornecedores para entregar o produto ou serviço da empresa de forma eficaz e eficiente. Em suma, estão mais perto das pessoas que melhor podem resolver problemas e implantar soluções. Qual é a importância dos gerentes de nível médio para o desempenho da empresa? Um estudo de cerca de 400 empresas de *videogames* realizado na Wharton School of Business da Universidade da Pensilvânia descobriu que a eficácia dos gerentes de nível médio representou 22% das diferenças de desempenho entre empresas. De fato, tais gerentes eram três vezes mais importantes que os *designers* de *videogames* que desenvolvem personagens de jogos e roteiros. De acordo com o professor Ethan Mollick, que conduziu o estudo, os gerentes de nível médio são a chave para "garantir que as pessoas na base e no topo [da organização] estejam obtendo o que precisam".[33]

1-3c Gestores de primeira linha

Os **gestores de primeira linha** ocupam os seguintes cargos: gerentes de escritório, supervisor de turno ou supervisor de departamento. A responsabilidade primária desse tipo de gestor é gerenciar o desempenho de funcionários de nível operacional, diretamente responsáveis pela produção de bens e serviços da empresa. Assim, esses gestores são os únicos que não supervisionam outros gestores. As responsabilidades dos gestores de primeira linha incluem monitoramento, formação e planejamento de curto prazo.

Os gestores de primeira linha incentivam, monitoram e recompensam o desempenho de seus funcionários. Também são responsáveis por ensinar os funcionários de nível operacional a fazer seus trabalhos. Eles também fazem programações detalhadas e planos operacionais baseados em planos intermediários dos gestores de nível médio. Em contraste com os planos de longo prazo dos gestores da alta administração (de três a cinco anos) e os planos intermediários dos gerentes de nível médio (de seis a 18 meses), os gerentes de primeira linha desenvolvem planos e ações que, em geral, produzem resultados em duas semanas.[34] Considere um típico gerente de loja de conveniência (por exemplo, de um 7-Eleven) que começa o dia dirigindo em frente de lojas de concorrentes para inspecionar os preços de gasolina e, em seguida, verifica o exterior da própria loja para qualquer coisa que possa precisar de manutenção, como luzes ou sinais queimados, ou reabastecimento, como fluido para lavar para-brisas e toalhas de papel. Em seguida, faz uma verificação interna, determinando o que precisa ser feito nesse dia. (Há comida e café suficientes para o café da manhã ou sanduíches suficientes para o almoço?) Após o dia ser planejado, ele volta sua atenção para os pedidos de final de semana. Depois de verificar o tempo (vai fazer calor ou frio) e as tendências de vendas na mesma época no ano passado, o gerente certifica-se de que a loja terá bastante cerveja, refrigerantes e jornais disponíveis. Finalmente, verifica necessidades de contratações para sete a dez dias adiante. Devido a rigorosos procedimentos de contratação (testes básicos de matemática, exames de drogas e verificação de antecedentes), pode levar um bom tempo para contratar novos funcionários. Como disse um gerente de loja de conveniência: "Tenho que fazer entrevistas continuamente, mesmo que não haja vagas".[35]

1-3d Líderes de equipe

O quarto tipo de gestor é um líder de equipe. Esse tipo de trabalho de gestão relativamente novo desenvolveu-se à medida que as empresas passaram a ter equipes autogerenciadas, que, por definição, não tinham um supervisor formal. Nas hierarquias tradicionais de gestão, os gestores de primeira linha são responsáveis pelo desempenho do pessoal não gerencial e têm a autoridade para contratar e demitir funcionários, fazer atribuições de tarefas e controlar os recursos. Nessa nova estrutura, as próprias equipes executam quase todas as funções desempenhadas pelos gestores de primeira linha sob hierarquias tradicionais.[36]

Os **líderes de equipe** são os principais responsáveis por facilitar as atividades da equipe em direção à realização de uma meta. Isso não significa que os líderes de equipe sejam responsáveis pelo desempenho da equipe. Eles não são. A equipe é. Então, como os líderes de equipe ajudam suas equipes a realizar seus objetivos? Segundo Avinoam Nowogrodski, CEO da Clarizen, uma empresa de *software*, "grandes líderes fazem as perguntas certas. Eles reconhecem [...] que

> **Gestores de primeira linha** responsáveis por treinar e supervisionar o desempenho de funcionários não gerenciais, diretamente responsáveis pela produção dos produtos ou serviços da empresa.
>
> **Líderes de equipe** responsáveis por facilitar as atividades da equipe em direção à realização de uma meta.

uma equipe é muito melhor para obter as respostas".[37] Os líderes de equipe ajudam os membros da equipe a planejar e programar o trabalho, a aprender a resolver problemas e a trabalhar eficazmente entre si. De acordo com o consultor de gestão Franklin Jonath, "a ideia é que o líder da equipe esteja a serviço do grupo". Deve ficar claro que os membros da equipe são os responsáveis pelo resultado. O líder está lá para proporcionar recursos intelectuais, emocionais e espirituais para a equipe. Com suas ações, o líder deve ser capaz de mostrar aos outros como pensar sobre o trabalho que estão fazendo no contexto de sua vida. Não é tarefa fácil, mas as melhores equipes têm líderes assim.[38]

Os relacionamentos entre os membros da equipe e entre as diferentes equipes são cruciais para seu bom desempenho e devem ser bem gerenciados por líderes de equipe, responsáveis por promover bons relacionamentos e lidar com problemas dentro de suas equipes. Entender-se bem com os demais é muito mais importante nas estruturas da equipe porque os membros não podem começar o trabalho sem a ajuda de companheiros de equipe. Para Nowogrodski da Clarizen, "a inovação é criada com pessoas que você respeita. Isso nunca acontecerá em um grupo de pessoas que se odeiam. Se você quer ter inovação dentro de sua empresa, precisa ter uma cultura de respeito".[39] E, Nowogrodski acrescenta que isso começa com o líder da equipe. "Se você respeitar as outras pessoas, elas o respeitarão".[40] Tim Clem começou como líder de equipe no **GitHub**, uma empresa de *software* baseada em São Francisco que fornece ferramentas colaborativas e espaços de trabalho *on-line* para pessoas que codificam *software*. O GitHub, por sua vez, também usa estruturas de equipe e líderes de equipe para decidir sobre os projetos de *software* em que seus 170 funcionários trabalharão. Depois de apenas alguns meses na empresa, Clem, que nunca havia liderado anteriormente uma equipe, convenceu seus colegas do GitHub a trabalhar em um novo produto que ele tinha projetado para o Microsoft Windows. Sem o aval da equipe, ele não teria conseguido a aprovação e os recursos para contratar pessoas para fazer o projeto. Entretanto, um gestor, e não a equipe, provavelmente teria tomado essa decisão em uma estrutura de gestão tradicional.[41]

Os líderes de equipe também são responsáveis pela gestão de relacionamentos externos. Eles atuam como a ponte ou a ligação entre suas equipes e outras equipes, departamentos e divisões em uma empresa. Por exemplo, se um membro da equipe A se queixar da qualidade do trabalho da equipe B, o líder da equipe A será responsável por solucionar o problema iniciando uma reunião com o líder da equipe B. Juntos, esses líderes de equipe são responsáveis por conseguir que os membros de ambas as equipes trabalhem juntos para resolver o problema. Se tudo for feito corretamente, o problema será resolvido sem envolver a direção da empresa ou culpar os membros da outra equipe.[42]

Em resumo, devido a essas diferenças críticas, líderes de equipe que não entendem como seus papéis são diferentes daqueles dos gestores tradicionais muitas vezes têm problemas em seus empregos.

Você aprenderá mais sobre equipes no Capítulo 10.

1-4 PAPÉIS GERENCIAIS

Embora todos os quatro tipos de gestores se envolvam em planejamento, organização, liderança e controle, se você os acompanhar durante um dia típico no trabalho, provavelmente não usará tais termos para descrever o que eles realmente fazem. Em vez disso, o que você verá são os vários papéis que os gestores desempenham. O professor Henry Mintzberg acompanhou CEOs norte-americanos, indo atrás de cada um deles durante uma semana e analisando suas mensagens, conversas e ações. Ele concluiu que gestores desempenham três papéis principais ao realizarem seu trabalho, quais sejam, interpessoais, informacionais e de tomador de decisões.[43]

Em outras palavras, gestores falam com pessoas, reúnem e dão informações, e tomam decisões. Além disso, como mostrado na Figura 1.3, esses três papéis principais podem ser subdivididos em dez subpapéis.

Figura 1.3

Papéis gerenciais de Mintzberg

Papéis interpessoais
- Figura de proa
- Líder
- Ligação

Papéis informacionais
- Monitor
- Disseminador
- Porta-voz

Papéis de tomador de decisões
- Empreendedor
- Mediador de conflitos
- Alocador de recursos
- Negociador

Fonte: Adaptada de H. Mintzberg, The manager's job: folklore and fact, *Harvard Business Review*, jul.-ago. 1975.

*Vamos examinar cada papel importante – **1-4a papéis interpessoais, 1-4b papéis informacionais** e **1-4c papéis de tomador de decisões** – e seus dez subpapéis.*

1-4a Funções interpessoais

Mais do que qualquer outra coisa, cargos de gestão envolvem o uso intenso de pessoas. Quando perguntada sobre sua experiência como CEO pela primeira vez, Kim Bowers, CEO da CST Brands, disse: "Temos 12 mil funcionários. [Assim,] passo muito tempo no campo com eles".[44] As estimativas variam de acordo com o nível de gestão, mas a maioria dos gestores gasta entre dois terços e quatro quintos do seu tempo em comunicação pessoal com outros.[45] Se você é um solitário ou se considera lidar com pessoas algo terrível, então pode não ter o perfil adequado para o trabalho de gestão. No cumprimento do papel interpessoal, gestores executam três papéis: figura de proa, líder e ligação.

No **papel de figura de proa**, os gestores desempenham funções cerimoniais, como cumprimentar os visitantes da empresa, falar na abertura de uma nova instalação ou representar a empresa em um almoço comunitário para apoiar instituições de caridade locais. Quando **Fendi**, a casa de moda italiana, lançou uma iniciativa de *design* para arrecadar dinheiro para a caridade, o CEO Pietro Beccari realizou um jantar de gala na loja da empresa recentemente inaugurada em Nova York.[46]

No **papel de líder**, os gestores motivam e incentivam os funcionários a cumprir os objetivos organizacionais (ver boxe "Sete erros fatais: coisas que grandes chefes evitam"). Uma forma como os gestores podem atuar como líderes é estabelecer metas desafiadoras. William Xu, chefe da divisão de negócios da fabricante chinesa de equipamentos de telecomunicações Huawei Enterprises, deu à sua divisão um objetivo de crescimento de vendas de 40% para 2013. De acordo com Xu, "O objetivo (de 2013) era bem ambicioso para motivar o pessoal".[47]

No **papel de ligação**, os gestores lidam com pessoas fora de suas unidades. Estudos indicam consistentemente que os

Papel de figura de proa papel interpessoal que os gestores desempenham quando realizam tarefas cerimoniais.

Papel de líder papel interpessoal que os gestores desempenham quando motivam e incentivam os funcionários a cumprir os objetivos organizacionais.

Papel de ligação papel interpessoal que os gestores desempenham quando lidam com pessoas fora de suas unidades.

Sete erros fatais: coisas que grandes chefes evitam

Um gestor é responsável não só por fornecer direcionamento e orientação aos funcionários, mas também deve criar um ambiente de trabalho que lhes permita ser os melhores. O escritor e colunista Jeff Haden identifica sete coisas que os gestores muitas vezes fazem que criam um ambiente de trabalho desconfortável e improdutivo:

Brues/Shutterstock.com

1. Pressionar os funcionários para participar de eventos sociais. Quando seus funcionários estão com pessoas do trabalho, mesmo em uma festa, eles podem acabar encarando como "trabalho".
2. Pressionar os funcionários a fazer caridade.
3. Não dar aos funcionários tempo para comer durante o horário das refeições.
4. Pedir aos funcionários para fazer autoavaliações.
5. Pedir aos funcionários para avaliar os colegas de trabalho.
6. Pedir aos funcionários para fazer algo que você não quer fazer.
7. Pedir aos funcionários para revelar informações pessoais na formação de "espírito de equipe".

Fonte: J. Haden, 7 things great bosses never ask employees to do. *Inc.com*, 12 Mar. 2015. Disponível em: <http://www.inc.com/jeff-haden/7-things-the-best-bosses-refuse-to--ask-employees-to-do.html>. Acesso em: 28 mar. 2015.

gestores passam tanto tempo com estranhos como com seus próprios subordinados e seus próprios patrões. Por exemplo, os CEOs frequentemente participam de outros conselhos de empresas. Stephen Zarrilli, CEO da Safeguard Scientifics, que investe em empresas de cuidados de saúde de alto crescimento e tecnologia, afirma que, "quando você se senta no conselho de outra empresa, você ganha perspectiva não só sobre a empresa e sua indústria, mas, mais importante, sobre outras metodologias operacionais, governança e pontos de vista que podem ser muito benéficos quando você os traz de volta para a sua empresa".[48] Na verdade, empresas em indústrias de baixo crescimento e altamente competitivas, cujos CEOs participam de conselhos externos, ganham um retorno médio sobre ativos 15% maior que o de empresas com CEOs que não o fazem![49]

1-4b Papéis informacionais

Não apenas os gestores passam a maior parte do seu tempo em contato pessoal com os outros como passam grande parte dele obtendo e compartilhando informações. Mintzberg descobriu que os gestores de seu estudo gastavam 40% de seu tempo dando e recebendo informações. Nesse sentido, gestão pode ser vista como coletar informações por meio de uma varredura do ambiente de negócios e ouvir os outros em conversas pessoais, processar informações e, em seguida, compartilhá-las com pessoas de dentro e fora da empresa. Mintzberg descreveu três subpapéis informacionais: monitor, disseminador e porta-voz.

No **papel de monitor**, os gestores pesquisam seu ambiente para obter informações, contatam ativamente outros para obter informações e, devido a seus contatos pessoais, recebem uma grande quantidade de informações não solicitadas. Além de receberem informações pessoais, os gestores monitoram seu ambiente lendo jornais locais e o *Wall Street Journal* para monitorar clientes, concorrentes e mudanças tecnológicas que podem afetar seus negócios. Os gestores atuais podem se inscrever em serviços de monitoramento e distribuição eletrônicos que rastreiam notícias (Associated Press, Reuters e assim por diante) para histórias e *posts* de mídia social relacionados a seus negócios. Esses serviços oferecem novidades personalizadas que incluem apenas tópicos especificados pelos gestores. A empresa norte-americana Business Wire (http://www.businesswire.com) monitora e distribui notícias diárias de grandes indústrias (por exemplo, automotiva, bancária e financeira, de saúde e alta tecnologia).[50] O CyberAlert (http://www.cyberalert.com) faz monitoramento ininterrupto de novas histórias em categorias escolhidas por cada assinante. Também oferece o CyberAlert Social, que monitora diariamente cerca de 25 milhões de postagens individuais de mídia social em 190 milhões de fontes de mídia social, em todo o mundo. Brandwatch e ViralHeat são ferramentas adicionais para monitorar as mídias sociais.[51] Outro *site*, o Federal News Service (http://fednews.com), fornece aos assinantes clipes eletrônicos de notícias diários de mais de dez mil *sites* de notícias *on-line*.[52]

Papel de monitor papel informacional que os gestores desempenham quando fazem uma varredura em seu ambiente para obter informações.

Papel de disseminador papel informacional que os gestores desempenham quando compartilham informações com outros em seus departamentos ou empresas.

Papel de porta-voz papel informacional que os gestores desempenham quando compartilham informações com pessoas de fora de seus departamentos ou empresas.

AP Images/Ted S. Warren

Por causa de seus numerosos contatos pessoais e seu acesso a subordinados, os gestores são muitas vezes centros para a distribuição de informações críticas. No **papel de disseminador**, os gestores compartilham as informações que coletaram com seus subordinados e outros na empresa. Na **Qualtrics**, uma empresa de *software* que fornece sofisticadas ferramentas de pesquisa *on-line*, o CEO Ryan Smith garante que todos na empresa tenham claros os objetivos e planos da organização. Todas as segundas-feiras, os funcionários são solicitados por *e-mail* a responder a duas perguntas: "O que você vai fazer esta semana? E o que você fez na semana passada que disse que ia fazer?". Para Smith, "isso se transforma em um *e-mail* que toda a organização recebe. Aí, se alguém tem uma pergunta, pode procurar por uma explicação. Compartilhamos outras informações também. Cada vez que temos uma reunião, divulgamos notas de reunião para a organização. Quando temos uma reunião da diretoria, escrevemos uma carta sobre isso depois e enviamos para a empresa". A Qualtrics também usa uma base de dados interna em que, a cada trimestre, os funcionários inscrevem seus planos para atingir os objetivos da empresa. Esses planos são então visíveis para todos na Qualtrics.[53]

Em contraste com o papel do disseminador, no qual os gestores distribuem informações aos funcionários dentro da empresa, no **papel de porta-voz**, os gestores compartilham informações com pessoas de fora de seus departamentos ou empresas. Uma das maneiras mais comuns de os CEOs serem porta-vozes de suas empresas é nas reuniões anuais com os acionistas da companhia ou com o conselho de diretores. Os CEOs também servem como porta-vozes para a mídia quando suas empresas estão envolvidas em grandes notícias. Por exemplo, Jeff Bezos, fundador e CEO da Amazon, atraiu a atenção mundial ao anunciar que a empresa estava trabalhando ativamente em maneiras de usar *drones* para entregar compras a seus membros da Amazon Prime que pagam $ 99 por ano pelo privilégio de entrega ilimitada em dois dias. Segundo Bezos, "a equipe do Prime Air já está testando nossos veículos aéreos da quinta e sexta gerações, e estamos em fase de projeto nas gerações 7 e 8".[54] Como com seus caminhões Amazon Fresh, os *drones* seriam usados para acelerar a entrega e reduzir custos. Enquanto muitos acreditam que a entrega por *drones* ocorrerá em cinco anos ou mais, Bezos afirma que "isso vai funcionar, vai dar certo e vai ser muito divertido".[55]

Susan Montgomery/Shutterstock.com

1-4c Funções de tomador de decisões

Mintzberg constatou que obter e compartilhar informações não é um fim em si mesmo. Obtenção e compartilhamento de informações com pessoas de dentro e fora da empresa são úteis para os gestores, porque os ajuda a tomar boas decisões. De acordo com Mintzberg, os gestores envolvem-se em quatro subpapéis de tomador de decisões: empreendedor, mediador de conflitos, alocador de recursos e negociador.

No **papel de empreendedor**, os gestores adaptam seus subordinados, suas unidades e a si mesmos à mudança. Durante anos, o **Whole Foods Market** foi o maior – e único – supermercado de produtos orgânicos. Quando as cadeias tradicionais, como Kroger e Walmart, começaram a oferecer produtos, carne e alimentos embalados orgânicos por preços mais baixos, o Whole Foods, às vezes chamado de "Whole Paycheck" ("Todo o salário") por causa de seus altos preços, tornou-se vulnerável, e as receitas caíram. Para o co-CEO Walter Robb, "De repente [...] podem-se obter as mesmas coisas em muitos outros lugares e por preços mais acessíveis". Assim, a empresa reduziu os preços, e, segundo o fundador e co-CEO John Mackey, essa atitude dirá "aos clientes o que somos: valores e valor". O Whole Foods também lançou sua primeira campanha de propaganda nacional, iniciou um programa de fidelização de clientes e se associou com a **Instacart** para entregar compras nas residências de clientes, em 14 cidades. De acordo com o co-CEO Robb, as mudanças – e os preços mais baixos – continuarão.[56]

No **papel do mediador de conflitos**, os gestores respondem a pressões e problemas tão graves que exigem atenção e ação imediata. Em dezembro de 2014, Brian Cornell, novo CEO da Target, fez uma turnê solo nas lojas canadenses da empresa. A Target Canada, a primeira expansão internacional da empresa, perdeu $ 2 bilhões desde que começou em 2011. Cornell, CEO por apenas quatro meses, queria ver as dificuldades das lojas canadenses. Ao voltar para casa, ele revisou o número de vendas da Target Canada e, apenas algumas semanas depois, em janeiro de 2015, anunciou que a empresa gastaria $ 600 milhões para liquidar todas as 133 lojas canadenses, despedir 17 mil funcionários e desinvestir $ 5,4 bilhões. Cornell afirmou o seguinte: "Simplesmente, estávamos perdendo dinheiro todos os dias" e não conseguia "ver um cenário realista que fizesse a Target Canada ser lucrativa até pelo menos 2021".[57]

No **papel de alocador de recursos**, os gestores decidem quem receberá quais e quantos recursos. O caminhão Ford da série F, o veículo mais vendido nos Estados Unidos por 32 anos consecutivos, gera $ 22 bilhões em vendas por ano e representa 12% das vendas globais da Ford e 40% de seus lucros globais. Em 2009, a Ford comprometeu-se com um investimento de vários bilhões de dólares para redesenhar a série F, cujos preços variam de $ 24 mil a $ 50 mil, para ser construído com um corpo totalmente de alumínio, algo encontrado apenas em carros muito mais caros, como o modelo S da Tesla de

Papel de empreendedor papel de tomador de decisões que os gestores desempenham quando adaptam seus subordinados, suas unidades e a si mesmos à mudança.

Papel de mediador de conflitos papel de tomador de decisões que os gestores desempenham quando respondem a pressões e problemas graves que demandam ação imediata.

Papel de alocador de recursos papel de tomador de decisões que os gestores desempenham quando decidem quem receberá quais e quantos recursos.

$ 70 mil ou o Audi A8 de $ 75 mil. Segundo Bill Ford, presidente da Ford, "Algumas pessoas podem perguntar: 'Você não está arriscando muito com o seu veículo mais vendido?'. Mas isso é o que você tem que fazer". E acrescenta: "Eu teria ficado muito mais ansioso se eles tivessem vindo com o mesmo de sempre". A série F de 2015 é 300 kg mais leve, o que permitiu aos engenheiros da Ford substituir um V8 de 6,2 litros por um V6 turbo de 3,5 litros. Embora ainda seja capaz de rebocar 3,6 toneladas, o consumo de gasolina caiu 16%, passando de 8 para 9,3 km/l, tornando a série F o veículo a gasolina mais eficiente em combustível de sua classe.[58]

No **papel de negociador**, os gestores negociam programações, projetos, metas, resultados, recursos e aumentos de funcionários. Quando a **Ryanair**, a companhia aérea de baixo custo da Europa, estava comprando 200 novos aviões em 2014, pressionou a Boeing e a Airbus para adicionar mais oito a 11 lugares por avião. Isso reduz os custos em 20% e um ganho extra de um milhão de euros por avião a cada ano. O CEO Michael O'Leary viajou da Irlanda para Seattle a fim de negociar pessoalmente o acordo e reconheceu estar colocando o fabricante de longa data da Ryanair, a Boeing, contra a Airbus: "Estávamos muito perto de mudar para a Airbus na primavera [de 2014]". Com um acordo para 200 aviões, cada um com oito assentos extras, e um alto desconto sobre os $ 104 milhões no preço de varejo do Boeing 737 MAX (ainda em desenvolvimento), foi possível reduzir o preço total de $ 20,8 bilhões para $ 11 bilhões.[59]

1-5 O QUE AS EMPRESAS PROCURAM EM GESTORES

Eu não tinha a menor ideia do que o meu trabalho envolvia. Entrei rindo contente porque tinha sido promovido e não tinha ideia de princípios ou estilo para me guiar. Depois do primeiro dia, senti como se tivesse batido de frente em uma parede de tijolos. (Representante de vendas # 1)

De repente, vi-me dizendo "Rapaz, não posso ser responsável por obter toda essa receita". Eu não tenho tempo. De repente, você tem que passar de [cuidar de] si mesmo e dizer que agora, sou o gerente, e o que faz um gerente? Leva algum tempo pensando sobre isso para a ficha cair [...] Um gerente faz coisas com outras pessoas. Essa é uma transição muito, muito difícil de fazer. (Representante de vendas # 2)[60]

Papel de negociador
papel de tomador de decisões que os gestores desempenham quando negociam horários, projetos, metas, resultados, recursos e aumentos de funcionários.

As declarações precedentes foram feitas por dois exímios representantes de vendas que, com base em seu alto desempenho, foram promovidos ao cargo de gerente de vendas. Como os comentários indicam, no começo, eles não se sentiram convencidos de sua capacidade de fazer o trabalho como gestores. Como a maioria dos novos gestores, esses gerentes de vendas de repente perceberam que os conhecimentos, as habilidades e as capacidades que levaram ao sucesso no início de suas carreiras (e provavelmente foram responsáveis por sua promoção à gerência) não iriam necessariamente ajudá-los a ter sucesso como gestores. Como representantes de vendas, eles eram responsáveis apenas pela gestão de seu próprio desempenho. Mas, como gerentes de vendas, eles agora eram diretamente responsáveis por supervisionar todos os representantes de vendas em seus territórios de vendas. Além disso, agora eram diretamente responsáveis pelas metas propostas aos representantes de venda. Se o desempenho em trabalhos não gerenciais não o prepara necessariamente para um trabalho gerencial, então o que é necessário para ser um gestor?

Quando procuram funcionários que sejam bons gestores, as empresas buscam pessoas com habilidades técnicas, humanas, conceituais e motivação para gerenciar.[61] A Figura 1.4 mostra a importância relativa dessas quatro habilidades para os cargos de líderes de equipe, gerentes de primeira linha, gerentes de nível médio e gestores da alta administração.

Figura 1.4
Habilidades gerenciais

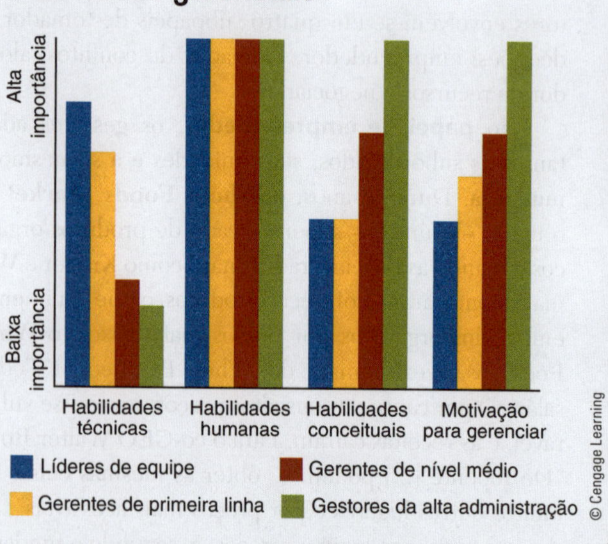

Habilidades técnicas são os procedimentos, técnicas e conhecimentos especializados necessários para fazer o trabalho. Para os gerentes de vendas, as habilidades técnicas envolvem a capacidade de encontrar novas perspectivas de vendas, desenvolver argumentos de vendas precisos com base nas necessidades do cliente e fechar vendas. Para um supervisor de enfermagem, habilidades técnicas incluem ser capaz de ministrar uma medicação intravenosa (IV) ou operar um equipamento de emergência se um paciente entra em parada cardíaca.

Viorel Sima/Shutterstock.com

As habilidades técnicas são mais importantes para os líderes de equipe e gestores de nível inferior, porque eles supervisionam os funcionários que produzem produtos ou atendem clientes. Líderes de equipe e gestores de primeira linha precisam de conhecimentos técnicos e habilidades para treinar novos funcionários e ajudá-los a resolver problemas. Conhecimentos e habilidades técnicas também são necessários para solucionar problemas com os quais os funcionários não conseguem lidar. As habilidades técnicas tornam-se menos importantes à medida que os gestores sobem nas linhas gerenciais, mas elas ainda são importantes.

Habilidades humanas podem ser resumidas como a capacidade de trabalhar bem com os outros. Gestores com habilidades humanas trabalham efetivamente dentro de grupos, encorajam as outras pessoas a expressar pensamentos e sentimentos, são sensíveis às necessidades e aos pontos de vista dos outros, e são bons ouvintes e comunicadores. Habilidades humanas são igualmente importantes em todos os níveis de gestão, de líderes de equipe a CEOs. No entanto, como os gestores de nível inferior gastam muito do tempo resolvendo problemas técnicos, os gestores da alta administração podem realmente gastar mais tempo lidando diretamente com as pessoas. Em média, os gestores de primeira linha gastam 57% do tempo com as pessoas, mas esse percentual aumenta para 63% no caso de gestores de nível médio e 78% quando se trata de gestores da alta administração.[62]

Habilidades conceituais são a capacidade de ver a organização como um todo, entender como as diferentes partes da empresa se afetam mutuamente e reconhecer como a organização se

> **Habilidades técnicas** procedimentos, técnicas e conhecimentos especializados necessários para realizar o trabalho.
>
> **Habilidades humanas** capacidade de trabalhar bem com os outros.
>
> **Habilidades conceituais** capacidade de ver a organização como um todo, entender como as diferentes partes afetam umas às outras e reconhecer como a empresa se encaixa no ambiente ou é afetada por ele.

Como ser um executivo eficaz na era das máquinas brilhantes

Na era de *big data*, análises poderosas, ferramentas de *software* corporativo e aplicativos que fazem praticamente qualquer coisa, não há como negar que a tecnologia tornou muitos cargos obsoletos. O mesmo poderia ser verdade para os gestores? A tecnologia poderia tornar a gestão obsoleta?

À medida que a ciência dos dados e a inteligência artificial começam a permear as organizações empresariais, fortes habilidades humanas se tornarão cada vez mais críticas para os gestores. Nesta era de máquinas brilhantes, os gestores fazem a maior diferença quando:

- Fazem perguntas – é preciso julgamento para saber a quem perguntar, que perguntas fazer e quando.
- Enfrentam exceções – um algoritmo pode identificar exceções, mas bons gestores irão buscá-las para resolvê-las.
- Toleram a ambiguidade – quanto maior e mais amplo o problema, mais apropriado é para um gestor que pode tolerar a ambiguidade e tem um alto nível de discernimento.
- Empregam habilidades interpessoais – os seres humanos levam vantagem quando se trata de habilidades interpessoais, como empatia, inspiração e coaching.

Na era das máquinas brilhantes, os gestores que dominam as habilidades humanas levarão vantagem.

Fonte: Irving Wladawksy-Berger, As big data and AI take hold, what will it take to be an effective executive, *Wall Street Journal*, 23 jan. 2015. Disponível em: <http://blogs.wsj.com/cio/2015/01/23/as-big-data-and-ai-take-hold-what-will-it-take-to-be-an-effective-executive/tab/print/>.

encaixa no ambiente externo ou é afetada por ele, como a comunidade local, as forças sociais e econômicas, os clientes e a concorrência. Bons gestores têm de ser capazes de reconhecer, compreender e reconciliar vários problemas e perspectivas complexos. Em outras palavras, os gestores têm que ser inteligentes! De fato, a inteligência faz tanta diferença para o desempenho gerencial que os gestores com inteligência acima da média tipicamente superam os de inteligência média em aproximadamente 48%.[63] É evidente que as empresas precisam ter o cuidado de promover funcionários inteligentes à gestão. Habilidades conceituais aumentam em importância à medida que os gestores sobem na hierarquia de gestão.

No entanto, boa gestão envolve muito mais do que inteligência. Por exemplo, tornar o gênio do departamento um gestor pode ser desastroso se ele carece de habilidades técnicas, humanas ou um outro fator conhecido como motivação para gerenciar. A **motivação para gerenciar** é uma avaliação de até que ponto os funcionários estão motivados para interagir com os superiores, participar de situações competitivas, comportar-se assertivamente em relação aos outros, dizer aos outros o que fazer, recompensar o bom e punir o mau comportamento, realizar ações que são altamente visíveis para os outros e lidar com tarefas administrativas e organizá-las. Em geral, os gestores têm uma motivação mais forte para gerenciar do que seus subordinados, e os gestores em níveis mais elevados geralmente têm uma motivação mais forte para gerenciar do que os de níveis mais baixos. Além disso, os gestores com maior motivação para gerenciar são promovidos mais rapidamente, são classificados como melhores gestores por seus funcionários e ganham mais do que gestores com uma fraca motivação para gerenciar.[64]

1-6 ERROS QUE OS GESTORES COMETEM

Outra maneira de entender o que é preciso para ser um gestor é analisar os erros que os gestores cometem. Em outras palavras, podemos aprender tanto com o que os gestores não devem fazer quanto com o que devem. A Figura 1.5 lista os dez maiores erros cometidos por gestores.

Motivação para gerenciar avaliação de até que ponto os funcionários estão motivados para gerenciar o trabalho dos outros.

Vários estudos de gestores norte-americanos e britânicos compararam "vencedores", que são gestores que chegaram até o topo de suas empresas, com "perdedores", que são gestores que foram bem-sucedidos no início de suas carreiras, mas foram tirados da carreira quando atingiram níveis médios ou superiores de gestão.[65] Os pesquisadores descobriram que havia apenas algumas diferenças entre vencedores e perdedores. Na maioria, ambos os grupos eram talentosos e tinham fraquezas. Mas o que distinguia os perdedores dos vencedores era que aqueles possuíam duas ou mais falhas fatais no que diz respeito à forma como lidavam com as pessoas. Embora os vencedores não fossem de modo algum perfeitos, usualmente não tinham mais do que uma falha fatal ou haviam encontrado maneiras para minimizar os efeitos de suas falhas nas pessoas com quem trabalhavam.

Figura 1.5

Os dez principais erros que os gestores cometem

1. Ser insensível aos outros: estilo abrasivo, intimidante, opressivo.
2. Ser frio, distante, arrogante.
3. Trair a confiança.
4. Ser excessivamente ambicioso: pensa no próximo cargo, joga politicamente.
5. Ter problemas específicos de desempenho com o negócio.
6. Ter gerenciamento excessivo: incapaz de delegar ou construir uma equipe.
7. Ser incapaz de atuar em equipe eficazmente.
8. Ser incapaz de pensar estrategicamente.
9. Ser incapaz de adaptar-se ao chefe com estilo diferente.
10. Ter dependência excessiva de defensor ou mentor.

Fonte: M. W. McCall Jr.; M. M. Lombardo, What makes a top executive, *Psychology Today*, p. 26-31, fev. 1983.

O principal erro cometido pelos perdedores era que eles eram insensíveis aos outros em virtude de seu estilo de gerenciamento abrasivo, intimidante e intimidador. Os autores de um estudo descreveram um gestor que entrou na sala de seu subordinado e interrompeu uma reunião dizendo: "Preciso ver você". Quando o subordinado tentou explicar que ele não estava disponível porque estava no meio de uma reunião, o gestor gritou: "Não dou a mínima. Eu disse que queria vê-lo agora".[66] Não é de surpreender que apenas 25% dos perdedores tenham sido classificados por outros como sendo bons em lidar com as pessoas, em comparação com 75% dos vencedores.

O segundo erro estava relacionado com o fato de os perdedores serem frequentemente frios, distantes ou arrogantes. Embora pareça insensibilidade em relação aos outros, tem mais a ver com a seguinte característica: por serem gestores tão inteligentes e tão especializados em suas áreas de conhecimento, tratavam os outros com desprezo porque estes não eram especialistas também.[67] Por exemplo, a AT&T convocou um psicólogo industrial para aconselhar sua vice-presidente de recursos humanos porque ela tinha sofrido críticas por ter "espanado todo mundo" na empresa.[68] Entrevistas com colegas e subordinados da vice-presidente revelaram que eles a achavam brilhante, "mais inteligente e mais rápida que outras pessoas", "gera muitas ideias" e "adora lidar com questões complexas". Infelizmente, essas inteligências vinham com um estilo de gestão frio, distante e arrogante. As pessoas com quem a vice-presidente trabalhou queixaram-se de que ela faz "tudo rápido demais", trata os colegas com "desdém", "prejudica o trabalho em equipe", "nem sempre mostra seu lado humano" e "fechou muitas portas".[69]

O terceiro erro cometido pelos perdedores envolve trair a confiança, o que não significa ser desonesto. Em vez disso, significa fazer os outros se sentirem mal por você não ter feito o que disse que faria quando disse que faria. Esse erro, em si, não é fatal porque os gestores e funcionários não são máquinas. Tarefas deixam de ser feitas em todas as empresas todos os dias. Há sempre muito a fazer, e não há tempo, pessoas, dinheiro ou recursos suficientes para fazê-lo. A traição fatal da confiança é deixar de informar os outros quando as coisas não serão feitas como deveriam ou no tempo certo. Essa falha em admitir erros, informar rapidamente os outros, assumir a responsabilidade e consertar os erros sem culpar os outros claramente distinguia o comportamento dos perdedores dos vencedores.

O quarto erro estava intimamente ligado ao fato de os gestores serem excessivamente políticos e ambiciosos. Gestores que sempre estão de olho em seu próximo cargo raramente estabelecem mais do que relações superficiais com pares e colegas de trabalho. Em sua pressa de ganhar crédito por sucessos que seriam notados pela alta gerência, eles cometem o erro fatal de tratar as pessoas como se elas não importassem. Um funcionário com um chefe excessivamente ambicioso descreveu-o desta maneira: "Ele trata os funcionários fria e cruelmente. Atribui a culpa sem considerar a responsabilidade e fica com todo o crédito. Certa vez, tive um chefe assim, e ele me deu uma nova definição de risco compartilhado: se algo que fizesse fosse bem-sucedido, ele levaria o crédito. Se não fosse, a culpa seria minha".[70]

Os erros fatais de ser incapaz de delegar, construir e incentivar uma equipe de fato indicam que muitos gestores perdedores foram incapazes de fazer a transição mais básica para o trabalho gerencial: deixar de ser operadores com a mão na massa e ter o trabalho realizado por outros. Duas coisas dão errado quando os gestores cometem tais erros. Primeiro, quando eles se intrometem em decisões que seus subordinados devem tomar, ou seja, quando não conseguem deixar de ser praticantes, alienam as pessoas que trabalham para eles. Rich Dowd, fundador da Dowd Associates, uma empresa de pesquisa de executivos, admite monitorar e interromper constantemente os funcionários porque eles não estavam fazendo o trabalho "da maneira que imaginava, mesmo quando o trabalho era excelente". De acordo com Richard Kilburg, da Johns Hopkins University, quando os gestores interferem nas decisões dos trabalhadores, "Você [...] tende a perder as pessoas mais criativas. Elas são capazes de dizer: 'Faça como quiser. Eu não vou ficar aqui'".[71] De fato, uma funcionária disse a Dowd que, se ele iria fazer o trabalho por ela, ela pediria demissão. Em segundo lugar, como eles estão tentando fazer os trabalhos de seus subordinados, além de seus próprios, os gestores que não conseguem delegar não terão tempo suficiente para fazer muito de qualquer coisa bem. Uma assistente de um político de Washington, ao chegar ao trabalho todos os dias, encontrava na sua mesa uma longa lista de coisas a fazer detalhando tudo o que se esperava que ela fizesse naquele dia, além de como fazê-lo, a quem ligar, e quando dar a seu chefe atualizações sobre seu progresso. Em depoimento, ela afirmou: "Às vezes, essa lista tinha três ou quatro páginas. Deve ter levado pelo menos uma hora para escrever".[72]

1-7 TRANSIÇÃO PARA A GESTÃO: O PRIMEIRO ANO

Em seu livro *Becoming a manager: mastery of a new identity* (no Brasil, lançado com o título *Aprender a ser gestor. O que precisa para construir uma carreira de sucesso na área da gestão*), a professora Linda Hill da Harvard Business School acompanhou o desenvolvimento de 19 pessoas em seu primeiro ano como gestores. O estudo de Hill constatou que se tornar um gestor produziu uma profunda transição psicológica que mudou a maneira como esses gestores viam a si mesmos e os outros. Conforme mostra a Figura 1.6, a evolução de pensamentos, expectativas e realidades dos gestores, ao longo do primeiro ano de gestão, revela a magnitude das mudanças pelas quais passaram.

Inicialmente, os gestores do estudo de Hill acreditavam que seu trabalho era exercer autoridade formal e gerenciar tarefas, basicamente ser o chefe, dizer aos outros o que fazer, tomar decisões e conseguir que as coisas sejam feitas. Um dos entrevistados de Hill declarou: "Ser gestor significa fazer funcionar meu próprio escritório, usando minhas ideias e meus pensamentos". Outro afirmou o seguinte: "[O escritório é] meu bebê. É meu trabalho fazer com que ele funcione".[73] Na verdade, a maioria dos novos gestores foram atraídos para essas posições porque queriam estar no comando. Surpreendentemente, eles não acreditavam que o trabalho era gerenciar as pessoas. Os únicos aspectos da gestão de pessoas mencionados por eles eram a contratação e a demissão.

IOoncept/Shutterstock.com

Após seis meses, a maioria dos novos gestores havia concluído que as expectativas iniciais sobre o trabalho estavam erradas. Gestão não era apenas ser o chefe, tomar decisões e dizer aos outros o que fazer. A primeira surpresa foi o ritmo acelerado e a pesada carga de trabalho envolvida. Um dos gestores entrevistados por Hill afirmou: "Este trabalho é muito mais difícil do que se pensa. Representa de 40% a 50% mais trabalho do que ser um operador! Quem teria adivinhado?". O ritmo do trabalho gerencial também foi surpreendente. Outro entrevistado foi categórico: "Diariamente, você tem oito ou nove pessoas que solicitam uma parte de seu tempo [...] é um vaivém constante no escritório". Um gestor um tanto frustrado declarou que o gerenciamento era "um trabalho que nunca termina [...] um trabalho que não dá para deixar descontraído".[74]

Descrições informais como essas são consistentes com estudos que indicam que o gestor típico de primeira linha não fica mais de dois minutos em uma tarefa sem ser interrompido por um pedido de um subordinado, uma chamada telefônica ou um *e-mail*. O ritmo é um pouco menos acelerado para os gestores da alta administração, que ficam em média nove minutos em uma tarefa antes de ter que mudar para outra. Na prática, isso significa que os supervisores podem executar 30 tarefas por hora, enquanto os gestores da alta administração executam sete tarefas por hora, todas diferentes. Um gestor descreveu assim esse nível frenético de atividade: "A única vez que você está no controle é quando fecha a porta. Quando isso ocorre, sinto que não estou fazendo o trabalho que me cabe, ou seja, estar com as pessoas".[75]

A outra grande surpresa, depois de seis meses no trabalho, foi que as expectativas dos gestores sobre o que

Figura 1.6

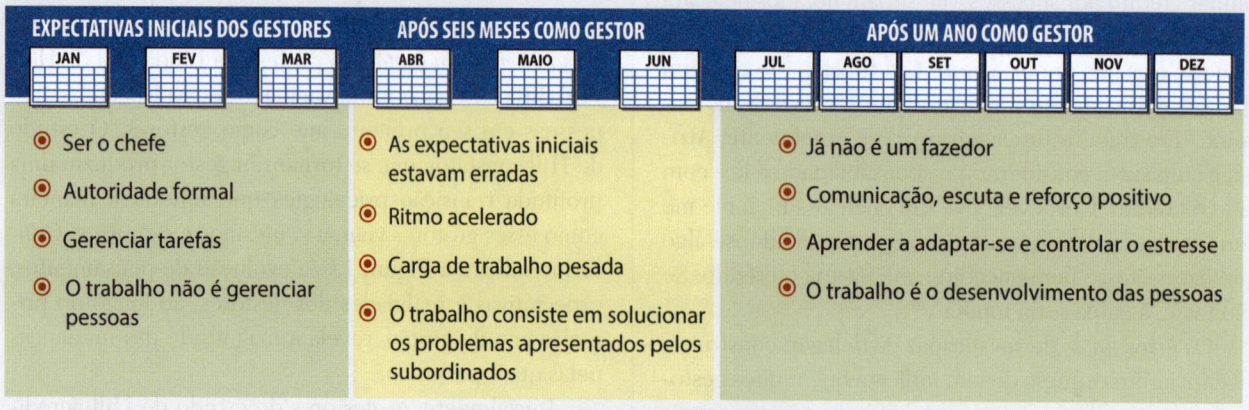

Estágios na transição para a gestão

EXPECTATIVAS INICIAIS DOS GESTORES (JAN, FEV, MAR)	APÓS SEIS MESES COMO GESTOR (ABR, MAIO, JUN)	APÓS UM ANO COMO GESTOR (JUL, AGO, SET, OUT, NOV, DEZ)
• Ser o chefe • Autoridade formal • Gerenciar tarefas • O trabalho não é gerenciar pessoas	• As expectativas iniciais estavam erradas • Ritmo acelerado • Carga de trabalho pesada • O trabalho consiste em solucionar os problemas apresentados pelos subordinados	• Já não é um fazedor • Comunicação, escuta e reforço positivo • Aprender a adaptar-se e controlar o estresse • O trabalho é o desenvolvimento das pessoas

Fonte: L.A. Hill, *Becoming a Manager: Mastery of a New Identity* (Boston: Harvard Business School Press, 1992).

deveriam fazer eram muito diferentes das de seus subordinados. Inicialmente, os gestores definiram os cargos que ocupavam como ajudar os subordinados a bem executar o trabalho. Para aqueles gerentes que ainda se consideram mais como operadores do que como gestores, ajudar os subordinados significava fazer visitas de vendas ou lidar com reclamações de clientes. Um deles afirmou: "Gosto de sair com o representante, que pode precisar de mim para dar minha credibilidade como gestor. Gosto do desafio, a alegria no fechamento. Saio com os representantes e faço a visita e falo sobre o cliente; é divertido".[76] Mas, quando os gestores "ajudavam" dessa maneira, os subordinados ficavam ressentidos e viam a ajuda como uma interferência. Os subordinados queriam que os gestores os ajudassem solucionando problemas que não podiam resolver sozinhos. Depois que perceberam essa distinção, os gestores abraçaram o papel de solucionadores de problemas em geral e para seus subordinados. Assim, puderam ajudar sem interferir no trabalho deles.

Após um ano no trabalho, a maioria dos gestores se via como gestores, e não mais como operadores. Ao fazerem a transição, eles finalmente perceberam que a gestão de pessoas era a parte mais importante de seu trabalho. Um dos entrevistados de Hill resumiu a lição que levara um ano para aprender: "Como muitas demandas como gestores têm seu próprio tempo, acho que a principal responsabilidade é o desenvolvimento das pessoas. Não a produção, mas o desenvolvimento delas".[77] Outra indicação de quanto seus pontos de vista haviam mudado foi que a maioria dos gestores agora lamentava a abordagem bastante dura que usaram nas primeiras tentativas de gerenciar os subordinados: "Eu não era bom em gerenciar [...] então, eu era autoritário, como um professor de primeiro ano"; "Agora vejo que comecei como um sargento durão. Eu era inflexível, apenas um monte de ordens sobre como fazer". No final de um ano, a maioria havia abandonado a abordagem autoritária e passou a adotar a comunicação, a escuta e o reforço positivo.

Finalmente, depois de começarem o ano frustrados, os gestores se sentiram à vontade com os subordinados, com as demandas do cargo e com o estilo gerencial emergente. Transformar-se em gestores os havia conscientizado de suas limitações e da necessidade de se desenvolverem como pessoas, além de proporcionar-lhes uma recompensa inesperada de treinar e desenvolver as pessoas que trabalhavam para eles. Eis a afirmação de um dos entrevistados: "Sinto uma ótima sensação ao ver alguém fazer algo bem depois de eu ter ajudado. Fico animado". Outro declarou: "Percebo agora quão empolgante é ser gerente de filial. Mesmo nesse nível, é realmente impressionante. A gestão é ao mesmo tempo uma tarefa desafiadora e excitante".[78]

1-8 VANTAGEM COMPETITIVA POR MEIO DAS PESSOAS

Se você andar pelo corredor da seção de negócios em uma livraria, encontrará centenas de livros que explicam exatamente o que as empresas precisam fazer para ter sucesso. Infelizmente, os livros de negócios mais vendidos tendem a apresentar modismos, mudando drasticamente em poucos anos. Uma coisa que não mudou, porém, é a importância de boas pessoas e boa gestão: as empresas não podem ter sucesso por muito tempo sem elas.

Nos livros *Competitive advantage through people: unleashing the power of the work force* (Vantagem competitiva por meio das pessoas: liberte o poder das pessoas) e *The human equation: building profits by putting people first* (A equação humana: lucrar colocando as pessoas em primeiro lugar), não publicados no Brasil, Jeffrey Pfeffer, professor de negócios da Universidade de Stanford, afirma que o que separa as empresas de alto desempenho de seus concorrentes é a maneira como elas tratam suas forças de trabalho, ou seja, seu estilo de gestão.[79]

Pfeffer descobriu que os gestores das empresas de alto desempenho usavam ideias como segurança no emprego, contratação seletiva, equipes autogeridas e descentralização, alta remuneração dependente do desempenho da empresa, amplo treinamento, distinções de *status* reduzidas (entre gestores e funcionários) e amplo compartilhamento de informações financeiras para atingir desempenho financeiro que foi, em média, 40% superior ao de outras empresas. Essas ideias, explicadas em detalhes na Figura 1.7, ajudam as organizações a desenvolver forças de trabalho mais inteligentes, mais bem treinadas, mais motivadas e mais comprometidas que as de seus concorrentes. E, como indicado pelo crescimento fenomenal e retorno sobre o investimento obtidos por essas empresas, forças de trabalho com essas características proporcionam produtos e serviço superiores aos clientes. Estes continuam comprando e, ao contarem a outros sobre as experiências positivas, trazem novos clientes.

De acordo com Pfeffer, empresas que investem em seu pessoal criam vantagens competitivas duradouras difíceis de ser copiadas por outras organizações. Outros estudos também demonstram claramente que as boas práticas de gestão podem produzir vantagens substanciais em quatro áreas críticas do desempenho organizacional: receitas de vendas, lucros, retornos do mercado de ações e satisfação do cliente.

Em termos de receitas de vendas e lucros, um estudo com quase mil empresas dos Estados Unidos constatou

Figura 1.7

Vantagem competitiva por meio das pessoas: práticas de gestão

1. Segurança no emprego: trata-se da forma máxima de compromisso que as empresas podem dar aos funcionários. Eles podem inovar e aumentar a produtividade da empresa sem temer uma possível demissão.
2. Contratação seletiva: se os funcionários são a base para a vantagem competitiva de uma empresa e têm segurança no emprego, a empresa precisa recrutar agressivamente e escolher seletivamente os candidatos a fim de contratar os funcionários mais talentosos disponíveis.
3. Equipes autogeridas e descentralização: as equipes autogeridas são responsáveis por sua própria contratação, compra, atribuição de tarefas e produção. Elas podem muitas vezes produzir enormes aumentos de produtividade com maior empenho dos funcionários e criatividade. A descentralização permite que os funcionários mais próximos (e mais conhecedores) dos problemas, da produção e dos clientes tomem decisões no momento certo. A descentralização aumenta a satisfação e o compromisso dos funcionários.
4. Salários elevados atrelados ao desempenho organizacional: são necessários altos salários para atrair e reter profissionais talentosos e para indicar que a organização valoriza seus trabalhadores. Funcionários, como fundadores da empresa, acionistas e gestores, precisam compartilhar as recompensas financeiras quando a empresa é bem-sucedida. Por quê? Porque os funcionários que têm participação financeira nas empresas são mais propensos a ter uma visão de longo prazo do negócio e pensar como donos de empresas.
5. Treinamento e desenvolvimento de habilidades: como uma empresa de alta tecnologia que gasta milhões de dólares para atualizar computadores ou laboratórios de pesquisa e desenvolvimento, uma empresa cuja vantagem competitiva é baseada em seu pessoal deve investir em treinamento e desenvolvimento de habilidades.
6. Redução de diferenças de status: uma empresa deve tratar todos igualmente, não importa o cargo. Não há lugares de estacionamento reservados. Todos comem no mesmo refeitório e têm benefícios semelhantes. O resultado é a melhoria da comunicação, já que os funcionários se concentram em problemas e soluções, e não em como eles são menos valorizados do que os gestores.
7. Compartilhamento de informações: se os funcionários devem tomar decisões boas para a saúde e o sucesso da empresa em longo prazo, precisam ser informados sobre custos, ganhos, produtividade, tempos de desenvolvimento e estratégias antes conhecidas apenas pelos gestores da empresa.

Fonte: J. Pfeffer, *The Human Equation: Building Profits by Putting People First* (Boston: Harvard Business School Press, 1996).

que aquelas que usam apenas algumas das ideias mostradas na Figura 1.7 tinham $ 27.044 mais de vendas por funcionário e $ 3.814 mais de lucro por funcionário do que as que não o fizeram. Para uma empresa de 100 pessoas, essas diferenças somam $ 2,7 milhões a mais em vendas e quase $ 400 mil a mais em lucro anual! Para uma empresa de mil pessoas, a diferença cresce para $ 27 milhões a mais em vendas e $ 4 milhões a mais em lucro anual![80]

Outro estudo que considera o efeito do investimento em pessoas sobre as vendas da empresa constatou que as empresas de baixo desempenho foram capazes de melhorar seu retorno médio sobre o investimento de 5,1% para 19,7% e aumentar as vendas em $ 94.000 por funcionário. Elas fizeram isso com a adoção de técnicas de gestão tão simples como definição de expectativas de desempenho (estabelecimento de metas, resultados e programação), *coaching* (discussões contínuas informais entre gestores e subordinados sobre o que está sendo bem feito e o que poderia ser melhorado), revisão do desempenho por funcionário (discussão formal anual sobre os resultados) e recompensa pelo desempenho dos funcionários (ajustando salários e bônus com base no desempenho e nos resultados dos funcionários).[81] Duas décadas de pesquisa em 92 empresas indicaram que o aumento médio no desempenho da empresa pelo uso dessas práticas de gestão gira em torno de 20%.[82] Assim, além de melhorarem significativamente a lucratividade de empresas saudáveis, práticas de gerenciamento sadias podem recuperar organizações em dificuldades.

Para determinar até que ponto investir em pessoas afeta o desempenho do mercado de ações, pesquisadores compararam empresas na lista de "100 Melhores Empresas para Trabalhar nos Estados Unidos" da revista *Fortune* com empresas semelhantes em termos de indústria, tamanho e, fundamentalmente, desempenho operacional. Ambos os conjuntos de empresas tinham igualmente bom desempenho. A principal diferença era a forma como tratavam os funcionários. Para ambos os conjuntos de empresas, os pesquisadores descobriram que atitudes dos funcionários como satisfação no trabalho mudaram pouco de ano a ano. As pessoas que trabalhavam para as empresas "100 Melhores" estavam consistentemente muito mais satisfeitas com seus empregos e empregadores ano após ano do que os funcionários das empresas correspondentes. Mais importante ainda, tais diferenças estáveis nas atitudes dos funcionários estavam fortemente relacionadas às diferenças no desempenho

CFO: mais que um "estatístico"

Depois de trabalhar em empresas como ADT Corp., Nalco Holdings Co. e UAL Corp., Kathryn Mikells, que hoje atua na Xerox Corp., sabe uma ou duas coisas sobre os desafios de ser um novo CFO. Mikells descreve várias chaves que podem ajudar os novos CFOs a ser bem-sucedidos. Um dos passos mais importantes é usar o tempo necessário para conversar com a gerência sênior e ter uma noção de onde a empresa está e quais os desafios que enfrenta. Ela também acredita que o CFO deve envolver-se em planejamento estratégico: "Estratégia tende a estar diretamente ligada à alocação de recursos e de capital. É realmente importante que [tudo] se junte". Ela também enfatiza a importância de ter um bom sentimento em relação à equipe. Um novo CFO quer rapidamente descobrir em que direção a equipe está indo e que tipo de habilidades os membros têm.

iStockphoto.com/AlasdairJame

Fonte: K. Mikells, Xerox CFO; an atmosphere for transformation, interview by N. Knox, *The Wall Street Journal*, 4 abr. 2014. Disponível em: <http://blogs.wsj.com/cfo/2014/04/04/xerox-cfo-an-atmosphere-for-transformation/?mod=WsJ_business_cfo>. Acesso em: 9 abr. 2014.

no mercado de ações. Durante um período de três anos, um investimento nas "100 Melhores" teria dado um retorno acumulado de ações de 82% em comparação com apenas 37% para as empresas correspondentes.[83] Essa diferença é notável, uma vez que ambos os conjuntos de empresas eram igualmente bons no início do período.

Finalmente, a pesquisa também indicou que os gestores têm um efeito importante na satisfação do cliente. Muitas pessoas consideram isso surpreendente, pois não entendem como os gestores, em grande parte responsáveis pelo que acontece dentro da empresa, podem afetar o que acontece fora dela.

Elas se perguntam como os gestores, que muitas vezes interagem com clientes em condições negativas (quando estes estão irritados ou insatisfeitos), podem realmente melhorar a satisfação deles. Acontece que os gestores influenciam a satisfação do cliente por meio da satisfação dos funcionários. Quando estão satisfeitos com os empregos, os patrões e as empresas para as quais trabalham, os funcionários proporcionam um serviço muito melhor aos clientes.[84] Por sua vez, os clientes também ficam mais satisfeitos. De fato, os clientes das "100 Melhores" empresas listadas pela *Fortune*, nas quais os funcionários estão muito mais satisfeitos com seus empregos e as empresas, têm maiores índices de satisfação de seus clientes do que dos clientes de empresas comparáveis que não estão na lista da revista. Ao longo de um período de oito anos, essa diferença na satisfação do cliente também resultou em um retorno anual do mercado de ações de 14% para as "100 Melhores" empresas em comparação com um retorno de 6% para o mercado de ações em geral.[85]

No Capítulo 18, que trata de gerenciamento de operações de serviços e manufatura, você aprenderá mais sobre a cadeia de serviços e lucros.

1
FERRAMENTA DE ESTUDO
Leia o cartão de revisão do capítulo e reveja o conteúdo.
http://www.

2 História da gestão

Everett Historical/Shutterstock.com

RESULTADOS DE APRENDIZAGEM

2-1 Explicar as origens da gestão.

2-2 Explicar a história da gestão científica.

2-3 Discutir a história da gestão burocrática e administrativa.

2-4 Explicar a história da gestão de relações humanas.

2-5 Discutir o histórico da gestão de operações, da informação, de sistemas e de contingências.

2-1 AS ORIGENS DA GESTÃO

A cada dia, gestores são convidados a resolver problemas desafiadores com uma quantidade limitada de tempo, pessoas ou recursos. No entanto, ainda é responsabilidade deles fazer as coisas no tempo certo e dentro do orçamento. Diga aos gestores de hoje que "recompensem os trabalhadores pela melhoria da produção ou do desempenho", "estabeleçam metas específicas para aumentar a motivação" ou "inovem para criar e manter uma vantagem competitiva", e eles reagirão assim: "Bah! Quem não sabe isso?". Há 125 anos, no entanto, ideias e práticas de negócios eram tão diferentes que os conceitos de gestão amplamente aceitos nos dias atuais teriam sido tão evidentes como viagens espaciais, *smartphones* e *drones*. De fato, cargos e carreiras gerenciais não existiam há 125 anos, de modo que a gestão ainda não era um campo de estudo. Agora, é claro, gestores e gestão são uma parte tão importante do mundo dos negócios que é difícil imaginar organizações sem eles. Então, se não existiam gestores há 125 anos, mas hoje você não pode caminhar pelo corredor sem esbarrar em um, de onde veio a gestão?

Embora possamos encontrar as sementes de muitas das ideias atuais de gestão ao longo da história, foi apenas nos últimos dois séculos que mudanças sistemáticas na natureza do trabalho e das organizações criaram uma necessidade imperiosa por gestores.

2-1a Ideias e práticas de gestão ao longo da história

Exemplos de pensamento e prática de gestão podem ser encontrados ao longo da história.[1] Por exemplo, o primeiro exemplo registrado de gestão de informações data da antiga Suméria (atual Iraque), por volta de 8000-3000 a.C. Empresários sumérios usavam pequenas fichas de argila para calcular quantidades de grãos e gado, e, mais tarde, bens de valor agregado, como perfume ou cerâmica, que possuíam e comercializavam em templos e portões de cidades. Diferentes formas e tamanhos representavam diferentes tipos e quantidades de mercadorias. As fichas também eram usadas para armazenar dados. Elas eram mantidas em pequenos recipientes de argila, e suas formas eram impressas na parte externa do recipiente para indicar o que estava dentro. Eventualmente, alguém pensou que era mais fácil apenas escrever esses símbolos com um estilete em uma placa, em vez de usar as fichas. No final, a nova tecnologia da *escrita* levou a uma gestão mais eficiente dos negócios dos templos sumérios.[2]

Uma tarefa tão enorme quanto a construção das grandes pirâmides no Egito estava destinada a apresentar problemas práticos que levariam ao desenvolvimento de ideias de gestão. Os egípcios reconheceram a necessidade de planejamento, organização e controle para a submissão de pedidos por escrito e para consultar o pessoal antes de tomar decisões. A enormidade da tarefa que enfrentaram é evidente na pirâmide do rei Quéops, que contém 2,3 milhões de blocos de pedra. Cada bloco teve que ser extraído, cortado no tamanho e na forma precisos, curado (endurecido ao sol), transportado por barco por dois a três dias, movido para o canteiro de obras, numerado para identificar onde seria colocado e depois moldado e alisado de modo que se encaixasse perfeitamente no lugar. Foram necessários 20 mil trabalhadores e 23 anos para completar essa pirâmide. Mais de oito mil foram necessários apenas para trabalhos na pedreira e no transporte das pedras. Um percurso típico de ida e volta à pedreira poderia incluir 100 oficiais do exército, 50 membros do governo e religiosos e 200 membros da corte do rei liderando 130 pedreiros para cortar as pedras, cinco mil soldados, 800 bárbaros e dois mil servos incumbidos de carregar e descarregar as pedras dos navios.[3]

A Figura 2.1 mostra como outras ideias e práticas de gestão ao longo da história se relacionam com as funções de gestão que discutimos neste livro.

2-1b Por que precisamos de gestores hoje

Trabalhar das 8 horas às 17 horas, fazer intervalos para o café e horário de almoço, enfrentar o tráfego de hora de pico e marcar o ponto são coisas que associamos com o mundo do trabalho atual. No entanto, nem sempre foi assim. Na verdade, a concepção de cargos e organizações mudou muito nos últimos 500 anos. Na maior parte da história da humanidade, por exemplo, as pessoas não se deslocavam para ir ao trabalho.[4] O trabalho geralmente ocorria em casas ou fazendas. Em 1720, quase 80% dos 5,5 milhões de ingleses viviam e trabalhavam no campo. E, recentemente, em 1870, dois terços dos norte-americanos ganhavam a vida com a agricultura. Mesmo a maioria daqueles que não ganhavam a vida com a agricultura não se deslocava para trabalhar. Na Inglaterra, já em 1903, ferreiros, fabricantes de móveis, fabricantes de artigos de couro e outros artesãos especializados ou que formavam associações de ofício (as chamadas guildas, antecessoras históricas dos sindicatos), geralmente trabalhavam em lojas localizadas dentro das casas ou ao

Figura 2.1

Ideias e práticas de gestão ao longo da história

Tempo	Individual ou grupo	Planejamento	Organização	Liderança	Controle	Contribuições para o pensamento e a prática da gestão
5000 A.C.	Sumérios				√	Registros escritos
4000 A.C a 2000 A.C.	Egípcios	√	√		√	Planejamento, organização e controle para construir as pirâmides; submissão de pedidos por escrito, tomada de decisões após consulta ao pessoal
1800 A.C.	Hamurabi				√	Controles e uso de testemunhas em casos legais
600 A.C.	Nabucodonosor		√	√		Incentivos salariais e controle de produção
500 A.C.	Sun Tzu	√		√		Estratégia e identificação das fraquezas dos adversários, e ataque a eles
400 A.C.	Xenofonte	√	√	√	√	Gestão como arte separada
400 A.C.	Ciro		√	√	√	Relações humanas e estudo de movimentos
175	Cato		√			Descrições de cargo
284	Diocleciano		√			Delegação de autoridade
900	al-Farabi			√		Traços de liderança
1100	Ghazali			√		Traços gerenciais
1418	Barbarigo		√			Diferentes formas/estruturas organizacionais
1436	Venezianos				√	Numeração, padronização e intercambiabilidade de peças
1500	*Sir* Thomas More			√		Crítica da má gestão e liderança
1525	Maquiavel		√	√		Coesão, poder e liderança nas organizações

Fonte: C. S. George Jr., *The history of management thought* (Englewood Cliffs, NJ: Prentice Hall, 1972).

lado delas.[5] Da mesma forma, trabalhavam entre si em pequenas casas que muitas vezes eram construídas em um semicírculo. Uma família em cada casa completaria um passo diferente da produção, e o trabalho passava de uma casa para outra até que a produção estivesse completa. Com pequenos grupos de trabalho auto-organizados, sem deslocamento, sem chefes e sem construção comum, não havia uma forte necessidade de gestão.

Contudo, durante a Revolução Industrial (1750-1900), cargos e organizações mudaram muito.[6] Em primeiro lugar, os trabalhadores não qualificados que operavam máquinas começaram a substituir artesãos qualificados e com alta remuneração. Essa mudança foi possível graças à disponibilidade de energia (motores a vapor e, mais tarde, eletricidade), às inúmeras invenções relacionadas, incluindo os processos de fundição de coque de Darby e de *puddling* e laminação de Cort (ambos para produzir ferro), e à fiadora Jenny de Hargreaves e à fiadora de água de Arkwright (ambas para fiação de algodão). Enquanto os artesãos fabricavam manualmente mercadorias inteiras, esse novo sistema de produção baseava-se numa divisão do trabalho, ou seja, cada trabalhador, ao interagir com máquinas, realizava tarefas separadas e altamente especializadas, que constituíam apenas uma pequena parte de todas as etapas necessárias para fabricar produtos manufaturados. A produção em massa nasceu quando as linhas de montagem movidas por cordas e correntes moviam o objeto a ser trabalhado para trabalhadores estacionários, que se concentravam em realizar uma pequena tarefa repetidamente. Enquanto os trabalhadores se concentravam em suas tarefas elementares, gestores eram necessários para coordenar as diferentes partes do sistema de produção e otimizar o desempenho geral. A produtividade disparou em empresas que entenderam isso. Na **Ford Motor Company**, onde a linha de montagem foi desenvolvida, o tempo necessário para montar um carro caiu de 12,5 horas de trabalho para apenas 93 minutos após a mudança para a produção em massa.[7]

Em segundo lugar, em vez de serem realizados em casas localizadas nos campos e nas cidades ou em pequenas lojas, os trabalhos ocorriam em grandes organizações formais, onde centenas, se não milhares, de pessoas trabalhavam sob um mesmo teto.[8] Em 1849, por exemplo, a **Chicago Harvester** (antecessora da International Harvester) dirigia a maior fábrica dos Estados Unidos com apenas 123 trabalhadores. No entanto, em 1913, Henry Ford empregava 12 mil funcionários em sua fábrica, em Highland Park, no estado de Michigan. Como o número de pessoas que trabalhavam na indústria quintuplicou de 1860 a 1890 e com cada unidade fabril empregando grandes quantidades de trabalhadores sob um mesmo teto, as empresas agora tinham uma forte necessidade de regras disciplinares para impor ordem e estrutura. Pela primeira vez, elas precisavam de gestores que soubessem organizar grandes grupos, trabalhar com funcionários e tomar boas decisões.

2-2 GESTÃO CIENTÍFICA

Antes de 1880, educadores empresariais ensinavam somente habilidades básicas de contabilidade e secretariado, e ninguém publicava livros ou artigos sobre gestão.[9] Atualmente, se você tiver uma pergunta sobre gestão, poderá recorrer a dezenas de revistas acadêmicas (como *Academy Management Journal* ou *Review*, *Administrative Science Quarterly*, *Administrative Science Quarterly*, *Strategic Management Journal* e *Journal of Applied Psychology*), centenas de periódicos de escolas de negócios ou de profissionais da área (como *Harvard Business Review*, *MIT Sloan Management Review* e *Academy of Management Perspectives*) e milhares de livros e artigos. Nas próximas quatro seções, você aprenderá sobre algumas pessoas que fizeram contribuições importantes para o campo da gestão e como as ideias delas moldaram nossa compreensão atual de teoria e prática de gestão.

Chefes, contratados pelo proprietário ou fundador da empresa, costumavam tomar decisões de suas escrivaninhas, ao acaso, sem qualquer estudo, reflexão ou coleta de informações sistemáticos. Se os patrões decidiam que os trabalhadores deveriam trabalhar duas vezes mais rápido, pouca ou nenhuma reflexão era feita quanto à motivação dos trabalhadores. Se estes resistiam, os patrões muitas vezes recorriam a espancamentos físicos para que trabalhassem mais rápido, mais duro ou por mais tempo. Sem incentivos para que patrões e trabalhadores cooperassem entre si, ambos os grupos tentavam tirar vantagem um do outro. Além disso, cada trabalhador fazia o mesmo trabalho de sua própria maneira, com métodos e ferramentas diferentes. Em resumo, não havia procedimentos para padronizar as operações, nem padrões para avaliar se o desempenho era bom ou ruim e nenhum acompanhamento para determinar se a produtividade ou a qualidade realmente melhoraram quando mudanças eram feitas.[10]

ullstein bild via Getty Images

Frederick W. Taylor foi influenciado por sua luta de três anos para conseguir que os homens trabalhassem para ele da forma como denominou: "um dia de trabalho justo".

Gestão científica estuda e testa, de forma abrangente, diferentes métodos de trabalho para identificar a melhor e mais eficiente maneira de concluir uma tarefa.

No entanto, tudo isso mudou com o advento da **gestão científica**, que envolveu um estudo aprofundado e testes de diferentes métodos de trabalho para identificar as melhores e mais eficientes formas de completar um trabalho.

Vamos descobrir mais sobre a gestão científica ao tratarmos dos seguintes tópicos: ***2-2a Frederick W. Taylor, o pai da gestão científica; 2-2b Frank e Lillian Gilbreth e estudo de movimentos;*** *e* ***2-2c Henry Gantt e seus gráficos de Gantt.***

2-2a O pai da gestão científica: Frederick W. Taylor

Frederick W. Taylor (1856-1915), o pai da gestão científica, começou sua carreira como um trabalhador na **Midvale Steel Company**. Ele foi promovido a modelista, supervisor e, em seguida, engenheiro-chefe. Na Midvale, Taylor foi profundamente influenciado por sua luta de três anos para conseguir que os homens trabalhassem para ele da forma como denominou: "um dia de trabalho justo". Taylor, que havia trabalhado ao lado deles antes de se tornar chefe, afirmou certa vez: "Nós, que éramos os trabalhadores daquela oficina, concordávamos cuidadosamente em relação à quantidade de produção de tudo o que era feito lá. Limitávamos a produção para aproximadamente, acho, um terço do que poderíamos ter feito". De acordo com Taylor, assim que se tornasse o chefe, "os homens que trabalhassem sob minha supervisão [...] saberiam que eu estava a par da **Indolência no trabalho**, ou seja, da restrição deliberada da produção".[11] Uma vez, Taylor reuniu os seus subordinados e lhes disse: "Aceitei o cargo de gestão desta empresa e estou do outro lado da cerca [...]. Vou tentar obter um resultado maior". Os trabalhadores, por sua vez, foram enfáticos: "Estamos avisando, Fred, se você tentar acelerar o ritmo [um **acelerador de ritmo** era alguém que trabalhava mais rápido do que o grupo], co locaremos você na cerca em seis semanas".[12]

Indolência no trabalho ocorre quando as pessoas deliberadamente diminuem o ritmo de trabalho ou restringem a produção.

Acelerador de ritmo uma pessoa do grupo cujo ritmo de trabalho é significativamente mais rápido do que o ritmo normal em seu grupo.

Durante os três anos seguintes, Taylor fez tudo que pôde para melhorar a produção. Ao fazer ele mesmo o trabalho, mostrou aos trabalhadores que era possível produzir mais. Contratou novos trabalhadores e os treinou na expectativa de que produzissem mais. Mas "a pressão social muito pesada" dos outros trabalhadores os impediu de fazê-lo. Pressionados por Taylor, os trabalhadores começaram a quebrar as máquinas para que não pudessem produzir. Taylor reagiu aplicando multas cada vez que quebravam uma máquina e por qualquer violação das regras, por menor que fosse, como chegar tarde ao trabalho. As tensões tornaram-se tão graves que alguns dos trabalhadores ameaçaram atirar em Taylor. Analisando a situação, Taylor refletiu: "É uma vida horrível para qualquer um não ser capaz de olhar na cara de um trabalhador o dia todo sem ver a hostilidade estampada nela e sentir que cada homem ao redor é seu inimigo". Afirmou ainda: "Tomei a decisão de largar tudo inteiramente e passar a fazer outro trabalho ou encontrar alguma solução para essa situação insuportável".[13]

Com base nesse cenário, Taylor desenvolveu a gestão científica. Taylor, que uma vez a descreveu como "75% de ciência e 25% de senso comum", enfatizou que o objetivo da gestão científica era usar um estudo sistemático para encontrar a "melhor maneira" de fazer cada tarefa. Para isso, os gestores tinham que seguir os quatro princípios mostrados na Figura 2.2. O primeiro princípio era "desenvolver um critério científico" para cada elemento do trabalho. Estudar, analisar e determinar a "melhor maneira" de fazer o trabalho. Por exemplo, uma das propostas controversas de Taylor na época era dar descanso aos trabalhadores de fábrica que realizavam alguma tarefa física. Pensamos em pausas da manhã, do almoço e da tarde como normais, mas, na época de Taylor, os trabalhadores da fábrica deveriam trabalhar sem parar.[14] Quando Taylor disse que as pausas aumentariam a produtividade dos trabalhadores, ninguém acreditou nele. No entanto, por meio de experiências sistemáticas, ele mostrou que os trabalhadores que tinham descansos frequentes eram capazes de aumentar significativamente sua produção diária.

Figura 2.2

Os quatro princípios de gestão científica de Taylor

Primeiro:	Desenvolver um critério científico para cada elemento do trabalho de um homem que substitui o antigo método de regra prática.
Segundo:	Selecionar cientificamente e, em seguida, treinar, ensinar e desenvolver o trabalhador. No passado, ele escolhia o próprio trabalho e treinava da melhor forma que podia.
Terceiro:	Cooperar entusiasticamente com os trabalhadores a fim de garantir que todo o trabalho a ser feito esteja de acordo com os princípios científicos desenvolvidos.
Quarto:	Há uma divisão quase igual do trabalho e da responsabilidade entre a gestão e os trabalhadores. A gestão assume todo o trabalho para o qual é melhor do que os operários. No passado, quase todo o trabalho e a maior parte da responsabilidade eram atribuídos aos trabalhadores.

Fonte: F. W. Taylor, *The principles of scientific management* (New York: Harper, 1911).

Tendências de gestão

©ussr/Shutterstock

Para os trabalhadores modernos, os princípios da gestão científica, derivados do estudo de trabalhadores braçais, parecem desatualizados. Embora os indivíduos hoje arregacem as mangas para trabalhar com informações, eles não estão menos envolvidos com produtividade, especialmente se receberem mais de 200 e-mails por dia! Como Taylor e o casal Gilbreth, os pesquisadores atuais têm explorado maneiras de tornar os trabalhadores da informação mais produtivos. O que eles estão descobrindo é que o autocontrole, a capacidade de se concentrar, permanecer na tarefa e não ser desviado por atividades não relacionadas ao trabalho (por exemplo, Facebook), é fundamental. Em um estudo de um ano com trabalhadores indianos de entrada de dados que recebiam duas rupias por cada 100 campos de dados que concluíam, metade dos funcionários estabeleceu alvos diários, digamos, cinco mil campos de dados, para os quais foram pagos a taxa normal de duas rupias por 100 campos de dados. Mas, se não alcançassem o alvo, recebiam apenas uma rupia por 100 campos de dados. Alvos diários ajudaram os trabalhadores a manter o autocontrole, produzindo e ganhando 50% mais do que os trabalhadores no sistema regular! Assim como a gestão científica e os estudos de tempo e movimentos revolucionaram a produtividade das fábricas há um século, ferramentas que maximizam o autocontrole têm o mesmo potencial para aumentar a produtividade dos atuais trabalhadores da informação.

Fonte: S. Mullainathan, Looking at productivity as a State of Mind, *International New York Times*, 28 set. 2014, BU6.

Em segundo lugar, os gestores tinham que, de forma científica, selecionar, treinar, ensinar e desenvolver os trabalhadores para ajudá-los a alcançar seu pleno potencial. Antes de Taylor, os supervisores muitas vezes contratavam com base em favoritismo e nepotismo. Quem você conhecia era frequentemente mais importante do que o que você poderia fazer. Em contrapartida, Taylor instruiu os supervisores a contratar trabalhadores de qualificados com base em sua aptidão para fazer bem o trabalho. Em uma das primeiras aplicações desse princípio, os tempos de reação física foram usados para selecionar os inspetores de rolamentos de bicicleta, que tinham de ser capazes de examinar os rolamentos na velocidade em que eram produzidos em uma linha de produção. Por razões semelhantes, Taylor também recomendou que as empresas treinassem e desenvolvessem seus trabalhadores, uma prática rara na época.

O terceiro princípio instruía os gestores a cooperar com os funcionários para garantir que os princípios científicos fossem realmente implantados. Distúrbios trabalhistas eram muito comuns na época. O número de greves dobrou entre 1893 e 1904. Como Taylor sabia por experiência pessoal, trabalhadores e gestores frequentemente se viam como inimigos. O conselho de Taylor era contrário ao senso comum da época. Segundo ele, "A maioria acredita que os interesses fundamentais de funcionários e empregadores são necessariamente antagônicos. A gestão científica, ao contrário, tem por fundamento a firme convicção de que os verdadeiros interesses de ambas as partes são coincidentes, de que a prosperidade para o empregador não pode existir no longo prazo a menos que seja acompanhada de prosperidade para o funcionário e vice-versa, e que é possível dar ao trabalhador o que ele mais quer, salários altos, e ao empregador o que ele quer, um baixo custo de mão de obra para suas manufaturas".[15] (Para obter mais detalhes sobre esse ponto, ver boxe "Tendências de gestão".)

O quarto princípio da gestão científica era dividir o trabalho e a responsabilidade igualmente entre a gestão e os trabalhadores. Antes de Taylor, apenas os trabalhadores eram considerados responsáveis por produtividade e desempenho. Entretanto, segundo Taylor, "Quase todo ato do trabalhador deve ser precedido por um ou mais atos preparatórios da gestão, os quais lhe permitem fazer seu trabalho melhor e mais rápido do que poderia fazer. E cada homem deve ser diariamente ensinado e receber ajuda mais amável possível daqueles que estão acima dele, em vez de ser, em um extremo, conduzido ou coagido por seus patrões e, no oposto, por seus próprios meios, sem ajuda".[16]

Acima de tudo, Taylor acreditava que tais princípios poderiam ser usados para determinar um "dia de trabalho justo", ou seja, o que um trabalhador médio poderia produzir a um ritmo razoável, dia após dia. Depois que fosse determinado, era de responsabilidade da gestão pagar aos trabalhadores razoavelmente por esse dia justo do trabalho. Na essência, Taylor estava tentando alinhar a gestão e os funcionários de modo que o que era bom para um também fosse bom para o outro. Dessa forma, acreditava Taylor, trabalhadores e gestores poderiam evitar os conflitos que ele havia vivenciado na Midvale Steel.

Embora Taylor continue a ser uma figura controversa entre alguns acadêmicos que acreditam que os seus princípios eram ruins para os trabalhadores, as ideias-chave resistiram ao teste do tempo.[17] Essas ideias incluem análise sistemática para identificar os melhores métodos, seleção científica, formação e desenvolvimento dos trabalhadores; promover a cooperação entre os parceiros sociais; desenvolver abordagens e ferramentas padronizadas; estabelecer tarefas ou objetivos específicos e, em seguida, recompensar os trabalhadores com incentivos financeiros; e proporcionar horas de trabalho mais curtas e pausas frequentes. De fato, as ideias de Taylor são tão bem-aceitas e amplamente utilizadas que consideramos a maioria delas aceitas com naturalidade. Como afirmou o renomado estudioso de gestão Edwin Locke: "A questão não é, como frequentemente criticado, que Taylor estava 'correto no contexto de seu tempo', mas hoje está desatualizado, porque a maioria de seus princípios são válidos atualmente".[18]

2-2b Estudo de movimentos: Frank e Lillian Gilbreth

A equipe do casal Frank e Lillian Gilbreth é mais conhecida pelo uso de estudo de movimentos para simplificar o trabalho, mas também fez contribuições significativas para o emprego de trabalhadores com deficiência e para o campo da psicologia industrial. Tal como Taylor, as primeiras experiências do casal Gilbreth moldaram significativamente seus interesses e suas contribuições para a gestão.

Embora admitido no Instituto de Tecnologia de Massashusetts (MIT), Frank Gilbreth (1868-1924) começou sua carreira como aprendiz de pedreiro. Enquanto aprendia o ofício, percebeu que os pedreiros usavam três diferentes conjuntos de movimentos: ensinar os outros a assentar tijolos, trabalhar em ritmo lento e trabalhar em ritmo acelerado.[19] Perguntando-se qual era o melhor, ele estudou as várias abordagens e começou a eliminar movimentos desnecessários. Por exemplo, ao projetar um suporte que poderia ser levantado até a altura da cintura, Gilbreth eliminou a necessidade de se curvar para pegar cada tijolo. Virar-se para pegar um tijolo ficou mais rápido e mais fácil do que se curvar. Por ter trabalhadores com baixos salários assentando todos os tijolos com seu lado certo para cima, os pedreiros não perdiam tempo virando um tijolo. Ao misturarem uma argamassa mais consistente, os pedreiros já não tinham que bater cada tijolo várias vezes para colocá-lo na posição correta. Juntas, as melhorias de Gilbreth aumentaram a produtividade de 120 para 350 tijolos por hora e de mil tijolos para 2.700 tijolos por dia.

Como resultado de sua experiência em alvenaria, Gilbreth e a esposa Lillian desenvolveram um interesse de longo prazo em usar o estudo de movimentos para simplificar o trabalho, melhorar a produtividade e reduzir o nível de esforço necessário para realizar um trabalho com segurança. Na verdade, para Frank Gilbreth, "O maior desperdício do mundo vem de movimentos desnecessários, mal dirigidos e ineficazes".[20] O **estudo de movimentos** dividia cada tarefa ou trabalho em movimentos separados e, então, eliminava os desnecessários ou repetitivos. Como muitos movimentos eram muito rápidos, o casal Gilbreth usou filmes em câmera lenta, uma tecnologia então relativamente nova, para analisar os trabalhos. Naquela época, a maioria das câmeras era a manivela e, portanto, variável em sua velocidade de filme, de forma que Frank inventou o microcronômetro, um grande relógio que poderia gravar o tempo de meio milésimo de segundo. Ao colocar o microcronômetro próximo ao trabalhador no campo de visão da câmera e ao anexar uma luz estroboscópica de *flash* às mãos do trabalhador para identificar melhor a direção e a sequência de movimentos-chave, o casal pôde usar filmes para detectar e precisamente cronometrar o tempo até mesmo dos movimentos mais suaves e rápidos. O estudo dos movimentos produziu aumentos da produção de 25% a 300%.[21]

Estudo de movimentos
dividir cada tarefa ou trabalho em movimentos separados e, em seguida, eliminar os desnecessários ou repetitivos.

Underwood & Underwood/Bettmann/Corbis

Frank e Lillian Gilbreth são mais conhecidos pelo uso de estudo de movimentos para simplificar o trabalho.

Taylor também se esforçou para simplificar o trabalho, mas o fez gerenciando o tempo e não os movimentos, como fez o casal Gilbreth.[22] Taylor desenvolveu um estudo do tempo para pôr fim à indolência no trabalho e determinar o que poderia ser considerado um dia de trabalho justo. No **estudo de tempos**, cronometrava-se o tempo que um trabalhador com boa habilidade levava para completar cada parte de seu trabalho. Estabeleceu-se um horário padrão depois de autorizados os períodos de repouso, e o salário aumentaria ou diminuiria de acordo com o desempenho do trabalhador, ou seja, se ele excedeu ou ficou abaixo desse padrão.

Lillian Gilbreth (1878-1972) também deu uma importante contribuição para a gestão. Foi a primeira mulher a receber um doutorado em psicologia industrial, bem como a primeira a ser aceita como membro da Sociedade de Engenheiros Industriais e da Sociedade Americana de Engenheiros Mecânicos. Quando Frank morreu em 1924, ela continuou o trabalho de sua empresa de consultoria em gestão (que tinham compartilhado por mais de uma dúzia de anos). Lillian, que estava preocupada com o lado humano do trabalho, foi uma das pioneiras em psicologia industrial, gerando formas de melhorar a comunicação, os programas de incentivo, a satisfação no trabalho e o treinamento em gestão. Seu trabalho também convenceu o governo a promulgar leis sobre segurança no local de trabalho, ergonomia e trabalho infantil.

2-2c Gráficos: Henry Gantt

Henry Gantt (1861-1919) foi primeiro um protegido e depois um associado de Frederick W. Taylor. Gantt é mais conhecido pelo gráfico homônimo, mas fez também contribuições significativas para a gestão com respeito a planos de remuneração por desempenho e treinamento e desenvolvimento dos trabalhadores. Como mostrado na Figura 2.3, um **gráfico de Gantt** indica visualmente quais tarefas devem ser concluídas em que momentos para completar um projeto. Ele consegue fazê-lo mostrando o tempo em unidades variadas no eixo x e tarefas no eixo y. Por exemplo, a Figura 2.3 mostra que as seguintes tarefas devem ser completadas em datas específicas: para iniciar a construção em uma nova sede da empresa até a semana de 18 de novembro, a empresa de arquitetura deve ser selecionada até 7 de outubro, o planejamento arquitetônico deve ser feito até 4 de novembro, as licenças devem ser obtidas até 11 de novembro, a preparação do local deve ser finalizada em 18 de novembro e os empréstimos e financiamentos devem estar fechados até 18 de novembro.

Embora simples e diretos, os gráficos de Gantt eram revolucionários na era da gerência de escritório graças à informação detalhada de planejamento que forneciam. Como Gantt escreveu: "Usando formas gráficas, o seu valor [do gráfico de Gantt] é muito maior, pois a aparência geral da página é suficiente para dizer como está o cronograma até o momento. Em outras

Estudo de tempos medir o tempo necessário para bons trabalhadores completarem cada parte das tarefas atribuídas a eles.

Gráfico de Gantt mostra quais tarefas devem ser concluídas em que momentos para completar um projeto ou uma atividade.

iStockphoto.com/Nullplus

Figura 2.3
Gráfico de Gantt para iniciar a construção em uma nova sede

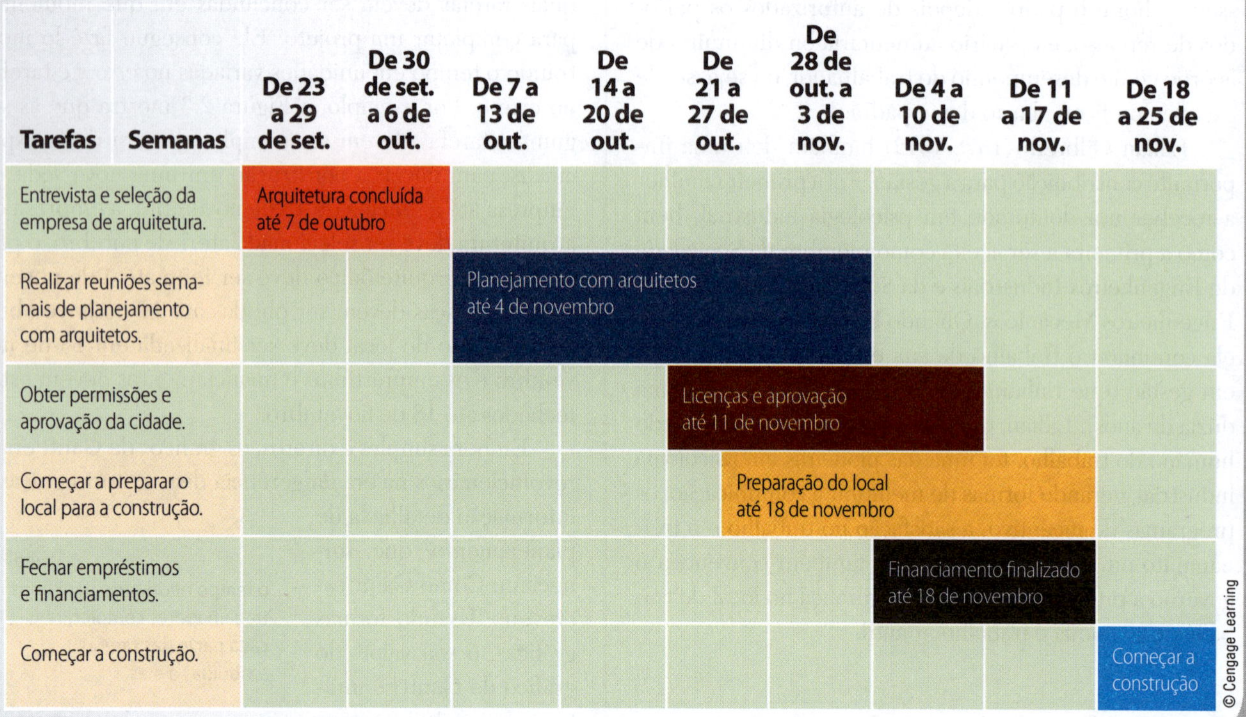
Tarefas
Semanas
De 23 a 29 de set.
De 30 de set. a 6 de out.
De 7 a 13 de out.
De 14 a 20 de out.
De 21 a 27 de out.
De 28 de out. a 3 de nov.
De 4 a 10 de nov.
De 11 a 17 de nov.
De 18 a 25 de nov.
Entrevista e seleção da empresa de arquitetura.
Arquitetura concluída até 7 de outubro
Realizar reuniões semanais de planejamento com arquitetos.
Planejamento com arquitetos até 4 de novembro
Obter permissões e aprovação da cidade.
Licenças e aprovação até 11 de novembro
Começar a preparar o local para a construção.
Preparação do local até 18 de novembro
Fechar empréstimos e financiamentos.
Financiamento finalizado até 18 de novembro
Começar a construção.
Começar a construção
© Cengage Learning

palavras, se a fábrica está funcionando eficientemente ou não".[23] De acordo com Gantt, "Essas páginas mostram rapidamente os atrasos e indicam o que deve ter nossa atenção para manter o bom resultado". O uso dos gráficos de Gantt é tão difundido atualmente que quase todo *software* de gerenciamento de projetos e planilhas de computador tem a capacidade de criar gráficos que acompanham e exibem visualmente o progresso que está sendo feito em um projeto.

Finalmente, Gantt, junto com Taylor, foi um dos primeiros a recomendar fortemente que as empresas treinassem e desenvolvessem os trabalhadores.[24] Em seu trabalho com empresas, ele descobriu que os trabalhadores alcançavam os melhores níveis de desempenho quando eram devidamente treinados. Na época, no entanto, os supervisores eram relutantes em ensinar aos trabalhadores o que sabiam por medo de que pudessem perder o emprego para indivíduos mais capacitados. Para superar a resistência dos supervisores, Gantt os recompensou com bônus pelo treinamento adequado de todos os trabalhadores. Na época, Gantt afirmou: "Essa é a primeira tentativa registrada de transformar o interesse financeiro do encarregado em um incentivo para que ele possa ensinar o trabalhador individual, e a importância disso não pode ser superestimada, pois o seu encarregado deixa de ser um líder de homens para ser seu amigo e ajudante".[25] A abordagem de Gantt para o treinamento era direta: "(1) Uma investigação científica detalhada de cada parte de trabalho e determinação do melhor método e do menor tempo nos quais o trabalho pode ser feito. (2) Um professor capaz de ensinar o melhor método e o menor tempo. (3) Recompensa tanto para o professor como para o aluno quando este tiver sucesso".[26]

2-3 GESTÃO BUROCRÁTICA E ADMINISTRATIVA

O campo da gestão científica desenvolveu-se rapidamente nos Estados Unidos entre 1895 e 1920 e concentrou-se na melhoria da eficiência das instalações industriais e de seus trabalhadores. Mais ou menos na mesma época, ideias igualmente importantes sobre a gestão burocrática e administrativa estavam se desenvolvendo na Europa. O sociólogo alemão Max Weber apresentou uma nova maneira de dirigir organizações inteiras (gerenciamento burocrático) em *A teoria da organização social e econômica*, livro publicado em 1922. Henri Fayol, um experiente CEO francês, publicou suas ideias sobre como e o que os gerentes deveriam fazer (gestão administrativa) em *Gestão geral e industrial* em 1916.

Trataremos das contribuições de Weber e Fayol para a gestão em ***2-3a gestão burocrática*** *e* ***2-3b gestão administrativa****.*

2-3a Gestão burocrática: Max Weber

Hoje, quando ouvimos o termo *burocracia*, pensamos em ineficiência e papelada, incompetência e ineficácia e administradores rígidos aplicando cegamente regras absurdas. Contudo, quando o sociólogo alemão Max Weber (1864-1920) propôs pela primeira vez a ideia de organizações burocráticas, tais problemas eram associados a monarquias e patriarcados, e não a burocracias. Nas monarquias, em que governavam reis, rainhas, sultões e imperadores, e nos patriarcados, em que um conselho de anciãos, sábios ou chefes de extensas famílias governavam, os principais líderes alcançavam, em geral, suas posições em virtude do direito de nascimento. Por exemplo, quando a rainha morria, o filho mais velho se tornava rei, independentemente de inteligência, experiência, educação ou desejo. Da mesma forma, a promoção a posições de autoridade em monarquias e patriarcados se baseava nos seguintes aspectos: quem você conhecia (política), quem você era (hereditariedade) ou antigas regras e tradições.

Figura 2.4
Elementos das organizações burocráticas

Contratação com base em qualificações:	Funcionários são contratados com base em sua capacitação técnica ou formação educacional.
Promoção baseada no mérito:	A promoção é baseada na experiência ou realização. Os gestores, e não os proprietários das organizações, decidem quem é promovido.
Cadeia de comando:	Cada trabalho ocorre dentro de uma hierarquia, a cadeia de comando, à qual cada posição se reporta e que é responsável perante uma posição mais elevada. Um procedimento de queixa e um direito de recurso protegem as pessoas que ocupam posições mais baixas.
Divisão de trabalho:	Tarefas, responsabilidades e autoridade são claramente divididas e definidas.
Aplicação imparcial de regras e procedimentos:	Regras e procedimentos aplicam-se a todos os membros da organização e serão aplicados de forma imparcial, independentemente da posição ou do status de cada um.
Registro por escrito:	Todas as decisões gerenciais, atos, regras e procedimentos serão registrados por escrito.
Gestores separados dos proprietários:	Os proprietários não devem gerenciar nem supervisionar a organização.

Fonte: M. Weber, *The theory of social and economic organization*, trad. A. Henderson e T. Parsons (New York: The Free Press, 1947), p. 329-334.

Maxx-Studio/Shutterstock.com / Wavebreakmedia/Shutterstock.com / Ryan McVay/Photodisc/Getty Images / Michaeljung/Shutterstock.com / XRoigs/Shutterstock.com / Pressmaster/Shutterstock.com / Andy Dean Photography/Shutterstock.com /

Foi contra esse contexto histórico de regra monárquica e patriarcal que Weber propôs a então nova ideia. *Burocracia* vem da palavra francesa *bureaucratie*. Como *bureau* significa escrivaninha ou escritório, e *cratie* ou *cracia*, meios para governar, *burocracia* denota a regra de uma escrivaninha ou escritório. De acordo com Weber, **burocracia** é "o exercício do controle com base no conhecimento".[27] Em vez de governar em favor do favoritismo ou de conexões pessoais ou familiares, as pessoas em uma burocracia liderariam em virtude de sua autoridade racional-legal, ou seja, seus conhecimentos, sua perícia ou experiência. Além disso, o objetivo da burocracia não é proteger a autoridade, mas atingir os objetivos de uma organização da maneira mais eficiente possível.

A Figura 2.4 mostra os sete elementos que, segundo Weber, caracterizam burocracias. Primeiro, em vez de contratar pessoas por causa de suas conexões familiares ou políticas ou lealdade pessoal, elas devem ser contratadas porque a formação técnica ou educação as qualifica para fazer bem o trabalho. Segundo, na mesma linha, a promoção dentro da empresa não deve mais se basear em quem você conhece (política) ou quem você é (hereditariedade), mas em sua experiência ou suas realizações. E para limitar ainda mais a influência das conexões pessoais no processo de promoção, os *gestores* e não os proprietários das organizações devem decidir quem é promovido. Terceiro, cada posição ou cargo é parte de uma cadeia de comando que esclarece quem se reporta a quem em toda a organização. Os superiores da cadeia de comando têm o direito, se assim o desejarem, de dar ordens, tomar medidas e decisões sobre atividades que ocorram em qualquer lugar abaixo deles na cadeia. No entanto, ao contrário de muitas monarquias ou patriarcados, indivíduos em postos mais baixos na cadeia de comando são protegidos por um procedimento de queixa que lhes dá o direito de apelar às decisões daqueles que estão em cargos mais elevados. Quarto, para aumentar a eficiência e eficácia, tarefas e responsabilidades devem ser separadas e atribuídas aos mais qualificados para concluí-las. A autoridade é investida nessas posições definidas pelas tarefas e não nas pessoas, e a autoridade de cada posição é claramente definida para reduzir confusão e conflito. Se você mudar para um trabalho diferente em uma burocracia, sua autoridade aumentará ou diminuirá proporcionalmente às responsabilidades desse trabalho. Quinto, devido à forte aversão ao favoritismo, Weber acreditava que regras e procedimentos de uma organização deveriam se aplicar a todos os membros, independentemente de posição ou *status*. Sexto, para assegurar consistência e equidade ao longo do tempo e entre diferentes líderes e supervisores, todas as regras, procedimentos e decisões devem ser registrados por escrito. Finalmente, para reduzir o favoritismo, gestores "profissionais", e não donos de empresas, devem gerenciar ou supervisionar a organização.

Burocracia exercício de controle com base em conhecimento, perícia ou experiência.

Quando vistas no contexto histórico, as ideias de Weber sobre a burocracia representam uma tremenda melhoria no modo como as organizações devem ser administradas. A justiça suplantou o favoritismo, o objetivo da eficiência substituiu o objetivo do ganho pessoal, e regras e procedimentos lógicos substituíram as tradições ou a tomada arbitrária de decisões.

Hoje, porém, depois de mais de um século de experiência, reconhecemos que a burocracia também tem limitações. Weber denominou a burocracia de "gaiola de ferro" e afirmou: "Uma vez plenamente estabelecida, a burocracia está entre as estruturas sociais mais difíceis de destruir".[28] Em burocracias, os gestores devem influenciar o comportamento dos funcionários, premiando ou punindo de forma justa quando eles respeitam ou não as políticas, regras e procedimentos organizacionais. Na realidade, entretanto, a maioria dos funcionários argumentam que os gestores burocráticos enfatizam a punição para o desrespeito a normas com muito mais intensidade do que recompensas pelo respeito a elas. Ironicamente, a gestão burocrática foi criada exatamente para evitar esse tipo de comportamento gerencial.

2-3b Gestão administrativa: Henri Fayol

Embora seu trabalho não tenha sido traduzido e amplamente reconhecido nos Estados Unidos até 1949, o francês Henri Fayol (1841-1925) teve uma contribuição tão importante para o campo da gestão quanto Taylor. Como Taylor e o casal Gilbreth, a experiência de trabalho de Fayol moldou significativamente seus pensamentos e suas ideias sobre gestão. Mas, enquanto as ideias de Taylor mudaram as empresas a partir do chão de fábrica, as de Fayol, que foram moldadas por sua experiência como um diretor-gerente (CEO), mudaram, em geral, as empresas do conselho de administração para baixo.[29] Fayol é mais conhecido pelo desenvolvimento das cinco funções dos gestores e dos 14 princípios de gestão, bem como por sua crença de que a gestão pode e deve ser ensinada a outros.

Os eventos mais formativos da carreira empresarial de Fayol vieram durante seus mais de 20 anos como diretor-gerente da Compagnie de Commentry-Fourchambault et Décazeville, mais conhecida como **Comambault**, uma empresa siderúrgica com elevado grau de integração vertical que tinha muitas minas de carvão e minério

FAZENDO A COISA CERTA

Quando 1 + 1 = 3

Uma das razões mais comuns para justificar fusões é a sinergia, ou seja, 1 + 1 = 3, o que significa que as empresas incorporadas serão mais eficientes, produtivas e rentáveis do que individualmente. Um estudo realizado pela Bain & Company mostra que 70% dos acordos de fusões não geram as sinergias antecipadas. Por quê? Os executivos, ansiosos por justificar as fusões, superestimavam fortemente o que poderia ser alcançado e não faziam a análise rigorosa que os teria ajudado a saber se a fusão teria realmente produzido sinergias. Uma exceção, a AB InBev, o conglomerado global de bebidas, calcula rotineiramente os níveis de sinergia precisos, e altos, e, em seguida, atinge tais previsões. Sempre que adquire uma

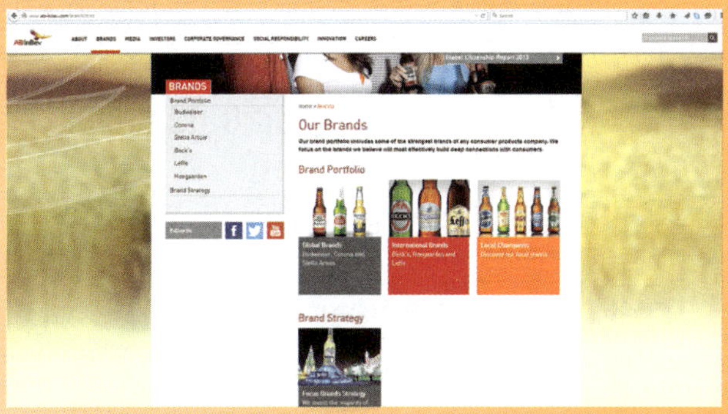

Fonte: Anheuser-Busch InBev

empresa, a AB InBev estabelece um plano de integração, um programa de supervisão e um programa de gestão de mudanças. Em seguida, define padrões e *benchmarks* e adota as melhores práticas da empresa que tiver a melhor operação. E quando as empresas encaram fusões dessa forma, 1 + 1 = 3.

Fonte: L. Miles, How merging companies can beat the synergy odds, *Forbes*, 9 jan. 2015. Disponível em: <www.forbes.com/sites/baininsights/2015/01/09 /how-merging-companies-can-beat-the-synergy-odds/>. Acesso em: 24 abr. 2015.

de ferro e empregava entre dez mil e 13 mil trabalhadores. Fayol foi inicialmente contratado pelo conselho de administração para fechar a siderúrgica, considerada "sem esperanças" de recuperação. Ela enfrentava uma concorrência crescente de empresas siderúrgicas inglesas e alemãs, que tinham custos mais baixos, e das novas siderúrgicas do norte e leste da França que, por estarem mais próximas dos principais mercados, podiam evitar os elevados custos de transporte incorridos pela empresa de Fayol localizada no centro da França.[30] Nos cinco anos antes de Fayol se tornar CEO, a produção caiu mais de 60%, de 38 mil para 15 mil toneladas métricas anuais. Comambault havia esgotado um suprimento-chave de carvão necessário para a produção de aço, já havia fechado uma usina siderúrgica e estava perdendo dinheiro em outra.[31] A empresa deixara de pagar dividendos aos acionistas e não tinha dinheiro para investir em novas tecnologias, como altos-fornos, que poderiam reduzir os custos e aumentar a produtividade.

Assim, o conselho contratou Fayol como CEO para rapidamente dissolver e liquidar o negócio. Mas, depois de "quatro meses de reflexão e estudo", ele apresentou à diretoria um plano, apoiado por fatos e dados detalhados, para salvar a empresa.[32] Com pouco a perder, a diretoria concordou. Fayol então começou o processo de transformar a empresa com os seguintes objetivos: obter suprimentos de recursos-chave, como carvão e minério de ferro; usar pesquisa para desenvolver produtos novos de liga de aço; selecionar cuidadosamente subordinados-chave em pesquisa, compra, fabricação e vendas, e, em seguida, delegar-lhes responsabilidade; e cortar custos mudando a empresa para uma localização melhor, mais próxima de mercados-chave.[33] Olhando para trás dez anos depois, Fayol atribuiu seu sucesso e o da empresa às mudanças nas práticas de gestão. Ele escreveu: "Quando assumi a responsabilidade pela restauração de Décazeville, não confiei na minha superioridade técnica. [...] Eu confiava na minha capacidade como organizador [e na minha] habilidade em lidar com homens".[34]

Com base em sua experiência como CEO, Fayol argumentou: "o sucesso de uma empresa geralmente depende muito mais da capacidade gerencial de seus líderes do que da capacidade técnica deles".[35] Como você aprendeu no Capítulo 1, segundo Fayol, os gestores, se quiserem ser bem-sucedidos, precisarão executar as cinco funções gerenciais: planejamento, organização, coordenação, comando e controle.[36] Como a maioria dos manuais de gestão abandonou a função de coordenação e agora se refere à função de comando de Fayol como "liderança", tais funções são amplamente conhecidas como planejamento (determinar os objetivos organizacionais e os meios para alcançá-los), organização (decidir onde as decisões serão tomadas, quem fará que trabalhos e tarefas, e quem trabalhará para quem), liderança (inspirar e motivar os trabalhadores a trabalhar duro para conseguir atingir os objetivos organizacionais) e controle (monitorar o progresso em direção à realização de metas e tomar medidas corretivas quando necessário). Além disso, de acordo com Fayol, a gestão eficaz baseia-se nos 14 princípios da Figura 2.5.

Figura 2.5

Os 14 princípios de gestão de Fayol

1 Divisão do trabalho
Aumentar a produção dividindo o trabalho de modo que cada funcionário complete tarefas menores ou elementos do trabalho.

2 Autoridade e responsabilidade
A autoridade de um gestor, ou seja, o "direito de dar ordens", deve ser proporcional à sua responsabilidade. Porém, organizações devem implantar controles para evitar que gestores abusem de sua autoridade.

3 Disciplina
Regras e procedimentos claramente definidos são necessários em todos os níveis organizacionais, para garantir a ordem e o bom comportamento.

4 Unidade de comando
Para evitar confusão e conflito, cada funcionário deve se reportar a apenas um chefe e receber ordens somente dele.

5 Unidade de direção
Uma pessoa e um plano devem ser usados para decidir as atividades a serem realizadas, para atingir cada objetivo organizacional.

6 Subordinação dos interesses individuais aos interesses gerais
Os funcionários devem colocar os interesses e objetivos da organização antes de seus próprios.

7 Remuneração
A remuneração deve ser justa e satisfatória tanto para os funcionários como para a organização, ou seja, não pagar demais nem de menos.

8 Centralização
Deve-se evitar demasiada centralização ou descentralização. É imprescindível atingir um equilíbrio de acordo com as circunstâncias e os funcionários envolvidos.

9 Cadeia vertical de autoridade
De cima para baixo em uma organização, cada posição é parte de uma cadeia vertical de autoridade em que cada trabalhador se reporta a apenas um chefe. Por razões de simplicidade, a comunicação fora dos grupos de trabalho ou departamentos normais deve seguir a cadeia vertical de autoridade.

10 Ordem
Para evitar confusões e conflitos, a ordem pode ser obtida ao ter um lugar para todos e ter todos em seu lugar, ou seja, não deve haver sobreposição de responsabilidades.

11 Equidade
Tratamento amável e justo para todos desenvolverá devoção e lealdade. Isso não exclui disciplina, se justificado, e consideração dos interesses gerais mais amplos da organização.

12 Estabilidade do pessoal
A baixa rotatividade, que significa uma força de trabalho estável com alta permanência, beneficia uma organização, pois melhora o desempenho, reduz os custos e dá aos funcionários, especialmente aos gestores, tempo para aprender o trabalho que lhes cabe.

13 Iniciativa
Por ser uma "grande fonte de força para os negócios", os gestores devem incentivar o desenvolvimento da iniciativa ou a capacidade de desenvolver e implantar um plano.

14 Espírito de equipe
É fundamental desenvolver um forte sentimento de moral e unidade entre os trabalhadores que incentive a coordenação dos esforços.

Fontes: H. Fayol, *General and industrial management* (London: Pittman & Sons, 1949); M. Fells, Fayol stands the test of time, *Journal of Management History* 6 (2000): p. 345-360; C. Rodrigues, Fayol's 14 principles of management then and now: a framework for managing today's organizations effectively, *Management Decision* 39 (2001): p. 880-889.

2-4 GESTÃO DAS RELAÇÕES HUMANAS

Como vimos, a gestão científica centra-se na melhoria da eficiência, a gestão burocrática se concentra no uso de conhecimento, equidade e regras e procedimentos lógicos, e a gestão administrativa enfoca o que os gestores devem fazer em seus trabalhos. A abordagem das relações humanas em gestão se concentra nas pessoas, particularmente nos aspectos psicológicos e sociais do trabalho. Essa abordagem de gestão vê as pessoas não apenas como extensões de máquinas, mas como valiosos recursos organizacionais em si. A gestão de relações humanas sustenta que as necessidades das pessoas são importantes e que os esforços, a motivação e o desempenho delas são afetados pelo trabalho que realizam e pelos relacionamentos com patrões, colegas e grupos de trabalho. Em outras palavras, a eficiência por si só não é suficiente. O sucesso organizacional também depende do tratamento adequado dado aos trabalhadores.

Vamos descobrir mais sobre a gestão de relações humanas ao tratarmos dos seguintes tópicos: ***2-4a as teorias de Mary Parker Follett de construção e coordenação construtivas, 2-4b os estudos de Elton Mayo e Hawthorne*** *e* ***2-4c as teorias de cooperação e aceitação de autoridade de Chester Barnard.***

2-4a Conflito construtivo e coordenação: Mary Parker Follett

Mary Parker Follett (1868-1933) foi assistente social com diploma em ciências políticas que, aos 50 anos, após 25 anos de trabalho em escolas e organizações sem fins lucrativos, começou a dar palestras e escrever sobre gestão e trabalhar amplamente como consultora para líderes de empresas e governos nos Estados Unidos e na Europa.

iStockphoto.com/Michael DeLeon

Embora suas contribuições tenham sido negligenciadas por décadas, talvez por ser uma mulher ou talvez por serem tão diferentes, muitas das "novas" ideias de gestão atuais podem ter suas origens claramente identificadas no trabalho de Follett.

Follett acreditava que a melhor maneira de lidar com o conflito não era a **dominação**, em que um lado ganha e o outro perde, nem o ato de **concessão**, em que cada lado desiste de algo que quer, mas a integração. Segundo Follett: "Há um caminho que agora começa a ser, pelo menos, reconhecido e, ainda ocasionalmente, seguido: quando dois desejos estão *integrados*, isso significa que uma solução foi encontrada, na qual ambos os desejos se conjugaram de forma que nenhum dos lados teve que sacrificar nada".[37] Assim, em vez de um lado dominar o outro ou ambos os lados cederem, o objetivo da **resolução integrativa de conflito** é ter ambas as partes indicando suas preferências e, em seguida, trabalhando em conjunto para encontrar uma alternativa que atenda às necessidades de todos. De acordo com Follett, "Integração envolve inventividade, e a genialidade é reconhecê-la e não deixar que o raciocínio fique dentro dos limites de duas alternativas mutuamente exclusivas". De fato, as ideias de Follett sobre o uso positivo do conflito e uma abordagem de integração na resolução de conflitos precedem o pensamento aceito na literatura de negociação e resolução de conflitos em seis décadas (ver o *best-seller Como chegar ao sim*, de Roger Fisher, William Ury e Bruce Patton).

A Figura 2.6 resume as contribuições de Follett para a gestão em suas próprias palavras. Ela coloca poder como "com", em vez de "sobre" outros. Dar ordens envolve discutir instruções e lidar com o ressentimento. Autoridade flui do conhecimento do trabalho e da experiência, e não da posição. Liderança envolve definir o tom para a equipe, em vez de ser agressivo e dominante, o que pode ser prejudicial. A coordenação e o controle devem basear-se em fatos e informações. No final, as contribuições de Follett contribuíram significativamente para nossa compreensão dos aspectos humanos, sociais e psicológicos da gestão. Peter Parker, ex-presidente da

Dominação abordagem para lidar com o conflito em que uma das partes satisfaz os próprios desejos e objetivos à custa dos desejos e objetivos da outra parte.

Concessão uma abordagem para lidar com o conflito em que ambas as partes desistem de alguma coisa que querem a fim de chegar a um acordo sobre um plano para reduzir ou resolver o conflito.

Resolução integrativa de conflitos uma abordagem para lidar com o conflito em que ambas as partes indicam suas preferências e, em seguida, trabalham em conjunto para encontrar uma alternativa que atenda às necessidades de todos.

Figura 2.6

MARY PARKER FOLLETT DIZ . . .

Sobre conflito construtivo...

"À medida que o conflito – ou a diferença – está presente no mundo, como não podemos evitá-lo, devemos, penso eu, usá-lo para trabalhar para nós. Em vez de condená-lo, devemos fazê-lo funcionar para nós."

Sobre poder...

"Parece-me que, enquanto o poder geralmente significa poder-sobre, o poder de alguma pessoa ou grupo sobre alguma outra pessoa ou grupo, é possível desenvolver a concepção de poder-com, um poder conjuntamente desenvolvido, um poder não coercitivo."

Sobre dar ordens...

"Uma vantagem de não se exigir obediência cega, de discutir suas instruções com seus subordinados, é que, se houver qualquer ressentimento, qualquer retrocesso, você o enfrentará abertamente, e por estar aberto, poderá lidar com ele."

Sobre autoridade...

"A autoridade deve andar em conjunto com o conhecimento e a experiência, que é o ponto em que a obediência é devida, não importa se está acima ou abaixo na hierarquia."

Sobre liderança...

"Da maior importância é a capacidade de compreender uma situação global. [...] A partir de um turbilhão de fatos, experiências, desejos, objetivos, o líder deve ser o fio unificador. Ele deve ver um todo, não um mero caleidoscópio de pedaços. [...] Quanto mais alto você chega, mais habilidade desse tipo tem de ter."

Sobre coordenação...

"A coisa mais importante a lembrar sobre unidade é que isso não existe. Há apenas unificação. Você não pode obter a unidade e esperar que ela dure um dia ou cinco minutos. Todo indivíduo em um negócio deve estar participando de um determinado processo, e este é unificador."

Sobre controle ...

"O controle central cada vez mais significa a correlação de muitos controles, em vez de um controle imposto de cima."

Fonte: M. Parker Follett, *Mary Parker Follett – Prophet of management: a celebration of writings from the 1920s*, ed. P. Graham (Boston: Harvard Business School Press, 1995)..

London School of Economics, disse sobre Follett: "As pessoas muitas vezes discutem sobre quem é o pai da gestão. Não sei quem foi o pai, mas não tenho dúvidas de quem foi a mãe".[38]

2-4b Estudos de Hawthorne: Elton Mayo

Nascido na Austrália, Elton Mayo (1880-1948) é mais conhecido por seu papel no famoso "Estudos de Hawthorne", na **Western Electric Company**. Os Estudos de Hawthorne foram conduzidos em várias fases, entre 1924 e 1932, em uma unidade da Western Electric de Chicago. Apesar de Mayo somente ter se juntado aos estudos em 1928, ele desempenhou um papel significativo depois disso, escrevendo sobre os resultados em seu livro *The human problems of a industrial civilization* (*Os problemas humanos de uma civilização industrial*, em tradução livre, de 1933).[39] A primeira fase dos Estudos de Hawthorne investigou os efeitos dos níveis de iluminação e incentivos à produtividade dos funcionários na Sala de Montagem de Relés, onde os trabalhadores levavam aproximadamente um minuto para "juntar uma bobina, armadura, molas de contato e isoladores em uma estrutura e prender as peças por meio de quatro parafusos".[40]

Dois grupos de seis operárias experientes, cinco para fazer o trabalho e uma para fornecer as peças necessárias, foram separados da parte principal da fábrica por uma divisória de três metros e instalados em um banco de trabalho padrão com as peças e ferramentas necessárias. Ao longo de cinco anos, os pesquisadores introduziram vários níveis e combinações de iluminação, incentivos financeiros e pausas de descanso para estudar o efeito sobre a produtividade. Curiosamente, entretanto, os níveis de produção aumentavam quando os pesquisadores aumentavam ou diminuíam a iluminação, remuneravam as trabalhadoras com base na produção individual ou do grupo, ou ampliavam ou reduziam o número e a duração das pausas de repouso. De fato, Mayo e seus colegas pesquisadores ficaram surpresos com o aumento constante da produção de 2.400 relés por dia no início do estudo para 3.000 relés por dia, cinco anos depois. A pergunta era: "Por quê?".

Mayo e seus colegas finalmente concluíram que dois fatores explicavam os resultados. Em primeiro lugar, foi dada maior atenção a essas trabalhadoras do que às demais da unidade. Mayo escreveu: "Antes de cada mudança de programa [no estudo], o grupo é consultado. Seus comentários são ouvidos e discutidos. Às vezes, suas objeções são permitidas para anular uma sugestão. O grupo, sem dúvida, desenvolve um senso de participação nas determinações críticas e torna-se algo como uma unidade social".[41]

Ammit Jack/Shutterstock.com

FAZENDO A COISA CERTA

Formação de equipe que funciona

As atividades corporativas de construção de equipes (formação de equipe) têm, há muito tempo, a reputação de serem irrelevantes, chatas e um desperdício de tempo. Um estudo recente descobriu que 31% dos trabalhadores de escritório não suportam atividades de formação de equipe. Como, então, os gestores podem desenvolver equipes de alto desempenho? A chave para o êxito de atividades de formação de equipe é mantê-las normais e evitar atividades excêntricas, desajeitadas ou forçadas. De acordo com David Ballard, diretor do Programa de Trabalho Psicologicamente Saudável da American Psychological Association (APA, em português, Sociedade Americana de Psicologia), manter atividades simples, como voluntariado, esportes, viagens de campo, desenvolvimento profissional e compartilhamento de refeições, proporciona um contexto natural para construir camaradagem e confiança.

Fonte: J. Haden, 10 scientifically proven ways to build and manage great teams, *Inc.*, 28 mar. 2014. Disponível em: <www.inc.com/jeff-haden/10-scientifically-proven-ways-to-build-and-manage-great-teams-wed.html>. Acesso em: 28 mar. 2014.

Por anos, o "Efeito Hawthorne" foi *incorretamente* definido como o aumento da produtividade, prestando mais atenção aos trabalhadores.[42] Mas não é simplesmente sobre a atenção por parte da gestão. O Efeito Hawthorne não pode ser compreendido sem dar igual importância às unidades sociais, que se tornaram grupos intensamente coesos. Para Mayo: "O que realmente aconteceu foi que seis indivíduos se tornaram uma equipe, a qual se entregou sincera e espontaneamente à cooperação na experiência. A consequência foi que eles se sentiam participando livremente e sem reflexão posterior, e ficaram felizes ao constatarem que trabalhavam sem coerção de cima ou limites de baixo".[43]

Pela primeira vez, os fatores humanos relacionados ao trabalho foram considerados mais importantes do que as condições físicas ou a descrição do trabalho. Juntos, o aumento da atenção por parte da gestão e o desenvolvimento de um grupo de trabalho coeso levaram a níveis significativamente mais elevados de satisfação e produtividade no trabalho. Em resumo, os Estudos de Hawthorne descobriram que sentimentos e atitudes dos trabalhadores afetavam seu trabalho.

A etapa seguinte foi realizada na Sala de Montagem de Blocos de Terminais, onde "a equipe era composta de nove montadores, três soldadores e dois inspetores. Cada um desses grupos realizava uma tarefa específica e colaborava com os outros dois na conclusão de cada unidade de equipamento. A tarefa consistia em montar os blocos de terminais lado a lado formando uma estrutura, ligar os terminais correspondentes de bloco a bloco, soldar as ligações e inspecionar com um *kit* de testes possíveis curtos-circuitos ou rupturas no fio. O trabalho de um soldador correspondia ao trabalho de três montadores".[44] Enquanto a produtividade aumentou na Sala de Montagem de Relés, não importava o que os pesquisadores fizessem, a produtividade caía na Sala de Montagem de Blocos de Terminais. Novamente, a pergunta era: "Por quê?".

Mayo e seus colegas descobriram que as diferenças de desempenho se deviam à dinâmica do grupo. Os trabalhadores da Sala de Montagem de Terminais eram um grupo de trabalho existente há algum tempo e já haviam desenvolvido normas negativas fortes que orientavam seu comportamento. Por exemplo, apesar de um incentivo financeiro de grupo para a produção, os membros do grupo decidiram que só ligariam de 6.000 a 6.600 conexões por dia (dependendo do tipo de equipamento que estavam conectando), bem abaixo da meta de produção de 7.300 conexões que a gerência havia estabelecido para eles. Trabalhadores individuais que trabalhavam a um ritmo mais rápido eram socialmente excluídos do grupo ou "cutucados" (levavam tapas no braço) até que reduzissem o ritmo de trabalho. Assim, o comportamento do grupo era reminiscente da indolência no trabalho que Taylor havia observado. Mayo concluiu: "O trabalho era feito de acordo com a concepção do grupo de um dia de trabalho justo. Esta foi ultrapassada por apenas um indivíduo que era cordialmente rejeitado".[45]

Organização sistema de atividades conscientemente coordenadas ou forças criadas por duas ou mais pessoas.

No final, os Estudos de Hawthorne demonstraram que o local de trabalho era mais complexo do que se pensava, que os trabalhadores não eram apenas extensões de máquinas e que os incentivos financeiros não eram necessariamente o motivador mais importante para os trabalhadores. Ao destacar o papel crucial, positivo ou negativo, que grupos, normas e comportamento de grupo desempenham no trabalho, Mayo reforçou o ponto de Follett sobre a coordenação, ou seja, faça apenas uma mudança em uma organização e outras coisas ocorrerão, algumas esperadas e algumas inesperadas. Graças a Mayo, seus colegas e seu trabalho nos Estudos de Hawthorne, os gestores entenderam melhor o efeito que as interações sociais do grupo, a satisfação dos funcionários e as atitudes tinham sobre o desempenho individual e do grupo.

2-4c Cooperação e aceitação de autoridade: Chester Barnard

Como Fayol, Chester Barnard (1886-1961) teve experiências como alto executivo que moldara sua visão da gestão. Barnard começou a carreira em 1909 como engenheiro e tradutor da AT&T, tornando-se gerente geral da Pennsylvania Bell Telephone em 1922 e, em seguida, presidente da New Jersey Bell Telephone em 1927.[46] As ideias de Barnard, publicadas no clássico *The functions of the executive* (*As funções do executivo*, em tradução livre), influenciaram empresas do conselho de administração para baixo. Ele é mais conhecido por suas ideias sobre cooperação e aceitação de autoridade.

Barnard propôs uma teoria abrangente de cooperação em organizações formais. De fato, ele define uma **organização** como um "sistema de atividades conscientemente coordenadas ou forças de duas ou mais pessoas".[47] Em outras palavras, a organização ocorre sempre que duas pessoas trabalham juntas para algum propósito, sejam colegas de turma que trabalham juntos para completar um trabalho, voluntários do Habitat for Humanity que doam seu tempo para construir uma casa ou gerentes que trabalham com subordinados para reduzir custos, melhorar a qualidade ou aumentar as vendas. Barnard colocou tanta ênfase na cooperação porque esta *não* é o estado normal de coisas: "Falta de cooperação, falha na cooperação, fracasso da organização, desorganização, desintegração, destruição da organização e reorganização são fatos característicos da história humana".[48]

Segundo Barnard, a cooperação voluntária das pessoas em uma organização depende de como elas percebem a autoridade executiva e se estão dispostas a aceitá-la. Muitas solicitações gerenciais ou determinações se enquadram em uma *zona de indiferença,* em que a aceitação da autoridade gerencial é automática. Por exemplo, se o seu supervisor lhe pede uma cópia do relatório de inventário mensal e se preparar esse relatório faz parte do seu trabalho, você não questiona o pedido e o envia automaticamente ao seu superior. Em geral, as pessoas reagirão de forma indiferente às determinações ou ordens gerenciais se estas forem (1) compreendidas, (2) compatíveis com o propósito da organização, (3) compatíveis com os interesses pessoais do funcionário e (4) factíveis de ser realizadas por tais pessoas. Entretanto, a aceitação da autoridade gerencial (isto é, a cooperação) nem sempre é automática. Se você pedir às pessoas que façam coisas contrárias ao propósito da organização ou para seu próprio benefício, e elas vão questionar e reagir negativamente. Enquanto muitas pessoas assumem que os gerentes têm autoridade para fazer tudo o que quiserem, Barnard, referindo-se à "ficção da autoridade superior", acreditava que os trabalhadores, em última análise, é que concedem autoridade a seus gerentes.

2-5 GESTÃO DE OPERAÇÕES, INFORMAÇÕES, SISTEMAS E CONTINGÊNCIAS

Nesta última seção, analisamos quatro outras abordagens históricas significativas para a gestão que têm influenciado como os gestores atuais produzem bens e serviços diariamente, coletam e gerenciam a informação de que precisam para entender seus negócios e tomar boas decisões, entendem como as diferentes partes da empresa trabalham em conjunto como um todo e reconhecem quando e onde determinadas práticas de gestão provavelmente funcionarão.

Para entendermos melhor essas ideias, abordaremos os seguintes tópicos: ***2-5a gestão de operações, 2-5b gestão de informações, 2-5c gestão de sistemas*** *e* ***2-5d gestão de contingências.***

2-5a Gestão de operações

No Capítulo 18, você aprenderá sobre *gestão de operações*, que envolve a gestão da produção diária de bens e serviços. Em geral, a gestão de operações utiliza uma abordagem quantitativa ou matemática para encontrar formas de aumentar a produtividade, melhorar a qualidade e gerenciar ou reduzir estoques caros. As ferramentas e os métodos de gestão de operações mais utilizados são controle de qualidade, técnicas de previsão, planejamento da capacidade, medição e melhoria da produtividade, programação linear, sistemas de programação, sistemas de estoque, técnicas de medição de trabalho (semelhantes ao estudo de movimentos de Gilbreth), gestão de projetos (similar aos gráficos de Gantt) e análise de custo-benefício.[49]

Desde o século XVI, artesãos qualificados produziam manualmente a trava, a coronha e o cano de uma arma. Depois que cada peça era feita, um montador experiente montava as peças em uma arma completa. Mas o montador não se limitava a atarraxar as diferentes partes de uma arma, como se faz hoje. Em vez disso, cada peça feita à mão exigia um grande trabalho de finalização e ajuste de modo que se encaixasse com as outras partes da arma. O ajuste manual era necessário porque, mesmo quando produzidas pelos mesmos artesãos qualificados, não havia duas peças iguais. De fato, os finalizadores de armas desempenharam um papel semelhante ao dos relojoeiros de alta qualidade que meticulosamente montavam relógios caros. Sem eles, o produto simplesmente não iria funcionar. Hoje, diríamos que tais peças eram de baixa qualidade porque apresentavam uma grande variabilidade entre elas.

Tudo isso mudou em 1791, quando o governo dos Estados Unidos, preocupado com uma possível guerra com a França, encomendou 40 mil mosquetes de empreiteiros privados. Todos, exceto um empreiteiro, construíram mosquetes artesanais montados por profissionais habilidosos que asseguravam que todas as partes se encaixassem. Assim, cada mosquete era único. Se uma peça quebrasse, uma peça de substituição tinha de ser artesanal. Mas Eli Whitney (que é mais conhecido por sua invenção do gim de algodão), de New Haven, em Connecticut, determinou que, se as peças da pistola fossem feitas com precisão suficiente, as armas poderiam ser produzidas com peças padronizadas e intercambiáveis. Então, ele projetou máquinas-ferramentas com as quais era possível que trabalhadores não qualificados fizessem cada peça da arma ser igual à seguinte. De acordo com Whitney: "As ferramentas que planejo produzir são semelhantes a uma gravura em chapa de cobre, a partir da qual se pode fazer um grande número de impressões sensivelmente iguais".[50] Foram necessários muitos anos até que Whitney entregasse seus dez mil mosquetes ao governo dos Estados Unidos. Mas ele demonstrou, em 1801, a superioridade de peças intercambiáveis para o presidente eleito Thomas Jefferson montando rápida e facilmente mosquetes completos de pilhas de peças escolhidas aleatoriamente. Hoje, graças às ideias de Whitney, a maioria dos produtos, de carros a torradeiras e ônibus espaciais, é fabricada com peças estandardizadas e intercambiáveis.

Apesar desse avanço, os fabricantes ainda não podiam produzir uma peça a menos que a tivessem visto ou examinado em primeira mão. Graças a Gaspard Monge, um francês de origem modesta, isso logo mudou. A maior realização de Monge foi o livro *Descritive geometry* (*Geometria descritiva*, em tradução livre),[51] em que explicou técnicas para desenhar objetos tridimensionais no papel. Pela primeira vez, desenhos precisos permitiram aos fabricantes fazer peças padronizadas e intercambiáveis sem primeiro examinar um protótipo. Hoje, por causa do trabalho desenvolvido por Monge, os fabricantes se baseiam em desenho assistido por computador (*computer-aided design* – CAD) e fabricação assistida por computador (*computer-aided manufacturing* – CAM) para obter desenhos tridimensionais diretamente do computador para o chão de fábrica.

Trueffelpix/Shutterstock.com

Uma vez que peças padronizadas e intercambiáveis se tornaram a norma e, em seguida, puderam ser feitas apenas a partir de desenhos, os fabricantes enfrentaram um problema caro e inusitado: estoque demais. *Estoque* refere-se à quantidade de matérias-primas, peças e produtos acabados que pertencem a uma empresa. Na verdade, grandes fábricas estavam acumulando estoques de peças suficientes para dois a três meses, muito mais do que precisavam diariamente para executar suas operações de fabricação. Uma solução para esse problema foi encontrada em 1905 quando a empresa Oldsmobile Motor Works, localizada em Detroit, pegou fogo.[52] A gestão alugou uma nova unidade de fabricação para colocar a produção em funcionamento o mais rapidamente possível após o incêndio. Entretanto, como a nova instalação era muito menor, não havia espaço para armazenar grandes quantidades de estoque (com as quais, de qualquer maneira, a empresa não podia arcar, já que estava com pouco dinheiro). Então, ela criou os "estoques de subsistência", em que cada estação de produção tinha apenas peças suficientes para fazer uma curta rodada de produção. Como todos os fornecedores de peças ficavam por perto, a Oldsmobile podia fazer pedidos de manhã e recebê-los à tarde (mesmo sem telefones), assim como os sistemas de estoque informatizados *just-in-time*. Desse modo, contrariando o senso comum, os sistemas de estoque *just-in-time* não foram inventados por fabricantes japoneses, mas surgiram, um século antes, como resultado de um incêndio.

2-5b Gestão da informação

Na maior parte da história registrada, informação tem sido cara, difícil de obter e lenta para difundir. Por causa da grande demanda de trabalho e tempo no processo de cópia de informações, livros, manuscritos e documentos, escritos de qualquer tipo eram raros e extremamente caros. A notícia da morte de Joana d'Arc em 1431 levou 18 meses para ir da França através da Europa até Constantinopla (agora Istambul, na Turquia).

Consequentemente, ao longo da história, as organizações impulsionaram e adotaram novas tecnologias de informação que reduziam o custo ou aumentavam a velocidade para adquirir, armazenar, recuperar ou comunicar informações. As primeiras tecnologias que, de fato, revolucionaram o uso comercial da informação foram o papel e a imprensa. No século XIV, as máquinas movidas a água foram criadas para triturar trapos, formando polpa para fazer papel. Os preços do papel, que já eram inferiores aos dos pergaminhos de pele animal, caíram significativamente. Menos de meio século depois, Johannes Gutenberg inventou a imprensa, o que reduziu muito o custo e o tempo necessário para copiar informações escritas. Na Florença, na Itália, do século XV, um escriba cobrava um florim (uma unidade monetária italiana vigente à época) para copiar uma página de documento. Em contraste, uma impressora criaria e imprimiria 1.025 cópias do mesmo documento por apenas três florins. Após 50 anos de sua invenção, a imprensa de Gutenberg cortou o custo da informação em 99,8%!

O que a imprensa de Gutenberg fez para publicar, a máquina de escrever manual fez para a comunicação diária. Antes de 1850, a maior parte da correspondência comercial era escrita à mão e copiada por meio de uma tipografia. Com a tinta ainda molhada, a carta seria colocada em um livro de papel de seda. Uma prensa manual

Mmaxer/Shutterstock.com

seria então usada para espremer o livro e copiar a tinta ainda molhada sobre o papel de seda. Na década de 1870, as máquinas de escrever manuais tornaram mais barato, mais fácil e mais rápido produzir e copiar correspondência comercial. É natural que, na década de 1980, pouco mais de um século depois, as máquinas de escrever foram substituídas por computadores pessoais e *software* de processamento de texto com os mesmos resultados.

Finalmente, as empresas sempre buscaram tecnologias de informação que acelerassem o acesso a informações no tempo certo. A família Médici, que abriu bancos em toda a Europa no início de 1400, usou mensageiros de correspondência para manter contato com seus mais de 40 gerentes de filial. Os mensageiros, que antecederam o Pony Express do Serviço Postal dos Estados Unidos em 400 anos, podiam viajar 150 km por dia, o dobro do que um cavaleiro médio podia fazer, porque os Médicis estavam dispostos a pagar a despesa de fornecer-lhes cavalos novos. Essa necessidade de informações no tempo certo também levou as empresas a adotar rapidamente o telégrafo na década de 1860, o telefone na década de 1880 e, é claro, as tecnologias da internet nas últimas três décadas.

2-5c Gestão de sistemas

As empresas de hoje são muito mais complexas do que costumavam ser. Elas são maiores e empregam mais pessoas. E, provavelmente, fabricam, prestam serviços de manutenção e financiam o que vendem não somente em seus mercados domésticos, mas também em mercados estrangeiros, em todo o mundo. Elas também operam em ambientes complexos, de rápida mudança, competitivos e globais que podem transformar rapidamente as vantagens competitivas em desvantagens competitivas. Como, então, gestores dão sentido a essa complexidade dentro e fora de suas organizações?

Uma forma de lidar com a complexidade organizacional e ambiental é ter uma visão sistêmica das organizações. A abordagem sistêmica é derivada de modelos teóricos em biologia e psicologia social desenvolvidos nos anos 1950 e 1960.[53] Um **sistema** é um conjunto de elementos ou partes inter-relacionados que funciona como um todo. Em vez de ver uma parte de uma organização como separada das outras, uma abordagem de sistemas encoraja os gestores a complicar o seu raciocínio procurando conexões entre as diferentes partes da empresa. De fato, uma das ideias mais importantes na abordagem de sistemas para a gestão é que os sistemas organizacionais são compostos de partes ou **subsistemas**, que são simplesmente sistemas menores dentro de sistemas maiores. Os subsistemas e suas conexões são importantes na teoria dos sistemas porque permitem aos gestores criar sinergia. **Sinergia** ocorre quando dois ou mais subsistemas que trabalham juntos podem produzir mais do que poderiam fazer separadamente. Em outras palavras, sinergia ocorre quando 1 + 1 = 3.

Há sistemas abertos e fechados. **Sistemas fechados** podem funcionar sem interagir com seus ambientes. Mas quase todas as organizações devem ser vistas como **sistemas abertos** que interagem com seus ambientes e dependem deles para sobreviver. Portanto, em vez de ver o que se passa dentro da organização como separado do que acontece fora dela, a abordagem de sistemas incentiva os gestores a procurar conexões entre as diferentes partes da organização e as diferentes partes do seu ambiente. A Figura 2.7 ilustra como os elementos de gestão de sistemas funcionam juntos.

Uma visão sistêmica das organizações oferece várias vantagens. Em primeiro lugar, obriga os gestores a considerar as organizações como parte das forças competitivas, econômicas, sociais, tecnológicas e legais de regulação dos seus ambientes e sujeitas a elas.[54] Em segundo lugar, obriga os gestores a estar conscientes de como o ambiente afeta partes específicas da organização. Terceiro, por causa da complexidade e dificuldade de tentar alcançar sinergias entre diferentes partes da organização, a visão sistêmica incentiva

Sistema conjunto de elementos ou partes inter-relacionados que funciona como um todo.

Subsistemas sistemas menores que operam dentro do contexto de um sistema maior.

Sinergia quando dois ou mais subsistemas que trabalham juntos podem produzir mais do que poderiam fazer separadamente.

Sistemas fechados sistemas que podem se sustentar sem interagir com seus ambientes.

Sistemas abertos sistemas que só podem se sustentar interagindo com seus ambientes, dos quais dependem para sobreviver.

Figura 2.7

Visão de sistemas das organizações

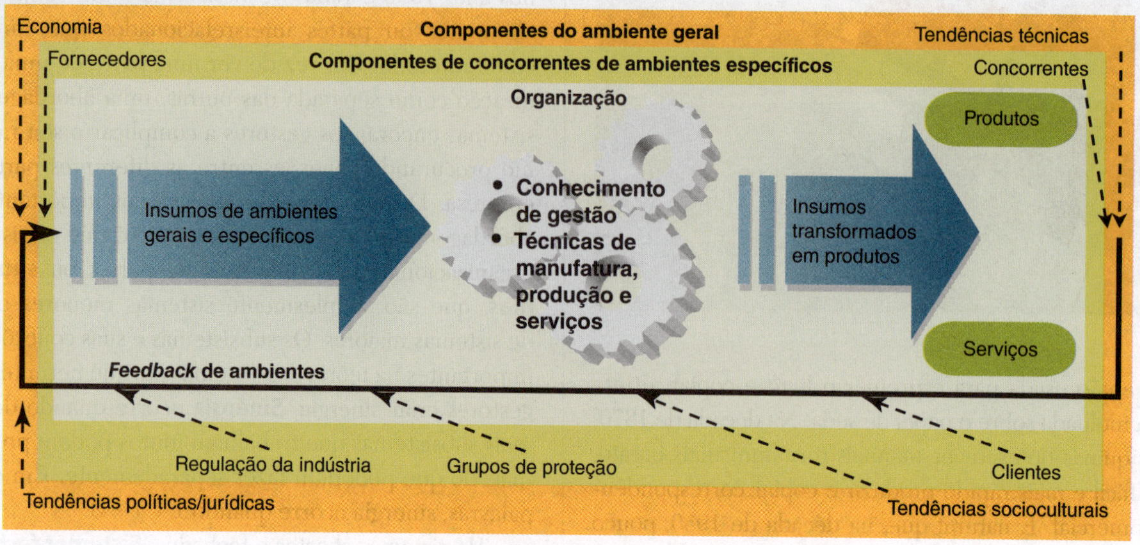

os gestores a se concentrar em uma melhor comunicação e cooperação dentro da organização. Finalmente, permite que os gestores tenham consciência de que uma boa gestão interna da organização pode não ser suficiente para garantir a sobrevivência. A sobrevivência também depende de garantir que a organização continue a satisfazer a seus *stakeholders*, como acionistas, funcionários, clientes, fornecedores, governos e comunidades locais.

2-5d Gestão de contingências

Você já deve ter percebido que o objetivo da gestão científica é utilizar o estudo sistemático para encontrar a melhor maneira de fazer cada tarefa e, em seguida, adotar essa melhor maneira em todos os lugares. O problema, como você pode ter concluído com base nas várias abordagens estudadas até aqui, é que ninguém em gestão parece concordar sobre qual é essa melhor maneira. Além disso, mais de 100 anos de pesquisa de gestão mostraram que existem fronteiras ou limitações claras para a maioria das teorias e práticas de gestão. Nenhuma ideia ou prática de gestão é universal. Embora qualquer teoria ou prática possa funcionar a maior parte do tempo, nenhuma funciona o tempo todo. Como, então, um gestor deve decidir qual teoria usar? Bem, depende da situação. De acordo com a **abordagem de contingência** para a gestão, não existem teorias universais de gestão. Além disso, a teoria ou ideia de gestão mais eficaz depende dos tipos de problema ou situação que os gestores ou as organizações enfrentam em determinado momento e lugar.[55] Em resumo, a melhor maneira depende da situação.

> **Abordagem de contingência** sustenta que não há teorias universais de gestão e que a teoria ou ideia de gestão mais eficaz depende dos tipos de problema ou situação que os gestores enfrentam em um determinado momento e lugar.

Uma das implicações práticas da abordagem de contingência para a gestão é que esta é muito mais difícil do

Wavebreakmedia/Shutterstock.com

que parece. De fato, devido à clareza e obviedade das teorias administrativas (ao menos, a maioria delas), estudantes e trabalhadores frequentemente assumem de forma equivocada que os problemas de uma empresa seriam resolvidos rápida e facilmente se a gestão tomasse apenas algumas medidas simples. Se isso fosse verdade, poucas empresas teriam problemas.

Uma segunda implicação dessa abordagem é que os gestores precisam procurar contingências-chave que diferenciem a situação ou o problema atual da situação ou do problema do passado. Além disso, significa que os gestores precisam gastar mais tempo analisando problemas, situações e funcionários antes de adotar medidas que visem a algum tipo de correção. Por fim, significa que, à medida que você lê este livro e aprende sobre ideias e práticas de gestão, precisa prestar especial atenção a frases de qualificação como "geralmente", "nestas situações", "para que isso funcione" e "sob tais circunstâncias". Fazer isso o ajudará a identificar as contingências-chave que o ajudarão a se tornar um melhor gestor.

FERRAMENTA DE ESTUDO 2

Leia o cartão de revisão do capítulo e reveja o conteúdo.

3 Ambientes e culturas organizacionais

Monkey Business Images/Shutterstock.com

RESULTADOS DE APRENDIZAGEM

- **3-1** Discutir como os ambientes em mudança afetam as organizações.
- **3-2** Descrever os quatro componentes do ambiente geral.
- **3-3** Explicar os componentes do ambiente específico.
- **3-4** Descrever o processo que as empresas usam para dar sentido a seus ambientes em mudança.
- **3-5** Explicar como as culturas organizacionais são criadas e como podem ajudar as empresas a ser bem-sucedidas.

3-1 AMBIENTES EM MUDANÇA

Este capítulo examina as forças internas e externas que afetam os negócios. Começamos explicando como as mudanças nos ambientes organizacionais externos afetam as decisões e o desempenho de uma empresa. Em seguida, examinamos os dois tipos de ambiente organizacional externo: o geral, que afeta todas as organizações, e o específico, que é exclusivo de cada empresa. Depois, aprendemos como os gestores dão sentido aos seus ambientes gerais e específicos em mudança. O capítulo termina com uma discussão sobre os ambientes organizacionais internos, focalizando a cultura organizacional. Mas, primeiro, vamos ver como as mudanças nos ambientes organizacionais externos afetam as decisões e o desempenho de uma empresa.

Ambientes externos são forças e eventos externos a uma empresa com o potencial de influenciá-la ou afetá-la. Na maioria das cidades, os preços dos táxis (o que é cobrado no taxímetro) e as licenças (para motoristas e carros) são altamente regulamentados. A indústria de táxis, no entanto, é ameaçada pelo Uber, uma empresa de internet de cinco anos de idade. Depois de se inscrever como cliente Uber (nome, senha e informações de cartão de crédito), os clientes usam o aplicativo da empresa em seus *smartphones* para solicitar o transporte. Toque em Uber. Introduza um destino. Toque num botão que indica a sua localização. Em seguida, o aplicativo Uber indica o custo e o tempo necessário para o carro chegar ao local. Depois, ele envia recibos de *e-mail* e paga automaticamente o motorista. Nenhum dinheiro muda de mãos. Os clientes apreciam o Uber porque frequentemente é mais rápido do que chamar um táxi na rua. Os motoristas de táxi e as empresas oferecem forte resistência ao Uber porque ele representa concorrência, o que resultou recentemente, em Londres, Berlim, Madri e Paris, em uma paralisação, como forma de protesto, de 30 mil motoristas. Steve McNamara, porta-voz da London Licensed Taxi Driver Association, afirmou à época do protesto: "Não temos nada contra a concorrência. Mas está sendo permitido que o Uber 'opere fora da lei'".[1] Até o momento, a agência de regulação de táxis de Londres decidiu que aplicativos e carros do Uber não terão taxímetros, ou seja, não poderão ser utilizados para esse fim. Embora os motoristas dos famosos táxis pretos de Londres discordem, o objetivo desses protestos é convencer as agências reguladoras a impedir que o Uber opere ou forçá-lo a comprar licenças de táxis caras e limitadas.

Zeynep Demir/Shutterstock.com

Durante um período de seis anos, a Apple lançou oito modelos de iPhone diferentes. Essa imagem mostra a diferença de tamanho entre o iPhone 6 e o 6 Plus.

A seguir, estudaremos as três características básicas dos ambientes externos em mudança: ***3-1a mudança ambiental; 3-1b complexidade ambiental; 3-1c escassez de recursos;*** *e* ***3-1d incerteza que a mudança ambiental, a complexidade e a escassez de recursos podem criar para os gestores organizacionais.***

3-1a Mudança ambiental

Mudança ambiental refere-se ao ritmo em que os ambientes geral e específico de uma empresa mudam. Em **ambientes estáveis**, o ritmo de mudança ambiental é lento. O setor de funerais muda pouco de ano para ano. As famílias providenciam serviços para seus entes queridos em uma funerária que, então, obtém um caixão de um dos três fabricantes dos Estados Unidos, cuida dos restos mortais, oferece um velório ou um culto memorial e organiza o enterro ou a cremação, talvez fazendo o contato da família com o cemitério ou columbário para compra de um local de repouso final, tudo por um preço médio de $ 6.460. Embora tenha havido algumas mudanças, como cremação, que passou de 4% em 1960 para 43% atualmente, avanços em embalsamamento mais saudável (para o embalsamador e para o ambiente) e uma pequena porcentagem de caixões importados

Ambientes externos todos os eventos externos a uma empresa com o potencial de influenciá-la ou afetá-la.

Mudança ambiental o ritmo em que os ambientes geral e específico de uma empresa mudam.

Ambiente estável ambiente em que o ritmo de mudança é lento.

(menos de 10%) que aumentaram os lucros, o negócio básico de preparar os corpos para o velório, o enterro ou a cremação não mudou significativamente em mais de um século.[2]

Enquanto a indústria de funerais tem um ambiente estável, a BlackBerry compete em um ambiente externo extremamente dinâmico. Em **ambientes dinâmicos**, o ritmo de mudança ambiental é rápido. Os concorrentes da BlackBerry, como Apple, Samsung, HTC e Motorola, atualizam com frequência modelos ao introduzirem recursos inovadores e novas tecnologias. Durante um período de seis anos, a Apple lançou oito modelos de iPhone diferentes, 3G e 3GS, 4 e 4S, 5 e 5S, e 6 e 6 Plus, cada um com melhores recursos e funcionalidades. Por exemplo, o novo iPhone 6 Plus tem um *chip* de processamento de 64 *bits*, um *display* retina HD de 5,5 polegadas, novas capacidades de gravação de vídeo em câmera lenta e em lapso de tempo, e um *scanner* de impressões digitais no botão *home* que serve como senha biométrica segura para acessar o telefone e pagar por compras em lojas e em aplicativos com o Apple Pay.[3] Embora você possa pensar que o ambiente externo de uma organização seja estável ou dinâmico, pesquisas sugerem que as empresas muitas vezes convivem com ambas as situações. De acordo com a **teoria do equilíbrio pontual**, as empresas passam por longos períodos de estabilidade (equilíbrio), durante os quais ocorrem mudanças incrementais, seguidos por períodos curtos e complexos de mudança dinâmica e fundamental (períodos revolucionários), terminando com um retorno à estabilidade (novo equilíbrio).[4]

Markus Mainka/Shutterstock.com

A indústria aérea dos Estados Unidos é um exemplo clássico de equilíbrio pontual, pois três vezes nos últimos 30 anos passou por períodos revolucionários seguidos por um retorno temporário à estabilidade. O primeiro, de meados de 1979 a meados de 1982, ocorreu imediatamente após a desregulamentação das companhias aéreas em 1978. Antes da desregulamentação, o governo federal controlava onde as companhias aéreas podiam voar, quanto podiam cobrar, quando podiam voar e o número de voos que podiam ter em uma rota em particular. Após a desregulamentação, tais escolhas foram deixadas para as companhias aéreas. As grandes perdas financeiras durante esse período indicam claramente que elas tiveram dificuldade de se ajustar à intensa concorrência de novas companhias aéreas após a desregulamentação. Em meados de 1982, no entanto, os lucros voltaram para a indústria e mantiveram-se estáveis até meados de 1989.

Ambiente dinâmico ambiente em que o ritmo de mudança é rápido.

Teoria do equilíbrio pontual teoria de que as empresas atravessam longos períodos de estabilidade (equilíbrio), seguidos por curtos períodos de mudança dinâmica, fundamental (períodos revolucionários) e, em seguida, um novo equilíbrio.

Em seguida, depois de terem registrado um recorde de crescimento e lucros, as companhias aéreas dos Estados Unidos perderam bilhões de dólares entre 1989 e 1993, quando a indústria passou por mudanças dramáticas. As principais despesas, incluindo combustível e salários dos funcionários, que se mantiveram estáveis durante anos, de repente aumentaram. Além disso, as receitas, que vinham crescendo de forma constante ano após ano, caíram de repente devido a mudanças drásticas na base de clientes das companhias aéreas. Os viajantes de negócios, que geralmente pagavam tarifas cheias, representavam mais de metade de todos os passageiros durante a década de 1980. No entanto, no final da década de 1980, a maior base de clientes havia mudado para viajantes de lazer, que queriam os preços mais baratos que podiam obter.[5] Com as despesas subindo de forma repentina e as receitas reduzidas na mesma proporção, as companhias responderam a essas mudanças em seus negócios da seguinte forma: demitiram de 5% a 10% de seus trabalhadores, cancelaram pedidos para novos aviões e eliminaram rotas não lucrativas. De 1993 a 1998, essas mudanças ajudaram a indústria aérea a alcançar lucros muito acima de seus níveis históricos. A indústria começou a se estabilizar, até mesmo florescer, tal como prediz a teoria do equilíbrio pontual.[6]

O terceiro período revolucionário para a indústria aérea norte-americana começou com os ataques terroristas de 11 de setembro de 2001, quando aviões foram usados como mísseis para derrubar as torres do World Trade Center e danificar o Pentágono. O efeito imediato foi uma queda de 20% nos voos regulares, uma queda de 40% nos passageiros e perdas tão grandes que o governo dos Estados Unidos aprovou um resgate de $ 15 bilhões para manter as companhias aéreas em operação. O aumento da segurança aeroportuária também afetou os aeroportos, as próprias companhias aéreas e seus clientes. Cinco anos após os ataques de 11 de setembro, a United Airlines, US Airways, Delta e American Airlines haviam reduzido 169 mil empregos de tempo integral para cortar os custos, depois de perderem, no total, $ 42 bilhões.[7] Por causa da posição financeiramente mais fraca, essas empresas reestruturaram as operações para aproveitar o efeito combinado do aumento de viagens de passageiros, uma estrutura de custos fortemente reduzida e uma redução de 23% na frota para retornar seus negó-

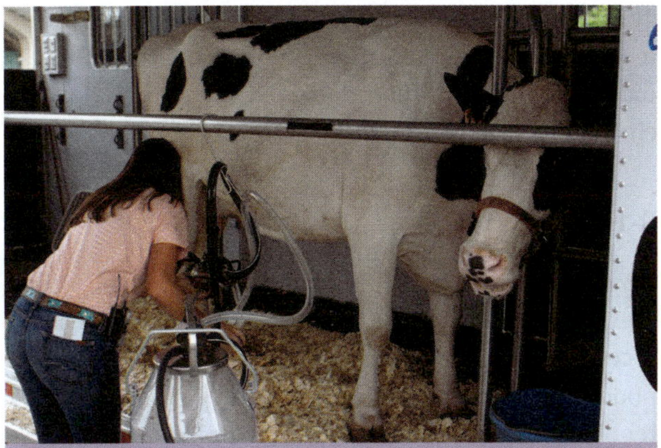

Blulz60/Shutterstock.com

A indústria de laticínios é um excelente exemplo de um ambiente externo simples.

cios à lucratividade.[8] Mas, quando as companhias aéreas estavam caminhando para um período mais estável de equilíbrio, em 2006 e 2007, o preço do petróleo saltou drasticamente, dobrando, se não triplicando, o preço do combustível, o que levou as companhias aéreas a cobrar por bagagem (para aumentar as receitas e desestimular bagagens pesadas) e cortar voos que usavam aviões velhos e com alto consumo de combustível.

Em 2013, contudo, a estabilidade e rentabilidade voltaram em grande parte. Em comparação com 2007, as companhias aéreas reduziram a capacidade total de assentos em 14%; ocupavam 83% dos assentos, acima de 80%; e, com demanda mais forte e menos voos, viram tarifas de ida e volta aumentarem em 4%, mesmo após o ajuste pela inflação. Em 2008, as companhias aéreas norte-americanas perderam coletivamente $ 23,7 bilhões, mas, ao final de 2014, registraram seu quinto ano consecutivo de lucros.[9] As múltiplas fusões de companhias aéreas – Delta e Northwest, United e Continental, Southwest e AirTran, e US Airways e American Airlines – reduziram ainda mais a concorrência e as rotas, especialmente em aeroportos não *hubs*, como Cincinnati, onde o número de voos despencou em dois terços desde 2007. Para Bob Cortelyou, vice-presidente sênior de planejamento de rede da Delta, as companhias aéreas estão fazendo esses movimentos porque "queremos uma indústria aérea estável e lucrativa".[10]

3-1b Complexidade ambiental

A **complexidade ambiental** refere-se ao número e à intensidade de fatores externos no ambiente que afetam as organizações. **Ambientes simples** têm poucos fatores ambientais, enquanto **ambientes complexos** apresentam muitos fatores ambientais. A indústria de laticínios é um excelente exemplo de um ambiente externo relativamente simples. Mesmo considerando os avanços de décadas de processamento, máquinas de ordenha automática e técnicas de criação de gado, que aumentaram o rendimento anual de 2,7 t de leite por vaca em 1942 para atuais 11,3 t, o leite é produzido da mesma forma hoje como era há 100 anos.[11] Assim, embora os fabricantes de alimentos introduzam anualmente dezenas de novos produtos lácteos, a produção de leite nos Estados Unidos cresceu de forma bem modesta: 1,7% ao ano na última década. Em resumo, a produção de leite é uma indústria altamente competitiva com poucos fatores ambientais importantes.[12]

No outro extremo do espectro, poucas indústrias se encontram em ambientes mais complexos hoje do que o negócio de computadores pessoais (PC). Desde o início dos anos 1980, as vendas de PCs cresceram espetacularmente. Entretanto, com as pessoas consumindo cada vez mais *tablets*, *e-readers* e *smartphones* (alguns tão grandes quanto *tablets* e *e-readers*!), as vendas de PCs baseados no Windows caíram 14% de 2012 para 2013 e 1,7% de 2013 a 2014. Os fabricantes de PC viram tendências semelhantes, com HP, Dell, Grupo Acer e Asus registrando quedas de dois dígitos. O sistema operacional Windows 8 da Microsoft, que trouxe recursos de tela sensível ao toque e *design* para PCs, *tablets* Microsoft e *smartphones*, deveria reviver as vendas de PCs, mas os consumidores o acharam confuso e difícil. As avaliações de publicações do Windows 10 Technical Preview, divulgadass antes do lançamento oficial do produto, são amplamente positivas e parecem indicar que o Windows 10 proporcionará uma experiência positiva e estável para todos os formatos de dispositivos, PCs, *smartphones* e *tablets* do Windows, e do console Xbox. De acordo com James Phillips, gerente geral do produto Power Business Intelligence da Microsoft: "A organização sabe que é hora de ir em frente! Há mudanças no mercado às quais precisamos responder".[13]

3-1c Escassez de recursos

A terceira característica dos ambientes externos é a **escassez de recursos**, ou seja, a abundância ou limitações

Complexidade ambiental número e intensidade de fatores externos no ambiente que afetam as organizações.

Ambiente simples ambiente com poucos fatores ambientais.

Ambiente complexo ambiente com muitos fatores ambientais.

Escassez de recursos abundância ou limitação de recursos organizacionais críticos no ambiente externo de uma organização.

de recursos organizacionais críticos no ambiente externo de uma organização. O **Grupo Ferrero**, com sede na Itália, produz a **Nutella**, uma popular pasta feita com avelãs, leite desnatado e cacau. Como um frasco de 370 g de Nutella contém 50 avelãs, o Grupo Ferrero compra 100 mil toneladas da fruta por ano, cerca de 25% da oferta mundial, para produzir 37 mil toneladas do produto. Contudo, com vendas crescendo 6% ao ano e concorrentes, como Hershey, Jif e Kroger, agora fazendo suas próprias pastas de chocolate-avelã, a demanda para o limitado fornecimento global de avelãs, cultivado principalmente em uma faixa estreita da costa turca, disparou. Os preços da avelã subiram 60% em 2014, por causa da crescente demanda e de uma combinação de danos provocados por geadas e granizo. Com o fornecimento de seu principal ingrediente em risco, o Grupo Ferrero comprou o Grupo Oltan, o maior produtor e fornecedor de avelãs do mundo, com cinco fábricas na Europa.[14]

Incerteza grau em que os gestores podem entender ou prever quais mudanças e tendências ambientais afetarão seus negócios.

3-1d Incerteza

Como mostra a Figura 3.1, a mudança ambiental, a complexidade ambiental e a escassez de recursos afetam a **incerteza** ambiental, ou seja, o grau em que os gestores podem compreender ou prever as mudanças externas e tendências que afetam seus negócios. Começando pelo lado esquerdo da figura, a incerteza ambiental é menor quando a mudança ambiental e a complexidade ambiental estão em níveis baixos, e a escassez de recursos é baixa (ou seja, os recursos são abundantes). Nesses ambientes, os gestores sentem-se confiantes de que podem entender e prever as forças externas que afetam seus negócios, e

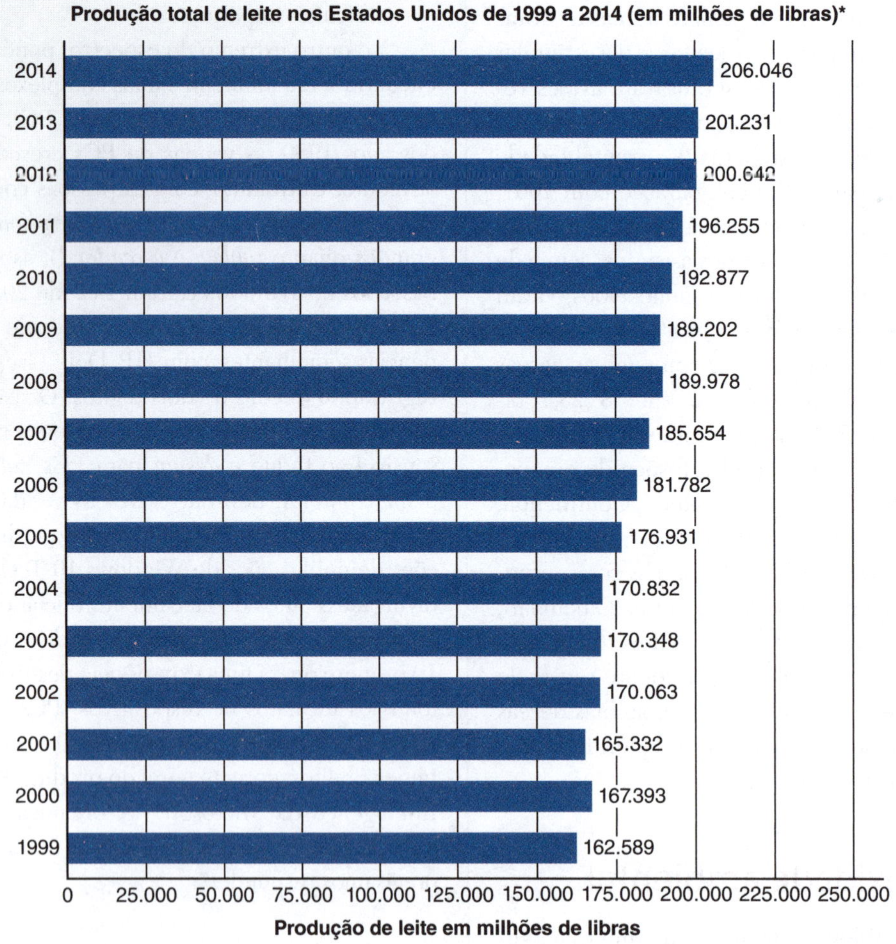

*Nota: Essa estatística descreve a produção total de leite nos Estados Unidos de 1999 a 2014. Em 1999, foram produzidos aproximadamente 163 bilhões de libras de leite. Esse gráfico exclui o leite bebido pelos bezerros.

Disponível em: <http://www.statista.com/statistics/194937/total-US-milk-production-since-1999/>.

reagir a elas. Em contrapartida, o lado direito da figura mostra que a incerteza ambiental é maior quando a mudança e complexidade ambientais são grandes e a escassez de recursos é um problema. Nesses ambientes, os gestores podem não estar confiantes de que podem entender e prever as forças externas que afetam seus negócios, e lidar com elas.

3-2 AMBIENTE GERAL

Como mostra a Figura 3.2, dois tipos de ambiente externo influenciam as organizações: geral e específico. O **ambiente geral** consiste na economia e nas tendências tecnológicas, socioculturais e políticas/legais que afetam indiretamente *todas* as organizações. Mudanças em qualquer setor do ambiente geral eventualmente afetam a maioria das organizações. Por exemplo, quando o Federal Reserve diminui sua taxa de juros básica, a maioria das empresas se beneficia porque bancos e empresas de cartões de crédito geralmente reduzem as taxas de juros que cobram por empréstimos. Os consumidores, que podem conseguir dinheiro emprestado mais barato, podem contrair mais empréstimos para comprar casas, carros, geladeiras e TVs LCD.

M. Unal Ozmen/Shutterstock.com

Cada organização também tem um **ambiente específico** exclusivo da indústria daquela empresa que afeta diretamente a maneira como ela conduz seu negócio no dia a dia. A Yum! Brands entrou primeiramente na China no final dos anos 1980 com seus restaurantes KFC e Pizza Hut. À medida que a economia da China crescia e os consumidores chineses mais ricos começavam a gastar sua crescente renda discricionária em *fast-food*, as vendas da Yum! Brands cresceram exponencialmente. Em 2012, as vendas chinesas da KFC e da Pizza Hut representavam a metade da receita global da Yum!. Durante esse tempo, ela se baseou no crescimento chinês para direcionar vendas e lucros totais, e, consequentemente, fez poucas mudanças em seus restaurantes ou menus.

Ambiente geral tendências econômicas, tecnológicas, socioculturais e políticas/legais que indiretamente afetam todas as organizações.

Ambiente específico clientes, concorrentes, fornecedores, regulações e grupos de defesa exclusivos de uma indústria e que afetam diretamente como uma empresa faz negócios.

Figura 3.1

Mudança ambiental, complexidade ambiental e escassez de recursos

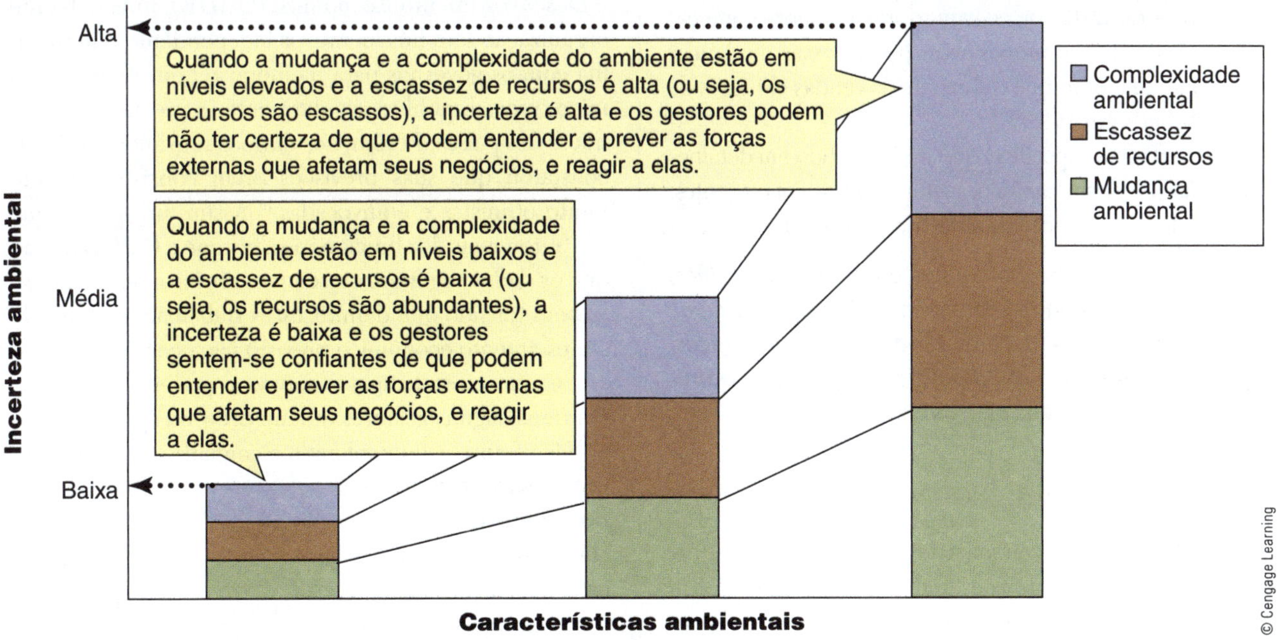

© Cengage Learning

Figura 3.2
Ambientes geral e específico

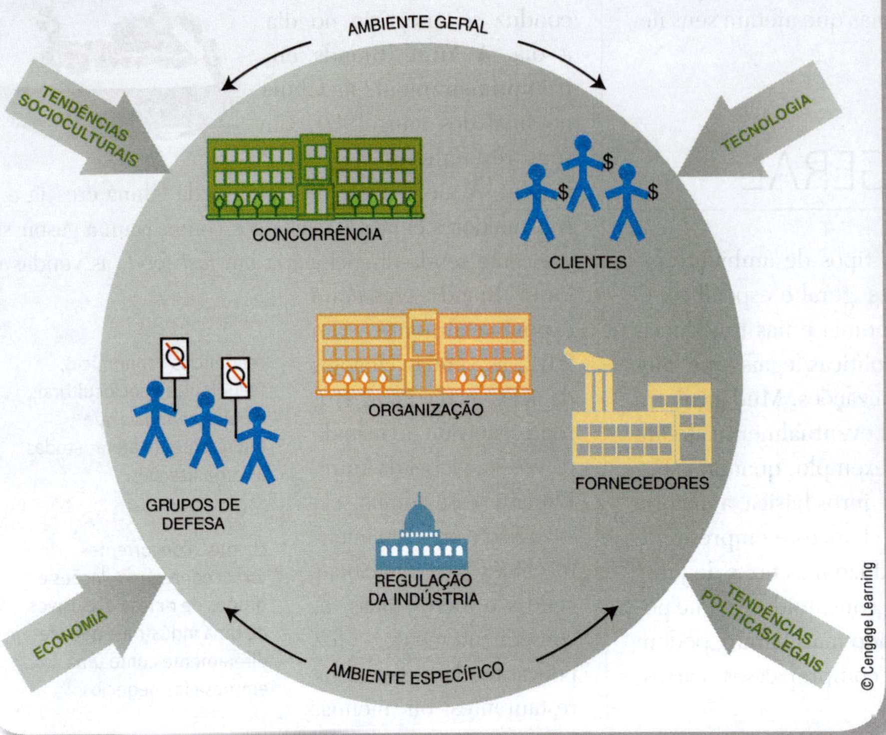

Contudo, nos últimos anos, a economia chinesa esfriou e muitos concorrentes entraram na China construindo novos restaurantes e trazendo uma maior variedade de opções de menu, especialmente alimentos mais saudáveis. Finalmente, devido a um surto de gripe aviária na primavera de 2013, os consumidores chineses começaram a comer muito menos aves. Juntas, essas mudanças diretamente afetaram e reduziram as vendas chinesas da Yum! Brands em 16%.[15]

O ambiente específico, que será discutido em detalhes na seção 3-3 deste capítulo, inclui clientes, concorrentes, fornecedores, regulação da indústria e grupos de defesa.

Entretanto, antes de abordarmos o ambiente específico, analisaremos os quatro componentes do ambiente geral: ***3-2a a economia e 3-2b as tendências tecnológicas, 3-2c socioculturais** e **3-2d políticas/legais que indiretamente afetam todas as organizações.***

3-2a Economia

O estado atual da economia de um país afeta praticamente todas as organizações que lá fazem negócios. Em geral, em uma economia em crescimento, como mais pessoas trabalham e os salários são mais altos, os consumidores têm relativamente mais dinheiro para gastar. Mais produtos são comprados e vendidos em uma economia em crescimento do que em uma economia estática ou retraída. Embora as vendas de uma empresa individual não necessariamente aumentem, uma economia em crescimento propicia um ambiente favorável à ampliação do negócio. Em contraste, em uma economia retraída, os consumidores têm menos dinheiro para gastar, e relativamente menos produtos são comprados e vendidos. Assim, uma economia retraída torna o crescimento das empresas individuais mais difícil.

Como a economia influencia decisões básicas de negócios, como contratar mais funcionários, expandir a produção ou contrair empréstimos, os gestores examinam seus ambientes econômicos para detectar sinais de mudança significativa. Infelizmente, as estatísticas econômicas das quais os gestores dependem para tomar tais decisões são notoriamente previsores ruins da atividade econômica futura. A Organização de Cooperação e Desenvolvimento Econômico (OCDE), uma influente organização sem fins lucrativos independente que trabalha com os governos para melhorar o bem-estar econômico e social, publica regularmente as previsões econômicas dos países. Porém, nos últimos sete anos, a OCDE constatou que suas previsões eram consistentemente muito otimistas e equivocadas.[16] Assim, um gestor que contratou mais dez funcionários, porque a OCDE previu que os dados sugeriam crescimento futuro, poderia muito bem ter tido que demitir esses trabalhadores quando o crescimento econômico previsto não ocorreu.

Como as estatísticas econômicas podem ser previsores ruins, alguns gestores tentam prever a atividade econômica futura acompanhando a confiança nos negócios. Os **índices de confiança nos negócios** mostram como os gestores atuais estão preocupados com o futuro crescimento dos negócios. Por exemplo,

Índices de confiança nos negócios índices que mostram o nível de confiança dos gestores no crescimento futuro dos negócios.

o Índice de Confiança do CEO da Conference Board é uma pesquisa trimestral de 100 CEOs em grandes empresas, em uma variedade de indústrias diferentes, que examina atitudes com relação ao crescimento futuro da economia ou de indústrias em particular.[17] Outro índice útil é o *Wall Street Journal* (WSJ)/Vistage Small Business CEO Survey, que pesquisa CEOs de pequenas empresas sobre os sentimentos em relação à sua economia geral e o quanto estão otimistas sobre receitas futuras, rentabilidade e gastos empresariais.[18] Em geral, os gestores preferem índices de confiança nos negócios às estatísticas econômicas, e outros gestores tomam decisões de negócios de acordo com suas próprias expectativas sobre o futuro da economia.Assim, se os índices de confiança do Conselho de Conferência ou o índice do Conselho de Executivos do WSJ/Vistage Small Business CEO Survey, estiverem caindo, um gestor pode decidir não contratar novos funcionários, não aumentar a produção ou não obter empréstimos adicionais para expandir o negócio.

NAN728/Shutterstock.com

A linha Carnival Cruise aumentou o número de cruzeiros que saem da China, o mercado de crescimento mais rápido da indústria.

3-2b Componente tecnológico

Tecnologia é o conhecimento, as ferramentas e as técnicas utilizados para transformar insumos (matérias-primas, informações e assim por diante) em produtos finais (bens e serviços). Por exemplo, as entradas de escritores, editores e artistas (conhecimento) e o uso de equipamentos como computadores e impressoras (tecnologia) transformaram papel, tinta e cola (matérias-primas) neste livro (o produto final). No caso de uma empresa de serviços, como uma companhia aérea, a tecnologia é composta de equipamentos, incluindo aviões, ferramentas de reparo e computadores, conhecimento de mecânica, emissores de bilhetes e tripulações de voo. O produto final é o serviço de transporte de pessoas de um lugar para outro.

Mudanças na tecnologia podem ajudar as empresas a fornecer melhores produtos ou produzir seus produtos de forma mais eficiente. Embora as mudanças tecnológicas possam beneficiar uma empresa, também podem ameaçá-la. As empresas devem adotar novas tecnologias e encontrar maneiras eficazes de usá-las para melhorar seus produtos e serviços ou diminuir os custos. Se não o fizerem, perderão para aquelas que o fazem.

3-2c Componente sociocultural

O componente sociocultural do ambiente geral refere-se às características demográficas, ao comportamento geral, às atitudes e crenças das pessoas em uma determinada sociedade. Mudanças e tendências socioculturais influenciam as organizações de duas maneiras importantes.

Em primeiro lugar, mudanças nas características demográficas, como o número de pessoas com habilidades específicas ou o crescimento ou declínio no número de indivíduos com características particulares da população (estado civil, idade, sexo, etnia), afetam o modo como as empresas empregam. Com a indústria de cruzeiros crescendo apenas 3% a 4% ao ano, a Carnival Cruise Lines aumentou o número de viagens oriundas da China, o mercado em crescimento mais rápido da indústria, de uma partida em 2011 para quatro atualmente. Enquanto 700 mil chineses fizeram cruzeiros no ano passado, em comparação a dez milhões de norte-americanos, a Carnival espera um crescimento anual de 20% a 30% na China, o que resultará em cinco milhões de chineses que viajarão até 2020.[19]

Em segundo lugar, mudanças socioculturais no comportamento, nas atitudes e crenças também afetam a demanda por produtos e serviços de uma empresa. Por exemplo, as vendas de carros na Europa estão no ponto mais baixo em duas décadas, 30% abaixo dos níveis de 1990. A população europeia em idade de conduzir, tendo atingido o seu pico em 2011, está diminuindo devido ao declínio da natalidade. Segundo Jean-Marc Gales, que lidera um grupo de *lobby* da indústria para os fornecedores de automóveis europeus: "Dados demográficos [...] não são positivos para a maioria dos países europeus".[20] Dados demográficos isoladamente poderiam reduzir as vendas de automóveis europeus em 400 mil carros por ano. As atitudes europeias em relação à propriedade do automóvel também estão mudando. Para Angus Ross, um britânico que mora em Paris: "Possuir um carro não é tão importante para a minha

Tecnologia conhecimento, ferramentas e técnicas utilizados para transformar insumos em produtos.

geração". Com o transporte público extenso na Europa, é mais fácil viver sem um carro. Da mesma forma, a economia europeia continua fraca, de forma que uma porcentagem maior de europeus não tem emprego, e os que têm são mais cautelosos com os gastos. Sergio Felice, consultor bancário de Barcelona, de 41 anos, afirma que não planeja comprar um carro até completar 60 anos: "Prefiro investir o dinheiro em um plano de aposentadoria a comprar um carro". Felice usa uma motocicleta e aluga carros para viagens de final de semana: "Dessa forma, consigo ter um carro sempre que quero".

3-2d Componente político/legal

O componente político/legal do ambiente geral inclui legislação, regulamentações e decisões judiciais que regem e regulam o comportamento empresarial. Novas leis e regulamentos continuam a impor responsabilidades adicionais às empresas. Infelizmente, muitos gestores desconhecem essas novas responsabilidades. Por exemplo, sob a Lei de Direitos Civis de 1991 (http://www.eeoc.gov/policy/cra91.html), se um funcionário é assediado sexualmente por qualquer pessoa no trabalho (um supervisor, um colega de trabalho ou mesmo um cliente), a empresa, e não apenas o assediador, é potencialmente responsável por danos, honorários advocatícios e indenizações.[21] De acordo com a Lei de Licença Familiar e Médica (http://www.dol.gov/dol/topic/benefits-leave/fmla.htm), que se aplica a empresas com 50 ou mais empregados, aqueles admitidos há pelo menos um ano têm direito a 12 semanas de licença sem remuneração por ano para cuidar de suas próprias doenças ou as de seus pais idosos, um recém-nascido ou uma criança recém-adotada. Os empregados têm garantidos o cargo, a remuneração e os benefícios quando retornam ao trabalho.[22] A mais recente regulamentação importante que afeta as empresas dos Estados Unidos é a Lei de Proteção ao Paciente e Cuidados Acessíveis (http://www.hhs.gov/healthcare/rights/), segundo a qual empresas com mais de 100 funcionários que trabalham em tempo integral são obrigadas a oferecer seguro de saúde aos funcionários e às respectivas famílias. Para demonstrar que estão em conformidade, as empresas devem apresentar mensalmente os formulários fiscais que demonstram os custos dos cuidados de saúde de seus funcionários. As penalidades por não preencherem os formulários fiscais adequados podem chegar a $ 3.000 por funcionário.[23]

Muitos gestores também desconhecem os riscos legais potenciais associados a decisões gerenciais tradicionais sobre recrutamento, contratação e demissão de funcionários. Cada vez mais, empresas e gestores estão sendo processados por negligência na contratação e supervisão, difamação, invasão de privacidade, sofrimento emocional, fraude e deturpação durante o recrutamento de funcionários.[24] Mais de 14 mil processos por demissão injusta são iniciados por ano.[25] De fato, processos de rescisão indevida aumentaram 77% durante a década de 1990.[26] Igualmente, a Comissão de Igualdade de Oportunidades de Emprego (Equal Employment Opportunity Commission) autoriza uma média de quitação indevida em torno de 20 mil casos por ano.[27] Um em cada quatro empregadores será, em algum momento, processado por demissão injusta, o que pode implicar um custo de $ 300 mil para resolver tal caso depois que ele vai para o tribunal. Em geral, os empregadores perdem de 50% a 70% dos processos judiciais[28], e o ex-funcionário ganha, em média, $ 1 milhão ou mais.[29] Por sua vez, os empregadores que fazem um acordo antes de irem ao tribunal pagam, em geral, apenas de $ 10 mil a $ 100 mil por caso.[30]

Nem todos concordam que os riscos legais das empresas são muito graves. Na verdade, muitos acreditam que o governo deve fazer mais para regular e restringir o comportamento empresarial e que deve ser mais fácil para os cidadãos comuns processar empresas desonestas ou negligentes. Do ponto de vista gerencial, o melhor remédio contra o risco legal é a prevenção. Como gestor, é sua responsabilidade informar-se sobre as leis, os regulamentos e possíveis ações judiciais que podem afetar seu negócio. Não fazer isso pode colocar você e sua empresa em consideráveis riscos de penalidades, multas ou encargos legais.

3-3 AMBIENTE ESPECÍFICO

Como vimos, mudanças em qualquer setor do ambiente geral (econômico, tecnológico, sociocultural e político/legal) eventualmente afetam a maioria das organizações. Toda organização também tem um ambiente específico exclusivo para a indústria em que a empresa opera e que afeta diretamente a forma como ela conduz negócios no dia a dia. Por exemplo, seus clientes podem decidir usar outro produto, seu principal concorrente pode reduzir os preços em 10%, seu melhor fornecedor pode não fornecer matérias-primas, reguladores federais podem exigir reduções de poluentes em sua indústria ou grupos ambientais podem acusar sua empresa de vender produtos inseguros. O impacto do ambiente específico em seu negócio é imediato.

Examinaremos agora como os seguintes componentes afetam as empresas: ***3-3a cliente, 3-3b concorrente, 3-3c fornecedor, 3-3d regulação da indústria*** *e* ***3-3e grupos de defesa ambiental.***

3-3a Cliente

Clientes compram produtos e serviços. Empresas não podem existir sem o suporte do cliente. Monitorar desejos e necessidades em constante mudança dos clientes é fundamental para o sucesso dos negócios. Existem duas estratégias básicas para monitorar os clientes: reativa e proativa.

O *monitoramento reativo do cliente* envolve a identificação e o tratamento das tendências e dos problemas dos clientes depois que eles ocorrem. Uma estratégia reativa é ouvir atentamente as queixas dos clientes e responder às preocupações deles. A **Listen360** é uma empresa que ajuda as empresas a monitorar a satisfação e as queixas dos clientes. Ao contatá-los, a empresa faz duas perguntas: "Qual a probabilidade de recomendar essa empresa?" e "Por quê?". As respostas dos clientes se dividem em três categorias: "promotores", que recomendariam a empresa a outros, "passivos", que não são nem negativos nem positivos, e "difamadores", clientes insatisfeitos que não recomendariam o negócio. Quando os clientes não estão satisfeitos, a empresa recebe um relatório detalhando quais produtos e serviços o cliente comprou, o que custaria à empresa se perdesse o negócio desse cliente e um relatório de "voz do cliente" que verifica palavras-chave nas respostas da questão aberta especificando aquilo de que ele gosta e não gosta, e suas preocupações. De acordo com Heather Anderson, diretora de *marketing* do The Little Gym, uma franquia de exercícios físicos para crianças: "Muitos proprietários também optaram por receber uma notificação imediata por mensagem de texto, se receberem um comentário do difamador, para que possam responder em poucos minutos ao receberem o *feedback*".[31]

As empresas que respondem rapidamente às cartas de queixa dos clientes (ou seja, monitoramento reativo dos clientes) são vistas de forma muito mais favorável do que aquelas que respondem com lentidão ou nunca respondem.[32] Estudos mostram que os clientes têm muito mais probabilidade de comprar produtos ou serviços de uma empresa quando esta envia uma carta de agradecimento, apresenta uma resposta sincera e específica à queixa (não uma carta de formulário, mas uma explicação de como o problema será tratado) e oferece um pequeno presente, cupons ou um reembolso para compensar o problema.[33]

Monitoramento proativo dos clientes significa identificar as necessidades, as tendências e os problemas dos clientes e atender a eles antes que ocorram. O canal de TV a cabo *The Weather Channel* faz previsões meteorológicas em todo o mundo. Contudo, ele mudou seu nome para *The Weather Co.* para refletir seu crescente uso de 75 anos de dados meteorológicos para prever necessidades e comportamentos dos consumidores antes que eles ocorram. De acordo com o CEO David Kenny: "Em geral, as pessoas consultam a meteorologia quando planejam fazer alguma coisa. Identificamos com mais clareza o tipo de coisa que as pessoas planejam com base no lugar em que estão e quando verificam a previsão do tempo".[34] A Michaels, uma cadeia nacional de produtos para artes e artesanatos, planejava anunciar, em dias chuvosos, no *site* do The Weather Co. e em canais de TV, já que acreditava que os clientes estariam mais propensos a comprar e, em seguida, fazer projetos artísticos e de artesanato. A WeatherFX, a unidade analítica de dados da Weather Co., examinou as vendas diárias de cada loja da Michaels, que então combinou com dados meteorológicos correspondentes. Eles descobriram que, em vez de aumentarem em dias chuvosos, as vendas aumentavam três dias antes. Em outras palavras, as pessoas compravam materiais para artes e artesanato na Michaels para ter algo para fazer antes de o tempo chuvoso chegar. Esse tipo de monitoramento proativo provou ser tão valioso que a WeatherFX agora responde por metade da receita de propaganda da Weather Co.[35]

3-3b Concorrente

Concorrentes são empresas da mesma indústria que vendem aos clientes produtos ou serviços similares. Ford, Toyota, Honda, Nissan, Hyundai e Kia competem por clientes de automóveis. A NBC, ABC, CBS e Fox (juntamente com centenas de canais a cabo) competem pela atenção dos telespectadores. McDonald's, Burger King, Wendy's, Hardee's, Chick-fil-A e uma série de outros competem pelo dinheiro dos clientes de *fast-food*. Muitas vezes, a diferença entre o sucesso e o fracasso do negócio se resume ao fato de sua empresa fazer um trabalho melhor do que o da concorrência no que concerne a satisfazer às necessidades e aos desejos do cliente. Consequentemente, as empresas precisam acompanhar de perto o que os concorrentes estão fazendo. Para tanto, os gestores realizam uma **análise competitiva**, que envolve decidir quem são os concorrentes, antecipar os movimentos deles e determinar seus pontos fortes e fracos.

Surpreendentemente, os gestores muitas vezes fazem um trabalho ruim na identificação de concorrentes potenciais porque tendem a se concentrar apenas em dois ou três concorrentes bem conhecidos com objetivos e recursos semelhantes.[36]

Concorrentes empresas da mesma indústria que vendem produtos ou serviços similares aos clientes.

Análise competitiva processo de acompanhamento da concorrência que envolve a identificação da concorrência, a antecipação dos movimentos dela e a determinação dos seus pontos fortes e fracos.

Pressões externas

De acordo com uma pesquisa recente da Accenture com executivos de alto nível, estas cinco pressões externas têm levado as empresas a dar mais ênfase à gestão de riscos.

1. Riscos legais
2. Riscos de negócio
3. Requisitos de regulação
4. Riscos de mercado
5. Riscos de crédito/operacionais/ estratégicos [juntos]

Como resultado, 98% dos executivos entrevistados afirmaram que têm priorizado o gerenciamento de risco e o incorporado mais intimamente na tomada de decisão.

Fonte: Accenture 2013 Global risk management study: risk management for an era of greater uncertainty, *Accenture*, 17 set. 2013. Disponível em: <http://www.accenture.com/us-en/Pages/insight-global-risk-management-study-2013-era-greater-uncertainty.aspx>. Acesso em: 11 abr. 2014.

Outro erro que os gestores podem cometer ao analisarem a concorrência é subestimar as capacidades dos concorrentes potenciais. Quando isso acontece, eles não tomam as medidas necessárias para continuar a melhorar seus produtos ou serviços. O resultado pode ser diminuições significativas tanto na participação de mercado como nos lucros. Durante décadas, os telespectadores tinham duas opções: assistir aos quatro ou cinco canais que podiam ser captados com uma antena ou comprar um pacote de um fornecedor de canais a cabo, que quase sempre operava como um monopólio local. Em seguida, surgiu uma terceira opção: comprar um pacote de um fornecedor de satélite, como DirecTV ou DISH Network. Nos últimos anos, no entanto, o mercado de televisão mudou drasticamente, e as empresas de TV a cabo agora se encontram cercadas por concorrentes. A Netflix iniciou o processo ao oferecer um serviço barato de DVD-by-mail, que começou a corroer o domínio da TV a cabo. Porém, nos últimos cinco anos, fornecedores de conteúdo *on-line* e serviços e dispositivos de *streaming*, como Netflix, Hulu, YouTube, iTunes, Roku, Apple TV e Amazon Instant Video, permitem aos consumidores assistir aos programas de TV e filmes favoritos em uma fração do custo de uma assinatura mensal de TV a cabo. Essas empresas têm sido lentas para responder. De 2010 a 2014, os 40 canais de cabo mais amplamente distribuídos perderam 3,2 milhões de assinantes, à medida que os consumidores reduziam suas contas de TV a cabo cortando canais populares como TNT, USA, ESPN e Disney. Estima-se também que algo entre um quarto de milhão e meio milhão de clientes de TV a cabo/satélite tenham "cortado o cabo" em 2014, encerrando completamente suas assinaturas. De acordo com Bryan Rader, CEO da Bandwidth Consulting LLC, uma empresa que acompanha as tendências de TV por assinatura: "Estamos num ponto de inflexão de consumidores que pensam primeiro na internet e depois em TV".[37]

Fornecedores Empresas que fornecem recursos materiais, humanos, financeiros e de informação a outras empresas.

Dependência de fornecedores O grau de dependência de uma empresa com um fornecedor devido à importância do produto do fornecedor para a empresa e à dificuldade de encontrar outras fontes desse produto.

3-3c Fornecedor

Fornecedores são empresas que fornecem recursos materiais, humanos, financeiros e de informação a outras empresas. A U. S. Steel compra minério de ferro de fornecedores para fabricar produtos siderúrgicos. Quando a IBM vende um computador *mainframe*, também fornece equipe de suporte, engenheiros e outros consultores técnicos à empresa que comprou o produto. Se você estiver comprando mesas, cadeiras e suprimentos de escritório, provavelmente, a Staples ficará feliz em ajudar sua empresa a abrir uma conta de débito rotativo para pagar suas compras. Quando um fabricante de roupas gasta $ 100 mil para adquirir novos dispositivos hidráulicos de água de alta pressão, usados para cortar padrões de camisas e calças com precisão, o fabricante, como parte do negócio, geralmente treina os trabalhadores para usar a máquina.

Um fator-chave que influencia o impacto e a qualidade da relação entre empresas e seus fornecedores é o grau de dependência mútua.[38] A **dependência do fornecedor** é o grau em que uma empresa depende deste, em razão da importância do produto do fornecedor para a empresa e da dificuldade de encontrar outras fontes de suprimento para tal produto. Mesmo que a Apple e a Samsung sejam concorrentes ferozes quando se trata de *smartphones* e *tablets* e tenham se processado mutuamente por supostas infrações de patentes, aquela tem sido altamente dependente desta para *chips* de computador, *flash drives* e telas sensíveis ao toque de alta resolução de iPhones e iPads por mais de uma década. De acordo com Michael Marks, professor da Universidade de Stanford, a opção da Apple por fornecedores alternativos "não é boa, e é, por isso, que a empresa continua comprando da Samsung".[39] De fato, a Apple concedeu à

Taiwan Semiconductor o contrato de *chips* para seu iPhone 6. Entretanto, seis meses após o lançamento do mais novo iPhone, a Apple anunciou que, para modelos futuros do iPhone, voltaria a comprar os *chips* da Samsung.[40]

A **dependência do comprador** é o grau em que um fornecedor depende de um comprador devido à importância deste para suas vendas e à dificuldade de encontrar outros compradores para seus produtos. Enquanto a Samsung é um dos principais fornecedores da Apple (ou seja, dependência de fornecedor), a Apple, por sua vez, é a compradora principal da Samsung de componentes para computadores. A compra pela Apple de $ 10 bilhões em *chips*, unidades de memória de cinzas e telas sensíveis ao toque representaram, em 2013, 17% dos negócios de componentes de $ 59,13 bilhões da Samsung. Recuperar o pedido de *chips* da Apple para futuras versões do iPhone ajudou a Samsung a transformar uma perda de $ 914 milhões, em 2013, em um lucro de $ 914.[41]

Um alto grau de dependência do comprador ou do vendedor pode levar a um **comportamento oportunista**, em que uma das partes se beneficia à custa da outra. A Apple estava preocupada com a possibilidade de um comportamento oportunista quando parou de comprar telas sensíveis ao toque da Samsung em 2010. De acordo com

Dependência de comprador O grau de confiança de um fornecedor em um comprador devido à importância desse comprador para o fornecedor e à dificuldade de encontrar outros compradores para seus produtos.

Comportamento oportunista Uma transação em que uma das partes se beneficia à custa dos outros.

Agências e comissões reguladoras federais norte-americanas

Comissão de Segurança de Produtos de Consumo (Consumer Product Safety Commission)
Reduz o risco de lesões e mortes associadas aos produtos de consumo, estabelece normas de segurança dos produtos, impõe *recalls* de produtos e fornece informação para o consumidor. Disponível em: **<http://www.cpsc.gov>**.

Departamento do Trabalho (Department of Labor)
Coleta estatísticas de emprego e administra as leis trabalhistas relativas a condições de trabalho seguras, salários mínimos por hora e horas extras, discriminação no emprego e seguro-desemprego. Disponível em: **<http://www.dol.gov>**.

Agência de Proteção Ambiental (Environmental Protection Agency)
Reduz e controla a poluição por meio de pesquisas, monitoramento, definição de padrões e atividades de fiscalização. Disponível em: **<http://www.epa.gov>**.

Comissão de Igualdade de Oportunidades de Emprego (Equal Employment Opportunity Commission)
Promove práticas justas de contratação e promoção. Disponível em: **<http://www.eeoc.gov>**.

Comissão Federal de Comunicações (Federal Communications Commission)
Regulamenta as comunicações interestaduais e internacionais por rádio, televisão, fio, satélite e cabo. Disponível em: **<http://www.fcc.gov>**.

Sistema de Reserva Federal (Federal Reserve System)
Como Banco Central do país, controla as taxas de juros e a oferta de moeda, e monitora o sistema bancário dos Estados Unidos para produzir uma economia em crescimento com preços estáveis. Disponível em: **<http://www.federalreserve.gov>**.

Comissão Federal de Comércio (Federal Trade Commission)
Restringe métodos desleais de concorrência comercial e propaganda enganosa, e aplica leis de defesa do consumidor. Disponível em: **<http://www.ftc.gov>**.

Administração de Alimentos e Drogas (Food and Drug Administration)
Protege a saúde da nação certificando-se de que alimentos, medicamentos e cosméticos sejam seguros. Disponível em: **<http://www.fda.gov>**.

Conselho Nacional de Relações Laborais (National Labor Relations Board)
Monitora as eleições sindicais e impede as empresas de incorrer em práticas de trabalho injustas. Disponível em: **<http://www.nlrb.gov>**.

Administração de Segurança e Saúde Ocupacional (Occupational Safety and Health Administration)
Salva vidas, previne lesões e protege a saúde dos trabalhadores. Disponível em: **<http://www.osha.gov>**.

Comissão de Securities e Câmbio (Securities and Exchange Commission)
Protege os investidores nos mercados de títulos e ações, garante o acesso à informação sobre títulos negociados publicamente e regula as empresas que vendem títulos ou prestam consultoria de investimento. Disponível em: **<http://www.sec.gov>**.

Hiroshi Hayase, analista de tecnologia: "Se você comprar telas de seu concorrente, estará compartilhando algumas informações importantes sobre seu próximo produto".[42] Consequentemente, a Apple passou seus pedidos de telas sensíveis ao toque para a Sharp e Toshiba. É também por isso que a Apple começou a trabalhar com a Toshiba em 2009, para produzir a memória *flash* para iPads e iPhones, e TSMC (Taiwan Semiconductor Manufacturing Company) em 2010, para desenvolver *chips* de computador.[43] Desde junho de 2014, a Apple só compra 10% de sua memória *flash* da Samsung. A TSMC iniciou a produção de *chips* para a Apple em 2014, o que permitirá a esta reduzir significativamente sua dependência da Samsung nos próximos anos.[44]

360b/Shutterstock.com

John Crowe/Alamy

Em contraste com o comportamento oportunista, o **comportamento de relacionamento** se concentra no estabelecimento de um relacionamento mutuamente benéfico e duradouro entre compradores e fornecedores.[45] Os estúdios DreamWorks, que produzem filmes e programas de TV, mantêm uma relação estratégica de longo prazo com a Hewlett-Packard (HP), que faz computadores e *software*. A DreamWorks, o comprador, aconselha a HP, o fornecedor, sobre servidores avançados e gerenciamento de dados necessários para produzir desenhos animados ou mesmo filmes tradicionais, que atualmente contêm partes significativas de imagens geradas por computador.[46] O filme médio da DreamWorks é criado com 300 *workstations* gráficas, 60 milhões de horas de renderização (uma hora de renderização é uma hora de tempo de computador usada para processar uma imagem), uso simultâneo de 17 mil *core chips* de computador e mais de 200 *terabytes* de armazenamento.[47] De fato, o centro de dados de animação da DreamWorks em Redwood City, na Califórnia, roda completamente em sistemas HP.

Comportamento de relacionamento estabelecimento de trocas mutuamente benéficas e de longo prazo entre compradores e fornecedores.

Regulação da indústria regulamentos e regras que regem práticas e procedimentos empresariais de indústrias, empresas e profissões específicas.

3-3d Regulação da indústria

Considerando que o componente político-legal do ambiente geral afeta todas as empresas, o componente de **regulação da indústria** consiste em regulamentos e regras que regem as práticas e os procedimentos de indústrias, empresas e profissões específicas. Para combater o aumento da obesidade, a Food and Drug Administration (FDA) dos Estados Unidos estabeleceu regulamentos de apresentação de cardápios que exigiam que os restaurantes exibissem, de forma clara e visível, informações sobre conteúdo calórico ao lado do nome e preço do item de cardápio.[48]

As agências reguladoras afetam as empresas criando e aplicando regras e regulamentos para proteger os consumidores, os trabalhadores ou a sociedade como um todo. A regulação da apresentação de cardápios irritou a indústria de *pizzas*, que serve 41 milhões de norte-americanos por dia. Dado o número de possíveis combinações de recheios de *pizza*, tipos de massa e molhos, a indústria de *pizzas* argumenta que publicar informações precisas de quantidade de calorias é praticamente impossível. (Para uma loja que oferece 20 recheios, um tipo de massa e um tipo de molho, existem mais de 24×10^{17} combinações possíveis de *pizza*.) Segundo Ron Berger, CEO da cadeia Figaro's Pizza localizada no Oregon: "Ter que incluir essa informação em um menu é um exercício muito caro para divertir burocratas do governo". Para piorar a situação, os regulamentos propostos exigem que as pizzarias informem as calorias para uma *pizza* inteira, não para fatias individuais.[49]

As quase 100 agências federais e comissões reguladoras podem afetar quase qualquer tipo de empresa. Por exemplo, brinquedos infantis que contêm ímãs de alta potência, como Buckyballs, foram comercializados como brinquedos de mesa para adultos. Mas, de 2009 a 2013, cerca de três mil crianças visitaram as salas de emergência depois de engolir ímãs de alta potência, que podem causar ferimentos graves ou morte por pinçamento no

Tupungato/Shutterstock.com

A Staples é um excelente exemplo de um fornecedor.

FAZENDO A COISA CERTA

Os "três alertas" para a segurança do Walmart foram abandonados; agora é tolerância zero

Desde que roupas Walmart foram encontradas em uma fábrica de Bangladesh, onde um incêndio matou 112 trabalhadores, a empresa adotou uma política muito mais estrita em padrões globais de suprimento. Antes, o Walmart usava uma abordagem de três avisos (three strikes), mas, após o incêndio, o varejista avisou aos fornecedores que haveria tolerância zero dali em diante. A empresa afirmou também que romperia imediatamente laços com organizações que subcontratassem outras fábricas sem o conhecimento dela. Para o varejista, a fábrica onde o incêndio ocorreu já não produzia roupas Walmart. Começou a postar nomes de fábricas que os fornecedores não estavam autorizados a contratar, além de exigir uma pré-aprovação de auditorias para novas fábricas.

Ken Wolter/Shutterstock.com

Fonte: S. Banjo, Wal-Mart toughens supplier policies, *The Wall Street Journal*, 21 jan. 2013. Disponível em: <http://online.wsj.com/news/articles/SB10001424127887323301104578256183164905720?KEYWORDS=supplier+relationship&mg=reno64-wsj>. Acesso em: 11 abr. 2014.

trato intestinal. Assim, em 2014, a Consumer Products Safety Commission (CPSC) decidiu que os ímãs de alta potência em brinquedos precisavam ser grandes demais para serem ingeridos ou suficientemente fracos para não causar danos internos. Em seis meses, todos os fabricantes de ímãs, exceto um, Zen Magnets, que está apelando contra a decisão no tribunal, haviam interrompido a produção.[50]

3-3e Grupos de defesa ambiental

Grupos de defesa ambiental são compostos por cidadãos preocupados que se unem para tentar influenciar as práticas de negócios de indústrias, empresas e profissões específicas. Os membros de um grupo geralmente compartilham o mesmo ponto de vista sobre uma determinada questão. Por exemplo, os grupos de defesa ambiental podem tentar conseguir que os fabricantes reduzam as emissões de poluição das chaminés. Ao contrário do componente de regulação da indústria do ambiente específico, os grupos de defesa não podem forçar as organizações a mudar suas práticas. No entanto, podem adotar uma série de técnicas para tentar influenciar as empresas, incluindo comunicações públicas, defesa de mídia, páginas na internet, *blogs* e boicotes de produtos.

A abordagem das **comunicações públicas** depende da participação *voluntária* dos meios de comunicação e da indústria da propaganda para enviar uma mensagem do grupo de defesa. Fracionamento hidráulico, também conhecido como *fracking*, é um processo pelo qual o gás natural ou o petróleo é extraído de uma camada de rochas subterrâneas. Os defensores argumentam que o *fracking* aumenta muito o fornecimento de petróleo e gás, e reduz os custos e a dependência do petróleo estrangeiro. Grupos de defesa contra o *fracking*, como o **Artists Against Fracking** (**AAF**), contudo, argumentam que ele contamina as águas subterrâneas, causa poluição do ar e prejudica economicamente as pessoas que vivem perto das minas. O AAF foi criado por Sean Lennon e Yoko Ono com o propósito de convencer o governador de Nova York, Andrew Cuomo, a proibir o *fracking* no Estado. Além dos *outdoors*, das petições e dos anúncios de televisão, o AAF lançou um videoclipe chamado *Do not frack my mother*, estrelado por celebridades como Susan Sarandon, Joseph Gordon-Levitt, Black Keys e Maggie Gyllenhaal.[51]

A defesa de mídia é muito mais agressiva do que a abordagem das comunicações públicas. Uma abordagem típica

Grupos de defesa ambiental cidadãos preocupados que se unem para tentar influenciar as práticas de negócios de indústrias, empresas e profissões específicas.

Comunicações públicas tática de grupos de defesa que depende da participação voluntária da mídia e da indústria de propaganda para divulgar uma mensagem do grupo de defesa.

de **defesa de mídia** envolve enquadrar as preocupações do grupo como questões públicas (que afetam todos), expor práticas questionáveis, exploradoras ou antiéticas, e criar controvérsia provável de receber cobertura extensiva da mídia.

Um **boicote de produto** é uma tática em que um grupo de defesa tenta ativamente persuadir os consumidores a não comprar produtos ou serviços de uma empresa. Os alimentos em muitos países muçulmanos são rotineiramente testados por agências governamentais para se certificar de que são *Halal*, ou seja, livre de vestígios de carne de porco, álcool ou outros alimentos não permitidos pela lei islâmica. Assim, quando o Ministério da Saúde da Malásia relatou que vestígios de carne de porco foram encontrados nas barras de chocolate Cadbury Dairy Milk Hazelnut e Cadbury Dairy Milk Roast Almond, a Associação de Consumidores Muçulmanos da Malásia (Muslim Consumers Association of Malaysia – MCAM) acionou um boicote. De acordo com Sheikh Abdul Kareem Khadaied, chefe de pesquisa da MCAM: "Essa é uma questão que transcende a religião. Ela afeta vegetarianos, tanto quanto muçulmanos".[52] Testes subsequentes não revelaram vestígios de porco nos produtos Cadbury, mas Sheikh Abdul Kareem Khadaied da MCAM ainda insistiu em um boicote até que a discrepância entre os testes fosse resolvida.[53]

3-4 COMO DAR SENTIDO AOS AMBIENTES EM MUDANÇA

No Capítulo 1, você aprendeu que cabe aos gestores entender os ambientes de negócios em que atuam. Contudo, conforme indicaram nossas discussões sobre os ambientes geral e específico, dar sentido aos ambientes de negócios não é uma tarefa fácil.

Como os ambientes externos podem ser dinâmicos, confusos e complexos, os gestores usam um processo em três etapas para dar sentido às mudanças em seus ambientes externos: ***3-4a monitoramento do ambiente, 3-4b interpretação de fatores ambientais*** *e* ***3-4c atuação sobre ameaças e oportunidades.***

3-4a Monitoramento do ambiente

O **monitoramento do ambiente** envolve buscar no ambiente eventos ou questões importantes que possam afetar uma organização. Os gestores examinam o ambiente para que possam se manter atualizados sobre os fatores importantes em sua indústria e reduzir a incerteza. Eles querem saber se a demanda vai aumentar, se os preços dos principais componentes vão subir e se as vendas dos concorrentes estão subindo ou caindo. É por isso que o Google pagou $ 500 milhões para comprar a Skybox, uma empresa que captura imagens de alta resolução por satélite. Até 2016, a Skybox pretendia ter seis satélites exclusivos para captar imagens completas da Terra duas vezes por dia. Até 2018, pretendia ter 24 satélites que farão a mesma captação três vezes ao dia e poderão fornecer vídeo em tempo real de caminhões que se deslocam pelas rodovias. A instantaneidade e a resolução de suas imagens serão tão boas que, ao viajar, você poderá usar a vista de rua do Google Maps para ver se deixou ligada a luz da entrada de sua casa. Isso também significa que as vendas do Walmart podem ser previstas de forma precisa com base no número de carros nos estacionamentos do varejista. Quer saber quando o próximo iPhone será lançado? Você será capaz de monitorar o número de caminhões que vêm e vão de fábricas Foxconn em Taiwan, onde são fabricados. Segundo Dan Berkenstock, cofundador da Skybox: "Acreditamos que vamos mudar fundamentalmente a compreensão da humanidade do cenário econômico em bases diárias".[54]

As estratégias organizacionais também afetam o monitoramento do ambiente. Em outras palavras, os gestores prestam muita atenção às tendências e aos eventos que estão diretamente relacionados à capacidade da empresa de competir no mercado.[55] Com quase 70% das fontes de água da China poluídas pela indústria e agricultura, os consumidores estão compreensivelmente preocupados com o consumo de água da torneira. Além disso, a água purificada em usinas de tratamento chinesas é muitas vezes recontaminada por materiais quando transportada para as residências. De acordo com Hope Lee, analista do Euromonitor: "Você não deve se atrever a beber água da torneira na China". Porém, o problema da água na China representa uma oportunidade para o negócio de água engarrafada da Nestlé, especialmente com vendas estagnadas na América do Norte e Europa. As vendas chinesas

Defesa de mídia tática de grupo de defesa que considera preocupações tais como questões públicas, exposições questionáveis, exploradoras ou antiéticas, e forçar a cobertura de mídia por meio da compra de tempo nos veículos de comunicação ou da criação de controvérsia provável de receber extensa cobertura de mídia.

Boicote de produto tática de grupo de defesa que envolve protestar contra as ações de uma empresa, convencendo os consumidores a não comprar seu produto ou serviço.

Monitoramento do ambiente buscar no ambiente eventos importantes ou problemas que possam afetar uma organização.

AP Images/PRNewsFoto/SSL

de água engarrafada, em contraste, deverão crescer significativamente, passando de \$ 9 bilhões em 2012 para \$ 16 bilhões em 2017. Portanto, a Nestlé está se expandindo rapidamente na China, vendendo água em recipientes de cinco galões, muitas vezes em lojas próprias que fazem entrega gratuita nas residências dos consumidores. As vendas chinesas da Nestlé subiram 27% em relação ao ano anterior.[56]

Finalmente, o monitoramento do ambiente é importante porque contribui para o desempenho organizacional. Ele ajuda os gestores a detectar mudanças e problemas ambientais antes de se transformarem em crises organizacionais.[57] Além disso, as empresas cujos CEOs fazem mais monitoramentos do ambiente têm maiores lucros.[58] Os CEOs de organizações com melhor desempenho examinam os ambientes de suas empresas mais frequentemente e de forma mais detalhada do que os de empresas de baixo desempenho.[59]

3-4b Interpretação de fatores ambientais

Após o monitoramento, os gestores determinam o que os eventos e os problemas ambientais significam para a organização. Tipicamente, eles veem eventos e questões ambientais como ameaças ou como oportunidades. Quando os gestores interpretam os eventos ambientais como ameaças, tomam medidas para proteger a empresa de danos adicionais. Por mais de um século, cereais secos estiveram presentes em quase todas as mesas de café da manhã dos Estados Unidos. No auge, a Kellogg's e seu elenco de mascotes de desenho animado detinham uma participação dominante de 45% do mercado. Hoje, no entanto, as vendas da Kellogg's estão caindo. Em vez de ter cereais para o café da manhã, muitos norte-americanos agora optam por uma variedade de alternativas, como um pedaço de fruta, um sanduíche, uma barra de cereais ou um *shake* de proteína, coisas que possam comer no carro ou na mesa. John Bryant, CEO da Kellogg's, reconhece a ameaça para a empresa: "A boa notícia é que mais pessoas estão comendo café da manhã. A má

Mahathir Mohd Yasin/Shutterstock.com

"A Kellogg's viu as vendas de Fruit Loops subirem 3% anualmente quando começou a interpretar o ambiente de marketing corretamente."

notícia é que existem mais alternativas".[60] Bryant implementou o Projeto K, um programa de redução de custos, do qual uma porcentagem das economias seria investida na inovação de produtos. A Kellogg's também contratou pessoal adicional de vendas para criar exibições de produtos mais atraentes na loja. E a empresa mudou a forma como comercializa alguns de seus cereais. Por exemplo, as vendas de Fruit Loops subiram 3% depois de serem comercializadas para adultos como lanche noturno.[61]

Entretanto, quando interpretam os eventos ambientais como oportunidades, os gestores consideram alternativas estratégicas para aproveitá-los, a fim de melhorar o desempenho da empresa. O Canal do Panamá, aberto desde 1914, lida com 5% do tráfego marítimo mundial. Os navios que viajam de São Francisco para Nova York ou da Ásia para a costa leste dos Estados Unidos navegam oito mil milhas a menos em comparação com o contorno do Cabo Horn no extremo sul da América do Sul. Embora amplo e profundo o suficiente para o tráfego dos chamados navios Panamax, com capacidade de 5.000 TEUs (unidade usada para medir a capacidade de carga de navios porta-contêineres), o Canal do Panamá vinha perdendo negócios porque a indústria naval está mudando para navios maiores Post Panamax, transportando de 8.000 a 18.000 TEUs . Os navios Post Panamax são muito mais eficientes em termos de combustível e economizam em taxas de uso do canal, que podem chegar a $ 450 mil por navio.[62] Por exemplo, em vez de enviar dois navios Panamax de 4.500 TEUs através do Canal do Panamá para o transporte de mercadorias da Ásia para a Costa Leste dos Estados Unidos, a Maersk Line enviaria um navio Post Panamax carregado com 9.000 TEUs através do Canal de Suez.[63] Perante a perda de uma quantidade significativa de tráfego marítimo (os navios Post Panamax lidarão com 65% do transporte marítimo até 2030), o Distrito da Autoridade do Canal do Panamá começou uma expansão de $ 5,25 bilhões para permitir o trafego de navios, com até 13.000 TEUs. Com a inauguração em 2016 de um canal paralelo de 15 metros de largura, o Canal do Panamá duplicou sua capacidade de carga.[64]

3-4c Atuação sobre ameaças e oportunidades

Depois de buscar informações sobre eventos e questões ambientais e interpretá-las como ameaças ou oportunidades, os gestores têm de decidir como responder a esses fatores ambientais. Decidir o que fazer sob condições de incerteza é sempre difícil. Os gestores podem nunca estar completamente convencidos de que têm todas as informações de que precisam ou que entendem corretamente as informações que possuem.

Como é impossível compreender todos os fatores e mudanças, os gestores geralmente se baseiam em modelos simplificados de ambientes externos chamados **mapas cognitivos** que resumem as relações percebidas entre fatores ambientais e possíveis ações organizacionais. Por exemplo, o mapa cognitivo mostrado na Figura 3.3 representa a interpretação de um pequeno comerciante de roupas sobre seu ambiente de negócios. O mapa mostra três tipos de variáveis. As primeiras, mostradas como retângulos, são fatores ambientais, como um Walmart ou um grande centro comercial a 20 minutos de distância. As segundas variáveis, mostradas em formas ovais, são ações potenciais que o dono da loja pode tomar, como uma estratégia de busca de baixo custo, uma estratégia de adição de valor e de percepção de bom serviço ou uma estratégia de "grande seleção da última moda". As terceiras variáveis, mostradas como trapézios, são os pontos fortes da empresa, como baixa rotatividade de funcionários e os pontos fracos, como o tamanho pequeno.

Mapas cognitivos representações gráficas de como os gestores acreditam que os fatores ambientais se relacionam com possíveis ações organizacionais.

Ambiente interno eventos e tendências dentro de uma organização que afetam a gestão, os funcionários e a cultura organizacional.

Os sinais de mais e de menos no mapa indicam se o gestor acredita que há uma relação positiva ou negativa entre as variáveis. Por exemplo, ele acredita que uma estratégia de baixo custo não funcionará porque o Walmart e o Target estão próximos. Oferecer uma grande seleção da última moda também não funcionaria por causa do pequeno tamanho da loja e da proximidade de um grande centro comercial. No entanto, o gestor acredita que uma estratégia com adição de valor e de percepção de bom serviço levaria ao sucesso e a lucros em razão da baixa rotatividade dos funcionários da loja, do bom conhecimento dos clientes, da seleção de roupas a preços razoáveis e da boa localização.

3-5 CULTURAS ORGANIZACIONAIS: CRIAÇÃO, SUCESSO E MUDANÇA

Temos analisado tendências e eventos fora das empresas com o potencial de afetá-las. Em comparação, o **ambiente interno** consiste em tendências e eventos *dentro*

Figura 3.3

Mapas cognitivos

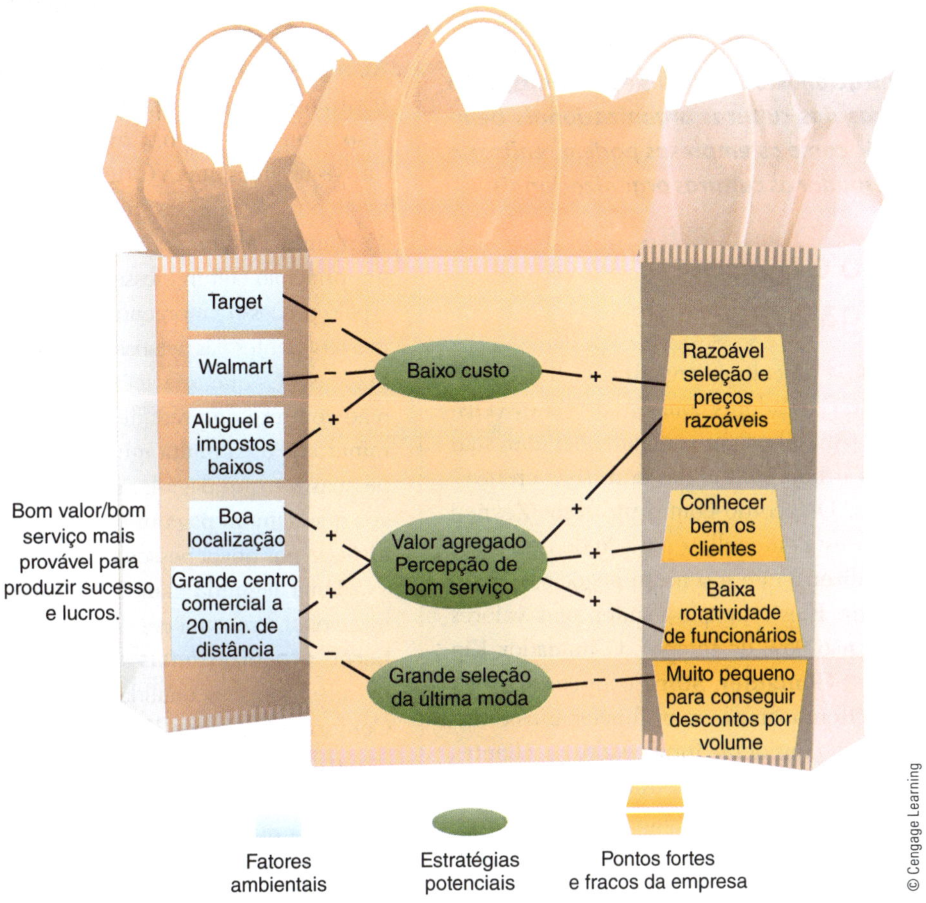

de uma organização que afetam a gestão, os funcionários e a **cultura organizacional**. Ambientes internos são importantes porque afetam o que as pessoas pensam, sentem e fazem no trabalho. Em ambientes internos, o componente-chave é a cultura organizacional, ou seja, o conjunto de valores-chave, crenças e atitudes compartilhados pelos membros da organização.

A Under Armour, fabricante de roupas e acessórios esportivos, começou há duas décadas, quando o fundador e CEO Kevin Plank, um ex-jogador de futebol universitário e capitão de equipes especiais, costurou ele mesmo *shorts* e camisas no porão de sua avó em Baltimore, em Maryland. Hoje, a Under Armour é uma empresa de $ 2,3 bilhões de rápido crescimento, as vendas aumentaram 27% em 2013, que compete com Nike, Reebok e Adidas. Uma das chaves para sua ascensão meteórica pode ser sua cultura interna "mais rápida-mais forte-melhor". Segundo Plank: "Como empresa, não dormimos muito. Trabalhamos mais. Temos um compromisso que provavelmente seria extenuante para qualquer outra pessoa". Para sustentar essa cultura dura e competitiva, a Under Armour constrói camaradagem e uma orientação de equipe entre os funcionários. Os novos funcionários são recepcionados com um farto café da manhã. Os funcionários ganham noites de cinema ao ar livre, reembolso de mensalidades escolares e bilhetes com desconto para eventos esportivos, e há um clube para as mães que trabalham que oferece apoio e aconselhamento. Plank afirma: "Administro a empresa como uma equipe. Quando saí da escola e comecei o negócio, vendas e *marketing* eram o ataque; e a fabricação,

Cultura organizacional valores, crenças e atitudes compartilhados pelos membros da organização.

a defesa. E finanças e operações eram como as equipes especiais. O que acabei descobrindo é que, quando a empresa é a melhor, não é que uma equipe está jogando e outra equipe está ganhando ao lado, é que todos estão no campo juntos".[65]

Abordaremos agora os seguintes tópicos: ***3-5a como as culturas organizacionais são criadas e mantidas, 3-5b as características das culturas organizacionais bem-sucedidas*** *e* ***3-5c como as empresas podem realizar a difícil tarefa de mudar as culturas organizacionais.***

3-5a Criação e manutenção de culturas organizacionais

Uma fonte primária da cultura organizacional é o fundador da empresa. Fundadores como Walt Disney (Disney) e Steve Jobs (Apple) criaram organizações com suas próprias imagens e imprimiram-nas com suas crenças, atitudes e valores. De acordo com o professor Zeynep Ton: "O fundador está em melhor posição do que qualquer outro para dizer o que é o nosso negócio, e disso não vamos desistir. Eles têm que manter seus valores 100% do tempo, não 95% do tempo". O fundador Kip Tindell infundiu a **Container Store** com sua filosofia pessoal, ou seja, "Remunerar bem os funcionários e tratá-los com respeito, considerar fornecedores e clientes como família, divertir-se".[66] Tindell transformou essa filosofia em sete princípios fundamentais (ver http://standfor.containerstore.com/our-foundation-principles/) que direcionam a cultura e as ações da Container Store. Não apenas os funcionários em tempo integral têm uma semana de treinamento sobre os princípios, estes também estão impressos em sacolas de compras, *t-shirts* e fitas adesivas de embalagem da empresa. Um forte sinal de que esses princípios moldaram a cultura da empresa é a baixa taxa de rotatividade de funcionários. Considerando que a taxa de rotatividade média para trabalhadores no varejo em tempo parcial é de 75%, na Container Store, é de apenas 10%.[67] Como valores, atitudes e crenças são sustentados em culturas organizacionais? Resposta: histórias e heróis.

Histórias organizacionais histórias contadas pelos membros da empresa para dar sentido a eventos e mudanças organizacionais e enfatizar pressupostos, decisões e ações culturalmente consistentes.

Heróis organizacionais pessoas celebradas por suas qualidades e realizações dentro de uma organização.

As pessoas contam **histórias organizacionais** para dar sentido a eventos e mudanças organizacionais e para enfatizar pressupostos, decisões e ações culturalmente consistentes.[68] A Andreessen Horowitz (AH) é uma empresa de capital de risco (*venture capital* – VC) que investe milhões em *startups* de tecnologia de alto potencial. Os cofundadores da AH, Mark Andreessen e Ben Horowitz, têm experiência significativa – e de sucesso –, pois criaram empresas de alta tecnologia que venderam quase $ 2 bilhões. De acordo com Horowitz: "Quando abrimos a Andreessen Horowitz, sabíamos que uma das coisas mais frustrantes para os empreendedores é que as VCs não respeitam seu tempo. Como empreendedores, cada vez que visitávamos uma VC [tentando garantir o financiamento de nossas empresas], esperávamos no saguão por 30 a 45 minutos. Assim, no âmago da empresa, queríamos que um princípio cultural fosse o respeito pelo empreendedor e pelo processo empreendedor. Mas como você consegue isso nas mentes das pessoas? O mecanismo que inventei era dizer às VCs que, se você estiver atrasado para uma reunião com um empreendedor, então, a multa é $ 10 por minuto. É uma multa muito grande. É chocante para as pessoas ter que pagá-la. E esse é o ponto. Porque cada vez que alguém paga uma multa, *temos de contar a história* de por que a pessoa está pagando tanto dinheiro".[69]

Uma segunda maneira de sustentar a cultura organizacional é reconhecer e celebrar heróis. Por definição, **heróis organizacionais** são pessoas da organização admiradas por suas qualidades e realizações dentro dela. Conforme Francisco D'Souza, CEO da Cognizant, uma empresa de tecnologia da informação com 170 mil empregados: "A cultura é passada não pela escrita, mas pelos rituais que você tem na organização, pelas lendas às quais você se refere e pelos heróis da empresa. Assim, ins-

Figura 3.4

Chaves para uma cultura organizacional que promove o sucesso

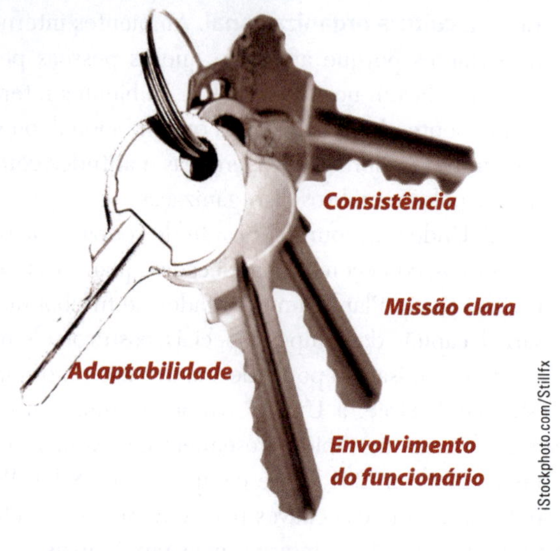

titucionalizamos um conjunto de coisas para criar rituais, heróis e lendas".[70] Na Cognizant, cada divisão regional indica um associado do ano, que exemplifica heroicamente a cultura da empresa. Da mesma forma, para ampliar o reconhecimento cultural além dos indivíduos para as principais equipes e grupos, cada divisão da Cognizant comemora um projeto do ano. Segundo D'Souza: "Alugamos estádios em todo o mundo e levamos todos os funcionários e suas famílias para uma celebração, com entretenimento e prêmios".[71]

3-5b Culturas organizacionais bem-sucedidas

Pesquisas preliminares mostram que a cultura organizacional está relacionada ao sucesso da empresa. Conforme demonstrado na Figura 3.4, culturas baseadas em adaptabilidade, envolvimento, missão clara e consistência podem ajudar as empresas a alcançar maior crescimento de vendas, retorno sobre os ativos, lucros, qualidade e satisfação dos funcionários.[72]

Adaptabilidade é a capacidade de perceber mudanças no ambiente da organização e responder a elas. Culturas precisam reforçar valores e comportamentos importantes, mas uma cultura torna-se contrária a seu propósito, se impede a mudança. Infelizmente, esse foi o caso da **Mattel**, a empresa de brinquedos, onde as vendas da Barbie caíram 18% em 2016, em seguida a uma redução de 13% no ano anterior. As vendas de brinquedos Fisher-Price diminuíram em três anos consecutivos. Com a diminuição das receitas, a Mattel cortou $ 550 milhões em despesas apenas para manter os lucros. O novo CEO Bryan Stockton está tentando alterar as coisas, mudando a cultura de apresentações em Power Point usadas de forma lenta em reuniões para tomar decisões. Por exemplo, foram necessárias oito reuniões e 30 iterações de projeto para aprovar o emblema da linha de brinquedos Monster High. Assim, a Mattel desviou-se de suas raízes criativas concentradas em diversão e jogo para uma cultura conservadora voltada à linha de resultados. Para impulsionar a mudança de cultura, Stockton gerou novas regras para reuniões: não mais de dez participantes (exceto para reuniões de treinamento), cada reunião deve ter um propósito específico, e "Não deve haver mais do que um TOTAL de três reuniões para tomar qualquer decisão".[73] A mudança foi lenta, mas foi necessária apenas uma reunião para aprovar os novos modelos de embalagem para os brinquedos Hot Wheels de 2016.

Missão da empresa é a finalidade do negócio ou motivo para existir. Em culturas organizacionais com uma clara missão da empresa, o objetivo estratégico e direcionamento da organização são evidentes para todos na empresa. Quando os gestores estão incertos sobre seus ambientes de negócios, a missão ajuda a orientar discussões, decisões e comportamentos das pessoas na empresa. A BPV Capital Management é um fundo mútuo com 38 funcionários localizado em Knoxville, no Tennessee. Aludindo ao sonho comum de possuir uma casa de repouso com um clima maravilhoso e uma ótima vista, o fundador Mike West explica que "BPV" significa "*back porch vista*" (vista panorâmica da porta dos fundos); a BPV existe "para ajudar as famílias norte-americanas a se aposentar bem". Mais especificamente, a missão da empresa é "garantir que investidores que trabalham duro e economizam tenham a oportunidade de se aposentar confortavelmente, independentemente do patrimônio líquido". West diz, "Nossos valores e a promessa que fazemos a todos os conselheiros e investidores são conduzidos por essa ideologia central. [74]

Missão da empresa objetivo ou razão de a empresa existir.

Cultura organizacional consistente cultura de empresa na qual ela define e ensina ativamente valores, crenças e atitudes organizacionais.

Finalmente, em **culturas organizacionais consistentes**, a empresa define e ensina ativamente valores, crenças e atitudes organizacionais

Na Eaton, a integração começa cedo

Quando duas empresas se fundem, há sempre o risco de que a cultura de uma empresa entre em conflito com a outra, o que é péssimo para as pessoas. Segundo Alexander Cutler, CEO do fabricante de produtos diversificados Eaton: "Nossa regra sempre foi que nenhuma aquisição é melhor do que uma má aquisição." Cutler também sabia que, desde 2000, a Eaton havia adquirido mais de 65 outras empresas. De acordo com o CEO, a avaliação da integração cultural deve começar antes que o negócio seja fechado. Os estilos de liderança e padrões éticos devem receber muita atenção. Depois que o negócio é fechado, Cutler é rápido em trabalhar para abrir canais de comunicação. Novos funcionários fazem cursos de formação em ética. Os representantes da Eaton visitam os *sites* da empresa adquirida e iniciam discussões com a administração da nova empresa sobre os valores corporativos e os processos operacionais. Cutler acrescenta: "Não é uma situação em que a ideia da Eaton vence. Queremos entender a melhor maneira de fazer as coisas".

Fonte: J. Katz, The key to corporate cultures? Start early, *IndustryWeek*, 14 fev. 2013. Disponível em: <http://www.industryweek.com/corporate-culture/key-merging--corporate-cultures-start-early?page=1>. Acesso em: 14 abr. 2014..

(ver boxe "Na Eaton, a integração começa cedo"). Consistente com seu código de conduta de "não prejudicar as pessoas, proteger o meio ambiente e cumprir todas as leis e regulamentos", quando a Royal Dutch Shell, empresa multinacional de energia, compra empresas de perfuração menores, a primeira coisa que faz é fechar as sondas de perfuração por várias semanas para treinar os trabalhadores em termos de procedimentos de segurança e ambientais. De acordo com J. R. Justus, gerente geral da Shell em Appalachia: "Não acho que haja qualquer dúvida de que a cultura em torno da segurança mudou consideravelmente desde que a Shell chegou aqui. Temos muito mais recursos técnicos para operar do que uma pequena empresa independente". Em termos de melhorias em práticas ambientais, a Shell, ao contrário de muitas empresas de perfuração menores, alinha poços de petróleo com tubos de aço cercados por cimento, que preenche as lacunas entre o duto e a terra circundante, de modo que o gás ou fluidos não podem infiltrar-se em camadas de rocha ou fontes de água. Como resultado, a Shell é mencionada por citações ambientais apenas 6,5% do tempo em comparação com 14% para perfuradores de tamanho médio e 17% para pequenos.[75]

Ter uma cultura organizacional consistente ou forte não garante o bom desempenho da empresa. Quando as crenças básicas são amplamente compartilhadas e fortemente mantidas, é muito difícil fazer a mudança necessária. Consequentemente, empresas com culturas fortes tendem a apresentar um mau desempenho quando precisam se adaptar a seus ambientes externos. Sua consistência às vezes impede que elas se adaptem a tais mudanças.[76]

3-5c Como mudar culturas organizacionais

Como mostrado na Figura 3.5, culturas organizacionais existem em três níveis.[77] No primeiro nível ou superficial, estão os reflexos da cultura de uma organização que podem ser vistos e observados, como artefatos simbólicos (por exemplo, códigos de vestimenta e *layouts*

Figura 3.5

Três níveis de cultura organizacional

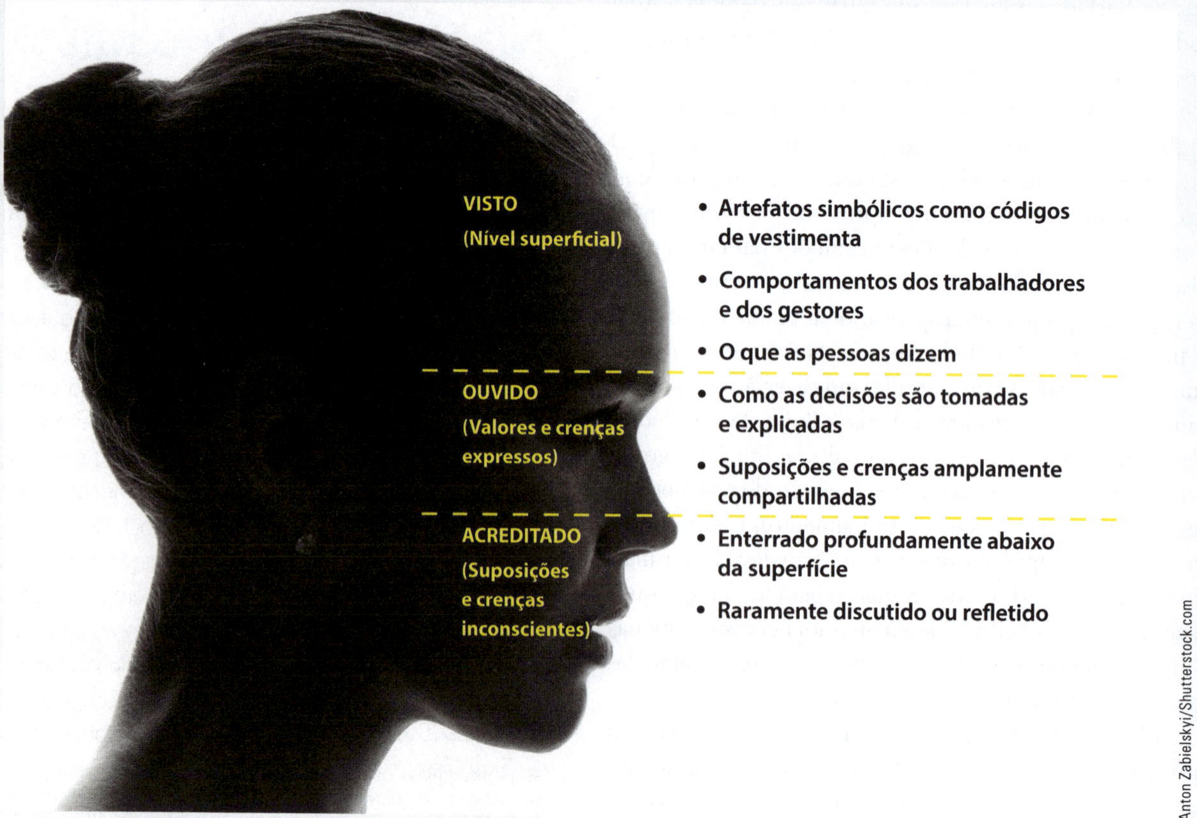

VISTO
(Nível superficial)
• Artefatos simbólicos como códigos de vestimenta
• Comportamentos dos trabalhadores e dos gestores
• O que as pessoas dizem
OUVIDO
(Valores e crenças expressos)
• Como as decisões são tomadas e explicadas
• Suposições e crenças amplamente compartilhadas
ACREDITADO
(Suposições e crenças inconscientes)
• Enterrado profundamente abaixo da superfície
• Raramente discutido ou refletido

Anton Zabielskyi/Shutterstock.com

de escritório) e os comportamentos de trabalhadores e gestores. Em seguida, logo abaixo da superfície, estão valores e crenças expressos por pessoas na empresa. Você não pode ver tais valores e crenças, mas eles ficarão claros se você escutar cuidadosamente o que as pessoas dizem e observar como as decisões são tomadas ou explicadas. Finalmente, pressupostos e crenças inconscientes sobre a empresa estão enterrados profundamente abaixo da superfície. Trata-se de opiniões e regras não escritas tão fortemente mantidas e tão amplamente compartilhadas que raramente são discutidas ou refletidas, a menos que alguém tente mudá-las ou inadvertidamente as desrespeite. Alterar tais suposições e crenças pode ser muito difícil. Em vez disso, os gestores devem se concentrar nas partes da cultura organizacional que podem controlar. Isso inclui itens observáveis ao nível superficial, tais como comportamentos dos trabalhadores, artefatos simbólicos e valores e crenças expressos, que podem ser influenciados por meio da seleção dos trabalhadores. Vamos ver como podem ser usados para mudar culturas organizacionais.

Uma maneira de mudar uma cultura corporativa é usar adição comportamental ou substituição comportamental para estabelecer novos padrões de comportamento entre gestores e funcionários. **Adição comportamental** é o processo de ter gestores e funcionários demonstrando novos comportamentos, enquanto **substituição comportamental** é ter gestores e funcionários demonstrando novos comportamentos no lugar de outros comportamentos. Em ambos os casos, a chave é escolher comportamentos centrais e simbólicos da velha cultura que você está mudando e a nova cultura que deseja criar. Quando Bob Flexon tornou-se CEO da **Dynegy**, que fornece energia no atacado para empresas de serviços públicos, cooperativas de energia e municípios, a empresa estava perdendo centenas de milhões de dólares. Assim, Flexon não só cortou custos, como também começou a mudar a cultura da empresa, enfatizando novos comportamentos. O primeiro passo foi abandonar seu amplo escritório, com uma mesa de mármore de $ 15 mil e tapetes orientais, e adotar um compartimento de 6 m² idêntico ao usado por todos os demais na nova sede da Dynegy, agora em um único prédio mais barato (resultando em economia anual de $ 5 milhões). Em termos de cultura, a Flexon e sua equipe de liderança criaram um novo conjunto de expectativas em relação ao comportamento dos funcionários e da gestão. Para começar, os funcionários receberam suas primeiras avaliações de desempenho em dois anos (adição comportamental), incluindo avaliações sobre como estavam abraçando as novas normas culturais de segurança, responsabilidade e agilidade. Em seguida, espera-se de gestores e funcionários "Estar Aqui Agora", o que significa que não há distrações ao lidar com os outros.

Construção com cultura

Artefatos visíveis são, no seu cerne, a definição de identidade corporativa, como parece ser o caso em especial para empresas de tecnologia, muitas vezes promovidas como campi divertidos, descontraídos e produtivos. A Apple, o Facebook e o Google elevaram a busca pela sede mais legal e mais colaborativa a um novo patamar. Cada empresa alistou os serviços de um ícone arquitetônico que refletisse sua cultura corporativa para projetar seus escritórios corporativos. A Apple contratou Sir Norman Foster (estoico); o Google, Bjarke Ingels e Thomas Heatherwick (divertidos); e o Facebook, Frank Gehry (expressionista). Por meio da arquitetura, cada empresa espera criar uma estrutura que comunique sua missão, seu trabalho e sua personalidade.

Fonte: K. Campell-Dollaghan, The forgotten offices that shaped Apple, Google, and Facebook, *Gizmodo.com*, 1º abr. 2015. Disponível em: <http://gizmodo.com/the-forgotten-offices-that-inspired-apple-facebook-an-1694978864>.

Por exemplo, a diretora executiva Carolyn Burke disse aos funcionários que estavam manuseando seus *smartphones* em reuniões: "Ei, esteja aqui agora". Da mesma forma, o CEO Flexon tem uma placa "Estar Aqui Agora" embaixo do monitor do computador para lembrá-lo de não ler *e-mails* durante chamadas telefônicas (substituição comportamental).[78]

Outra maneira de os gestores transformarem a cultura corporativa é mudar os **artefatos visíveis** de sua antiga cultura, tais como *design* e *layout* do escritório, código de vestimenta da empresa e os destinatários (ou não beneficiários) dos benefícios e privilégios concedidos pela empresa, espaços de estacionamento pessoais ou sala de jantar privativa. Na década de 1990, a AOL foi a força dominante entre os prestadores de serviços e conteúdos da internet. Tantas pessoas tinham contas da AOL que seu conhecido alerta "Mensagem para Você"

Adição comportamental processo de ter gestores e funcionários demonstrando novos comportamentos centrais e simbólicos da nova cultura organizacional que uma empresa quer criar.

Substituição comportamental processo de ter gestores e funcionários demonstrando novos comportamentos centrais para a nova cultura organizacional em lugar daqueles que eram centrais para a velha cultura organizacional.

Artefatos visíveis sinais visíveis da cultura de uma organização, como *design* e *layout* do escritório, código de vestimenta e benefícios, e privilégios concedidos pela empresa, como opções de ações, espaços de estacionamento pessoal ou sala de jantar privativa.

foi o título de um filme de Hollywood. No entanto, a intensa concorrência de provedores de internet de alta velocidade, duas décadas de más decisões e uma dispendiosa fusão com a Time Warner e depois a sua separação reduziram-na a um dinossauro do Vale do Silício. A AOL está tentando apagar essa imagem e criar uma nova cultura que enfatize criatividade, colaboração e inovação. Segundo Brad Garlinghouse, ex-presidente da AOL: "A AOL não estava construindo grandes produtos, e a marca estava refletindo isso. Temos de expurgar os fantasmas da AOL e começar de novo". Um componente-chave da mudança de cultura da AOL é o desmantelamento e o redesenho completo dos serviços em Palo Alto, na Califórnia. Enquanto seus antigos escritórios tinham salas sombrias, cubículos e paredes altas que limitavam as interações dos funcionários, os recém-redesenhados têm um *design* aberto com um espaço central, com salas de trabalho de paredes de vidro, para a colaboração em equipe, salas redondas independentes com vidro opaco para trabalho quieto que requer privacidade e concentração, e espaços públicos com piscina e mesas de pingue-pongue e de pebolim, sofás e cadeiras com suporte para *laptop*, e uma cafeteria aberta 24 horas todos os dias. Consistente com sua mudança de cultura, a AOL também tomou a inusitada iniciativa de abrir seus escritórios redesenhados de 75 funcionários para 25 empresas *startups* que trabalham e compartilham ideias com funcionários da AOL. De acordo com o CEO Tim Armstrong: "Realmente tentamos transformar nossos escritórios em centros de criatividade, onde podemos convidar outras pessoas a entrar e trabalhar para nós. A oportunidade é trazer alguns dos melhores empreendedores e tecnólogos do mundo e fazê-los trabalhar em um lugar profundamente envolvente".[79]

Blend Images/Shutterstock.com

Para mudar a cultura corporativa, pode-se percorrer um longo caminho para levantar o moral dos funcionários.

Culturas também podem ser alteradas pela contratação e seleção de pessoas com valores e crenças consistentes com a cultura desejada pela empresa. *Seleção* é o processo de coleta de informações sobre candidatos para decidir a quem oferecer emprego. Como será discutido no Capítulo 11, a maioria dos instrumentos de seleção mede se os candidatos a emprego têm conhecimentos, habilidades e capacidades necessários para ter sucesso em seus empregos. Mas as empresas estão cada vez mais testando candidatos a emprego para determinar como eles se encaixam com cultura desejada pela empresa (isto é, valores e crenças). Nos últimos dez anos, a equipe de futebol americano Cleveland Browns teve apenas uma temporada em que ganhou mais de seis jogos. Durante esse tempo, os Browns tiveram sete treinadores diferentes. Quando Mike Pettine se tornou o treinador principal na primavera de 2014, ele herdou uma equipe com uma cultura marcada pela instabilidade, perda e inexperiência. Apenas quatro jogadores do Browns já estiveram em fases avançadas da competição. Quando Pettine começou a contratar novos jogadores para a próxima temporada, uma qualificação importante (além de talento) era a experiência em uma equipe com uma cultura vencedora. Consistente com seu objetivo de construir essa cultura vencedora, cinco dos sete primeiros jogadores que assinaram estiveram em fases finais e três jogaram no Super Bowl.[80]

O segundo passo é garantir que os candidatos compactuem com a cultura, aplicando-se testes de seleção, instrumentos e exercícios para medir valores e crenças dos candidatos a emprego. Durante o processo de contratação, a Amazon usa um grupo de funcionários chamado "Bar Raisers" (levantadores do sarrafo, em alusão à barra usada em saltos de altura nas competições olímpicas), que entrevistam candidatos de outras áreas da empresa, fazendo perguntas difíceis e inesperadas. Os Bar Raisers, que passam de duas a três horas com cada candidato, conduzem entrevistas telefônicas e pessoais e participam de reuniões de avaliação, têm o poder de vetar qualquer candidato que tenham avaliado. O fundador Jeff Bezos iniciou o programa Bar Raiser para criar uma cultura corporativa consistente por "elevar o sarrafo" quando se trata de contratação de talentos. Em vez de contratar pessoas para trabalhos específicos, Bezos pede aos Bar Raisers que se concentrem na contratação de pessoas que possam ter sucesso na cultura da Amazon. Conforme John Vlastelica, um consultor de RH que trabalhou na Amazon nos primeiros dias da empresa: "Você quer alguém que possa se adaptar a novos papéis na empresa, não apenas alguém que possa preencher o papel que está vago". De acordo com Susan Harker, vice-presidente da Amazon da aquisição global de talentos: "Queremos ser objetivos e científicos ao máximo em nossa contratação. O objetivo é otimizar nossas chances de ter funcionários de longo prazo". E, ao contrário de muitas empresas, isso significa contratar pessoas talentosas que se encaixam na cultura da Amazon. Para Valerie Frederickson, consultora de recursos humanos: "Não há nenhuma empresa que se atenha a seu processo como a Amazon faz. As empresas não apenas contratam o melhor que veem, mas estão dispostas a continuar procurando o talento certo".[81]

Culturas corporativas são muito difíceis de mudar. Consequentemente, não há garantia de que uma abordagem, seja mudança de artefatos culturais visíveis, uso de substituição comportamental ou contratação de pessoas com valores compatíveis com a cultura desejada pela empresa, altere a cultura organizacional. Os melhores resultados são obtidos combinando esses métodos. Juntas, essas são algumas das melhores ferramentas que gestores têm para mudar a cultura porque enviam uma mensagem clara a gerentes e funcionários de que "a maneira aceita de fazer as coisas" mudou.

3

FERRAMENTA DE ESTUDO

Leia o cartão de revisão do capítulo e reveja o conteúdo.

4 Ética e responsabilidade social

Rawpixel/Shutterstock.com

RESULTADOS DE APRENDIZAGEM

4-1 Identificar os tipos comuns de desvio do local de trabalho.

4-2 Descrever as Diretrizes para Organizações da Comissão de Sentenças dos Estados Unidos e explicar como elas, simultaneamente, incentivam o comportamento ético e punem o comportamento antiético das empresas.

4-3 Descrever o que influencia a tomada de decisão ética.

4-4 Explicar que medidas práticas os gestores podem tomar para melhorar a tomada de decisões éticas.

4-5 Explicar perante quem as organizações são socialmente responsáveis.

4-6 Explicar pelo que as organizações são socialmente responsáveis.

4-7 Explicar como as organizações podem responder às demandas sociais de responsabilidade social.

4-8 Explicar se a responsabilidade social prejudica ou ajuda o desempenho econômico de uma organização.

4-1 DESVIOS NO LOCAL DE TRABALHO

Hoje, não é suficiente que as empresas sejam lucrativas. Também há a expectativa de que os gestores obtenham lucro fazendo as coisas certas. Independentemente do que façam, alguém ou algum grupo ficará insatisfeito com o resultado. Os gestores não podem se dar ao luxo de escolher soluções teoricamente otimizadas do tipo ganha-ganha obviamente desejáveis para todos os envolvidos. Na prática, as soluções para problemas de ética e responsabilidade social não são otimizadas. Muitas vezes, os gestores devem se contentar com uma solução que apenas cause ou faça o menor mal. Direitos e injustiças raramente são claríssimos para os gestores encarregados de fazer a coisa certa. O mundo dos negócios é muito mais confuso do que isso.

Ética é o conjunto de princípios ou valores morais que define o certo e o errado para uma pessoa ou um grupo. Infelizmente, numerosos estudos têm produzido de forma consistente resultados angustiantes sobre o estado de ética no mundo empresarial atual. Um estudo global de ética relatou que apenas 28% dos entrevistados acreditavam que as empresas são éticas. Outro estudo descobriu que apenas 25% confiam nos líderes empresariais para corrigir os erros com honestidade e que menos de 20% acreditavam que os líderes empresariais são confiáveis e tomam decisões éticas.[1] Segundo a pesquisa nacional de ética nos negócios do Ethics Resource Center, 41% dos funcionários observaram comportamentos antiéticos no trabalho, dos quais 24% foram cometidos por gerentes seniores e 60% por gestores (de todos os tipos). Além disso, 9% dos funcionários relataram que já foram pressionados a comprometer os padrões éticos no trabalho.[2] A boa notícia, entretanto, é que 63% dos funcionários que observaram comportamentos antiéticos denunciaram a ocorrência.[3]

Outros estudos contêm boas notícias adicionais sobre a ética no local de trabalho. Quando as pessoas acreditam que o ambiente de trabalho em que atuam é ético, elas são seis vezes mais propensas a continuar na empresa do que aquelas que trabalham em empresas cujo ambiente consideram antiético.[4] De fato, segundo uma pesquisa da Deloitte, os funcionários dispostos a deixar seus empregos citaram "perda de confiança" como o principal fator.[5] Um estudo perguntou a 444 trabalhadores de colarinho-branco que qualidades consideravam importantes nos líderes da empresa. Os resultados? Honestidade (30%) e comunicação (22%) foram classificadas de longe como as mais importantes. Curiosamente, essas duas qualidades também se classificaram como áreas nas quais os líderes empresariais precisavam melhorar – 16% dos entrevistados disseram que os líderes precisam melhorar sua honestidade e 11% citaram a comunicação.[6] De acordo com Eduardo Castro-Wright, vice-presidente do Walmart Stores Inc.: "Não há nada que destrua mais a credibilidade do que não ser capaz de olhar alguém nos olhos e fazê-lo saber que pode confiar em você".[7] Em suma, é necessário muito esforço para tornar os locais de trabalho mais éticos, mas – e isto é muito importante – a maioria dos gestores e funcionários querem que isso aconteça.

iStockphoto.com/Avava

O **comportamento ético** segue princípios aceitos de certo e errado. Dependendo do estudo que você analisar, de um terço a três quartos dos funcionários admitem que roubaram algo de seus empregadores, cometeram fraudes de computador, desviaram recursos, vandalizaram a propriedade da empresa, sabotaram projetos da empresa, fingiram ter sofrido lesões para receber benefícios ou seguro de saúde ou mentiram dizendo que estavam "doentes" para não trabalhar.

Ética conjunto de princípios ou valores morais que define o certo e o errado para uma pessoa ou um grupo.

Comportamento ético comportamento em conformidade com os princípios de certo e errado aceitos por uma sociedade.

Figura 4.1

Tipos de desvio no local de trabalho

Organizacional
Desvio de produção
- Sair cedo
- Fazer pausas excessivas
- Trabalhar lentamente de forma intencional
- Desperdiçar recursos
Desvio de propriedade
- Sabotar equipamentos
- Aceitar propinas
- Mentir sobre horas trabalhadas
- Furtar a empresa
Leve
Grave
Desvio político
- Mostrar favoritismo
- Fazer fofoca sobre colegas de trabalho
- Culpar colegas de trabalho
- Competir de forma não beneficiária
Agressão pessoal
- Cometer assédio sexual
- Abusar verbalmente de alguém
- Furtar colegas de trabalho
- Colocar colegas de trabalho em risco
Interpessoal

Fonte: Adaptada de S. L. Robinson; R. J. Bennett, A typology of deviant workplace behaviors (figura), *Academy of Management Journal*, 1995, v. 38.

Especialistas estimam que tais comportamentos antiéticos, que os pesquisadores chamam de *desvio no local de trabalho*, podem custar às empresas até $ 3,7 trilhões por ano ou cerca de 5% de suas receitas.[8]

O **desvio no local de trabalho** é um comportamento antiético que viola as normas organizacionais sobre o certo e o errado. Como demonstra a Figura 4.1, o desvio no local de trabalho pode ser categorizado pela gravidade do comportamento, de leve a grave, e pelo alvo do desvio de comportamento, ou seja, a organização ou determinadas pessoas no local de trabalho.[9]

> **Desvio do local de trabalho** comportamento antiético que viola as normas organizacionais sobre o certo e o errado.
>
> **Desvio de produção** comportamento antiético que prejudica a qualidade e a quantidade de trabalho produzido.
>
> **Desvio de propriedade** comportamento antiético dirigido à propriedade ou a produtos da organização.

Os desvios relacionados à empresa podem afetar ativos tangíveis e intangíveis. Um tipo de desvio no local de trabalho, denominado **desvio de produção**, prejudica a qualidade e a quantidade de trabalho produzido. Exemplos incluem sair cedo, fazer pausas de trabalho excessivamente longas, trabalhar intencionalmente de forma mais lenta ou desperdiçar recursos. Toda primavera, os funcionários preenchem as apostas de torneios para o March Madness na esperança de ganhar prêmios no escritório (tecnicamente ilegais), a fim de prever com mais precisão quais equipes avançam durante o torneio de basquete da NCAA. Geralmente, os funcionários passam tempo conversando sobre quais equipes ganharam ou não o torneio, montando tabelas e gerenciando bolões no escritório. Além disso, os dois primeiros dias de jogo do torneio ocorrem na quinta-feira e na sexta-feira durante o horário de trabalho. A empresa de recolocação Challenger, Grey e Christmas estima que 60 milhões de trabalhadores de escritório norte-americanos participam de bolões de escritório do March Madness. Em 2015, quando a Universidade de Kentucky estava fazendo sua primeira temporada invicta em mais de 30 anos, John Challenger afirmou: "Se o primeiro jogo da Kentucky ocorrer em dia útil, não nos surpreenderemos se todos os trabalhadores do Estado ficarem doentes ou ampliarem o horário de almoço". Embora Challenger estivesse brincando, com 56% dos 60 milhões de trabalhadores norte-americanos gastando pelo menos uma hora de trabalho no torneio, esse tempo perdido custa aos empregadores $ 1,9 bilhão. Nesse caso, não se considera o tempo adicional que os funcionários gastarão por não estarem trabalhando quando assistem aos jogos *on-line* no trabalho ou os acompanham no Twitter ou em aplicações esportivas especiais em seus *smartphones*.[10]

Desvio de propriedade é comportamento antiético dirigido à propriedade ou a produtos da empresa. Exemplos incluem sabotagem, furto ou danificação de equipamentos ou produtos e cobrar a mais por serviços e embolsar a diferença. Por exemplo, na Nigéria, ladrões roubam 150 mil barris de petróleo por dia dos oleodutos das companhias de petróleo. Segundo Jacob Mandi, um mergulhador ficou rico roubando óleo de oleodutos: "Sabemos qual [gasoduto] transporta gás, derivados de petróleo, ou petróleo cru. Não precisamos de ajuda para sentir se o que está dentro é quente ou frio". Eni S.p.A., uma companhia petrolífera italiana, fechou suas instalações de produção na Nigéria porque estava perdendo 60% de sua produção para ladrões como Mandi.[11]

No entanto, os próprios funcionários da organização são responsáveis por uma quantidade significativa de desvio de propriedade. O **furto por funcionários**, quando estes roubam mercadorias da empresa, é responsável por 43%

do furto de varejistas dos Estados Unidos e custa $ 18 bilhões por ano. De fato, os custos de furto por funcionários varejistas do país são maiores que os dos ladrões![12] Uma pesquisa com 23 grandes varejistas que empregam mais de três milhões de trabalhadores descobriu que um em cada 40 funcionários é flagrado roubando a cada ano e que um empregado desonesto rouba 5,4 vezes mais que um ladrão típico.[13] Da mesma forma, 58% dos trabalhadores reconhecem ter usado a propriedade da empresa para uso pessoal, de acordo com uma pesquisa realizada para lawyers.com. "Descontos de amizade" ocorrem quando os funcionários dão desconto ou não registram a mercadoria que sua família ou seus amigos levam ao caixa. Um estudo recente constatou que esses custos para a indústria de serviços de varejo (isto é, restaurantes, hotéis, salões de cabeleireiro, lavagens de automóveis, entre outros) somam $ 80 bilhões por ano. Dos empregados entrevistados, 67% indicaram que, no mês anterior à pesquisa, haviam participado de alguma forma de descontos de amizade, principalmente na esperança de receber ofertas e descontos similares de quem tinham ajudado.[14] Em "mergulho no lixo", os funcionários descarregam caminhões, armazenam mercadorias em um contêiner de lixo e, em seguida, recuperam os produtos após o trabalho.[15]

Considerando que os desvios de produção e de propriedade prejudicam as empresas, desvio político e agressão pessoal são comportamentos antiéticos que prejudicam pessoas específicas dentro das empresas. **Desvio político** é usar a influência de alguém para prejudicar outros na empresa. Exemplos incluem tomar decisões baseadas em favoritismo e não no desempenho, espalhar boatos sobre colegas de trabalho ou culpar os outros por erros que não cometeram. **Agressão pessoal** é comportamento hostil ou agressivo em relação aos outros. Exemplos incluem assédio sexual, abuso verbal, furto de colegas de trabalho ou ameaças pessoais a colegas de trabalho. Outro tipo de agressão pessoal é a violência no local de trabalho. Felizmente, como quase todos os tipos de crimes, a violência no local de trabalho caiu significativamente desde 1993, quando 16 em cada mil funcionários passaram por situações de violência não fatal no local de trabalho. Hoje, a taxa caiu para apenas quatro em cada mil funcionários. Além disso, a taxa de violência no local de trabalho é um terço do nível de violência não trabalhista. De forma geral, é menos provável encontrar violência no trabalho. Ainda assim, 475 pessoas foram mortas no trabalho em 2012, o ano mais recente para o qual os dados estão disponíveis. Isso significa que 10% das mortes no local de trabalho são homicídios.[16] Para obter mais informações sobre violência no local de trabalho, consulte o *site* do Bureau of Labor Statistics, http://www.bls.gov/iif/osh_wpvs.htm.

4-2 ORIENTAÇÕES PARA AS ORGANIZAÇÕES DA COMISSÃO DE SENTENÇAS DOS ESTADOS UNIDOS

Um supervisor está sexualmente assediando as colegas de trabalho. Um representante de vendas oferece uma propina de $ 10 mil para persuadir um cliente indeciso a fazer negócios com sua empresa. Um presidente de empresa se encontra secretamente com o CEO de seu maior concorrente, e eles concordam em não competir em mercados em que o outro já estabeleceu clientes. Cada um desses comportamentos é claramente antiético (e, nesses casos, também é ilegal). Historicamente, se a direção desconhecesse tais atividades, a empresa não poderia ser responsabilizada. No entanto, desde 1991, quando foram estabelecidas as Diretrizes para Organizações da Comissão de Sentenças dos Estados Unidos, as empresas podem ser processadas e punidas *mesmo que a direção desconheça o comportamento antiético*. As penalidades podem ser substanciais, com multas máximas se aproximando de colossais $ 300 milhões.[17] Mudanças posteriores nessas diretrizes resultaram em requisitos de treinamento de ética muito mais rígidos e enfatizaram a importância de criar uma cultura de empresa legal e ética.[18]

*Examinemos **4-2a a quem as diretrizes se aplicam e o que cobrem,** e **4-2b como, de acordo com elas, uma organização pode ser punida pelo comportamento antiético de seus gestores e funcionários.***

4-2a Quem, o que e por quê?

Quase todas as empresas estão cobertas pelas Diretrizes da Comissão de Sentença dos Estados Unidos. Isso inclui organizações e associações sem fins lucrativos, parcerias, sindicatos, empresas sem personalidade jurídica, organizações incorporadas e, até mesmo, fundos de pensão, fundos fiduciários e sociedades anônimas. Se a sua organização pode ser caracterizada como uma empresa

Furto por funcionários furto de mercadoria da empresa pelo funcionário.

Desvio político quando um indivíduo usa sua influência para prejudicar outras pessoas que trabalham na empresa.

Agressão pessoal comportamento hostil ou agressivo em relação aos outros.

(lembre-se, mesmo que seja sem fins lucrativos), então ela está sujeita a essas diretrizes.[19] Por exemplo, a World Vision, uma organização de ajuda humanitária cristã sem fins lucrativos, tem um programa de conformidade baseado nas diretrizes norte-americanas de sentenças. O programa inclui auditorias regulares, um código de conduta,

Figura 4.2

Níveis da infração, pisos para aplicação de multas, pontuação para quantificar culpa e multas totais possíveis sob as Diretrizes para Organizações da Comissão de Sentenças dos Estados Unidos

		Pontuação de culpa					
Nível de infração	**Piso para aplicação de multa**	**0,05**	**0,5**	**1,0**	**2,0**	**3,0**	**4,0**
6 ou menos	$ 5.000	$ 250	$ 2.500	$ 5.000	$ 10.000	$ 15.000	$ 20.000
7	7.500	375	3.750	7.500	15.000	22.500	30.000
8	10.000	500	5.000	10.000	20.000	30.000	40.000
9	15.000	750	7.500	15.000	30.000	45.000	60.000
10	20.000	1.000	10.000	20.000	40.000	60.000	80.000
11	30.000	1.500	15.000	30.000	60.000	90.000	120.000
12	40.000	2.000	20.000	40.000	80.000	120.000	160.000
13	60.000	3.000	30.000	60.000	120.000	180.000	240.000
14	85.000	4.250	42.500	85.000	170.000	255.000	340.000
15	125.000	6.250	62.500	125.000	250.000	375.000	500.000
16	175.000	8.750	87.500	175.000	350.000	525.000	700.000
17	250.000	12.500	125.000	250.000	500.000	750.000	1.000.000
18	350.000	17.500	175.000	350.000	700.000	1.050.000	1.400.000
19	500.000	25.000	250.000	500.000	1.000.000	1.500.000	2.000.000
20	650.000	32.500	325.000	650.000	1.300.000	1.950.000	2.600.000
21	910.000	45.500	455.000	910.000	1.820.000	2.730.000	3.640.000
22	1.200.000	60.000	600.000	1.200.000	2.400.000	3.600.000	4.800.000
23	1.600.000	80.000	800.000	1.600.000	3.200.000	4.800.000	6.400.000
24	2.100.000	105.000	1.050.000	2.100.000	4.200.000	6.300.000	8.400.000
25	2.800.000	140.000	1.400.000	2.800.000	5.600.000	8.400.000	11.200.000
26	3.700.000	185.000	1.850.000	3.700.000	7.400.000	11.100.000	14.800.000
27	4.800.000	240.000	2.400.000	4.800.000	9.600.000	14.400.000	19.200.000
28	6.300.000	315.000	3.150.000	6.300.000	12.600.000	18.900.000	25.200.000
29	8.100.000	405.000	4.050.000	8.100.000	16.200.000	24.300.000	32.400.000
30	10.500.000	525.000	5.250.000	10.500.000	21.000.000	31.500.000	42.000.000
31	13.500.000	675.000	6.750.000	13.500.000	27.000.000	40.500.000	54.000.000
32	17.500.000	875.000	8.750.000	17.500.000	35.000.000	52.500.000	70.000.000
33	22.000.000	1.100.000	11.000.000	22.000.000	44.000.000	66.000.000	88.000.000
34	28.500.000	1.425.000	14.250.000	28.500.000	57.000.000	85.500.000	114.000.000
35	36.000.000	1.800.000	18.000.000	36.000.000	72.000.000	108.000.000	144.000.000
36	45.500.000	2.275.000	22.750.000	45.500.000	91.000.000	136.500.000	182.000.000
37	57.500.000	2.875.000	28.750.000	57.500.000	115.000.000	172.500.000	230.000.000
38 ou mais	72.500.000	3.625.000	36.250.000	72.500.000	145.000.000	217.500.000	290.000.000

Terry Hankins/iStockphoto.com

Fonte: U. S. Sentencing Commission, *Guidelines manual*, §3E1.1 (nov. 2009), p. 509-531. Disponível em: < http://www.ussc.gov/guidelines-manual/guidelines-manual>. Acesso em: 4 jun. 2010.

padrões de ética e políticas antissuborno e anticorrupção (porque grande parte do seu trabalho humanitário é realizado em países do Terceiro Mundo).[20]

As diretrizes abrangem delitos de leis federais, como invasão de privacidade, acordo de preços, fraude, violações aduaneiras, violações de leis antitruste, violações de direitos civis, roubo, lavagem de dinheiro, conflitos de interesse, desfalque, roubo de bens, infrações de direitos autorais, extorsão, entre outros. Mas não basta apenas estar dentro da lei. O objetivo das diretrizes não é apenas punir as empresas *depois* que elas ou seus funcionários desobedecem à lei, mas também incentivar as empresas a tomar medidas proativas para desencorajar ou impedir o crime de colarinho-branco *antes* que ele aconteça. As diretrizes também dão às empresas um incentivo para cooperar e revelar atividades ilegais às autoridades federais.[21]

4-2b Determinação da punição

As diretrizes impõem multas menores às empresas que adotam medidas proativas para incentivar o comportamento ético ou revelar voluntariamente atividades ilegais às autoridades federais. Essencialmente, a lei usa uma abordagem de cenoura-e-vara. A vara é a ameaça de pesadas multas que podem totalizar milhões de dólares. A cenoura é muito reduzida, mas somente se a empresa tiver iniciado um programa de conformidade efetivo (discutido a seguir) para incentivar o comportamento ético *antes* que a atividade ilegal ocorra.[22] O método usado para determinar a punição de uma empresa ilustra a importância de estabelecer um programa de conformidade, conforme ilustrado na Figura 4.2.

O primeiro passo é calcular a *multa-base*, determinando o *nível da infração* (isto é, a gravidade dela). O nível da infração varia de acordo com o tipo de crime, a perda sofrida pelas vítimas e o grau de planejamento desenvolvido para o crime. Por exemplo, a fraude simples é uma infração de nível 6 (há 38 níveis no total). Mas, se as vítimas dessa fraude perderem mais de $ 5 milhões, essa infração atingirá o nível 22. Além disso, qualquer coisa além do planejamento mínimo para cometer a fraude resulta em um aumento de dois níveis para uma infração de nível 24. Quanta diferença isso faria a uma empresa? Como mostra a Figura 4.2, os crimes no nível 6 ou abaixo dele incorrem em uma multa de $ 5 mil, enquanto a multa básica para o nível 24 é de $ 2,1 milhões, uma diferença de $ 2,095 milhões! A multa-base para o nível 38, a de nível mais alto, é um montante robusto de $ 72,5 milhões.

Depois de estimar *o piso para aplicação da multa* o juiz avalia a pontuação de culpa, ou seja, uma forma de atribuir culpa à empresa. A escala de pontuação de culpa pode variar de 0,05 a 4,0 pontos. Quanto maior for a responsabilidade corporativa na condução, no encorajamento ou na sanção de atividades ilegais ou antiéticas, haverá maior pontuação de culpa. Uma empresa que já tem um programa de conformidade e voluntariamente relata a infração às autoridades incorrerá em uma pontuação de culpa de 0,05. Em contrapartida, uma empresa cuja gestão secretamente planeja atividades ilegais ou antiéticas, aprova-as e participa delas receberá a pontuação máxima de 4,0.

A pontuação de culpa é crítica porque a multa total é calculada pela multiplicação da multa-base pelos pontos de culpa. Voltemos à nossa infração de fraude de nível 24. Na Figura 4.2, o extremo esquerdo da seta superior mostra que uma empresa que aplica um programa de conformidade será multada em apenas $ 105 mil ($ 2.100.000 × 0,05). Em contraste, uma empresa que secretamente planejou atividades ilegais, aprovou-as e participou delas será multada em $ 8,4 milhões ($ 2.100.000 × 4,0), como mostrado pelo extremo direito da seta superior. A diferença é ainda maior para infrações de nível 38. Como mostrado pelo extremo esquerdo da seta de baixo, uma empresa com um programa de conformidade e uma pontuação de culpa de 0,05 é multada em apenas $ 3,625 milhões, enquanto uma empresa com a pontuação de culpa máxima de 4,0 é multada em $ 290 milhões, conforme indicado pelo extremo direito da seta inferior. Tais diferenças mostram claramente a importância de implantar um programa de conformidade. Ao longo da última década, 1.494 empresas foram acusadas sob as Diretrizes de Sentença dos Estados Unidos e 76% das acusadas foram multadas, com uma multa média superior a $ 2 milhões. As multas das empresas são em média 20 vezes maiores do que antes da implementação das diretrizes em 1991.[23]

Felizmente para as empresas que querem evitar essas multas rígidas, as Diretrizes de Sentença explicam de forma bem clara os sete componentes necessários de um programa de conformidade efetivo.[24] A Figura 4.3 lista esses componentes. A Caremark International, provedora de serviços de cuidados médicos assitidos em Delaware, declarou-se culpada de acusações criminais relacionadas a seus contratos com médicos e a encaminhamentos inadequados de pacientes. Quando os acionistas processaram a empresa por negligência e má administração, o tribunal de Delaware rejeitou o caso afirmando que o programa de conformidade ética da empresa, baseado nos componentes descritos na Figura 4.3, era uma tentativa de boa-fé de monitorar os funcionários e que a Caremark não permitiu conscientemente que ocorressem comportamentos ilegais e antiéticos. O tribunal decidiu que um programa de conformidade com base nas Diretrizes de Sentença dos Estados Unidos era suficiente para proteger a empresa da responsabilidade.[25]

Figura 4.3

Passos do programa de conformidade das diretrizes para organizações da Comissão de Sentenças dos Estados Unidos

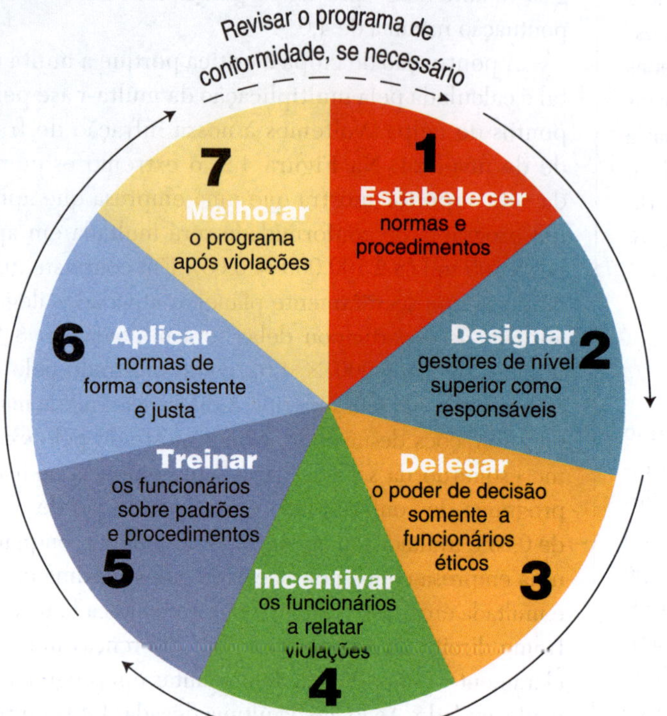

Revisar o programa de conformidade, se necessário
1 Estabelecer normas e procedimentos
2 Designar gestores de nível superior como responsáveis
3 Delegar o poder de decisão somente a funcionários éticos
4 Incentivar os funcionários a relatar violações
5 Treinar os funcionários sobre padrões e procedimentos
6 Aplicar normas de forma consistente e justa
7 Melhorar o programa após violações

Fonte: D. R. Dalton; M. B. Metzger; J. W. Hill, The "new" U. S. Sentencing Comission Guidelines: a wake-up call for Corporate America, *Academy of Management Executive*, 8, (1994), p. 7-16.

4-3 INFLUÊNCIAS SOBRE A TOMADA DE DECISÃO ÉTICA

Como executivo sênior de recursos humanos da United Parcel Service (UPS), você está enfrentando um dilema ético. Com os custos dos cuidados de saúde aumentando 11,25% este ano ou quase cinco vezes a taxa de inflação, mais a implementação do Federal Affordable Care Act, que acrescentou significativas despesas, taxas e regras adicionais que devem ser seguidas (ou você estará em desacordo com a lei), está se tornando cada vez mais difícil para a UPS manter a acessibilidade de sua atual cobertura de saúde. O CEO e a equipe executiva pediram a você que considerasse uma série de cenários, de nenhuma mudança de preços combinada com redução de cobertura a aumentos de preços significativos, mas sem mudanças na cobertura para algo no meio, com alterações moderadas de preço e algumas mudanças na cobertura.[26] Como executivo sênior de recursos humanos da UPS, qual seria a coisa ética a fazer? Com 322 mil funcionários norte-americanos, qualquer mudança que você recomendar terá um enorme impacto tanto em nível corporativo quanto individual.

Embora algumas questões éticas sejam facilmente resolvidas, muitas não têm claramente respostas certas ou erradas. Entretanto, mesmo que as respostas raramente sejam claras, os gestores precisam ter um claro juízo de *como* chegar a uma resposta para gerir bem essa ambiguidade ética.

*As respostas éticas que os gestores escolhem dependem da **4-3a intensidade ética da decisão**, do **4-3b desenvolvimento moral do gestor** e dos **4-3c princípios éticos usados para resolver o problema**.*

4-3a Intensidade ética da decisão

Os gestores não tratam todas as decisões éticas da mesma forma. O gerente da UPS, que deve decidir como as mudanças nos preços e na cobertura dos cuidados de saúde podem afetar 322 mil funcionários, vai tratar essa decisão muito mais a sério do que a decisão de como lidar com um assistente que está levando papel para casa para uso pessoal. Tais decisões diferem em sua **intensidade ética**, ou o grau de preocupação que as pessoas têm em relação a uma questão ética. Ao abordarem uma questão de alta intensidade ética, os gestores estão mais conscientes do impacto que sua decisão terá sobre os outros. Eles estão mais propensos a ver a decisão como uma deliberação ética ou moral, e não apenas econômica. Também estão mais propensos a se preocupar em fazer a coisa certa.

Para determinar a intensidade ética de uma ação, seis fatores devem ser considerados, conforme demonstrado na Figura 4.4. A **magnitude das consequências** é o total de danos ou benefícios derivados de uma

Intensidade ética grau de preocupação das pessoas com relação a uma questão ética.

Magnitude das consequências danos ou benefícios totais derivados de uma decisão ética.

Figura 4.4

Seis fatores que contribuem para a intensidade ética

Magnitude das consequências
Consenso social
Probabilidade de efeito
Imediatismo temporal
Proximidade do efeito
Concentração do efeito

Fonte: Republicada com permissão de Academy of Management; P.O. Box 3020, Briar Cliff Manor, NY, 10510-8020. T. M. Jones, Ethical decision making by individuals in organizations: an issue-contingent model, *Academy of Management Review*, 16 (1991), p. 366-395; reproduzida com permissão do editor via Copyright Clearance Center, Inc.

Trevor Hunt/iStockphoto.com

decisão ética. Quanto mais pessoas forem prejudicadas ou quanto maior for o dano a elas, maiores serão as consequências. **Consenso social** é uma concordância sobre se o comportamento é ruim ou bom. A **probabilidade de efeito** é a chance de que aconteça algo que resulte em dano para os outros. Se combinarmos esses fatores, veremos o efeito que podem ter sobre a intensidade ética. Por exemplo, se houver um *acordo claro* (consenso social) de que há *certeza* (probabilidade de efeito) de que uma decisão ou ação gerencial terá *grandes consequências negativas* (magnitude de consequências) de alguma forma, então as pessoas ficarão muito preocupadas com a decisão ou ação gerencial, e a intensidade ética será alta.

O **imediatismo temporal** é o tempo entre um ato e as consequências dele. Ele é mais forte se um gestor tem que demitir trabalhadores na próxima semana ou daqui a três meses. A **proximidade de efeito** é a distância social, psicológica, cultural ou física de um tomador de decisões em relação àqueles afetados por suas decisões. Assim, a proximidade de efeito é maior quando um gestor demite funcionários que ele conhece do que quando demite funcionários que não conhece. Finalmente, enquanto a magnitude das consequências é o efeito total em todas as pessoas, a **concentração de efeito** é quanto um ato afeta uma pessoa comum. Por exemplo, a eliminação da cobertura de saúde para 100 funcionários tem uma maior concentração de efeito do que reduzir os benefícios de saúde para mil funcionários em 10%.

Qual desses seis fatores tem maior impacto na intensidade ética? Estudos indicam que os gestores são muito mais propensos a ver as decisões como questões éticas quando a magnitude das consequências (dano total) é alta e quando há um consenso social (concordância) de que um comportamento ou uma ação é ruim.[27]

4-3b Desenvolvimento moral

É sexta-feira. Outra longa semana de aulas e estudos chega ao fim, e tudo que você quer fazer é sentar e relaxar. "Um filme parece uma boa", você pensa consigo mesmo, mas não quer gastar $ 12 para caminhar até a sala de cinema. Embora custasse menos de $ 1,50 alugar um DVD, você está cansado demais para caminhar até a máquina Redbox da drogaria da esquina. Seu companheiro de quarto diz que ele tem a solução perfeita e lhe dá o URL de um *site* que transmite todos os mais recentes filmes de sucesso e programas de TV de graça. Escritores, atores e produtores não vão ganhar um centavo se você assistir à cópia pirata do filme. Além disso, é ilegal baixar cópias em *streamline* de programas pirateados ou assistir a elas. Mas como os estúdios de cinema descobririam? Os policiais vão passar pela sua porta porque você assistiu a uma cópia pirateada de *Insurgente*? Você vai assistir ao filme? O que vai fazer?

Em parte, de acordo com o psicólogo Lawrence Kohlberg, sua decisão será baseada em seu nível de desenvolvimento moral. Kohlberg identificou três fases de desenvolvimento moral, com duas etapas em cada fase (ver Figura 4.5).[28] No **nível pré-convencional de desenvolvimento moral**, as pessoas decidem baseadas em razões egoístas. Por exemplo, se você estiver no estágio 1, a etapa de punição e obediência, sua principal preocupação será evitar problemas para si mesmo. Então, não assistirá ao filme pirata porque tem medo de ser pego e punido. No entanto, no estágio 2, a etapa de troca instrumental, você se preocupa menos com a punição e mais com a possibilidade de fazer coisas que favoreçam diretamente seus desejos e suas necessidades. Então, você vai assistir ao filme pirata.

Consenso social concordância sobre se o comportamento é ruim ou bom.

Probabilidade de efeito a chance de que aconteça algo que resulte em dano para os outros.

Imediatismo temporal tempo entre um ato e as consequências dele.

Proximidade ao efeito distância social, psicológica, cultural ou física entre um tomador de decisão e aqueles afetados por suas decisões.

Concentração de efeito danos ou benefícios totais que um ato produz sobre a pessoa comum.

Nível pré-convencional de desenvolvimento moral o primeiro nível de desenvolvimento moral, no qual as pessoas tomam decisões baseadas em razões egoístas.

Figura 4.5

Estágios de desenvolvimento moral de Kohlberg

Estágio 1	Estágio 2	Estágio 3	Estágio 4	Estágio 5	Estágio 6
Punição e obediência	Troca instrumental	Bom rapaz, boa moça	Lei e ordem	Contrato social	Princípio universal
Pré-convencional		Convencional		Pós-convencional	
Autointeresse		Expectativas sociais		Princípios internalizados	

© Cengage Learning

Pessoas no **nível convencional de desenvolvimento moral** tomam decisões em conformidade com as expectativas da sociedade. Em outras palavras, elas olham para os outros em busca de orientação sobre questões éticas. No estágio 3, a fase "bom rapaz, boa moça", você normalmente faz o que os outros "bons rapazes" e "boas moças" estão fazendo. Se todos os outros estiverem assistindo ao filme pirata, você também o fará. No entanto, se não estiverem, você também não o fará. No estágio da lei e da ordem, estágio 4, você novamente procura orientação externa e faz o que a lei permite, assim não assistirá ao filme.

No **nível pós-convencional de desenvolvimento moral**, as pessoas usam princípios éticos internalizados para resolver dilemas éticos. No estágio 5, contrato social, você se recusará a assistir ao filme pirata porque, como um todo, a sociedade está melhor quando os direitos dos outros, neste caso, os direitos de atores, produtores, diretores e escritores, não são infringidos. No estágio 6, princípio universal, você pode ou não assistir ao filme pirata, dependendo de seus princípios de certo e errado. Além disso, você vai manter seus princípios, mesmo que sua decisão entre em conflito com a lei (estágio 4) ou com o que os outros acreditam ser melhor para a sociedade (estágio 5). Por exemplo, aqueles indivíduos com crenças socialistas ou comunistas provavelmente escolheriam assistir ao filme pirata porque acreditam que bens e serviços devem ser propriedade da sociedade, e não de indivíduos e corporações.

Nível convencional de desenvolvimento moral o segundo nível de desenvolvimento moral, no qual as pessoas tomam decisões em conformidade com a expectativa da sociedade.

Nível pós-convencional de desenvolvimento moral o terceiro nível de desenvolvimento moral, no qual as pessoas tomam decisões baseadas em princípios internalizados.

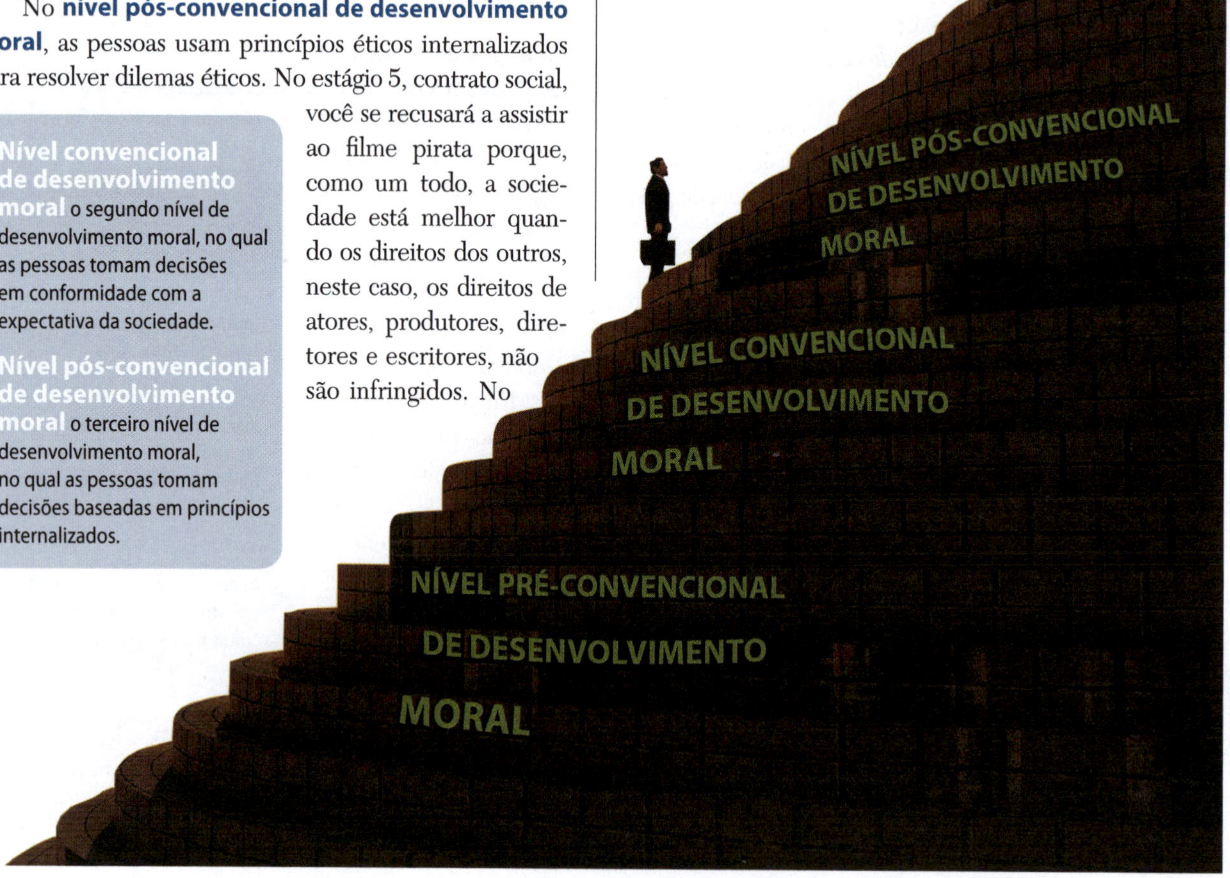

iStockphoto.com/Mikhail Tolstoy

Kohlberg acreditava que as pessoas progrediriam sequencialmente de estágios anteriores para mais avançados à medida que se tornassem mais educadas e maduras. Mas apenas 20% dos adultos chegam à fase pós-convencional do desenvolvimento moral, em que os princípios internos orientam as decisões. A maioria dos adultos está no estágio convencional de desenvolvimento moral, em que eles olham os outros em busca de orientação sobre questões éticas. Isso significa que, no local de trabalho, a maioria das pessoas busca liderança e precisa dela quando se trata de tomada de decisão ética.[29]

4-3c Princípios de decisão ética

Além da intensidade ética da questão e do nível de maturidade moral de um gestor, os princípios éticos particulares que gestores usam também afetarão a maneira como eles solucionam dilemas éticos. Infelizmente, não há um princípio ideal para usar na tomada de decisões empresariais éticas.

De acordo com o professor LaRue Hosmer, uma série de princípios éticos diferentes podem ser usados para tomar decisões empresariais: interesse próprio de longo prazo, interdições religiosas, requisitos governamentais, direitos individuais, virtude pessoal, justiça distributiva e benefícios utilitários.[30] Todos esses princípios éticos encorajam gestores e funcionários a levar em conta os interesses dos outros quando tomam decisões éticas. Ao mesmo tempo, contudo, tais princípios podem levar a ações éticas muito diferentes, como podemos ver ao usá-los para decidir o que a UPS pode fazer em relação à cobertura de saúde de seus funcionários.

Segundo o **princípio do interesse próprio de longo prazo**, você nunca deve praticar uma ação que não esteja em conformidade com o seu próprio interesse de longo prazo ou com o de sua organização. Embora isso possa indicar que esse princípio promove o egoísmo, não é exatamente assim. O que fazemos para maximizar nossos interesses de longo prazo (economizar mais, gastar menos, fazer exercícios todos os dias, observar o que comemos) é muitas vezes muito diferente do que fazemos para maximizar os interesses de curto prazo (usar o limite de nossos cartões de crédito, comer o que quiser). Os custos dos cuidados de saúde na UPS quase duplicaram nos últimos oito anos. Além disso, espera-se que subam 11,25% em 2015, quase cinco vezes mais do que a inflação.[31] Por um lado, a redução dos custos dos cuidados de saúde estaria no interesse próprio de longo prazo da UPS. Assim, a UPS pode optar por reduzir ou eliminar significativamente a cobertura de cuidados de saúde para o maior número possível de empregados. Por outro lado, cortar os benefícios de saúde pode tornar muito mais difícil para a UPS atrair e reter bons funcionários e, certamente, levaria a negociações de contratos muito mais difíceis com os sindicatos que representam seus funcionários não gerenciais. Assim, com base nessas preocupações, a UPS absorveria os aumentos de custos mantendo os atuais níveis de cobertura de saúde para seus funcionários. Neste caso, o princípio do interesse próprio de longo prazo não fornece uma orientação clara.

Princípio do interesse próprio de longo prazo princípio ético que sustenta que você nunca deve fazer nenhuma ação que não esteja em seu próprio interesse de longo prazo ou no de sua organização.

Princípio de interdições religiosas princípio ético segundo o qual você nunca deve praticar qualquer ação que não seja gentil e que não construa um senso de comunidade.

Princípio de requisitos governamentais de acordo com esse princípio ético, você nunca deve praticar qualquer ação que infrinja a lei, pois esta representa o padrão moral mínimo.

De acordo com o **princípio de interdições religiosas**, você nunca deve fazer uma ação cruel ou que prejudique um senso de comunidade, como os sentimentos positivos que advêm de trabalhar em conjunto para realizar uma meta comumente aceita. Usando esse princípio e sabendo quão conturbadas essas mudanças seriam, a UPS absorveria o aumento de 11,25% e manteria os níveis atuais de benefícios de saúde.

Segundo o **princípio de requisitos governamentais**, a lei representa os padrões morais mínimos da sociedade, de modo que você nunca deve praticar qualquer ação

Chip Somodevilla/Getty Images News/Getty Images

O Affordable Care Act (ACA) criou despesas, taxas e regras adicionais para empresas como a UPS. Em abril de 2014, o presidente Barak Obama falou em Washington sobre inscrições ACA que ultrapassaram a marca de oito milhões.

que infrinja a lei. Para o Affordable Care Act, as empresas com mais de 50 funcionários podem ser multadas por não fornecerem cobertura adequada aos funcionários e aos filhos deles (até os 26 anos de idade). No entanto, a lei não exige que os cônjuges sejam abrangidos. Assim, com base na lei, você poderia recomendar que todos, exceto os cônjuges dos funcionários, mantenham benefícios de cuidados de saúde.[32]

O **princípio dos direitos individuais** sustenta que você nunca deve praticar uma ação que infrinja os direitos consensuais dos outros. Com uma grande força de trabalho sindicalizada, qualquer mudança que a UPS faça em sua cobertura de saúde deve ser consistente com os acordos sindicais existentes. Uma vez que acordos que abrangem 250 mil trabalhadores especificam que os cônjuges têm direito a prestações de cuidados de saúde, a UPS apenas poderá alterar os benefícios e custos de cuidados de saúde para os trabalhadores e gestores não sindicalizados no momento.[33] Entretanto, ela poderia tentar mudar os benefícios dos trabalhadores sindicalizados quando seu acordo estiver aberto para renegociação, tipicamente de três em três anos.

Segundo o **princípio da virtude pessoal**, não faça nada que não seja honesto, aberto e verdadeiro, e sobretudo que não exponha você nos jornais ou na TV. Usando o princípio da virtude pessoal, a UPS teria calmamente absorvido o aumento dos custos da cobertura dos cuidados de saúde e mantido os atuais níveis de benefícios. Se o tivesse feito, poderia ter evitado a publicação de um artigo do *Wall Street Journal* sobre esse tópico.

Sob o **princípio da justiça distributiva**, você nunca deve praticar qualquer ação que prejudique as pessoas que, de algum modo, são menos afortunadas. Esse princípio destina-se a proteger pessoas pobres, com baixo nível de escolaridade e desempregadas. Como a UPS não pode alterar os benefícios de saúde para seus trabalhadores sindicalizados (até que o próximo acordo seja negociado), a empresa se limita a mudar os benefícios de cuidados de saúde para seus gestores e funcionários de escritório. Entretanto, como a cobertura de assistência médica é obrigatória de acordo com o Affordable Care Act para empresas com mais de 50 funcionários, a UPS só pode fazer mudanças significativas nos cônjuges dos funcionários administrativos. Dado que a UPS paga salários e benefícios competitivos, é provável que esses cônjuges possam ser caracterizados como pobres? Provavelmente não. O fato de os cônjuges terem um baixo nível de escolaridade significa que não cursaram uma faculdade nem o nível médio? Talvez não, na maioria dos casos. Desempregados? Certamente, pode haver cônjuges sem emprego ou que optaram por ficar em casa para cuidar de crianças. Mas será que a UPS quer ser vista como cortando os benefícios de saúde dos cônjuges desempregados? O princípio da justiça distributiva diz que não.

Princípio dos direitos individuais conforme esse princípio ético, você nunca deve praticar qualquer ação que infrinja os direitos consensuais de outras pessoas.

Princípio da virtude pessoal segundo esse princípio ético, não faça nada que não seja honesto, aberto e verdadeiro, e sobretudo que não exponha você nos jornais ou na TV.

Princípio da justiça distributiva de acordo com esse princípio ético, você nunca deve praticar uma ação que prejudique os menos afortunados: pobres, com baixo nível de escolaridade, desempregados.

Princípio dos benefícios utilitários conforme esse princípio ético, você nunca deve praticar qualquer ação que não resulte em maior bem para a sociedade.

Finalmente, o **princípio dos benefícios utilitários** afirma que você nunca deve tomar uma ação que não resulte em maior bem para a sociedade. Em suma, você deve fazer o que cria o maior bem para o maior número de pessoas. À primeira vista, esse princípio parece sugerir que a UPS deve absorver custos mais elevados, e não alterar os benefícios dos cuidados de saúde. Afinal, pode-se argumentar que a manutenção de benefícios de saúde para 330 mil funcionários contribui para o bem maior. Porém, se a UPS fizesse isso com alguma regularidade, os custos seriam enormes (lembre-se de que os custos de saúde dobraram nos últimos oito anos e estão crescendo muito mais que a inflação), os lucros encolheriam e a empresa teria de cortar seu dividendo em ações. Além disso, o preço de suas ações cairia, o que prejudicaria inúmeros acionistas, muitos dos quais dependem da valorização do preço das ações da UPS e do crescimento dos dividendos para a renda de aposentadoria. Da mesma forma, a redução da rentabilidade poderia levar a cortes de custos ainda mais severos, como demissões, o que poderia produzir mais danos do que benefícios reduzidos. Nesse caso, o princípio não conduz a uma escolha clara.

Então, o que a UPS decidiu fazer? A direção subdividiu em fatores muitas das preocupações suscitadas pela avaliação desses princípios éticos e anunciou que deixaria de fornecer benefícios de cuidados de saúde para os cônjuges de funcionários não sindicalizados que estivessem empregados e que já teriam esse tipo de benefício de seus empregadores. Ninguém mais recebeu os benefícios de cuidados de saúde.[34] Você acha que a decisão da UPS foi ética? Alguns podem achar que a empresa não cumpriu os compromissos assumidos com os funcionários gerenciais e as famílias deles, e que, como uma grande corporação, pode pagar o aumento. Outros podem argumentar que a decisão foi legal, pois a empresa honrou os contratos existentes. Além disso, em última instância, cortes de algum tipo seriam necessários devido ao aumento exponencial dos custos. De fato, um porta-voz da UPS explicou que essa decisão era a melhor maneira de continuar oferecendo os prêmios de cobertura de saúde nos níveis atuais para o maior número de funcionários.

4-4 PASSOS PRÁTICOS PARA A TOMADA DE DECISÃO ÉTICA

As empresas têm enfatizado a tomada de decisões éticas: 81% agora fornecem treinamento em ética, 77% incluem a conduta ética como uma parte padrão das avaliações de desempenho e 74% comunicam internamente sobre ações disciplinares tomadas quando ocorre comportamento antiético.[35]

Os gestores poderão encorajar uma tomada de decisão mais ética em suas organizações ***4-4a ao selecionarem e contratarem cuidadosamente funcionários éticos, 4-4b ao estabelecerem um código de ética específico, 4-4c ao formarem funcionários para tomar decisões éticas*** *e* ***4-4d ao criarem um clima ético****.*

4-4a Seleção e contratação de funcionários éticos

No papel de empregador, como você pode aumentar suas chances de contratar funcionários honestos, do tipo que devolveria uma carteira cheia de dinheiro para seu legítimo proprietário? Os **testes abertos de integridade** estimam a honestidade dos candidatos a emprego perguntando-lhes diretamente o que pensam ou sentem sobre furto ou punição de comportamentos antiéticos.[36] Por exemplo, um empregador pode perguntar ao requerente: "Você consideraria comprar algo de alguém se soubesse que a pessoa roubou o item?" ou "A maioria das pessoas furta de suas empresas?". Surpreendentemente, as pessoas que não são éticas costumam responder "sim" a essas perguntas, porque acreditam que o mundo é basicamente desonesto e que esse comportamento é normal.[37]

Os **testes de integridade baseados na personalidade** estimam indiretamente a honestidade dos candidatos a emprego medindo traços psicológicos como confiabilidade e conscientização. Por exemplo, detentos que cumprem penas por crimes de colarinho-branco (falsificação, desfalque e fraude) obtiveram resultados muito mais baixos do que um grupo de comparação composto por gestores de nível médio em escalas que avaliam confiabilidade, honestidade, conscientização e cumprimento de regras.[38] Tais resultados mostram que as empresas podem seletivamente contratar e promover pessoas que serão mais éticas.

4-4b Códigos de ética

Atualmente, quase todas as grandes corporações implantaram um código de ética. Mesmo que uma empresa tenha um código de ética, dois fatores importantes ainda devem ser considerados para que ele incentive a tomada de decisão e o comportamento éticos.[39] Em primeiro lugar, uma empresa deve comunicar o código a todos envolvidos, tanto internos quanto externos.

Em segundo lugar, além de ter um código de ética com diretrizes gerais, como "fazer aos outros o que gostaria que fizessem por você", a direção deve desenvolver padrões e procedimentos éticos práticos e específicos para a linha de negócios da empresa. A Hershey's, principal produtora de produtos de chocolate e confeitaria na América do Norte, também atua em 90 países. Os visitantes do *site* da Hershey's podem fazer o *download* do "Código de Ética Empresarial" da empresa em oito idiomas. O código estabelece padrões éticos específicos em tópicos desde o tratamento a colegas de trabalho até a proteção do meio ambiente e a manutenção de registros financeiros. Por exemplo, de acordo com o código: "Se a direção, nossos auditores ou investigadores do governo nos solicitarem informações ou documentação, devemos cooperar. Isso significa que não podemos ocultar, alterar ou destruir tais informações. Falsificar registros de negócios, destruir documentos ou mentir para auditores, investigadores ou funcionários do governo é uma infração grave". Da mesma forma, o código da Hershey's afirma que as informações sobre os concorrentes só podem ser obtidas de maneira legal e ética, e que é errado tentar obter informações confidenciais de outros: "Se um colega de trabalho, cliente ou parceiro de negócios tiver informações competitivas que são obrigados a manter confidenciais, não deveremos encorajá-los a divulgá-las".[40] Códigos de ética específicos como esse facilitam muito a decisão dos funcionários sobre como devem agir se quiserem fazer a coisa certa.

Teste aberto de integridade teste escrito que estima a honestidade dos candidatos a emprego perguntando diretamente o que eles pensam ou sentem sobre furto ou punição de comportamentos antiéticos.

Teste de integridade baseado na personalidade teste escrito que indiretamente estima a honestidade dos candidatos a emprego medindo traços psicológicos como confiabilidade e conscientização.

4-4c Formação em ética

Além de estabelecerem padrões éticos para a empresa, os gestores devem patrocinar a formação em ética e conformidade e participar desse processo a fim de criar uma cultura ética na empresa.[41] O primeiro objetivo é desenvolver a conscientização dos funcionários sobre a ética.[42] Isso significa ajudar os funcionários a reconhecer questões éticas e, em seguida, evitar racionalizar o comportamento antiético pensando: "Isso não é realmente ilegal ou imoral" ou "Ninguém nunca vai descobrir". Várias empresas criaram jogos de tabuleiro ou convidaram palestrantes especializados para melhorar a conscientização sobre questões éticas.[43] Howard Winkler, gestor de projetos de ética e conformidade da Southern Co., fornecedora de energia baseada em Atlanta, adota uma ampla gama de ferramentas para educar e envolver seus funcionários em ética. Como muitas empresas, o treinamento de ética obrigatório da Southern exige que os funcionários acessem a internet, leiam o código de ética e comprovem que o fizeram. Segundo Winkler: "Quando o código está disponibilizado na internet, ele geralmente tem todo o charme e engajamento de um acordo de licenciamento de *software*".[44] Winkler substituiu o código escrito por um vídeo de dez minutos em que os atores explicam as políticas da empresa. Para manter os funcionários interessados, o gestor varia os métodos de entrega e utiliza vídeos, concursos e mídias sociais internas para comunicar questões éticas importantes. Winkler chegou mesmo a receber uma postagem de um criminoso condenado que comentou como pequenos compromissos éticos eventualmente levam a um comportamento antiético grave, como é o caso da fraude. Esse foi o motivo que levou esse sujeito a ser condenado a cinco anos de prisão. De acordo com Winkler: "Isso causou um grande impacto, pois essa pessoa não começou a carreira procurando cometer fraudes. A principal mensagem dela foi a seguinte: ao fazer a primeira concessão ética, você está embarcando em um caminho que pode levar à prisão".[45] Winkler também cria regularmente oportunidades para os altos executivos falarem com os funcionários sobre questões éticas. Essa abordagem multifacetada parece estar funcionando, já que pesquisas internas indicam que 93% dos funcionários reconhecem que a continuidade da carreira na Southern "depende do comportamento ético [deles]".

Docstockmedia/Shutterstock.com

O segundo objetivo para os programas de formação em ética é conseguir credibilidade perante os funcionários. Não surpreende o fato de os funcionários desconfiarem das razões da direção quando ela oferece formação em ética. Algumas empresas prejudicaram a credibilidade de seus programas de ética ao contratarem instrutores e consultores externos para fornecer esse tipo de formação.[46] Os funcionários costumam reclamar que os instrutores e consultores externos ensinam uma teoria que não tem nada a ver com seus empregos e com os dilemas práticos que enfrentam diariamente. Para estabelecer uma formação em ética de modo prático e relevante, a CA Technologies produziu uma série de vídeos de treinamento bem-humorados com um gestor fictício. Nos vídeos, Griffin Peabody enfrenta várias questões éticas, como conflitos de interesse, inteligência competitiva, assédio no local de trabalho e conduta fora do local de trabalho (pesquise *Griffin Peabody* no YouTube.com). Para o diretor executivo de ética Joel Katz: "É fácil que isso [formação em ética] se torne um exercício de marcar a resposta certa. Usamos os deslizes de Griffin para ensinar lições complicadas de uma forma simples". Por exemplo, como a CA Technologies adquire muitas empresas – uma prática comum nas indústrias de tecnologia –, é fundamental, e exigido por lei, que seus funcionários mantenham a confidencialidade de

Chamando todos os informantes!

A Securities and Exchange Commission (SEC) está à procura de denunciantes. Para incentivar informantes a denunciar incidentes de fraude e transgressões, essa agência norte-americana lançou um programa para pagar aos informantes algo entre 10% e 30% da soma das penalidades denunciadas, se suas informações gerarem mais de $ 1 milhão em sanções ou multas. Tudo leva a crer que o programa já é bem-sucedido, pois a SEC recebeu 3.620 informações em 2014, um aumento de mais de 20% em um período de dois anos.

Fonte: R. L. Ensign, Treatment of tipsters is focus of SEC, *Wall Street Journal*, 26 fev. 2015, C1.

potenciais aquisições para evitar vazamentos com efeitos no valor de suas ações. Conforme Gary Brown, diretor de conformidade: "Eles pensam que podem dizer a um amigo: 'Advinhe no que estou trabalhando hoje'. Eles têm que perceber que é um problema muito maior". Para reforçar esse ponto, Griffin Peabody é visitado por investigadores da Securities and Exchange Commission após a divulgação pública de informações sobre uma empresa que está sendo adquirida.[47]

O treinamento ganha credibilidade quando os principais gestores ministram as aulas de ética iniciais a seus subordinados, que, por sua vez, treinam os próprios subordinados.[48] Howard "Hal" Brewer, cofundador e presidente da Intuitive Research and Technology Corp., uma empresa de serviços de engenharia de Huntsville, no Alabama, é o patrono de ética da organização. Cada novo funcionário participa de uma sessão chamada "Vamos falar de ética com Hal", liderada por Brewer e Juanita Phillips, diretora de recursos humanos. Brewer explica como as decisões dos funcionários influenciam na empresa, situações que provavelmente encontrarão com organizações externas com quem fazem negócios e, em seguida, como responder a tudo isso. Qual é o efeito de ter o cofundador e presidente falando com todos os funcionários sobre ética? Segundo Phillips: "Hal deixa claro que é o diretor de ética. Ele acredita, de fato, em cada palavra e demonstra como administra diariamante a empresa".[49] De acordo com Michael Hoffman, diretor executivo do Centro de Ética nos Negócios da Bentley University, ter gestores ministrando os cursos de ética reforça a seriedade com que os funcionários tratam o tema no local de trabalho.[50]

O terceiro objetivo do treinamento em ética é ensinar aos funcionários um modelo prático de tomada de decisão também ética, o que deve ajudá-los a pensar sobre as consequências de suas escolhas sobre os outros e a considerar qual é a melhor opção entre diferentes soluções. A Figura 4.6 apresenta um modelo básico de tomada de decisões éticas.

4-4d Clima ético

A cultura organizacional é fundamental para promover a tomada de decisões éticas. A Pesquisa Nacional de Ética nos Negócios de 2015 informou que apenas 33% dos funcionários que trabalham em empresas com uma forte cultura ética (onde as crenças centrais são amplamente compartilhadas e fortemente mantidas) observaram outros envolvidos em comportamento antiético, enquanto 62% daqueles que trabalham em organizações com culturas éticas fracas (onde as crenças centrais não são amplamente compartilhadas ou fortemente mantidas) observaram outros praticando comportamento antiético.[51] Os funcionários de empresas com fortes culturas éticas também têm mais probabilidade de denunciar a má conduta que observam (87% contra 32% em culturas éticas fracas).[52]

Eis o primeiro passo para estabelecer um clima ético: os gestores, especialmente os altos executivos, devem atuar de maneira ética. Não é nenhuma surpresa que sucessivos estudos, quando os pesquisadores perguntam "Qual é a mais importante influência sobre o seu comportamento ético no trabalho?", a resposta seja: "Meu gerente".

O segundo passo para estabelecer um clima ético tem a ver com o fato de a alta gerência estar ativa e comprometida com o programa de ética da empresa.[53] Altos executivos que constantemente falam sobre a importância da ética e reforçam esse tema participando dos programas de ética de suas empresas enviam a mensagem clara de que esse fator é importante. Quando a gerência se envolve com questões éticas e as comunica, os funcionários são menos propensos a quebrar regras e tendem a relatar infrações éticas.[54] Para o escritor de negócios Dayton Fandray: "Você pode ter escritórios e funcionários de ética, programas de treinamento e sistemas de relatórios, mas, se o presidente não parece se importar, é tudo apenas uma farsa. Não surpreende que as empresas que realmente se importam com a ética façam questão de incluir a alta direção em todos os seus programas de ética e conformidade".[55]

O terceiro passo refere-se à implementação de um sistema de relatórios que incentive gestores e funcionários a relatar possíveis infrações éticas. **Denunciar** ou seja, relatar as infrações éticas cometidas por outros indivíduos, é um passo difícil para a maioria das pessoas.[56] Os gestores entrevistados foram categóricos: "Em todas as organizações, alguém já se prejudicou por ter levantado questões éticas. Na verdade, entendi que tomar uma posição forte me traria problemas. As pessoas podem me ver como o super certinho".[57] Na verdade, em grandes empresas que não têm um programa de conformidade efetivo, 62% dos trabalhadores observaram comportamento antiético, 32% relataram má conduta e 59% dos que relataram o comportamento antiético passaram por algum tipo de retaliação.[58]

Um piloto da AirTran Airways, por exemplo, foi removido do "*status* de voo", o que significa que ele não era elegível para voar, após preencher dez relatórios de segurança em dois dias, todos relativos a um pneu desequilibrado em um dos jatos de passageiros da empresa. Três semanas depois, após uma audiência de 17 minutos, ele foi demitido por não responder de forma satisfatória às perguntas feitas. No entanto, a Administração de Segurança e Saúde Ocupacional (Occupational Safety and Health Administration – Osha) decidiu que a demissão

Denúncias relato às autoridades de gestão ou legais das infrações à ética de terceiros.

Figura 4.6

Modelo básico de tomada de decisão ética

1. **Identifique o problema.** O que se transforma em um problema ético? Pense em termos de direitos, obrigações, justiça, relacionamentos e integridade. Como você definiria o problema se estivesse do outro lado?
2. **Identifique as partes.** Quem foi ferido? Quem poderia ter sido ferido? Quem poderia ser ajudado? São participantes voluntários ou vítimas? Você pode negociar com eles?
3. **Diagnostique a situação.** Como aconteceu? O que poderia ter sido feito para impedir que acontecesse? Vai piorar ou melhorar? O dano pode ser desfeito?
4. **Analise as opções.** Imagine o leque de possibilidades. Limite-se aos dois ou três mais gerenciáveis. Quais são os resultados prováveis de cada um? Quais são os custos prováveis? Busque orientação na declaração de missão ou no código de ética da empresa.
5. **Faça sua escolha.** Qual é a sua intenção ao tomar essa decisão? Como essa intenção se compara com os resultados prováveis? Você pode discutir o problema com as partes afetadas antes de agir? Você poderia divulgar sua decisão sem desconforto para seu chefe, o CEO, o conselho de administração, sua família ou a sociedade como um todo?
6. **Aja.** Faça o que você tem que fazer. Não tenha medo de admitir erros. Seja tão ousado em confrontar um problema quanto foi ao causá-lo.

Fonte: L. A. Berger, Train all employees to solve ethical dilemmas, *Best's Review – Life-Health Insurance Edition*, 95 (1995): p. 70-80.

era retaliação, que a AirTran violou as leis de proteção de denunciantes e que deveria readmitir o piloto e pagar-lhe mais de $ 1 milhão em salários retroativos e compensação por danos morais. Na época, David Michaels, secretário-assistente do trabalho da Osha, afirmou o seguinte: "Os trabalhadores das companhias aéreas devem ser livres para expressar preocupações de segurança, e as empresas que reduzem esses direitos por intimidação ou retaliação devem ser responsabilizadas. A segurança das companhias aéreas é de vital importância não só para os trabalhadores, mas também para os milhões de norte-americanos que usam nossas vias aéreas".[59]

Uma decisão de 2014 do Supremo Tribunal dos Estados Unidos amplia consideravelmente as proteções para os denunciantes. O Tribunal declarou que as fortes proteções de denunciantes embutidas na Lei Sarbanes-Oxley de 2002, que se aplicam aos empregados de empresas de capital aberto, também devem ser aplicadas aos empregados de empresas terceirizadas e subcontratados que trabalham com essas empresas públicas. Essa decisão estende as leis de proteção de denunciantes a mais seis milhões de empresas privadas, além das cinco mil empresas de capital aberto cobertas pela Sarbanes-Oxley.[60]

Para encorajar os empregados a denunciar infrações éticas, ou seja, atuar como denunciantes, muitas empresas instalaram linhas diretas de ética confidenciais. As informações obtidas na linha direta da Paychex, uma empresa multibilionária de serviços de folha de pagamento de Rochester, em Nova York, são relatadas diretamente ao conselho de administração da companhia e à comissão de auditoria, o que pode desencadear uma investigação, cuja condução independe da direção da empresa.[61]

Responsabilidade social refere-se às obrigações de uma empresa, como buscar políticas, tomar decisões e praticar ações que beneficiem a sociedade.

O fator que mais desencoraja os denunciantes a relatar problemas é a falta de ação da empresa em relação às queixas.[62] Assim, o passo final no desenvolvimento de um clima ético é que a direção puna de forma justa e consistente aqueles que infringem o código de ética da empresa. A chave, segundo Martin Mucci, CEO da Paychex, é "lidar com isso de forma rápida, severa e divulgá-la".[63] De acordo com Mucci: "Nossos funcionários sabem que, se forem pegos trapaceando de qualquer forma, mesmo que apenas para fazer algum dinheiro ou melhorar suas pontuações, provavelmente serão demitidos. Depois, revisamos isso com toda a equipe de gerenciamento. Fizemos isso com os gerentes de filiais, os principais representantes de vendas – não tratamos ninguém de forma diferente".[64] Surpreendentemente, no entanto, nem todas as empresas demitem infratores da ética. De fato, 8% das empresas pesquisadas admitem que promoverão os melhores desempenhos, mesmo que infrinjam padrões éticos.[65]

4-5 PERANTE QUEM AS ORGANIZAÇÕES SÃO SOCIALMENTE RESPONSÁVEIS?

Responsabilidade social refere-se às obrigações de uma empresa, como buscar políticas, tomar decisões e praticar ações que beneficiem a sociedade.[66] Infelizmente, como há fortes desencontros sobre o que representam as responsabilidades sociais que cabem às organizações e quem devem ser seus alvos, pode ser difícil para os gestores saber o que é ou o que será percebido como comportamento empresarial socialmente responsável. Em um recente estudo da McKinsey & Company com 1.144 executivos da alta administração de empresas globalizadas, 79% previam que pelo menos alguma responsabilidade para lidar com questões sociais e políticas futuras passará a ser responsabilidade das corporações, mas apenas 3% disseram que eles próprios fazem um bom trabalho para lidar com tais questões.[67] Então, o que os gestores e as corporações devem fazer para que possam ser socialmente responsáveis?

Há duas perspectivas em relação a esse tipo de responsabilidade das organizações: os modelos de acionista e de *stakeholder*. De acordo com Milton Friedman, economista ganhador do Prêmio Nobel, a única responsabilidade social que as organizações têm é satisfazer seus proprietários, ou seja, os acionistas da empresa. Essa visão, chamada de **modelo de acionista**, sustenta que a única responsabilidade social que as empresas têm é maximizar os lucros. Ao fazer isso, a empresa maximiza a riqueza e a satisfação dos acionistas. Mais especificamente, à medida que os lucros aumentam, as ações da empresa de propriedade dos acionistas geralmente aumentam em valor.

Friedman argumentou que é socialmente irresponsável para as empresas desviar tempo, dinheiro e atenção voltada a maximizar lucros para causas sociais e organizações de caridade. O primeiro problema, ele acreditava, é que as organizações não podem agir efetivamente como agentes morais para todos os acionistas da empresa. Embora os acionistas provavelmente concordem sobre questões de investimento relativas a uma empresa, é altamente improvável que compartilhem opiniões sobre que causas sociais uma empresa deve ou não deve apoiar.

O segundo grande problema, de acordo com Friedman, é que tempo, dinheiro e atenção desviados para causas sociais minam a eficiência do mercado.[68] Em mercados competitivos, as empresas competem por matérias-primas, trabalhadores talentosos, clientes e fundos de investimento. Uma empresa que gasta dinheiro em causas sociais terá menos dinheiro para comprar materiais de qualidade ou contratar trabalhadores talentosos que podem produzir um produto valioso a um bom preço. Se os clientes acharem que o produto da empresa é menos desejável, as vendas e os lucros cairão. Se os lucros caírem, o preço das ações da empresa diminuirá, e a organização terá dificuldade em atrair fundos de investimento que possam ser usados para financiar o crescimento de longo prazo. No final, argumenta Friedman, desviar dinheiro, tempo e recursos da empresa para causas sociais prejudica clientes, fornecedores, funcionários e acionistas. Russell Roberts, economista e pesquisador da Hoover Institution da Universidade de Stanford, questiona: "Faz algum sentido as empresas se empenharem em fazer o que fazem e em fazer melhor – bons produtos a preços justos – e deixarem que os consumidores destinem suas próprias economias para a caridade de sua escolha?".[69]

Em contraste, sob o **modelo de *stakeholders***, a responsabilidade mais importante da direção é a sobrevivência de longo prazo da empresa (e não apenas a maximização dos lucros), alcançada ao satisfazer os interesses de vários *stakeholders* ou partes interessadas da organização (e não apenas acionistas).[70] ***Stakeholders*** são pessoas ou grupos com um interesse legítimo em uma empresa.[71] Como são afetados pelas operações da organização, os *stakeholders* têm interesse nelas. Em 2013, um grupo ambiental, As You Sow, com os acionistas da empresa, pediu à Exxon Mobile, por meio de uma solicitação formal na reunião anual de acionistas, que fornecesse informações detalhadas sobre o impacto do *fracking*, uma técnica na qual a água é injetada em alta pressão em depósitos de xisto betuminoso para forçar a liberação de petróleo e gás natural. A Exxon declinou do pedido afirmando que "os impactos ambientais do *fracking* são mínimos e foram bem documentados". Mas, diante das crescentes preocupações com o *fracking*, em abril de 2014, a empresa concordou em fornecer um relatório sobre o seu impacto na qualidade do ar, da água e do uso de produtos químicos em locais da Exxon. Segundo um porta-voz da empresa, o acordo era "uma evolução produtiva de nosso relacionamento com alguns desses grupos de acionistas". Depois de retirar formalmente a solicitação, a presidente da As You Sow, Danielle Fugere, comentou: "Parece que a Exxon está mudando sua maneira de fazer negócios. [Mas, se o relatório não fornecer muitas informações], reservamo-nos o direito de fazer uma representação [de acionistas] no próximo ano".[72]

Grupos de *stakeholders* podem tentar influenciar a empresa a promover seus interesses. A Figura 4.7 mostra os vários grupos de *stakeholders* que a organização deve satisfazer para assegurar sua sobrevivência em longo prazo. Ser

Modelo de acionista uma visão de responsabilidade social que sustenta que o objetivo primordial de uma organização deve ser a maximização do lucro em benefício dos acionistas.

Modelo de *stakeholders* uma teoria da responsabilidade corporativa que sustenta que a responsabilidade mais importante da direção, a sobrevivência de longo prazo, é alcançada pela satisfação das partes interessadas na corporação, denominadas *stakeholders*.

Stakeholders pessoas ou grupos com participação ou interesse legítimo nas operações de uma empresa.

Figura 4.7

Stakeholder: modelo de responsabilidade social corporativa

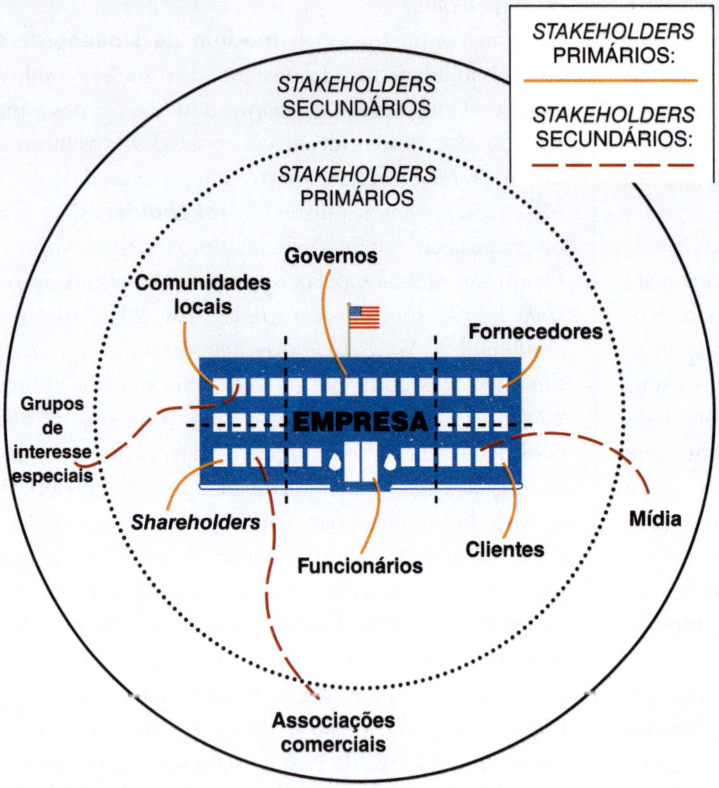

Fonte: Republicada com permissão da Academy of Management, P. O. Box 3020, Briar Cliff Manor, NY, 10510-8020. T. Donaldson; L. E. Preston, The stakeholder theory of the corporation: concepts, evidence and implications (Figura), *Academy of Management Review 20* (1995). Reproduzida com permissão do editor via Copyright Clearance Center, Inc.

responsável perante múltiplos *stakeholders* levanta duas questões básicas. Em primeiro lugar, como uma empresa identifica as partes interessadas da organização? Em segundo, como uma empresa equilibra as necessidades das diferentes partes interessadas? Distinguir entre *stakeholders* primários e secundários pode ajudar a responder a essas perguntas.[73]

Stakeholder primário qualquer grupo de que uma organização depende para sua sobrevivência de longo prazo.

Stakeholder secundário qualquer grupo que pode influenciar ou ser influenciado por uma empresa e afetar a percepção do público sobre o comportamento socialmente responsável dela.

Alguns *stakeholders* são mais importantes para a sobrevivência da empresa do que outros. ***Stakeholders* primários** são grupos dos quais a organização depende para sua sobrevivência em longo prazo. Eles incluem acionistas, funcionários, clientes, fornecedores, governos e comunidades locais. Quando os gestores estão lutando para equilibrar as necessidades das diferentes partes interessadas, o modelo de *stakeholders* sugere que as necessidades de *stakeholders* primários têm precedência sobre as dos secundários. Mas, entre *stakeholders* primários, alguns são mais importantes do que outros? De acordo com a teoria do ciclo de vida das organizações, a resposta é sim. Na prática, a resposta também é sim, já que os CEOs geralmente dão prioridade um pouco maior a acionistas, funcionários e clientes do que a fornecedores, governos e comunidades locais, independentemente do estágio do ciclo de vida da empresa.[74] Abordar as necessidades de *stakeholders* primários é importante porque, se um grupo entre eles ficar insatisfeito e terminar o relacionamento com a empresa, esta pode ser seriamente prejudicada ou sair do negócio.

***Stakeholders* secundários**, como mídia e grupos de interesses especiais, podem influenciar ou ser influenciados pela empresa. Contudo, ao contrário dos principais, eles não se envolvem em transações regulares com a empresa e não são críticos para a sua sobrevivência em longo prazo. A satisfação das necessidades dos *stakeholders* primários é geralmente mais importante do que as dos secundários. No entanto, estes ainda são importantes porque podem afetar as percepções e opiniões do público sobre o comportamento socialmente responsável.

O projeto Keystone XL Pipeline, proposto pela TransCanada Corporation, transportaria 800 mil barris de petróleo bruto por dia desde as areias betuminosas em Alberta, no Canadá, até as refinarias de petróleo no Texas e em Louisiana. Apesar de o projeto ter sido aprovado por 75% dos norte-americanos e 68% dos canadenses e criar dezenas de milhares de empregos, grupos ambientais têm tentado inviabilizar o projeto ou atrasá-lo. O Conselho de Defesa de Recursos Naturais, por exemplo, argumenta que o gasoduto aumentará a produção de petróleo derivado das areias betuminosas, já que se trata de um dos métodos mais intensivos em consumo de energia e de carbono para obter petróleo. Outro grupo de defesa ambiental, a 350.org, que patrocina protestos populares contra projetos que aumentam a produção de carbono, realizou um *rally* de 40 mil pessoas na capital

"Mesmo que o gasoduto Keystone XL seja aprovado por uma esmagadora maioria do público, grupos ambientais estão tentando impedir a realização do projeto ou atrasá-lo."

do país contra o Keystone XL Pipeline. Esse grupo também apoiou o Do The Math Tour, que visitou 20 cidades, propondo que governos e empresas de energia devem deixar as areias betuminosas no solo.[75]

Então, perante quem as organizações são socialmente responsáveis? Muitos especialistas, sobretudo economistas e analistas financeiros, insistem que as organizações são responsáveis apenas perante os acionistas. Porém, cada vez mais, altos executivos passaram a acreditar que eles e suas empresas devem ser socialmente responsáveis perante os *stakeholders*. Hoje, pesquisas mostram que cerca de 80% dos gestores de alto nível acreditam que é antiético se concentrar apenas nos acionistas. Vinte e nove Estados norte-americanos mudaram suas leis para permitir que os conselhos de administração da empresa considerem as necessidades de funcionários, credores, fornecedores, clientes e comunidades locais, bem como as dos acionistas.[76] Embora não haja um consenso, a maioria dos formadores de opinião argumenta que as empresas devem ser socialmente responsáveis perante os *stakeholders*.

4-6 PELO QUE AS ORGANIZAÇÕES SÃO SOCIALMENTE RESPONSÁVEIS?

Se as organizações são socialmente responsáveis perante os *stakeholders*, *pelo que* elas devem ser socialmente responsáveis? As empresas podem beneficiar melhor os *stakeholders* ao cumprirem suas responsabilidades econômicas, legais, éticas e discricionárias.[77] Responsabilidades econômicas e legais estão na base da pirâmide social porque desempenham um papel maior na responsabilidade social da empresa do que as responsabilidades éticas e discricionárias. No entanto, a importância relativa dessas várias responsabilidades depende das expectativas da sociedade da responsabilidade social das empresas num determinado momento.[78] Um século atrás, a expectativa da sociedade era que as empresas atendessem às suas responsabilidades econômicas e legais e muito pouco além disso. Hoje, quando a sociedade julga que as empresas são socialmente responsáveis, responsabilidades éticas e discricionárias são consideravelmente mais importantes do que costumavam ser (ver boxe "O Grooveshark enfrenta a música").

Historicamente, a **responsabilidade econômica** – ou lucrar com um produto ou serviço valorizado pela sociedade – tem sido a responsabilidade social fundamental de um negócio. As organizações que não atendem às próprias expectativas financeiras e econômicas estão sob tremenda pressão. Por exemplo, os conselhos diretores de empresa atualmente são rápidos para demitir seus CEOs. Em geral, bastam dois ou três trimestres de resultados ruins. Don Mattrick, ex-executivo da Electronic Arts, deixou a divisão Xbox da Microsoft para se tornar CEO da **Zynga**, fabricante de jogos *on-line* populares como Farmville e Words with Friends. Quando Mattrick foi contratado, a Zynga tinha $ 1,28 bilhão em receita anual e cerca de três mil funcionários. Depois de menos de dois anos como CEO, havia apenas dois mil funcionários, e as vendas caíram cerca de 50%, algo em torno de $ 690 milhões. De acordo com Rich Greenfield, analista da BTIG: "Não estou surpreso com o fato de Don Mattrick ter sido demitido", dado o mau desempenho da Zynga durante o mandato dele.[79] Da mesma forma, quando a Symantec, empresa de *software* antivírus, demitiu seu segundo CEO em menos de

Responsabilidade econômica responsabilidade social de uma empresa em obter lucro ao produzir um produto ou serviço valorizado.

dois anos, a explicação foi a seguinte: "Não estávamos fazendo progressos suficientes na inovação de produtos. Não estávamos registrando o crescimento da receita".[80] William Rollnick, que se tornou presidente interino da Mattel depois que a empresa demitiu o CEO anterior, afirmou: "Não há perdão. Você comete erros e está morto".[81] Segundo o Conference Board, cerca de 25% dos CEOs de grandes empresas são demitidos anualmente.[82]

A **responsabilidade legal** é a responsabilidade social da empresa de obedecer a leis e regulamentações da sociedade à medida que tenta cumprir suas responsabilidades econômicas. Depois de adquirir uma participação controladora na **Yoplait**, a segunda maior fabricante mundial de produtos lácteos refrigerados, a **General Mills**, a gigante de alimentos dos Estados Unidos e fabricante de Cheerios, descobriu um segredo. A Yoplait fazia parte de um cartel secreto de laticínios, cujos membros se reuniam regularmente em cafés, em torno de Paris, para fixar preços, trocar informações sobre estratégias comerciais e dividir territórios de vendas. O cartel ilegal representava mais de 90% do mercado francês de laticínios, e um executivo da Yoplait havia documentado, em um caderno, os procedimentos do grupo por anos. A General Mills entregou as provas às autoridades, e um porta-voz da empresa afirmou: "A General Mills tem políticas corporativas rígidas para nossas operações, incluindo a conformidade com antitruste".[83]

Responsabilidade legal responsabilidade social de uma empresa em obedecer às leis e aos regulamentos da sociedade.

Responsabilidade ética responsabilidade social da empresa de não violar os princípios aceitos do que é certo e do que é errado ao conduzir os negócios.

A **responsabilidade ética** é a responsabilidade social de uma empresa de não violar os princípios aceitos do que é certo e do que é errado ao conduzir seus negócios. O suborno é especificamente proibido na maioria dos códigos de ética, particularmente ao conduzir negócios globais, e é ilegal sob a Lei de Práticas de Corrupção Estrangeira dos Estados Unidos. Os executivos do Walmart no México alegam ter usado $ 24 milhões em subornos para as autoridades mexicanas para obter apro-

O Grooveshark enfrenta a música

Os cofundadores do Grooveshark, Sam Tarantino e Josh Greenberg, lançaram seu serviço gratuito de música em streaming de trás para frente. Primeiro, eles carregaram milhares de músicas em sua plataforma e exortaram os funcionários a fazer o mesmo. Em seguida, tentaram obter licenças para transmitir as músicas legalmente. Ao longo de sete anos, o site de streaming atingiu uma coleção de cerca de 20 milhões de músicas e 30 milhões de assinantes, mas a empresa nunca garantiu permissões para transmitir músicas de artistas de várias gravadoras. A Vivendi, Sony e Warner Music processaram o Grooveshark, que acabou por ser considerado culpado de infração de direitos autorais. Na época, Tarantino disse que estava em um beco sem saída, pois as gravadoras não licenciariam a música, a menos que ele pudesse dar garantias financeiras. Além disso, os investidores não dariam dinheiro, a menos que ele tivesse direitos para transmitir a música. Segundo Tarantino, os investidores lhe disseram o seguinte: "Você tem todos esses processos, não vamos fazer um grande investimento".

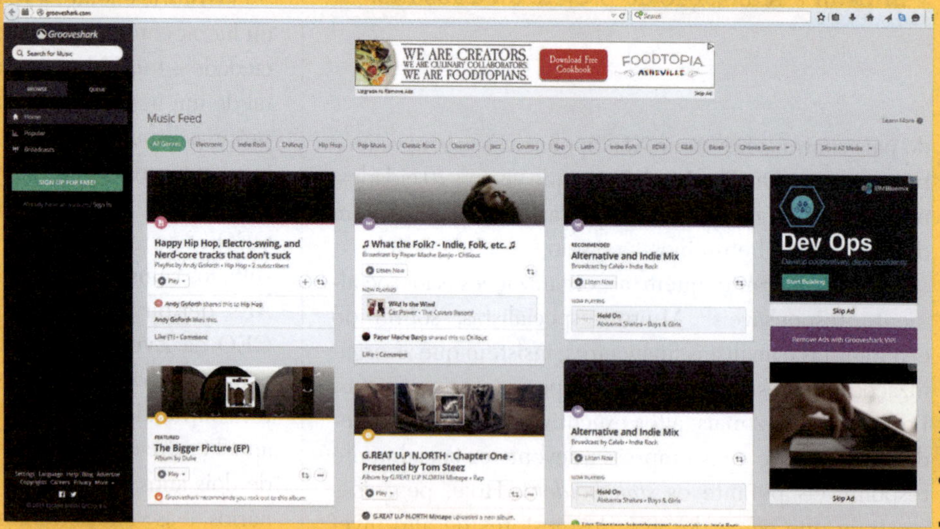

Fonte: Grooveshark

Fontes: H. Karp, Grooveshark tries to play by the rules with online radio app, *Wall Street Journal*, 8 dez. 2014. Disponível em: <http://www.wsj.com/articles/grooveshark-tries-to-play-by-the-rules-with-online-radio-app-1418014861>. Acesso em: 28 mar. 2015.

Daryl Lang / Shutterstock.com

O J. P. Morgan permitiu que empresas e proprietários de imóveis atrasassem os pagamentos de hipotecas por 90 dias e suspendeu todas as execuções judiciais de hipotecas em áreas atingidas pela tempestade.

vação rápida de projetos de construção, uma vez que expandiu rapidamente o número de lojas Walmart e Sam's Club naquele país.[84] A empresa informou à Comissão de Valores Mobiliários dos Estados Unidos que estava conduzindo uma investigação formal depois que um artigo do *New York Times* indicou que os principais líderes da filial do Walmart no México não só sabiam sobre os pagamentos, mas também facilitaram e esconderam da sede de Bentonville, em Arkansas.[85] Em uma declaração da empresa, o Walmart afirmou: "Se essas alegações forem verdadeiras, não será um reflexo de quem somos ou do que defendemos. Estamos profundamente preocupados com essas alegações e estamos trabalhando fortemente para determinar o que aconteceu".[86] A empresa decidiu então afastar José Luis Rodriguez Macedo Rivera, o conselheiro geral mexicano, "imediatamente [...]" e "para facilitar a investigação". Desde então, a empresa vinculou diretamente a remuneração dos executivos e os bônus à "valorização" de seu programa de conformidade ética.[87]

As **responsabilidades discricionárias** dizem respeito aos papéis sociais que as empresas desempenham na sociedade além de suas responsabilidades econômicas, legais e éticas. O furacão Sandy, o maior já registrado no Atlântico, causou cerca de $ 75 bilhões em perdas – Nova York e Nova Jersey sofreram o pior impacto da tempestade que atingiu área com 1.800 km de largura. À medida que os esforços de recuperação começaram, muitas empresas entraram em ação com doações, contribuições e outras formas de assistência valiosa. O J. P. Morgan, por exemplo, prometeu $ 2 milhões para a Cruz Vermelha, $ 1 milhão para as agências locais e $ 5 bilhões em empréstimos especiais para pequenas e médias empresas. O banco também permitiu que os clientes afetados pela tempestade atrasassem os pagamentos de hipotecas por 90 dias e suspendeu toda sua execução jurídica de hipotecas em áreas atingidas pela tempestade. As empresas de entretenimento Time Warner, News Corporation, Walt Disney e Viacom comprometeram-se a doar de $ 1 milhão a $ 2 milhões. Enquanto isso, a Adidas, a empresa de artigos esportivos, doou $ 600 mil em jaquetas, enquanto a Terramar Sports, que faz roupas e equipamentos para esportes ao ar livre, doou $ 500 mil de roupas térmicas a pessoas desalojadas de suas casas pela tempestade.[88]

Cumprir responsabilidades discricionárias como essas é voluntário. As empresas não serão consideradas antiéticas se não o fizerem. Contudo, os *stakeholders* corporativos esperam atualmente que as empresas façam muito mais do que no passado para cumprir suas responsabilidades discricionárias.

4-7 RESPOSTAS ÀS DEMANDAS POR RESPONSABILIDADE SOCIAL

Responsividade social refere-se à estratégia de uma empresa de responder às expectativas econômicas, legais, éticas ou discricionárias de *stakeholders* em relação à responsabilidade social. Existe um problema de responsabilidade social sempre que as ações da empresa não atendem às expectativas dos *stakeholders*. Um modelo de responsividade social identifica quatro estratégias para responder a problemas de responsabilidade social: reativa, defensiva, acomodativa e proativa. Tais estratégias diferem de acordo com disposição da empresa de agir para atender às expectativas da sociedade ou excedê-las.

A empresa que usa uma **estratégia reativa** vai fazer menos do que a sociedade espera. Na primavera de 2014, a

Responsabilidades discricionárias papéis sociais que uma empresa cumpre além de suas responsabilidades econômicas, legais e éticas.

Responsividade social estratégia da empresa para responder às expectativas econômicas, legais, éticas ou discricionárias de *stakeholders* em relação à responsabilidade social.

Estratégia reativa estratégia de resposta social em que uma empresa faz menos do que a sociedade espera.

General Motors (GM) reconheceu publicamente que, desde 2001, havia produzido conscientemente 1,6 milhão de carros com chaves de ignição defeituosas. O problema, relacionado a 12 mortes em acidentes automobilísticos, pode acontecer quando a pessoa gira a chave de ignição de "desligado" para "acessório" (usado para alimentar acessórios como rádios, sem o motor em funcionamento) e depois passa para "ligado".[89] O carro liga, mas a chave de ignição, que só estava parcialmente engatada, pode desligar e levar o motor a parar inesperadamente. Os técnicos de serviço documentaram o problema pela primeira vez em 2001. Os engenheiros tomaram conhecimento em 2004. A direção da GM constatou a falha em 2011.[90] Apesar de estar ciente do problema há tanto tempo, a GM não emitiu um *recall* de segurança porque os gerentes de engenharia acreditavam que os motoristas ainda poderiam manter o controle dos carros mesmo que os motores se desligassem de repente. As chaves defeituosas não foram redesenhadas até 2007, e não se emitiu o *recall* do primeiro veículo até fevereiro de 2013. Ironicamente, o problema pode ser corrigido apenas com uma peça de substituição de $ 5 que leva minutos para instalar. A GM está disposta a consertar as chaves ou dar aos clientes um subsídio de $ 500 para a compra ou locação de um novo veículo da empresa. Estima-se que a GM gastará $ 1,3 bilhão apenas para consertar os veículos afetados.[91] O Centro de Segurança Automobilística, uma organização sem fins lucrativos, exigiu que a GM renunciasse à imunidade legal de ações judiciais, obtida com a falência da empresa em 2009, e reservasse um adicional de $ 1 bilhão como um fundo destinado às vítimas.[92]

Estratégia defensiva
estratégia de resposta social em que uma empresa admite a responsabilidade por um problema, mas faz o mínimo necessário para satisfazer as expectativas da sociedade.

Em contrapartida, a empresa que utiliza uma **estratégia defensiva** admitiria a responsabilidade por um problema, mas faria o mínimo necessário para satisfazer as expectativas da sociedade. A Foxconn é uma empresa de Taiwan que opera fábricas chinesas que produzem 40% dos produtos eletrônicos de consumo do mundo. Nos últimos quatro anos, nas fábricas Foxconn que produzem iPhones e iPads, 18 funcionários tentaram suicídio, a maioria saltando dos edifícios da empresa. Após o décimo primeiro suicídio, a empresa colocou redes antissuicídio que chegavam a 20 metros ao redor do perímetro de cada edifício. Uma extensa pesquisa do *New*

Na Índia, responsabilidade social é lei

Na Índia, uma nova lei mudou a paisagem da responsabilidade social. As maiores empresas do país agora são obrigadas a contribuir com 2% dos lucros para a caridade. A lei aplica-se a empresas no valor de mais de 5 bilhões de rupias ($ 83 milhões), com um volume de negócios anual superior a 10 bilhões de rupias ou 50 milhões de rupias nos lucros. Tais contribuições podem ser direcionadas para combate à fome, redução da pobreza e mortalidade infantil, investimento na educação, regularização dos direitos das mulheres, tratamento e redução de doenças, e questões ambientais. Ainda não se vislumbra como essa medida será eficaz. Além disso, muitas empresas podem considerá-la mais uma carga tributária. De acordo com a Dasra, uma empresa de Mumbai que conecta doadores corporativos com organizações sem fins lucrativos, muitas empresas preferem a oportunidade de determinar para onde destinar seu dinheiro aos tributos atribuídos pelo governo. Segundo Deval Sanghavi, sócio da Dasra: "O governo acredita que as corporações podem ter um impacto maior se decidirem como gastar o dinheiro". Ainda assim, muitas instituições de caridade indianas terão de melhorar as próprias capacidades administrativas para poderem lidar com o volume de doações que estão agora disponíveis.

iStockphoto.com/FotografiaBasica

Fonte: S. Seervai, Indian companies and charities aren't ready for new giving law, *The Wall Street Journal*, 11 abr. 2014. Disponível em: <http://blogs.wsj.com/indiarealtime/2014/04/11/indian-companies-and-charities-arent-ready-for-new-giving-law/?KEYWORDS =social+responsibility>. Acesso em: 17 abr. 2014.

York Times descobriu que os funcionários trabalhavam sete dias por semana, estavam expostos a produtos químicos perigosos e viviam em dormitórios cheios de gente, alguns com até 20 pessoas por apartamento de três quartos. No entanto, a Apple, que estava conduzindo auditorias das instalações de produção de seus fornecedores por muitos anos, demorou a responder. Segundo um consultor da Business for Social Responsibility, uma empresa que a Apple contratou para aconselhamento sobre questões trabalhistas: "Passamos anos dizendo à Apple que havia sérios problemas e recomendando mudanças. Eles não querem antecipar-se aos problemas, apenas querem evitar constrangimentos...". De acordo com um ex-executivo da Apple: "Se você vê o mesmo padrão de problemas, ano após ano, isso significa que a empresa está ignorando o problema em vez de resolvê-lo. O descumprimento pode até ser tolerado desde que os fornecedores prometam se esforçar mais na próxima vez. Se falássemos de negócios, infrações essenciais desapareceriam". Depois da história do *New York Times*, a Apple começou a trabalhar com a Fair Labor Association, uma organização sem fins lucrativos que promove e monitora condições de trabalho seguras. Quatro anos depois que os problemas começaram, após o relatório da Fair Labor Association, a Apple e a Foxconn concordaram em aumentar o salário, limitar os trabalhadores a um máximo de 49 horas por semana, construir mais dormitórios e contratar milhares de funcionários adicionais.[93]

A empresa que usa uma **estratégia acomodativa** aceitará a responsabilidade por um problema e terá uma abordagem progressiva fazendo tudo o que se poderia esperar para resolvê-lo. A Novartis, fabricante suíça de medicamentos, sofreu uma série de escândalos em seus estudos clínicos japoneses, como alteração de dados para indicar resultados mais positivos para uma droga experimental destinada à pressão arterial e encobrir graves efeitos colaterais associados a um potencial tratamento contra a leucemia. Um painel formado por consultores independentes contratado pela empresa descobriu que a equipe de vendas japonesa mantinha ligações "eticamente inadequadas" com pesquisadores clínicos. O chefe de produtos farmacêuticos da Novartis, David Epstein, pediu desculpas aos reguladores japoneses, dizendo que a ligação entre vendas e pesquisa caiu como um "completo choque". De acordo com Epstein, como o pessoal de vendas havia feito tentativas de influenciar os resultados da pesquisa: "Esperamos seguramente encontrar outros testes clínicos problemáticos. A cultura de nossa empresa e a forma como fazemos negócios no Japão precisam mudar urgentemente". Segundo Negishi e Falconi: "Epstein anunciou a renúncia imediata de seus três principais executivos da divisão japonesa, além de uma interrupção total de todos os testes clínicos feitos por médicos no Japão até que uma investigação completa pudesse ser conduzida".[94] Além disso, a Novartis iniciou programas de treinamento em sua divisão japonesa para deixar claro o que era e o que não era aceitável no contexto das vendas e da pesquisa clínica.[95]

> **Estratégia acomodativa** uma estratégia social da responsividade em que uma companhia aceita a responsabilidade por um problema e faz tudo que a sociedade espera para resolvê-lo.
>
> **Estratégia proativa** estratégia de resposta social em que a empresa se antecipa a um problema antes que ele ocorra e faz mais do que a sociedade espera ao assumir a responsabilidade e resolvê-lo.

Finalmente, a empresa que adota uma **estratégia proativa** antecipará a responsabilidade por um problema antes que ele ocorra, fará mais do que o esperado para resolvê-lo e liderará a indústria em sua abordagem. O CEO do McDonald's, Steve Easterman, anunciou que, em suas 14.350 lojas norte-americanas, deixará de vender itens de cardápio feitos de frangos tratados com antibióticos. Cientistas e médicos há muito alertam que o tratamento de animais com antibióticos para prevenir infecções antes que elas ocorram está acelerando o desenvolvimento de bactérias resistentes a antibióticos. De fato, dois milhões de norte-americanos desenvolvem anualmente infecções bacterianas resistentes a antibióticos, e, de acordo com os Centros de Controle e Prevenção de Doenças, 23 mil deles morrerão. O McDonald's está fazendo essas mudanças, embora elas aumentem significativamente os custos (os gastos com a criação de frangos sem antibióticos são de duas a três vezes mais altos). A importância do McDonald's no mercado deve influenciar de forma significativa a indústria que produz frangos com antibióticos. Segundo Gail Hansen, da Pew Charitable Trust, uma organização crítica do uso de antibióticos na carne, a nova política do McDonald's "Provavelmente se propagará como uma onda em toda a indústria de alimentos".[96]

4-8 RESPONSABILIDADE SOCIAL E DESEMPENHO ECONÔMICO

Uma pergunta que gestores fazem frequentemente é: "Será que ser socialmente responsável se paga?". Em edições anteriores deste livro, a resposta era não, uma vez que pesquisas iniciais indicavam que não havia uma relação inerente entre responsabilidade social e desempenho econômico.[97] No entanto, pesquisas recentes conduzem a conclusões diferentes. Não há compensação entre ser socialmente responsável e obter desempenho econômico.[98] Existe uma pequena e positiva relação entre ser socialmente responsável e obter desempenho econômico que se fortalece com a reputação corporativa.[99] Vamos explorar o que cada um desses resultados significa.

Em primeiro lugar, como já mencionado, não há compensação entre ser socialmente responsável e obter desempenho econômico.[100] Em geral, ser socialmente responsável não tornará um negócio menos lucrativo, ou seja, os custos dessa postura socialmente responsável, às vezes, são bastante elevados, sobretudo no início, podem ser compensados por um produto melhor ou uma melhor reputação corporativa, o que resulta em vendas mais fortes ou maiores margens de lucro a médio prazo. Quando as empresas melhoram a própria reputação por serem socialmente responsáveis, esperam maximizar a *disposição de pagar*, ou seja, os clientes pagam mais por produtos e serviços com tal característica. Em um esforço para alinhar as práticas comerciais com a missão principal, a **CVS Caremark** mudou seu nome para **CVS Health** e parou de vender cigarros em farmácias CVS. Pesquisadores que analisaram 18 meses de dados de farmácias CVS constataram que 6% das pessoas com diagnóstico de doenças respiratórias, como asma e doença pulmonar obstrutiva crônica (Dpoc), haviam comprado um maço de cigarros. A remoção de cigarros das lojas da CVS custou à empresa $ 2 bilhões em receita anual, resultando em uma queda de 4,5% nas vendas em *displays* de caixa (com doces, revistas, artigos de higiene pessoal). No entanto, as vendas de serviços de farmácia subiram 16% para $ 22,5 bilhões durante esse período. A CVS atribuiu esse aumento, que compensou a perda de receita de cigarros, à aquisição de maiores clientes corporativos e de seguros aos quais a rede agora oferece benefícios de farmácia a seus funcionários e pacientes. Um ano após essa alteração, a CVS ainda era a única rede de farmácias a não vender cigarros.[101]

Em segundo lugar, ser socialmente responsável, em geral, *se paga*, e essa relação se torna mais forte sobretudo quando uma empresa ou seus produtos têm uma forte reputação de responsabilidade social.[102] Por fim, mesmo que haja geralmente uma pequena relação positiva entre responsabilidade social e desempenho econômico, que se torna mais forte quando uma empresa ou seus produtos têm uma reputação positiva de responsabilidade social, e mesmo que não exista compensação entre ser socialmente responsável e obter desempenho econômico, não há garantia de que as empresas socialmente responsáveis sejam rentáveis. Em outras palavras, as empresas socialmente responsáveis passam pelos mesmos altos e baixos no desempenho econômico que as organizações tradicionais. O Chevy Volt da GM tem um motor híbrido *plug-in* com excelente eficiência de combustível de 25,5 km/l e a capacidade de rodar 1.300 km com um tanque. O Volt é um tremendo produto tecnológico e ambiental, mas tem sido um desastre para a linha de resultados da GM. O investimento da GM no Volt, até agora, é estimado em $ 1,2 bilhão. Contudo, por causa da tecnologia envolvida, o Volt é difícil e caro de montar. Por isso, a Reuters estima que a GM chega a perder $ 50 mil por Volt! As vendas têm sido incrivelmente decepcionantes. Com um preço de $ 39.995, a GM vendeu apenas 58 mil Volts em quatro anos, muito aquém do seu objetivo de 60 mil por ano. As vendas subiram ligeiramente somente depois que empresa ofereceu um desconto de 25% sobre os descontos já elevados do preço do Volt, de três a quatro vezes mais altos que o restante da indústria automobilística. No final de 2014, GM baixou o preço do Volt em mais $ 5 mil, na esperança de aumentar as vendas. Entretanto, em março de 2015, a empresa tinha um estoque de 210 dias de Volts não vendidos (60 dias é ideal). A GM então anunciou que interromperia a produção do carro por sete meses para liquidar o estoque acumulado. A tentativa da GM de construir um carro altamente econômico e ambientalmente amigável pode ter sido boa para o planeta, mas tem sido um obstáculo para os projetos e as finanças da empresa.[103]

Ser socialmente responsável pode ser a coisa certa a fazer e, em geral, está associado com o aumento dos lucros, mas não garante o sucesso do negócio.

4

FERRAMENTA DE ESTUDO

Leia o cartão de revisão do capítulo e reveja o conteúdo.

PARTE
2

5 Planejamento e tomada de decisão

Jacek Dudzinski/Shutterstock.com

RESULTADOS DE APRENDIZAGEM

- 5-1 Discutir os benefícios e as armadilhas do planejamento.
- 5-2 Descrever um plano que funcione.
- 5-3 Discutir como as empresas podem usar os planos em todos os níveis de gestão, do topo à base.
- 5-4 Explicar as etapas e os limites da tomada de decisão racional.
- 5-5 Explicar como as decisões de grupo e as técnicas de tomada de decisão em grupo podem melhorar a tomada de decisão.

5-1 BENEFÍCIOS E ARMADILHAS DO PLANEJAMENTO

Mesmo gestores inexperientes sabem que o planejamento e a tomada de decisão são partes centrais dos trabalhos que executam. Descobrir qual é o problema. Gerar soluções potenciais ou planos. Escolher o melhor. Fazer funcionar. Contudo, gestores experientes conhecem a real dificuldade de fazer bons planos e tomar boas decisões. Um gestor experiente afirmou: "Acho que as maiores surpresas são os problemas. Talvez eu nunca tivesse visto isso antes. Talvez estivesse protegido pela minha gestão quando estava em vendas. Talvez tivesse delírios de grandeza, não sei. Só sei como é decepcionante e frustrante ser atingido por problemas e conflitos durante todo o dia e não ser capaz de resolvê-los perfeitamente".[1]

Planejamento é escolher um objetivo e desenvolver um método ou estratégia para alcançar esse objetivo. Graças ao forte crescimento dos negócios e da indústria de defesa, a população do norte da Virgínia aumentará 26% até 2040. A **Virginia Railway Express** (VRE), o serviço de trens de subúrbio da região, já está sentindo os efeitos. O número de passageiros cresceu 30% na última década, e seus trens têm 90% de ocupação da capacidade. Para atender à crescente demanda, os objetivos da VRE são adicionar trens em horários de pico e expressos até 2030 e dobrar o número de passageiros até 2040. Para alcançar esses objetivos, a VRE aumentará o comprimento dos trens existentes em 20%, adicionará novas estações e linhas ferroviárias mais longas para atender mais pessoas e alargará uma ponte para duplicar o número de trens que viajam em ambos os sentidos. O orçamento total para a expansão é de vários bilhões de dólares, e os planejadores criaram um documento abrangente, o Plano para o Sistema VRE 2040, para garantir que a VRE atinja seus objetivos. De acordo com Doug Allen, CEO da VRE: "Mais pessoas usariam a VRE se as estações fossem mais convenientes e acessíveis e tivessem mais estacionamento".[2]

Você é do tipo de pessoa muito organizada que sempre faz uma lista diária de tarefas, escreve tudo para não se esquecer e nunca perde um prazo porque mantém tudo registrado na agenda, no iPhone ou computador? Ou você é uma pessoa flexível e criativa que navega com o vento e não gosta de planejamento e organização porque tudo isso restringe a liberdade, a energia e o desempenho? Alguns indivíduos são planejadores naturais. Adoram e veem apenas os benefícios desse comportamento. Outros não gostam de planejamento e só veem desvantagens. Acontece que *ambas* as perspectivas têm valor real.

Planejamento escolher um objetivo e desenvolver uma estratégia para atingi-lo.

*Planejamento tem vantagens e desvantagens. A seguir, abordaremos **5-1a os benefícios** e **5-1b as armadilhas do planejamento**.*

5-1a Benefícios do planejamento

O planejamento oferece vários benefícios importantes: esforço intensificado, persistência, direção e criação de estratégias de tarefas.[3] Em primeiro lugar, gestores e funcionários empregam maiores esforços quando seguem um plano. Considere dois trabalhadores. Instrua um a "fazer o melhor" para aumentar a produção e o outro a alcançar um aumento mensal de 2% na produção. Algumas pesquisas mostram que aquele com o plano específico vai trabalhar mais.[4]

Em segundo lugar, planejamento leva à persistência, ou seja, trabalhar duro por longos períodos. De fato, o planejamento encoraja a persistência mesmo quando há poucas chances de sucesso em curto prazo.[5] O fundador do McDonald's, Ray Kroc, um fiel seguidor do poder da persistência, tinha esta citação do presidente Calvin Coolidge pendurada em todos os escritórios de seus executivos: "Nada no mundo pode tomar o lugar da persistência. Nem talento. Nada é mais comum do que homens com talento, mas sem sucesso. Nem genialidade. Genialidade não recompensada é quase um provérbio. Nem formação. O mundo está cheio de pessoas formadas e perdidas. Apenas a persistência e a determinação são onipotentes".[6]

O terceiro benefício do planejamento é o direcionamento. Irving Wladawsky-Berger, do Institute for Data Driven Design, explica que o planejamento por meio do estabelecimento de metas é especialmente importante quando as organizações passam por grandes transições: "Uma das principais formas de mobilizar a organização para abraçar a transformação necessária é ter um objetivo convincente para atrair, uma espécie de terra prometida para a qual todo mundo pode apontar, em vez de vagar no deserto sem um caminho claro pela frente".[7]

O quarto benefício do planejamento é que ele incentiva o desenvolvimento de estratégias de tarefas. Em outras palavras, o planejamento não só incentiva as pessoas a trabalhar duro por longos períodos e a demonstrar comportamentos diretamente relacionados com a realização de metas, mas também as incentiva a pensar em melhores maneiras de fazer o trabalho. Finalmente, talvez o benefício mais interessante do planejamento é que ele funciona para empresas e indivíduos. Em média, empresas com planos têm maiores lucros e crescem muito mais rápido do que aquelas que não têm planos.[8] O mesmo se aplica a gestores e funcionários. Não há melhor maneira de melhorar o desempenho das pessoas que trabalham em uma empresa do que incentivá-las a estabelecer objetivos e desenvolver estratégias para atingi-los.

5-1b Armadilhas do planejamento

Apesar dos benefícios significativos associados com o planejamento, ele não é uma solução para todos os males. Planos não vão resolver todos os problemas de organização. De fato, muitos escritores e consultores de gestão acreditam que o planejamento pode prejudicar as empresas de várias maneiras.[9]

O primeiro obstáculo do planejamento é que ele pode impedir a mudança e prevenir ou retardar a adaptação necessária. Às vezes, as empresas se tornam tão empenhadas em alcançar as metas estabelecidas em seus planos ou em seguir as estratégias e táticas enunciadas neles que não conseguem ver que seus planos não estão funcionando ou que seus objetivos precisam mudar. Quando Mike Jeffries se tornou o CEO da Abercrombie & Fitch (A&F) em 1992, ele reformulou a marca de modo a torná-la *sexy*, adequada à boa forma física e exclusiva. A **Abercrombie** cresceu em uma empresa de $ 4,5 bilhões, com mil lojas em 19 países. Os *jeans* arrumadinhos, as camisas polos e as camisetass com o logo da marca tornaram-se icônicos entre os adolescentes dos Estados Unidos. A propaganda provocativa em *outdoors*, *banners* e sacos de compras incluía imagens de homens sem camisa e mulheres com pouca roupa. Com música vibrante, odores inebriantes e janelas escurecidas por persianas, as lojas A&F pareciam mais como uma festa *rave* do que uma loja. Em 2013, os logotipos não estavam mais tanto na moda, e as lojas que ofereciam estilos únicos a preços baixos, como a H&M, prosperavam. Quando perguntadas sobre quais marcas não usavam mais, meninas adolescentes classificaram A&F e Hollister (uma marca A&F) em segundo e terceiro lugares, respectivamente. Mesmo quando o lucro caiu pela metade e a A&F fechou 220 lojas de *shopping centers* (com planos de fechar mais 120), Jeffries se recusou a mudar a marca. Finalmente, em meados de 2014, ele permitiu que as lojas removessem as persianas e reduzissem em 25% os aromas utilizados. Contudo, com a queda do valor da marca e o agravamento dos recursos, era tarde demais. Jeffries foi tirado do comitê de direção.[10]

A segunda armadilha é que o planejamento pode criar um falso senso de certeza. Os planejadores às vezes sentem que sabem exatamente o que o futuro reserva para seus concorrentes, seus fornecedores e suas empresas. No entanto, todos os planos são baseados em suposições: "O preço da gasolina aumentará 4% ao ano", "As exportações continuarão a subir". Para que os planos funcionem, os pressupostos em que se baseiam devem ser verdadeiros. Se os pressupostos se revelarem falsos, então os planos baseados neles provavelmente falharão.

O terceiro obstáculo potencial do planejamento é o distanciamento dos planejadores. Em teoria, planejadores estratégicos e gestores de alto nível devem se concentrar no quadro geral e não se preocupar com os detalhes da implementação (ou seja, a execução do plano). Segundo o professor de administração Henry Mintzberg, o distanciamento leva os planejadores a planejar coisas que eles não entendem.[11] Os planos devem ser orientações para a ação, e não teorias abstratas. Consequentemente, os planejadores precisam estar familiarizados com os detalhes diários de seus negócios, a fim de produzir planos que podem funcionar.

Northfoto/Shutterstock.com

Com música vibrante, odores inebriantes e janelas escurecidas por persianas, as lojas A&F tornaram-se menos apreciadas pelos compradores.

A britânica **Tesco**, a terceira maior varejista do mundo, passou cinco anos pesquisando e planejando antes de gastar $ 1,6 bilhão, para entrar no mercado de supermercados dos Estados Unidos, com a construção de 199 lojas Fresh & Easy. De acordo com o ex-CEO Terry Leahy: "A nossa equipe foi morar nos Estados Unidos. Ficamos no lar das pessoas. Abríamos a geladeira. Fizemos nossa pesquisa e somos bons nisso". Infelizmente, como nunca haviam competido no negócio de supermercados dos Estados Unidos, a pesquisa e o planejamento da Tesco não conseguiram explicar os diferentes gostos dos norte-americanos. Por exemplo, com 900 m², ou 20% do tamanho de um típico supermercado norte-americano, as lojas Fresh & Easy eram muito pequenas e tinham um estoque muito limitado. Além disso, nas lojas não havia padaria, setor muito apreciado pelos norte-americanos. A Tesco confiou pesadamente em sua marca Fresh & Easy de refeições pré-fabricadas, bem-sucedida na Inglaterra, mas desconhecida nos Estados Unidos, onde os compradores preferem produtos de marca. Segundo Natalie Berg, diretora da Planet Retail: "Os gestores da Tesco subestimaram o modo de comprar dos norte-americanos".[12]

5-2 COMO ELABORAR UM PLANO QUE FUNCIONA

Planejamento é uma espada de dois gumes. Se bem-feito, promove tremendos aumentos no desempenho individual e organizacional. Se elaborado de forma equivocada, pode ter o efeito exatamente oposto e prejudicar o desempenho individual e organizacional.

Nesta seção, você aprenderá a elaborar um plano que funciona. Conforme ilustrado na Figura 5.1, o planejamento consiste em ***5-2a definir metas, 5-2b desenvolver comprometimento com metas, 5-2c desenvolver planos de ação eficazes, 5-2d acompanhar o progresso em direção às metas*** *e* ***5-2e manter a flexibilidade no planejamento.***

5-2a Definindo metas

No planejamento, o primeiro passo é definir metas. Para direcionar o comportamento e aumentar o esforço, as metas precisam ser específicas e desafiadoras.[13] Por exemplo, decidir "aumentar as vendas deste ano" não irá direcionar nem motivar os trabalhadores do mesmo modo que decidir "aumentar as vendas norte-americanas em 4% nos próximos seis meses". Objetivos específicos e desafiadores fornecem uma meta a ser atingida e um indicador para medir o sucesso.

Uma maneira de escrever objetivos eficazes para si mesmo, seu trabalho ou sua empresa é usar as diretrizes **S.M.A.R.T.**, um acrônimo que em português significa INTELIGENTE. As metas são e**S**pecíficas, **M**ensuráveis, **A**tingíveis, **R**ealistas e definidas no **T**empo.[14] Com vendas anuais de $ 83 bilhões, a **Procter & Gamble** (P&G), com sede em Cincinnati, é líder mundial em produtos de consumo em 180 países. Seu tamanho, no entanto, dificulta a gestão do crescimento. Para combater essa dificuldade, em 2013, o CEO A. G. Lafley estabeleceu o objetivo de reduzir o imenso portfólio de marcas da P&G de aproximadamente 165 para 65 marcas principais, organizadas em dez categorias-chave até 2016.[15] Vejamos como os objetivos da P&G se encaixam nas diretrizes para metas S.M.A.R.T.

Primeiro, o objetivo é ***eSpecífico***? Sim, ao contrário de dizer que quer ser menor, a P&G identificou exatamente quantas marcas quer em seu portfólio até 2016, suas 65 marcas mais vendidas. O objetivo é ***Mensurável***? Sim, as marcas com melhor desempenho geram 95% de seus lucros e estão crescendo mais rápido do que o restante da P&G, enquanto as marcas com menor desempenho têm uma redução em vendas e lucros de 3% e 16%, respectivamente.[16] Se o objetivo é ***Atingível*** ou não depende de muitos fatores. Primeiro, a P&G precisa encontrar potenciais compradores para as 100 marcas que está vendendo. Depois de identificar os potenciais compradores, estes devem concordar com um preço de compra (uma tarefa complexa com negócios de bilhões de dólares). Em seguida, a empresa deve eliminar os obstáculos financeiros e jurídicos envolvidos na transferência de propriedade de cada marca. Mas as grandes transações de fusões e aquisições não

Metas S.M.A.R.T. metas eSpecíficas, Mensuráveis, Atingíveis, Realistas e definidas no Tempo.

Figura 5.1
Como elaborar um plano que funciona

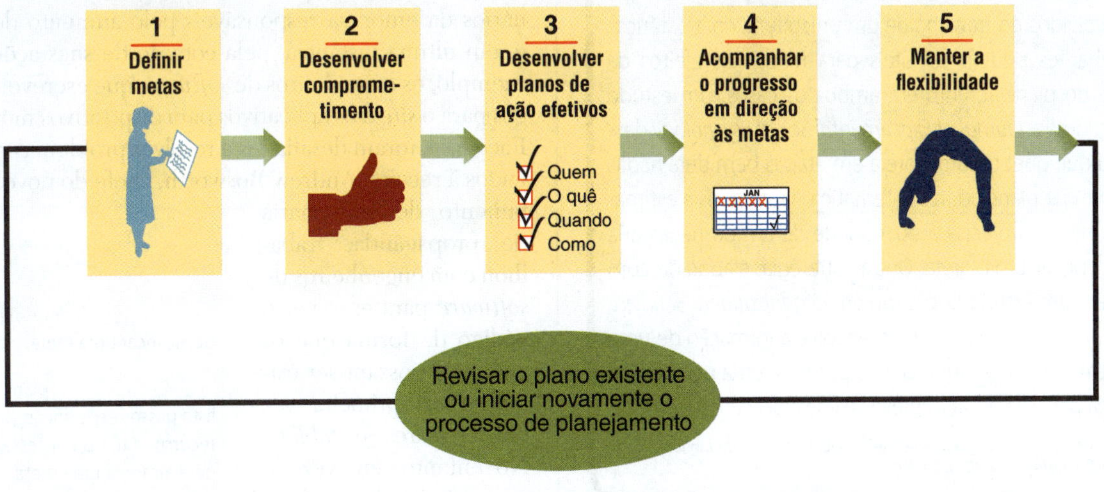

são novas, certamente para a P&G, e é improvável que tais questões sejam problemáticas. Finalmente, embora sejam ambiciosos, os objetivos são *definidos no **Tempo***. Quando a P&G anunciou o objetivo em 2013, deram-se três anos para desinvestir em 50 das 100 marcas que identificou para venda. Assim, a P&G fez um bom progresso. Até o final do primeiro trimestre de 2015, já havia desinvestido ou tinha acordos para vender 35 de suas marcas de menor desempenho.[17]

5-2b Desenvolvendo o comprometimento com metas

Só porque uma empresa define uma meta não significa que as pessoas vão tentar realizá-la. Se os trabalhadores não se preocupam com uma meta, ela não vai encorajá-los a trabalhar mais ou de forma mais inteligente. Assim, o segundo passo no planejamento é desenvolver o comprometimento com metas.[18]

O **comprometimento com metas** é a determinação para alcançar uma meta. Ele não é automático. Gestores e trabalhadores devem escolher se comprometer com uma meta. Edwin Locke, professor emérito de Administração da Universidade de Maryland e o mais importante especialista em como, por que e quando os objetivos funcionam, conta uma história sobre um amigo com excesso de peso que perdeu 34 quilos: "Perguntei como ele fez isso, sabendo como é difícil para a maioria das pessoas perder tanto peso". O amigo respondeu: "Na verdade, foi bastante simples. Apenas decidi que *realmente queria* fazê-lo".[19] Em outras palavras, o comprometimento com metas é querer alcançar, de fato, uma meta.

Então, como os gestores podem promover comprometimento com metas? A abordagem mais popular é estabelecer metas de forma participativa. Em vez de atribuí-las aos trabalhadores ("Johnson, você tem até terça-feira da próxima semana para redesenhar o capacitor de fluxo para que nos dê 10% mais saída"), os gestores e os funcionários escolhem as metas juntos. Elas tendem a ser realistas e possíveis de serem atingidas se os funcionários participam de sua definição. Outra técnica para ganhar comprometimento com uma meta é torná-la pública. Por exemplo, estudantes universitários que comunicaram publicamente seus objetivos de semestre ("Este semestre, quero tirar 7") a pessoas importantes em sua vida (geralmente um pai ou irmão) estavam muito mais comprometidos em tirar boas notas do que os que não o fizeram. Outra maneira de aumentar o comprometimento com metas é obter o apoio da alta gestão. Ela pode demonstrar apoio a um plano ou programa, destinando verba, falando publicamente sobre o plano ou participando dele.

A falácia do planejamento

No processo de planejamento, um dos erros mais comuns é subestimar a quantidade de tempo necessária para uma tarefa. Na verdade, isso é tão comum que tem um nome: a falácia de planejamento. Segundo Roger Buehler, professor de Psicologia da Universidade Wilfrid Laurier de Ontário, a pessoa média subestima o tempo necessário para completar uma tarefa em 40%. Embora planos gerenciais sejam frequentemente mais complexos do que os envolvidos no trabalho de um único funcionário, táticas semelhantes podem ser úteis para reduzir os efeitos da falácia do planejamento em ambos os casos. Um estudo publicado no *Journal of Experimental Social Psychology* descobriu que quebrar uma tarefa em etapas bem detalhadas pode ajudar planejadores sistematicamente ruins a estimar de forma mais precisa a quantidade de tempo necessária para concluir uma tarefa. Outra estratégia, elaborada com base em um estudo publicado em *Organizational Behavior and Human Decision Processes*, envolve a formação de uma imagem mental de uma tarefa a partir de uma perspectiva externa para melhorar as previsões de alocação de tempo.

Fonte: S. Reddy, Why are you always late? It could be the planning fallacy, *Wall Street Journal*, 3 fev. 2015, D1, D4.

5-2c Desenvolvendo planos de ação eficazes

O terceiro passo no planejamento é desenvolver planos de ação eficazes. Um **plano de ação** lista etapas (como), pessoas (quem), recursos (o quê) e tempo (quando) específicos para a realização de uma meta. Durante seus primeiros oito anos de atividade, o Facebook se concentrou no crescimento, mas agora sua equipe de liderança, conhecida como "equipe M", está desenvolvendo planos de ação específicos para tornar os gestores e os funcionários da empresa responsáveis pelo aumento do lucro e, em última instância, pela cotação de suas ações. Por exemplo, os engenheiros de *software* que escrevem códigos para o *site* e os aplicativos para dispositivos móveis do Facebook foram desafiados a resolver problemas relacionados à receita. Andrew Bosworth, chefe do novo departamento de engenharia de propaganda, trabalhou com engenheiros de *software* para escrever o código de forma que os anúncios possam ser exibidos pela primeira vez em celulares e *tablets*. No entanto, em vez de serem indicados no lado

Comprometimento com metas a determinação de alcançar uma meta.

Plano de ação plano que lista passos específicos, pessoas, recursos e tempo necessários para alcançar uma meta.

direito da tela, os anúncios aparecem no centro, o que significa que todos os usuários poderão vê-los. Esse passo, com outros nove planos de ação que o Facebook está procurando alcançar, ajudou a aumentar as receitas para $ 1,46 bilhão, um aumento de 38% em relação a $ 1,06 bilhão do ano anterior. Aproximadamente 25% da receita total do Facebook agora vem de anúncios para celular.[20]

5-2d Acompanhando o progresso

A quarta etapa do planejamento é acompanhar o progresso em direção à realização do objetivo. Existem dois métodos aceitos para acompanhar o progresso. O primeiro é estabelecer objetivos proximais e distais. **Objetivos proximais** são objetivos gerais ou específicos de curto prazo, enquanto os **objetivos distais** são objetivos de longo prazo ou principais.[21]

O segundo método para monitorar o progresso é coletar e fornecer *feedback* de desempenho. *Feedback* regular e frequente do desempenho permite que trabalhadores e gestores acompanhem o próprio progresso e façam ajustes no esforço, na direção e nas estratégias.[22] A Figura 5.2 mostra o impacto do *feedback* sobre o comportamento de segurança em uma grande empresa de panificação que apresentava registros de segurança no trabalho duas vezes e meia pior do que a média da indústria. Durante o período de referência, os trabalhadores do departamento de preparação, que medem e misturam os ingredientes, rolam a massa de pão e a colocam em formas, realizaram o trabalho com segurança cerca de 70% do tempo (ver item 1 na Figura 5.2). O indicador de segurança de referência para os trabalhadores no departamento de empacotamento, que ensacam, selam o pão cozido, montam, embalam e fecham as caixas de embarque para o transporte, foi um pouco melhor , chegou a 78% (ver 2). Então, a empresa deu aos trabalhadores 30 minutos de treinamento de segurança, estabeleceu uma meta de 90% de comportamento seguro e, em seguida, forneceu *feedback* diário (como um gráfico semelhante ao da Figura 5.2). O desempenho melhorou muito. Durante o período de intervenção, os comportamentos realizados com segurança aumentaram os indicadores para uma média de 95,8% para os trabalhadores de preparação (ver 3) e 99,3% para os trabalhadores do departamento de empacotamento (ver 4), e nunca caiu abaixo de 83%. Assim, a combinação de treinamento, uma meta desafiadora e *feedback* levou a uma forte melhoria no desempenho. A importância isolada do *feedback* pode ser vista na fase de reversão, quando a empresa deixou de postar *feedback* diário sobre o comportamento seguro. Sem *feedback* diário, a porcentagem de comportamentos com segurança retornou aos níveis de referência, 70,8% para o departamento de preparação (ver 5) e 72,3% para o de empacotamento (ver 6). Para que o planejamento seja eficaz, os trabalhadores precisam de um objetivo específico e desafiador e *feedback* regular para acompanhar o progresso. De fato, pesquisas adicionais indicam que a eficácia da definição de metas pode ser duplicada pela adição de *feedback*.[23]

Objetivos proximais objetivos gerais ou específicos de curto prazo.

Objetivos distais objetivos principais ou de longo prazo.

Planejamento baseado em opções manutenção da flexibilidade de planejamento por meio de pequenos investimentos simultâneos em muitos planos alternativos.

5-2e Mantendo a flexibilidade

Como, às vezes, os planos de ação são mal concebidos e os objetivos acabam não sendo alcançáveis, o último passo no desenvolvimento de um plano eficaz é manter a flexibilidade. Um método de manter a flexibilidade durante o planejamento é adotar uma abordagem baseada em opções.[24] O objetivo do **planejamento baseado em opções** é manter as opções abertas fazendo pequenos investimentos simultâneos em muitos planos alternativos. Então, quando um ou alguns desses planos emergem como prováveis vencedores, você investe ainda neles e descontinua ou reduz o investimento nos demais. Essa é exatamente a estratégia que a **Airbnb** usou para passar de uma empresa geradora

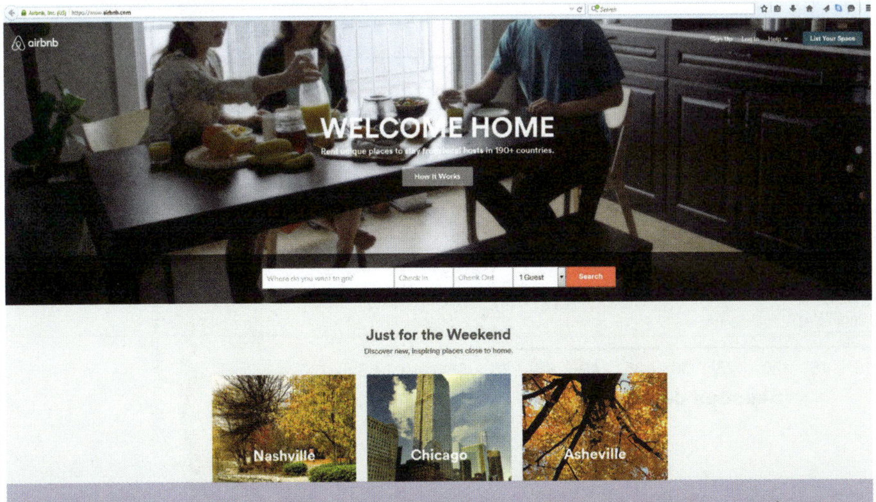

Fonte: Airbnb, Inc.

A Airbnb fez uma transição de uma empresa que faturava $ 200 por semana para um empreendimento global multibilionário porque manteve a flexibilidade.

de receita de $ 200 por semana em receitas para uma empresa global de bilhões de dólares. Os programadores da Airbnb têm permissão para fazer pequenas apostas em novos recursos e medir a resposta. Depois de ter sido atribuída a tarefa, no seu primeiro dia, de reexaminar o sistema de avaliação de propriedades da empresa, um novo *designer* da Airbnb quis testar o uso de um ícone de coração em vez de estrela. Seu raciocínio era de que o serviço de Airbnb era aspiracional e as pessoas estabeleciam uma conexão emocional aos lugares em que ficavam. A empresa mudou o recurso para um coração para testá-lo e descobriu que o ícone com essa imagem aumentava o engajamento do cliente em 30% em relação ao ícone da estrela.[25]

Em parte, o planejamento baseado em opções é o oposto do planejamento tradicional. Considerando que o objetivo de um plano de ação consiste em empenhar pessoas e recursos numa determinada linha de ação, o objetivo do planejamento baseado em opções consiste em deixar esses compromissos abertos por meio da manutenção de **folga de recursos**, isto é, uma reserva de recursos, pessoas, dinheiro ou capacidade de produção, que podem ser usados para enfrentar mudanças,

Folga de recursos uma reserva de recursos extras que podem ser usados com o planejamento baseado em opções para se adaptar a mudanças, problemas ou oportunidades imprevistos.

Figura 5.2

Efeitos do estabelecimento de metas, treinamento e *feedback* sobre o comportamento seguro em uma panificadora

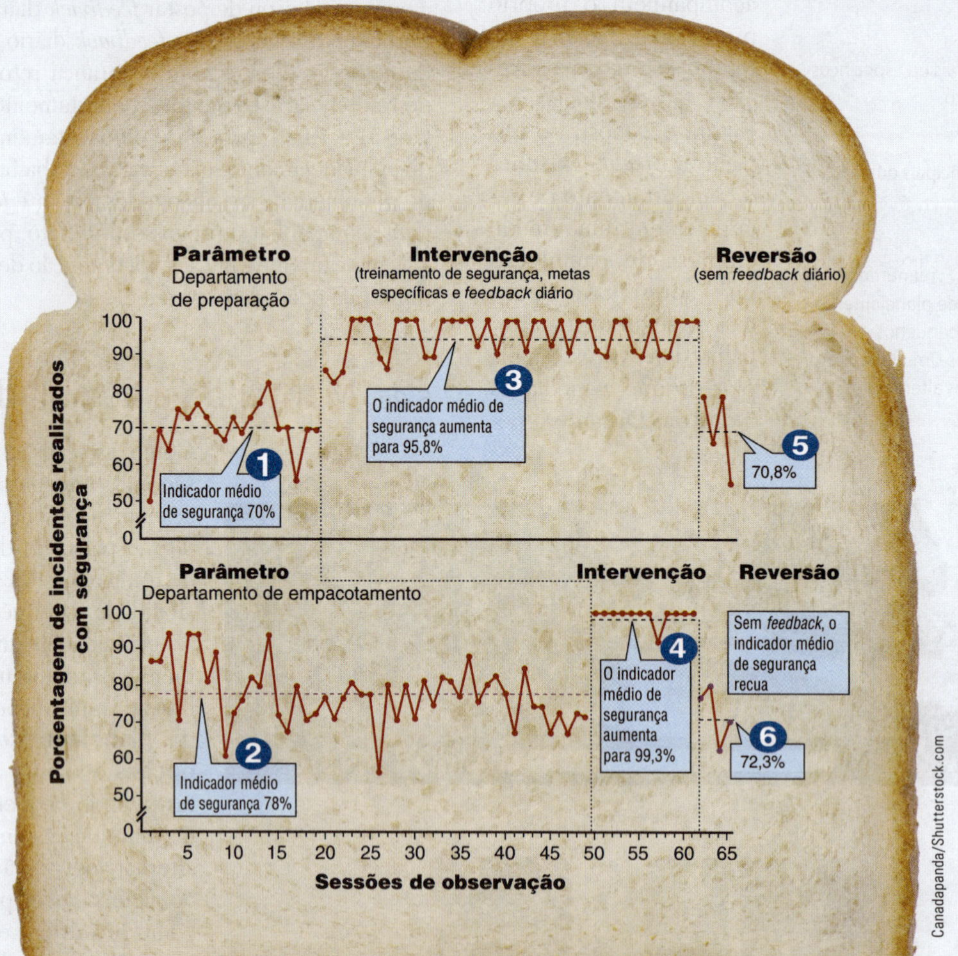

Fonte: J. Komaki; K. D. Barwick; L. R. Scott, A behavioral approach to occupational safety: pinpointing and reinforcing safe performance in a food manufacturing plant, *Journal of Applied Psychology* 63 (1978).

problemas ou oportunidades imprevistos e adaptar-se a eles.[26] Manter as opções abertas propicia escolhas. E estas, combinadas com folga de recursos, fornece flexibilidade. O inverno de 2014, que quebrou recordes de frio e neve em todo o país, forçou as empresas ferroviárias a operar e equipar mais trens com menos carga, mais fáceis de colocar em funcionamento e parar no mau tempo. Ao contrário de seus concorrentes, a ferrovia Union Pacific já havia criado a "capacidade de pico", ou folga de recursos, para lidar com a situação. Em vez de vender velhas locomotivas ou desfazer-se delas quando comprou novas, a Union Pacific as "aposentou" no armazenamento de longa duração. Assim, quando o tempo severo chegou, ela tinha 600 locomotivas adicionais prontas para rodar, incluindo 550 trabalhadores extras em licença ou espera imediatamente prontos para atuar. Naquele inverno, a CSX Corp., um concorrente, viu seu índice de operação, uma medida de eficiência operacional, cair mais de 4%, enquanto, graças à folga de recursos, a Union Pacific aumentou 2%.[27]

5-3 PLANEJAMENTO DO TOPO À BASE

O planejamento funciona melhor quando metas e planos de ação na parte inferior e média da organização apoiam os objetivos e planos de ação no topo da organização. Em outras palavras, o planejamento funciona melhor quando todos caminham na mesma direção. A Figura 5.3 ilustra essa continuidade de planejamento, começando no topo com uma definição clara do propósito da empresa e terminando na parte inferior com a execução de planos operacionais.

Vejamos como ***5-3a Alta Administração cria a declaração de propósito e o objetivo estratégico da organização, 5-3b média gerência desenvolve planos táticos e usa a administração por objetivos para motivar os funcionários em direção à finalidade geral e ao objetivo estratégico*** *e* ***5-3c gestores de primeiro nível usam planos operacionais, de uso único e permanentes para implantar os planos táticos.***

5-3a Começando no topo

A alta direção é responsável pelo desenvolvimento de **planos estratégicos** que deixam claro como a empresa atenderá os clientes e se posicionará contra concorrentes nos próximos dois a cinco anos. Durante seu primeiro mandato como CEO da **Procter & Gamble**, A. G. Lafley concentrou-se em aquisições e crescimento. O foco estratégico de Lafley transformou a P&G na maior empresa de produtos de consumo do mundo. Quando retornou como CEO, ele começou a deliberadamente encolher a empresa gigante, descontinuando cerca de 100 linhas de produtos em dois anos. O motivo? A empresa cresceu demais para ser competitiva. Lafley vendeu as marcas Camay e

Planos estratégicos
planos gerais da empresa que esclarecem como ela atenderá os clientes e se posicionará contra os concorrentes nos próximos dois a cinco anos.

Figura 5.3
Planejamento do topo à base

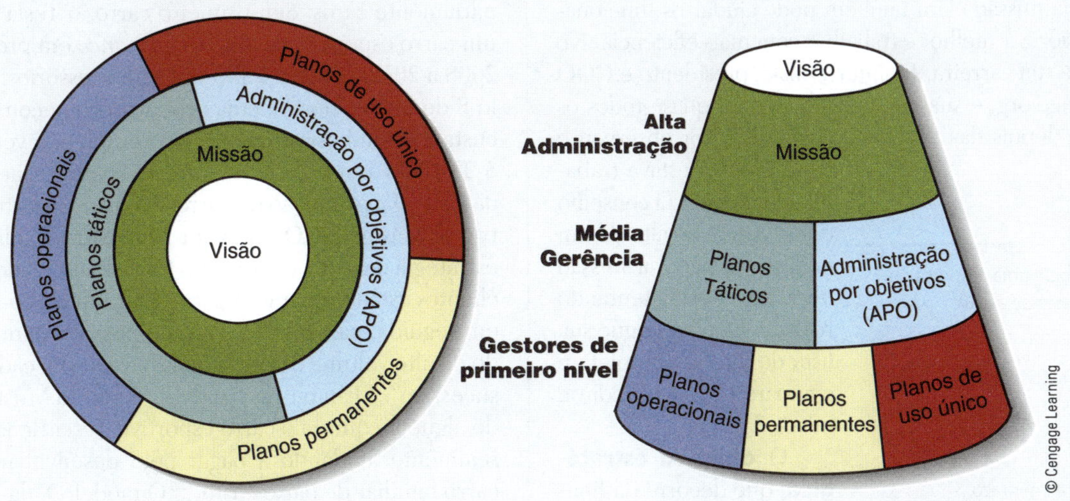

Zest para sua arqui-inimiga Unilever e saiu do negócio de baterias vendendo a Duracell e do negócio de rações animais vendendo a marca Iams. Lafley também procurou vender Wella e Clairol, duas marcas que adquiriu durante seu primeiro mandato como CEO da P&G. "Década após década, temos que encontrar a estratégia e o modelo de negócios vencedores junto aos consumidores", disse Lafley, e cortar o portfólio da P&G "estrategicamente restabelece as opções onde a P&G deve competir, pelo menos, nos próximos cinco anos".[28]

O planejamento estratégico começa com a criação de uma finalidade organizacional. Uma **declaração de finalidade**, muitas vezes referida como missão ou visão organizacional, é uma declaração do propósito de uma empresa ou de sua razão de existir.[29] Declarações de finalidade devem ser breves, não mais do que duas frases. Elas também devem ser duradouras, inspiradoras, claras e coerentes com crenças e valores da empresa amplamente compartilhados. Um excelente exemplo de uma declaração de propósito bem redigida é a da Avon, a empresa de cosméticos. Ela orienta todos na organização e fornece um foco na entrega de produtos de beleza e serviços para as clientes, ou seja, mulheres do mundo todo. A finalidade é a mesma esteja a Avon vendendo batom para mulheres na Índia, xampu para mulheres na Amazônia ou joias para mulheres nos Estados Unidos. Apesar dessas diferenças regionais na estratégia específica, a meta geral, que compreende as necessidades das mulheres em todo o mundo, não muda. Outros exemplos de declarações de finalidade organizacional particularmente eficazes incluem Walt Disney Company – "fazer as pessoas felizes" – e Schlage Lock Company – "tornar o mundo mais seguro".[30]

Uma missão clara também pode ajudar os funcionários a priorizar melhor e trabalhar com mais eficiência. No início de sua carreira, Jennifer Dulski, presidente e COO da Change.org, e sua equipe trabalharam quase todos os dias até depois das 21 horas. Um supervisor observou e disse que ela estava trabalhando demais. O conselho dele: "Anote no alto de um pedaço de papel a missão que você está tentando realizar. Depois, pegue sua lista de tarefas completa e compare cada item com a missão".[31]

Declaração de finalidade declaração do propósito de uma empresa ou de sua razão de existir.

Objetivo estratégico objetivo mais específico que unifica os esforços de toda a empresa, expande e desafia a organização, e tem uma linha de chegada e um prazo.

O **objetivo estratégico**, que decorre da finalidade, é uma meta mais específica que unifica os esforços de toda a empresa, expande e desafia a organização, e tem uma linha de chegada e um prazo.[32] Collins e Porras definem uma missão da organização da seguinte forma: "Uma missão é um objetivo claro e motivador que serve para unificar os esforços de uma organização. Uma missão eficaz deve expandir e desafiar a organização, mas ser realizável". No entanto, muitos outros definem *missão* como a finalidade de uma organização. Nesta edição, para sermos mais específicos e evitarmos confusão, adotamos a expressão de Collins e Porras: *declaração de finalidade*, que significa uma declaração clara da finalidade ou razão da existência de uma organização. Além disso, continuaremos a usar a definição de missão de Collins e Porras (ou seja, "um objetivo claro e motivador..."), mas com outra denominação: "objetivo estratégico".

Por exemplo, em 1961, o presidente John F. Kennedy estabeleceu um objetivo estratégico para a Nasa com esta simples afirmação: "Alcançar a meta, antes desta década, de enviar um homem à Lua e trazê-lo de volta para a Terra".[33] A Nasa atingiu esse objetivo estratégico em 20 de julho de 1969, quando o astronauta Neil Armstrong andou na Lua. Uma vez que o objetivo estratégico foi alcançado, um novo deve ser escolhido. No entanto, o novo objetivo estratégico deve brotar da finalidade da organização, que não muda significativamente ao longo do tempo. A Tesla Motors constrói carros completamente elétricos, não híbridos, mais rápidos que a maioria de carros movidos a gasolina e que podem cobrir mais de 300 milhas com uma carga plena. Mas Teslas são extraordinariamente caros. Seu primeiro carro, o Tesla Roadster, um carro esportivo de alta *performance* em produção de 2008 a 2012, custava $ 109 mil sem acessórios. O modelo S de quatro portas, cuja produção começou em 2012, custa $ 70 mil, mas uma versão completa é vendida por $ 93.400. Com base nesses preços, parece que a missão da Tesla é a produção de carros de luxo, esportivos e elétricos. Mas não é. O fundador Elon Musk explica que "a estratégia da Tesla é entrar no topo do mercado, onde os clientes estão preparados para pagar um preço-prêmio e, em seguida, passar o mais rápido possível para o mercado de alto volume e preços mais baixos com cada modelo sucessivo".[34] Em outras palavras, segundo Musk: "Quando alguém compra o carro esportivo Tesla Roadster, está realmente ajudando a pagar pelo desenvolvimento do carro familiar de baixo custo".[35] O modelo X da Tesla, um sedã menor com portas traseiras que abrem para cima, era para ser vendido por $ 70 mil quando foi lançado em 2016. Entretanto, em uma conferência de tecnologia em 2013, Musk afirmou que o objetivo da Tesla era lançar um carro elétrico por menos de $ 30 mil em cinco anos, cumprindo assim a missão da empresa.[36]

5-3b Dobrando ao meio

A média gerência é responsável por desenvolver e executar planos táticos para realizar o objetivo estratégico da organização. **Planos táticos** especificam como uma empresa usará recursos, orçamentos e pessoas para atingir metas específicas relacionadas a seu objetivo estratégico por cinco anos. Considerando que planos estratégicos e objetivos são usados para concentrar os esforços da empresa nos dois a cinco anos seguintes, planos táticos e objetivos são utilizados para direcionar o comportamento, os esforços e a atenção nos seis meses a dois anos seguintes. Depois de dois anos de declínio nas receitas das mesmas lojas e nos lucros corporativos, o que resultou na contratação de um novo CEO, o McDonald's começou a implantar e executar vários planos táticos para restaurar a lucratividade e atingir seu novo objetivo estratégico: tornar-se uma "empresa de hambúrguer moderna e progressista".[37]

Durante o ano de 2016, essa cadeia de *fast-food* pretendia fechar 700 restaurantes de desempenho fraco na China, no Japão e nos Estados Unidos.[38]

Nos próximos dois anos, lançará o programa "Crie seu sabor", que, por meio de um aplicativo em um computador *tablet* disponível na loja, permite aos clientes montar o próprio hambúrguer. Esse programa começou em quatro restaurantes californianos em 2013, estava disponível em 30 restaurantes de cinco Estados a partir de abril de 2015 e será implantado em dois mil McDonald's até 2016.[39]

Além disso, a rede começou a testar o café da manhã durante o dia inteiro em algumas lojas de San Diego. Embora os clientes tenham pedido café da manhã durante todo o dia, a resposta oficial do McDonald's foi a seguinte: "Nossas grelhas não são grandes o suficiente para café da manhã e almoço". O novo CEO Steve Easterbrook está incentivando novas abordagens. Se for bem-sucedido em San Diego, o McDonald's já considera a possibilidade de expandi-lo, em 2016, para todos os restaurantes dos Estados Unidos.[40]

Planos táticos planos criados e implementados por gestores de nível médio que direcionam o comportamento, os esforços e a atenção por um período de seis meses a dois anos.

Administração por objetivos um processo de quatro etapas no qual gestores e funcionários discutem e selecionam metas, desenvolvem planos táticos e se reúnem regularmente para rever o progresso em direção à realização de metas.

Planos operacionais planos diários, desenvolvidos e implementados por gestores de nível inferior, para produzir ou entregar produtos e serviços da organização ao longo de um período de 30 dias a seis meses.

Print Collector/Hulton Archive/Getty Images

Fazer um homem pousar na Lua foi um objetivo estratégico de John F. Kennedy para os Estados Unidos até o final da década de 1960.

A administração por objetivos é uma técnica frequentemente utilizada para desenvolver e executar planos táticos. **Administração por objetivos** é um processo de quatro etapas em que gestores e seus funcionários (1) discutem possíveis metas; (2) selecionam coletivamente objetivos desafiadores, atingíveis e consistentes com os objetivos gerais da empresa; (3) desenvolvem conjuntamente planos táticos que conduzam à realização de metas e objetivos táticos; e (4) reúnem-se regularmente para analisar o progresso em direção à realização desses objetivos. No Capítulo 1, aprendemos que, às segundas-feiras, a **Qualtrics**, que vende ferramentas de pesquisas *on-line*, envia um *e-mail* a toda a empresa descrevendo os objetivos de cada funcionário para a próxima semana e indicando se eles atingiram os objetivos da semana anterior. Essas metas semanais, no entanto, são derivadas de metas trimestrais que contêm objetivos detalhados e mensuráveis e resultados-chave, como receita e satisfação do cliente. Semelhante ao *e-mail* semanal, o banco de dados interno da Qualtrics, aberto a todos os que trabalham lá, mostra objetivos e resultados trimestrais de cada funcionário, metas semanais individuais, revisões de desempenho e bônus, sucessos e fracassos com os quais os outros podem aprender.[41] De acordo com o CEO Adam Bryant: "Quando todos estão remando juntos para o mesmo objetivo, é extremamente potente. Estamos tentando funcionar em um nível muito elevado e precisamos ter certeza de que todos sabem para onde estamos indo".[42]

5-3c Terminando nível inferior

Gestores de nível inferior são responsáveis pelo desenvolvimento e pela execução de **planos operacionais**, ou seja, planos diários para produzir ou entregar produtos e serviços da organização. Os planos operacionais direcionam o comportamento, os esforços e as prioridades dos funcionários operacionais por períodos que variam de 30 dias a seis meses. Existem três tipos de plano operacional: planos de uso único, permanentes e orçamentos.

Os **planos de uso único** lidam com eventos únicos e que só ocorrem uma vez. Em 1905, a **General Electric Co.** criou uma divisão bancária para financiar a venda de seus equipamentos a empresas de serviços públicos. Na década de 1930, financiava a venda de eletrodomésticos aos consumidores. Em 2015, a GE Capital tinha $ 500 bilhões em ativos e era o sétimo maior banco dos Estados Unidos. Para aguçar seu foco estratégico e retornar às suas raízes industriais, a GE pretendia obter 90% dos ganhos de negócios industriais em 2016, ante 58% em 2014. Assim, a GE criou um plano de uso único, chamado Projeto Hubble, para desmantelar e vender a GE Capital. Durante dois anos, a GE venderá sua unidade de crédito de $ 74 bilhões, incluindo cerca de $ 165 milhões em empréstimos a empresas como a Wendy's, e liquidará $ 26,5 bilhões em imóveis comerciais. A GE usará os recursos desse evento único para investir mais em seus negócios industriais remanescentes ao mesmo tempo que recompensará os acionistas com dividendos e recompra de ações de $ 90 bilhões.[43]

Ao contrário dos planos de uso único criados, executados uma vez e nunca mais usados, **planos permanentes** fazem os gestores economizarem tempo porque, após sua criação, eles podem ser usados repetidamente para lidar com eventos frequentes. Ao encontrar um problema que você já viu antes, alguém em sua empresa, provavelmente, escreveu um plano permanente que explica como abordá-lo. Quando uma tempestade de neve atingiu Atlanta em 2014, a **Delta Airlines** transformou um Boeing 767 em quartos de dormir para funcionários bloqueados. Em vez de irem ao hotel do aeroporto ou se acomodarem em desconfortáveis poltronas no terminal, os funcionários dormiram na classe executiva do avião de reclinação total e estavam descansados e prontos quando as pistas foram liberadas pela manhã. O plano de contingência foi tão bem-sucedido que a Delta o adicionou a seu planejamento padrão de resposta às tempestades em 2015. Ao usar um plano permanente em vez de reinventar a roda, a Delta pôde economizar tempo. Segundo Dave Holtz, vice-presidente sênior de operações da Delta: "Não queremos limitar nossa capacidade de atrair clientes porque os funcionários não conseguem chegar".[44] Existem três tipos de plano permanente: políticas, procedimentos e regulamentos.

Planos de uso único planos que abrangem eventos únicos e que ocorrem apenas uma vez.

Planos permanentes planos usados repetidamente para lidar com eventos que ocorrem com frequência.

Políticas planos permanentes que indicam o curso geral de ação que deve ser tomado em resposta a determinado evento ou situação.

Procedimentos planos permanentes que indicam as etapas específicas que devem ser cumpridas em resposta a um evento particular.

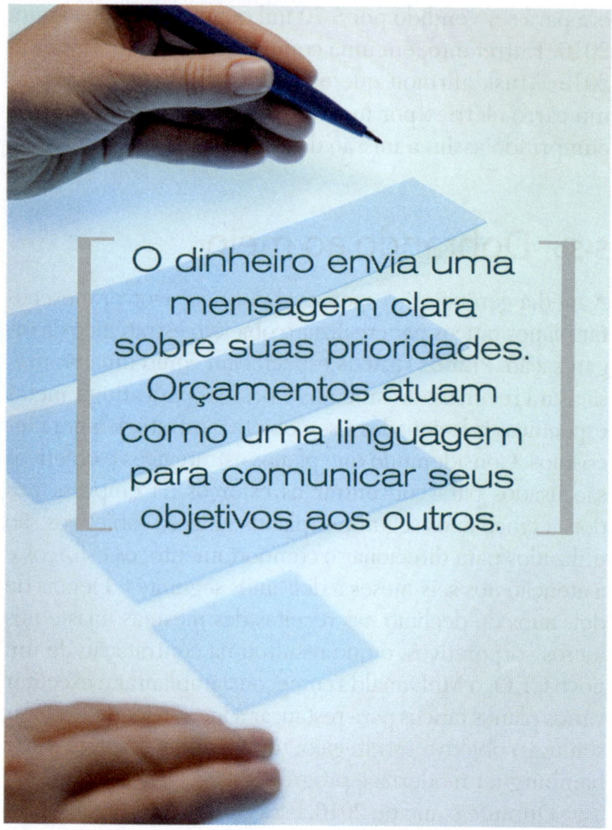
O dinheiro envia uma mensagem clara sobre suas prioridades. Orçamentos atuam como uma linguagem para comunicar seus objetivos aos outros.

FredFroese/iStockphoto.com

Políticas indicam o curso geral de ação que os gestores da empresa devem tomar em resposta a um determinado evento ou situação. Uma política bem escrita também especificará por que ela existe e qual o resultado que pretende produzir. Absenteísmo significa ausência ao trabalho, enquanto "presenteísmo" é ir ao trabalho mesmo quando você está doente.[45] De acordo com Ann Stevens, da ClearRock, uma empresa de consultoria de liderança e carreira: "As pessoas ficam realmente enfurecidas com colegas que espalham germes no local de trabalho". Mas as pessoas vão trabalhar doentes devido a políticas que as recompensam pela presença ou políticas com um número limitado de dias de doença. Use-os e você estará bloqueado se ficar doente de novo. Por ambas as razões, mais empresas estão usando políticas de remuneração em ausência que não distinguem entre dias de doença, pessoais ou de férias. Isso dá aos funcionários a máxima flexibilidade e os desencoraja a trabalhar doentes. Para Carol Sladek, da Aon Hewitt, uma empresa de consultoria em recursos humanos: "Se você está gripado, fique em casa. Apenas fique em casa [...]".[46]

Procedimentos são mais específicos do que políticas porque indicam a série de etapas que devem ser adotadas em resposta a um evento específico. Todos os aviões comerciais exigem limpeza regular. Sem normas regulamentares, as companhias aéreas estabelecem seus próprios procedimentos. Na **Singapore Airlines**, que tem voos internacionais mais longos, uma equipe de 12 pessoas leva cerca de 40 minutos para limpar um jato Boeing 777-300 durante uma escala normal. Na **United Airlines**, a maioria das viagens domésticas requer uma volta rápida (30 minutos ou menos), de modo que os procedimentos de limpeza se concentram nas seguintes tarefas:

- Remover o lixo visível e dos bolsos dos assentos.
- Limpar e reabastecer banheiros e cozinhas.
- Levantar os descansos de braços.
- Limpar as migalhas dos assentos.
- Limpar grandes derramamentos de líquidos.

Além de entre voos, a United realiza uma limpeza mais profunda à noite (aspirando e limpando banheiros e cozinhas) e "limpezas profundas", nas quais o avião é "esfregado do nariz à cauda", a cada 35 a 55 dias.[47]

Normas e Regulamentos são ainda mais específicos do que procedimentos porque especificam o que deve acontecer ou não. Eles descrevem com precisão como uma determinada ação deve ser realizada. Por exemplo, muitas empresas têm regulamentos que proíbem os gestores de escrever cartas de referência para empregados que trabalharam em suas empresas porque uma referência negativa pode levar um ex-funcionário a entrar com um processo por difamação.[48]

Depois de planos de uso único e permanentes, orçamentos são o terceiro tipo de plano operacional. **Orçamento** é planejamento quantitativo porque força os gestores a decidir como alocar o dinheiro disponível para melhor realizar as metas da empresa. De acordo com Jan King, autora de *Business plans to game plans*, "O dinheiro envia uma mensagem clara sobre suas prioridades. Orçamentos atuam como uma linguagem para comunicar seus objetivos aos outros".

5-4 PASSOS E LIMITES PARA A TOMADA DE DECISÃO RACIONAL

A **tomada de decisão** é o processo de escolha de uma solução a partir de alternativas disponíveis.[49] A **tomada de decisão racional** é um processo sistemático no qual os gestores definem problemas, avaliam alternativas e escolhem soluções ótimas que proporcionam benefícios máximos para suas organizações. Assim, por exemplo, seu chefe solicita que você defina e avalie as várias opções para a estratégia de mídia social da empresa. Afinal, você usa Twitter, Facebook, Google+, Instagram, Groupon e assim por diante, e ele nem sabe como reiniciar o computador. Além disso, sua solução deve ser otimizada. Como orçamentos e conhecimentos são limitados, a empresa usa um, talvez dois, tentando fazer que a estratégia de mídia social funcione. Se você fizer escolhas incorretas, o investimento da empresa vai para o lixo, sem aumentar vendas e participação de mercado. O que você recomendaria?

Vamos aprender mais sobre cada um destes itens: ***5-4a definir o problema, 5-4b identificar critérios de decisão, 5-4c ponderar os critérios, 5-4d gerar cursos de ação alternativos, 5-4e avaliar cada alternativa*** *e* ***5-4f calcular a decisão ideal.*** *Então, consideraremos os* ***5-4g limites para a tomada de decisão racional.***

5-4a Definir o problema

O primeiro passo na tomada de decisão é identificar e definir o problema. Existe um **problema** quando há uma lacuna entre um estado desejado (o que se deseja) e um estado existente (a situação que você realmente enfrenta). Você é o vice-presidente de RH da Guitar Center, uma revendedora de instrumentos musicais com 240 escritórios nos Estados Unidos. Em cada loja, há funcionários que trabalham em tempo integral, e outros, apenas período parcial. Todos querem horários que satisfaçam seus interesses pessoais e lhes proporcionem a maior quantidade de horas livres. Além disso, o fluxo diário dos clientes é constante nos finais de semana. Mas, durante a semana, é irregular, leve de manhã (em geral, as lojas abrem entre as 10 e 11 horas), mais intenso na hora do almoço e mais leve até aproximadamente as 15 horas. O fluxo torna-se mais intenso novamente entre 15 e 18 horas (depois da escola e da saída do trabalho), e, em seguida, mais intenso à noite, das 18 horas até as lojas fecharem às 20 ou 21 horas. Seu problema, nada fácil, é como conciliar os horários de trabalho com os desejos dos funcionários para períodos de demanda de trabalhos mais leves e mais intensos do dia ao longo da semana para que haja funcionários suficientes para atender os clientes, mas não tantos que as lojas fiquem com pessoal excedente.[50]

Normas e Regulamentos planos permanentes que descrevem como determinada ação deve ser realizada ou o que deve acontecer ou não em resposta a um evento em particular.

Orçamento planejamento quantitativo por meio do qual os gestores decidem como alocar o dinheiro disponível para melhor atingir os objetivos da empresa.

Tomada de decisão processo de escolha de uma solução a partir de alternativas disponíveis.

Tomada de decisão racional processo sistemático de definição de problemas, avaliação de alternativas e escolha de soluções ótimas.

Problema lacuna entre um estado desejado e um existente.

A presença de uma lacuna entre um estado existente e um estado desejado não garante que os gestores tomem decisões para resolver problemas. Três coisas devem ocorrer para que isso aconteça.[51] Primeiro, eles devem estar cientes da lacuna. Têm que saber que há um problema antes que possam começar a resolvê-lo. Por exemplo, depois de perceber que as pessoas estavam gastando mais dinheiro com seus animais de estimação, uma nova empresa de alimentos para cães criou uma ração cara e de alta qualidade. Para enfatizar a qualidade, ela foi vendida em latas e sacos com rótulos dourados, letras vermelhas e informações detalhadas sobre seus benefícios e nutrientes. No entanto, o produto não vendeu muito bem, e a empresa saiu do negócio em menos de um ano. Seus fundadores não entendiam por quê. Quando perguntaram a um gestor de uma empresa de alimentos para cães qual era o maior erro deles, a resposta foi: "Simples, vocês não tinham uma foto de um cachorro no pacote".[52] Esse problema teria sido fácil de resolver se a direção tivesse conhecimento disso.

MekCar/Shutterstock.com

Estar ciente de um problema não é suficiente para iniciar o processo de tomada de decisão. Os gestores têm que ser motivados para reduzir a distância entre um estado desejado e um existente. As vendas de refrigerante gaseificado diminuíram à medida que as preocupações de saúde pública sobre obesidade e diabetes aumentaram. Em resposta, a **Pepsi-Cola** e a **Coca-Cola** diversificaram ao adicionarem água, suco e bebidas energéticas a suas linhas de produtos. Mas, depois de não alcançarem suas metas de crescimento (de 3% a 4%) por dois anos seguidos, o CEO da Coca-Cola, Muhtar Kent, estabeleceu uma estratégia simples para fechar o hiato de vendas da empresa: vender mais refrigerantes. A empresa lançou máquinas de soda Freestyle de autosserviço que permitem aos consumidores misturar mais de 100 sabores de bebidas (agora existem 27 mil máquinas Freestyle em restaurantes dos Estados Unidos) e está trabalhando com a **Keurig Green Mountain Inc.** para desenvolver uma máquina doméstica de refrigerante de balcão. A Coca-Cola também anunciou um programa de corte de custos de $ 3 bilhões, incluindo cerca de 1.500 demissões. Os refrigerantes representam 70% da receita da empresa, e Classic Coke e Diet Coke são os mais vendidos nos Estados Unidos. Com os preços de ações da Coca-Cola paralisados, o que a torna um alvo potencial de aquisição, a direção está altamente motivada para lidar com as vendas de refrigerantes. Segundo Muhtar Kent: "Se não fizermos o que precisamos fazer rápida e eficazmente, e 100% bem-feito, alguém virá e o fará por nós".[53]

Critérios de decisão normas utilizadas para orientar julgamentos e decisões.

Comparações absolutas processo no qual cada critério de decisão é comparado a um padrão ou classificado por seus próprios méritos.

Finalmente, não é suficiente estar ciente de um problema e motivado para resolvê-lo, os gestores também devem ter conhecimento, capacidade, habilidades e recursos para corrigi-lo. Então, como o Guitar Center resolveu seu problema de programação de horários? A empresa trocou as planilhas Excel que usava para gerenciar manualmente as agendas pelo poderoso *software* de planejamento Dayforce da Ceridian Corporation. De acordo com Chris Salles, diretor do Guitar Centers: "Carregamos [tráfegos e transações de clientes] em intervalos de 16 minutos na Dayforce, e ela gera curvas de demanda de mão de obra que permitem que cada loja saiba quantas pessoas devem trabalhar a cada 15 minutos". Além disso, os funcionários podem entrar *on-line* para indicar sua disponibilidade semanal, ver seus horários e trocar e cobrir turnos com colegas de trabalho.[54]

5-4b Identificar critérios de decisão

Critérios de decisão são normas utilizadas para orientar julgamentos e decisões. Em geral, quanto mais critérios uma solução potencial puder atender, melhor será essa solução. Novamente, imagine que seu chefe lhe peça para determinar as melhores opções para a estratégia de mídia social da empresa. Quais fatores gerais seriam importantes ao preferir uma ferramenta de mídia social a outra? Você está tentando aumentar seus *rankings* de pesquisa? Fornecer suporte ao cliente? Alcançar determinado mercado-alvo? São jovens mulheres solteiras de 18 a 25 anos ou, talvez, casadas com idades entre 25 e 35 anos? Você está chegando diretamente aos consumidores ou às empresas (ou seja, B2B, *business to business*)? Sua estratégia se concentrará em conteúdo visual, demonstrações ou conhecimento detalhado e complexo? Responder a perguntas como essas vai ajudar você a identificar os critérios que irão orientar a estratégia de mídia social que recomendar.

5-4c Ponderar os critérios

Depois de identificar os critérios de decisão, o próximo passo é decidir quais critérios são mais ou menos importantes.

Embora existam numerosos modelos matemáticos para pesar critérios de decisão, todos exigem que o tomador de decisão forneça uma classificação inicial dos critérios. Alguns usam **comparações absolutas**, em que cada critério é comparado com um padrão ou classificado por seus próprios méritos. Por exemplo, a *Consumer Reports* usa nove critérios quando avalia e recomenda automóveis novos: confiabilidade prevista, satisfação dos atuais proprietários, depreciação prevista (o preço que você poderia esperar se vendesse o carro), capacidade de evitar um acidente, economia de combustível, proteção contra choques, aceleração, dirigibilidade e conforto dos bancos dianteiros.[55]

Diferentes indivíduos classificam esses critérios de forma distinta, dependendo do que valorizam ou exigem em um automóvel. A Figura 5.4 mostra os pesos absolutos que uma pessoa que compra um carro pode usar. Como esses pesos são absolutos, cada critério é julgado em sua própria importância por meio de uma escala de cinco pontos, com 5 representando "extremamente importante" e 1 "completamente sem importância". Nesse caso, confiabilidade prevista, economia de combustível e conforto dos bancos dianteiros foram considerados os mais importantes; e aceleração e depreciação prevista, os menos importantes.

Comparações relativas processo no qual cada critério de decisão é comparado diretamente com qualquer outro critério.

Outro método utiliza **comparações relativas**, em que cada critério é comparado diretamente com outro critério.[56] A Figura 5.5 mostra seis critérios que alguém pode usar ao comprar uma casa. Movendo-se para baixo na primeira coluna da Figura 5.5, vemos que o tempo do trajeto diário foi classificado menos importante (-1) do que a qualidade do sistema escolar; mais importante (+1) do que ter uma piscina na propriedade, um solário ou estar em uma rua tranquila; e tão importante como a casa ser nova (0). Os pesos totais, obtidos somando os pontos em cada coluna, indicam que a qualidade do sistema escolar e o deslocamento diário são os fatores mais importantes para esse comprador, enquanto piscina, solário e uma rua tranquila são os menos importantes. Assim, com a comparação relativa, os critérios são diretamente comparados entre si.

Figura 5.5

Comparação relativa de características de residências

Características de residências	L	SSQ	IP	SR	QS	NBH
Deslocamento para o trabalho (T)		+1	−1	−1	−1	0
Qualidade das escolas do bairro (E)	−1		−1	−1	−1	−1
Piscina (P)	+1	+1		0	0	+1
Solário (S)	+1	+1	0		0	0
Rua tranquilia (R)	+1	+1	0	0		0
Casa recém-construída (N)	0	+1	−1	0	0	
Peso total	+2	+5	−3	−2	−2	0

Figura 5.4

Ponderação absoluta dos critérios de decisão para uma compra de um automóvel

5 extremamente importante
4 importante
3 um pouco importante
2 não muito importante
1 completamente sem importância

1. Confiabilidade prevista	1	2	3	4	**(5)**
2. Satisfação do proprietário	1	**(2)**	3	4	5
3. Depreciação prevista	**(1)**	2	3	4	5
4. Capacidade de evitar acidentes	1	2	3	**(4)**	5
5. Economia de combustível	1	2	3	4	**(5)**
6. Proteção contra choques	1	2	3	**(4)**	5
7. Aceleração	**(1)**	2	3	4	5
8. Dirigibilidade	1	2	**(3)**	4	5
9. Conforto dos bancos dianteiros	1	2	3	4	**(5)**

5-4d Gerar cursos de ação alternativos

Depois de identificar e ponderar os critérios que guiarão o processo de tomada de decisão, o próximo passo é identificar possíveis cursos de ação que possam resolver o problema. Em geral, nessa etapa, a ideia é gerar tantas alternativas quanto possível. Vamos supor que você esteja tentando selecionar uma cidade na Europa para ser o local de um grande escritório. Depois de se reunir com sua equipe, você gera uma lista de alternativas possíveis: Amsterdã na Holanda; Barcelona ou Madri, na Espanha; Berlim, Dusseldorf, Frankfurt ou Munique, na Alemanha; Bruxelas, na Bélgica; Londres, na Inglaterra; e Paris, na França.

5-4e Avaliar cada alternativa

O próximo passo é avaliar sistematicamente cada alternativa em relação a cada critério. Devido à quantidade de informações que deve ser coletada, essa etapa pode levar muito mais tempo e ser muito mais cara do que outras no processo de tomada de decisão. Ao selecionar uma cidade europeia para o seu escritório, você poderia entrar em contato com organismos de desenvolvimento econômico de cada cidade, entrevistar sistematicamente empresários ou executivos que operam lá, coletar e usar dados publicados do governo em cada local ou se basear em estudos publicados, como o *European cities monitor* da Cushman & Wakefield, que realiza uma pesquisa anual com mais de 500 executivos europeus seniores que classificam 34 cidades europeias em 12 critérios relacionados com negócios.[57]

iStockphoto.com/Jason Walton

Não importa como você reúne as informações, depois de obtidas, a chave é usá-las sistematicamente para avaliar cada alternativa em relação a cada critério. A Figura 5.6 mostra como cada uma das dez cidades na lista de sua equipe se saiu com relação a cada um dos 12 critérios (os pontos mais altos são melhores), desde pessoal qualificado até a ausência de poluição. Embora Londres tenha o pessoal mais qualificado, o melhor acesso a mercados e telecomunicações, e seja a cidade mais fácil de viajar de e para, é também uma das cidades mais poluídas e caras da lista. Paris oferece excelente acesso a mercados e clientes, mas, se sua equipe é multilíngue, Bruxelas pode ser uma escolha melhor.

5-4f Calcular a decisão ideal

No processo de tomada de decisão, o passo final é computar a decisão ideal determinando o valor ótimo de cada alternativa. Para tanto, deve-se multiplicar a classificação para cada critério (etapa 5-4e) pelo peso desse critério (etapa 5-4c) e, então, somam-se as pontuações obtidas para cada curso de ação alternativo que você gerou (etapa 5-4d). Por exemplo, os 500 executivos que participaram

Figura 5.6

Critérios de classificação usados para determinar o melhor local para um novo escritório

	Acesso a mercados	Pessoal qualificado	Telecomunicações	Facilidade de viajar de/para a cidade	Custo e valor do espaço do escritório	Custo do pessoal	Espaço disponível para escritórios	Línguas faladas	Clima de negócios	Deslocamento dentro da cidade	Qualidade de vida	Nível de poluição	Média ponderada	Classificação
Peso dos critérios	**0,60**	**0,53**	**0,52**	**0,42**	**0,33**	**0,32**	**0,25**	**0,21**	**0,20**	**0,20**	**0,16**	**0,16**		
Amsterdã	0,42	0,40	0,39	0,68	0,30	0,19	0,30	0,96	0,47	0,34	0,44	0,63	1,72	5
Barcelona	0,23	0,32	0,16	0,29	0,52	0,59	0,52	0,23	0,31	0,47	1,08	0,42	1,45	8
Berlim	0,44	0,39	0,41	0,35	0,78	0,40	0,79	0,50	0,34	0,78	0,38	0,29	1,85	4
Bruxelas	0,46	0,43	0,37	0,48	0,44	0,17	0,42	0,98	0,37	0,29	0,41	0,27	1,65	7
Dusseldorf	0,30	0,30	0,23	0,21	0,37	0,14	0,28	0,18	0,17	0,22	0,20	0,26	0,97	10
Frankfurt	0,68	0,57	0,70	1,17	0,38	0,11	0,44	0,57	0,38	0,35	0,17	0,18	2,16	3
Londres	1,50	1,36	1,27	1,79	0,27	0,10	0,42	1,48	0,55	1,26	0,46	0,15	4,03	1
Madri	0,45	0,46	0,27	0,41	0,52	0,61	0,67	0,22	0,29	0,53	0,67	0,13	1,70	6
Munique	0,34	0,47	0,48	0,37	0,18	0,03	0,18	0,30	0,22	0,47	0,62	0,57	1,36	9
Paris	1,09	0,84	0,89	1,36	0,22	0,10	0,37	0,58	0,30	1,07	0,52	0,12	2,83	2

Fonte: *European cities monitor 2011*, Cushion & Wakefield, 2011. Disponível em: <http://www.berlin-partner.de/fileadmin/user_upload/01_chefredaktion/02_pdf/studien-rankings/2011/Cushman%20&%20Wakefield%20-%20European%20Cities%20Monitor%20%282011%20english%29.pdf>. Acesso em: 27 maio 2013.

da pesquisa da Cushman & Wakefield sobre as melhores cidades europeias para empresas classificaram os 12 critérios de decisão em termos de importância, como mostrado na primeira linha da Figura 5.6. Acesso a mercados, pessoal qualificado, telecomunicações e facilidade de viajar de e para a cidade foram os quatro fatores mais importantes, enquanto qualidade de vida e ausência de poluição foram os menos importantes. Para calcular o valor ótimo para Paris, o peso para cada categoria é multiplicado pela sua pontuação em cada categoria (0,53 x 0,84 na categoria de pessoal qualificado, por exemplo). Em seguida, todas essas pontuações são adicionadas em conjunto para produzir o valor ideal, da seguinte forma:

$$(0{,}60 \times 1{,}09) + (0{,}53 \times 0{,}84) + (0{,}52 \times 0{,}89) + (0{,}42 \times 1{,}36) + (0{,}33 \times 0{,}22) + (0{,}32 \times 0{,}10) + (0{,}25 \times 0{,}37) + (0{,}21 \times 0{,}58) + (0{,}20 \times 0{,}30) + (0{,}20 \times 1{,}07) + (0{,}16 \times 0{,}52) + (0{,}16 \times 0{,}12) = 2{,}83$$

Como Londres tem uma média ponderada de 4,03 comparada a 2,83 para Paris e 2,16 para Frankfurt (as cidades com as melhores pontuações), Londres claramente se classifica como a melhor localização para o novo escritório europeu da empresa graças aos seguintes itens: grande número de pessoal qualificado, fácil acesso aos mercados, excelente facilidade de deslocamento para, de e dentro da cidade, excelentes telecomunicações e excelente clima de negócios.

5-4g Limites para a tomada de decisão racional

Em geral, gestores que diligentemente completam todas as seis etapas do modelo racional de tomada de decisão tomarão melhores decisões do que os que não o fazem. Assim, quando possível, os gestores devem tentar seguir as etapas do modelo de tomada de decisão racional, especialmente para grandes decisões com consequências de longo alcance.

Para tomar decisões completamente racionais, os gestores teriam que operar em um mundo perfeito, sem as restrições do mundo real. Na verdade, nunca funciona assim no mundo real. Os gestores enfrentam restrições de tempo e dinheiro, muitas vezes não têm tempo para fazer extensas listas de critérios de decisão e, frequentemente, não dispõem de recursos para testar todas as soluções possíveis em relação a todos os critérios possíveis.

Em teoria, tomadores de decisão totalmente racionais maximizam as decisões escolhendo a solução ideal. Na prática, contudo, recursos limitados, com problemas de atenção, memória e conhecimento técnico, praticamente impossibilitam que os gestores maximizem as decisões. Consequentemente, a maioria não maximiza, apenas satisfaz. Considerando que **maximizar** é escolher a melhor alternativa, **satisfazer** é escolher uma alternativa "boa o suficiente".

Maximizar escolher a melhor alternativa.

Satisfazer escolher uma alternativa "boa o suficiente".

Na abertura desta seção, seu chefe chega até você pedindo uma recomendação sobre as melhores opções para a estratégia de mídia social da empresa. Com tantas opções e o rápido ritmo de mudança, decidir não é fácil. Em outras palavras, não existe uma solução ótima que satisfaça todos os critérios. Por exemplo, se você estiver tentando aumentar seus *rankings* de pesquisa, use o Google+ e o YouTube, ambos pertencentes e vinculados ao Google e aos resultados de pesquisa. Se estiver interessado em fornecer suporte aos clientes, preste muita atenção ao que eles estão dizendo no Facebook e Twitter, e os atinja quando estiverem tendo problemas ou insatisfeitos. Se seu mercado-alvo é composto por jovens mulheres solteiras com idades entre 18 e 25, use o Twitter e o Facebook, mas, se forem casadas com idades entre 25 e 35 anos, use o Pinterest. Se quiser atingir consumidores diretamente, use o Pinterest e o Facebook, mas, se for para empresas, use o LinkedIn e o Twitter. Finalmente, se sua estratégia se concentra em conteúdo visual, use o Pinterest; se a intenção é demonstrar o que seu produto ou serviço faz, use o YouTube; se você tem conhecimento detalhado e complexo, use o Twitter e *blogs*.[58] Sua decisão será concluída quando você encontrar uma "alternativa suficientemente boa" que funcione melhor para atender a seus critérios de decisão.

5-5 USANDO GRUPOS PARA MELHORAR A TOMADA DE DECISÃO

Uma pesquisa realizada com 2.044 líderes de recursos humanos e organizacionais descobriu que 84% das empresas usavam equipes para projetos especiais, enquanto 74% utilizavam-nas para lidar com questões departamentais e inovações.[59] Em outras palavras, grupos foram usados para resolver problemas e tomar decisões. As empresas dependem tanto de grupos para tomar decisões porque, quando feita corretamente, a tomada de decisão em grupo pode levar a decisões muito melhores do que as feitas por indivíduos. De fato, numerosos estudos mostram que grupos superam consistentemente indivíduos em tarefas complexas.

*Vamos explorar as **5-5a vantagens e armadilhas da tomada de decisão em grupo** e ver como os seguintes métodos de decisão em grupo – **5-5b conflito estruturado, 5-5c técnica de grupo nominal, 5-5d técnica Delphi** e **5-5 e brainstorming eletrônico** – podem ser usados para melhorar a tomada de decisão.*

5-5a Vantagens e armadilhas da tomada de decisão em grupo

Grupos podem fazer um trabalho muito melhor do que indivíduos em duas etapas importantes do processo de tomada de decisão: definição do problema e geração de soluções alternativas. Ainda assim, a tomada de decisão em grupo está sujeita a algumas armadilhas que podem eliminar rapidamente esses ganhos. Uma possível armadilha é o **efeito de grupo** que ocorre em grupos altamente coesos quando seus membros sentem uma pressão intensa para concordar entre si de modo que o grupo possa aprovar uma solução proposta.[60] Como o efeito de grupo leva à consideração de um número limitado de soluções e restringe a discussão de quaisquer soluções consideradas, geralmente resulta em decisões ruins. Ele tende a ocorrer sob as seguintes condições:

- O grupo está isolado de outros com perspectivas diferentes.
- O líder do grupo começa expressando uma forte preferência por determinada decisão.
- O grupo não possui um procedimento estabelecido para sistematizar problemas e explorar alternativas.
- Os membros do grupo têm experiências e antecedentes semelhantes.[61]

Um segundo problema potencial com a tomada de decisão em grupo é que ela leva um tempo considerável. Conciliar horários para que os membros do grupo possam se encontrar demanda tempo. Além disso, é raro que um grupo mantenha de forma consistente reuniões produtivas orientadas para a tarefa de trabalhar eficazmente ao longo do processo de tomada de decisão. Algumas das queixas mais comuns sobre as reuniões (e, portanto, a tomada de decisão de grupo) são as seguintes: o objetivo da reunião não é claro, os participantes não estão preparados, as pessoas críticas estão ausentes ou atrasadas, a conversa perde o foco no problema e ninguém acompanha as decisões tomadas.

Uma terceira possível armadilha para a tomada de decisão em grupo é que, por vezes, uma ou duas pessoas, talvez o chefe ou um membro forte e falante do grupo, podem dominar as discussões e limitar a consideração de diferentes definições de problemas e soluções alternativas. E, ao contrário das decisões individuais nas quais as pessoas se sentem pessoalmente responsáveis por fazer uma boa escolha, outro problema potencial é que os membros do grupo podem não se sentir responsáveis pelas decisões e ações tomadas pelo grupo. Ironicamente, uma quarta armadilha para a tomada de decisão em grupo é o viés de igualdade que leva os indivíduos a tratar todos os membros do grupo como igualmente competentes. Pessoas mais competentes tendem a subestimar suas habilidades, enquanto as menos competentes superestimam as próprias. Um estudo recente mostrou que, embora a pessoa mais competente em um par de participantes do estudo estivesse correta mais de 70% do tempo, ela concordava com a decisão do parceiro menos competente cerca de 40% das vezes. Da mesma forma, a pessoa menos competente no par concordaria com a escolha do parceiro mais competente em apenas 50% das vezes, mesmo que a outra pessoa estivesse correta em mais de 70%. De acordo com Bahudar Bahrami, autor desse estudo: "Mesmo quando lhes mostramos exatamente quanto cada um era competente, eles ainda se consideravam mais ou menos iguais. Incrivelmente, isso ainda continuou quando as pessoas foram recompensadas com dinheiro real por tomar decisões corretas". Bahrami sugere duas razões fundamentais para o viés de igualdade. Primeiro, os indivíduos não querem excluir os outros membros do grupo afirmando sua competência. Segundo, os indivíduos podem ficar relutantes em assumir a responsabilidade pelas decisões do grupo.[62]

Embora essas armadilhas possam levar a uma tomada de decisão ruim, isso não significa que os gestores devam evitar o uso de grupos para tomar decisões. Quando feita corretamente, a tomada de decisão de grupo pode levar a decisões muito melhores. As armadilhas da tomada de decisão em grupo não são inevitáveis. Os gestores podem superar a maioria delas por meio das técnicas descritas a seguir.

5-5b Conflito estruturado

A maioria das pessoas vê o conflito de forma negativa. No entanto, o tipo certo de conflito pode levar a uma tomada de decisão em grupo muito melhor. **Conflito do tipo C** – ou "conflito cognitivo" – centra-se no problema e em questões relacionadas com as diferenças de opinião.[63] Nesse tipo de conflito, os membros do grupo discordam porque suas diferentes experiências e conhecimentos os levam a ver o problema e as possíveis soluções de forma diferente. Ele também se caracteriza por uma vontade de examinar, comparar e reconciliar tais diferenças para produzir a melhor solução possível. Segundo Douglas Merrill, CEO da grande empresa de dados ZestFinance: "Sem conflito de algum tipo, você não pode obter respostas melhores. O desafio é construir uma cultura que possibilite o conflito sem aquela briga dolorosa em que algumas empresas se envolvem".[64] Para Ray Dalio, fundador e CEO da Bridgewater Associates, o maior fundo de *hedge* do mundo, qualquer funcionário pode apontar aquilo que não faz sentido na empresa. Na maioria das empresas de investimento, segundo Dalio, "as pessoas

> **Efeito de grupo** uma barreira à boa tomada de decisão causada pela pressão dentro do grupo para que os membros concordem entre si.
>
> **Conflito do tipo C** (conflito cognitivo) desacordo que se concentra nas diferenças de opinião relacionadas ao problema e à questão.

Wavebreakmedia/Shutterstock.com

Conflito do tipo A: quando desacordos se tornam pessoais e não profissionais

mantêm esse tipo de crítica para si mesmas". Mas, na Bridgewater, "você tem o direito e a obrigação de dizer 'Eu acho que isso é péssimo' e investigar se é verdade ou não". Em última análise, o CEO acredita que, "se você não tiver pensamento independente, não souber quais são seus pontos fracos e se chegar ao ponto de desconsiderá-los, você não será bem-sucedido".[65]

Em contraste, um **conflito do tipo A**, que significa "conflito afetivo", refere-se às reações emocionais que podem ocorrer quando desacordos se tornam pessoais e não profissionais. Esse tipo de conflito muitas vezes resulta em hostilidade, raiva, ressentimento, desconfiança, cinismo e apatia. Ao contrário do conflito do tipo C, o A prejudica a eficácia da equipe, pois impede que ela se envolva nas atividades características do conflito do tipo C, críticas para sua eficácia. Exemplos de frases de conflito de tipo são "sua ideia", "nossa ideia", "meu departamento", "você não sabe do que está falando" ou "você não entende nossa situação". Em vez de se concentrarem em questões e ideias, essas frases focalizam os indivíduos.[66]

Conflito de tipo A (conflito afetivo) desacordo que se concentra em indivíduos ou questões pessoais.

Advogado do diabo método de decisão em que é atribuído a um indivíduo ou grupo o papel de crítico.

Investigação dialética método decisório no qual os tomadores de decisão estabelecem pressupostos de uma solução proposta (uma tese) e geram uma solução oposta (antítese).

Técnica de grupo nominal método de tomada de decisão que começa e termina com os membros do grupo calmamente anotando e avaliando as ideias a serem compartilhadas com o grupo.

A abordagem de **advogado do diabo** pode ser usada para criar um conflito do tipo C atribuindo a um indivíduo ou grupo o papel de crítico. Os cinco passos apresentados a seguir estabelecem um programa de advogado do diabo:

1. Gerar uma solução potencial.
2. Atribuir um advogado do diabo para criticar e questionar a solução.
3. Apresentar a crítica da solução potencial para decisores-chave.
4. Reunir informações adicionais relevantes.
5. Decidir se é necessário usar, alterar ou abandonar a solução originalmente proposta.[67]

Quando usada corretamente, essa abordagem introduz o conflito do tipo C no processo de tomada de decisão. Ao contrário da crença comum de que o conflito é ruim, estudos mostram que esses métodos levam não apenas a menos conflitos do tipo A, mas também a uma melhor qualidade da decisão e maior aceitação das decisões depois de terem sido tomadas.[68]

Outro método de criação de conflito do tipo C é a **investigação dialética**, que força tomadores de decisão a declarar os pressupostos de uma solução proposta (uma tese) e, em seguida, gerar uma solução oposta (antítese) da solução proposta. A seguir, estão os cinco passos do processo de investigação dialética:

1. Gerar uma solução potencial.
2. Identificar os pressupostos subjacentes à solução potencial.
3. Gerar uma contraproposta conflitante baseada em pressupostos opostos.
4. Designar defensores para cada posição que apresentam seus argumentos e participam de um debate diante de decisores-chave.
5. Decidir se deve usar, alterar ou abandonar a solução originalmente proposta.

5-5c Técnicas de grupo nominal

Nominal significa "apenas no nome". Em consequência, a **técnica de grupo nominal** (TGN) recebeu seu nome porque começa com um tempo de silêncio no qual os membros do grupo anotam de forma independente tantas definições de problema e soluções alternativas quanto possível. Em outras palavras, a TGN começa com membros do grupo agindo como indivíduos. Após o tempo de silêncio, o líder do grupo pede a cada membro que compartilhe uma ideia de cada vez com o grupo. Como são lidas em voz alta, as ideias são postadas em *flip charts* ou quadros para todos verem. Essa etapa continua até que todas as ideias tenham sido compartilhadas. Na próxima etapa, o grupo discute vantagens e desvantagens das ideias. A TGN é encerrada com um segundo tempo em silêncio, em que os membros do grupo classificam independentemente as ideias apresentadas. Os membros do grupo então leem seus *rankings* em voz alta e a ideia com a classificação média mais alta é selecionada.[69]

O gestor da **IBM** Phil Gilbert usou a TGN quando sua equipe desenvolveu uma nova ferramenta de *e-mail* chamada IBM Verse. Em vez de instruí-la a apresentar a grande novidade em *e-mail*, Gilbert solicitou aos membros da equipe que permanecessem dez minutos em silêncio escrevendo, em *post-its*, o que não gostavam no *e-mail* – uma ideia em cada *post-it*. À medida que as pessoas terminavam de escrever, colavam as anotações em um grande quadro branco até não haver mais nada para incluir. O líder da equipe então organizou os *post-its* em grupos lógicos para revisão. Então, a equipe saiu (segundo Gilbert, às vezes brevemente ou por dias). Quando retornaram ao quadro branco, trouxeram ideias adicionais. No que diz respeito ao processo TGN, Gilbert afirma: "Ele funciona nas melhores equipes e leva aos melhores resultados. Quando você dá voz a mais pessoas, ganham as melhores ideias, não quem fala mais alto".[70]

A TGN melhora a decisão de grupo ao diminuir o conflito do tipo A, mas também limita o conflito do tipo C. Consequentemente, a TGN produz, em geral, decisões mais pobres do que as abordagens de advogado do diabo e investigação dialética. No entanto, mais de 80 estudos constataram que os grupos nominais produzem ideias melhores do que as produzidas por grupos tradicionais.[71]

5-5d Técnica Delphi

Na **técnica Delphi**, os membros de um painel de especialistas respondem a perguntas entre si até chegarem a um acordo sobre uma questão. O primeiro passo é montar um painel de especialistas. Ao contrário de outras abordagens para a tomada de decisão de grupo, não é necessário reunir os membros do painel em um só lugar. Como a técnica Delphi não exige que os especialistas deixem seus escritórios ou interrompam seus horários, eles são mais propensos a participar.

O segundo passo é criar um questionário com uma série de perguntas abertas para o grupo. Na terceira etapa, as respostas escritas dos membros do grupo são analisadas, resumidas e devolvidas ao grupo para suas reações até que eles cheguem a um acordo. Perguntar aos membros do grupo por que concordam ou discordam é importante, pois ajuda a descobrir pressupostos e crenças não declarados. Novamente, esse processo de resumir o retorno do painel e obter reações a ele continua até que os membros do painel alcancem um acordo.

5-5e *Brainstorming* eletrônico

Brainstorming, em que os membros do grupo trabalham sobre as ideias dos outros, é uma técnica para gerar um grande número de soluções alternativas. Essa técnica tem quatro regras:

1. Quanto mais ideias, melhor.
2. Todas as ideias são aceitáveis, não importa quão estapafúrdias ou loucas possam parecer.
3. Ideias de outros membros do grupo devem ser usadas para criar mais ideias.
4. Não é permitido criticar ou avaliar ideias.

Embora o *brainstorming* seja muito divertido e possa ajudar gestores a gerar um grande número de soluções alternativas, ele tem uma série de desvantagens. Felizmente, o ***brainstorming* eletrônico**, no qual os membros do grupo usam computadores para se comunicar e gerar soluções alternativas, supera as desvantagens associadas ao *brainstorming* presencial.[72]

A primeira desvantagem que o *brainstorming* eletrônico supera é o **bloqueio de produção**, que ocorre quando você tem uma ideia, mas tem que esperar para compartilhá-la porque alguém já está apresentando outra ideia ao grupo. Durante esse curto espaço de tempo, você pode esquecer sua ideia ou decidir que realmente não vale a pena compartilhá-la. O bloqueio de produção não acontece com o *brainstorming* eletrônico. Todos os membros do grupo estão sentados na frente de computadores, para que todos possam digitar ideias sempre que elas ocorrerem. Não há nenhuma espera por sua vez de ser ouvido pelo grupo.

A segunda desvantagem que o *brainstorming* eletrônico supera é a **apreensão da avaliação**, isto é, estar receoso do que os outros vão pensar de suas ideias. Por exemplo, Robert Murphy, um representante de *marketing on-line*, havia se preparado para uma reunião com o chefe dele e seis colegas de trabalho, conduzindo pesquisas e coletando notas detalhadas para o encontro. Então, quando a discussão começou, a apreensão de Murphy sobre o que o chefe e colegas diriam sobre suas ideias o intimidou: "Simplesmente fiquei lá sentado como um bobão, fixado no fato de que eu estava quieto".[73]

Com o *brainstorming* eletrônico, todas as ideias são anônimas. Quando você digita uma ideia e pressiona a tecla Enter para compartilhá-la com o grupo, os membros do grupo veem apenas a ideia. Além disso, muitos programas de *software* de *brainstorming* também protegem o anonimato exibindo ideias em ordem aleatória. Então, se você se acabar de rir ao digitar "Corte o salário da direção em 50%!" e pressionar a tecla Enter, essa ideia não aparecerá imediatamente na tela de todos. Isso torna duplamente difícil determinar quem é responsável por quais comentários.

Técnica Delphi método de tomada de decisão em que os membros de um painel de especialistas respondem a perguntas entre si até chegarem a um acordo sobre uma questão.

Brainstorming método de tomada de decisão em que os membros do grupo se baseiam nas ideias uns dos outros para gerar tantas soluções alternativas quanto possível.

***Brainstorming* eletrônico** método de tomada de decisão em que os membros do grupo usam computadores para trabalhar sobre as ideias uns dos outros e gerar tantas soluções alternativas quanto possível.

Bloqueio de produção uma desvantagem do *brainstorming* presencial em que um membro do grupo deve esperar para compartilhar uma ideia porque outro membro está apresentando outra ideia.

Apreensão da avaliação medo do que os outros vão pensar de suas ideias.

Brigar ou evitar o conflito no local de trabalho

Pressmaster/Shutterstock.com

Conflito faz parte da vida, e isso inclui o local de trabalho. Brigas variam de aparentemente pequenas (um colega de trabalho bagunçado) até as de maior porte (um colega de equipe que rouba o crédito de seu trabalho ou seus clientes), e tudo entre um extremo e outro. Como uma pessoa sabe por quais questões vale a pena brigar? O *coach* executivo Lynne Eisaguirre sugere apenas abordar problemas realmente importantes para seu empregador, seus colegas ou sua capacidade de fazer seu trabalho. Se você decidir se envolver, planeje-se com antecedência para o confronto e tenha certeza de que pode controlar suas emoções. Exprima suas preocupações para alguém que tem poder para resolvê-las. E reconheça que às vezes recuar é a melhor opção. Em geral, evite conflitos que afetem questões fora de sua área de responsabilidade ou que sejam sem importância para seu empregador. Não escolha batalhas com pessoas mais poderosas do que você ou apenas porque você não gosta de alguém.

Fonte: S. Shellenbarger, To fight, or not to fight? How to pick your battles in the workplace, *Wall Street Journal*, 16 dez. 2014. Disponível em: <http://www.wsj.com/articles/picking-your-workplace-battles-1418772621>.

No *layout* típico de *brainstorming* eletrônico, todos os participantes sentam-se na frente de computadores, em torno de uma mesa em forma de U. Essa configuração permite que eles vejam as próprias telas, os outros participantes, uma grande tela principal e um líder da reunião ou facilitador. No *brainstorming* eletrônico, o passo 1 é gerar anonimamente tantas ideias quanto possível. Geralmente, os grupos geram 100 ideias em um período de meia hora. O passo 2 é editar as ideias geradas, categorizá-las e eliminar redundâncias. O passo 3 é classificar as ideias categorizadas em termos de qualidade. O passo 4, e último, tem três partes: gerar uma série de etapas de ação, decidir a melhor ordem para realizá-las e identificar quem é responsável por cada etapa. Todos os quatro passos são realizados com computadores e *software* de *brainstorming* eletrônico.[74]

Creativa Images/Shutterstock.com

Estudos mostram que o *brainstorming* eletrônico é muito mais produtivo do que o presencial. Grupos de *brainstorming* eletrônico de quatro pessoas produzem de 25% a 50% mais ideias do que grupos regulares de *brainstorming* de quatro pessoas, e grupos de *brainstorming* eletrônicos de 12 pessoas produzem 200% mais ideias do que grupos regulares do mesmo tamanho! De fato, como o bloqueio de produção (ter que esperar sua vez) não é um problema no *brainstorming* eletrônico, o número e a qualidade das ideias geralmente aumentam com o tamanho do grupo.[75]

Embora funcione muito melhor do que o tradicional, o *brainstorming* eletrônico também tem desvantagens. Um problema óbvio é a despesa com computadores, redes, *software* e outros equipamentos. Contudo, como esses custos continuam a cair, o *brainstorming* eletrônico vai se tornar mais barato.

Outro problema é que o anonimato das ideias pode incomodar as pessoas que estão acostumadas a ter as ideias aceitas em virtude da posição que ocupam (ou seja, o chefe). Entretanto, conforme depoimento de um CEO: "Como o processo é anônimo, o céu é o limite em termos do que você pode dizer e, como resultado, é mais provocador. Como CEO, você provavelmente descobrirá coisas que talvez não queira ouvir, mas precisa estar ciente delas".[76]

Uma terceira desvantagem é que os indivíduos extrovertidos que se sentem mais confortáveis ao se expressarem verbalmente podem considerar difícil manifestar-se por escrito. Finalmente, o problema mais óbvio é que os participantes devem ser capazes de digitar. Aqueles que não podem escrever ou que digitam de forma lenta podem facilmente ficar frustrados e em desvantagem em comparação com digitadores experientes.

5
FERRAMENTA DE ESTUDO
Leia o cartão de revisão do capítulo e reveja o conteúdo.
http://www.

6 Estratégia organizacional

INFOGRÁFICO ORGANIZACIONAL
Vice-presidente
Subordinado a um executivo e geralmente é responsável por uma ou duas unidades de negócio.
Gestor de nível médio
Responsável por orientar as operações diárias do negócio.
Gestor de nível médio
Responsável por orientar as operações diárias do negócio.
Gerente de contas
Responsável pela gestão do relacionamento cotidiano com um cliente ou uma empresa.
Representante de vendas
Responsável pela venda de novos produtos e serviços a novos clientes.
Gerente de contas
Responsável pela gestão do relacionamento cotidiano com um cliente ou uma empresa.
Representante de vendas
Responsável pela venda de novos produtos e serviços a novos clientes.

TechnoVectors/Shutterstock.com

RESULTADOS DE APRENDIZAGEM

- **6-1** Especificar os componentes da vantagem competitiva sustentável e explicar por que ela é importante.
- **6-2** Descrever as etapas envolvidas no processo de elaboração da estratégia.
- **6-3** Explicar os diferentes tipos de estratégia no ambiente corporativo.
- **6-4** Descrever os diferentes tipos de estratégia no ambiente industrial.
- **6-5** Explicar os componentes e tipos de estratégia no ambiente empresarial.

6-1 VANTAGEM COMPETITIVA SUSTENTÁVEL

Apenas cinco anos atrás, não havia mercado para computadores *tablet*. Vários fabricantes vendiam *laptops* com tela sensível ao toque, mas, além de alguns programas que permitiam aos usuários escrever notas, havia pouca distinção entre tais máquinas e os *laptops* tradicionais. Tudo isso mudou quando a Apple lançou seu *tablet* iPad controlado por uma tela sensível ao toque e que pode executar centenas de milhares de aplicativos que permitem aos usuários ler livros, assistir a filmes, ouvir música, verificar a previsão do tempo ou jogar jogos. Com seu produto inovador, a Apple, na verdade, criou um novo mercado para *tablets* portáteis, baseados em toque. Contudo, o iPad não está livre de concorrentes. Há, por exemplo, o Amazon Kindle Fire, o Nook HD da Barnes & Noble e o Galaxy Tab da Samsung. O concorrente mais recente é o Microsoft Surface, que vem com uma tela sensível ao toque, uma combinação de capa de cobertura e teclado destacável, e duas versões do sistema operacional Windows. Entretanto, o Surface não conseguiu diminuir o entusiasmo pelo iPad. Críticos queixam-se da falta de aplicativos para o Surface, apenas 47 mil em comparação com mais de 300 mil para o iPad, e do preço mais alto ($ 999 para um Surface Pro 256 GB com um *chip* Intel i7 contra $ 929 para um iPad 64 GB com um *chip* A7 e uma tela de alta definição). Além disso, a interface de toque do Windows 8 no Surface é mais difícil de aprender e usar do que a do iPad. Apesar desses concorrentes, a Apple ainda domina o mercado de *tablets*, tendo vendido 63,4 milhões de iPads em 2014 em comparação com apenas um milhão de Surfaces, 40 milhões de Galaxys e 3,3 milhões de Kindles.[1] Da mesma forma, um relatório sobre o uso da internet (isto é, navegar na internet com seu *tablet*, em vez de utilizar o PC ou *smartphone*) mostrou que a Apple gerou 79,9% de todo o tráfego da rede na América do Norte em comparação com 6,7% para a Amazon, 6% para a Samsung e 1,6% para a Microsoft.[2]

Como uma empresa como a Apple, que domina uma determinada indústria, pode manter sua vantagem competitiva à medida que concorrentes fortes e bem financiados entram no mercado? Que medidas podem a Apple e outras empresas tomar para gerenciar melhor seu processo de elaboração de estratégia?

Recursos são ativos, capacidades, processos, tempo do empregado, informações e conhecimento que uma organização controla. As empresas usam seus recursos para melhorar a eficácia e a eficiência organizacionais. Recursos são críticos para a estratégia organizacional porque podem ajudar as empresas a criar e sustentar uma vantagem sobre os concorrentes.[3]

As organizações podem obter uma **vantagem competitiva** usando seus recursos para fornecer maior valor aos clientes do que os concorrentes. Por exemplo, a vantagem competitiva do iPad veio, em parte, do seu *design* elegante e atraente, e, em parte, da reputação do iPod e do iPhone da Apple como produtos inovadores e fáceis de usar.

O objetivo da maioria das estratégias organizacionais é criar e então sustentar uma vantagem competitiva. Uma vantagem competitiva torna-se uma **vantagem competitiva sustentável** quando outras empresas não podem copiar o valor que uma empresa está fornecendo aos clientes. Vantagem competitiva sustentável *não* é o mesmo que uma vantagem competitiva duradoura, embora as empresas, obviamente, queiram uma vantagem competitiva que dure muito tempo. Em vez disso, uma vantagem competitiva é *sustentada* se os concorrentes tentaram sem sucesso copiá-la e, depois de um tempo, abandonaram essa ideia. É o equivalente

Recursos ativos, capacidades, processos, tempo do empregado, informações e conhecimento que uma organização usa para melhorar sua eficiência e eficácia, e criar e sustentar uma vantagem competitiva.

Vantagem competitiva proporciona maior valor aos clientes em comparação com os concorrentes.

Vantagem competitiva sustentável vantagem competitiva que outras empresas tentaram copiar sem sucesso e, depois de um tempo, abandonaram essa ideia.

Manaemedia/Shutterstock.com

corporativo de seus concorrentes dizerem: "Desistimos. Você venceu. Não podemos fazer o que você faz e não vamos nem mais tentar fazê-lo". Quatro condições devem ser atendidas para que os recursos de uma empresa sejam usados para alcançar uma vantagem competitiva sustentável. Os recursos devem ser valiosos, raros, imperfeitamente imitáveis *e* não substituíveis.

Recursos valiosos permitem às empresas melhorar em eficiência e eficácia. Infelizmente, as mudanças na demanda e nas preferências dos clientes, nas ações dos concorrentes e na tecnologia podem tornar os recursos muito menos valiosos. Antes que o iPad fosse lançado, os *netbooks* pareciam ser o próximo grande destaque na computação móvel. Esses *laptops* eram pequenos e leves, o que os tornava ultraportáteis, eram muito acessíveis, com preço médio de $ 200 a $ 500, e permitiam aos usuários executar programas básicos, como navegação na internet e processamento de texto em qualquer lugar. No início, as vendas cresceram rapidamente – em 2009, 7,5 milhões de *netbooks* foram vendidos nos Estados Unidos e mais de 34 milhões em todo o mundo. Mas tudo isso mudou. O iPad tinha uma tela sensível ao toque, um sistema operacional intuitivo e uma grande seleção de *softwares* de aplicativos, enquanto os *netbooks* eram frequentemente criticados por causa dos teclados pequenos, da dificuldade de uso, de um sistema operacional lento e da falta de opções de *software*. A Apple vendeu o seu primeiro milhão em apenas 28 dias, entretanto as vendas de *netbooks* caíram 40% em um ano.[4] Apenas um ano depois de as vendas de *netbooks* chegarem ao pico, as de *tablets* as superaram e as de *netbooks* diminuíram constantemente desde então.[5]

Para uma vantagem competitiva sustentada, recursos valiosos também devem ser raros. Pense nisto: como uma empresa pode manter uma vantagem competitiva se todos os seus concorrentes têm recursos e capacidades semelhantes? Consequentemente, **recursos raros**, que não são controlados ou possuídos por muitas empresas concorrentes, são necessários para sustentar uma vantagem competitiva. Um dos recursos verdadeiramente raros da Apple é sua capacidade de reconfigurar a tecnologia existente em um formato fácil de usar, elegantemente projetado e, portanto, altamente desejado pelos clientes. A Apple usou sua riqueza de experiência no desenvolvimento do iPod, iPod *touch* e iPhone para criar um sistema operacional para o iPad fácil de usar e, mais importante, basicamente idêntico ao encontrado em seus outros produtos. Em outras palavras, criou uma única plataforma que daria aos usuários a mesma experiência em vários dispositivos. Um usuário do iPhone que acabou de comprar um iPad terá pouca dificuldade de aprender a usá-lo. Esse não é o caso com os principais concorrentes do iPad, *tablets* alimentados pelo Android do Google. Como é de código aberto, o que significa que os fabricantes podem alterar o sistema operacional básico de diferentes maneiras, há menos uniformidade entre vários dispositivos Android. Simplificando, um *tablet* Android pode parecer diferente e funcionar de forma distinta de outro, e uma empresa pode oferecer um aplicativo que não funcionará em outro dispositivo Android.[6]

Recurso valioso permite às empresas melhorar em eficiência e eficácia.

Recurso raro recurso não controlado ou possuído por muitas empresas concorrentes.

Recurso imperfeitamente imitável recurso impossível ou extremamente caro ou difícil para outras empresas copiarem.

Recurso não substituível produz valor ou vantagem competitiva e não tem substitutos equivalentes.

Como mostra esse exemplo, recursos valiosos e raros podem criar vantagem competitiva temporária. Para uma vantagem competitiva sustentada, no entanto, outras empresas devem ser incapazes de imitar ou substituir esses recursos valiosos e raros. **Recursos imperfeitamente imitáveis** são aqueles impossíveis ou extremamente caros ou difíceis de serem copiados. Tanto o Google quanto a Amazon operam lojas de aplicativos *on-line* de alguma forma semelhantes à App Store da Apple. Os usuários podem efetuar *logon* nos *sites*, procurar programas e comprá-los e baixá-los em seus dispositivos. Há uma grande diferença, porém, em termos de segurança. A App Store da Apple é uma plataforma fechada, o que significa que, se um desenvolvedor de *software* quiser vender um aplicativo no *site* da Apple, a empresa primeiro o colocará em um processo de revisão para verificar se há problemas de conteúdo e segurança. No entanto, como observado, o Android é uma plataforma aberta, o que significa que, embora o Google tenha melhorado a pré-seleção de segurança, é muito mais fácil para desenvolvedores Android com más intenções criar e vender aplicativos que podem prejudicar dispositivos ou roubar informações pessoais. De acordo com um estudo realizado em 2015 pela Symantec, uma empresa de segurança tecnológica, 17% dos 6,3 milhões de aplicativos Android disponíveis são *malware*.[7] E o relatório Verizon Data Breach Investigations de 2015 mostra que, embora existam muito poucos dispositivos móveis infestados com *malware* em sua rede (apenas 100 por semana), 96% deles são dispositivos Android. Segundo o relatório: "O Android ganha. Não apenas ganha, mas ganha tanto que a maior parte da atividade suspeita registrada de dispositivos iOS foi apenas falha no Android".[8]

Recursos valiosos, raros e imperfeitamente imitáveis só poderão produzir uma vantagem competitiva sustentável se forem **recursos não substituíveis**, o que significa que nenhum outro recurso pode substituí-los e produzir valor ou vantagem competitiva semelhantes. Isso é mais evidente no domínio do *software* iTunes da Apple. A indústria tentou produzir substitutos equivalentes para o iTunes, mas os concorrentes tiveram de experimentar diferentes modelos de negócios para que os clientes os aceitassem. Por exemplo, o Amazon MP3 não só dá aos consumidores acesso a 20 milhões de músicas digitais, mas também permite que eles armazenem seus arquivos em servidores de nuvem da Amazon. Em essência, isso significa que os usuários podem comprar uma música da Amazon e transmiti-la para qualquer dispositivo que possuam, desde o computador de mesa até o *tablet* Android. A Apple respondeu introduzindo seu próprio serviço baseado na nuvem chamado iCloud, que, combinado com um serviço chamado iTunes Match, oferece aos consumidores um repositório *on-line* no qual podem armazenar arquivos de música, vídeo ou foto, bem como aplicativos, para acessar a partir de vários dispositivos, independentemente de terem sido comprados da Apple ou não. Além disso, o iCloud permite que os usuários sincronizem outros dados, como compromissos, *e-mails* e documentos, entre seus computadores iPhone, iPad e Mac.[9] Da mesma forma, o iTunes enfrenta crescente concorrência de serviços de *streaming* de música, como o Spotify, que fornecem serviços básicos gratuitos por um número limitado de horas por mês e vendem assinaturas *premium* por cerca de $ 10 mensais. O Spotify tem mais de 60 milhões de usuários, dos quais um quarto é assinante *premium*, proporcionando cerca de $ 1,8 bilhão por ano em receitas. Em contraste, o iTunes tem 800 milhões de usuários em todo o mundo e ganha cerca de $ 20 bilhões por ano em receita. A Apple respondeu ao Spotify e a outras empresas de *streaming* de música adicionando 56 novos países à loja iTunes com um total de 155 em todo o mundo. Além disso, a Apple lançou o iTunes Radio, seu próprio serviço de *streaming* de música e, em seguida, pagou $ 3 bilhões para adquirir a Beats Music, um serviço de assinatura de música também conhecido por seus fones de ouvido topo de linha.[10]

Em resumo, a Apple conquistou as recompensas de uma vantagem de novo entrante quando introduziu o iPad. A história da empresa de desenvolvimento de *software* amigável com o cliente, as capacidades inovadoras do iPad, a uniformidade de experiência e a segurança da App Store fornecem aos clientes um serviço que tem sido valioso, raro, relativamente não substituível e, no passado, imperfeitamente imitável. Porém, o sucesso do passado não é garantia de sucesso futuro. A Apple precisa continuar desenvolvendo e aprimorando seus produtos ou corre o risco de ser deslocada de sua posição por um concorrente mais ágil, cujos produtos sejam mais relevantes e tenham maior valor percebido pelos consumidores.

6-2 PROCESSO DE ELABORAÇÃO DE ESTRATÉGIA

Para criar uma vantagem competitiva sustentável, uma empresa deve ter uma estratégia.[11] A Figura 6.1 mostra as três etapas do processo de elaboração da estratégia: ***6-2a avaliar a necessidade de mudança estratégica, 6-2b realizar uma análise situacional*** *e, em seguida,* ***6-2c escolher alternativas estratégicas.*** *Vamos examinar detalhadamente cada uma dessas etapas.*

Figura 6.1

Três etapas do processo de elaboração da estratégia

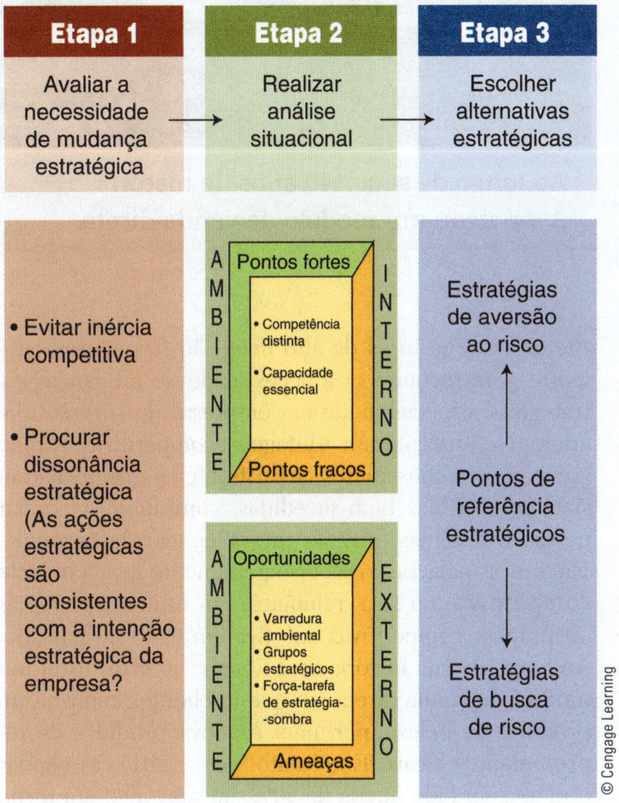

6-2a Avaliação da necessidade de mudança estratégica

O ambiente de negócios externo é muito mais turbulento do que costumava ser. Com as necessidades dos clientes constantemente crescendo e mudando, e com os concorrentes trabalhando mais, mais rápido e de forma mais inteligente para atender a essas necessidades, a primeira etapa na criação de uma estratégia é determinar a necessidade de mudança estratégica. Em outras palavras, a empresa deve determinar se precisa mudar sua estratégia para sustentar uma vantagem competitiva.[12]

Determinar a necessidade de mudança estratégica pode parecer fácil de fazer, mas, na verdade, não o é. Há muita incerteza em ambientes de negócios estratégicos.

Ao longo de seus 140 anos de história, a Avon usou um modelo de venda direta.

Além disso, gestores de alto nível são frequentemente lentos para reconhecer a necessidade de mudanças estratégicas, especialmente em empresas de sucesso que criaram e sustentaram vantagens competitivas. Como são bastante conscientes das estratégias que tornaram suas companhias bem-sucedidas, continuam a confiar nessas estratégias, mesmo que a concorrência mude. Em outras palavras, o sucesso geralmente leva à **inércia competitiva**, ou seja, relutância em mudar estratégias ou práticas competitivas que tiveram êxito no passado. Ao longo de sua história de 140 anos, a **Avon** usou um modelo de venda direta em que as clientes compravam produtos de beleza, perfumes e outros produtos de representantes locais. Entretanto, desde 2011, as vendas têm apresentado queda de 50%, ou seja, algo em torno de $ 8,9 bilhões. A equipe da empresa de seis milhões de representantes de vendas encolheu por 19 trimestres seguidos.[13] Em 2014, a Avon perdeu quase $ 400 milhões quando as vendas caíram 21%, apesar de a indústria de vendas diretas ter crescido globalmente 3,2% no mesmo período.[14] De fato, concorrentes de venda direta, como a Mary Kay, e concorrentes de loja virtual, como Ultra Salon e Sephora, vêm tendo um forte crescimento. Apesar do declínio constante da Avon, a CEO Sherilyn McCoy está comprometida com a estratégia da empresa: "Continuamos a manter o rumo de nossos planos de devolver à Avon um crescimento sustentado e lucrativo".[15] Por que a Avon se manteve em uma estratégia que claramente não está funcionando? Inércia competitiva, porque com ela teve sucesso por mais de 140 anos. De acordo com McCoy: "Desafios não me amedrontam, e a Avon certamente não me decepcionou nesse ponto".[16] Então, estaria a Avon começando a reconhecer que fundamentalmente precisa mudar sua estratégia? Possivelmente. Em abril de 2015, a empresa explorou opções para vender sua divisão norte-americana. Porém, para alguns especialistas, a venda de uma parte problemática da empresa não representa uma mudança de estratégia.

Inércia competitiva relutância em mudar estratégias ou práticas competitivas que tiveram sucesso no passado.

Dissonância estratégica discrepância entre a estratégia pretendida da empresa e as ações estratégicas que os gestores tomam ao implantá-la.

Além de estarem cientes dos perigos da inércia competitiva, o que os gestores podem fazer para melhorar a velocidade e a precisão com que determinam a necessidade de mudança estratégica? Um método é procurar ativamente por sinais de **dissonância estratégica**, ou seja, uma discrepância entre a estratégia pretendida de uma empresa e as ações estratégicas que os gestores tomam quando realmente a implementam.[17] Com a diminuição da população japonesa, o baixo crescimento econômico, a forte concorrência dos trens de alta velocidade do Japão e a desregulamentação das companhias aéreas, a **All Nippon Airways (ANA)**, a maior companhia aérea do Japão, precisava cortar custos e agir rapidamente para responder aos concorrentes. No entanto, essa estratégia pretendida estava em desacordo (dissonância estratégica) com sua estratégia de serviços de alta qualidade e alto preço de longa data. Assim, ela abriu duas companhias aéreas de baixo custo: Peach Aviation e AirAsia Japan. Enquanto essas empresas ofereciam voos de baixo custo para os clientes, um benefício não pretendido para a ANA foi ver como elas tomaram decisões mais rápidas para responder à concorrência e reduzir os custos. Por exemplo, a alta direção da AirAsia decidiu expandir o serviço para Nagoia, no Japão, três meses mais rápido do que o planejado, mas implementou o projeto em um terço do tempo planejado! Na ANA, essa decisão teria levado seis meses e envolvido 50 pessoas de toda a empresa em várias discussões. Yoshinori Odagiri, um executivo de longa data da ANA que se tornou CEO da AirAsia, afirmou: "Fiquei surpreso com a velocidade da tomada de decisões". Assim, para superar a dissonância estratégica e certificar-se de que sua nova estratégia de baixo custo e rápida atuação no mercado fosse infundida em toda a empresa, a ANA agora trouxe a Peach e AirAsia diretamente para sua estrutura organizacional.[18]

Note, no entanto, que a dissonância estratégica não é a mesma coisa que quando uma estratégia não produz os resultados esperados. Quando a Xhibit, fabricante dos catálogos SkyMall encontrados em aviões (e depois no SkyMall.com), entrou com pedido de falência, a questão não era dissonância estratégica. Foi a estratégia da SkyMall de usar catálogos para vender produtos peculiares e caros, como uma escada de rampa para animais de estimação de $ 200, uma máquina de gelo portátil de $ 170 ou um porta-*tablets* Tablift de $ 60 para viajantes entediados, que não funcionava mais. Por que ler o catálogo SkyMall quando você tem livros, filmes e músicas no *smartphone* ou *tablet*? Ou, quando o seu avião tem Wi-Fi, e você pode navegar na internet?[19]

Sean Pavone/Shutterstock.com

O modelo de negócios da Aldi se concentra na venda de um número limitado de produtos de mercearia e de artigos domésticos em um pequeno espaço.

6-2b Análise situacional

Uma análise situacional também pode ajudar os gestores a determinar a necessidade de mudança estratégica. Uma **análise situacional**, também chamada de **análise SWOT**, para pontos fortes (*Strengths*), pontos fracos (*Weaknesses*), oportunidades (*Opportunities*) e ameaças (*Threats*), é uma avaliação dos pontos fortes e fracos no ambiente interno de uma organização e das oportunidades e ameaças em seu ambiente externo.[20] Idealmente, como mostrado na etapa 2 da Figura 6.1, uma análise SWOT ajuda a empresa a determinar como aumentar os pontos fortes internos e minimizar as fraquezas internas, ao mesmo tempo que maximiza as oportunidades externas e minimiza as ameaças externas.

Uma análise do ambiente interno de uma organização, isto é, os pontos fortes e fracos dela, muitas vezes começa com uma avaliação de suas competências distintivas e capacidades essenciais. Uma **competência distintiva** é algo que uma empresa pode produzir, fazer ou executar melhor do que seus concorrentes. Por exemplo, a revista *Consumer Reports* classifica consistentemente os carros Honda e Subaru como no topo em qualidade e confiabilidade.[21] Da mesma forma, os leitores da *PC Magazine* classificaram os computadores *desktop* e *laptop* da Apple como os melhores em termos de serviço e confiabilidade.[22]

Enquanto as competências distintivas são tangíveis – por exemplo, um produto ou serviço é mais rápido, mais barato ou melhor –, as capacidades essenciais que produzem competências distintivas não o são. **Capacidades essenciais** referem-se às rotinas de tomada de decisão internas menos visíveis, aos processos de resolução de problemas e às culturas organizacionais que determinam a eficiência com que as entradas podem ser transformadas em saídas. Competências distintivas não podem ser sustentadas por muito tempo sem capacidades essenciais de alto nível.

Durante anos, as grandes lojas de varejo como o Walmart e a Target têm tentado abrir lojas em Nova York apenas para serem recebidas com protestos. A Aldi, no entanto, abriu recentemente duas lojas na cidade, não só sem protestos, mas até com alguns políticos presentes. O motivo pelo qual a Aldi enfrenta pouca oposição ao abrir lojas em locais densos e urbanos é sua capacidade de ganhar dinheiro em lojas pequenas e de alto aluguel determinadas pela localização. Ela opera com um modelo de negócios que se concentra em vender um número limitado de produtos de mercearia e de artigos domésticos em um pequeno espaço. Suas lojas típicas são apenas 16% do tamanho de uma loja típica Walmart com aproximadamente 1.500 itens, em comparação com 100 mil em um grande supermercado. Além disso, a maioria de seus itens é de marcas próprias, ou seja, bens que a Aldi compra e embala. Tudo isso significa que a Aldi pode oferecer preços 20% menores que os do Walmart, tornando-se um lugar atraente para as compras dos moradores da cidade.[23]

Depois de examinar os pontos fortes e fracos internos, a segunda parte de uma análise situacional é olhar para fora da empresa e avaliar oportunidades e ameaças no ambiente externo. No Capítulo 3, você aprendeu que o *monitoramento do ambiente* envolve a pesquisa no ambiente de eventos ou problemas importantes que podem afetar a organização, como tendências de preços ou novos produtos e tecnologia. Em uma análise situacional, entretanto, os gestores usam a varredura ambiental para identificar oportunidades e ameaças específicas que podem melhorar ou prejudicar a capacidade da empresa de sustentar sua vantagem competitiva. A identificação de grupos estratégicos e a formação de forças-tarefa de estratégia-sombra são duas maneiras de fazer isso (ver boxe "Força-tarefa de estratégia-sombra").

Análise situacional (SWOT) avaliação de pontos fortes e fracos no ambiente interno de uma organização e de oportunidades e ameaças em seu ambiente externo.

Competência distintiva refere-se ao que uma empresa pode produzir, fazer ou executar melhor do que seus concorrentes.

Capacidades essenciais rotinas internas de tomada de decisão, processos de resolução de problemas e culturas organizacionais que determinam a eficiência com que entradas podem ser transformadas em saídas.

Força-tarefa de estratégia-sombra

Ao procurarem ameaças e oportunidades, muitos gestores se concentram em concorrentes no ambiente externo. Outros, no entanto, preferem examinar o ambiente interno por meio de uma **força-tarefa de estratégia-sombra**. Essa estratégia envolve uma empresa que busca ativamente seus próprios pontos fracos e, em seguida, pensa como seus concorrentes, tentando determinar como eles podem ser explorados para obter vantagem competitiva. Para garantir que a força-tarefa desafie o pensamento convencional, seus membros devem ser independentes, vêm de uma variedade de funções e níveis da empresa, e têm acesso e autoridade para questionar as ações estratégicas atuais da empresa.

Fonte: W. B. Werther Jr.; J. L. Kerr, The shifting sands of competitive advantage, *Business Horizons* (maio-jun. 1995): 11-17.

Grupos estratégicos não são grupos que realmente trabalham juntos. Trata-se de empresas, geralmente concorrentes, que os gestores seguem de perto. Mais especificamente, **grupo estratégico** é um grupo de outras empresas dentro de uma indústria com relação ao qual os principais gestores comparam, avaliam e fazem *benchmark* de ameaças e oportunidades estratégicas da empresa.[24] (*Benchmarking* envolve a identificação de práticas, processos e padrões excepcionais em outras empresas e sua adaptação para sua própria empresa.) Em geral, os gestores incluem como parte de seu grupo estratégico empresas que competem diretamente com suas empresas por clientes ou se elas usam estratégias semelhantes às de suas empresas. A indústria de produtos para o conforto do lar dos Estados Unidos tem vendas anuais em excesso de 303 bilhões. As vendas totais dos produtos aumentaram 4,0% em 2014, passando para $ 303 bilhões. O mercado profissional aumentou 3,4% em 2014 em comparação com 2013 e o mercado de consumo exibirá um aumento de vendas de 4,3%.[25] É provável que os gestores da Home Depot, maior varejista de produtos para o conforto do lar dos Estados Unidos, avaliem ameaças e oportunidades estratégicas comparando sua empresa com um grupo estratégico composto por outras grandes empresas de fornecimento de melhorias para o lar. A Figura 6.2 mostra o número de lojas, o tamanho da nova loja típica e a distribuição geográfica geral (Estados, países) das lojas Home Depot em comparação com a Lowe's, Ace Hardware e 84 Lumber.

Força-tarefa de estratégia-sombra um comitê dentro de uma empresa que analisa os próprios pontos fracos da empresa para determinar como os concorrentes poderiam explorá-los para obter vantagem competitiva.

Grupo estratégico grupo de empresas dentro de uma indústria com relação ao qual os principais gestores comparam, avaliam e fazem benchmark de ameaças e oportunidades estratégicas.

Empresas principais empresas centrais de um grupo estratégico.

Empresas secundárias empresas de um grupo estratégico que seguem estratégias relacionadas, mas um pouco diferentes das principais empresas.

Na verdade, ao monitorar o ambiente buscando ameaças e oportunidades estratégicas, os gestores tendem a categorizar as diferentes empresas em seus setores como centrais, secundárias e transientes.[26] **Empresas principais** são as empresas centrais em um grupo estratégico. A Home Depot opera mais de 2.200 lojas que abrangem todos os 50 Estados norte-americanos, Porto Rico, Ilhas Virgens Americanas, Guam, México e Canadá. A empresa tem mais de 350 mil funcionários e receita anual de $ 83,2 bilhões. Em comparação, a Lowe's tem mais de 1.766 lojas e 265 mil funcionários nos Estados Unidos, no Canadá e no México, estoca aproximadamente 36 mil produtos em cada loja e tem receitas anuais de $ 56,2 bilhões.[27] Claramente, a Lowe's é a concorrente mais próxima da Home Depot e a principal empresa de seu grupo estratégico. Embora a Ace Hardware tenha mais lojas (4.600) do que a Home Depot e pareça ser uma participante do mercado multinacional maior (70 países diferentes), a estrutura de franquia diferente da Ace e pequenas lojas individualizadas (de 930 a 1.300 m^2, com cada loja com *layout* e produtos diferentes) a impedem de ser uma empresa principal no grupo estratégico da Home Depot.[28] Da mesma forma, a direção da Home Depot provavelmente não inclui a Aubuchon Hardware em seu grupo estratégico porque ela tem apenas 125 lojas na Nova Inglaterra e no norte de Nova York.[29]

Quando a maioria dos gestores monitora seus ambientes a fim de buscar ameaças e oportunidades estratégicas, eles se concentram nas ações estratégicas de principais empresas, e não em empresas não relacionadas como a Aubuchon. Onde uma empresa como a Ace Hardware se encaixa? A visão de 20/20 da Ace emprega uma estratégia focada no cliente para fazer crescer a marca Ace e melhorar o desempenho da loja.[30]

Empresas secundárias são aquelas que utilizam estratégias relacionadas, mas um pouco diferentes das de empresas principais. A 84 Lumber tem cerca de 250 lojas em 30 Estados norte-americanos, mas, apesar de elas estarem abertas ao público, a empresa se concentra no fornecimento para empreiteiros profissionais, aos quais vende 85% de seus produtos. Sem a grande variedade de produtos nas prateleiras ou assistência disponível para o consumidor médio, pessoas sem experiência em construção ou remodelação provavelmente não a consideram muito acessível. A Home Depot provavelmente classificaria a 84 Lumber como uma empresa secundária em sua análise de grupo estratégico.[31] Os gestores precisam estar

Figura 6.2

Empresas principais e secundárias no setor de produtos para o conforto do lar

	Quantidade de lojas	Quantidade de Estados	Países	Tamanho típico da loja (m²)
Home Depot	2.269	50	3	104.000
Lowe's	1.766	50	3	112.000
Ace Hardware	4.700	50	70	10.000 a 14.000
84 Lumber	249	30	1	33.000

cientes das ameaças e oportunidades potenciais impostas por empresas secundárias, mas geralmente gastam mais tempo avaliando as associadas com as empresas principais.

6-2c Escolhendo alternativas estratégicas

Após determinar a necessidade de mudança estratégica e realizar uma análise situacional, a última etapa no processo de elaboração de estratégia é escolher alternativas estratégicas que ajudarão a empresa a criar ou manter uma vantagem competitiva sustentável. De acordo com a *teoria do ponto de referência estratégico*, os gestores escolhem entre duas estratégias alternativas básicas. Eles podem optar por uma estratégia conservadora, que *evite riscos* e vise proteger uma vantagem competitiva existente, ou por uma estratégia agressiva, de *busca de risco* que visa estender ou criar uma vantagem competitiva sustentável.

A opção por buscar ou evitar riscos geralmente depende de a alta direção considerar a empresa colocando-se acima ou abaixo de **pontos de referência estratégicos**, ou seja, objetivos que os gestores usam para medir se a empresa desenvolveu as competências essenciais de que necessita para obter uma vantagem competitiva sustentável. Se uma cadeia de hotéis decidir concorrer ao proporcionar qualidade superior e serviço, então a alta direção acompanhará o sucesso dessa estratégia por meio de pesquisas junto a clientes ou por classificações de hotéis publicadas, como as fornecidas pelo prestigioso *Mobil Travel Guide*. Se uma cadeia de hotéis decide competir em preço, ela realizará regularmente pesquisas de mercado para verificar os preços dos concorrentes. Os preços dos concorrentes são os pontos de referência estratégicos dos gestores hoteleiros para comparar com sua própria estratégia de preços. Se os concorrentes podem consistentemente cobrar preços baixos, então os gestores precisam determinar pessoal e recursos com as competências essenciais para competir em preço.

Como mostrado na Figura 6.3, quando uma empresa está apresentando desempenho superior aos pontos estratégicos de referência, a alta direção, em geral, estará satisfeita com essa estratégia. Ironicamente, essa satisfação tende a torná-la conservadora e avessa ao risco. Como a empresa já tem uma vantagem competitiva sustentável, a pior coisa que poderia acontecer seria perdê-la, de forma que novos fatos ou mudanças no ambiente externo da empresa são vistas como ameaças. Em contrapartida, quando uma empresa está apresentando desempenho abaixo dos pontos de referência estratégicos, a alta direção, em geral, fica insatisfeita com a estratégia. Neste caso, os gestores deverão mostrar-se muito mais propensos a escolher uma estratégia ousada e mais arriscada. Se a estratégia atual está produzindo resultados abaixo do padrão, a empresa não tem nada a perder ao se arriscar em novas estratégias, na esperança de que possam criar uma vantagem competitiva sustentável. Nesta situação os gestores de empresas veem novos fatos ou mudanças no ambiente externo como oportunidades de ganho potencial.

Pontos de referência estratégicos objetivos estratégicos que os gestores utilizam para medir se uma empresa desenvolveu as competências essenciais de que necessita para obter uma vantagem competitiva sustentável.

Figura 6.3

Pontos de referência estratégicos

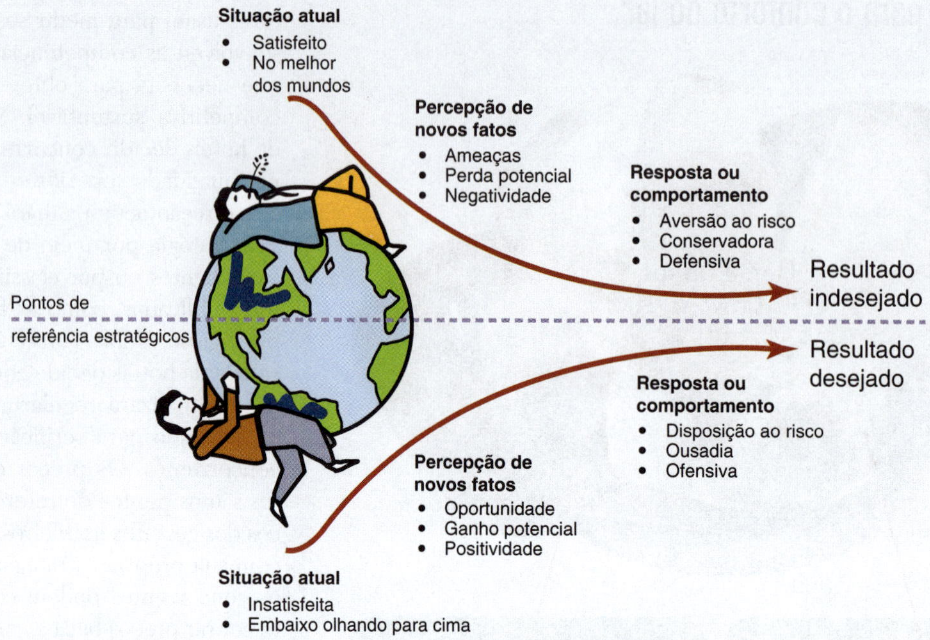

Fonte: A. Fiegenbaum; S. Hart; D. Schendel, Strategic reference point theory, *Strategic Management Journal* 17 (1996): 219-235.

A teoria dos pontos de referência estratégicos não é determinística. Os gestores não estão predestinados a escolher estratégias de aversão ou aceitação de risco para suas empresas. De fato, um dos elementos mais importantes da teoria é que os gestores podem influenciar as estratégias escolhidas por sua empresa *mudando* e *ajustando ativamente os pontos de referência estratégicos* que usam para avaliar o desempenho estratégico. Se uma empresa se tornou complacente depois de superar consistentemente seus pontos de referência estratégicos, a alta direção pode mudar de uma orientação de aversão a risco para uma orientação de aceitação de risco, aumentando ou alterando os padrões de desempenho (que são os pontos de referência estratégicos). É exatamente o que aconteceu no eBay.

Quando John Donahoe se juntou ao eBay, a Amazon estava crescendo, o Google ajudava os compradores a encontrar o que queriam em outros *sites* e o negócio de leilões do eBay estava diminuindo drasticamente. Mas poucos no eBay viram o problema. Segundo o *Wall Street Journal*, os funcionários "tornaram-se tão absurdamente autoindulgentes que as pessoas aplaudiam no final das reuniões, mesmo após discussões sobre a diminuição da satisfação do cliente".[32] De acordo com o fundador Pierre Omidyar: "Eles não pareciam ver o que estava acontecendo fora da empresa em termos de concorrência. Haviam perdido a capacidade de inovar, de criar coisas novas".[33] Em outras palavras, o sucesso havia tornado o eBay complacente e avesso ao risco.

Quando Donahoe tornou-se mais tarde o CEO do eBay, ele elevou os padrões, mudando assim os pontos de referência estratégicos que a empresa usava para avaliar seu desempenho estratégico. Na primeira semana de trabalho, o CEO disse a todos que o eBay necessitava de uma grande reviravolta: "Nossos vendedores odiaram essa palavra. Nossos funcionários odiaram. Os investidores odiaram. Mas foi o primeiro passo [...] tivemos de enfrentar a realidade".[34] Para encorajar uma estratégia ousada e ofensiva, Donahoe financiou uma equipe de aplicativos móveis que criou o eBay RedLaser (escâner de códigos de barras que localiza produtos localmente e *on-line*) e EBay Motors apps, que foram baixados 120 milhões de vezes. Ele disse à equipe para encontrar uma maneira de entregar produtos comprados em um dia (chamado eBay Now) e encomendou a uma equipe de *design* externa à empresa criar um novo visual baseado em imagens para substituir seu envelhecido *site* da internet baseado em texto. No entanto, seus principais desafios eram duplicar os usuários ativos do eBay para 225 milhões, aumentar as receitas de \$ 14 bilhões para \$ 23,5 bilhões e aumentar os pagamentos de clientes de \$ 145 bilhões para \$ 300 bilhões, nos próximos três anos. Segundo Donahoe: "A reviravolta passou, e agora estamos jogando no ataque".[35]

Assim, mesmo quando (talvez *especialmente* quando) as empresas tiverem alcançado uma vantagem competitiva sustentável, os altos executivos devem ajustar ou mudar os pontos de referência estratégicos para que possam desafiar a si mesmos e os funcionários a desenvolver novas competências essenciais para o futuro. A longo prazo, as organizações eficazes revisarão frequentemente seus pontos de referência estratégicos para focalizar melhor a atenção dos gestores nos novos desafios e oportunidades que ocorrem em ambientes de negócios em constante mudança.

6-3 ESTRATÉGIAS NO AMBIENTE CORPORATIVO

Para formular estratégias eficazes, as empresas devem ser capazes de responder a estas três questões básicas:

- Em que negócio estamos?
- Como devemos competir nesta indústria?
- Quem são os nossos concorrentes e como devemos responder a eles?

Essas questões simples, mas poderosas, estão no cerne das estratégias corporativas, da indústria e da empresa. **Estratégia no ambiente corporativo** é a estratégia organizacional geral que aborda a questão: "Em que negócios estamos ou deveríamos estar?".

Existem duas abordagens principais para a estratégia no ambiente corporativo que as empresas usam para decidir em quais negócios devem estar: ***6-3a estratégia de portfólio*** *e* ***6-3b grandes estratégias.***

6-3a Estratégia de portfólio

Uma das estratégias padrão para os investidores do mercado de ações é a **diversificação**, ou seja, possuir ações de uma variedade de empresas em diferentes indústrias. O objetivo dessa estratégia é reduzir o risco de toda a carteira de ações (todo o conjunto de ações). A ideia básica é simples: se você investir em dez empresas em dez diferentes indústrias, você não perderá todo o investimento se uma empresa for mal. Além disso, como estão em indústrias diferentes, as perdas de uma empresa provavelmente serão compensadas por ganhos de outra. A estratégia de portfólio é baseada nessas mesmas ideias. Primeiro, vamos conhecer a teoria e as ideias por trás dessa estratégia, e, em seguida, prosseguir com uma revisão crítica que sugere que algumas das principais ideias por trás da estratégia de portfólio *não* têm sustentação.

A **estratégia de portfólio** é uma estratégia corporativa que minimiza o risco quando se diversifica o investimento entre vários negócios ou linhas de produtos.[36] Assim como uma estratégia de diversificação orienta um investidor que investe em uma variedade de ações, a estratégia de portfólio orienta as decisões estratégicas de corporações que competem em uma variedade de negócios. Por exemplo, a estratégia de portfólio pode ser usada para orientar a estratégia de uma empresa como a 3M, que produz 55 mil produtos para diferentes grupos empresariais: Produtos de Consumo (*post-its*, fita adesiva); Eletrônicos e Energia (dispositivos eletrônicos, equipamentos de telecomunicações, soluções de energia renovável); Saúde (produtos médicos, cirúrgicos e odontológicos, sistemas de informação em saúde); Industrial (fitas, abrasivos, adesivos, materiais especiais, sistemas de filtração); e Segurança e Imagens (produtos de segurança, soluções de rastreamento e soluções gráficas).[37]

Assim como os investidores consideram a combinação de ações em sua carteira de ações ao decidirem quais ações comprar ou vender, os gestores que seguem a estratégia de portfólio tentam adquirir empresas que se encaixem bem com o resto de seu portfólio corporativo e vender aquelas que não se encaixam. A **Procter & Gamble** costumava ter um portfólio diversificado de alimentos, bebidas, casa, beleza, cuidados de saúde, produtos farmacêuticos, rações para animais de estimação e marcas de bateria. No entanto, quando decidiu concentrar-se no seu negócio central de produtos para casa, beleza e cuidados de saúde, começou a vender marcas que não se relacionavam com o negócio central, um processo que inclui a venda da Duracell à **Berkshire Hathaway** de Warren Buffett por $ 4,7 bilhões e rações para animais domésticos Iams e Eukanuba para a **Mars** por $ 2,9 bilhões.[38]

Em primeiro lugar, de acordo com a estratégia de portfólio, em quanto mais negócios uma empresa compete, menores são as chances de falha global. Pense em uma corporação como uma banqueta e seus negócios como as pernas dela. Quanto mais pernas ou empresas forem adicionadas à banqueta, a probabilidade de ela cair será menor. Com base nessa analogia, a estratégia de portfólio reduz o risco da 3M de falhar porque a sobrevivência da corporação depende essencialmente de cinco setores de atividade diferentes. Os gestores que empregam essa estratégia podem desenvolver novos negócios internamente ou

Estratégia no ambiente corporativo estratégia organizacional geral que aborda a questão: "Em que negócios estamos ou deveríamos estar?".

Diversificação estratégia para reduzir o risco por meio da compra de uma variedade de itens (ações ou, no caso de uma empresa, tipos de empresa) para que a falha de uma ação ou um negócio não condene todo o portfólio.

Estratégia de portfólio estratégia corporativa que minimiza o risco quando se diversifica o investimento entre vários negócios ou linhas de produtos.

procurar **aquisições**, ou seja, outras empresas para comprar. De qualquer maneira, o objetivo é adicionar pernas à banqueta.

Em segundo lugar, além da adição de novos negócios ao portfólio corporativo, a estratégia prevê que as empresas podem reduzir o risco ainda mais com a **diversificação não relacionada**, criando ou adquirindo empresas em negócios completamente independentes (mais dados sobre a precisão dessa previsão serão apresentados mais adiante). De acordo com a estratégia de portfólio, quando as empresas não estão relacionadas, as perdas em um negócio ou indústria devem ter um efeito mínimo sobre o desempenho de outras empresas no portfólio corporativo. A General Electric, fundada em parte por Thomas Edison, é o maior conglomerado do mundo e tem presença em uma ampla gama de negócios. A divisão de aparelhos da empresa fabrica refrigeradores, fornos e lava-louças para uso doméstico e comercial, e a divisão de eletrônicos de consumo produz câmeras digitais. A divisão de iluminação, claro, vende lâmpadas, bem como sinais de trânsito e iluminação especial. A divisão de aviação, entretanto, é um dos líderes mundiais na fabricação de motores a jato. A GE também tem divisões em distribuição de energia, geração de energia, negócios financeiros e consultoria, saúde, petróleo e gás, ferroviária, *software* e serviços, e água.[39]

Figura 6.4

Matriz do Boston Consulting Group

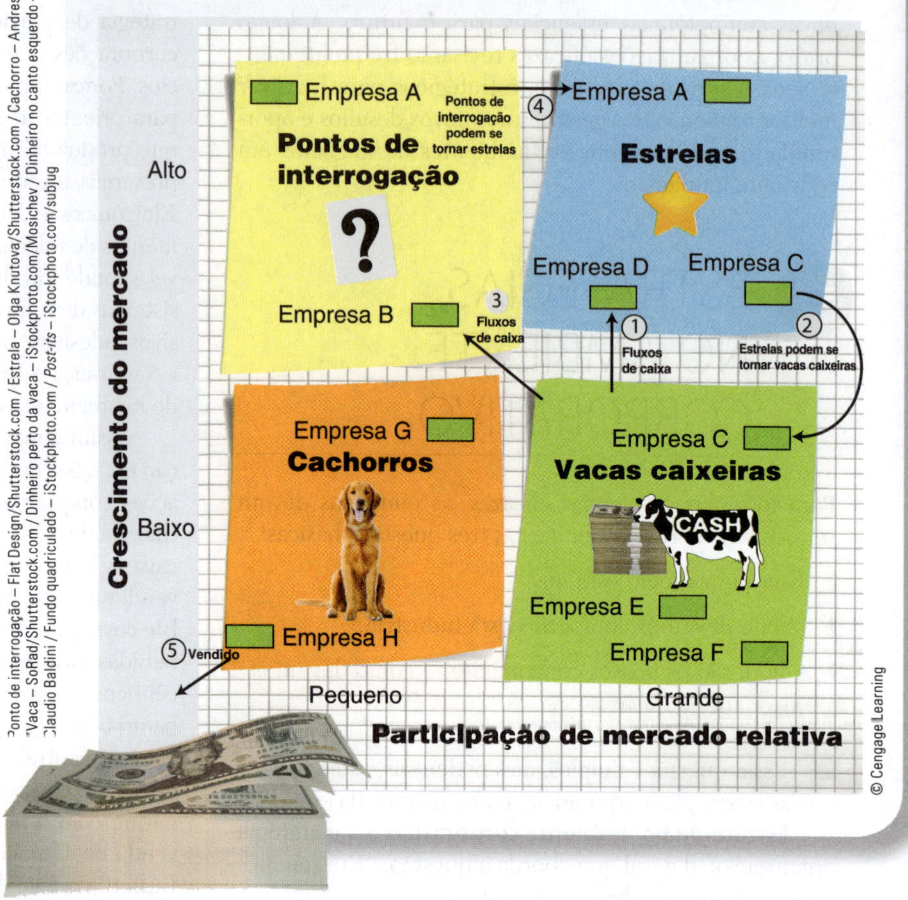

Ponto de interrogação – Flat Design/Shutterstock.com / Estrela – Olga Knutova/Shutterstock.com / Cachorro – Andresr/Shutterstock.com / Vaca – SoRad/Shutterstock.com / Dinheiro perto da vaca – iStockphoto.com/Mosichev / Dinheiro no canto esquerdo – iStockphoto.com/Claudio Baldini / Fundo quadriculado – iStockphoto.com / *Post-its* – iStockphoto.com/subjug

Aquisição compra de uma empresa por outra organização.

Diversificação não relacionada criação ou aquisição de empresas em negócios completamente independentes.

Matriz BCG estratégia de portfólio desenvolvida pelo Boston Consulting Group que categoriza os negócios de uma corporação por taxa de crescimento e participação de mercado relativa, e ajuda os gestores a decidir como investir recursos corporativos.

Estrela empresa com grande participação em um mercado em rápido crescimento.

Como a maioria dos negócios desenvolvidos internamente tende a estar relacionada a produtos ou serviços existentes, a estratégia de portfólio sugere que a aquisição de novos negócios deveria ser o método preferido de diversificação não relacionada.[40]

Em terceiro lugar, investir os lucros e os saldos de caixa gerado por negócios maduros e de crescimento lento em negócios mais novos e de crescimento mais rápido pode reduzir o risco de longo prazo. A estratégia de portfólio mais conhecida para orientar o investimento nos negócios de uma empresa é a matriz do Boston Consulting Group (BCG).[41] A **matriz BCG** é uma estratégia de portfólio que os gestores usam para categorizar os negócios de suas empresas por taxa de crescimento e participação de mercado relativa, o que os ajuda a decidir como investir em recursos corporativos. A matriz, mostrada na Figura 6.4, separa os negócios em quatro categorias, com base na rapidez com que o mercado está crescendo (alto ou baixo crescimento) e no tamanho da participação de negócio desse mercado (pequeno ou grande). **Estrelas** são empresas com uma grande participação de um mercado em rápido crescimento. Para tirar proveito do mercado de rápido crescimento de uma estrela e de sua força nesse mercado (grande participação), a corporação deve investir substancialmente nela. Porém, o investimento costuma valer a pena porque muitas estrelas produzem lucros futuros consideráveis. **Pontos de interrogação** são empresas com uma pequena parcela de um mercado em rápido crescimento. Se a corporação investe nessas empresas, elas podem eventualmente se tornar estrelas, mas sua relativa fraqueza no mercado (pequena participação) torna o investimento em pontos de interrogação mais arriscado do que investir em estrelas. **Vacas caixeiras** são empresas com uma grande participação de um mercado de crescimento lento. Como as empresas nessa situação são muitas vezes altamente lucrativas, são denominadas "vacas caixeiras".

Finalmente, **cachorros** são empresas com uma pequena participação de um mercado de crescimento lento. Como o nome sugere, ter uma pequena participação de um mercado de crescimento lento muitas vezes não é rentável.

Como a ideia é reorientar o investimento de empresas de crescimento lento para empresas de rápido crescimento, a matriz BCG começa recomendando que, enquanto o caixa substancial de vacas caixeiras durar, ele deve ser reinvestido em estrelas (ver 1 na Figura 6.4), a fim de ajudá-las a crescer ainda mais rápido e obter ainda mais participação de mercado. Por meio dessa estratégia, lucros atuais ajudam a produzir lucros futuros. Ao longo do tempo, à medida que o crescimento do mercado diminui, algumas estrelas podem se transformar em vacas caixeiras (ver 2). O caixa deve também ser dirigido a alguns pontos de interrogação (ver 3). Embora mais arriscados do que as estrelas, os pontos de interrogação têm grande potencial devido ao mercado de rápido crescimento. Os gestores devem decidir quais pontos de interrogação têm mais chances de se transformar em estrelas (e, portanto, garantir investimentos adicionais) e quais são muito arriscados e devem ser vendidos. Com o tempo, os gestores esperam que alguns pontos de interrogação se tornem estrelas à medida que seus pequenos mercados se tornam grandes (ver 4). Finalmente, como os cachorros perdem dinheiro, a corporação deve "encontrar novos proprietários para eles" ou "descontinuá-los". Em outras palavras, cachorros devem ser vendidos a outras empresas ou fechados e liquidados, recuperando seus ativos (ver 5).

Embora a matriz da BCG e outras formas de estratégia de portfólio sejam relativamente populares entre os gestores, as estratégias de portfólio apresentam algumas desvantagens. O inconveniente mais significativo é que, contrariamente às previsões da estratégia de portfólio, evidências sugerem que a aquisição de negócios não relacionados *não* é útil. Conforme mostrado na Figura 6.5, existe uma relação em forma de "U" entre a diversificação e o risco. O lado esquerdo da curva mostra que empresas isoladas sem diversificação são extremamente arriscadas (se o negócio falhar, todo o negócio falhará). Assim, em parte, a estratégia de portfólio de diversificação é correta, ou seja, competir em uma variedade de diferentes empresas pode diminuir o risco. No entanto, ela também é parcialmente errada, e o lado direito da curva mostra que os conglomerados compostos de negócios completamente independentes são ainda mais arriscados do que negócios únicos e não diversificados.

Um segundo conjunto de problemas com estratégia de portfólio tem a ver com as consequências disfuncionais que podem ocorrer quando as empresas são categorizadas como estrelas, vacas caixeiras, pontos de interrogação ou cachorros. Contrariamente às expectativas, a matriz BCG muitas vezes produz julgamentos incorretos sobre o potencial de um negócio. Em outras palavras, os gestores que usam a matriz BCG não são muito bons para determinar com precisão quais negócios devem ser categorizados como estrelas, vacas caixeiras, pontos de interrogação ou cachorros. O erro mais comum é simplesmente classificar negócios altamente lucrativos como cachorros.[42] Em parte, isso ocorre porque a matriz BCG depende do desempenho passado (participação de mercado e crescimento do mercado anteriores), que é um notório previsor ruim do desempenho futuro da empresa. Contudo, mais preocupantes são as pesquisas que indicam que a matriz BCG realmente piora o julgamento dos gestores sobre a rentabilidade futura de um negócio. Um estudo realizado em seis países ao longo de cinco anos deu a gestores e estudantes de negócios

Figura 6.5

Relação em forma de U entre diversificação e risco

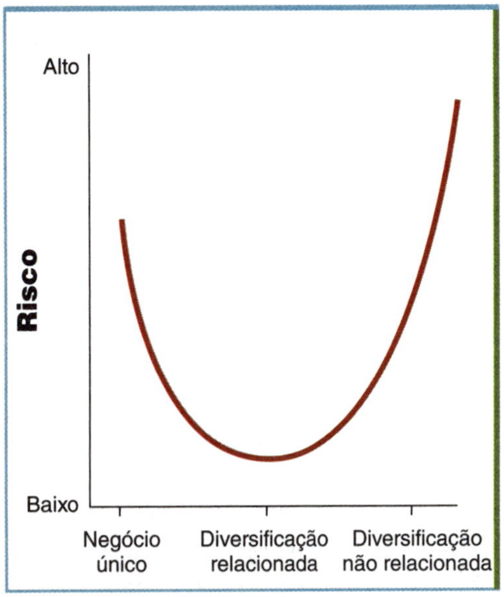

Fonte: M. Lubatkin; P. J. Lane, "Psst! . . . The merger mavens still have it wrong", *Academy of Management Executive* 10 (1996) 21-39.

Ponto de interrogação empresa com uma pequena participação em um mercado em rápido crescimento.

Vaca caixeira empresa com grande participação em um mercado de crescimento lento.

Cachorro empresa com uma pequena participação de um mercado de crescimento lento.

Adidas – três listras estão fora

Quando se avalia o desempenho da divisão norte-americana da **Adidas AG**, é justo perguntar se a empresa tem uma estratégia ruim, uma execução ruim ou ambas. Em 2010, os executivos da Adidas lançaram um plano estratégico para gerar um crescimento de vendas de mais de 45% até 2015. Depois de quatro anos, no entanto, a empresa teve um crescimento negativo de vendas e uma participação de mercado de 10%, bem abaixo da Nike e Under Armour. Apesar de ter assinado um contrato para fornecer o uniforme da NBA, a Adidas não conseguiu assinar com jogadores-chave da liga norte-americana de basquete para endossar a marca, permitindo à Nike, adepta do patrocínio de talentos de alto desempenho, capturar mais de 90% do mercado de varejo de tênis de basquete. A Adidas enfrenta desafios adicionais para se conectar com os consumidores norte-americanos cujos principais interesses esportivos não são o futebol profissional. Em resposta, a Adidas está trabalhando para encurtar seu ciclo de desenvolvimento de produto de 18 para seis meses. O presidente Mark King está otimista com a estratégia e execução da Adidas: "Temos tantas coisas que ninguém conhece, e, se conseguíssemos contar essas histórias de uma maneira muito melhor, do jeito norte-americano, essa marca [...] definitivamente passaria a ser muito atrativa".

Fonte: E. E. Jervelle; S. Germano, "How Adidas aims to get its cool back", *Wall Street Journal*, 22 mar. 2015. Disponível em: <http://www.wsj.com/articles/how-adidas-aims-to-get-its-cool-back-1427072066>.

Oleksiy Naumov/Shutterstock.com

A Nike ganhou uma grande vantagem sobre a Adidas na indústria de calçados e vestuário, patrocinando estrelas como Kevin Durant para grandes acordos de apoio financeiro.

informações claras sobre os lucros atuais e futuros de três empresas, e pediu-lhes que selecionassem a que seria mais bem-sucedida no futuro. Embora não rotulada dessa forma, uma empresa era claramente uma estrela; outra, um cachorro; e a última, uma vaca caixeira. Apenas expor as pessoas às ideias contidas na matriz BCG levou-as a categorizar incorretamente as empresas menos lucrativas como as mais bem-sucedidas 64% do tempo, enquanto a *utilização* dessa matriz levou essas mesmas pessoas a cometer o mesmo erro 87% do tempo.[43]

Além disso, a adoção da matriz BCG pode enfraquecer o desempenho mais forte no portfólio corporativo: a vaca caixeira. À medida que as verbas são redirecionadas de vacas caixeiras para estrelas, os gestores essencialmente tiram recursos necessários para obter proveito de novas oportunidades de negócios da vaca caixeira. Como resultado, esta se torna menos agressiva na busca de novos negócios ou na defesa de seu negócio atual. Embora a Nokia seja mais conhecida por seus telefones celulares, ela também tem empresas separadas para serviços de mapeamento e localização de *sites* e *software* (HERE Drive+, HERE Maps e HERE Transit), e *hardware*, *software* e serviços de telecomunicações (Nokia Siemens Networks).

O "pacote Office" (Word, PowerPoint, Excel) tem sido uma das duas vacas caixeiras da Microsoft (a outra é o sistema operacional Windows).[44] Mas, com alternativas gratuitas, como o Google Docs, o Open Office da Apache e os aplicativos Pages, Numbers e Keynote da Apple (gratuitos em todos os computadores Mac adquiridos desde 25 de setembro de 2014), e as vendas de PCs em forte declínio em todo o mundo, o Office, embora altamente rentável, enfrenta grandes desafios que ameaçam seu domínio e capacidade de trazer caixa.[45] Tais ameaças chegam num momento em que a Microsoft precisa desviar dinheiro do Office para suas plataformas de armazenamento de arquivos em nuvem e Azure (serviços em nuvem, *big data*, servidores, máquinas virtuais e hospedagem de *sites*) para transformar esses pontos de interrogação em futuras estrelas, bem como seus *tablets* Surface, um negócio que ela espera transformar de cachorro em ponto de interrogação (e, eventualmente, estrela). O risco, no entanto, é que o desvio de caixa do Office possa torná-lo menos capaz de defender seu negócio atual ou crescer buscando novos negócios.[46]

Finalmente, rotular um negócio de excelente desempenho como uma vaca leiteira pode prejudicar o moral dos funcionários, pois eles percebem que têm *status* inferior e que, em vez de trabalharem para si mesmos, agora estão trabalhando para financiar o crescimento de estrelas e de pontos de interrogação.

Então, que tipo de estratégia de portfólio é melhor para ajudar os gestores a decidir quais empresas comprar ou vender? Na Figura 6.5, a curva em forma de U indica que, contrariamente às previsões da estratégia de portfólio, a melhor abordagem talvez seja a **diversificação relacionada**, em que as diferentes unidades de negócios compartilham produtos, fabricação, marketing, tecnologia ou culturas similares. A chave para a diversificação relacionada é adquirir ou criar novas empresas com capacidades essenciais que complementem as capacidades essenciais de negócios já no portfólio corporativo. A Hormel Foods é um exemplo de diversificação relacionada no setor de alimentos. A empresa fabrica e comercializa uma variedade de alimentos, desde frios e molhos até o infame SPAM.

Começamos esta seção com o exemplo da 3M e seus 55 mil produtos vendidos em cinco grupos de negócios diferentes. Embora aparentemente diferentes, a maioria das divisões de produtos da 3M baseiam-se, de alguma forma, em suas competências distintivas em adesivos e fitas (por exemplo, lixa seca ou úmida, *post-it*, protetor de tecido Scotchgard, curativos transdérmicos e material reflexivo usado em sinais de trânsito). Além disso, todas as divisões da 3M compartilham sua forte cultura corporativa que promove e incentiva a tomada de riscos e inovação. Em suma, em contraste com um negócio único, não diversificado ou diversificação não relacionada, a diversificação relacionada reduz o risco porque os diferentes negócios podem trabalhar em conjunto, apoiando-se uns aos outros para experiência, especialização e ajuda necessárias.

6-3b Estratégias grandiosas

Uma **estratégia grandiosa** é um plano estratégico amplo usado para ajudar uma organização a atingir seus objetivos estratégicos.[47] Estratégias grandiosas orientam as alternativas estratégicas que os gestores de empresas ou subunidades individuais podem usar para decidir em quais negócios devem permanecer. Existem três tipos de estratégia grandiosa: crescimento, estabilidade e retração/recuperação.

O objetivo de uma **estratégia de crescimento** é aumentar lucros, receitas, participação de mercado ou o número de locais (lojas, escritórios, instalações) em que a empresa atua. As empresas podem crescer de várias maneiras. Podem crescer externamente por meio de fusão ou aquisição de outras empresas no mesmo negócio ou em diferentes. A AT&T está crescendo lentamente a 3% ao ano. A DirecTV, um serviço de televisão por satélite, está crescendo a menos de 1% ao ano. Na esperança de acelerar o crescimento de ambas as empresas, a AT&T concordou em comprar a DirectTV por $ 48,5 bilhões. De acordo com Jill Schlesinger, analista de negócios da CBS News: "A AT&T quer conteúdo. A DirecTV tem conteúdo."[48] A AT&T também está interessada em vender serviços de telefonia aos 18 milhões de clientes da DirecTV na América Latina. Mas o principal benefício que poderia acelerar o crescimento para ambas as empresas é a capacidade de combinar descontos em seus serviços e oferecê-los aos consumidores. Por exemplo, em vez de pagar mais para comprar serviços separados de internet, TV (pacotes por assinatura e pagos) e serviços de telefonia celular, os 20 milhões de clientes da DirecTV e os 107 milhões de clientes da AT&T poderiam comprar tais serviços juntos em um pacote com desconto.[49]

Outra forma é expandir o negócio internamente e de forma direta, ou seja, expandir o negócio da empresa já existente ou criar novos negócios e ampliá-los. A Nestlé, a maior empresa de alimentos do mundo, enfrentou um sério desafio, isto é, teve que encontrar uma maneira de crescer, ao mesmo tempo que precisou lidar com preços recorde de cacau e açúcar, dois ingredientes-chave para seus produtos de chocolate. Para impulsionar o crescimento, a Nestlé gastou $ 24 milhões para promover a Aero, uma barra de chocolate cheia de bolhas de ar. Ao mesmo tempo que dão ao chocolate uma textura mais cremosa, as bolhas também ajudam a encorpar a barra de chocolate sem adicionar mais ingredientes, bastante útil em um momento de altos custos de *commodities*. Graças à ênfase promocional da empresa, as vendas da Aero aumentaram 20% em relação ao ano anterior, o que ajudou a empresa como um todo a obter lucro de $ 10,3 bilhões e crescimento de vendas de 7,5%.[50]

O objetivo de uma **estratégia de estabilidade** é continuar fazendo o que a empresa tem feito, apenas fazendo melhor. As empresas que seguem uma estratégia de estabilidade tentam melhorar a forma como vendem os mesmos produtos ou serviços aos mesmos clientes. Desde a sua criação em 1909 como uma empresa de lavagem de janelas em São Francisco, a **ABM Industries** tem se concentrado em fornecer serviços de instalações para as empresas. Hoje, os 100 mil funcionários da ABM

Diversificação relacionada criação ou aquisição de empresas que compartilham produtos, fabricação, marketing, tecnologia ou culturas similares.

Estratégia grandiosa plano estratégico no ambiente corporativo utilizado para atingir metas estratégicas e orientar as alternativas estratégicas que os gestores de empresas ou subunidades individuais podem usar.

Estratégia de crescimento estratégia que se concentra em aumentar lucros, receitas, participação de mercado ou o número de locais onde a empresa faz negócios.

Estratégia de estabilidade estratégia que se concentra na melhoria da forma como a empresa vende os mesmos produtos ou serviços para os mesmos clientes.

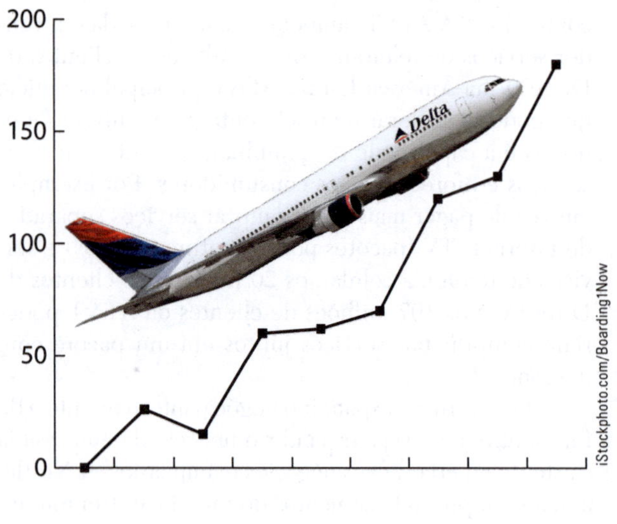

nos Estados Unidos e em outros 20 países oferecem gerenciamento de serviços de instalações para soluções elétricas e de iluminação, gerenciamento de energia, manutenção e reparo de edifícios, serviços de limpeza, manutenção de paisagens e terrenos, segurança e estacionamento. Em resumo, por mais de 100 anos, a ABM reduziu os custos mantendo negócios de segurança, limpeza, conforto e eficiência de energia em instalações.[51] As empresas frequentemente escolhem uma estratégia de estabilidade quando seu ambiente externo não muda muito ou após terem passado por períodos de crescimento explosivo.

A finalidade de uma **estratégia de retração** é reverter o desempenho muito ruim da empresa por meio da redução do tamanho ou escopo do negócio ou, se uma empresa está em vários negócios, fechar ou desativar diferentes linhas de negócios. O primeiro passo de uma estratégia típica de retração pode incluir significativas reduções de custos: dispensa de funcionários, fechamento de lojas, escritórios ou fábricas de baixo desempenho ou fechamento ou venda de linhas inteiras de produtos ou serviços.[52] O Barclays Plc, um banco sediado em Londres há mais de 300 anos, teve seu início em 1690 quando os fundadores John Freame e Thomas Gould serviam como banqueiros de ouro que, assim como os bancos de hoje, armazenavam ouro e dinheiro, concediam empréstimos, transferiam depósitos de conta a conta e lidavam com câmbio de moeda estrangeira.[53] Em 2008, o Barclays aspirava transformar-se em um banco global que atende clientes, empresas e investidores no mundo inteiro. Entretanto, em 2014, após vários escândalos financeiros e desempenho financeiro ruim, o Barclays iniciou uma agressiva estratégia de retração. Segundo o presidente Michael Rake: "Já não é mais possível para nós sermos um banco global e universal".[54] Seguindo uma estratégia que Rake chamou de "simplicidade ousada", o Barclays pretendia cortar 19 mil empregados até 2016, pretendia desativar o comércio de *commodities* e vender metade do seu banco de investimento e suas operações de banco de varejo na França, Espanha e Itália. De acordo com Rake: "No futuro, o Barclays será mais magro, mais forte, muito mais equilibrado e bem posicionado para oferecer menor volatilidade, maiores retornos e crescimento. Meu objetivo permanece inalterado: criar um Barclays que faça negócios da maneira correta, com os valores certos e ofereça os retornos que nossos acionistas merecem. No entanto, a forma como vamos conseguir isso é diferente".[55]

Estratégia de retração estratégia que se concentra em reverter o desempenho muito ruim da empresa por meio da redução do tamanho ou escopo do negócio.

Recuperação ações estratégicas adotadas após a retração, para retornar a uma estratégia de crescimento.

Estratégia no ambiente industrial estratégia corporativa que aborda a questão: "Como devemos competir nesta indústria?".

Depois de cortar custos e reduzir o tamanho ou escopo de uma empresa, o segundo passo em uma estratégia de retração é a **recuperação**, que consiste nas ações estratégicas que uma empresa faz para retornar a uma estratégia de crescimento. Esse processo de duas etapas de corte e recuperação é análogo a podar rosas. Antes de cada estação de crescimento, as rosas devem ser reduzidas a dois terços do seu tamanho normal. A poda não danifica as rosas, mas as torna mais fortes e com tendência a produzir belas e perfumadas flores. O processo de retração e recuperação é semelhante.

Tal como a poda, cortes são feitos como parte de uma estratégia de recuperação destinada a permitir que as empresas eventualmente voltem a uma estratégia de crescimento bem-sucedida. Quando o desempenho da empresa cai significativamente, uma estratégia de retração e recuperação pode ajudá-la a voltar para uma estratégia de crescimento bem-sucedida.

6-4 ESTRATÉGIAS NO AMBIENTE INDUSTRIAL

A **estratégia no ambiente industrial** aborda a questão: "Como devemos competir nesta indústria?".

*Para que possamos entender as estratégias no ambiente industrial, abordaremos **6-4a as cinco forças que determinam os níveis globais de concorrência em uma indústria, 6-4b as estratégias de posicionamento** e **6-4c as estratégias adaptativas que as empresas podem adotar para alcançar uma vantagem competitiva sustentada** e **lucros acima da média**.*

6-4a Cinco forças da indústria

De acordo com Michael Porter, professor de Harvard, cinco forças determinam a atratividade geral e o potencial de rentabilidade de longo prazo de uma indústria: o caráter da rivalidade, a ameaça de novos entrantes, a ameaça de produtos ou serviços substitutos, o poder de barganha dos fornecedores e o poder de barganha dos compradores. Quanto mais fortes forem essas forças, menos atraente será a indústria para investidores corporativos, porque é mais difícil para as empresas serem rentáveis. As forças da indústria de Porter estão ilustradas na Figura 6.6. Vamos examinar como essas forças estão trazendo mudanças para vários tipos de indústria.

Figura 6.6

Cinco forças da indústria de Porter

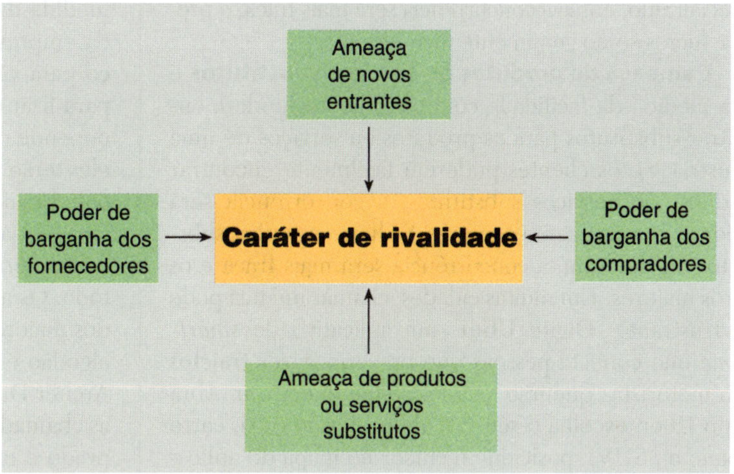

Fonte: Baseada em Simon & Schuster, Inc. Porter, M. E. *Competitive strategy: techniques for analyzing industries and competitors*. New York: Free Press, 1980.

Caráter da rivalidade é uma medida da intensidade do comportamento competitivo entre empresas de uma indústria. A concorrência entre empresas é agressiva e feroz ou os concorrentes se concentram mais em atender os clientes do que em atacar uns aos outros? Tanto a atratividade da indústria como a lucratividade diminuem quando a rivalidade é feroz. Por exemplo, vender carros é um negócio altamente competitivo. Pegue um jornal local na sexta-feira, no sábado ou no domingo de manhã, e você vai encontrar dezenas de páginas de anúncios de automóvel ("Venda especial de aniversário", "Março de descontos da Ford" e "Desconto de $ 99, escolha o seu!). Na verdade, a concorrência nas vendas de carros novos é tão intensa que, se não fosse pelas vendas de carros usados, pelos consertos e pelas peças de reposição, muitos concessionários de automóveis realmente perderiam dinheiro.

GongTo/Shutterstock.com

Por causa da intensa concorrência de empresas existentes e novas, a Amazon Web Services reduziu os preços em 40% para manter clientes corporativos satisfeitos.

A **ameaça de novos entrantes** é uma medida do grau em que as barreiras à entrada tornam mais fácil ou difícil para novas empresas começarem a operar uma indústria. Se novas empresas podem entrar facilmente, então a concorrência vai aumentar e preços e lucros vão cair. A Altos Research fornece estatísticas e análises em tempo real dos mercados imobiliários para investidores e serviços de notícias como a Bloomberg Financial. Como seus negócios dependem do acesso a *terabytes* de dados de mercado, ela aluga poder de computação e armazenamento de dados da Amazon Web Services (AWS), líder de mercado em serviços em nuvem. Sem nenhuma negociação, a AWS reduziu os custos pela metade, o suficiente para contratar dois novos programadores. De acordo com Michael Simonsen, CEO da Altos: "Ninguém nunca lhe dá um desconto de 40% da noite para o dia".[56] Se assim for, por que a AWS, a Microsoft e o Google cortaram seus preços em um terço ou mais? A ameaça de novos entrantes os estimulou.[57] Além dos novos concorrentes que surgiram nos últimos anos, como Box.com, Go-Daddy.com, ZenBox, Oracle e Salesforce.com, ambas da Hewlett-Packard, que faz computadores pessoais e em rede, e Cisco Systems, que faz roteadores, *switches* e sistemas que dirigem a internet e redes

Caráter da rivalidade uma medida da intensidade do comportamento competitivo entre empresas de uma indústria.

Ameaça de novos entrantes uma medida do grau em que as barreiras à entrada tornam mais fácil ou difícil para as novas empresas operarem em uma indústria.

corporativas, estão investindo $ 1 bilhão para desenvolver *software* e *data centers* em nuvem.[58] Entretanto, se houver barreiras suficientes para a entrada, como grandes requisitos de capital para comprar equipamentos caros ou instalações de fábricas ou a necessidade de conhecimento especializado, então a concorrência será mais fraca, e preços e lucros serão geralmente mais elevados.

A **ameaça de produtos ou serviços substitutos** é uma medida da facilidade com que clientes podem encontrar substitutos para os produtos ou serviços de uma indústria. Se os clientes puderem facilmente encontrar produtos ou serviços substitutos, a concorrência será maior, e os lucros serão menores. Se houver poucos substitutos ou nenhum, a concorrência será mais fraca e os lucros maiores. Em muitas cidades, chamar um táxi pode ser frustrante. Digite **Uber**, um aplicativo de *smartphone* que conecta pessoas que precisam fazer trajetos com motoristas que irão levá-los aonde querem ir. Abra o app Uber, escolha o seu veículo preferido (táxi, carro urbano ou SUV), posicione o cursor no mapa do aplicativo mostrando onde você gostaria de ser pego, faça o mesmo para o seu destino e, em seguida, o app do Uber estima o custo, fatura seu cartão de crédito, envia o recibo por *e-mail*, indica no mapa a que distância se encontra o veículo e informa quando o motorista chegou para apanhá-lo. O tempo médio de espera é de apenas três a dez minutos. O Uber mantém o controle de qualidade usando as mídias sociais para coletar *feedback* sobre rapidez, cortesia e serviço dos motoristas. Aqueles com *feedback* negativo perdem a chance de dirigir para o Uber. Não surpreende o fato de que os serviços de táxi não estejam satisfeitos em concorrer com o Uber, e os taxistas têm processado a empresa, sem sucesso, em São Francisco, Nova York e Washington, para se protegerem da concorrência.[59]

Ameaça de produtos ou serviços substitutos uma medida da facilidade com que os clientes podem encontrar substitutos para os produtos ou serviços de uma indústria.

Poder de barganha de fornecedores uma medida da influência que fornecedores de peças, materiais e serviços para empresas de uma indústria têm sobre os preços desses insumos.

Poder de barganha de compradores uma medida da influência que clientes têm sobre os preços de uma empresa.

Liderança de custos a estratégia de posicionamento de produzir um produto ou serviço de qualidade aceitável a custos de produção consistentemente menores do que os concorrentes, para que a empresa possa oferecer o produto ou serviço ao menor preço na indústria.

O **poder de barganha de fornecedores** é uma medida da influência que fornecedores de peças, materiais e serviços para empresas de uma indústria têm sobre os preços desses insumos. Quando as empresas podem comprar peças, materiais e serviços de vários fornecedores, elas poderão negociar com eles para manter os preços baixos. No entanto, se houver poucos fornecedores ou se uma empresa depender de um fornecedor com habilidades e conhecimentos especializados, então os fornecedores terão o poder de barganha para ditar níveis de preços.

O **poder de barganha de compradores** é uma medida da influência que clientes têm sobre os preços da empresa. Se a empresa vende um produto ou serviço para vários compradores, então ela tem mais poder para fixar os preços. Em contrapartida, se uma empresa depende de apenas alguns compradores de alto volume, eles terão poder de barganha suficiente para ditar os preços. A maioria das *commodities* agrícolas, como carne bovina e soja, é vendida por fazendeiros a comerciantes de *commodities* que as vendem a compradores do mundo todo. Os agricultores australianos, geralmente os segundos maiores produtores mundiais de trigo, carne bovina, algodão e açúcar, vendem seus produtos agrícolas para Archer Daniels Midland, Bunge Ltd., Cargill e Dreyfus, as chamadas "ABCD", que controlam 60% do trigo comprado e enviado da Austrália. Consequentemente, elas têm poder de barganha incrível, o que significa que os agricultores australianos acabam com preços muito menores para seus produtos agrícolas. Alguns agricultores australianos estão tentando contrariar esse poder de barganha vendendo diretamente a compradores globais. Para Glen Rogan, produtor de algodão em Queensland, na Austrália: "Ganhar a vida razoavelmente como fazendeiro aos preços atuais estava se tornando insustentável". Por isso, ele vendeu 6.500 fardos de algodão diretamente para as usinas de algodão da Ásia, obtendo 30% a mais que com os *traders* tradicionais. Segundo Rogan, vender diretamente para as usinas de algodão "foi a única maneira de permanecer relevante e viável".[60]

6-4b Estratégias de posicionamento

Depois de analisar as forças da indústria, o próximo passo, segundo a estratégia no ambiente industrial, é proteger a empresa dos efeitos negativos da concorrência e criar uma vantagem competitiva sustentável. De acordo com Michael Porter, existem três estratégias de posicionamento: liderança de custos, diferenciação e foco.

Liderança de custos significa produzir um produto ou serviço de qualidade aceitável a custos de produção consistentemente menores do que os concorrentes, para que a empresa possa oferecer o produto ou serviço ao menor preço na indústria. Esse tipo de liderança protege as empresas das forças da indústria, dissuadindo novos entrantes, que terão que igualar baixos custos e preços. Além disso, força para baixo os preços de produtos e serviços substitutos, atrai compradores que buscam barganhas e aumenta o poder de barganha perante os fornecedores, que precisam manter seus preços baixos se quiserem fazer negócios com o líder de custo. Contudo, Burt Flickinger, consultor de varejo do Strategic Resource Group (SRG), acredita que o WinCo, com sede em

Idaho, que se autointitula "líder de preços baixo de supermercados", "pode ser o melhor varejista no Oeste dos Estados Unidos. O WinCo é realmente imbatível nesse ponto".[61] Segundo Jon Springer, do Super Market News: "Enquanto muitos supermercados se esforçam para se manter alguns pontos percentuais próximos dos preços das lojas Walmart, o WinCo Foods muitas vezes supera as vendas da enorme cadeia de desconto".[62] Como? Em lojas minimalistas, os clientes ensacando as próprias compras, não aceitando cartões de crédito (o que faz a empresa economizar 3% por transação), limitando a seleção de categorias de produtos e comprando diretamente de fazendeiros e de fabricantes, o WinCo elimina distribuidores de alimentos que encarecem os produtos com suas margens elevadas e que vendem marcas mais caras. Os preços do WinCo são tão melhores que os da Walmart, como Flickinger, da SRG, afirmou: "Eles são o pior pesadelo".[63]

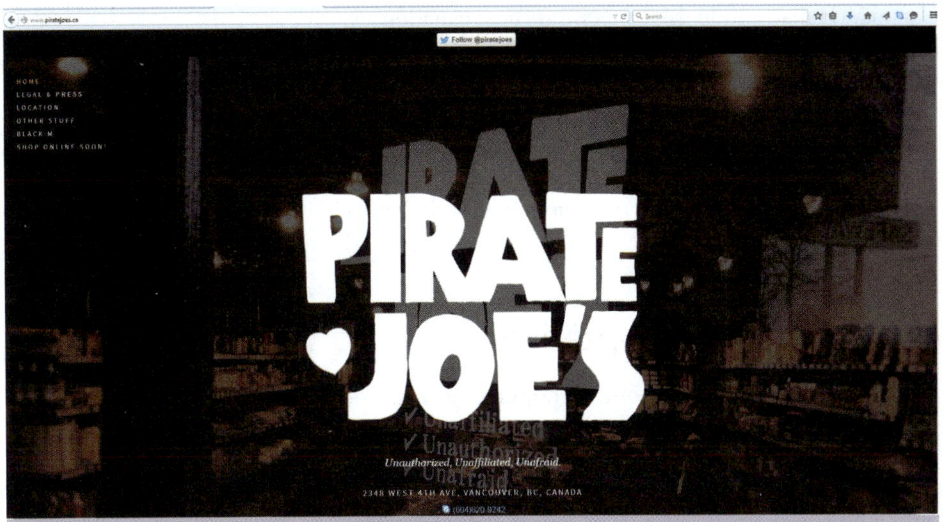

Fonte: Pirate Joe's

O *slogan* do Pirate Joe's é "*Unauthorized, unffiliated, unafriad*" ("Não autorizado, Independente, destemido"). Essa mensagem se refere à pressão do supermercadista norte-americano Trader Joe's para que o Pirate mudasse o nome.

Diferenciação significa oferecer um produto ou serviço suficientemente diferente daqueles ofertados pelos concorrentes. Para tanto, é imprescindível certificar-se de que os clientes estarão dispostos a pagar um preço *premium* pelo valor ou desempenho adicionais que o produto ou serviço fornece. A diferenciação protege as empresas das forças da indústria, reduzindo a ameaça de produtos substitutos. Também protege as empresas, tornando mais fácil reter os clientes e mais difícil para novos entrantes que tentam atrair novos clientes. Você pagaria $ 113 por um esfregão? Ou $ 26,99 para um pano de polimento? A Norwex, com sede na Noruega, faz produtos de limpeza de alto preço que limpam sua casa com água e sem produtos químicos ou agentes de limpeza. Por exemplo, um pano Microfiber Norwex contém microfibras que equivalem a 1/200 da espessura do fio de cabelo humano.[64] As microfibras capturam e podem segurar sete vezes seu peso, o que significa que capturam sujeira, graxa e umidade. Funciona? De acordo com a microbiologista Kristen Gibson: "Um pano de microfibra úmido é uma ferramenta muito boa para remover microrganismos, incluindo vírus e bactérias".[65] A pesquisa de Gibson, financiada pelo Departamento de Agricultura dos Estados Unidos, descobriu que as microfibras removiam vírus, ao contrário dos panos típicos que simplesmente espalham vírus de uma superfície para outra. A Norwex recomenda que os consumidores utilizem panos secos para pó e molhados (com água) para outros tipos de limpeza. Apesar de os produtos da Norwex serem caros, a ponto de os gastos médios de uma família atingirem $ 600 a $ 800 por ano com produtos químicos para limpeza, a Norwex afirma que os consumidores economizam porque seus produtos são reutilizáveis.[66]

Com uma **estratégia de foco**, uma empresa usa liderança de custo ou diferenciação para produzir um produto ou serviço especializado para um grupo limitado e especialmente direcionado de clientes em uma região geográfica específica ou segmento de mercado. As estratégias do foco geralmente funcionam em nichos do mercado que os concorrentes negligenciaram ou têm dificuldade de atender. Uma vez por semana, Mike Hallatt dirige de Vancouver, no Canadá, para o **Trader Joe's** mais próximo, em Bellingham, nos Estados Unidos, onde compra $ 6 mil em mercadorias. Hallatt coloca uma margem média de $ 2 em suas compras e as vende no **Pirate Joe's**, seu supermercado de Vancouver que é uma cópia não disfarçada do Trader Joe's. Segundo Hallatt, o Pirate Joe's é "um revendedor não autorizado independente dos produtos do Trader Joe's (fomos processados, perdemos, agora estamos apelando)".[67] Como o Trader Joe's não tem planos de entrar no

> **Diferenciação** estratégia de posicionamento que visa fornecer um produto ou serviço suficientemente diferente das ofertas dos concorrentes que os clientes estejam dispostos a pagar um preço superior por ele.
>
> **Estratégia de foco** estratégia de posicionamento que visa usar liderança de custos ou diferenciação para produzir um produto ou serviço especializado para um grupo limitado de clientes especialmente identificado em uma determinada região geográfica ou segmento de mercado.

Canadá, Hallatt pode se concentrar nos canadenses, em Vancouver e de longe (em breve, o *site* www.piratejoes.ca estará pronto para compras pela internet), que querem comprar produtos da empresa sem atravessar a fronteira. De acordo com Hallatt: "Enviaremos para qualquer lugar no Canadá. Entretanto, se começarmos a receber pedidos do Japão, por que não atender esses novos consumidores?".[68]

6-4c Estratégias adaptativas

Estratégias adaptativas são outro conjunto de estratégias no ambiente industrial. Considerando que os objetivos das estratégias de posicionamento são minimizar os efeitos da concorrência na indústria e construir uma vantagem competitiva sustentável, o propósito das estratégias adaptativas é escolher uma estratégia no ambiente industrial mais adequado para mudanças no ambiente externo da organização. Existem quatro tipos de estratégia adaptativa: defensores, prospectores, analisadores e reatores.[69]

Defensores procuram um crescimento moderado e constante, oferecendo uma gama limitada de produtos e serviços a um conjunto bem definido de clientes. Em outras palavras, eles "defendem" agressivamente sua posição estratégica atual, fazendo o melhor trabalho que podem para segurar os clientes em um determinado segmento de mercado.

Não surpreendentemente, os fabricantes de carros *ultra-premium*, como **Ferrari** e **Aston-Martin**, não estão tão interessados no crescimento quanto na retenção da imagem de marca de luxo. Isso ocorre porque o maior volume de vendas leva à onipresença, o que torna mais difícil cobrar preços *premium*. O preço de varejo de uma Ferrari California nova é de aproximadamente $ 200.000, mas um modelo LaFerrari novo tem um preço de varejo sugerido pelo fabricante de $ 1,4 milhão. Para manter sua exclusividade, a Ferrari tem um limite autoimposto de produção de sete mil veículos por ano. Na Aston Martin, o nível é muito menor, quatro mil carros por ano. Segundo Andy Palmer, CEO da Aston Martin: "Não somos uma empresa que pretende vender muitos carros. Parte da mística da empresa é a exclusividade".[70]

Defensores empresas que utilizam uma estratégia de adaptação destinada a defender posições estratégicas, procurando um crescimento moderado e constante e oferecendo uma gama limitada de produtos e serviços de alta qualidade a um conjunto bem definido de clientes.

Prospectores empresas que utilizam uma estratégia de adaptação que busca um crescimento rápido e, para tanto, procuram novas oportunidades de mercado, incentivam a tomada de riscos e são a primeira a levar produtos inovadores ao mercado.

Analisadores empresas que utilizam uma estratégia adaptativa que visa minimizar riscos e maximizar lucros seguindo ou imitando os sucessos comprovados de prospectores.

O serviço postal de volta ao jogo

Depois das perdas nos últimos 21 de 23 trimestres, o Serviço Postal dos Estados Unidos (**United States Postal Service** – USPS) está procurando atrair novos negócios, particularmente no mercado de varejo *on-line*. Assim, quando a FedEx e o UPS anunciaram aumentos de preços para remessas terrestres antes da temporada de férias, o USPS respondeu cortando seus preços pela metade para clientes que enviam mais de 50 mil pacotes por ano. É apenas uma estratégia que a agência está usando para aumentar sua participação de mercado. O USPS começou a oferecer entrega aos domingos e está testando a entrega de mantimentos para a Amazon na área de São Francisco. E a agência planeja investir $ 10 bilhões em novos caminhões e equipamentos de triagem para ajudá-la a se tornar mais competitiva.

Fonte: L. Stevens, U. S. mail cuts prices, chafing UPS and FedEx, *Wall Street Journal*, 5 set. 2014, B1; G. Bensinger; L. Stevens, Amazon tries U. S. mail for groceries, *Wall Street Journal*, 5 set. 2014, B2.

Prospectores procuram crescimento rápido. Para tanto, buscam novas oportunidades de mercado, incentivam a tomada de risco e são os primeiros a levar produtos inovadores para o mercado. Eles são análogos aos mineiros de ouro que "prospectam" pepitas de ouro (isto é, novos produtos) na esperança de que elas os levarão a um rico depósito de ouro (isto é, rápido crescimento). A 3M é conhecida por seus produtos inovadores, particularmente na área de adesivos. Desde 1904, a empresa inventou lixa, fitas adesivas, celofane, fitas elétricas e adesivos, as primeiras fitas de áudio e de vídeo comercialmente disponíveis, além de sua mais famosa criação, os *post-its*. Recentemente, a 3M inventou um filme que aumenta o brilho dos monitores LCD nos computadores portáteis, desenvolveu um sistema digital para empresas de construção para detectar telecomunicações subterrâneas, gás, água, esgoto ou linhas elétricas sem precisar escavar, e criou um *spray* de feromônio que, ao impedir o acasalamento de insetos prejudiciais, protege colheitas de maçã, noz, tomate, amora e uva. Para mais informações sobre os produtos inovadores da empresa, consulte o arquivo de inovação 3M (http://solutions.3m.com/innovation/en_US/).

Analisadores são uma mistura das estratégias de defensor e prospector. Buscam um crescimento moderado e estável, além de oportunidades limitadas de crescimento rápido. Eles raramente são os primeiros a comercializar novos produtos ou serviços. Em vez disso, tentam simultaneamente minimizar o risco e maximizar os lucros, seguindo ou imitando sucessos comprovados de prospectores. A Netflix conseguiu crescer não apenas por meio do serviço de DVD por correspondência, mas também com seu serviço de *streaming* de vídeo, que permite aos utilizadores assistir a uma variedade de filmes e programas de TV quase que instantaneamente. De fato, o serviço de *streaming* foi tão bem-sucedido que a Netflix tem quase duas vezes mais clientes de *streaming* do que de DVD. Motivado pelo sucesso da Netflix, a Redbox (em parceria com a Verizon) e Amazon agora oferecem serviços de *streaming* semelhantes. A Redbox, operadora de quiosque de aluguel de DVD, e a Verizon, operadora de telefonia celular, uniram-se para oferecer o Redbox Instant. Não assinantes podem reservar filmes e jogos em quiosques da Redbox ou alugar ou comprar filmes individuais de serviços de *streaming*. Assinantes que pagam $ 8 por mês também obtêm quatro créditos em DVDs para usar em quiosques da Redbox e acesso a toda sua biblioteca de *streaming*. Os membros da Amazon Prime, que pagam $ 99 por ano, adquirem entrega gratuita em dois dias nos produtos Amazon Prime, podem alugar um livro Kindle gratuito por mês e ter acesso a 41 mil programas de TV e filmes no Instant Video da Amazon.[71] Depois que a Netflix tentou se diferenciar desenvolvendo programas exclusivos e originais como *House of cards* e *Orange is the new black*, a Amazon seguiu o exemplo ao oferecer sua própria série original, *Alpha House e Betas*.[72]

Finalmente, ao contrário dos defensores, prospectores ou analisadores, os **reatores** não seguem uma estratégia consistente. Em vez de anteciparem oportunidades e ameaças externas e prepararem-se para elas, os reatores tendem a reagir às mudanças em seu ambiente externo depois que elas ocorrem. Não surpreendentemente, os reatores tendem a ter um desempenho pior do que os defensores, prospectores ou analisadores. Uma abordagem de reator é inerentemente instável, e as empresas que estão nesse modo de operação devem mudar sua abordagem ou enfrentar um fracasso quase certo.

6-5 ESTRATÉGIAS NO AMBIENTE DA EMPRESA

A Microsoft desvenda seu console de *videogame* Xbox One, e a Sony coloca nas prateleiras o PlayStation 4. A Starbucks Coffee abre uma loja e os cafés locais próximos respondem à altura: melhoram o serviço, aumentam as porções e seguram os preços. Na indústria automobilística de luxo da Alemanha, a **BMW**, **Audi** e **Mercedes** têm uma intensa rivalidade de três vias que vai muito além do volume de vendas, incluindo investimentos em tecnologia, *rankings* de qualidade e rentabilidade. De acordo com um executivo da Audi, para obter a aprovação para um novo projeto, "Tenho apenas que dizer que a BMW já está fazendo isso, e ele é aprovado". A rivalidade é tão aquecida quanto no sentido oposto. Quando se trata da Audi, um executivo da BMW afirmou o seguinte: "Gostamos de ficar perto deles".[73] Ataque e resposta, resposta e ataque. A **estratégia no ambiente empresarial** aborda a questão: "Como devemos competir com uma determinada empresa?".

A Microsoft apresenta a próxima geração do Xbox One na conferência E3, em junho de 2014.

Vamos saber mais sobre as estratégias no ambiente empresarial (concorrência direta entre empresas), estudando os seguintes tópicos: ***6-5a o básico da concorrência direta*** *e* ***6-5b os movimentos estratégicos envolvidos na concorrência direta entre as empresas.***

6-5a Competição direta

Embora as cinco forças da indústria de Porter indiquem o nível geral de concorrência em uma indústria, a maioria das empresas não compete diretamente com todas as empresas em sua indústria. Por exemplo, tanto o McDonald's como o Red Lobster estão no negócio de restaurantes, mas ninguém os caracterizaria como concorrentes. O McDonald's oferece refeições rápidas de baixo custo e convenientes, mas sem a presença de garçons. Já o Red Lobster oferece refeições de frutos do mar com preços médios, garçons e um bar.

Reatores empresas que não seguem uma estratégia de adaptação consistente, mas reagem às mudanças no ambiente externo depois que elas ocorrem.

Estratégia no ambiente da empresa estratégia corporativa que aborda a questão: "Como devemos competir com uma determinada empresa?".

Figura 6.7

Esquema de concorrência direta

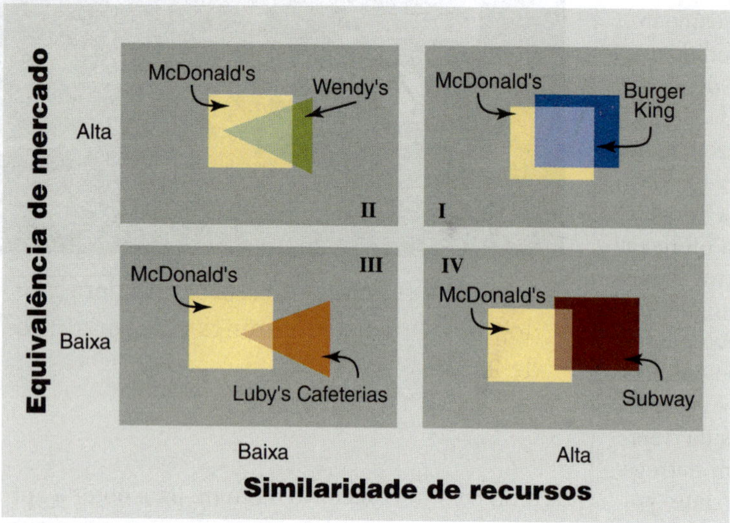

Fonte: M. Chen, Competitor analysis and interfirm rivalry: toward a theoretical integration, *Academy of Management Review* 21 (1996): 100-134.

Em vez de competir com uma indústria inteira, a maioria das empresas compete diretamente com apenas algumas outras dentro dela. **Concorrência direta** é a rivalidade entre duas empresas que oferecem produtos e serviços similares, que se reconhecem como rivais e assumem posições ofensivas e defensivas à medida que agem e reagem às ações estratégicas de cada uma.[74] Dois fatores determinam em que medida as empresas estarão em concorrência direta entre si: equivalência de mercado e similaridade de recursos. **Equivalência de mercado** é o grau em que duas empresas têm sobreposição de produtos, serviços ou clientes em vários mercados. Quanto mais houver mercados em que se sobrepõem produtos, serviços ou clientes, mais intensa será a concorrência direta entre as duas empresas. **Similaridade de recursos** é a extensão em que um concorrente tem quantidades e tipos semelhantes de recursos, ou seja, ativos, capacidades, processos, informações e conhecimento semelhantes usados para criar e sustentar uma vantagem sobre os concorrentes. Do ponto de vista competitivo, a similaridade de recursos significa que seus concorrentes diretos provavelmente podem igualar as ações estratégicas que a empresa adota.

Concorrência direta rivalidade entre duas empresas que oferecem produtos e serviços similares, reconhecem-se como rivais e agem e reagem às ações estratégicas de cada uma.

Equivalência de mercado grau em que duas empresas têm sobreposição de produtos, serviços ou clientes em vários mercados.

Similaridade de recursos grau em que um concorrente tem quantidade e tipos semelhantes de recursos.

A Figura 6.7 mostra como a equivalência de mercado e a similaridade de recursos interagem para determinar quando e onde as empresas estão em concorrência direta.[75] A área de sobreposição em cada quadrante (entre o triângulo e o retângulo ou entre os retângulos de cores diferentes) representa a equivalência de mercado. Quanto maior a sobreposição, maior a equivalência de mercado. As formas representam a similaridade de recursos, com retângulos representando um conjunto de recursos competitivos e triângulos representando outro. O quadrante I mostra duas empresas em concorrência direta, porque têm recursos semelhantes à sua disposição e um elevado grau de equivalência de mercado. Tais empresas tentam vender produtos e serviços similares a clientes similares. O McDonald's e Burger King se encaixariam claramente aqui como concorrentes diretos. Embora geralmente pensemos neles competindo pela venda de hambúrgueres, com preços de carne por atacado perto de recordes, eles também são concorrentes diretos quando se trata de vender frango. Por exemplo, depois que o McDonald's começou a vender *nuggets* de frango por $ 9,99 (ou 20 centavos cada), o Burger King respondeu vendendo embalagens de dez *nuggets* de frango por $ 1,49.[76]

No quadrante II, as partes sobrepostas do triângulo e do retângulo mostram duas empresas que brigam por clientes similares com alguns produtos ou serviços similares, mas que o fazem com recursos competitivos diferentes. O McDonald's e Wendy's se enquadram nesse caso. O Wendy's busca alcançar a mesma clientela de almoço e jantar que o McDonald's. No entanto, com hambúrgueres, batatas fritas, sorvetes e saladas mais caros, o Wendy's é um concorrente menos direto do McDonald's do que o Burger King. Por exemplo, o Wendy's recentemente se transformou em um restaurante casual, redesenhando suas lojas com salas de estar, lareiras, Wi-Fi e painéis de menu digital.[77] O objetivo do Wendy's é converter 85% de suas lojas de propriedade da empresa e 35% de suas lojas franqueadas até 2017.[78] Apesar de o Wendy's competir menos diretamente com o McDonald's, há sinais de que este está mudando a estratégia para competir mais diretamente com aquele, atualizando seu cardápio para incluir um hambúrguer *premium* com preços em torno de $ 5 e um sanduíche de frango grelhado com *bacon* defumado, cebola caramelizada e pão artesanal.[79]

No quadrante III, a sobreposição muito pequena mostra duas empresas com diferentes recursos competitivos e pouca equivalência de mercado. O McDonald's e o Luby's se encaixam aqui. Embora ambos estejam no ramo *fast-food*, quase não há sobreposição em termos de produtos e clientes. O Luby's vende frango assado, peru, assados, bolo de carne e legumes – nenhum desses produtos está disponível no McDonald's. Além disso, os clientes do Luby's provavelmente não comem no McDonald's. Na verdade, o Luby's não está realmente competindo com outros restaurantes *fast-food*, mas com comida caseira. Pesquisas da empresa mostram que cerca de metade de seus clientes teria comido em casa, não em outro restaurante, se não tivesse ido ao Luby's.[80]

Northfoto/Shutterstock.com

A T-Mobile lançou uma iniciativa estratégica destinada a eliminar as principais restrições encontradas nos seus serviços wireless concorrentes.

Finalmente, no quadrante IV, a pequena sobreposição entre os dois retângulos mostra que o McDonald's e o Subway competem com recursos similares, mas com pouca equivalência de mercado. Em termos de recursos, as vendas no McDonald's são muito maiores, mas o Subway cresceu substancialmente na última década e agora tem 42.227 lojas em 110 países, comparado ao McDonald's com 36.258 lojas em mais de 100 países.[81]

Embora o Subway e o McDonald's concorram, não são concorrentes diretos em termos de equivalência de mercado na maneira que o McDonald's e o Burger King são, porque o Subway, ao contrário do McDonald's, vende-se como um provedor de *fast-food* saudável. Assim, a sobreposição é muito menor no quadrante IV do que no I. Com informações nutricionais detalhadas disponíveis em suas lojas e uma estreita relação com a American Heart Association, o objetivo do Subway "é enfatizar que a marca representa tudo o que é bom em saúde e bem-estar".[82]

6-5b Movimentos estratégicos de concorrência direta

Enquanto as estratégias no ambiente corporativo ajudam os gestores a decidir em quais negócios devem estar, e as estratégias no ambiente industrial ajudam a determinar como competir dentro de uma indústria, as estratégias no ambiente empresarial ajudam os gestores a determinar quando, onde e quais ações estratégicas devem ser tomadas contra uma empresa concorrente direta.

Empresas em concorrência direta podem fazer dois movimentos estratégicos básicos: ataque e resposta. Tais movimentos ocorrem o tempo todo em praticamente todas as indústrias, mas são mais perceptíveis em indústrias onde vários grandes concorrentes estão buscando clientes no mesmo espaço de mercado.

Um **ataque** é um movimento competitivo destinado a reduzir a participação de mercado ou lucros de um rival. Por exemplo, os dois líderes no mercado de leitores de livros digitais, Amazon e Barnes & Noble, têm se empenhado em uma longa batalha de preços. O Kindle Paperwhite da Amazon foi projetado para competir com o Nook Touch da Barnes & Noble e o Glowlight, um leitor de livros digitais preto e branco com uma luz embutida para leitura noturna.[83] Quando o Paperwhite foi lançado, a Barnes & Noble baixou o preço do Nook Touch em $ 20 para igualá-lo ao preço do *e-reader* da Amazon.[84]

Uma **resposta** é uma reação, motivada pelo ataque de um rival, concebida para defender ou melhorar a participação de mercado ou lucro de uma empresa. Há dois tipos de resposta.[85] A primeira é igualar ou espelhar o movimento de seu concorrente. Isso é o que a Barnes & Noble fez quando baixou o preço do seu Nook Simple Touch, que era vendido por $ 139, para $ 99.[86]

Contudo, o segundo tipo de resposta é reagir ao longo de uma dimensão diferente do movimento ou ataque do concorrente. Operadoras de telefonia móvel, como AT&T, Verizon e Sprint, geralmente respondem aos ataques dos concorrentes com redução de preços, expansão da cobertura ou aceleração de suas redes. Como a T-Mobile, a menor das principais operadoras de telefonia móvel, não obteve bons resultados nessas dimensões, perdeu dois milhões de clientes em 2013.[87] No entanto, nos últimos 18 meses, a T-Mobile retirou 3,3 milhões de clientes de seus concorrentes respondendo com uma estratégia de "não operadora" que elimina as principais restrições encontradas nos

Ataque movimento competitivo destinado a reduzir a participação de mercado ou lucros de um rival.

Resposta reação competitiva, provocada pelo ataque de um rival, para defender ou melhorar a participação de mercado ou o lucro de uma empresa.

serviços de telefonia móvel de seus concorrentes.[88] Tarifas excedentes? Não na T-Mobile, que oferece minutos, mensagens e dados ilimitados (exceda seus limites de dados, e a T-Mobile diminui a velocidade, em vez de cobrar). Tarifas exorbitantes de *roaming* para planos internacionais? A T-Mobile cobra 20 centavos de dólar por minuto para chamadas internacionais, enquanto fornece dados e mensagens internacionais ilimitados sem custo adicional em 120 países. *Streaming* de música em seu telefone? Trinta minutos por dia usa 900 *megabytes* por mês contra o plano clássico de dados de um ou dois *gigabytes*. Na T-Mobile, no entanto, *streaming* de música não conta para o uso de dados. Fazer atualização do telefone apenas uma vez a cada dois anos? Na T-Mobile, você atualiza sempre que quiser, trocando seu telefone antigo e recebendo créditos pelos pagamentos remanescentes (até a metade do custo original). Finalmente, taxas de rescisão para mantê-lo preso em um contrato de dois anos? Não na T-Mobile, de onde você pode sair a qualquer momento. Na verdade, a T-Mobile pagará sua taxa de rescisão se você deixar sua operadora atual para aderir a um plano da T-Mobile.[89]

Equivalência de mercado e similaridade de recursos determinam a probabilidade de um ataque ou uma resposta, ou seja, se uma empresa provavelmente atacará um concorrente direto ou responderá fortemente quando atacada. Quando a equivalência do mercado for grande e as companhias tiverem sobreposição de produtos, serviços ou clientes em mercados múltiplos, haverá menos motivação ao ataque e mais motivação para responder a ele. A razão para isso é simples e direta: quando são concorrentes diretas em um grande número de mercados, as empresas têm muito em jogo. Por exemplo, a GE fabrica 70% dos vagões de locomotivas de carga no mercado norte-americano, com os 30% restantes vendidos pela Caterpillar, que comprou a EMD, uma fabricante de locomotivas, em 2010. Para se tornar mais competitiva em relação à GE, a Caterpillar fechou as fábricas de locomotivas sindicalizadas da EMD em Londres e Ontário, substituindo-as por novas não sindicalizadas em Muncie, Indiana e Brasil. Segundo Bill Ainsworth, que lidera o negócio ferroviário da Caterpillar, a nova fábrica de Muncie "será a fábrica de locomotivas mais eficiente do mundo".[90]

Em resposta aos esforços de corte de custos da Caterpillar, a GE eliminou 950 empregos em sua fábrica na Pensilvânia, transferindo o trabalho de produção para uma nova fábrica não sindicalizada no Texas. Com os salários dos sindicatos variando de $ 25 a $ 36 a hora, em comparação com $ 14,50 por hora na fábrica não sindicalizada de Muncie da Caterpillar, a GE teve que encontrar uma maneira de reduzir os custos.[91]

Embora a equivalência de mercado afete a probabilidade de um ataque ou de uma resposta a um ataque, a similaridade de recursos afeta, em grande parte, a capacidade de resposta, isto é, a velocidade e o vigor com que uma empresa pode responder a um ataque. Quando a similaridade de recursos é forte, a empresa que responde será geralmente capaz de igualar os movimentos estratégicos da empresa que ataca. Consequentemente, uma empresa é menos propensa a atacar empresas com níveis de recursos similares, porque é improvável que obtenha qualquer vantagem sustentada quando as outras empresas responderem. Contudo, se uma empresa é substancialmente mais forte que outra (ou seja, há baixa similaridade de recursos), então é mais provável que um ataque competitivo produza vantagem competitiva sustentada.

Em geral, quanto mais movimentos (ou seja, ataques) uma empresa inicia contra concorrentes diretos e quanto maior for a tendência de uma empresa de responder quando atacada, melhor será seu desempenho. Mais especificamente, atacantes e respondedores rápidos (empresas que são rápidas em lançar um ataque de retaliação) tendem a ganhar participação de mercado e lucros à custa dos respondedores lentos. Isso não sugere que uma estratégia de ataque frontal sempre funcione melhor. De fato, ataques podem provocar duras retaliações.

Quando a Amazon lançou seu primeiro aplicativo de *showrooming* em 2011, os varejistas tradicionais ficaram indignados. Quando os usuários escaneavam um código de barras, o aplicativo os direcionava ao mesmo produto na Amazon.com e fornecia um cupom de desconto e frete grátis. O aplicativo Firefly no telefone do Amazon Fire, assim como o aplicativo Amazon para iPhone e telefones Android, agora pode reconhecer mais de 70 milhões de produtos apenas tirando uma foto. Segundo a IDC, uma empresa

Lynn Watson/Shutterstock.com

A Best Buy viu os lucros diminuírem quase 90% em sua tentativa de acompanhar a Amazon e suas táticas de preços.

de pesquisa de mercado, um em cada cinco compradores usa um dispositivo móvel para fazer compras de varejistas *on-line* enquanto compra em lojas varejistas tradicionais.[92] Um analista da indústria de telefonia móvel chama isso de "*showrooming* em esteroides".

A Best Buy é a maior varejista de eletrônicos do mundo. Em 2015, 60% de seus consumidores circulam "nas suas lojas que exibem os produtos", pesquisando-os e, em seguida, verificando, por meio de seus *smartphones*, os preços em lojas concorrentes *on-line*, como a Amazon. A Best Buy respondeu de forma agressiva ao aplicativo de *showrooming* da Amazon: equiparou seus preços *on-line* durante todo o ano e ofereceu grandes descontos na Black Friday, a sexta-feira após o Dia de Ação de Graças (em geral, o dia de compras mais movimentado do ano). Porém, a retaliação da Best Buy trouxe um custo acentuado, causando queda de mais de 90% no seu lucro e o fechamento de mais de 50 lojas em 2012. Consequentemente, ao decidirem quando, onde e quais ações estratégicas tomar contra um concorrente direto, os gestores sempre devem considerar a possibilidade de retaliação.[93]

6

FERRAMENTA DE ESTUDO

Leia o cartão de revisão do capítulo e reveja o conteúdo.

7 Inovação e mudança

Chones/Shutterstock.com

RESULTADOS DE APRENDIZAGEM

- **7-1** Explicar por que a inovação é importante para as empresas.
- **7-2** Discutir os diferentes métodos que os gestores podem usar para gerenciar de forma eficaz a inovação em suas organizações.
- **7-3** Discutir por que a resistência à mudança pode levar ao declínio organizacional.
- **7-4** Discutir os diferentes métodos que os gestores podem usar para gerenciar melhor a mudança conforme ela ocorre.

7-1 POR QUE A INOVAÇÃO É IMPORTANTE

Aos 57 anos, o compositor Richard Einhorn perdeu a audição e temeu que nunca mais escutasse música. Então, quando foi para o Metropolitan Opera de Nova York e recebeu fones de ouvido especiais para amplificar a música, ele estava esperançoso, mas a qualidade do som era ruim, com ruído de fundo, estática e interferência. No entanto, quando assistiu a uma *performance* de *Wicked* no Kennedy Center, em Washington, Einhorn afirmou: "Pela primeira vez, desde que perdi a maior parte da minha audição, a música ao vivo era perfeitamente clara, perfeitamente limpa e incrivelmente rica. Lá estava eu em *Wicked* chorando incontrolavelmente, e olha que não gosto de musicais". O som soberbo no Centro Kennedy foi devido a um dispositivo denominado *loop* auditivo, em que um fio de cobre em torno das bordas de uma sala transmite sinais a receptores especiais embutidos diretamente na maioria dos aparelhos auditivos. Mas, ao contrário de outros dispositivos, os *loops* auditivos filtram ruído de fundo e apenas transmitem sons provenientes diretamente de microfones colocados de forma estratégica. Segundo Janice Schacter Lintz, do Hearing Access Program (Programa de Acesso à Audição), que defende a instalação de *loops* auditivos em locais públicos, com dez mil *baby boomers* completando 65 anos a cada dia e com um terço das pessoas com mais de 65 anos terem sofrido perda auditiva, "Isso não diz respeito apenas sobre os direitos de deficientes, é sobre o bom atendimento ao cliente. Esse é um grande grupo de clientes que não vai a museus, teatros ou restaurantes onde não podem ouvir. Instale um *loop*, e eles podem ouvir claramente, sem qualquer incômodo ou embaraço de usar um fone de ouvido especial".[1] **Inovação organizacional** é a implantação bem-sucedida de ideias criativas, como o *loop* auditivo no Kennedy Center, em Washington.

Podemos apenas adivinhar quais mudanças as inovações tecnológicas trarão nos próximos vinte anos. Vamos carregar computadores em nossos bolsos? Os *smartphones* de hoje são um passo nessa direção. Será que a energia solar e a eólica se tornarão mais baratas e eficientes o suficiente para que sua casa possa ter uma fonte de energia independente da rede elétrica principal? Carros totalmente automatizados, autodirigidos, conduzirão você ao trabalho (sentado no banco de trás, trabalhando com um computador *tablet* via internet de alta velocidade) na próxima década? Quem sabe? A única coisa que sabemos sobre os próximos vinte anos é que a inovação continuará a mudar a nossa vida.

*Vamos começar nossa discussão sobre inovação aprendendo sobre **7-1a ciclos de tecnologia** e **7-1b fluxos de inovação**.*

Figura 7.1

Curva S e inovação tecnológica

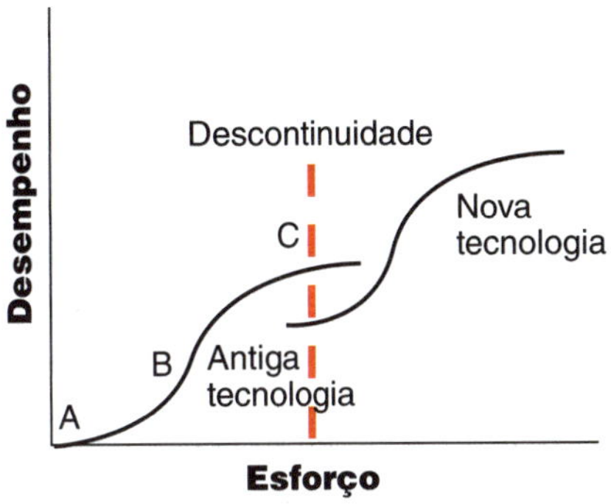

Fonte: R. N. Foster, *Innovation: the attacker's advantage* (New York: Summitt, 1986).

7-1a Ciclos de tecnologia

No Capítulo 3, você aprendeu que a tecnologia consiste em conhecimento, ferramentas e técnicas usadas para transformar insumos (matérias-primas e informações) em produtos (bens e serviços). Um **ciclo tecnológico** começa com o nascimento de uma nova tecnologia e termina quando esta atinge seus limites e é substituída por outra mais nova e substancialmente melhor.[2] Por exemplo, ciclos tecnológicos ocorreram quando os condicionadores de ar suplantaram os ventiladores, quando o modelo T de Henry Ford substituiu carruagens puxadas por cavalos, quando os aviões substituíram os trens como um meio de viagens para cruzar os Estados Unidos, quando as vacinas que impediam doenças substituíram os remédios destinados a tratá-las e quando os relógios de bateria substituíram os relógios de pulso alimentados mecanicamente.

Desde a invenção da imprensa por Gutenberg em 1448 até o rápido avanço da internet, estudos de centenas de inovações tecnológicas mostraram que quase todos os ciclos de tecnologia seguem a **curva padrão de inovação em forma de S** mostrada na Figura 7.1.[3] Como, no início de um ciclo tecnológico, ainda há muito a aprender, o progresso é lento, conforme ilustrado pelo ponto

Inovação organizacional implantação bem-sucedida de ideias criativas nas organizações.

Ciclo tecnológico ciclo que começa com o nascimento de uma nova tecnologia e termina quando esta atinge seus limites e é substituída por outra mais nova e substancialmente melhor.

Curva padrão de inovação em forma de S padrão de inovação tecnológica caracterizada, primeiro, por lento progresso, em seguida por rápido progresso e, depois, por lento progresso novamente, à medida que uma tecnologia amadurece e atinge seus limites.

A na curva S. O declive quase horizontal indica que o aumento do esforço (em termos de pesquisa e desenvolvimento) promove apenas pequenas melhorias no desempenho tecnológico.

Felizmente, à medida que a nova tecnologia amadurece, pesquisadores descobrem como obter um melhor desempenho com ela. Isso é representado pelo ponto B da curva S na Figura 7.1. A inclinação mais íngreme indica que pequenas quantidades de esforço resultarão em aumentos significativos no desempenho. No ponto C, a inclinação quase horizontal indica novamente que esforços adicionais para desenvolver essa tecnologia particular resultarão em apenas pequenos aumentos no desempenho. Mais importante ainda, no entanto, o ponto C indica que os limites de desempenho dessa tecnologia particular estão sendo alcançados. Em outras palavras, melhorias adicionais significativas no desempenho são altamente improváveis.

Os ciclos de tecnologia da Intel seguiram esse padrão. A empresa gastou bilhões para desenvolver novos *chips* de computador e construir novas instalações para produzi-los, e descobriu que o ciclo de tecnologia para seus circuitos integrados é de cerca de três anos. Em cada ciclo de três anos, a Intel gasta bilhões para introduzir um novo *chip*, melhora-o para torná-lo um pouco mais rápido a cada ano e o substitui, em seguida, no final do ciclo, por um diferente que é substancialmente mais rápido do que o antigo. Contudo, no começo (ponto A), os bilhões que a Intel gasta produzem em geral apenas pequenas melhorias no desempenho. Mas, depois de um período que varia de seis meses a um ano com um novo *design* de *chips*, o pessoal de engenharia e produção da Intel costuma descobrir como fazer os novos *chips* muito mais rápido do que inicialmente (ponto B). Porém, apesar de impressionantes ganhos de desempenho, a empresa não consegue fazer um *chip* de computador específico funcionar mais rápido porque ele atinge seus limites de *design*.

Depois que uma tecnologia atingiu os limites no topo da curva S, melhorias significativas no desempenho geralmente vêm de *designs* radicalmente novos ou de novos materiais que melhoram o desempenho. Na Figura 7.1, essa nova tecnologia é representada pela segunda curva S. A mudança ou descontinuidade entre as tecnologias antigas e novas é representada pela linha pontilhada. Em primeiro lugar, elas provavelmente coexistirão. Eventualmente, no entanto, a nova tecnologia irá substituir a antiga. Quando isso acontece, o ciclo da tecnologia antiga estará completo, e um novo terá começado. A transição entre projetos de *chips* de computador mais novos e mais antigos geralmente leva cerca de um ano. Ao longo do tempo, a melhoria da tecnologia existente (aprimorando o desempenho do ciclo tecnológico atual) e a substituição da tecnologia antiga por novos ciclos de tecnologia (novos projetos de *chips* de computador mais rápidos, substituindo os mais antigos) aumentaram a velocidade dos processadores em 300 vezes. Os processadores Xeon superpotentes de hoje, que fornecem processamento e resultados instantâneos, têm 5,5 bilhões de transistores em comparação com 3,1 milhões para processadores de 32 *bits* de 1990, 275 mil transistores para os primeiros processadores de 32 *bits* dos anos 1980 ou apenas 4.500 transistores para os de 8 *bits*, que iniciaram a computação pessoal na década de 1970.[4]

Embora a evolução dos *chips* da Intel tenha sido usada para ilustrar as curvas S e os ciclos tecnológicos, é importante notar que os ciclos tecnológicos e a inovação tecnológica não envolvem necessariamente *chips* de computador mais rápidos ou motores de automóveis mais limpos. Lembre-se: *tecnologia* é simplesmente conhecimento, ferramentas e técnicas utilizados para transformar insumos em produtos. Assim, um ciclo tecnológico ocorre sempre que há grandes avanços ou mudanças em *conhecimento, ferramentas* e *técnicas* de um campo ou disciplina, qualquer que seja.

Por exemplo, um dos ciclos tecnológicos mais importantes na história da civilização ocorreu em 1859, quando 1.300 quilômetros de linha central de esgoto foram construídos em Londres para transportar resíduos humanos para o mar a mais de 11 quilômetros de distância. Esse extenso sistema de esgoto substituiu a prática generalizada de despejar esgotos *in natura* diretamente nas ruas, onde as pessoas caminhavam por cima dele e que era drenado para poços públicos que forneciam água potável. Embora a relação entre esgoto *in natura* e cólera não fosse conhecida na época, evitar o escoamento de águas residuais contaminantes impediu a disseminação dessa doença que havia matado milhões de pessoas durante séculos, em cidades de todo o mundo.[5] Fornecimentos de água potável imediatamente se traduziram em melhor saúde e maior expectativa de vida. Na verdade, a água que você bebe hoje é segura graças a esse avanço tecnológico. Assim, ao pensar em ciclos tecnológicos, não pense automaticamente em "alta tecnologia". Em vez disso, amplie sua perspectiva considerando avanços ou mudanças em *qualquer* tipo de conhecimento, ferramentas e técnicas.

7-1b Fluxos de inovação

No Capítulo 6, você aprendeu que as organizações poderão criar *vantagem competitiva* para si mesmas se tiverem uma *competência diferenciada* que lhes permita fazer, produzir ou executar algo melhor do que seus concorrentes. Uma vantagem competitiva se tornará sustentável se outras empresas não puderem copiar os benefícios obtidos com essa competência diferenciada. No entanto, a inovação tecnológica pode permitir aos concorrentes copiar os benefícios obtidos a partir da vantagem diferenciada de uma empresa. Também pode transformar rapidamente a vantagem competitiva de uma empresa em uma desvantagem competitiva.

Há 25 anos, as câmeras digitais substituíram a tecnologia. Entretanto, com as vendas de câmeras digitais baixando 40% em quatro anos (e ainda caindo), os fabricantes estão perdendo sua vantagem competitiva para *smartphones* com recursos de foto e vídeo HD muito melhores do que as câmeras digitais básicas. De acordo com Shigenobu Nagamori, CEO da Nidec, que fabrica motores elétricos usados em eletrônicos de consumo, graças aos *smartphones*, devemos "assumir que as câmeras baratas estão mortas, assim como os PCs".[6] Tsugio Tsuchiya, gerente geral da Tamron, que fabrica lentes para DSLRS mais avançadas (câmeras digitais de uma única lente tipo *reflex*), teme que "os *smartphones* representem uma ameaça não apenas para câmeras compactas, mas também para DSLRS de nível básico", que começam em $ 400 e usam lentes intercambiáveis, como *zooms* telescópicos.[7] Mas mesmo essa vantagem pode em breve ser perdida. Segundo Symon Whitehorn, da HTC: "Creio que será necessário um período de 18 meses a dois anos até que a barreira da lente [*zoom*] comece a ser vencida. Além disso, está cada vez mais difícil justificar a compra de uma câmera convencional para uso específico, a não ser que o consumidor seja um especialista ou tenha motivação nostálgica.[8]

Figura 7.2

Fluxo de inovação: ciclos tecnológicos ao longo do tempo

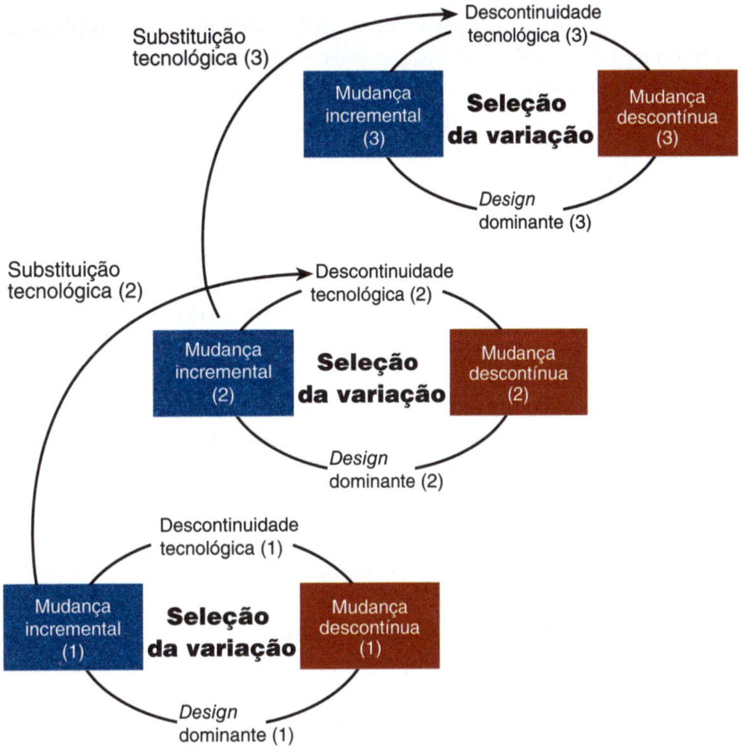

Fonte: Adaptada de M. L. Tushman; P. C. Anderson; C. O'Reilly,Technology cycles, innovation streams and ambidextrous organizations: organization renewal through innovation streams and strategic change, *On managing strategic innovation and change*, eds. M. L. Tushman; P. C. Anderson (New Oxford Press, 1997) 3-23.

As empresas que querem manter uma vantagem competitiva devem compreender as ameaças estratégicas da inovação e proteger-se delas. A longo prazo, a melhor maneira de uma empresa fazer isso é criar um fluxo de suas próprias ideias inovadoras e de produtos inovadores ano após ano. Consequentemente, definimos **fluxos de inovação** como padrões de inovação ao longo do tempo que podem criar vantagem competitiva sustentável.[9] A Figura 7.2 mostra uma inovação típica que consiste em uma série de ciclos tecnológicos. Lembre-se de que um ciclo começa com uma nova tecnologia e termina quando esta é substituída por outra mais recente e substancialmente melhor. Na Figura 7.2, o fluxo de inovação mostra três desses ciclos tecnológicos.

Um fluxo de inovação começa com uma **descontinuidade tecnológica**, na qual um avanço científico ou uma combinação exclusiva de

Oliver Hoffmann/Shutterstock.com

O grupo alemão ThyssenKrupp está desenvolvendo elevadores sem cabos que levitam magneticamente para se mover entre os pisos, vertical e horizontalmente!

Fluxos de inovação padrões de inovação ao longo do tempo que podem criar uma vantagem competitiva sustentável.

Descontinuidade tecnológica fase de um fluxo de inovação em que um avanço científico ou uma combinação única de tecnologias existentes cria um avanço significativo no desempenho ou na função.

tecnologias existentes cria um avanço significativo no desempenho ou na função. Imagine a ineficiência de apenas um trem correndo nos trilhos entre duas cidades. Ele vai para a primeira, retorna para a segunda e assim por diante. Isso, porém, é exatamente como os elevadores funcionam para cima e para baixo, apenas uma cabine em cada poço de elevador. A **ThyssenKrupp**, fabricante do elevador Multi, espera resolver esse problema substituindo o cabo de aço de sustentação e as polias usadas para mover elevadores por levitação magnética (semelhante à usada em trens de alta velocidade) que permite que as cabines dos elevadores "flutuem" para seus destinos. Isso não só reduz o espaço necessário para elevadores pela metade, mas também, sem cabos, múltiplas cabines podem usar o mesmo eixo, assim como uma linha de metrô, e podem até mesmo se mover horizontalmente, de um lado de um edifício para outro, permitindo a concepção de prédios mais largos e de forma peculiar.[10]

As descontinuidades tecnológicas são seguidas por uma **mudança descontínua**, caracterizada por substituição tecnológica e competição de *design*. **Substituição tecnológica** ocorre quando os clientes compram novas tecnologias para substituir tecnologias antigas. Por exemplo, há apenas 20 anos, quase todos os telefonemas eram feitos via telefones fixos terrestres. Mas, de acordo com o National Health Interview Survey dos Estados Unidos, 52,1% dos lares norte-americanos não têm mais telefones fixos.[11] Isso representa uma alta de 17% em relação a 2008.[12] Além disso, apenas 3,5% dos lares dos Estados Unidos têm apenas linhas fixas.[13] Finalmente, com a AT&T e a Verizon substituindo seus velhos sistemas de telefonia por cabo com redes IP sem fio, telefones fixos nem sequer serão uma opção dentro de vários anos.[14] Ironicamente, o crescente número de *hotspots* Wi-Fi gratuitos também pode representar uma ameaça para operadoras sem fio por facilitar o uso de um *smartphone* sem uma rede móvel. Charissa Struble cancelou seu contrato com a Verizon e mudou para o Wi-Fi: "Cansei de pagar uma conta exorbitante".[15] Com quase 3.100 *hotspots* por 100 mil pessoas nos Estados Unidos, o risco de deserção de clientes está crescendo. Segundo Rick Osterloh, presidente da Motorola Mobility: "A porcentagem de tempo em que um telefone está na cobertura Wi-Fi é muito alta. Esse é o início de uma tendência".[16]

A mudança descontínua também é caracterizada pela **competição de *design***, em que a tecnologia antiga e várias novas tecnologias diferentes competem para estabelecer um novo padrão tecnológico ou *design* dominante. Devido aos grandes investimentos em tecnologia antiga e porque tecnologias novas e antigas são muitas vezes incompatíveis entre si, empresas e consumidores relutam em mudar para uma tecnologia diferente durante uma competição de *design*. Por exemplo, o telégrafo era tão amplamente utilizado como meio de comunicação no final dos anos 1800 que, inicialmente, quase ninguém entendia por que os telefones seriam uma maneira melhor de se comunicar. Hoje esse cenário mudou significativamente. O tempo todo, vemos pessoas consultando telefones celulares para ver *e-mail*, textos, tuítes e correio de voz. De acordo com Edwin Schlossberg, autor do livro *Excelência interativa*: "As pessoas não conseguiam imaginar por que iriam querer ou precisavam conversar imediatamente com alguém que estava do outro lado da cidade ou, ainda mais absurdamente, em outra cidade. Embora as pessoas pudessem escrever cartas umas às outras e algumas enviassem mensagens telegráficas, a ideia de enviar a voz para outro lugar e ouvir imediatamente outra voz simplesmente não era um modelo que existisse na experiência das pessoas. Elas também não achavam que valesse pagar para acelerar o envio ou a audição de uma mensagem".[17] Além disso, durante a competição de *design*, a tecnologia mais antiga geralmente melhora significativamente em reação à ameaça competitiva das novas tecnologias. Essa reação também retarda a transição das tecnologias mais antigas para as mais recentes.

A mudança descontínua é seguida pelo surgimento de um ***design* dominante**, que se torna o novo padrão de mercado aceito para a tecnologia.[18] Os projetos dominantes surgem de várias maneiras. Uma é a massa crítica, o que significa que uma determinada tecnologia pode se tornar o *design* dominante simplesmente porque a maioria das pessoas passa a usá-la, como é o caso do Blu-ray batendo o HD-DVD. A massa crítica provavelmente de-

Mudança descontínua fase de um ciclo tecnológico caracterizada por substituição tecnológica e competição de *design*.

Substituição tecnológica aquisição de novas tecnologias para substituir as antigas.

Competição de *design* competição entre tecnologias antigas e novas para estabelecer um novo padrão tecnológico ou *design* dominante.

***Design* dominante** novo projeto ou processo tecnológico que se torna o padrão de mercado aceito.

David Becker/Getty Images News/Getty Images

Steve Mollenkopf, CEO da Qualcomm, concorda que ainda há muito trabalho a fazer quando se trata de definir padrões para telefones inteligentes 5G.

terminará o *design* dominante para o carregamento do dispositivo sem fio, em que, em vez de conectar o dispositivo para recarregar, basta colocá-lo em cima de uma estação de recarga contendo bobinas de carregamento magnético. Nos últimos anos, três tecnologias sem fio diferentes estavam tentando se tornar o padrão dominante: Power Matters Alliance (PMA) por trás da Powermat da Duracell, uma *joint venture* entre Duracell e Procter & Gamble apoiada por Google, AT&T, Starbucks e McDonald's; a Alliance for Wireless Power (A4WP) e suas esteiras de carregamento Rezence, apoiadas por Samsung, Broadcom, Deutsche Telekom e Texas Instruments, e o Wireless Power Consortium (WPC) e suas esteiras de carregamento Qi, apoiadas por LG Electronics, Energizer e Nokia. No entanto, a PMA e A4WP uniram forças para criar um novo padrão combinado para dispositivos de carregamento sem fio.[19] Mais uma vez, por que isso importa? Porque o mercado de carregamento sem fio, estimado em $ 785 milhões, deverá aumentar para $ 8,5 bilhões até 2018. Em outras palavras, tornar-se o padrão dominante vale bilhões para o vencedor.[20]

A melhor tecnologia nem sempre se torna o projeto dominante porque uma série de outros fatores entra em jogo. Por exemplo, um projeto poderá se tornar dominante se resolver um problema prático. O teclado QWERTY (nomeado a partir da linha superior esquerda das letras) transformou-se no *design* dominante para máquinas de escrever porque retardou os datilógrafos que, escrevendo rápido demais, travavam as máquinas de escrever mecânicas. Embora os computadores possam ser facilmente alterados para o *layout* do teclado Dvorak, que duplica a velocidade de digitação e reduz pela metade os erros de digitação, o QWERTY permanece como o teclado padrão. Nesse caso, o teclado resolveu um problema que, com computadores, não é mais relevante. No entanto, continua a ser o *design* dominante não porque é a melhor tecnologia, mas porque a maioria das pessoas aprendeu a digitar dessa maneira e continua a usá-lo.

Projetos dominantes também podem emergir por meio de organismos de padrões independentes. A União Internacional das Telecomunicações (UIT) (www.itu.ch) é uma organização independente que estabelece padrões para a indústria das comunicações. Ela foi fundada em Paris, em 1865, porque os países europeus tinham sistemas telegráficos diferentes que não podiam se comunicar entre si. Mensagens que cruzavam as fronteiras tinham que ser transcritas do sistema de um país antes de poderem ser codificadas e entregues em outro. Após três meses de negociações, 20 países assinaram a Convenção Telegráfica Internacional, que padronizou o equipamento e as instruções, permitindo que as mensagens telegráficas funcionassem perfeitamente de país para país. Hoje, como em 1865, várias normas são propostas, discutidas, negociadas e alteradas até que seja alcançado um acordo sobre um conjunto final de padrões que as indústrias de comunicação (internet, telefonia, satélites, rádio) seguirão em todo o mundo.

Tribunal de primeira instância e recurso de patentes

O Tribunal de Primeira Instância e Recurso de Patentes foi lançado em setembro de 2012 como parte de uma revisão do sistema de patentes realizada pelo Congresso dos Estados Unidos. Criado primeiramente para julgar em ações judiciais de quebras de patente, o novo corpo regulatório é supervisionado por 181 juízes, todos com profunda experiência em propriedade intelectual e campos técnicos. Empresas em processos de infração de patentes podem recorrer ao conselho para contestar a emissão de uma patente. Dos seus 25 acórdãos emitidos até agora, apenas alguns preservaram alguma parte da patente contestada. Muitos defensores têm aplaudido o conselho, dizendo que ele tanto ajuda as corporações a lutar contra os casos baseados em patentes vagas e incorretas como as defende de grupos que coletam grandes carteiras de patentes para usar apenas em casos de infração. Oponentes queixaram-se, no entanto, de que o conselho dificulta para detentores de patentes, especialmente pequenos inventores, preservar patentes que eles não tinham condições de garantir desde o início. Isso poderia desincentivar o trabalho no avanço tecnológico, argumentam. O conselho tem se mostrado controverso, mas certamente promete influenciar a maneira como as inovações serão feitas no futuro.

Fonte: A. Jones, New weapon in corporate patent wars, *The Wall Street Journal*, 10 mar. 2014. Disponível em: <http://online.wsj.com/news/articles/SB10001424052702304020104579431393308282698?KEYWORDS=new +weapon+in+corporate+patent+wars&mg=reno64-wsj>. Acesso em: 25 abr. 2014.

Por exemplo, o setor de telecomunicações ainda não chegou a um acordo sobre padrões para o serviço de 5G, ou quinta geração, em dispositivos móveis. As operadoras de telecomunicações esperam uma velocidade de transmissão de dados padrão de 5G de 10 *gigabits* por segundo, rápida o suficiente para fazer *download* de filmes de alta definição em segundos. Outro padrão 5G desejado é que dois dispositivos 5G se comuniquem entre si com uma latência (ou tempo de espera) de apenas um milissegundo, abaixo dos 50 milissegundos do 4G. Latências 5G mais curtas permitiriam aos médicos que trabalham em hospitais remotos realizar cirurgias baseadas em robótica, de modo a salvar vidas de pacientes em outros locais. Entretanto, padrões e tecnologia estão longe de ser definitivos. De acordo com o CEO da Qualcomm, Steve Mollenkopf: "Ainda há muito a fazer".[21]

Não importa como isso aconteça, o surgimento de um projeto dominante é um evento-chave em um fluxo de inovação. Em primeiro lugar, o surgimento de um

Comprando inovações

Nem todas as inovações são desenvolvidas internamente. Às vezes, empresas de indústrias muito diferentes se juntam para gerar verdadeiras inovações, como quando o CEO da Intel, Brian Krzanich, participa da semana da moda. Segundo Krzanich: "Quando apareço na semana da moda, o que estou tentando fazer é juntar-me a esses inovadores para realizar uma parceria com eles e mostrar-lhes o que é possível. Quero saber que problemas querem resolver, para que eu possa voltar e trabalhar neles". A rede de contatos de Krzanich produziu resultados. Uma luva carregada de sensores Intel orienta o usuário na hora de trocar um pneu e um robô Spider Dress (vestido-aranha), projetado por Anouk Wipprect e usando a tecnologia Intel, monitora os níveis de estresse do usuário e estende um conjunto de pernas protetoras se perceber que alguém está chegando muito perto.

Miro Vrlik Photography/Shutterstock.com

Fonte: R. Feitelberg, Intel CEO Plugs into FAST A/W 2015, *WWD*, 14 fev. 2015, p. 2.

design dominante indica que há vencedores e perdedores. A inovação tecnológica é tanto a melhoria de competências como sua destruição. Empresas que apostam no *design* agora dominante geralmente prosperam. Em contrapartida, quando apostam no *design* errado ou na tecnologia antiga, podem ter um **bloqueio tecnológico**, que ocorre quando um novo *design* dominante (ou seja, uma tecnologia significativamente melhor) impede uma empresa de vender seus produtos de forma competitiva ou dificulta a venda.[22]

Por exemplo, enquanto 85% dos cinemas norte-americanos (totalizando 34.161 telas) usam tecnologia digital, mil pequenas salas podem sair do negócio porque não conseguem arcar com o custo de $ 60 mil para comprar projetores digitais. Segundo Patrick Corcoran, porta-voz da Associação Nacional de Proprietários de Salas de Espetáculos: "Quando você tem um negócio e uma tecnologia que sempre funcionou, é difícil imaginar que ela vá embora. Algumas [Salas de Espetáculos] estão pensando na quantia que gastarão para isso. Alguns têm lutado para tentar arrecadar fundos".[23]

Bloqueio tecnológico incapacidade de uma empresa de vender seus produtos de forma competitiva porque se baseia em tecnologia antiga ou em um *design* não dominante.

Mudança incremental fase de ciclo tecnológico em que as empresas inovam reduzindo custos e melhorando o funcionamento e o desempenho do *design* tecnológico dominante.

De fato, é provável que mais empresas saiam do negócio em um momento de mudança descontínua e padrões em mudança do que em uma recessão ou desaceleração econômica.

Em segundo lugar, o surgimento de um *design* dominante sinaliza uma mudança da experimentação do projeto e da competição para a **mudança incremental**, uma fase em que as empresas inovam reduzindo o custo e melhorando o funcionamento e o desempenho do projeto dominante. Por exemplo, as eficiências de fabricação permitem à Intel cortar o custo de produção de seus *chips* pela metade ou a dois terços durante um ciclo tecnológico, duplicando ou triplicando sua velocidade de processamento. Esse foco na melhoria do *design* dominante continua até ocorrer a próxima descontinuidade tecnológica.

7-2 GESTÃO DA INOVAÇÃO

Uma consequência dos ciclos tecnológicos e dos fluxos de inovação é que os gestores devem ser igualmente bons na gestão da inovação em duas circunstâncias muito diferentes. Em primeiro lugar, durante a mudança descontínua, as empresas devem encontrar uma maneira de antecipar as mudanças tecnológicas e sobreviver a elas, pois essas transformações podem de repente transformar líderes da indústria em perdedores e empresas desconhecidas da indústria em potências. As empresas que não conseguirem gerenciar a inovação após descontinuidades tecnológicas correm o risco de um rápido declínio organizacional e insolvência. Em segundo lugar,

Figura 7.3

Componentes de ambientes de trabalho criativos

Fonte: T. M. Amabile; R. Conti; H. Coon; J. Lazenbye M. Herron, Assessing the work environment for creativity, *Academy of Management Journal* 39 (1996): 1154-1184.

após surgir um novo *design* dominante em consequência da mudança descontínua, as empresas devem gerenciar o processo de modo diferente quando se tratar de inovação incremental. As empresas que não conseguirem gerenciar a inovação incremental se deterioram lentamente, ficando atrás dos líderes da indústria.

Infelizmente, o que funciona bem quando se gerencia a inovação durante a mudança descontínua não funciona bem na gestão da inovação durante períodos de mudança incremental (e vice-versa).

Consequentemente, para gerenciar com sucesso fluxos de inovação, as empresas precisam ser boas em três aspectos: ***7-2a gerenciando fontes de inovação, 7-2b gerenciando a inovação durante a mudança descontínua*** *e* ***7-2c gerenciando a inovação durante a mudança incremental.***

7-2a Gestão de fontes de inovação

A inovação vem de grandes ideias. Assim, um ponto de partida para gerenciar a inovação é a gestão das fontes de inovação, ou seja, de onde surgem novas ideias. Em geral, novas ideias se originam de inventores brilhantes. Todavia, apenas algumas empresas têm talentos de um Thomas Edison ou Alexander Graham Bell. Dado que os grandes pensadores e inventores estão em falta, o que as empresas podem fazer para garantir uma quantidade constante de boas ideias?

Bem, quando afirmamos que a inovação começa com grandes ideias, na verdade, estamos querendo dizer que a inovação começa com a criatividade. Como a definimos no começo deste capítulo, criatividade é a geração de ideias novas e úteis.[24] Embora as empresas não possam exigir que os funcionários sejam criativos ("Vocês *serão* mais criativos!"), elas podem dar início à inovação criando **ambientes de trabalho criativos** nos quais os trabalhadores percebem que pensamentos e ideias criativos são bem-vindos e valorizados. Como mostra a Figura 7.3, os ambientes de trabalho criativos têm seis componentes que incentivam a criatividade: trabalho desafiador, incentivo organizacional, encorajamento da supervisão, incentivo do grupo de trabalho, liberdade e ausência de impedimentos organizacionais.[25]

O trabalho é *desafiador* quando requer esforço, exige atenção e foco, e é percebido como importante para os outros na organização. Segundo o pesquisador Mihaly Csikszentmihalyi, o trabalho desafiador promove a criatividade porque cria uma experiência psicológica gratificante conhecida como **fluxo**, um estado psicológico de ausência de esforço, no qual você se torna completamente absorvido pelo que está fazendo e o tempo parece voar. Quando o fluxo ocorre, quem você é e o que está fazendo se tornam uma coisa só. Csikszentmihalyi primeiro encontrou fluxo ao estudar artistas: "O que me impressionou ao olhar para os artistas trabalhando foi o tremendo foco no trabalho, esse enorme envolvimento, esse esquecimento do tempo e do corpo. Não era justificado pela expectativa de recompensas, como 'Ah, vou vender este quadro'".[26] Csikszentmihalyi descobriu que jogadores de xadrez, escaladores, dançarinos, cirurgiões e atletas também passam regularmente por fluxo. Hoje, alcançar o fluxo é cada vez mais desafiador. Um estudo recente realizado pela professora Gloria Mark, da Universidade da Califórnia, em Irvine, descobriu que os trabalhadores se concentram na tela do computador em média 1 minuto e 15 segundos antes de desviarem a atenção, comparado com 2 minutos e 18 segundos em 2008. A fabricante de móveis **Steelcase** projetou uma estação de trabalho que, de acordo com o *designer* Mark McKenna, incentiva o fluxo, reduzindo a ansiedade latente dos trabalhadores e distrações do ambiente físico. Mas Mark é cética ao argumentar que os trabalhadores sofrem mais de distrações digitais. Em 2015, ela constatou que, diariamente, os trabalhadores visitavam o Facebook em média 21 vezes e verificavam o *e-mail* 74 vezes.[27]

Remover distrações ajuda na criação de um ambiente propício ao fluxo. Outra parte fundamental da criação de experiências de fluxo e, portanto, de

Ambientes de trabalho criativos culturas de ambientes de trabalho em que as pessoas percebem que novas ideias são bem-vindas, valorizadas e encorajadas.

Fluxo estado psicológico de ausência de esforço, em que você se torna completamente absorto no que está fazendo e o tempo parece passar rapidamente.

ambientes de trabalho criativos é conseguir um equilíbrio entre habilidades e desafio de tarefa. Os trabalhadores ficam entediados quando podem fazer mais do que é exigido deles ou se tornam ansiosos quando suas habilidades não são suficientes para realizar uma tarefa. Porém, quando os desafios de habilidades e tarefas são equilibrados, fluxo e criatividade podem ocorrer.

Um ambiente de trabalho criativo requer três tipos de encorajamento: organização, de supervisão e do grupo de trabalho. O *incentivo organizacional* à criatividade ocorre quando a direção estimula a tomada de riscos e novas ideias, apoia e avalia de forma justa novas ideias, recompensa e reconhece a criatividade e encoraja o compartilhamento de novas ideias em diferentes partes da empresa. Quando David Richter se tornou o vice-presidente de tecnologia da informação na **Kimberly-Clark**, a divisão havia acabado de ter uma rodada bem expressiva de demissões. Um ano depois, 200 engenheiros de TI foram contratados de volta. "Tínhamos um moral e um comprometimento de empregados muito baixo. [...] As pessoas estavam em um modo de autopreservação." Criatividade, inovação e tomada de riscos estavam paralisadas porque as pessoas tinham medo de perder seus empregos novamente. De acordo com o vice-presidente: "Havia um medo palpável de que, se tentassem alguma coisa e fracassassem, isso prejudicaria suas carreiras para sempre". Assim, Richter encorajou a criatividade ao recompensar ideias criativas com financiamento de "*start-up*". Qualquer pessoa com uma ideia poderia apresentá-la a ele em 30 minutos ou menos. Não precisava de uma apresentação em PowerPoint. A única exigência antes de apresentar era um formulário de uma página que solicitava uma explanação a respeito do benefício, dos recursos que demandaria e do escopo da ideia. Segundo Richter: "É simples assim. Lance a ideia. E, se for boa, vamos levar adiante". Se o teste-piloto da ideia tivesse êxito, Richter forneceria recursos significativos para implementá-la em toda a divisão. Finalmente, para celebrar e encorajar a tomada de riscos, ele compartilhou todas as ideias dos funcionários, quer funcionassem ou não, na intranet da divisão. Para Richter: "O fracasso é simplesmente a oportunidade de começar de novo, dessa vez com mais inteligência. É sobre o que aprendemos com o fracasso. Não a própria falha. Comemoramos esse aprendizado".[28]

O *encorajamento da supervisão* para a criatividade ocorre quando os supervisores fornecem metas claras, incentivam a interação aberta com os subordinados e apoiam ativamente o trabalho e as ideias das equipes de desenvolvimento. Quando se trata de metas claras, Andrew McAfee do MIT diz ser específico. Para McAfee, metas do tipo "Precisamos descobrir por que tantas pessoas estão deixando nosso *site* antes de concluir uma transação" ou "Como podemos aumentar as vendas para as mulheres em seus 30 anos?" são muito melhores na geração de inovações do que metas amplas, como "Qual deve ser a nossa próxima grande ideia?".[29] A Burberry, a marca britânica de luxo, por sua vez, inovou ao promover a interação aberta em todos os níveis. De acordo com ex-CEO Angela Ahrendts, o "Conselho de Inovação Estratégica" da Burberry é "um fórum mensal para a nossa próxima geração de grandes pensadores, presidida por nossos principais criadores. E a missão do conselho é simples: sonhar".[30] Da mesma forma, a Burberry adotou uma plataforma de mídia social usada para trabalhar com clientes e transformou-a no "Burberry Chat", que permite a todos na empresa participar de discussões amplas e direcionadas, assegurando, segundo Ahrendts, que "todo mundo tem uma voz e cada voz é ouvida".[31]

O *incentivo ao grupo de trabalho* ocorre quando os membros do grupo têm experiências, educação e formação diversas e o grupo promove abertura mútua, desafio positivo e construtivo e comprometimento compartilhado com ideias. *Liberdade* significa ter autonomia sobre o trabalho cotidiano e um senso de propriedade e controle sobre as próprias ideias. Numerosos estudos têm indicado que ideias criativas prosperam sob condições de liberdade.

Para estimular a criatividade, as empresas também podem ter que *remover impedimentos* à criatividade de seus ambientes de trabalho. Conflito interno e lutas de poder, rígidas estruturas de gestão e um viés conservador em relação ao *status quo* podem desencorajar a criatividade. A existência desses fatores cria a percepção de que outros na organização decidirão quais ideias são aceitáveis e merecem apoio. Como ocorreu com Richter na Kimberly-Clark, quando Jim Donald se tornou CEO da **Extended Stay America**, a empresa acabava de sair da falência e gestores e funcionários estavam preocupados com a possibilidade de perder seus empregos e tinham medo de tomar decisões que envolviam gastar dinheiro. Segundo Donald: "Eles estavam esperando ser informados sobre o que fazer. Tinham medo de fazer as coisas". Então, o CEO removeu o maior impedimento à criatividade, o medo, distribuindo cartões em que estava escrito "Saia da prisão, liberte-se". Se alguém tomasse uma decisão ou assumisse grandes riscos para tentar coisas novas ou melhorar o desempenho, poderia "jogar" o cartão, como no jogo de tabuleiro Monopólio, sem se preocupar com as consequências. De acordo com Donald, os gerentes de

Ken Wolter/Shutterstock.com

hotel têm enviado cartões com breves notas explicando as tentativas que realizaram. Por exemplo, quando uma gerente de Nova Jersey soube que uma equipe de produção estaria rodando um filme na área, ela ligou para os responsáveis pela filmagem e fechou um acordo que resultou em uma longa estadia para a equipe, gerando 250 mil em receita para o hotel.[32]

7-2b Abordagem experiencial: gerenciando a inovação durante a mudança descontínua

Um estudo de 72 projetos de desenvolvimento de produtos (ou seja, inovação) realizado em 36 empresas de computadores dos Estados Unidos, da Europa e da Ásia lança luz sobre como gerenciar a inovação. As empresas que tiveram sucesso em períodos de mudanças descontínuas (caracterizadas pela substituição tecnológica e pela competição de *design*, conforme descrito anteriormente) seguiram uma abordagem baseada em experimentação para a inovação.[33] A **abordagem baseada em experimentação para a inovação** pressupõe que esta ocorre em um ambiente altamente incerto e que a chave para a rápida inovação de produtos é usar intuição, opções flexíveis e experiência prática para reduzir a incerteza e acelerar o aprendizado e a compreensão. A abordagem baseada em experimentação para a inovação tem cinco aspectos: iterações de projeto, testes, marcos fundamentais, equipes multifuncionais e líderes poderosos.[34]

Uma *iteração* é uma repetição. Assim, uma **iteração de projeto** é um ciclo de repetição no qual uma empresa testa um protótipo de um novo produto ou serviço, melhora o projeto e, em seguida, constrói e testa o protótipo de produto ou serviço melhorado. Um **protótipo de produto** é um modelo de trabalho em grande escala que está sendo testado em termos de *design*, função e confiabilidade. Por exemplo, o Oculus VR do Facebook projetou capacetes de realidade virtual (ou seja, óculos para realidade virtual) para serem usados em simulações e jogos digitais. A Oculus colocou no mercado 60 mil unidades de seu primeiro protótipo de produto e usou o *feedback* resultante para desenvolver seu segundo protótipo, o DK2, que foi pré-vendido a desenvolvedores de jogos que não só testarão o DK2, mas também verificarão se os jogos digitais projetados funcionarão com o DK2.[35]

Teste é uma comparação sistemática de diferentes projetos de produto ou iterações de projeto. Empresas que querem criar um novo *design* dominante após uma descontinuidade tecnológica rapidamente constroem, testam, melhoram e testam novamente uma série de protótipos de produtos diferentes. Embora muitas empresas estejam desenvolvendo carros sem motorista, o protótipo de testes ocorreu em ambientes controlados (o carro sem condutor do Google sempre tem um motorista ao volante ao trafegar em vias públicas, para o caso de necessidade), que muitas vezes carecem de autenticidade, e no caos da condução diária. Isso mudou em 2015 com a abertura da **M City**, uma minimetrópole de 93.000 m² localizada em Ann Arbor, em Michigan, com 40 fachadas de construção, uma ponte, um túnel, uma rotatória, estradas de cascalho, interseções angulares, visibilidade obstruída e até mesmo robôs pedestres empurrando carrinhos de bebê. A M City permite aos pesquisadores testar o que acontece se, digamos, uma luz vermelha falhar, algo que nunca poderiam fazer em ruas da cidade real. Segundo Hideki Hada, gerente de sistemas eletrônicos da **Toyota**: "Nunca faríamos qualquer teste perigoso ou arriscado na via aberta. Então, esse será um bom lugar para testar algumas das próximas tecnologias".[36]

Quando se testam alguns projetos muito diferentes ou realizam-se sucessivas melhorias e mu-

FAZENDO A COISA CERTA

Trabalho criativo

Roubar ideias nunca é uma boa ideia. Ao tomar o crédito pelo excelente trabalho de outras pessoas, você está desconsiderando totalmente os esforços que elas colocaram para pensar e desenvolver a próxima grande ideia que vai alimentar o sucesso de sua empresa. Entretanto, você sabia que roubar ideias também é ruim para toda a organização? Quando você rouba ideias de outros, isso realmente esmaga os poderes criativos em sua empresa. Afinal de contas, se outra pessoa vai tomar o crédito por todo o seu trabalho criativo e obter todos os benefícios, para que se dar ao trabalho? Por que até mesmo se preocupar em pensar em algo inovador? Então, faça a coisa certa e não roube as ideias dos outros. Isso vai ajudar a manter o fluxo criativo.

Fonte: S. Carson, Plagiarism and its effect on creative work, *Psychology Today*, 16 out. 2010. Disponível em: <http://www.psychologytoday.com/blog/life-art/201010/plagiarism -and-its-effect-creative-work>.

Abordagem baseada em experimentação para a inovação abordagem que assume um ambiente altamente incerto e usa intuição, opções flexíveis e experiência prática para reduzir a incerteza e acelerar o aprendizado e a compreensão.

Iteração de *design* ciclo de repetição no qual uma empresa testa um protótipo de um novo produto ou serviço, aprimora esse projeto e depois constrói e testa o protótipo melhorado.

Protótipo de produto modelo de trabalho em grande escala cujo *design*, função e confiabilidade estão sendo testados.

Teste comparação sistemática de diferentes *designs* de produto ou iterações de projeto.

danças no mesmo projeto, frequentes iterações reduzem a incerteza e melhoram a compreensão. Simplificando, quanto mais protótipos você construir, haverá mais possibilidade de aprender o que funciona ou o que não funciona. Além disso, quando projetistas e engenheiros constroem uma série de protótipos, eles tendem a não se apaixonar por um protótipo específico. Em vez disso, estarão mais preocupados com a melhoria do produto ou da tecnologia, tanto quanto puderem. Testes também aceleram e melhoram o processo de inovação. Quando dois protótipos de projeto muito diferentes são comparados ou a nova iteração do projeto é testada em relação à anterior, pontos fortes e fracos do projeto do produto tornam-se rapidamente evidentes. Da mesma forma, o teste também descobre erros no início do processo de projeto quando são mais fáceis de corrigir. Finalmente, o teste acelera o aprendizado e a compreensão, forçando engenheiros e projetistas a examinar dados precisos sobre o desempenho do produto. Quando há provas sólidas de que os protótipos estão funcionando bem, a confiança da equipe de projeto cresce. Além disso, a ocorrência de conflito pessoal entre os membros da equipe de projeto é menos frequente quando o teste se concentra em medições objetivas e factuais, em vez de intuição pessoal e preferências pessoais.

Marcos fundamentais são pontos formais de revisão do projeto usados para avaliar seu progresso e desempenho. Por exemplo, uma empresa que estabeleceu concluir um projeto em um cronograma de 12 meses pode programar marcos fundamentais nos pontos de três, seis e nove meses do cronograma. Ao levarem as pessoas a avaliar regularmente o que estão fazendo, o quão bem estão executando e se precisam tomar medidas corretivas, os marcos fundamentais fornecem estrutura ao caos geral que se segue às descontinuidades tecnológicas. Reuniões regulares sobre os marcos fundamentais dão às pessoas um senso de realização e podem encurtar o processo de inovação, criando um senso de urgência que mantém as pessoas concentradas na tarefa. O **Google** gasta $ 9,8 bilhões anualmente em pesquisa e desenvolvimento. Contudo, seu crescimento e tamanho retardaram o ritmo da inovação. Para Eric Schmidt, presidente do Google: "Todos nós acreditamos que podemos executar mais rápido". Para criar um senso de urgência, o Google Advanced Technology and Project Lab agora coloca um limite de dois anos nos projetos de pesquisa. Depois desse período, os projetos malsucedidos são descartados, enquanto os bem-sucedidos avançam dentro do Google, são desmembrados ou licenciados para outras empresas. O prazo de dois anos força as equipes de projeto a tomar decisões rápidas e focadas. De acordo com Eric Schmidt: "Gostamos desse modelo porque pressiona as pessoas a ter um bom desempenho e fazer coisas relevantes ou parar".[37]

Marcos fundamentais pontos formais de revisão do projeto usados para avaliar o seu progresso e o seu desempenho.

Equipes multifuncionais equipes de trabalho compostas por pessoas de diferentes departamentos.

Equipes multifuncionais são equipes de trabalho compostas por pessoas de diferentes departamentos. Elas aceleram o aprendizado e a compreensão, misturando e integrando atividades técnicas, de *marketing* e de manufatura. Ao envolverem todos os departamentos-chave no desenvolvimento desde o início, equipes multifuncionais aceleram a inovação por meio da identificação precoce de novas ideias ou problemas que, em geral, só teriam sido gerados ou abordados muito mais tarde. Tim Cook, CEO da **Apple**, atribuiu a Steve Zadesky, um ex-engenheiro da Ford que liderou as equipes que desenvolveram o iPhone e o iPad, a liderança de um projeto secreto de automóvel, chamado de código Titan, aparentemente para competir com os carros elétricos da Tesla. Zadesky está construindo uma equipe multifuncional com funcionários de diferentes partes da Apple, além de recrutar pessoas de fora com experiência no desenvolvimento de carros-conceito da Ford e da Mercedes Benz e experiência em tecnologia de baterias de carros elétricos.[38]

Líderes poderosos fornecem visão, disciplina e motivação para manter o processo de inovação concentrado no tempo e alvo certos. Eles são capazes de obter recursos quando isso é necessário, são geralmente mais experientes, têm alto *status* na empresa e são diretamente responsáveis pelo sucesso ou fracasso dos produtos. Em média, os líderes poderosos podem concluir projetos relacionados à inovação nove meses mais rápido do que líderes com pouca influência ou poder.

7-2c Abordagem de compressão: gerenciando a inovação durante a mudança incremental

Enquanto a abordagem experiencial é usada para gerenciar a inovação em ambientes altamente incertos durante períodos de mudança descontínua, a abordagem de compressão é utilizada para gerenciar a inovação em ambientes mais estáveis durante períodos de mudança incremental. Considerando que os objetivos da abordagem baseada em experimentação são melhorias significativas no desempenho e no estabelecimento de um *novo* design dominante, os objetivos da abordagem de compressão são custos mais baixos e melhorias incrementais no desempenho e na função do projeto dominante *existente*.

Em cada abordagem, as estratégias gerais também são diferentes. Com a abordagem baseada em experimentação, a estratégia geral é construir algo novo, diferente e substancialmente melhor. Como há muita incerteza, ou seja, ninguém sabe qual tecnologia se tornará líder de mercado, as empresas adotam uma abordagem de vencedor-leva-tudo, tentando criar um *design* dominante líder do mercado. Com a abordagem de compressão, a estratégia geral é comprimir o tempo e as etapas necessárias para promover pequenas e consistentes melhorias no desempenho e na funcionalidade. Como já existe um projeto tecnológico dominante, a estratégia geral é continuar a melhorar a tecnologia existente o mais rápido possível. Por exemplo, depois de usar uma abordagem baseada em experimentação e investir $ 50 bilhões para desenvolver seu inovador jato de passageiros Dreamliner 787, a Boeing agora está mudando para uma abordagem de compressão para a inovação. Segundo Dennis Muilenburg, diretor de operações: "No passado, certamente dissemos que nossos melhores engenheiros estavam trabalhando na nova coisa. Agora queremos que eles trabalhem em reúso inovador".[39] Da mesma forma, Ray Conner, CEO da unidade de aviões comerciais da Boeing, afirmou o seguinte: "Não é para não inovar, [mas] como inovar para ser mais viável? Como inovar para ser mais confiável?".[40]

Em suma, uma **abordagem de compressão para a inovação** pressupõe que a inovação é um processo previsível, que a inovação incremental pode ser planejada usando uma série de etapas e que comprimir o tempo necessário para concluir essas etapas pode acelerar a inovação. A abordagem de compressão para a inovação tem cinco aspectos: planejamento, envolvimento do fornecedor, encurtamento do tempo de etapas individuais, etapas sobrepostas e equipes multifuncionais.[41]

No Capítulo 5, *planejamento* foi definido como a escolha de um objetivo e de um método ou estratégia para atingir esse objetivo. Quando se *planeja a inovação incremental*, o objetivo é espremer ou comprimir o tempo de desenvolvimento tanto quanto possível, e a estratégia geral é criar uma série de etapas planejadas para atingir esse objetivo. Planejar inovações incrementais ajuda a evitar etapas desnecessárias e permite que os desenvolvedores as sequenciem na ordem correta para evitar desperdício de tempo e atrasos entre elas. Planejar também reduz mal-entendidos e melhora a coordenação.

A maior parte do planejamento para a inovação incremental é baseada na ideia de **mudança geracional** que ocorre quando são feitas melhorias incrementais em um *design* tecnológico dominante, de modo que a versão melhorada da tecnologia seja totalmente compatível com a versão mais antiga.[42] A maioria dos computadores, por exemplo, tem *slots* de entrada USB (barramento serial universal) para conectar *pen drives* USB, monitores ou discos rígidos externos usados para armazenamento de *backup*. O USB 3.1, o padrão USB mais recente, pode transferir mais de 10 Gbps (*gigabytes* por segundo), em comparação com os dispositivos USB 3.0 que operam a 5 Gbps ou dispositivos USB 2.0 que operam a aproximadamente 1/2 Gbps.[43] O que acontece se você compra um novo computador com *slots* USB 3.1, mas ainda possui um disco rígido externo USB 3.0 e um *pen drive* USB 2.0? Ambos funcionarão porque são compatíveis com USB 3.1, mas a velocidades mais lentas.

Como a abordagem de compressão pressupõe que a inovação pode seguir uma série de etapas pré-planejadas, uma das maneiras de encurtar o tempo de desenvolvimento é o *envolvimento do fornecedor*. Delegar algumas das etapas pré-planejadas no processo de inovação a fornecedores externos reduz a quantidade de trabalho que as equipes internas de desenvolvimento devem fazer. Além disso, os fornecedores propiciam uma fonte alternativa de ideias e conhecimentos que podem levar a melhores projetos.

Outra maneira de reduzir o tempo de desenvolvimento é simplesmente *encurtar o tempo de etapas individuais* no processo de inovação. Uma maneira comum de fazer isso é por *design* assistido por computador (CAD) que acelera o processo de projeto, permitindo que projetistas e engenheiros façam e testem alterações de projeto usando modelos de computador, em vez de testarem fisicamente protótipos caros. O CAD também acelera a inovação, e isso nos permite verificar mais facilmente como as mudanças no projeto afetam a engenharia, as compras e a produção. Por exemplo, o *software* de desenho 3-D reduz o tempo e o custo envolvidos na criação de novos produtos. O *software* de simulação **Ansys** mostra como os produtos realmente funcionam no mundo real. Criado por 600 doutores, ele usa algoritmos avançados para refletir a física de calor, fricção, fluidos, cargas e estresse, permitindo aos usuários simular qualquer coisa, desde raquetes de tênis a coeficientes de solavancos de passageiros em decolagens e aterrissagens de aviões. Em vez de testarem dezenas de modelos de produtos, os usuários da Ansys economizam tempo e dinheiro ao permitirem que o *software* faça os testes. Jim Shaikh queria projetar uma garrafa de bebê que sempre aquecesse o leite instantaneamente na temperatura certa. Então, ele usou Ansys para testar diferentes projetos e plásticos. O melhor *design*, de acordo com o *software*, era uma garrafa com um elemento interno que aquece o leite à medida que passa através do bico para o bebê. Somente depois de finalizar o projeto com milhares de testes em Ansys, Shaikh gastou $ 1.500 para produzir um protótipo do produto acabado.[44]

iStockphoto.com/Edin

Em um processo de projeto sequencial, cada etapa deve ser concluída antes de o próximo passo começar. Mas, às vezes, várias etapas de desenvolvimento podem ser executadas ao mesmo tempo. *Etapas sobrepostas* encurtam o processo de desenvolvimento reduzindo atrasos ou tempo de espera entre as etapas.

Abordagem de compressão para a inovação pressupõe que a inovação incremental pode ser planejada por meio de uma série de etapas e que a compressão delas pode acelerar a inovação.

Mudança geracional mudança baseada em melhorias incrementais de um *design* tecnológico dominante em que a tecnologia melhorada é totalmente compatível com a tecnologia mais antiga.

7-3 DECLÍNIO ORGANIZACIONAL: O RISCO DE NÃO MUDAR

Fundada em 1921, em Boston, como uma loja para entusiastas do radioamadorismo, a **RadioShack** cresceu chegando a mais de sete mil lojas com uma larga escala de componentes usados para construir ou reparar vários dispositivos eletrônicos. De fato, antes de começar a **Apple**, os cofundadores Steve Jobs e Steve Wozniak compraram peças na RadioShack para fazer um dispositivo *"blue box"* que ilegalmente fazia chamadas de longa distância gratuitas (o que era fundamental quando as ligações de longa distância custavam 40 centavos de dólar por minuto).[45] O crescimento da RadioShack foi impulsionado pela primeira vez por amadores (*nerds* como Jobs e Wozniak) e depois pelas vendas de baterias, computadores e telefones celulares. O TRS-80, introduzido em 1977, foi um dos primeiros PCs amplamente populares. Depois dos computadores, que parou de produzir em 1993, seu próximo ciclo de crescimento veio de telefones celulares. As empresas de telefonia inicialmente usaram a RadioShack para inscrições e prestação de serviços a clientes, mas isso mudou quando elas finalmente estabeleceram suas próprias lojas de varejo. A RadioShack se afastou de seu foco no atendimento a usuários avançados de tecnologia e aficionados, abrindo lojas eletrônicas e de eletrodomésticos sem sucesso, como Computer City e Incredible Universe, nas quais perdeu centenas de milhões de dólares nos anos 1990. Superada pela BestBuy no varejo tradicional, e nunca realmente competitiva na internet, a RadioShack faliu na primavera de 2015, depois de perder 936 milhões de dólares desde 2011, o último ano em que foi lucrativa.[46]

Ken Wolter/Shutterstock.com

"A Radioshack abriu falência em 2015 e foi adquirida por seu maior credor, o fundo de investimentos especulativos Standard General."

As empresas operam em um ambiente em constante mudança. Reconhecer as mudanças internas e externas e adaptar-se a elas pode significar a diferença entre o sucesso contínuo e a saída do negócio. As empresas que não mudam correm o risco de **declínio organizacional**,[47] que ocorre quando as empresas não antecipam, não reconhecem, não neutralizam as pressões internas ou externas que ameaçam sua sobrevivência ou não se adaptam a elas. Em outras palavras, declínio ocorre quando as organizações não reconhecem a necessidade de mudança. Há cinco estágios de declínio organizacional: cegueira, inação, ação errada, crise e ruína.

Declínio organizacional uma grande diminuição no desempenho organizacional que ocorre quando as empresas não antecipam, não reconhecem, não neutralizam as pressões internas ou externas que ameaçam sua sobrevivência ou não se adaptam a elas.

No *estágio de cegueira*, o declínio começa porque os principais gestores não são capazes de reconhecer as mudanças internas ou externas que prejudicarão as organizações. Essa cegueira pode ocorrer porque as empresas simplesmente ignoram as mudanças ou são incapazes de compreender o significado delas. Pode também vir do excesso de confiança que pode se desenvolver quando uma empresa é bem-sucedida.

No *estágio de inação*, à medida que os problemas de desempenho organizacional se tornam mais visíveis, a direção pode reconhecer a necessidade de mudar, mas não adotam nenhuma ação. Os gestores podem estar esperando para ver se os problemas vão se resolver por si mesmos ou podem achar difícil mudar as práticas e políticas que anteriormente levaram ao sucesso. Às vezes, eles também assumem, de forma equivocada, que podem corrigir os problemas com facilidade, já que não consideram a situação urgente.

No *estágio de ação errada*, diante dos custos crescentes e da diminuição dos preços e da participação de mercado, a direção anunciará planos de contenção de despesas projetados para cortar custos, aumentar a eficiência e restaurar lucros. Em outras palavras, em vez de reconhecerem a necessidade de mudanças fundamentais, os gestores assumem que, se apenas apertarem o cinto, o desempenho da empresa retornará aos níveis anteriores.

No *estágio de crise*, é provável que ocorra falência ou solvência (falência da empresa e venda de partes dela), a menos que a empresa reorganize completamente a forma como faz negócios. Contudo, nesse ponto, as empresas carecem, em geral, de recursos para mudar totalmente a forma como operam os negócios. Reduções e demissões terão reduzido o nível de talento entre os funcionários. Além disso, gestores talentosos suficientemente esclarecidos para ver a crise chegando terão encontrado empregos em outras empresas, muitas vezes nos concorrentes. Nessa fase, com a esperança de gerar dinheiro suficiente para financiar um tão necessário redesenho de suas lojas restantes, a RadioShack tomou $ 835 milhões em empréstimos e fechou 1.100 lojas. No entanto, durante a temporada de festas de 2014, as finanças corporativas equivaliam a apenas $ 15 mil em caixa por loja.[48]

No *estágio de ruína*, depois de não ter feito as mudanças necessárias para sustentar a organização, a empresa é dissolvida por meio de processos de falência ou pela venda de ativos para liquidar dívidas com fornecedores, bancos e outros credores. Nesse ponto, um novo CEO pode ser contratado para supervisionar o fechamento de lojas, escritórios e instalações de fabricação, a demissão final de gestores e funcionários, e a venda de ativos. É importante notar que o declínio é reversível em cada um dos quatro primeiros estágios e que nem todas as empresas nessa situação chegam à ruína final. A RadioShack declarou falência em fevereiro de 2015 e foi adquirida pelo seu maior credor, o fundo de investimentos especulativos Standard General. Mil e setecentas lojas continuarão operando, mas 1.400 exibirão a marca Sprint/Radio Shack. A Sprint e seus funcionários usarão aproximadamente um terço de cada loja para vender e exibir telefones celulares Sprint e produtos relacionados.[49]

iStockphoto.com/ Viorika

O Beijo do Sim ocorre quando alguns dos resistentes mais fortes apoiam mudanças em público, mas depois as ignoram no âmbito privado.

7-4 GERENCIANDO A MUDANÇA

De acordo com o psicólogo social Kurt Lewin, mudança é uma função das forças que a promovem e das forças opostas que a retardam ou resistem a ela.[50] **Forças de contraposição** às forças de mudança, as **forças de resistência** sustentam o *status quo*, isto é, as condições existentes numa organização. Mudança é difícil sob quaisquer circunstâncias. As programações de produção nos *sets* de filmagem mudaram muito quando os diretores passaram de filmagens em rolos de filme para gravações digitais. Quando se filma com um rolo de filme, uma nova bobina tem de ser carregada a cada dez minutos, criando intervalos frequentes quando as estrelas voltam para seus *trailers* para decorar, ensaiar ou descansar. Como não há bobinas de filme com gravação digital, a gravação pode ocorrer continuamente, reduzindo significativamente o tempo e os custos de produção do filme. Alguns atores famosos, no entanto, não gostaram da mudança. O ator Robert Downey Jr. queixou-se: "Não consigo trabalhar assim. Nunca vou para o meu *trailer*. [...] Fico em pé 14 horas por dia, filmando o tempo todo".[51]

Resistência à mudança é causada por interesse próprio, mal-entendidos e desconfianças, e uma intolerância geral pela mudança.[52] As pessoas resistem à mudança *por interesse próprio*, porque temem que a mudança lhes cause algum custo ou privação de algo que valorizam. A resistência pode resultar de um medo de que as mudanças resultarão em perda de salário, poder, responsabilidade ou mesmo talvez do próprio emprego.

As pessoas também resistem por causa de *mal-entendidos e de desconfianças*, por não entenderem a mudança ou as razões disso ou por desconfiarem das pessoas, geralmente da gestão, por trás desse processo. A resistência nem sempre é visível a princípio. Na verdade, alguns dos mais fortes resistentes podem inicialmente apoiar as mudanças em público, balançando a cabeça e sorrindo em sinal de concordância, mas depois as ignoram no âmbito privado e fazem o trabalho como sempre fizeram. O consultor de gestão Michael Hammer chama essa forma mortal de resistência de "Beijo do Sim".[53]

A resistência também pode vir de uma baixa tolerância geral à mudança. Algumas pessoas são simplesmente menos capazes de lidar com a mudança do que outras. Pessoas com *baixa tolerância à mudança* sentem-se ameaçadas pela incerteza associada a ela e se preocupam com o fato de possivelmente não conseguirem aprender as novas habilidades e comportamentos necessários para negociar com sucesso a mudança em suas empresas.

Forças de mudança forças que produzem diferenças na forma, qualidade ou condição de uma organização ao longo do tempo.

Forças de resistência forças que apoiam as condições existentes nas organizações.

Resistência à mudança oposição à mudança resultante de interesse próprio, mal-entendidos e desconfiança, e uma intolerância geral ao processo.

Como a resistência à mudança é inevitável, os esforços de mudança bem-sucedidos exigem uma gestão cuidadosa.

*Nesta seção, você aprenderá sobre **7-4a gerenciar a resistência à mudança, 7-4b o que não fazer quando liderar a mudança organizacional** e **7-4c diferentes ferramentas e técnicas de mudança**.*

7-4a Gerenciando a resistência à mudança

De acordo com o psicólogo Kurt Lewin, gerenciar a mudança organizacional é um processo básico de descongelamento, intervenção de mudança e novo congelamento. **Descongelamento** é a ação de levar as pessoas afetadas pela mudança a acreditar que a mudança é necessária. No processo de **intervenção de mudança**, trabalhadores e gestores mudam o próprio comportamento e suas práticas de trabalho. **Novo congelamento** é a ação de apoiar e reforçar as novas mudanças de forma que elas se consolidem.

A resistência à mudança é um exemplo de comportamento congelado. Dada a escolha entre mudar e não mudar, a maioria das pessoas prefere não mudar. Como a resistência à mudança é natural e inevitável, os gestores precisam descongelar a resistência à mudança para criar programas de mudança bem-sucedidos. Os métodos a seguir podem ser usados para gerenciar a resistência à mudança: educação e comunicação, participação, negociação, apoio da alta direção e coerção.[54]

Quando a resistência à mudança se baseia em informação insuficiente, incorreta ou enganosa, os gestores devem *educar* os funcionários sobre a necessidade de mudança e *comunicar-lhes* informações relacionadas à mudança. Os gestores também devem fornecer informações e recursos, e outros empregados de apoio precisam participar das mudanças. Por exemplo, a resistência à mudança pode ser particularmente forte quando uma empresa compra outra. Isso ocorre porque uma empresa na fusão geralmente tem um *status* mais elevado devido ao tamanho ou à maior rentabilidade ou ao fato de que é a empresa adquirente. Tais diferenças de *status* são importantes para gestores e funcionários, especialmente se eles estão na empresa de *status* inferior, que se preocupam em manter seus empregos ou influência após a fusão. Esse medo ou preocupação pode aumentar consideravelmente a resistência à mudança.[55] Quando a PMA Companies, uma empresa de gestão de riscos de seguros, foi adquirida pela Old Republic International, uma companhia de seguros, Vince Donnelly, CEO da PMA, comunicava com frequência os funcionários da PMA sobre a fusão. Quatro meses antes de a aquisição se tornar oficial, ele viajou para cada um dos 20 escritórios da empresa e deu aos funcionários uma descrição detalhada de como suas operações diárias iriam mudar e por que a aquisição era boa para todos os envolvidos. Donnelly também fazia atualizações trimestrais para os funcionários via videoconferência. De acordo com o CEO: "Não é apenas fazer e pronto. A comunicação precisa ser contínua. Você precisa reforçar o tempo todo as mensagens que deseja que as pessoas internalizem. Então, você precisa entender que a comunicação é um processo contínuo e não algo que se faz apenas uma vez". Ainda segundo Donnelly: "O que você está pedindo às pessoas é que elas confiem em você, [confiem] que você tem o melhor interesse de todos em mente, e [confiem que], quando houver novas notícias boas, ruins ou indiferentes, as pessoas as ouvirão diretamente do CEO".[56]

Descongelamento levar as pessoas afetadas pela mudança a acreditar que ela é necessária.

Intervenção de mudança processo usado para conseguir que trabalhadores e gestores mudem os próprios comportamentos e suas práticas de trabalho.

Novo congelamento apoiar e reforçar novas mudanças para que elas se consolidem.

Coerção uso de poder formal e da autoridade para forçar outras pessoas a mudar.

Outra maneira de reduzir a resistência à mudança é fazer com que os afetados por ela *participem no planejamento e na implantação do processo de mudança*. Os funcionários que participam têm uma melhor compreensão da mudança e da necessidade dela. Além disso, as preocupações com a mudança poderão ser tratadas à medida que ocorrerem se houver participação de todos no processo de planejamento e implantação. Quando a United Airlines e a Continental Airlines se fundiram para formar uma das maiores companhias aéreas do mundo, houve milhares de decisões a serem tomadas para integrar as duas empresas, como a combinação de *sites*, sistemas de emissão de bilhetes aéreos, políticas de remuneração e promoção, e assim por diante. As empresas tiveram até mesmo que decidir o café a ser servido, já que a Continental servia cafés Fresh Brew, e a United, Starbucks. Embora pareça uma decisão irrelevante, as companhias áreas serviam juntas 62 milhões de xícaras de café por ano. Sandra Pineau-Boddison, vice-presidente de serviços de alimentação, escolheu uma equipe de 14 membros composta por pessoas de operações, finanças, serviços de alimentação e *marketing* para tomar a decisão, pedindo-lhes até para fazer um teste cego de 12 cafés diferentes para identificar quais tinham o melhor sabor. Em seguida, com a seleção do comitê em mãos, levou em conta a opinião do conselho de diretores da empresa, bem como de 1.100 atendentes de voo que também testaram o novo café.[57]

Os funcionários também tenderão a resistir menos à mudança se forem autorizados a *discutir e concordar sobre quem fará o que* após a mudança. De acordo com Craig Durosko, fundador da **Sun Design Home Remodeling Specialists** localizada em Burke, na Virgínia: "Infelizmente, a forma como a maioria dos funcionários descobre que uma empresa não está indo bem é quando seus salários não são depositados ou quando aparecem e as portas da frente estão bloqueadas. Quando as mudanças são impostas e os funcionários as desconhecem, eles nada podem fazer". Assim, quando os negócios da Sun Design encolheram fortemente durante a recessão, Durosko explicou o problema, compartilhou informações financeiras detalhadas e, em seguida, perguntou aos funcionários o que poderia ser feito para minimizar as perdas: "Vinte funcionários explicaram detalhadamente o que *poderiam fazer* para mudar aquele cenário".[58]

A resistência também diminui quando os esforços de mudança recebem *apoio gerencial significativo*. No entanto, os gestores devem fazer mais do que falar sobre a importância da mudança. Devem fornecer treinamento, recursos e autonomia necessários para fazer a mudança acontecer. Finalmente, a resistência à mudança pode ser controlada por meio da **coerção,** ou seja, pelo uso de poder formal e autoridade para forçar os outros a mudar. Devido às intensas reações negativas que pode criar (por exemplo, medo, estresse, ressentimento, sabotagem de produtos da empresa), a coerção deve ser usada somente quando existe uma crise ou quando todas as outras tentativas de reduzir a resistência à mudança fracassaram.

7-4b O que não fazer quando se lidera um processo de mudança

Até agora, você aprendeu sobre o processo básico de mudança (descongelar, intervir na mudança, recongelar) e a gestão da resistência à mudança. Segundo o professor John Kotter da Harvard Business School, saber o que *não* fazer é tão importante quanto saber o que fazer quando se trata de alcançar uma mudança organizacional bem-sucedida.[59]

Em geral, os gestores cometem certos erros quando conduzem mudanças. Os dois primeiros erros ocorrem durante a fase de descongelar, quando os gestores tentam fazer com que as pessoas afetadas pela mudança acreditem que ela é realmente necessária. O primeiro e potencialmente mais grave erro é *não estabelecer um senso de urgência suficientemente forte*. De fato, Kotter estima que mais da metade dos esforços de mudança fracassam porque as pessoas afetadas não estão convencidas de que a mudança é necessária. As pessoas sentirão um maior senso de urgência se um líder fizer uma avaliação pública e sincera dos problemas e das fraquezas da empresa.

Em 2007, a Nokia era a maior empresa de telefonia celular do mundo. Entretanto, para não sair do negócio, a empresa vendeu, em 2013, sua divisão de aparelhos celulares para a Microsoft. Frank Nuovo, que projetou vários dos telefones celulares mais bem-sucedidos da Nokia, observa que a empresa estava trabalhando em inovações, como computadores *tablet* e dispositivos *touch-screen*, muito antes de o iPad ou o iPhone da Apple chegarem ao mercado. De acordo com Nuovo: "Na Nokia, percebemos que o *touch* [tecnologia de tela] era cada vez mais importante e estávamos trabalhando para fazê-lo, mas, quando uma empresa está realmente ocupada segurando o que construiu, é difícil colocar a força suficiente em direção a algo tão novo e gerar urgência para isso". Ele explicou ainda que, em vez de um senso de urgência, "Havia uma verdadeira sensação de dizer 'vamos chegar lá, eventualmente'".[60] A Nokia sacrificou a inovação para dar suporte a clientes e tecnologia existentes. Como resultado, empresas como a Apple começaram a lançar novos produtos que mudaram o jogo, e a Nokia ficou para trás.[61]

O segundo erro que ocorre no processo de descongelar é *não criar uma coalizão suficientemente poderosa*. A mudança muitas vezes começa com uma ou duas pessoas. Mas ela tem de ser apoiada por um grupo grande e crescente de pessoas para criar impulso suficiente para mudar todo um departamento, uma divisão ou a empresa. Além da alta direção, Kotter recomenda que os principais funcionários, gestores, membros da diretoria, clientes e até líderes sindicais sejam membros de uma *coalizão central de mudança* que orienta e apoia a mudança organizacional. A Celestica Inc., localizada em Toronto, no Canadá, é uma empresa de serviços de fabricação de eletrônicos que produz complexos conjuntos de circuitos impressos, como placas-mãe de PC e cartões de rede, TVs de tela plana e sistemas de *videogame* Xbox para a Microsoft. De acordo com Craig Muhlhauser, CEO da Celestica: "Em uma reviravolta, há três tipos de funcionário: os que estão do seu lado, os que estão em cima do muro e os que nunca entrarão. Estes últimos têm que ser deixados para trás, e os que estão em cima do muro devem ser persuadidos a contribuir ou sair. Temos de fazer mudanças. Elas são difíceis, e, à medida que as fazemos, é importante perceber que há pessoas que vão resistir. Ao falar com essas pessoas, o objetivo é levar todos para o lado dos apoiadores. Mas isso é provavelmente inalcançável".[62] Também é importante fortalecer a determinação dessa coalizão central de mudanças, reunindo periodicamente seus membros em lugares externos à empresa.

Os quatro erros seguintes que os gestores cometem ocorrem durante a fase de mudança, quando uma intervenção de mudança é usada para tentar conseguir que funcionários e gestores mudem o próprio comportamento e as práticas de trabalho. A *falta de visão* para a mudança é um erro significativo nesse momento. Como você aprendeu no Capítulo 5, uma *visão* é uma declaração do propósito ou da razão de uma empresa existir.

Joe Ravi/Shutterstock.com

Em 2007, a Nokia era a maior empresa de telefonia celular do mundo. Entretanto, em 2013, foi obrigada a vender sua divisão de aparelhos celulares para a Microsoft, e isso ocorreu devido, em parte, à falta de senso de urgência quando se tratava da inovação.

Uma visão para a mudança deixa claro para onde uma empresa ou departamento está se dirigindo e por que a mudança está ocorrendo. Os esforços de mudança sem visão tendem a ser confusos, caóticos e contraditórios. Em contraste, aqueles guiados por visões são claros, fáceis de entender e podem ser efetivamente explicados em cinco minutos ou menos.

Comunicar apenas uma pequena parcela da visão é outro erro na fase de mudança. De acordo com Kotter, as empresas por engano fazem apenas uma reunião para anunciar a visão. Ou, se a nova visão recebe forte ênfase em discursos executivos ou boletins informativos da empresa, a alta direção reduz a visão por se comportar de maneira contrária a ela. A comunicação bem-sucedida da visão exige que os altos executivos liguem tudo o que a empresa faz à nova visão e "deem o exemplo" comportando-se de maneira consistente com ela. Além disso, mesmo as empresas que começam a mudar com uma visão clara às vezes cometem o erro de *não remover os obstáculos à nova visão*. Elas deixam barreiras formidáveis para a mudança por não terem redesenhado cargos, planos de pagamento e tecnologia para apoiar a nova maneira de fazer as coisas. Stephen Elop, CEO da Nokia, logo após ter sido contratado pela empresa, um dos maiores obstáculos removidos por ele foi o Symbian, o principal *software* operacional, que estava incorporado em mais de 400 milhões de aparelhos da Nokia. Matar o Symbian economizou para a Nokia $ 1,4 bilhão por ano em manutenção de *software* e custos de pesquisa e desenvolvimento. O *software* estava desatualizado e cheio de *bugs*, e os engenheiros de *software* da Nokia não entregavam um novo *smartphone* de acordo com o cronograma ou com base no orçamento desde 2009. Além disso, os desenvolvedores de aplicativos odiavam a programação do Symbian. Para Tuomas Artman, que trabalhava na Nokia: "Desenvolver para o Symbian pode fazer você querer cortar os pulsos".[63]

Deixar de utilizar o Symbian não economizou apenas bilhões de dólares em custos, mas também permitiu que a Nokia fizesse um acordo exclusivo com a Microsoft para usar o *software* Windows Phone 7 nos celulares. A Microsoft concordou em permitir que a Nokia inovasse criando novos recursos para o Windows Phone e injetou centenas de milhões de dólares de fundos de *marketing* para apoiar os esforços da Nokia de vender novos *smartphones* baseados no Windows. A mudança ajudou ambas as empresas, já que a Microsoft tinha apenas uma participação de 4% no mercado de *smartphones*, enquanto, em maio de 2013, a Nokia e a Microsoft tinham juntas uma participação de mercado de 15%.[64]

Outro erro na fase de mudança é *não planejar sistematicamente e criar vitórias de curto prazo*. A maioria das pessoas não tem a disciplina e a paciência de esperar dois anos para ver se o novo esforço de mudança funciona. Como toda mudança é ameaçadora e desconfortável, as pessoas precisam ver um retorno imediato para que possam continuar a apoiá-la. Kotter recomenda que os gestores criem ganhos de curto prazo, escolhendo ativamente pessoas e projetos que provavelmente funcionarão muito bem no início do processo de mudança.

Os dois últimos erros que os gestores cometem ocorrem durante a fase de recongelar, quando as tentativas são feitas para apoiar e reforçar as mudanças para que elas permaneçam. *Declarar vitória muito cedo* é um erro tentador nessa fase. Em geral, os gestores declaram vitória logo após o primeiro grande êxito no processo de mudança. Declarar sucesso muito cedo tem o mesmo efeito que gastar toda a gasolina de um carro: os esforços de mudança são interrompidos no meio do caminho. Com sucesso declarado, os defensores do processo de mudança deixam de esforçar-se para fazer a mudança acontecer. Afinal, por que se esforçar se o sucesso já foi alcançado? Em vez de declarar vitória, os gestores devem usar o impulso das vitórias de curto prazo para exigir mudanças ainda maiores ou mais rápidas. Isso mantém a urgência e evita que os adeptos da mudança se descuidem antes que as mudanças sejam congeladas na cultura da empresa.

O último erro cometido pelos gestores é *não ancorar as mudanças na cultura da corporação*. A *cultura de uma organização* é o conjunto de valores-chave, crenças e atitudes compartilhados por seus membros que determina a maneira aceita de fazer as coisas em uma empresa. Como você aprendeu no Capítulo 3, mudar culturas é extremamente difícil e lento. Segundo Kotter, dois fatores ajudam a ancorar mudanças na cultura de uma empresa. O primeiro é mostrar diretamente às pessoas que as mudanças realmente melhoraram o desempenho. O segundo é certificar-se de que as pessoas que são promovidas se encaixam na nova cultura. Se não for o caso, é um sinal claro de que as mudanças foram apenas temporárias.

7-4c Diferentes ferramentas e técnicas de mudança

Imagine que seu chefe lhe diga o seguinte: "Tudo bem, gênio, você está encarregado de mudar a divisão". Por onde começaria? Como incentivaria gestores resistentes à mudança a mudar? O que faria para incluir os outros membros de sua equipe nesse processo? Como começaria rapidamente esse processo? Finalmente, que abordagem usaria para promover eficácia e desempenho em longo prazo? Mudança orientada para resultados, exercício General Electric e desenvolvimento organizacional são ferramentas e técnicas de mudança diferentes que podem ser usadas para resolver tais questões.

Uma das razões pelas quais os esforços de mudança organizacional fracassam é que eles são orientados para a atividade e não para os resultados. Em outras palavras, eles se concentram principalmente em mudar procedimentos, filosofia de gestão ou comportamento do funcionário da empresa. Em geral, há muito desenvolvimento e preparação à medida que consultores são contratados,

Taina Sohlman/Shutterstock.com

Ben van Beurden, o novo CEO da Shell, dividiu a empresa em 150 unidades de desempenho, cada uma para ser avaliada de acordo com a lucratividade.

apresentações são feitas, livros são lidos e funcionários e gestores são treinados. Há uma enorme ênfase em fazer as coisas da maneira nova. Mas, com todo o foco em "fazer", quase nenhuma atenção é dada aos *resultados*, para ver se toda essa atividade realmente fez a diferença.

A **mudança orientada para resultados** suplanta a ênfase na atividade com um foco a *laser* para rapidamente medir e melhorar os resultados.[65] Quando Ben van Beurden assumiu o cargo de CEO da Royal Dutch Shell, uma das maiores empresas de petróleo do mundo, ele colocou todos os funcionários em alerta proclamando que os lucros da refinação de petróleo eram "simplesmente muito baixos" e que a Shell precisava de "melhor disciplina operacional". Além disso, mudou o foco dos gestores de "excelência profissional", que serviu bem à Shell depois de um sério escândalo financeiro, para objetivos específicos orientados a resultados. Assim, Beurden dividiu a Shell em 150 unidades de desempenho, cada uma delas para ser avaliada de acordo com a lucratividade. A empresa manteve as unidades rentáveis e fechou ou vendeu as não lucrativas. Da mesma forma, os gestores agora tinham de competir por fundos adicionais para suas unidades, enviando pedidos formais a um comitê central, que, por sua vez, tinha suas recomendações de gastos revisadas por um "comitê de desafio".[66]

Outra vantagem da mudança orientada para resultados é que os gestores introduzem mudanças nos procedimentos, na filosofia ou no comportamento somente se estes tenderem a melhorar o desempenho medido. Em outras palavras, gestores e trabalhadores realmente testam para ver se as mudanças fazem a diferença. Uma terceira vantagem da mudança orientada para resultados é que melhorias rápidas e visíveis motivam os funcionários a continuar fazendo mudanças adicionais para melhorar o desempenho medido. A Figura 7.4 descreve os passos básicos da mudança orientada para resultados.

O **exercício General Electric** é um tipo especial de mudança orientada para resultados. Esse "exercício" envolve uma reunião de três dias com gestores e funcionários de diferentes níveis e partes de uma organização, com o propósito de gerar soluções para problemas de negócios específicos e agir rapidamente em relação a eles.[67] Na primeira manhã, o chefe discute e elege problemas de negócios específicos que serão resolvidos pelo grupo. Em seguida, o chefe sai, e um facilitador externo divide o grupo (em geral, de 30 a 40 pessoas) em cinco ou seis equipes e os ajuda a passar o dia e meio seguintes discutindo e debatendo soluções.

No terceiro dia, no que a GE chama de "reunião da cidade", as equipes apresentam soluções específicas para o chefe, que se ausentou desde o primeiro dia. À medida que o porta-voz de cada equipe apresenta sugestões específicas, o chefe tem apenas três opções: concordar de imediato, dizer não ou pedir mais informações para que uma decisão possa ser tomada em uma data específica com a anuência de todos. Armand Lauzon, chefe da GE, teve sua própria experiência em uma reunião na cidade. Para encorajá-lo a dizer sim, os trabalhadores montaram a sala de reuniões para pressionar Lauzon. De acordo com Lauzon: "Em meia hora, eu estava encharcado de suor. Eles tinham 108 propostas, eu tinha aproximadamente um minuto para dizer sim ou não a cada uma e não podia fazer contato visual

Mudança orientada para resultados mudança criada rapidamente que se concentra na medição e melhoria dos resultados.

Exercício General Electric reunião de três dias em que gestores e funcionários de diferentes níveis e partes de uma organização rapidamente geram soluções para problemas de negócios específicos e agem em relação a eles.

Figura 7.4

Como criar um programa de mudança orientado para resultados

1. Defina metas mensuráveis e de curto prazo para melhorar o desempenho.
2. Certifique-se de que suas etapas de ação provavelmente melhorarão o desempenho medido.
3. Destaque a importância de melhorias imediatas.
4. Solicite a ajuda de consultores e funcionários para conseguir melhorias rápidas no desempenho.
5. Teste as etapas de ação para ver se elas realmente produzem melhorias. Se não for o caso, descarte-as e estabeleça novas.
6. Utilize os recursos disponíveis ou que podem ser facilmente adquiridos. Não é preciso muito.

Fonte: R. H. Schaffer; H. A. Thomson, Successful change programs begin with results, *Harvard Business Review on Change* (Boston: Harvard Business School Press, 1998), 189-213.

Desenvolvimento organizacional uma filosofia e uma coleção de intervenções planejadas de mudança projetadas para melhorar a saúde e o desempenho de longo prazo de uma organização.

com meu chefe sem girar completamente, o que mostraria a todos na sala que eu era frouxo".[68] No final, Lauzon concordou com todas as sugestões, exceto oito. Além disso, depois que essas decisões foram tomadas, ninguém na GE estava autorizado a cancelá-las.

O **desenvolvimento organizacional** é uma filosofia e uma coleção de intervenções de mudança planejadas destinadas a melhorar a saúde e o desempenho de longo prazo de uma organização. Esse tipo de desenvolvimento tem uma abordagem de longo alcance para a mudança, pressupõe que o apoio da alta direção é necessário para que a mudança tenha êxito, cria mudanças educando funcionários e gestores para mudar ideias, crenças e comportamentos para que os problemas possam ser resolvidos de novas maneiras, e enfatiza a participação dos

Figura 7.5

Etapas gerais para intervenções de desenvolvimento organizacional

1. Entrada	Um problema é identificado e a necessidade de mudança torna-se evidente. Inicia-se a busca por alguém para lidar com o problema e facilitar a mudança.
2. Início das ações	Um agente de mudança se apresenta e começa a trabalhar para esclarecer o problema e obter comprometimento com o esforço de mudança.
3. Avaliação e *feedback*	O agente de mudança reúne informações sobre o problema e fornece *feedback* sobre ele para os tomadores de decisão e para todos os que são impactados pelo problema.
4. Planejamento da ação	O agente de mudança trabalha com os tomadores de decisão para desenvolver um plano de ação.
5. Intervenção	O plano de ação – ou intervenção de desenvolvimento organizacional – é implantado.
6. Evolução	O agente de mudança ajuda os tomadores de decisão a avaliar a eficácia da intervenção.
7. Adoção	Os empregados da empresa se apropriam da mudança e se responsabilizam por ela. Então, a mudança é estendida a toda a organização.
8. Separação	O agente de mudança deixa a organização depois de assegurar que a intervenção continuará a funcionar.

Fonte: W. J. Rothwell; R. Sullivan; G. M. McLean, *Practicing organizational development: a guide for consultants* (San Diego: Pfeiffer & Co., 1995).

Figura 7.6

Diferentes tipos de intervenção de desenvolvimento organizacional

Intervenções em grandes sistemas	
Sistemas sociotécnicos	Intervenção destinada a melhorar a forma como os empregados usam a tecnologia de trabalho adotada em uma organização e se ajustam a ela.
Feedback de pesquisa	Intervenção que utiliza pesquisas para coletar informações dos membros do sistema, relata os resultados dessa pesquisa aos membros e, em seguida, usa esses resultados para desenvolver planos de ação destinados à melhoria.
Intervenções em pequenos grupos	
Formação de equipe	Intervenção destinada a aumentar a coesão e cooperação dos membros do grupo de trabalho.
Definição de meta de unidade	Intervenção destinada a ajudar um grupo de trabalho a estabelecer metas de curto e longo prazos.
Intervenções focadas em pessoas	
Aconselhamento/ *coaching*	Nesse tipo de intervenção, um auxiliar ou treinador formal ouve gestores ou funcionários e os aconselha sobre como lidar com o trabalho ou com os problemas interpessoais.
Treinamento	Intervenção destinada a proporcionar aos indivíduos conhecimentos, aptidões ou atitudes de que necessitam para que possam se tornar mais eficazes nos postos de trabalho.

Fonte: W. J. Rothwell; R. Sullivan; G. M. McLean, *Practicing organizational development: a guide for consultants* (San Diego: Pfeiffer & Co., 1995).

funcionários no diagnóstico, na solução e na avaliação de problemas.[69] Como demonstrado na Figura 7.5, as intervenções de desenvolvimento organizacional começam com o reconhecimento de um problema. Em seguida, a empresa designa um **agente de mudança** para ser formalmente encarregado de orientar o esforço de mudança. Essa pessoa pode ser alguém de dentro da empresa ou um consultor profissional. O agente de mudança esclarece o problema, reúne informações, trabalha com os tomadores de decisão para criar e implementar um plano de ação, ajuda a avaliar a eficácia do plano, implementa o plano em toda a empresa e se retira (se for externo à empresa) depois de certificar-se de que a intervenção de mudança continuará a funcionar.

As intervenções de desenvolvimento organizacional visam à mudança de grandes sistemas, pequenos grupos ou pessoas.[70]

Mais especificamente, a finalidade das *intervenções em grandes sistemas* é mudar o caráter e o desempenho de uma organização, unidade de negócios ou departamento. A *intervenção em pequenos grupos* centra-se na avaliação de como um grupo funciona e em ajudá-lo a trabalhar mais eficazmente para alcançar os objetivos. A *intervenção focada em pessoas* destina-se a aumentar a eficácia interpessoal, ajudando os indivíduos a tomar consciência de suas atitudes e comportamentos e adquirir novas habilidades e conhecimentos. A Figura 7.6 descreve as intervenções de desenvolvimento organizacional mais utilizadas para grandes sistemas, pequenos grupos e pessoas.

Agente de mudança
pessoa formalmente encarregada de orientar um esforço de mudança.

7

FERRAMENTA DE ESTUDO

Leia o cartão de revisão do capítulo e reveja o conteúdo.

8 Gestão global

My Life Graphic/Shutterstock.com

RESULTADOS DE APRENDIZAGEM

8-1 Discutir o impacto dos negócios globais e das regras e dos acordos comerciais que os regem.

8-2 Explicar por que as empresas optam por padronizar ou adaptar seus procedimentos comerciais.

8-3 Explicar as diferentes formas de como as empresas podem se organizar para fazer negócios globalmente.

8-4 Explicar como encontrar um clima de negócios favorável.

8-5 Discutir a importância de identificar as diferenças culturais e adaptar-se a elas.

8-6 Explicar como preparar com sucesso os trabalhadores para missões internacionais.

8-1 NEGÓCIOS GLOBAIS, REGRAS E ACORDOS COMERCIAIS

Negócios referem-se à compra e venda de bens ou serviços. Comprar este livro didático foi uma transação comercial. Da mesma forma, quando você vendeu seu primeiro carro e começou a ser remunerado para tomar conta de crianças ou aparar gramados. **Negócios globais** são a compra e venda de bens e serviços por pessoas de diferentes países. O relógio Timex que eu usava enquanto estava escrevendo este capítulo foi comprado em um Walmart, no Texas. Mas, como ele foi produzido nas Filipinas, participei de negócios globais quando paguei ao Walmart. Este, por sua vez, já havia pago à Timex, que havia pago à empresa que emprega os gestores e trabalhadores filipinos que produziram o meu relógio. Claro, negócios globais vão muito além de comprar produtos importados no Walmart.

Negócios globais apresentam seu próprio conjunto de desafios para os gestores. Como você pode ter certeza de que a maneira como opera sua empresa em um país é a maneira correta de operá-la em outro? Este capítulo discute como as organizações respondem a essa pergunta. Começaremos examinando os negócios globais de duas maneiras: primeiramente, explorando seu impacto nos negócios dos Estados Unidos e, depois, revisando as regras básicas e os acordos que governam o comércio global. Em seguida, examinaremos como e quando as empresas se tornam globais examinando a dicotomia entre consistência e adaptação e discutindo como organizar uma empresa global. Finalmente, veremos como as empresas decidem onde se expandir globalmente, incluindo a escolha do melhor clima de negócios, adaptando-se às diferenças culturais e preparando melhor os empregados para missões internacionais.

Se você quer uma demonstração simples do impacto dos negócios globais, olhe a etiqueta de sua camiseta, o interior de seus sapatos e o interior de sua câmera digital (remova sua bateria). É possível que todos esses artigos tenham sido feitos em lugares diferentes do mundo. Enquanto escrevo isto, minha camiseta, meus sapatos e minha câmera digital foram feitos na Tailândia, na China e na Coreia. Onde foram feitos os seus?

Vamos aprender mais sobre ***8-1a o impacto dos negócios globais, 8-1b como as barreiras comerciais tarifárias e não tarifárias historicamente restringiram os negócios globais, 8-1c como hoje os acordos comerciais globais e regionais estão reduzindo essas barreiras comerciais em todo o mundo*** *e* ***8-1d como os consumidores estão respondendo a essas alterações nas regras e nos acordos comerciais.***

8-1a O impacto dos negócios globais

Corporações multinacionais são empresas que têm negócios em dois ou mais países. Em 1970, mais de metade das sete mil empresas multinacionais do mundo estavam sediadas em apenas dois países: Estados Unidos e Reino Unido. Atualmente existem cerca de 103 mil empresas multinacionais, mais de 14 vezes do que em 1970, e 9.692, ou 9,4%, são baseadas nos Estados Unidos.[1] Atualmente, 73.144 multinacionais, ou 71%, têm sede em outros países desenvolvidos (por exemplo, Alemanha, Itália, Canadá e Japão), enquanto 30.209, ou 29,3%, são baseadas em países em desenvolvimento (por exemplo, Colômbia e África do Sul). Então, hoje, as empresas multinacionais podem ser encontradas aos milhares em todo o mundo!

Outra forma de avaliar o impacto dos negócios globais é considerar o **investimento estrangeiro direto** que ocorre quando uma empresa cria um novo negócio ou compra um negócio existente em um país estrangeiro. A empresa francesa de tecnologia da informação **Cap Gemini** fez um investimento estrangeiro direto nos Estados Unidos quando comprou seu rival norte-americano IGATE por $ 4 bilhões.[2]

Obviamente, empresas de muitos outros países também possuem empresas nos Estados Unidos. Como demonstra a Figura 8.1, empresas do Reino Unido, Japão, Países Baixos, Canadá, França, Suíça, Alemanha e Luxemburgo têm o maior investimento estrangeiro direto nos Estados Unidos. Em geral, as empresas estrangeiras investem mais de $ 2,7 trilhões por ano para fazer negócios nos Estados Unidos.

Entretanto, o investimento estrangeiro direto nos Estados Unidos é apenas metade do quadro. As empresas norte-americanas também fizeram grandes investimentos estrangeiros diretos em países de todo o mundo. A **FedEx** está pagando $ 4,8 bilhões para comprar a TNT Express, uma empresa holandesa de entrega de encomendas. Ela vai ganhar as rotas de entrega porta a porta da TNT em 40 países, dobrando sua participação no mercado europeu para mais de 20%, e agora competirá com a participação de 25% de seu principal concorrente, a UPS. De acordo com Michael Glenn, executivo da FedEx: "A combinação da rede existente da FedEx e da ampla rede terrestre da TNT resultará em uma cobertura melhorada, um portfólio mais amplo e, obviamente, um melhor custo de coleta e entrega".[3]

Negócios globais compra e venda de bens e serviços por pessoas de diferentes países.

Corporação multinacional corporação que possui negócios em dois ou mais países.

Investimento estrangeiro direto método de investimento no qual uma empresa cria um novo negócio ou compra um negócio existente em um país estrangeiro.

Figura 8.1

Investimento estrangeiro direto nos Estados Unidos

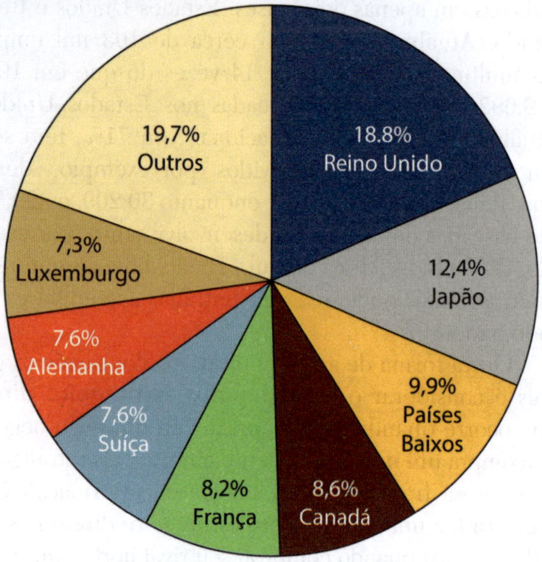

Fonte: BEA News, Direct investment positions for 2013 now available, *Bureau of Economic Analysis*, 25 jun. 2014. Disponível em: <http://bea.gov/international/di1fdibal.htm>. Acesso em: 5 maio 2015.

Como a Figura 8.2 demonstra, as empresas norte-americanas fizeram seus maiores investimentos estrangeiros diretos nos Países Baixos, Reino Unido, Luxemburgo, Canadá e Bermudas. Em geral, as empresas norte-americanas investem mais de $ 4,6 trilhões por ano para fazer negócios em outros países.

Assim, seja com as empresas estrangeiras investindo nos Estados Unidos ou com as empresas norte-americanas investindo no exterior, o investimento estrangeiro direto é um método cada vez mais importante e comum de condução de negócios globais.

Barreiras comerciais regulamentações impostas pelo governo que aumentam o custo e restringem a quantidade de bens importados.

Protecionismo uso de barreiras comerciais por parte do governo para proteger as empresas nacionais e seus trabalhadores da concorrência externa.

Tarifa imposto direto sobre bens importados.

8-1b Barreiras comerciais

Embora os atuais consumidores geralmente não se importem de onde vêm os produtos que compram (mais informações sobre isso, ver seção 8-1d), os governos nacionais têm tradicionalmente preferido que os consumidores comprem produtos fabricados internamente, na esperança de que tais compras aumentem a quantidade de empresas nacionais e de trabalhadores empregados nestas empresas. Na verdade, os governos têm feito muito mais do que ter esperança de que você vá comprar de empresas nacionais. Historicamente, eles têm usado ativamente **barreiras comerciais** para tornar muito mais caro ou difícil (às vezes, impossível) para os consumidores comprarem ou consumirem bens importados. Por exemplo, o governo mexicano adiciona uma tarifa de 25% para roupas, têxteis e calçados importados para o México. Segundo Stephen Lamar, da American Apparel & Footwear Association, as tarifas "[...] vão tornar mais caras as exportações de nossos membros para o México a partir dos Estados Unidos e de outros países. É decepcionante".[4] Ao estabelecer tais restrições e impostos, o governo mexicano tem adotado o **protecionismo**, ou seja, o uso de barreiras comerciais para proteger as empresas locais e seus trabalhadores da concorrência estrangeira.

Os governos têm usado dois tipos gerais de barreira comercial: tarifária e não tarifária. Uma **tarifa** é um imposto direto sobre bens importados. As tarifas aumentam o custo dos bens importados em relação ao dos bens nacionais. O imposto de importação indiano sobre o açúcar bruto e refinado varia de 25% a 40%.[5]

Barreiras não tarifárias são métodos não tributários para aumentar o custo ou reduzir o volume de bens importados. Existem vários tipos de barreiras não tarifárias: quotas, restrições voluntárias à exportação, padrões

Figura 8.2

Investimento estrangeiro direto dos Estados Unidos no exterior

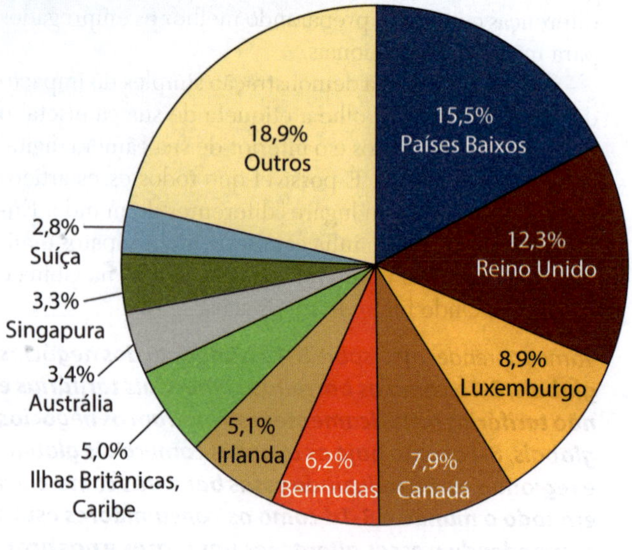

Fonte: BEA News, Direct investment positions for 2013 now available, *Bureau of Economic Analysis*, 25 jun. 2014. Disponível em: < http://bea.gov/international/di1usdbal.htm>. Acesso em: 5 maio 2015.

de importação governamentais, subsídios governamentais e avaliação/classificação aduaneira. Como há tantos tipos diferentes de barreiras não tarifárias, elas podem ser um método ainda mais potente de proteger as indústrias domésticas da concorrência externa.

Quotas são limites específicos da quantidade ou do volume de produtos importados. Por exemplo, o governo chinês só permite 34 filmes importados por ano. Para contornar a quota, os filmes devem ser pelo menos parcialmente filmados na China, com participação de uma empresa chinesa no financiamento e conter alguns elementos culturais do país.[6]

iStockphoto.com/Givaga

Como as quotas, as **restrições voluntárias à exportação** limitam a quantidade de um produto que pode ser importado anualmente. A diferença é que o país exportador e não o país importador impõe restrições. No entanto, em geral a oferta "voluntária" de limitar as exportações ocorre porque o país importador implicitamente ameaçou impor quotas. Por exemplo, para proteger os fabricantes de automóveis de carros mais baratos, o governo brasileiro convenceu o México a "voluntariamente" restringir as exportações de automóveis para o Brasil para não mais de $ 1,55 bilhão por ano, durante três anos.[7] Contudo, de acordo com a Organização Mundial do Comércio (ver discussão na seção 8-1c), as restrições voluntárias à exportação são ilegais e não devem ser utilizadas para restringir as importações.[8]

Em teoria, os **padrões de importação governamentais** são estabelecidos para proteger a saúde e a segurança dos cidadãos. Na realidade, essas normas são frequentemente utilizadas para restringir ou proibir mercadorias importadas. Uma lei norte-americana de 2014 estabeleceu padrões de segurança elaborados para o pangasius, um peixe vietnamita semelhante ao bagre dos Estados Unidos. Os piscicultores vietnamitas do pangasius devem abrir suas instalações aos inspetores do USDA, submeter os planos de saneamento detalhados à inspeção, criar sistemas de inspeção comparáveis aos dos Estados Unidos e submeter seu peixe a inspeção antes de deixarem o Vietnã e novamente nos portos de entrada dos Estados Unidos.[9] De acordo com Lisa Wedding, do Instituto Nacional de Pescas, a nova lei "não é sobre a segurança dos alimentos e nunca foi".[10] Segundo Wedding: "Há anos, tem havido uma tentativa de bloquear as importações e assim sufocar a concorrência. A parte de segurança alimentar da equação é uma farsa".[11] As importações de pangasius aumentaram em poucos anos de 3,2 mil toneladas para 97,5 mil toneladas.

Muitas nações também usam **subsídios**, como empréstimos de longo prazo, a juros baixos, subsídios em dinheiro e adiamentos de impostos, para desenvolver e proteger empresas em indústrias especiais. Como parte da Lei do Açúcar de 1934 e da Lei de Fazendas de 2008, os processadores de açúcar norte-americanos, que empregam 142 mil pessoas, recebem empréstimos garantidos pelo governo e um preço subsidiado pelo governo de 21 centavos de dólar por libra (peso), aproximadamente o dobro do preço do açúcar fora dos Estados Unidos. Além disso, quando os produtores de açúcar dos Estados Unidos não conseguem vender todo seu açúcar, o Departamento de Agricultura dos Estados Unidos compra o excedente e depois o vende gerando prejuízo aos produtores de etanol.[12] O Competitive Enterprise Institute estima que o custo anual dos subsídios seja de $ 3,5 bilhões por ano.[13] De acordo com Phillip Hayes, da U. S. Sugar Alliance: "Outros países subsidiam suas indústrias de açúcar". De fato, os processadores de açúcar brasileiros, que fornecem metade do açúcar mundial, recebem $ 2,5 bilhões anuais em subsídios do governo.[14]

O último tipo de barreira não tarifária é a **classificação aduaneira**. À medida que são importados para um país, os produtos são examinados por agentes alfandegários, que devem decidir em qual das cerca de nove mil categorias devem ser classificados (para obter mais informações, ver Official Harmonized Tariff Schedule dos Estados Unidos em www.usitc.gov/tata/hts/Index.htm). A categoria atribuída pelos agentes alfandegários pode afetar fortemente a incidência da tarifa e se o item está sujeito a quotas de importação. Por exemplo, o Serviço de Alfândega norte-americano tem várias classificações alfandegárias para sapatos importados. As tarifas de sapatos importados de couro ou "não borracha" são de cerca de 10%, enquanto as tarifas de calçados de borracha importados, como calçados esportivos, variam de 20% a 84%. A diferença é grande o suficiente para que alguns importadores tentem fazer seus sapatos

Barreiras não tarifárias métodos não tributários para aumentar o custo ou reduzir o volume de bens importados.

Quota limite da quantidade ou do volume de produtos importados.

Restrições voluntárias à exportação limites voluntariamente impostos à quantidade ou ao volume de produtos exportados para um determinado país.

Padrão de importação governamental padrão ostensivamente estabelecido para proteger a saúde e a segurança dos cidadãos, mas, na realidade, é frequentemente usado para restringir importações.

Subsídios empréstimos governamentais, subsídios e adiamentos de impostos concedidos às empresas nacionais para protegê-las da concorrência externa.

Classificação aduaneira classificação atribuída a produtos importados por empregados governamentais que afeta a incidência da tarifa e a imposição de quotas de importação.

de borracha parecidos com couro, na esperança de receber a classificação aduaneira não borracha e se beneficiar de menores tarifas.

8-1c Acordos comerciais

Devido às barreiras comerciais descritas anteriormente, a compra de bens importados muitas vezes é muito mais cara e difícil do que a compra de bens nacionais. Porém, durante a década de 1990, os regulamentos que regem o comércio global foram transformados. A mudança mais significativa decorreu da concordância de124 países em adotar o **Acordo Geral sobre Tarifas e Comércio (General Agreement on Tarifs and Trade – Gatt)**. O Gatt, que vigorou entre 1947 e 1995, era um acordo para regulamentar o comércio entre (eventualmente) mais de 120 países, cujos objetivos eram a "redução substancial de tarifas e outras barreiras comerciais e a eliminação de preferências".[15] Os membros do Gatt participaram de oito rodadas de negociações comerciais, com a Rodada Uruguai assinada em 1994 e entrando em vigor em 1995. Embora o Gatt tenha sido substituído pela **Organização Mundial do Comércio (OMC)** em 1995, as mudanças que introduziu continuam a encorajar o comércio internacional. Hoje, a OMC e os países-membros estão negociando o que é conhecido como a Rodada de Doha, que visa promover oportunidades de comércio para os países em desenvolvimento em áreas que vão desde agricultura até serviços, passando por direitos de propriedade intelectual. A OMC, com sede em Genebra, na Suíça, administra os acordos comerciais, oferece um fórum para negociações comerciais, lida com disputas comerciais, monitora as políticas comerciais nacionais e oferece assistência técnica e treinamento aos países em desenvolvimento para os 161 países-membros.

Fabio Alcini/Shutterstock.com

Por meio de tremendas reduções nas barreiras tarifárias e não tarifárias, a Rodada Uruguai do Gatt tornou muito mais fácil e barato para os consumidores de todos os países comprarem produtos estrangeiros. Em primeiro lugar, as tarifas foram reduzidas, em 2005, em cerca de 40%, em todo o mundo. Em segundo lugar, eliminaram-se as tarifas em dez setores específicos: cerveja, álcool, equipamentos de construção, máquinas agrícolas, móveis, equipamentos médicos, papel, produtos farmacêuticos, aço e brinquedos. Em terceiro lugar, impuseram-se limites mais rígidos aos subsídios governamentais. Por exemplo, a Rodada Uruguai do Gatt colocou limites sobre quanto os governos nacionais podiam subsidiar a pesquisa privada em indústrias eletrônicas e de alta tecnologia (ver abordagem sobre subsídios na seção 8-1b). Em quarto lugar, a Rodada Uruguai do Gatt estabeleceu proteções para a propriedade intelectual, como marcas, patentes e direitos autorais.

A proteção da propriedade intelectual tornou-se uma questão cada vez mais importante no comércio mundial por causa da pirataria generalizada de produtos. Por exemplo, a Federação Internacional da Indústria Fonográfica estima que um terço de todos os usuários da internet baixem músicas de *sites* de acesso ilegais.[16] A Fundação de Tecnologia da Informação e Inovação descobriu que 24% do tráfego global da internet é usado para baixar música pirata e outros conteúdos protegidos por direitos autorais.[17] Da mesma forma, de acordo com a BSA|The Software Alliance, 42% de todos os *softwares* usados no mundo são pirateados, custando às empresas $ 63 bilhões em vendas perdidas.[18]

A pirataria de produtos também é onerosa para a indústria cinematográfica, pois estúdios de cinema, distribuidores e cinemas, assim como distribuidores de vídeo/DVD, perdem $ 18 bilhões por ano para piratas. De fato, as vendas digitais de filmes subiram de 6% a 10% para dois estúdios de cinema depois que o Megaupload, um *site* ilegal para baixar filmes, foi fechado.[19]

Finalmente, as disputas comerciais entre países agora são totalmente resolvidas por painéis de arbitragem da OMC. No passado, os países podiam usar seu poder de veto para cancelar a decisão de um painel. Por exemplo, o governo francês vetava rotineiramente as decisões de que seus vultosos subsídios em dinheiro aos agricultores franceses eram injustos. Agora, no entanto, os países-membros da OMC não têm mais o poder de veto. Assim, as decisões da OMC são completas e definitivas. A Figura 8.3 fornece uma breve visão geral da OMC e de suas funções.

O segundo grande desenvolvimento que reduziu as barreiras comerciais foi a criação de **zonas comerciais regionais** ou zonas nas quais barreiras tarifárias e não tarifárias são reduzidas ou eliminadas para os países compreendidos em cada zona. As maiores e mais importantes

Acordo Geral sobre Tarifas e Comércio (Gatt) acordo comercial mundial que reduziu e eliminou tarifas, limitou subsídios governamentais e estabeleceu proteções para a propriedade intelectual.

Organização Mundial do Comércio (OMC) sucessora do Gatt. A única organização internacional que trata das regras globais do comércio entre as nações e cuja principal função é assegurar que o comércio flua tão suave, previsível e livremente quanto possível.

Zonas comerciais regionais áreas em que as barreiras tarifárias e não tarifárias no comércio entre países são reduzidas ou eliminadas.

Figura 8.3

Organização Mundial do Comércio

ARQUIVO DE DADOS — WORLD TRADE ORGANIZATION

Localização: Genebra, Suíça

Fundação: 1º de janeiro de 1995

Criado por: Negociações da Rodada Uruguai (1986-1994)

Composição: 161 países (em 26 de abril de 2015)

Orçamento: 197 milhões de francos suíços para 2013

Pessoal do secretariado: 640

Responsável: Roberto Azevêdo (diretor-geral)

Funções:

- Administração de acordos comerciais da OMC
- Fórum para negociações comerciais
- Intermediação de disputas comerciais
- Monitoramento das políticas comerciais nacionais
- Assistência técnica e treinamento para os países em desenvolvimento
- Cooperação com outras organizações internacionais

Fonte: Fact file: what is the WTO?, *World Trade Organization*. Disponível em: <https://www.wto.org/english/thewto_e/whatis _e/whatis_e.htm>.

zonas de comércio estão na Europa (Tratado de Maastricht), América do Norte (Tratado de Livre Comércio da América do Norte – North American Free Trade Agreement – Nafta), América Central (Dominican Republic-Central America Free Trade Agreement – Cafta-DR), América do Sul (União de Nações Sul-Americanas – Unasul) e Ásia (Associação de Nações do Sudeste Asiático – Association of Southeast Asian Nations (Asean), e Cooperação Econômica da Ásia e do Pacífico – Asia-Pacific Economic Cooperation (Apec)).

O mapa da Figura 8.4 mostra até que ponto os acordos de livre-comércio governam o comércio global.

Em 1992, Bélgica, Dinamarca, França, Alemanha, Grécia, Irlanda, Itália, Luxemburgo, Países Baixos, Portugal, Espanha e Reino Unido adotaram o **Tratado de Maastricht da Europa**. O objetivo desse tratado era transformar suas 12 economias e 12 moedas em um único mercado econômico comum, denominado União Europeia (UE), com uma moeda comum. Em 1º de janeiro de 2002, uma única moeda comum, o euro, entrou em circulação em 12 dos membros da UE (Áustria, Bélgica, Finlândia, França, Alemanha, Grécia, Irlanda, Itália, Luxemburgo, Países Baixos, Portugal e Espanha). Áustria, Finlândia e Suécia aderiram à UE em 1995, seguidos por Chipre, República Checa, Estônia, Hungria, Letônia, Lituânia, Malta, Polônia, Eslováquia e Eslovênia em 2004, Bulgária e Romênia em 2007, e Croácia em 2013, elevando o total de membros a 28 países.[20] Macedônia, Islândia, Montenegro, Sérvia e Turquia se candidataram e estão sendo considerados para se tornarem membros.

Antes do tratado, os caminhões que transportavam produtos eram parados e inspecionados por agentes alfandegários em cada fronteira. Além disso, como a documentação necessária, as tarifas e as especificações de produto do governo poderiam ser radicalmente diferentes em cada país, as empresas muitas vezes tinham de arquivar 12 diferentes conjuntos de documentos, pagar 12 tarifas diferentes, produzir 12 versões diferentes de seu produto básico para atender a várias especificações do governo e trocar dinheiro em 12 moedas diferentes. Da mesma forma, viagens de negócios abertas, óbvias nos Estados Unidos, eram complicadas por inspeções em cada passagem de fronteira. Se você morava na Alemanha, mas trabalhava no Luxemburgo, seu carro era parado e seu passaporte era inspecionado duas vezes por dia quando você ia e vinha para o trabalho. Além disso, todas as transações comerciais exigiam uma troca de moeda, por exemplo, de marcos alemães para liras italianas, ou de francos franceses para florins holandeses. Imagine tudo isso acontecendo com milhões de caminhões, carros e trabalhadores todos os dias, e você pode começar a ter uma ideia da dificuldade e do custo de conduzir negócios em toda a Europa antes do Tratado de Maastricht. Mais informações sobre o Tratado de Maastricht, a UE e o euro estão disponíveis em http://europa.eu/index_en.htm.

O **Nafta, Acordo de Livre Comércio da América do Norte** entre Estados Unidos, Canadá e México, entrou em vigor em 1º de janeiro de 1994. Mais do que qualquer outro acordo comercial regional, o Nafta liberou o comércio entre países de forma que as empresas pudessem planejar como se fosse um mercado único (América do Norte) em lugar de três mercados distintos. Uma das conquistas mais importantes do Nafta foi eliminar a maioria das tarifas de produtos e evitar que os três países aumentassem as tarifas existentes ou introduzissem novas tarifas. No total, as exportações mexicanas e canadenses para os Estados Unidos aumentaram 596% e 192%, respectivamente, desde a entrada em vigor do Nafta. As exportações norte-americanas para o México e Canadá aumentaram 420% e 191%, crescendo duas vezes mais rápido do que as exportações norte-americanas para qualquer outra parte do mundo. De fato, México

Tratado de Maastricht da Europa acordo comercial regional entre a maioria dos países europeus.

Acordo de Livre Comércio da América do Norte (Nafta) acordo comercial regional entre Estados Unidos, Canadá e México.

Figura 8.4

Mapa global dos acordos comerciais regionais

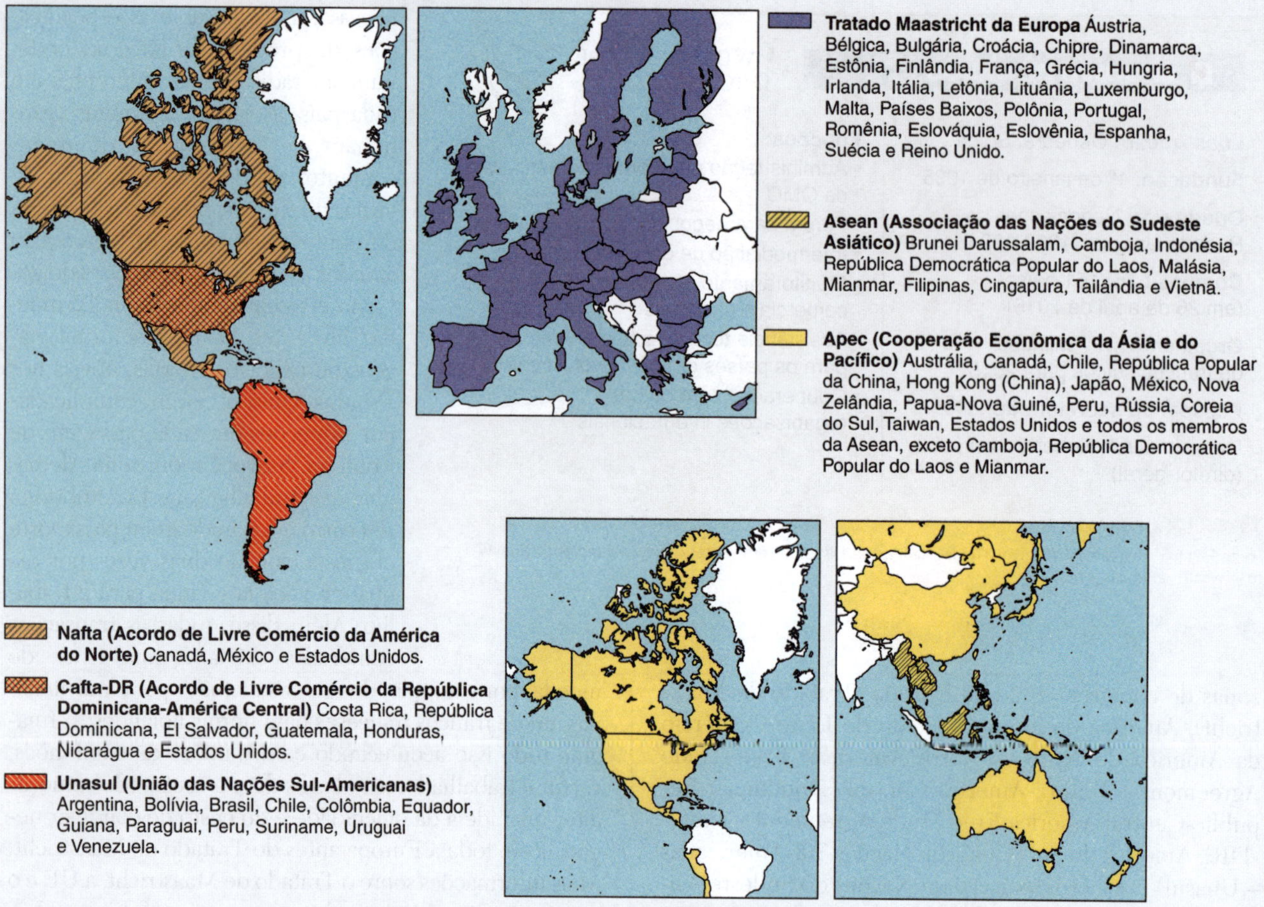
Tratado Maastricht da Europa Áustria, Bélgica, Bulgária, Croácia, Chipre, Dinamarca, Estônia, Finlândia, França, Grécia, Hungria, Irlanda, Itália, Letônia, Lituânia, Luxemburgo, Malta, Países Baixos, Polônia, Portugal, Romênia, Eslováquia, Eslovênia, Espanha, Suécia e Reino Unido.
Asean (Associação das Nações do Sudeste Asiático) Brunei Darussalam, Camboja, Indonésia, República Democrática Popular do Laos, Malásia, Mianmar, Filipinas, Cingapura, Tailândia e Vietnã.
Apec (Cooperação Econômica da Ásia e do Pacífico) Austrália, Canadá, Chile, República Popular da China, Hong Kong (China), Japão, México, Nova Zelândia, Papua-Nova Guiné, Peru, Rússia, Coreia do Sul, Taiwan, Estados Unidos e todos os membros da Asean, exceto Camboja, República Democrática Popular do Laos e Mianmar.
Nafta (Acordo de Livre Comércio da América do Norte) Canadá, México e Estados Unidos.
Cafta-DR (Acordo de Livre Comércio da República Dominicana-América Central) Costa Rica, República Dominicana, El Salvador, Guatemala, Honduras, Nicarágua e Estados Unidos.
Unasul (União das Nações Sul-Americanas) Argentina, Bolívia, Brasil, Chile, Colômbia, Equador, Guiana, Paraguai, Peru, Suriname, Uruguai e Venezuela.
© Cengage Learning®

e Canadá representam 32% de todas as exportações dos Estados Unidos.[21]

Acordo de Livre Comércio da República Dominicana-América Central (Cafta-DR) acordo comercial regional entre Costa Rica, El Salvador, Guatemala, Honduras, Nicarágua, Estados Unidos e República Dominicana.

União de Nações Sul-Americanas (Unasul) acordo comercial regional entre Argentina, Brasil, Paraguai, Uruguai, Venezuela, Bolívia, Colômbia, Equador, Peru, Guiana, Suriname e Chile.

O **Cafta-DR, Acordo de Livre Comércio da República Dominicana-América Central** entre Estados Unidos, República Dominicana e os países centro-americanos Costa Rica, El Salvador, Guatemala, Honduras e Nicarágua, entrou em vigor em agosto de 2005. Com uma população total de 51,1 milhões de habitantes, os países do Cafta-DR juntos são o 12º maior parceiro comercial de bens dos Estados Unidos no mundo e o terceiro maior mercado de exportação dos Estados Unidos na América Latina, depois do México e Brasil. As empresas norte-americanas exportam quase $ 30 bilhões em bens por ano para os países do Cafta-DR.[22]

Em 23 de maio de 2008, 12 países da América do Sul assinaram o Tratado Constitutivo da **União das Nações Sul-Americanas (Unasul)**, que uniu os países do antigo Mercosul (Argentina, Brasil, Paraguai, Uruguai e Venezuela) e os países da Comunidade Andina (Bolívia, Colômbia, Equador e Peru) com a Guiana, o Suriname e o Chile. A Unasul° pretende criar uma América do Sul unificada. Os principais objetivos da Unasul são: permitir a livre circulação entre as nações, criar uma infraestrutura comum que inclui uma rodovia interoceânica e estabelecer a região como um mercado único, de modo a eliminar todas as tarifas até 2019. A Unasul é uma das maiores zonas de comércio do mundo, abrangendo 361 milhões de pessoas na América do Sul

° Apesar dos esforços dos países integrantes, a Unasul ainda não saiu das intenções; tanto o Tratado da Comunidade Andina quanto o Mercosul continuam operando isoladamente. (N.R.T.)

com um produto nacional bruto (PNB)** combinado de quase $ 973 bilhões.[23]

A **Asean, Associação das Nações do Sudeste Asiático**, e **Apec, Cooperação Econômica da Ásia e do Pacífico**, são os dois maiores e mais importantes grupos regionais de comércio na Ásia. A Asean é um acordo comercial entre Brunei Darussalam, Camboja, Indonésia, República Democrática Popular do Laos, Malásia, Mianmar, Filipinas, Cingapura, Tailândia e Vietnã, que formam um mercado de mais de 616 milhões de pessoas com um PNB combinado de $ 2,3 trilhões.[24] O comércio dos Estados Unidos com os países da Asean ultrapassa $ 200 bilhões por ano.

De fato, os Estados Unidos são o quarto maior parceiro comercial da Asean (a China é o maior), e os países-membros dessa associação constituem o quinto maior parceiro comercial dos Estados Unidos. Uma área de livre-comércio da Asean foi estabelecida em 2015 para os seis países originais (Brunei Darussalam, Indonésia, Malásia, Filipinas, Cingapura e Tailândia) e até 2018 será estabelecida para os novos países-membros (Camboja, República Democrática Popular do Laos, Mianmar e Vietnã).[25]

A Apec é um acordo amplo que inclui Austrália, Canadá, Chile, República Popular da China, Hong Kong, Japão, México, Nova Zelândia, Papua-Nova Guiné, Peru, Rússia, Coreia do Sul, Taiwan, Estados Unidos e todos os membros da Asean, com exceção do Camboja, da República Democrática Popular do Laos e do Mianmar. Os 21 países-membros da Apec contêm 2,79 bilhões de pessoas, respondem por 44% de todo o comércio global e têm um PNB combinado de mais de $ 41 trilhões.[26]

Os países da Apec começaram a reduzir as barreiras comerciais em 2000, embora todas as reduções não sejam completamente implementadas até 2020.[27]

8-1d Consumidores, barreiras comerciais e acordos comerciais

O trabalhador médio ganha quase $ 48.820 na Finlândia, $ 61.710 na Suécia, $ 102.700 na Noruega e $ 53.470 nos Estados Unidos (estes valores se referem à renda bruta per capita de 2013).[28] No entanto, após uma equalização desses rendimentos com base no que os trabalhadores podem comprar, a renda finlandesa passou a valer apenas $ 39.860, a sueca $ 46.170 e a norueguesa $ 65.450.[29] Isso é o mesmo que dizer $ 1 de renda pode comprar apenas $ 0,82 em bens na Finlândia, $ 0,75 na Suécia e $ 0,64 na Noruega. Em outras palavras, os norte-americanos podem comprar muito mais com seus rendimentos do que os habitantes de muitos outros países.

Uma das razões pelas quais os norte-americanos obtêm mais por seu dinheiro é que o mercado dos Estados Unidos é o mais competitivo do mundo e tem sido um dos mais fáceis para as empresas estrangeiras entrarem.[30] Embora algumas indústrias norte-americanas, como a têxtil, estejam fortemente protegidas da concorrência estrangeira por barreiras comerciais, em sua maior parte, os consumidores (e as empresas) norte-americanos têm escolhas abundantes entre os produtos obtidos internamente ao país e os produzidos no exterior. Mais importante ainda, o alto nível de concorrência entre empresas estrangeiras e nacionais que cria tais escolhas ajuda a manter os preços baixos nos Estados Unidos. Além disso, é precisamente a falta de escolha e o baixo nível de concorrência que mantêm os preços mais elevados nos países que não foram tão abertos às empresas e aos produtos estrangeiros. Por exemplo, as barreiras comerciais japonesas aos produtos agrícolas são elevadas. De fato, mais de 45% do valor da indústria agrícola do Japão vem de barreiras comerciais ou subsídios. As tarifas sobre o arroz por si sós representam $ 8,4 bilhões em custos adicionais para consumidores e contribuintes japoneses.[31]

Associação das Nações do Sudeste Asiático (Asean) acordo comercial regional entre Brunei Darussalam, Camboja, Indonésia, Laos, Malásia, Mianmar, Filipinas, Cingapura, Tailândia e Vietnã.

Cooperação Econômica da Ásia e do Pacífico (Apec) acordo comercial regional entre Austrália, Canadá, Chile, República Popular da China, Hong Kong, Japão, México, Nova Zelândia, Papua-Nova Guiné, Peru, Rússia, Coreia do Sul, Estados Unidos e todos os membros da Asean, com exceção do Camboja, República Democrática Popular do Laos e Mianmar.

Então, por que as barreiras comerciais e os acordos de livre-comércio são importantes para os consumidores? Porque os acordos de livre-comércio aumentam as escolhas, a concorrência e o poder de compra, e, portanto, diminuem o que as pessoas pagam por comida, roupas, necessidades e luxos. Consequentemente, os consumidores atuais raramente se importam de onde vêm seus produtos e serviços. De frutos do mar a diamantes, as pessoas não se importam com a origem dos produtos, querem apenas saber que marca ou tipo tem menos preço. E por que as barreiras comerciais e os acordos de livre-comércio são importantes para os gestores? A razão, como você está prestes a ler, é que, embora os acordos de livre-comércio criem novas oportunidades de negócios, eles também intensificam a concorrência, e encarar essa competição é um trabalho de gestor.

8-2 CONSISTÊNCIA OU ADAPTAÇÃO?

Depois de uma empresa decidir que *será* global, deve decidir *como* se tornar global. Por exemplo, se decidir

** Os norte-americanos usam o produto nacional bruto (GNP) como indicador do nível de atividade econômica do país, que é diferente do produto interno bruto (PIB), que é o indicador usado no Brasil. (N.R.T.)

vender em Cingapura, você deve encontrar um parceiro de negócios local que fale a língua, conheça as leis e compreenda os costumes e as normas da cultura do país? Ou você deve simplesmente exportar seus produtos de seu país de origem? O que você deverá fazer se também estiver entrando na Europa Oriental, talvez começando pela Hungria? Você deve usar na Hungria a mesma abordagem que usa em Cingapura?

iStockphoto.com/kevinjeon00

Nesta seção, voltamos a uma questão-chave: como você pode ter certeza de que a maneira como opera sua empresa em um país é a maneira correta de operá-la em outro? Em outras palavras, como você pode encontrar o equilíbrio certo entre consistência global e adaptação local?

Consistência global significa que uma empresa multinacional com escritórios, fábricas e instalações de distribuição em diferentes países usa as mesmas regras, diretrizes, políticas e procedimentos para operar todos os escritórios, fábricas e instalações. Os gestores da sede da empresa valorizam a consistência global porque ela simplifica as decisões. Por exemplo, em vez de estocar sua nova loja em São Paulo com roupas de acordo com a sazonalidade sul-americana, **Ralph Lauren** seguiu as estações norte-americanas, colocando roupas de inverno nas prateleiras durante o verão brasileiro.[32] Em contrapartida, uma empresa seguindo uma política de **adaptação local** modifica seus procedimentos operacionais para se adaptar às diferenças de clientes, governos e agências reguladoras estrangeiros. Por exemplo, a Netflix mudou seu cronograma de produção na Europa para acomodar preferências francesas e alemãs para a dublagem de voz, em vez de legendas. Também reformulou seu sistema de pagamento para aceitar transferências bancárias em vez de cartões de crédito, que são impopulares na Alemanha. Segundo um porta-voz da Netflix: "Todo mercado mundial tem suas nuances. Nosso desafio é nos tornarmos uma grande empresa global onde realmente entendemos as nuances de cada mercado e fazemos um ótimo trabalho para os consumidores em todo o mundo".[33] A adaptação local é tipicamente preferida por gestores locais encarregados de tornar a empresa internacional bem-sucedida em seus países.

Consistência global
quando uma empresa multinacional tem escritórios, fábricas e instalações de distribuição em países indiferentes e opera todos eles usando as mesmas regras, diretrizes, políticas e procedimentos.

Adaptação local
modificação de regras, diretrizes, políticas e procedimentos para se adaptar às diferenças de clientes, governos e agências reguladoras estrangeiros.

Se as empresas pendem muito para a consistência global, correm o risco de usar procedimentos de gestão pouco adequados aos mercados, às culturas e aos empregados de cada país (ou seja, falta de adaptação local). A Home Depot tornou-se a maior varejista de *hardware* e de produtos para o conforto do lar nos Estados Unidos graças a seu modelo de lojas enormes, milhares de lojas suburbanas, uma vasta gama de produtos e um forte serviço ao cliente. Mas, depois de oito anos, a Home Depot fechou suas sete lojas chinesas. Ao contrário dos norte-americanos, que são do tipo "faça você mesmo" quando se trata de produtos para o conforto do lar, pois isso significa redução de custos, a disponibilidade generalizada de mão de obra de baixo custo faz da China uma cultura mais do tipo "faça para mim", diz um porta-voz da Home Depot. Além disso, ao contrário dos Estados Unidos, onde a conclusão de projetos feitos pela própria pessoa é admirada, há um estigma associado com a realização de trabalho manual na China. De acordo com um cliente chinês de classe média: "As pessoas pobres são o único grupo na China que se dispõem a executar trabalhos de bricolagem porque não podem se dar ao luxo de contratar outras pessoas para esses trabalhos".[34] E, ao contrário dos Estados Unidos, onde uma porcentagem muito maior de pessoas possui casa própria, a maioria dos chineses, especialmente aqueles com renda discricionária para pagar projetos em casa, aluga apartamentos pequenos nas cidades, o que diminuiu ainda mais as oportunidades da Home Depot na China.[35]

Se, no entanto, as empresas se concentrarem muito na adaptação local, correrão o risco de perder a rentabilidade e a produtividade resultantes do uso de regras e procedimentos padronizados em todo o mundo. Como as lojas francesas da Starbucks são quase idênticas àquelas localizadas nos Estados Unidos, a empresa nunca foi rentável na França. Como resultado, segundo a parisiense Marion Bayod: "Nunca entro na Starbucks. É impessoal. O café é medíocre e caro. Para nós, é como um outro planeta". Da mesma forma, o parisiense Laurent Pauzié diz que as lojas Starbucks "estão aqui apenas para consolar os turistas perdidos". A canadense Kate Menzies, que vive em Paris, admite que, embora a Starbucks possa não ser apreciada por seu café, "é um dos poucos lugares com banheiros públicos e Wi-Fi gratuito na cidade".[36] A Starbucks, entretanto, agora está adotando a adaptação local. Em vez de oferecer café forte em copos de papel, como nos

Uma empresa que exporta empresas

A Export Now, fundada pelo ex-embaixador dos Estados Unidos em Cingapura, Frank Lavin, é especializada em exportações. Contudo, a empresa com sede em Ohio não vende nada. Em vez disso, ela cria uma infraestrutura que outras empresas podem usar para exportações. Por uma taxa anual e uma porcentagem das vendas, a Export Now lidará com todas as questões aduaneiras e legais envolvidas na exportação e fornecerá um espaço de varejo *on-line* para os produtos de seus clientes. Segundo Lavin, seu serviço permite que os clientes evitem atacadistas, intermediários ou distribuidores, o que significa que podem cobrar dos consumidores na China os mesmos preços praticados nos Estados Unidos. Até o momento, os itens disponíveis no shopping virtual da Export Now incluem mochilas Osprey, escovas de dente Brush Buddies e produtos para aparelhos auditivos McKeon Products.

Fonte: N. Leiber, Ex-U. S. ambassador helps companies break into China, *Bloomberg Businessweek*, 13 set. 2012. Disponível em: <http://www.businessweek.com/articles/2012-08-23/making-it-easier-to-sell-made-in-usa-in-china>. Acesso em: 10 jun. 2013.

Estados Unidos, as lojas francesas oferecerão um expresso *"blonde"* com sabor mais leve em copos de vidro (porque os franceses preferem sentar e beber) em lojas maiores redesenhadas com suntuosas barras de madeira, lustres brilhantes e sofás de veludo, semelhantes aos tradicionais cafés parisienses. Embora a Starbucks espere que essas mudanças atraiam clientes franceses, gastar dezenas de milhões a mais para adaptar suas lojas aos gostos franceses também pode sacrificar a rentabilidade e a produtividade que a tornam lucrativa nos Estados Unidos.[37]

8-3 MODELOS PARA NEGÓCIOS GLOBAIS

Além de determinar se deve adaptar políticas e procedimentos organizacionais, uma empresa também deve determinar como se organizar para o sucesso na entrada em mercados estrangeiros.

Historicamente, as empresas costumam adotar, em geral, o modelo de etapas da globalização, em que uma empresa faz a transição de uma empresa doméstica para uma empresa global obedecendo às seguintes etapas: ***8-3a exportação, 8-3b contratos cooperativos, 8-3c alianças estratégicas*** *e* ***8-3d subsidiárias de controle integral****. Em cada etapa, a empresa cresce muito, usa os recursos obtidos para entrar em mais mercados globais, é menos dependente das vendas do país de origem e está mais comprometida em sua orientação para negócios globais. Porém, algumas empresas não seguem o modelo de etapas da globalização. Algumas pulam etapas em seu caminho para se tornar mais globais e menos domésticas. Outras ignoram o modelo de etapas. Estas são conhecidas como* ***8-3e novos empreendimentos globais****. Esta seção revisa esses modelos de negócios globais.*[38]

8-3a Exportação

Quando as empresas produzem produtos em seus países de origem e os vendem para clientes em países estrangeiros, elas estão exportando. **Exportação** como uma forma de negócios globais oferece muitas vantagens. Ela torna a empresa menos dependente das vendas em seu mercado doméstico e fornece um maior grau de controle sobre decisões de pesquisa, *design* e produção. A **Cayuga Milk Ingredients** construiu uma fábrica de $ 100 milhões em Nova York para atender clientes domésticos. No entanto, 79% da produção de leite da fábrica é exportada para o México e a Arábia Saudita. De acordo com o CEO Kevin Ellis: "Não podemos sair do mercado internacional. Não há pessoas suficientes para consumir [produtos lácteos] neste país".[39] Hoje, 16% da produção de leite dos Estados Unidos é exportada. Ao longo da última década, a participação do país nas exportações mundiais de produtos lácteos subiu de 7% para 20%.[40] Apesar de vantajosa em vários aspectos, a exportação também tem suas desvantagens. A principal desvantagem é que muitos bens exportados estão sujeitos a barreiras tarifárias e não tarifárias que podem aumentar substancialmente o custo final para os consumidores. Uma segunda desvantagem é que os custos de transporte podem aumentar significativamente o preço de um produto exportado. Existe uma terceira desvantagem na exportação, ou seja, as empresas que exportam dependem de importadores estrangeiros para a distribuição de produtos. Se, por exemplo, o importador estrangeiro comete um erro na documentação que acompanha uma remessa de mercadorias importadas, elas podem ser devolvidas ao fabricante estrangeiro, que arca com os custos decorrentes da devolução.

8-3b Contratos cooperativos

Quando uma organização quer expandir seus negócios globalmente sem fazer um grande comprometimento financeiro, pode assinar um **contrato cooperativo** com um empresário

Exportação vender produtos produzidos internamente a clientes em países estrangeiros.

Contrato cooperativo contrato em que um empresário estrangeiro paga a uma empresa uma taxa pelo direito de conduzir esse negócio no seu país.

estrangeiro que paga à empresa uma taxa pelo direito de conduzir esse negócio em seu país. Existem dois tipos de contrato cooperativo: licenciamento e franquia.

Franqueados pagam ao McDonald's uma taxa de franquia inicial de $ 45 mil para obter os direitos de operar um restaurante.

Saknakorn/Shutterstock.com

De acordo com um contrato de **licenciamento**, uma empresa nacional, a *licenciante*, recebe *royalties* por permitir que outra empresa, a *licenciada*, produza seu produto, venda seu serviço ou use sua marca em um determinado mercado estrangeiro. Por exemplo, na Turquia, o seriado de TV *Desperate Women*, uma adaptação turca do seriado de TV *Desperate Housewives*, é produzida pela MBC Group (a licenciada) sob licença da Walt Disney Company (o licenciante), que possui a ABC, a rede que produziu *Desperate Housewives*. Contratos de licenciamento semelhantes estão por trás de *Married with children* refeito e adaptado com atores locais em 12 países e *Glee* refeito e transmitido na China com atores chineses.[41] Da receita gerada por programas de televisão famosos, 40% vêm de licenças de radiodifusão estrangeiras.[42]

Uma das vantagens mais importantes do licenciamento é que ele permite que as empresas obtenham lucros adicionais sem investir mais dinheiro. À medida que as vendas externas aumentam, os *royalties* pagos ao licenciante pelo licenciado estrangeiro aumentam. Além disso, o licenciado, e não o licenciante, investe em equipamentos de produção e instalações para produzir o produto. O licenciamento também ajuda as empresas a evitar barreiras tarifárias e não tarifárias. Uma vez que o licenciado fabrica o produto dentro do país estrangeiro, barreiras tarifárias e não tarifárias não se aplicam.

A maior desvantagem associada ao licenciamento é que o licenciador abre mão do controle sobre a qualidade do produto ou serviço vendido pelo licenciado estrangeiro. A menos que o contrato de licenciamento contenha restrições específicas, o licenciado controla todo o negócio, desde a produção, passando pelo *marketing*, até as vendas finais. Muitos licenciadores incluem cláusulas de inspeção em seus contratos de licença, mas monitorar de perto a qualidade do produto ou serviço a milhares de quilômetros de distância pode ser difícil. Uma desvantagem adicional é que os licenciados podem eventualmente se tornar concorrentes, especialmente quando um contrato de licenciamento inclui acesso a tecnologia importante ou conhecimento de negócios do proprietário.

Licenciamento acordo no qual uma empresa doméstica, a licenciante, recebe pagamentos de *royalties* por permitir que outra empresa, a licenciada, produza o produto do licenciante, venda seu serviço ou use sua marca em um mercado externo específico.

Franquia conjunto de empresas interligadas em que o fabricante ou comerciante de um produto ou serviço, o franqueador, licencia todo o negócio para outra pessoa ou organização, o franqueado.

Franquia é um conjunto de empresas interligadas em que o fabricante ou comerciante de um produto ou serviço, o franqueador, licencia todo o negócio para outra pessoa ou organização, o franqueado. Pelo preço de uma taxa de franquia inicial mais *royalties*, os franqueadores fornecem aos franqueados formação, assistência com *marketing* e propaganda, e o direito exclusivo de realizar negócios em um determinado local. A maioria das taxas de franquia varia de $ 5 mil a $ 35 mil. Os franqueados pagam ao McDonald's, um dos maiores franqueadores do mundo, uma taxa inicial de franquia de $ 45 mil. Além disso, outra parcela de $ 1.000.708 a $ 2.335.146 é necessária para pagar o estoque de alimentos, equipamentos de cozinha, construção, paisagismo e outras despesas (o custo varia de acordo com a localização). Embora os franqueados peguem, em geral, parte desse custo emprestado em um banco, o McDonald's exige que os candidatos tenham mais de $ 750 mil em ativos não emprestados e exige um pagamento de 40% em dinheiro para o investimento inicial.[43] Os *royalties* comuns são de cerca de 8,5% das vendas brutas e às vezes chegam a até 12%.[44] Assim, os franqueadores são bem recompensados pela ajuda que fornecem aos franqueados. Mais de 400 empresas norte-americanas franqueiam seus negócios para parceiros estrangeiros.

Apesar das muitas vantagens da franquia, os franqueadores enfrentam uma perda de controle quando vendem negócios a franqueados que estão a milhares de quilômetros de distância. Segundo Cheryl Scott, especialista em franquias: "Um franqueador que conheço estava se perguntando por que os *royalties* provenientes da Índia eram tão pequenos quando ele sabia que a loja estava sempre cheia. Era porque o franqueado não estava registrando todas as vendas no caixa".[45]

Embora existam exceções, o sucesso da franquia pode ser ligado à cultura. Como a maioria dos franqueadores globais começa por franquear seus negócios em países ou regiões semelhantes (o Canadá é de longe a primeira escolha para as empresas dos Estados Unidos tomarem seu primeiro passo em franquia global) e como 65% dos franqueadores não fazem absolutamente nenhuma mudança em seus negócios para franqueados estrangeiros, esse sucesso não pode ser generalizado para culturas com diferentes estilos de vida, valores, preferências e infraestruturas tecnológicas. Personalizar menus para os gostos locais é uma das principais maneiras para que as empresas de *fast-food* possam ter sucesso em mercados internacionais. Na Índia, a Dunkin' Donuts encontrou alguma resistência ao seu tradicional menu de café e rosquinhas porque os indianos não comem doces no café da manhã feito fora de casa; eles têm por hábito produzi-los em casa, com a família. Para ajustar-se, a Dunkin' mudou os horários das lojas para a tarde e a noite e criou um menu que oferece hambúrgueres, sanduíches e *wraps* vegetarianos, usando batatas, frango apimentado e vegetais picantes como ingredientes. Também adaptou o menu de rosquinhas aos gostos locais, adicionando rosquinhas com *curry*, pistache e pudim de arroz. Dois novos itens do menu são o hambúrguer Brute Tough Guy Veg e a rosquinha It's a Mistake, de chocolate branco coberto com goiaba e chili.[46]

Luke Sharrett/Bloomberg/Getty Images

Em 2014, a Kroger comprou a parte da Tesco na Dunhumby e lançou sua própria divisão de pesquisa de mercado.

8-3c Alianças estratégicas

Empresas que formam **alianças estratégicas** combinam recursos, custos, riscos, tecnologia e pessoas. A Hewlett-Packard, a maior fabricante de eletrônicos do mundo, com 28% do mercado de servidores de computadores, e a Foxconn, a empresa taiwanesa que monta alguns dos dispositivos eletrônicos mais conhecidos do mundo, como o iPhone e o iPad, formaram uma aliança estratégica para desenvolver em parceria grandes servidores que podem lidar com computação em nuvem e processar *big data* para empresas multinacionais.[47] A aliança estratégica mais comum é uma ***joint venture***, que ocorre quando duas empresas existentes colaboram para criar uma terceira empresa. As duas empresas fundadoras permanecem intactas e inalteradas, exceto que juntas agora são sócias da *joint venture*, recém-criada.

Uma das vantagens das *joint ventures* globais é que, como o licenciamento e a franquia, ajudam as empresas a evitar barreiras de entrada tarifárias e não tarifárias. Outra vantagem é que as empresas que participam em uma *joint venture* assumem apenas uma parte dos custos e riscos dessa empresa. Muitas empresas consideram isso atraente por causa da alta despesa de entrar em mercados estrangeiros ou desenvolver novos produtos.

As *joint ventures* globais podem ser especialmente vantajosas para os parceiros locais menores que se ligam a empresas estrangeiras maiores e mais experientes que podem trazer gestão atualizada, recursos e habilidades empresariais para a *joint venture*.

Contudo, as *joint ventures* globais não são isentas de problemas. Como as empresas compartilham custos e riscos com seus parceiros de *joint venture*, elas também devem compartilhar lucros. Gerenciar *joint ventures* globais também pode ser difícil porque elas representam uma fusão de quatro culturas: a cultura do próprio país, a cultura organizacional do primeiro parceiro, a cultura do outro país e a cultura organizacional do segundo parceiro. Muitas vezes, para ser justo com todos os envolvidos, cada parceiro da *joint venture* global terá igualdade de propriedade e poder. Mas isso pode resultar em lutas de poder e falta de liderança. Devido a esses problemas, as empresas que formam *joint ventures* globais devem cuidadosamente desenvolver contratos detalhados que especificam as obrigações de cada parte. Os supermercados norte-americanos **Kroger** e a empresa britânica de pesquisa junto ao consumidor **dunnhumby** (pertencentes à cadeia de supermercados britânica **Tesco**) foram parceiros importantes na dunnhumby USA por 12 anos. A *joint venture* ajudou a Kroger a construir programas de marketing personalizados que resultaram em uma enorme vantagem sobre seus concorrentes e 45 trimestres consecutivos de crescimento. Quando a

Aliança estratégica acordo no qual as empresas juntam recursos, custos, riscos, tecnologia e pessoas.

Joint venture aliança estratégica em que duas empresas existentes colaboram para formar uma terceira empresa independente.

Tesco precisou de dinheiro depois de perder $ 9,52 bilhões em 2014, a Kroger comprou a parte da Tesco na dunnhumby USA, terminando a *joint venture* global. A Kroger lançou então 84,51°, sua própria divisão de pesquisa de consumo.[48]

8-3d Subsidiárias de controle integral (fazer ou comprar)

Aproximadamente um terço das empresas multinacionais entra em mercados estrangeiros por meio de subsidiárias de controle integral. Em 2013, a Lixil, fabricante japonesa de produtos de cozinha e banheiro, entrou nos mercados norte-americano e europeu comprando duas empresas de longa data, a American Standard Brands, fabricante de vasos sanitários com sede nos Estados Unidos, bem como de utensílios de cozinha e de banheiro, e o grupo alemão GROHE, fabricante de móveis de luxo para banheiro e cozinha.[49] Ao contrário dos acordos de licenciamento, franquias ou *joint ventures*, **subsidiárias de controle integral**, como American Standard Brands e GROHE, são 100% de propriedade de sua empresa-mãe, nesse caso a Lixil.

M. Unal Ozmen/Shutterstock.com

A principal vantagem das empresas de controle integral é que a empresa-mãe recebe todos os lucros e tem total controle sobre as operaçõess estrangeiras. A maior desvantagem é a despesa de estabelecer novas operações ou comprar negócios existentes. Embora a recompensa possa ser enorme se as subsidiárias de controle integral tiverem sucesso, as perdas poderão ser imensas se falharem, porque a empresa-mãe assume todo o risco. A Standard Chartered PLC, sediada em Londres, é uma empresa de serviços bancários e financeiros com 87 mil empregados que trabalham em filiais em 70 países. Noventa por cento de seus negócios provêm de suas subsidiárias de controle integral na África, no Oriente Médio e na Ásia. Embora ainda rentável em geral, a Standard Chartered perdeu $ 200 milhões em 2014 em suas unidades sul-coreanas, que agora estão sendo vendidas para um banco japonês, com uma perda considerável.[50]

Subsidiárias de controle integral escritórios, instalações e fábricas estrangeiros que são 100% de propriedade da empresa-mãe.

Novos empreendimentos globais novas empresas fundadas com uma estratégia global ativa e com vendas, empregados e financiamento em diferentes países.

8-3e Novos empreendimentos globais

As empresas costumavam evoluir lentamente de pequenas operações comerciais realizadas em seus mercados domésticos para grandes empresas que vendem para mercados estrangeiros. Além disso, à medida que as empresas se tornavam globais, elas geralmente seguiam o modelo de etapas da globalização. Recentemente, no entanto, três tendências têm se combinado para permitir que as empresas ignorem o modelo de fase quando se tornam globais. Em primeiro lugar, o transporte aéreo rápido e confiável pode transportar pessoas para quase qualquer ponto do mundo em um dia. Em segundo lugar, as tecnologias de comunicação de baixo custo, como *e-mail*, teleconferência e telefonemas via internet e computação em nuvem, facilitam a comunicação com clientes, fornecedores, gerentes e empregados globais. Em terceiro lugar, existe agora uma massa crítica de empresários com ampla experiência pessoal em todos os aspectos dos negócios globais.[51] Essa combinação de desenvolvimentos possibilitou a criação de empresas globais desde o início. Com vendas, empregados e financiamentos em diferentes países, **novos empreendimentos globais** são empresas fundadas com uma estratégia global ativa.[52]

Embora existam vários tipos diferentes de novos empreendimentos globais, todos compartilham dois fatores comuns. Em primeiro lugar, os fundadores da empresa desenvolvem com sucesso e comunicam a visão global da empresa desde o início. Em segundo lugar, em vez de se tornarem globais em um país de cada vez, novos empreendimentos globais trazem um produto ou serviço para o mercado em vários mercados estrangeiros ao mesmo tempo. As impressoras 3-D **MakerBot** "imprimem" itens feitos de plástico rígido com base em especificações de *software* de *design* assistido por computador, como AutoDesk. O Laboratório de Propulsão a Jato da Nasa usa o Replicador 2 do MakerBot (dica para *Star Trek*) para imprimir protótipos de peças de forma barata e rápida. O cofundador Bre Pettis acredita que o MakerBot pode fundamentalmente alterar o modelo de fabricação global e substituir "dois séculos de produção em massa" dando a alguém com uma ideia as ferramentas para projetar seus próprios produtos sem possuir uma fábrica. Apesar de ter apenas cinco anos, o MakerBot, global desde o início, tem distribuidores em 14 países, incluindo Austrália, Brasil, China, Alemanha, Japão e Reino Unido.[53]

8-4 ENCONTRANDO O MELHOR CLIMA DE NEGÓCIOS

Ao decidirem para onde dirigir a globalização, as empresas tentam encontrar países ou regiões com climas de negócios promissores.

Um clima de negócios global atraente ***8-4a cria condições para a empresa ter o acesso fácil aos mercados em crescimento, 8-4b é um lugar eficaz, mas eficiente em custo para construir um escritório ou fábrica,*** *e* ***8-4c minimiza o risco político para a empresa.***

8-4a Mercados em crescimento

O fator mais importante em um clima de negócios atraente é o acesso a um mercado em crescimento. Por exemplo, nenhum produto é conhecido e comprado por tantas pessoas em todo o mundo como a Coca-Cola. Mesmo assim, ela, que está disponível em mais de 200 países, ainda tem um tremendo potencial de crescimento global. A Coca-Cola obtém 80% de suas vendas fora da América do Norte, e os mercados emergentes, onde tem seu crescimento mais rápido, agora representam metade de suas vendas em todo o mundo.[54]

Dois fatores ajudam as empresas a determinar o potencial de crescimento dos mercados externos: poder de compra e concorrentes estrangeiros. O **poder de compra** é medido comparando o custo relativo de um conjunto padrão de bens e serviços em diferentes países. Por exemplo, uma Coca-Cola de 550 ml custa $ 5,06 em Oslo, na Noruega. Como essa mesma Coca-Cola de 550 ml custa apenas $ 1,75 nos Estados Unidos, o norte-americano médio tem maior poder de compra do que o norueguês comum.[55] O poder de compra está crescendo em países como Índia e China, que têm baixos níveis médios de renda. Isso ocorre porque o custo de vida básico que compreende alimentação, moradia e transporte, é muito mais baixo nesses países, de modo que os consumidores ainda têm dinheiro para gastar depois de satisfazer às necessidades básicas, especialmente porque os salários aumentam graças à

Poder de compra custo relativo de um conjunto padrão de bens e serviços em diferentes países.

Figura 8.5

Como o consumo de Coca-Cola varia com o poder de compra em todo o mundo

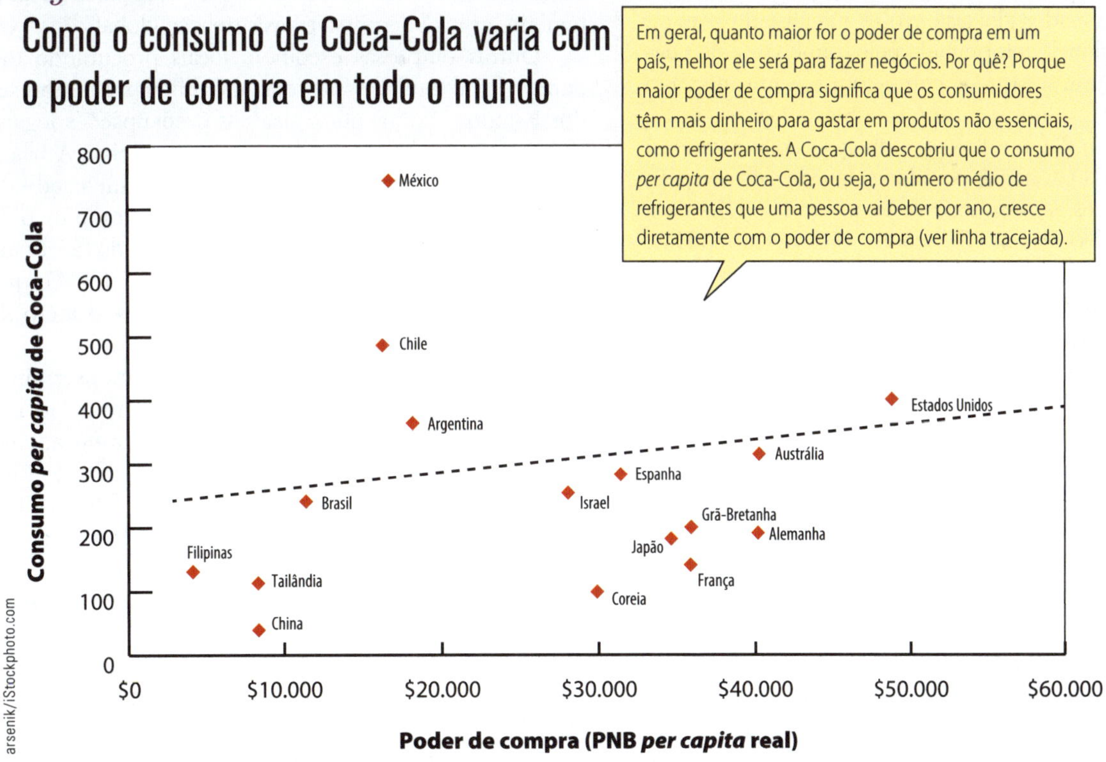

Em geral, quanto maior for o poder de compra em um país, melhor ele será para fazer negócios. Por quê? Porque maior poder de compra significa que os consumidores têm mais dinheiro para gastar em produtos não essenciais, como refrigerantes. A Coca-Cola descobriu que o consumo *per capita* de Coca-Cola, ou seja, o número médio de refrigerantes que uma pessoa vai beber por ano, cresce diretamente com o poder de compra (ver linha tracejada).
Consumo *per capita* de Coca-Cola
800
700
600
500
400
300
200
100
0
$0
$10.000
$20.000
$30.000
$40.000
$50.000
$60.000
Poder de compra (PNB *per capita* real)
México
Chile
Argentina
Estados Unidos
Austrália
Espanha
Israel
Brasil
Grã-Bretanha
Alemanha
Japão
França
Coreia
Filipinas
Tailândia
China
arsenik/iStockphoto.com

Fonte: Coca-Cola 2012 annual review, *Coca-Cola Company*, disponível em: <http://www.coca-colacompany.com/annual-review/2012/year_in_review.html>, acesso em: 10 jun. 2013; GNI per capita ranking, Atlas method and PPP based, *The World Bank*, 15 abr. 2013, disponível em: <http://data.worldbank.org/data-catalog/GNI-per-capita--Atlas-and-PPP-table>, acesso em: 10 jun. 2013.

demanda do comércio internacional (ver boxe "Pagando por um 'Mac Attack'").

Consequentemente, países com níveis de poder de compra elevados e em crescimento são boas escolhas para as empresas que procuram mercados globais atrativos. Como mostra a Figura 8.5, a Coca-Cola descobriu que seu consumo *per capita*, ou a quantidade de refrigerantes que uma pessoa bebe por ano, cresce diretamente com o poder de compra. Por exemplo, na China, no Brasil e na Austrália, onde a pessoa média ganha, respectivamente, $ 11.850, $ 14.750 e $ 42.110 por ano, a quantidade de refrigerantes de Coca-Cola consumidos por ano aumenta, respectivamente, de 39 para 241 e para 315. Quanto maior o poder de compra que as pessoas têm, maior é a propensão para aumentar o consumo de refrigerantes. E a Coca-Cola Company espera um forte crescimento nesses mercados. No relatório anual da empresa, consta o seguinte: "Para medir nosso potencial de crescimento, olhamos para nosso consumo *per capita*, o número médio de porções de 250 ml de nossas bebidas consumidas a cada ano em um determinado mercado. Prevê-se que até o ano 2020 o mundo terá cerca de um bilhão de pessoas a mais cujos rendimentos disponíveis lhes permitirão escolhas e oportunidades impensáveis há uma geração. Devemos descobrir maneiras inovadoras de nos conectar com a nossa base de consumidores tradicionais e essa emergente classe média global, criando novos produtos e formatos de embalagens para todos os estilos de vida e ocasiões".[56]

A segunda parte da avaliação do potencial de crescimento dos mercados globais envolve a análise do grau de competição global, determinado pelo número e pela qualidade das empresas que já competem em um mercado externo. Como a *joint venture* Tata-Starbucks começa a abrir lojas na Índia, um de seus principais concorrentes é o Café Coffee Day, a mais popular cadeia de cafés do país, que nos últimos anos cresceu de uma dúzia de lojas para mais de 1.200 locais em 175 cidades. O Café Coffee Day, como a maioria das lojas de cafés da Índia, cobra cerca de $ 1 por um pequeno *cappuccino*, quase um terço do preço da mesma bebida em lojas dos Estados Unidos. Em contrapartida, a Starbucks planeja se concentrar na venda de produtos *premium*, como café, chá e alimentos.[57]

8-4b Escolhendo um local para escritório/fábrica

As empresas não têm que estabelecer um local para escritório ou fábrica em cada país que entram. Elas podem licenciar, franquiar ou exportar para mercados estrangeiros ou podem atender a uma região maior a partir de um país. Mas há muitas razões pelas quais uma empresa pode optar por estabelecer uma localização em um país estrangeiro. Alguns escritórios estrangeiros são estabelecidos por meio de fusões e aquisições globais, e outros por causa de um comprometimento de crescer em um

Ed Aldridge/Shutterstock.com

A Volvo está construindo uma fábrica de $ 500 milhões nos Estados Unidos, para aproveitar o baixo custo da mão de obra.

novo mercado. A **Volvo Car**, de propriedade chinesa, está construindo uma fábrica de $ 500 milhões nos Estados Unidos para aproveitar o baixo custo do trabalho, evitar flutuações das taxas de câmbio, que afetam os carros importados para os Estados Unidos de outros países, e cumprir seu comprometimento de aumentar suas vendas no território norte-americano.[58] De acordo com o CEO Håkan Samuelsson: "A Volvo Cars não pode se declarar uma verdadeira montadora global sem uma presença industrial nos Estados Unidos, uma parte absolutamente crucial de nossa transformação global".[59]

Outras empresas escolhem locais procurando um paraíso fiscal (embora isso seja mais difícil para empresas dos Estados Unidos por causa das preocupações legais) ou como parte da criação de uma marca global. A Irlanda é um local procurado para estabelecer uma sede de empresa em razão de sua taxa de imposto corporativo de 12,5%, muito menor do que a do Reino Unido (25%), da Alemanha (30,2%) ou dos Estados Unidos (35%), que têm a segunda maior taxa de imposto sobre o lucro da empresa do mundo.[60]

Os critérios para escolher um local para escritório/fábrica são diferentes dos critérios para entrar em um mercado externo. Em vez de se concentrarem apenas nos custos, as empresas devem considerar fatores tanto qualitativos quanto quantitativos. Dois fatores qualitativos fundamentais são a qualidade da força de trabalho e a estratégia da empresa. A qualidade da força de trabalho é importante porque muitas vezes é difícil encontrar trabalhadores com as habilidades, capacidades e experiência específicas de que uma empresa precisa para administrar seus negócios. A qualidade da força de trabalho é uma das razões pelas quais muitas empresas que fazem negócios na Europa localizam seus *call centers* nos Países Baixos. Os trabalhadores dos Países Baixos são os mais dotados linguisticamente na Europa, com 77% trilíngues (falando holandês, inglês e uma terceira

Pagando por um "Mac Attack"

Todos os anos, a revista *The Economist* produz o Índice Big Mac para ilustrar as diferenças de poder de compra entre os países. Comparando o preço de um único item, nesse caso, um Big Mac do McDonald's, o índice mostra quanto os consumidores de cada país conseguem comprar com seu dinheiro. De acordo com o último índice, um Big Mac custa em média $ 4,62 nos Estados Unidos, $ 5,01 no Canadá, $ 5,25 no Brasil e $ 7,14 na Suíça, o que significa que os residentes desses países recebem muito menos do que os norte-americanos. Por sua vez, os consumidores russos só têm de pagar $ 2,62 pelo Big Mac, enquanto na Turquia pagam $ 3,76 e na Índia apenas $ 1,54.

Fonte: The Big Mac Index, *Economist*, 23 jan. 2014. Disponível em: <http://www.economist.com/content/big-mac-index>. Acesso em: 29 abr. 2014.

Tooykrub/Shutterstock.com

língua) e 90% bilíngues (holandês e inglês). Números comparáveis em toda a Europa são 25% e 54%.[61] Além disso, em comparação com 60 países em todo o mundo, os Países Baixos ocupam o quarto lugar em termos de oferta de mão de obra qualificada, o décimo para os trabalhadores com habilidades financeiras e o segundo para gestores competentes (os Estados Unidos se classificam em décimo quinto, sétimo e quinto, respectivamente).[62]

A estratégia de uma empresa também é importante ao escolher um local. Por exemplo, uma empresa que segue uma estratégia de baixo custo pode precisar de matérias-primas abundantes, transporte e mão de obra de baixo custo. Uma empresa que segue uma estratégia de diferenciação (geralmente um produto ou serviço mais caro e melhor) pode precisar de acesso a materiais de alta qualidade e uma força de trabalho altamente qualificada e instruída.

Fatores quantitativos, como o tipo de instalação em construção, barreiras tarifárias e não tarifárias, taxas de câmbio e custos de transporte e mão de obra, também devem ser considerados quando se escolhe um local para escritório/fábrica. Um especialista em decisões de localização da empresa explica como as coisas mudam com diferentes tipos de instalação: "Se for uma fábrica de montagem, uma empresa pode estar inclinada a procurar incentivos que subsidiem sua contratação. Com uma instalação de distribuição, uma rede de transporte adequada provavelmente será crítica. Uma sede corporativa precisará de uma boa rede de comunicações, de uma força de trabalho multilíngue e de um acesso fácil por via aérea. Por sua vez, uma operação de pesquisa e desenvolvimento exigirá proximidade com uma infraestrutura de alta tecnologia e acesso a boas universidades".[63] As empresas confiam em estudos como o Índice de Resiliência publicado anualmente pela FM Global para comparar os climas de negócios em todo o mundo.[64] A Figura 8.6 oferece uma visão rápida das melhores cidades para negócios com base em uma variedade de critérios. Essa informação é um bom ponto de partida se sua empresa está tentando decidir onde colocar um escritório ou uma fábrica internacional.

8-4c Minimizando o risco político

Quando pensam sobre o risco político nos negócios globais, os gestores imaginam fábricas sendo incendiadas e tumultos nas ruas. Embora eventos políticos como esses recebam cobertura significativa e estendida da mídia, os riscos políticos que a maioria das empresas enfrenta geralmente não são objetos de manchetes jornalísticas na Fox News ou na CNN. No entanto, as consequências negativas do risco político comum podem ser igualmente devastadoras para as empresas que não conseguem identificar e minimizar esse risco.[65]

Ao conduzirem negócios globais, as empresas devem tentar identificar dois tipos de risco político: a incerteza política institucional e a incerteza política regulatória governamental.[66] A **incerteza política** está associada ao risco de grandes mudanças nos regimes políticos que podem resultar de guerra, revolução, morte dos líderes políticos, agitação social ou outros eventos influentes. **Incerteza na política** refere-se ao risco associado a mudanças nas

Incerteza política
risco institucional de grandes mudanças nos regimes políticos que podem resultar de guerra, revolução, morte de líderes políticos, agitação social ou outros eventos influentes.

Incerteza na política
risco associado a mudanças nas leis e políticas governamentais que afetam diretamente a forma como as empresas estrangeiras conduzem negócios.

Figura 8.6

Os melhores países do mundo para negócios

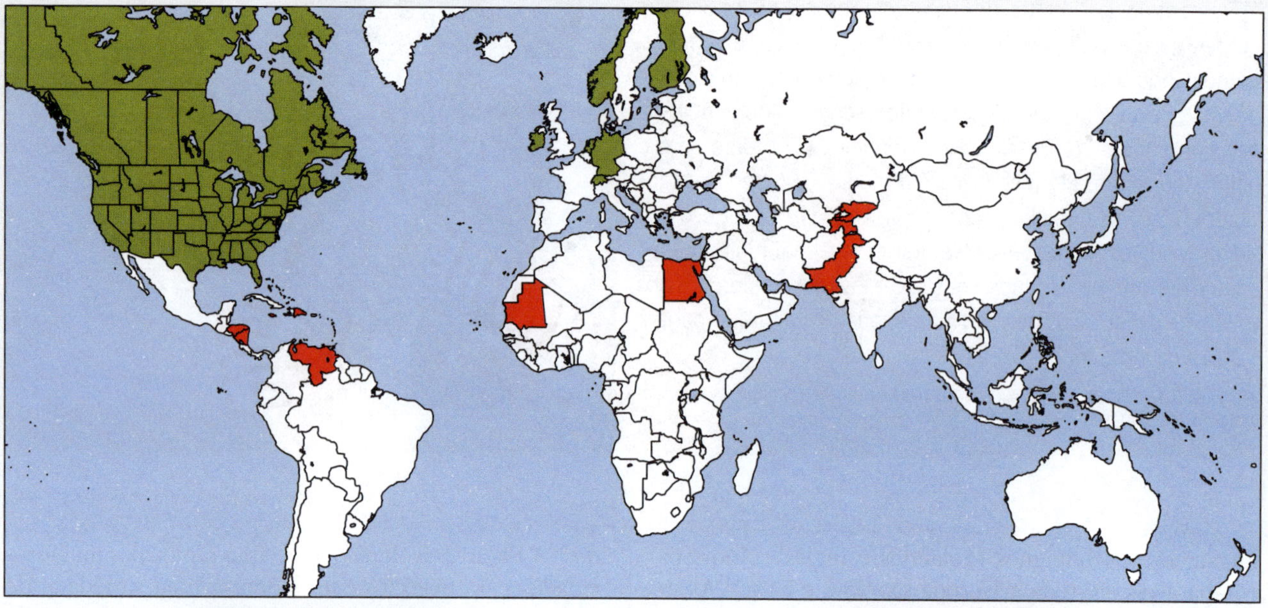

Os dez melhores países

1. Noruega
2. Suíça
3. Países Baixos
4. Irlanda
5. Luxemburgo
6. Alemanha
7. Catar
8. Canadá
9. Finlândia
10. Estados Unidos

Os dez piores países

1. Tadjiquistão
2. Egito
3. Paquistão
4. Jamaica
5. Honduras
6. República Dominicana
7. Nicarágua
8. Mauritânia
9. República do Quirguistão
10. Venezuela

Fonte: S. Adams, 2015's most and least reliable countries to do business in, *Forbes*, 31 mar. 2015, disponível em: <http://www.forbes.com/sites/susanadams/2015/03/31/2015s-most-and-least-reliable-countries-to-do-business-in/>, acesso em: 28 abr. 2015; Table 1: the top 10 in 2015, Resilience Index 2015, *FM Global*, p. 5, disponível em: <http://www.fmglobal.com/assets/pdf/Resilience_Methodology.pdf>; Table 2: the bottom 10 in 2015, Resilience Index 2015, *FM Global*, p. 5, disponível em: <http://www.fmglobal.com/assets/pdf/Resilience_Methodology.pdf>.

leis e políticas econômicas governamentais que afetam diretamente a forma como empresas estrangeiras conduzem negócios.

A incerteza nas políticas é a forma mais comum – e talvez mais frustrante – de risco político nos negócios globais, especialmente quando as mudanças nas leis e nas políticas econômicas governamentais causam perdas diretas consideráveis aos investimentos feitos por empresas estrangeiras. A Índia é o terceiro maior mercado de varejo do mundo atrás dos Estados Unidos e da China. O governo da Índia por muito tempo tem protegido as lojas de varejo indianas, impedindo que varejistas estrangeiros entrem no país, a menos que tenham parceiros locais em *joint ventures*. Assim, quando a Índia mudou essa política, varejistas globais como Walmart (Estados Unidos), Carrefour (França) e Tesco (Reino Unido) começaram a fazer planos para entrar no país por conta própria. Contudo, o governo indiano reverteu essa decisão após grandes protestos de proprietários de pequenas empresas e de políticos que temiam que as grandes lojas de varejo colocassem lojas de familiares de propriedade local fora do negócio. Kamlesh Gupta e o marido possuem esse tipo de loja, a Radha Krisna, em Deli central. Segundo Gupta, se grandes varejistas forem permitidos na Índia, "Tudo vai acabar. Se venderem mercadorias mais baratas do que nós, quem virá aqui? Já perdemos 20% do nosso negócio desde que o Big Bazaar e a Reliance [dois grandes varejistas indianos] começaram a operar nos últimos dois anos". Como resultado, a única opção para varejistas estrangeiros como Walmart, e que não é atraente, é formar *joint ventures* para estabelecer lojas de autosserviço que vendam para empresas, mas não para consumidores.[67]

Várias estratégias podem ser usadas para minimizar o risco político inerente ao negócio global ou adaptar-se a ele. Uma *estratégia de aversão ao risco* é usada quando os riscos políticos associados a um país ou a uma região estrangeira são vistos como muito grandes. Se as empresas já investiram em áreas de alto risco, elas podem alienar ou vender seus negócios. Se ainda não investiram, provavelmente irão adiar o investimento até que o risco se reduza. A Rússia é um mercado atraente para as montadoras, porque tem uma classe média crescente,

Figura 8.7

Visão geral do risco político no Oriente Médio

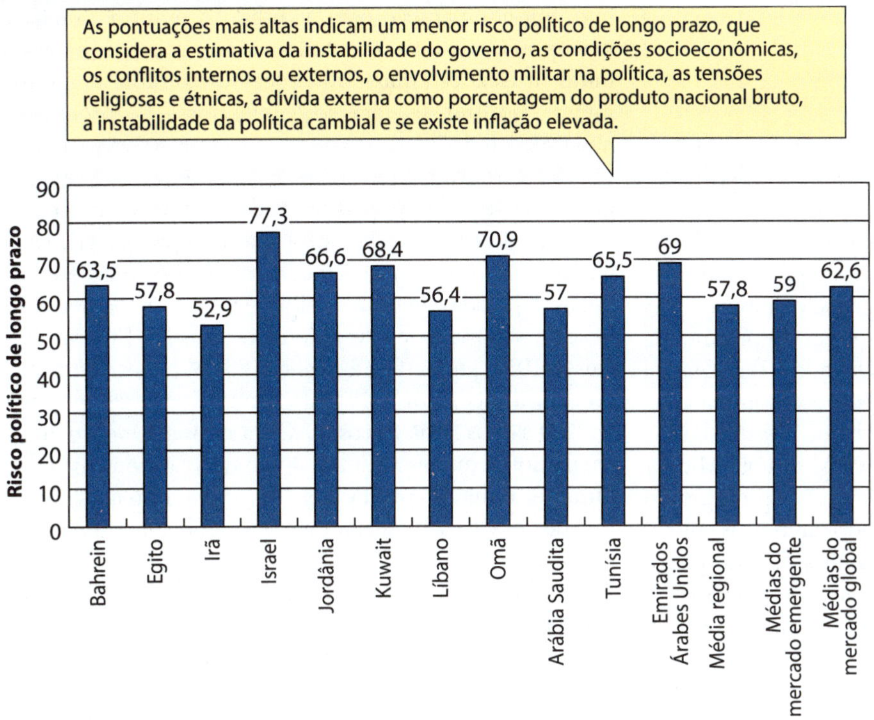
As pontuações mais altas indicam um menor risco político de longo prazo, que considera a estimativa da instabilidade do governo, as condições socioeconômicas, os conflitos internos ou externos, o envolvimento militar na política, as tensões religiosas e étnicas, a dívida externa como porcentagem do produto nacional bruto, a instabilidade da política cambial e se existe inflação elevada.
Risco político de longo prazo
90
80
70
60
50
40
30
20
10
0
63,5
57,8
52,9
77,3
66,6
68,4
56,4
70,9
57
65,5
69
57,8
59
62,6
Bahrein
Egito
Irã
Israel
Jordânia
Kuwait
Líbano
Omã
Arábia Saudita
Tunísia
Emirados Árabes Unidos
Média regional
Médias do mercado emergente
Médias do mercado global

Fonte: United Arab Emirates Business Forecast Report, 2014 2nd Quarter, *Business Monitor International*, 1º abr. 2014, 1-50.

mas ocupa o sétimo lugar mundial em termos de número de carros por mil pessoas (apenas 300). Com o potencial de um mercado em crescimento, a General Motors abriu, em 2008, uma fábrica em São Petersburgo para produzir 98 mil carros por ano. Quatro anos mais tarde, ela esperava dobrar a capacidade de produção. Mas, até 2015, o mercado de automóveis russo estava encolhendo, e, em meio a regulamentações cada vez mais hostis, a GM fechou a fábrica, levando a uma amortização de $ 600 milhões.[68] Segundo Daniel Ammann, presidente da GM: "Essa decisão evita investimento significativo em um mercado que tem muitas perspectivas desafiadoras de longo prazo".[69]

A Figura 8.7 mostra a estabilidade política a longo prazo de vários países no Oriente Médio (as pontuações mais altas indicam menor risco político). Os seguintes fatores, utilizados para compilar essas classificações, indicam maior risco político: instabilidade do governo, condições socioeconômicas ruins, conflitos internos ou externos, envolvimento militar na política, tensões religiosas e étnicas, alta dívida externa como porcentagem do PNB, instabilidade da taxa de câmbio e alta inflação.[70] Uma estratégia para evitar o risco seria provavelmente usada para os países mais arriscados mostrados na Figura 8.7, como Irã e Arábia Saudita, mas podem não ser necessários para os países menos arriscados, como Israel ou Omã. Como as condições de risco e os fatores mudam constantemente, para se certificar de tomar decisões que envolvam risco, é necessário conhecer as últimas informações disponíveis consultando o PRS Group (www.prsgroup.com), que fornece informações sobre risco político para 80% das 500 empresas da *Fortune*.

Controle é uma estratégia ativa para prevenir ou reduzir riscos políticos. As empresas que usam uma estratégia de controle pressionam governos estrangeiros ou agências de comércio internacional para alterar leis, regulamentos ou barreiras comerciais que prejudicam seus negócios naquele país. A Amazon.com, com sede em Seattle, a maior varejista de internet do mundo, está pressionando o governo indiano para mudar as leis que impedem as empresas estrangeiras de vender diretamente aos consumidores indianos. Hoje, os consumidores indianos usam Junglee. com da Amazon para comparar preços, mas com *links* apenas para varejistas indianos. "A intenção da Amazon no lançamento da Junglee.com era ter uma presença no mercado indiano até que as regras sejam alteradas para permitir que eles façam negócios aqui", afirmou Ankur Bisen, da Technopak, empresa de consultoria varejista indiana. A Amazon está ansiosa para se expandir na Índia, onde há a expectativa de que as vendas de varejo na internet aumentem de $ 600 milhões para $ 70 bilhões em 2020.[71]

Outro método para lidar com o risco político é a *cooperação*, que envolve o uso de *joint ventures* e contratos cooperativos, tais como franquia e licenciamento. Embora não elimine o risco político de fazer negócios em um país, a cooperação pode limitar o risco associado à propriedade estrangeira de uma empresa. Por exemplo, uma empresa alemã que forma uma *joint venture* com uma empresa chinesa para fazer negócios na China pode estruturar o contrato para que a empresa chinesa detenha 51% ou mais da *joint venture*. Ao fazê-lo, qualifica a *joint venture* como uma empresa chinesa e a isenta das leis da China que se aplicam às empresas de propriedade estrangeira. No entanto, a cooperação nem sempre pode proteger contra o *risco* das políticas regulatórias governamentais, se um governo estrangeiro muda suas leis e políticas econômicas para afetar diretamente a forma como as empresas estrangeiras fazem negócios.

8-5 TOMANDO CONSCIÊNCIA DAS DIFERENÇAS CULTURAIS

Cultura nacional é o conjunto de valores e crenças compartilhados que afeta percepções, decisões e comportamento das pessoas de um determinado país. O primeiro passo para lidar com a cultura é reconhecer que há diferenças significativas. Nos últimos anos, as empresas indianas têm como alvo para aquisição um grupo de empresas alemãs médias, independentes, muitas vezes de propriedade familiar (chamado Mittlestand). Quando a Rail.One GmbH foi adquirida pelo PCM Group, um conglomerado indiano, os novos proprietários não mudaram a gestão bávara porque, segundo o presidente da PCM, Kamal Mittal, "Não queríamos prejudicar o negócio".[72] O professor Geert Hofstede passou 20 anos estudando diferenças culturais em 53 países diferentes. Sua pesquisa mostra que existem seis dimensões culturais consistentes entre países: distância do poder, individualismo, masculinidade, aversão à incerteza, orientação de curto prazo *versus* orientação de longo prazo e indulgência *versus* restrição.[73]

Distância do poder é a extensão em que as pessoas de um país aceitam que o poder é distribuído de forma desigual na sociedade e nas organizações. Em países onde a distância do poder é fraca, como Dinamarca e Suécia, os empregados não gostam que suas organizações ou chefes tenham poder sobre eles ou digam-lhes o que fazer. Eles querem ter voz nas decisões que os afetam. Como mostra a Figura 8.8, Rússia, China e Nigéria, com pontuação de 93, 80 e 80, respectivamente, são muito mais fortes na distância do poder do que Alemanha (35), Países Baixos (38) e Estados Unidos (40).

Individualismo é o grau em que as sociedades acreditam que os indivíduos devem ser autossuficientes. Em sociedades individualistas, os empregados colocam a lealdade a si mesmos em primeiro lugar e a lealdade à sua empresa e ao grupo de trabalho em segundo. Na Figura 8.8, Estados Unidos (91), Países Baixos (80), França (71) e Alemanha (67) são os mais fortes no individualismo, enquanto Indonésia (14), China (20) e Hong Kong (25) são os mais fracos.

Masculinidade e *feminilidade* capturam a diferença entre culturas altamente assertivas e altamente acolhedoras. Culturas masculinas enfatizam assertividade, competição, sucesso material e realização, enquanto as culturas femininas enfatizam importância das relações, modéstia, cuidado com os fracos e qualidade de vida. Na Figura 8.8, Japão (95), Alemanha (66) e China (66) têm as orientações mais masculinas, enquanto Países Baixos (14) têm a orientação mais feminina. Manu Parpia, CEO da Geometric, Ltd., a empresa indiana que adquiriu a empresa de engenharia 3Cap, observou que, em comparação com a Índia, "A cultura alemã é mais precisa, muito orientada para o processo [e] bastante brusca. A ênfase no processo na Índia é muito menor, porque, se você se concentrasse no processo, nada seria feito".[74]

Cultura nacional
conjunto de valores e crenças compartilhados que afeta percepções, decisões e comportamento das pessoas de um determinado país.

A diferença cultural *aversão à incerteza* é o grau em que as pessoas de um país ficam desconfortáveis com situações não estruturadas, ambíguas e imprevisíveis. Em países com forte aversão à incerteza, como Grécia e Portugal, as pessoas tendem a ser agressivas e emocionais, e buscam segurança em vez de incerteza. Na Figura 8.8, Rússia (95), Japão (92) e França (86) são mais fortes na aversão à incerteza, enquanto Hong Kong (29) e China (30) são os mais fracos. O CEO da Rail.One, Jochen Riepl, notou que essa dimensão estava se desenvolvendo durante reuniões com PCMs: "Na Índia, um 'não' é um tipo de convite para iniciar uma discussão. Na Alemanha, um 'não' é um 'não'".[75]

A dimensão cultural da *orientação de curto prazo/longo prazo* indica se as culturas estão orientadas para o presente e buscam a gratificação imediata ou para o futuro e adiam a gratificação. Não surpreende que os países com orientações de curto prazo sejam impulsionados pelos consumidores, enquanto os países com orientações de longo prazo sejam impulsionados pela poupança. Na Figura 8.8, Japão (88) e China (87) têm orientações de longo prazo muito fortes, enquanto Nigéria (13) e Estados Unidos (26) têm orientações de curto prazo muito fortes. A dimensão cultural da *indulgência versus restrição* refere-se ao grau em que uma sociedade permite a gratificação relativamente livre de movimentos básicos relacionados ao desfrute da vida e do divertimento contra normas sociais rígidas que regulam e suprimem a gratificação de necessidades e desejos. Nigéria (81), Estados Unidos (68) e Países Baixos (68) são mais fortes em indulgência, enquanto Hong Kong (17), Rússia (20) e China (24) praticam mais a restrição. Parte do que torna as empresas Mittelstand confortáveis com novos proprietários indianos é que os licitantes indianos geralmente oferecem comprometimentos de longo prazo. Sobre os investidores indianos, o advogado Christopher Wright afirma o seguinte: "Eles tendem a ter uma visão de longo prazo e [que] dão garantias às empresas alemãs".[76]

Para gerar uma comparação gráfica entre culturas de dois países diferentes, visite <http://geert-hofstede.com/countries.html>. Selecione um "País" na lista de entrada e selecione um "País de Comparação". Um gráfico que compara os países em cada uma das seis diferenças culturais de Hofstede será gerado automaticamente.

Diferenças culturais afetam percepções, compreensão e comportamento. Reconhecer as diferenças culturais é fundamental para o sucesso em negócios globais.

Figura 8.8

Seis dimensões culturais de Hofstede

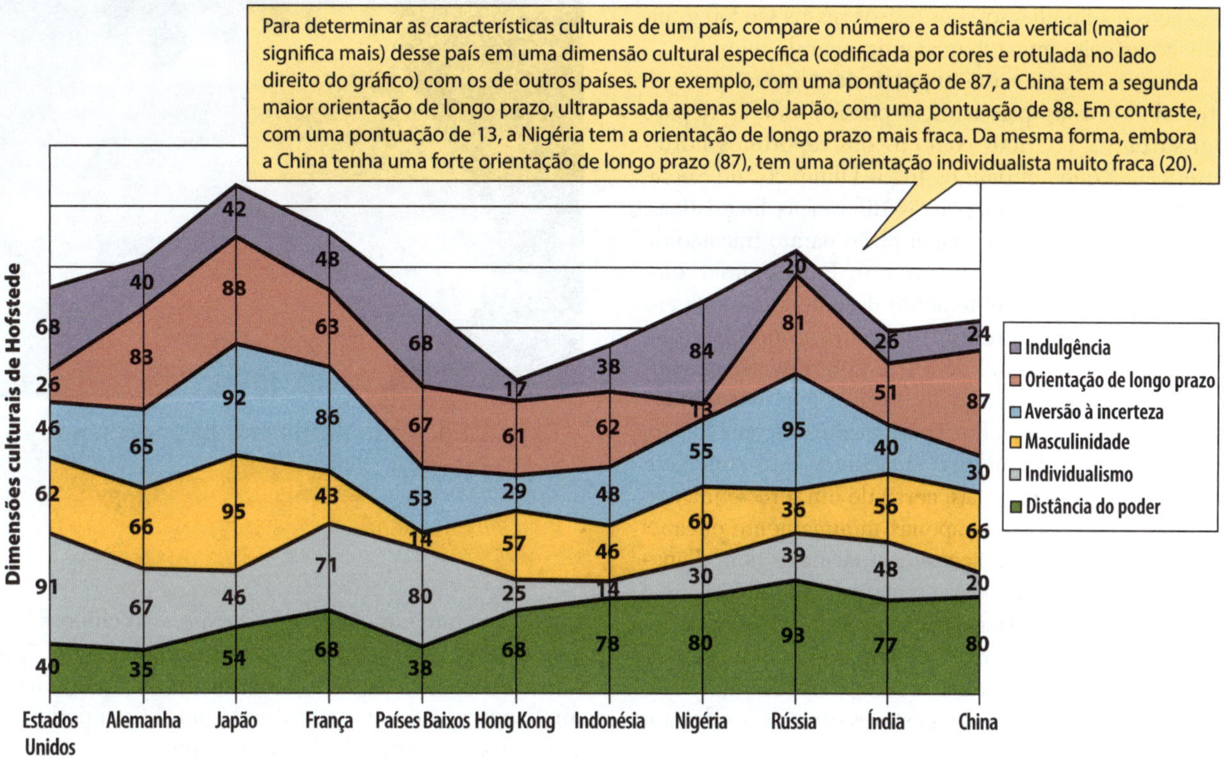
Para determinar as características culturais de um país, compare o número e a distância vertical (maior significa mais) desse país em uma dimensão cultural específica (codificada por cores e rotulada no lado direito do gráfico) com os de outros países. Por exemplo, com uma pontuação de 87, a China tem a segunda maior orientação de longo prazo, ultrapassada apenas pelo Japão, com uma pontuação de 88. Em contraste, com uma pontuação de 13, a Nigéria tem a orientação de longo prazo mais fraca. Da mesma forma, embora a China tenha uma forte orientação de longo prazo (87), tem uma orientação individualista muito fraca (20).
Dimensões culturais de Hofstede
68 26 46 62 91 40
40 83 65 66 67 35
42 88 92 95 46 54
48 63 86 43 71 68
68 67 53 14 80 38
17 61 29 57 25 68
38 62 48 46 14 78
84 13 55 60 30 80
20 81 95 36 39 93
26 51 40 56 48 77
24 87 30 66 20 80
Indulgência
Orientação de longo prazo
Aversão à incerteza
Masculinidade
Individualismo
Distância do poder
Estados Unidos
Alemanha
Japão
França
Países Baixos
Hong Kong
Indonésia
Nigéria
Rússia
Índia
China

Fonte: G. H. Hofstede, Cultural constraints in management theories, *Academy of Management Executive* 7, nº 1 (1993): 81–94.

No entanto, como salientou Hofstede, as descrições das diferenças culturais baseiam-se nas médias, ou seja, no nível médio de aversão à incerteza em Portugal, no nível médio de distância de poder na Argentina e assim por diante. De acordo com Hofstede: "Se você vai passar um tempo com um colega japonês, não deve assumir que as declarações culturais gerais sobre a sociedade japonesa se aplicam automaticamente a essa pessoa".[77] Da mesma forma, as crenças culturais podem diferir significativamente de uma parte de um país para outro.[78]

Depois de tomar consciência das diferenças culturais, o próximo passo é decidir como adaptar sua empresa a essas diferenças. Infelizmente, estudos que investigam os efeitos das diferenças culturais nas práticas de gestão apontam mais para dificuldades do que para soluções fáceis.

Outra dificuldade é que os valores culturais estão mudando, embora lentamente, em muitas partes do mundo. A queda do comunismo na Europa Oriental e na antiga União Soviética e as amplas reformas econômicas na China produziram mudanças radicais em dois continentes, nas últimas quatro décadas. Graças ao aumento do comércio global resultante de acordos de livre-comércio, grandes transformações econômicas também estão em andamento na Índia, China, América Central e América do Sul. Consequentemente, ao tentarem adaptar as práticas de gestão às diferenças culturais, as empresas devem assegurar-se de que não estão baseando suas adaptações em pressupostos antiquados e incorretos sobre a cultura de um país.

8-6 PREPARANDO-SE PARA UMA MISSÃO INTERNACIONAL

Durante os Jogos Olímpicos de Inverno de 2014 em Sochi, na Rússia, os repórteres norte-americanos constataram que os russos nas ruas, nos hotéis ou em restaurantes não respondiam aos sorrisos dos visitantes. Quando um repórter perguntou o porquê disso, um russo respondeu: "Na Rússia, apenas dois tipos sorriem: idiotas e ricos". Lá, você só poderá sorrir se tiver uma razão particularmente boa para isso. E se você sorrir apenas para ser amigável, como os norte-americanos, os russos vão pensar que você não é sincero ou talvez um pouco louco. Além disso, os russos geralmente não sorriem enquanto trabalham porque, bem, eles estão no trabalho. Mas, em casa, com os amigos e a família, sorrisos e risos russos são tão grandes e amigáveis como em qualquer lugar do mundo.[79]

Se você se tornar um **expatriado**, alguém que vive e trabalha fora do país natal, é possível que se depare com surpresas culturais como as dos repórteres norte-americanos que cobriam os Jogos Olímpicos de Sochi. A dificuldade de se adaptar às diferenças linguísticas, culturais e sociais é a principal razão para o fracasso de expatriados em missões no exterior. Por exemplo, embora tenha havido recentemente desentendimentos entre pesquisadores sobre esses números, é provável que seja seguro afirmar que de 5% a 20% dos expatriados norte-americanos enviados ao exterior por suas empresas retornarão aos Estados Unidos antes de concluírem com êxito suas atribuições.[80] Daqueles que concluem suas missões internacionais, cerca de um terço é julgado por suas empresas como apenas minimamente eficaz.[81] Como até mesmo atribuições internacionais bem planejadas podem custar de três a cinco vezes o salário anual de um empregado, o fracasso nessas atribuições pode ser extraordinariamente caro.[82] Além disso, embora seja difícil encontrar indicadores confiáveis, estudos mostram, em geral, que 8% a 25% dos gestores expatriados deixam suas empresas após uma missão internacional.[83]

***As chances de uma missão internacional ser bem-sucedida podem ser aumentadas por meio de* 8-6a treinamento linguístico e intercultural *e* 8-6b consideração de questões relacionadas ao cônjuge, à família e à dupla carreira.**

8-6a Treinamento linguístico e intercultural

Treinamento linguístico e intercultural antes da saída para o exterior pode reduzir a incerteza que os expatriados sentem, os mal-entendidos que ocorrem entre expatriados e nativos, e os comportamentos inadequados que os expatriados involuntariamente adotam quando viajam para um país estrangeiro. Na verdade, coisas simples, como usar um telefone, localizar um banheiro público, pedir direções, descobrir o quanto as coisas custam, trocar saudações ou entender o que as pessoas querem, podem se tornar tremendamente complexas quando os expatriados não dominam uma língua estrangeira ou não conhecem os costumes e a cultura do país. Por exemplo, Bing, o nome do motor de busca da Microsoft, significa "doença" ou "panqueca" em chinês mandarim. Por isso, a Microsoft teve que mudar o nome para "Biying" da expressão chinesa "*you qui bi ying*" que significa, mais apropriadamente, "procure e você encontrará". Da mesma forma, na Indonésia, um supervisor de uma plataforma petrolífera pediu, aos gritos, que um trabalhador levasse um barco até a costa. Enquanto o supervisor acreditava que estava apenas dando as instruções, o trabalhador entendeu que estava sendo criticado em público, o que não faz parte de sua cultura. Revoltados com esse comportamento, esse empregado e alguns companheiros ameaçaram o supervisor com machados.[84]

Expatriado alguém que vive e trabalha fora do país natal.

iStockphoto.com/Webphotographeer

Expatriados são ainda cidadãos de seus países nativos.

Os expatriados que recebem treinamento linguístico e intercultural antes da partida fazem ajustes mais rápidos às culturas estrangeiras e se comportam melhor em suas missões internacionais.[85] Infelizmente, apenas um terço dos gestores que participa de missões internacionais recebe algum tipo de treinamento![86] Segundo Suzanne Bernard, diretora de mobilidade internacional da Bombardier Aerospace, localizada no Canadá: "Sempre oferecemos treinamento intercultural, mas é muito raramente usado pelos executivos que viajam apressados na última hora".[87] Isso é até surpreendente em razão das taxas de falhas para os expatriados e do alto custo que representam. Além disso, com exceção de alguns cursos de línguas, o treinamento antes da partida não é particularmente dispendioso nem difícil de proporcionar. Três métodos podem ser usados na preparação dos trabalhadores para missões internacionais: treinamento documental, simulações culturais e vivências reais.

Treinamento documental centra-se na identificação de diferenças críticas específicas entre culturas. Por exemplo, quando 70 trabalhadores da Axcelis Technologies de Beverly, em Massachusetts, estavam se pre-

iStockphoto.com/Monkeybusinessimages

Depois de conhecerem as diferenças críticas específicas por meio do treinamento documental, os aprendizes podem participar de simulações culturais, nas quais praticam a adaptação às diferenças culturais.

parando para fazer negócios na Índia, eles aprenderam que, enquanto os norte-americanos fazem contato visual e apertam as mãos firmemente ao cumprimentarem outros, os indianos, como sinal de respeito, fazem exatamente o oposto, evitando o contato visual e apertando as mãos com pouco vigor.[88]

Depois de conhecerem as diferenças críticas específicas por meio do treinamento documental, os aprendizes podem participar de *simulações culturais*, nas quais praticam a adaptação às diferenças culturais. A EMC, fornecedora global de soluções de armazenamento de informações, utiliza simulações culturais para treinar os empregados. Em seus primórdios, a EMC era baseada principalmente nos Estados Unidos, mas como mantinha laboratórios de pesquisa, escritórios e clientes em todos os continentes. interações interculturais representam uma parte diária dos negócios da empresa. As simulações culturais da EMC usam fotos e clipes de áudio e vídeo para apresentar situações do mundo real. Os empregados da EMC devem decidir o que fazer e depois entender o que aconteceu como resultado de suas escolhas. Quer se trate de interagir com os clientes ou de lidar com empregados da EMC de outros países, a cada passo eles têm a oportunidade de aprender métodos bons e ruins de responder às diferenças culturais. A EMC exige que sua força de trabalho mundial de 40.500 pessoas use regularmente as simulações culturais. De acordo com Louise Korver-Swanson, chefe global de desenvolvimento executivo da EMC: "Trata-se de garantir que realmente sejamos uma empresa global. Precisamos que todos na organização estejam sintonizados".[89]

Finalmente, o treinamento de *vivências reais*, uma técnica popularizada pelo Corpo de Paz dos Estados Unidos, coloca os aprendizes em um bairro étnico por três a quatro horas para conversar com os moradores sobre as diferenças culturais. Por exemplo, um fabricante de eletrônicos dos Estados Unidos preparou trabalhadores para tarefas na Coreia do Sul, fazendo que os estagiários explorassem um bairro sul-coreano próximo e conversassem com lojistas e pessoas na rua sobre política do país, orientação familiar e vida cotidiana.

8-6b Questões relacionadas ao cônjuge, à família e à dupla carreira

Nem todas as atribuições internacionais são difíceis para os expatriados e suas famílias, mas as evidências mostram claramente que o fato de o cônjuge e a família de um expatriado se ajustarem à cultura estrangeira é o fator mais importante para determinar o sucesso ou fracasso de uma missão internacional.[90] Na verdade, um estudo da *Harvard Business Review* descobriu que 32% das pessoas que tiveram missões internacionais as recusaram porque não queriam que as famílias tivessem que mudar, enquanto 28% as recusaram para "proteger os próprios casamentos".[91] Infelizmente, apesar da importância, existem poucas pesquisas sistemáticas sobre o que ajuda ou não as famílias de expatriados a se adaptar com sucesso. Algumas empresas, no entanto, constataram que a avaliação da adaptabilidade e o treinamento intercultural para as famílias podem levar a um ajuste mais bem-sucedido no exterior.

A *avaliação da adaptabilidade* é usada para avaliar até que ponto os gestores e suas famílias apresentam propensão a se adaptar a culturas estrangeiras. Por exemplo, a divisão internacional da Prudential Relocation Management desenvolveu um "Inventário de Missões no Exterior" ("Overseas Assignment Inventory" – OAI) para avaliar a receptividade do cônjuge e da família, o respeito pelas crenças dos outros, o senso de humor e a comunicação conjugal. O OAI foi inicialmente usado para ajudar o Corpo de Paz, a Marinha dos Estados Unidos e a Agência Canadense para o Desenvolvimento Internacional a selecionar pessoas que pudessem se adaptar bem em culturas estrangeiras.[92] Além disso, a AMP, sediada na Pensilvânia, um produtor mundial de conectores elétricos, conduz extensa seleção psicológica de expatriados e seus cônjuges para missões internacionais. Mas a avaliação de adaptabilidade não envolve apenas uma empresa que avalia um empregado. Ela também pode envolver um empregado avaliando missões internacionais em termos de conveniência. Uma vez que mais empregados estão cientes dos custos das missões internacionais (os cônjuges têm de desistir ou mudar de emprego, as crianças têm de mudar de escola, todos têm de aprender uma nova língua), algumas empresas estão dispostas a pagar uma viagem para que o empregado e seu cônjuge analisem o país *antes* que aceitem a missão internacional.[93]

Apenas 40% das famílias de expatriados recebem treinamento linguístico e intercultural, mas essa formação é muito importante tanto para as famílias quanto para os próprios expatriados.[94] Na verdade, pode ser mais importante porque, ao contrário dos expatriados, cujos empregos profissionais muitas vezes os isolam do impacto da cultura de um país, os cônjuges e as crianças estão totalmente imersos em bairros e escolas estrangeiros. Os lares precisam ser cuidados, as compras devem ser feitas e as contas devem ser pagas. Quando o marido de Judy Holland foi transferido para Xangai, a empresa enviou a família para uma classe de imersão cultural de dois dias no Reino Unido. Lá a família aprendeu sobre etiqueta em negócios, a importância cultural do número 8, o zodíaco chinês e como comer com *hashi*. A classe até mesmo preparou os Hollands para diferenças que eles poderiam não ter antecipado, como o fato de que na China é incomum encontrar sapatos masculinos em tamanhos maiores do que um 9,5 dos Estados Unidos (o marido de Judy usava um 11,5). Judy Holland agradeceu a instrução: "Nada pode prepará-lo totalmente para a China, mas certamente evitou o choque da chegada". Logo depois de chegar, no entanto, seu senso de confiança diminuiu: "Lembro-me de estar em uma casa sem mobília, sem conhecer ninguém e desejando que tivessem me mandado alguém da empresa do meu marido".[95] Além de ajudar as famílias a se preparar para as diferenças culturais que encontrarão, o treinamento pode ajudar a reduzir a incerteza sobre como agir e reduzir mal-entendidos entre os expatriados e os moradores locais. Por exemplo, no Ocidente, as pessoas desfrutam de um círculo muito grande de espaço pessoal e somente ficam confortáveis com familiares e amigos íntimos a poucos centímetros de si. Mas, na China, onde o espaço pessoal é medido em centímetros e não metros, o empurrão constante por estranhos pode ser percebido como invasão e desrespeito por muitos ocidentais. A neozelan-

Missão de expatriação como alavancagem de carreira

Entre as empresas norte-americanas, as missões de expatriação têm se tornando mais comuns e até mesmo obrigatórias para gestores que querem avançar na carreira. Aceitar missões no exterior dá aos gestores a oportunidade de testar o próprio valor e obter conhecimentos mais profundos sobre os mercados globais. Antes de se tornar CFO da Starwood Hotels, Thomas Mangas supervisionou as finanças da Procter & Gamble em dez países enquanto trabalhava na Turquia e na Ásia Central. Segundo Mangas: "A experiência de estar em outro país é essencial. Não acredito que você consiga [se tornar um executivo global] apenas ficando lá uma semana ou duas e voando de volta para casa".

Fonte: K. Johnson, Career builder: a stint abroad, *Wall Street Journal*, 10 fev. 2015, B7.

desa Marita Light, que passou anos na China, descobriu que recalibrar suas expectativas e ser intencionalmente aberta ajudou: "Liberar meus julgamentos e conscientemente ser mais aberta trouxe mais criatividade na forma como lidei com situações embaraçosas. Era uma maneira muito mais gratificante de viver na China".[96]

8

FERRAMENTA DE ESTUDO

Leia o cartão de revisão do capítulo e reveja o conteúdo.

PARTE
3

9 Projetando organizações adaptáveis

Turtix/Shutterstock.com

RESULTADOS DE APRENDIZAGEM

9-1 Descrever a abordagem de departamentalização para a estrutura organizacional.

9-2 Explicar a autoridade organizacional.

9-3 Discutir os diferentes métodos para a descrição de cargo.

9-4 Explicar os métodos adotados pelas empresas para redesenhar processos organizacionais internos (isto é, processos intraorganizacionais).

9-5 Descrever os métodos adotados pelas empresas para redesenhar processos organizacionais externos (isto é, processos interorganizacionais).

9-1 DEPARTAMENTALIZAÇÃO

Estrutura organizacional é a configuração vertical e horizontal de departamentos, autoridade e cargos de uma empresa. Essa estrutura está preocupada com questões como "Quem se subordina a quem?", "Quem faz o quê?" e "Onde o trabalho é feito?". A **Thomson Reuters**, que fornece importantes informações para empresas e profissionais, está organizada em quatro unidades de negócios: Financeiro e Risco ($ 6,5 bilhões em receita anual), que fornece informações a *traders*, investidores e mercados; Legal ($ 3,4 bilhões), que fornece informações para empresas globais, escritórios de advocacia, governos e universidades; Impostos e Contabilidade ($ 1,4 bilhão), que fornece informações para tributaristas, empresas e governos; e Propriedade Intelectual e Ciência ($ 1 bilhão), que fornece informações para empresas de ciências da vida, pesquisadores científicos e acadêmicos e para quem precisa de soluções de propriedade intelectual. Segundo Thomas Glocer, ex-CEO da empresa, essas mudanças vão "agilizar nossa organização e nos permitir trabalhar melhor em todas as unidades de negócios para alcançar crescimento e capturar eficiências operacionais de escala. Os mercados profissionais em que atuamos são marcados por uma crescente colaboração entre especialistas, e a Thomson Reuters deve operar com rapidez e agilidade necessárias para atender a esses exigentes profissionais".[1]

Você pode ver a estrutura organizacional da Thomson Reuters na Figura 9.1. Na primeira metade do capítulo, você aprenderá sobre as abordagens verticais e horizontais tradicionais para a estrutura organizacional, incluindo departamentalização, autoridade organizacional e descrição de cargo.

Um **processo organizacional** é o conjunto de atividades que transforma os insumos em produtos que os clientes valorizam.[2] A questão desse processo é a seguinte: "Como as coisas são feitas?". Por exemplo, a Microsoft usa processos internos e externos básicos, mostrados na Figura 9.2. O processo começa quando a empresa recebe *feedback* dos clientes por meio de fóruns de discussão na internet, tuítes, *e-mails* e chamadas telefônicas. Essas informações ajudam a Microsoft a entender necessidades e problemas dos clientes e identificar problemas importantes de *software* e as mudanças e funções necessárias. A Microsoft reescreve o *software*, testando-o internamente na empresa e externamente com seu processo de teste beta, no qual os clientes voluntários ou selecionados pela empresa dão a ela um amplo retorno. O *feedback* é então usado para fazer melhorias no *software*. Por exemplo, a Microsoft disponibilizou três versões do Windows 10 para um teste beta público durante um ano antes de lançá-lo para venda. Mais de dois milhões de consumidores e empresas baixaram e instalaram o beta, e, em seguida, publicaram os *bugs* ou erros encontrados nos fóruns da Microsoft. A empresa esperava que o teste beta para o Windows 10 fosse assim como o teste beta para o Windows 7, durante o qual os usuários encontraram e relataram dois mil *bugs*, todos corrigidos pela Microsoft antes de lançar o *software*.[3] O processo de teste beta pode demorar até um ano e envolve milhares de pessoas experientes. Após as correções finais feitas no *software*, a empresa distribui e vende para os clientes. Estes iniciam o processo novamente dando mais *feedback* à Microsoft.

Essa visão de processo da Microsoft, que se concentra em como as coisas são feitas, é muito diferente da visão hierárquica da

Figura 9.1

Organograma da Thomson Reuters

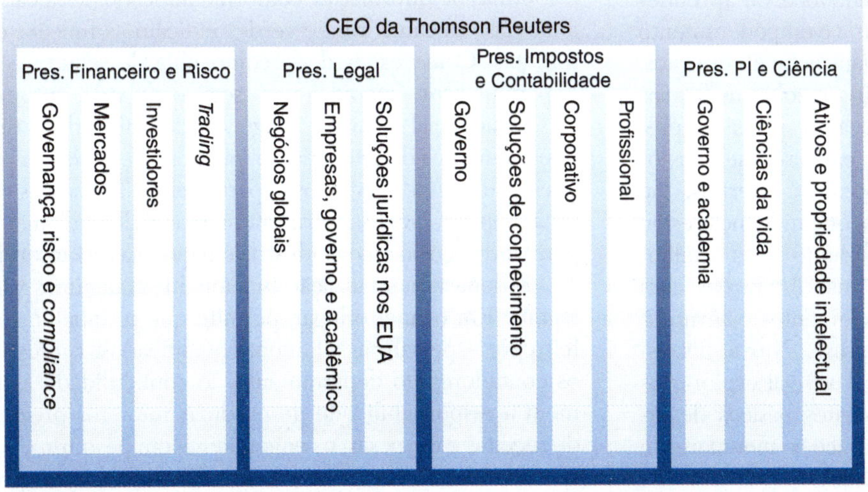

Esse organograma mostra as dimensões horizontal e vertical da Thomson Reuters.

Fonte: About us, Thompson Reuters, 13 mar. 2015. Disponível em: < http://ir.thomsonreuters.com/phoenix.zhtml?-c=76540&p=irol-reportsAnnual>. Acesso em: 30 abr. 2015.

Estrutura organizacional configuração vertical e horizontal de departamentos, autoridade e cargos de uma empresa.

Processo organizacional conjunto de atividades que transforma insumos em produtos que os clientes valorizam.

Figura 9.2

Visão do processo da organização da Microsoft

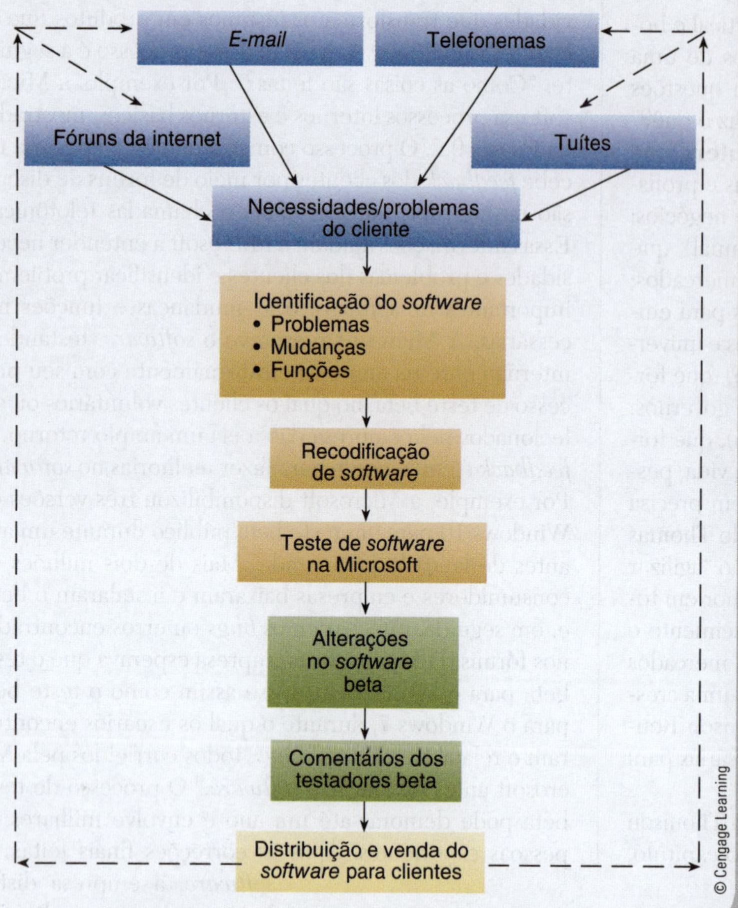

Thomson Reuters, que se concentra em prestação de contas, responsabilidade e posições na cadeia de comando. Na segunda metade do capítulo, você vai aprender como as empresas usam reengenharia e empoderamento para redesenhar seus processos organizacionais internos. O capítulo termina com uma discussão sobre as formas utilizadas pelas empresas para redesenhar os processos externos, ou seja, que mudanças estão realizando para melhorar suas interações com os elementos externos à empresa. Nessa discussão, você vai explorar os conceitos básicos de organizações modulares e virtuais.

Tradicionalmente, as estruturas organizacionais têm se baseado em alguma forma de departamentalização. **Departamentalização** é um método de subdividir o trabalho e os trabalhadores em unidades organizacionais separadas que assumem a responsabilidade de completar determinadas tarefas.[4] O EBay tem departamentos ou divisões separados para sistemas de pagamento, armazenagem e logística, e mercados e vendas.[5]

Tradicionalmente, as estruturas organizacionais são criadas pela departamentalização do trabalho de acordo com os seguintes métodos: ***9-1a funcional, 9-1b produto, 9-1c cliente, 9-1d geográfico*** *e* ***9-1e matricial.***

9-1a Departamentalização funcional

A estrutura organizacional mais comum é a departamentalização funcional. As empresas tendem a usar essa estrutura quando são pequenas ou estão começando. A **departamentalização funcional** organiza o trabalho e os trabalhadores em unidades separadas responsáveis por funções ou áreas de especialização Uma estrutura funcional comum pode ter indivíduos organizados em departamentos de contabilidade, vendas, *marketing*, produção e recursos humanos.

Nem todas as empresas funcionalmente departamentalizadas têm as mesmas funções. A companhia de seguros e a agência de propaganda mostradas na Figura 9.3 têm departamentos de vendas, contabilidade, recursos humanos e sistemas de informação, conforme indicado pelas caixas amarelas. As caixas rosa e verdes indicam as funções diferentes. Como esperado, a companhia de seguros tem departamentos separados para seguro de vida, automóveis, residencial e saúde. A agência de publicidade tem departamentos de arte, criação, publicidade *off-line* e publicidade *on-line*. Assim, os departamentos funcionais em uma empresa que usa estrutura funcional dependem, em parte, do negócio ou da indústria em que ela está inserida.

A departamentalização funcional tem algumas vantagens. Em primeiro lugar, permite que o trabalho seja feito por especialistas altamente qualificados. Enquanto os contadores do departamento de contabilidade assumem a responsabilidade de produzir números precisos de receitas e despesas, os engenheiros em pesquisa e desenvolvimento podem concentrar seus esforços em projetar um produto que seja confiável e simples de fabricar. Em segundo lugar, reduz custos ao diminuir a duplicação. Quando os engenheiros em pesquisa e desenvolvi-

Departamentalização subdividir o trabalho e os trabalhadores em unidades organizacionais separadas responsáveis pela realização de tarefas específicas.

Departamentalização funcional organizar o trabalho e os trabalhadores em unidades separadas responsáveis por funções específicas de negócios ou áreas de especialização.

Figura 9.3
Departamentalização funcional

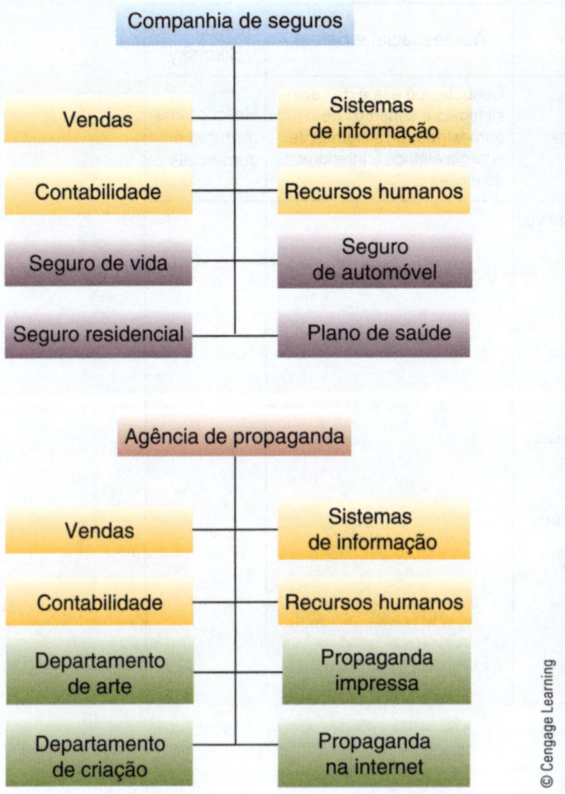

mento apresentam um novo produto fantástico, eles não têm que se preocupar em criar uma campanha agressiva de propaganda para vendê-lo. Essa tarefa pertence aos especialistas em propaganda e representantes de vendas do *marketing*. Em terceiro lugar, como todos no mesmo departamento têm experiência de trabalho semelhante ou treinamento, a comunicação e a coordenação são menos problemáticas para os gestores departamentais.

Ao mesmo tempo, a departamentalização funcional tem uma série de desvantagens. Para começar, a coordenação entre departamentos pode ser difícil. Gestores e empregados muitas vezes estão mais interessados em fazer o que é certo para a sua função do que fazer o que é certo para toda a organização. Um bom exemplo é o conflito tradicional entre *marketing* e fabricação. Em geral, o *marketing* pressiona no sentido de gastar mais dinheiro para fazer mais produtos com mais capacidades para satisfazer às necessidades dos clientes. Em contrapartida, a fabricação pressiona no sentido de menos produtos com projetos mais simples, de modo que as instalações de fabricação possam enviar produtos acabados com pontualidade e manter os custos dentro dos orçamentos de despesas. À medida que as empresas crescem, a departamentalização funcional também pode levar a uma tomada de decisão mais lenta e gera gestores e trabalhadores com experiência e habilidades reduzidas.

9-1b Departamentalização por produto

A **departamentalização por produto** organiza o trabalho e os trabalhadores em unidades separadas responsáveis pela produção de determinados produtos ou serviços. A Figura 9.4 mostra a estrutura de departamentalização por produtos usada pela United Technologies Corporation (UTC), organizada em quatro áreas diferentes, cada uma com sua própria linha de produtos: Construção e Sistemas Industriais (aquecimento, ventilação e ar-condicionado Carrier, segurança contra incêndios Kidde, produtos e serviços de segurança, e elevadores e escadas rolantes Otis), Propulsão de Aeronaves (motores a jato Pratt & Whitney e International Aero Engines), Aeroespacial e Defesa (controles de asa e de cabine, sistemas e sensores de pouso, aeroestruturas, sistemas de energia elétrica e interiores de aviões) e Sikorsky (helicópteros militares e comerciais).[6]

Uma das vantagens da departamentalização por produtos é que, como a departamentalização funcional, permite que gestores e trabalhadores se desenvolvam em uma área de especialização. Porém, ao contrário da estreita experiência em departamentalização funcional, gestores e trabalhadores desenvolvem um conjunto mais amplo de experiências e conhecimentos relacionados a uma linha completa de produtos. Da mesma forma, a departamentalização por produtos torna mais fácil para altos executivos avaliarem o desempenho da unidade de trabalho. Devido à clara separação de suas quatro divisões de produtos diferentes, os principais gestores da UTC podem facilmente comparar o desempenho da divisão Aeroespacial e Defesa da empresa e da divisão de motores de aeronaves Pratt & Whitney. Em 2014, a Pratt & Whitney teve uma vantagem de $ 1,5 bilhão sobre as vendas líquidas da UTC Aeroespacial ($ 14,5 bilhões contra $14,2 bilhões). No entanto, a UTC Aerospace teve um lucro de $ 2,4 bilhões (uma margem de 16,9%) em comparação com um lucro de $ 2 bilhões (13,8% de margem) para a Pratt & Whitney.[7]

Finalmente, a tomada de decisões deve ser mais rápida porque gestores e trabalhadores são responsáveis por toda a linha de produtos e não por departamentos funcionais separados. Em outras palavras, há menos conflitos em comparação com a departamentalização funcional.

A principal desvantagem da departamentalização por produtos é a duplicação. Você pode ver na Figura 9.4 que tanto a divisão de Construção e Industrial quanto a

Departamentalização por produtos organização do trabalho e dos trabalhadores em unidades separadas responsáveis pela produção de determinados produtos ou serviços.

Figura 9.4

Departamentalização por produtos: UTC

Construção de sistemas industriais			Propulsão de aeronaves		Aeroespacial e defesa	Helicópteros Sikorsky
Elevadores e escadas rolantes Otis	HVAC Carrier	Segurança e proteção contra incêndio Kidde	Motores de aeronaves Pratt & Whitney	Motores International Aero	Controles de asa e de cabine, sistemas e sensores de pouso aeroestruturas, sistemas de energia elétrica e interiores de aviões	Helicópteros militares e comerciais
Serviço ao cliente Engenharia Recursos humanos Tecnologia da informação Legal Manutenção e operações de campo Fabricação *Marketing* e vendas Compras e logística			Serviços administrativos Comunicação e relações públicas Suporte ao cliente *E-Business* Engenharia Planejamento de recursos empresariais Saúde ambiental e segurança Serviços e instalações Recursos humanos Legal Fabricação Suprimentos Qualidade			

Fonte: At a glance. UTC. Disponível em: <http://www.utc.com/Our-Businesses/Pages/At-A-Glance.aspx>. Acesso em: 30 abr. 2015.

Divisão de Propulsão de Aeronaves têm departamentos de atendimento ao cliente, engenharia, recursos humanos, jurídico, fabricação e suprimentos (semelhante a compras e à logística). Esse tipo de duplicação muitas vezes resulta em custos mais elevados. Se a UTC fosse organizada por função, um advogado poderia lidar com assuntos relacionados tanto com os elevadores quanto com os motores de aeronaves, em vez de trabalhar em apenas um ou outro.

Uma segunda desvantagem é o desafio da coordenação entre os diferentes departamentos de produtos. A UTC provavelmente teria dificuldade em padronizar suas políticas e seus procedimentos em departamentos de produtos tão diferentes quanto as divisões Carrier (aquecimento, ventilação e ar-condicionado) e Sikorsky (helicópteros militares e comerciais).

9-1c Departamentalização por clientes

A **departamentalização por clientes** organiza o trabalho e os trabalhadores em unidades separadas responsáveis por tipos particulares de clientes. Por exemplo, como mostra a Figura 9.5, a Swisscom AG, principal fornecedora de telecomunicações da Suíça, é organizada em departamentos por tipo de cliente: clientes residenciais (linha fixa e voz, móvel e voz, internet banda larga e TV digital), pequenas e médias empresas (linha fixa e voz, linha móvel e voz, internet e serviços de dados, e manutenção e operação da infraestrutura de TI), clientes corporativos (linha fixa, voz e dados, linha móvel e *tablets*, voz e dados, internet e serviços de dados, e manutenção e operação de infraestrutura de TI) e rede de TI e inovação (internet de banda larga, serviços de dados, compartilhamento de armazenagem de dados, de serviços de dados e armazenamento para clientes atacadistas).[8]

A principal vantagem da departamentalização por clientes é que ela foca a organização nas necessidades dos clientes e não em produtos ou funções de negócios. Além disso, a criação de departamentos separados para atender a tipos específicos de clientes permite que as empresas se especializem e adaptem seus produtos e serviços às necessidades e aos problemas dos clientes. A principal desvantagem da departamentalização por clientes é que, como a departamentalização por produtos, leva à duplicação de recursos. Essa é a razão pela qual a Swisscom AG também

Departamentalização por clientes organizar o trabalho e os trabalhadores em unidades separadas responsáveis por tipos particulares de clientes.

Figura 9.5

Atendimento ao cliente: Swisscom AG

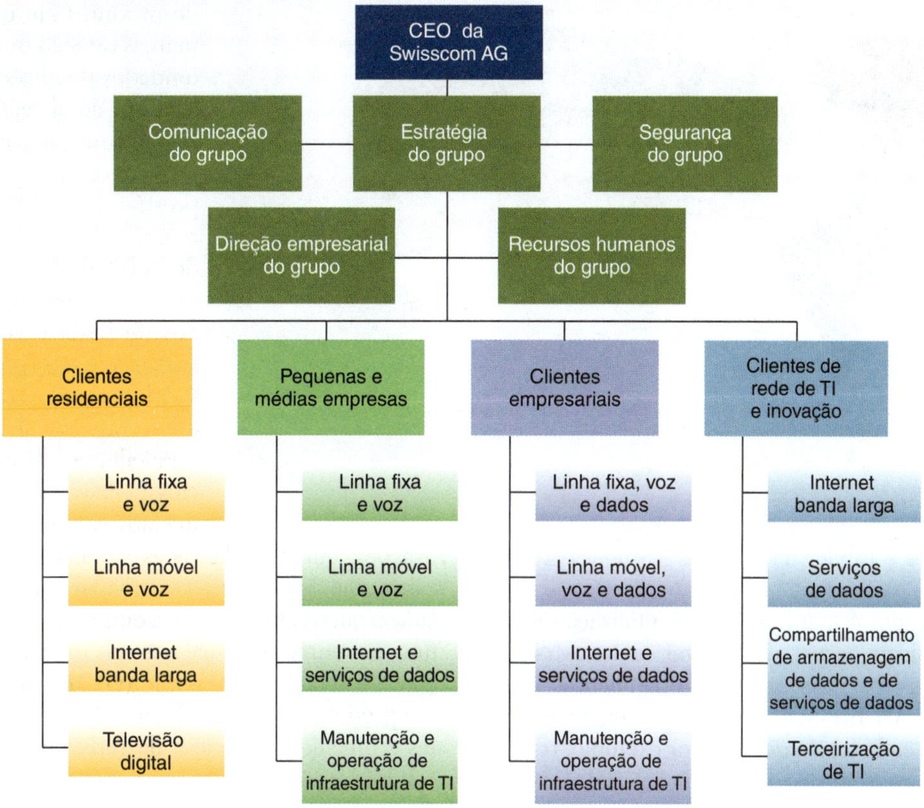

Fonte: Structure – group structure & corporate management, Swisscom AG. Disponível em: <https://www.swisscom.ch/en/about/governance/structure.html>. Acesso em: 30 abr. 2015.

tem cinco funções de "grupo" – comunicação, estratégia, segurança, direção empresarial e recursos humanos – que suportam cada um dos seus quatro departamentos de clientes e evitam a desvantagem da duplicação comum às estruturas de departamentalização de clientes. Pode ser difícil conseguir a coordenação entre diferentes departamentos por clientes, como é também o caso com a departamentalização por produtos. Finalmente, a ênfase na satisfação das necessidades dos clientes pode levar os trabalhadores a tomar decisões que agradam aos clientes, mas prejudicam o negócio.

9-1d Departamentalização geográfica

A **departamentalização geográfica** organiza o trabalho e os trabalhadores em unidades separadas responsáveis por fazer negócios em áreas geográficas específicas. A Figura 9.6 mostra a departamentalização geográfica usada pela **AB InBev**, a maior cervejaria do mundo que possui 153 fábricas de bebidas em 25 países, 155 mil empregados e receita anual de $ 47,1 bilhões.[9] Conforme mostrado na Figura 9.6, a AB InBev possui seis grupos regionais: América do Norte, México, América Latina Norte, América Latina Sul, Europa e Ásia Pacífico. Cada uma dessas regiões seria uma empresa considerável por si só. A menor região, México, por exemplo, vendeu 38,8 milhões de hectolitros de bebidas com receita anual de $ 4,6 bilhões.

A principal vantagem da departamentalização geográfica é que ela ajuda as empresas a responder às demandas dos diferentes mercados. Isso pode ser especialmente importante quando a empresa vende em diferentes países. Por exemplo, embora a AB InBev tenha três marcas vendidas em todo o mundo (Budweiser, Stella Artois e Corona) e três vendidas em vários países (Beck, Hoegaarden e Leffe), a maioria das marcas é local. Você encontrará as marcas Antarctica e Brahma no

Departamentalização geográfica organização do trabalho e dos trabalhadores em unidades separadas responsáveis por fazer negócios em áreas geográficas específicas.

Figura 9.6

Departamentalização geográfica: empresa AB InBev

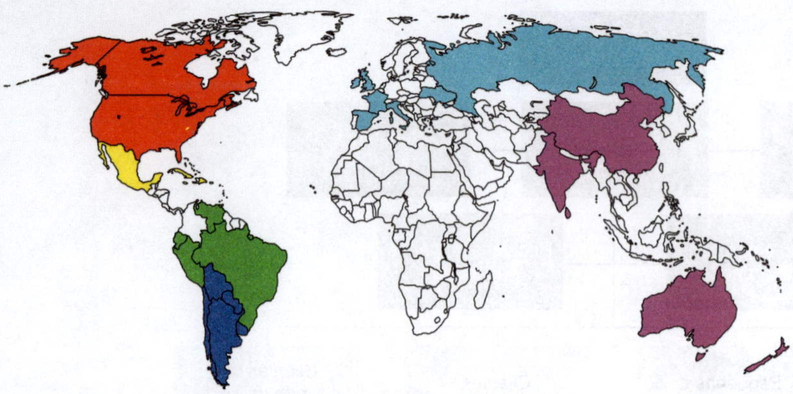

Fonte: Country information, Anheuser-Busch InBev. Disponível em: <http://www.ab-inbev.com /go/about_abinbev/country_information>. Acesso em: 16 jun. 2014.

Brasil, Belle-Vue e Jupiler na Bélgica, e Sibirskaya Korona e Klinskoye na Rússia.[10]

Outra vantagem é que a departamentalização geográfica pode reduzir custos ao localizar recursos organizacionais exclusivos mais próximos dos clientes. Por exemplo, para a AB InBev é mais barato construir engarrafadoras em cada região do que, por exemplo, transportar cerveja para o México, onde tem sete fábricas de bebidas, depois de ter sido fabricada e engarrafada no Brasil, onde tem 25 fábricas de bebidas.[11]

A principal desvantagem da departamentalização geográfica é que ela pode levar à duplicação de recursos. Por exemplo, embora seja necessário adaptar produtos e *marketing* a diferentes locais geográficos, é duvidoso que a AB InBev precise de sistemas de rastreamento de estoque significativamente diferentes de local para local. Além disso, ainda mais do que com as outras formas de departamentalização, pode ser difícil coordenar departamentos que estão literalmente a milhares de quilômetros uns dos outros e cujos gestores têm contato muito limitado entre si.

9-1e Departamentalização matricial

A **departamentalização matricial** é uma estrutura híbrida na qual duas ou mais formas de departamentalização são usadas em conjunto. A matriz mais comum combina formas de departamentalização por produto e funcional, mas outras formas também podem ser usadas. A Figura 9.7 mostra a estrutura matricial usada pela Procter & Gamble, que tem 180 mil empregados trabalhando em 70 países diferentes.[12] No topo da Figura 9.7, você pode ver que a empresa usa uma estrutura de produtos em que agrupa suas marcas de $ 23 bilhões em quatro unidades de negócios globais: beleza em geral (cuidados de beleza, tinturas para cabelos à venda no varejo, de salão profissional e prestígio); cuidados do bebê, femininos e familiares (cuidados do bebê, da família e femininos); saúde e higiene em geral (cuidados de barbear, Braun, cuidados bucais e cuidados de saúde); e tecidos e cuidados domiciliares em geral (cuidados de tecidos e domiciliares). Unidades de negócios globais são responsáveis por iniciativas de produto ou atualizações, em geral lançadas simultaneamente com uma campanha de *marketing* em todo o mundo. No entanto, o lado esquerdo mostra que a empresa também está usando uma estrutura funcional baseada em três funções: operações de vendas e *marketing* (*OVMs*), que garantem que um produto é vendido, distribuído, colocado em prateleiras e precificado (regiões de Índia/Oriente Médio/África – IOMA); serviços globais de negócios, que permitem à empresa operar e trabalhar eficientemente com parceiros de negócios e aumentar a produtividade dos empregados e funções empresariais enxutas, que fornecem às unidades de negócios globais a assistência funcional às empresas (ou seja, finanças, contabilidade, recursos humanos e tecnologia da informação) de que precisam.[13]

> **Departamentalização matricial** estrutura organizacional híbrida em que duas ou mais formas de departamentalização, na maioria das vezes produto e funcional, são usadas em conjunto.

Na Figura 9.7, as caixas representam a estrutura matricial criada pela combinação de estruturas por produto e funcional. Por exemplo, o Gillette Group da P&G (Gillette é uma marca global para produtos de higiene masculina no segmento de cuidados de barbear da unidade saúde e higiene em geral) trabalharia com OVMs para vender, comercializar e distribuir produtos Gillette em todo o mundo, usaria serviços de negócios globais para trabalhar com fornecedores e manter os custos baixos, e se basearia em funções corporativas para assistência na contratação de empregados, faturamento de clientes e pagamento de fornecedores. As combinações de matrizes semelhantes são mostradas para Olay, Pantene Wella, Pampers, Bounty, Tampax, Braun, Crest, Vicks, Tide e Swiffer em cada um dos segmentos das quatro unidades de negócios globais da P&G.

Vários aspectos distinguem a departamentalização matricial de outras formas tradicionais de departamentalização.[14] Em primeiro lugar, a maioria dos empregados se subordina a dois chefes, um de cada parte central da matriz. Por exemplo, na Figura 9.7 um gestor da equipe

Figura 9.7

Departamentalização matricial: Procter & Gamble

	Unidades de negócios globais											
	Beleza, cabelo e cuidados pessoais em geral			Cuidados do bebê, femininos e familiares em geral			Saúde e higiene em geral				Tecidos e cuidados domiciliares em geral	
	Cuidados de beleza	Cuidados de cabelo à venda no varejo	Salão profissional e prestígio	Cuidados com o bebê	Cuidados com a família	Cuidados femininos	Braun	Cuidados com o barbear	Higiene bucal	Cuidados de saúde	Cuidados com tecidos	Cuidados domiciliares
Operações de vendas e mercado	Olay	Pantene	Wella	Pampers	Bounty	Tampax	Braun	Gillette	Crest	Vicks	Tide	Swiffer
Serviços de negócios globais												
Funções corporativas enxutas												

Fonte: Strength in structure, P&G. Disponível em: <http://www.pg.com/en_US/company/global_structure_operations/corporate_structure.shtml>. Acesso em: 5 maio 2015.

Pampers responsável pelo *marketing* se subordina a um chefe no segmento de cuidados com bebês da unidade de negócios cuidados do bebê, femininos e familiares em geral, bem como a um gestor na função de desenvolvimento de mercado. Em segundo lugar, em virtude do seu *design* híbrido, estruturas matriciais levam a interações muito mais interfuncionais do que outras formas de departamentalização. De fato, embora os trabalhadores da matriz sejam em geral membros de apenas um departamento funcional (com base em sua experiência de trabalho e competência), também são membros comuns de vários grupos de projetos em andamento, produtos ou clientes. Em terceiro lugar, por causa do alto nível de interação interfuncional, a departamentalização matricial requer uma coordenação significativa entre gestores nas diferentes partes da matriz. Em particular, os gestores têm a tarefa complexa de acompanhar e gerenciar as múltiplas demandas (projeto, produto, cliente ou funcional) no tempo dos empregados.

A principal vantagem da departamentalização matricial é que ela permite às empresas gerenciar de forma eficiente tarefas grandes e complexas, como pesquisar, desenvolver e comercializar medicamentos ou realizar negócios globais complexos. Eficiência decorre de se evitar duplicação. Por exemplo, em vez de ter uma função de *marketing* inteira para cada projeto, a empresa simplesmente atribui e reatribui trabalhadores do departamento de *marketing* (ou desenvolvimento de mercado na P&G), à medida que são necessários em várias fases de conclusão do produto. Mais especificamente, um funcionário pode simultaneamente fazer parte de cinco diferentes projetos em andamento, mas pode estar ativamente concluindo o trabalho em apenas alguns projetos de cada vez. Outra vantagem é o conjunto de recursos disponíveis para realizar tarefas grandes e complexas. Por causa da capacidade de obter rapidamente ajuda especializada em todas as áreas funcionais da empresa, os gestores de projeto matriciais têm um conjunto muito mais diversificado de experiências à sua disposição do que os gestores nas outras formas de departamentalização.

A principal desvantagem da departamentalização matricial é o alto nível de coordenação necessário para gerenciar a complexidade envolvida na execução de

Rmnoa357/Shutterstock.com

Estruturas matriciais são notórias por confusão e conflito entre chefes de projeto em diferentes partes da matriz.

grandes projetos em andamento, em vários estágios de conclusão. Estruturas matriciais são notórias por confusão e conflito entre chefes de projeto em diferentes partes da matriz. Desacordos ou mal-entendidos sobre horários, orçamentos, recursos disponíveis e a disponibilidade de empregados com experiência funcional específica são comuns nas estruturas matriciais. Por conta de tais problemas, muitas estruturas matriciais evoluem a partir de uma **matriz simples**, na qual gestores, em diferentes partes da matriz, negociam conflitos e recursos diretamente, para uma **matriz complexa**, na qual gestores e departamentos de matrizes especializadas são adicionados à estrutura organizacional. Numa matriz complexa, gestores de diferentes partes da matriz podem subordinar-se ao mesmo gestor de matriz, que os ajuda a resolver conflitos e problemas.

Drserg/Shutterstock.com

A unidade de comando foi quebrada em 2014 quando o CEO da Oracle, Larry Ellison, renunciou e nomeou seus sucessores, co-CEOs Mark Hurd e Safra Catz.

9-2 AUTORIDADE ORGANIZACIONAL

A segunda parte das estruturas organizacionais tradicionais é a **autoridade**, ou seja, é o direito de dar ordens, agir e tomar decisões para atingir os objetivos organizacionais.[15]

Tradicionalmente, a autoridade organizacional tem sido caracterizada pelas seguintes dimensões: ***9-2a cadeia de comando, 9-2b autoridade de linha em comparação com autoridade de assessoria, 9-2c delegação de autoridade*** *e* ***9-2d grau de centralização****.*

Matriz simples forma de departamentalização matricial na qual gestores, em diferentes partes da matriz, negociam conflitos e recursos.

Matriz complexa forma de departamentalização matricial na qual gestores de diferentes partes da matriz se subordinam aos gestores da matriz, que os ajudam a resolver conflitos e problemas.

Autoridade direito de dar ordens, adotar medidas e tomar decisões para alcançar os objetivos organizacionais.

Cadeia de comando linha vertical de autoridade que esclarece quem se subordina a quem em toda a organização.

Unidade de comando princípio de gestão segundo o qual os trabalhadores devem se subordinar a apenas um chefe.

9-2a Cadeia de comando

Considere novamente a estrutura organizacional da United Technologies. Um gestor, em qualquer uma das divisões da corporação, em última análise se subordina ao chefe dessa divisão. Este, por sua vez, se subordina ao CEO da corporação Gregory. Essa linha, que liga verticalmente todos os cargos da empresa a níveis mais elevados de gestão, representa a **cadeia de comando**, ou seja, a linha vertical de autoridade que esclarece quem se subordina a quem em toda a organização. As pessoas em posições mais altas na cadeia de comando têm o direito, *se assim o desejarem*, de dar ordens, agir e tomar decisões sobre atividades que ocorram em qualquer lugar abaixo delas na cadeia. Na discussão a seguir sobre delegação e descentralização, você aprenderá que os gestores nem sempre optam por exercer sua autoridade diretamente.[16]

Um dos principais pressupostos subjacentes à cadeia de comando é a **unidade de comando**, que significa que os trabalhadores devem reportar-se a apenas um chefe.[17] Em termos práticos, isso significa que apenas uma pessoa pode estar no comando ao mesmo tempo. Organizações matriciais nas quais empregados têm dois chefes automaticamente transgridem esse princípio. Essa é uma das principais razões pelas quais as organizações matriciais são difíceis de gerenciar. A unidade de comando tem um propósito importante: evitar a confusão que pode surgir quando um funcionário recebe comandos conflitantes de dois chefes diferentes. Quando Larry Ellison deixou o cargo em 2014 depois de 35 anos como CEO da Oracle, ele transgrediu a unidade de comando ao nomear Mark Hurd e Safra Catz para sucedê-lo como co-CEOs. Hurd supervisiona vendas e *marketing*; e Catz, finanças, operações internas e fabricação. Com Ellison agora no cargo de diretor de tecnologia da Oracle, a unidade de comando poderia ser ainda mais fragmentada. A professora de administração Lindred Greer não espera que isso funcione, pois sua pesquisa indica que ter co-CEOs "causa conflito", leva a "desempenho negativo das equipes [executivas] e pode provavelmente resultar no desenvolvimento de 'predisposições hostis' à medida que os co-CEOs lutam para trabalhar juntos".[18]

9-2b Autoridade de linha *versus* autoridade de assessoria

Uma segunda dimensão da autoridade é a distinção entre autoridade de linha e de assessoria. A **autoridade de**

linha é o direito de comandar subordinados imediatos na cadeia de comando. Por exemplo, o CEO da Thomson Reuters, James C. Smith, tem autoridade sobre o presidente da divisão de Informações Financeiras e de Risco da empresa. Smith pode dar ordens a esse presidente da divisão e esperar que sejam cumpridas. Por sua vez, o presidente da divisão de Informações Financeiras e de Risco pode dar ordens para seus subordinados, que administram as divisões de negociação, investidores, mercados e de governança, risco e conformidade, e esperar que sejam cumpridas. Em contraste, a **autoridade de assessoria** é o direito de aconselhar, mas não comandar outros que não são subordinados na cadeia de comando. Por exemplo, um gestor de recursos humanos da Thomson Reuters pode aconselhar o gestor responsável pelo grupo Thomson Reuters Impostos e Contabilidade sobre uma decisão de contratação, mas não pode ordenar que ele ou ela contrate um determinado candidato.

Os termos *linha* e *assessoria* também são usados para descrever diferentes funções dentro da organização. Uma **função de linha** é uma atividade que contribui diretamente para criar ou vender os produtos da empresa. Assim, por exemplo, as atividades que ocorrem nos departamentos de fabricação e *marketing* seriam consideradas funções de linha. Uma **função de assessoria**, como contabilidade, recursos humanos ou serviços jurídicos, não contribui diretamente para a criação ou venda de produtos da empresa, mas dá suporte às atividades de linha. Por exemplo, os gestores de *marketing* podem consultar o pessoal jurídico para se certificarem de que a redação de um determinado anúncio é legal.

Figura 9.8

Delegação: responsabilidade, autoridade e prestação de contas

Fonte: C. D. Pringle; D. F. Jennings; J. G. Longenecker, *Managing organizations: functions and behaviors*. Merrill Publishing, 1984, Columbus, Ohio.

9-2c Delegação de autoridade

Os gestores podem exercer sua autoridade diretamente por meio de tarefas próprias ou optar por passar alguma de sua autoridade para os subordinados. **Delegação de autoridade** é a atribuição de autoridade e responsabilidade direta a um subordinado para completar as tarefas pelas quais o gestor é geralmente responsável.

Quando um gestor delega trabalho, ocorrem três transferências, conforme ilustrado na Figura 9.8. Primeiro, ele transfere total responsabilidade pela tarefa ao subordinado. Na Apple, quando lhe delegam determinada tarefa, você se torna o "indivíduo diretamente responsável" (*directly responsible individual* – DRI). Segundo um ex-funcionário da Apple: "Qualquer reunião eficaz na Apple terá uma lista de ações. Ao lado de cada item de ação estará o IDR que, naturalmente, é o responsável por executar essa responsabilidade delegada. Além disso, quando você está tentando saber quem contatar para fazer algo na estrutura corporativa da Apple, as pessoas simplesmente perguntam: 'Quem é o IDR por isto?'".[19]

Entretanto, muitos gestores acham um pouco difícil abrir mão da responsabilidade totalmente. Helene Gayle, CEO da CARE USA., uma organização sem fins lucrativos dedicada à redução da pobreza, admite que, no início de sua carreira, tentou fazer muita coisa sozinha, sem delegar: "Para mim, não era uma questão de não estar disposta a delegar, era passar de estar do lado técnico como contribuinte individual, em que a maneira de se provar é ser inteligente, para se concentrar em como você realmente faz uma equipe funcionar e fazer aflorar as contribuições dos outros".[20] Uma razão pela qual é difícil para alguns gestores delegar é que muitas vezes temem que a tarefa não seja feita tão bem como se eles mesmos a fizessem. No entanto, segundo um CEO: "Se pode delegar uma tarefa para alguém que pode fazê-lo de 75% a 80% tão bem como você hoje, então é o caso de delegar imediatamente". Por quê? Muitas tarefas não precisam ser feitas perfeitamente, só precisam ser *feitas*. E delegar tarefas que outra pessoa pode fazer libera os gestores para assumir outras responsabilidades. Delegar autoridade pode gerar um problema relacionado: microgestão. Às vezes, os gestores delegam apenas para interferir mais tarde na

Autoridade de linha direito de comandar subordinados imediatos na cadeia de comando.

Autoridade de assessoria direito de aconselhar, mas não de comandar, outros que não são subordinados na cadeia de comando.

Função de linha atividade que contribui diretamente para criar ou vender os produtos da empresa.

Função de assessoria atividade que não contribui diretamente para criar ou vender os produtos da empresa, mas dá suporte às atividades de linha.

Delegação de autoridade atribuição de autoridade e responsabilidade direta a um subordinado para completar tarefas pelas quais o gestor é geralmente responsável.

forma como o funcionário está executando a tarefa. Mas delegar plena responsabilidade significa que o funcionário, e não o gestor, é agora completamente responsável pela conclusão da tarefa. Bons gestores precisam confiar em seus subordinados para fazer o trabalho.

A segunda transferência que ocorre com a delegação é que o gestor confere autoridade subordinada completa sobre orçamento, recursos e pessoal necessários para fazer o trabalho. Para fazê-lo de forma eficaz, os subordinados devem ter as mesmas ferramentas e informações à sua disposição que os gestores tinham quando eram responsáveis pela mesma tarefa. Em outras palavras, para a delegação do trabalho, a autoridade delegada deve ser proporcional à responsabilidade delegada.

Com a delegação, a terceira transferência que ocorre refere-se à responsabilidade. O subordinado agora tem a autoridade e a responsabilidade de fazer o trabalho, e, em troca, é responsável por fazê-lo. Em outras palavras, os gestores delegam sua autoridade gerencial e responsabilidade aos subordinados em troca de resultados.

Vytautas Kielaitis/Shutterstock.com

À medida que a Toyota se tornou a maior montadora do mundo, a qualidade do carro diminuiu, pois houve um aumento do uso de peças padronizadas em diferentes carros e continentes.

9-2d Grau de centralização

Se você já ligou para o número gratuito de uma empresa com uma reclamação ou um pedido especial e obteve do atendente de serviço ao cliente resposta como "Vou ter que perguntar ao meu gerente" ou "Não estou autorizado a fazer isso", você pode ter certeza que naquela empresa existe centralização da autoridade . **Centralização da autoridade** é a localização da maior parte da autoridade nos níveis hierárquicos superiores da organização. Numa organização centralizada, os gestores tomam a maioria das decisões, mesmo as relativamente pequenas. É por isso que o atendente de serviço ao cliente que recebeu sua ligação não poderia tomar uma decisão sem antes perguntar ao gerente.

Contudo, se teve sorte, você pode ter encontrado um atendente de serviço ao cliente em outra empresa que lhe dirá: "Eu posso cuidar disso agora". Em outras palavras, a pessoa é capaz de lidar com seu problema sem qualquer participação ou consulta com níveis superiores da empresa. **Descentralização** é a localização de uma quantidade significativa de autoridade nos níveis hierárquicos mais baixos da organização. Uma organização será descentralizada se tiver um alto grau de delegação em todos os níveis. Numa organização descentralizada, os trabalhadores mais próximos dos problemas são autorizados a tomar as decisões necessárias para resolver os problemas por conta própria.

O **McDonald's** está se afastando da tomada de decisão centralizada sobre itens de menu nas lojas localizadas nos Estados Unidos. Embora costumasse oferecer os mesmos itens de menu na Louisiana, como chá doce (um item padrão em restaurantes do sul), como fazia em Minnesota, agora deixará as decisões de menu e *marketing* para os gestores de 22 regiões diferentes. De acordo com Mike Andres, presidente do McDonald's nos Estados Unidos: "Devemos evoluir nossa cultura e nossa estrutura organizacional para colocar a tomada de decisões mais próxima de nossos clientes".[21]

A descentralização tem uma série de vantagens. Ela desenvolve capacidades de empregados em toda a empresa, promove decisões mais rápidas e deixa mais clientes e empregados satisfeitos. Além disso, um estudo com mil empresas de grande porte descobriu que as organizações com alto grau de descentralização superaram as com baixo grau de descentralização em termos de retorno sobre ativos (6,9% contra 4,7%), retorno sobre o investimento (14,6% contra 9,0%), retorno sobre o patrimônio líquido (22,8% contra 16,6%) e retorno sobre as vendas (10,3% contra 6,3%). Surpreendentemente, o mesmo estudo constatou que poucas grandes empresas são realmente descentralizadas. Especificamente, apenas 31% dos empregados nessas mil empresas eram responsáveis por recomendar melhorias para a gestão. No geral, apenas 10% dos empregados receberam treinamento e informações necessárias para dar suporte a uma abordagem verdadeiramente descentralizada da gestão.[22]

Com resultados como esses, a questão-chave não é mais *se* as empresas devem descentralizar, mas *onde* devem descentralizar. Uma regra é permanecer centralizado onde a padronização é importante e descentralizar onde a padronização não é importante. **Padronização** é

Centralização da autoridade localização da maior parte da autoridade nos níveis hierárquicos superiores da organização.

Descentralização localização de uma quantidade significativa de autoridade nos níveis hierárquicos mais baixos da organização.

Padronização solução de problemas por meio da aplicação consistente de regras, procedimentos e processos idênticos.

resolver os problemas por meio da aplicação de regras, procedimentos e processos idênticos. A Toyota se tornou a maior fabricante de automóveis do mundo ao produzir carros altamente confiáveis a custos competitivos. Mas, à medida que a empresa crescia, aumentava significativamente o número de tipos de peças usadas em seus carros, por exemplo, usando 100 radiadores diferentes nos carros que fabricava em todo o mundo. Usar tantas variedades para a mesma peça não só aumentou os custos, mas também diminuiu a qualidade, o que, em seguida, reduziu as vendas da Toyota. A liderança da Toyota abordou essa questão usando a padronização para reduzir significativamente a variedade de tipos de peças básicas. Por exemplo, usou apenas 21 tipos diferentes de radiadores em seus carros, em vez de 100, como antes. Isso levou a um maior volume para cada peça e a menores custos. A padronização tem tido tanto êxito que a Toyota visa reduzir em 75% a variedade de peças que utiliza em todos os seus modelos de carros, agrupando 100 plataformas de modelos diferentes e 800 tipos de motores diferentes em famílias de modelos maiores, mas com menos famílias.[23]

9-3 DESCRIÇÃO DE CARGO

Você aguentaria fazer as mesmas tarefas simples em média 50 vezes por hora, 400 vezes por dia, 2.000 vezes por semana, 8.000 vezes por mês? Poucos podem. Trabalhadores de *fast-food* raramente permanecem no trabalho por mais de seis meses. De fato, o McDonald's e outros restaurantes de *fast-food* têm mais de 60% de rotatividade de empregados por ano.[24] Como funcionário de *drive-thru* no McDonald's, você repetidamente realizaria os seguintes passos:

1. "Bem-vindo ao McDonald's. Posso anotar seu pedido?"
2. Ouça o pedido. Repita-o para confirmação. Informe o valor total. "Por favor, vá para o próximo guichê."
3. Pegue o dinheiro. Dê o troco.
4. Entregue aos clientes bebidas, canudinhos e guardanapos.
5. Entregue aos clientes a comida.
6. "Obrigado por ter vindo ao McDonald's."

Nesta seção, abordaremos a **descrição do cargo** – número, tipo e variedade de tarefas que os trabalhadores individuais realizam nos cargos que ocupam.

Você vai entender ***9-3a por que as empresas continuam a adotar cargos especializados como o trabalho no drive-thru do McDonald's, 9-3b como funciona a rotatividade de trabalho, a ampliação e a valorização do cargo,*** *e* ***9-3c o modelo de características do cargo está sendo usado para superar os problemas associados à especialização do trabalho.***

9-3a Especialização do cargo

Especialização do trabalho ocorre quando um cargo é composto de uma pequena parte de uma tarefa ou processo maiores. Trabalhos especializados são caracterizados por passos simples e fáceis de aprender, baixa variedade e alta repetição, como o trabalho no guichê de *drive-thru* do McDonald's. Uma das desvantagens claras de trabalhos especializados é que, por serem tão fáceis de aprender, eles rapidamente se tornam enfadonhos. Isso, por sua vez, pode levar a baixa satisfação no trabalho, alto absenteísmo e alta rotatividade de empregados, que são muito caros para as organizações.

Por que, então, as empresas continuam a criar e usar cargos que compreendem trabalhos especializados? A principal razão é que trabalhos especializados são muito econômicos. Como aprendemos com Frederick W. Taylor e Frank e Lillian Gilbreth no Capítulo 2, depois de um trabalho ter sido especializado, é necessário pouco tempo para aprendê-lo e dominá-lo. Consequentemente, quando trabalhadores experientes deixam a empresa ou estão ausentes, a empresa pode substituí-los por novos empregados e perder pouca produtividade. Por exemplo, da próxima vez que você estiver no McDonald's, observe as fotos dos alimentos nas caixas registradoras. Essas fotos facilitam ainda mais para os estagiários do McDonald's aprenderem rapidamente a receber pedidos. Da mesma forma, para simplificar e acelerar as operações, os distribuidores de bebidas atrás do balcão são configurados para encher automaticamente os copos. Coloque um copo médio abaixo do distribuidor. Aperte o botão de bebida média. A máquina de refrigerantes, em seguida, enche o copo até 1 cm da borda, enquanto o funcionário vai pegar suas batatas fritas. No McDonald's, cada tarefa foi simplificada dessa maneira. Como o trabalho é projetado para ser simples, a remuneração pode permanecer baixa, porque não é necessário pagar altos salários para atrair trabalhadores altamente experientes, educados ou treinados.

> **Descrição de cargo** quantidade, tipo e variedade de tarefas que cada trabalhador realiza no cargo que ocupa.
>
> **Especialização do cargo** cargo composto por uma pequena parte de uma tarefa ou processo maiores.

9-3b Rotação, ampliação e valorização do cargo

Por causa da eficiência de trabalhos especializados, as empresas são muitas vezes relutantes em eliminá-los. Consequentemente, os esforços de redesenho de cargo se concentraram em sua modificação para manter os benefícios de cargos especializados, ao mesmo tempo que reduzem seus óbvios custos e desvantagens. Três métodos – rotação, ampliação e valorização do cargo – são usados para tentar melhorar os cargos especializados.[25]

A **rotação de cargos** tenta superar as desvantagens da especialização do cargo, deslocando periodicamente os empregados de um cargo que compreende trabalhos especializado para outro para dar-lhes mais variedade e a oportunidade de usar habilidades diferentes. Por exemplo, um recepcionista de escritório que não faz nada além de atender a telefones pode ser sistematicamente deslocado para um cargo diferente, como digitação, arquivamento ou entrada de dados, todos os dias ou dia sim dia não. Da mesma forma, o "encaixador de espelho" de uma fábrica de automóveis pode encaixar espelhos na primeira metade do turno de trabalho e, em seguida, instalar para-choques durante a segunda metade. Como os empregados simplesmente mudam de um trabalho especializado para outro, a rotação do cargo permite que as empresas mantenham os benefícios econômicos do trabalho especializado. Ao mesmo tempo, a maior variedade de tarefas torna o trabalho menos desmotivador e mais satisfatório para os trabalhadores.

Rotação de cargos deslocar periodicamente os empregados de um cargo especializado para outro para lhes dar mais variedade e oportunidade de usar diferentes habilidades.

Ampliação do cargo aumentar a quantidade de tarefas diferentes que um trabalhador realiza em um determinado cargo.

Valorização do cargo aumentar a quantidade de tarefas em um determinado cargo e dar aos trabalhadores a autoridade e o controle para tomar decisões significativas sobre o trabalho.

Outra forma de combater as desvantagens da especialização é ampliar o trabalho. **Ampliação do cargo** aumenta o número de tarefas diferentes que um trabalhador realiza em um cargo específico. Em vez de serem atribuídos a apenas uma tarefa, os trabalhadores com cargos ampliados recebem várias tarefas para executar. Por exemplo, em um cargo de "encaixador de espelho" ampliado, o funcionário, além de encaixar os espelhos, deve verificar se os controles de regulagem do espelho funcionam e, em seguida, limpar sua superfície Embora a ampliação do cargo aumente a variedade, muitos trabalhadores relatam sentir mais estresse quando seus cargos são ampliados. Como consequência, muitos trabalhadores veem os cargos ampliados como simplesmente mais trabalho, sobretudo se não há tempo adicional para que possam completar as outras tarefas.

A **valorização do cargo** tenta superar as deficiências do trabalho especializado aumentando a quantidade de tarefas e dando aos trabalhadores a autoridade e o controle para tomar decisões significativas sobre seu trabalho.[26]

Figura 9.9
Modelo de características do trabalho

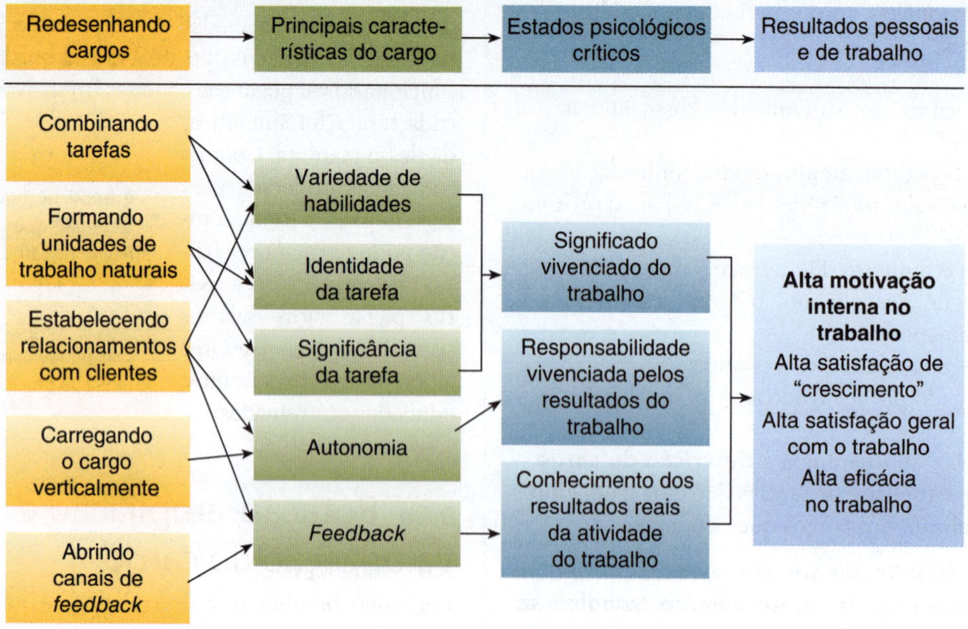

Fonte: J. R. Hackman; G. R. Oldham, Work redesign (Reading, MA: Addison-Wesley, 1980).

9-3c Modelo de características do cargo

Em contraste com rotação, ampliação e valorização do cargo, que se concentram em fornecer variedade de tarefas de trabalho, o **modelo de características do cargo** é uma abordagem de redesenho do cargo que visa formular cargos de forma a motivar os trabalhadores e levar a resultados positivos de trabalho.[27]

Conforme mostrado na Figura 9.9, o principal objetivo do modelo é criar cargos com resultados pessoais e de trabalho positivos, como motivação interna, satisfação e eficácia. Destes, a preocupação central do modelo é a **motivação interna**, ou seja, a motivação que vem do trabalho em si, e não de recompensas externas, como aumento salarial ou reconhecimento do chefe. Se os trabalhadores sentem que executar bem o trabalho é recompensador em si mesmo, então o trabalho tem motivação interna. Afirmações como "O trabalho me realiza" ou "Sinto-me bem comigo mesmo e com o que estou produzindo" são exemplos de motivação interna.

Na Figura 9.9, você pode ver que o modelo especifica três estados psicológicos críticos que devem ocorrer para que o trabalho seja internamente motivador. Primeiro, os trabalhadores devem *entender o trabalho como significativo*, isto é, eles devem considerar o trabalho importante. Segundo, devem se *sentir responsáveis pelos resultados do trabalho* – devem se sentir pessoalmente responsáveis pelo trabalho bem-feito. Terceiro, devem ter *conhecimento dos resultados*, ou seja, devem saber o quão bem estão realizando o trabalho. Todos os três estados psicológicos críticos devem ocorrer para que o trabalho seja internamente motivador.

Por exemplo, os caixas de supermercado geralmente têm conhecimento dos resultados. Quando você é lento, sua fila cresce por muito tempo. Se você cometer um erro, os clientes dirão: "Não, eu acho que o preço em oferta é $ 2,99, não $ 3,99". Da mesma forma, os caixas sentem responsabilidade pelos resultados do trabalho. Ao final do dia, o registro é totalizado, e o dinheiro, contado. Idealmente, o dinheiro corresponde ao total de vendas no registro. Se o dinheiro no lote é menor do que o que está registrado, a maioria das lojas faz o caixa pagar a diferença. Consequentemente, a maioria dos caixas é muito cuidadosa para evitar diferenças no final do dia. No entanto, apesar de conhecer os resultados do trabalho e ter responsabilidade por eles, a maioria dos caixas (pelo menos onde comprei) não é motivada internamente porque não entende o trabalho como significativo. Com *scanners*, é preciso pouca habilidade para aprender ou fazer o trabalho. Qualquer um pode fazê-lo. Além disso, os caixas têm poucas decisões a tomar e o trabalho é altamente repetitivo.

Que tipos de cargo produzem os três estados psicológicos críticos? Movendo mais um passo para a esquerda na Figura 9.9, você pode ver que esses estados psicológicos surgem de empregos fortes em cinco características fundamentais do cargo: variedade de habilidades, identidade de tarefas, importância de tarefas, autonomia e *feedback*. A **variedade de habilidades** é a quantidade de atividades diferentes realizadas em um cargo. **Identidade de tarefa** é o grau em que um trabalho, do início ao fim, exige a conclusão de uma parte do trabalho completa e identificável. A **significância da tarefa** refere-se ao grau em que um trabalho é percebido como tendo um impacto substancial em outros, dentro ou fora da organização. **Autonomia** é o grau em que um trabalho dá aos trabalhadores autonomia, liberdade e independência para decidir como e quando realizar o trabalho. Finalmente, ***feedback*** refere-se à quantidade de informações que o trabalho fornece aos trabalhadores sobre seu desempenho no cargo.

Para ilustrar como as características básicas do cargo funcionam em conjunto, vamos usá-las para avaliar mais detalhadamente por que o cargo no *drive-thru* do McDonald's não é particularmente satisfatório ou motivador. Para começar, a variedade de habilidades é baixa. Exceto pelo tamanho de um pedido ou pedidos especiais ("sem cebola"), o processo é o mesmo para cada cliente. Na melhor das hipóteses, a identidade da tarefa é moderada. Embora você tire o pedido, lide com dinheiro e entregue a comida, outros são responsáveis por uma parte maior do processo, preparando a comida. A identidade da tarefa será ainda menor se o McDonald's tiver dois guichês de *drive-thru*, porque cada trabalhador de *drive-thru* terá uma tarefa ainda mais especializada. O primeiro é limitado a tirar o pedido e dar o troco, enquanto o segundo apenas entrega o alimento.

A significância da tarefa, o impacto que você tem sobre os outros, é provavelmente baixa. A autonomia também é muito baixa, pois o McDonald's tem regras rígidas sobre vestimenta, limpeza e

Modelo de características do cargo uma aproximação ao redesenho do cargo que procura formular cargos que compreendam trabalhos que motivem trabalhadores e conduzam a resultados positivos do cargo.

Motivação interna motivação que vem do próprio trabalho e não de recompensas externas.

Variedade de habilidades quantidade de atividades diferentes compreendidas em um cargo.

Identidade de tarefa grau em que um trabalho, do começo ao fim, exige a conclusão de uma parte do trabalho completa e identificável.

Significância da tarefa grau em que um trabalho é percebido como tendo um impacto substancial sobre outros, dentro ou fora da organização

Autonomia grau em que um trabalho dá aos trabalhadores autonomia, liberdade e independência para decidir como e quando realizar o trabalho.

Feedback quantidade de informações que o trabalho fornece aos trabalhadores sobre seu desempenho no cargo.

procedimentos. Mas o trabalho fornece *feedback* imediato, como comentários positivos e negativos do cliente, carros buzinando, o tempo necessário para processar os pedidos e o número de carros no *drive-thru*. Com exceção do *feedback*, os baixos níveis das características principais do trabalho mostram por que o trabalho no *drive-thru* não é internamente motivador para muitos trabalhadores.

O que os gestores podem fazer quando os cargos não são internamente motivadores? A coluna à esquerda da Figura 9.9 lista cinco técnicas de redesenho de cargo que os gestores podem usar para fortalecer as características básicas de um cargo.

A *combinação de tarefas* aumenta a variedade de habilidades e a identidade da tarefa juntando tarefas separadas e especializadas em módulos de trabalho maiores. Por exemplo, algumas empresas de transporte rodoviário de cargas agora estão exigindo que os caminhoneiros carreguem suas plataformas e as conduzam. A esperança é que o envolvimento dos motoristas no carregamento garantirá que os caminhões sejam devidamente carregados, reduzindo assim reivindicações de danos.

O trabalho pode ser formado em *unidades de trabalho naturais*, o que significa organizar tarefas de acordo com grupos lógicos ou significativos. Embora muitas empresas de transporte de carga designem condutores a caminhões, algumas começaram a atribuir motoristas a locais geográficos específicos (por exemplo, o Nordeste ou Sudoeste) ou a caminhões que requerem habilidade especial de condução (por exemplo, cargas de grandes dimensões ou de produtos químicos perigosos). Formar unidades de trabalho naturais aumenta a identidade e o significado da tarefa.

Estabelecer relacionamentos com clientes aumenta a variedade de habilidades, autonomia e *feedback*, dando aos empregados contato direto com clientes. Em algumas empresas, os motoristas de caminhões devem estabelecer relações de negócios com seus clientes regulares. Quando algo der errado com uma remessa, os clientes serão solicitados a ligar diretamente para os motoristas.

Transferência vertical significa passar alguma autoridade gerencial para os trabalhadores. Para os motoristas de caminhão, isso significa que eles têm a mesma autoridade que os gestores para resolver problemas do cliente. Em algumas empresas, se um atraso na entrega causar problemas para um cliente, o motorista tem a autoridade para reembolsar integralmente o custo desse transporte sem antes obter a aprovação da gerência.

Abrir canais de feedback, a última técnica de redesenho de cargo oferecida pelo modelo, significa encontrar formas adicionais de dar aos empregados *feedback* direto e frequente sobre seu desempenho no trabalho. Por exemplo, com os avanços na eletrônica, muitos motoristas de caminhão obtêm dados instantâneos se estão dentro do cronograma de entregas e se estão dirigindo seus caminhões com eficiência de combustível. Da mesma forma, o maior contato com os clientes permite que muitos motoristas recebam dados mensais sobre satisfação do cliente.

Organização mecanicista organização caracterizada por cargos e responsabilidades especializados, papéis precisamente definidos e imutáveis, e uma rígida cadeia de comando baseada na autoridade centralizada e na comunicação vertical.

Organização orgânica organização caracterizada por cargos e responsabilidades amplamente definidos, funções vagamente definidas e frequentemente variáveis, autoridade descentralizada e comunicação horizontal baseada no conhecimento da tarefa.

Processo intraorganizacional conjunto de atividades que ocorrem dentro de uma organização para transformar insumos em produtos valorizados pelos clientes.

9-4 PROCESSOS INTRAORGANIZACIONAIS

Há mais de 40 anos, Tom Burns e G. M. Stalker descreveram como dois projetos organizacionais, mecanicistas e orgânicos, são apropriados para diferentes tipos de ambiente organizacional.[28] **Organizações mecanicistas** são caracterizadas por cargos e responsabilidades especializados; papéis precisamente definidos e imutáveis; e uma rígida cadeia de comando baseada na autoridade centralizada e na comunicação vertical. Esse tipo de organização funciona melhor em ambientes de negócios estáveis e imutáveis. Em contrapartida, **organizações orgânicas** são caracterizadas por cargos e responsabilidades amplamente definidos, funções vagamente definidas e frequentemente variáveis, autoridade descentralizada e comunicação horizontal baseada no conhecimento da tarefa. Esse tipo de organização funciona melhor em ambientes de negócios dinâmicos e em constante mudança.

As técnicas de projeto organizacional descritas na primeira metade deste capítulo – departamentalização, autoridade e descrição de cargo – são mais adequadas para organizações mecanicistas e ambientes de negócios estáveis que foram mais prevalentes antes de 1980. Em contraste, as técnicas de projeto organizacional abordadas na segunda parte do capítulo são mais apropriadas para organizações orgânicas e os ambientes cada vez mais dinâmicos em que as empresas de hoje competem. A principal diferença entre essas abordagens é que os projetos organizacionais mecanicistas se concentram na estrutura organizacional, enquanto os orgânicos estão relacionados ao **processo intraorganizacional**, que é o conjunto de atividades que ocorrem dentro de uma organização para transformar insumos em produtos valorizados pelos clientes.

*Veremos agora como as empresas têm usado **9-4a reengenharia** e **9-4b empoderamento para redesenhar esses processos intraorganizacionais.***

9-4a Reengenharia

No *best-seller Reengenharia: revolucionando a empresa*, Michael Hammer e James Champy definem **reengenharia** como "reformulação *fundamental* e redesenho *radical* de *processos* de negócios para alcançar melhorias *dramáticas* em medidas de desempenho críticas e contemporâneas, tais como custo, qualidade, serviço e velocidade".[29] Hammer e Champy explicaram ainda as quatro palavras-chave mostradas em itálico nessa definição. A primeira palavra-chave é *fundamental*. Ao fazerem uma reengenharia de projetos organizacionais, os gestores devem se perguntar: "Por que fazemos o que fazemos?" e "Por que fazemos da maneira como fazemos?". A resposta usual é: "Porque é assim que sempre fizemos». A segunda palavra-chave é *radical*. Reengenharia é uma mudança significativa, começar de novo, jogar fora as velhas maneiras de fazer o trabalho. A terceira palavra-chave é *processos*. Hammer e Champy observaram que "a maioria dos empresários não está orientada para o processo. Eles focam tarefas, cargos, pessoas, estruturas, mas não em processos". A quarta palavra-chave é *dramáticas*. Reengenharia é a realização de melhorias mensuráveis no desempenho da empresa.

Um exemplo da operação do IBM Credit ilustra como o trabalho pode ser reestruturado.[30] O IBM Credit empresta dinheiro a empresas para que elas comprem computadores IBM. Anteriormente, o processo de empréstimo começava quando um vendedor da IBM ligava para o escritório central a fim de obter aprovação de crédito para a compra de um cliente. O primeiro departamento envolvido no processo coletava do vendedor as informações de crédito por telefone e as registrava no formulário de crédito. Este era enviado para o departamento de verificação de crédito, em seguida para o departamento de precificação (onde a taxa de juros era determinada) e depois para um total de cinco departamentos. Ao todo, eram necessários cinco departamentos e seis dias para aprovar ou negar o empréstimo do cliente. Naturalmente, esse atraso significava custos para a IBM. Alguns clientes obtinham seus empréstimos em outro lugar. Outros, frustrados com a espera, simplesmente cancelavam os pedidos.

Finalmente, dois gestores da IBM decidiram verificar o percurso de um pedido de empréstimo diretamente em cada um dos departamentos envolvidos no processo. Em cada etapa, eles pediram aos trabalhadores que interrompessem o que estavam fazendo e imediatamente processassem o pedido de empréstimo. Os gestores ficaram chocados com todo o processo. Do início ao fim, o processo demorou apenas 90 minutos! O tempo de resposta de seis dias foi quase inteiramente devido a atrasos na entrega

> **Reengenharia**
> reformulação fundamental e redesenho radical de processos de negócios para conseguir melhorias extraordinárias em importantes medidas de desempenho, como custo, qualidade, serviço e velocidade.

Editores viram a página em seus formatos de escritório

Apesar de sua vibração intelectual-criativa, a indústria de publicação de livros poderia ser mais bem descrita como mecanicista. Os editores moveram-se gradualmente subindo a escada de carreira ao longo de hierarquias bem definidas à medida que buscavam ter um escritório de canto com privacidade. No entanto, nos dias atuais, a indústria receptiva e antiquada está sentindo a pressão da concorrência, o que tem levado muitos de seus membros a se tornar mais orgânicos. Por conta disso, muitas empresas têm transformado os escritórios fechados por paredes em ambientes completamente abertos. Antes que o Hachette Book Group se mudasse para o novo espaço em Manhattan, o CEO Michael Pietsch fez uma turnê em empresas com muitas configurações de escritório e foi ficando cada vez mais atraído pelo formato 100% aberto: "Quando eu olhava para esses lugares, havia apenas essa energia e agitação e sensação de empolgação e esforço humano colaborativo que realmente era bem estimulante". Assim, no novo escritório da empresa, todos, incluindo Pietsch, têm um cubo.

Robin Marchant/Getty Images Entertainment/Getty Images

Fonte: J. Mahler, Cubicles rise in a brave new world of publishing, *New York Times*, 10 nov. 2014, A1.

do trabalho de um departamento para outro. A solução: a IBM redesenhou o processo de modo que uma pessoa, e não cinco em cinco departamentos separados, agora lida com todo o processo de aprovação de empréstimo, sem quaisquer transferências. Os resultados foram realmente extraordinários. A reengenharia do processo de crédito reduziu o tempo de aprovação de seis para quatro horas e permitiu que a IBM aumentasse o número de empréstimos por um fator de 100!

A reengenharia altera a orientação de uma organização de vertical para horizontal. Em vez de receberem ordens da alta direção, os gestores e trabalhadores de níveis baixos e médios recebem ordens de um cliente que está no início e no fim de cada processo. Em vez de gerenciarem departamentos funcionais independentes, os gestores e trabalhadores de diferentes departamentos assumem a propriedade de processos multifuncionais. Em vez de simplificar o trabalho para que se torne cada vez mais especializado, a reengenharia complica o trabalho dando aos trabalhadores maior autonomia e responsabilidade por processos completos.

Tkemot/Shutterstock

Em essência, a reengenharia muda o trabalho ao alterar a **interdependência das tarefas**, na medida em que a ação coletiva é necessária para concluir um trabalho inteiro. Conforme mostrado na Figura 9.10, existem três tipos de interdependência de tarefas.[31] Na **interdependência combinada**, cada cargo ou departamento contribui de forma independente para a realização de todo o processo. Na **interdependência sequencial**, o trabalho deve ser executado em sucessão porque os resultados de um grupo ou de um cargo se tornam as entradas para o próximo grupo ou cargo. Finalmente, na **interdependência recíproca**, diferentes cargos ou grupos trabalham juntos, num sistema de vaivém, para completar o processo. Ao reduzir as transferências entre diferentes cargos ou grupos, a reengenharia diminui a interdependência sequencial. Da mesma forma, a reengenharia diminui a interdependência combinada, redesenhando o trabalho de modo que cargos ou departamentos anteriormente independentes trabalhem juntos para concluir os processos. Finalmente, a reengenharia aumenta a interdependência recíproca, tornando grupos ou indivíduos responsáveis por processos maiores e mais completos nos quais várias etapas podem ser realizadas ao mesmo tempo.

Interdependência das tarefas medida em que a ação coletiva é necessária para concluir um trabalho inteiro.

Interdependência combinada trabalho concluído de modo que cada cargo ou departamento contribui de forma independente para o conjunto.

Interdependência sequencial trabalho concluído em sucessão, de modo que os resultados de um grupo ou um cargo se constituem nas entradas para o próximo grupo ou cargo.

Interdependência recíproca trabalho realizado por diferentes cargos ou grupos que atuam juntos, num sistema de vaivém.

Trabalhadores empoderados passar aos trabalhadores permanentemente a autoridade e a responsabilidade de gestores pela tomada de decisão, dando-lhes a informação e os recursos de que necessitam para tomar boas decisões e executá-las.

Como uma ferramenta de projeto organizacional, a reengenharia promete grandes recompensas, mas também passa por severas críticas. A queixa mais séria é que, como permite que alguns empregados façam o trabalho anteriormente feito por muitos, a reengenharia é simplesmente uma palavra de código corporativa para redução de custos e demissões de trabalhadores.[32] Por essa razão, os detratores afirmam que a reengenharia prejudica o moral e o desempenho. Embora os tempos de pedidos tenham sido reduzidos de três semanas para três dias, a Levi Strauss encerrou um projeto de reengenharia de $ 850 milhões por causa do medo e da confusão que ele criou na força de trabalho da empresa. Um ponto baixo ocorreu quando a direção da Levi, encorajada por seus consultores de reengenharia, disse a quatro mil trabalhadores que eles teriam que "se recandidatar a seus cargos" à medida que a empresa mudava de sua estrutura vertical tradicional para uma forma de organização baseada em processos. De acordo com Thomas Kasten, vice-presidente de reengenharia e atendimento ao cliente da Levi Strauss: "Sentimos a pressão crescer [sobre os esforços de reengenharia] e estávamos preocupados com o negócio".[33] Hoje, mesmo os gurus de reengenharia Hammer e Champy admitem que cerca de 70% de todos os projetos de reengenharia falham por causa dos efeitos sobre as pessoas no local de trabalho. Segundo Hammer: "Não era esperto o suficiente sobre isso [as questões de pessoas]. Estava refletindo minha formação de engenharia que era insuficientemente apreciativa da dimensão humana. Aprendi [agora] que isso é essencial".[34]

9-4b Empoderamento

Outra maneira de redesenhar os processos intraorganizacionais é por meio do empoderamento. **Empoderar trabalhadores** significa passar para os trabalhadores permanentemente a autoridade de decisão e a responsabilidade dos gestores. Para que os trabalhadores sejam plenamente capacitados, as empresas devem dar-lhes a informação e os recursos de que necessitam para tomar boas decisões e executá-las e, em seguida, recompen-

Figura 9.10

Reengenharia e interdependência de tarefas

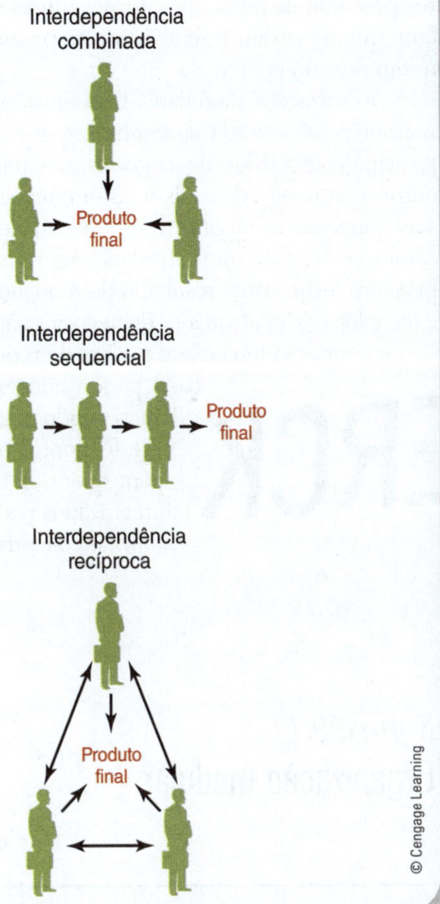

sá-los pela iniciativa individual.[35] Em outras palavras, os empregados não se sentirão muito empoderados se tiverem alguém olhando sobre seus ombros. O Carrefour, com sede na França, o segundo maior varejista do mundo, viu seus lucros e sua participação no mercado diminuírem consistentemente ao longo da última década. O novo CEO Georges Plassat sente que o Carrefour tinha "excesso de centralização impedindo-o de obter resultados". O sinal mais claro disso era que a sede do Carrefour determinava quais produtos vender a que preços em cada loja em todo o mundo. Hoje, no entanto, de acordo com Plassat, "Há uma mudança na cultura" para capacitar os gestores de lojas locais para tomar tais decisões. Por exemplo, o gerente da loja, e não a sede, decide quanto espaço usar para vender TVs, quantos tipos de TV vender (uma gama completa ou apenas as melhores marcas) e quais serão os preços. Segundo Plassat, "Temos especialistas na loja que sabem o que estão vendendo", e agora a alta direção os ouve.[36]

Quando os trabalhadores recebem a informação e os recursos adequados e são autorizados a tomar boas decisões, passam a se sentir empoderados. **Empoderamento** é um sentimento de motivação intrínseco em que os empregados percebem que o trabalho realizado por eles tem significância e se percebem como competentes, têm um impacto significativo e são capazes de autodeterminação.[37] O trabalho tem significado quando é consistente com padrões e crenças pessoais. Os trabalhadores se sentem competentes quando acreditam que podem realizar uma atividade com habilidade. A crença de que estão tendo um impacto vem de um sentimento de que podem afetar os resultados do trabalho. Um sentimento de autodeterminação surge da crença de ter autonomia para escolher a melhor maneira de fazer o trabalho.

O empoderamento pode levar a mudanças nos processos organizacionais, porque significado, competência, impacto e autodeterminação produzem empregados capacitados que assumem papéis ativos, em vez de serem passivos no trabalho. Nos hotéis Ritz-Carlton, todos os empregados estão autorizados a gastar até $ 2.000 para resolver problemas de atendimento ao cliente. Não são $ 2.000 por ano ou $ 2.000 por dia, mas $ 2.000 por incidente. E os empregados podem gastar $ 2.000 sem pedir aprovação gerencial. Carmine Gallo, presidente do Gallo Communications Group, e a esposa foram comer em um restaurante Ritz-Carlton particularmente agitado, o que significa que o serviço era lento. Segundo Gallo: "Durante uma hora especialmente movimentada no restaurante do hotel, o garçom pediu desculpas pela espera, deu-nos aperitivos de cortesia e não cobrou nossas sobremesas. Quando perguntei por que ele fez isso, ele disse: 'Estou autorizado a manter meus clientes felizes'".[38]

9-5 PROCESSOS INTERORGANIZACIONAIS

Um **processo interorganizacional** é um conjunto de atividades que ocorrem *entre empresas* para transformar insumos em produtos que os clientes valorizam. Em outras palavras, muitas empresas trabalham juntas para criar um produto ou serviço que mantém os clientes satisfeitos. Com sede na Itália, a empresa fabricante de Nutella, a pasta de chocolate e avelãs, tem cinco fábricas na Europa, duas na América do Sul e uma na Rússia, na América do Norte e na Austrália. Essas fábricas trabalham

Empoderamento
sentimento de motivação intrínseca em que os trabalhadores reconhecem que o trabalho realizado tem impacto e significado e se percebem como competentes e capazes de autodeterminação.

Processo interorganizacional
conjunto de atividades que ocorrem entre empresas para transformar insumos em produtos valorizados pelos clientes.

com fornecedores na Turquia (avelãs), Malásia (óleo de palma), Nigéria (cacau), Brasil (açúcar) e França (baunilha). As 250 mil toneladas de Nutella produzidas por ano são então vendidas aos supermercados por escritórios de vendas e corretores de vendas em 75 países diferentes.[39]

Nesta seção, abordaremos os seguintes aspectos relacionados aos processos interorganizacionais: ***9-5a organizações modulares*** *e* ***9-5b organizações virtuais.***

9-5a Organizações modulares

Stephen Roach, ex-economista-chefe do banco de investimentos Morgan Stanley, afirma que as empresas querem cada vez mais passar "funções que não sejam centrais para sua competência básica" para terceiros.[40] Com exceção das atividades de negócios principais e mais baratas que outros, as **organizações modulares** terceirizam todas as demais atividades de negócios para empresas, fornecedores, especialistas ou consultores externos. O termo *modular* é usado porque as atividades de negócios adquiridas de empresas externas podem ser adicionadas e descartadas conforme necessário, bem como adicionar peças a um quebra-cabeça tridimensional. A Figura 9.11 mostra uma organização modular em que a empresa optou por manter treinamento, recursos humanos, vendas, *design* do produto, fabricação, atendimento ao cliente, pesquisa e desenvolvimento e tecnologia da informação como atividades corporativas essenciais, mas terceirizou as não essenciais, como distribuição do produto, *web page design*, propaganda, folha de pagamento, contabilidade e embalagem.

360b/Shutterstock.com

A principal vantagem das organizações modulares é que seu funcionamento pode custar muito menos do que as organizações tradicionais porque pagam por mão de obra, experiência ou capacidades de manufatura terceirizadas somente quando necessário. A Merck, uma das principais empresas farmacêuticas do mundo, está se transformando em uma organização modular. Apenas três anos atrás, dois terços do orçamento de pesquisa da Merck eram gastos com cientistas e laboratórios de pesquisa internos que conduziam testes de pesquisa clínica caros para testar os medicamentos que a empresa tinha em desenvolvimento. Hoje, gasta apenas um terço do orçamento destinado a esse fim em pesquisas clínicas internas. Ela terceiriza o resto para Quintiles, uma empresa com 29 mil empregados em 100 países, especializada na realização de testes de pesquisa clínica em larga escala para empresas farmacêuticas, como a Merck.[41] Porém, para obter vantagens de custo, as organizações modulares precisam de parceiros – fornecedores e distribuidores com quem possam trabalhar muito proximamente e em quem possam confiar.

Organização modular terceiriza atividades não essenciais para empresas externas como fornecedores, especialistas ou consultores externos.

Organização virtual faz parte de uma rede virtual em que muitas empresas compartilham habilidades, custos, capacidades, mercados e clientes para resolver coletivamente problemas de clientes ou fornecer produtos ou serviços específicos.

Organizações modulares também têm desvantagens. A principal é a perda de controle que ocorre quando as principais atividades de negócios são terceirizadas para outras empresas. Além disso, as empresas podem reduzir suas vantagens competitivas de duas maneiras se terceirizarem, por engano, uma atividade empresarial central. Em primeiro lugar, como resultado de mudanças competitivas e tecnológicas, as atividades de negócios não essenciais que uma empresa terceirizou podem de repente se tornar a base para vantagem competitiva. Em segundo lugar, em relação a este ponto, os fornecedores para quem os trabalhos foram terceirizados podem, por vezes, se tornar concorrentes.

Figura 9.11
Organização modular

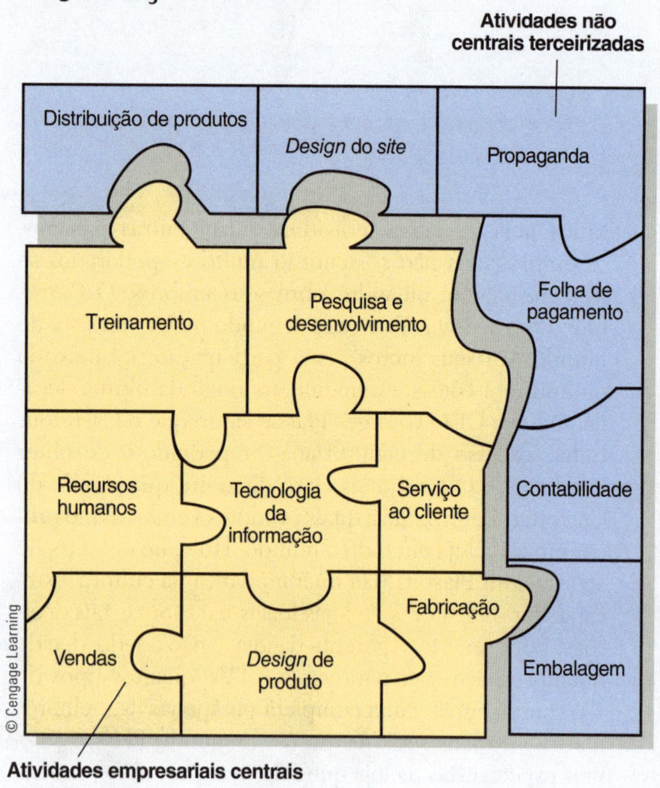

9-5b Organizações virtuais

Diferentemente das organizações modulares, em que o processo interorganizacional gira em torno de uma empresa central, uma **organização virtual** faz parte de uma rede virtual em que muitas empresas compartilham habilidades, custos, capacidades, mercados e clientes. A Figura 9.12 mostra uma organização virtual na qual, atualmente, as partes de uma empresa virtual consistem em *design* de produto, compra, fabricação, propaganda e tecnologia de informação. Diferentemente das organizações modulares, em que organizações externas estão fortemente ligadas a uma empresa central, as virtuais trabalham com algumas empresas da rede de alianças, mas não com todas. Assim, enquanto um quebra-cabeça com várias peças é uma metáfora apropriada para uma organização modular, uma festa norte-americana é uma metáfora apropriada para uma organização virtual. Todos os participantes trazem seu melhor prato, mas comem apenas o que querem.

Outra diferença é que as relações de trabalho entre as organizações modulares e as empresas externas tendem a ser mais estáveis e duradouras do que as relações mais curtas, muitas vezes temporárias, encontradas entre as empresas virtuais em uma aliança de rede. A composição de uma organização virtual está sempre em mudança. A combinação de parceiros de rede que uma corporação virtual tem em qualquer momento depende da experiência necessária para resolver um problema específico ou fornecer um produto ou serviço específico. Por exemplo, hoje a empresa pode precisar se concentrar em propaganda e *design* de produto, como mostra a Figura 9.12, mas amanhã poderá querer algo completamente diferente. Nesse sentido, a expressão "organização virtual" significa a empresa que existe "no momento".

Organizações virtuais têm uma série de vantagens. Elas permitem que as empresas compartilhem os custos, e, como os membros podem rapidamente combinar seus esforços para atender às necessidades dos clientes, eles são rápidos e flexíveis. Finalmente, como cada membro da rede de alianças é o melhor no que faz, as organizações virtuais devem, teoricamente, oferecer melhores produtos e serviços em todos os aspectos.

Como acontece com as organizações modulares, uma desvantagem das virtuais é que, após ter sido terceirizado, pode ser difícil controlar a qualidade do trabalho realizado pelos parceiros da rede. A maior desvantagem, no entanto, é que consideráveis habilidades gerenciais são necessárias para que uma rede de organizações independentes trabalhe bem em conjunto, especialmente porque os relacionamentos tendem a ser curtos e baseados em uma única tarefa ou projeto. As organizações virtuais têm adotado dois métodos para resolver esse problema. O primeiro é utilizar os serviços de um *corretor*. Nas organizações hierárquicas tradicionais, os gestores planejam, organizam e controlam. Entretanto, com os processos horizontais e interorganizacionais que

Figura 9.12
Organizações virtuais

Software plug-n-play para processos de negócios

Graças a uma nova série de programas e aplicativos, as empresas interessadas na terceirização talvez não precisem procurar organizações parceiras. As funções do *software* ZenPayroll, um sistema interno de folha de pagamento, permitem que as empresas eliminem grande parte da contabilidade, da folha de pagamento e até mesmo dos departamentos de recursos humanos. A LeadGenius oferece uma opção híbrida de *software* de crowdsourcing que permite às empresas terceirizar operações estatísticas e intensa pesquisa de geração de leads de vendas. E com o *software* Managed by Q, qualquer pessoa na empresa pode tocar em um tablet para fazer pedidos de suprimentos, programar a limpeza do escritório ou até mesmo trabalhar com um assistente remoto para organizar outras tarefas, eliminando a necessidade de um gestor de escritório.

Fonte: D. Hendricks, Now that software's eaten the world, it's started to eat the company, *Inc.*, 20 mar. 2015. Disponível em: <http://www.inc.com/drew-hendricks/now-that-software-s-eaten-the-world-it-s-started-to-eat-the-company .html>. Acesso em: 1º maio 2015.

caracterizam as organizações virtuais, o trabalho de um corretor é criar e montar os conhecimentos, as habilidades e os recursos de diferentes empresas para terceiros, como clientes.[42] A segunda maneira de fazer redes de organizações virtuais mais gerenciáveis é utilizar um *acordo de organização virtual* que, de certo modo como um contrato, especifica horários, responsabilidades, custos, pagamentos e responsabilidades para as empresas participantes.[43]

9

FERRAMENTA DE ESTUDO

Leia o cartão de revisão do capítulo e reveja o conteúdo.

10 Gestão de equipes

Jirsak/Shutterstock.com

RESULTADOS DE APRENDIZAGEM

10-1 Explicar as vantagens e desvantagens de usar equipes.

10-2 Reconhecer e compreender os diferentes tipos de equipe.

10-3 Compreender as características gerais das equipes de trabalho.

10-4 Explicar como melhorar a eficiência da equipe de trabalho.

10-1 VANTAGENS E DESVANTAGENS DE USAR EQUIPES

Noventa e um por cento das organizações têm melhorado significativamente a eficácia ao trabalharem com equipes.[1] A Procter & Gamble e Cummins Engine começaram a adotar equipes em 1962 e 1973, respectivamente. A Boeing, Caterpillar, Champion International, Ford Motor Company, 3M e General Electric estabeleceram equipes de trabalho em meados dos anos 1980. Hoje, a maioria das empresas usa equipes para enfrentar uma variedade de questões.[2] "As equipes são onipresentes. Se estamos falando de desenvolvimento de *software*, hóquei olímpico, resposta a surtos de doenças ou guerra urbana, as equipes representam a unidade crítica que 'faz as coisas' no mundo de hoje".[3]

Equipes de trabalho são compostas de um pequeno número de pessoas com habilidades complementares que se responsabilizam mutuamente por alcançar um objetivo comum, atingir metas de desempenho e melhorar processos de trabalho interdependentes.[4] Com base nessa definição, os programadores de computador que trabalham em projetos separados, no mesmo departamento de uma empresa, não seriam considerados uma equipe. Para tanto, eles teriam de ser interdependentes e compartilhar responsabilidade e prestação de contas pela qualidade e quantidade de código de computador que eles produziram.[5] Equipes estão se tornando mais importantes em muitas indústrias porque ajudam as organizações a responder a problemas e desafios específicos. Embora não sejam a resposta para toda situação ou organização, se equipes adequadas forem usadas corretamente e nas configurações certas, podem melhorar muito o desempenho da empresa em relação a abordagens de gestão mais tradicionais, além de incutirem um sentimento de vitalidade no local de trabalho, o que, em geral, é difícil de alcançar.

Vamos começar nossa discussão sobre equipes, aprendendo: ***10-1a as vantagens das equipes, 10-1b as desvantagens das equipes,*** *e* ***10-1c quando usar e quando não usar equipes****.*

10-1a As vantagens das equipes

As empresas estão fazendo maior uso de equipes porque elas têm demonstrado que são capazes de melhorar a satisfação do cliente, qualidade do produto e serviço, velocidade e eficiência no desenvolvimento de produtos, satisfação no trabalho dos empregados e tomada de decisões.[6] Por exemplo, uma pesquisa indicou que 80% das empresas com mais de 100 empregados empregam equipes e 90% de todos os empregados dos Estados Unidos trabalham parte do dia em uma equipe.[7]

As equipes ajudam as empresas a aumentar a satisfação do cliente de várias maneiras. Uma delas é criar equipes de trabalho treinadas para atender às necessidades de clientes específicos. Depois que os escândalos financeiros mancharam sua reputação, o Barclays Bank, com sede em Londres, contratou um diretor de experiência do cliente para liderar equipes diretamente responsáveis por garantir que "a voz do cliente fosse ouvida".[8] Um desses clientes é o consultor de negócios Maz Iqbal. Quando Iqbal transferiu as contas bancárias de sua empresa de outro banco para o Barclays, ele escreveu que suas interações iniciais eram "frustrantes". Quando mudou o nome registrado de sua empresa, esperava mais papelada, ineficiência e frustração. Em vez disso, antes de visitar sua filial local, o Barclays lhe enviou novos cheques e cartões de crédito já impressos com o novo nome da empresa. Obviamente satisfeito, Iqbal disse: "Sinto-me grato. Por quê? Porque o Barclays Bank me ajudou, me poupou tempo, esforço, preocupação, sem que eu nem mesmo lhes pedisse ajuda. Eles anteciparam uma necessidade e atenderam a ela".[9]

As equipes também ajudam a melhorar a *qualidade de produtos e serviços* de várias maneiras.[10] Em comparação com as estruturas organizacionais tradicionais, nas quais a direção é responsável por resultados e desempenho organizacionais, as equipes assumem a responsabilidade direta pela qualidade dos produtos e serviços produzidos e vendidos. A Oriental Trading Company (OTC) vende, na internet, artigos para festas, artesanato, brinquedos e jogos, além de material de ensino. Como a maioria dos *sites* de varejo, o da OTC permite que os clientes escrevam comentários sobre os produtos que compram. Quando os clientes se queixaram de seu Sistema Inflável Solar, dando-lhe duas estrelas de um total de cinco, os membros das equipes interdepartamentais da OTC agiram. Um membro da equipe do departamento de qualidade trabalhou diretamente com o fabricante para melhorar a qualidade. Outro de direitos autorais trabalhou com um membro da equipe de *merchandising* para postar novas fotos do produto melhorado, juntamente com uma descrição mais precisa. Outros contataram clientes insatisfeitos para dizer-lhes que a OTC havia dado a devida atenção às queixas e adotado as medidas necessárias para resolver cada caso. Sete semanas após o primeiro comentário negativo aparecer no *site* da OTC, o produto melhorado estava disponível para venda. Os clientes classificam consistentemente a nova versão com quatro estrelas, numa escala de cinco.[11]

Equipe de trabalho
pequeno número de pessoas com habilidades complementares que se responsabilizam mutuamente por buscar alcançar um objetivo comum, atingir metas de desempenho e melhorar processos de trabalho interdependentes.

Outra razão para usar equipes é que as equipes de trabalho frequentemente levam a um aumento de satisfação no trabalho.[12] O trabalho em equipe pode gerar mais

Como evitar fiascos na formação de equipes

Independentemente do lugar que ocupam no espectro de muito chato ou muito motivador, as atividades corporativas de formação de equipes são uma notória fonte de pavor e desconfiança. De acordo com David Jacobson, fundador da empresa **TrivWorks**: "O pior resultado possível é obter exatamente o oposto do que você pretendia. Você acabou com o moral dos empregados e os deixou alienados ou desconectados". Contudo, a formação de equipe poderá ser positiva e significativa, se gestores muito ativos conseguirem cumprir algumas diretrizes:

StockLite/Shutterstock.com

1. Identificar claramente os propósitos e os objetivos da atividade e permitir que a equipe os conheça de antemão.
2. Fazer com que o propósito e os objetivos determinem o tipo de atividade.
3. Evitar atividades que simulem violência, causem dano ou humilhem os participantes.
4. Traçar conexões claras entre a atividade e como a equipe deve desempenhar no local de trabalho.
5. Incorporar um desafio.

A chave é tornar a atividade relevante. Segundo Jacobson: "Se o exercício for bom, os integrantes de sua equipe levarão de volta para o local de trabalho o que fizeram ou aprenderam. Eles colaborarão e se comunicarão melhor".

Fonte: J. A. Graves, Corporate team-building activities: the good, the bad, and the really ugly, *U. S. News*, 24 set. 2014. Disponível em: <http://money.usnews .com/money/careers/articles/2014/09/25/corporate-team-building-activities-the-good-the-bad-and-the-really-ugly/>. Acesso em: 2 maio 2015.

satisfação do que no trabalho tradicional porque dá aos empregados uma chance de melhorar suas habilidades. Isso é muitas vezes feito por meio de **treinamento cruzado**, em que cada integrante da equipe aprende a executar todas as atividades realizadas – ou a maioria – pelos outros membros. A vantagem para a organização é que o treinamento cruzado permite que uma equipe funcione normalmente quando um membro está ausente, pede demissão ou é transferido. A vantagem para os trabalhadores é que o treinamento cruzado amplia simultaneamente as habilidades e capacidades deles, o que torna o trabalho mais variado e interessante.

O trabalho em equipes também é satisfatório porque elas muitas vezes recebem informações comerciais confidenciais que geralmente só estão disponíveis para os gestores. A **Great Little Box Company (GLBC)**, que fabrica caixas de papelão ondulado, *displays* de produtos personalizados e embalagens flexíveis e protetivas, tem uma filosofia de "livros abertos", em que os membros da equipe têm acesso total às informações financeiras da empresa. De acordo com o fundador Robert Meggy: "Isso estimula as pessoas a se sentir mais como parte da empresa. Instila um senso de confiança. Independentemente de saber se a notícia é boa ou ruim, as pessoas querem saber e, em última análise, se esforçarão mais para tornar a empresa mais rentável". Afinal, segundo Meggy: "Queremos empregados para gerenciar a empresa como se o negócio fosse deles". Para Sandra Fung, membro e representante de atendimento ao cliente da empresa: "Se formos lucrativos num determinado mês, eu me sentirei bem em saber que contribuí para isso". Finalmente, para passar a mensagem da importância das equipes e do trabalho em equipe, todos recebem mensalmente participação igual nos lucros. De acordo com Meggy: "Quando se trata de trabalho em equipe, todos são iguais aqui. Os motoristas de caminhão, o controlador, o pessoal do escritório, o supervisor da fábrica, todos recebem o mesmo valor".[13]

Treinamento cruzado
cada integrante da equipe aprende a executar todas as atividades realizadas – ou a maioria – pelos outros membros.

Os membros da equipe também se sentem satisfeitos no trabalho pelo fato de terem responsabilidades específicas de liderança que geralmente não estão disponíveis em organizações tradicionais. Finalmente, as equipes compartilham muitas das vantagens da tomada de decisão em grupo discutida no Capítulo 5. Por exemplo, como os membros da equipe possuem conhecimentos, habilidades, capacidades e experiências diferentes, a equipe pode visualizar os problemas de múltiplas perspectivas. Essa diversidade de pontos de vista aumenta as chances de que as decisões da equipe resolverão as causas subjacentes dos problemas e não se concentrarão apenas nos sintomas. O aumento do conhecimento e da informação disponível para as equipes também facilita a geração de mais soluções alternativas, uma parte crítica para melhorar a qualidade das decisões. Como os membros da equipe estão envolvidos em processos de tomada de decisão, eles também tendem a estar mais comprometidos ao tomar essas decisões de trabalho. Em suma, as equipes podem fazer um trabalho muito melhor do que os indivíduos, em duas etapas importantes do processo decisório: definir o problema e gerar soluções alternativas.

10-1b As desvantagens das equipes

Embora as equipes possam melhorar significativamente a satisfação do cliente, a qualidade do produto e do serviço, a velocidade e a eficiência no desenvolvimento de produtos, a satisfação no trabalho dos empregados e a tomada de decisões, elas nem sempre garantem que esses resultados positivos sejam atingidos. De fato, se você já participou de projetos de equipe em suas aulas, provavelmente já está ciente de alguns dos problemas inerentes às equipes de trabalho. Apesar de todas as suas promessas, equipes e trabalho em equipe também tendem a ter estas desvantagens significativas: alta rotatividade inicial, preguiça social e problemas associados com a tomada de decisão em grupo.°

A primeira desvantagem das equipes de trabalho é *alta rotatividade inicial*. Equipes não são para todos, e alguns trabalhadores recusam responsabilidade, esforço e aprendizado necessários nas configurações da equipe. Quando a Zappos mudou de uma estrutura tradicional para uma baseada em equipes (denominada holacracia), em que não há chefes nem títulos e os empregados gerenciam a si mesmos, a empresa ofereceu três meses de indenização a todos o empregados que não conseguissem ou não quisessem se adaptar. Acontece que, dos 1.500 empregados da Zappos, 14% decidiram sair. De acordo com John Bunch, que está gerenciando a transição da empresa para a holacracia: "Seja qual for o número de pessoas que aceitaram a oferta, foi o número certo, pois tomaram a decisão certa para eles e para Zappos".[14]

Preguiça social é outra desvantagem das equipes de trabalho e ocorre quando os trabalhadores se recusam a se esforçar e não fazem a parte do trabalho que lhes cabe.[15] Um engenheiro francês do século XIX, chamado Maximilian Ringlemann, documentou pela primeira vez a preguiça social quando descobriu que uma pessoa puxando uma corda sozinha exercia uma média de 63 quilos de força na corda. Em grupos de três, a força média caía

° Este termo é uma neologia, criada pelo autor e que se origina no conceito de "efeito halo", sinônimo de auréola. (N.R.T.)

Ethan Miller/Getty Images News/Getty Images

A Zappos adotou aquilo que chama de "Holacracia".[1] Não há chefes nem títulos, e os empregados gerenciam a si mesmos.

para 53 kg por pessoa. Em grupos de oito, para apenas 31 kg por pessoa. Ringlemann concluiu que quanto maior for a equipe, menor será o esforço individual. De fato, é mais provável que ocorra em grupos maiores, em que a identificação e o monitoramento dos esforços de cada membro da equipe podem ser difíceis.[16] Em outras palavras, os preguiçosos sociais contam com a possibilidade de se misturar à massa, na qual sua falta de esforço não é facilmente percebida.

Com sua experiência em projetos de classe desenvolvidos em equipe, a maioria dos alunos já conhece os preguiçosos sociais ou "malandros", que contribuem mal, pouco ou em nada para o trabalho. Não causou nenhuma surpresa quando um estudo com 250 equipes de estudantes constatou que os mais talentosos são, em geral, os menos satisfeitos com o trabalho em equipe por terem que levar malandros nas costas e fazer uma parte desproporcional do trabalho da equipe.[17] Percepções de equidade estão negativamente relacionadas com a extensão da preguiça social em equipes.[18]

Finalmente, as equipes compartilham muitas das *desvantagens da tomada de decisão em grupo* abordadas no Capítulo 5, como *pensamento de grupo*, em que os membros de grupos altamente coesos sentem uma pressão intensa para não discordarem entre si, de forma que o grupo possa aprovar uma solução proposta. Como o pensamento de grupo restringe a discussão e leva à consideração de um número limitado de soluções alternativas, isso geralmente resulta em decisões ruins. Além disso, decisões tomadas em equipe tomam um tempo considerável, e as reuniões da equipe muitas vezes podem ser improdutivas e ineficientes. Outra possível armadilha é a *dominação da minoria*, na qual apenas uma ou duas pessoas dominam as discussões em equipe, restringindo a consideração de diferentes definições de pro-

Preguiça social comportamento em que os membros da equipe se recusam a se esforçar e não fazem sua parte do trabalho.

blemas e soluções alternativas. Esse tipo de dominação tende a ocorrer especialmente quando o líder da equipe fala muito durante as discussões, o que efetivamente desencoraja outros membros a falar. Quando isso acontece, o desempenho da equipe cai de forma significativa.[19] Finalmente, os membros da equipe podem não se sentir responsáveis pelas decisões e ações tomadas pela equipe.

10-1c Quando usar equipes

Como as duas subseções anteriores deixaram claro, as equipes têm vantagens *e* desvantagens significativas. Portanto, a questão não é se devemos usar equipes, mas *quando* e *onde* usá-las para benefício máximo e custo mínimo. De acordo com Doug Johnson, diretor associado do Centro de Organizações Colaborativas da Universidade do Norte do Texas: "As equipes são um meio para um fim, não um fim em si mesmas. Você primeiro tem que se fazer algumas perguntas. O trabalho requer interdependência? Será que a filosofia da equipe se encaixa na estratégia da empresa? A direção assumirá um compromisso de longo prazo com esse processo?".[20] A Figura 10.1 fornece algumas diretrizes adicionais sobre quando usar ou não equipes.[21]

Em primeiro lugar, as equipes devem ser usadas quando há uma razão ou propósito claros e interessantes. Muitas empresas usam equipes porque trabalhar em equipe tornou-se popular devido ao fato de as empresas assumirem que as equipes podem solucionar todos os problemas . Equipes tendem a ser bem sucedidas se elas sabem porque existem e o que se espera delas e elas tendem a falhar se elas tiverem estes conhecimentos.

Em segundo lugar, as equipes devem ser usadas quando o trabalho não pode ser feito a não ser que as pessoas trabalhem juntas. Em geral, isso significa que as equipes são necessárias quando as tarefas são complexas e requerem múltiplas perspectivas ou interação repetida com outras pessoas para que possam ser concluídas. Em razão da enorme complexidade dos carros de hoje, você poderia pensar que as empresas automobilísticas utilizam rotineiramente equipes interconectadas de projeto. Afinal, o carro típico tem 30 mil peças, 80 diferentes módulos de computador, indicadores de detecção de proximidade de outros carros para estacionamento ou ultrapassagem acima de 110 km/h e a capacidade de ajustar automaticamente o freio, o desempenho em curvas, o consumo de combustível e a aceleração. Entretanto, as montadoras não usam rotineiramente equipes interconectadas de projeto, pois a maioria dos *designers* é responsável por seções separadas ou partes do carro. Segundo Achim Badstübner, chefe de *design* exterior do **Grupo Audi**: "Tendemos a cometer o erro de ter um departamento externo, um interno e um de tecnologia, e todos sabem o que estão fazendo, mas a conexão não é tão boa". Contudo, a Audi tem uma abordagem de equipe. De acordo com Badstübner: "Penso que é muito importante trancar a equipe em uma sala, literalmente falando. Então há uma interação: você fala com o cara que faz assentos e ele lhe diz algo sobre sua perícia, e você pode pegar algo dele que o ajuda a desenvolver uma roda nova, por exemplo". Segundo Badstübner, quando se conectam equipes, "você obtém um resultado diferente porque, com esse método, é possível obter o melhor de cada cérebro. Acho que você não sobreviverá se depender de apenas um cérebro para fazer uma coisa complexa como [um projeto de] um carro".[22]

Em terceiro lugar, as equipes devem ser usadas quando recompensas podem ser fornecidas pelo trabalho das equipes e pelo seu desempenho. Recompensas que dependem do desempenho da equipe, e não de um indi-

Figura 10.1

Quando usar e não usar equipes

Devem-se usar equipes quando...

- ✓ há uma razão ou um propósito claros e interessantes.
- ✓ o trabalho não pode ser feito a menos que as pessoas trabalhem juntas.
- ✓ recompensas podem existir para o trabalho em equipe e para o desempenho da equipe.
- ✓ amplos recursos estão disponíveis.

Não se devem usar equipes quando...

- X não há uma razão ou um propósito claros e interessantes.
- X o trabalho pode ser feito por pessoas que trabalham de forma independente.
- X recompensas são fornecidas para o esforço e desempenho individual.
- X recursos necessários não estão disponíveis.

iStockphoto.com/Tunart

Fonte: R. Wageman, Critical success factors for creating superb self-managing teams, *Organizational Dynamics* 26, n. 1 (1997): 49-61.

víduo, são a chave para reconhecer os comportamentos e esforços do grupo. Mais adiante, abordaremos alguns aspectos das recompensas para a equipe, mas, por ora, é suficiente saber que, se o tipo de recompensa (individual em comparação com o da equipe) não corresponder ao tipo de desempenho (individual em comparação com o da equipe), as equipes não funcionarão.

10-2 TIPOS DE EQUIPE

Vamos continuar nossa discussão de equipes estudando os diferentes tipos de equipes que empresas tais como Google e Maytag usam para se tornar mais competitivas. Nós vamos primeiramente verificar ***10-2a como as equipes diferem em termos de autonomia, o que é a dimensão-chave que distingue uma equipe de outra****, e, depois, no item* ***10-2b alguns tipos especiais de equipe****.*

10-2a Autonomia, a dimensão-chave

Equipes podem ser classificadas como permanentes ou temporárias e funcionais ou multifuncionais. No entanto, estudos indicam que a autonomia é a principal diferença entre elas.[23] *Autonomia* é o grau em que os trabalhadores têm arbítrio, liberdade e independência para decidir como e quando realizar os trabalhos. A Figura 10.2 mostra como os cinco tipos de equipe diferem em termos de autonomia. Movendo-se da esquerda para a direita na linha de autonomia, no topo da figura, grupos tradicionais de trabalho e grupos empregados que envol-

Figura 10.2

Escala de autonomia de equipe

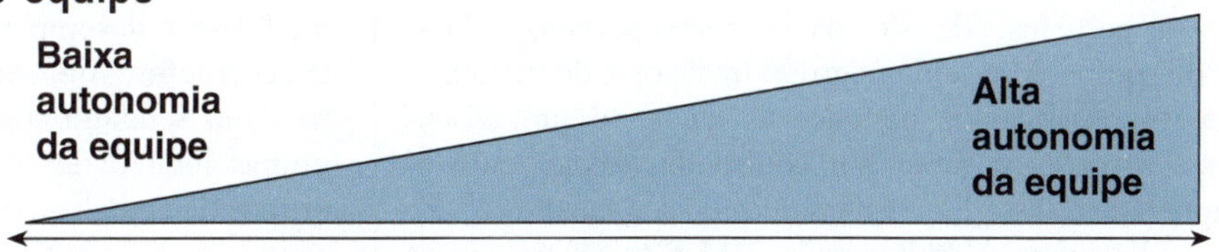

Responsabilidades	Grupos de trabalho tradicionais	Grupos de envolvimento de empregados	Grupos de trabalho semiautônomos	Equipes autogerenciadas	Equipes autodeterminadas
Controle de					
Equipe					✓
Tarefas					✓
Adesão voluntária					✓
Tarefas de produção/serviço					
Tomada de decisões				✓	✓
Resolução de problemas				✓	✓
Principais tarefas de produção/serviço					
Tomada de decisões			✓	✓	✓
Resolução de problemas			✓	✓	✓
Informação			✓	✓	✓
Fornecimento de conselhos/sugestões		✓	✓	✓	✓
Execução de tarefa	✓	✓	✓	✓	✓

Fontes: R. D. Banker; J. M. Field; R. G. Schroedere; K. K. Sinha, Impact of work teams on manufacturing performance: a longitudinal field study, *Academy of Management Journal* 39 (1996): 867-890; J. R. Hackman, The psychology of self-management in organizations, in *Psychology and work: productivity, change, and employment*, ed. M. S. Pallake; R. Perlof (Washington, DC: American Psychological Association), 85-136.

vem empregados têm menos autonomia; grupos de trabalho semiautônomos, mais autonomia; e grupos de autodeterminação, maior autonomia. Movendo-se de baixo para cima ao longo do lado esquerdo da figura, note que a quantidade de responsabilidades atribuídas a cada tipo de equipe, aumenta diretamente com a autonomia dela. Vamos rever cada um desses tipos de equipe e sua autonomia e responsabilidades em mais detalhes.

A menor autonomia é encontrada em **grupos de trabalho tradicionais**, em que duas ou mais pessoas trabalham juntas para alcançar um objetivo compartilhado. Nesses grupos, os trabalhadores são responsáveis por fazer o trabalho ou executar a tarefa, mas não têm responsabilidade direta pelo trabalho ou controle sobre ele. Os empregados se subordinam aos gestores, que são responsáveis pelo desempenho deles e têm a autoridade para contratar e demitir, fazer atribuições de tarefas e controlar os recursos. Por exemplo, suponha que um trabalhador experiente se recuse a fazer a parte do trabalho que lhe cabe dizendo: "Meu tempo acabou. Deixe os empregados mais jovens fazerem o trabalho". Em uma equipe com alta autonomia, a responsabilidade de levar esse funcionário a contribuir com sua parte justa de esforço pertenceria aos companheiros de equipe. Mas, em um grupo tradicional de trabalho, essa responsabilidade pertence ao chefe ou supervisor. Nessa situação, o supervisor confrontou calmamente o empregado e disse-lhe: "Precisamos do seu talento [e] do seu conhecimento destas máquinas. Mas, se não trabalhar, você terá que ir para outro lugar". Depois de alguns dias, o comportamento do funcionário melhorou.[24]

Equipes de envolvimento de empregados, que têm um pouco mais de autonomia, se reúnem semanal ou mensalmente na empresa, para prestar aconselhamento ou fazer sugestões à direção sobre questões específicas, como segurança das fábricas, relações com os clientes ou qualidade dos produtos.[25] Embora ofereçam conselhos e sugestões, elas não têm autoridade para tomar decisões. A adesão a essas equipes é muitas vezes voluntária, mas os integrantes podem ser selecionados com base na especialização. A ideia por trás das equipes de envolvimento de empregados é que as pessoas mais próximas ao problema ou à situação são mais capazes de recomendar soluções. Durante mais de três anos, a produção do 787 Dreamliner da Boeing foi atrasada por problemas como escassez de peças, instalação inadequada, voos de teste mal sucedidos, entre outros. Devido aos atrasos na produção, a Boeing teve que construir dez aviões por mês, acima da média típica de dois e meio. Para atingir esse objetivo agressivo, a empresa estabeleceu cerca de 200 equipes de envolvimento de empregados para analisar a forma como os 787s são montados e promover mudanças com o propósito de maximizar a eficiência. Por exemplo, uma equipe de envolvimento de empregados descobriu que os dutos instalados no avião estavam sendo danificados porque os trabalhadores chutavam os dutos e pisavam neles enquanto realizavam outras tarefas. Os dutos danificados, em seguida, tiveram que ser removidos e substituídos. A equipe recomendou que tampas temporárias fossem colocadas sobre os dutos, de modo a eliminar atrasos e custos aumentados.[26]

Grupo de trabalho tradicional grupo composto por duas ou mais pessoas que trabalham em conjunto para alcançar um objetivo compartilhado.

Equipe de envolvimento de empregados presta aconselhamento ou faz sugestões à direção sobre questões específicas.

Grupo de trabalho semiautônomo tem autoridade para tomar decisões e resolver problemas relacionados às tarefas principais de produzir um produto ou serviço.

Equipe autogerenciada gerencia e controla todas as tarefas principais relacionadas a um produto ou serviço.

Os **grupos de trabalho semiautônomos** não fornecem apenas aconselhamento e sugestões à direção, mas também têm autoridade para tomar decisões e resolver problemas relacionados com as principais tarefas necessárias para criar um produto ou serviço. Esses grupos recebem regularmente informações sobre orçamentos, qualidade e desempenho do trabalho e dos produtos dos concorrentes. Além disso, os integrantes de grupos de trabalho semiautônomos são geralmente treinados em muitas habilidades e tarefas diferentes. Em suma, os grupos de trabalho semiautônomos dão aos empregados a autoridade para tomar decisões que, em geral, são feitas por supervisores e gestores.

Contudo, essa autoridade não é completa. Embora muito reduzido em comparação com os grupos de trabalho tradicionais, os gestores ainda desempenham outro papel: dar suporte ao trabalho de grupos de trabalho semiautônomos. O papel que um gestor desempenha em uma equipe geralmente evolui ao longo do tempo. Segundo Hitchcock, presidente da Axis Performance Advantage localizada em Portland, no Oregon: "Pode começar com a ajuda para a transição das responsabilidades de resolução de problemas para a equipe, atendendo a vários pedidos da equipe e fazendo tarefas *ad hoc*". Mais tarde, a equipe pode se transformar em uma miniempresa e o ex-gestor torna-se externamente focado, uma espécie de gerente de conta para o cliente. Os gestores têm que ajustar o que fazem com base na sofisticação da equipe.[27] Muitos dos gestores de grupos de trabalho semiautônomos fazem boas perguntas, fornecem recursos e facilitam o desempenho das metas do grupo.

Equipes autogerenciadas são diferentes dos grupos de trabalho semiautônomos, na medida em que os membros da equipe gerenciam e controlam *todas* as principais tarefas *diretamente relacionadas* à criação de um produto ou serviço sem antes obter aprovação da gerência. Isso inclui gerenciar e controlar a aquisição de materiais, criar um produto ou fornecer um serviço e garantir a entrega no prazo. Na Connecticut Spring & Stamping, uma empresa de fabricação de precisão, equipes autogerenciadas determinam o cronograma principal que controla a ordem na qual as peças passam de máquinas a trabalhadores, a localização e a proximidade de máquinas e estações de trabalho, quando e quem recebe trabalho extra (e quanto) e como as equipes serão recompensadas. Por exemplo, as equipes projetaram um programa de três estágios em que a melhoria constante na entrega no prazo é necessária para receber recompensas. Todas essas decisões são tomadas sem a contribuição ou aprovação da direção.[28]

O uso de equipes autogerenciadas aumentou significativamente a produtividade em várias outras empresas: na AT&T, houve um aumento de 12% na qualidade; na FedEx, reduziram-se os erros em 13%; na 3M, constatou-se uma alta de 300% na produção, em uma de suas fábricas.[29] Das mil empresas selecionadas pela revista *Fortune*, 72% têm pelo menos uma equipe autogerenciada, participação que erade 28% em 1987.[30]

Equipes autodeterminadas têm todas as características das autogerenciadas, mas também podem controlar e alterar a formatação das próprias equipes, as tarefas que desempenham, como e quando as fazem e a adesão à equipe. A Valve a Bellevue, fabricante de *video games* de Washington, não tem gestores. Na verdade, a empresa, em seu manual de empregados, define "gestor" da seguinte maneira: "O tipo de pessoa que não temos. Então, se você vir um, informe a alguém, porque é provavelmente o fantasma de quem estava neste prédio antes de nós".[31] "Temos um fundador/presidente, mas nem mesmo ele é seu gestor. Esta empresa é sua para se dirigir rumo a oportunidades e se afastando de riscos. Você tem o poder de iniciar projetos. Você tem o poder de dar continuidade a projetos."[32] Mas o que faz a equipe da Valve se autodeterminar (e não apenas se autogerenciar) é que os integrantes controlam e mudam as próprias equipes, decidindo quem deve ser contratado, demitido, promovido e o que conseguem pagar (que é determinado pelo *ranking* de pares em relação às contribuições para projetos de equipe).[33]

10-2b Tipos especiais de equipe

As empresas também têm usado cada vez mais vários outros tipos de equipes que não podem ser facilmente categorizadas em termos de autonomia: multifuncionais, virtuais e de projeto. Dependendo de como essas equipes são projetadas, podem ser de baixa ou alta autonomia.

Equipes multifuncionais são intencionalmente compostas por empregados de diferentes áreas funcionais da organização.[34] Como seus membros têm diferentes origens funcionais, educação e experiência, as equipes multifuncionais geralmente abordam problemas de múltiplas perspectivas e geram mais ideias e soluções alternativas, todas especialmente importantes quando se tenta inovar ou resolver problemas de forma criativa.[35] Equipes multifuncionais podem ser usadas em quase qualquer lugar de uma organização e são frequentemente utilizadas em conjunto com estruturas organizacionais matriciais e por produtos (ver Capítulo 9). Equipes multifuncionais podem também ser constituídas por tempo parcial ou temporariamente ou constituídas por período integral ou por longos prazos.

Equipes virtuais são grupos de colegas de trabalho dispersos geográfica e/ou organizacionalmente que usam uma combinação de telecomunicações e tecnologias da informação para realizar uma tarefa organizacional.[36] Cada vez mais comuns, as equipes virtuais são usadas por 28% das corporações com sede nos Estados Unidos e 66% das multinacionais.[37] Os membros de equipes virtuais raramente se encontram de forma presencial. Em vez disso, usam *e-mail*, videoconferência e *software* de comunicação de grupo. Elas podem ser equipes de envolvimento de empregados, autogerenciadas ou quase qualquer tipo abordado neste capítulo. São muitas vezes (mas não necessariamente sempre) equipes temporárias configuradas para realizar uma tarefa específica.

As equipes virtuais são altamente flexíveis porque os empregados podem trabalhar uns com os outros, independentemente da localização física ou de fusos horários, mas também são muito mais complexas do que equipes presenciais quando se trata de propósito, comunicação e confiança. Muitas vezes são alvo de uma falta de compreensão sobre a finalidade da equipe e dos papéis dos integrantes dela. De acordo com Dave Davis, da RedFly Marketing, que tem gerenciado equipes virtuais há mais de uma década: "Você ficaria surpreso com a quantidade de pessoas que vão esperar até a metade de um projeto para admitir que não entenderam nada".[38] Por causa da distância e de tempos diferentes, 38% dos membros da equipe virtual citam a comunicação como seu maior desafio. A comunicação digital (*e-mail*, mensagens instantâneas, conferências virtuais) representa 63% da comunicação em equipes virtuais, mas 23% dos membros dela acham que discussões por *e-mail* prolongadas ameaçam (e não ajudam) a comunicação efetiva do projeto.[39] Portanto, é importante saber quando usar diferentes meios de comunicação. Segundo Mary Ellen Slater, gestora da **Reputation Capital**: "Na empresa, mandamos mensagens instantâneas durante todo o dia, mas há momentos em que um telefonema ou reunião pessoal é melhor. Um novo projeto ou algo que se desvie do nosso processo usual pode merecer um telefonema".[40] Finalmente, a confiança é crítica para que as equipes virtuais sejam bem-sucedidas. Para Andrea Rozman, dono da

Equipe autodeterminada
equipe com as características de equipes autogerenciadas, mas que também controla a formatação, as tarefas de trabalho e a adesão à equipe.

Equipe multifuncional
composta por empregados de diferentes áreas funcionais da organização.

Equipe virtual
composta de colegas de trabalho geográfica e/ou organizacionalmente dispersos que usam tecnologias de telecomunicações e de informação para realizar uma tarefa organizacional.

Figura 10.3
Dicas para gerenciar equipes virtuais

1. Investir em um recurso *on-line* no qual os membros podem rapidamente aprender sobre os demais.
2. Escolher alguns membros da equipe que já se conhecem.
3. Quebrar o trabalho da equipe em módulos para que o progresso em um local não seja excessivamente dependente do progresso em outro.
4. Criar um ambiente virtual em que todos elementos da equipe possam interagir, trocar ideias e inspirar mutuamente.
5. Incentivar a comunicação frequente, mas não tentar forçar encontros sociais.
6. Atribuir apenas tarefas desafiadoras e interessantes.
7. Assegurar que a tarefa é significativa para a equipe e para a empresa.
8. Ao criar uma equipe virtual, solicite voluntários, tanto quanto possível.

Fonte: L. Gratton, Working together... when apart, *Wall Street Journal*, 19 jun. 2012. Disponível em: < http://www.wsj.com/articles/SB1181658955407325559>. Acesso em: 8 maio 2015.

Your Gal Friday, uma empresa que fornece assistentes pessoais virtuais: "Você tem que dar esse salto de fé. Você tem que acreditar que, ao delegar o trabalho, ele será feito e a tempo".[41] A Figura 10.3 apresenta mais informações sobre a gestão de equipes virtuais.

Equipes de projeto são criadas para realizar projetos ou tarefas específicos em um tempo limitado.[42] São frequentemente usadas para desenvolver novos produtos, melhorar significativamente os produtos existentes, implantar novos sistemas de informação ou construir novas fábricas ou escritórios. Em geral, essa equipe é liderada por um gestor de projeto que tem a responsabilidade geral de planejar, equipar e gerenciar a equipe, que, na maior parte das vezes, inclui empregados de diferentes áreas funcionais. Equipes de projeto eficazes exigem responsabilidade coletiva.[43] Uma vantagem das equipes de projeto é que atrair empregados de diferentes áreas funcionais pode reduzir ou eliminar barreiras de comunicação. Por sua vez, desde que os membros da equipe se sintam livres para expressar ideias, pensamentos e preocupações, a comunicação livre incentiva a cooperação entre departamentos separados e, em geral, acelera o processo de projeto.[44] Outra vantagem das equipes de projeto é a flexibilidade. Quando os projetos são concluídos, os membros da equipe do projeto passam para o próximo projeto ou retornam às unidades funcionais. Por exemplo, a publicação deste livro exigia *designers*, editores, paginadores, *web designers*, entre outros. Quando a tarefa for concluída, essas pessoas aplicarão suas habilidades em outros projetos de livros didáticos. Por causa dessa flexibilidade, as equipes de projeto são frequentemente usadas em organizacionais matriciais discutidas no Capítulo 9.

Equipe de projeto criada para realizar projetos específicos ou únicos em um tempo limitado.

Normas padrões informalmente acordados que regulam o comportamento da equipe.

10-3 CARACTERÍSTICAS DA EQUIPE DE TRABALHO

"Por que nunca deixei você me falar em equipes? Elas são só problemas."[45] Muitos gestores têm essa reação depois de fazerem a mudança para as equipes. Muitos não percebem que essa reação é normal, tanto para eles como para os trabalhadores. De fato, tal reação é característica do estágio de gerenciamento de conflitos da equipe (abordado na seção 10-3e). Gestores familiarizados com essas etapas e com as outras características importantes das equipes estarão mais preparados para gerenciar as mudanças previsíveis que ocorrem quando as empresas fazem a mudança para estruturas baseadas em equipes.

Compreender as características das equipes de trabalho é essencial para torná-las uma parte eficaz de uma organização. Portanto, esta seção abordará os seguintes itens: ***10-3a normas da equipe, 10-3b coesão da equipe, 10-3c tamanho da equipe, 10-3d conflito na equipe*** *e* ***10-3e etapas de desenvolvimento da equipe***.

10-3a Normas da equipe

Ao longo do tempo, as equipes desenvolvem **normas**, ou seja, padrões informalmente acordados que regulam o comportamento da equipe.[46] Normas são valiosas porque permitem que os membros da equipe saibam o que se espera deles. Como líder da Orbis International, uma organização sem fins lucrativos na qual um jato DC-10, convertido em "Hospital Oftalmológico Voador", transporta médicos e enfermeiros voluntários para tratar doenças oculares em todo o mundo, Jilly Stephens notou um problema relacionado com pontualidade: "Quando fui pela primeira vez a campo, havia enfermeiras, engenheiros, quem quer fosse, esperando, e talvez houvesse uma pessoa que simplesmente não conseguia se levantar da cama e todo mundo ficava esperando". Então, Stephens simplesmente decidiu que haveria uma nova norma para a equipe: todos os integrantes sairiam na hora marcada: "Se alguém não chegar [no horário], o ônibus sairá e o retardatário terá que ir para o aeroporto sozinho. Se estivéssemos na Tunísia, isso significaria achar uma bicicleta e pedalar pelo deserto para chegar ao aeroporto". Segundo Stephens: "Percebemos que os comportamentos mudaram rapidamente".[47]

Estudos indicam que normas são uma das mais poderosas influências sobre o comportamento do trabalho porque regulam as ações cotidianas que permitem às equipes funcionar de forma eficaz. As normas da equipe são frequentemente associadas a resultados positivos, como um maior comprometimento organizacional, mais confiança na gestão e maior satisfação no trabalho e na organização.[48] Equipes de trabalho eficazes desenvolvem normas sobre qualidade e oportunidade do desempenho no trabalho, absenteísmo, segurança e expressão honesta de ideias e opiniões.

Segundo o cirurgião Atul Gawande, autor do livro *Checklist: como fazer as coisas benfeitas*, com seis mil medicamentos, quatro mil procedimentos médicos, médicos e enfermeiros especializados em centenas de campos da medicina, "A complexidade do que nós [na medicina moderna] temos de entregar excede nossas habilidades como especialistas em parte porque o volume de conhecimentos excedeu o que a formação pode possivelmente fornecer".[49] Assim, em suas salas de cirurgia, Gawande e suas equipes cirúrgicas usam e revisam listas de verificação para certificar-se de que cada passo pequeno mas essencial seja concluído. Antes de administrarem a anestesia, o enfermeiro e o anestesista determinam se o local da cirurgia está marcado, se a máquina de anestesia e a verificação da medicação foram concluídas, e se o paciente tem uma via aérea difícil ou está em risco de aspiração (vômito na via aérea). Da mesma forma, antes de a primeira incisão ocorrer, todos os membros da equipe serão convidados a apresentar-se e os papéis que estarão realizando, e o cirurgião será convidado a indicar onde a incisão será feita e que tipo de passos relevantes e não rotineiros serão seguidos se as coisas não correrem como planejado.[50] As revisões das listas de verificação são uma maneira poderosa de certificar-se de que todos os membros da equipe cirúrgica fazem o que devem fazer, ou seja, seguem padrões de comportamento ou normas aceitos.

Normas também podem influenciar o comportamento da equipe de maneiras negativas. Por exemplo, a maioria das pessoas concordaria que danificar a propriedade organizacional, dizer ou fazer algo para ferir alguém no trabalho, fazer seu trabalho malfeito de forma intencional, incorreta ou lenta, queixar-se de colegas de trabalho, contornar ou quebrar regras deliberadamente e fazer algo para prejudicar a empresa ou chefe são comportamentos negativos. Um estudo com trabalhadores de 34 equipes realizado em 20 organizações diferentes constatou que equipes com normas negativas influenciaram fortemente os membros a apresentar tais comportamentos negativos. Na verdade, quanto mais tempo os indivíduos eram membros de uma equipe com normas negativas e quanto mais frequentemente interagissem com seus companheiros, mais provavelmente apresentariam comportamentos negativos. Como as normas costumam se desenvolver precocemente na vida de uma equipe, tais resultados indicam a importância de as equipes estabelecerem normas positivas desde o início.[51]

10-3b Coesão da equipe

Coesão é outra característica importante das equipes de trabalho. Ela é a medida na qual os membros são atraídos por uma equipe e motivados a permanecer nela.[52] O que pode ser feito para promover a coesão da equipe? Em primeiro lugar, certificar-se de que todos os membros estejam presentes nas reuniões e atividades da equipe. A coesão é prejudicada quando os membros podem retirar-se da equipe e perder reuniões e eventos.[53] Em segundo lugar, criar oportunidades adicionais para que os colegas de equipe trabalhem juntos, reorganizando horários de trabalho e criando espaços de trabalho comuns. O Bank of America descobriu o valor das equipes coesas quando fez um estudo sobre o comportamento dos empregados. Ao implantar sensores que monitoravam a movimentação de empregados de *call centers*, a empresa constatou que os mais produtivos estavam em equipes coesas que se comunicavam com frequência. Assim, para incentivar mais interação, o Bank of America programou pausas conjuntas para todos os membros da equipe, em vez de pausas individuais. Como resultado, a produtividade dos trabalhadores aumentou 10%.[54] Quando a interdependência das tarefas é alta e os membros da equipe têm muitas chances de trabalhar juntos, a coesão da equipe tende a aumentar.[55] Em terceiro lugar, o envolvimento da equipe em atividades não profissionais pode ajudar a construir a coesão. Os Golden State Warriors da NBA fazem algo que a maioria das equipes da liga norte-americana de basquetebol não faz: eles comem juntos quando estão na estrada. De acordo com Andrew Bogut, o veterano jogador, que participou de 10 temporadas da NBA: "Saímos e comemos juntos mais do que qualquer outra equipe em que estive". Por quê? Eles gostam uns dos outros". Segundo o jogador nigeriano de basquete Festus Ezili: "Você vê isso na quadra". Na verdade, quando isso foi escrito, os Warriors foram o melhor ataque, a segunda melhor defesa e a maior assistência na liga, incluindo assistências secundárias, "o passe antes daquele que fez a cesta". Para o pivô David Lee: "Química não é algo que você pode fingir. Ou você tem ou não tem".[56] Por fim, as empresas constroem a coesão da equipe ao incentivarem os empregados a sentir parte de uma organização.

10-3c Tamanho da equipe

A relação entre o tamanho e o desempenho parece ser em forma de curva. Equipes muito pequenas ou muito grandes podem não funcionar tão bem como aquelas de tamanho moderado. Para a maioria das equipes, o tamanho certo varia de seis a nove membros.[57] Uma equipe desse tamanho é pequena o suficiente para os membros se conhecerem e para cada um ter a oportunidade de contribuir de forma significativa para o

Coesão grau em que os membros da equipe são atraídos por uma equipe e motivados a permanecer nela.

sucesso do grupo. Ao mesmo tempo, a equipe é grande o suficiente para aproveitar as diversas habilidades, conhecimentos e perspectivas de seus membros. É também mais fácil instilar um senso de responsabilidade e prestação de contas mútuas em equipes desse tamanho.[58] O tamanho da equipe também tem um impacto significativo no valor de uma empresa. Entre empresas com uma capitalização de mercado de $ 10 bilhões ou mais, aquelas que têm conselhos de administração menores superam seus pares em 8,5%, e aquelas com conselhos maiores têm um desempenho inferior ao de seus pares em quase 11%. Com apenas sete diretores, o conselho da **Netflix** conseguiu passar nove meses discutindo um potencial aumento de preços. De acordo com o diretor Jay Hoag: "Começamos em profundidade. Isso é mais fácil com um pequeno grupo". A Netflix supera seus pares do setor em 32%.[59] O conselho de administração da General Motors, no entanto, tem 14 membros. Segundo Tim Solso, presidente da empresa: "Muitas vezes, você tem pessoas dizendo a mesma coisa. Não é tão eficiente quanto um conselho menor".[60] Como a GM, a empresa farmacêutica **Eli Lilly** também tem 14 membros, e alguém próximo à empresa afirmou que seu conselho "é grande demais para incentivar os tipos de discussão que você quer [...] algumas pessoas se sentem constrangidas ao fazerem uma segunda ou terceira pergunta".[61]

Quando as equipes ficam muito grandes, os integrantes têm dificuldade em se conhecer, e a equipe pode se dividir em subgrupos menores. Quando isso ocorre, os subgrupos às vezes discutem e discordam, o que enfraquece a coesão geral da equipe. À medida que as equipes crescem, há também uma maior chance de *dominação da minoria*, em que apenas alguns membros dominam as discussões. Mesmo que a dominação da minoria não ocorra, grupos maiores podem não ter tempo para todos os membros da equipe compartilharem suas contribuições. E quando os integrantes sentem que suas contribuições são insignificantes ou desnecessárias, o resultado é menos envolvimento, esforço e responsabilidade para com a equipe.[62] Grandes equipes também enfrentam problemas logísticos, como encontrar um momento ou lugar apropriado para os integrantes se encontrarem. Finalmente, a incidência da preguiça social, abordada anteriormente neste capítulo, é muito maior em equipes grandes.

Albund/Shutterstock.com

Assim como o desempenho pode ser comprometido quando a equipe é muito grande, também pode ser afetado negativamente quando ela é muito pequena. Equipes com apenas algumas pessoas podem não ter a diversidade de habilidades e conhecimentos encontrada em equipes maiores. Além disso, equipes muito pequenas tendem a não ganhar as vantagens da tomada de decisão (múltiplas perspectivas, geração de

Smart Design/Shutterstock.com

Equipes muito pequenas ou muito grandes podem não funcionar tão bem como aquelas de tamanho moderado.

mais ideias e soluções alternativas, e um comprometimento mais forte) encontradas em equipes maiores.

Que sinais indicam que o tamanho de uma equipe precisa ser mudado? Se as decisões estão demorando muito tempo, se a equipe tem dificuldade em tomar decisões ou medidas, se alguns membros dominam a equipe ou se o comprometimento ou os esforços deles são fracos, provavelmente a equipe é muito grande. Em contrapartida, se uma equipe está tendo dificuldades em criar ideias ou gerar soluções ou se não tem os conhecimentos necessários para resolver um problema específico, é provável que ela seja muito pequena.

10-3d Conflito na equipe

Conflito e desacordo são inevitáveis na maioria das equipes. Mas isso não deve surpreender ninguém. De vez em quando, as pessoas que trabalham juntas vão discordar sobre o que fazer e como as coisas devem ser feitas. O que causa conflito em equipes? Embora quase tudo possa levar a conflitos, como observações casuais que involuntariamente ofendem um membro da equipe ou brigas por recursos escassos, a principal causa é a discordância sobre metas e prioridades da equipe.[63] Outras causas comuns de conflito na equipe incluem desacordos sobre questões relacionadas a tarefas, incompatibilidades interpessoais e simples cansaço.

Embora a maioria das pessoas veja o conflito negativamente, a chave para lidar com ele não é evitá-lo, mas ter certeza de que a equipe enfrenta o tipo certo de conflito. No Capítulo 5, estudamos dois tipos de conflito: C ou *cognitivo*, que se concentra nas diferenças de opinião

Evite ser sugado por desabafos

Um resíduo comum de conflito é o desabafo. Ele tende a ser uma reação padrão para eventos ou conflitos frustrantes. Uma resposta típica a um colega de desabafo é expressar solidariedade e reafirmar a validade do desabafo. Infelizmente, essa resposta é realmente menos útil do que dar a quem desabafa uma nova perspectiva sobre o conflito, problema ou sentimento, o que ajuda quem desabafa a trabalhar com a situação com a outra parte. Assim, a próxima vez que alguém precisar desabafar com você, em vez de confirmação, ofereça novas ideias para alcançar melhores resultados.

Fonte: L. Geller, Kristin Behfar on how we fight at work, and why it matters, *Strategy+Business*, 2 mar. 2015. Disponível em: <http://www.strategy -business.com/article/00314?pg=2>. Acesso em: 3 maio 2015.

relacionadas ao problema, e A ou *afetivo*, que se refere às reações emocionais que podem ocorrer quando os desentendimentos se tornam pessoais, e não profissionais.[64] O conflito cognitivo está fortemente associado a melhorias no desempenho da equipe, enquanto o afetivo está fortemente associado à diminuição do desempenho da equipe.[65] Por que isso acontece? Com o conflito cognitivo, os membros da equipe discordam porque suas diferentes experiências os levam a desenvolver diferentes visões e soluções para o problema. Na verdade, os gestores que participaram de equipes que enfatizavam o conflito cognitivo descreveram seus companheiros de equipe como "inteligentes", "jogadores de equipe" e "melhores do negócio". Descreveram suas equipes como "abertas", "divertidas" e "produtivas". Um gestor resumiu a atitude positiva que os membros da equipe tinham sobre o conflito cognitivo: "Gritamos muito, depois rimos e depois resolvemos o problema".[66] Assim, o conflito cognitivo também é caracterizado por uma disposição para examinar, comparar e conciliar as diferenças para produzir a melhor solução possível.

Em contraste, o conflito afetivo geralmente resulta em hostilidade, raiva, ressentimento, desconfiança, cinismo e apatia. Gestores que participaram de equipes que vivenciaram conflito afetivo descreveram seus companheiros como "manipuladores", "cheios de segredos", "esgotados" e "políticos".[67] Segundo Dana Browlee, que dirige uma empresa de treinamento corporativo em Atlanta, o derrotista é aquele que, "independentemente do que você proponha, nunca dará certo". Para Browlee, o conspirador silencioso "pode ser a pessoa quieta sentada no fundo, mas, assim que a reunião [da equipe] termina, vai para máquina de Coca-Cola planejar a queda da equipe".[68] Não é surpresa que o conflito afetivo pode fazer as pessoas se sentirem desconfortáveis e levá-las a sair e reduzir seu comprometimento em uma equipe.[69] O conflito afetivo também reduz a satisfação dos membros da equipe, pode promover a hostilidade pessoal entre colegas de trabalho e diminuir a coesão da equipe.[70] Assim, ao contrário do conflito cognitivo, o afetivo prejudica o desempenho da equipe, impedindo-a de participar dos tipos de atividades essenciais para a eficácia dela.

Então, o que os gestores podem fazer para gerenciar o conflito na equipe? Em primeiro lugar, precisam perceber que apenas enfatizar o conflito cognitivo não será suficiente. Estudos mostram que conflitos cognitivos e afetivos muitas vezes ocorrem juntos em uma determinada atividade de equipe! Tentativas sinceras de chegar a um acordo sobre uma questão difícil podem rapidamente se deteriorar do conflito cognitivo ao afetivo se a discussão se tornar pessoal e os ânimos e as emoções se exaltarem. Enquanto o conflito cognitivo é claramente a melhor abordagem a usar, esforços para criar conflito cognitivo devem ser bem gerenciados e verificados antes de se deteriorarem, fazendo com que a equipe se torne improdutiva.

Equipes podem discordar e ainda se dar bem? Felizmente, podem. Em uma tentativa para estudar essa questão, pesquisadores examinaram o conflito na equipe em 12 companhias *high-tech*. Em quatro delas, as equipes de trabalho usaram o conflito cognitivo para resolver os problemas, mas o fizeram de forma a minimizar a ocorrência de conflitos afetivos.

Existem várias maneiras pelas quais as equipes podem ter uma boa briga.[71] Em primeiro lugar, trabalhe com mais informações, em vez de menos. De acordo com um executivo sênior do setor de varejo: "Discordância é ótimo, desde que baseada em fatos".[72] Se os dados forem abundantes, objetivos e atualizados, as equipes se concentrarão em questões e não em personalidades. Em segundo lugar, desenvolva múltiplas alternativas para enriquecer o debate. Concentrar-se em soluções múltiplas difunde o conflito fazendo com que a equipe continue procurando uma solução melhor. Posições e opiniões são naturalmente mais flexíveis com cinco opções do que com apenas duas. Em terceiro lugar, estabeleça metas comuns. Lembre-se de que a maioria dos conflitos decorre de desentendimentos sobre metas e prioridades da equipe. Portanto, metas comuns incentivam a colaboração e minimizam o conflito em relação ao objetivo de uma equipe. O falecido Steve Jobs, ex-CEO da Apple, explicou isso da seguinte forma: "Tudo bem se gastarmos muito tempo discutindo sobre qual rota tomar para São Francisco, quando todo mundo quer ir para lá, mas um monte de tempo é desperdiçado em tais argumentos se uma pessoa quer ir para São Francisco e outra secretamente quer ir para San Diego".[73] Em quarto lugar, injete humor no local de trabalho. Humor alivia a tensão, constrói a coesão e torna o trabalho em equipe divertido. Em quinto lugar, mantenha um equilíbrio de poder envolvendo o maior número possível de pessoas no processo de decisão. E, sexto, resolva as questões sem forçar um consenso, que significa que todos devem concordar antes que as decisões sejam finalizadas. Efetivamente, exigir consenso dá poder de veto a todos na equipe. Nada é feito até que todos concordem, o que, é claro, é quase impossível. Como resultado, insistir no consenso costuma promover conflitos afetivos e não cognitivos. Se os membros da equipe não podem concordar depois de discutirem construtivamente suas opções, é melhor que o líder da equipe faça a escolha final. A maioria dos membros pode aceitar a escolha do líder da equipe se eles estiverem completamente envolvidos no processo de decisão.

Figura 10.4

Estágios do desenvolvimento da equipe

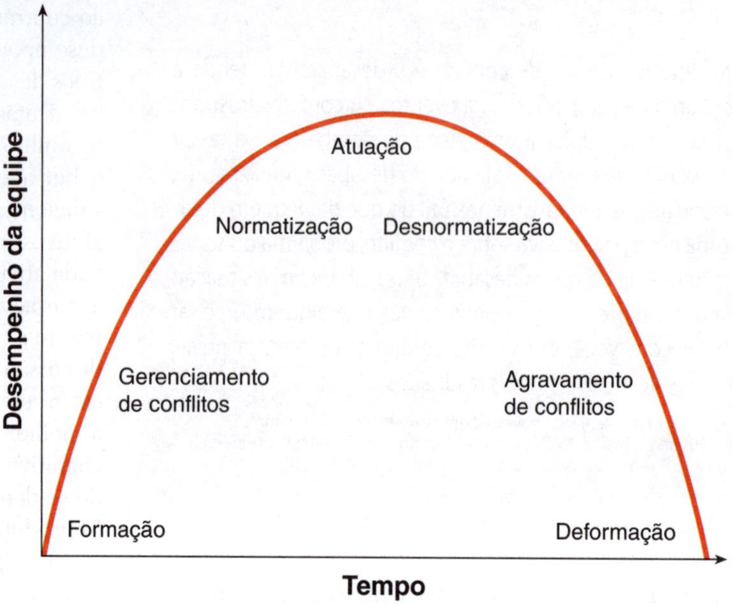

Fontes: J. F. McGrew; J. G. Bilotta; J. M. Deeney, Software team formation and decay: extending the standard model for small groups, *Small Group Research* 30, n. 2 (1999): 209-234; B. W. Tuckman, Development sequence in small groups, *Psychological Bulletin* 63, n. 6 (1965): 384-399.

10-3e Estágios do desenvolvimento da equipe

À medida que as equipes se desenvolvem e crescem, passam por quatro estágios. Conforme mostrado na Figura 10.4, esses estágios são formação, agitação, normatização e atuação.[74] Embora nem todas as equipes passem por cada um desses estágios, as que passam tendem a ter melhor desempenho.[75] Isso vale mesmo para equipes compostas por executivos experientes. No entanto, depois de um tempo, se uma equipe não é bem gerenciada, seu desempenho pode começar a se deteriorar à medida que ela começa um processo de declínio e progride para os estágios de desnormatização, agravamento de conflitos e deformação.[76]

Formação primeiro estágio do desenvolvimento da equipe, no qual os membros se encontram, formam impressões iniciais e começam a estabelecer as normas.

Gerenciamento de conflitos segundo estágio de desenvolvimento, caracterizado por conflito e discordância, em que os membros da equipe discordam sobre o que ela deve ou não fazer.

Normatização terceiro estágio do desenvolvimento da equipe, no qual os membros começam a identificar claramente que papéis excercerão, a coesão do grupo cresce e as normas se desenvolvem.

Formação é a fase inicial do desenvolvimento da equipe. Esse é o estágio em que os membros se encontram, se conhecem, formam impressões iniciais e tentam obter uma noção de como será fazer parte da equipe. Algumas das primeiras normas serão estabelecidas durante esse estágio, quando os membros começarem a descobrir que comportamentos serão aceitáveis e inaceitáveis pela equipe. Durante essa fase, os líderes devem dar tempo para que os membros se conheçam, estabeleçam regras iniciais e comecem a montar uma estrutura de equipe preliminar.

Conflitos e discordâncias muitas vezes caracterizam o segundo estágio do desenvolvimento da equipe: **gerenciamento de conflitos**. À medida que os membros da equipe começam a trabalhar juntos, diferentes personalidades e estilos de trabalho podem entrar em conflito. Nesse estágio, os membros da equipe se tornam mais assertivos e mais dispostos a opinar. Essa também é a fase em que os integrantes buscam estabelecer posições e um papel favorável para si na equipe. Além disso, é provável que eles discordem sobre o que o grupo deve fazer e como deve fazer. O desempenho da equipe ainda é relativamente baixo, uma vez que a coesão da equipe é fraca e seus membros ainda estão relutantes em apoiar uns aos outros. Como as equipes que ficam presas na fase de agitação são quase sempre ineficazes, é importante que os líderes concentrem a equipe nas metas e na melhoria do desempenho. Os membros da equipe precisam ser particularmente pacientes e tolerantes uns com os outros nesse estágio.

Durante a **normatização**, o terceiro estágio do desenvolvimento da equipe, os membros começam a se consolidar em seus papéis dentro do grupo. Normas de equipe positivas serão desenvolvidas nesse estágio, e os companheiros devem saber o que esperar uns dos outros. Pequenas diferenças devem ter sido resolvidas, amizades terão se desenvolvido e a coesão do grupo será relativamente forte. Nesse ponto, os membros terão aceitado as metas da equipe, estarão operando como uma unidade e, conforme indicado pelo aumento de desempenho, estarão trabalhando juntos de forma eficaz. Esse estágio pode ser muito curto e muitas vezes é caracterizado por alguém na equipe dizendo: "Acho que as coisas estão finalmente se acertando". No entanto, note que as equipes também podem ir e vir entre o gerenciamento de conflitos e a normatização várias vezes antes de finalmente se consolidarem na normatização.

No último estágio de desenvolvimento, **atuação**, o desempenho melhora porque a equipe finalmente amadureceu e se transformou em uma equipe eficaz e totalmente funcional. Nesse ponto, os membros devem estar totalmente comprometidos com a equipe e devem pensar em si mesmos como membros de uma equipe e não apenas como empregados. Os membros frequentemente se tornam intensamente leais entre si nesse estágio e sentem a responsabilidade mútua por sucessos e fracassos da equipe. Diferenças triviais, que podem tomar tempo e desviar energia do trabalho da equipe, devem ser raras. Nesse estágio, as equipes têm muito trabalho feito e é divertido ser um membro da equipe.

Contudo, a equipe não deve se tornar complacente. Sem uma gestão eficaz, o desempenho dela pode começar a diminuir à medida que passa pelos estágios de **desnormatização**, **agravamento de conflitos** e **deformação**.[77] De acordo com John Puckett, vice-presidente de produção do fabricante de placas de circuito XEL Communications: "Todos os livros dizem que você começa nesse estado de caos e caminha por essas várias etapas, e acaba nesse estado de autodireção final, em que tudo está indo muito bem. Eles nunca dizem que ele pode regredir, às vezes muito rapidamente".[78]

Para motivar equipes de forma eficaz:
1. Equipes devem ter um alto grau de autonomia.
2. Equipes devem ter o poder de controlar os recursos.
3. Equipes precisam de acomodação estrutural.
4. Equipes precisam de imunidade burocrática.
iStockphoto.com/RoscoPhoto

10-4 INTENSIFICAÇÃO DA EFICÁCIA DA EQUIPE DE TRABALHO

Fazer as equipes trabalharem é um processo desafiador e difícil. No entanto, as empresas poderão aumentar a probabilidade de sucesso das equipes se souberem gerenciar cuidadosamente os seguintes aspectos: ***10-4a definição de metas da equipe e de prioridades*** *e* ***10-4b como os membros da equipe de trabalho serão selecionados, 10-4c treinados*** *e* ***10-4d recompensados.***[79]

10-4a Definição de metas da equipe e de prioridades

No Capítulo 5, você aprendeu que ter metas específicas, mensuráveis, atingíveis, realistas e definidas no tempo (S.M.A.R.T.) é um dos meios mais eficazes para melhorar o desempenho individual do trabalho. Felizmente, os objetivos da equipe também melhoram o desempenho dela. De fato, definir objetivos da equipe levam a um desempenho muito melhor da equipe em 93% das vezes.[80]

Por que a definição de metas *específicas* é tão importante para o sucesso da equipe? Uma razão é que aumentar o desempenho de uma equipe é inerentemente mais complexo do que aumentar apenas o desempenho de um indivíduo no trabalho. Por exemplo, considere que qualquer equipe provavelmente envolverá pelo menos quatro tipos diferentes de objetivo: objetivo que cada membro da equipe define para a equipe, objetivo individual

Atuação quarto e último estágio do desenvolvimento, no qual o desempenho melhora porque a equipe amadureceu se transformando em uma equipe eficaz, em pleno funcionamento.

Desnormatização inversão do estágio de normatização, no qual o desempenho da equipe começa a diminuir conforme o tamanho, o escopo, a meta ou os membros mudam.

Agravamento de conflitos inversão do estágio de gerenciamento de conflitos, no qual o nível de conforto da equipe diminui, sua coesão enfraquece e as emoções e os conflitos rancorosos podem aumentar.

Deformação inversão do estágio de formação, no qual os membros se posicionam para controlar partes da equipe, evitar-se mutuamente e isolar-se dos líderes.

de cada membro da equipe, objetivo da equipe para cada membro da equipe e objetivo da equipe para si própria.[81] Em outras palavras, sem um objetivo específico para a equipe em si (o último dos quatro objetivos listados), os membros podem dirigir-se em todas as direções ao mesmo tempo buscando atingir esses outros objetivos. Consequentemente, a definição de um objetivo específico *para a equipe* esclarece suas prioridades, fornecendo foco e objetivo claros.

Objetivos de equipe *desafiadores* afetam o esforço com que os membros trabalham. Em particular, eles reduzem muito a incidência de preguiça social. Quando confrontados com metas difíceis, necessariamente esperam que todos contribuam. Consequentemente, tendem muito mais a perceber e reclamar se um colega de equipe não está fazendo a parte que lhe cabe. De fato, quando os companheiros de equipe se conhecem bem, os objetivos são específicos, a comunicação é boa e as equipes são recompensadas por seu desempenho (aspecto discutido mais adiante nesta seção), há apenas uma chance de um total 16 de que os companheiros de equipe sejam preguiçosos sociais.[82]

O que as empresas e as equipes podem fazer para garantir que os objetivos da equipe levem a um melhor desempenho dela? Uma abordagem cada vez mais usada é esticar metas. *Metas esticadas* são objetivos extremamente ambiciosos que os trabalhadores não sabem como alcançar.[83] A GM, a maior empresa automobilística do mundo, entrou em falência em 2009. Apenas seis anos depois, a GM estabeleceu como objetivo ser "a empresa automotiva mais valiosa do mundo". Qual é o tamanho desse objetivo? Enorme. O valor da GM (ou seja, a capitalização de mercado) quando este livro foi escrito era de $ 44 bilhões, o sexto entre as nove montadoras de automóveis do mundo e bem atrás da líder de mercado Toyota, com uma capitalização de mercado de $ 181 bilhões. Assim, a GM terá que mais do que triplicar o preço das ações em relação à Toyota para alcançar esse objetivo. Segundo Jim Cain, porta-voz da GM: "É uma maneira de fazer as pessoas se concentrarem em algumas questões. Não temos margens de lucro competitivas. Se pudermos obter margens de lucro [competitivas], isso elevará o preço das ações". E como a GM fará isso? Não está claro.[84]

Quatro coisas devem ocorrer para que metas esticadas, de fato, motivem as equipes.[85] Primeiro, as equipes devem ter um alto grau de autonomia ou controle sobre como alcançar seus objetivos. Segundo, elas devem ser capacitadas com controle de recursos, como orçamentos, espaços de trabalho, computadores ou qualquer outra coisa de que precisam para fazer seu trabalho. Terceiro, as equipes precisam de **acomodação estrutural**, que significa dar-lhes a capacidade de mudar estruturas, políticas e práticas organizacionais se isso as ajudar a atingir as metas esticadas. Finalmente, as equipes precisam de **imunidade burocrática**, ou seja, não precisam mais passar pelo frustrante e lento processo de revisões e assinaturas de vários níveis para obter aprovação da direção antes de fazerem mudanças. Uma vez concedida a imunidade burocrática, as equipes são imunes à influência de vários grupos organizacionais e são responsáveis apenas perante a alta direção. As equipes de pesquisa no Google X, laboratório de pesquisa do Google, trabalham em "foguetes para a Lua", o que significa projetos difíceis de realizar como carros autodirigidos e o Google Glass, óculos que exibem *e-mail* e podem gravar vídeos e fotos. As equipes do Google X trabalham em dois prédios a menos de um quilômetro do *campus* principal do Google para separá-los e liberá-los de seu principal negócio. Com a imunidade burocrática, as equipes podem agir rapidamente, e até mesmo fazer experiências, com pouco medo do fracasso. De acordo com Richard DeVaul, que chefia as equipes de Avaliação Rápida e Cozinha de Design: "O Google X está conscientemente procurando coisas que o Google normalmente não faria. Eles constroem a plataforma de foguete longe da fábrica de ferramentas de forma que, se o foguete explodir, esperamos não interromper os negócios principais".[86]

Acomodação estrutural capacidade de mudar as estruturas, políticas e práticas organizacionais para atingir metas esticadas.

Imunidade burocrática capacidade de fazer mudanças sem antes obter aprovação de gestores ou outras partes de uma organização.

10-4b Seleção de pessoas para o trabalho em equipe

De acordo com Edward Lawler, professor de administração da Universidade do Sul da Califórnia: "As pessoas são muito ingênuas sobre a facilidade de criar uma equipe.

Edhar/Shutterstock.com

Ter muitas pessoas querendo ser estrelas em sua equipe pode resultar em questões de coordenação quando a equipe se desenvolve e enfrenta desafios de desempenho.

Equipes são as Ferraris do projeto do trabalho. São de alto desempenho, mas de alta manutenção e caras".[87] É quase impossível ter uma equipe de trabalho eficaz sem selecionar cuidadosamente pessoas adequadas para o trabalho em equipe ou para trabalhar em uma equipe específica. O foco na equipe de trabalho (individualismo-coletivismo), no nível e na diversidade da equipe pode ajudar as empresas a escolher os membros certos para a equipe.[88]

Você está mais confortável trabalhando sozinho ou com outras pessoas? Se você prefere trabalhar sozinho, você pode não se dar bem no trabalho em equipe. Estudos mostram que a satisfação no trabalho é maior nas equipes quando os membros preferem trabalhar com outras pessoas.[89] Uma forma indireta de medir a *preferência de alguém pelo trabalho em equipe* é avaliar o grau de individualismo ou coletivismo da pessoa. **Individualismo-coletivismo** é o grau em que um indivíduo acredita que as pessoas devem ser autossuficientes e que a lealdade a si mesmo é mais importante do que a lealdade à sua equipe ou empresa.[90] Os *individualistas*, que colocam seu próprio bem-estar e interesses em primeiro lugar, geralmente preferem tarefas independentes em que trabalham sozinhos. Em contraste, os *coletivistas*, que colocam os interesses do grupo ou da equipe acima dos interesses próprios, geralmente preferem tarefas interdependentes nas quais trabalham com outros. Os coletivistas também preferem cooperar a competir e têm medo de decepcionar os membros da equipe ou de ser excluídos delas. Dadas essas diferenças, faz sentido selecionar membros da equipe coletivistas e não individualistas. De fato, muitas empresas usam o individualismo-coletivismo como uma forma de triagem inicial para os membros da equipe. Porém, se a diversidade da equipe é desejada, os individualistas também podem ser desejados, conforme discutido a seguir. Para determinar sua preferência pelo trabalho em equipe, leia o "Inventário do jogador de equipe" mostrado na Figura 10.5.

Nível da equipe é o nível médio de habilidade, experiência, personalidade ou qualquer outro fator em uma equipe. Por exemplo, um alto nível de experiência da equipe significa que ela tem membros particularmente experientes. Isso não significa que cada membro da equipe tem uma experiência considerável, mas que membros suficientes tenham experiência para aumentar significativamente o nível médio de

Individualismo-coletivismo grau no qual um indivíduo acredita que as pessoas devem ser autossuficientes e que a lealdade a si mesmo é mais importante do que a lealdade à equipe ou empresa.

Nível da equipe nível médio de habilidade, experiência, personalidade ou qualquer outro fator em uma equipe.

Figura 10.5

Inventário do jogador de equipe

		Discordo totalmente				Concordo totalmente
1.	Gosto de trabalhar em projetos de equipe/grupo.	1	2	3	4	5
2.	Projetos de equipe/grupo de trabalho facilmente permitem que outros não trabalhem.	1	2	3	4	5
3.	Trabalho feito em equipe/grupo é melhor do que feito individualmente.	1	2	3	4	5
4.	Faço melhor o meu trabalho sozinho do que em equipe/grupo.	1	2	3	4	5
5.	O trabalho em equipe/grupo é superestimado em termos dos resultados reais produzidos.	1	2	3	4	5
6.	Trabalhar em equipe/grupo me faz pensar de forma mais criativa.	1	2	3	4	5
7.	Equipes/grupos são usados com demasiada frequência quando o trabalho individual seria mais eficiente.	1	2	3	4	5
8.	Meu próprio trabalho é melhorado quando estou numa situação de equipe/grupo.	1	2	3	4	5
9.	Minhas experiências trabalhando em equipe/grupo foram, em princípio, negativas.	1	2	3	4	5
10.	Mais soluções/ideias são geradas quando se trabalha em equipe/grupo do que quando se trabalha sozinho.	1	2	3	4	5

Inverta a pontuação dos itens 2, 4, 5, 7 e 9. Em seguida, adicione as pontuações para os itens de 1 a 10. Pontuações totais mais altas indicam uma preferência para o trabalho em equipe, enquanto mais baixas indicam uma preferência para o trabalho individual.

Fonte: T. J. B. Kline, The team player inventory: reliability and validity of a measure of predisposition toward organizational team-working environments, *Journal for Specialists in Group Work* 24, n. 1 (1999): 102-112.

experiência na equipe. O nível da equipe é usado para orientar a seleção de companheiros de equipe quando ela precisa de um determinado conjunto de habilidades ou capacidades para fazer bem o seu trabalho. Por exemplo, a SAP, uma empresa de *software* alemã, tem se esforçado para oferecer soluções baseadas na nuvem e espera replicar a abordagem de equipe à inovação pioneira do Xerox Parc da década de 1970. Então, a empresa contratou Alan Kay, um renomado tecnólogo que era cientista da computação no Xerox Parc, para construir uma equipe similar de alto nível. Até agora, Kay recrutou 20 tecnólogos polímatas, financiou os projetos de pesquisa e, em seguida, deu-lhes a independência para trabalharem sozinhos de modo que pudessem atingir os interesses de pesquisa.[91] (Um polímata é alguém que é um gênio em mais de um campo). Kay entende os riscos de ter tantas "estrelas". Com base em sua pesquisa sobre as equipes da NBA, o professor de administração Adam Galinsky afirma: "Se você tem muitas pessoas [em equipes], e todos querem ser estrelas, a coordenação [da equipe] vai ser ruim. Mas, se você tem um grupo de programadores estrelas trabalhando em seus próprios projetos e eles não precisam integrar seus programas entre si, então, quanto mais estrelas melhor".[92]

Considerando que o nível da equipe representa o nível ou a capacidade média dela, a **equipe diversificada** representa as variações ou diferenças em capacidade, experiência, personalidade ou qualquer outro fator em uma equipe.[93] De uma perspectiva prática, por que a diversidade na equipe é importante? Segundo Andy Zynga, CEO da NineSigma International, uma empresa de consultoria em inovação: "Tecnólogos, engenheiros e projetistas possuem não apenas experiência, mas também uma maneira própria de aplicar os conhecimentos. Ironicamente, quanto mais sucesso tiverem com a abordagem para uma solução, mais difícil será imaginar uma diferente".[94] A diversidade garante que equipes fortes não tenham apenas membros talentosos (isto é, um alto nível de equipe), mas também com diferentes habilidades, experiências e personalidades para identificar e resolver problemas.

Depois que a equipe correta foi criada em termos de individualismo-coletivismo, nível da equipe e diversidade na equipe, é importante mantê-la unida, enquanto for praticamente possível. Uma interessante pesquisa da National Transportation Safety Board mostra que 73% dos erros graves cometidos por tripulações de *cockpit* de jatos ocorrem no primeiro dia em que uma tripulação trabalha em equipe e que 44% dos erros graves ocorrem na primeira noite juntos (pilotos fazem de dois a três voos por dia). Além disso, a pesquisa aponta que equipes de pilotos cansadas que trabalharam juntas antes cometem significativamente menos erros do que as tripulações descansadas que nunca trabalharam juntas.[95] A experiência de equipes de pilotos que trabalham em parceria as ajuda a superar a fadiga e melhorar o desempenho do que novas equipes que não trabalharam juntas antes. Então, depois de criar equipes eficazes, mantenha-as juntas o maior tempo possível.

Equipe diversificada variações ou diferenças de habilidade, experiência, personalidade ou qualquer outro fator em uma equipe.

Acertos e erros na socialização

Procurando uma maneira de aproximar os membros de sua equipe? Não pode haver nada melhor do que um evento social. Pode ser um jantar em uma noite de sexta-feira ou um final de semana em Niagara Falls, um evento social é uma ótima maneira de desenvolver coesão e habilidades interpessoais em uma equipe. No entanto, certas situações devem ser evitadas. Por exemplo, você pode não querer ir a um bar se um membro da equipe é um alcoólatra em recuperação. Você pode não querer agendar um evento muito tarde da noite ou muito longe, se alguns membros têm crianças em casa. Então, faça a coisa certa, certifique-se de conhecer os membros de sua equipe e suas circunstâncias únicas para que você possa planejar atividades de que todos possam participar e apreciar.

Fonte: 7 ways to socialize with your employees (without getting in trouble), Inc., 11 ago. 2010. Disponível em: <http://www.inc.com/guides/2010/08/7-ways-to-socialize-with-your-employees.html>. Acesso em: 19 ago. 2010.

10-4c Treinamento da equipe

Depois de selecionar as pessoas certas para o trabalho em equipe, você precisa treiná-las. Para ter sucesso, as equipes precisam de treinamento significativo, particularmente em habilidades interpessoais, tomada de decisões e habilidades de resolução de problemas, habilidades de resolução de conflitos e capacitação técnica. As organizações que criam equipes de trabalho *muitas vezes subestimam a intensidade de treinamento* necessária para tornar as equipes eficazes. Esse erro ocorre com frequência em organizações bem-sucedidas onde os gestores assumem que, se os empregados podem trabalhar de forma eficaz por conta própria, podem também trabalhar eficazmente em equipes. Na realidade, as empresas que usam equipes com sucesso oferecem milhares de horas de treinamento para garantir que elas tenham um bom desempenho. Segundo Stacy Myers, um consultor que ajuda as empresas a implementar equipes: "Quando ajudamos as empresas a usar equipes, também exigimos que os empregados tenham aulas básicas de qualidade e conhecimentos de negócios. As equipes devem saber como o trabalho delas afeta a empresa e como o sucesso será medido".[96]

Olavs/Shutterstock.com

Mais comumente, os membros das equipes de trabalho recebem treinamento em **habilidades interpessoais** como ouvir, comunicar, questionar e *fornecer* feedback que permitem às pessoas ter relações de trabalho eficazes com os demais. De acordo com o consultor Peter Grazier, fundador da Teambuilding Inc.: "As equipes nos disseram que, se tivessem que fazer isso de novo, valorizariam mais habilidades pessoais. Elas não brigam com as coisas técnicas".[97] Por causa da autonomia e responsabilidade das equipes, muitas empresas também dão aos membros da equipe treinamento em *habilidades de tomada de decisão e de resolução de problemas* para ajudá-los a fazer um melhor trabalho de cortar custos e melhorar a qualidade e o serviço aos clientes. Muitas organizações também ensinam *habilidades de resolução de conflitos*. Grazier explica que "a diversidade de valores e personalidades torna uma equipe poderosa, mas pode ser a maior fonte de conflito. Se você é uma pessoa detalhista, e eu não sou, e estamos em uma equipe, você pode dizer que precisamos de mais análise sobre um problema antes de tomar uma decisão, [enquanto eu] posso querer tomar uma decisão [imediatamente]. Mas, se eu for treinado em solução de problemas e resolução de conflitos, vejo o seu detalhe (foco) como algo necessário em uma equipe, porque é uma deficiência minha".[98] Taine Moufarrige, diretor executivo da Servcorp, uma empresa global que hospeda escritórios virtuais e com serviços para aproximadamente 12 mil clientes, concorda com Grazier: "Não se trata apenas de desentendimentos, mas também de resolver os problemas e gerenciar as diferenças de opinião, e isso é vital para avançar".[99]

As empresas também devem fornecer aos membros da equipe *capacitação* técnica necessária para fazer o trabalho, especialmente se estão sendo treinados para realizar todas as diferentes tarefas da equipe. Antes que as equipes fossem criadas no Milwaukee Mutual Insurance, os empregados realizavam separadamente as tarefas de avaliação, subscrição e processamento de apólices de seguro. No entanto, após um extenso treinamento cruzado, cada membro da equipe agora pode fazer todas as três tarefas.[100] Treinamento cruzado é menos apropriado para equipes de trabalhadores altamente qualificados. Por exemplo, é improvável que um grupo de engenheiros, programadores de computador e analistas de sistemas seja treinado para o trabalho de cada um.

Os líderes de equipe também precisam de treinamento, já que muitas vezes se sentem despreparados para as novas funções. Novos líderes de equipe enfrentam uma miríade de problemas que vão desde a confusão sobre a nova função (em comparação com seus antigos cargos como gestores ou empregados) até o desconhecimento de onde buscar ajuda quando suas equipes têm dificuldades. A solução é treinamento extensivo. Em geral, o treinamento da equipe funciona? Um estudo recente realizado com 2.650 equipes de diferentes organizações sobre uma variedade de configurações, tarefas e tipos de equipe apontou que o treinamento está positivamente relacionado aos resultados de desempenho do grupo.[101]

10-4d Remuneração e recompensa à equipe

Recompensar equipes corretamente é muito difícil. Por exemplo, uma pesquisa descobriu que apenas 37% das empresas estavam satisfeitas com seus planos de remuneração da equipe e apenas 10% relataram como sendo "muito positivos".[102] Um dos problemas, de acordo com Susan Mohrman, do Centro de Organizações Eficazes da Universidade do Sul da Califórnia, é que "há um conjunto muito forte de crenças na maioria das organizações de que as pessoas devem ser remuneradas pela qualidade do que fazem. Assim, quando colocadas em organizações baseadas em equipes, as pessoas realmente se recusam a ser remuneradas pela qualidade do trabalho da equipe. Parece ilógico para elas. Parece que a individualidade e o senso de autoestima delas estão sendo ameaçados".[103] Consequentemente, as empresas precisam escolher cuidadosamente um plano de recompensa da equipe e depois explicar minuciosamente como elas serão recompensadas. Um requisito básico para a recompensa da equipe funcionar é que o nível de recompensa (individual e da equipe) deve corresponder ao nível de desempenho (individual e da equipe).

Os empregados podem ser recompensados pela participação e pelas realizações na equipe de

Habilidades interpessoais referem-se a habilidades como ouvir, comunicar, questionar e fornecer *feedback* que permitem às pessoas ter relações de trabalho eficazes com os demais.

três maneiras: remuneração baseada em habilidades, ganhos compartilhados e recompensas não financeiras. Os programas de **remuneração baseada em habilidades** pagam aos empregados para que aprendam habilidades ou conhecimentos adicionais.[104] Tais programas incentivam os empregados a adquirir as habilidades adicionais de que necessitarão para realizar várias tarefas dentro de uma equipe e compartilhar conhecimentos com outros em seus grupos de trabalho.[105] Por exemplo, a fábrica de brocas Patience & Nicholson (P&N) localizada em Kaiapoi, na Nova Zelândia, produz 50 mil brocas por dia para exportação para Austrália, Taiwan, Tailândia e outros locais, principalmente na Ásia. A P&N utiliza um sistema de remuneração baseado em competências. À medida que os empregados aprendem a operar as várias máquinas necessárias para produzir brocas, os salários aumentam. De acordo com o gerente de operações Rick Smith, os trabalhadores que se dedicam à aprendizagem podem aumentar seu salário em seis dólares por hora, ao longo de três ou quatro anos.[106]

Nos programas de **ganhos compartilhados**, as empresas partilham o valor financeiro dos ganhos de desempenho, como aumentos de produtividade, redução de custos ou melhorias de qualidade, com seus trabalhadores.[107] *Recompensas não financeiras* é outra forma de recompensar as equipes pelo desempenho. Tais recompensas, que podem variar de férias a camisetas, placas e canecas de café, são especialmente eficazes quando associadas ao reconhecimento da direção, como prêmios, certificados e elogios.[108] Prêmios não financeiros tendem a ser mais eficazes quando equipes ou intervenções feitas por equipes, como gestão da qualidade total (ver Capítulo 18), são introduzidas pela primeira vez.[109]

Que plano de recompensa à equipe sua empresa deve usar? Em geral, a remuneração baseada em habilidades é mais eficaz para equipes autogerenciadas e de autodeterminadas que executam tarefas complexas. Nessas situações, quanto mais cada membro da equipe sabe e pode fazer, melhor a equipe se desempenha como um todo. Em contrapartida, ganhos compartilhados funcionam melhor em ambientes relativamente estáveis, onde os empregados podem se concentrar em melhorar a produtividade, a redução de custos ou a melhoria de qualidade.

Remuneração baseada em habilidades sistema de recompensa que paga aos empregados para aprender habilidades ou conhecimentos adicionais.

Ganhos compartilhados sistema de recompensa no qual as empresas compartilham o valor financeiro dos ganhos de desempenho, como aumento de produtividade, redução de custos ou qualidade, com seus trabalhadores.

10

FERRAMENTA DE ESTUDO

Leia o cartão de revisão do capítulo e reveja o conteúdo.

11 Gerenciando sistemas de recursos humanos

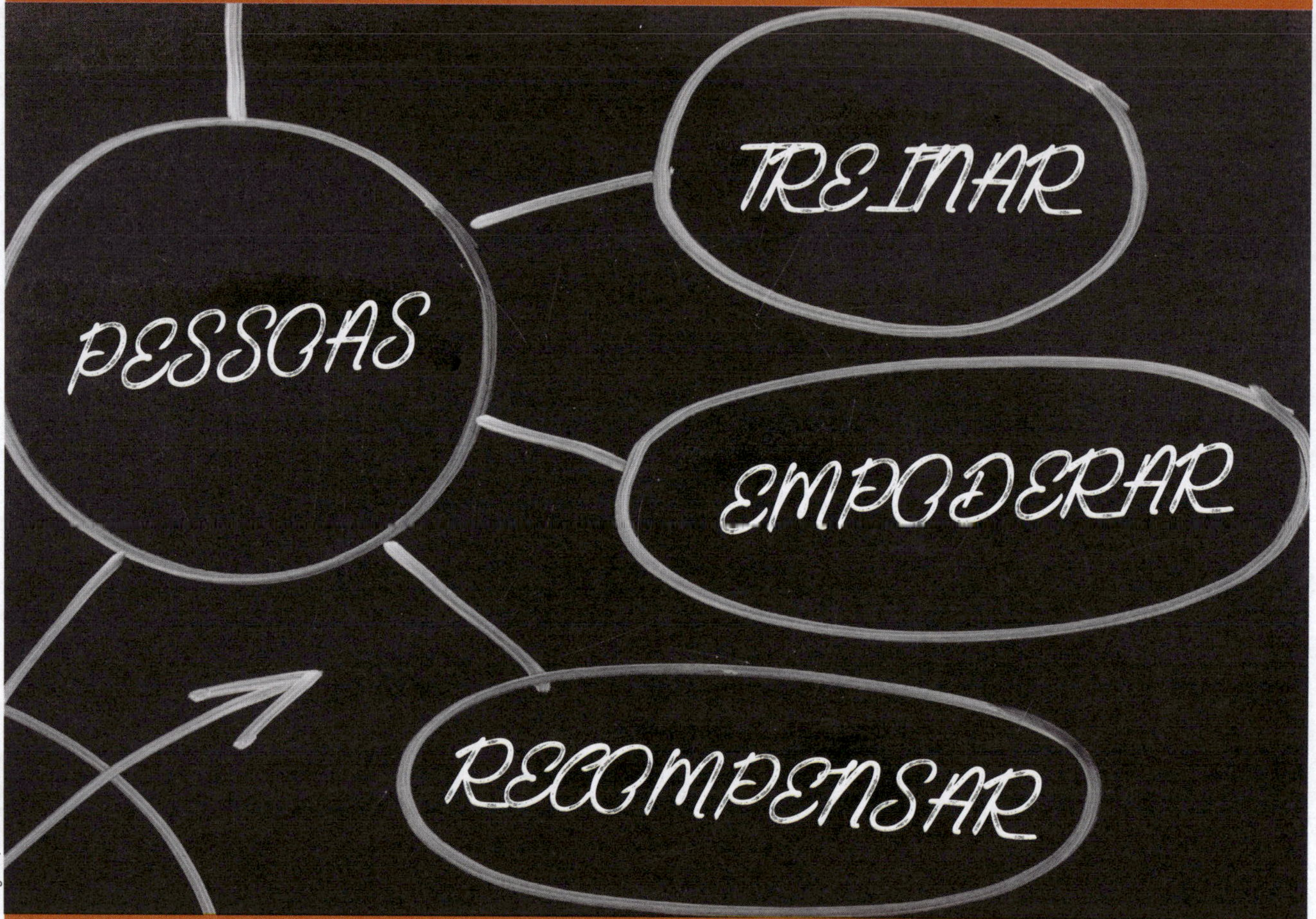

Thinglass/Shutterstock.com

RESULTADOS DE APRENDIZAGEM

11-1 Explicar como diferentes leis trabalhistas afetam a prática de recursos humanos.

11-2 Explicar como as empresas usam o recrutamento para encontrar candidatos qualificados.

11-3 Descrever técnicas e procedimentos de seleção que as empresas usam para decidir quais candidatos devem receber ofertas de trabalho.

11-4 Descrever como determinar as necessidades de treinamento e escolher os métodos apropriados.

11-5 Discutir como usar a avaliação de desempenho para dar *feedback* de desempenho significativo.

11-6 Descrever estratégias básicas de remuneração e discutir os quatro tipos de desligamento de empregados.

11-1 LEGISLAÇÃO TRABALHISTA

A **gestão de recursos humanos (GRH)** – ou o processo de encontrar, desenvolver e manter as pessoas certas para formar uma força de trabalho qualificada – é uma das mais difíceis e importantes de todas as tarefas de gestão. Este capítulo é organizado em torno das três partes do processo de GRH mostrado na Figura 11.1, ou seja, atrair, desenvolver e manter uma força de trabalho qualificada.

Inicialmente, este capítulo descreve as etapas do processo de GRH. Exploramos como as empresas usam técnicas de recrutamento e seleção para atrair e contratar empregados qualificados para atender às necessidades de recursos humanos. Em seguida, discute como treinamento e avaliação de desempenho podem desenvolver conhecimento, capacidades e habilidades da força de trabalho. Por fim, apresenta uma revisão de remuneração e desligamento de empregados, ou seja, como as empresas podem manter seus melhores trabalhadores por meio de práticas de remuneração eficazes e como podem gerenciar o processo de demissão quando os empregados deixam a organização.

Antes de explorar como os sistemas de recursos humanos funcionam, você precisa entender melhor o complexo ambiente jurídico em que eles existem. Então vamos começar o capítulo revendo as leis federais norte-americanas que governam as decisões de GRH.

A DSI Security Services, que contrata e fornece guardas de segurança para organizações, gasta centenas de horas a cada ano entrevistando candidatos com antecedentes criminais impedidos por leis em 23 Estados norte-americanos de trabalhar como guardas de segurança. "Isso desafia o senso comum", afirma o COO e conselheiro geral Eddie Sorrels.[1] Então, por que a DSI entrevista candidatos com histórias criminais que não podem contratar? Como a Comissão de Igualdade de Oportunidades de Emprego dos Estados Unidos (Equal Employment Opportunity Commission – Eeoc) aconselha que, embora seja apropriado realizar verificações de antecedentes no processo de contratação, os candidatos não devem ser questionados sobre registros criminais nos formulários de solicitação. Com os homens afro-americanos tendo seis vezes mais probabilidades de serem presos do que os brancos e três vezes mais do que os hispânicos, a Eeoc e 13 Estados estão preocupados com o fato de que perguntar sobre registros criminais no início do processo de contratação poderia levar à discriminação racial.[2] De acordo com ReNika Moore, da NAACP: "As pessoas que estão tentando trabalhar, tentando ser cidadãos produtivos, estão sendo bloqueadas de oportunidades de empregos".[3] Conforme discutido mais adiante neste capítulo, as empresas usam verificações de antecedentes para fornecer ambientes seguros para empregados e clientes e para evitar processos de contratação negligentes pelos quais podem ser responsabilizadas por ações prejudiciais cometidas por um empregado. Então, o que os empregadores devem fazer? Segundo Scott Fallavollita, dono da United Tool & Machine localizada em Wilmington, em Massachusetts: "Acho que a maioria das pessoas pode ver os dois lados e realmente querer fazer a coisa certa".[4]

Figura 11.1

O processo de gestão de recursos humanos

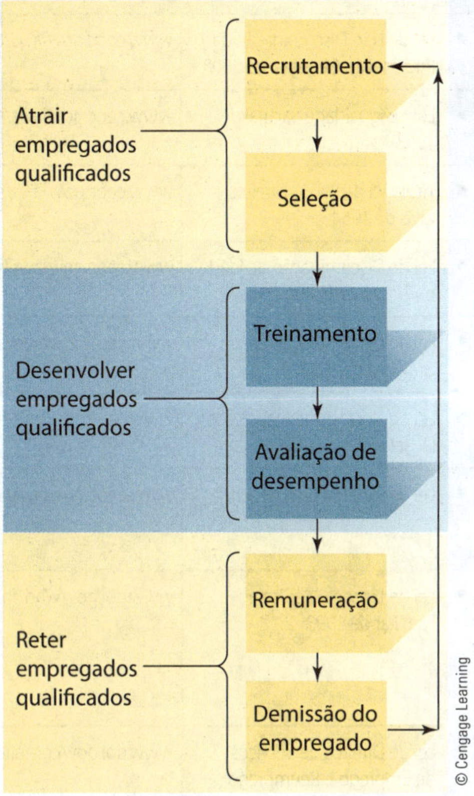

Como ilustra o exemplo da DSI Security Services, o processo de planejamento de recursos humanos ocorre em um ambiente legal muito complicado.

Vamos analisar a legislação trabalhista revendo ***11-1a as principais leis trabalhistas federais que afetam a prática de recursos humanos, 11-1b como o conceito de impacto adverso está relacionado à discriminação no trabalho*** *e* ***11-1c as leis sobre assédio sexual no local de trabalho.***

11-1a Leis trabalhistas federais

A Figura 11.2 lista as principais leis federais americanas de emprego e os respectivos *sites*, onde

Gestão de recursos humanos (GRH) processo de encontrar, desenvolver e reter as pessoas certas para formar uma força de trabalho qualificada.

Figura 11.2

Resumo das principais leis trabalhistas federais*

▪ Lei de Não Discriminação da Informação Genética de 2008	www.eeoc.gov/laws/types/genetic.cfm	Proíbe a discriminação com base na informação genética.
▪ Lei de Igualdade Salarial de 1963	www.eeoc.gov/laws/statutes/epa.cfm	Proíbe salários desiguais para homens e mulheres que fazem trabalhos substancialmente semelhantes.
▪ Título VII da Lei de Direitos Civis de 1964	www.eeoc.gov/laws/statutes/titlevii.cfm	Proíbe discriminação no emprego com base em raça, cor, religião, gênero ou origem nacional.
▪ Lei de Discriminação de Idade no Trabalho de 1967	www.eeoc.gov/laws/statutes/adea.cfm	Proíbe discriminação em decisões de emprego contra pessoas com idade igual ou superior a 40 anos.
▪ Lei de Discriminação da Gravidez de 1978	www.eeoc.gov/laws/statutes/pregnancy.cfm	Proíbe a discriminação no emprego contra mulheres grávidas.
▪ Lei de Norte-Americanos com Deficiências de 1990	www.eeoc.gov/laws/statutes/ada.cfm	Proíbe a discriminação com base em deficiências físicas ou mentais.
▪ Lei de Direitos Civis de 1991	www.eeoc.gov/laws/statutes/cra-1991.cfm	Reforçou as disposições da Lei de Direitos Civis de 1964, prevendo julgamentos com júri e indenização.
▪ Lei de Licença Médica e Familiar de 1993	www.dol.gov/whd/fmla/index.htm	Permite que os trabalhadores tirem até 12 semanas de licença sem vencimentos para gravidez e/ou nascimento, adoção ou acolhimento de uma criança nova, doença de um familiar imediato ou licença médica pessoal.
▪ Lei de Direitos de Serviços de Emprego e Reemprego Uniformizados de 1994	www.dol.gov/compliance/laws/comp-userra.htm	Proíbe discriminação contra aqueles que servem na reserva das Forças Armadas, na Guarda Nacional ou em outros serviços uniformizados. Garante que os empregadores civis irão realizar e, em seguida, restaurar empregos civis e benefícios para aqueles que tenham completado serviço uniformizado.

você pode encontrar informações mais detalhadas. Com exceção da Lei de Licença Familiar e Médica e a dos Direitos de Serviços de Emprego e Reemprego Uniformizados, administradas pelo Departamento do Trabalho (www.dol.gov), todas essas leis são administradas pela Eeoc (www.eeoc.gov). O efeito geral desse corpo de leis, que ainda está evoluindo por meio de decisões judiciais, é que os empregadores não podem discriminar, nas decisões de emprego, com base em sexo, idade, religião, cor, origem nacional, raça, deficiência ou história genética.[5] A intenção é tornar esses fatores irrelevantes nas decisões de emprego. Dito de outra forma, as decisões de emprego devem ser baseadas em fatores "relacionados ao trabalho", "razoavelmente necessários" ou em uma "necessidade de negócios" para o desempenho de trabalho bem-sucedido. O único momento em que sexo, idade, religião e afins podem ser usados para tomar decisões de emprego é quando são considerados uma boa qualificação profissional. O Título VII da Lei de Direitos Civis de 1964 diz que é legal contratar e empregar alguém com base em sexo, religião ou origem nacional quando há uma **qualificação profissional de boa-fé** (*bona fide occupational qualification* – BFOQ) "razoavelmente necessária para o funcionamento normal de um negócio particular".

> **Qualificação profissional de boa-fé** uma exceção na legislação trabalhista que permite que sexo, idade, religião e outras características sejam usados para se tomar decisões de emprego, mas somente se forem "razoavelmente necessários para o funcionamento normal dessa empresa em particular". As BFOQs são rigorosamente monitoradas pela Eeoc.

* Neste quadro estão relacionadas as principais leis norte-americanas que tratam de assuntos específicos da relação da empresa com seus empregados. No Brasil não existem leis específicas como estas, pois existe a Consolidação das Leis Trabalhistas (CLT), em que estão agrupadas todas as leis que tratam dessa relação. (N.R.T.)

Uma igreja batista que contrata um novo ministro pode razoavelmente especificar que ser batista, em vez de católico ou presbiteriano, é uma BFOQ para a posição. No entanto, é improvável que a igreja possa especificar raça ou origem nacional como uma BFOQ. Em geral, tribunais e a Eeoc analisam seriamente quando uma empresa alega que sexo, idade, religião, cor, origem nacional, raça ou deficiência é uma BFOQ. Por exemplo, citando o risco de abuso sexual e má conduta, a **Delegacia de Polícia de São Francisco** proibiu os guardas de prisão masculinos de supervisionar mulheres internas. Dezenas de deputados entraram com uma ação alegando que o sexo não era uma BFOQ para um guarda de prisão, e os tribunais concordaram, afirmando que as verificações de antecedentes e testes psicológicos poderiam eliminar candidatos com tendências a apresentar má conduta.[6]

No entanto, é importante entender que tais leis se aplicam a todo o processo de GRH e não apenas às decisões de seleção (por exemplo, contratação ou promoção). Essas leis também abrangem todas as atividades de treinamento e desenvolvimento, avaliações de desempenho, rescisões e decisões de remuneração. Empregadores que usam sexo, idade, raça ou religião para tomar decisões relacionadas ao emprego quando esses fatores não estão relacionados com a capacidade de um candidato ou empregado de realizar um trabalho podem enfrentar acusações de discriminação em ações do empregado ou pela Eeoc.

Além das leis apresentadas na Figura 11.2, existem dois outros conjuntos importantes de leis federais: leis trabalhistas e leis e regulamentos que regem a segurança. As leis trabalhistas regulam a interação entre a empresa e os sindicatos que representam grupos de empregados. Elas garantem aos empregados o direito de formar sindicatos e a eles se filiarem. Para obter mais informações sobre leis trabalhistas, consulte a National Labor Relations Board em www.nlrb.gov.

A Lei de Segurança e Saúde Ocupacional (Occupational Safety and Health Act – Osha) exige que os empregadores forneçam aos empregados um local de trabalho "livre de perigos reconhecidos que causem ou tendam a causar morte ou danos físicos graves". Essa lei é administrada pela Occupational Safety and Health Administration (que, assim como a lei, é chamada de Osha). Ela estabelece normas de segurança e saúde para os empregadores e realiza inspeções para determinar se essas normas estão sendo cumpridas. Os empregadores que não cumprem os padrões da Osha podem ser multados.[7] Mesmo que o trabalho com animais silvestres tenha riscos inerentes, a Osha descobriu que o **Sea World** não tinha procedimentos adequados para proteger empregados e supervisores das baleias assassinas, enquanto andavam em cima delas ou nadavam com os animais. Construir pavimentos de piscinas de rápido acesso e sistemas de ar de emergência para proteger os instrutores não impediu a morte de um instrutor em um parque de Orlando, de modo que a Osha multou a empresa em $ 25.770.

Para obter mais informações sobre a Osha, consulte www.osha.gov.

11-1b Impacto adverso e discriminação no trabalho

A Eeoc tem responsabilidades de investigação, execução e informação. Portanto, investiga acusações de discriminação, reforça as leis de discriminação no trabalho em tribunais federais e publica diretrizes que as organizações podem usar para garantir que estão em conformidade com a lei. Uma das diretrizes mais importantes, emitidas conjuntamente pela Eeoc, pelo Departamento de Trabalho norte-americano, pelo Departamento de Justiça dos Estados Unidos e pelo Escritório Federal de Gestão de Pessoas, é o *Guia uniforme sobre procedimentos de seleção de empregados*, que pode ser lido na sua totalidade em www.uniformguidelines.com/uniformguidelines.html.

Essas diretrizes definem dois critérios importantes, tratamento diferenciado e impacto adverso, usados para determinar se as empresas têm se envolvido em práticas discriminatórias de contratação e promoção.

Tratamento desigual, ou seja, discriminação *intencional*, ocorre quando as pessoas,

Alexmillos/Shutterstock.com

Tratamento desigual discriminação intencional que ocorre quando as pessoas propositadamente não recebem as mesmas oportunidades de contratação, promoção ou adesão por causa de raça, cor, sexo, idade, grupo étnico, origem nacional ou crenças religiosas.

apesar de qualificadas, *intencionalmente* não têm as mesmas oportunidades de contratação, promoção ou adesão como outros empregados por causa de raça, cor, idade, sexo, etnia, nacionalidade ou crenças religiosas.[8] Bobby Nickel, ex-gerente de instalações da Staples, varejista de suprimentos de escritório, recebeu indenização de 26 milhões de dólares por um júri que julgou a empresa culpada de assediá-lo moralmente chamando-o de "galo velho" e "cabra velha" e demiti-lo porque ele era um empregado mais velho com salário mais alto.[9]

Impacto adverso discriminação não intencional que ocorre quando os membros de uma determinada raça, sexo ou grupo étnico são acidentalmente prejudicados ou desfavorecidos porque são contratados, promovidos ou treinados (ou qualquer outra decisão de emprego) a taxas substancialmente mais baixas do que outros.

Regra dos quatro quintos (ou 80%) utilizada pelos tribunais e pela Eeoc para determinar se há evidência de impacto adverso. Uma violação dessa regra ocorre quando a razão de impacto (calculada dividindo a porcentagem de decisão para um grupo protegido pela de um grupo não protegido) é inferior a 80%, ou quatro quintos.

Assédio sexual forma de discriminação em que ocorrem avanços sexuais indesejados, pedidos de favores sexuais ou outras condutas verbais ou físicas de natureza sexual durante o desempenho do trabalho.

Assédio sexual com contrapartida forma de assédio sexual em que os resultados de trabalho, como contratação, promoção ou simplesmente manutenção do emprego, dependem de um indivíduo se submeter ao assédio sexual.

Ambiente de trabalho hostil forma de assédio sexual em que comportamento indesejado e sexualmente degradante cria um ambiente de trabalho intimidante e ofensivo.

Legalmente, um elemento-chave das ações de discriminação é estabelecer o motivo, o que significa que o empregador tinha a intenção de discriminar. Se nenhum motivo pode ser estabelecido, então uma reivindicação de tratamento desigual pode realmente ser um caso de **impacto adverso**, ou seja, discriminação *não intencional* que ocorre quando membros de uma determinada raça, sexo ou grupo étnico são *acidentalmente* prejudicados ou desfavorecidos porque são contratados, promovidos ou treinados (ou qualquer outra decisão de emprego) a taxas substancialmente mais baixas do que outras. Os tribunais e as agências federais usam a **regra dos quatro quintos (ou 80%)** para determinar se o impacto adverso ocorreu. O impacto adverso é determinado pelo cálculo da porcentagem de impacto, que divide a taxa de decisão para um grupo protegido de pessoas pela de um grupo não protegido (geralmente homens brancos). Se a porcentagem de impacto for inferior a 80%, pode ter ocorrido um impacto adverso. Por exemplo, se forem contratados 20 em cada 100 candidatos negros (20/100 = 20%), mas 60 candidatos brancos são contratados (60/100 = 60%), então ocorreu impacto adverso porque a porcentagem de impacto é menor que 80% (0,20/ 0,60 = 33%).

Porém, a infração da regra dos quatro quintos não é uma indicação automática de discriminação. Se um empregador puder demonstrar que um procedimento de seleção ou teste é válido, significando que o teste prediz com precisão o desempenho no trabalho ou que está relacionado ao trabalho porque avalia os candidatos sobre tarefas específicas realmente adotadas no trabalho, então a organização poderá continuar a usar o teste. Contudo, se a validade não pode ser estabelecida, uma infração da regra dos quatro quintos pode provavelmente resultar em uma ação movida por empregados, candidatos a emprego ou pela própria Eeoc.

11-1c Assédio sexual

Segundo a Eeoc, **assédio sexual** é uma forma de discriminação em que ocorrem avanços sexuais indesejados, pedidos de favores sexuais ou outra conduta verbal ou física de natureza sexual. Do ponto de vista jurídico, existem dois tipos de assédio sexual: contrapartida e ambiente de trabalho hostil.[10]

Assédio sexual com contrapartida ocorre quando resultados de trabalho, como contratação, promoção ou simplesmente manutenção do emprego, dependem de um indivíduo se submeter a ser sexualmente assediado. Por exemplo, em uma ação de assédio sexual contra a First Student, uma empresa que fornece transporte de ônibus escolar, quatro mulheres alegaram que um supervisor fez comentários explícitos sobre seus corpos e o que ele queria fazer com eles. Ele também teria tocado os seios de uma trabalhadora, expôs-se e depois se esfregou nela. Quando os avanços sexuais foram recusados, o supervisor puniu as mulheres reduzindo as horas de trabalho, enquanto prometia mais horas para outras mulheres se elas fizessem o que ele pedia. Isso fez com que fosse um caso de contrapartida ligando atos sexuais a resultados econômicos.[11]

Um **ambiente de trabalho hostil** ocorre quando o comportamento sexual indesejado e degradante cria um ambiente de trabalho intimidador, hostil e ofensivo. Em contraste com os casos de contrapartida, um ambiente de trabalho hostil pode não resultar em prejuízo econômico. No entanto, pode levar a lesões psicológicas quando o ambiente de trabalho se torna estressante. Um júri do tribunal federal declarou o Hospital Mercy General de Sacramento, na Califórnia, culpado por criar um ambiente de trabalho sexualmente hostil para Ani Chopourian, uma médica assistente de cirurgia cardíaca. Chopourian recebeu $ 125 milhões de indenização, $ 3,5 milhões por salários e benefícios perdidos, e $ 39 milhões por angústia mental. Chopourian foi frequentemente submetida a toques e conversas sexuais na sala de cirurgia. De acordo com a médica: "Um assediador me disse um dia: 'Você vai ceder'. Eu olhava para ele [e dizia]: 'Nunca vou ceder'. Olhava para meu supervisor e dizia: 'Faça alguma coisa'. Eles apenas riam".[12] Ela foi demitida depois de apresentar 18 queixas em dois anos. O Mercy General está apelando da decisão.

Finalmente, o que as empresas devem fazer para garantir que as leis de assédio sexual sejam seguidas e não infringidas?[13] Primeiro, reagir imediatamente quando o assédio sexual é relatado. Uma resposta rápida encoraja as vítimas de assédio sexual a denunciar problemas à direção e não aos advogados ou à Eeoc. Além disso, uma investigação rápida e justa pode servir como um impedimento para assédio futuro. Segundo um advogado da Eeoc: "Pior do que não ter nenhuma política de assédio sexual é ter uma política que não é seguida. É apenas de fachada. Você termina com o moral destruído quando as pessoas que se aproximam são ignoradas, ridicularizadas, retaliadas ou nada acontece com o assediador".[14]

Em seguida, a empresa deve investir em tempo para escrever uma política de assédio sexual clara, compreensível e firmemente formulada, dar exemplos específicos do que constitui assédio sexual, enunciar sanções e punições, e divulgá-las amplamente. Isso permite que potenciais assediadores e vítimas saibam o que não será tolerado e como a empresa irá lidar com o assédio se ele ocorrer.

A empresa deve ainda estabelecer procedimentos claros de denúncias que indiquem como, onde e para quem incidentes de assédio sexual podem ser denunciados. Melhores procedimentos garantem que uma denúncia receberá uma resposta rápida, que partes imparciais irão lidar com ela e que a privacidade de acusado e acusador será protegida. Na DuPont, Avon e Texas Industries, os empregados podem ligar para uma linha direta permanente 24 horas por dia, 365 dias por ano.[15]

Por fim, os gestores também devem estar cientes de que a maioria dos Estados americanos e muitas cidades ou governos locais têm suas próprias leis e agências de execução relacionadas ao trabalho. Assim, conformidade com a legislação federal muitas vezes não é suficiente. Na verdade, as organizações podem estar em total conformidade com a lei federal e, ao mesmo tempo, infringir leis estaduais ou locais de assédio sexual.

11-2 RECRUTAMENTO

De acordo com Gail Hyland-Savage, CEO da empresa imobiliária e de *marketing* Michaelson, Connor & Boul: "Recrutamento é absolutamente crítico para o sucesso de cada empresa. Para que possam ser competitivas na economia atual, as empresas precisam das melhores pessoas para criar ideias e executá-las. Sem uma força de trabalho competente e talentosa, as organizações vão estagnar e, eventualmente, perecer. Empregados certos são os recursos mais importantes das empresas atuais".[16]

Recrutamento é o processo de desenvolvimento de um grupo de candidatos qualificados.

Vamos examinar ***11-2a o que é análise de cargo e como é usada no recrutamento, 11-2b como as empresas usam recrutamento interno*** *e* ***11-2c recrutamento externo para encontrar candidatos qualificados.***

11-2a Análise de cargo e recrutamento

A **análise de cargo** é um "processo intencional e sistemático para a coleta de informações sobre os aspectos importantes relacionados ao trabalho de um cargo".[17] Geralmente, uma análise de cargo coleta quatro tipos de informação:

- Atividades de trabalho, como o que os trabalhadores fazem e como, quando e por que o fazem.
- Ferramentas e equipamentos utilizados para a execução do trabalho.
- Contexto no qual o trabalho é executado, como condições reais de trabalho ou programação.
- Requisitos de pessoal para realizar o trabalho, ou seja, conhecimentos, capacidades e habilidades necessárias para fazer bem um trabalho.[18]

Informações sobre a análise de cargo podem ser obtidas por meio de entrevistas com os titulares de cargos e/ou supervisores que completem questionários sobre seus cargos, por observação direta ou por filmagens de empregados executando seus trabalhos.

Descrições e especificações de cargo são dois dos resultados mais importantes de uma análise de cargo. Uma **descrição de cargo** é uma descrição por escrito das tarefas básicas, dos deveres e das responsabilidades exigidos de um empregado que ocupa um determinado cargo. **Especificações de cargo**, geralmente incluídas como uma seção separada de uma descrição de cargo, são um resumo das qualificações necessárias para executar o trabalho com êxito. A Figura 11.3 mostra uma descrição de cargo para um bombeiro na cidade de Portland, no Oregon.

Como uma análise de cargo especifica o que um cargo envolve, bem como os conhecimentos,

Recrutamento processo de desenvolvimento de um grupo de candidatos qualificados.

Análise de cargo processo sistemático e intencional para coletar informações sobre os aspectos importantes relacionados ao trabalho de um cargo.

Descrição de cargo descrição escrita das tarefas básicas, dos deveres e das responsabilidades requeridos de um empregado que ocupa um cargo determinado

Especificações de cargo resumo escrito das qualificações necessárias para realizar com êxito um determinado trabalho.

Figura 11.3

Descrição do cargo de um bombeiro da cidade de Portland, no Oregon

Sim, como um bombeiro, você vai combater incêndios e fornecer serviços médicos de emergência para sua comunidade. Mas não termina aí: sua carreira de combate a incêndios lhe dará a oportunidade de expandir suas habilidades para incluir Atuação Contra Materiais Perigosos, Equipes de Resgate de Especialidade (mergulho, salvamento com corda, espaço contido etc.), Cuidados Paramédicos, Educação Pública e Informação, Investigação de Incêndio e Cumprimento do Código de Incêndio.

Trabalho em equipe

Bombeiros profissionais trabalham em equipe, em cenas de emergência. O dia de trabalho também inclui treinamento, manutenção de equipamentos e do quartel, atividades de prevenção contra incêndio e educação pública. Como um bombeiro, você deve estar em excelente condição física para atender às demandas do trabalho. Isso significa que você deve trabalhar rapidamente, manipular equipamentos pesados por longos períodos de tempo e usar uma proteção especial em ambientes quentes e perigosos. Se você pode enfrentar o desafio do trabalho árduo e gosta da ideia de ajudar as pessoas, considere a candidatura para a posição de bombeiro.

Horário de trabalho

Os bombeiros da Fire & Rescue de Portland trabalham um turno de 24 por 48 horas. Isso significa que os bombeiros chegam para trabalhar às 8 horas do dia de seu turno e continuam trabalhando até as 8 horas do dia seguinte. Nossos bombeiros têm então os dois dias seguintes (48 horas) de folga. Os bombeiros são obrigados a trabalhar nos feriados e finais de semana. A Fire & Rescue também tem bombeiros de 40 horas por semana que trabalham em Treinamento, Inspeções/Investigações, Educação Pública, Logística e Gerenciamento de Emergências. Em geral, essas posições são preenchidas depois que um bombeiro cumpriu os requisitos mínimos para elas.

Fonte: Portland Fire and Rescue. Disponível em: < http://www.portlandonline.com/fire/index.cfm?a=haea&c=cgbil>. Acesso em: 13 ago. 2008.

iStockphoto.com/Kendall Griffin

as capacidades e habilidades necessários para fazer bem o trabalho, as empresas devem concluir uma análise de cargo antes de começarem a recrutar candidatos. Análises, descrições e especificações de cargo são a base sobre a qual todas as atividades críticas de recursos humanos são construídas. Elas são usadas durante o recrutamento e a seleção para estabelecer correspondência entre as as qualificações do candidato e os requisitos do trabalho. O Reddit, um *site* de consolidação de notícias em que os leitores votam em histórias e discussões mais importantes, queria contratar um novo programador, mas não pretendia realizar uma triagem entre milhares de candidatos que não tivessem habilidades de codificação, mas achavam que seria legal trabalhar para o *site*. Assim, a empresa usou a descrição de cargo como um teste para certificar-se de que só receberia candidaturas de programadores altamente qualificados. Estas deveriam ser enviadas para S@reddit.com, com "S" representando um verdadeiro endereço de *e-mail* que os candidatos tinham de descobrir resolvendo uma série de problemas e equações. Se você não conseguisse entender, não poderia enviar sua candidatura ao emprego. Esse quebra-cabeça ajudou o Reddit a adequar as qualificações dos candidatos às exigências do trabalho.[19]

Descrições de cargo também são usadas em todo o processo de recrutamento para garantir que os dispositivos de seleção e as decisões baseadas neles estejam relacionados ao cargo. Por exemplo, as perguntas feitas em uma entrevista devem ser baseadas nas atividades de trabalho mais importantes identificadas por uma análise de cargo. Da mesma forma, durante as avaliações de desempenho, os empregados devem ser avaliados em áreas que uma análise de cargo identificou como mais importante em um cargo.

Análises, descrições e especificações de cargo também ajudam as empresas a cumprir a exigência legal de que suas decisões de recursos humanos estejam *relacionadas ao cargo*. Para tal, recrutamento, seleção, treinamento, avaliações de desempenho e demissões de empregados devem ser válidos e estar diretamente relacionados com aspectos importantes do cargo, conforme identificado por uma análise de cargo cuidadosa. De fato, no acórdão *Griggs v. Duke Power Co.* e *Albemarle Paper Co. v. Moody*, o Supremo Tribunal dos Estados Unidos afirmou que as empresas deveriam utilizar análises de cargo para ajudar a estabelecer a relação laboral de seus procedimentos de recursos humanos.[20] As *Orientações uniformes de procedimentos de seleção de empregados* da Eeoc também recomendam que as empresas baseiem seus procedimentos de recursos humanos na análise de cargo.

11-2b Recrutamento interno

Recrutamento interno é o processo de formação de um grupo de candidatos qualificados ao cargo composto por pessoas que já trabalham na empresa. O recrutamento interno, às vezes chamado de "promoção interna", melhora o comprometimento, o moral e a motivação dos empregados. O recrutamento de empregados atuais também reduz o tempo e os custos iniciais do recrutamento, e como os empregados já estão familiarizados com a cultura e os procedimentos da empresa, eles tendem a ter êxito em novos cargos. O Crédit Suisse estava abrindo internamente menos de metade de seus cargos até que descobriu que aqueles que ganhavam um novo cargo dentro da empresa tendiam a permanecer no longo prazo. Então, agora coloca 80% de suas ofertas internamente, até mesmo chamando os empregados para avisá-los quando os cargos são abertos. Isso resultou em promoções para 300 pessoas. De acordo com William Wolf, diretor global de aquisição e desenvolvimento de talentos do banco: "Acreditamos que evitamos que alguns deles aceitem empregos em outros bancos".[21] A divulgação de cargo e dos planos de carreira são dois métodos de recrutamento interno.

Divulgação de cargo é um procedimento para anunciar oportunidades de trabalho dentro da empresa para os empregados existentes. Geralmente, descrição de cargo e requisitos são publicados em um quadro de avisos, um boletim informativo da empresa ou um banco de cargos interno informatizado acessível apenas para os empregados. A oferta de cargo ajuda as organizações a descobrir talentos ocultos, permite que os empregados assumam a responsabilidade pelo planejamento de carreira e facilita o processo de retenção de trabalhadores talentosos insatisfeitos em seus cargos atuais que, de outra forma, deixariam a empresa.[22] Na verdade, uma pesquisa do LinkedIn realizada com trabalhadores que mudaram de cargo descobriu que 42% teriam ficado com seus antigos empregadores se uma posição relevante estivesse disponível.[23] Segundo Parker Barrile, vice-presidente do LinkedIn, é frequente o caso de as "pessoas deixarem o cargo, não a empresa".[24]

A Booz Allen Hamilton, uma empresa de consultoria internacional, usa uma plataforma interna de recrutamento chamada Inside First, que lista as oportunidades de cargos e perfis de empregados atuais, indicando habilidades, experiência, línguas faladas e disponibilidade para mudar de local de moradia. Atualmente, 30% de suas posições são preenchidas por meio de recrutamento interno graças ao Inside First, em comparação com os anteriores 10%.[25]

Tkemot/Shutterstock

Um estudo realizado com 70 grandes empresas globais descobriu que as organizações que formalizam recrutamento interno e oferta de cargo têm uma taxa média de rotatividade (11%) mais baixa do que as que não o fazem (15%).[26] Contratações geralmente são mais caras e menos confiáveis. Especificamente, contratações por recrutamento externo custa entre 18% e 20% a mais do que o interno, há uma probabilidade de 61% de as pessoas não serem efetivadas e, em geral, 21% abandonam os empregos.[27]

Um *plano de carreira* é uma sequência planejada de cargos ao longo da qual os empregados podem avançar dentro de uma organização. De acordo com Brian Hoyt, da RetailMeNot, uma empresa de cupons *on-line* de Austin, no Texas: "Os trabalhadores diziam: 'Não basta trabalhar em uma companhia de internet divertida' [...] eles queriam saber aonde sua carreira estava indo".[28] Assim, a empresa renovou seu sistema de recrutamento interno, acrescentando a cada cargo uma lista detalhada de responsabilidades, competências e habilidades necessários. Garrett Bircher, um gerente de produto associado, afirmou que, quando foi contratado, a empresa carecia de uma abordagem coerente: "Agora que existe um plano de carreira, sinto-me mais seguro. Vislumbro à frente quatro postos de trabalho onde quero estar e sei o que é preciso fazer para chegar lá".[29]

Planos de carreira ajudam os empregados a se concentrar em metas e desenvolvimento de longo prazo, além de ajudar as empresas a aumentar a retenção de empregados. Como você pode ver no caso de Garrett Bircher, os planos de carreira também podem ajudar os empregados a obter uma ampla gama de experiência, o que é especialmente útil em níveis mais elevados de gestão.

11-2c Recrutamento externo

Recrutamento externo é o processo de formação de um grupo de candidatos qualificados de fora da empresa. O Walmart vai garantir um cargo ao longo dos próximos cinco anos para qualquer veterano de guerra que se candidate dentro de 12 meses após ser honrosamente dispensado do serviço militar.

A empresa estima que contratará 100 mil veteranos durante esse tempo. De acordo com William Simon, CEO e presidente do Walmart nos Estados Unidos: "Vamos ser claros: contratar um veterano pode ser uma das melhores decisões que qualquer um de nós pode tomar. Eles são líderes com disciplina, treinamento e uma paixão pelo serviço". O foco nos veteranos, de fora da

Recrutamento interno processo de formação de um grupo de candidatos qualificados a partir de pessoas que já trabalham na empresa.

Recrutamento externo processo de formação de um grupo de candidatos qualificados de fora da empresa.

Niloo/Shutterstock.com

O Walmart estima que contratará 100 mil veteranos durante os próximos cinco anos.

empresa, é uma parte sensível da estratégia de recrutamento do Walmart em todas as partes da empresa.[30]

Os métodos de recrutamento externo incluem propaganda (jornais, revistas, mala direta, rádio ou televisão), referências de empregados (pedir aos atuais empregados que indiquem candidatos), candidatura espontânea (pessoas que se candidatam por conta própria), organizações externas (universidades, escolas técnicas/de comércio, sociedades profissionais), serviços de emprego (agências de emprego estatais ou privadas, agências de ajuda temporária e empresas de busca profissional), eventos especiais (conferências de carreira ou feiras de emprego), *sites* de emprego na internet (CareerBuilder.com e Monster.com) e redes sociais (LinkedIn e Facebook), bem como portais de carreira em *sites* da empresa. Qual método de recrutamento externo você deve usar? Historicamente, estudos mostram que referências de empregados, candidaturas espontâneas, propagandas e agências de emprego estatal tendem a ser usadas com mais frequência para empregados de escritório/administrativos e de produção/serviço. Em contrapartida, propagandas e recrutamento universitário/técnico são utilizados com mais frequência para profissionais/técnicos. Ao recrutarem gestores, as organizações tendem a confiar mais fortemente em propagandas, referências de empregados e empresas de recrutamento.[31]

Recentemente, os *sites* de mídia social e os quadros de emprego específicos da indústria vêm ganhando força em comparação aos quadros de empregos generalistas e jornais. A plataforma de busca de trabalho do **Facebook** é usada com eficácia para recrutar trabalhadores menos qualificados, e *sites* como **LinkedIn** e **Ladders.com** tendem a atrair candidatos mais qualificados ou de alto nível.[32] Embora 76% das pessoas que procuram novas colocações no mercado utilizando as mídias sociais dos empregos atuais por meio do Facebook, o LinkedIn continua a ser o lugar onde os *head hunter* fazem a maior parte de sua busca.[33] Considerando que apenas 26% dos recrutadores contrataram alguém por meio do Facebook, 89% contrataram alguém pelo LinkedIn.[34]

Uma das maiores tendências no recrutamento é a identificação de candidatos passivos, pessoas que não estão procurando ativamente um emprego, mas que podem ser receptivos a uma mudança. Por que buscar candidatos passivos? Cerca de metade de todos os trabalhadores estariam dispostos a mudar de emprego se recrutados por outra empresa.[35] Aplicativos como **Switch, Poacht** e **Poachable** permitem que candidatos passivos indiquem que estão abertos a novos empregos sem avisar seus patrões. Em seguida, como *sites* de namoro *on-line*, eles usam algoritmos e questionários para combinar as pessoas com trabalhos em potencial, para os quais elas indicam seu nível de interesse. Yahoo!, Walmart, Amazon e eBay – e, sim, até mesmo Facebook – usaram esses aplicativos para publicar ofertas. Segundo Tom Leung, CEO do Poachable: "Procurar em um quadro de empregos parece tão 1990. Agora podemos dizer que sabemos muito sobre você, [mas] não o contatamos a menos que tenhamos um acordo".[36]

Algumas companhias estão até mesmo hospedando feiras virtuais do trabalho, em que os candidatos a empregos clicam em *stands* de recrutamento para saber mais sobre a empresa, ver os tipos de postos disponíveis e falar com representantes da empresa por meio de bate-papo por vídeo ou mensagem instantânea. Como não precisam enviar representantes de RH em viagens longas e podem interagir com potenciais contratados de todo o mundo, a Boeing, a Progressive, o Citibank e a Amazon encaram feiras de emprego virtuais como uma forma eficiente e econômica de encontrar profissionais qualificados. Ainda uma parte importante do recrutamento externo, as feiras de emprego estão sendo reposicionadas como eventos de *branding*. Como cerca de metade da força de trabalho dos Estados Unidos deve se aposentar até 2025, a indústria de seguros e gerenciamento de risco está recrutando agressivamente trabalhadores mais jovens. A **Allstate** reforça o seu *campus* de recrutamento e feiras de emprego com noites de jogos de perguntas e respostas, comida gratuita e *hackathons* para atrair formados em ciência da computação. E em vez de usarem ternos, os recrutadores do *campus* usam *camisetas* com mensagens tais como "Buscar emprego é uma confusão" ("*Jobhunting is mayhem*"*), uma referência ao personagem-estrela em sua popular campanha publicitária.[37]

11-3 SELEÇÃO

Depois que o processo de recrutamento produziu um grupo de candidatos qualificados, o processo de seleção é usado para determinar quais candidatos têm a melhor chance de ter um melhor desempenho no trabalho. Ao contratar programadores, Jocelyn Golden, diretora de engenharia do Facebook, afirma: "Prefiro o melhor aluno da U. T. ou da University of Central Florida do que o 30º de Stanford". Qualquer pessoa que conclua com êxito um desafio de codificação *on-line* cronometrado recebe uma entrevista por telefone. As entrevistas telefônicas envolvem conversas sobre os currículos dos candidatos, mas terminam com exercícios de programação. Os candidatos convidados para o *campus* do Facebook para entrevistas no local devem resolver problemas de codificação mais difíceis, incluindo um "*hack*" para levar para casa. De acordo com Carlos Bueno, engenheiro do Facebook: "Se você se apresentar como 'especialista em X', tentaremos agendar uma entrevista com um especialista comprovado em X; então esteja preparado. Se você não for especialista, desista".[38]

Como esse exemplo ilustra, a **seleção** é o processo de coleta de informações sobre os candidatos a emprego para decidir a quem deve ser feita uma oferta. Para garantir que as decisões de seleção sejam precisas e legalmente defensáveis, as *Diretrizes uniformes sobre procedimentos de seleção de empregados* da Eeoc recomendam que todos os procedimentos de seleção sejam validados. A **validação** é o processo de determinar o quão bem um teste ou procedimento de seleção prevê o desempenho futuro do trabalho. Quanto melhor ou mais precisa a previsão de desempenho futuro do trabalho, mais válido é um teste.

*Vamos examinar os procedimentos de seleção comuns, como **11-3a formulários de candidatura e currículos, 11-3b referências e verificações de antecedentes, 11-3c testes de seleção** e **11-3d entrevistas.***

11-3a Formulários de candidatura e currículos

Os primeiros dispositivos de seleção que a maioria dos candidatos a emprego encontra quando procura um emprego são formulários de candidatura e currículos. Ambos contêm informações semelhantes sobre um candidato, como nome, endereço, histórico profissional e educacional, e assim por diante. Embora o formulário de inscrição de uma organização muitas vezes solicite informações já fornecidas pelo currículo do candidato, a maioria prefere coletar essas informações em seu próprio formato para entrar em um **sistema de informações de recursos humanos (SIRH).**

As leis trabalhistas aplicam-se aos formulários de candidatura da mesma forma que a todos os dispositivos de seleção. Eles podem solicitar aos candidatos apenas informações válidas relacionadas com o trabalho. No entanto, os formulários de candidatura geralmente pedem aos candidatos informações não relacionadas com o trabalho, tais como estado civil, nome de solteiro(a), idade ou data de graduação do ensino médio. Um estudo descobriu que 73%

Seleção processo de coleta de informações sobre os candidatos a emprego para decidir a quem deve ser feita uma oferta.

Validação processo de determinar o quão bem um teste ou procedimento de seleção prevê o desempenho futuro do trabalho. Quanto melhor ou mais precisa a previsão do desempenho futuro do trabalho, mais válido é um teste.

Sistema de informações de recursos humanos (SIRH) sistema informatizado de coleta, análise, armazenamento e disseminação de informações relacionadas ao processo de GRH.

* O *slogan* da campanha publicitária da Allstate a que se refere o autor é "Mayhem is everywhere", que significa literalmente "confusão está em toda parte" (N. T.).

Alexskopje/Shutterstock.com

Os tribunais presumem que as empresas consideram todas as informações que solicitam aos candidatos.

das organizações tinham formulários de candidatura que violavam pelo menos uma lei federal ou estadual.[39] Da mesma forma, os entrevistadores não podem fazer perguntas sobre históricos médicos ou genéticos, crenças religiosas ou cidadania. A Figura 11.4 fornece uma lista e uma explicação mais detalhada dos tipos de informação que as empresas *não* podem solicitar nos formulários de candidatura, durante as entrevistas de trabalho ou em qualquer outra parte do processo de seleção.

Os tribunais presumem que você vai considerar todas as informações que solicita aos candidatos, mesmo se não for realmente o caso. Certifique-se de fazer apenas perguntas que se relacionam diretamente com a capacidade e a motivação do candidato para realizar o trabalho. Além disso, usar mídias sociais como Facebook e LinkedIn na fase inicial do processo de contratação pode dar aos empregadores o acesso a informações que não estão autorizados a obter diretamente dos candidatos. De acordo com o advogado James McDonald: "Aconselho aos empregadores que não é uma boa ideia usar a mídia social como uma ferramenta de triagem. Você precisa controlar as informações que recebe para estar seguro de obter apenas informações legais que possam ser levadas em conta".[40]

Os currículos também apresentam problemas para as empresas, mas de uma forma diferente. Uma pesquisa da CareerBuilder sobre contratação de gestores descobriu que 58% das empresas haviam encontrado uma mentira em um currículo, como habilidades aumentadas artificialmente, datas de emprego, títulos de cargos, graus acadêmicos e empresas para as quais os candidatos supostamente trabalharam. Candidatos a serviços financeiros (73%), lazer e hospitalidade (71%) e TI e cuidados de saúde (63%) foram os que mais mentiram nos currículos.[41] Portanto, os gestores devem verificar as informações coletadas por meio de currículos e as comparar com informações adicionais coletadas durante as entrevistas e

Figura 11.4

Não pergunte! Tópicos que devem ser evitados em uma entrevista**

1. **Crianças.** Não pergunte se os candidatos têm filhos, se planejam tê-los ou, se têm, se os filhos precisam de cuidados especiais. Perguntas sobre filhos podem não intencionalmente ser discriminatórias em relação a mulheres.
2. **Idade.** Devido à Lei de Discriminação de Idade no Emprego, os empregadores não podem perguntar aos candidatos a emprego a idade durante o processo de contratação. Como a maioria das pessoas conclui o ensino médio com 18 anos, mesmo perguntar a data de conclusão do ensino médio pode infringir a lei.
3. **Deficiências.** Não pergunte se os candidatos têm deficiências físicas ou mentais. De acordo com a Lei de Norte-Americanos com Deficiências, incapacidades (e acomodações razoáveis para elas) não podem ser discutidas até que uma oferta de emprego tenha sido feita.
4. **Características físicas.** Não peça informações sobre altura, peso ou outras características físicas. Perguntas sobre peso podem ser interpretadas como discriminação para pessoas com sobrepeso, e estudos mostram que elas tendem a ser menos contratadas em geral.
5. **Nome.** Sim, você pode perguntar o nome de um candidato, mas não pode perguntar a uma candidata o seu nome de solteira porque isso indica o estado civil. Perguntar o nome de solteira também pode levar a acusações de que a organização estava tentando estabelecer a origem étnica de um candidato.
6. **Cidadania.** Fazer perguntas sobre a cidadania dos candidatos pode levar a alegações de discriminação com base na origem nacional. No entanto, de acordo com a Lei de Reforma e Controle de Imigração, as empresas podem perguntar aos candidatos se eles têm direito legal de trabalhar nos Estados Unidos.
7. **Processos judiciais.** Os candidatos não podem ser perguntados se já entraram com uma ação judicial contra um empregador. As leis federais e estaduais o impedem para proteger denunciantes de retaliação de futuros empregadores.
8. **Registros de prisão**. Os candidatos não podem ser interrogados sobre seus registros de detenção. Detenções não têm legitimidade processual. No entanto, os candidatos podem ser perguntados se foram condenados por um crime.
9. **Fumo.** Não se deve perguntar se os candidatos fumam. Fumantes podem afirmar que não foram contratados devido a temores de maior absenteísmo e custos médicos. No entanto, eles podem ser perguntados se estão cientes das políticas da empresa que restringem o tabagismo no trabalho.
10. **Aids/HIV.** Os candidatos não podem ser questionados sobre Aids, HIV ou qualquer outra condição médica, incluindo genética. Questões dessa natureza infringiriam a Lei de Norte-Americanos com Deficiências, bem como leis de direitos civis federais e estaduais.
11. **Religião.** Os candidatos não podem ser questionados sobre crenças religiosas. Questões dessa natureza infringiriam as leis federais e estaduais de direitos civis.
12. **Informações genéticas.** Os empregadores devem evitar fazer perguntas sobre resultados de testes genéticos ou histórico médico da família. Isso infringiria a Lei de Não Discriminação de Informações Genéticas (Genetic Information Nondiscrimination Act – Gina) projetada para ajudar a encorajar as pessoas a fazer mais rastreio genético, sem o medo de empregadores ou seguradoras usarem essa informação para negar emprego ou cobertura.

Fontes: J. S. Pouliot, Topics to avoid with applicants, *Nation's Business* 80,n. 7 (1992): 57; M. Trottman, Employers beware when asking about workers' health, *Wall Street Journal*, 22 jul. 2013, disponível em: < http://blogs.wsj.com/atwork/2013/07/22/employers-beware-when-asking-about-workers-health/>, acesso em: 9 jul. 2014; L. Weber, Hiring process just got dicier, *Wall Street Journal*, 3 jul. 2014, disponível em: < http://www.wsj.com/articles/hiring-process-just-got-dicier-1404255998>, acesso em: 9 jul. 2014.

°° Embora nos Estados Unidos existam leis rigorosas que limitam toda espécie de atitude discriminatória no processo de seleção, no Brasil, estas recomendações representam aspectos a serem evitados pelas empresas. (N.R.T.)

outras etapas do processo de seleção, como referências e verificações de antecedentes, discutidas a seguir.

11-3b Referências e verificações de antecedentes

Nos Estados Unidos, os motoristas do serviço de compartilhamento de viagens do **Uber** são submetidos a uma triagem independente pela Hirease, uma empresa que verifica o nome de cada candidato com sete anos de verificações de antecedentes federais e da polícia local, registros de agressores sexuais e registros de veículos motorizados. Apesar de tais verificações, o Uber ainda deixou passar um candidato, que permaneceu 14 anos na prisão federal por acusações de drogas, para ser um motorista em sua rede, na área de Houston. Enquanto fazia uma viagem para uma passageira bêbada, o motorista supostamente a levou para a casa dele e a estuprou. Segundo Lara Cottingham, administradora da cidade de Houston: "Nem todas as verificações de antecedentes são feitas da mesma forma. É fácil mentir sobre seu nome [...] número da Seguridade Social [...] onde você já morou".[42] Houston exige que todos os motoristas se submetam a uma verificação de antecedentes do FBI, incluindo de impressões digitais. Quase todas as empresas pedem a um candidato que forneça **referências de emprego**, tais como os nomes de empregadores anteriores ou colegas de trabalho, que podem contatar para saber mais sobre ele. As **verificações de antecedentes** são usadas para comprovar a veracidade e precisão das informações que os candidatos fornecem sobre si mesmos e para descobrir informações negativas relacionadas ao trabalho não fornecidas pelos candidatos. Verificações de antecedentes são conduzidas contatando "instituições educacionais, empregadores anteriores, registros judiciais, agências policiais e governamentais e outras fontes informativas, seja por telefone, correio, acesso a computadores remotos ou por meio de investigações realizadas pessoalmente pelo entrevistador".[43]

Infelizmente, os empregadores anteriores estão cada vez mais relutantes em fornecer referências ou informações de verificação de antecedentes, pois temem que sejam processados por antigos empregados por difamação.[44] Se os antigos empregadores fornecem aos empregadores potenciais informações não comprovadas que prejudicam as chances de os candidatos serem contratados, estes podem processá-los por difamação (e de fato, o fazem). Em consequência, 54% dos empregadores não fornecerão a informação sobre empregados antigos.[45] Muitos fornecem somente datas de emprego, posições ocupadas e data da demissão.

Quando os empregadores anteriores se recusam a fornecer referências significativas ou informações de histórico, eles colocam outros empregadores em risco de processos de *contratação negligente*, em que um empregador é responsabilizado pelas ações de um empregado que não teria sido contratado se o empregador tivesse conduzido uma pesquisa de referência completa e verificação de antecedentes.[46] A Heyl Logistics contratou a Washington Transportation, uma empresa de transporte de carga rodoviário, para entregar água engarrafada, mas o motorista consumiu drogas, adormeceu, bateu em um caminhão e matou outro motorista. A família do motorista morto processou a Heyl Logistics por contratação negligente, alegando que deveria ter sabido que a Washington Transportation operava sem licença, não fez teste de uso de drogas em seus motoristas e não contratou nenhum seguro. A Heyl foi considerada culpada, o motorista da Washington Transportation foi enviado para a prisão por cometer homicídio culposo e dirigir drogado, e a família recebeu $ 5,2 milhões de indenização.[47]

Com os empregadores anteriores geralmente não muito dispostos a dar referências completas e francas e com processos de contratação negligente aguardando empresas que não recebem essas referências e informações de histórico, o que as empresas podem fazer? Elas podem fazer verificações de antecedentes criminais, especialmente se o trabalho para o qual a pessoa está se candidatando envolve dinheiro, drogas, controle sobre bens valiosos ou acesso a idosos, pessoas com deficiência ou residências.[48] De acordo com a Society for Human Resource Management, 69% das organizações fazem verificações de antecedentes criminais, e 47%, verificações de crédito.[49] Agora que empresas fornecem checagem de registros criminais a $ 10 por candidato, puxando dados de 3.100 sistemas judiciais em todo o país, não há desculpa para não verificar. Louis DeFalco, diretor corporativo de segurança e investigações da ABC Fine Wine & Spirits, que possui 175 lojas na Flórida, argumenta a favor de registros de antecedentes criminais: "Se eu tiver um cara com quatro prisões e mau crédito comparados com alguém que nunca esteve em apuros em sua vida, quem vou contratar? É bastante evidente".[50] Embora as empresas estejam legalmente autorizadas a usar verificações de antecedentes criminais em algum momento do processo de contratação, elas devem, conforme discutido no início do capítulo, seguir as leis estaduais e as diretrizes da Eeoc que restringem questionar os candidatos sobre registros nos formulários de candidatura iniciais.[51]

Outra opção é usar *sites* de redes públicas como o LinkedIn para identificar e contatar os colegas, clientes e fornecedores vinculados ou conectados a candidatos a emprego. De acordo com Dan Nye, ex-CEO do LinkedIn, a

Referências de emprego fontes como empregadores anteriores ou colegas de trabalho que podem fornecer informações relacionadas ao trabalho de candidatos a emprego.

Verificações de antecedentes procedimentos usados para verificar a veracidade e precisão das informações que os candidatos fornecem sobre si mesmos, para descobrir informações negativas relacionadas ao trabalho não fornecidas por eles.

empresa ligou para 23 de suas conexões no LinkedIn sem seu conhecimento antes de chamá-lo para uma entrevista. Com o crescente uso e popularidade dos *sites* de redes sociais, Nye diz que essas práticas são "jogo limpo". Uma desvantagem dessa abordagem é que ela poderia involuntariamente alertar o empregador atual do candidato que a pessoa está procurando outro emprego. Como resultado, segundo Chuck Wardell, diretor-gerente da Korn/Ferry International, um executivo de uma empresa de recrutamento: "Você tem que ser cuidadoso ao buscar referências de pessoas que estão empregadas porque pode detoná-las nas empresas em que atuam".[52]

Depois de fazer uma verificação de antecedentes, pesquise para obter mais informações. Peça às referências que forneçam informações adicionais. Em seguida, peça aos candidatos que assinem uma autorização que lhe permita verificar referências, executar uma verificação de antecedentes ou entrar em contato com qualquer outra pessoa com conhecimento de seu desempenho no trabalho ou histórico. Da mesma forma, pergunte aos candidatos se há algo que eles gostariam que a empresa soubesse ou se esperam que você ouça algo incomum ao entrar em contato com as referências.[53] Isso, por si só, é muitas vezes suficiente para que os candidatos compartilhem informações que, em geral, não fornecem. Quando concluir a verificação, mantenha as conclusões confidenciais para minimizar as chances de uma acusação de difamação. Documente sempre todas as referências e verificações de antecedentes, anote quem foi chamado e as informações obtidas. Documente tudo, não apenas as informações que recebeu.

Para reduzir a probabilidade de que processos de contratação negligente ocorram, é particularmente importante documentar mesmo quais empresas e pessoas se recusaram a compartilhar verificações de referências e informações de histórico.

Finalmente, considere a contratação de consultores para realizar verificações de antecedentes, que muitas vezes podem descobrir informações despercebidas em checagens de antecedentes tradicionais. Por exemplo, enquanto as verificações de antecedentes tradicionais devem ser capazes de comprovar as credenciais acadêmicas dos candidatos, um consultor contratado pelo *Wall Street Journal* descobriu que sete dos 358 executivos seniores de empresas de capital aberto tinham falsas informações sobre seu nível de escolaridade.[54] Do mesmo modo, consultores podem potencialmente identificar quando os candidatos contratam empresas que fornecem falsas referências de chefes falsos (para evitar referências negativas de empregadores anteriores). Na verdade, uma dessas empresas afirma o seguinte: "Podemos substituir um supervisor por outro fictício, alterar seu histórico de trabalho, fornecê-lo com uma reputação positiva e dar-lhe a referência brilhante de que você precisa".[55]

Testes de habilidade específica medem até que ponto um candidato possui o tipo específico de habilidade necessária para fazer bem um trabalho

Testes de capacidade cognitiva medem a extensão em que os candidatos têm habilidades em velocidade perceptual, compreensão verbal, aptidão numérica, raciocínio geral e aptidão espacial.

11-3c Testes de seleção

Testes de seleção dão aos tomadores de decisão da organização a oportunidade de saber quem provavelmente fará bem um trabalho e quem não o fará. Avaliações de pré-contratação estão ganhando popularidade, com 57% dos grandes empregadores dos Estados Unidos usando algum tipo de teste de pré-contratação para garantir um melhor ajuste. "Os incentivos à seleção antes da contratação aumentaram ao longo do tempo, enquanto os custos diminuíram", diz o economista Steve Davis. "Essas duas coisas estão encorajando os empregadores a afastar o que era essencialmente uma situação de emprego experimental apenas para rastrear pessoas com antecedência."[56] A ideia básica por trás dos testes de seleção é levar os candidatos a fazer um teste que meça algo direta ou indiretamente relacionado com o bom desempenho no trabalho. Os testes de seleção discutidos aqui são testes de habilidade específica, testes de capacidade cognitiva, dados biográficos, testes de personalidade, testes de amostra de trabalho e centros de avaliação.

Testes de habilidade específica medem até que ponto um candidato possui o tipo específico de habilidade necessária para fazer bem um trabalho. Eles também são chamados de **testes de aptidão**, porque medem a aptidão para fazer bem uma determinada tarefa. Por exemplo, se você fez o SAT para entrar na faculdade, então fez o adequadamente chamado Scholastic Aptitude Test, um dos melhores indicadores de quão bem os alunos irão na faculdade (ou seja, desempenho escolar).[57] Testes de capacidade específica também existem para trabalhos mecânicos, administrativos, de vendas e físico. Por exemplo, os trabalhadores administrativos precisam ser bons em ler e digitar números com precisão à medida que escrevem ou digitam dados. A Figura 11.5 mostra itens semelhantes ao Minnesota Clerical Test, nos quais os candidatos têm apenas um curto período de tempo para determinar se as duas colunas de números e letras são idênticas. Os candidatos que se mostram bons nisso tendem a ter um bom desempenho como trabalhadores administrativos ou de digitação de dados.

Testes de capacidade cognitiva medem a extensão em que os candidatos têm habilidades em velocidade perceptual, compreensão verbal, aptidão numérica, raciocínio geral e aptidão espacial. Em outras palavras, esses testes indicam quão rapidamente e quão bem as pessoas entendem palavras, números, lógica e dimensões espaciais. Enquanto os testes de habilidade específica predizem o desempenho no trabalho somente em determinados tipos de cargos, os de capacidade cognitiva preveem com precisão o desempenho no trabalho em quase todos os tipos.[58] Por que isso acontece? Porque pessoas com habilidades cognitivas ou mentais fortes geralmente são boas em aprender coisas novas, processar informações complexas, resolver problemas e tomar decisões, e tais habilidades são importantes em quase todos os postos de trabalho.[59] Na verdade, testes de habilidade são quase sempre os melhores indicadores de desempenho no trabalho. Consequentemente, se você tiver permissão para usar apenas um teste de seleção, um teste de habilidade cognitiva deve ser usado.[60] (Na prática, porém, as empresas usam uma bateria de testes diferentes porque leva a decisões de seleção muito mais precisas.)

Dados biográficos, ou ***biodata***, são extensas pesquisas que fazem perguntas aos candidatos sobre seus antecedentes pessoais e experiências de vida. A ideia básica por trás do *biodata* é que o comportamento passado (experiência pessoal e experiência de vida) é o melhor indicador de comportamento futuro. Por exemplo, durante a Segunda Guerra Mundial, a Força Aérea dos Estados Unidos teve de testar dezenas de milhares de homens sem experiência de voo para determinar quem tinha mais chances de ser um bom piloto. Como o treinamento de voo demorava vários meses e era muito caro, a seleção rápida das pessoas certas para o treinamento era importante. Depois de examinar uma extensa biografia, a Força Aérea descobriu que um dos melhores indicadores de sucesso na escola de pilotagem era se os alunos haviam construído aeromodelos que realmente voavam. Esse item de *biodata* era quase tão bom como indicador quanto o conjunto inteiro de testes de seleção que a Força Aérea estava usando na época.[61]

A maioria dos questionários tem mais de 100 itens que reúnem informações sobre hábitos e atitudes, saúde, relações interpessoais, dinheiro, histórico familiar (pais, irmãos, infância, adolescência), hábitos pessoais, família atual (esposa, filhos), *hobbies*, educação e formação, valores, preferências e trabalho.[62] Em geral, o *biodata* é um bom indicador de desempenho no trabalho futuro, especialmente nos empregos de nível básico.

Você pode ter notado que algumas das informações solicitadas em pesquisas de *biodata* estão relacionadas aos tópicos que os empregadores devem evitar em candidaturas, entrevistas ou outras partes do processo de seleção. Tais informações podem ser solicitadas em questionários de *biodata* desde que a empresa possa demonstrar que a informação está relacionada ao trabalho (ou seja, é válida) e não resulta em impacto adverso contra grupos protegidos de candidatos a emprego. As pesquisas de *biodata* devem ser validadas e testadas quanto ao seu impacto adverso antes de serem usadas para tomar decisões de seleção.[63]

Testes de amostra de trabalho, também chamados *testes de desempenho*, exigem que os candidatos executem tarefas realmente feitas no trabalho. Assim, ao contrário dos testes de aptidão específica, testes de capacidade cognitiva, levantamentos de dados biográficos e testes de personalidade, que são indicadores indiretos de desempenho no trabalho, os testes de amostra de trabalho medem diretamente a capacidade dos candidatos de fazer o trabalho. Por exemplo, pode-se pedir a um candidato a farmacêutico que consulte bancos de dados médicos e prepare prescrições com precisão. Um candidato a uma posição de vendas pode ter que fazer uma simulação envolvendo uma situação de vendas. A **Hire Results**, que projeta testes de amostra de trabalho, duplicou o número de testes de amostras de trabalho que realiza para os empregadores nos últimos cinco anos empregado. No **Coupons.com**, apenas os candidatos que concluem com êxito uma série de desafios empresariais são chamados para uma entrevista. O consultor de negócios Brian Stern, que criou testes de aplicativos para empresas como Starbucks, Walmart e Sherwin-Williams, afirma

Figura 11.5

Itens de testes administrativos semelhantes aos encontrados no Minnesota Clerical Test

	Números/letras		Idênticos(as)	
1.	3468251	3467251	Sim	Não
			O	O
2.	4681371	4681371	Sim	Não
			O	O
3.	7218510	7218520	Sim	Não
			O	O
4.	ZXYAZAB	ZXYAZAB	Sim	Não
			O	O
5.	ALZYXMN	ALZYXNM	Sim	Não
			O	O
6.	PRQZYMN	PRQZYMN	Sim	Não
			O	O

Fonte: N. W. Schmitt; R. J. Klimoski, *Research methods in human resource management* (Mason, OH: South-Western, 1991).

Dados biográficos (*biodata*) levantamentos extensivos que fazem perguntas aos candidatos sobre seus antecedentes pessoais e experiências de vida.

Testes de amostra de trabalho testes que requerem que os candidatos executem tarefas realmente realizadas no trabalho.

Figura 11.6

Item *in-basket* para um centro de avaliação para gerentes de loja

28 de fevereiro
Sam & Dave Discount Warehouse
Orange, Califórnia

Prezado gerente de loja,

Na semana passada, meus filhos e eu estivemos em sua loja. Depois de fazermos nossas compras de supermercado, paramos no departamento de eletrônica e pedimos ao empregado, cujo nome é Donald Block, que nos ajudasse a encontrar uma cópia da última versão do jogo Madden NFL. O Sr. Block foi rude, desatencioso e nos disse para procurarmos nós mesmos, pois ele estava ocupado.

Tenho sido um cliente fiel por mais de seis anos e espero que você faça imediatamente algo a respeito do comportamento do Sr. Block. Caso contrário, farei as minhas compras em outro lugar.

Atenciosamente,
Margaret Quinlan

Fonte: Adaptada de N. *W. Schmitt; R. J. Klimoski*, Research methods in human resource management (Mason, OH: South-Western 1991).

que os testes (isto é, testes de amostra de trabalho) estão ganhando popularidade porque "Um teste de emprego diz: 'Mostre o que você sabe fazer'".[64] Os testes de amostra de trabalho são geralmente muito bons para prever o desempenho futuro no trabalho. No entanto, podem ser caros para administrar e podem ser usados para apenas um tipo de trabalho. Por exemplo, uma concessionária de automóveis não poderia usar um teste de amostra de trabalho para mecânicos como um teste de seleção para representantes de vendas.

Centros de avaliação usam uma série de simulações específicas de trabalho avaliadas por vários observadores treinados para determinar a capacidade dos candidatos para realizar o trabalho gerencial. Ao contrário dos testes de seleção já mencionados que são usados para trabalhos específicos ou empregos de nível básico, os centros de avaliação são mais utilizados para selecionar candidatos com grande potencial para serem bons gestores. Em geral, esses centros de avaliação duram de dois a cinco dias e requerem que os participantes completem uma série de testes e exercícios que simulam o trabalho gerencial.

Centros de avaliação uma série de simulações gerenciais, avaliadas por observadores treinados, usadas para determinar a capacidade dos candidatos para o trabalho gerencial.

Entrevista uma ferramenta de seleção na qual os representantes da empresa fazem a candidatos a emprego questões relacionadas ao trabalho para determinar se estão qualificados para o cargo.

Alguns dos exercícios mais comuns do centro de avaliação são exercícios *in-basket*, *role-plays*, apresentações em pequenos grupos e discussões em grupo sem líderes. Um *exercício in-basket* é um teste de papel e lápis no qual um candidato recebe um pacote do gestor que contém memorandos, mensagens telefônicas, políticas organizacionais e outras comunicações geralmente recebidas e disponíveis para os gestores. Os candidatos têm um tempo limitado para ler o que está no pacote, priorizar os itens e decidir como lidar com cada um. Gestores experientes avaliam as decisões e recomendações dos candidatos. A Figura 11.6 mostra um item que pode ser usado em um centro de avaliação para avaliar candidatos para um trabalho como gerente de loja.

Em uma *discussão de grupo sem líderes*, outro exercício comum de centro de avaliação, um grupo de seis candidatos tem aproximadamente duas horas para resolver um problema, mas ninguém é colocado na liderança (daí o nome discussão de grupo *sem líder*). Observadores treinados assistem à atividade e avaliam como cada participante facilita a discussão, escuta, conduz, persuade e trabalha com os outros.

Testes são perfeitos indicadores de desempenho no trabalho? Não. Algumas pessoas com bom desempenho em testes de seleção terão um desempenho ruim em seus trabalhos. Da mesma forma, algumas pessoas com desempenho fraco em testes de seleção (e, portanto, não contratadas) teriam tido um desempenho muito bom. No entanto, testes válidos minimizarão os erros de seleção (contratação de pessoas que não deveriam ter sido contratadas e não contratar pessoas que deveriam ter sido contratadas), ao mesmo tempo que maximizam as decisões de seleção corretas (contratar pessoas que deveriam ter sido contratadas e não contratar pessoas que não deveriam ter sido contratadas). Segundo Charles Handler, presidente da Rocket-Hire, uma empresa de consultoria em testes de seleção: "Prever o que os humanos farão é realmente [...] difícil. Os testes são um indicador mais eficaz do que cara ou coroa, mas você tem que ser realista sobre eles".[65] Em suma, os testes aumentam as chances de você contratar a pessoa certa para o trabalho, ou seja, alguém que venha a ter um bom desempenho. Assim, embora os testes não sejam perfeitos, quase nada prediz o desempenho futuro do trabalho tão bem como os testes de seleção discutidos aqui.

11-3d Entrevistas

Nas **entrevistas**, os representantes da empresa fazem aos candidatos a emprego questões relacionadas ao trabalho para determinar se estão qualificados para o cargo.

As entrevistas são provavelmente o dispositivo mais usado de seleção. Existem vários tipos básicos de entrevistas: não estruturadas, estruturadas e semiestruturadas.

Nas **entrevistas não estruturadas**, os entrevistadores podem perguntar aos candidatos qualquer coisa que queiram, e estudos mostram que isso de fato ocorre. Como os entrevistadores muitas vezes discordam sobre quais perguntas devem ser feitas durante as entrevistas, eles tendem a fazer perguntas muito diferentes aos candidatos.[66] Além disso, entrevistadores individuais parecem ter dificuldade em fazer as mesmas perguntas de uma entrevista na seguinte. Esse alto nível de variabilidade pode dificultar as coisas. Como resultado, embora as entrevistas não estruturadas possam prever o desempenho do trabalho com algum sucesso, elas têm cerca de metade da precisão das entrevistas estruturadas para predizer quais candidatos devem ser contratados.[67]

Em contrapartida, nas **entrevistas estruturadas**, perguntas padronizadas são preparadas com antecedência para que todos os candidatos respondam às mesmas questões relacionadas ao trabalho.[68] As entrevistas estruturadas também garantem que os entrevistadores peçam apenas informações importantes relacionadas ao trabalho. Não só precisão, utilidade e validade da entrevista melhoraram, mas as chances de que os entrevistadores façam perguntas sobre tópicos que infrinjam leis trabalhistas (ver Figura 11.4) são reduzidas.

A principal vantagem das entrevistas estruturadas é que comparar os candidatos é muito mais fácil porque todos respondem às mesmas perguntas. O **Google** usa entrevistas estruturadas com diferentes entrevistadores fazendo a mesma pergunta ao candidato. Como o Google contrata por comitê, cada membro do comitê de contratação fará um conjunto de perguntas idên-

> **Entrevistas não estruturadas** entrevistas em que os entrevistadores podem perguntar aos candidatos o que quiserem.
>
> **Entrevistas estruturadas** entrevistas em que a todos os candidatos é feito o mesmo conjunto de perguntas padronizadas, geralmente incluindo questões situacionais, comportamentais, de histórico e de conhecimento do trabalho.

Figura 11.7

Diretrizes para conduzir entrevistas estruturadas eficazes

Estágio da entrevista | **O que fazer**

- Identificar e definir conhecimentos, habilidades, capacidades e outras características fundamentais para o bom desempenho do trabalho.
- Para cada característica essencial, desenvolver perguntas comportamentais chave que evocarão exemplos de realizações, atividades e desempenho passados.
- Para cada característica, desenvolver uma lista de coisas a procurar nas respostas do candidato a perguntas-chave.

- Criar uma atmosfera de entrevista descontraída e tranquila.
- Revisar o formulário de candidatura, o currículo e outras informações do candidato.
- Atribuir tempo suficiente para completar a entrevista sem interrupção.
- Colocar o candidato à vontade, não pular direto para questionamentos pesados.
- Dizer ao candidato o que esperar. Explicar o processo de entrevista.
- Obter informações relacionadas ao trabalho do candidato, fazendo as perguntas preparadas para cada característica.
- Descrever o trabalho e a organização para o candidato. Os candidatos precisam de informações adequadas para tomar uma decisão de seleção sobre a organização.

- Imediatamente após a entrevista, revisar suas anotações e verificar se estão completas.
- Avaliar o candidato em cada característica essencial.
- Determinar a probabilidade de sucesso de cada candidato e tomar uma decisão de contratação.

Fonte: B. M. Farrell, The art and science of employment interviews, *Personnel Journal* 65 (1986): 91-94.

tico, permitindo que os membros comparem como um candidato individual respondeu às questões a cada vez. Laszlo Bock, diretor de recursos humanos do Google, diz que a prática permite comparações fáceis entre entrevistas e identificação de viés de entrevistador.[69] Quatro tipos de perguntas são geralmente feitos em entrevistas estruturadas. Perguntas situacionais indagam os candidatos sobre como reagiriam em uma situação hipotética ("O que você faria se...?"). Essas questões são mais apropriadas para a contratação de novos graduados, que provavelmente ainda não vivenciaram situações de trabalho reais devido à sua experiência de trabalho limitada. Perguntas comportamentais indagam o que os candidatos fizeram em trabalhos anteriores semelhantes ao trabalho para o qual estão se candidatando ("Em seus trabalhos anteriores, fale-me sobre ..."). Tais perguntas são mais apropriadas para a contratação de indivíduos experientes. Perguntas de histórico questionam a experiência de trabalho, educação e outras qualificações ("Conte-me sobre o treinamento que você recebeu em..."). As perguntas sobre o conhecimento do trabalho fazem que os candidatos demonstrem seu conhecimento profissional (por exemplo, a enfermeiros pode ser perguntado: "Dê um exemplo de um momento em que um de seus pacientes teve uma reação grave a um medicamento. Como você lidou com isso?").[70]

Entrevistas semiestruturadas estão entre entrevistas estruturadas e não estruturadas. Uma parte importante da entrevista semiestruturada (talvez até 80%) baseia-se em questões estruturadas, mas algum tempo é reservado para uma entrevista não estruturada para permitir que o entrevistador sonde informações ambíguas ou faltantes descobertas durante a parte estruturada da entrevista.

Como as entrevistas predizem o desempenho futuro do trabalho? Ao contrário do que você provavelmente já ouviu, evidências recentes indicam que mesmo as entrevistas não estruturadas fazem um bom trabalho.[71] Contudo, quando conduzidas corretamente, as entrevistas estruturadas podem levar a decisões de contratação muito mais precisas do que as não estruturadas. Em alguns casos, a validade de entrevistas estruturadas pode rivalizar com a de testes de capacidade cognitiva.

Mas ainda mais importante, como as entrevistas são especialmente boas na avaliação das habilidades interpessoais dos candidatos, elas funcionam particularmente bem com testes de capacidade cognitiva. A combinação dos dois, ou seja, usar entrevistas estruturadas com testes de capacidade cognitiva para identificar pessoas inteligentes que trabalham bem com os outros, leva a decisões de seleção ainda melhores do que a utilização de apenas um desses recursos.[72] A Figura 11.7 fornece um conjunto de orientações para a realização de entrevistas de emprego estruturadas eficazes.

> **Treinamento** desenvolver habilidades, experiência e conhecimento de que os empregados precisam para realizar os trabalhos ou melhorar o desempenho.
>
> **Avaliação de necessidades** processo de identificação e priorização das necessidades de aprendizagem dos colaboradores.

11-4 TREINAMENTO

De acordo com a Sociedade Americana de Treinamento e Desenvolvimento, um investimento típico em treinamento aumenta a produtividade em uma média de 17%, reduz a rotatividade de empregados e torna as empresas mais rentáveis.[73] Contudo, dar aos empregados o conhecimento e as habilidades de que precisam para melhorar seu desempenho é apenas o primeiro passo no desenvolvimento de empregados. O segundo passo, e poucas empresas fazem isso, é dar aos empregados *feedback* formal sobre seu desempenho real no trabalho.

Treinamento significa oferecer oportunidades para que os empregados desenvolvam as habilidades específicas, a experiência e o conhecimento de que precisam para fazer o trabalho ou melhorar o desempenho. As empresas norte-americanas gastam cerca de $ 164 bilhões por ano em treinamento.[74]

Para certificar-se de que o dinheiro de treinamento foi bem gasto, as empresas precisam ***11-4a determinar as necessidades de treinamento específico, 11-4b selecionar os métodos de treinamento apropriados*** *e* ***11-4c avaliar o treinamento.***

11-4a Determinação das necessidades de treinamento

Avaliação de necessidades é o processo de identificação e priorização das necessidades de aprendizagem dos empregados. Eis os procedimentos para a realização das avaliações de necessidades: identificar deficiências de desempenho, ouvir queixas dos clientes, pesquisar empregados e gestores ou testar formalmente as habilidades e os conhecimentos dos empregados.

Note que o treinamento nunca deve ser realizado sem que antes haja uma avaliação de necessidades. Às vezes, o treinamento não é necessário ou não precisa ser feito para todos os empregados. Infelizmente, no entanto, muitas organizações simplesmente exigem que todos os empregados assistam à formação, quer queiram ou não. Como resultado, os empregados que não estão interessados ou não precisam do treinamento podem reagir negativamente durante ou após o treinamento. Da mesma forma, os empregados que deveriam mas não foram enviados para treinamento também podem reagir de forma negativa. Consequentemente, a avaliação de necessidades é um instrumento importante para decidir quem deve ou não participar do treinamento. De fato, a legislação trabalhista restringe os empregadores de discriminar com base em idade, sexo, raça, cor, religião, nacionalidade ou deficiência ao selecionarem os participantes do treinamento. Assim como as decisões de contratação, a seleção de participantes para treinamento deve ser baseada em informações relacionadas ao trabalho.

11-4b Métodos de treinamento

Suponha que você seja um diretor de treinamento para um sistema hospitalar e que está encarregado de garantir que todos os empregados da unidade biocontaminante possam tratar com segurança pacientes com ebola.[75] A Figura 11.8 lista uma série de métodos de treinamento que você poderia usar: filmes e vídeos, palestras, leituras planejadas, estudos de caso, *coaching* e *mentoring*, discussões de grupo, treinamento no cargo, *role-playing*, simulações e jogos, treinamento de vestíbulo e aprendizagem computadorizada. Qual método seria melhor?

Para escolher o melhor método, você deve considerar uma série de fatores, tais como o número de pessoas a serem treinadas, o custo e os objetivos do treinamento. Por exemplo, se o objetivo do treinamento é transmitir informações ou conhecimento, devem-se usar filmes e vídeos, palestras e leituras planejadas. No nosso exemplo, os treinandos podem ler um manual ou assistir a uma palestra sobre como colocar e remover equipamento de proteção pessoal.

Se o desenvolvimento de habilidades analíticas e de resolução de problemas é o objetivo, então use estudos de caso, *coaching* e *mentoring*, e discussões em grupo. No nosso exemplo, os treinandos podem assistir a um vídeo sobre uma equipe que lidou com a exposição à doença, conversar com os primeiros intervenientes que trabalharam na África Ocidental e debater o que fariam numa situação semelhante.

Se praticar, aprender ou mudar os comportamentos de trabalho é o objetivo, então use o treinamento no trabalho, *role-playing*, simulações e jogos, e treinamento de vestíbulo. Os empregados da unidade de biocontenção da Universidade do Texas Southwestern Medical Center (UTSMC) fazem um *role-play* colocando e tirando seu equipamento de proteção. Por causa do número de etapas envolvidas, isso é feito em equipes para garantir a conformidade, de modo a evitar a propagação da doença mortal. A UTSMC pulveriza os falsos pacientes de ebola usados durante o treinamento com molho Tabasco picante. Segundo o Dr. Bruce Myer, se os médicos e enfermeiros tiverem molho na pele, isso lhes "dará um *feedback* imediato", para que saibam que um erro potencialmente mortal acaba de ser cometido.[76]

Se o treinamento deve atender a mais de um desses objetivos, sua melhor escolha pode ser a de combinar um dos métodos anteriores com o treinamento baseado em computador. A Siemens, que fabrica de centrais elétricas a *scanners* eletrônicos, desenvolveu um *videogame on-line* chamado Plantville, no qual os usuários assumem o papel de Pete, o gerente da fábrica. O objetivo é revitalizar três fábricas antigas contratando novos trabalhadores, redesenhando *layouts* de fábrica e substituindo máquinas antigas por novas da Siemens. Raj Batra, presidente da divisão de automação industrial da Siemens, afirma: "A atividade virtual em Plantville imita o ambiente real, no qual os gerentes de fábrica continuamente observam indicadores-chave de desempenho e se esforçam para maximizar a produtividade e a eficiência". A experiência "mão na massa" do Plantville ajuda empregados e pessoas de fora a compreender melhor as complexidades de funcionamento de uma fábrica e serve não só como uma ferramenta de treinamento para os empregados, mas também como uma ferramenta de recrutamento para as pessoas de fora.

Cuidado com o vão! Empresas levam treinamento para as escolas

iStockphoto.com/Mosichev

Nos Estados Unidos, aproximadamente dois milhões de postos de trabalho não são preenchidos por falta de treinamento, formação ou habilidades de trabalho, e, em 2020, cerca de um terço dos empregos no país exigirá mais do que um diploma de ensino médio, mas menos do que um diploma de bacharel. Para preencher essa lacuna, as empresas de todo o país estão investindo em treinamento técnico nos níveis do ensino médio e da faculdade comunitária, mas poucas iniciativas se comparam aos programas vocacionais desenvolvidos pela empresa alemã de robótica Festo, que vem criando e oferecendo programas de treinamento industrial e crescendo a uma taxa de 8% por ano desde a década de 1970. A divisão de treinamento, chamada Festo Didactic, chegou aos Estados Unidos em 2015, e seus gestores são apaixonados por sua capacidade de ajudar a preencher as lacunas de habilidades do país. A estratégia da Festo Didactic é visar a empresas, governos, colégios e até mesmo escolas secundárias e jovens, com o propósito de elevar os níveis de habilidade dos trabalhadores norte-americanos. Segundo o CEO Nader Imani: "Às vezes, sentimo-nos quase como missionários, mas também precisamos ser racionais".

Fonte: C. Gummer, German robots school U. S. workers, *Wall Street Journal*, 10 set. 2014, disponível em: < http://www.wsj.com/articles/german-style-training-for--american-factory-workers-1410296094>, acesso em: 7 maio 2015; A. Campoy, Training programs target skills gap, *Wall Street Journal*, 24 abr. 2015, A3.

Inscreva-se para jogar e se juntar a 21 mil jogadores de 160 países em Plantville.com.[77]

Atualmente, muitas empresas têm adotado treinamento na internet ou "aprendizado baseado em computador". O *e-learning* pode oferecer várias vantagens. Como os empregados não precisam deixar seus trabalhos, os custos de viagem são muito reduzidos. Além disso, como eles podem fazer módulos de treinamento quando lhes for conveniente (ou seja, não têm que abandonar seus postos de trabalho para participar de cursos de formação de uma semana), a produtividade no local de trabalho deve aumentar e o estresse do empregado deve diminuir. Se a infraestrutura tecnológica de uma empresa puder dar o suporte necessário, o *e-learning*

Figura 11.8

Objetivos e métodos de treinamento

Objetivo de treinamento	**Métodos de treinamento**
Fornecer informação e conhecimento	▪ *Filmes e vídeos.* Filmes e vídeos apresentam informações, ilustram problemas e soluções, e captam a atenção dos treinandos.
	▪ *Palestras.* Os treinandos ouvem as apresentações orais dos instrutores.
	▪ *Leituras planejadas.* Os treinandos leem sobre conceitos ou ideias antes de participarem do treinamento.
Desenvolver habilidades analíticas e de resolução de problemas	▪ *Estudos de caso.* Os casos são analisados e discutidos em pequenos grupos. Os casos apresentam um problema específico ou decisão, e os treinandos desenvolvem métodos para resolver o problema ou tomar a decisão.
	▪ *Coaching e mentoring. Coaching* e *mentoring* de treinandos por gestores envolvem conselhos informais, sugestões e orientação. Esse método é útil para reforçar outros tipos de formação e para os treinandos que recebem apoio e encorajamento pessoal.
	▪ *Discussões em grupo.* Pequenos grupos discutem ativamente tópicos específicos. O instrutor pode desempenhar o papel de líder da discussão.
Praticar, aprender ou mudar comportamentos de trabalho	▪ *Treinamento no local de trabalho.* Novos empregados são designados para trabalhar com empregados experientes. O aprendiz aprende ao observar o empregado experiente executando o trabalho e, eventualmente, ao trabalhar ao lado deste. Gradualmente, é deixado sozinho para executar o trabalho.
	▪ *Role-playing.* Os treinandos assumem papéis relacionados ao trabalho e praticam novos comportamentos. Nesse processo, os treinandos assumem papéis como se estivessem em situações reais de trabalho.
	▪ *Simulações e jogos.* Exercícios vivenciais colocam os treinandos em situações realistas relacionadas com o trabalho e lhes dão a oportunidade de experimentar uma condição relacionada com o trabalho em um ambiente de custo relativamente baixo. O treinando se beneficia da experiência prática antes de realizar o trabalho, quando os erros podem ser mais onerosos.
	▪ *Treinamento de vestíbulo.* Procedimentos e equipamentos semelhantes aos utilizados no trabalho real são criados em uma área especial chamada de "vestíbulo". O treinando aprende a executar o trabalho em seu próprio ritmo, sem interromper o fluxo real de trabalho, o que encareceria o treinamento. Além disso, pode-se expor o treinando e outros a condições perigosas.
Fornecer informações e conhecimentos, desenvolver habilidades analíticas e de resolução de problemas, e praticar, aprender ou mudar comportamentos de trabalho	▪ *Aprendizagem computadorizada.* Vídeos interativos, softwares, CD-ROMs, PCs, teleconferências e a internet podem ser combinados para apresentar treinamento baseado em multimídia.

Fonte: A. Fowler, How to decide on training methods, People Management 25, n. 1 (1995): 36.

Chapel House Photography

será muito mais rápido do que os métodos tradicionais de treinamento. A Westinghouse Electric, que fornece tecnologia, serviços e equipamentos para a indústria de energia elétrica nuclear, teve dificuldades de contratação de gestores e trabalhadores com experiência nuclear prévia. Segundo Jim Ice, ex-diretor de gestão de talentos: "Estávamos trazendo empregados de primeira linha e até gestores que não haviam estado na indústria nuclear antes". Então, investiu "dezenas de milhões" de dólares para criar a Westinghouse University, que tem 100% de suas aulas *on-line* e está organizada em sete "faculdades": gerenciamento de projetos, nuclear, técnico, liderança, negócios, comportamento e fabricação. Por exemplo, os empregados fazem cursos na Westinghouse University onde aprendem a analisar amostras de ar e realizar pesquisas de radiação.[78]

Contudo, o *e-learning* apresenta muitas desvantagens. Em primeiro lugar, apesar de sua crescente popularidade, nem sempre é o método de treinamento apropriado. Pode ser uma boa maneira de transmitir informações, mas nem sempre é tão eficaz para mudar comportamentos de trabalho ou para desenvolver habilidades de resolução de problemas e analíticas. Em segundo lugar, o *e-learning* requer um investimento significativo em computadores e internet de alta velocidade e conexões de rede para todos os empregados. Finalmente, embora o *e-learning* possa ser mais rápido, muitos empregados acham tão chato e desmotivante que podem optar por trabalhar em vez de completar cursos de *e-learning* quando estão sozinhos em suas mesas. No entanto, o *e-learning* pode tornar-se mais interessante à medida que mais empresas incorporam características de jogos, como avatares e competições, em seus cursos de *e-learning*.

11-4c Avaliação do treinamento

Depois de selecionar um método e conduzir o treinamento, o último passo é avaliá-lo. O treinamento pode ser avaliado de quatro maneiras: em relação a *reações* (se os participantes estão satisfeitos com o programa), *aprendizagem* (até que ponto os empregados melhoraram os conhecimentos ou as habilidades), *comportamento* (se os empregados realmente mudaram o comportamento no trabalho graças ao treinamento) ou *resultados* (se o treinamento melhorou o desempenho no trabalho, como aumento de vendas ou qualidade, ou redução de custos).[79]

Em geral, se for bem-feito, o treinamento fornecerá benefícios significativos para a maioria das empresas. Por exemplo, um estudo realizado pela Sociedade Americana de Treinamento e Desenvolvimento mostra que um orçamento de treinamento de apenas $ 680 por empregado pode aumentar o retorno total de investimentos de uma empresa em 6%.[80] Segundo Chuck Runyon, CEO da Anytime Fitness, com 2.500 filiais: "A única coisa pior do que treinar as pessoas e deixá-las partir é não treiná-las e fazê-las ficar".[81]

11-5 AVALIAÇÃO DE DESEMPENHO

Avaliação de desempenho é o processo de avaliação de quão bem os empregados estão fazendo seus trabalhos. A maioria dos empregados e gestores tem intensa aversão ao processo de avaliação de desempenho. Samuel Culbert, professor de administração da Ucla, afirma que não há nada de construtivo em avaliações de desempenho e as denomina de "fingimento disfuncional": "É uma negação do desempenho corporativo, um obstáculo para relacionamentos diretos e uma causa primordial de baixa motivação no trabalho".[82]

Muitas pessoas compartilham essa visão. De fato, 70% dos empregados estão insatisfeitos com o processo de avaliação de desempenho em suas empresas. Da mesma forma, de acordo com a Sociedade de Gestão de Recursos Humanos, 90% dos gestores de recursos humanos estão

Avaliação de desempenho processo de avaliar o quão bem os empregados estão fazendo os trabalhos.

insatisfeitos com os sistemas de avaliação de desempenho utilizados pelas suas empresas.[83]

Avaliações de desempenho são usadas para quatro propósitos gerais: tomar decisões administrativas (por exemplo, aumento salarial, promoção, retenção), fornecer *feedback* para o desenvolvimento do empregado (por exemplo, desempenho, desenvolvimento de planos de carreira), avaliar programas de recursos humanos (por exemplo, validar sistemas de seleção) e para fins de documentação (por exemplo, documentar avaliações de desempenho e decisões baseadas nessas avaliações).[84]

*Vamos explorar como as empresas podem evitar alguns desses problemas com avaliações de desempenho **11-5a medindo com precisão o desempenho no trabalho** e **11-5b compartilhando com os empregados o feedback de desempenho de forma eficaz.***

11-5a Medindo com precisão o desempenho no trabalho

Os trabalhadores muitas vezes têm fortes dúvidas sobre a precisão de suas avaliações de desempenho – e eles podem estar certos. Por exemplo, é amplamente conhecido que os avaliadores tendem a cometer erros ao avaliarem o desempenho do trabalhador. Três dos erros de classificação mais comuns são tendência central, halo e complacência. O erro de *tendência central* ocorre quando os avaliadores classificam todos os trabalhadores na média ou no meio da escala. O *erro de halo* ocorre quando os avaliadores classificam todos os trabalhadores como executando no mesmo nível (bem, mal ou na média), em todas as partes de seus trabalhos. O *erro de complac*ência ocorre quando os avaliadores classificam todos os trabalhadores como tendo um desempenho particularmente bom. Uma das razões pelas quais gestores cometem tais erros é que muitas vezes eles não gastam tempo suficiente na coleta ou revisão de dados de desempenho. Mark Farrugia, vice-presidente de recursos humanos da **Sun Communities**, uma fabricante de casas pré-fabricadas, estava preocupado com o fato de os gestores estarem dando altas pontuações em avaliações de desempenho para facilitar suas vidas (e fazer os empregados ficarem mais felizes) ou para maximizar os bônus para os empregados que pensavam em deixar a empresa: "Estou cada vez mais convencido de que as avaliações [de desempenho] estão fazendo mais mal do que bem".[85] O que pode ser feito para minimizar os erros de avaliação e melhorar a precisão com que o desempenho no trabalho é medido? Em geral, duas abordagens têm sido utilizadas: melhorar as medidas de avaliação de desempenho e capacitar os avaliadores de desempenho para que possam ser mais precisos.

> **Medidas de desempenho objetivas** medidas de desempenho no trabalho fácil e diretamente contadas ou quantificadas
>
> **Medidas de desempenho subjetivas** medidas de desempenho no trabalho que exigem que alguém julgue ou avalie o desempenho de um trabalhador.
>
> **Escalas de observação do comportamento (EOCs)** escalas de classificação que indicam a frequência com que os trabalhadores executam comportamentos específicos representativos das dimensões de trabalho crítico para o bom desempenho no trabalho.

Uma das maneiras de as empresas melhorarem as medidas de avaliação de desempenho é usar tantas medidas de desempenho objetivas quanto possível. **Medidas de desempenho objetivas** são medidas de desempenho fácil e diretamente contadas ou quantificadas. As mais comuns incluem taxas de produção, resíduos, desperdício, vendas, reclamações de clientes e rejeição.

Entretanto, quando medidas de desempenho objetivas não estão disponíveis (e frequentemente não estão), **medidas de desempenho subjetivas** têm que ser usadas. Estas exigem que alguém julgue ou avalie o desempenho de um trabalhador. O tipo mais comum de medida de desempenho subjetiva é a escala de classificação gráfica (*graphic rating scale* – GRS) mostrada na Figura 11.9. Escalas de classificação gráfica são mais utilizadas porque são fáceis de construir, mas muito suscetíveis a erros de avaliação.

Uma alternativa popular para a escala de classificação gráfica é a **escala de observação do comportamento (EOC)**. A EOC requer que avaliadores avaliem a frequência com que os trabalhadores apresentam comportamentos específicos representativos das dimensões do trabalho que são críticos para o bom desempenho no trabalho. A Figura 11.9 mostra uma EOC para duas dimensões de trabalho importantes para um vendedor de varejo: atendimento ao cliente e manuseio de dinheiro. Observe que cada dimensão lista vários comportamentos específicos característicos de um trabalhador que se destaca naquela dimensão de desempenho no trabalho. (Geralmente, a escala lista de 7 a 12 itens por dimensão, e não 3, como na figura). Note também que os comportamentos são bons comportamentos, o que significa que eles indicam um bom desempenho, e o avaliador deve julgar a frequência com que um empregado pratica bons comportamentos. A lógica por trás da EOC é que os melhores empregados praticam bons comportamentos com mais frequência.

Não apenas as EOCs funcionam bem para avaliar dimensões críticas de desempenho, mas estudos também mostram que os gestores preferem com bastante nitidez as EOCs para dar *feedback* de desempenho, diferenciar com precisão entre trabalhadores ruins, médios e bons, identificar as necessidades de treinamento e medir com precisão o desempenho. E em resposta à afirmação "Se eu estivesse defendendo uma empresa, esse formato de avaliação seria um trunfo para o meu caso", advogados preferiram amplamente as EOCs a outros tipos de escalas de avaliação de desempenho subjetivas.[86]

Figura 11.9
Escalas de avaliação de desempenho subjetivas

Escala de classificação gráfica

	Muito ruim	Ruim	Média	Boa	Muito boa
Exemplo 1: A qualidade do trabalho realizado é	1	2	3	4	5

	Muito ruim (20% de erros)	Ruim (15% de erros)	Média (10% de erros)	Boa (5% de erros)	Muito boa (menos de 5% de erros)
Exemplo 2: A qualidade do trabalho realizado é	1	2	3	4	5

Escala de observação do comportamento

Dimensão: Atendimento ao cliente	Quase nunca				Quase sempre
1. Cumprimenta os clientes com um sorriso e um "olá".	1	2	3	4	5
2. Liga para outras lojas para ajudar os clientes a encontrar mercadorias que não estão em estoque.	1	2	3	4	5
3. Lida prontamente com as preocupações e queixas dos clientes.	1	2	3	4	5

Dimensão: Manuseio de dinheiro	Quase nunca				Quase sempre
1. Dá o troco com precisão nas transações com os clientes.	1	2	3	4	5
2. Acerta o saldo de caixa no final do dia, sem faltas ou excedentes.	1	2	3	4	5
3. Registra com precisão as transações no sistema de computador.	1	2	3	4	5

A segunda abordagem para melhorar a medição do desempenho do trabalho dos trabalhadores é o **treinamento do avaliador**. O mais eficaz é o treinamento de estrutura de referência, no qual um grupo de treinandos aprende a fazer avaliações de desempenho assistindo a uma fita de vídeo de um empregado no trabalho. Em seguida, eles avaliam o desempenho da pessoa na fita de vídeo. Depois, um treinador (especialista no assunto) compartilha suas avaliações, e as avaliações dos treinandos são comparadas com as do especialista. Este explica as razões por trás de suas avaliações. Esse processo é repetido até que as diferenças nas avaliações dadas pelos treinandos e as do especialista sejam minimizadas. A lógica subjacente ao treinamento de estrutura de referência é que, ao adotarem a estrutura de referência usada por um especialista, os treinandos poderão observar, julgar e usar com precisão escalas de avaliação relevantes para avaliar o desempenho de outros.[87]

11-5b Compartilhando o *feedback* de desempenho

Após a coleta de dados de desempenho precisos, o próximo passo é compartilhar o *feedback* de desempenho com os empregados. Infelizmente, mesmo quando os índices de avaliação de desempenho são precisos, o processo de avaliação muitas vezes falha no estágio de *feedback*. Os empregados ficam defensivos e não gostam de ouvir quaisquer avaliações negativas de seu trabalho, por menores que sejam. Os gestores também ficam defensivos e não gostam de dar o *feedback* da avaliação, já que os empregados também não gostam de recebê-lo. Em resposta,

Treinamento do avaliador treinar avaliadores de desempenho em como evitar erros de avaliação e aumentar sua precisão.

muitas empresas estão pedindo aos gestores que suavizem *feedback* duro e acentuem o positivo, concentrando-se em pontos fortes dos empregados. No passado, Michelle Russell, do **Boston Consulting Group**, afirmou o seguinte: "Nós as introduziremos e as derrubaremos um pouco".[88] Alguns empregados teriam uma crise de confiança e desempenho e depois deixariam a empresa. Na **Intel**, dizer aos empregados que "precisam melhorar" tira o ânimo, afirma o gestor de RH Devra Johnson: "Nós os chamamos de feridos ambulantes".[89]

PlusONE/Shutterstock.com

O que pode ser feito para superar as dificuldades inerentes ao *feedback* da avaliação de desempenho? Em primeiro lugar, ser consciente de estar sendo excessivamente crítico e colocar os empregados tão na defensiva que deixam de ouvir. A metade superior da Figura 11.10 oferece algumas sugestões para ser menos negativo e mais positivo nas sessões de *feedback*. Além disso, como as avaliações de avaliação de desempenho têm sido tradicionalmente os julgamentos de apenas uma pessoa, isto é, o chefe, uma outra possibilidade é usar ***feedback* de 360 graus**. Nessa abordagem, o *feedback* vem de quatro fontes: do chefe, dos subordinados, de pares e colegas de trabalho, e dos próprios empregados. Os dados, obtidos anonimamente (exceto para o chefe), são compilados em um relatório de *feedback* que compara as autoavaliações do empregado com as do chefe, dos subordinados e dos pares e colegas de trabalho. Em geral, um consultor ou especialista em recursos humanos discute os resultados com o empregado. A vantagem de programas de 360 graus é que o *feedback* negativo ("Você não escuta") é muitas vezes mais credível quando se trata de várias pessoas.

Herbert Meyer, que tem estudado o *feedback* da avaliação de desempenho há mais de 30 anos, recomenda uma lista de tópicos a serem discutidos nas sessões de avaliação de desempenho (ver a metade inferior da Figura 11.10).[90] Além disso, os gestores podem fazer três coisas diferentes para tornar os comentários sobre desempenho mais confortáveis e produtivos. Primeiro, eles devem separar *feedback* de desenvolvimento, cujo propósito é melhorar o desempenho futuro, de *feedback* administrativo, usado como recompensa pelo desempenho passado, por exemplo, para aumentos de salário. Quando dão *feedback* de desenvolvimento, os gestores estão agindo como treinadores, mas, quando dão *feedback* administrativo, estão agindo como juízes. Esses

***Feedback* de 360 graus** processo de avaliação de desempenho no qual o *feedback* é obtido do chefe, dos subordinados, de pares e colegas de trabalho, e dos próprios empregados.

Figura 11.10

Como e o que discutir em uma sessão de avaliação de desempenho

Como discutir o *feedback* de desempenho

	A	B
1	**Não diga...**	**Em vez disso, diga...**
2	"O que está bloqueando"	"O que estamos fazendo muito bem?"
3	"Bom trabalho."	"Você mostra grande potencial em…."
4	"Você precisa melhorar em…."	"Esta é outra maneira que tem sido bem-sucedida."
5	"Não podemos fazer isso."	"Ainda não fizemos isso."

Progresso global, uma análise de realizações e deficiências
Problemas encontrados no cumprimento dos requisitos do trabalho
Oportunidades para melhorar o desempenho
Planos e oportunidades de longo prazo, para o trabalho e para a carreira do indivíduo
Discussão geral de planos e metas possíveis para o próximo ano

Fonte: H. H. Meyer, A solution to the performance appraisal feedback enigma, *Academy of Management Executive* 5, n. 1 (1991): 68-76; R. Feintzeig, Everything is awesome! why you can't tell employees they're doing a bad job, *Wall Street Journal*, 10 fev. 2015, disponível em: <http://www.wsj.com/articles/everything-is-awesome-why-you-cant-tell-employees-theyre-doing-a-bad-job-1423613936>. Acesso em: 7 maio 2015.

Uma nova forma de integração

Para muitos, o primeiro dia de trabalho é muitas vezes o pior. Muitas empresas estão tentando mudar isso ao misturarem o processo típico de integração de pilhas de papéis e reuniões de orientação. De acordo com Francesca Gino, professora associada da Harvard Business School, as pessoas têm maior satisfação e melhor desempenho quando são capazes de trazer mais de si para o trabalho. Estudos indicam que atividades que enfatizam autonomia e aprendizagem contribuem para maior satisfação e retenção de empregados. O *site* de hospedagem de cães Rover.com tenta ajudar os empregados a desfrutar disso desde o primeiro dia, permitindo que entrem em projetos imediatamente. A empresa Wipro, especializada em terceirização de processos de negócios, testou um programa de treinamento de integração centrado no empregado, no qual novos contratados discutem seus pontos fortes e recebem camisetas personalizadas. Depois de seis meses, eles descobriram que aqueles que passaram pelo programa centrado no empregado tinham 32% mais chances de permanecer na empresa.

Fonte: R. E. Silverman, Companies try to make the first day for new hires more fun, *Wall Street Journal*, 28 maio 2013. Disponível em: <http://www.wsj.com/news/articles/SB10001424127887323336104578501631475934850?KEYWORDS=companies+try+to+make+the+first+day&mg=reno64-wsj>. Acesso em: 8 maio 2014.

papéis de treinador e juiz são claramente incompatíveis. Como treinadores, os gestores incentivam, apontando oportunidades de crescimento e melhoria, e os empregados são em geral abertos e receptivos ao *feedback*. Mas, como juízes, os gestores assumem o papel de avaliadores, e os empregados geralmente são defensivos e fechados ao *feedback*.

Segundo, Meyer sugere que as sessões de *feedback* de avaliação de desempenho sejam baseadas em autoavaliações, nas quais os empregados avaliam cuidadosamente e por escrito os próprios pontos fortes e fracos, os sucessos e as falhas. Como os empregados desempenham um papel ativo na revisão do próprio desempenho, os gestores podem ser treinadores em vez de juízes. Além disso, como o foco está nos objetivos futuros e no desenvolvimento, tanto empregados como gestores devem ficar mais satisfeitos com o processo e mais comprometidos com planos e mudanças futuros. Como o foco está no desenvolvimento e não na avaliação administrativa, estudos mostram que as autoavaliações são mais francas do que as avaliações de supervisão tradicionais.[91]

Finalmente, o que as pessoas fazem com o *feedback* de desempenho que recebem realmente importa. Um estudo com 1.361 gerentes seniores concluiu que os gestores que analisaram o *feedback* de 360 graus recebido de um treinador executivo (contratado pela empresa) tendiam mais a estabelecer metas específicas de melhoria, solicitar a seus patrões formas de melhorar e, posteriormente, melhoravam o próprio desempenho.[92]

Um estudo de cinco anos com 252 gestores descobriu que o desempenho melhorava muito se eles se reunissem com os subordinados para discutir o *feedback* de 360 graus ("Você não escuta") e como eles iriam lidar com isso ("O que outros disseram antes de eu declarar a minha opinião"). O desempenho foi muito inferior para os gestores que nunca discutiram o *feedback* de 360 graus com subordinados e para aqueles que não o fazem rotineiramente. Por que discutir o *feedback* de 360 graus com os subordinados é tão eficaz? Essas discussões ajudam os gestores a entender melhor os próprios pontos fracos, força-os a desenvolver um plano para melhorar e demonstra aos subordinados o compromisso público dos gestores de melhorar.[93] Em suma, leva as pessoas a discutir seu *feedback* sobre o desempenho com os outros, mas ajuda particularmente a fazê-los discutir seu *feedback* com as pessoas que o forneceram.

11-6 REMUNERAÇÃO E DESLIGAMENTO DE EMPREGADOS

Embora a China tenha mais de um bilhão de pessoas, 80% dos seus fabricantes estão tendo dificuldade em encontrar e manter os trabalhadores. Os empregadores estão respondendo aumentando os salários, que subiram 74% em quatro anos. A **Pacific Resources International**, com dez fábricas chinesas, paga aos seus trabalhadores 20% mais do que o salário mínimo, oferece seguro e refeições gratuitas, e só pede aos empregados que trabalhem de 40 a 45 horas por semana, o que é baixo na China. Ainda assim, ela perde empregados para a indústria de seguros, onde os salários são 40% maiores.[94] As fábricas, que já aumentaram os salários, estão agora abordando questões não financeiras com a esperança de se tornarem lugares mais atraentes para trabalhar. A **Flextronics International** patrocina piqueniques de empresas, *shows* de talentos (*karaoke*), *speed-dating* para trabalhadores solteiros, instalações esportivas para futebol e basquete, e salões de cabeleireiro. Segundo o diretor de compras Tom Linton: "Se você é capaz de incentivar os empregados a se conectar socialmente, eles tendem a permanecer".[95]

Remuneração inclui recompensas financeiras e não financeiras que as organizações dão aos empregados em troca de seu trabalho. **Desligamento de empregados** é uma expressão abrangente que cobre a perda de um empregado por qualquer motivo. *Desligamento involuntário* ocorre quando os empregadores dispensam ou demitem empregados. *Desligamento voluntário* ocorre quando os empregados pedem demissão ou se aposentam. Como os desligamentos de empregados afetam o recrutamento, a seleção, o treinamento e a remuneração, as organizações devem prever o número de empregados que esperam perder por meio de dispensas, demissões, rotatividade ou aposentadorias ao planejarem os recursos humanos.

Vamos aprender mais sobre remuneração examinando as ***11-6a decisões de remuneração que os gestores devem fazer****, bem como* ***11-6b demissão, 11-6c downsizing, 11-6d aposentadoria*** *e* ***11-6e rotatividade****.*

11-6a Decisões de remuneração

Existem três tipos básicos de decisão de remuneração: nível salarial, variabilidade e estrutura de remuneração.[96] As *decisões relativas a nível salarial* consideram a possibilidade de pagar salários em um nível inferior ao vigente no mercado, acima desse nível ou na média. As empresas usam a **avaliação de cargo** para definir as estruturas de remuneraçao. Essa avaliação determina o valor de cada cargo, determinando o valor de mercado de conhecimentos, habilidades e requisitos necessários para realizá-lo. Depois de realizar uma avaliação do cargo, a maioria das empresas tenta pagar a taxa média, ou seja, o salário médio de mercado. Sempre há empresas, porém, cuja situação financeira as leva a pagar consideravelmente menos do que os salários médios de mercado.

Algumas empresas optam por pagar salários acima da média para atrair e manter empregados. Os salários *acima do mercado* podem atrair um grupo maior e mais qualificado de candidatos, elevar a taxa de aceitação da oferta, diminuir o tempo necessário para preencher posições e aumentar o tempo que os empregados permanecem na empresa.[97] Embora o caixa médio dos supermercados dos Estados Unidos ganhe $ 20 mil por ano, o salário inicial de caixa no **QuikTrip**, uma cadeia de lojas de conveniência e postos de gasolina, é de $ 40 mil por ano. Apesar de pagar aos empregados o dobro de seus concorrentes, o QuikTrip é rentável e está em crescimento. Em comparação a outras lojas de conveniência, as vendas por metro quadrado são 50% mais altas e as vendas por hora de trabalho são 66% maiores. Além disso, o QuikTrip treina novos trabalhadores por duas semanas antes de colocá-los em lojas, ensinando-lhes tudo, desde a maneira correta para limpar os banheiros até como fazer pedidos de mercadorias e controlar o estoque. Por fim, como a empresa paga bem e investe nos trabalhadores, a maioria de seus gestores faz carreira na empresa começando como caixa. De acordo com Mike Thornbrugh, do QuikTrip: "Eles podem ver que, se você trabalha duro e é inteligente, a oportunidade de crescer dentro da empresa é muito, muito boa".[98]

As *decisões relativas à variação da remuneração* dizem respeito à variação do salário dos empregados com base nos desempenhos individual e organizacional. Vincular remuneração ao desempenho destina-se a aumentar a motivação, o esforço e o desempenho no trabalho. Unidade produzida, comissões sobre vendas, participação nos lucros, plano de participação acionária e opções de ações são alternativas comuns de variação de remuneração. Por exemplo, sob planos de **salário por unidade produzida**, os empregados recebem uma taxa fixa por cada item produzido até algum padrão (por exemplo, 35 centavos por item produzido para produção de até 100 unidades por dia). Depois que a produtividade excede o padrão, os empregados recebem um valor fixo por cada unidade produzida em relação ao padrão (por exemplo, 45 centavos para cada unidade acima de 100 unidades). No plano de **comissão** sobre vendas, os vendedores recebem uma porcentagem do preço de compra dos itens que vendem. Quanto mais vendem, mais ganham. Na Installation & Services Technologies, que vende sistemas de ponto de venda (caixas registradoras de alta tecnologia), o salário de um vendedor é determinado, em grande

Remuneração recompensas financeiras e não financeiras que as organizações dão aos empregados em troca de seu trabalho.

Desligamento de empregados perda voluntária ou involuntária de um empregado.

Avaliação de cargo processo que determina o valor de cada cargo em uma empresa, avaliando o valor de mercado de conhecimentos, habilidades e requisitos necessários para realizá-lo.

Salário por unidade produzida sistema de remuneração no qual os empregados são pagos a uma taxa definida para cada unidade produzida.

Comissão sistema de remuneração no qual os empregados ganham uma porcentagem de cada item de venda que realizam.

iStockphoto.com/samxmeg

Songquan Deng/Shutterstock.com

Empresas proeminentes como a United Airlines, Avis e Polaroid oferecem aos empregados a oportunidade de "possuírem" parte da empresa por meio de planos de participação acionária.

parte, com base na quantidade vendida. Todo o pessoal de vendas recebe um pequeno salário-base (aproximadamente 35% do total) e uma comissão com base no lucro bruto que faz nas vendas, 17% entre $ 1 e $ 50 mil, 24% entre $ 50.001 e $ 100 mil e 30% para mais de $ 100 mil. Além disso, cada vez que atinge um novo nível de lucro, o vendedor recebe um adicional de $ 1.000.[99]

Como os planos de remuneração, como unidade de obra e comissões, são baseados no desempenho individual, podem reduzir o incentivo que as pessoas têm de trabalhar em conjunto. Portanto, as empresas também usam recompensas para o grupo (discutidas no Capítulo 10) e incentivos organizacionais, tais como participação nos lucros, planos de participação acionária e opções de ações, para incentivar o trabalho em equipe e a cooperação.

Com a **participação nos lucros**, os empregados recebem uma parte dos lucros da organização, além da remuneração regular. A Southwest Airlines registrou um lucro de $ 754 milhões em 2013, dos quais cerca de 30%, $ 228 milhões, foram destinados aos empregados como resultado do plano de participação nos lucros da companhia.[100]

Planos de participação acionária recompensam os empregados, atribuindo-lhes ações da empresa, além da remuneração regular. A Central States Manufacturing, uma empresa de corte de aço localizada em Lowell, em Arkansas, é 100% de propriedade de seus 517 empregados. Do salário anual de cada empregado, 6,5% são depositados em uma conta de participação acionária com impostos diferidos. Aaron King, um motorista de caminhão de 60 anos de idade que trabalha na empresa há 23 anos, acumulou $ 1,25 milhão em sua conta de participação acionária. Segundo King, graças ao plano de participação acionária: "Responsabilizamo-nos mutuamente. Se alguém deixa uma peça de metal onde poderia ser destruída, uma peça no valor de $ 3 mil, nós vamos chamar aquele cara e conversar com ele. [Porque] Isso vai sair de todos os nossos salários".[101]

Opções de ações dão aos empregados o direito de comprar ações da empresa a um preço definido. As opções funcionam assim. Digamos que você ganha o direito (ou opção) de comprar 100 ações da empresa por $ 5 por ação. Se o preço da ação da empresa sobe para $ 15, você pode exercer suas opções, vendê-las por $ 15 cada e sair com $ 1.000. Quando você exerce suas opções, você paga à companhia $ 500 (100 partes em $ 5 uma parte), mas, como a ação está sendo vendida a $15 no mercado de ações, você pode vender suas 100 ações por $ 1.500 e lucrar $ 1.000. É claro que, à medida que os lucros da empresa e os valores das ações aumentam, as opções de ações se tornam ainda mais valiosas para os empregados. Contudo, opções de ações não têm valor se a ação da empresa cai abaixo do valor da opção "preço de concessão", o preço em que as opções foram emitidas para você. As opções que você tem em 100 ações com um preço de concessão de $ 5 não vão ter grande valor se as ações da empresa valerem $ 2,50. Os defensores de opções de ações argumentam que isso dá a empregados e gestores um forte incentivo para trabalhar duro a fim de tornar a empresa bem-sucedida. Se o fizerem, os lucros da empresa e o preço das ações aumentarem, suas opções de ações aumentarão em valor. Se não, os lucros estagnarão ou se transformarão em perdas, e suas opções de ações diminuirão de valor ou se tornarão inúteis. Para saber mais sobre planos de participação acionária e opções de ações, consulte o National Center for Employee Ownership (www.nceo.org).

No entanto, o incentivo tem que ser mais do que apenas um pedaço de papel. Ele tem de motivar os empregados com a oportunidade real de aumentar o valor da empresa e seu patrimônio. A **Adworkshop**, uma agência de *marketing* digital que faz *design* e desenvolvimento de *sites*, *marketing* de busca, compra de mídia e trabalho criativo, tornou-se uma empresa de propriedade dos empregados em 2007. Kelly Frady conta que o plano de participação acionária energizou o compromisso dos empregados: "Todo mundo sabe que você está indo bem, e suas ações vão subir. É um fator determinante para que a empresa seja bem-sucedida no longo prazo". Nos Estados Unidos, 10.900 empresas, no valor de $ 860 bilhões, são de propriedade de dez milhões de empregados.[102]

Participação nos lucros sistema de remuneração em que uma empresa paga uma porcentagem de seus lucros aos empregados, além de remuneração regular.

Plano de participação acionária sistema de remuneração que dá aos empregados ações da empresa, além de remuneração regular.

Opções de ações sistema de remuneração que dá aos empregados o direito de comprar ações da empresa a um preço definido, mesmo se o valor da ação aumentar acima desse preço.

As *decisões relativas à estrutura salarial* dizem respeito às distribuições de remunerações internas, ou seja, os variados níveis salariais que diferentes empregados recebem.[103] Com *estruturas de remuneração hierárquicas*, há grandes diferenças de um nível de remuneração para outro. Os níveis de remuneração mais altos são para pessoas próximas ao topo da distribuição de remunerações. A ideia básica por trás das estruturas hierárquicas de remuneração é que as grandes diferenças de remuneração entre cargos ou níveis organizacionais devem motivar as pessoas a trabalhar mais para ganhar cargos mais bem remunerados. Muitas empresas de capital aberto têm estruturas de remuneração hierárquicas, pagando enormes salários a seus altos executivos e CEOs. Por exemplo, os CEOs das empresas *Fortune 500*, as 500 maiores empresas dos Estados Unidos, agora ganham uma média de $ 15,2 milhões por ano, o que é 296 vezes o salário médio de $ 52.100 recebido por alguns empregados.[104]

Em comparação, *estruturas de remuneração comprimidas* geralmente têm menos níveis de remuneração e menores diferenças de remuneração entre os níveis. A remuneração é menos dispersa e mais semelhante em todos os cargos da empresa. A ideia básica por trás de estruturas de remuneração comprimidas é que níveis de remuneração semelhantes devem levar a níveis mais altos de cooperação, sentimentos de justiça e um objetivo comum e melhor desempenho do grupo e da equipe.

Então, as empresas deveriam escolher estruturas de pagamento hierárquicas ou comprimidas? A evidência não é clara, mas estudos parecem indicar que há problemas significativos com a abordagem hierárquica. A conclusão mais prejudicial é que parece haver pouca ligação entre o desempenho organizacional e o salário dos altos executivos.[105] Além disso, estudos realizados com atletas profissionais indicam que as estruturas de remuneração hierárquicas (por exemplo, pagar a superestrelas 45 vezes mais do que recebe o atleta com salário mais baixo na equipe) prejudicam o desempenho das equipes e dos jogadores individuais.[106] Da mesma forma, os gestores têm o dobro da probabilidade de deixar seus empregos quando as empresas têm estruturas hierárquicas de pagamento muito fortes (isto é, quando a remuneração é menor em relação aos salários dos empregados do topo).[107] Por enquanto, parece que as estruturas de remuneração hierárquicas funcionam melhor para o trabalho independente, em que é fácil determinar as contribuições dos executores individuais e é necessária pouca coordenação com os outros para realizar o trabalho. Em outras palavras, as estruturas de remuneração hierárquicas funcionam melhor quando se podem estabelecer ligações claras entre o desempenho individual e as recompensas individuais. Em contrapartida, as estruturas de remuneração comprimidas, em que todos recebem salários semelhantes, parecem funcionar melhor para o trabalho interdependente, que exige que os empregados trabalhem em conjunto. Algumas empresas estão buscando um meio-termo: combinar estruturas de remuneração hierárquica e comprimida, dando aos trabalhadores comuns a chance de ganhar mais por meio de planos de participação acionária, opções de ações e participação nos lucros.

11-6b Desligamento de empregados

A frase "Você está despedido!" pode nunca ter sido dirigida a você, mas muitos ouvem, já que mais de 400 mil pessoas são demitidas anualmente. Ser demitido é uma coisa terrível, mas muitos gestores a tornam ainda pior, pois estragam o processo de demissão, provocam desnecessariamente a pessoa demitida e inadvertidamente a induzem a ações judiciais. O gestor Craig Silverman tinha que demitir a diretora de uma empresa que acabara de ser contratada. Ele foi instruído especificamente a chamá-la para uma reunião, o que exigiria que ela viajasse para o outro lado do país, e depois a demitiria imediatamente ao chegar. Segundo Silverman: "Literalmente tive que dizer ao serviço de traslado para esperar. Não acho que ela tenha suspeitado que seria demitida".[108] Quando a Zynga demitiu quase todos os empregados da OMGPOP, uma empresa *startup* que havia adquirido um ano antes, um dos empregados tuitou; "Descobri via Facebook que havia sido demitido hoje e que o escritório @omgpop seria fechado. Obrigado, @zynga, por me lembrar novamente como não operar um negócio".[109] Um engenheiro de sistemas de computador foi demitido no "Dia para Trazer sua Filha ao Trabalho", com sua filha de 8 anos sentada ao lado dele no escritório do gestor de recursos humanos. Ele e a filha foram escoltados para fora do prédio.[110] Como você se sentiria se tivesse sido demitido de uma dessas maneiras? Embora a demissão nunca seja agradável (e os gestores odeiam demissões quase tanto quanto os empregados), os gestores podem fazer várias coisas para minimizar os problemas inerentes ao desligamento de empregados.

Em primeiro lugar, na maioria dos casos, demitir não deve ser a primeira opção. Em vez disso, os empregados devem ter a chance de mudar o próprio comportamento. Quando surgem problemas, os empregados devem ter amplo aviso e ser especificamente informados sobre a natureza e a gravidade de seu problema. Depois de serem notificados, devem ter tempo suficiente para mudar o comportamento. Ron Cohen é CEO e fundador da **Acorda Therapeutics**, uma empresa que desenvolve terapias para restaurar a função neurológica em pessoas com esclerose múltipla e lesões da medula espinhal. A primeira vez que demitiu um empregado, Cohen tinha 31 anos de idade. Para ele, foi um momento doloroso: "Acabei abraçando a funcionária e ela ficou chorando no meu ombro". Porém, desde então, quando demite alguém, sabe que houve muitas oportunidades para abordar questões de desempenho. De acordo com Cohen: "Aprendi ao longo dos anos que, se o empregado não espera e sabe que está chegando, você não está fazendo seu trabalho como gestor".[111]

Se os problemas persistirem, os empregados devem ser novamente aconselhados sobre o desempenho no trabalho, o que poderia ser feito para melhorá-lo e as possíveis consequências se as coisas não mudam (como uma repreensão por escrito, suspensão sem remuneração ou demissão). Às vezes, isso é suficiente para resolver o problema. Se o problema não for corrigido após várias rodadas de avisos e discussões, o empregado poderá ser demitido.[112]

Em segundo lugar, os empregados devem ser demitidos apenas por uma boa razão. Os empregadores costumavam contratar e demitir empregados segundo o princípio legal do emprego que lhes permita agir com liberdade, o que lhes permitia demitir por uma boa razão, uma razão fraca ou nenhuma razão. (Os empregados também poderiam sair por uma boa razão, uma razão fraca ou nenhuma razão sempre que desejassem.) Contudo, como os empregados começaram a contestar suas demissões no tribunal, surgiu o princípio da **demissão indevida**, uma doutrina legal que exige que os empregadores tenham uma razão relacionada ao trabalho para demitir empregados. Em outras palavras, assim como outras decisões importantes de recursos humanos, as decisões de rescisão devem ser tomadas com base em fatores relacionados ao trabalho, como infringir as regras da empresa ou desempenho consistentemente ruim. E com ex-funcionários ganhando 68% dos casos de demissão indevida com indenização média de $ 532 mil e com tendência de crescimento, os gestores devem registrar as razões relacionadas ao trabalho para a demissão, documentar casos específicos de infração de regras ou mau desempenho continuado e manter notas e documentos das sessões de aconselhamento realizadas com os empregados.[113]

11-6c *Downsizing*

Downsizing é a eliminação planejada de postos de trabalho em uma empresa (ver boxe "Como conduzir demissões"). Quer se trate de redução de custos, diminuição da participação de mercado, contratação prévia exagerada e crescimento ou terceirização, as empresas em geral eliminam entre 1 e 1,26 milhão de empregos por ano.[114] Dois terços das empresas que reduzem seu tamanho uma vez, repetem o *downsizing* uma segunda vez em um ano.[115] Em 2012, a Cisco cortou oito mil empregados, cerca de 9% de sua força de trabalho, em um esforço para reduzir custos. Em março de 2013, cortou outros 500 trabalhadores. Então, apenas alguns meses depois, cortou mais quatro mil empregados, cerca de 5% de sua força de trabalho, apesar de atender às expectativas de lucros.[116]

Downsizing funciona? Em teoria, o *downsizing* deve levar à maior produtividade e lucros, melhor desempenho de ações e maior flexibilidade organizacional. No entanto, numerosos estudos demonstram que não. Por exemplo, um estudo de 15 anos sobre *downsizing* descobriu que a redução de 10% da força de trabalho de uma empresa produziu apenas uma redução de 1,5% nos custos, que as empresas que fizeram *downsizing* aumentaram seu preço das ações em apenas 4,7% ao longo de três anos, em comparação com 34,3% das empresas que não o fizeram, e que a rentabilidade e a produtividade geralmente não foram melhoradas com o *downsizing* (redução de pessoal). O *downsizing* também pode resultar na perda de trabalhadores qualificados que seriam caros para substituir quando a empresa crescer novamente. Esses resultados deixam claro que a melhor estratégia é conduzir um planejamento eficaz de recursos humanos e evitar o *downsizing*. O *downsizing* deve ser sempre um último recurso.[117]

Porém, se as empresas se encontram em situações financeiras ou estratégicas nas quais o *downsizing* é necessário para a sobrevivência, devem treinar os gestores sobre como dar a notícia para os empregados demitidos, fazer que os gestores seniores expliquem detalhadamente por que é necessário reduzir o tamanho e ser rápido para fazer o anúncio de modo que os empregados sejam informados dentro da empresa e não de outras fontes, como TV ou relatórios *on-line*.[118] Por fim, as empresas devem fazer tudo o que puderem para ajudar os empregados demitidos a encontrar outros empregos. Uma das melhores maneiras de fazer isso é usar **serviços de *outplacement***, que fornecem aconselhamento de emprego para os empregados confrontados com *downsizing*. Serviços de *outplacement* muitas vezes incluem aconselhamento e formação na elaboração de currículos, preparação para entrevistas de emprego e, até mesmo, identificação de oportunidades de trabalho em outras empresas. Atualmente, 79% das empresas fornecem serviços de *outplacement* para empregados demitidos, 61% oferecem cobertura de saúde estendida e a maioria oferece até 26 semanas de pagamentos como indenização.[119] Oferecer esse tipo de assistência pode suavizar o golpe de ser demitido, preservar a boa vontade e reduzir o risco de ações futuras.[120]

As empresas também precisam prestar atenção aos sobreviventes, os empregados que permanecem após as demissões ocorrerem. Para Peter Cappelli, professor de administração da Universidade da Pensilvânia, os sobreviventes "podem se sentir como se fossem a próxima pessoa a ser demitida".[121] De acordo com Lori Stewart Coletti, diretora de serviços ao cliente da Elaine Construction, empresa com sede em Newton, em Massachusetts: "O sentimento geral é: 'Eu posso ser o próximo?'. Esse é o nível de incerteza que você realmente tem que combater".[122] A chave para trabalhar com sobreviventes de demis-

Demissão indevida doutrina legal que exige que os empregadores tenham uma razão relacionada ao trabalho para demitir empregados.

Downsizing eliminação planejada de postos de trabalho em uma empresa.

Serviços de *outplacement* serviços de aconselhamento de emprego oferecidos aos empregados que perderam seus empregos por causa do *downsizing*.

Como conduzir demissões

1. Fornecer razões e explicações claras para as demissões.
2. Evitar o desligamento de empregados com habilidades, conhecimentos e experiência essenciais e insubstituíveis, obter informações de recursos humanos, departamento jurídico e vários níveis de gestão.
3. Treinar os gestores sobre como dizer aos empregados que estão sendo demitidos (ou seja, ficar calmo, fazer uma reunião curta, explicar por que, mas sem ser pessoal, e fornecer informações sobre preocupações imediatas, tais como benefícios, encontrar um novo emprego e coleta de bens pessoais).
4. Dar aos empregados as más notícias no início do dia e tentar evitar demiti-los antes das férias.
5. Fornecer serviços de *outplacement* e aconselhamento para ajudar empregados demitidos a encontrar novos empregos.
6. Comunicar-se com os empregados que não foram demitidos para explicar como a empresa e seus trabalhos vão mudar.

Fonte: M. Boyle, The not-so-fine art of the layoff, Fortune, 19 mar. 2001, 209.

iStockphoto.com/WillSelarep

sões, segundo Barry Nickerson, presidente da Marlow Industries, com sede em Dallas, e que reduziu de 800 para 200 empregados, é "comunicar, comunicar, comunicar": "Toda vez que tivemos uma mudança, fizemos uma reunião para explicar exatamente o que estávamos fazendo. Estávamos muito abertos com nossos empregados sobre onde estávamos financeiramente. Explicamos exatamente o *status* atual e onde estávamos".[123]

11-6d Aposentadoria

Programas de incentivo à antecipação de aposentadoria oferecem benefícios financeiros aos empregados para incentivá-los a se aposentar mais cedo. As empresas utilizam tais programas para reduzir custos, eliminando as posições após a aposentadoria dos empregados, cortar custos substituindo aposentados com altos salários por empregados com menores salários e menos experientes ou criar vagas e oportunidades de trabalho para pessoas de dentro da empresa. Por exemplo, o Estado de Wyoming ofereceu a seus empregados um bônus de montante fixo, benefícios de seguro adicionais e pagamentos mensais de aposentadoria aumentados para incentivar a aposentadoria antecipada. Seu programa deve ter sido bastante atraente, porque 56% dos empregados do Estado elegíveis para a aposentadoria antecipada aceitaram. Das 437 posições desocupadas pelos aposentados antecipados, 30% permaneceram vazias, o que representou uma economia de $ 23,2 milhões nos primeiros 46 meses do programa e uma projeção de $ 65 milhões ao longo de oito anos. Após a contabilização dos custos do aumento dos benefícios da aposentadoria antecipada, as economias previstas chegaram a mais de $ 148 mil por aposentado.[124]

Programas de incentivo à antecipação de aposentadoria programas que oferecem benefícios financeiros aos empregados para incentivá-los a se aposentar mais cedo.

Embora os programas de incentivo à antecipação de aposentadoria possam economizar dinheiro para as empresas, eles poderão representar um grande problema para os gestores se não conseguirem prever com precisão quais os empregados, os com desempenho bom ou ruim, e quantos vão se aposentar cedo. De acordo com o consultor Ron Nicol: "O que não funciona é apenas pedir voluntários. Você recebe os voluntários errados. Algumas de suas melhores pessoas vão sentir que podem conseguir um emprego em qualquer lugar. Ou você tem pessoas que estão perto da aposentadoria e são um ativo real para a empresa".[125] Quando a Progress Energy localizada em Raleigh, na Carolina do Norte, identificou 450 cargos que queria eliminar com um programa de incentivo à antecipação de aposentadoria, compartilhou cuidadosamente a lista de cargos com os empregados, indicou que as demissões se seguiriam se não houvesse voluntários suficientes para a aposentadoria antecipada e fez 80 reuniões com os empregados para responder às possíveis dúvidas. Apesar desse cuidado, mil empregados, de um total de 1.450, aceitaram a oferta do programa e solicitaram a aposentadoria antecipada![126]

Por causa dos problemas associados com os programas de incentivo à antecipação de aposentadoria, muitas empresas estão agora oferecendo **aposentadoria progressiva**, em que os trabalhadores fazem uma transição para a aposentadoria trabalhando horas reduzidas ao longo de um período de tempo antes de se aposentarem definitivamente. A vantagem para os empregados é que eles têm mais tempo livre, mas continuam a ganhar salários e benefícios sem mudar de empresas ou carreiras. A vantagem para as empresas é que elas podem reduzir os salários e os custos de contratação e treinamento, e reter trabalhadores experientes e valiosos.[127]

11-6e Rotatividade de empregados

Em 2015, 51% dos indivíduos empregados estavam ativamente procurando uma nova colocação ou abertos a ela.[128] **Rotatividade de empregados** é a perda de empregados que voluntariamente optam por deixar a empresa. Em geral, a maioria das empresas tenta manter baixa a taxa de rotatividade de empregados para reduzir os custos de recrutamento, contratação, treinamento e substituição. No entanto, nem todos os tipos de rotatividade de empregados são ruins para as organizações. Na verdade, alguns podem realmente ser bons. **Rotatividade funcional** é a perda de empregados de baixo desempenho que optam por deixar a organização.[129] Ela dá à organização a oportunidade de substituir trabalhadores ruins por melhores. De fato, um estudo constatou que a simples substituição de trabalhadores ruins por médios aumentaria anualmente as receitas produzidas pelos vendedores de varejo em uma loja de departamentos de luxo em $ 112 mil por pessoa.[130] Em comparação, a **rotatividade disfuncional**, a perda de trabalhadores com alto desempenho, é dispendiosa para a organização. Para minimizar a rotatividade disfuncional, a **VoloMetrix Inc.** usa algoritmos para identificar os chamados riscos de voo, isto é, os empregados que estão se preparando para sair. O *software* examina dados anônimos de *e-mails* e calendários dos empregados para identificar padrões de comunicação que indicam que eles estão gastando menos tempo interagindo com colegas e participando apenas de reuniões necessárias. A análise ajuda a empresa a prever uma partida com até um ano de antecedência, o que é importante, pois o custo médio da rotatividade para a maioria dos empregos é de 21% do salário anual do empregado.[131]

Aposentadoria progressiva transição dos empregados para a aposentadoria trabalhando horas reduzidas durante um período de tempo antes de se aposentarem completamente.

Rotatividade de empregados perda de empregados que voluntariamente escolhem deixar a empresa.

Rotatividade funcional perda de empregados de baixo desempenho que voluntariamente optam por deixar uma empresa.

Rotatividade disfuncional perda de empregados de alto desempenho que voluntariamente optam por deixar uma empresa.

A rotatividade de empregados deve ser cuidadosamente analisada para determinar se os bons ou maus empregados estão decidindo abandonar a organização. Se a empresa está perdendo muitos empregados de alto desempenho, os gestores devem identificar as razões e encontrar maneiras de reduzir essa perda. A empresa pode ter que aumentar os níveis salariais, oferecer melhores benefícios ou aperfeiçoar as condições de trabalho para que possa reter trabalhadores qualificados. Uma das melhores maneiras de influenciar as rotatividades funcional e disfuncional é associar o pagamento diretamente ao desempenho. Um estudo de quatro forças de vendas descobriu que, quando o salário estava fortemente ligado ao desempenho por meio de comissões de vendas e bônus, aqueles que tinham um desempenho fraco tendiam muito mais a sair (isto é, rotatividade funcional). Em comparação, os ruins tendiam muito mais a ficar quando recebiam grandes salários mensais garantidos e pequenas comissões de vendas e bônus.[132]

11

FERRAMENTA DE ESTUDO

Leia o cartão de revisão do capítulo e reveja o conteúdo.

12 Gerenciando indivíduos e uma força de trabalho com diversidades

Wavebreakmedia/Shutterstock.com

RESULTADOS DE APRENDIZAGEM

12-1 Descrever a diversidade e explicar por que isso é importante.

12-2 Compreender os desafios especiais que as dimensões de nível superficial da diversidade representam para os gestores.

12-3 Explicar como as dimensões de nível profundo da diversidade afetam o comportamento individual e as interações no local de trabalho.

12-4 Explicar princípios e práticas básicos que podem ser usados para gerenciar a diversidade.

12-1 DIVERSIDADE: DIFERENÇAS QUE IMPORTAM

A diversidade no local de trabalho como a conhecemos está mudando. A Figura 12.1 mostra as previsões do Departamento de Censo dos Estados Unidos de como a população norte-americana irá mudar nos próximos 40 anos. A porcentagem de norte-americanos brancos não hispânicos na população em geral deverá diminuir de 61,8% em 2015 para 42,6% em 2060. Por sua vez, a porcentagem de negros norte-americanos aumentará (de 12,4% para 13,2%), assim como a de norte-americanos asiáticos (de 5,1% para 7,9%). Enquanto isso, a proporção de nativos norte-americanos ficará estável em 0,7%. Porém, o grupo com crescimento mais rápido será o dos hispânicos, que deverá aumentar de 17,8% da população total em 2015 para 30,6% até 2060. Outras mudanças significativas já ocorreram. Por exemplo, hoje, as mulheres ocupam 46,8% dos empregos nos Estados Unidos contra 38,2% em 1970.[1] Além disso, homens brancos, que compunham 63,9% da força de trabalho em 1950, ocupam apenas 35,8% dos empregos atuais.[2]

Essas mudanças bastante fortes ocorreram em um tempo relativamente curto. E, como essas tendências mostram claramente, a força de trabalho do futuro próximo será cada vez mais hispânica, ásio-americana e feminina. Também será mais velha, à medida que o *baby boomer* médio se aproxima da idade de 70 em torno de 2020. Como muitos *boomers* tendem a adiar a aposentadoria e trabalhar bem em seus 70 anos para compensar as reduções previstas nos benefícios da Segurança Social e Medicare, a força de trabalho pode tornar-se ainda mais velha do que o esperado. Por exemplo, entre 1992 e 2022, indivíduos entre 16 e 24 anos de idade (passando de 16,9% para 11,3%), entre 25 e 34 anos de idade (de 27,6% para 22,5%) e entre 35 e 44 anos (de 26,5% para 21,3%) se tornarão uma parte menor da força de trabalho dos Estados Unidos. Por sua vez, aqueles entre 45 e 54 anos (de 17,3% para 19,3%), entre 55 e 64 anos (de 9,0% para 17,3%) e 65 anos e mais (de 2,7% para 6,7%) constituirão parcelas maiores da força de trabalho dos Estados Unidos.[3]

Diversidade significa variedade. Portanto, existe **diversidade** nas organizações quando há uma variedade de diferenças demográficas, culturais e pessoais entre as pessoas

Diversidade variedade de diferenças demográficas, culturais e pessoais entre empregados e clientes de uma organização.

Figura 12.1

Porcentagem da população projetada por raça e origem hispânica para os Estados Unidos: de 2015 a 2060

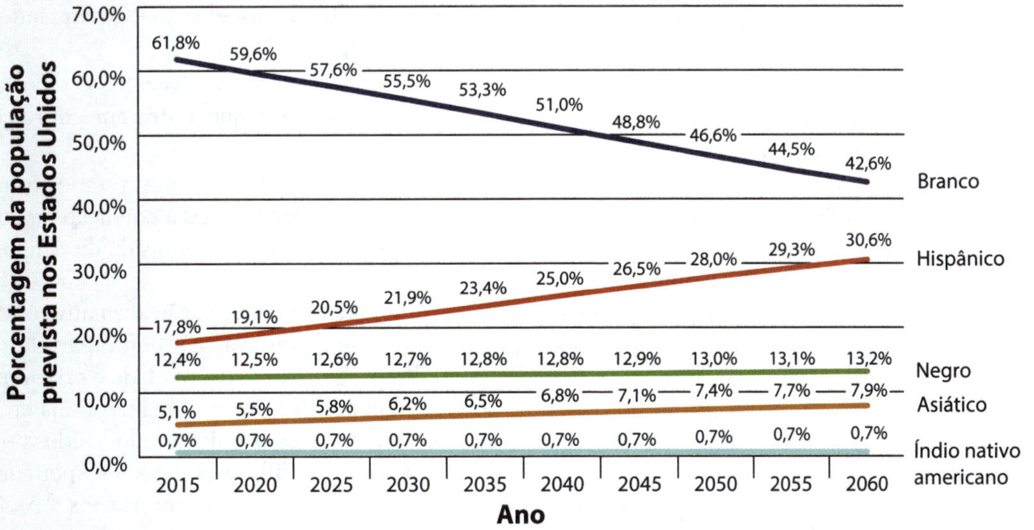

Fonte: Table 6. Percent distribution of the projected population by race, and hispanic origin for the United States: 2015 to 2060, U. S. Census Bureau. Disponível em: <http://www.census.gov/population/projections/data/national/2012/summarytables.html>. Acesso em: 10 jul. 2014.

que lá trabalham e os clientes que com elas fazem negócios. Com 36 mil locais em 120 países, poucas empresas têm tanta diversidade de locais e clientes como o McDonald's.[4] Graças à sua presença global, ele tem 160 itens de menu globais, variando de um hambúrguer de arroz (frango ou carne entre dois pães de arroz) em Taiwan a um Paneer Salsa Wrap (pão-folha recheado com queijo Paneer,* alface, repolho roxo, aipo, maionese, queijo *cheddar* e molho) na Índia, até o McMollettes (*muffins* ingleses cobertos com feijão refogado, queijo e *pico de gallo***) no México.[5] Don Thompson, ex-CEO do McDonald's, afirmou certa vez que diversidade não é "perseguir um número, mas, sim, o conteúdo a experiência, o histórico. A diversidade alimenta a inovação e esta alimenta o sucesso. Você não obtém produtos como o que fizemos, você não cria alguns dos produtos mais novos sem uma visão". Contudo, Thompson reconheceu que avanços ainda precisavam ser feitos: "Ainda temos um longo caminho pela frente, especialmente quando estamos nos tornando uma empresa ainda mais global".[6]

Você começará sua exploração da diversidade aprendendo ***12-1a que diversidade não é uma ação afirmativa*** *e* ***12-1b que ela faz sentido comercial.***

12-1a Diversidade não é uma ação afirmativa

Um equívoco comum é que diversidade no local de trabalho e ação afirmativa são sinônimas, mas esses conceitos diferem em vários aspectos críticos, incluindo sua finalidade, como são praticados e as reações que produzem. Para começar, **ação afirmativa** refere-se a medidas intencionais tomadas por uma organização para criar oportunidades de emprego para minorias e mulheres.[7] Em contraste, diversidade tem um foco mais amplo que inclui diferenças demográficas, culturais e pessoais.

Uma segunda diferença é que ação afirmativa é uma política para criar ativamente a diversidade, mas esta pode existir mesmo que as organizações não tomem medidas intencionais para criá-la. Um restaurante localizado perto de uma universidade de uma grande cidade tende a ter um grupo mais diversificado de empregados do que um localizado em uma pequena cidade. Assim, as organizações podem alcançar a diversidade sem ação afirmativa. Entretanto, a ação afirmativa não garante a diversidade. Uma organização pode criar oportunidades de emprego para mulheres e minorias, mas ainda assim não ter uma força de trabalho diversificada.

Ação afirmativa refere-se às medidas tomadas por uma organização para criar oportunidades de emprego para minorias e mulheres.

Uma terceira diferença importante é que a ação afirmativa é exigida por lei para empregadores privados com 50 ou mais empregados, enquanto a diversidade não é. A ação afirmativa originou-se com a Ordem Executiva 11246 (www.dol.gov/ofccp/regs/compliance/fs11246.htm), mas também está relacionada com a Lei de Direitos Civis de 1964, que proíbe a discriminação em votação, lugares públicos, programas do governo federal, educação pública e emprego. O Título VII da Lei de Direitos Civis (www.eeoc.gov/laws/statutes/titlevii.cfm) exige que os trabalhadores tenham oportunidades iguais ao serem contratados ou promovidos. Mais especificamente, o Título VII proíbe as empresas de discriminar com base em raça, cor, religião, sexo ou origem nacional. Esse título também criou a Comissão de Igualdade de Oportunidades de Emprego dos Estados Unidos (Equal Employment Opportunity Commission – Eeoc – www.eeoc.gov), para administrar essas leis. No entanto, não há nenhuma lei ou agência federal para supervisionar a diversidade. Organizações que buscam atingir metas e programas de diversidade fazem isso voluntariamente.

Além disso, os programas de ação afirmativa e os de diversidade têm propósitos diferentes. O objetivo dos primeiros é compensar a discriminação passada, que se generalizou quando a legislação foi introduzida nos anos 1960, evitar a discriminação vigente e oferecer igualdade de oportunidades a todos, independentemente de raça, cor, religião, sexo ou origem nacional. As organizações que não cumprirem as leis de ação afirmativa podem ser obrigadas a:

- contratar, promover ou reembolsar salários aos não contratados ou não promovidos;
- recontratar aqueles que foram indevidamente desligados;
- pagar honorários advocatícios e custas judiciais para aqueles que entrarem com ações contra elas; ou
- tomar outras ações que restabeleçam os indivíduos, retornando-os à condição ou ao lugar que teriam se não tivessem sido discriminados.[8]

Consequentemente, a ação afirmativa é basicamente uma abordagem punitiva.[9] Em contrapartida, o propósito geral dos programas de diversidade é criar um ambiente de trabalho positivo em que ninguém seja favorecido ou desfavorecido, "nós" significa todos, todos possam fazer o seu melhor e as diferenças sejam respeitadas e não ignoradas, e todos se sintam confortáveis.[10] Assim, ao con-

* Queijo indiano fresco tipo *cottage* (N. T.).

** Na culinária mexicana, *pico de gallo* (em tradução literal, "bico do galo"), também chamado de "salsa fresca", é uma salada crua feita de tomate picado, cebola, folhas de coentro, pimenta serrana fresca (ou *jalapeña* ou *habanera*), sal e suco de lima (N. T.).

Bikeriderlondon/Shutterstock.com

trário da ação afirmativa, que pune as empresas por não atingirem cotas específicas de sexo e raça em sua força de trabalho, os programas de diversidade buscam beneficiar tanto as organizações como seus empregados encorajando as empresas a valorizar todos os tipos de diferença.

Apesar do sucesso global da ação afirmativa em tornar os locais de trabalho muito mais justos do que costumavam ser, muitas pessoas argumentam que alguns programas oferecem tratamento preferencial a mulheres e minorias em detrimento de outros empregados, uma visão aceita por alguns tribunais.[11] O Instituto Norte-Americano de Direitos Civis promoveu campanhas estatais para proibir a ação afirmativa baseada em raça e sexo em admissões na faculdade, contratação de governo e programas de contratação governamental na Califórnia (1996), em Washington (1998) e Michigan (2006). Conduzido por Ward Connerly, o instituto apoiou esforços semelhantes no Arizona, Colorado, Missouri, Nebraska e Oklahoma, em 2008. Em uma decisão de abril de 2014, a Suprema Corte dos Estados Unidos decidiu por 6 a 2 que as iniciativas estaduais que proíbem ações envolvendo raça e sexo são constitucionais.[12] Oponentes da ação afirmativa, como Connerly, acreditam que políticas desse tipo estabelecem apenas uma diversidade de nível superficial e, ironicamente, promovem um tratamento preferencial.[13]

Pesquisas mostram que as pessoas que obtiveram um emprego ou uma promoção como resultado da ação afirmativa são comumente vistas como desqualificadas, mesmo quando há evidências claras de suas qualificações.[14] Esse efeito é tão robusto que os beneficiários da ação afirmativa têm dúvidas sobre sua competência.[15] Assim, embora os programas de ação afirmativa tenham criado oportunidades para minorias e mulheres, eles involuntariamente produzem dúvidas persistentes e dúvidas sobre as qualificações dos próprios indivíduos que acreditam ter obtido seus empregos como resultado de ações afirmativas.

12-1b Diversidade faz sentido comercial

Aqueles que apoiam a ideia de diversidade nas organizações muitas vezes ignoram completamente seus aspectos comerciais, alegando que diversidade é simplesmente a coisa certa a fazer. No entanto, diversidade realmente faz sentido nas empresas de várias maneiras: economia de custos, atração e retenção de talentos e impulso para o crescimento dos negócios.[16]

A diversidade ajuda as empresas a *economizar custos* reduzindo a rotatividade de pessoal, diminuindo o absenteísmo e evitando demandas jurídicas dispendiosas.[17] Devido à perda de produtividade e ao custo de recrutamento e seleção de novos trabalhadores, as empresas perdem substanciais quantias de dinheiro quando os empregados deixam os empregos. Na verdade, os custos de rotatividade geralmente representam mais de 90% dos salários dos empregados. Por essa estimativa, se um executivo que ganha $ 200 mil pedir demissão, a organização terá que gastar aproximadamente $ 180 mil para encontrar um substituto. Mesmo os trabalhadores com salários mais baixos pagos por hora podem custar à companhia até $ 10 mil quando se demitem. Como as taxas de rotatividade para os afro-americanos são 40% mais altas do que para os brancos, e uma vez que as mulheres deixam os empregos duas vezes mais do que os homens, as empresas que gerenciam bem as forças de trabalho diversificadas podem reduzir os custos diminuindo as taxas de rotatividade desses empregados.[18] E, com as mulheres se ausentando do trabalho 60% mais frequentemente do que os homens, principalmente por causa de responsabilidades familiares, programas de diversidade que atendem às necessidades das trabalhadoras podem também reduzir os custos substanciais do absenteísmo.

Programas de diversidade também economizam dinheiro para as empresas, ajudando-as a evitar processos de discriminação, que aumentaram 20 vezes desde 1970 e quadruplicaram a partir de 1995. Em uma pesquisa realizada pela Society for HumanResource Management, 78% dos respondentes disseram que esforços para promover a diversidade os ajudaram a evitar processos judiciais e litígios.[19] Na verdade, como as empresas perdem dois terços de todos os casos de discriminação que vão a julgamento, a melhor estratégia de uma perspectiva de negócios é não ser processada por discriminação. Quando as empresas perdem, a média individual de acordos equivale a mais de $ 600 mil.[20] E os custos de acordos podem ser substancialmente mais altos em ações judiciais, nas quais os indivíduos se juntam para processar uma empresa como um grupo. A corretora de investimentos Merrill Lynch enfrentou uma ação coletiva que alegava que a empresa tinha negado 1.400 promoções de corretores de ações afro-americanos, compensação baseada em bônus e acesso justo a contas e recursos de clientes. A Merrill Lynch fez um acordo de $ 160 milhões e concordou em efetuar mudanças que "aumentarão as oportunidades de consultores financeiros no futuro", que será monitorado por um comitê de corretores afro-americanos que trabalham na empresa.[21]

A diversidade também faz sentido nos negócios ao ajudar as empresas a *atrair e reter trabalhadores talentosos*.[22] As empresas amigas da diversidade tendem a atrair candidatos melhores e mais diversos. Muito simplesmente, diversidade gera mais diversidade. As companhias que compõem a lista da revista *Fortune* das melhores empresas para as minorias ou são reconhecidas pelas revistas *Working Women* e *Diversity Inc.* já atraíram um grupo diversificado e talentoso de candidatos a emprego. Mas, depois de serem reconhecidas por seus esforços, elas subsequentemente têm grandes aumentos na qualidade e na diversidade das pessoas que se candidatam para trabalhos. Pesquisas mostram que as empresas com programas aclamados de diversidade não só atraem mais trabalhadores talentosos, mas também têm maior desempenho no mercado de ações.[23]

A terceira maneira de a diversidade fazer sentido nos negócios é *impulsionar o crescimento do negócio*. Atualmente, nos Estados Unidos, há 45 milhões de afro-americanos, 55,8 milhões de americanos hispânicos e 19,4 milhões de ásio-americanos com, respectivamente, $ 1 trilhão, $ 1,2 trilhão e $ 713 bilhões em poder de compra. Dado o tamanho desses mercados, não deve ser surpreendente que uma pesquisa conduzida pela Society for Human Resource Management tenha descoberto que o acesso a "clientes e mercados diversificados" tenha sido a primeira razão mencionada por gestores para implantar programas de diversidade.[24] A Kimberly-Clark, fabricante de marcas conhecidas como Kotex, Depend, Kleenex, Huggies e produtos de papel Scott, tem uma base de clientes 83% feminina. Mas, desde gestores de primeiro nível até o comitê de direção, as mulheres estão em grande minoria.

Assim, da China aos Estados Unidos, passando pela América Latina, a Kimberly-Clark está implantando uma licença-maternidade mais generosa e horários de trabalho flexíveis na esperança de aumentar e reter líderes femininas promissoras que entendem os clientes da empresa.[25] Da mesma forma, fora de seus países de origem, as empresas multinacionais estão colocando os principais líderes ou divisões mais perto de clientes globais. A Procter & Gamble mudou sua divisão global de cosméticos e cuidados pessoais de Cincinnati para Cingapura. A GE transferiu sua unidade de raios X de Wisconsin para Pequim. E a Daimler-Benz, com sede na Alemanha, agora está exigindo que os jovens gestores indicados para seu programa de treinamento e desenvolvimento de "alto potencial" sejam de fora da Alemanha.[26] Quando têm força de trabalho diversificada, as empresas são mais capazes de entender as necessidades de seus clientes.

A diversidade também ajuda as empresas a crescer por meio da resolução de problemas com maior qualidade. Embora grupos diversificados inicialmente tenham mais dificuldade em trabalhar juntos do que grupos homogêneos, eles eventualmente estabelecem um relacionamento e fazem um melhor trabalho para identificar problemas e gerar soluções alternativas, as duas etapas mais importantes na solução de problemas.[27] Quando o CEO da Novartis David Epstein dirigiu a Novartis Oncology no início de sua carreira, ele teve a oportunidade de criar sua equipe de liderança a partir do zero. A divisão naquela época era predominantemente formada por norte-americanos e europeus. Mas, como a equipe era responsável por produtos e clientes em 70 países diferentes, ele escolheu seus líderes com base em sucessos de carreira e experiências diversificadas. De acordo com Epstein: "Acabei formando uma equipe que veio de todo o mundo. Tivemos discussões fenomenalmente produtivas. No início, era muito difícil porque tínhamos diferentes origens culturais e as normas dentro das quais nos comunicávamos eram diferentes, mas depois de um tempo eu vi o poder de pessoas com origens diferentes e que poderiam contribuir para ideias de negócios. Uma vez que conseguimos fazer esse grupo trabalhar como uma equipe de alto desempenho, fomos capazes de realizar façanhas que ninguém pensava que poderiam ser possíveis".[28]

12-2 DIVERSIDADE DE NÍVEL SUPERFICIAL

Uma pesquisa que perguntou aos gestores "O que se entende por diversidade para os tomadores de decisão em sua organização?" descobriu que eles mais frequentemente mencionavam raça, cultura, sexo, origem nacional, idade, religião e origem regional.[29] Quando descreviam os trabalhadores dessa forma, os gestores estavam se concentrando no nível superficial da diversidade. **Diversidade superficial** consiste em diferenças imediatamente observáveis, tipicamente imutáveis e fáceis de medir.[30] Em outras palavras, observadores independentes geralmente podem concordar com as dimensões de nível superficial de diversidade, tais como idade, sexo, raça/etnia ou capacidades físicas de outra pessoa.

A maioria das pessoas começa usando a diversidade de nível superficial para categorizar ou estereotipar outras pessoas. Mas essas categorizações iniciais em geral dão lugar a impressões mais profundas formadas a partir do conhecimento dos comportamentos e das características psicológicas dos outros, como personalidade e atitudes.[31] Quando você pensa nos outros dessa forma, está se concentrando na diversidade profunda. **Diversidade de nível profundo** consiste em diferenças comunicadas por meio de comportamentos verbais e não verbais, e aprendidas somente com interação prolongada com os outros.[32] Exemplos de diversidade de nível profundo incluem diferenças de personalidade, atitudes, crenças e valores. Em outras palavras, à medida que as pessoas em diversos locais de trabalho se conhecem, o foco inicial nas diferenças de nível superficial, como idade, raça/etnia, sexo e capacidades físicas, é substituído por um conhecimento mais profundo e mais complexo dos colegas de trabalho.

Se administrada adequadamente, a mudança da diversidade de nível superficial para a de nível profundo pode conseguir duas coisas.[33] Em primeiro lugar, conhecer e se entender melhor pode resultar em redução de preconceitos e conflitos. Em segundo lugar, pode levar a uma integração social mais forte. **Integração social** é o grau em que os membros do grupo são psicologicamente atraídos por trabalhar uns com os outros para alcançar um objetivo comum ou, como um gestor disse, "trabalhar juntos para executar a tarefa".

Como idade, sexo, raça/etnia e deficiências são em geral imediatamente observáveis, muitos gestores e trabalhadores usam tais dimensões da diversidade de nível superficial para formar impressões e categorizações iniciais dos colegas de trabalho, dos patrões, dos clientes ou dos candidatos a cargos. Quer intencionalmente ou não, às vezes tais categorizações e impressões iniciais levam a decisões ou comportamentos que discriminam. Consequentemente, tais dimensões de nível superficial da diversidade representam desafios especiais para gestores que buscam criar ambientes de trabalho positivos onde todos se sintam confortáveis e ninguém seja favorecido ou desfavorecido.

*Vamos aprender mais sobre tais desafios e as formas como **12-2a idade, 12-2b sexo, 12-2c raça/etnia** e **12-2d deficiências mentais ou físicas podem afetar decisões e comportamentos nas organizações.***

12-2a Idade

Discriminação por idade é tratar as pessoas de forma diferente (por exemplo, decisões de contratação e demissão, promoção e compensação) por causa da idade. As vítimas de discriminação em razão da idade são quase sempre trabalhadores mais velhos, e a discriminação baseia-se no pressuposto de que "não se pode ensinar novos truques a um cachorro velho". É comum acreditar que os trabalhadores mais velhos são menos motivados, menos produtivos e mais propensos a doença e acidentes, não interessados em aprender coisas novas, custam mais e fazem um uso maior e mais caro dos benefícios de saúde.[34] O fundador e CEO do Facebook Mark Zuckerberg afirmou uma vez: "Quero enfatizar a importância de ser jovem e técnico.... Os jovens são mais inteligentes".[35] Em consonância com esse estereótipo, Apple, Yahoo! e Dropbox estão entre as empresas que têm preferências específicas por "novos graduados" para suas vagas. Como isso claramente infringe a Lei de Discriminação por Idade no Trabalho, empresas como Zipcar, Panasonic e, sim, Facebook agora listam ser um "nativo digital" como um requisito de trabalho.[36] De acordo com Ingrid Fredeen da **NAVEX Global**, uma fornecedora de programas de ética e conformidade, a expressão a faz estremecer

Diversidade superficial diferenças como idade, sexo, raça/etnia e deficiências físicas observáveis, tipicamente imutáveis e fáceis de medir.

Diversidade de nível profundo diferenças como personalidade e atitudes comunicadas por meio de comportamentos verbais e não verbais e aprendidas somente pela interação prolongada com os outros.

Integração social grau em que os membros do grupo são psicologicamente atraídos para trabalhar uns com os outros, a fim de alcançar um objetivo comum.

Discriminação por idade tratar as pessoas de forma diferente (por exemplo, em decisões de contratação e demissão, promoção e compensação) por causa da idade.

Alex74/Shutterstock.com

É comum – e errado – acreditar que trabalhadores mais velhos são menos motivados, menos produtivos e mais propensos a doenças e acidentes.

porque implica que "apenas candidatos jovens precisam se apresentar".[37] O aumento de reclamações judiciais devido à discriminação por idade apresentados à Eeoc, 20.588 em 2014 contra 15.785 em 1997,[38] sugere que atitudes discriminatórias como essa ainda existem.

Então, o que é realidade e o que é mito? Empregados mais velhos realmente custam mais caro? De certa forma, sim. Quanto mais velhas as pessoas são e quanto mais tempo ficam em uma empresa, mais a empresa paga por seus salários, planos de pensão e férias. Mas os trabalhadores mais velhos também custam menos para as empresas, porque mostram melhor julgamento, preocupam-se mais com a qualidade de seu trabalho e têm menos probabilidade de pedir demissão, chegar tarde ou faltar ao trabalho, cujos custos podem ser substanciais.[39] Uma metanálise combinando os resultados de 118 estudos individuais também constatou que os trabalhadores mais velhos tendem mais a ajudar os outros e menos a usar drogas ou álcool, envolver-se em agressões ou em acidentes no local de trabalho . Os autores desse estudo chegaram à seguinte conclusão: "O estereótipo de trabalhadores mais velhos como colegas difíceis, então, parece ser em grande parte infundado".[40]

Quanto à crença generalizada de que o desempenho no trabalho diminui com a idade, a evidência científica refuta claramente esse estereótipo. O desempenho não diminui com a idade, independentemente do tipo de trabalho.[41]

O que as empresas podem fazer para reduzir a discriminação por idade?[42] Para começar, os gestores precisam reconhecer que a discriminação por idade é muito mais difundida do que provavelmente pensam. Enquanto "velho" costumava significar cerca de 50 anos, no local de trabalho atual "velho" está mais perto de 40. Quando 773 CEOs foram questionados "a que idade um trabalhador atinge seu pico de produtividade?" responderam que a idade média era de 43 anos. Assim, a discriminação por idade pode estar afetando mais os trabalhadores porque as percepções sobre a idade mudaram. Além disso, com o envelhecimento dos *baby boomers*, a discriminação de idade tende mais a ocorrer simplesmente porque há milhões a mais de trabalhadores mais velhos do que costumava acontecer. E, como os estudos mostram que os entrevistadores classificam os candidatos mais novos como mais qualificados (mesmo quando não o são), as empresas precisam treinar gestores e recrutadores a fazer decisões de contratação e promoção com base em qualificações, não em idade.

Um é o número mais solitário

Mesmo que o número de mulheres nos cargos gerenciais das empresas dos Estados Unidos esteja crescendo, em muitas empresas, parece que há um limite superior. Pesquisadores descobriram que, se já houver uma mulher em uma equipe executiva, as chances de outra mulher se juntar à equipe caem em 51%. Entre as 1.500 empresas da Standard & Poor's, 8,7% têm uma mulher ocupando um cargo elevado, mas quando uma das primeiras posições executivas da empresa é ocupada por uma mulher, ela é geralmente a única na equipe. O pesquisador Cristian Dezso especula que os principais gestores masculinos podem apenas querer preencher uma cota e "assinalar um item feito. Têm uma e pronto".

Fonte: R. Feintzeig, One often appears to be the limit for women at the top, Wall Street Journal, 8 abr. 2015, B6.

Rafael Croonen/Shutterstock.com

As empresas também precisam monitorar até que ponto os trabalhadores mais velhos recebem treinamento. O Departamento de Estatísticas do Trabalho dos Estados Unidos descobriu que o número de cursos e o de horas de treinamento caem drasticamente depois que os empregados atingem a idade de 44 anos.[43] Por fim, as empresas precisam garantir que trabalhadores mais jovens e mais velhos interajam entre si. Um estudo descobriu que os trabalhadores mais jovens geralmente têm opiniões positivas sobre os mais velhos e que quanto mais tempo passam trabalhando com colegas mais velhos, mais positivas suas atitudes se tornam.[44]

12-2b Gênero

Discriminação por gênero ocorre quando as pessoas são tratadas de forma diferente por causa de seu gênero. A discriminação sexual e a discriminação racial/étnica (discutida na próxima seção) são frequentemente associadas ao chamado **teto de vidro**, a barreira invisível que impede mulheres e minorias de avançar para cargos superiores nas organizações.

Em que medida as mulheres enfrentam discriminação sexual no local de trabalho? Quase todos os anos, a Eeoc recebe entre 23 mil e 30 mil acusações de discriminação com base no gênero.[45] De certa forma, há muito menos discriminação por gênero do que antes. Por exemplo, enquanto as mulheres ocupavam apenas 17% dos cargos gerenciais em 1972, hoje ocupam 51,4% dos cargos gerenciais e profissionais, e 47% de todos os cargos no local de trabalho.[46] Do mesmo modo, as mulheres possuem 40% de todas as empresas nos Estados Unidos. Considerando que as mulheres tinham 2,8 milhões de empresas em 1982 e 5,4 milhões de empresas em 1997, hoje possuem 9,1 milhões, gerando $ 1,4 trilhão em vendas e empregando 7,9 milhões de pessoas! [47] Finalmente, embora as mulheres ainda ganhem na média menos do que os homens, o diferencial está diminuindo, como mostrado na Figura 12.2. As mulheres ganhavam 82% do que os homens em 2013, acima dos 63% em 1979.[48]

Embora avanços estejam sendo feitos, a discriminação por gênero continua a operar por meio do teto de vidro em níveis mais altos nas organizações, como mostrado na Figura 12.3. Por exemplo, enquanto as tendências são de alta, mulheres ocupavam cargos com os maiores salários em apenas 8,1% das empresas em 2014.[49] Da mesma forma, apenas 14,6% dos executivos (ou seja, a alta direção) eram mulheres, e os números eram ainda menores para as mulheres negras. Indra K. Nooyi, CEO da PepsiCo, e Ursula Burns, CEO da Xerox, são as únicas mulheres negras que chefiam empresas da *Fortune* 500.[50] De fato, apenas 24 das 500 maiores empresas dos Estados Unidos têm mulheres como CEOs.[51] Similarmente, apenas 16,9% dos membros dos conselhos de direção corporativos dos Estados Unidos são mulheres.[52]

A discriminação por gênero é a única razão para a lentidão com que as mulheres foram promovidas aos níveis médio e superior de direção e das diretorias corporativas? Alguns estudos indicam que não é bem assim.[53] Em alguns casos, o lento progresso parece ser devido a escolhas de carreira e de trabalho. Enquanto a

Discriminação por gênero tratar as pessoas de forma diferente por causa do gênero.

Teto de vidro barreira invisível que impede mulheres e minorias de avançar para cargos superiores nas organizações.

Figura 12.2

Salário das mulheres proporcionalmente ao dos homens, em porcentagem ,1979-2013

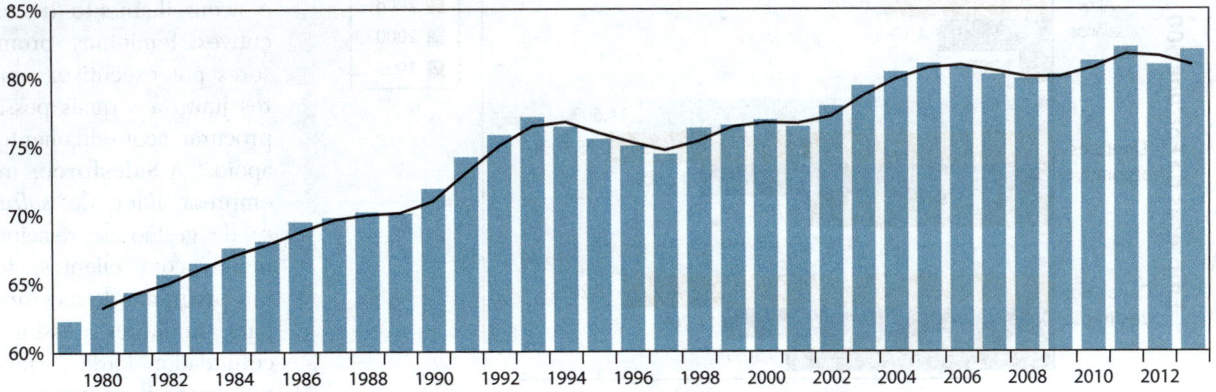

Fonte: Women's earnings, 1979-2012: The Editor's Desk, U. S. Bureau of Labor Statistics, 4 nov. 2013, disponível em: <http://www.bls.gov/opub/ted/2013/ted_20131104.htm>, acesso em: 12 jul. 2014.; BLS Reports, Highlights of women's earnings in 2013, U. S. Bureau of Labor Statistics, dez. 2014, disponível em: < http://www.bls.gov/opub/reports/cps/highlights-of-womens-earnings-in-2013.pdf>. Acesso em: 9 maio 2015.

A trajetória de mamãe-papai

Pesquisas mostram há muito tempo que as mulheres que saem do mercado de trabalho para o nascimento de uma criança ou por obrigações familiares tendem a ter rendimentos mais baixos. Uma pesquisa recente conduzida pela *The Atlantic* visou descobrir se o mesmo era verdadeiro para os homens. Ao processarem dados de 12 mil entrevistados, os pesquisadores controlaram múltiplas variáveis como forma de isolar o impacto de tirar um tempo para cuidar da família. Os resultados mostram que, tanto para homens quanto para mulheres, isso traz um risco financeiro. Ainda assim, as mulheres tinham dez vezes mais chances do que os homens de informar que tinham de fato modificado seus compromissos de trabalho em benefício da família.

Fonte: S. Coltrane, The risky business of paternity leave, *The Atlantic*, 28 dez. 2014. Disponível em: <http:/WWW.theatlantic.com/business/archive/2013/12/the-risky--business-of-paternity-leave/282688/>. Acesso em: 7 maio 2015.

carreira e as escolhas de trabalho dos homens são muitas vezes impulsionadas pela busca de maior salário e avanço, as mulheres tendem a escolher empregos ou carreiras que também lhes proporcionem um maior senso de realização, mais controle sobre seus horários de trabalho e movimento mais fácil dentro e fora do trabalho.[54] Por exemplo, 82% das mulheres sem filhos estão interessadas em ser promovidas para o próximo nível, em comparação com 73% das mulheres com dois ou mais filhos.[55] Como esses números sugerem, as mulheres historicamente tendem mais do que os homens a priorizar a família sobre o trabalho em algum momento de suas carreiras. Por exemplo, 96% de 600 mulheres estudantes de MBAs da Harvard permaneciam em seus empregos quando tinham idade na faixa dos 20 anos, caindo para 71% quando tinham idade próxima de 40 anos, ocasião em que tiveram filhos, mas aumentando para 82,5% quando sua idade se aproximava dos 50 anos , pois suas crianças haviam ficado mais velhas.[56] Até mesmo Indra Nooyi, CEO de PepsiCo, afirma: "Minha observação... é que o relógio biológico e o de carreira estão em total conflito entre si. Total e completo conflito. Quando você tem que ter filhos, também tem que construir sua carreira. Assim, quando você está subindo para a gerência média, seus filhos precisam de você porque são adolescentes, eles precisam de você durante a adolescência... E quando você envelhecer ainda mais, seus pais precisarão de você, porque estarão idosos. Então... não podemos ter tudo".[57]

Contudo, para além dessas razões, é provável que a discriminação por sexo desempenhe um papel no lento avanço das mulheres para os níveis mais elevados de gestão. E mesmo que você não pense dessa forma, muitas das mulheres com quem você trabalha provavelmente pensam. De fato, estudos indicam que 90% das mulheres acreditam que o teto de vidro prejudica suas carreiras e 80% disseram que deixaram seu último emprego por causa do teto de vidro e que iniciar um negócio lhes permitiu evitar as limitações de carreira do teto de vidro.[58] Acredita-se que a discriminação seja o fator mais significativo por trás da falta de mulheres nos níveis mais altos de direção.[59]

Figura 12.3

Mulheres nas empresas *Fortune* 500 e 1000

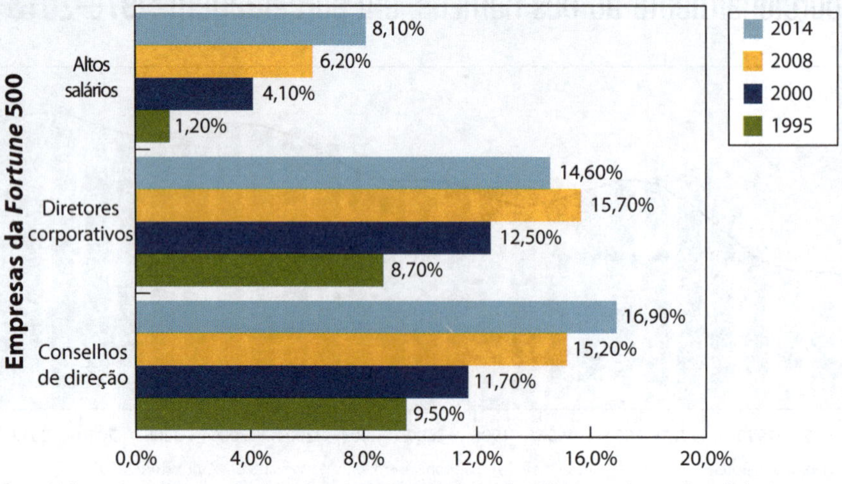

Fonte: U. S. women in business, *Catalyst*, 10 jun. 2014. Disponível em: < http://www.catalyst.org/knowledge/us-women-business-0>. Acesso em: 11 jul. 2014.

Então, o que as empresas podem fazer para se certificarem de que as mulheres tenham as mesmas oportunidades de desenvolvimento e avanço que os homens? Uma estratégia é a orientação, ou o *mentoring* e aconselhamento de executivos femininos promissores por executivos seniores junto aos quais possam procurar aconselhamento e apoio.[60] A **Salesforce**, uma empresa líder de *software* de gestão de relacionamento com clientes, tem um programa de *mentoring* para mulheres. Assim, o cofundador Parker Harris, que encoraja os gestores da Salesforce a falar sobre suas ambições, ficou surpreso ao descobrir que Leyla Seka,

Syda Productions/Shutterstock.com

que dirigia sua unidade de aplicativos móveis, estava se preparando para sair. Seka queria liderar uma divisão maior, mas achava que seus chefes não pensavam que ela era capaz, de modo que não compartilhava suas aspirações. De fato, seus chefes a achavam tão competente que a contrataram para chefiar a Desk.com, uma empresa recentemente adquirida pela Salesforce, e a treinaram para que desenvolvesse suas habilidades de liderança. "Eu nunca tinha me divertido tanto no trabalho, e nunca tinha me sentido mais desafiada", diz ela. "Quase perdi essa oportunidade fechando as portas para mim mesma".[61] Na verdade, 91% das executivas tiveram um mentor em algum momento e sentiram que ele era fundamental para seu avanço.

Outra estratégia é assegurar que as atividades sociais dominadas por homens não excluam involuntariamente as mulheres. Quase metade (47%) das mulheres na força de trabalho acreditam que a "exclusão das redes informais" dificulta o avanço da carreira (em comparação com apenas 18% dos CEOs que pensavam que isso era um problema). Por exemplo, nas conferências corporativas, a **Rockwell Automation** substituiu as recepções de *cocktails* (isto é, beber no bar), uma função social tradicional em conferências, por atividades alternativas, como concursos de culinária.[62] Outra é designar como acompanhante uma outra pessoa que não seja seu supervisor e com os quais as mulheres possam conversar se elas acreditarem estar sendo barradas ou discriminadas por causa de seu gênero. Certifique-se de que essa pessoa tenha o conhecimento e a autoridade para conduzir uma investigação interna justa e confidencial.

12-2c Raça/etnia

Discriminação racial e étnica ocorre quando as pessoas são tratadas diferentemente por causa de sua raça ou de sua etnia. Até que ponto a discriminação racial e étnica é um fator no local de trabalho? Todos os anos, a Eeoc recebe entre 26 mil e 36 mil acusações de discriminação racial, ou seja, mais do que qualquer outro tipo de acusação de discriminação.[63] No entanto, é verdade que, desde a aprovação da Lei de Direitos Civis de 1964 e do Título VII, há muito menos discriminação racial e étnica. Por exemplo, 25 empresas da *Fortune* 500 tinham um afro-americano (6), hispânico (10) ou asiático (9) como CEO em 2014, enquanto nenhuma empresa em 1988 tinha CEO com estas características.[64] No entanto, fortes disparidades raciais e étnicas ainda existem. Por exemplo, enquanto 11,2% dos empregados norte-americanos são negros, apenas 6,5% dos gestores e 2,9% dos CEOs o são. Da mesma forma, 15,6% dos empregados norte-americanos são hispânicos, mas apenas 8,5% são gestores, e 4,3%, CEOs. Em contraste, os asiáticos, que constituem 5,7% dos trabalhadores empregados, estão mais bem representados, detendo 5,4% dos cargos gerenciais e 4,8% dos de CEO.[65]

O que explica as disparidades entre as porcentagens de grupos minoritários na população em geral e a sua menor representação em cargos de gestão? Alguns estudos descobriram que as disparidades são devidas a diferenças preexistentes em treinamento, educação e habilidades. Quando têm habilidades, treinamento e educação semelhantes, afro-americanos, hispânicos, ásio-americanos e brancos tendem muito mais a ter empregos e salários semelhantes.[66]

No entanto, outros estudos fornecem evidências diretas cada vez mais fortes de discriminação racial ou étnica no local de trabalho. Por exemplo, um estudo testou diretamente a discriminação na contratação enviando duplas de homens negros e brancos e duplas de homens hispânicos e não hispânicos para se candidatarem aos mesmos empregos. Cada dupla tinha currículos com qualificações idênticas, e todos foram treinados para apresentar-se de maneira semelhante para minimizar as diferenças durante as entrevistas. Os pesquisadores descobriram que os homens brancos têm três vezes mais ofertas de emprego que os negros e que os não hispânicos têm três vezes mais ofertas do que os homens hispânicos.[67] Outro estudo, que utilizou métodos semelhantes para testar os procedimentos de contratação em 149 empresas diferentes, descobriu que os brancos conseguiram 10% mais entrevistas que os negros. Metade dos brancos entrevistados receberam ofertas de emprego, mas apenas 11% dos negros. E quando as ofertas de trabalho foram feitas, os negros tendiam muito mais a receber ofertas de posições de nível inferior, enquanto os brancos recebiam ofertas de empregos em níveis mais elevados do que os que haviam pedido.[68]

Os críticos desses estudos apontam que é quase impossível treinar candidatos diferentes para dar respostas idênticas em entrevistas de emprego e que as diferenças nas habilidades de entrevista podem ter, de alguma forma, explicado os resultados. No entanto, pesquisadores da Universidade de Chicago enviaram milhares de currículos idênticos a empregadores, exceto pelo nome do candidato, estereotipado negro, como "Jamal", ou branco, como "Brendan". Candidatos com nome "branco" foram chamados para entrevistas 50% mais frequentemente do que aqueles com nomes "negros".[69] Estudos comparáveis no Reino Unido

Discriminação racial e étnica tratar as pessoas de forma diferente por causa da raça ou da etnia.

com candidatos indianos e paquistaneses e na Austrália com candidatos gregos e vietnamitas produziram resultados semelhantes.[70] Em suma, as evidências indicam que há uma forte e persistente discriminação racial e étnica nos processos de contratação de muitas organizações.

O que as empresas podem fazer para garantir que pessoas de todas as origens raciais e étnicas tenham as mesmas oportunidades?[71] Comece observando os números. Compare as taxas de contratação de brancos com as taxas de contratação de candidatos de outras raças ou etinias. Faça o mesmo para promoções dentro da empresa. Veja se os trabalhadores não brancos deixam a empresa em taxas mais elevadas do que os brancos. Além disso, faça pesquisas com empregados para comparar a satisfação dos trabalhadores brancos e não brancos com cargos, chefes e a empresa, bem como as suas percepções sobre a igualdade de tratamento. Em seguida, se os números indicarem desigualdades raciais ou étnicas, considere o uso de uma empresa privada para testar seu sistema de contratação, solicitando que candidatos de diferentes raças com qualificações idênticas se candidatem a empregos em sua empresa.[72] Embora as disparidades não sejam prova de discriminação, é muito melhor investigar as diferenças de contratação e promoção você mesmo do que ter a Eeoc ou o advogado de um demandante o fazendo.

Outro passo é eliminar critérios de seleção e promoção pouco claros. Critérios vagos permitem que os tomadores de decisão se concentrem em características não relacionadas ao trabalho que podem levar involuntariamente à discriminação. Em vez disso, critérios de seleção e promoção devem especificar conhecimentos, habilidades, capacidades, educação e experiência específicos necessários para fazer bem o trabalho. Finalmente, como explicado no Capítulo 11, também é importante treinar os gestores e as outras pessoas que tomam decisões de contratação e promoção.

12-2d Deficiências mentais ou físicas

De acordo com a Lei de Norte-Americanos com Deficiências (www.ada.gov), uma **deficiência** é uma incapacidade mental ou física que limita substancialmente uma ou mais atividades importantes da vida.[73] Aproximadamente 38 milhões de norte-americanos, 12,1% da população, são deficientes.[74] **Discriminação por deficiência** ocorre quando as pessoas são tratadas de forma diferente por causa de suas deficiências. Até que ponto a discriminação por deficiência é um fator encontrado no local de trabalho? Embora 76,3% da população dos Estados Unidos estivesse empregada em 2012, apenas 33,5% das pessoas com deficiência tinham empregos. Indivíduos com deficiência sensorial, como cegueira (37,7%) ou surdez (50,2%), apresentaram as maiores taxas de emprego, aqueles com deficiências de autocuidado (16,2%), que não podem vestir-se ou tomar banho sozinhos, ou com incapacidades de vida independentes (15,7%), que não podem fazer compras básicas ou ir ao médico sem assistência, são menos propensos a trabalhar.[75] Do mesmo modo, 28,4% das pessoas com deficiência estão em situação de pobreza, em comparação com 11,9% das pessoas sem deficiência.[76] Numerosos estudos também indicam que gestores e o público em geral acreditam que a discriminação contra pessoas com deficiência é comum e generalizada.[77]

Deficiência incapacidade mental ou física que limita substancialmente uma ou mais atividades importantes da vida.

Discriminação por deficiência tratar as pessoas de forma diferente por causa de suas deficiências

O que explica as disparidades entre aqueles com e sem deficiência? Contrariamente à opinião popular, não tem nada a ver com o quão bem as pessoas com deficiência podem fazer o seu trabalho. Estudos mostram que, desde que as empresas façam adaptações razoáveis para portadores de deficiências (por exemplo, mudança de procedimentos ou equipamentos), pessoas com deficiência desempenham seu trabalho tão bem como as pessoas sem deficiência. Além disso, elas têm melhores registros de acidentes de trabalho e tendem a não faltar ao trabalho ou abandonar os empregos.[78] Em uma recente conferência sobre deficiências patrocinada pelo Estado de Michigan, palestrantes de Walgreens, Meijer e Trijicon disseram que, em comparação com os empregados sem deficiência, aqueles com deficiência eram mais confiáveis, faziam menos pausas e tinham melhores registros de acidentes de trabalho.[79]

O que as empresas podem fazer para se certificarem de que pessoas com deficiência têm as mesmas oportunidades dos demais empregados? Para além dos esforços educativos sobre estereótipos e expectativas,

Tupungato/Shutterstock.com

Uma conferência recente em Michigan deu a palestrantes de empresas como Walgreens, Meijer e Trijicona a possibilidade discutir as vantagens de empregar portadores de deficiências.

um bom lugar para começar é comprometer-se com acomodações razoáveis no local de trabalho, como alterar horários de trabalho, reatribuir cargos, adquirir ou modificar equipamentos ou fornecer assistência quando necessário. Acomodações para deficientes não precisam ser caras. De acordo com a Job Accommodation Network, 58% das acomodações não custam absolutamente nada, e, quando há algum custo, este gira em torno de apenas $ 500.[80]

Na Laser Soft Info Systems, uma desenvolvedora de *software* baseada na Índia, 15% dos empregados têm alguma deficiência, desde audição, fala e deficiência visual até paralisia cerebral, pólio ou acidentes, e trabalham em toda a empresa. De acordo com Suresh Kamath, fundador e presidente da Laser Soft: "Não temos nenhuma regra que obrigue as equipes a terem uma quantidade mínima ou máxima de pessoas com deficiência em suas funções. Elas são recrutadas como qualquer outro empregado". As acomodações da Laser Soft incluem rampas para cadeiras de rodas, corredores de escritório mais amplos, elevadores com controles de áudio para cegos e facilitadores para fornecer assistência física quando um empregado solicita. A empresa também permite que os empregados trabalhem em casa, caso seja difícil fazê-los entrar no escritório.[81]

Algumas das acomodações que acabamos de descrever envolvem *tecnologia que permite assistência* que dá aos trabalhadores com deficiência as ferramentas de que precisam para superar suas deficiências. Fornecer tecnologia que permite assistência também é uma estratégia eficaz para recrutar, reter e melhorar a produtividade das pessoas com deficiência. De acordo com o Conselho Nacional de Deficiência, 92% dos trabalhadores com deficiência que utilizam tecnologia que permite assistência afirmam que ela os ajuda a trabalhar mais rápido e melhor, 81% indicam que os ajuda a trabalhar mais horas e 67% dizem que é fundamental para obter um emprego.[82] Para saber mais sobre as tecnologias que permitem assistência que podem ajudar os trabalhadores com deficiência, consulte AbleData (www.abledata.com), que lista 40 mil produtos, ou o National Rehabilitation Information Center (www.naric.com), que fornece informações para deficiências específicas.

Por fim, as empresas devem recrutar ativamente trabalhadores qualificados com deficiência. Numerosas organizações, como Mainstream, Kidder Resources, Conselho Americano dos Cegos (www.acb.org), Federação Nacional de Cegos (http://nfb.org), Associação Nacional de Surdos (www.nad.org), Fundação para a Epilepsia (www.epilepsy.com) e Fundação Nacional de Amputados (www.nationalamputation.org), trabalham ativamente com as empresas para encontrar empregos para pessoas qualificadas com deficiência. As empresas também podem colocar anúncios em publicações, como *Careers and the disABLED*, ou em quadros de emprego *on-line*, como Recruit AbilityJobs.com ou RecruitDisability.org, que visam especificamente aos trabalhadores com deficiência.

12-3 DIVERSIDADE DE NÍVEL PROFUNDO

Como você aprendeu na seção 12-2, as pessoas muitas vezes usam as dimensões de nível superficial da diversidade para formar impressões iniciais sobre os outros. Ao longo do tempo, no entanto, como as pessoas têm a chance de se conhecer melhor, as impressões iniciais com base em idade, sexo, raça/etnia e deficiência mental ou física dão lugar a impressões mais profundas com base no comportamento e em características psicológicas. Quando pensamos nos outros dessa maneira, estamos nos concentrando na diversidade de nível profundo. A *diversidade de nível profundo* representa diferenças que só podem ser aprendidas por meio da interação prolongada com outras pessoas. Exemplos de diversidade de nível profundo incluem diferenças de personalidade, atitudes, crenças e valores. Em suma, reconhecer a diversidade de nível profundo requer conhecer a si mesmo e se entender melhor. E isso é importante, porque pode resultar em menos preconceito, discriminação e conflito no local de trabalho. Tais mudanças podem, então, levar a uma melhor *integração social*, o grau em que os membros da organização ou do grupo são psicologicamente atraídos para trabalhar entre si para alcançar um objetivo comum.

Pare por um segundo e pense no seu chefe (ou naquele que você teve no último emprego). Que palavras você usaria para descrevê-lo? Seu chefe é introvertido ou extrovertido? Emocionalmente estável ou instável? Agradável ou desagradável? Organizado ou desorganizado? Aberto ou fechado a novas experiências? Quando você descreve seu chefe ou outras pessoas dessa maneira, o que realmente está fazendo é descrever predisposições e personalidade.

Uma **predisposição** é a tendência para responder a situações e eventos de uma maneira predeterminada. **Personalidade** é o conjunto relativamente estável de comportamentos, atitudes e emoções exibidos ao longo do tempo que tornam as pessoas diferentes umas das outras.[83] Por exemplo, qual de suas tias ou tios é um pouco fora de ritmo, um pouco fora do comum? Como eles eram quando você era pequeno? Como são agora? As chances são de que eles sejam mais ou menos a mesma pessoa maluca. Em outras palavras, a personalidade central da pessoa não mudou. Por exemplo, quando criança, Kip Tindell, CEO da Container Store, reorganizava a despensa ou armários quando os pais estavam fora de casa. "Se sua casa é incrivelmente confusa, provavelmente não voltarei para

Predisposição tendência para responder a situações e eventos de uma maneira predeterminada.

Personalidade conjunto relativamente estável de comportamentos, atitudes e emoções exibidos ao longo do tempo que tornam as pessoas diferentes entre si.

visitar. Encontramo-nos em um restaurante. Não fico confortável com confusão à minha volta. Você não precisa ser obsessivo-compulsivo sobre isso. Tudo bem, talvez só um pouquinho."[84] Uma pesquisa realizada em diferentes culturas, contextos e linguagens mostrou que cinco dimensões básicas da personalidade explicam a maioria das diferenças nos comportamentos, nas atitudes e emoções das pessoas (ou por que seu chefe é da maneira como é!). As *Cinco Grandes Dimensões da Personalidade* são extroversão, estabilidade emocional, amabilidade, conscienciosidade e abertura a experiências.[85]

Extroversão é o grau em que alguém é ativo, assertivo, gregário, sociável, falante e energizado por outros. Em contraste com os extrovertidos, os introvertidos são menos ativos, preferem ficar sozinhos e são tímidos, calados e reservados. Para que possam obter os melhores resultados no local de trabalho, introvertidos e extrovertidos devem corresponder adequadamente a seus cargos.

> **Extroversão** grau em que alguém é ativo, assertivo, gregário, sociável, falante e energizado por outras pessoas.
>
> **Estabilidade emocional** grau em que alguém não é colérico, deprimido, ansioso, emocional, inseguro e excitável.
>
> **Amabilidade** grau em que alguém é cooperativo, educado, flexível, indulgente, bondoso, tolerante e confiante.

Estabilidade emocional é o grau em que alguém não é colérico, deprimido, ansioso, emocional, inseguro ou excitável. As pessoas emocionalmente estáveis respondem bem ao estresse. Em outras palavras, elas podem manter uma atitude calma e resolutiva em situações mais difíceis (por exemplo, conflitos, hostilidade, condições perigosas ou pressões extremas). Em contraste, pessoas emocionalmente instáveis acham difícil lidar com as demandas mais básicas de seus empregos apenas sob situações moderadamente estressantes e ficam perturbadas, chorosas, inseguras e ansiosas. A estabilidade emocional é particularmente importante para empregos de alto estresse, como trabalho policial, combate a incêndios, tratamento médico de emergência, pilotagem de aviões ou comando. Tragicamente, pesquisadores descobriram que a estabilidade emocional foi um fator no acidente deliberado de um avião da Germanwings que matou 150 pessoas. O copiloto, que antes lutara contra a depressão, usou o Google poucos dias antes para procurar maneiras de cometer suicídio.[86] Quando o piloto saiu da cabine para ir ao banheiro, o copiloto trancou a porta e ajustou o piloto automático do avião para descer a uma altitude mais baixa onde bateu em uma montanha. Enquanto a maioria das companhias aéreas asiáticas faz avaliações psicológicas regulares de seus pilotos, as companhias aéreas norte-americanas e europeias apenas examinam problemas de estabilidade emocional durante o recrutamento e treinamento inicial de pilotos ou se os empregados relatam comportamento incomum.[87]

Amabilidade é o grau em que alguém é cooperativo, educado, flexível, indulgente, bondoso, tolerante e confiante. Basicamente, é fácil trabalhar e conviver com

Que idiota!

A maioria das pessoas trabalhou (e ficou frustrada ou a contragosto admirada) com um colega excessivamente ambicioso que parece realizar muito, mas é, ao mesmo tempo, manipulador, narcisista e arrogante. Segundo Toby Bishop, ex-integrante da Associação de Examinadores de Fraude Certificados: "É difícil ir a qualquer lugar e não encontrar tais pessoas". As pessoas que exibem essas características podem avançar em suas carreiras, mas, com o tempo, também tendem a descarrilar porque o foco delas está nos benefícios de curto prazo para si mesmas, e não em resultados de longo prazo para a organização. De acordo com o professor de administração Seth Spain, os gestores podem se beneficiar desse comportamento ao compreenderem essa "tríade escura" de traços de personalidade de modo que possam controlar algum caso extremo antes que se torne problemático. Como detectar traços escuros entre os colegas de trabalho? Esteja atento ao *bullying*, ao comportamento excessivamente bajulador e à lisonja extrema ou contínua".

Fonte: S. Shellenbarger, What corporate climbers can tell us, *Wall Street Journal*, 14 jul. 2014. Disponível em: <http://www.wsj.com/articles/what-corporate-climbers--can-teach-us-1404862389>. Acesso em: 7 maio 2015.

Thomas Pajot/Shutterstock.com

pessoas amáveis, ao passo que pessoas desagradáveis são desconfiadas, que pode representar alguma dificuldade para trabalhar e conviver com elas. Algumas empresas fizeram da atitude ou da amabilidade em geral o fator mais importante em suas decisões de contratação. De acordo com o pequeno empresário Roger Cook: "Contrato pessoas agradáveis. Estou procurando traços pessoais, não profissionais. Quero uma pessoa boa ou agradável. Posso ensinar as habilidades. Peço as referências e pergunto: 'Ela é uma pessoa agradável?'. Observo atentamente como os candidatos respondem à pergunta e se comportam. Por que indivíduos legais? Porque são confiáveis. Eles se dão bem com os outros membros da equipe, são bons com os clientes e geralmente muito esforçados".[88]

Conscienciosidade é o grau em que alguém é organizado, trabalhador, responsável, perseverante, completo e orientado para a realização. Um consultor de gestão escreveu sobre suas experiências com um empregado consciencioso: "Ele chegou à nossa primeira reunião com uma cópia digitada de sua agenda diária, uma folha com seus números de telefone de casa e do escritório, endereços e *e-mail*. A pedido dele, estabelecemos um calendário para as reuniões dos próximos quatro meses. Ele chegava sempre na hora, agenda na mão e tarefas e prazos cuidadosamente listados. Ele me questionava exaustivamente se não entendesse uma tarefa e retornava no horário com o trabalho concluído ou com uma explicação clara sobre não ter feito".[89] Empregados conscienciosos também têm maior probabilidade de apresentar comportamentos positivos, como ajudar novos empregados, colegas de trabalho e supervisores, e tendem menos a apresentar comportamentos negativos, como agressão verbal ou física a colegas de trabalho ou furto.[90]

Abertura a experiências é o grau em que alguém é curioso, de mente aberta e receptivo a novas ideias, coisas e experiências, espontâneo e tem uma alta tolerância à ambiguidade. A maioria das empresas precisa de pessoas fortes em termos de abertura a experiências para certas posições, mas, para outras, essa dimensão é menos importante. Pessoas que atuam em *marketing*, propaganda, pesquisa ou outros trabalhos criativos precisam ser curiosas, abertas a novas ideias e espontâneas. Em contrapartida, a abertura a experiências não é particularmente importante para contadores, que precisam aplicar regras e fórmulas rigorosas consistentemente para entender informações financeiras complexas.

Qual das Cinco Dimensões da Personalidade tem o maior impacto sobre o comportamento nas organizações? Resultados acumulados de múltiplos estudos indicam que a conscienciosidade está relacionada ao desempenho do trabalho em cinco grupos ocupacionais diferentes (profissionais, policiais, gestores, vendedores e trabalhadores qualificados ou semiespecializados).[91] Em suma, pessoas "confiáveis, persistentes, orientadas para resultados e organizadas tendem a ter um melhor desempenho em praticamente qualquer trabalho. Do lado negativo, pessoas descuidadas, irresponsáveis, que colocam muito esforço para pouco resultado e impulsivas tendem a ter um desempenho ruim em praticamente qualquer trabalho".[92] Os resultados também indicam que a extroversão está relacionada ao desempenho em postos de trabalho, como vendas e gestão, que envolvem intensa interação com os outros. Pessoas que ocupam cargos que exigem atuação intensiva devem ser sociáveis, assertivos e falantes a ter energia e ser capaz de energizar os outros. Finalmente, pessoas extrovertidas e abertas à experiência parecem se desempenhar muito melhor no treinamento. Ser curioso e aberto a novas experiências, bem como sociável, assertivo, falante e cheio de energia ajuda as pessoas a se comportar melhor em situações de aprendizagem.[93] A CEO da HyperIsland, JohannaFrelin, resume a importância da personalidade: "Há um desejo crescente de talento com uma combinação única de habilidade e flexibilidade, pessoas que podem colaborar, adaptar-se rapidamente e são companhias agradáveis, mas também têm a energia para fazer as coisas andarem. Todas essas características se resumem a uma personalidade essencial para as empresas que operam em uma paisagem digital em constante mudança".[94]

12-4 GESTÃO DA DIVERSIDADE

Quanto as empresas devem mudar suas práticas comerciais padronizadas para acomodar a diversidade de seus trabalhadores? O que você faz quando um alto executivo talentoso tem um problema relacionado a bebida que parece afetar seu comportamento apenas em festas de negócios da empresa (para entreter os clientes), durante as quais ele faz avanços inadequados junto a funcionárias? O que você faz quando, apesar das políticas agressivas da empresa contra a discriminação racial, os empregados continuam a contar piadas racistas e a publicar desenhos em quadrinhos exibindo humor racista? E, como muitas pessoas confundem a diversidade com ação afirmativa, o que você faz para se certificar de que as práticas e políticas de diversidade de sua empresa são vistas como benéficas a todos os trabalhadores e não apenas a alguns?

Sem dúvida, questões como essas tornam a gestão da diversidade um dos desafios mais difíceis que os gestores enfrentam.[95] No entanto, existem procedimentos que as empresas podem adotar para começar a abordar tais questões.

Como discutido anteriormente, os programas

Conscienciosidade grau em que alguém é organizado, trabalhador, responsável, perseverante, completo e orientado para a realização.

Abertura a experiências grau em que alguém é curioso, de mente aberta e receptivo a novas ideias, coisas e experiências, é espontâneo e tem uma alta tolerância à ambiguidade.

de diversidade tentam criar um ambiente de trabalho positivo em que ninguém é favorecido ou desfavorecido, "nós" significa todos, todos podem fazer seu melhor trabalho, as diferenças são respeitadas e não ignoradas, e todos se sentem confortáveis.

*Comecemos a abordar essas metas aprendendo sobre **12-4a diferentes paradigmas de diversidade, 12-4b princípios de diversidade** e **12-4c treinamento e práticas de diversidade.***

12-4a Paradigmas de diversidade

Existem vários métodos ou paradigmas diferentes para a gestão da diversidade: paradigma de discriminação e justiça, de acesso e legitimidade, e de aprendizagem e eficácia.[96]

O *paradigma de discriminação e justiça*, o método mais comum de abordar a diversidade, concentra-se em igualdade de oportunidades, tratamento justo, recrutamento de minorias e estrito cumprimento das leis de igualdade de oportunidades de emprego. Sob essa abordagem, o sucesso é geralmente medido pelo quão bem as empresas alcançam objetivos de recrutamento, promoção e retenção de mulheres, pessoas de diferentes origens raciais/étnicas ou outros grupos sub-representados. De acordo com uma recente pesquisa de práticas de diversidade no local de trabalho conduzida pela Society for Human Resource Management, de 66% a 91% das empresas usam estratégias especializadas para recrutar, reter e promover mulheres e minorias com talento. As porcentagens aumentam com o tamanho da empresa, e as empresas de mais de 500 empregados são as que mais tendem a usar essas estratégias. Dentre empresas com mais de 500 empregados, 77% coletam sistematicamente medidas sobre práticas relacionadas à diversidade.[97] De acordo com um gestor: "Se você não mede algo, não vale. Você mede a sua participação de mercado. Você mede sua rentabilidade. O mesmo deve ser verdadeiro para a diversidade. Deve haver alguma maneira de medir se você, de fato, lançou sua rede bem aberta e se a empresa está melhor hoje em termos de experiência das pessoas negras do que era há alguns anos. Meço minha participação de mercado e minha rentabilidade. Por que não isso?".[98] O principal benefício do paradigma de discriminação e justiça é que ele geralmente traz um tratamento mais justo dos empregados e aumenta a diversidade demográfica. A principal limitação é que o foco da diversidade permanece nas dimensões superficial de sexo, raça e etnia.[99]

Pluralidade organizacional ambiente de trabalho em que (1) todos os membros têm o poder de contribuir para maximizar os benefícios para a organização, para os clientes e para si próprios; e (2) a individualidade de cada membro é respeitada para não segmentar ou polarizar as pessoas por pertencerem a um determinado grupo.

O *paradigma de acesso e legitimidade* concentra-se na aceitação e celebração de diferenças para assegurar que a diversidade dentro da empresa corresponda àquela encontrada entre as principais partes interessadas, como clientes, fornecedores e comunidades locais. Isso é semelhante à vantagem da diversidade responsável pelo *crescimento do negócio,* discutida no início deste capítulo. A ideia básica por trás dessa abordagem é criar uma força de trabalho demograficamente diversificada que atraia uma base de clientes mais ampla. Por exemplo, a estratégia de diversidade da Oshkosh, fabricante de caminhões especializados e carcaças de caminhões, afirma: "Operamos e vendemos nossos produtos e serviços em mais de 100 países em seis continentes, cada um com sua cultura, costumes e práticas de negócios próprios. Buscamos empregados apaixonados por servir os clientes e que reflitam a nossa diversificada base de clientes para que possamos realmente entendê-los, melhor atendê-los e encantá-los".[100]

O principal benefício dessa abordagem é que ela estabelece uma razão comercial clara para a diversidade. Assim como o paradigma de discriminação e justiça, no entanto, ele se concentra apenas na superficialidade de sexo, raça e etnia. Além disso, os empregados aos quais é atribuída a responsabilidade por clientes e partes interessadas com base em seu sexo, raça ou etnia podem eventualmente se sentir frustrados e explorados.

Enquanto o paradigma de discriminação e justiça se concentra na assimilação (ter uma força de trabalho demograficamente representativa) e o de acesso e legitimidade centra-se na diferenciação (ter as diferenças demográficas dentro da empresa coincidindo com os principais clientes e as partes interessadas), o foco do paradigma de aprendizagem e eficácia é integrar diferenças de diversidade de nível profundo, como personalidade, atitudes, crenças e valores, no trabalho real da organização. Um sinal de que uma empresa ainda não criou um paradigma de aprendizagem e eficácia é que as pessoas negam suas opiniões por medo de serem vistas como diferentes. Por exemplo, embora Helena Morrissey seja a CEO da Newton Investment Management, uma empresa londrina que investe $ 71 bilhões para seus clientes, ela admite às vezes manter suas opiniões de negócios para si mesma por medo de ser vista como "a mulher chata" na mesa: "Em uma reunião recente, eu não estava confortável com um ponto controverso e falei, mas também tinha uma opinião diferente sobre o próximo item na agenda, mas, em vez de falar, segurei-me". Morrissey continua: "Tenho consciência de sentir que, quando tinha opiniões diferentes do resto do grupo [masculino], poderia ser percebida como a "mulher difícil", em vez de ser ouvida pelo que estava dizendo". Ela se sentia assim apesar de não haver "evidências de que os homens estivessem realmente sentindo isso".[101]

O paradigma de aprendizagem e eficácia é consistente com o alcance da **pluralidade organizacional**, isto é, um ambiente de trabalho em que (1) todos os membros têm o poder de contribuir para maximizar os benefícios para a organização, para os clientes e para si próprios, e (2) a individualidade de cada membro é respeitada para não segmentar ou polarizar as pessoas por pertencerem a um determinado grupo.[102]

O paradigma da diversidade de aprendizagem e eficácia oferece quatro benefícios.[103] Em primeiro lugar, ele valoriza o consenso. Segundo David Thomas, da Harvard Business School: "Como o paradigma de justiça, ele promove a igualdade de oportunidades para todos os indivíduos. E, como o paradigma de acesso, reconhece as diferenças culturais entre as pessoas e o valor dessas diferenças. No entanto, esse novo modelo de gestão da diversidade permite que a organização internalize as diferenças entre os empregados para que ela aprenda e cresça graças a eles. Na verdade, com o modelo plenamente implantado, os membros da organização podem dizer: 'Estamos todos no mesmo time, com nossas diferenças – não apesar delas'".[104]

Em segundo lugar, esse paradigma faz uma distinção entre diferenças individuais e de grupo. Quando a diversidade se concentra apenas nas diferenças entre os grupos, como as mulheres em relação aos homens, as grandes diferenças dentro dos grupos são ignoradas.[105] Por exemplo, pense nas mulheres que você conhece no trabalho. Agora, pense por um segundo sobre o que elas têm em comum. Depois disso, pense em como elas são diferentes. Se sua situação é típica, a lista de diferenças deve ser tão longa quanto a lista de similaridades, se não for maior. Em suma, os gestores podem alcançar uma maior compreensão da diversidade e de seus empregados tratando-os como indivíduos e percebendo que nem todos – afro-americanos, hispânicos, mulheres ou homens brancos – querem as mesmas coisas no trabalho.[106]

Em terceiro lugar, como o foco está nas diferenças individuais, o paradigma de aprendizagem e eficácia tende menos a provocar conflito, reação e divisão às vezes associados a programas de diversidade que se concentram apenas em diferenças de grupo. Taylor Cox, um dos principais escritores de gestão sobre a diversidade, afirma: "Estamos preocupados com essas formas de conflito mais destrutivas que podem estar presentes com forças de trabalho diversificadas devido a barreiras linguísticas, choque cultural ou ressentimento por parte dos membros do grupo majoritário do que podem perceber como tratamento preferencial e injustificado de membros de grupos minoritários".[107] Segundo Ray Haines, um consultor que ajudou empresas a lidar com os resultados de programas de diversidade que se tornaram desagregadores: "Há uma grande quantidade de reação relacionada ao treinamento em diversidade. Ele desperta muita hostilidade, angústia e ressentimento, mas não dá às pessoas as ferramentas para lidar com isso [a reação]. Você tem pessoas que vêm e falam sobre o seu machado específico para moer".[108] Nem todos os programas de diversidade são desagregadores ou levam a conflitos. Porém, por concentrar-se em diferenças individuais e não de grupo, o paradigma de aprendizagem e eficácia ajuda a minimizar esses potenciais problemas.

Finalmente, ao contrário dos outros paradigmas de diversidade que simplesmente se concentram na diversidade de nível superficial, o paradigma de aprendizagem e eficácia se concentra em trazer diferentes talentos e perspectivas (isto é, diversidade de nível profundo) para *juntos* tomar as melhores decisões organizacionais e produzir produtos e serviços inovadores e competitivos.

12-4b Princípios da diversidade

Os paradigmas da diversidade são abordagens gerais ou estratégias para gerenciar a diversidade. Qualquer que seja o paradigma de diversidade escolhido por um gestor, os princípios de diversidade os ajudarão a melhor *gerenciar os programas de diversidade da empresa*.[109]

Comece *seguindo e fazendo cumprir as leis federais e estaduais de igualdade de oportunidades no trabalho cuidadosa e fielmente*. Os programas da diversidade não poderão e não serão bem-sucedidos se a empresa for continuamente processada por ações e comportamentos

"Estamos todos no mesmo time...

com nossas diferenças, não apesar delas."

iStockphoto.com/Rawpixel Ltd

Punição rápida

Quando dois homens asiáticos encomendaram refeições no Chick-Fil-A localizado perto da casa deles, a moça do caixa não pediu seus nomes, normalmente impressos nos pedidos. Em vez disso, ela digitou duas palavras depreciativas sobre a herança asiática dos clientes, que então apareceu nos recibos. Quando o gerente do restaurante descobriu o que aconteceu, ele agiu rapidamente demitindo a funcionária. Além disso, a empresa apressou-se a emitir uma desculpa detalhada em que admitiu plenamente o que a funcionária havia feito e se comprometeu a atender todos os clientes com respeito.

Fonte: Chick-Fil-A cashier fired for racist receipts mocking Asians, MSNBC.com, 14 dez. 2011. Disponível em: < http://usnews.nbcnews.com/_newsz/2011/12/14/9444087-chick-fil-a-cashier-fired-for-racist-receipts-mocking-asians?lite>. Acesso em: 15 mar. 2012.

discriminatórios. Seguir fielmente a lei também reduzirá o tempo e as despesas associadas às investigações ou ações da Eeoc. Comece aprendendo mais no *site* da EEOC (www.eeoc.gov). Seguir a lei também significa reforçar as políticas da empresa estrita e justamente.

Trate as diferenças de grupo como importantes, mas não como especiais. As dimensões de diversidade de nível superficial, como idade, sexo e raça/etnia, devem ser respeitadas, mas não devem ser tratadas como mais importantes do que outros tipos de diferença (ou seja, diversidade de nível profundo). Lembre-se de que a mudança de foco da diversidade superficial para a profunda ajuda as pessoas a se conhecer e se entender melhor, reduz o preconceito e os conflitos, e leva a uma maior integração social com pessoas que querem trabalhar juntas e executar a tarefa. Além disso, *busque o consenso*. Embora o respeito às diferenças seja importante, é essencial, em particular com forças de trabalho diversificadas, buscar ativamente formas para que os empregados possam ver e compartilhar pontos comuns.

Adapte oportunidades aos indivíduos, não aos grupos. Programas especiais de treinamento, desenvolvimento, *mentoring* ou promoção devem ser baseados em pontos fortes e fracos individuais, e não em *status* de grupo. Em vez de disponibilizar o *mentoring* apenas para um grupo de trabalhadores, crie oportunidades para todos aqueles que querem ser orientados. O programa de *mentoring* da DuPont Corporation, por exemplo, é voluntário e aberto a todos os empregados. Por meio de conversas sinceras e confidenciais, os mentores da DuPont ajudam os trabalhadores mais jovens e os gestores na resolução de problemas e no desenvolvimento de carreira e liderança.[110]

Mantenha padrões elevados. As empresas têm a obrigação legal e moral de assegurar que seus procedimentos e padrões de contratação e promoção sejam justos para todos. Ao mesmo tempo, nos mercados competitivos de hoje, elas não devem baixar padrões para promover a diversidade. Isso não só prejudica as organizações, mas também alimenta o estereótipo de que os candidatos contratados ou promovidos em nome da ação afirmativa ou da diversidade são menos qualificados. Depois que uma lesão no joelho encerrou sua carreira de jogadora na WNBA e medalhista olímpica, Becky Hammon se tornou assistente de treinamento do San Antonio Spurs da NBA. Durante a reabilitação do joelho, Hammon participou de reuniões de treinadores, deu instruções durante as práticas e, quando solicitada, de boa vontade compartilhou suas opiniões com o treinador Gregg Popovich, que levou os Spurs a cinco campeonatos da NBA. Popovich disse a ela: "Por mais legal que seja contratar você [como assistente técnico em tempo integral], você teria que estar qualificada, e eu teria que ter certeza de que estaria qualificada". Ela concordou. Quando Popovich contratou-a após a conclusão de seu estágio, Hammon disse: "Honestamente, não acho que ele dê dois centavos

AP Images/John Locher

Depois de atuar em quadra na WNBA, Becky Hammon se tornou a primeira assistente feminina na NBA; graças às suas capacidades como treinadora e não porque ela é uma mulher.

por eu ser mulher. E não quero ser contratada porque sou uma mulher .... Estou sendo contratada porque sou competente".[111]

Solicite feedback negativo, bem como positivo. A diversidade é uma das questões de gestão mais difíceis. Nenhuma empresa ou gestor acerta no início. Consequentemente, as empresas devem buscar agressivamente *feedback* positivo e negativo sobre seus programas de diversidade. Uma maneira de fazer isso é usar uma série de medições para ver se avanços estão sendo feitos. De acordo com Jaya Bohlmann, ex-vice-presidente da Sodexo, uma empresa de serviços e instalações de alimentos: "Medimos nosso progresso sistematicamente usando um *scorecard* objetivo que vincula 15% da remuneração dos gestores e 25% da remuneração de nossos executivos a seu sucesso [para garantir que] continuemos a atrair, desenvolver e reter uma força de trabalho diversificada e altamente qualificada. Relatamos o progresso da diversidade anualmente publicando os relatórios em nosso *site*".[112]

Defina metas ambiciosas, mas realistas. Só porque a diversidade é difícil não significa que as organizações não devam tentar realizar o máximo possível. O propósito geral dos programas de diversidade é tentar criar um ambiente de trabalho positivo em que ninguém é favorecido ou fica em desvantagem, "nós" significa todos, todos podem fazer melhor o seu trabalho, as diferenças são respeitadas e não ignoradas, e todos se sentem confortáveis. Mesmo que o progresso seja lento, as empresas não devem baixar essas metas.

12-4c Formação e práticas em diversidade

As organizações usam o treinamento e várias práticas comuns para gerenciar a diversidade. Existem dois tipos básicos de programas de treinamento em diversidade, baseados em habilidades e conscientização. O **treinamento de diversidade baseado em habilidades** ensina aos empregados as habilidades práticas de que precisam para gerenciar uma força de trabalho diversificada, como flexibilidade e adaptabilidade, negociação, e resolução de problemas e conflitos.[113] Em comparação, o **treinamento de conscientização** é projetado para aumentar a conscientização dos empregados sobre questões de diversidade e desafiar pressupostos ou estereótipos subjacentes que possamos ter sobre os outros. A **Dell Inc**. inscreveu vários executivos do sexo masculino em um programa de seis meses dirigido pela Catalyst, um grupo sem fins lucrativos que acompanha e defende o avanço das mulheres. O programa ensina os gestores a reconhecer os obstáculos enfrentados pelas mulheres no local de trabalho. Como resultado do treinamento, Doug Hillary, um vice-presidente da Dell, perguntou a uma funcionária, mãe de dois filhos pequenos, se ele estava acomodando adequadamente as necessidades de sua família. A funcionária lhe disse que, na verdade, ele agendava regularmente conferências telefônicas enquanto ela levava os filhos para a escola. Ele mudou os horários das reuniões, pois, segundo ele, "não prestava tanta atenção nesse detalhe".[114]

Algumas empresas usam o Teste de Associação Implícita (TAI) para treinamento de conscientização.[115] O TAI mede o grau em que as pessoas associam pensamentos positivos ou negativos (isto é, pressupostos ou estereótipos) a negros ou brancos, homens ou mulheres, homossexuais ou heterossexuais, jovens ou idosos, ou outros grupos. Para o TAI racial (também existem versões para peso, idade, sexualidade e outros grupos étnicos), são mostradas faces pretas ou brancas que devem instantaneamente ser associadas a várias palavras. Os tempos de resposta (respostas mais curtas geralmente indicam associações mais fortes) e o padrão de associações indicam a extensão na qual as pessoas são tendenciosas. A maioria das pessoas é, e muito. Por exemplo, 88% dos brancos têm uma associação mental mais positiva em relação aos brancos do que com os negros, mas, surpreendentemente, 48% dos negros mostram o mesmo preconceito. Será que os fortes vieses medidos pelo TAI significam que tendemos a discriminar os outros? Felizmente, não.[116] Mas eles indicam a importância de tomar consciência de nossos vieses potenciais e, em seguida, monitorar o nosso comportamento e nossa tomada de decisão no local de trabalho. Assim, fazer o TAI é uma boa maneira de aumentar a consciência sobre questões de diversidade. Para fazer o TAI e aprender mais sobre a década de pesquisa por trás dele, consulte https://implicit.harvard.edu/implicit/demo.

As empresas também utilizam auditorias de diversidade, parcerias de diversidade e experiências de minorias para que os altos executivos gerenciem melhor a diversidade. **Auditorias de diversidade** são avaliações formais que medem as atitudes dos empregados e da direção, investigam em que medida as pessoas são favorecidas ou desfavorecidas em relação a contratação e promoções, e revisam políticas e procedimentos relacionados à diversidade das empresas. Na Intel, líder mundial em fabricação de *chips* de computador, a diversidade é uma

Treinamento de diversidade baseado em habilidades treinamento que ensina aos empregados as habilidades práticas de que precisam para gerenciar uma força de trabalho diversificada, como flexibilidade e adaptabilidade, negociação, e resolução de problemas e conflitos.

Treinamento de conscientização treinamento projetado para aumentar a consciência dos empregados sobre questões de diversidade e para desafiar pressupostos ou estereótipos subjacentes que eles podem ter sobre os outros.

Auditorias de diversidade avaliações formais que medem as atitudes dos empregados e da direção, investigam em que medida as pessoas são favorecidas ou desfavorecidas em relação à contratação e promoções, e revisam políticas e procedimentos relacionados à diversidade das empresas.

parte fundamental de sua estratégia competitiva e visão. Assim, os gestores da empresa desenvolvem planos de ação de diversidade anual com medidas e indicadores específicos revisados a cada três meses. Por exemplo, desde a criação da Iniciativa para a Mulher da Intel em 2004, a porcentagem de mulheres nos postos técnicos de nível médio a nível superior aumentou 24%.[117]

A Intel também avalia suas práticas de diversidade por meio de um levantamento anual sobre as políticas da empresa e sua eficácia na criação de um ambiente tolerante. Os resultados da pesquisa são compartilhados com todos os empregados e usados para criar ou revisar planos de ação consistentes com seus planos de ação de diversidade anuais.[118]

No início do capítulo, você aprendeu que *mentoring*, emparelhamento de um empregado com outro sênior, é uma estratégia comum para a criação de oportunidades de aprendizagem e promoção para as mulheres. **Aconselhamento de diversidade** é um tipo especial de *mentoring* no qual pessoas de diferentes origens culturais, sexos, ou raças/etnias são postas lado a lado para que possam se conhecer e mudar crenças e atitudes estereotipadas.[119] O consultor Tom McGee, que criou programas de tutoria para numerosas empresas, apoia o aconselhamento de diversidade: "A suposição de que as pessoas que participam de programas de *mentoring* de diversidade estão procurando alguém da mesma raça ou gênero tem se provado equivocada em muitos casos".[120]

Há mais de 20 anos, a Xerox vem promovendo uma cultura em que mulheres e minorias são preparadas e consideradas para posições de destaque. A CEO Ursula Burns, a primeira mulher afro-americana a liderar uma importante empresa norte-americana, trabalhou como assistente especial do presidente de *marketing* e operações de clientes da Xerox Wayland Hicks. De acordo com Reginald Brown Jr., CEO da Brown Technology Group, que trabalhou com Burns na Xerox: "Tratava-se de cargos [designações como assistentes especiais] na empresa nos quais os presidentes de divisão colocavam seu melhor pessoal. Como a maioria era composta de homens brancos, ter uma afro-americana em tal posição de poder era porque se sabia que ela tinha um grande potencial". Burns então ganhou um papel semelhante com o ex-CEO da Xerox, Paul A. Allaire. Quando Anne Mulcahy assumiu o cargo de CEO em 2001, Burns foi gradualmente assumindo o controle das operações diárias, enquanto Mulcahy conservava a posição financeira e o atendimento ao cliente da Xerox. Segundo David Thomas, professor da Harvard Business School, por causa das etapas (como aconselhamento de diversidade) para promover a diversidade na Xerox, "você tem uma cultura em que ter mulheres e pessoas negras como candidatas a cargos poderosos ocorre há duas décadas".[121]

Aconselhamento de diversidade programa de orientação no qual pessoas de diferentes origens culturais, sexos ou raças/etnias são colocadas lado a lado para se conhecerem e mudarem crenças e atitudes estereotipadas.

Finalmente, como os da alta administração ainda são esmagadoramente homens brancos, várias empresas acreditam que vale a pena *ter altos executivos vivenciando a experiência de fazer parte da minoria*. Isso pode ser feito com gestores da alta administração indo a lugares ou eventos em que quase todo mundo é de um sexo ou uma raça/etnia diferente. Por exemplo, os gestores da Raytheon são obrigados a passar um dia inteiro no escritório, em uma cadeira de rodas para que tenham uma melhor compreensão dos desafios enfrentados por seus colegas com deficiência. Gestores e executivos da Sodexho Alliance são solicitados a passar um tempo trabalhando com organizações que representam minorias. Um gestor do sexo masculino tornou-se o patrocinador de um grupo de funcionárias da Sodexho e acompanhou uma colega em uma reunião do Women's Food Service Forum. O gestor chamou a experiência, durante a qual esteve em uma conferência com 1.500 mulheres, de "profunda" e disse que ela lhe ensinou o que sente uma pessoa por ser diferente. Ele também descreve como suas experiências trabalhando com mulheres o tornaram mais sensível aos sentimentos delas e até o levaram a mudar as atividades sociais que planeja com colegas de trabalho de golfe para cruzeiros de jantar. Rohini Anand, chefe de diversidade da Sodexho, endossa essa abordagem experiencial: "Para realmente envolver as pessoas, você tem que criar uma série de epifanias e fazer os líderes passarem por elas".[122]

12
FERRAMENTA DE ESTUDO

Leia o cartão de revisão do capítulo e reveja o conteúdo.

PARTE 4

13 Motivação

Dudarev Mikhail/Shutterstock.com

RESULTADOS DE APRENDIZAGEM

13-1 Explicar os fundamentos da motivação.

13-2 Usar a teoria da equidade para explicar como as percepções dos empregados sobre justiça afetam a motivação.

13-3 Usar a teoria da expectativa para descrever como as expectativas dos trabalhadores sobre recompensas e esforço e a ligação entre recompensas e desempenho influenciam a motivação.

13-4 Explicar como a teoria de reforço funciona e como ela pode ser usada para motivar.

13-5 Descrever os componentes da teoria de definição de metas e como os gestores podem usá-los para motivar os trabalhadores.

13-6 Discutir como todo o modelo de motivação pode ser usado para motivar os trabalhadores.

13-1 FUNDAMENTOS DA MOTIVAÇÃO

O que torna as pessoas mais felizes e produtivas no trabalho? Dinheiro, benefícios, oportunidades de crescimento, trabalho interessante ou algo mais? E se os empregados desejarem coisas diferentes, como uma empresa pode manter todos motivados? É preciso ter ideias e trabalhar duro para motivar os empregados a se juntar à empresa, ter um bom desempenho e, em seguida, permanecer nela. De fato, um estudo realizado pela Gallup em 2013 descobriu que apenas 13% dos empregados estão "comprometidos" ou motivados no trabalho, enquanto 63% não estão "comprometidos", o que significa que estão desmotivados e não estão interessados em objetivos ou resultados organizacionais. Pior ainda, 24% dos empregados estão "ativamente distantes" e são "infelizes, improdutivos e passíveis de espalhar a negatividade".[1]

Então, o que é motivação? **Motivação** é o conjunto de forças que inicia, direciona e faz com que as pessoas persistam em seus esforços para atingir um objetivo.[2] A *iniciação do esforço* está voltada para as escolhas que as pessoas fazem sobre quanto esforço colocar em seus empregos. ("Realmente dar o meu melhor ou apenas fazer um trabalho decente?") A *direção de esforço* preocupa-se com as escolhas que as pessoas fazem sobre onde colocar esforço em seus trabalhos. ("Eu deveria estar usando o tempo com minhas grandes contas bancárias, em vez de aprender este novo sistema de computador!") *Persistência do esforço* refere-se às escolhas que as pessoas fazem sobre por quanto tempo vão se esforçar em seus trabalhos antes de reduzirem ou eliminarem tais esforços. ("Estou apenas a meio caminho do projeto e já estou exausto. Devo ir até o fim ou largar tudo?") Iniciação, direção e persistência estão no cerne da motivação.

Na 37signals, uma empresa de *software* de Chicago, o cofundador Jason Fried evitou usar promoções para recompensar seus 30 empregados: "Veneramos ambição 'horizontal', na qual os empregados que amam o que fazem são encorajados a cavar mais fundo, expandir seus conhecimentos e tornar-se melhores naquilo. Sempre tentamos contratar pessoas que anseiam ser mestres artesãos, isto é, *designers* que querem ser grandes *designers*, não gestores de *designers*, desenvolvedores que querem dominar a arte da programação, não a gestão".[3]

O que poderia motivá-lo mais: a chance de tornar-se um artesão mestre ou a oportunidade de promoção e responsabilidades de gestão? Ou, nos termos da Gallup, você está comprometido no seu trabalho? E seus colegas de trabalho? Se você e seus colegas de trabalho estão "distantes" ou "ativamente distantes", por que isso ocorre? Há partes do trabalho que lhe interessam e o energizam? Se sim, quais são elas e por quê? Responder a perguntas como essas é o cerne de como melhor motivar as pessoas no trabalho.

Figura 13.1

Modelo básico de motivação e desempenho no trabalho

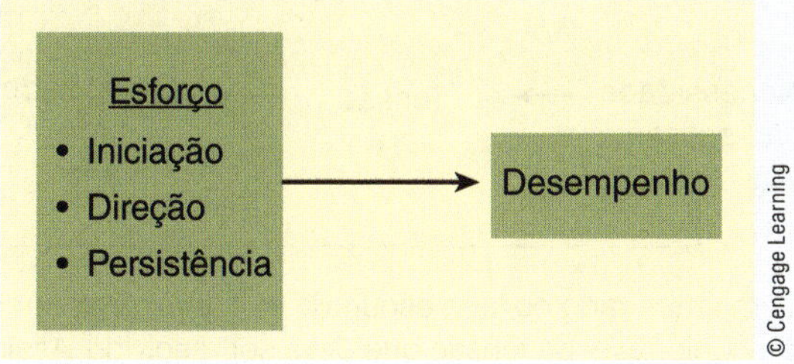

Vamos aprender mais sobre motivação criando um modelo básico de motivação de ***13-1a esforço e desempenho, 13-1b satisfação de necessidade*** *e* ***13-1c recompensas extrínsecas e intrínsecas****, e, em seguida, discutindo* ***13-1d como motivar as pessoas com esse modelo básico de motivação.***

13-1a Esforço e desempenho

Quando a maioria das pessoas pensa na motivação do trabalho, elas acham que trabalhar duro (esforço) deve levar a um bom trabalho (desempenho). A Figura 13.1 apresenta um modelo básico de motivação e desempenho no trabalho mostrando esse processo. A primeira coisa a notar na Figura 13.1 é que se trata de um modelo básico de motivação e desempenho no trabalho. Na prática, é quase impossível falar sobre uma sem mencionar o outro. Não surpreendentemente, os gestores muitas vezes assumem a motivação como o único determinante do desempenho, dizendo coisas como "Seu desempenho foi realmente péssimo no último trimestre. Qual é o problema? Você não está tão motivado como antes?". Na verdade, a motivação é apenas um dos três principais determinantes do desempenho no trabalho. Na psicologia industrial, o desempenho no trabalho é frequentemente representado por esta equação:

Desempenho do trabalho =
Motivação × Capacidade × Restrições situacionais

Nessa fórmula, *desempenho no trabalho* é o quão bem alguém executa os requisitos do trabalho. *Motivação*, como definido anteriormente, é esforço, o grau no qual alguém trabalha duro para fazer bem o trabalho. *Capacidade* é o grau em que os trabalhadores possuem conhecimentos, habilidades e talento necessários para fazer bem

Motivação conjunto de forças que inicia, direciona e faz com que as pessoas persistam em seus esforços para alcançar um objetivo.

Figura 13.2

Modelo básico de motivação e desempenho no trabalho

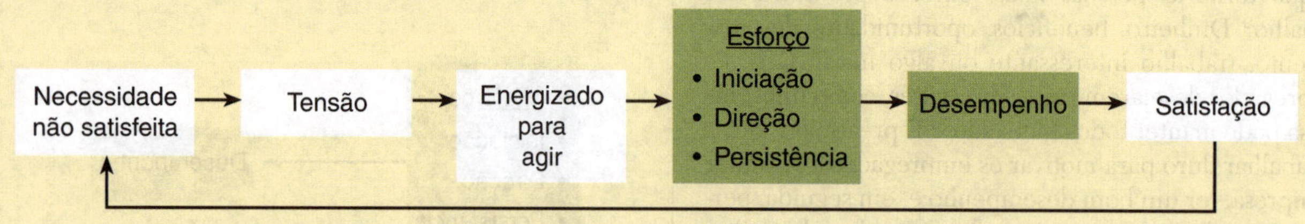

Como mostrado no lado esquerdo da figura, uma necessidade não satisfeita de uma pessoa cria um estado interno desconfortável de tensão que deve ser resolvido. Assim, de acordo com as teorias das necessidades, as pessoas são motivadas por necessidades não satisfeitas. Mas, depois que uma necessidade é satisfeita, já não mais motiva. Quando isso ocorre, as pessoas ficam satisfeitas, como mostrado no lado direito da figura.

um trabalho. E *restrições situacionais* são fatores além do controle de empregados individuais, como ferramentas, políticas e recursos que têm efeito no desempenho no trabalho.

Como o desempenho no trabalho é uma função multiplicativa da motivação vezes a capacidade vezes restrições situacionais, o desempenho no trabalho será comprometido se qualquer um desses componentes for fraco. Isso não significa que a motivação não importe. Apenas significa que toda a motivação no mundo não se traduzirá em alto desempenho quando um empregado tem pouca capacidade e fortes restrições situacionais. Assim, mesmo que passemos este capítulo desenvolvendo um modelo de motivação no trabalho, é importante lembrar que capacidade e restrições situacionais também afetam o desempenho no trabalho.

13-1b Satisfação de necessidade

Na Figura 13.1 começamos com um modelo muito básico de motivação no qual o esforço leva ao desempenho no trabalho. Mas os gestores querem saber: "O que leva ao esforço?". Determinar as necessidades dos empregados é o primeiro passo para responder a essa pergunta.

Necessidades são os requisitos físicos ou psicológicos que devem ser satisfeitos para garantir a sobrevivência e o bem-estar.[4] Como mostrado no lado esquerdo da Figura 13.2, uma necessidade não satisfeita de uma pessoa cria um estado interno de tensão desconfortável que deve ser resolvido. Por exemplo, se você geralmente ignorar o café da manhã, mas depois tem que trabalhar durante o almoço, as chances são que você sentirá tanta fome no final da tarde que a única coisa para a qual estará motivado a fazer é encontrar algo para comer. Assim, de acordo com as teorias das necessidades, as pessoas são motivadas por necessidades não satisfeitas. Mas uma necessidade já não motiva uma vez que é satisfeita. Por exemplo, quando o criador do *site* Daily Strategies descobriu que tinha se tornado milionário aos 35 anos, ele descreveu essa situação como uma "enorme decepção": "Você pode pensar que, quando sua conta passa a ter sete dígitos, os fogos de artifício iluminarão o céu, choverá confete e o champanhe começará a jorrar. Posso dizer-lhe que isso não acontece; na verdade, é bastante decepcionante. Fiquei tipo 'Ah, legal' e depois voltei ao trabalho". Em outras palavras, uma vez obtida sua necessidade de independência financeira, isso não o motiva mais.[5] Quando isso ocorre, as pessoas ficam satisfeitas, como mostrado no lado direito da Figura 13.2.

Necessidades requisitos físicos ou psicológicos que devem ser satisfeitos para garantir a sobrevivência e o bem-estar.

Nota: Ao longo do capítulo, à medida que desenvolvemos esse modelo básico, as partes dele já abordadas aparecerão sombreadas em cores. Por exemplo, como já discutimos a parte do modelo esforço → desempenho, esses componentes são mostrados com um fundo colorido. Quando adicionarmos novas peças ao modelo, elas terão um fundo branco. Estamos adicionando satisfação de necessidade ao modelo nessa etapa, de modo que os componentes de satisfação de necessidade não satisfeita, tensão, energizado para agir e satisfação são mostrados com um fundo branco. Essa convenção de cores deve facilitar a compreensão do modelo de motivação no trabalho, à medida que o adicionamos em cada seção do capítulo.

Como as pessoas são motivadas por necessidades não satisfeitas, os gestores precisam saber quais são essas necessidades não atendidas e enfrentá-las. No entanto, essa tarefa nem sempre é direta, porque as diferentes

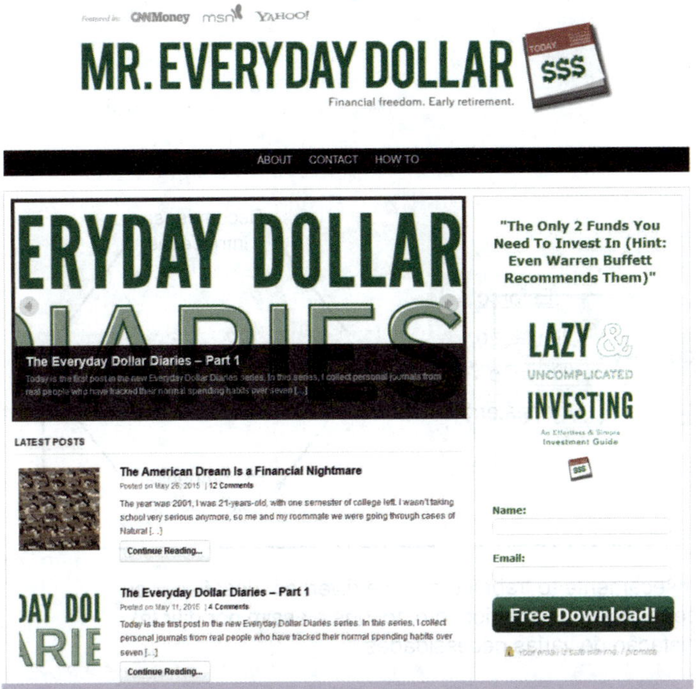

Fonte: Mr. Everyday Dollar

Consistente com as teorias das necessidades, que afirmam que as necessidades satisfeitas já não motivam, o proprietário do *site* "Mr. EverydayDollar "descobriu que se tornar um milionário era "decepcionante".

teorias das necessidades sugerem diferentes categorias de necessidades. Considere três teorias de necessidades bem conhecidas. A Hierarquia de Necessidades de Maslow sugere que as pessoas são motivadas por necessidades *fisiológicas* (comida e água), de *segurança* (física e econômica), de *pertencimento* (amizade, amor, interação social), de *estima* (realização e reconhecimento) e de *autorrealização* (realização plena de seu potencial).[6] A Teoria do ERG de Alderfer reúne as cinco necessidades de Maslow em três: *existência* (segurança e necessidades fisiológicas), *relacionamento* (pertencimento) e *crescimento* (estima e autorrealização).[7] A Teoria das Necessidades Aprendidas de McClelland sugere que os indivíduos são motivados pela necessidade de *afiliação* (ser amado e aceito), *realização* (realizar objetivos desafiadores) ou *poder* (influenciar os outros).[8]

As coisas tornam-se ainda mais complicadas quando consideramos as diferentes previsões feitas por essas teorias. De acordo com Maslow, as necessidades são organizadas em uma hierarquia de baixo (fisiológico) a alto nível (autorrealização). Dentro dessa hierarquia, as pessoas são motivadas por sua necessidade não satisfeita inferior. À medida que cada necessidade é satisfeita, elas prosseguem para cima na hierarquia passando das necessidades fisiológicas à autorrealização. Em contraste, Alderfer diz que as pessoas podem ser motivadas por mais de uma necessidade de cada vez. Além disso, ele sugere que as pessoas têm a mesma probabilidade de se deslocar para baixo da hierarquia de necessidades como para cima, especialmente quando são incapazes de alcançar a satisfação no próximo nível de maior necessidade. McClelland argumenta que o grau em que necessidades específicas motivam varia tremendamente de pessoa para pessoa, com algumas sendo motivadas principalmente por realização e outras por poder ou afiliação. Além disso, McClelland diz que as necessidades são aprendidas, não inatas. Por exemplo, estudos mostram que crianças cujos pais são proprietários de uma pequena empresa ou detêm uma posição gerencial tendem muito mais a ter uma alta necessidade de realização.[9]

Assim, com três conjuntos diferentes de necessidades e três ideias muito distintas sobre como as necessidades motivam, como fornecer uma resposta prática aos gestores que só querem saber o que leva ao esforço? Felizmente, a evidência de pesquisa simplifica um pouco as coisas. Para começar, estudos indicam que existem dois tipos básicos de categoria de necessidade.[10] As *necessidades de ordem inferior* dizem respeito à segurança e aos requisitos fisiológicos e de existência, enquanto as *necessidades de ordem superior* referem-se às relações (pertencimento, relacionamento e afiliação), aos desafios e às realizações (estima, autorrealização, crescimento e conquistas) e à influência (poder). Estudos mostram que, em geral, as necessidades de ordem superior não motivarão as pessoas enquanto as de ordem inferior não forem satisfeitas.[11]

Por exemplo, imagine que você se formou na faculdade há seis meses e ainda está procurando seu primeiro emprego. Com o dinheiro acabando (você está provavelmente vivendo com seus cartões de crédito) e a possibilidade iminente de ter que voltar a morar com seus pais (se isso não o motivar, o que o fará?), suas necessidades básicas de alimentos, abrigo e segurança direcionam seus pensamentos, comportamento e escolhas neste momento. Mas, depois que você conseguir um trabalho, encontrar um lugar ótimo (todo seu!) para morar e puser algum dinheiro no banco, essas necessidades básicas deverão diminuir em importância e você começará a pensar sobre fazer novos amigos e assumir atribuições desafiadoras de trabalho. De fato, depois que as necessidades de ordem inferior são satisfeitas, é difícil para os gestores prever quais necessidades de ordem superior motivarão o comportamento.[12] Algumas pessoas serão motivadas por afiliação, enquanto outras pelo crescimento ou pela estima. Além disso, a importância relativa das várias necessidades pode mudar ao longo do tempo, mas não necessariamente em qualquer padrão previsível. Então, o que leva ao esforço? Em parte, as necessidades. Depois de discutirmos as recompensas na subseção 13-1c, discutiremos, na subsecção 13-1d, como os gestores podem

Figura 13.3
Adicionando recompensas ao modelo

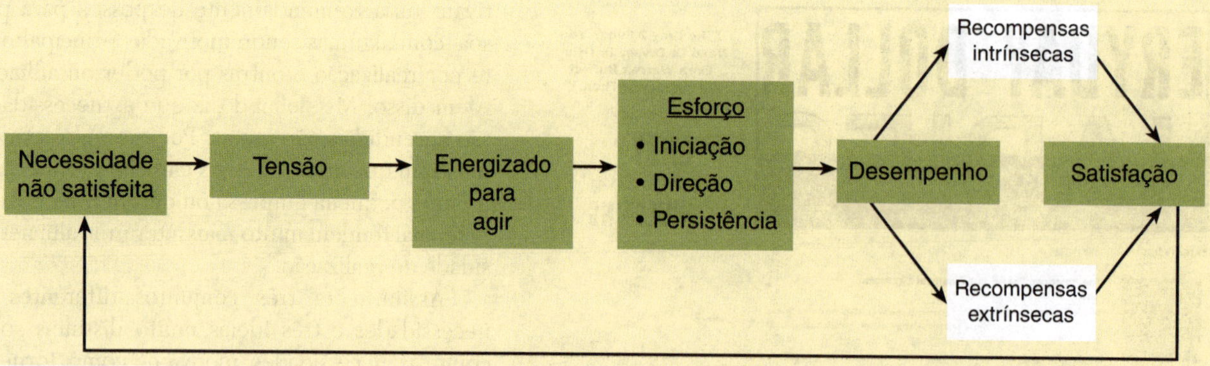

Executar bem um trabalho pode ser gratificante intrinsecamente (o trabalho em si é divertido, desafiador ou interessante) ou extrinsecamente (à medida que recebe melhores salários, promoções e assim por diante). Recompensas intrínsecas e extrínsecas levam à satisfação de várias necessidades.

usar o que sabemos das teorias de satisfação de necessidades para motivar os trabalhadores.

13-1c Recompensas extrínsecas e intrínsecas

Nenhuma discussão sobre a motivação seria completa sem considerar as recompensas. Vamos adicionar dois tipos de recompensa, extrínsecas e intrínsecas, ao modelo da Figura 13.3.[13]

Recompensas extrínsecas são tangíveis e visíveis para os outros e fornecidas aos empregados de acordo com o desempenho em tarefas ou comportamentos específicos.[14] Agentes externos (gestores, por exemplo) determinam e controlam a distribuição, frequência e quantidade de recompensas extrínsecas, como remuneração, ações da empresa, benefícios e promoções. Por exemplo, 80% de mil grandes e médias empresas norte-americanas pesquisadas pela Hewitt Associates, uma empresa de consultoria sediada em Lincolnshire, em Illinois, oferecem incentivos ou bônus para recompensar os empregados.[15]

A Lincoln Electric, fabricante de ferramentas e tecnologia de soldagem a arco, pagou lucros anuais de participação nos lucros aos seus operários durante 80 anos consecutivos. Em 2013, a empresa pagou um terço dos seus lucros antes de impostos, $ 100,7 milhões, para os empregados que receberam bônus de $ 33.020 cada, no valor de 62% do total dos salários. Nos 80 anos em que Lincoln pagou bônus de participação nos lucros, o percentual nunca caiu abaixo de 25% do salário total e chegou a 120%. Na última década, os bônus foram em média 40% do salário total.[16]

Recompensa extrínseca recompensa tangível, visível para os outros e fornecida aos empregados de acordo com o desempenho em tarefas ou comportamentos específicos.

Recompensa intrínseca recompensa natural associada à realização de uma tarefa ou atividade por sua própria causa.

Por que as empresas precisam oferecer recompensas extrínsecas? Para incentivar as pessoas a fazer coisas que de outra forma não fariam. As empresas usam recompensas extrínsecas para motivar as pessoas a executar quatro comportamentos básicos: juntar-se à organização, ir frequentemente ao trabalho, desempenhar bem as tarefas e permanecer na organização.[17] Pense nisso. Você iria ao trabalho todos os dias para fazer o melhor trabalho possível que pudesse apenas pela bondade do seu coração? Muito poucas pessoas o fariam.

Recompensas intrínsecas são as recompensas naturais associadas com a realização de uma tarefa ou atividade por sua própria causa. Por exemplo, além da recompensa externa que a direção oferece para fazer algo bem, os empregados frequentemente acham as atividades ou tarefas que realizam interessantes e agradáveis. Exemplos de recompensas intrínsecas incluem um sentimento de realização ou conquista, um sentimento de responsabilidade, a oportunidade de aprender algo novo ou de interagir com os outros ou simplesmente a diversão que resulta de uma tarefa interessante, desafiadora e envolvente.

Todos os anos, 1.300 estudantes entram na **Academia Militar dos Estados Unidos em West Point**. Aproximadamente mil concluirão os estudos e quase

Ramin Talaie/Getty Images News/Getty Images

Cadetes motivados por recompensas intrínsecas, como querer ser um oficial do Exército, eram 20% mais propensos a fazê-lo no rigoroso programa de West Point do que aqueles motivados por fatores extrínsecos.

40% dos graduados permanecerão além dos anos de serviço exigidos no Exército. Para entender melhor por que alguns cadetes se formam e servem mais tempo do que outros, uma equipe de pesquisadores analisou 14 anos de dados sobre 10 mil cadetes. Independentemente de raça, sexo, religião, realização escolar ou contexto econômico, os cadetes motivados por recompensas intrínsecas, como querer ser um oficial do Exército, eram 20% mais propensos a fazê-lo no rigoroso programa de West Point do que aqueles motivados por fatores extrínsecos, como ir para West Point porque os pais queriam. Em comparação com aqueles com fraca motivação interna, os cadetes motivados internamente também eram mais propensos a ser considerados para promoção precoce (35% contra 16%).[18]

Que tipos de recompensa são mais importantes para os trabalhadores em geral? Uma série de pesquisas sugere que tanto recompensas extrínsecas como intrínsecas são importantes e que as preferências dos empregados por recompensas intrínsecas ou extrínsecas são relativamente estáveis.[19] Uma pesquisa da Society for Human Resource Management de 2014 descobriu que, nos últimos seis anos, três fatores extrínsecos – salário, benefícios e segurança no trabalho/estabilidade organizacional – e dois fatores intrínsecos – o trabalho em si e as oportunidades de usar suas habilidades e capacidades – têm estado consistentemente entre os melhores fatores classificados como "muito importantes" pelos empregados.[20]

13-1d Motivando com o básico

Assim, dado o modelo básico de motivação no trabalho da Figura 13.3, que passos práticos os gestores podem dar para motivar os empregados a aumentar seu esforço?

O primeiro é *começar perguntando às pessoas quais são as necessidades delas*. Jonathan Robinson, o CEO da **Freetextbooks.com**, uma vendedora *on-line* de livros didáticos em uma faculdade (desculpe-me, livros didáticos não são realmente gratuitos), diz que a chave para motivar os empregados é descobrir do que gostam e, em seguida, dar-lhes as recompensas que querem. Para isso, Robinson dá a cada novo contratado um breve questionário perguntando-lhes sobre doces, restaurante, *hobby* ou música favoritos. De acordo com o CEO: "Você só precisa conhecer sua equipe. Como somos pouco, tenho que ficar em sintonia com as preferências e a vibração de nossos empregados. As vantagens estão nos detalhes". Como resultado, ele recentemente deu a um empregado uma rodada de golfe grátis, para outro $ 100 para serem usados em um ótimo restaurante e a outros ingressos de teatro IMAX. Como ele perguntou, todos conseguiram o que queriam.[21] Então, se você quiser atender às necessidades dos empregados, basta perguntar.

Em seguida, *satisfaça as necessidades de ordem inferior primeiro*. Como as necessidades de ordem superior não motivarão as pessoas enquanto as de ordem inferior permanecerem não satisfeitas, as empresas devem satisfazer necessidades de ordem inferior primeiro. Na prática, isso significa fornecer equipamento, treinamento e conhecimento para criar um ambiente de trabalho seguro, isento de riscos físicos, pagar aos empregados o suficiente para fornecer segurança financeira e oferecer um pacote de benefícios que protegerá os empregados e suas famílias com uma boa cobertura médica e seguro de saúde e invalidez. De fato, o estudo da Society for Human Resource Management mencionado anteriormente descobriu que três dos cinco fatores mais importantes em 2013 – compensação/remuneração (60%), segurança no emprego (59%) e benefícios (53%) – eram necessidades de ordem inferior.[22] Com base na ideia de satisfazer às necessidades de ordem inferior, uma pesquisa realizada com 12 mil empregados descobriu que remuneração inadequada é a razão número um pela qual os empregados deixam as organizações. É por isso que o CEO Kip Tindell da Container Store paga aos empregados um salário médio de $ 48 mil por ano, duas vezes o salário médio do varejo. Como resultado, afirma Tindell: "Meus empregados avançam na hierarquia de Maslow (de necessidades mais baixas para mais altas). Não pensei sobre isso quando começamos. Mas é a coisa mais poderosa que você pode fazer".[23]

Terceiro, os gestores devem *esperar que as necessidades das pessoas mudem*. Como algumas necessidades são satisfeitas ou as situações mudam, o que motivou as pessoas antes pode não motivá-las agora. Da mesma forma, o que motiva as pessoas a aceitar um emprego pode não necessariamente motivá-las depois de terem o emprego. De acordo com David Stum, presidente do Loyalty Institute: "O poder [atrativo] de remuneração e benefícios só é [forte] durante a fase de recrutamento. Depois que os funcionários começam a trabalhar, salário

O que é melhor do que dinheiro? Experimente algo não convencional

Benefícios como tempo flexível e trabalhar em casa que costumavam ser incomuns são cada vez mais básicos, e as empresas estão se desdobrando para encontrar incentivos não convencionais e não monetários que inspirem e recompensem os trabalhadores. A empresa de *software* 2HB dá aos empregados um prêmio de cuidados pessoais de $ 50 por mês para manicure, pedicure e corte de cabelo. A Freeborn & Peters, empresa de advocacia, realiza anualmente uma festa de bagagem – os empregados aparecem com uma mala pronta, e quatro são escolhidos para um final de semana com todas as despesas pagas em Las Vegas. Benefícios de gravidez da Apple e de inseminação artificial do Facebook pagam até $ 20 mil de despesas incorridas por funcionárias que queiram congelar os óvulos.

Valua Vitaly/Shutterstock.com

Fonte: B. Helmrich, Think freezing eggs is odd? Check out these strange employee benefits, *Business News Daily*, 14 out. 2014. Disponível em: <http://www.businessnewsdaily.com/7321-strange-job-benefits.html>. Acesso em: 8 maio 2015.

e benefícios se tornam direitos. Eles pensam: 'Agora eu trabalho aqui, você me deve isso'".[24] Os gestores também devem esperar que as necessidades mudem à medida que as pessoas amadurecem. Para os empregados mais velhos, os benefícios são tão importantes quanto o salário, sempre classificado como mais importante por empregados mais jovens. Os empregados mais velhos também classificam a segurança no emprego como mais importante do que o tempo pessoal e familiar, o qual é mais importante para os empregados mais jovens.[25]

Finalmente, à medida que as necessidades mudam e as de ordem *inferior são satisfeitas, crie oportunidades para que os empregados satisfaçam necessidades de ordem superior*. Lembre-se de que recompensas intrínsecas, como realização, conquista, aprender algo novo e interagir com os outros, são recompensas naturais associadas com a realização de uma tarefa ou atividade em si. E, com exceção da influência (poder), as recompensas intrínsecas correspondem muito fortemente às necessidades de ordem superior como as que dizem respeito a relacionamentos (pertencimento, parentesco e afiliação) e desafios e realizações (estima, autorrealização, crescimento e conquista). Portanto, uma forma de os gestores atenderem às necessidades de ordem superior dos empregados é criar oportunidades para que estes experimentem recompensas intrínsecas, proporcionando trabalho desafiador, incentivando-os a assumir maior responsabilidade pelo trabalho e dando-lhes a liberdade de buscar tarefas e projetos que considerem interessantes.

Kroster/Shutterstock.com

Teoria da equidade
teoria que afirma que as pessoas serão motivadas quando perceberem que estão sendo tratadas de forma justa.

13-2 TEORIA DA EQUIDADE

Vimos que as pessoas são motivadas para alcançar recompensas intrínsecas e extrínsecas. No entanto, se os empregados não acreditam que as recompensas são concedidas de forma razoável ou não acham que podem atingir os objetivos de desempenho que a empresa estabeleceu para eles, não ficarão muito motivados.

Justiça, ou o que as pessoas percebem ser justo, também é uma questão crítica nas organizações. A **teoria da equidade** diz que as pessoas serão motivadas no trabalho quando *perceberem* que estão sendo tratadas de forma justa. Em particular, a teoria da equidade enfatiza a importância das percepções. Assim, independentemente do nível real de recompensas que as pessoas recebem, também devem perceber que, em relação aos outros, estão sendo tratadas de forma justa. Por exemplo, você aprendeu no Capítulo 11 que os CEOs das maiores empresas dos Estados Unidos agora ganham $ 15,2 milhões por ano, o que representa 296 vezes o salário médio de $ 52,100.[26] Os dez CEOs mais bem pagos tiveram saldos médios de $ 61,6 milhões por ano, o primeiro da lista foi John H. Hammergren, CEO da Discovery Communications, que ganhou $ 156,1 milhões.[27] Em comparação, na maioria das empresas com menos de $ 1 bilhão por ano em receita, os CEOs geralmente ganham 2,3 a 12,5 vezes mais do que o empregado médio.[28]

Magnifiko/Shutterstock.com

Muitas pessoas acreditam que o salário do CEO é obscenamente alto e injusto. Outras acreditam que é justo porque a oferta e demanda de talento executivo determinam em grande parte o que os CEOs ganham. Argumenta-se com frequência que, se fosse mais fácil encontrar bons CEOs, então os CEOs receberiam pagamentos muito menores. A teoria da equidade não se concentra na equidade objetiva (isto é, que os CEOs ganham 296 vezes mais do que os operários). Em vez disso, ela afirma que a equidade, assim como a beleza, está nos olhos de quem vê.

*Vamos aprender mais sobre a teoria da equidade examinando **13-2a os componentes da teoria da equidade, 13-2b como as pessoas reagem à desigualdade percebida** e **13-2c como motivar as pessoas por meio da teoria da equidade**.*

13-2a Componentes da teoria da equidade

Os componentes básicos da teoria da equidade são entradas (*inputs*), resultados (*outputs*) e referências. **Entradas** são as contribuições que os empregados fazem para a organização. Elas incluem educação e treinamento, inteligência, experiência, esforço, número de horas trabalhadas e capacidade. **Resultados** referem-se ao que os empregados recebem em troca de suas contribuições para a organização e incluem salário, benefícios adicionais, símbolos de *status* e títulos, e atribuições de cargos. E, como as percepções de equidade dependem de comparações, **referências** são outros indivíduos com os quais as pessoas se comparam para determinar se foram tratadas de forma justa. Aquele indivíduo tomado como referência pode ser uma única pessoa (comparando-se a um colega de trabalho), um outro generalizado (comparando-se com "alunos em geral", por exemplo) ou até mesmo com o tempo ("Eu estava melhor no ano passado do que neste"). Geralmente, as pessoas escolhem comparar-se com referências que ocupam os mesmos cargos ou semelhantes ou similares em termos de gênero, raça, idade, posse ou outras características.[29] Por exemplo, 1.300 empregados dos oito centros de distribuição alemães da Amazon entraram em greve em busca de salários mais altos. Os trabalhadores queriam receber 12 euros por hora, semelhante aos empregados (isto é, suas referências) em empresas alemãs de varejo e de vendas por catálogo. A Amazon, no entanto, argumentou que os empregados, que ganhavam 9,30 euros por hora, mais bônus e ações da empresa (depois de dois anos), recebiam remuneração equivalente ao topo da escala para empregados de empresa de logística que trabalham em armazéns de distribuição. Assim, com referências claramente diferentes, não é nenhuma surpresa que discordassem sobre o que constitui uma remuneração justa[30]

De acordo com a teoria da equidade, os empregados comparam seus resultados (as recompensas que recebem da organização) com suas entradas (suas contribuições para a organização). Essa comparação de resultados com entradas é chamada de **relação resultado/entrada** (*outcome/input* – O/I). Depois de uma comparação interna na qual relacionam seus resultados com suas entradas, os empregados fazem uma comparação externa na qual relacionam sua relação O/I com a relação O/I de uma referência.[31]

Quando as pessoas percebem que sua relação O/I é igual à da referência, concluem que estão sendo tratadas de forma justa. Entretanto, quando percebem que sua relação O/I é diferente da de sua referência, concluem que foram tratadas injusta ou desigualmente.

A desigualdade pode assumir duas formas: recompensa a menos e recompensa a mais. **Recompensa a menos** ocorre quando a relação O/I de uma referência é melhor do que sua. Em outras palavras, você está recebendo menos resultados em relação a suas entradas do que a referência com o qual você se compara. Quando as pessoas percebem que foram recompensadas a menos, tendem a sentir raiva ou frustração. Os trabalhadores de montagem automática de duas instalações indianas da Toyota entraram em greve porque estavam insatisfeitos e frustrados com o salário injusto, segundo eles, que recebiam. A Toyota ofereceu 3.050 rupias ($ 51)

Entradas na teoria da equidade, as contribuições que os colaboradores fazem para a organização.

Resultados na teoria da equidade, as recompensas que os empregados recebem por suas contribuições para a organização.

Referências na teoria da equidade, indivíduos com quem as pessoas se comparam para determinar se foram tratadas de forma justa.

Relação resultado/entrada (output/input - O/I) na teoria da equidade, a percepção de um empregado de como as recompensas recebidas de uma organização se comparam com suas contribuições para a organização.

Recompensa a menos uma forma de desigualdade na qual você está obtendo menos resultados em relação às entradas em comparação com sua referência.

por mês, mas os trabalhadores queriam ganhar quatro mil rupias por mês ($ 67) e ter mais feriados e alojamento fornecido pela empresa. Na ocasião Satish Rangaswamy, secretário-geral do sindicato que representa os trabalhadores, afirmou: "Sempre que obtém um bom lucro em um ano, ela [Toyota] envia tudo para a sede, que é [no] Japão. Por que não podem compartilhá-lo com nossos empregados?".[32]

Em contrapartida, **recompensa a mais** ocorre quando a relação O/I de uma referência é pior do que sua. Nesse caso, você está obtendo mais resultados em relação a suas entradas do que sua referência. Em teoria, quando as pessoas percebem que foram recompensadas a mais, sentem culpa. Mas não é de surpreender que tenham uma tolerância muito alta para a recompensa a mais. É preciso um enorme excesso para que as pessoas possam decidir que os salários ou benefícios são mais do que merecem.

Recompensa a mais
uma forma de desigualdade na qual você está obtendo mais resultados em relação às entradas em comparação com sua referência.

13-2b Como as pessoas reagem à desigualdade percebida

O que acontece quando as pessoas percebem que foram tratadas injustamente no trabalho? A Figura 13.4 mostra que a desigualdade percebida afeta a satisfação. No caso de recompensa a menos, isso geralmente se traduz em frustração ou raiva, e, quando há recompensa a mais, a reação é a culpa. Tais reações provocam tensão e uma forte necessidade de as pessoas tomarem medidas para restaurar, de alguma forma, a equidade. No início, uma ligeira desigualdade pode não ser forte o suficiente para

Figura 13.4

Adicionando a teoria da equidade ao modelo

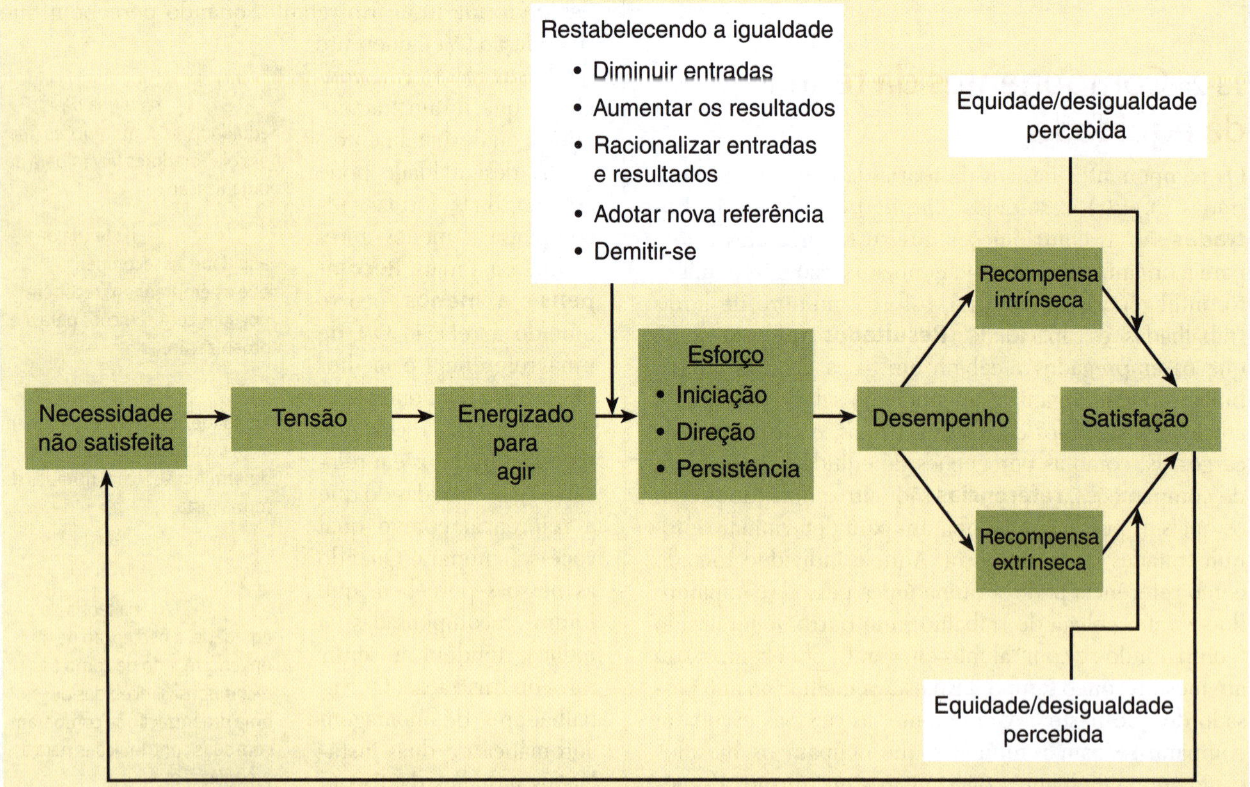

Quando as pessoas percebem que foram tratadas injustamente no trabalho por causa das recompensas intrínsecas ou extrínsecas que recebem em relação a seus esforços, ficam insatisfeitas (ou frustradas ou irritadas), suas necessidades não são atendidas, e essas reações provocam tensão e forte necessidade de elas tomarem medidas para restaurar, de alguma forma, a equidade.

motivar um empregado a tomar medidas imediatas. Entretanto, se a desigualdade continua ou há múltiplas desigualdades, a tensão pode se desenvolver ao longo do tempo até que um ponto de intolerância seja alcançado e a pessoa esteja energizada para agir.

As receitas da **Plum Creek Timber** ficaram estáveis por dois anos, e o lucro líquido estava caindo quando o CEO Rick Holley informou ao conselho de diretores da companhia que estava devolvendo 44.445 opções de ações restritas avaliadas em $ 1,85 milhão que o comitê de remuneração da diretoria havia concedido dez meses antes. Na ocasião, Holley disse: "Não me sinto confortável em receber estas ações. ... Este foi um ano em que o retorno total dos acionistas esteve abaixo de 10% ou mais. Simplesmente não era a coisa certa a fazer".[33]

Quando as pessoas percebem que foram tratadas injustamente, podem tentar restaurar a equidade, reduzindo as entradas, aumentando resultados, racionalizando entradas ou resultados, mudando a referência ou simplesmente demitindo-se da empresa. Discutiremos essas possíveis respostas em termos da desigualdade associada à recompensa a menos, muito mais comum do que a desigualdade associada à recompensa a mais.

As pessoas que percebem que foram recompensadas a menos podem tentar restaurar a equidade *diminuindo ou controlando suas entradas* (*isto é, esforço*). Após pedir falência e procurar cortes consideráveis do pagamento e dos benefícios, os pilotos de American Airlines entraram com pedidos de licença médica que cancelaram centenas de voos. Além disso, os que se apresentaram para o trabalho supostamente retardaram voos requerendo mecânicos para inspecionar aviões antes da partida. Embora o sindicato de pilotos tenha negado ter feito uma operação tartaruga, seu presidente afirmou: "Os pilotos da American Airlines estão zangados. Enquanto a gerência da AMR continua falando sobre a necessidade de um acordo consensual conosco, sua abordagem punitiva de arrancar muito mais valor do que precisam dificilmente conduzirá a um acordo de consenso".[34]

Aumentar os resultados é outra forma que as pessoas usam para tentar restaurar a equidade. Isso pode incluir pedir um aumento ou apontar a injustiça para o chefe esperando que ele faça algo. Porém, às vezes, os empregados podem ir a organizações externas, como sindicatos, agências federais ou tribunais, para ajudar a aumentar os resultados e restaurar a equidade. Por exemplo, o Departamento do Trabalho dos Estados Unidos estima que 10% dos trabalhadores não estão recebendo o pagamento adicional de horas extras que merecem quando trabalham mais de 40 horas por semana. Trata-se de infrações da Lei de Padrões Laborais Justos.[35] Após uma decisão do Departamento de Trabalho dos Estados Unidos, o Walmart pagou $ 5,26 milhões em salários atrasados para 4.500 seguranças, que não receberam o pagamento de horas extras ao serem incorretamente classificados como empregados isentos (ou seja, não elegíveis para horas extras).[36] Algo entre 25 mil e 30 mil casos semelhantes são apresentados por ano, e os empregados ganham dois terços deles.[37] De 2001 a 2011, o número de tais ações no tribunal federal aumentou quase 500%.[38]

As pessoas que percebem que foram recompensadas a menos no escritório podem controlar seus esforços até que se sintam justamente recompensadas.

Outro método para restaurar a equidade é *racionalizar ou distorcer entradas ou resultados*. Em vez de reduzirem as entradas ou aumentarem os resultados os empregados recuperam a equidade fazendo ajustes mentais ou emocionais em suas relações O/I ou nas de suas referências. Por exemplo, suponha que uma empresa reduza 10% de sua força de trabalho. É provável que as pessoas que ainda têm empregos fiquem irritadas ou frustradas com a gestão da empresa por causa das demissões. Contudo, se é difícil encontrar outro trabalho, esses sobreviventes podem racionalizar ou distorcer suas relações O/I e concluir: "Bem, as coisas poderiam ser piores. Pelo menos ainda tenho meu emprego". A racionalização ou distorção dos resultados pode ser usada quando outras formas de restaurar a equidade não estão disponíveis.

Mudar a referência é outra forma de restaurar a equidade. Nesse caso, as pessoas se comparam com outra referência diferente do que estavam usando para comparações de relações O/I anteriores. Como as pessoas costumam optar por se comparar com outras que possuem os mesmos empregos ou similares ou que são semelhantes (amigos, familiares, vizinhos que trabalham em outras empresas), podem mudar as referências para restaurar a equidade quando suas situações pessoais mudam, por exemplo, uma diminuição no *status* do cargo ou no salário.[39]

13-2c Motivando com a teoria da equidade

Que medidas práticas os gestores podem tomar para usar a teoria da equidade como forma de motivar os empregados? Eles podem *começar procurando e corrigindo grandes desigualdades*. Entre outras coisas, a teoria da equidade faz-nos conscientes de que o sentimento de justiça

Pagamento transparente – não é um grande negócio

Ventura/Shutterstock.com

Dane Atkison dirigiu quase uma dúzia de empresas durante sua carreira, muitas vezes pagando a diferentes empregados salários muito distintos pelo mesmo conjunto de habilidades, apenas porque alguns negociaram melhor do que outros. Cansado da indignação dos empregados quando diferenças significativas eram descobertas, ele adotou um sistema de salário transparente em sua nova empresa de tecnologia, a **SumAll**. Durante o processo de contratação, ele permite que os candidatos saibam o salário, sem negociação permitida, e que todos conheçam o salário dos demais. Às vezes, os candidatos com mais experiência relutam. Atkison se lembra de um candidato que lhe disse o seguinte: "Isso é injusto porque não posso realmente negociar". Embora às vezes surjam as tensões, Atkison afirma que falar com os empregados sobre suas percepções de desigualdade lhe dá a chance de explicar por que algumas pessoas ganham mais do que outras.

Fonte: L. Pollak, The company where everyone knows everyone else's salary, *Planet Money* on National Public Radio, 2 jul. 2014. Disponível em: <http:// www.npr.org/blogs/money/2014/07/02/327758712/the-company-where -everyone-knows-everyone-elses-salary>. Acesso em: 8 maio 2015.

de um empregado é baseado em percepções subjetivas. O que um empregado considera grosseiramente injusto pode não afetar em nada a percepção de equidade de outro empregado. Embora essas percepções diferentes possam gerar algumas dificuldades para os gestores criarem condições que satisfaçam todos os empregados, é fundamental que eles façam o melhor possível para lidar com grandes desigualdades que podem estimular os empregados a tomar medidas conflituosas, onerosas ou prejudiciais, como diminuir entradas ou pedir demissão. Assim, sempre que possível, os gestores devem procurar e corrigir grandes desigualdades.

Por exemplo, com os salários chineses aumentando entre 10% e 15% ao ano em média e 30% ao ano, onde a demanda é alta, o operário médio na China, que ganha entre $ 317 e $ 350 por mês, é geralmente mal remunerado.[40] Assim, por dois anos consecutivos, o CEO da Lenovo, Yang Yuanqing, deu seu bônus anual aos dez mil empregados da empresa. Aproximadamente 90% de seu bônus de $ 3,25 milhões em 2013 foram destinados a empregados da fábrica na China, cada um dos quais receberá aproximadamente $325 dólares, quase um mês de salário. De acordo com Angela Lee, porta-voz da Lenovo: "Como você pode imaginar, um adicional de $ 300 [ou mais] em um ambiente de produção na China tem um grande impacto, especialmente para os empregados que sustentam famílias".[41] Segundo a comunicação da Lenovo enviada aos empregados: "Este pagamento é concedido por decisão pessoal de Yuanqing. Ele acredita que tem a responsabilidade como proprietário da empresa, e a oportunidade como nosso líder, de garantir que todos os nossos empregados compreendam o impacto que têm na construção da Lenovo".[42]

Segundo, os gestores podem *reduzir as entradas dos empregados*. Aumentar os resultados é muitas vezes a primeira e única estratégia que as empresas usam para restaurar a equidade, mas reduzir as entradas dos empregados também é uma estratégia viável. De fato, com a dupla carreira de casais que trabalham semanas de 50 horas, cada vez mais empregados estão procurando maneiras de reduzir o estresse e restaurar um equilíbrio entre trabalho e família. Consequentemente, pode fazer sentido pedir que os empregados façam menos, em vez de mais, solicitar que identifiquem e eliminem 20% de seus trabalhos que não aumentam a produtividade nem agregam valor para os clientes, e eliminar exigências impostas pela empresa que não sejam realmente críticas para o desempenho de gestores, empregados ou da empresa (por exemplo, reuniões e relatórios desnecessários). De acordo com a legislação trabalhista chinesa, os empregados não podem trabalhar mais de 36 horas extras por mês, nem mais de nove horas extras por semana. No entanto, depois de uma catastrófica explosão de uma fábrica e que uma série de suicídios de empregados interrompeu a produção em uma fábrica da Foxconn na China, os trabalhadores, que montam de iPads a computadores portáteis, trabalharam 80 a 100 horas extras por mês além de suas 174 horas regulares para compensar as falhas de produção. Durante esse tempo, os empregados trabalhavam regularmente turnos de 12 horas, seis dias por semana, ou 70 horas por mês além do limite legal. Como resultado da pressão da Apple e de grupos internacionais de direitos dos trabalhadores, a Foxconn concordou em aumentar imediatamente o salário em até 25% e limitar o número de horas que um empregado trabalha para 49 por semana.[43]

Finalmente, os gestores devem *assegurar que os processos de tomada de decisões sejam justos*. A teoria da equidade enfoca a **justiça distributiva**, o grau percebido de que resultados e recompensas são distribuídos ou alocados de forma justa. No entanto, a **justiça processual**, a igualdade percebida dos procedimentos usados para tomar decisões de alocação de recompensa, é igualmente importante.[44] Isso ocorre porque, mesmo quando estão descontentes com seus resultados (ou seja, salários baixos), eles tendem muito menos a ficar descontentes com a gestão da empresa se acreditarem que os procedimentos usados para alocar os resultados forem justos. Por exemplo, empregados demitidos tendem a ser hostis em relação ao empregador quando percebem que os procedimentos que levaram às demissões foram injustos. Entretanto, se percebem que seus resultados são injustos (isto é, injustiça distributiva), mas que as decisões e os procedimentos que levam a esses resultados eram justos (isto é, a justiça processual), eles são muito mais propensos a buscar formas construtivas de restabelecer a equidade, como discutir esses assuntos com o gestor.[45] Em contrapartida, se os empregados percebem injustiças distributivas e processuais, podem apresentar táticas mais destrutivas, como retenção de esforços, absenteísmo, atraso ou mesmo sabotagem e roubo.[46]

13-3 TEORIA DA EXPECTATIVA

Uma das coisas mais difíceis sobre motivar as pessoas é que nem todos são atraídos pelas mesmas recompensas. Segundo a **teoria da expectativa**, as pessoas serão motivadas à medida que acreditarem que seus esforços levarão a um bom desempenho, que este será recompensado e que a eles serão oferecidas recompensas interessantes.[47]

Vamos aprender mais sobre a teoria da expectativa examinando 13-3a os componentes da teoria da expectativa e 13-3b utilizando-a como uma ferramenta motivacional.

Justiça distributiva grau percebido de que resultados e recompensas são distribuídos ou alocados de forma justa.

Justiça processual justiça percebida do processo usado para tomar decisões de alocação de recompensas.

Teoria da expectativa teoria de que as pessoas serão motivadas à medida que acreditarem que seus esforços levarão a um bom desempenho, que um bom desempenho será recompensado e que a elas serão oferecidas recompensas atraentes.

Justo ou insensato?

O anúncio de Dan Price de que iria reduzir seu salário de $ 1 milhão para $ 70 mil por ano para que pudesse aumentar o salário de seus empregados para $ 70 mil por ano foi recebido com uma combinação de alegrias e zombarias. Price é o CEO da Gravity Payments, uma empresa de processamento de cartões de crédito, onde o salário médio anual dos empregados era de $ 48 mil. E apesar de sua decisão ter recebido uma resposta positiva dos ativistas trabalhistas, outros estavam céticos quanto ao método de geração de equidade da Price. De acordo com o professor de administração Patrick Rogers: "Price provavelmente pensa que trabalhadores felizes são trabalhadores produtivos. No entanto, não há nenhuma evidência de que isso seja verdade. Assim ele vai melhorar a felicidade, apenas no curto prazo, e não vai melhorar a produtividade. O que não é um bom presságio para a sua viabilidade de longo prazo como uma empresa".

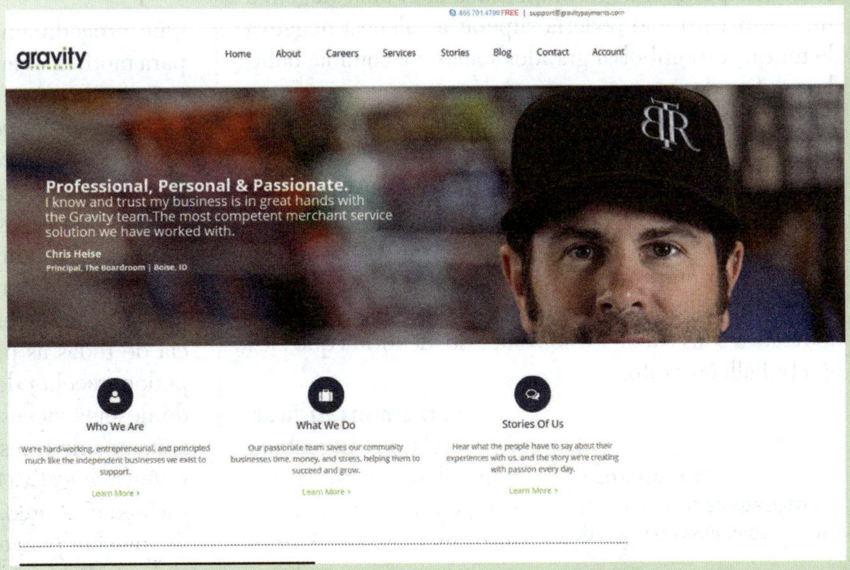

Fonte: Gravity Payments

Fontes: P. Cohen, Praise and skepticism as one executive sets minimum wage to $ 70,000 a year, *New York Times*, 19 abr. 2015, B1; A. Kaufman, CEO slashes $ 1 million salary to give lowest-paid workers a raise, *Huffington Post*, 14 abr. 2015, disponível em: <http://www.huffingtonpost.com/2015/04/14/gravity-payments-raise_n_7061676.html>, acesso em: 8 maio 2015.

13-3a Componentes da teoria da expectativa

A teoria da expectativa sustenta que as pessoas fazem escolhas conscientes sobre sua motivação. Os três fatores que afetam essas escolhas são valência, expectativa e instrumentalidade.

Valência é simplesmente a atratividade ou capacidade de criar desejo de várias recompensas ou resultados. A teoria da expectativa reconhece que a mesma recompensa ou resultado, como uma promoção, será altamente atraente para algumas pessoas, muito pouco apreciada por outras, e não fará muita diferença de uma forma ou de outra para as demais pessoas. Consequentemente, ao decidirem quanto esforço colocar, a teoria da expectativa diz que as pessoas considerarão a valência de todas as recompensas e resultados possíveis que podem receber de seus trabalhos.

Quanto maior for a soma dessas valências, que poderão ser positivas, negativas ou neutras, mais esforço as pessoas colocarão no trabalho. A consultora Carol Schultz passou nove anos trabalhando para uma empresa onde o patrão recompensava os empregados de melhor desempenho com viagens de cinco dias a *resorts* caros. A empresa pagava o voo, a hospedagem e um jantar, e os empregados se responsabilizavam pelo restante de sua alimentação e por todas as bebidas e atividades do *resort*. Segundo Schultz: "Sempre me irritava com o fato de a empresa nos mandar para algum *resort* caro e esperar que pagássemos por tudo, exceto o voo e o quarto de hotel. Para mim, isso não era 'recompensa'". Em outras palavras, quando Schultz acrescentou todas as valências, a valência positiva de recompensá-la com uma viagem a um *resort* caro não poderia superar a valência negativa de ter que desembolsar grandes somas em comida, bebida e outras despesas no *resort*.[48]

Expectativa é a relação percebida entre esforço e desempenho. Quando as expectativas são grandes, os empregados acreditam que seu trabalho duro e esforços resultarão em bom desempenho, de forma que trabalham mais. Em contraste, quando as expectativas são pequenas, os empregados acham que não importa o que fizerem ou o quanto trabalhem, pois não serão capazes de realizar seus trabalhos com sucesso, de forma que eles não trabalham tanto.

Instrumentalidade é a relação percebida entre desempenho e recompensas. Quando a instrumentalidade é forte, os empregados acreditam que o melhor desempenho levará a melhores e mais recompensas, de modo que eles optam por trabalhar mais. Quando a instrumentalidade é fraca, eles não acreditam que um melhor desempenho resultará em mais ou melhores recompensas, de forma que eles optam por não trabalhar tanto.

> **Valência** atratividade ou capacidade de criar desejo de uma recompensa ou resultado.
>
> **Expectativa** relação percebida entre esforço e desempenho.
>
> **Instrumentalidade** relação percebida entre desempenho e recompensas.

A teoria da expectativa sustenta que, para que as pessoas estejam altamente motivadas, todas as três variáveis – valência, expectativa e instrumentalidade – devem ser altas. Assim, a teoria da expectativa pode ser representada por esta equação simples:

Motivação =
Valência × Expectativa × Instrumentalidade

Se qualquer uma dessas variáveis (valência, expectativa ou instrumentalidade) diminuir, a motivação geral também diminuirá.

A Figura 13.5 incorpora as variáveis da teoria da expectativa em nosso modelo de motivação. A valência e a instrumentalidade combinam-se para afetar a disposição dos empregados de fazer esforços (isto é, o grau em que são energizados para agir), enquanto a expectativa transforma o esforço pretendido ("Eu realmente vou trabalhar duro nisto") em esforço real. Se você receber as recompensas que deseja e acreditar que vai de fato recebê-las por um bom desempenho, é altamente provável que você seja energizado para agir. No entanto, não é provável que você realmente exerça esforço, a menos que também acredite que pode fazer o trabalho (ou seja, que seus esforços levarão a um desempenho bem-sucedido).

13-3b Motivando com a teoria da expectativa

Que procedimentos práticos os gestores podem adotar para motivar os empregados com base na teoria da expectativa? Em primeiro lugar, podem *sistematicamente coletar informações para descobrir o que os empregados querem de seus empregos*. Além de incentivarem os gestores a perguntar diretamente aos empregados o que querem de seus empregos (ver subseção 13-1d, "Motivando com o básico"), as empresas precisam questioná-los regularmente para determinar os desejos, as necessidades e as insatisfações deles. Como as pessoas consideram a valência de todas as possíveis recompensas e resultados que podem receber de seus empregos, a identificação regular de desejos, necessidades e insatisfações dá às empresas a chance de transformar recompensas e resultados com valência negativa em positiva, aumentando assim a motivação e o esforço. Para Mark Peterman, vice-presidente de soluções para clientes da Maritz Incentives, os empregados individuais são motivados de maneiras muito diferentes: "Para alguns, ser honrado na frente de seus pares é um grande prêmio, mas, para outros, expor-se perante os pares os incomoda". E as empresas têm um longo caminho a percorrer para garantir que seus empregados se sintam valorizados, afirma Peterman. Uma pesquisa da Maritz descobriu que apenas 27% dos empregados que

Figura 13.5

Adicionando a teoria da expectativa ao modelo

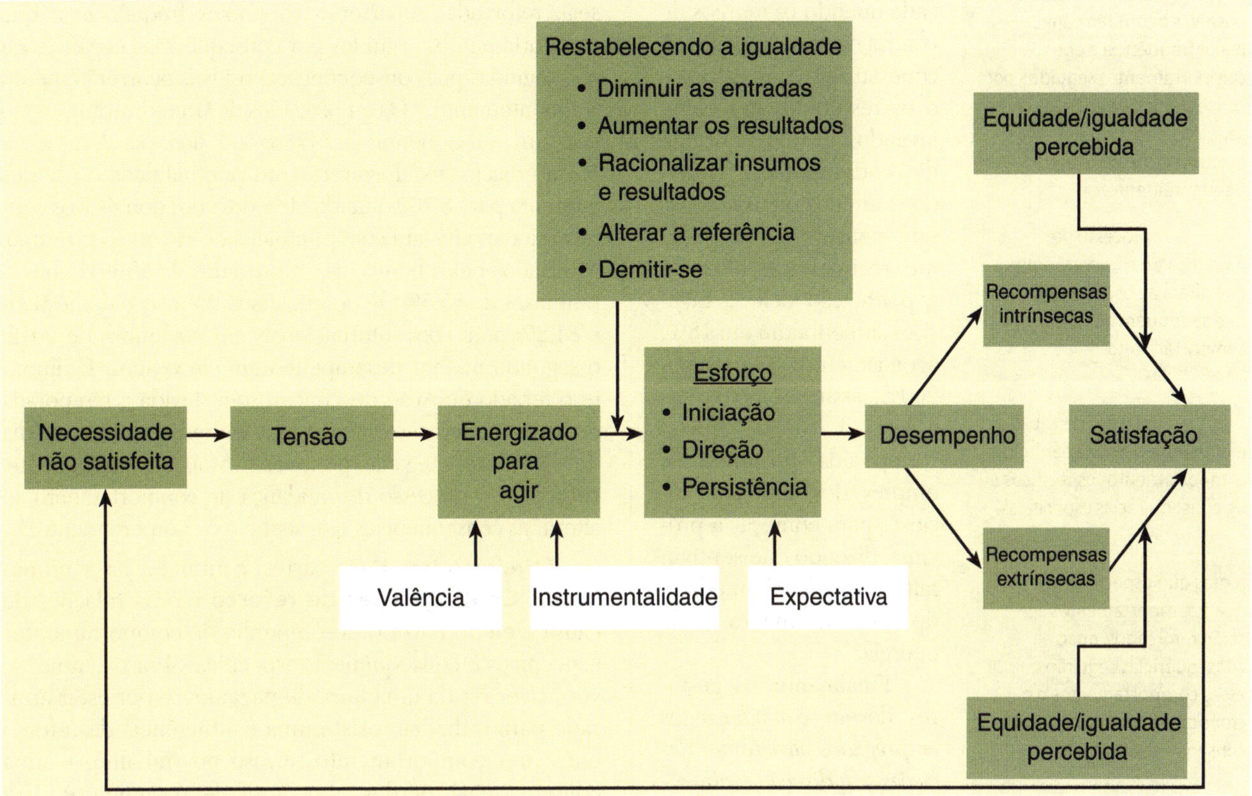

Se as recompensas são atraentes (valência) e ligadas ao desempenho (instrumentalidade), então as pessoas são incentivadas a agir. Em outras palavras, um bom desempenho lhes dá as recompensas que querem. Esforço pretendido (ou seja, tornar-se energizado para agir) se transforma em esforço real quando as pessoas esperam que seu trabalho duro e esforços resultarão em bom desempenho. Afinal, por que trabalhar duro se o trabalho duro será desperdiçado?

querem ser reconhecidos por incentivos não monetários atigem esse objetivo.[49] Essas constatações sugerem que os empregadores devem rotineiramente questionar os empregados para identificar não apenas a gama de recompensas valorizadas pela maioria, mas também entender as preferências de empregados específicos.

Em segundo lugar, os gestores podem *tomar medidas específicas para vincular as recompensas ao desempenho individual de uma forma clara e compreensível para os empregados*. Infelizmente, a maioria está extremamente insatisfeita com a relação entre remuneração e desempenho em suas organizações, assim como suas empresas. A Pesquisa de Pagamento por Desempenho de 2013 da Mercerdes constatou que, enquanto 55% das empresas dizem que ligam as recompensas ao desempenho, apenas 42% fazem medições para garantir que isso aconteça e 48% dizem que os programas que ligam o desempenho às recompensas precisam de melhoria.[50]

Uma maneira de estabelecer uma conexão clara entre remuneração e desempenho (ver Capítulo 11 para uma discussão das estratégias de remuneração) é que os gestores divulguem a forma como as decisões de pagamento são tomadas. Isso é especialmente importante, dado que apenas 52% dos empregados sabem como seus aumentos salariais são determinados.[51] Inspirado em ligas esportivas, o diretor de vendas internas da **Clayton Homes**, David Schwall, fez que seus gerentes de vendas se tornassem "donos" de suas equipes, que recrutassem representantes de vendas para suas equipes de vendas, que competissem entre si em horários rotativos, com as melhores quatro equipes avançando para os "campeonatos". Os representantes de vendas (jogadores) marcaram pontos, , aumentando o percentual de *interessados cujas ligações telefônicas foram transformadas em* visitas a lojas da Clayton,. As pontuações foram registradas em tempo real, e as melhores foram colocadas nas TVs para

Teoria do reforço teoria de que o comportamento é uma função de suas consequências, que os comportamentos seguidos por consequências positivas ocorrerão com maior frequência e que comportamentos seguidos por consequências negativas ou não seguidas por consequências positivas ocorrerão menos frequentemente.

Reforço processo de mudança de comportamento que altera as consequências que se seguem ao comportamento.

Contingências de reforço relações de causa e efeito entre o desempenho de comportamentos específicos e de consequências específicas.

Cronograma de reforço regras que especificam quais comportamentos serão reforçados, quais consequências seguirão a esses comportamentos e o cronograma pelo qual essas consequências ocorrerão.

que todos as vissem (as pontuações ruins só eram visíveis dentro das equipes), com a música temática de um indivíduo tocada quando os marcos de vendas eram alcançados. A conexão entre os esforços e os resultados era clara, levando um representante de vendas a dizer: "Quando vi um dos meus colegas sair, pensei: 'agora posso me recuperar e alcançar a pontuação dele'". Ligações aumentaram em 18%, agendamentos saltaram em 200%, assim como visitas a lojas. E, depois que a "temporada" terminou, os empregados estavam ansiosos para começar a próxima, dizendo que sentiam falta do *feedback* imediato do reconhecimento e da energia. [52]

Finalmente, os gestores devem *empoderar os empregados para tomar decisões se a direção realmente quer que acreditem que o trabalho duro e esforço levarão a um bom desempenho.* Se recompensas de valência positiva estão ligadas ao bom desempenho, as pessoas devem ser energizadas para agir. No entanto, isso só funcionará se também acreditarem que seus esforços levarão a um bom desempenho. Uma das maneiras pelas quais os gestores destroem essa expectativa é restringir o que os empregados podem fazer ou ignorar ideias deles. No Capítulo 9, você aprendeu que *empoderamento* é um sentimento de motivação intrínseca em que os empregados reconhecem a si mesmos como sendo competentes, como sendo capazes de causar impacto e capazes de serem autodeterminados.[53] Portanto, se os gestores quiserem trabalhadores com fortes expectativas, deverão lhes dar poder para tomar decisões. Isso motivará os empregados a assumir papéis proativos em vez de passivos em seu trabalho.

13-4 TEORIA DO REFORÇO

Quando usadas corretamente, as recompensas motivam e energizam os empregados. Mas, quando usadas incorretamente, podem desmotivar, confundir e, até mesmo, irritá-los. Há sempre a expectativa de que os objetivos possam motivar os empregados. No entanto, os líderes que se concentram cegamente em atingir metas a todo custo muitas vezes descobrem que destroem a motivação.

De acordo com a **teoria do reforço,** o comportamento é uma função de suas consequências, que comportamentos seguidos por consequências positivas (ou seja, reforçadas) ocorrerão com mais frequência e que comportamentos seguidos por consequências negativas ou não seguidas por consequências positivas ocorrerão menos frequentemente.[54] Os empregados da United Airlines recebem um bônus mensal de $ 50 se 80% dos voos domésticos ou internacionais chegarem com pontualidade. O bônus aumenta para $ 100 quando 80% dos voos domésticos e internacionais chegam com pontualidade em 80% do tempo. Motivados pelos bônus, os empregados da United obtiveram taxas de 85,5% de pontualidade para voos domésticos e 81,2% para voos internacionais em novembro de 2012, o segundo melhor desempenho em cinco anos. E durante o feriado de Ação de Graças, sem dúvida a temporada de viagens mais movimentada, a United teve uma média de 88,3% de chegadas pontuais.[55] Mais especificamente, **reforço** é o processo de mudança de comportamento ao alterar as consequências que seguem o comportamento.[56]

O reforço tem duas partes: contingências e cronograma. **Contingências de reforço** são as relações de causa e efeito entre o desempenho de comportamentos específicos e consequências específicas. Por exemplo, se você tiver retida uma hora de pagamento por estar atrasado para trabalhar, existe uma contingência de reforço entre um comportamento (atraso no trabalho) e uma consequência (perder uma hora de pagamento). Um **cronograma de reforço** é o conjunto de regras relativas a contingências de reforço, tais como quais comportamentos serão reforçados, quais consequências se seguirão a esses comportamentos e o cronograma pelo qual essas consequências serão entregues.[57]

A Figura 13.6 incorpora contingências e cronogramas de reforço em nosso modelo de motivação. Primeiro, observe que as recompensas extrínsecas e os cronogramas de reforço usados que ocorrerão são os principais métodos para criar contingências de reforço nas organizações. Por sua vez, essas contingências de reforço afetam diretamente as valências (a atratividade das recompensas), a instrumentalidade (a ligação percebida entre recompensas e desempenho) e o esforço (o quanto os empregados irão trabalhar).

Vamos aprender mais sobre a teoria do reforço examinando ***13-4a os componentes da teoria de reforço, 13-4b os diferentes esquemas para a ocorrência de reforço*** *e identificando* ***13-4c como motivar com a teoria de reforço.***

13-4a Componentes da teoria do reforço

Como acabamos de descrever, *contingências de reforço* são as relações de causa e efeito entre o desempenho de comportamentos específicos e consequências específicas. Existem quatro tipos de contingência de reforço: reforço positivo, reforço negativo, punição e extinção.

O **reforço positivo** reforça o comportamento (isto é, aumenta sua frequência) com consequências desejáveis em consequência a comportamentos. Enquanto algumas empresas estão penalizando comportamentos prejudiciais à saúde, outras optaram por recompensar os empregados que praticam comportamentos saudáveis. Para cada um de seus empregados em período integral, a **JetBlue** paga $ 400 por ano em uma conta de bem-estar que o empregado pode usar para pagar uma variedade de atividades saudáveis, desde programas para parar de fumar até triatlos Ironman. Da mesma forma, na **Johnson &Johnson**, os empregados que participam de uma avaliação e treinamento de saúde recebem um crédito de $ 500 em seu prêmio de seguro médico anual. Dos empregadores, 74% (índice comparado com 57% em 2009) atualmente oferecem incentivos semelhantes em seus programas de bem-estar.[58]

Reforço positivo reforço que fortalece o comportamento por meio de comportamentos seguidos por consequências desejáveis.

Reforço negativo reforço que fortalece o comportamento por meio da manutenção de uma consequência não prazerosa quando o empregado desenvolve um comportamento específico.

Reforço negativo reforça o comportamento ao impedir uma consequência desagradável quando os empregados executam um comportamento espe-

Figura 13.6

Adicionando a teoria do reforço ao modelo

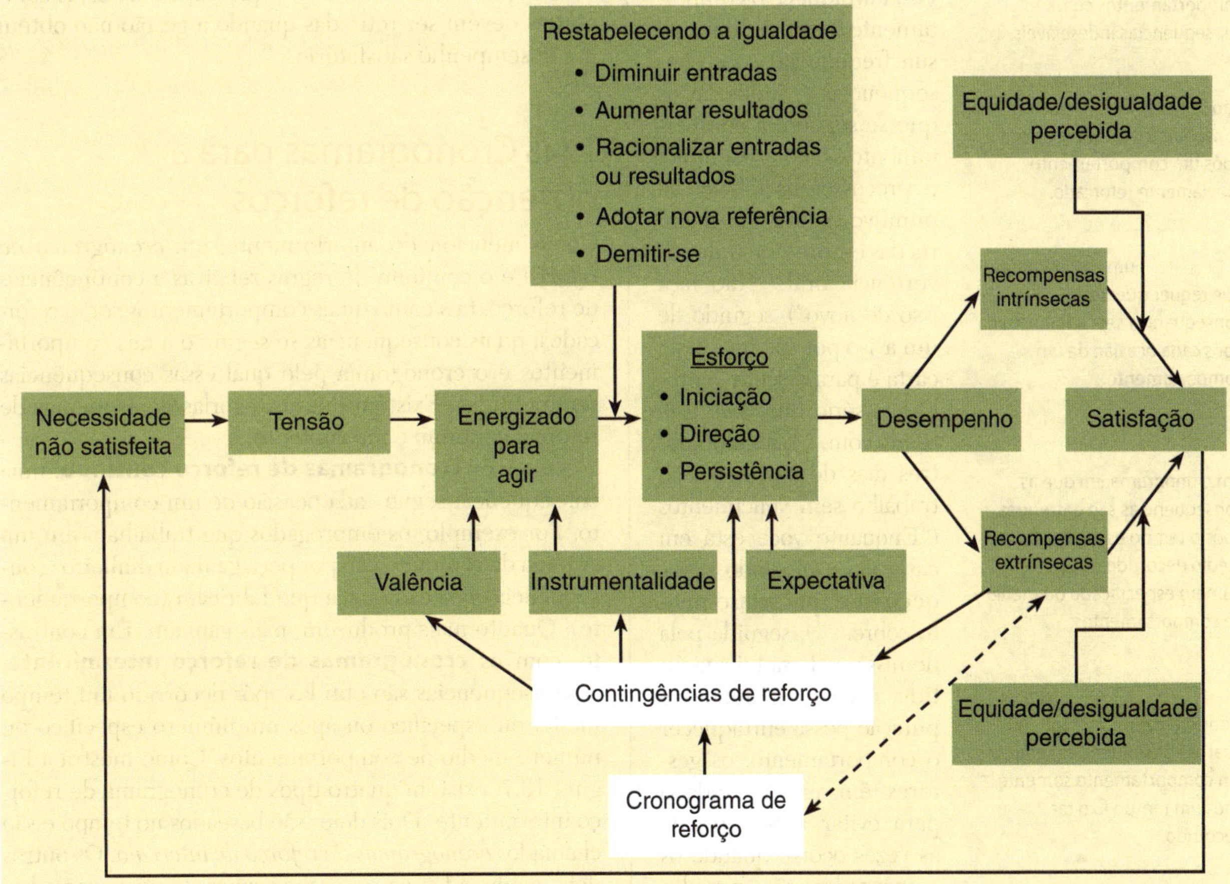

Recompensas extrínsecas e os cronogramas de reforço utilizados para entregá-las são os principais métodos para criar contingências de reforço nas organizações. Por sua vez, tais contingências de reforço afetam diretamente a valência (a atratividade das recompensas), a instrumentalidade (o vínculo percebido entre recompensas e desempenho) e o esforço (o quanto os empregados irão trabalhar).

cífico. Reforço negativo é também chamado de *evitar a aprendizagem*, porque os trabalhadores apresentam um comportamento para *evitar* uma consequência negativa. Com o custo médio de cuidados com a saúde de $ 12.136 por ano, por empregado, as empresas estão ligando as ações de saúde positiva e os resultados para evitar as consequências negativas. Na Honeywell, uma empresa de automação e aeroespacial, os empregados que participam de exames de saúde voluntários para verificar colesterol, índice de massa corporal etc. evitarão um aumento de $ 4 mil no custo de seu seguro médico. Mesmo que a empresa tenha sido ameaçada com ações judiciais de discriminação, ela se manteve no programa: "A Honeywell quer que os empregados estejam bem informados sobre o estado de saúde deles. Não acreditamos que os empregados que se esforçam em manter estilos de vida mais saudáveis devem subsidiar os custos de cuidados de saúde daqueles que não o fazem".[59] A empresa alega que 60% dos pesquisados descobriram e admitiram pelo menos um risco à saúde até o momento.

Punição reforço que enfraquece o comportamento em consequência a comportamentos com consequências indesejáveis.

Extinção reforço no qual não se permite mais que uma consequência positiva ocorra após um comportamento previamente reforçado.

Cronograma de reforço contínuo um cronograma que requer que uma consequência seja administrada após cada ocasião de um comportamento.

Cronograma de reforço intermitente um cronograma em que as consequências são entregues após o tempo especificado ou médio decorrido ou após um número especificado ou médio de comportamentos.

Cronograma de reforço de intervalo fixo um cronograma intermitente no qual as consequências seguem um comportamento somente após um tempo fixo ter decorrido.

Cronograma de reforço de intervalo variável um cronograma intermitente no qual o tempo entre um comportamento e as seguintes consequências variam em torno de uma média especificada.

Em contraste, a **punição** enfraquece o comportamento (isto é, diminui sua frequência) com consequências indesejáveis que se seguem a comportamentos. Por exemplo, o processo disciplinar ou punitivo padrão na maioria das empresas é uma advertência oral ("Não faça isso de novo"), seguido de um aviso por escrito ("Esta carta é para discutir o problema sério que você está tendo com..."), seguido por três dias de suspensão ao trabalho sem vencimentos ("Enquanto você está em casa não está sendo pago, queremos que pense muito sobre... "), seguida pela demissão ("Essa foi sua última chance"). Embora a punição possa enfraquecer o comportamento, os gestores têm que ter cuidado para evitar a reação que às vezes ocorre quando os empregados são punidos no trabalho.

A **extinção** é uma estratégia de reforço na qual não se permite mais que uma consequência positiva ocorra após um comportamento previamente reforçado. Ao eliminar a consequência positiva, a extinção enfraquece o comportamento, tornando-o menos provável de ocorrer. Com base na ideia de reforço positivo, a maioria das empresas dá a líderes e gestores substanciais recompensas por desempenho quando a organização vai bem. Com base na ideia de extinção, você esperaria que líderes e gerentes não seriam recompensados (ou seja, a consequência positiva seria removida) quando as empresas apresentassem um desempenho ruim. Não foi isso que aconteceu na Staples, uma varejista de suprimentos para escritórios. Após dois anos de queda na receita e nas vendas das lojas e um valor médio das ações abaixo da média da indústria, os altos executivos não atingiram os objetivos de desempenho exigidos no plano de compensação da empresa. Mas, em vez de verem a remuneração diminuir, o conselho de administração da Staples concedeu aos novos executivos um novo "Reinvention Cash Award", que resultou em um bônus de $ 300 mil para o CEO, cujo salário total era de $ 10,8 milhões, e um bônus de $ 49 mil para o CFO, cujo salário total era de $ 2,2 milhões.[60] Se as empresas realmente querem pagar para reforçar os comportamentos adequados ao contrário do que fez a Staples, recompensas devem ser retiradas quando a gestão não obtém um desempenho satisfatório.

13-4b Cronogramas para a obtenção de reforços

Como mencionado anteriormente, um *cronograma de reforço* é o conjunto de regras relativas a contingências de reforço, tais como quais comportamentos serão reforçados, quais consequências se seguirão a tais comportamentos e o cronograma pelo qual essas consequências serão obtidas. Existem duas categorias de esquemas de reforço: contínuo e intermitente.

Com os **cronogramas de reforço contínuo**, uma consequência segue cada ocasião de um comportamento. Por exemplo, os empregados que trabalham em um sistema de remuneração por peça ganham dinheiro (consequência) por cada peça que fabricam (comportamento). Quanto mais produzem, mais ganham. Em contraste, com os **cronogramas de reforço intermitente**, as consequências são obtidas após decorrido um tempo médio ou específico ou após um número específico ou número médio de comportamentos. Como mostra a Figura 13.7, existem quatro tipos de cronograma de reforço intermitente. Dois deles são baseados no tempo e são chamados *cronogramas de reforço de intervalo*. Os outros dois, conhecidos como *cronogramas de proporção*, baseiam-se em comportamentos.

Com os **cronogramas de reforço de intervalo fixo**, um comportamento é seguido por consequências somente depois de decorrido um tempo fixo. Por exemplo, a maioria das pessoas recebe seus pagamentos em um cronograma de intervalo fixo (por exemplo, uma ou duas vezes por mês). uma vez que tenham trabalhado (comportamento) durante um período de pagamento especificado (intervalo), eles recebem um salário (consequência). Com os **cronogramas de reforço de intervalo variável**, um comportamento é obtido por consequências após intervalos de tempo diferentes, mais curtos ou mais longos, que variam em torno de um tempo médio especificado. Em um cronograma de reforço de intervalo variável de 90 dias, você pode receber um bônus após 80 dias ou talvez após 100 dias, mas o intervalo médio entre fazer bem o seu trabalho (comportamento) e receber seu bônus (consequência) seria de 90 dias.

Com os **cronogramas de reforço de proporção fixa**, as consequências são entregues após um número específico de comportamentos. Por exemplo, um vendedor de carros pode receber um bônus de $ 1.000 após cada dez vendas. Portanto, um vendedor com apenas nove vendas não receberia o bônus até que finalmente vendesse um décimo carro.

Com os **cronogramas de reforço de proporção variável**, as consequências são entregues seguindo um número diferente de comportamentos, às vezes mais e às vezes menos, que variam em torno de um número médio específico de comportamentos. Com um cronograma de reforço de proporção variável de dez carros, um vendedor pode receber o bônus após sete vendas de carros, ou após 12, 11 ou nove vendas, mas o número médio de carros vendidos antes de receber o bônus seria dez carros.

Que cronogramas de reforço funcionam melhor? No passado, o conselho padrão era usar o reforço contínuo quando os empregados estavam aprendendo novos comportamentos porque o reforço após cada sucesso leva a uma aprendizagem mais rápida. Da mesma forma, o conselho padrão era usar cronogramas de reforço intermitente para manter o comportamento depois que ele fosse aprendido porque espera-se que as recompensas intermitentes tornem o comportamento muito menos sujeito à extinção.[61] Entretanto, pesquisas mostram que, exceto sistemas baseados em intervalos, que, em geral, produzem resultados fracos, a eficácia dos cronogramas de reforço contínuo, proporção fixa e proporção variável difere muito pouco.[62] Em ambientes organizacionais, os três produzem consistentemente grandes aumentos em relação aos de recompensas não condicionadas. Portanto, os gestores devem escolher, entre esses três, aquele que for mais fácil de usar em suas empresas.

13-4c Motivando com a teoria do reforço

Que procedimentos práticos os gestores podem adotar para motivar os empregados com base na teoria do reforço? O professor Fred Luthans da Universidade de Nebraska, que estuda os efeitos da teoria do reforço nas organizações há mais de um quarto de século, diz que há vários passos para motivar os trabalhadores com base nessa teoria: *identificar, medir, analisar, intervir* e *avaliar* comportamentos críticos relacionados ao desempenho.[63]

Identificar significa distinguir comportamentos críticos, observáveis e relacionados ao desempenho. Esses são os comportamentos mais importantes para o bom desempenho do trabalho. Além disso, também devem ser facilmente observáveis para que possam ser medidos com precisão. *Medir* significa determinar as frequências básicas desses comportamentos. Em outras palavras, descobrir quantas vezes os trabalhadores agem de determinada maneira. *Analisar* significa estudar as causas e consequências desses comportamentos. Analisar as causas ajuda os gestores a criar as condições que produzem tais comportamentos críticos, e analisar as consequências ajuda

Cronograma de reforço de proporção fixa um cronograma intermitente no qual as consequências são entregues após um número específico de comportamentos.

Cronograma de reforço de proporção variável um cronograma intermitente em que as consequências são entregues seguindo um número diferente de comportamentos, às vezes mais e às vezes menos, que variam em torno de um número médio especificado de comportamentos.

Figura 13.7

Cronogramas de reforço intermitente

	Fixo	Variável
INTERVALO (TEMPO)	As consequências seguem o comportamento depois de decorrido um tempo fixo.	As consequências seguem o comportamento após tempos diferentes, mais curtos ou mais longos, que variam em torno de um tempo médio específico.
PROPORÇÃO (COMPORTAMENTO)	As consequências seguem um número específico de comportamentos.	As consequências seguem um número diferente de comportamentos, às vezes mais e às vezes menos, que variam em torno de um número médio especificado de comportamentos.

a determinar se esses comportamentos produzem os resultados desejados. *Intervir* significa mudar a organização usando reforço positivo e negativo para aumentar a frequência desses comportamentos críticos. *Avaliar* significa verificar até que ponto a intervenção realmente mudou o comportamento dos trabalhadores. Isso é feito comparando o comportamento após a intervenção com a base original dele antes da intervenção.

Além dessas cinco etapas, os gestores devem se lembrar de três outras coisas fundamentais quando buscam motivar com a teoria do reforço. Primeiro, *não reforce comportamentos errados*. Embora a teoria do reforço pareça simples, é realmente muito difícil de colocar em prática. Um dos erros mais comuns é acidentalmente reforçar comportamentos errados. Às vezes, os gestores reforçam comportamentos que não desejam! Se você quiser se tornar uma empresa baseada no mérito, pare de recompensar o comportamento que não é excepcional, diz Dave Anderson, um consultor de gestão. De acordo com ele, "o vendedor médio de carros nos Estados Unidos vende dez carros por mês, mas muitos planos de pagamento começam a pagar bônus em sete, oito, nove ou dez carros. Sob um plano típico, um empregado que vende oito carros recebe um bônus de $ 200, mais $ 250 por vender dois carros adicionais e $ 300 por vender mais dois carros adicionais. O bônus total para vender 12 carros em um mês é $ 750". Anderson observa ainda: "Baseado nas médias nacionais, um plano de remuneração assim recompensa financeiramente resultados na média e abaixo dela". Muitos de seus clientes revisaram o sistema e só pagam $ 800 de bônus a um empregado depois que ele vender 12 carros, acabando com pagamentos de bônus para os empregados que vendem menos do que a meta de quantidade de carros.[64] Nesse sistema, você paga mais pelo melhor desempenho, mas não cai na armadilha de recompensar e endossar as coisas erradas, ou seja, recompensar o desempenho abaixo da média.

Os gestores também devem *administrar corretamente a punição no momento apropriado*. Muitos gestores acreditam que a punição pode mudar o comportamento dos trabalhadores e ajudá-los a melhorar o desempenho no trabalho. Além disso, acreditam que castigar os trabalhadores de forma justa também permite que outros trabalhadores saibam o que é ou não aceitável.[65] Um perigo de usar punição é que ela pode produzir uma reação contra gestores e empresas. Entretanto, se administrada adequadamente, a punição pode enfraquecer a frequência de comportamentos indesejáveis sem gerar uma reação.[66] Para ser eficaz, ela deve ser forte o suficiente para deter o comportamento indesejado e administrada objetiva (mesmas regras aplicadas a todos) e impessoalmente (sem emoção ou raiva), de forma consistente e contingente (cada vez que ocorre comportamento impróprio), e rapidamente (o mais rapidamente possível após o comportamento indesejável). Além disso, os gestores devem explicar claramente qual é o comportamento apropriado e por que o empregado está sendo punido. Em geral, os empregados respondem bem quando a punição é administrada dessa maneira.[67]

Finalmente, os gestores devem *escolher o cronograma mais simples e eficaz de reforço*. Ao escolherem um cronograma de reforço, os gestores precisam equilibrar eficácia e simplicidade. De fato, quanto mais complexo for o cronograma de reforço, mais provável que seja mal interpretado e encontre a resistência de gestores e empregados. Por exemplo, uma empresa de exploração florestal e madeireira experimentou usar um único cronograma de proporção variável. Quando os plantadores de árvores terminaram de plantar um saco de sementes (cerca de mil sementes por saco), eles podiam jogar uma moeda. Se a moeda caísse corretamente (cara ou coroa), eles ganhariam $ 4, o dobro da taxa regular de $ 2 por saco. Se ela caísse incorretamente, eles não receberiam nada. A empresa começou a ter problemas quando vários trabalhadores e um gestor, que era pastor em tempo parcial, alegaram que a aposta em uma moeda era uma forma de jogo. Em seguida, outro trabalhador descobriu que a empresa estava descontando muito dinheiro de impostos dos salários dos empregados. Como os trabalhadores não entenderam realmente o cronograma de reforço, culparam o plano de pagamento associado a ele e acusaram a empresa de tentar enganá-los. Depois de todos esses problemas, os pesquisadores que implementaram o cronograma de proporção variável concluíram que "os resultados deste estudo podem não ser tanto uma indicação da eficácia relativa de diferentes cronogramas de reforço como são dos tipos de problema que encontramos ao aplicar esses conceitos em um ambiente industrial".[68] Em suma, escolha o cronograma de reforço mais simples e mais eficaz. Como os de reforço contínuo, proporção fixa e proporção variável são praticamente equivalentes em eficácia, os de reforço contínuo podem ser a melhor escolha em muitos casos, por causa da simplicidade.

iStockphoto.com/Charles Mann

13-5 TEORIA DO ESTABELECIMENTO DE METAS

O modelo básico de motivação com o qual iniciamos este capítulo mostrou que os indivíduos sentem tensão depois de terem consciência de uma necessidade não satisfeita. Quando sentem essa tensão, buscam e selecionam cursos de ação que acreditam que a eliminarão. Em outras palavras, eles direcionam o comportamento para algo. Esse algo é uma **meta**, um alvo, objetivo ou resultado que alguém tenta realizar. A **teoria do estabelecimento de metas** diz que as pessoas serão motivadas à medida que aceitarem metas específicas e desafiadoras e receberem *feedback* que indique seu progresso em direção à realização dessas metas.

*Vamos aprender mais sobre o estabelecimento de metas examinando **13-5a os componentes da teoria de estabelecimento de metas** e identificando **13-5b como motivar com base nessa teoria.***

13-5a Componentes da teoria do estabelecimento de metas

Os componentes básicos da teoria do estabelecimento de metas são a especificidade da meta, a dificuldade da meta, a aceitação da meta e o *feedback* do desempenho.[69] A **especificidade da meta** é a extensão na qual as metas são detalhadas, exatas e inequívocas. Metas específicas, como "Vou ter média 8 neste semestre", são mais motivadoras do que metas gerais, como "Vou ter melhores notas neste semestre".°

Dificuldade da meta é a medida em que uma meta é difícil de realizar ou desafiadora. Diferentes metas, como "Vou ter média 9 e entrar na lista dos melhores alunos da Faculdade neste semestre", são mais motivadoras do que objetivos fáceis, como "Vou ter média 6 neste semestre".

A **aceitação da meta**, que é semelhante à ideia de comprometimento de metas discutida no Capítulo 5, é a medida na qual as pessoas conscientemente compreendem as metas e as aceitam. Metas aceitas, como "Realmente quero ter média 9 neste semestre para mostrar aos meus pais o quanto tenho melhorado", são mais motivadoras do que metas não aceitas, como "Meus pais realmente querem que eu tenha média 9 neste semestre, mas há muitas outras coisas que prefiro fazer no *campus* do que estudar!".

° Foi considerado o intervalo de 0 a 10 para a avaliação do desempenho estudantil. (N.R.T.)

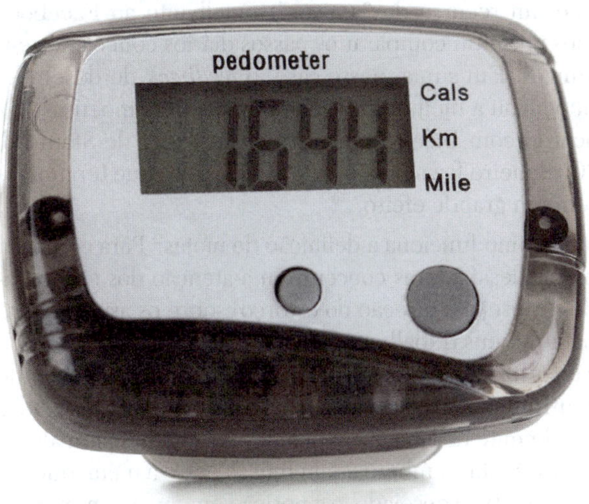

Andrey_Popov/Shutterstock.com

O *feedback* do desempenho é fundamental para alcançar objetivos. Para melhorar a conscientização dos empregados em relação à saúde, a Accenture forneceu a eles pedômetros para acompanhar a quantidade de passos diários deles.

O ***feedback* do desempenho** é a informação sobre qualidade ou quantidade de desempenho passado que indica se avanços estão sendo feitos para a realização de uma meta. Para melhorar a saúde dos empregados e diminuir os custos dos cuidados de saúde, a Accenture, uma empresa de consultoria global, deu a três empregados pedômetros para registrar quantos passos davam por dia. Quanto mais passos os empregados davam, mais pontos recebiam em um jogo eletrônico, no qual poderiam ganhar prêmios em dinheiro. Vincular os prêmios ao *feedback* dos pedômetros levou os empregados a caminhar mais de 500 passos por dia. Mas eles deram em média 664 passos adicionais por dia depois

Meta alvo, objetivo ou resultado que alguém tenta realizar.

Teoria do estabelecimento de metas teoria que afirma que as pessoas serão motivadas à medida que aceitam metas específicas e desafiadoras e recebem *feedback* que indica seu progresso em direção à realização dessas metas.

Especificidade de metas extensão na qual as metas são detalhadas, exatas e inequívocas.

Dificuldade da meta extensão na qual uma meta é difícil de realizar ou desafiadora.

Aceitação da meta medida na qual as pessoas conscientemente compreendem as metas e as aceitam.

***Feedback* do desempenho** informações sobre qualidade ou quantidade de desempenho passado que indicam se avanços estão sendo feitos para a realização de uma meta.

que um recurso de "amigos" semelhante ao Facebook lhes permitiu comparar os passos diários com os de seus amigos. Em suma, nesse caso, o *feedback* do desempenho levou a melhorias maiores do que recompensas. De acordo com Balaji Prabhakar, pesquisador de Stanford: "O dinheiro faz a bola rolar, mas sabemos que ter amigos tem um grande efeito".[70]

Como funciona a definição de metas? Para começar, metas desafiadoras concentram a atenção dos empregados (ou seja, a direção do esforço) sobre os aspectos críticos de seus trabalhos e longe de áreas sem importância. Metas também estimulam o comportamento. Quando confrontados com metas não cumpridas, os empregados geralmente desenvolvem planos e estratégias para alcançá-las. Metas também criam tensão entre a meta, que é o estado futuro desejado, e a posição em que o empregado ou empresa se encontra no momento, ou seja, seu estado atual. Essa tensão só pode ser satisfeita alcançando a meta ou desistindo dela. Finalmente, metas influenciam a persistência. Como as metas só desaparecem quando são realizadas, os empregados tendem a persistir em seus esforços enquanto as metas estiverem presentes, especialmente com *feedback* do desempenho. A Figura 13.8 incorpora metas ao modelo de motivação, mostrando como elas afetam diretamente a tensão, o esforço e a extensão na qual os empregados estão energizados para agir.

13-5b Motivando com a teoria do estabelecimento de metas

Que procedimentos práticos podem os gestores adotar para motivar os empregados com base na teoria do estabelecimento de metas? Podem fazer três coisas. A primeira é *estabelecer metas específicas e desafiadoras*. Essa é uma das formas mais simples e eficazes de motivar

Figura 13.8

Adicionando a teoria do estabelecimento de metas ao modelo

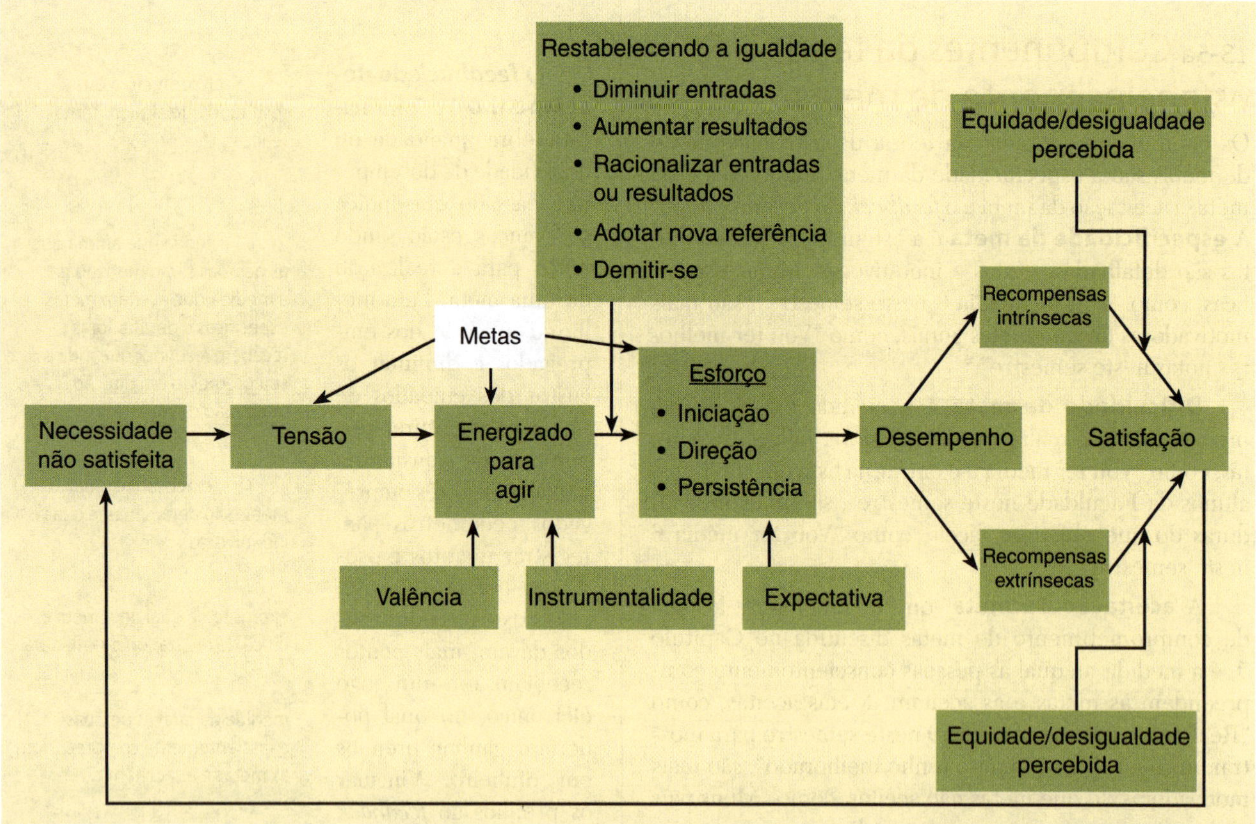

Metas criam tensão entre a meta (o estado futuro desejado) e a posição em que o empregado ou empresa se encontram no momento (seu estado atual). Essa tensão só pode ser satisfeita alcançando ou desistindo da meta. Metas também estimulam o comportamento. Quando confrontados com metas não cumpridas, os empregados geralmente desenvolvem planos e estratégias para alcançá-las. Por fim, metas influenciam a persistência.

os trabalhadores. Na **The Container Store**, todas as manhãs começam com uma reunião durante a qual os gerentes de vendas anunciam as metas de vendas para o dia. Como 12% das vendas contribuem para que seus salários sejam mais altos do que a média da indústria, todos entendem que o volume de vendas é fundamental. Relatórios de *status* minuto a minuto são postados para todas as lojas em uma região específica, para que a equipe possa ver não apenas se estão se mantendo o ritmo, mas também como estão em comparação com outras lojas. E os empregados com dificuldades são treinados por gerentes para que eles possam contribuir melhor para o cumprimento da meta.[71]

Em segundo lugar, os gestores devem *certificar-se de que os trabalhadores aceitem verdadeiramente as metas organizacionais*. Metas específicas e desafiadoras não motivarão os trabalhadores a menos que eles realmente aceitem as metas da organização, entendam-nas e as aceitem. Para que isso ocorra, as pessoas devem ver os objetivos como justos e razoáveis. Os empregados também devem confiar na direção e acreditar que os gestores estão usando metas para esclarecer o que se espera deles, em vez de explorá-los ou ameaçá-los ("Se você não atingir essas metas..."). A definição de metas participativas, nas quais gestores e empregados geram metas em conjunto, pode ajudar a aumentar a confiança e a compreensão e, assim, a aceitação de metas. Além disso, fornecer treinamento aos trabalhadores pode ajudar a aumentar a aceitação de metas, particularmente quando eles não acreditam que são capazes de atingi-las.[72]

Finalmente, os gestores devem *fornecer* feedback *frequente, específico e relacionado ao desempenho*. Depois de aceitarem metas específicas e desafiadoras, os empregados devem receber *feedback* frequente relacionado ao desempenho para que possam acompanhar o próprio progresso em direção à realização da meta. O *feedback* leva a maior motivação e esforço de três formas.[73] Receber *feedback* específico sobre a qualidade do desempenho pode incentivar os empregados que não têm metas específicas e desafiadoras a estabelecê-las para melhorar o desempenho. Depois que as pessoas atingem as metas, o *feedback* do desempenho muitas vezes as encoraja a estabelecer metas mais elevadas e mais difíceis. E o *feedback* permite que as pessoas saibam se precisam aumentar os esforços ou mudar de estratégia para atingir as metas.

13-6 MOTIVANDO COM O MODELO INTEGRADO

Começamos este capítulo definindo motivação como o conjunto de forças que iniciam esforços, direcionam e fazem as pessoas persistirem para atingir um objetivo, direciona-as e as leva ao cumprimento das metas. Também fizemos a pergunta básica que os gestores fazem quando eles tentam entender como motivar seus trabalhadores: "O que leva ao esforço?". A resposta a essa pergunta provavelmente será diferente para cada empregado. Assim, se está tendo dificuldade em descobrir por que as pessoas não estão motivadas onde você trabalha, verifique o cartão de revisão do capítulo (disponível na página do livro, no *site* da Cengage) para um ponto de partida útil baseado na teoria.

13
FERRAMENTA DE ESTUDO
Leia o cartão de revisão do capítulo e reveja o conteúdo.
http://www.

14 Liderança

Alan Jeffery/Shutterstock.com

RESULTADOS DE APRENDIZAGEM

14-1 Explicar o que é liderança.

14-2 Descrever quem são líderes e o que líderes eficazes fazem.

14-3 Explicar a teoria da contingência de Fiedler.

14-4 Descrever como funciona a teoria do caminho-meta.

14-5 Explicar a teoria da decisão normativa.

14-6 Explicar como a liderança visionária (isto é, carismática ou transformacional) ajuda os líderes a alcançar a liderança estratégica.

14-1 LÍDERES *VERSUS* GESTORES

Se você já esteve em uma posição de comando ou se já pensou sobre isso, possivelmente já considerou questões como estas: "Tenho o que é necessário para liderar?", "Quais são as coisas mais importantes que os líderes fazem?", "Como posso transformar um departamento, uma divisão ou uma empresa de baixo desempenho?", "Preciso ajustar minha liderança de acordo com a situação e a equipe?" e "Por que minha liderança não inspira as pessoas?". Se você se sente pressionado pela possibilidade de ser um líder, saiba que não está sozinho, milhões de líderes em organizações do todo mundo lutam diariamente com essas questões de liderança fundamentais.

A visão mais comum dos líderes é que eles estão "no comando". Mas a liderança é mais do que apenas tomar decisões e dar ordens. De acordo com Bill Flemming, presidente da **Skanska USA Building**, divisão de uma das maiores empresas de construção do mundo: "Quando as pessoas [que eu dirijo] me fazem uma pergunta [sobre a solução de um problema], nem sempre respondo: 'Sim, é isso que eu quero que você faça' ou 'Isso é o que eu faria'. Vi organizações onde o chefe toma todas as decisões. Isto não é liderança. Isto é um chefe. Não quero ser o chefe, quero ser o líder. Então, quero que você me ajude a descobrir o que temos que fazer aqui. Porque se você está profundamente imerso no problema ou na questão, provavelmente sabe muito mais do que eu. Então, o que você acha que vai funcionar?".[1]

Para construir edifícios, criar e inovar para trazer novos produtos aos mercados ou simplesmente ajudar uma empresa a ganhar vantagem competitiva e, assim, aumentar os lucros, **liderança** é o processo de influenciar os outros para alcançar objetivos do grupo ou organizacionais. O conhecimento e as habilidades que aprenderá neste capítulo não tornarão a tarefa de liderança menos assustadora, mas ajudarão você a navegar em sua jornada como líder.

De acordo com Warren Bennis, professor de negócios, a principal diferença entre líderes e gestores é que líderes estão preocupados em fazer a coisa certa, enquanto gestores estão preocupados em fazer as coisas corretamente.[2] Em outras palavras, os líderes começam com a pergunta "O que devemos fazer?", enquanto os gestores começam com "Como podemos melhorar o que já estamos fazendo?". O Etsy.com é um mercado *on-line* onde empreendedores criativos vendem itens como artesanatos para casa, presentes, joias e roupas. Quando Chad Dickerson herdou a difícil tarefa de substituir o fundador e CEO do Etsy, ele se concentrou na questão da liderança sobre o que a Etsy deveria estar fazendo: "Estávamos enlouquecendo. O *site* estava explodindo todos os dias. Eu criei um pequeno grupo com os melhores engenheiros e o chamei de Clube do Café da Manhã". Dickerson disse ao grupo: "Sei que vocês não gostam de acordar cedo, mas quero que venham aqui para o café da manhã três dias por semana para conversarmos apenas sobre o futuro, nada sobre o que está acontecendo [hoje]. Vamos construir o futuro do Etsy".[3]

Líderes se concentram em visão, missão, metas e objetivos, enquanto gestores se concentram em produtividade e eficiência. Estes se veem como preservadores do *status quo*, enquanto aqueles se veem como promotores de mudança e desafiadores do *status quo* na medida em que incentivam a criatividade e a tomada de riscos. Virginia Rometty, CEO da IBM, planeja manter sua empresa de $ 100 bilhões crescendo e inovando ao fazer uma coisa: pressionar gestores e empregados a assumir riscos e aceitar mudanças. Rometty visitou recentemente uma equipe de desenvolvedores de *software* da IBM, e, quando o líder da equipe lhe assegurou que iria cumprir o prazo de implantação no final do ano, ela foi enfática: "Não, não, não! Muito devagar. O que posso fazer para ajudá-lo a andar mais rápido?". Na reunião de planejamento deste ano, ela disse a seus altos executivos: "Sua tarefa: um parágrafo sobre o que será a IBM daqui a dez anos – sem constrangimentos, sem vacas sagradas". Quando os líderes da IBM pediram mais tempo e dinheiro para desenvolver os serviços SmartCloud, Rometty afirmou: "O mercado está se movendo muito rápido. Não posso lhes dar mais tempo". Finalmente, em uma manhã de sábado, o vice-presidente da IBM, Jeff Smith, ao entrar numa loja da Starbucks, percebeu que Rometty estava lá e puxou para baixo o boné de beisebol que usava para evitar ser visto. Em vão. Rometty o viu, foi até ele, levantou o boné e perguntou: "O que estamos fazendo para mudar a empresa?".[4]

Outra diferença é que gestores têm uma perspectiva de curto prazo, enquanto líderes têm uma visão de longo prazo. Os gestores se preocupam com o controle e limitam as escolhas dos outros, enquanto os líderes estão mais preocupados em expandir as escolhas e as opções das pessoas.[5] Gestores também resolvem os problemas para que os outros possam fazer seu trabalho, enquanto os líderes inspiram e motivam os outros a encontrar suas próprias soluções. Finalmente, os gestores também estão mais preocupados com os *meios*, como fazer as coisas, enquanto os líderes estão mais preocupados com os *fins*, o que é feito.

Embora líderes sejam diferentes de gestores, as organizações precisam de ambos. Os gestores são críticos para fazer o dia a dia funcionar, e os líderes são fundamentais para inspirar os empregados e definir a direção da organização no longo prazo. A questão-chave para qualquer organização é a proporção entre liderar e gerenciar. Como Bennis disse ao resumir a diferença entre líderes e gestores: "As organizações norte-americanas (e provavelmente as que estão

Liderança processo de influenciar outras pessoas para alcançar objetivos do grupo ou organizacionais.

em grande parte do resto do mundo industrializado) são subconduzidas e supergerenciadas. Elas não prestam atenção suficiente em fazer o que é certo, mas prestam atenção demais em fazer as coisas da maneira correta".[6]

14-2 COMO SÃO OS LÍDERES E O QUE FAZEM

Chuck Robbins, CEO da **Cisco**, tem uma sólida experiência em vendas e é conhecido como um construtor de relacionamento responsivo e com um estilo pessoal caloroso.[7] Em contraste, Tony Rothman, CEO da **Sony Pictures**, é conhecido por ser um homem de negócios intransigente, mais concentrado em tarefas do que em pessoas, que não tem medo de cortar custos ou sacudir as penas dos talentos do estúdio para fazer um filme dentro ou abaixo do orçamento.[8]

Qual deles provavelmente será bem-sucedido como CEO? Segundo uma pesquisa realizada com 1.542 gestores seniores, será o extrovertido. Desses 1.542 gestores seniores, 47% achavam que os extrovertidos seriam melhores CEOs, enquanto 65% disseram que ser introvertido prejudica as chances de sucesso de um CEO.[9] Portanto, os gestores seniores acreditam que os CEOs extrovertidos são melhores líderes. Mas eles são de fato? Não necessariamente. De fato, uma porcentagem relativamente alta de CEOs, 40%, são introvertidos. Marissa Mayer, CEO da Yahoo!, admite que é uma introvertida que sofre de timidez, tanto que quer até sair de festas em sua própria casa. Segundo Mayer: "Vou literalmente olhar meu relógio e dizer: 'Você não pode sair até o momento X. E se você ainda estiver sofrendo na hora X, você pode sair'". Ela aprendeu, no entanto, que se permanecer até o "momento X" relaxará e começará a se divertir.[10]

Teoria dos traços teoria de liderança que sustenta que líderes eficazes possuem um conjunto de traços ou de características similares.

Traços características relativamente estáveis, como habilidades, motivos psicológicos ou padrões consistentes de comportamento.

360b/Shutterstock.com

O CEO da Sony, Tony Rothman, é conhecido por ser um homem de negócios intransigente, mais concentrado em tarefas do que em pessoas.

Então, o que faz um bom líder? O sucesso da liderança depende de quem são os líderes, introvertidos ou extrovertidos, ou depende daquilo que os líderes fazem e do modo como se comportam?

*Vamos aprender mais sobre quem são os líderes ao investigar **14-2a traços de liderança** e **14-2b comportamentos de liderança**.*

14-2a Traços de liderança

A teoria dos traços é uma maneira de descrever quem são os líderes. A **teoria dos traços** afirma que líderes eficazes possuem um conjunto de traços ou de características similares. **Traços** são características relativamente estáveis, como habilidades, motivos psicológicos ou padrões consistentes de comportamento. Por exemplo, a teoria dos traços sustenta que os líderes são mais altos e mais confiantes e têm maior resistência física (isto é, níveis de energia mais elevados) do que os não líderes. Na verdade, os estudos mostram que percebemos aqueles com autoridade como mais altos do que realmente são, e que as pessoas mais altas se veem mais qualificadas para liderar.[11] De fato, enquanto apenas 14,5% dos homens têm 1,80 m, 58% dos CEOs da *Fortune* 500 têm 1,80 m ou mais. De acordo com o escritor Malcolm Gladwell: "Temos uma ideia, em nossas mentes, de como um líder deveria parecer, e esse estereótipo é tão poderoso que, quando alguém se encaixa, simplesmente nos tornamos cegos para outras considerações".[12] Da mesma forma, em termos de resistência física, as empresas cujos CEOs correram e terminaram uma maratona têm um valor de ação 5% maior do que aquelas cujos CEOs não o fizeram.[13] A teoria dos traços também é conhecida como a teoria da "grande pessoa" porque suas primeiras versões indicavam que líderes não são feitos, nascem prontos. Em outras palavras, você tem ou não o direito de ser um líder. E se você não tiver, não há como conseguir.

Por algum tempo, pensou-se que a teoria dos traços era errada e que não havia diferenças consistentes entre líderes e não líderes, nem entre líderes eficazes e ineficazes. No entanto, evidências mais recentes mostram que "líderes bem-sucedidos não são como outras pessoas", eles são realmente diferentes do resto de nós.[14] Mais especificamente, líderes são diferentes de não líderes nas seguintes características: impulso, desejo de liderar, honestidade/integridade, autoconfiança, estabilidade emocional, capacidade cognitiva e conhecimento do negócio.[15]

Impulso refere-se a altos níveis de esforço e é caracterizado por realização, motivação, iniciativa, energia e tenacidade. Em termos de realização e ambição, os líderes sempre tentam fazer melhorias ou alcançar o sucesso no que estão fazendo. Por sua iniciativa, eles têm fortes desejos de promover mudanças ou resolver problemas. Os líderes geralmente têm mais energia, e precisam, tendo em conta as longas horas que dedicam ao trabalho e as expectativas dos seguidores de que sejam positivos e otimistas. Assim, os líderes devem ter vitalidade física, mental e emocional. Eles também são mais tenazes do que os não líderes, e melhores para superar obstáculos e problemas que dissuadiriam a maioria de nós. Em uma entrevista de Jack Ma, fundador e diretor do gigante do comércio eletrônico, **Alibaba**, com sede na China, o jornalista veterano Charlie Rose mencionou que Ma enfrentara muita rejeição. O diretor respondeu: "Existe um teste para os jovens [na China] a fim de que possam ingressar na universidade. Fui reprovado três vezes. Tive muitos fracassos. Então me candidatei a três empregos diferentes e fui rejeitado. Fui trabalhar com a polícia, e eles disseram: 'Você não é bom'. Tentei uma vaga no KFC quando chegou à minha cidade. Das 24 pessoas que se apresentaram para o trabalho, 23 foram aceitas. Eu fui o único que[...]".[16]

Líderes bem-sucedidos também têm maior *desejo de liderar*. Eles querem comandar e pensar sobre formas de influenciar ou convencer os outros sobre o que deve ou não ser feito. *Honestidade/integridade* também são importantes para os líderes. *Honestidade*, ser verdadeiro com os outros, é uma pedra angular da liderança. Sem isso, líderes não serão confiáveis. Quando são honestos, os subordinados estão dispostos a ignorar outras falhas. Mike Lazzo, vice-presidente executivo e diretor criativo do **Adult Swim** da **Comedy Central**, é conhecido por dar *feedback* honesto diretamente, mesmo quando é negativo. Segundo Robert Smigel, criador de *The Jack and Triumph show*: "Ele pode ser espiritualmente contundente, o que é revigorante em comparação com outras pessoas da rede que pensam que não podem ouvir críticas sem escutar cinco elogios primeiro".[17] *Integridade* é a extensão com que líderes fazem o que dizem que farão. Eles podem ser honestos e ter boas intenções, mas, se não cumprirem consistentemente o que prometem, não serão confiáveis.

Autoconfiança, ou a crença nas próprias habilidades, também distingue líderes de não líderes. Líderes autoconfiantes são mais decididos e assertivos e tendem a ganhar mais confiança dos outros. Além disso, eles admitem erros porque os veem como oportunidades de aprendizagem, e não como rejeições de suas capacidades de liderança. O CEO da LinkedIn, Jeff Weiner, admite como é desafiador para os gestores reconhecer os próprios erros. Um dos erros mais difíceis, diz ele, pode ser admitir que novas contratações não deram certo.

Segundo Weiner: "Não é fácil admitir isso para si mesmo. Afinal, como CEO ou proprietário, você é em grande parte responsável pelo fato de que o empregado está agora por conta própria. Além disso, admitir o erro significa que você terá que superar sua mente para 'terminar o trabalho' e 'não desistir'. A persistência é muitas vezes um traço admirável, mas não quando ela impede que você faça um ajuste necessário no meio do caminho".[18]

Líderes também têm *estabilidade emocional*. Mesmo quando as coisas dão errado, eles permanecem calmos e consistentes em suas perspectivas e na

Falta brilho no CEO da Coca-Cola?

Para uma empresa cujo lema atual "Abra a felicidade" é apenas um em uma história de *slogans* otimistas e que transmitem sensação de bem-estar, o CEO da Coca-Cola, Muhtar Kent, pode ser decididamente rude. Críticos reclamam que Kent se cerca de "pessoas que só dizem sim" e podem não perceber quando ele está encerrando a discussão. Segundo Sandy Dougla, veterano da Coca-Cola: "É um esporte de contato direto discutir estratégia com o Sr. Kent". Apesar de um estilo de liderança abrupto e talvez autocrático, Kent é extremamente dedicado à Coca e às suas operações. Ele ainda carrega um cartão com a cor vermelha padrão da Coca no bolso para que, onde quer que esteja no mundo, possa compará-la com a cor dos caminhões de entrega, das garrafas, das latas e das máquinas de venda automática. E ele entende os desafios que enfrenta a indústria de refrigerantes: "Se não fizermos o que precisamos fazer de forma rápida e eficaz, funcionando a 100%, outra pessoa virá e fará por nós".

Simon Dawson/Bloomberg/Getty Images

Muhtar Kent, CEO da Coca-Cola

Fonte: M. Esterl. Coke's chief 's solution for lost fizz: more soda, *Wall Street Journal*, A1, p. A12.

forma como tratam os outros. Líderes que não podem controlar suas emoções, que ficam enraivecidos rapidamente ou atacam e culpam os outros por erros, dificilmente são considerados confiáveis.

Líderes também são inteligentes – muitas vezes têm *habilidades cognitivas* fortes. Isso não significa que sejam necessariamente gênios; longe disso. Mas significa que têm a capacidade de analisar grandes quantidades de informações aparentemente não relacionadas e complexas e perceber padrões, oportunidades ou ameaças que os outros não conseguem notar. Finalmente, líderes também conhecem seu negócio, o que significa que têm conhecimento técnico superior sobre os negócios que operam. Os que têm um bom *conhecimento do negócio* compreendem as principais decisões e preocupações tecnológicas que as empresas enfrentam. Na maioria das vezes, estudos indicam que líderes eficazes possuem longa e extensa experiência em suas indústrias. Tom Staggs esteve com a **Walt Disney Co.** por quase 40 anos, começando como planejador estratégico. Como CFO, esteve envolvido em estratégia digital e adquiriu a Pixar e a Marvel. Gerenciou a divisão de parques e *resorts* da Disney, lançando a tecnologia de pulseira sem fio My Magic Plus para ajudar os visitantes dos parques a fazer compras e planejar melhor suas viagens, e supervisionou a construção da Disney Shanghai, estimada em $ 5,5 bilhões. Em 2015, foi promovido a diretor de operações e era um candidato de peso para ser o próximo CEO, mas renunciou ao cargo de diretor em abril de 2016.[19]

Rvlsoft/Shutterstock.com

Estrutura iniciadora
grau em que um líder estrutura os papéis dos seguidores, estabelecendo metas, dando instruções, definindo prazos e atribuindo tarefas.

Scott Olson/Getty Images News/Getty Images

Tom Staggs teve uma carreira extremamente bem-sucedida na Walt Disney Co. Suas realizações incluem a aquisição da Pixar e a construção e conclusão da Disney Shanghai.

14-2b Comportamentos de liderança

Até agora, você leu sobre como são os líderes. Mas os traços por si sós não são suficientes para criar um líder bem-sucedido. Eles são, no entanto, uma condição prévia para o sucesso. Afinal, é difícil imaginar um líder verdadeiramente bem-sucedido que não tenha a maioria dessas qualidades. Líderes que têm tais traços (ou muitos deles) devem tomar ações que incentivem as pessoas a alcançar objetivos do grupo ou organizacionais.[20] Assim, agora examinaremos o que os líderes *fazem*, ou seja, os comportamentos que apresentam ou as ações que tomam para que os outros possam atingir objetivos do grupo ou organizacionais.

Pesquisadores das universidades de Michigan, Estadual de Ohio e do Texas examinaram os comportamentos específicos que os líderes usam para melhorar a satisfação e o desempenho de subordinados. Realizaram-se centenas de estudos e centenas de comportamentos de líderes foram examinados. Em todas as três universidades, dois comportamentos básicos de líderes emergiram como fundamentais para a liderança bem-sucedida: estrutura iniciadora (chamada *liderança centrada no trabalho* na Universidade de Michigan, e *preocupação com a produção* na Universidade do Texas) e comportamento de líder atencioso (chamado *liderança centrada no empregado* na Universidade de Michigan, e *preocupação com as pessoas* na Universidade do Texas).[21] Esses dois comportamentos de líderes constituem a base para muitas das teorias de liderança discutidas neste capítulo.

Estrutura iniciadora é o grau no qual um líder estrutura os papéis dos seguidores, estabelecendo metas, dando instruções, definindo prazos e atribuindo tarefas. A capacidade de um líder de iniciar a estrutura afeta principalmente o desempenho do trabalho dos subordinados. O CEO Carlos Ghosn decretou que, até 2016, a Nissan deveria obter uma participação de mercado global de 8% e lucro de 8%. Esse plano estratégico excepcionalmente específico, denominado "Nissan Power 88", tinha prazos, direção e tarefas claros. Especificava que, até 2016, a Nissan deveria entregar um carro totalmente novo "a cada seis semanas durante seis anos", atingindo um total de 66 modelos diferentes em todo o mundo, deveria lançar 90 novas tecnologias (15 por ano) para seus carros, vender 1,56 milhão de carros elétricos e sua marca Infiniti 10% de todos os carros de luxo vendidos em todo o mundo. Ghosn afirmou na ocasião: "O Nissan Power 88 é um plano de negócios exigente, mas nossa empresa possui um histórico comprovado de alcançar objetivos desafiadores".[22]

Consideração é o grau no qual um líder é amigável, acessível, solidário e mostra preocupação com os empregados. Ela afeta principalmente a satisfação no trabalho dos subordinados. Comportamentos específicos de consideração do líder incluem ouvir os problemas e as preocupações dos empregados, consultá-los antes de tomar decisões e tratá-los como iguais. Cheryl Bachelder, CEO da Popeye's, passa muito tempo ouvindo os franqueados que possuem e dirigem os restaurantes da rede. Antes da sua chegada, a Popeye enfrentou, por muitos anos, problemas sérios, como rotatividade de gestão, relacionamentos tensos com franqueados e vendas fracas. Para remodelar a rede, Bachelder delineou um plano muito específico e depois consultou os franqueados a cada passo do percurso; eles pediram à CEO o adiamento dos planos para remodelar restaurantes até que conseguissem aumentar as vendas e pudessem pagar as obras. Determinar um fornecedor nacional de bebidas (isto é, Coca-Cola ou Pepsi) é uma questão conflituosa na indústria de *fast-food*, mas a Popeye precisava se consolidar para reduzir custos. Então, a CEO convocou uma equipe, com um número igual de franqueados que vendiam Coca-Cola e dos que vendiam Pepsi, e os levou para assistir às apresentações dos fornecedores concorrentes para escolher o vencedor.[23] Perguntada sobre seu estilo de liderança, Bachelder respondeu: "Damos dignidade aos seres humanos e tentamos ser humildes. As pessoas atuam melhor nessas condições".[24]

Embora os pesquisadores de todas as três universidades geralmente concordem que a estrutura iniciadora e a consideração sejam comportamentos básicos de líderes, suas interpretações diferiam sobre como esses dois comportamentos estão relacionados entre si e quais seriam necessários para uma liderança eficaz. Os estudos da Universidade de Michigan indicaram que

Consideração grau no qual um líder é amigável, acessível e solidário e mostra preocupação com os empregados.

Figura 14.1

Grade de liderança de Blake/Mouton

Alta 9
8
7
6
5
4
3
2
Baixa 1
Preocupação com as pessoas
1-9 Gestão corporativista
A atenção cuidadosa das necessidades das pessoas para relacionamentos satisfatórios leva a uma atmosfera organizacional e a um ritmo de trabalho confortável e amigável.
9-9 Gestão de equipe
Trabalho realizado por pessoas comprometidas. Interdependência por meio de uma participação comum no propósito organizacional leva a relações de confiança e respeito.
5-5 Gestão do meio-termo
Desempenho adequado da organização é possível por meio do equilíbrio entre a necessidade de fazer o trabalho e a manutenção do moral das pessoas em um nível satisfatório.
1-1 Gestão pobre
Exercício do esforço mínimo para fazer o trabalho é apropriado para sustentar o pertencimento à organização.
9-1 Conformidade com a autoridade
Eficiência nas operações resulta da organização de condições de trabalho de tal forma que os elementos humanos interferem em um grau mínimo.
1 2 3 4 5 6 7 8 9
Baixa
Preocupação com a produção
Alta

Fonte: R. R. Blake e A. A. McCanse. *The Leadership Grid®*, leadership dilemmas – grid solutions. Houston: Gulf Publishing Company 21.

a estrutura iniciadora e a consideração eram comportamentos mutuamente excludentes, situados em extremidades opostas em uma escala contínua. Em outras palavras, os líderes que queriam ser mais atenciosos teriam que fazer menos estrutura iniciadora (e vice-versa). Os estudos da Universidade de Michigan também indicaram que apenas os comportamentos de líderes atenciosos (isto é, comportamentos centrados nos empregados) foram associados à liderança bem-sucedida. Em contrapartida, pesquisadores das Universidades Estadual de Ohio e do Texas constataram que a estrutura iniciadora e a consideração eram comportamentos independentes, o que significa que os líderes podem ser atenciosos e iniciar a estrutura ao mesmo tempo. Evidências adicionais confirmam essa descoberta.[25] Os mesmos pesquisadores também concluíram que os líderes mais eficazes eram fortes tanto na estrutura iniciadora como nos comportamentos de líderes atenciosos.

Essa abordagem "alta-alta" pode ser vista no canto superior direito da grade de liderança de Blake/Mouton, mostrada na Figura 14.1. Blake e Mouton usaram dois comportamentos de liderança, preocupação com as pessoas (ou seja, consideração) e preocupação com a produção (ou seja, estrutura iniciadora), para categorizar cinco estilos de liderança diferentes. Ambos os comportamentos são classificados em uma escala de nove pontos, com 1 representando "baixo" e 9 "alto". Blake e Mouton sugerem que um estilo de liderança "alto-alto", ou 9,9, é o melhor. Eles chamam este estilo de *gestão de equipe* porque os líderes que o usam apresentam uma grande preocupação com as pessoas (9) e uma grande preocupação com a produção (9).

Em contraste, líderes usam um estilo de liderança de *conformidade com a autoridade* 9,1 quando têm grande preocupação com a produção e baixa preocupação com as pessoas. Um estilo de *gestão corporativista* de 1,9 ocorre quando os líderes se preocupam em ter um ambiente de trabalho amigável e agradável, mas realmente não prestam muita atenção à produção ou ao desempenho. O pior estilo de liderança, de acordo com a grade, é o 1,1 *gestão pobre*, que mostra pouca preocupação com as pessoas ou a produção e faz o mínimo necessário para manter seu trabalho. Finalmente, o estilo 5,5, do *meio-termo*, ocorre quando os líderes mostram uma preocupação moderada tanto com as pessoas quanto com a produção.

Estilo de liderança modo como um líder geralmente se comporta em relação aos seguidores.

Teoria da contingência segundo esta teoria de liderança, para que possam maximizar o desempenho do grupo de trabalho, os líderes devem ser escolhidos de forma que seu estilo de liderança combine com a situação específica.

Seria o estilo de gestão de equipe, com uma grande preocupação com a produção e uma grande preocupação com as pessoas, o melhor estilo de liderança? Logicamente, parece ser o caso. Por que você não quereria mostrar uma grande preocupação tanto com as pessoas quanto com a produção? No entanto, quase 50 anos de pesquisa indicam que não há um melhor estilo de liderança. O melhor estilo de liderança depende da situação. Em outras palavras, nenhum comportamento de liderança por si só e nenhuma combinação de comportamentos de liderança funcionam bem em todas as situações e com todos os empregados.

14-3 COLOCANDO LÍDERES NA SITUAÇÃO CERTA: TEORIA DA CONTINGÊNCIA DE FIEDLER

Depois de traços e comportamentos de líderes, a abordagem situacional da liderança é o terceiro método principal utilizado no estudo da liderança. Analisaremos três grandes abordagens situacionais de liderança: teoria da contingência de Fiedler, teoria do caminho-meta e modelo de decisão normativo de Vroom, Yetton e Jago. Todos assumem que a eficácia de qualquer **estilo de liderança**, a forma como um líder geralmente se comporta em relação aos seguidores, depende da situação.[26] Um estudo realizado com 130 restaurantes de uma franquia de *pizza* examinou a relação entre os graus de extroversão dos gerentes das lojas e de envolvimento dos empregados na tentativa de "adotar melhores procedimentos [para a loja]". Os lucros foram 16% *acima* da média em lojas com gerentes extrovertidos e empregados menos envolvidos. Nesses casos, a força do chefe mais extrovertido se encaixa bem com os empregados menos envolvidos. Em contraste, os lucros foram 14% *abaixo* da média em lojas com líderes extrovertidos e empregados altamente envolvidos. Por quê? Porque os líderes extrovertidos estavam menos confortáveis com os empregados que queriam se expressar sobre como fazer melhorias. Novamente, o sucesso da liderança depende da situação.[27]

De acordo com teorias de liderança situacional, não há um melhor estilo de liderança. Mas uma dessas teorias situacionais difere das outras três de maneira significativa. A teoria da contingência de Fiedler assume que os estilos de liderança são consistentes e difíceis de mudar. Portanto, os líderes devem ser colocados ou ajustados a situações que combinam com seu estilo de liderança. Em contrapartida, as outras três teorias situacionais assumem que os líderes são capazes de adaptar e ajustar seus estilos de liderança para atender às demandas de diferentes situações.

A **teoria da contingência** de Fiedler afirma que, para maximizar o desempenho do grupo de trabalho, os líderes devem ser adequados à situação de liderança correta.[28] Mais especificamente, a primeira suposição básica da teoria de Fiedler é que os líderes são eficazes quando os grupos de trabalho que lideram apresentam um bom desempenho. Assim, em vez de julgar a eficácia dos líderes pelo que fazem (ou seja, estrutura iniciadora e consideração) ou quem são (ou seja, a teoria dos traços), Fiedler avalia os líderes pela conduta e pelo desempenho das pessoas que supervisionam. Em segundo lugar, Fiedler assume que os líderes geralmente não conseguem mudar seus estilos de liderança, e que serão mais eficazes quando estes forem compatíveis com a situação adequada. De acordo com Angus Davis, CEO da Swipely, que produz *software* de gerenciamento de clientes: "Há algumas coisas em que cada um de nós é naturalmente bom, e há algumas coisas com as quais provavelmente vamos ter dificuldade". É melhor encontrar uma maneira de ignorar seus pontos fracos em vez de se concentrar demais na tentativa de corrigi-los. Se você é um excelente guitarrista, é tolice concentrar-se demais em suas habilidades de pianista".[29]

iStockphoto.com/David franklin

Terceiro, Fiedler assume que uma situação é favorável a um líder na medida em que a situação lhe permite influenciar o comportamento dos membros do grupo. O terceiro pressuposto de Fiedler é consistente com nossa definição de liderança como o processo de influenciar os outros para alcançar objetivos do grupo ou organizacionais. Em outras palavras, além de traços, comportamentos e estar em uma situação favorável, os líderes precisam ter liberdade para liderar.

*Vamos aprender mais sobre a teoria da contingência de Fiedler ao examinarmos **14-3a os estilos de colegas de trabalho e de liderança menos preferidos, 14-3b as condições que levam uma situação ser favorável para um líder exercer sua liderança** e **14-3c como combinar estilos de liderança com situações.***

14-3a Estilo de liderança: colega de trabalho menos preferido

Ao tratar de *estilo de liderança*, Fiedler refere-se à forma como os líderes geralmente se comportam em relação a seus seguidores. Os líderes berram, gritam e culpam os outros quando as coisas dão errado? Ou corrigem os erros e, em seguida, com calma, mas diretamente, expõem seu ponto de vista? Eles levam o crédito pelo trabalho dos outros quando as coisas estão bem? Ou se certificam de que aqueles que fizeram o trabalho receberam merecidamente o crédito? Deixam que outros tomem suas próprias decisões e sejam responsáveis pelos resultados? Ou gerenciam detalhes, insistindo que todas as decisões sejam aprovadas primeiro por eles? Fiedler também assume que os estilos de liderança estão ligados às necessidades e personalidades subjacentes dos líderes. Como personalidades e necessidades são relativamente estáveis, ele assume que os líderes geralmente são incapazes de mudar seus estilos de liderança. Em outras palavras, a forma como os líderes tratam as pessoas no momento é provavelmente a forma como sempre trataram os outros. Então, de acordo com Fiedler, se o primeiro instinto do seu chefe é berrar, gritar e culpar os outros, é provável que ele sempre tenha feito isso.

Fiedler usa um questionário chamado escala de Colega Menos Preferido (CMP) para medir o estilo de liderança. Ao completar a escala CMP, os indivíduos são instruídos a considerar todas as pessoas com quem já trabalharam e, em seguida, escolher a *pior*. De acordo com Fiedler: "Não precisa ser a pessoa que de quem você menos gostava, mas aquela com quem teve mais problemas para fazer o trabalho".[30]

Você descreveria seu CMP como agradável, amigável, solidário, interessante, alegre e sincero? Ou como desagradável, hostil, antipático, chato, difícil e insincero? As pessoas que descrevem o CMP de forma positiva (pontuação 64 e acima) têm estilos de liderança *orientados para relacionamento*. Afinal, se ainda podem ser positivos sobre seu colega de trabalho menos preferido, devem ser orientados a pessoas. Em contrapartida, as pessoas que descrevem o CMP de forma negativa (57 pontos ou menos) têm estilos de liderança *orientados para tarefas*. Dada a escolha, eles se concentrarão primeiro em fazer o trabalho e, depois, em certificar-se de que todos se dão bem. Finalmente, aqueles com pontuações moderadas (entre 58 e 63) têm um estilo de liderança mais *flexível* e podem ser um pouco orientados para o relacionamento ou um pouco para tarefas.

14-3b Condições que levam uma situação ser favorável para um líder exercer sua liderança

Fiedler assume que os líderes serão mais eficazes quando seus estilos de liderança combinarem com a situação específica. Mais objetivamente, Fiedler define as **condições que levam uma situação ser favorável para um líder exercer sua liderança** como sendo o grau em que uma situação específica permite ou impede

Condições que levam uma situação ser favorável para um líder exercer sua liderança
grau em que uma situação específica permite ou impede que um líder tenha a chance de influenciar o comportamento dos membros do grupo.

que um líder tenha a chance de influenciar o comportamento dos membros do grupo.[31] Em situações muito favoráveis, os líderes e suas ações influenciam os seguidores. Mas, em situações muito desfavoráveis, os líderes têm pouco ou nenhum sucesso em influenciar a opinião das pessoas que estão tentando liderar.

Três fatores situacionais determinam as condições que levam uma situação ser favorável para um líder exercer sua liderança: relações líder-membro, estrutura da tarefa e poder de posição. O fator situacional mais importante é a **relação líder-membros**, que se refere a como os seguidores respeitam os líderes, confiam e gostam deles. Quando as relações líder-membros são boas, os seguidores confiam no líder e há uma atmosfera de trabalho amigável. A **estrutura da tarefa** é o grau em que os requisitos das tarefas de um subordinado estão claramente especificados. Com tarefas bem estruturadas, os empregados têm responsabilidades, metas e procedimentos de trabalho claros. **Poder de posição** é o grau em que os líderes têm o poder de contratar, demitir, recompensar e punir os trabalhadores. Quanto mais influência os líderes tiverem sobre contratações, demissões, recompensas e punições, maior será seu poder.

A Figura 14.2 mostra como as relações líder-membros, a estrutura da tarefa e o poder de posição podem ser combinados em oito situações que diferem em suas condições que levam uma situação ser favorável para um líder exercer sua liderança. Em geral, a situação I, no lado esquerdo da Figura 14.2, é a de liderança mais favorável. Os seguidores gostam de seus líderes, confiam neles e sabem o que fazer porque suas tarefas são altamente estruturadas. Além disso, os líderes têm o poder formal para influenciar os trabalhadores por meio da contratação, demissão, recompensa e punição. Portanto, é relativamente fácil para um líder influenciar os seguidores nesta situação. Em contraste, a situação VIII, no lado direito da Figura 14.2, é a menos favorável para os líderes. Os seguidores não gostam de seus líderes nem confiam neles. Além disso, os seguidores não têm certeza do que deveriam estar fazendo, já que as tarefas ou os trabalhos são muito desestruturados. Por fim, os líderes acham difícil influenciar os seguidores porque não têm o poder de contratar, demitir, recompensar ou punir as pessoas que trabalham para eles. Em suma, é muito difícil influenciar os seguidores nas condições encontradas na situação VIII.

Relação líder-membros grau no qual os seguidores respeitam os líderes, confiam e gostam deles.

Estrutura da tarefa grau em que os requisitos das tarefas de um subordinado são claramente especificados.

Poder de posição grau em que os líderes têm o poder de contratar, demitir, recompensar e punir os trabalhadores.

14-3c Combinando estilos de liderança com situações

Depois de estudar milhares de líderes e seguidores em centenas de situações diferentes, Fiedler descobriu que o desempenho de líderes orientados para relacionamento e para tarefa seguiu o padrão exibido na Figura 14.3.

Os líderes orientados para relacionamento com pontuações CMP elevadas eram melhores (ou seja, seus grupos eram mais eficazes) em situações moderadamente favoráveis. Nessas situações, o líder pode ser um pouco apreciado, as tarefas podem ser um pouco estruturadas e o líder pode ter algum poder de posição. Nessa situação, um líder orientado para relacionamento melhora as relações entre ele e os membros, o mais importante dos três fatores situacionais. Por sua vez, o ânimo e o desempenho melhoram.

Entretanto, como mostra a Figura 14.3, líderes orientados para tarefas com baixas pontuações CMP são melhores em situações muito favoráveis e muito desfavoráveis. Líderes orientados para tarefas têm desempenho superior em situações favoráveis em que são apreciados,

Como o CMP é descrito
Estilo de liderança
positivamente
orientado para relacionamento
negativamente
orientado para tarefas
moderadamente
flexível

Image Source/Getty Images

Figura 14.2

Características favoráveis da situação

Relações líder-membros	Boas	Boas	Boas	Boas	Ruins	Ruins	Ruins	Ruins
Estrutura da tarefa	Alta	Alta	Baixa	Baixa	Alta	Alta	Baixa	Baixa
Posição de poder	Forte	Fraca	Forte	Fraca	Forte	Fraca	Forte	Fraca
Situação	I	II	III	IV	V	VI	VII	VIII
	Favorável		**Moderadamente favorável**				**Desfavorável**	

as tarefas são estruturadas e eles têm o poder de contratar, demitir, recompensar e punir. Nessas situações, líderes orientados para tarefas efetivamente pisam no acelerador de um carro bem ajustado. O foco no desempenho define o objetivo do grupo, que então se move para atingi-lo. Mas os líderes orientados para tarefas também têm bom desempenho em situações desfavoráveis em que não são apreciados, as tarefas são desestruturadas e eles não têm o poder de contratar, demitir, recompensar e punir. Nessas situações, o líder orientado para tarefas estabelece objetivos, concentra a atenção no desempenho e esclarece o que precisa ser feito, superando assim a fraca estrutura da tarefa. Isso é suficiente para dar um salto no desempenho, mesmo que os trabalhadores não gostem ou não confiem no líder.

Finalmente, embora não seja mostrado na Figura 14.3, pessoas com pontuações CMP moderadas, que podem ser um pouco orientadas para relacionamento e tarefas, tendem a ter um desempenho bastante bom em todas as situações porque podem adaptar seu comportamento. Geralmente, porém, não são tão bons quanto líderes orientados para relacionamento ou tarefas cujos estilos de liderança são bem adaptados à situação.

Lembre-se, porém, de que Fiedler assume que os líderes são incapazes de mudar seus estilos de liderança.

Consequentemente, a chave para aplicar a teoria de contingência de Fiedler no local de trabalho é medir com precisão e combinar líderes com situações ou ensiná-los a mudar as características favoráveis da situação alterando as relações líder-membros, a estrutura da tarefa ou o poder de posição. Embora a combinação ou a colocação de líderes em situações apropriadas funcione particularmente bem, os gestores praticantes tiveram pouca sorte na reengenharia de situações para se adequarem a seus estilos de liderança. O principal problema, como você sem dúvida percebeu, é a complexidade da teoria.

Em um estudo destinado a ensinar os líderes a fazer a reengenharia de suas situações para se adequarem a seus estilos de liderança, Fiedler descobriu que a maioria dos líderes simplesmente não entendia o que devia fa-

Figura 14.3

Combinando estilos de liderança com situações

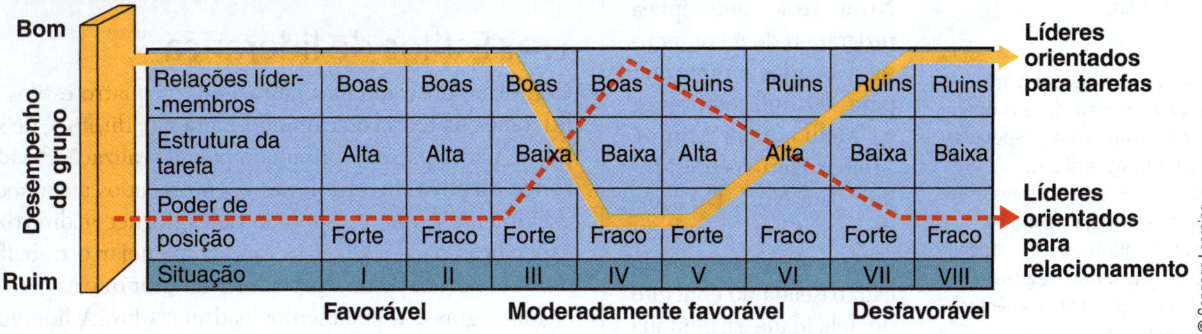

zer para mudar suas situações. Além disso, quando não gostavam do seu perfil CMP (talvez achassem que eram mais orientados para relacionamento do que suas pontuações indicavam), eles o modificavam arbitrariamente para melhor se adequarem à sua visão de si mesmos. Claro, a teoria também não funcionará se os líderes estão tentando mudar fatores situacionais para se adequarem ao seu estilo de liderança percebido, e não ao seu verdadeiro estilo de liderança.[32]

14-4 ADAPTANDO O COMPORTAMENTO DO LÍDER: TEORIA DO CAMINHO-META

Assim como o próprio nome sugere, a **teoria do caminho-meta** afirma que os líderes podem aumentar a satisfação e melhorar o desempenho dos subordinados esclarecendo e mostrando os caminhos para as metas e aumentar a quantidade e os tipos de recompensas disponíveis por alcançá-las. Dito de outra forma, os líderes precisam esclarecer como os seguidores podem atingir as metas organizacionais, lidar com problemas que os impedem de alcançá-las e, em seguida, encontrar mais recompensas variadas para motivá-los a alcançá-las.[33]

Os líderes devem cumprir duas condições para esclarecer e mostrar o caminho e encontrar recompensas para aumentar a motivação e o esforço dos seguidores. Em primeiro lugar, o comportamento do líder deve ser uma fonte de satisfação imediata ou futura para os seguidores.

> **Teoria do caminho-meta** afirma que os líderes podem aumentar a satisfação e o desempenho dos subordinados ao esclarecer e mostrar os caminhos para atingir as metas e aumentar a quantidade e os tipos de recompensas disponíveis por alcançá-las.
>
> **Liderança diretiva** estilo de liderança em que o líder leva os empregados a conhecer exatamente o que é esperado deles, fornece diretrizes específicas para realizar as tarefas, planeja o trabalho, define padrões de desempenho e garante que as pessoas sigam regras e regulamentos padronizados.

O que você faz como líder deve agradar seus seguidores no presente ou levar a atividades ou recompensas que os satisfaçam no futuro. Um dos principais princípios culturais seguidos por Charlie Kim, CEO da Next Jump, com sede em Nova York, que aplica programas de recompensas baseados na internet para 90 mil empresas, é "Melhor para Mim + Melhor Para Você = Melhor para Nós". De acordo com Kim: "A cultura que estamos construindo está baseada no conceito de felicidade sustentada no longo prazo".[34] É por isso que a liderança da Next Jump frequentemente pergunta às pessoas o que as *faria* mais felizes. Por causa das longas horas de trabalho, os empregados estavam gastando meio dia do final de semana em uma lavanderia de Nova York lavando a roupa. Então, eles perguntaram se lavadoras e secadoras poderiam ser instaladas no trabalho para ser usadas (e pelas quais eles pagariam) quando trabalhassem até tarde. Reconhecendo o problema (não a lavanderia, mas o efeito secundário de longas horas de trabalho que resultavam em tempo de final de semana perdido), a Next Jump agora paga pelo serviço de lavanderia. Os empregados trazem a roupa suja às sextas e as recebem limpa nas segundas-feiras em um saco com o logotipo da Next Jump e a frase "Minha empresa cuida da minha roupa. Recupero meus finais de semana".[35] Em seguida, a cultura da Next Jump é tão positiva, gratificante e satisfatória que 18 mil pessoas se candidataram a 35 ofertas de trabalho feitas recentemente. Além disso, enquanto a taxa de pedidos de demissão na indústria de tecnologia é de 22% ao ano, a Next Jump tem uma taxa incrivelmente baixa de 1%.

Em segundo lugar, ao mesmo tempo que fornecem treinamento, orientação, suporte e recompensas necessários para o desempenho eficaz no trabalho, os comportamentos do líder devem complementar, e não duplicar as características dos ambientes de trabalho dos seguidores. Assim, os comportamentos do líder devem oferecer algo único e valioso para os seguidores além do que estão tendo ao fazer seus trabalhos ou o que eles já podem fazer por si mesmos.

Em contraste com a teoria da contingência de Fiedler, a teoria do caminho-meta pressupõe que os líderes *podem* mudar e adaptar seus estilos de liderança. A Figura 14.4 ilustra esse processo, mostrando que os líderes mudam e adaptam seus estilos de liderança de acordo com seus subordinados ou com o ambiente no qual trabalham.

*Vamos aprender mais sobre a teoria do caminho-meta examinando **14-4a os quatro tipos de estilo de liderança que os líderes usam, 14-4b os fatores de contingência de subordinados e ambientais que determinam quando diferentes estilos de líderes são eficazes** e **14-4c os resultados da teoria do caminho-meta para melhorar a satisfação e o desempenho dos empregados.***

14-4a Estilos de liderança

Conforme ilustrado na Figura 14.4, os quatro estilos de liderança na teoria do caminho-meta são: diretivo, de suporte, participativo e orientado para a realização.[36] **Liderança diretiva** envolve levar os empregados a conhecer exatamente o que é esperado deles, fornecer diretrizes específicas para realizar as tarefas, planejar o trabalho, definir padrões de desempenho e garantir que as pessoas sigam regras e regulamentos padronizados. A liderança diretiva é muito semelhante à estrutura iniciadora.

Figura 14.4
Teoria do caminho-meta

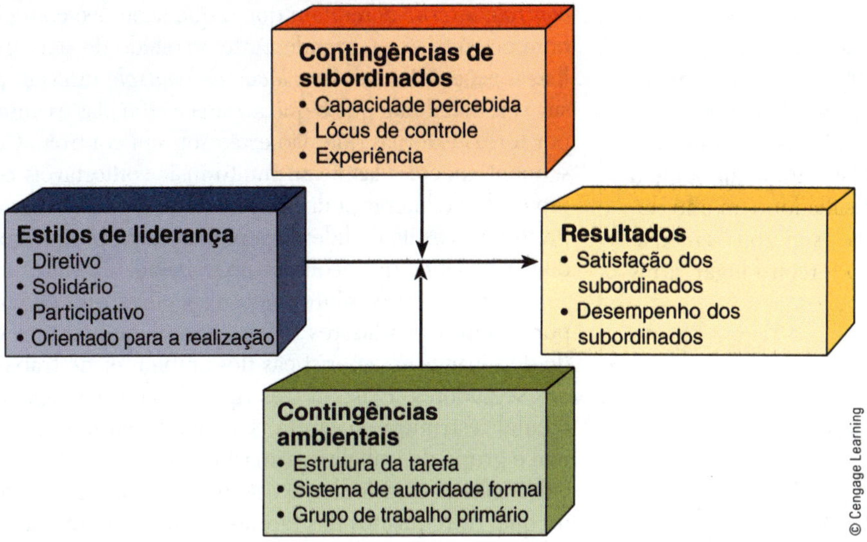

© Cengage Learning

Liderança solidária envolve ser acessível e amigável com os empregados, mostrando preocupação com eles e seu bem-estar, tratando-os como iguais e criando um clima amigável. Liderança solidária é muito semelhante ao comportamento de líder atencioso, e geralmente resulta em satisfação dos empregados com o trabalho e com os líderes. Esse estilo de liderança também pode resultar em melhor desempenho quando aumenta a confiança dos empregados, reduz o estresse no trabalho ou melhora as relações e a confiança entre empregados e líderes.[37]

Liderança participativa envolve a consulta dos empregados para saber suas sugestões e ideias antes de tomar decisões. A participação na tomada de decisões deve ajudar os seguidores a entender quais objetivos são mais importantes e esclarecer os caminhos para atingi-los. Além disso, quando as pessoas participam de decisões, tornam-se mais empenhadas em fazê-las funcionar. De acordo com Scott Hinshaw, vice-presidente de operações da Domino's, o propósito da campanha "Falhar é uma escolha" é o seguinte: "Para melhorar, para avançar, você vai cometer erros".[38] O presidente da Domino's, Russell Weiner, explica: "Nem todo risco que assumimos foi um sucesso, mas como marca aprendemos que, às vezes, você tem que falhar para ser ótimo".[39] Andy Wetzel, diretor de inovação de produto e marca, usa a *pizza de cookies*, uma ideia que nunca saiu dos testes de cozinha, como um exemplo. A liderança participativa é o cerne da cultura de inovação da Domino's porque todos na empresa, até os franqueados e empregados de nível inicial, são encorajados a testar novas ideias. Segundo Patrick Doyle, CEO da Domino's: "Em uma grande empresa, novas ideias geralmente não vêm do nível da loja local. Mas uma ótima ideia pode vir de qualquer lugar".[40] De fato, algumas das melhores ideias da Domino's, como Parmesan Bread Bites, criado por um gerente de franquia de Findlay, em Ohio, vieram direto das lojas da empresa.[41]

Liderança orientada para a realização significa estabelecer metas desafiadoras, ter altas expectativas em relação aos empregados e mostrar confiança de que eles assumirão a responsabilidade e farão esforços extraordinários. A **Asustek**, fabricante taiwanesa de telefones e

Ken Wolter/Shutterstock.com

A campanha "Falhar é uma escolha" da Domino's, na qual as ideias podem vir de qualquer lugar da empresa e as falhas são encorajadas, é um exemplo de liderança participativa.

Liderança solidária
estilo de liderança no qual o líder é amigável e acessível aos empregados, mostra preocupação com eles e seu bem-estar, trata-os como iguais e cria um clima amigável.

Liderança participativa
estilo de liderança no qual o líder consulta os empregados para saber suas sugestões e ideias antes de tomar decisões.

Liderança orientada para a realização
estilo de liderança no qual o líder estabelece objetivos desafiadores, tem altas expectativas em relação aos empregados e mostra confiança de que eles assumirão a responsabilidade e farão esforços extraordinários.

computadores, é a maior produtora mundial de placas-mãe para computadores e a quinta maior produtora de computadores portáteis (vendidos sob a marca Asus). O CEO Jerry Shen desafiou seus gestores e empregados a fazer da Asustek a maior fornecedora mundial de *notebooks touchscreen* e a segunda maior vendedora mundial de *tablets*, logo atrás da Apple. Chen acredita que seu Nexus 7, um *tablet* Android de $ 199 com tela de 7 polegadas, e seu VivoBook, um *tablet* Android de $ 500 com tela de 11,6 polegadas, além de seus planos para oferecer um *tablet* Windows 8 de 7 polegadas barato, ajudarão a Asustek a alcançar esse objetivo desafiador. Um ano depois de anunciar o objetivo, a Asustek superou os *tablets* Kindle da Amazon passando para o terceiro lugar, atrás da Samsung e da Apple.[42]

14-4b Contingências de subordinados e ambientais

Conforme mostrado na Figura 14.4, a teoria do caminho-meta especifica que os comportamentos de líderes devem ser adaptados às características dos subordinados. A teoria identifica três tipos de contingências de subordinados: capacidade percebida, experiência e lócus de controle. *Capacidade percebida* é simplesmente a quantidade de habilidade que os subordinados acreditam ter para fazer bem seus trabalhos. Subordinados que percebem ter grande habilidade ficarão insatisfeitos com comportamentos de líderes diretivos. É provável que empregados experientes reajam de forma semelhante. Como já sabem como fazer seus trabalhos (ou percebem que sabem), não precisam de uma supervisão próxima ou não a querem. Em contraste, subordinados com pouca experiência ou pouca capacidade percebida receberão bem a liderança diretiva.

Lócus de controle é uma avaliação individual que indica até que ponto as pessoas acreditam que têm controle sobre o que acontece na sua vida. *Pessoas com lócus de controle interno* acreditam que o que acontece com elas, bom ou ruim, é em grande parte resultado de suas escolhas e ações. *Pessoas com lócus de controle externo*, por sua vez, acreditam que o que acontece com elas é causado por forças externas que não estão sob seu controle. Consequentemente, elas ficam muito mais confortáveis com um estilo de liderança direta, enquanto o primeiro grupo prefere um estilo de liderança participativa, porque gosta de participar do que acontece no trabalho.

A teoria do caminho-meta especifica que os comportamentos dos líderes devem complementar, em vez de duplicar as características dos ambientes de trabalho dos seguidores. Existem três tipos de contingência ambiental: estrutura da tarefa, sistema de autoridade formal e grupo de trabalho primário. Tal como na teoria da contingência de Fiedler, a *estrutura da tarefa* é o grau no qual os requisitos das tarefas de um subordinado são claramente especificados. Quando a estrutura da tarefa é baixa e as tarefas não são claras, a liderança diretiva deve ser usada porque complementa o ambiente de trabalho. Contudo, quando a estrutura da tarefa é alta e as tarefas são claras, a liderança diretiva não é necessária porque duplica o que a estrutura da tarefa fornece. Alternativamente, quando as tarefas são estressantes, frustrantes ou desagradáveis, os líderes devem responder com uma liderança solidária.

Sistema de autoridade formal é o conjunto de procedimentos, regras e políticas de uma organização. Quando este sistema não é claro, a liderança diretiva complementa

Figura 14.5

Teoria do caminho-meta: quando usar liderança diretiva, solidária, participativa ou orientada para a realização

Liderança diretiva	Liderança solidária	Liderança participativa	Liderança orientada para a realização
Tarefas não estruturadas	Tarefas estruturadas, simples e repetitivas Tarefas estressantes e frustrantes	Tarefas complexas	Tarefas não desafiadoras
Trabalhadores com lócus de controle externo	Trabalhadores sem confiança	Trabalhadores com lócus de controle interno	
Sistema de autoridade formal pouco claro	Sistema de autoridade formal claro	Trabalhadores não satisfeitos com recompensas	
Trabalhadores inexperientes		Trabalhadores experientes	
Trabalhadores com baixa capacidade percebida		Trabalhadores com alta capacidade percebida	

a situação, reduzindo a incerteza e aumentando a clareza. Mas, quando é claro, a liderança diretiva é redundante e não deve ser usada.

Grupo de trabalho primário refere-se à quantidade de participação orientada para o trabalho ou de suporte emocional fornecida pelo grupo de trabalho imediato de um empregado. A liderança participativa deve ser usada quando as tarefas são complexas e há pouca participação no trabalho no grupo de trabalho primário. Quando as tarefas são estressantes, frustrantes ou repetitivas, é necessária uma liderança solidária.

Por fim, como o acompanhamento de todas essas contingências de subordinados e ambientais pode ser um pouco confuso, a Figura 14.5 fornece um resumo de quando os estilos de liderança diretivo, solidário, participativo e orientado para a realização devem ser usados.

14-4c Resultados

Seguir a teoria do caminho-meta melhora a satisfação e o desempenho dos subordinados? Evidências preliminares sugerem que isso ocorre.[43] Em particular, pessoas que trabalham para líderes solidários estão muito mais satisfeitas com seus empregos e chefes. Da mesma forma, pessoas que trabalham para líderes diretivos estão mais satisfeitas com seus empregos e chefes (mas não tanto quanto quando seus patrões são solidários) e também se desempenham bem no trabalho exercido. A adaptação do estilo de liderança às características dos subordinados e ambientais melhora a satisfação e o desempenho dos empregados? Neste ponto, como é difícil testar completamente essa teoria complexa, é muito cedo para dizer.[44] No entanto, como os dados mostram claramente que faz sentido que os líderes sejam solidários *e* diretivos, também faz sentido que eles possam melhorar a satisfação e o desempenho dos subordinados adicionando estilos de liderança participativos e orientados para a realização de suas capacidades como líderes.

14-5 ADAPTANDO O COMPORTAMENTO DO LÍDER: TEORIA DA DECISÃO NORMATIVA

Muitas pessoas acreditam que tomar decisões difíceis é o cerne da liderança. No entanto, líderes experientes dirão que decidir *como* tomar decisões é igualmente importante. A **teoria da decisão normativa** (também conhecida como *modelo de Vroom-Yetton-Jago*) ajuda os líderes a decidir quanto de participação dos empregados (de nenhuma até permitir que tomem todas as decisões) deve ser usada ao tomar decisões.[45]

Vamos aprender mais sobre a teoria da decisão normativa investigando ***14-5a estilos de decisão*** *e* ***14-5b qualidade da decisão e aceitação.***

14-5a Estilos de decisão

Ao contrário de quase todas as outras teorias de liderança discutidas neste capítulo, que especificaram estilos de *liderança*, ou seja, a forma como um líder geralmente se comporta em relação aos seguidores, a teoria da decisão normativa especifica cinco estilos de *decisão* diferentes ou formas de tomar decisões. (Ver Capítulo 5 para uma revisão mais completa da tomada de decisão nas organizações). Como mostrado na Figura 14.6, esses estilos variam de *decisões autocráticas* (AI ou AII) à esquerda, nas quais os líderes tomam as decisões sozinhos, *decisões consultivas* (CI ou CII), nas quais os líderes compartilham problemas com os subordinados, mas ainda tomam as decisões sozinhos, a *decisões de grupo*(GII) à direita, nas quais os líderes compartilham os problemas com os subordinados e o grupo toma as decisões.

A GE Aircraft Engines, localizada em Durham, na Carolina do Norte, usa uma abordagem semelhante ao tomar decisões. De acordo com a revista *Fast Company*: "Na GE/Durham cada decisão é 'A', 'B' 'C'. Decisão 'A' é aquela que o gerente da fábrica toma sozinho, sem consultar ninguém".[46] Segundo um gerente da fábrica: "Não tomo muitas assim, e quando faço todos na fábrica sabem disso. Talvez tome 10 ou 12 por ano".[47] Decisões "B" também são tomadas pelo gerente da fábrica, mas com a contribuição das pessoas afetadas. As decisões "C", o tipo mais comum, são tomadas por consenso pelas pessoas diretamente envolvidas, com muita discussão. Com as decisões "C", a perspectiva do gerente da fábrica não necessariamente tem mais peso do que a dos afetados.[48]

14-5b Qualidade e aceitação da decisão

De acordo com o consultor de gestão John Canfield: "Os líderes são responsáveis por melhorar o desempenho de organizações. Dois componentes significativos das decisões [do líder] são a qualidade da decisão e o nível de adesão associado a ela. Líderes eficazes querem ambos".[49] De acordo com a teoria da decisão normativa, aplicar a intensidade adequada de participação dos empregados melhora a qualidade das decisões, o grau de aceitação e seu comprometimento (ou seja, a adesão). A Figura 14.7 enumera as regras de decisão que a teoria da decisão normativa usa para melhorar a

Teoria da decisão normativa sugere como os líderes podem determinar uma intensidade adequada de participação dos empregados ao tomar decisões.

Como determinar suas prioridades

Líderes são frequentemente convidados a participar de uma torrente de iniciativas estratégicas, tanto internas como externas. De acordo com Sandy Ogg, ex-diretor de recursos humanos da Unilever, os executivos têm, com frequência, mais de 100 convites para participar de iniciativas corporativas; com base nisso, ele criou uma árvore de decisão de três passos para ajudar executivos ocupados a identificar onde investir tempo e esforço. Primeiro, faça uma lista de cada iniciativa que solicita sua participação. Em seguida, classifique cada iniciativa de acordo com o destaque do seu patrocinador, a qualidade da equipe, o prazo e o orçamento. Finalmente, coloque menos esforço em iniciativas de baixo nível para liberar tempo para iniciativas de alto escalão.

Docstockmedia/Shutterstock.com

Fonte: H. Ibarra. The way to become a "strategic" executive. *Wall Street Journal*, 23 fev. 2015, p. R7.

qualidade de uma decisão e a intensidade com que os empregados a aceitam e com ela se comprometem.

Qualidade, informações do líder, informações de subordinados, congruência de objetivos e regras de estrutura de problemas são usadas para melhorar a qualidade da decisão. Por exemplo, a regra da informação do líder afirma que, se um líder não tiver informações suficientes para tomar uma decisão sozinho, não deve usar um estilo de decisão autocrático. As regras de probabilidade de comprometimento, conflito com o subordinado e requisito de comprometimento mostradas na Figura 14.7 são usadas para aumentar a aceitação e o comprometimento dos empregados com as decisões. Por exemplo, a regra de requisito de comprometimento diz que, se a aceita-

Figura 14.6

Teoria da decisão normativa, estilos de decisão e níveis de participação dos empregados

O líder resolve o problema ou toma a decisão ←→ **O líder está disposto a aceitar qualquer decisão apoiada por todo o grupo**

AI	AII	CI	CII	GII
Com base nas informações disponíveis no momento, o líder resolve o problema ou toma a decisão.	O líder obtém informações necessárias dos empregados e, em seguida, seleciona uma solução para o problema. Quando solicitados a compartilhar informações, os empregados podem ou não ser informados sobre o problema.	Primeiro, o líder compartilha o problema e pede ideias e sugestões de empregados relevantes em uma base individual. Os indivíduos não são reunidos como um grupo. Em seguida, o líder toma a decisão, que pode ou não refletir a contribuição dos empregados.	O líder compartilha o problema com os empregados como um grupo, pede-lhes ideias e sugestões, e, em seguida, toma a decisão, que pode ou não refletir a contribuição deles.	O líder compartilha o problema com os empregados como um grupo. Juntos, o líder e os empregados geram e avaliam alternativas e tentam chegar a um acordo sobre uma solução. O líder age como um facilitador e não tenta influenciar o grupo. O líder está disposto a aceitar e implementar qualquer solução que tenha o apoio de todo o grupo.

Fonte: Tabela 2.1 Decision methods for group and individual problems. In V. H. Vroom; P. W. Yetton. *Leadership and decision-making*. Pittsburgh: University of Pittsburgh Press, 1973.

ção da decisão e o comprometimento são importantes e os subordinados compartilham as metas da organização, você não deve usar um estilo autocrático ou consultivo. Em outras palavras, se os seguidores querem fazer o melhor para a empresa e você precisa da aceitação e do comprometimento deles para tomar uma decisão, use um estilo de decisão de grupo e deixe-os tomar a decisão. Como você pode ver, essas regras de decisão ajudam os líderes a melhorar a qualidade da decisão e a aceitação e o comprometimento dos seguidores, eliminando os estilos de decisão que não se encaixam na decisão ou situação específica que enfrentam. A teoria da decisão normativa, como a do caminho-meta, é de natureza situacional. As regras de decisão resumidas e apresentadas na Figura 14.7 são formuladas como perguntas sim ou não, o que torna mais concreto o processo de sua aplicação. Essas perguntas são mostradas na árvore de decisão exibida na Figura 14.8. Você começa no lado esquerdo da árvore e responde à primeira pergunta – "Qual é a importância da qualidade técnica dessa decisão?" –, escolhendo "alta" ou "baixa". Em seguida, você continua respondendo a cada pergunta à medida que prossegue ao longo da árvore de decisão até chegar ao estilo de decisão recomendado.

Vamos usar o modelo para tomar a decisão de mudar de escritórios privativos para ambientes abertos com separações feitas por biombos. O problema parece simples, mas, na verdade, é mais complexo do que você pensa. Siga a linha amarela na Figura 14.8 enquanto trabalhamos na decisão referente ao problema apresentado a seguir.

PROBLEMA: MUDAR PARA ESCRITÓRIOS ABERTOS E BIOMBOS?

1. *Requisito de qualidade: Qual é a importância da qualidade técnica dessa decisão?* Alta. Esta questão está relacionada com a existência de diferenças de qualidade nas alternativas e se tais diferenças importam. Em outras palavras: há muita coisa em jogo nessa decisão? As pessoas têm reações incrivelmente fortes ao saírem de escritórios privativos para ambientes abertos com biombos. Embora as empresas usem escritórios abertos para melhorar a comunicação, os trabalhadores verão isso como perda de privacidade e *status*. Sim, há muito em jogo.
2. *Requisito de comprometimento: Qual é a importância de ter o comprometimento do subordinado com a decisão?* Alta. Mudanças nos escritórios,

Figura 14.7

Regras de decisão da teoria da decisão normativa

Regras de decisão para melhorar a qualidade da decisão

Regra de qualidade. Se a qualidade da decisão for importante, não use estilo de decisão autocrático.

Regra da informação do líder. Se a qualidade da decisão for importante e se o líder não tiver informações suficientes para tomar a decisão por conta própria, não use estilo de decisão autocrático.

Regra da informação de subordinados. Se a qualidade da decisão for importante e os subordinados não tiverem informações suficientes para tomar a decisão, não use estilo de decisão em grupo.

Regra de congruência da meta. Se a qualidade da decisão for importante e as metas dos subordinados divergirem da meta da organização, não use estilo de decisão em grupo.

Regra de estrutura de problemas. Se a qualidade da decisão for importante, se o líder não possuir informações suficientes para tomar a decisão por conta própria e o problema não for estruturado, não use estilo de decisão autocrático.

Regras de decisão para aumentar a aceitação da decisão

Regra de probabilidade de comprometimento. Se for importante que os subordinados aceitem e se comprometam com a decisão, não use estilo de decisão autocrático.

Regra de conflito de subordinados. Se for importante e crítico para a implantação ser bem-sucedida e os subordinados aceitam a decisão, mas não houver concordância entre eles ou surgir algum conflito, não use estilo de decisão autocrático nem consultivo.

Regra de requisito de comprometimento. Se for absolutamente necessário para a implantação ser bem-sucedida que os subordinados aceitem a decisão e eles compartilham as metas da organização, não use o estilo autocrático nem o consultivo.

Fontes: Adaptada de V. H. Vroom, Leadership. In *Handbook of industrial and organizational psychology*, ed. M. D. Dunnette. Chicago: Rand McNally, 1976. V. H. Vroom e A. G. Jago. *The new leadership:* managing participation in organizations. Englewood Cliffs, NJ: Prentice Hall, 1988.

passando de configurações privativas para ambientes abertos com biombos, requerem comprometimentos dos subordinados ou não darão certo. Na verdade, não é incomum que as empresas abandonem os escritórios abertos depois de implantá-los.

3. *Informações do líder: Você tem informações suficientes para tomar uma decisão de alta qualidade?* Sim. Vamos assumir que você fez sua lição de casa. Muito foi escrito sobre escritórios abertos e cubículos, de como fazer a mudança até os efeitos que têm nas empresas (que são divergentes, às vezes positivos e às vezes negativos).

4. *Probabilidade de comprometimento: Se você tomar a decisão sozinho, é razoavelmente certo que seus subordinados estarão comprometidos com ela?* Não. Estudos de empresas que mudam de escritórios privativos para abertos com biombos acham que as reações iniciais dos empregados são quase uniformemente negativas. É provável que eles fiquem com raiva se você mudar algo tão pessoal como os escritórios sem consultá-los.

5. *Congruência da meta: Os subordinados compartilham as metas organizacionais a serem alcançadas na solução desse problema?* Provavelmente não. Os objetivos que geralmente acompanham uma mudança para escritórios abertos são uma cultura mais informal, melhor comunicação e menos dinheiro gasto em alugar ou comprar espaço de escritórios (porque escritórios abertos e cubículos têm menos espaço do que os escritórios privados), dos quais nenhum será importante para os empregados que estão perdendo os escritórios privativos.

6. *CII é a resposta:* com um CII, ou processo de decisão consultivo, o líder compartilha o problema com os empregados como um grupo, obtém as ideias e sugestões, e depois toma a decisão, que pode ou não refletir a contribuição deles. Assim, dadas as respostas a essas questões (lembre-se de que diferentes gestores não responderão necessariamente a essas perguntas da mesma maneira), a teoria da decisão normativa recomenda que os líderes consultem seus subordinados antes de decidir se devem mudar de escritórios privativos para abertos com biombos.

Até que ponto a teoria da decisão normativa funciona? Um proeminente estudioso de liderança a descreveu como o melhor suporte de todas as teorias de liderança.[50] Em geral, quanto mais os gestores infringirem as regras de decisão na Figura 14.7, menos eficazes serão suas decisões, especialmente no que diz respeito à aceitação e ao comprometimento dos subordinados.[51]

14-6 LIDERANÇA VISIONÁRIA

Liderança estratégica é a capacidade de antecipar, imaginar, manter a flexibilidade, pensar de forma estratégica e trabalhar com outras pessoas para iniciar mudanças que criem um futuro positivo para uma organização.[52] Quando se tornou CEO no Ryder System, Robert Sanchez fez um discurso ineficaz de uma hora tentando estabelecer suas prioridades estratégicas em aluguel e *leasing* de caminhões, logística e cadeia de suprimentos e gestão de frotas de caminhões. O discurso, segundo ele, era excessivamente complexo com muitos termos e números financeiros: "As pessoas não estavam prestando atenção. Muitos empregados da linha de frente tinham olhares vazios quando lhes perguntei se haviam entendido o que estávamos tentando fazer". Quando a mudança estratégica não se concretizou tão rápido quanto desejava, ele reformulou a mensagem e fez uma apresentação focada de 15 minutos na reunião geral da gestão da empresa. Sanchez teve muito mais sucesso criando urgência para mudar quando exibiu um *slide* com 100 caminhões que representavam seus mercados. Apenas dois eram amarelos, a cor da empresa. Isso, segundo ele, finalmente, "Fez a ficha cair para muitas pessoas".[53] Assim, a liderança estratégica capta como os líderes inspiram suas empresas a mudar e seus seguidores a dar um esforço extraordinário para atingir os objetivos organizacionais.

No Capítulo 5, definimos uma declaração de propósito, que muitas vezes é referida como missão ou visão organizacional, como uma declaração do propósito ou motivo de existência da empresa. Da mesma forma, a **liderança visionária** cria uma imagem de futuro positiva que motiva os membros da organização e fornece orientação para o planejamento futuro e a definição de metas.[54]

Há dois tipos de liderança visionária: ***14-6a liderança carismática*** *e* ***14-6b liderança transformacional***.

Liderança estratégica
capacidade de antecipar, imaginar, manter a flexibilidade, pensar de forma estratégica e trabalhar com as outras pessoas para iniciar mudanças que criem um futuro positivo para uma organização.

Liderança visionária
liderança que cria uma imagem de futuro positiva que motiva os membros da organização e fornece orientação para planejamento futuro e definição de metas.

14-6a Liderança carismática

Carisma é uma palavra grega que significa "presente divino". Os gregos antigos viam as pessoas com carisma como inspiradas pelos deuses e capazes de realizações incríveis. O sociólogo alemão Max Weber considerou carisma como um vínculo especial entre líderes e seguidores.[55] Weber escreveu que as qualidades especiais de líderes carismáticos permitem que influenciem fortemente os seguidores. O sociólogo também observou que os líderes carismáticos tendem a surgir em tempos de

Figura 14.8

Árvore de decisão da teoria da decisão normativa para determinar o nível de participação na tomada de decisão

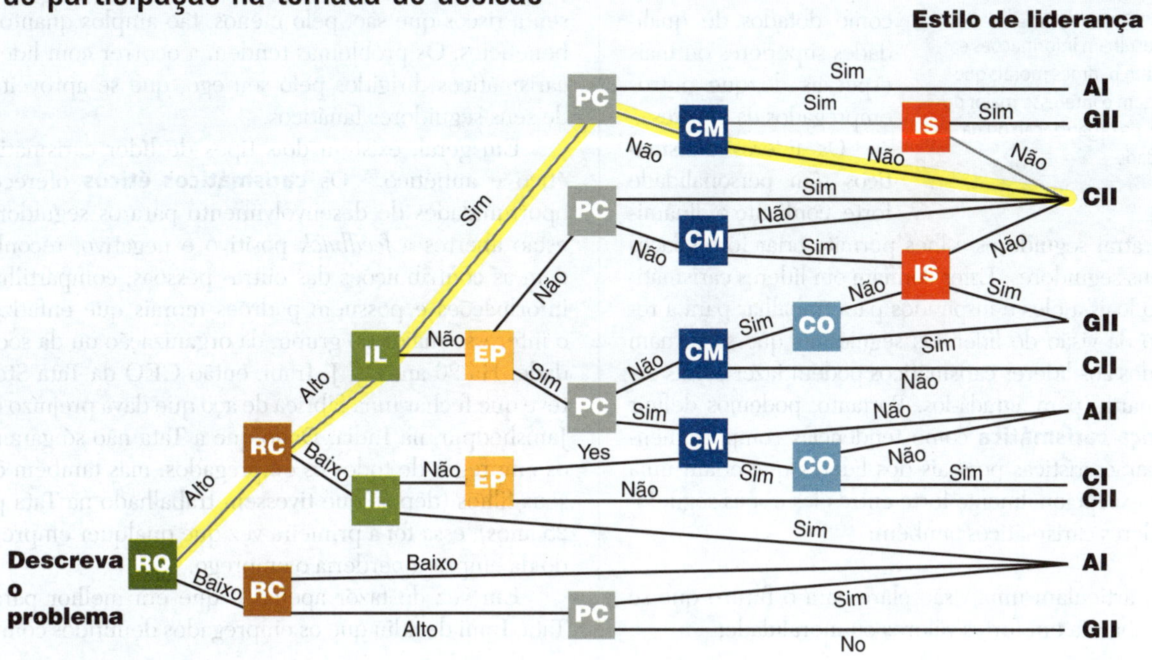

Atributos do problema

RQ	Requisito de qualidade:	Qual é a importância da qualidade técnica dessa decisão?
RC	Requisito de comprometimento:	Qual é a importância do comprometimento do subordinado com a decisão?
IL	Informação do líder:	Você tem informações suficientes para tomar uma decisão de alta qualidade?
EP	Estrutura do problema:	O problema está bem estruturado?
PC	Probabilidade de comprometimento:	Se tomar a decisão sozinho, você está razoavelmente certo de que seus subordinados estarão comprometidos com ela?
CM	Congruência da meta:	Os subordinados compartilham as metas organizacionais a serem alcançadas na solução desse problema?
CO	Conflito com o subordinado:	Existe conflito entre subordinados em relação às soluções de suas preferências?
IS	Informação dos subordinados:	Os subordinados possuem informações suficientes para tomar uma decisão de alta qualidade?

Fonte: Figura 9.3, Fluxo do processo decisório para problemas de grupo ou de indivíduos. In: V. H. Vroom; P. W. Yetton, *Leadership and decision-making* (Pittsburgh: University of Pittsburgh Press, 1973).

Liderança carismática tendências comportamentais e características pessoais dos líderes que criam uma relação excepcionalmente forte entre eles e seus seguidores.

Carismáticos éticos líderes carismáticos que oferecem oportunidades de desenvolvimento para seguidores, estão abertos a *feedback* positivo e negativo, reconhecem as contribuições das outras pessoas, compartilham informações e possuem padrões morais que enfatizam o interesse maior do grupo, da organização ou da sociedade.

crise e que as soluções radicais que propõem aumentam a admiração que os seguidores sentem por eles. Na verdade, os líderes carismáticos, tendem a ter uma incrível influência sobre os seguidores que podem ser inspirados por eles e se tornar fanáticos. Nesta perspectiva, os líderes carismáticos são frequentemente vistos como dotados de qualidades superiores ou mais especiais do que outros empregados da empresa.

Os líderes carismáticos têm personalidade forte, confiante e dinâmica que atrai seguidores e lhes permite criar fortes laços com seus seguidores. Estes confiam em líderes carismáticos, são leais a eles e inspirados para trabalhar para a realização da visão do líder. Os seguidores que se tornam dedicados aos líderes carismáticos podem fazer coisas extraordinárias para agradá-los. Portanto, podemos definir **liderança carismática** como tendências comportamentais e características pessoais dos líderes que criam uma relação excepcionalmente forte entre eles e seus seguidores. Líderes carismáticos também:

- articulam uma visão clara para o futuro que se baseia em fortes valores ou moralidade;
- modelam esses valores agindo de forma consistente com a visão;
- comunicam expectativas de alto desempenho para os seguidores; e
- mostram confiança nas habilidades dos seguidores para alcançar a visão.[56]

A liderança carismática funciona? Estudos indicam que muitas vezes sim. Em geral, os seguidores de líderes carismáticos são mais comprometidos e satisfeitos, têm melhor desempenho, tendem a confiar mais em seus líderes e simplesmente trabalham com maior tenacidade.[57] No entanto, a liderança carismática também apresenta riscos que são, pelo menos, tão amplos quanto os benefícios. Os problemas tendem a ocorrer com líderes carismáticos dirigidos pelo seu ego, que se aproveitam de seus seguidores fanáticos.

Em geral, existem dois tipos de líder carismático: ético e antiético.[58] Os **carismáticos éticos** oferecem oportunidades de desenvolvimento para os seguidores, estão abertos a *feedback* positivo e negativo, reconhecem as contribuições das outras pessoas, compartilham informações e possuem padrões morais que enfatizam o interesse maior do grupo, da organização ou da sociedade. Há 20 anos, J. J. Irani, então CEO da Tata Steel, teve que fechar uma fábrica de aço que dava prejuízo em Jamshedpur, na Índia. Dado que a Tata não só garantia os empregos de todos os empregados, mas também dos seus filhos (depois que tivessem trabalhado na Tata por 25 anos), essa foi a primeira vez que qualquer empregado da empresa perderia o emprego.

Em vez de fazer apenas o que era melhor para a Tata, Irani decidiu que os empregados demitidos com 40

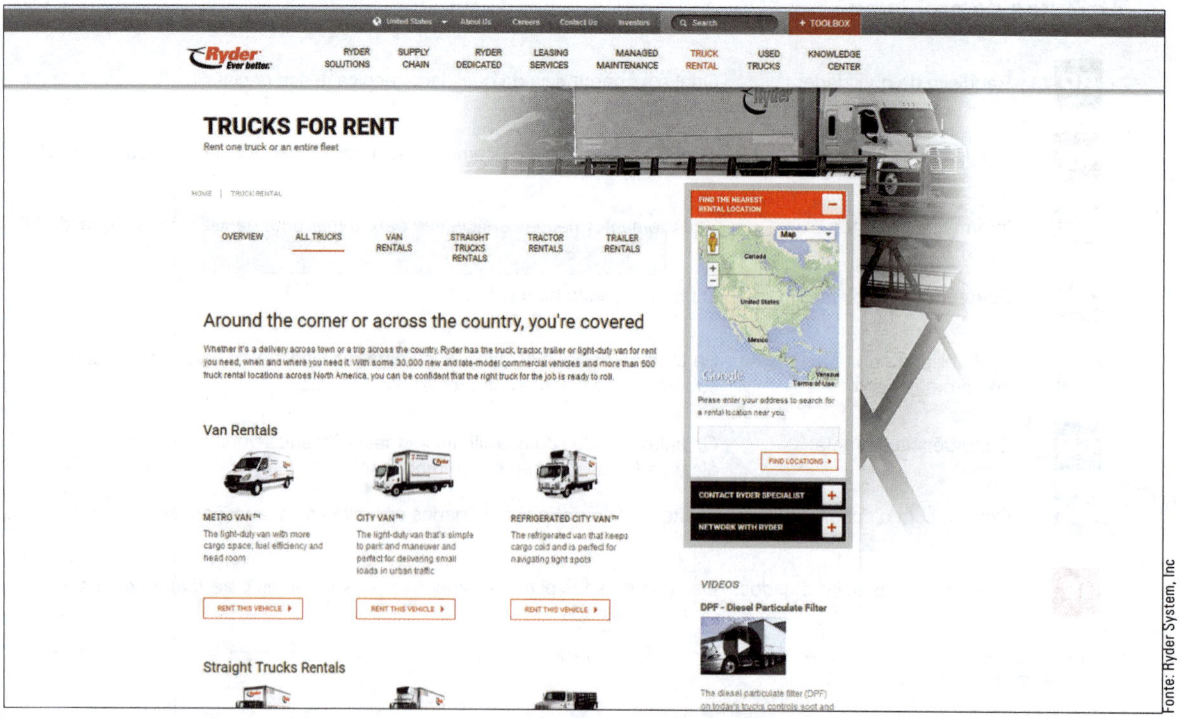

Fonte: Ryder System, Inc

anos de idade ou menos receberiam salários completos durante o resto de suas vidas profissionais. Os empregados com mais de 40 receberam salários mais um bônus de 20% a 50%, dependendo de quão perto estavam da aposentadoria. Além disso, as famílias dos trabalhadores receberiam os pagamentos mesmo que eles morressem antes da aposentadoria. A empresa também se beneficiou porque já não tinha que pagar impostos sobre a folha de pagamento, e parte do acordo era que os pagamentos dos trabalhadores não aumentariam ao longo dos anos. Com o passar do tempo, os custos trabalhistas diminuíram, mas a reputação como empregadora atenciosa entre gestores e trabalhadores indianos persistiu.[59] Como esperado, carismáticos éticos, como Irani, produzem comprometimento mais forte, maior satisfação, mais esforço, melhor desempenho e maior confiança.

Em contrapartida, os **carismáticos antiéticos** controlam e manipulam seguidores, fazem o que é melhor para si mesmos, e não para as organizações, querem ouvir apenas *feedback* positivo, compartilham informações que são benéficas para si mesmos e têm padrões morais que colocam seus interesses antes dos das outras pessoas. Russell Wasendorf, ex-CEO e fundador da Peregrine Financial Group, uma empresa de comércio de *commodities*, roubou $ 215 milhões ao longo de 20 anos de seus clientes e da empresa. Wasendorf imprimiu falsas declarações bancárias para ocultar o roubo, usou algum dinheiro roubado para aumentar falsamente o desempenho financeiro da empresa e usou o dinheiro para viver bem acima de seus meios, "contratar um '*chef* quatro estrelas' para dirigir a cafeteria da Peregrine, construir uma mansão com piscina e desperdiçar o dinheiro do investidor em empreendimentos como um restaurante italiano, cuja equipe foi enviada certa vez para a Itália em férias". Wasendorf, aos 65 anos, foi condenado a 50 anos de prisão.[60]

Como os seguidores podem se tornar tão comprometidos com carismáticos antiéticos quanto com éticos, características antiéticas representam um tremendo risco para as empresas. De acordo com a professora Diane Chandler: "Ao serem muito influenciados por líderes carismáticos, os seguidores estão aptos a concordar com eles, afeiçoar-se a eles e obedecê-los. Com os líderes carismáticos incentivando uma sensação de forte identificação com seus seguidores, eles também podem influenciar a fidelidade dos seguidores em sua direção, mesmo que a liderança seja não ética ou amoral".[61]

A Figura 14.9 mostra as diferenças entre os carismáticos éticos e antiéticos em vários comportamentos de líder: exercício do poder, criação de visão, comunicação com os seguidores, aceitação de comentários, estímulo intelectual de seguidores, desenvolvimento de seguidores e padrões morais de vida. Por exemplo, os carismáticos éticos levam em conta as preocupações e os desejos de seus seguidores quando os incentivam a participar da formulação da visão da empresa. Em contraste, os carismáticos antiéticos desenvolvem sozinhos uma visão para atender às próprias agendas. Um carismático antiético afirmou certa vez: "O principal é que a ideia é minha e vou ganhar com ela a todo custo".[62]

14-6b Liderança transformacional

Embora a liderança carismática envolva a articulação de uma visão clara, a modelagem de valores consistentes com essa visão, a comunicação de expectativas de alto desempenho e o estabelecimento de relações muito fortes com os seguidores, a **liderança transformacional** vai mais adiante: gera consciência e aceitação do propósito e da missão de um grupo, e estimula os empregados a ver além de suas necessidades e de seus interesses em benefício do grupo.[63] Como os líderes carismáticos, os transformacionais são visionários, mas transformam as organizações em que atuam, fazendo que seus seguidores realizem mais do que pretendiam e ainda mais do que achavam possível.

Líderes transformacionais podem incentivar os seguidores a se sentir como uma parte vital da organização e ajudá-los a ver como seu trabalho se encaixa na visão da empresa. Ao ligarem os interesses individuais e organizacionais, os líderes transformacionais encorajam os seguidores a fazer sacrifícios pela organização porque sabem que prosperarão quando ela prosperar. A liderança transformacional tem quatro componentes: liderança carismática ou influência ideal, motivação inspiradora, estimulação intelectual e consideração individualizada.[64]

Liderança carismática ou *influência ideal* significa que os líderes transformacionais atuam como modelos para seus seguidores. Como esses líderes colocam as necessidades dos outros à frente e compartilham riscos com seus seguidores, são admirados, respeitados e confiáveis, e os seguidores desejam imitá-los. Quando o lucro da rede de supermercados Whole Foods caiu 10% e a empresa precisava cortar custos, o co-CEO John Mackey reduziu voluntariamente o próprio salário em 67%. Da mesma forma, Jay Leno, que conduziu o *Tonight Show* por 22 anos, voluntariamente fez um corte de salário de $ 15 milhões quando a NBC anunciou que precisava reduzir os custos do programa em $ 20 milhões. Embora 20 empregados tenham sido demitidos, o corte salarial voluntário de Leno absorveu 75% da redução de custos necessária para que muitos outros empregados mais antigos pudessem manter seus

Carismáticos antiéticos líderes que controlam e manipulam seguidores, fazem o que é melhor para si mesmos e não para as organizações, querem ouvir apenas comentários positivos, compartilham apenas informações benéficas para si mesmos e possuem padrões morais que colocam seus interesses antes dos das outras pessoas.

Liderança transformacional liderança que gera consciência e aceitação do propósito e da missão de um grupo e estimula os empregados a ver além de necessidades e interesses pessoais em benefício do grupo.

Figura 14.9

Carismáticos éticos e antiéticos

Comportamentos do líder carismático	Carismáticos éticos ...	Carismáticos antiéticos ...
Exercendo o poder	...usam o poder para servir aos outros.	...usam o poder para dominar ou manipular os outros visando ganhos pessoais.
Criando uma visão	...permitem que os seguidores ajudem a desenvolver a visão.	...são a única fonte de visão, que usam para atender às próprias agendas.
Comunicando-se com seguidores	...fazem comunicação bidirecional e procuram pontos de vista em questões críticas.	...fazem comunicação unidirecional e não estão abertos a sugestões dos outros.
Aceitando *feedback*	...estão abertos a *feedback* e dispostos a aprender com a crítica.	...têm egos inflados, disputam a atenção e a admiração de bajuladores e evitam *feedback* sincero.
Estimulando os seguidores	...querem que os seguidores avaliem criticamente o *status quo* e os pontos de vista do líder, e os questionem.	...não querem que os seguidores pensem, mas querem aceitação sem críticas às ideias do líder.
Desenvolvendo os seguidores	...concentram-se no desenvolvimento das pessoas com quem interagem, expressam confiança nelas e compartilham o reconhecimento com os outros.	...são insensíveis e não respondem às necessidades e aspirações dos seguidores.
Direcionando sua vida por padrões morais	...seguem princípios autoguiados que podem ir em direção contrária à opinião popular e têm três virtudes: coragem, senso de honestidade ou justiça e integridade moral.	...seguem padrões apenas para satisfizer interesses pessoais imediatos, manipulam impressões para que os outros pensem que estão fazendo o que é certo, e usam habilidades de comunicação para levar as outras pessoas a apoiar suas agendas pessoais.

Fonte: J. M. Howell; B. J. Avolio. The ethics of charismatic leadership: submission or liberation? *Academy of Management Executive* 6, n. 2, 1992: p. 43-54.

empregos.[65] Assim, em contraste com líderes puramente carismáticos (especialmente os antiéticos), pode-se contar com líderes transformacionais para fazer o que é certo e manter altos padrões de conduta ética e pessoal.

Motivação inspiradora significa que os líderes transformacionais motivam e inspiram os seguidores fornecendo significado e desafio para seu trabalho. Ao comunicar claramente as expectativas e demonstrar o comprometimento com os objetivos, os líderes transformacionais ajudam os seguidores a visualizar estados futuros, como visão ou missão organizacional. Por sua vez, isso leva a um maior entusiasmo e otimismo sobre o futuro.

Estimulação intelectual significa que os líderes transformacionais encorajam os seguidores a ser criativos e inovadores, questionam pressupostos e analisam problemas e situações de novas maneiras, mesmo que as ideias deles sejam diferentes das do líder. Intolerante à mediocridade e ao *status quo*, *Sir* James **Dyson** é uma combinação única de inventor, engenheiro, empresário e artista. Desde o lançamento do aspirador de pó de "duplo ciclone", sua empresa cresceu passando de algumas pessoas usando um telefone para seis mil empregados no Reino Unido, em Cingapura e na Malásia, com cerca de $ 2 bilhões em receita anual proveniente de aspiradores de pó, em iluminação, em robótica e até em agricultura.

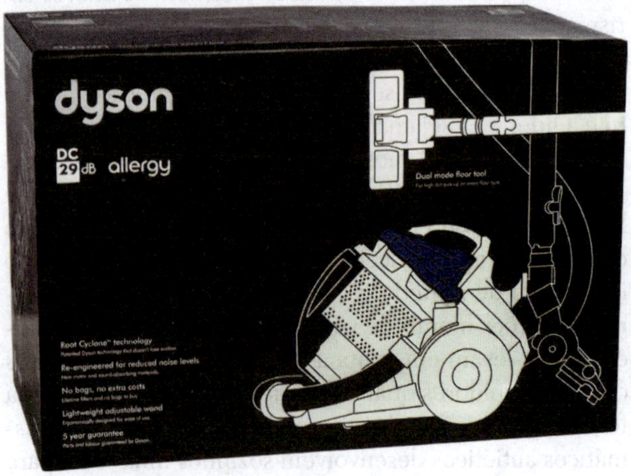

Verbaska/Shutterstock.com

O laboratório secreto da Dyson é composto por mais de mil engenheiros, e, mesmo que *Sir* James não esteja mais envolvido na operação diária da empresa, ele ainda mantém mensalmente a publicação da *James Reviews*, com novas iniciativas. De acordo com a engenheira Annmarie Nicolson: "Pode ser estressante porque é muito inquisitivo. Ele sempre lhe fará uma pergunta para a qual você não tem uma resposta. Ficaremos horas fazendo um *brainstorming*, selecionaremos até o que achamos que funciona melhor e construiremos um protótipo. James vai dizer: 'Você já pensou sobre isso?'. E nós diremos: 'Bem, não pensamos'".[66]

Consideração individualizada significa que os líderes transformacionais prestam especial atenção às necessidades individuais dos seguidores, criando oportunidades de aprendizagem, aceitando e tolerando diferenças individuais, incentivando a comunicação bidirecional e sendo bons ouvintes.

Finalmente, é necessário estabelecer uma distinção entre liderança transformacional e liderança transacional. Enquanto os líderes transformacionais usam recursos atraentes e inspiradores para influenciar os seguidores, a **liderança transacional** baseia-se em um processo de troca no qual os seguidores são recompensados pelo bom desempenho e punidos por um desempenho fraco. Quando os líderes administram as recompensas de forma justa e oferecem aos seguidores as recompensas que desejam, estes, muitas vezes, responderão com esforço. Contudo, um problema é que os líderes transacionais geralmente dependem muito da disciplina ou de ameaças para melhorar o desempenho. Isso pode funcionar no curto prazo, mas é muito menos eficaz no longo prazo. Além disso, conforme discutido nos capítulos 11 e 13, muitos líderes e organizações têm dificuldade em vincular com sucesso as práticas de remuneração ao desempenho individual. Como resultado, estudos mostram consistentemente que a liderança transformacional é, em média, muito mais eficaz do que a transacional. Nos Estados Unidos, no Canadá, no Japão e na Índia, em todos os níveis organizacionais, desde supervisores de primeiro nível até executivos de nível superior, os seguidores veem os líderes transformacionais como melhores e estão muito satisfeitos quando trabalham para eles. Além disso, as empresas com líderes transformacionais têm desempenho financeiro significativamente melhor.[67]

Liderança transacional baseia-se em um processo de troca no qual os seguidores são recompensados pelo bom desempenho e punidos por um desempenho fraco.

14

FERRAMENTA DE ESTUDO

Leia o cartão de revisão do capítulo e reveja o conteúdo.

15 Gerenciamento da comunicação

Rawpixel/Shutterstock.com

RESULTADOS DE APRENDIZAGEM

15-1 Explicar o papel que a percepção desempenha na comunicação e em seus problemas.

15-2 Descrever o processo de comunicação e os vários tipos de comunicação nas organizações.

15-3 Explicar como os gestores podem gerenciar a comunicação individual eficaz.

15-4 Descrever como os gestores podem gerenciar a comunicação eficaz em toda a organização.

15-1 PERCEPÇÃO E PROBLEMAS DE COMUNICAÇÃO

Estima-se que os gestores gastem mais de 80% do seu dia comunicando-se com os outros.[1] De fato, grande parte do processo básico de gestão – planejamento, organização, liderança e controle – não pode ser realizada sem comunicação eficaz. Se esta não fosse uma razão suficiente para estudar a comunicação, considere que a comunicação oral eficaz – obtida com base em escutar, seguir instruções, conversar e dar *feedback* – é a habilidade mais importante para os graduados da faculdade que estão entrando na força de trabalho.[2] **Comunicação** é o processo de transmitir informações de uma pessoa para outra ou de um lugar para outro. Embora alguns chefes gostem de disfarçar más notícias, gestores inteligentes entendem que a comunicação eficaz e direta entre eles e os empregados é essencial para o sucesso.

Um estudo descobriu que, quando os *empregados* foram questionados se seu supervisor lhes deu reconhecimento pelo bom trabalho, apenas 13% disseram que ele deu um tapinha nas costas e apenas 14% afirmaram que fez elogios sinceros e minuciosos. Mas, quando os *supervisores* desses empregados foram perguntados se haviam dado reconhecimento pelo bom trabalho, 82% disseram que deram tapinhas nas costas, enquanto 80%, que fizeram elogios sinceros e profundos.[3] Dado que esses gestores e empregados trabalharam em estreita colaboração, como poderiam ter tido percepções tão diferentes de algo tão simples quanto um elogio?

*Vamos aprender mais sobre os problemas de percepção e comunicação examinando **15-1a o processo básico de percepção, 15-1b problemas de percepção, 15-1c como percebemos os outros** e **15-1d como nos percebemos**. Também consideraremos como todos esses fatores podem representar algum tipo de dificuldade para os gestores se comunicarem de forma eficaz.*

15-1a Processo básico de percepção

Conforme mostrado na Figura 15.1, **percepção** é o processo pelo qual os indivíduos prestam atenção, organizam, interpretam e retêm informações de seus ambientes. E como a comunicação é o processo de transmissão de informações de uma pessoa para outra ou de um lugar para outro, a percepção é obviamente uma parte fundamental da comunicação. No entanto, a percepção também pode ser um obstáculo importante.

À medida que executam seus trabalhos, as pessoas estão expostas a uma grande variedade de estímulos informativos, como *e-mails*, conversas diretas com o chefe ou colegas de trabalho, boatos ouvidos durante o almoço,

Figura 15.1
Processo básico de percepção

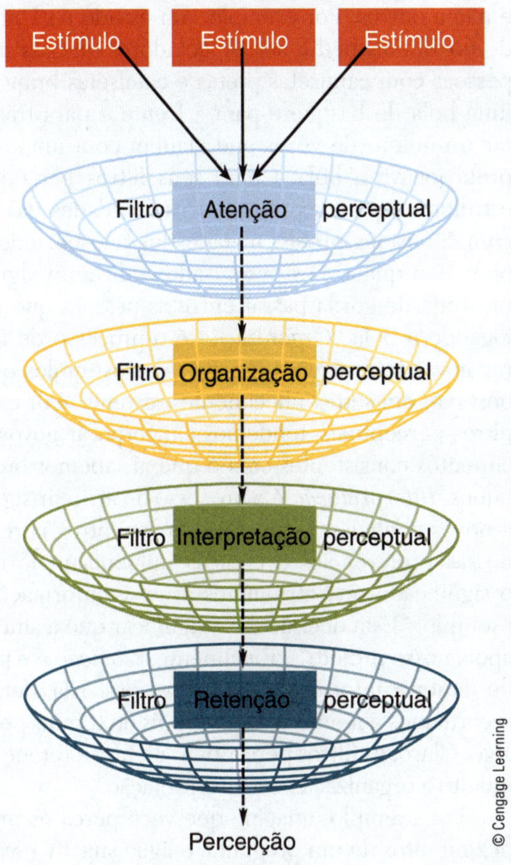

histórias sobre a empresa na imprensa ou transmissão de um discurso do CEO para todos os empregados. Porém, apenas ser exposto a um estímulo informacional não é garantia de que um indivíduo preste atenção ou reaja a esse estímulo. As pessoas reagem a estímulos por meio de seus próprios **filtros perceptuais,** ou seja, suas diferenças de personalidade, psicológicas ou de experiência que as influenciam a ignorar estímulos particulares ou prestar atenção a eles. Por causa da filtragem, pessoas expostas à mesma informação geralmente discordam sobre o que viram ou ouviram. Conforme mostrado na Figura 15.1, os filtros

Comunicação processo de transmissão de informações de uma pessoa para outra ou de um lugar para outro.

Percepção processo pelo qual os indivíduos prestam atenção, organizam, interpretam e retêm informações de seus ambientes.

Filtros perceptuais diferenças de personalidade, psicológicas ou de experiência que influenciam as pessoas a ignorar estímulos particulares ou prestar atenção a eles.

perceptuais afetam cada parte do *processo de percepção*: atenção, organização, interpretação e retenção.

Atenção é o processo de perceber estímulos particulares ou tornar-se consciente deles. Devido aos filtros perceptuais, prestamos atenção a alguns estímulos e não a outros. Por exemplo, um estudo na Universidade do Illinois pediu aos espectadores que assistissem a pessoas com camisetas pretas e camisetas brancas jogar uma bola de basquete para a frente e para trás e contar o número de vezes que alguém com uma camiseta preta jogava a bola. Como seus filtros perceptuais se estreitaram para acompanhar as atividades das pessoas com camisetas pretas, metade dos telespectadores não percebeu quando os pesquisadores fizeram alguém em um traje de gorila passar entre as pessoas que estavam jogando a bola.[4] *Organização* é o processo de incorporar novas informações (a partir dos estímulos que você observa) em seu conhecimento existente. Por causa dos filtros perceptuais, tendemos a incorporar novos conhecimentos consistentes com o que já sabemos ou acreditamos. *Interpretação* é o processo de atribuir significado a novos conhecimentos. Devido aos filtros perceptuais, nossas preferências e crenças influenciam fortemente o significado que atribuímos a novas informações (por exemplo, "Esta decisão deve significar que a alta direção apoia nosso projeto"). Finalmente, *retenção* é o processo de lembrar informações interpretadas. Ela afeta o que recordamos e memorizamos depois de termos percebido algo. Claro, os filtros perceptuais afetam a retenção tanto quanto a organização e a interpretação.

Por exemplo, imagine que você perca os primeiros dez minutos de um programa e ligue sua TV e veja duas pessoas conversando em uma sala de estar. Enquanto conversam, elas caminham pela sala pegando vários itens e recolocando-os em seus lugares. Alguns itens, como um anel, um relógio e um cartão de crédito, parecem ser valiosos, enquanto outros parecem estar relacionados a drogas, como um cachimbo para fumar maconha. Na verdade, essa situação foi retratada em fita de vídeo em um estudo bem conhecido que manipulava os filtros perceptuais das pessoas.[5] Antes de assistirem ao vídeo, foi dito a um terço dos participantes do estudo que as pessoas estavam lá para roubar o apartamento. Outro terço foi informado de que a polícia estava a caminho para uma batida de repressão a drogas e que as pessoas no apartamento estavam se livrando de evidências que as incriminariam. O terceiro restante dos participantes foi informado de que as pessoas simplesmente estavam à espera de um amigo.

Percepção seletiva
tendência de notar e aceitar objetos e informações consistentes com nossos valores, crenças e expectativas, ignorando ou selecionando informações inconsistentes.

Depois de assistirem ao vídeo, os participantes foram convidados a listar todos os objetos de que pudessem se lembrar. Não surpreendentemente, os diferentes filtros perceptuais (roubo, droga e espera de um amigo) afetaram o que chamou a atenção dos participantes, como organizaram a informação, como a interpretaram e, em última instância, de quais objetos se lembraram. Os participantes que pensavam que um roubo estava em curso tendiam a se lembrar dos objetos valiosos no vídeo. Aqueles que pensavam que uma batida de repressão a drogas era iminente tendiam a se lembrar dos objetos relacionados a drogas. Não havia um padrão discernível para os itens lembrados por aqueles que pensavam que as pessoas no vídeo estavam simplesmente esperando um amigo.

Em suma, devido à percepção e aos filtros perceptuais, é provável que as pessoas prestem atenção a coisas diferentes, organizem e interpretem aquilo em que prestam atenção de forma diferente e, finalmente, se lembrem de coisas de forma diferente. Consequentemente, mesmo quando as pessoas são expostas às mesmas comunicações (por exemplo, notas organizacionais, discussões com gestores ou clientes), elas podem acabar com percepções e compreensões muito diferentes. É por isso que a comunicação pode ser tão difícil e frustrante para os gestores. Vamos rever alguns dos problemas de comunicação criados pela percepção e pelos filtros perceptuais.

15-1b Problemas de percepção

A percepção cria problemas de comunicação para as organizações porque as pessoas expostas à mesma comunicação e informação podem acabar com ideias e entendimentos completamente diferentes. Dois dos problemas de percepção mais comuns nas organizações são a percepção seletiva e o fechamento.

No trabalho, somos constantemente bombardeados por estímulos sensoriais: toques de telefones, pessoas que falam em segundo plano, computador fazendo sons quando um novo *e-mail* chega, pessoas nos chamando e assim por diante. Como processadores de informação limitados, não podemos notar, receber e interpretar toda essa informação. Como resultado, prestamos atenção e aceitamos alguns estímulos, mas filtramos e rejeitamos outros. Este não é um processo aleatório.

A **percepção seletiva** é a tendência de notar e aceitar objetos e informações consistentes com nossos valores, crenças e expectativas, ao mesmo tempo que ignoramos ou selecionamos informações inconsistentes. Por exemplo, em uma pesquisa, pedestres são parados em uma calçada por um homem que pede instruções. Dez segundos após o início das instruções, duas pessoas que carregam uma porta passam entre o homem que pediu as direções à esquerda e o pedestre, à direita. Quando a porta passa, o homem que pediu instruções rapidamente troca de lugar com um dos jovens que levam a porta. Porém, o pedestre, não vê essa troca porque a porta bloqueia sua visão. Como o exemplo já mencionado do gorila invisível, em 50% das vezes as pessoas nem percebem que estão falando com um homem diferente e continuam a dar instruções. A percepção seletiva é um dos fatores de maior contribuição para mal-entendidos e falha de comunicação, porque influencia fortemente o que as pessoas veem, ouvem, leem e entendem no trabalho.[6]

iQoncept/Shutterstock.com

Depois de ter informações iniciais sobre uma pessoa, um evento ou processo, o **fechamento** é a tendência de preencher as lacunas em que falta informação, ou seja, assumir que o que não sabemos é consistente com o que já sabemos. Se os empregados forem informados de que os orçamentos devem ser reduzidos em 10%, também podem assumir automaticamente que 10% dos empregados perderão seus empregos, mesmo que não seja este o caso. Não surpreendentemente, quando o fechamento ocorre, as pessoas às vezes preenchem as lacunas com informações imprecisas, o que pode criar problemas para as organizações.

15-1c Percepções dos outros

A **teoria da atribuição** diz que todos nós temos uma necessidade básica de entender e explicar as causas do comportamento de outras pessoas.[7] Em outras palavras, precisamos saber por que as pessoas fazem o que fazem. De acordo com esta teoria, usamos duas razões gerais ou atribuições para explicar o comportamento das pessoas: uma *atribuição interna*, na qual acredita-se que o comportamento é voluntário ou está sob o controle do indivíduo, e uma *atribuição externa*, na qual acredita-se que o comportamento é involuntário e está fora do controle do indivíduo.

Se você já viu alguém trocar um pneu na beira da estrada e pensou "Que azar, alguém está tendo um dia ruim", você percebeu a pessoa com uma atribuição externa conhecida como **viés defensivo**, isto é, a tendência de as pessoas se perceberem como pessoal e situacionalmente semelhantes a alguém que está em dificuldade ou tendo problemas.[8] Quando nos identificamos com a pessoa em uma situação, tendemos a usar atribuições externas (isto é, características relacionadas à situação) para explicar o comportamento dela. Por exemplo, como pneus furados são comuns, é fácil nos percebermos na mesma situação e colocarmos a culpa em causas externas, como passar em cima de um prego.

Agora, vamos assumir uma situação diferente, desta vez no local de trabalho:

> *Um trabalhador de uma empresa de serviços públicos coloca uma escada em um poste de luz e sobe para fazer o trabalho. Enquanto está lá em cima, cai da escada e se machuca gravemente.*[9]

Responda à seguinte questão: "Quem ou o que causou o acidente?". Se pensou "Não é culpa do trabalhador. Qualquer um poderia cair de uma escada alta", você interpretou o incidente com um viés defensivo no qual se viu como pessoal e situacionalmente semelhante a alguém que está em dificuldade ou tendo problemas. Em outras palavras, você fez uma atribuição externa ao atribuir o acidente a uma causa externa ou a alguma característica da situação.

No entanto, a maioria das investigações de acidentes inicialmente põe a culpa no trabalhador (ou seja, uma atribuição interna), e não na situação (ou seja, uma atribuição externa). Em geral, por ano, de 60% a 80% dos acidentes de trabalho são atribuídos a "erro do operador", isto é, aos próprios empregados. Na realidade, investigações mais completas geralmente mostram que os trabalhadores são responsáveis por apenas uma média de 30% a 40% de todos os acidentes de trabalho.[10] Por que os investigadores de acidentes são tão rápidos em culpar os trabalhadores? A razão é que eles estão cometendo o **erro de atribuição fundamental**, que é a tendência de ignorar causas externas do comportamento e atribuir as ações de outras pessoas a causas internas.[11] Em outras palavras, quando os investigadores examinam as possíveis causas de um acidente, muito mais provavelmente assumirão que o acidente é uma função da pessoa, e não da situação.

Qual atribuição – viés defensivo ou erro de atribuição fundamental – trabalhadores tenderão a escolher quando alguma coisa der errado? Em geral, como mostrado na Figura 15.2, empregados e colegas de trabalho tendem a perceber eventos e explicar o comportamento a partir de um viés defensivo. Como eles mesmos fazem o trabalho e se veem como semelhantes a outros que cometeram erros, sofrem acidentes ou são de outra forma responsabilizados por coisas que dão errado no trabalho, empregados e colegas de trabalho provavelmente atribuirão problemas a causas externas, como falha de máquinas, suporte ruim ou treinamento inadequado. Em contraste, como são tipicamente observadores (não fazem o trabalho) e se veem como pessoal e situacionalmente diferentes dos trabalhadores, os gestores tendem a cometer o erro fundamental de atribuição e jogar a culpa por erros,

Fechamento tendência de preencher lacunas de informações faltantes, assumindo que o que não sabemos é consistente com o que já sabemos.

Teoria da atribuição teoria de que todos temos uma necessidade básica de compreender e explicar as causas do comportamento de outras pessoas.

Viés defensivo tendência de que as pessoas se percebam como pessoal e situacionalmente semelhantes a alguém que está em dificuldade ou tendo problemas.

Erro de atribuição fundamental tendência de ignorar causas externas do comportamento e atribuir as ações de outras pessoas a causas internas.

Figura 15.2

Viés defensivo e erro de atribuição fundamental

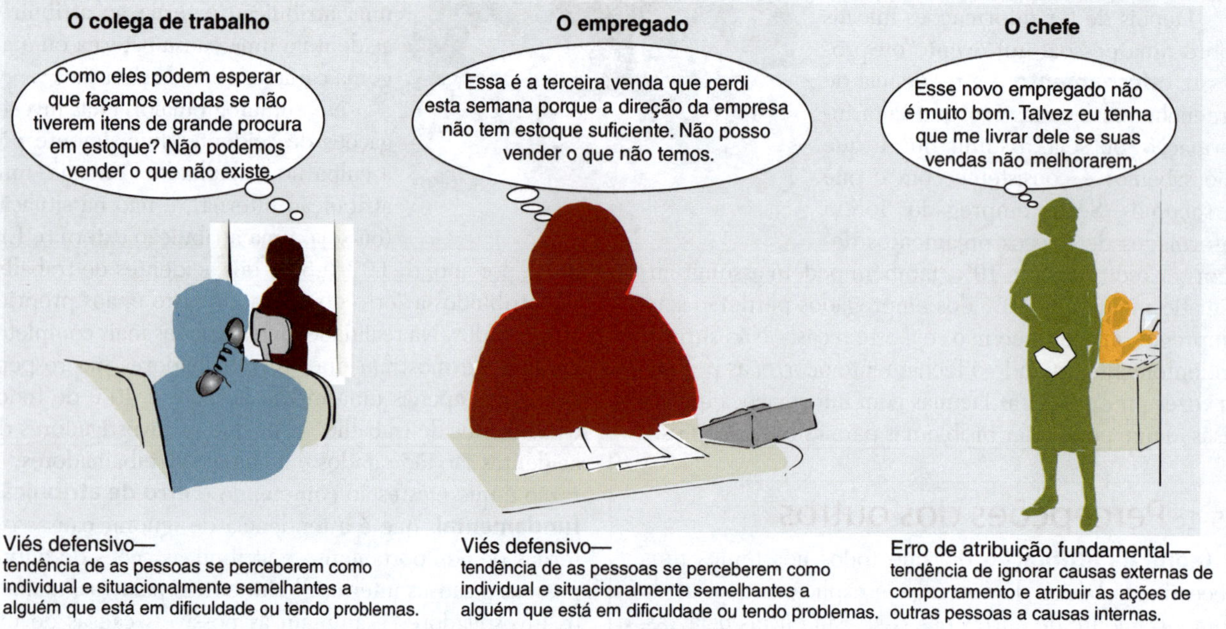
O colega de trabalho
Como eles podem esperar que façamos vendas se não tiverem itens de grande procura em estoque? Não podemos vender o que não existe.
O empregado
Essa é a terceira venda que perdi esta semana porque a direção da empresa não tem estoque suficiente. Não posso vender o que não temos.
O chefe
Esse novo empregado não é muito bom. Talvez eu tenha que me livrar dele se suas vendas não melhorarem.
Viés defensivo— tendência de as pessoas se perceberem como individual e situacionalmente semelhantes a alguém que está em dificuldade ou tendo problemas.
Viés defensivo— tendência de as pessoas se perceberem como individual e situacionalmente semelhantes a alguém que está em dificuldade ou tendo problemas.
Erro de atribuição fundamental— tendência de ignorar causas externas de comportamento e atribuir as ações de outras pessoas a causas internas.

acidentes e outras coisas que dão errado nos trabalhadores (ou seja, uma atribuição interna).

Consequentemente, trabalhadores e gestores, na maioria dos locais de trabalho, podem ter visões opostas quando as coisas derem errado. Portanto, juntos, o viés defensivo, que em geral é usado pelos trabalhadores, e o erro de atribuição fundamental, que em geral é cometido pelos gestores, apresentam um desafio significativo para a comunicação e compreensão eficazes nas organizações.

15-1d Autopercepção

O **viés de autoconveniência** é a tendência de superestimarmos nosso valor atribuindo sucessos a nós mesmos (causas internas) e falhas aos outros ou ao ambiente (causas externas).[12] O viés de autoconveniência pode tornar especialmente difícil para os gestores falar com empregados sobre problemas de desempenho. Em geral, as pessoas precisam manter uma autoimagem positiva. Essa necessidade é tão forte que, quando as pessoas procuram *feedback* no trabalho, geralmente querem verificar seu valor (em vez de informações sobre deficiências de desempenho) ou garantir que erros ou problemas não foram culpa delas.[13] Elas podem se tornar defensivas e emocionais quando a comunicação gerencial ameaça sua autoimagem positiva. Deixarão de ouvir, e a comunicação se tornará ineficaz. Na segunda metade do capítulo, que se concentra na melhoria da comunicação, explicaremos formas pelas quais os gestores podem minimizar esse viés de autoconveniência e melhorar a comunicação individual personalizada com os empregados.

Viés de autoconveniência
tendência de superestimarmos nosso valor atribuindo sucessos a nós mesmos (causas internas) e falhas a outros ou ao ambiente (causas externas).

15-2 TIPOS DE COMUNICAÇÃO

Existem muitos tipos de comunicação – formal, informal, *coaching*/aconselhamento e não verbal –, mas todos seguem o mesmo processo fundamental.

*Vamos aprender mais sobre os diferentes tipos de comunicação examinando **15-2a o processo de comunicação, 15-2b os canais de comunicação formais, 15-2c os canais de comunicação informais, 15-2d coaching e aconselhamento: a comunicação individual** e **15 -2e a comunicação não verbal.***

15-2a Processo de comunicação

No início deste capítulo, definimos *comunicação* como o processo de transmissão de informações de uma pessoa para outra ou de um lugar para outro. A Figura 15.3 exibe um modelo do processo de comunicação e seus principais componentes: o emissor (mensagem a ser transmitida, codificação da mensagem, transmissão da mensagem), o receptor (recepção da mensagem, decodificação da mensagem e entendimento da mensagem) e ruído, que interfere no processo de comunicação.

O processo de comunicação começa quando um *emissor* pensa em uma mensagem que quer transmitir a outra pessoa. Por exemplo, você teve uma gripe e uma pneumonia, e, por isso, teve uma febre inexplicável por nove dias, de modo que procurou um médico. Este lhe faz uma série de perguntas sobre apetite, fadiga, sensibilidade no abdômen e se a febre vem e passa durante o dia. O médico, o emissor, faz alguns testes e, em seguida, pede que você, o receptor, volte no dia seguinte para fornecer um diagnóstico e recomendar um tratamento.

O próximo passo é codificar a mensagem. **Codificação** significa colocar uma mensagem em uma forma escrita, verbal ou simbólica que possa ser reconhecida e compreendida pelo receptor. No nosso exemplo, isso significa que o médico deve usar a linguagem técnica da medicina e os resultados dos testes de laboratório e comunicá-los de forma a que os pacientes possam entender. Isto não é fácil de fazer. E a dificuldade de fazê-lo bem é agravada pelo fato de o tempo da consulta média ser inferior a 15 minutos. E, enquanto a consulta pode ter 15 minutos, você não tem esse tempo para conversar com o médico. Não surpreendentemente, 60% dos pacientes sentem que seus médicos estavam apressados durante o exame. Apesar disso, 58% dos pacientes pesquisados dizem que seus médicos fazem um bom trabalho para lhes explicar as coisas. Mas, como veremos em algumas etapas, isto não significa que a comunicação tenha sido eficaz.[14]

O emissor *transmite a mensagem por meio de canais de comunicação*. O canal de comunicação tradicional entre médicos e pacientes é a discussão presencial no consultório. Porém, ironicamente, a introdução de prontuários eletrônicos pode estar interferindo nisso. De acordo com a Dra. Rita Redberg, do Centro Médico de São Francisco da Universidade da Califórnia: "A recente introdução de prontuários eletrônicos do paciente, por exemplo, exige que muitos médicos passem grande parte do tempo da consulta examinando uma tela de computador, em vez de conversar com o paciente para registrar informações". Estudos mostram que em um terço do tempo os médicos se esquecem de fornecer informações críticas aos pacientes. Outro estudo crítico constatou que em 30 diferentes condições médicas os pacientes receberam de seus médicos toda a informação de que precisavam em apenas cerca de 55% do tempo.[15] Por quê? Em uma consulta média de 15 minutos, o médico gastará apenas 1,3 minuto informando o paciente sobre sua condição, prognóstico e tratamento. Além disso, como veremos, esse 1,3 minuto é preenchido com informações muito complexas e técnicas para o paciente médio entender.[16]

Com alguns canais de comunicação, como telefone e comunicação pessoal, o emissor recebe *feedback* imediato, ao passo que com outros, como *e-mail* (ou mensagens de texto e anexos de arquivos), fax, bipes, correio de voz, notas e cartas, o emissor deve aguardar que o receptor responda. Infelizmente, em razão de dificuldades técnicas (por exemplo, queda no sinal, bateria descarregada no celular, incapacidade de ler anexos de *e-mail*) ou problemas de transmissão baseados nas pessoas (por exemplo, esquecer-se de transmitir a mensagem), as mensagens nem sempre são transmitidas.

No entanto, se a mensagem é transmitida e recebida, o próximo passo é que o receptor a decodi-

Codificação colocar uma mensagem em uma forma escrita, verbal ou simbólica que possa ser reconhecida e compreendida pelo receptor.

Figura 15.3

Processo de comunicação interpessoal

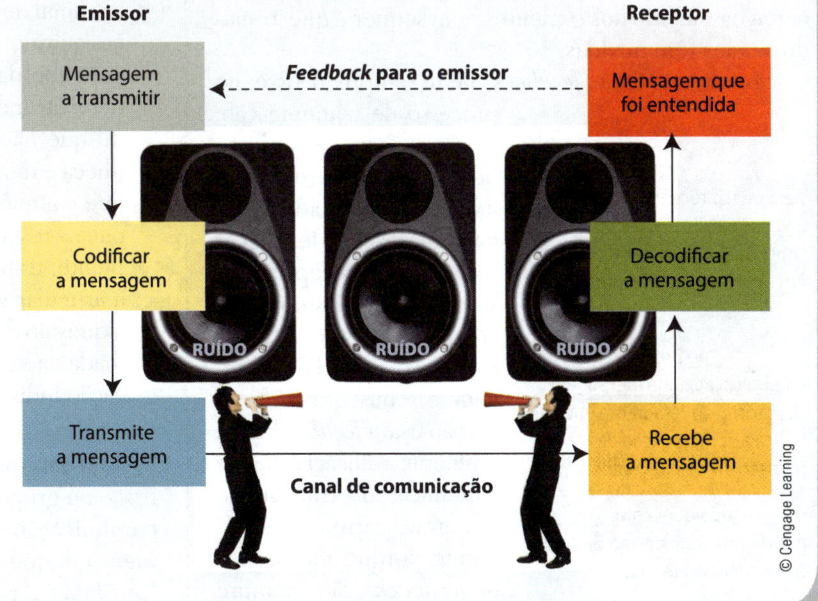

fique. **Decodificação** é o processo pelo qual o receptor traduz a forma verbal ou simbólica da mensagem em uma mensagem entendida. Pesquisas indicam que muitos pacientes claramente não entendem o que seus médicos estão falando. Até 85% dos pacientes hospitalizados nem sabem o nome do médico responsável pelo tratamento. Até 58% não sabem por que foram internados. Do mesmo modo, em uma consulta médica típica de 15 minutos, a metade dos pacientes partirá sem entender as recomendações para melhorar.[17] Infelizmente, mesmo quando os pacientes parecem entender o que os médicos estão lhes dizendo naquela consulta de 15 minutos, verifica-se que se esquecem imediatamente de 80% dessa informação médica e, em seguida, metade do que recordam está errado![18]

Ollyy/Shutterstock.com

O último passo do processo de comunicação ocorre quando o receptor fornece ***feedback* para o emissor**, ou seja, uma mensagem de retorno para o emissor que indica a compreensão da mensagem pelo receptor (do que o receptor deveria saber, fazer ou não fazer). O *feedback* permite que os emissores conheçam possíveis erros de comunicação e que continuem se comunicando até que o receptor entenda a mensagem pretendida. Por causa das dificuldades de comunicar informações complexas em muito pouco tempo, muitos médicos agora empregam o método "repetição" no final de uma consulta com o paciente. Os médicos pedem aos pacientes que expliquem, com suas próprias palavras, o problema apresentado (diagnóstico), se vão melhorar (prognóstico) e o que devem fazer depois de deixar o consultório (ou seja, plano de tratamento e administração de medicamentos).[19] Mesmo assim, muito progresso precisa ser feito, já que para cerca da metade dos pacientes nem sequer é questionado se eles têm dúvidas.[20]

Infelizmente, o *feedback* nem sempre ocorre no processo de comunicação. Complacência e excesso de confiança sobre a facilidade e simplicidade da comunicação podem levar emissores e receptores a simplesmente assumir que compartilham um entendimento comum da mensagem e, consequentemente, não usam *feedback* para melhorar a eficácia da sua comunicação. Trata-se de um grave erro, especialmente porque mensagens e *feedback* são sempre transmitidos com e contra um fundo de ruído. Parte do ruído de fundo em medicina é quão bem a informação médica é comunicada entre profissionais médicos. Afinal, a medicina é um "esporte de equipe" envolvendo vários médicos, assistentes, enfermeiros e outros profissionais cuidadores de cada paciente. Os erros médicos matam 500 pessoas por dia, e 80% dessas mortes são causadas por falta de comunicação que ocorre quando os pacientes são transferidos de um conjunto de cuidadores para outro; por exemplo, as enfermeiras do turno noturno não comunicam informações importantes para as do turno diurno ou um médico não está ciente do diagnóstico e do plano de tratamento de outro médico em um caso.[21]

Decodificação processo pelo qual o receptor traduz a forma escrita, verbal ou simbólica de uma mensagem em uma mensagem entendida.

***Feedback* para o emissor** no processo de comunicação, uma mensagem de retorno ao remetente que indica a compreensão da mensagem pelo receptor.

Ruído qualquer coisa que interfira na transmissão da mensagem pretendida.

Ruído é qualquer coisa que interfira na transmissão da mensagem pretendida. Ele pode ocorrer em qualquer uma das seguintes situações:

- O emissor não tem certeza de qual mensagem comunicar.
- A mensagem não está claramente codificada.
- O canal de comunicação escolhido é errado.
- A mensagem não é recebida ou decodificada corretamente.
- O receptor não tem experiência ou tempo para entender a mensagem. Explosões emocionais são frequentemente um tipo de ruído não reconhecido. Seja gritar, chorar, ficar de mau humor ou bater na mesa, fortes emoções interferem na transmissão das mensagens pretendidas. A própria explosão, no entanto, é um sinal de que o que está sendo discutido toca crenças ou valores fortemente mantidos. O primeiro passo para abordar o ruído relacionado a emoções fortes é detectar indicadores iniciais, como linguagem corporal que não combina com as palavras usadas. Reconheça a dificuldade da questão e, em seguida, solicite que compartilhem seus pontos de vista. Em seguida, ouça a resposta e faça perguntas de verificação. Finalmente, trabalhe em direção à resolução, ajudando-os a articular seus problemas centrais.[22] Vamos abordar a questão de escutar e fazer perguntas de forma detalhada na seção "*Coaching* e aconselhamento: comunicação individualizada".

Jargão, ou seja, vocabulário particular de uma profissão ou grupo, é outra forma de ruído que interfere na comunicação no local de trabalho. Você tem alguma ideia do que significam as expressões "*rightsizing*", "*unsiloing*", "pontos de dor", "perfurar para baixo" e "sin-

Um aplicativo para o remorso do remetente

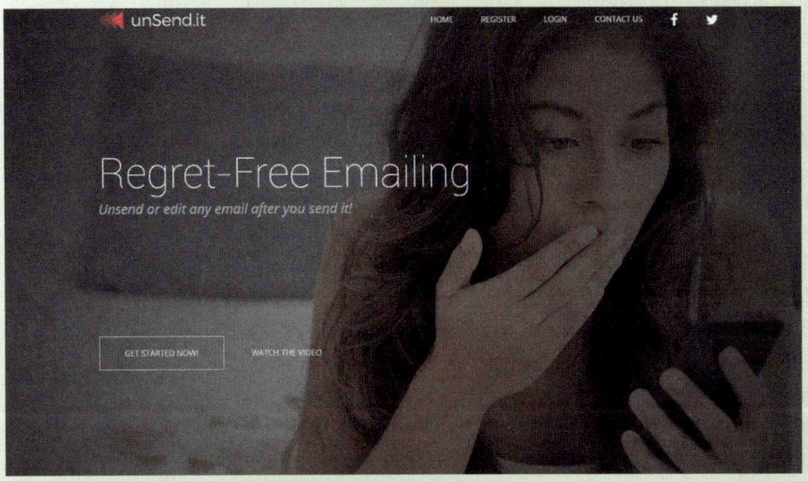

Fonte: Facebook

A maioria de nós já sentiu o remorso de remetente – esse sentimento de arrependimento que se sente ao enviar um *e-mail* para a pessoa errada ou divulgar uma opinião exagerada sobre um colega de trabalho em um memorando entre empresas. O Gmail e o Outlook possuem recursos para recuperar *e-mails*, mas raramente funcionam conforme desejado. UnSend.it é um aplicativo que visa resolver o remorso do remetente convertendo mensagens em imagens JPEG e incorporando o JPEG no corpo do *e-mail*. Até que o destinatário abra a mensagem, o remetente pode editar ou substituir o JPEG. O aplicativo possui algumas limitações práticas. A maioria das caixas de entrada do Outlook e Gmail bloqueia imagens automaticamente, e usuários de qualquer serviço podem achar suspeito um *e-mail* comercial contendo uma imagem sem texto. Além disso, sem uma função Cc, o UnSend.it só é adequado para comunicações diretas para um ou mais destinatários. Mas, para aqueles com hábitos de envio excessivamente zelosos, pode apenas fornecer um tempo extra para um *e-mail* já enviado.

Fonte: K. Wiggers."Sent an email to the wrong person? UnSend.it lets you remove it from their inbox. Digital Trends, 7 abr. 2015. Disponível em: <http://www.digitaltrends.com/computing/unsend-it-email-app/>. Acesso em: 23 abr. 2015.

cronizar"? *Rightsizing* significa demitir trabalhadores. *Unsiloing*, significa levar empregados de diferentes partes da empresa (ou seja, diferentes silos verticais) a trabalhar com outras pessoas fora de suas próprias áreas. Pontos de dor são problemas do cliente que representam oportunidades para as empresas resolver. Perfurar para baixo é passar de uma análise geral para um foco mais específico e aprofundado com maior detalhe. Finalmente, sincronizar significa garantir que todos saibam o que está acontecendo.[23] Infelizmente, o mundo dos negócios está cheio de jargões. Segundo Carol Hymowitz, do *Wall Street Journal*: "Uma nova safra de *buzzwords* geralmente brota a cada três ou cinco anos, ou mais ou menos o mesmo tempo que muitos executivos da alta gerência têm para provar a si mesmos. Alguns podem ser úteis em comunicar rapidamente e espalhar novos conceitos de negócios. Outros são menos úteis, até mesmo tortuosos".[24]

15-2b Canais de comunicação formais

Canal de comunicação formal de uma organização é o sistema de canais oficiais que transmite mensagens e informações aprovadas pela organização. Objetivos, regras, políticas, procedimentos, instruções, comandos e solicitações de informações organizacionais são transmitidos por meio do sistema ou canal de comunicação formal. Existem três canais de comunicação formais: descendente, ascendente e horizontal.[25]

A **comunicação descendente** flui dos níveis mais altos para os mais baixos em uma organização. Ela é usada para emitir ordens para a hierarquia organizacional, fornecer aos membros da organização informações relacionadas ao trabalho, dar a gestores e empregados avaliações de desempenho dos superiores e esclarecer objetivos e metas organizacionais.[26] Segundo Michael Beer, professor emérito da Harvard Business School: "Nunca se pode comunicar demais. Quando você achar que se comunicou

Jargão vocabulário particular de uma profissão ou grupo que interfere na comunicação no local de trabalho.

Canal de comunicação formal sistema de canais oficiais que transmite mensagens e informações aprovadas pela organização.

Comunicação descendente comunicação que flui de níveis mais altos para níveis mais baixos em uma organização.

bem, saia três ou quatro mais vezes e se comunique novamente". TruePoint, empresa de consultoria de Beer, estudou 40 CEOs cujas empresas têm se desempenhado acima da média por mais de uma década. Ele descobriu que esses líderes notáveis gastam uma enorme quantidade de tempo comunicando para baixo. Eles têm uma história simples, e esta aparece em todos os lugares a que vão".[27]

Comunicação ascendente flui de níveis mais baixos para níveis mais altos em uma organização. Ela é usada para dar *feedback* dos gestores de nível superior sobre operações, questões e problemas, ajudar os gestores de nível superior a avaliar o desempenho e a eficácia da organização, encorajar gestores e empregados de nível inferior a participar da tomada de decisões organizacionais, e dar aos níveis inferiores a chance de compartilhar suas preocupações com as autoridades de nível superior. Nos restaurantes, as mesas com grandes grupos produzem grandes gorjetas, então a disputa por elas entre os garçons pode ser feroz e hostil. O "sistema" de atribuição de mesas com que a garçonete Michelle Burke trabalhou envolvia os garçons correndo para a mesa, e quem chegasse lá primeiro a pegava. Segundo Burke, isso a irritava muito " durante o trabalho e depois dele", o que a levou a "tomar uma atitude". Ela discutiu o problema com seu gerente. Primeiro, explicou a situação, e que a maioria dos empregados estava aborrecida. Em seguida, propôs um rodízio entre os garçons para atender às mesas grandes, o que, segundo ela, seria mais justo, mas também proporcionava um melhor serviço aos clientes. Seu chefe concordou e adotou sua sugestão.[28]

Comunicação horizontal flui entre gerentes e trabalhadores que estão no mesmo nível organizacional, como quando uma enfermeira do dia chega às 7h30 para uma conversa de meia hora com a enfermeira supervisora da noite que sai às 8 horas. A comunicação ajuda a facilitar a coordenação e a cooperação entre diferentes partes de uma empresa, e permite que os colegas de trabalho compartilhem informações relevantes. Também ajuda as pessoas no mesmo nível a resolver conflitos e problemas sem envolver altos níveis de direção. Dois executivos do **Business Value Group** regularmente agrediam-se mutuamente sempre que suas responsabilidades se sobrepunham. Em vez de se queixar a seu chefe, um dos gerentes, Patrick Hehir, dirigiu-se ao colega Paul Humphries e disse: "Estou jogando com você e você está jogando comigo, mas você e eu conversamos com outras pessoas em nossa equipe sobre como colaborar mais".[29] Humphries descreveu seu alívio ao resolver o problema como "liberador". Eles discutiram suas preocupações, concordando em lidar com todos os problemas do futuro cara a cara.[30]

> **Comunicação ascendente** comunicação que flui de níveis mais baixos para níveis mais altos em uma organização.
>
> **Comunicação horizontal** comunicação que flui entre gestores e trabalhadores que estão no mesmo nível organizacional.
>
> **Canal de comunicação informal (boato)** transmissão de mensagens de empregados para empregados fora dos canais de comunicação formais.

Em geral, o que os gestores podem fazer para melhorar a comunicação formal? Em primeiro lugar, diminuir a dependência da comunicação descendente. Em segundo lugar, elevar as chances de comunicação ascendente aumentando o contato pessoal com gerentes e trabalhadores de nível inferior. Em terceiro lugar, incentivar um uso muito melhor da comunicação horizontal.

15-2c Canais de comunicação informais

O **canal de comunicação informal** de uma organização, às vezes chamado de **boato**, é a transmissão de mensagens entre empregados fora dos canais de comunicação formais. O boato surge por curiosidade, isto é, a necessidade de saber o que está acontecendo em uma organização e como isso pode afetar você ou outros. Para que possam satisfazer essa curiosidade, os empregados precisam receber informações relevantes de forma consistente, de forma precisa e aprofundada sobre o que está acontecendo na empresa e por quê. Na **Net Optics**, uma fabricante de equipamento de rede de computadores, o CEO Bob Shaw entende a importância do boato para melhorar a comunicação: "Se há algo em que a organização não é clara, meu papel e responsabilidade é garantir que eu preencha com as informações certas". Assim, a Net Optics tem uma caixa de sugestões na qual os empregados podem colocar mensagens anônimas sobre os boatos que ouviram. Então, na reunião mensal da

> ### Ponha um fim nisto – como lidar com fofocas (sobre você)
>
> Pode haver uma linha tênue entre notícias e fofocas, e, em algum momento, você pode se ver como fonte de boatos. Como você deve lidar com isso? Fofocas sem fundamento podem ser extintas com simples negações. Às vezes, no entanto, uma negação direta apenas atrai mais atenção. Nesses casos, considere pedir à pessoa que divulga os boatos para ser sua defensora e ajudá-lo a desfazer as fofocas. E, como medida proativa, mantenha fortes alianças com colegas acima, abaixo e em seu próprio nível organizacional. Dessa forma, você saberá quem convocar para divulgar fofocas sobre você.
>
> Fonte: S. Shellenbarger. What to do when you are the subject of office gossip, *Wall Street Journal*, 7 out. 2014. Disponível em: <http://www.wsj.com/articles/what-to-do-when-you-are-the-subject-of-office-gossip-1412701581>. Acesso em: 12 ago. 2015.

Ollyy/Shutterstock.com

Há uma linha tênue entre notícias e boatos. Em algum momento você pode se encontrar sendo alvo de um boato.

empresa, Shaw tira as mensagens, lê para os empregados e comenta cada uma delas. De acordo com Shaw: "Nunca sei o que vai estar lá, então é uma surpresa para mim, assim como para o público". Depois que dois empregados perderam o emprego (por razões de desempenho), as mensagens questionavam se o boato de que a empresa estava reduzindo o quadro era verdadeiro. Shaw esclareceu que a Net Optics não estava reduzindo seu tamanho; muito pelo contrário, a empresa estava sendo muito bem-sucedida e crescendo.[31]

Os boatos surgem das redes de comunicação informais, como as cadeias de fofocas ou de grupos mostradas na Figura 15.4. Em uma *cadeia de fofocas*, um indivíduo muito bem relacionado compartilha informações com muitos outros gerentes e trabalhadores. Em contraste, em uma *cadeia de grupos*, muitas pessoas simplesmente contam a alguns de seus amigos. O resultado em ambos os casos é que a informação circula livre e rapidamente pela organização. Alguns acreditam que os boatos são um desperdício de tempo dos empregados, promovem fofocas e rumores, alimentam a especulação política e são fontes de informações muito imprecisas e pouco confiáveis. No entanto, estudos mostram claramente que os boatos são fontes de informação altamente precisas por uma série de razões.[32] Em primeiro lugar, como os boatos geralmente carregam informações "picantes", interessantes e oportunas, a informação se espalha rapidamente. Durante o Fórum Anual dos Líderes da Allstate, uma reunião de dois mil agentes e empregados, o CEO Thomas Wilson anunciou planos para reduzir a força de vendas da empresa e alterar as taxas de comissão de vendas. Mais tarde, naquela noite, após a reunião, um grupo de empregados estava no bar do hotel queixando-se das mudanças e de Wilson, quando Joseph Lacher, presidente da divisão de seguros de residências e de automóveis da Allstate, foi ouvido fazendo duas críticas desnecessárias em relação ao CEO. No dia seguinte, quase todos os participantes da conferência haviam tomado conhecimento das observações críticas de Lacher. Ele foi sumariamente demitido algumas semanas depois.[33]

Em segundo lugar, como a informação geralmente é transmitida por conversa pessoal, os receptores podem enviar *feedback* para garantir que compreenderam a mensagem que está sendo comunicada. Isto reduz os mal-entendidos e aumenta a precisão. Em terceiro lugar, como a maioria das informações de uma empresa se move ao longo da cadeia de boatos, e não pelos canais de comunicação formais, as pessoas geralmente podem verificar a precisão da informação confirmando com outras.

O que os gestores podem fazer para gerenciar os boatos organizacionais? A pior coisa que podem fazer é reter informações ou tentar punir aqueles que as compartilham. Como o boato abomina o vácuo, rumores e ansiedade irão florescer na ausência de informações provenientes da direção da empresa. Por que isso ocorre? De acordo com o psicólogo do trabalho Nicholas DiFonzo: "O foco principal do boato é descobrir a verdade. É o grupo tentando entender algo que é importante para

"O FOCO PRINCIPAL DOS BOATOS É DESCOBRIR A VERDADE. É O GRUPO TENTANDO ENTENDER ALGO QUE É IMPORTANTE PARA ELE."

Figura 15.4

Redes de comunicação informal

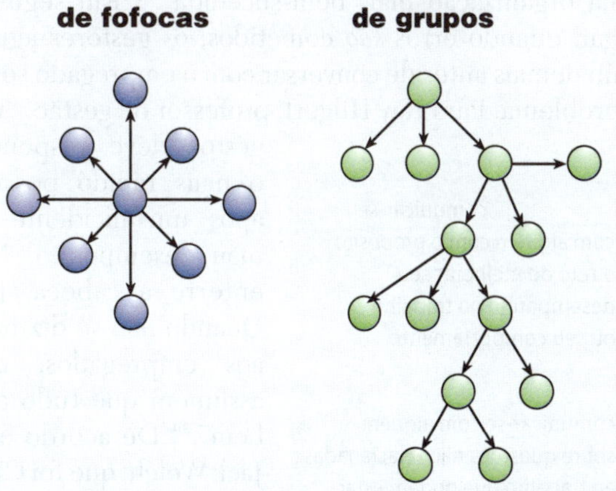

Fonte: K. Davis; J. W. Newstrom. *Human behavior at work: organizational behavior*. 8. ed. Nova York: McGraw-Hill, 1989.

ele".[34] Uma estratégia melhor é acolher o boato e manter os empregados informados sobre possíveis mudanças e estratégias. Ignorar o boato apenas piorará as coisas. E, além de usar os boatos para se comunicar com os outros, os gestores não devem ignorá-los como uma tremenda fonte de informações valiosas e de *feedback*. Na verdade, pesquisas mostram que, ao contrário da crença popular, os boatos circulam rapidamente, são precisos e focados em informações mais do que em rumores.[35]

15-2d *Coaching* e aconselhamento: comunicação individualizada

Quando a Wyatt Company entrevistou 531 empresas dos Estados Unidos que passavam por grandes mudanças e reestruturação, perguntou aos CEOs: "Se você pudesse voltar atrás e mudar alguma coisa, o que seria?". A resposta foi: "A forma como nos comunicamos com nossos empregados". Os CEOs disseram que, em vez de vídeos, material impresso ou reuniões formais, eles fariam maior uso da comunicação individual, especialmente com os supervisores imediatos dos empregados, e não com os executivos de nível superior que os empregados não conheciam.[36]

Coaching e aconselhamento são dois tipos de comunicação individual. ***Coaching*** é a comunicação com alguém com o propósito direto de melhorar seu desempenho no trabalho ou seu comportamento.[37] Os gestores tendem a cometer diversos erros quando treinam empregados. Em primeiro lugar, eles esperam que um problema surja antes de fazer o *coaching*. De acordo com Jim Concelman, gestor de desenvolvimento de liderança na Development Dimensions International: "É claro que um chefe deve treinar um empregado se um erro foi cometido, mas não se deve esperar até que o erro ocorra. Embora seja muito mais fácil ver um erro e corrigi-lo, as pessoas aprendem mais com o sucesso do que com o fracasso, de forma que os chefes devem garantir que os empregados tenham tantos sucessos quanto possível. Empregados bem-sucedidos levam a uma organização mais bem-sucedida".[38] Em segundo lugar, quando erros *são* cometidos, os gestores aguardam demais antes de conversar com o empregado sobre o problema. Para Ray Hilgert, professor de gestão: "Um gestor deve responder o mais rápido possível após um incidente de mau desempenho. Não enterre a cabeça. [...] Quando não se diz nada aos empregados, eles assumem que tudo está bem".[39] De acordo com Jack Welch, que foi CEO da GE durante duas décadas: "Falei com mais de 500 mil pessoas em todo o mundo e sempre pergunto ao público: 'Quantos de vocês sabem que lugar ocupam de fato na organização?'. Geralmente, não mais de 10% levantam a mão. Isso é criminoso! Como gestor, você deve franqueza ao seu pessoal. Eles não devem adivinhar o que a organização pensa deles. Minha experiência é que a maioria dos empregados gosta dessa verificação de realidade, e os *millenials* de hoje praticamente exigem isso".[40] Em suma, conclui Welch: "Você não tem o direito de ser um líder se alguém que trabalha para você não sabe onde está".[41] Portanto, informe seus empregados sobre o desempenho no trabalho.

Coaching comunicar-se com alguém com o propósito direto de melhorar seu desempenho no trabalho ou seu comportamento.

Aconselhamento comunicar-se com alguém sobre questões não relacionadas ao trabalho que podem estar afetando ou interferindo o desempenho da pessoa.

Em contraste com o *coaching*, **aconselhamento** é se comunicar com alguém sobre questões não relacionadas a trabalho, como estresse, cuidados com as crianças, problemas de saúde, planejamento de aposentadoria ou problemas legais que podem estar afetando o desempenho da pessoa ou nele interferindo. Mas aconselhamento não significa que os gestores devem tentar ser clínicos, mesmo que cerca de 20% dos empregados estejam lidando com problemas pessoais. Segundo Dana Kiel, diretora regional de gerenciamento de contas da Magellan Health: "Chamamos isso de areia movediça. Se você é um bom supervisor, preocupa-se com seus empregados, mas não é seu trabalho ser um terapeuta".[42] Em vez disso, os gestores devem discutir problemas de desempenho específicos, ouvir se o empregado escolhe compartilhar problemas pessoais e então lhe recomendar que entre em contato com o *programa de assistência aos empregados* da empresa. Tais programas geralmente são gratuitos quando fornecidos como parte do pacote de benefícios da empresa. Em situações de emergência ou tempos de crise, podem oferecer aconselhamento e apoio imediatos. Também podem fornecer indicações de organizações e profissionais que podem ajudar os empregados e seus familiares a resolver questões pessoais. O fabricante de vestuário Levi Strauss, por exemplo, estabeleceu um programa chamado HIV Connect, que visa melhorar o acesso dos empregados à educação, teste, tratamento e cuidados relativos a HIV/Aids. Paurvi Bhatt, diretor sênior de iniciativas estratégicas de saúde e do programa HIV/Aids para os empregados da Levi Strauss, afirma: "Como tornamos o [HIV] relevante é [pela] compreensão da importância da prevenção e de como isso afeta as pessoas no trabalho. Abordar o HIV não é apenas abordar o lado da saúde, mas também aprender a gerenciar o problema no trabalho. Isso, como muitos outros problemas, pode afetar o trabalho em equipe e a colaboração". O HIV Connect faz parte do maior programa de assistência aos empregados da Levi Strauss.[43]

15-2e Comunicação não verbal

Comunicação não verbal é qualquer comunicação que não envolve palavras. Ela quase sempre acompanha a comunicação verbal e pode apoiá-la, reforçá-la ou contradizê-la. A importância da comunicação não verbal está bem estabelecida. Pesquisadores estimaram que até 93% de qualquer mensagem é transmitida não verbalmente, com 55% provenientes de linguagem corporal e expressões faciais, e 38% do tom e da entonação da voz.[44] Como muitas dicas não verbais são involuntárias, os receptores frequentemente consideram a comunicação não verbal como uma representação mais precisa do que os emissores estão pensando e sentindo do que as palavras que usam. Se você já pediu para sair com alguém e recebeu um "sim", mas percebeu que a resposta real era "não", então entende a importância de prestar atenção à comunicação não verbal.

Cinésica e comunicação não verbal são dois tipos de comunicação não verbal.[45] **Cinésica** (da palavra grega *kinesis*, que significa "movimento") refere-se aos movimentos do corpo e rosto.[46] Tais movimentos incluem gestos de braços e mãos, expressões faciais, contato com os olhos, dobrar os braços, cruzar as pernas e inclinar-se para perto ou para longe de outra pessoa. Por exemplo, as pessoas tendem a evitar o contato visual quando estão envergonhadas ou inseguras da mensagem que estão enviando. Braços ou pernas cruzados geralmente indicam defesa, ou que a pessoa não é receptiva à mensagem ou ao emissor. Além disso, as pessoas tendem a sorrir com frequência quando buscam a aprovação de alguém.

Acontece que a cinésica desempenha um papel incrivelmente importante na comunicação. Estudos das interações cinésicas de casais podem prever se permanecerão casados com precisão de 93%.[47] A chave é a proporção de interações cinésicas positivas e negativas entre maridos e esposas à medida que se comunicam. Expressões cinésicas negativas, como girar os olhos, sugerem desprezo, ao passo que expressões cinésicas positivas, como manter o contato visual e balançar a cabeça em sinal de aprovação, sugerem ouvir e cuidar. Quando a proporção de interações positivas e negativas cai abaixo de 5 para 1, as chances de divórcio aumentam rapidamente. A cinésica opera de forma semelhante no local de trabalho, fornecendo indícios sobre os verdadeiros sentimentos das pessoas além do que dizem (ou não dizem). Infelizmente, não fazer ou manter contato visual é uma ocorrência cada vez mais frequente no local de trabalho atual. A consultora Suzanne Bates, autora de *Speak like a CEO* (em tradução livre, *Fale como um CEO*), afirma que alguns de seus clientes CEOs checam tanto os próprios telefones durante as reuniões que "é o equivalente a não estarem presentes em metade da reunião". E isso, diz ela, cria ressentimento em outras pessoas, que pensam: "Sou tão ocupada como o CEO, apenas tenho coisas diferentes para brincar".[48] De fato, uma pesquisa realizada com profissionais de negócios descobriu que a grande maioria acha que não é apropriado atender a chamadas telefônicas (86%) ou escrever textos ou *e-mails* (84%) durante reuniões ou em almoços de negócios (66%). A cinésica relacionada à verificação de *smartphones* nessas situações comunica falta de respeito, atenção, audição e autocontrole.[49] Travis Bradberry, da TalentSmart afirma: "Pegue uma foto do Velho Oeste e coloque uma cesta ao lado da porta da sala de reuniões com a imagem de um *smartphone* e a mensagem: 'Deixe suas armas do lado de fora'".[50]

Comunicação não verbal qualquer comunicação que não envolva palavras.

Cinésica movimentos do corpo e rosto.

Fonte: Bates Communications Inc

A consultora Suzanne Bales afirma que alguns de seus clientes CEOs checam tanto os próprios telefones durante as reuniões que "é o equivalente a não estarem presentes em metade da reunião".

E se suas emoções fossem um livro aberto?

LanKS/Shutterstock.com

No decorrer da sua carreira, o psicólogo Paul Ekman, de 80 anos de idade, construiu um catálogo de mais de cinco mil movimentos musculares faciais que comunicam uma das seis emoções básicas: raiva, nojo, medo, felicidade, tristeza ou surpresa. O que começou para Ekman como um estudo antropológico recentemente foi transformado em *big data*, já que uma série de startups de software está criando programas para descobrir as emoções escondidas das pessoas. Uma empresa de software, a Emotient, registrou encontros gravados com centenas de milhares de pessoas e extraiu 90 mil pontos de dados de cada quadro. A empresa rival Affectiva mediu bilhões de reações emocionais de 2,4 milhões de vídeos gravados em 80 países. Organizações entusiastas, como Procter & Gamble, Coca-Cola e outras, usaram o software para avaliar as reações emocionais dos consumidores sobre produtos e propagandas, agências de aplicação da lei usaram o software em interrogatórios criminais e varejistas o adotaram para determinar como as pessoas se sentem quando saem de suas lojas. Mas, apesar de sua base em *big data*, os programas de software emocional correm o risco de interpretar incorretamente as emoções ou rotular de forma equivocada as pessoas como mentirosas. Contudo, críticos são cautelosos, porque as pessoas nem sempre estão conscientes de que estão sendo gravadas. Para Ginger McCall, defensor da privacidade: "Há poucas coisas mais invasivas do que tentar gravar as emoções de alguém em um banco de dados".

Fonte: E. Dwoskin; E. M. Rusli. The technology that unmasks your hidden emotions. *Wall Street Journal*, 28 jan. 2015. Disponível em: <http://www.wsj.com /articles/startups-see-your-face-unmask-your-emotions-1422472398>. Acesso em: 12 ago. 2017.

Linguagem não verbalizada refere-se a tom, ritmo, entonação, volume e padrão de fala (isto é, uso de silêncios, pausas ou hesitações) da sua voz. Por exemplo, quando as pessoas não têm certeza do que dizer, tendem a diminuir a eficácia da comunicação falando suavemente. Quando estão nervosas, tendem a falar mais rápido e mais alto. Até que ponto a linguagem não verbalizada é importante? Um estudo em que 1.000 pessoas ouviram 120 discursos diferentes descobriu que o tom da voz do orador representava 23% da diferença nas avaliações dos ouvintes do discurso em comparação com o conteúdo da fala, que representava apenas 11%.[51] Então, a linguagem não verbalizada foi duas vezes mais importante do que o que realmente foi dito.

Em suma, como a comunicação não verbal é muito informativa, especialmente quando contradiz a comunicação verbal, os gestores precisam aprender a monitorar e controlar seus comportamentos não verbais.

15-3 GESTÃO DE COMUNICAÇÃO INDIVIDUAL

Quando se trata de melhorar a comunicação, os gestores enfrentam duas tarefas principais: gerenciar a comunicação individual e a comunicação para toda a organização.

Em média, os gestores de primeira linha gastam 57% do tempo com pessoas; os gestores da média gerência, 63%; e a alta administração, até 78%.[52] Esses números deixam claro que os gestores passam muito tempo em comunicação individual com os outros.

*Vamos aprender mais sobre como gerenciar a comunicação individual, sobre como **15-3a escolher o meio de comunicação certo, 15-3b ser um bom ouvinte** e **15-3c dar feedback eficaz**.*

15-3a Escolhendo o meio de comunicação certo

Às vezes, as mensagens são mal comunicadas simplesmente porque são entregues usando o **meio de comunicação** errado, ou seja, o método usado para enviar uma mensagem. Por exemplo, o meio de comunicação incorreto está sendo usado quando uma funcionária retorna do almoço, pega uma nota na cadeira do escritório e descobre que foi demitida. O meio de comunicação incorreto também está sendo usado quando um empregado aparece em sua sala a cada dez minutos com um pedido simples (um *e-mail* seria melhor).

Existem dois tipos gerais de meios de comunicação: oral e escrita. A *comunicação oral* inclui interações pessoais e reuniões em grupo por meio de chamadas telefônicas, videoconferência ou qualquer outra forma de enviar e receber mensagens faladas. Estudos mostram que os gestores geralmente preferem a comunicação oral em lugar da comunicação por escrito porque aquela oferece a oportunidade de fazer perguntas sobre partes da mensagem que não entendem. A comunicação oral também é um meio de comunicação rico porque permite que os gestores recebam e avaliem a comunicação não verbal que acompanha as mensagens faladas (ou seja, linguagem corporal, expressões faciais e características de voz associadas à linguagem não verbalizada). Além disso, você não precisa de um PC e uma conexão com a internet para a comunicação oral. Basta marcar uma reunião, seguir alguém no corredor ou falar com alguém ao telefone. Mel Berning, executivo da **A&E Network**, viaja duas semanas por mês, e, quando está na sede, renuncia ao que chama de reuniões "antissépticas". Berning prefere reuniões informais improvisadas nas quais ele aparece nos escritórios de subordinados diretos pela manhã: "Você tem uma conversa menos apressada e menos cautelosa. Encontros presenciais são muito mais reveladores do que um texto ou um *e-mail*". [53]

Jason Fry, ex-colunista do *Wall Street Journal*, preocupa-se com o fato de que o correio de voz e o *e-mail* tornaram os gestores menos dispostos à comunicação oral significativa e pessoal do que antes. De fato, 67% dos gestores admitem o uso de *e-mail* como um substituto para as conversas presenciais. Embora existam vantagens para o *e-mail* (por exemplo, cria um registro do que foi dito), muitas vezes é melhor conversar com as pessoas em vez de apenas enviá-los. De acordo com Fry: "Se você está perto o suficiente para que a pessoa para quem está escrevendo ouça o ruído de sua tecla de retorno como dica para procurar o pequeno envelope do Outlook, [é] melhor refletir sobre se deveria estar digitando em vez de falar".[54] Mas o meio oral não deve ser usado para *toda* comunicação. Em geral, quando a mensagem é simples, como uma solicitação rápida ou uma apresentação de informações direta, um memorando ou *e-mail* geralmente é o melhor meio de comunicação.

A *comunicação escrita* inclui cartas, *e-mail* e memorandos. Embora a maioria dos gestores ainda goste da comunicação oral e a use, o *e-mail* em particular está mudando a forma como se comunicam com trabalhadores, clientes e entre si. O *e-mail* é a forma dominante de comunicação nas organizações, principalmente pela conveniência e velocidade. Por exemplo, como as pessoas leem seis vezes mais rápido do que podem ouvir, geralmente podem ler 30 mensagens de *e-mail* num período de dez a 15 minutos.[55] Em contraste, lidar com mensagens de voz pode levar uma quantidade considerável de tempo.

A comunicação escrita, como o *e-mail*, é adequada para a entrega de mensagens e informações diretas. Além disso, com o *e-mail* acessível no escritório, em casa e na estrada (por *laptop*, celular ou via internet), os gestores podem usá-lo para manter contato em qualquer lugar, em quase qualquer momento. E, como o *e-mail* e outras comunicações escritas não precisam ser enviados e recebidos simultaneamente, as mensagens podem ser enviadas e armazenadas para leitura a qualquer momento. Consequentemente, os gestores podem enviar e receber muitas outras mensagens usando o correio eletrônico do que usando a comunicação oral, que requer que as pessoas se juntem pessoalmente, por telefone ou videoconferência.

No entanto, o *e-mail* tem suas próprias desvantagens. Uma delas é que não tem a formalidade de memorandos e cartas em papel. É fácil disparar um *e-mail* apressado que não está bem escrito ou plenamente refletido. A oportunidade de criticar com uma resposta de *e-mail* irritada é incrivelmente tentadora. Para evitar essa tentação e os danos causados a suas relações de trabalho, Pamela Rutledge, do Media Psychology Research Center (Centro de Pesquisa de Psicologia dos Meios), recomenda que você pergunte a si mesmo: "Quero como resposta que alguém me atire uma xícara de café? Ou quero em resposta um esforço para que que trabalhemos juntos para encontrar uma solução?".[56] Outra desvantagem do *e-mail* é que ele não possui indicações não verbais, tornando-os alvos fáceis de interpretação equivocada.

Embora a comunicação escrita seja adequada para entregar mensagens e informações diretas, ela não é para mensagens complexas, ambíguas ou carregadas emocionalmente, mais bem atendidas por meio da comunicação oral.

15-3b Ouvindo

Você é um bom ouvinte? Provavelmente acha que sim. Na verdade, a maioria das pessoas, incluindo os gestores, são péssimos ouvintes. Um estudo recente da Stanford Graduate School of Business mostrou que a escuta era uma das forças menos mencionadas nas avaliações de desempenho do CEO.[57] Você é um mau ouvinte se frequentemente interrompe os outros, tira conclusões sobre o que as pessoas vão dizer antes que digam, apressa o orador para concluir o ponto de vista dele, é um ouvinte passivo (não trabalha ativamente em sua audição) ou simplesmente não presta atenção ao que as pessoas estão dizendo.[58] Sobre este último ponto, a atenção, estudantes universitários foram solicitados a registrar periodicamente seus pensamentos durante um curso de psicologia. Em média, 20% estavam prestando atenção (apenas 12% estavam trabalhando ativamente para ser bons ouvintes); 20% em sexo; 20% em coisas que tinham feito antes; e 40% em outras coisas não relacionadas à aula (por exemplo, preocupações, religião, almoço, sonhar acordado).[59]

Até que ponto é importante ser um bom ouvinte? Em geral, em aproximadamente 45% do tempo total que gasta se comunicando com os outros, você apenas ouve. Além disso, ouvir é importante para o sucesso gerencial e empresarial, mesmo para aqueles que

Linguagem não verbalizada tom, ritmo, entonação, volume e padrão de fala (isto é, uso de silêncios, pausas ou hesitações) da sua voz.

Meio de comunicação método utilizado para enviar uma mensagem oral ou escrita.

estão no topo de uma organização. O CEO da T-Mobile, John Legere, diz que, quando assumiu o cargo na empresa de telecomunicações, precisava do livro *Wireless for Dummies* (em tradução livre, *Celulares para idiotas*). Sua resposta para sua falta de familiaridade com a indústria era simples: ouvir. Ele ouviu ligações de atendimento ao cliente, visitou lojas para ouvir clientes e empregados e até mesmo interagiu com usuários em redes sociais. Segundo Legere: "Minha filosofia empresarial é ouvir os empregados, ouvir os clientes. Cale-se e faça o que eles lhe dizem. E cada um de nossos movimentos e a forma como dirijo minha empresa estão completamente alinhados com isso".[60]

Ouvir é uma habilidade mais importante do que nunca para os gestores porque os empregados da geração X e dos *milleniais* tendem a esperar um alto nível de interação com seus supervisores. Esses empregados não querem apenas *feedback* sobre seu desempenho, mas também oferecer *feedback* e saber que são ouvidos. Na verdade, os gestores com melhores habilidades de escuta são mais bem avaliados por seus empregados e têm maior possibilidade de ser promovidos.[61]

Então, o que você pode fazer para melhorar sua capacidade de ouvir? Primeiro, entenda a diferença entre ouvir e escutar. De acordo com o *New World Dictionary Webster*, **escutar** é o "ato ou processo de perceber sons", ao passo que **ouvir** é "fazer um esforço consciente para escutar". Em outras palavras, reagimos a sons, como a quebra de garrafas ou a música sendo tocada alto demais, porque a audição é um processo fisiológico involuntário. Em contraste, ouvir é um comportamento voluntário. Então, se quer ser um bom ouvinte, você precisa decidir ser um bom ouvinte. Geralmente isto significa decidir ser um ouvinte ativo e empático.[62]

Ouvir ativamente significa assumir a metade da responsabilidade pela comunicação bem-sucedida ao dar ativamente *feedback* sem julgamento ao orador, que mostra que você ouviu com precisão o que ele disse. Ouvintes ativos deixam claro com seu comportamento que estão ouvindo atentamente o que o orador tem a dizer. Eles colocam o orador à vontade, mantêm contato com os olhos e mostram ao orador que estão ouvindo atentamente balançando a cabeça e fazendo declarações curtas.

Escutar ato ou processo de perceber sons.

Ouvir esforço consciente para escutar.

Ouvir ativamente assumir metade da responsabilidade pela comunicação bem-sucedida ao dar ativamente *feedback* sem julgamento ao orador, o que mostra que você ouviu com precisão o que ele disse.

Escuta empática entender a perspectiva e a estrutura pessoal de referência de quem fala e dar *feedback* que transmita essa compreensão ao orador.

Várias estratégias específicas podem ajudá-lo a ser um melhor ouvinte ativo. Primeiro, demonstre *comportamentos imediatos*, como largar o telefone, desligar a TV, inclinar-se para a frente e fazer contato com os olhos, e usar palavras curtas como "sim", "hum, hum", "ok", para encorajar o orador a continuar e demonstrar que você está ouvindo.[63] Segundo, você deve esclarecer as respostas pedindo ao orador que explique declarações confusas ou ambíguas. Terceiro, quando há quebras naturais na fala do orador, use esse tempo para *parafrasear* ou resumir o que foi dito. Ao fazê-lo, você está reafirmando o que foi dito com suas próprias palavras. *Resumir* é revisar os principais pontos ou emoções do orador. Ao parafrasear e resumir, dê ao orador a chance de corrigir a mensagem se o ouvinte ativo tiver dado o significado errado. A paráfrase e o resumo também mostram ao orador que o ouvinte ativo está interessado na sua mensagem.

A Figura 15.5 analisa os comportamentos imediatos e lista as declarações específicas que aquele que ouve pode usar para esclarecer respostas, parafrasear ou resumir o que foi dito. Ouvintes ativos também evitam avaliar a mensagem ou ser críticos até que a mensagem esteja completa. Eles reconhecem que sua única responsabilidade durante a transmissão de uma mensagem é recebê-la com precisão e compreender o significado pretendido. Avaliação e crítica podem ocorrer após a recepção da mensagem. Finalmente, ouvintes ativos reconhecem que uma grande parte de qualquer mensagem é transmitida de forma não verbal, e, portanto, prestam muita atenção aos sinais não verbais (ou seja, comportamentos imediatos) transmitidos pelo orador.

Escuta empática significa entender a perspectiva do orador e a estrutura pessoal de referência e dar *feedback* que transmita essa compreensão ao orador. Ela vai além da escuta ativa, porque depende da nossa capacidade de deixar de lado nossas próprias atitudes ou relacionamentos para poder ver e entender as coisas pelos olhos de outra pessoa. A escuta empática é tão importante quanto a escuta ativa, especialmente para gestores, porque ajuda a construir relacionamento e confiança com os outros. Quando Cheryl Bachelder tornou-se CEO da Popeyes Louisiana Kitchen, uma franquia de *fast-food* famosa pelo frango frito, a confiança entre a sede e seus 1.600 restaurantes franqueados era baixa. De acordo com Bachelder: "Durante a primeira reunião que tive com os franqueados, eles queriam uma grande revolução: que todos fossem substituídos, não confiavam em ninguém. Você só confia nas pessoas que conhece, e este era o problema".[64] Bachelder melhorou as coisas ouvindo: "Começamos a escutá-los. Sei que isso parece simplista, mas estávamos em um estágio em que, em nossas reuniões trimestrais com os franqueados, a empresa dizia coisas e não os escutava. Quando lhes dissemos que queríamos remodelar os restaurantes, a primeira coisa que disseram foi: 'Não, precisamos aumentar nossas vendas para termos dinheiro para investir'. Ficamos desapontados, mas esperamos. Mostramos nosso primeiro projeto, eles odiaram, e acharam que era caro demais. Voltamos com um novo *design* de loja mais econômico, e construímos 12 novas lojas em Nova Orleans aonde eles podiam ir, ver

Figura 15.5

Comportamentos imediatos, paráfrases e respostas de resumo para ouvintes ativos

Comportamentos imediatos	Respostas de esclarecimento	Respostas parafraseadoras	Respostas de resumo
Largue seu telefone.	Você poderia explicar isso de novo?	O que você realmente está dizendo é...	Deixe-me resumir...
Desligue a televisão.	Não entendo o que você quer dizer.	Se entendi corretamente...	Ok, suas principais preocupações são...
Sente-se e se incline para a frente.	Não tenho certeza de como...	Em outras palavras...	Para recapitular, o que você disse...
Faça contato com os olhos.	Estou confuso. Você poderia repetir?	Então, sua perspectiva é que...	Até agora, você discutiu...
Use "sim", "hum, hum", "ok" e outras palavras curtas para incentivar o orador a continuar.		Diga-me se estou errado, mas o que você parece querer dizer é...	

Fonte: E. Atwater. I hear you, (rev. ed). Nova York: Walker, 1992; E. Bernstein. How 'active listening' makes both participants in a conversation feel better. *Wall Street Journal*, 12 jan. 2015. Disponível em: <http://www.wsj.com/articles/how-active-listening-makes-both-sides-of-a-conversation-feel-better-1421082684>. Acesso em: 13 ago. 2017.

e tocar, e apresentamos todos os custos. Conseguimos aumentar as vendas [...] e tínhamos um novo *design* que eles adoraram e começaram a ficar entusiasmados com a remodelação".[65] Na verdade, depois de ouvir as preocupações dos franqueados, a Popeyes remodelou 80% de seus restaurantes.

A chave para ser um ouvinte mais empático é demonstrar seu desejo de entender e refletir os sentimentos das pessoas. Você pode *mostrar seu desejo de entender* ouvindo, ou seja, pedindo às pessoas que falem sobre o que é mais importante para elas, e, em seguida, dando-lhes tempo suficiente para falar antes de responder ou interromper.

Reiterar os sentimentos também é uma parte importante da escuta empática, porque demonstra que você entende as emoções do orador. Ao contrário da escuta ativa, quando você reafirma ou resume o conteúdo informativo do que foi dito, o foco está na parte afetiva da mensagem. Como um ouvinte empático, você pode usar as seguintes declarações para *refletir as emoções do orador*:

- Então, agora parece que você está se sentindo...
- Parece que você está...
- Você se sente um pouco...?
- Posso estar errado, mas estou percebendo que você está se sentindo...

No final, segundo Terry Pearce, consultor de administração, a escuta empática pode ser reduzida a estes três passos. Primeiro, espere dez segundos antes de responder. Parece uma eternidade, mas esperar impede que você interrompa os outros e apresente sua resposta. Em seguida, para ter certeza de que você entende o que o orador quer, faça perguntas para esclarecer as intenções dele. Somente então você deve responder primeiro com sentimentos, depois com fatos (observe que os fatos *se seguem* aos sentimentos).[66]

Porém, uma palavra de cautela: nem todos apreciam ouvir a repetição do que disseram. A gerente Candy Friesen diz que, sempre que fez isso: "Parecia que estava fomentando animosidade ou hostilidade. [...] A pessoa com quem você está falando pode não apreciar que seus pensamentos sejam minimamente parafraseados."[67] Então, ao aplicar essas técnicas de escuta, preste atenção à linguagem corporal e ao tom de voz da pessoa com quem se comunica para se certificar de que ela aprecia as suas tentativas de ser um ouvinte melhor.

15-3c Dar *feedback*

No Capítulo 11, você aprendeu que o *feedback* da avaliação de desempenho (isto é, julgar) deve ser separado do *feedback* para desenvolvimento (isto é, *coaching*).[68] Agora podemos nos concentrar nas etapas necessárias para comunicar o *feedback* individualmente aos empregados.

Para começar, os gestores precisam reconhecer que o *feedback* pode ser construtivo ou destrutivo. ***Feedback* destrutivo** é desaprovar sem qualquer intenção de ser útil e quase sempre causa uma reação negativa ou defensiva no receptor. Em contrapartida, ***feedback* construtivo** destina-se a ser útil, corretivo e/ou encorajador. Destina-se a corrigir de

***Feedback* destrutivo** *feedback* que desaprova sem qualquer intenção de ser útil e quase sempre causa uma reação negativa ou defensiva no receptor.

ficiências de desempenho e motivar os empregados. De acordo com o escritor Tim Harford, o problema do *feedback* construtivo é que é dado como um sanduíche, algo agradável para começar, alguns comentários construtivos no meio e, em seguida, algo positivo no final: "Dizemos [para as pessoas que estamos gerenciando]: 'Foi um ótimo trabalho, houve apenas um pequeno problema'. O que tendemos a ouvir é: "Foi um ótimo trabalho'".[69]

Para que seja construtivo, e não destrutivo, o *feedback* deve ser imediato, focado em comportamentos específicos e orientado para o problema. *Feedback imediato* é muito mais eficaz do que o tardio, porque gerente e trabalhador podem recordar o erro ou o incidente com mais precisão e discuti-lo em detalhes. Por exemplo, se um trabalhador é grosseiro com um cliente e este imediatamente denuncia o incidente à gerência, e se o gerente, por sua vez, discutir imediatamente o incidente com o empregado, deve haver pouco desacordo sobre o que foi dito ou feito. Em contraste, é improvável que o gerente ou o trabalhador possam se lembrar com precisão as especificidades do que ocorreu se o gerente aguardar várias semanas para discutir o incidente. Quando isso acontece, geralmente é tarde demais para ter uma conversa significativa.

Feedback específico centra-se em atos ou incidentes específicos claramente sob o controle do empregado. Por exemplo, em vez de dizer a um empregado que ele está "sempre atrasado para o trabalho", é muito mais construtivo dizer: "nas últimas três semanas você chegou 30 minutos atrasado em quatro ocasiões e mais de uma hora em outras duas". Além disso, o *feedback* específico não é de grande utilidade a menos que os empregados tenham controle sobre os problemas que ele aborda. Dar *feedback* negativo sobre comportamentos além do controle de alguém provavelmente será visto como injusto. Da mesma forma, dar *feedback* positivo sobre comportamentos além do controle de alguém pode ser visto como insincero.

Por último, *feedback orientado para o problema* centra-se nos problemas ou incidentes associados a desempenho ruim, e não ao trabalhador ou à sua personalidade. Fornecer *feedback* não dá aos gestores o direito de atacar pessoalmente os trabalhadores. Embora possam estar frustrados com o fraco desempenho de um trabalhador, o aspecto principal do *feedback* orientado para o problema é chamar a atenção para o problema sem julgamentos para que o empregado tenha informações suficientes para corrigi-lo. Por exemplo, se um empregado tem odor corporal desagradável, um problema de local de trabalho surpreendentemente comum, não deixe desodorante, sabão ou xampu na mesa da pessoa (para que todos vejam), nem diga "Você fede". A *HR Magazine* aconselha o tratamento do problema desta forma: "Como este é um problema sensível e o empregado provavelmente ficará desconfortável e envergonhado ao discutir isso, mantenha a reunião privada e confidencial. Seja compassivo, mas direto. Lide com isso como com qualquer outro problema de desempenho relacionado ao trabalho. Explique o problema e a necessidade de corrigi-lo. Seja específico sobre as expectativas. [...] Se o empregador tiver uma política de vestimenta e apresentação, consulte a política e forneça uma cópia ao empregado".[70]

> ***Feedback* construtivo**
> *feedback* destinado a ser útil, corretivo e/ou encorajador.

15-4 GESTÃO DA COMUNICAÇÃO ORGANIZACIONAL

Embora a gestão da comunicação individual seja importante, os gestores também devem saber como se comunicar de forma eficaz com um número maior de pessoas em toda a organização.

Saiba mais sobre a comunicação em toda a organização lendo as seções a seguir sobre ***15-4a como melhorar a transmissão ao enviar a mensagem*** *e* ***15-4b como melhorar a recepção descobrindo formas de ouvir o que os outros sentem e pensam.***

15-4a Melhorando a transmissão: enviando a mensagem

Vários métodos de comunicação eletrônica – *e-mail*, *sites* de discussão em grupo, discursos e conferências televisionados e gravados e transmissão de correio de voz – atualmente facilitam a comunicação dos gestores com as pessoas da organização e o envio da mensagem.

Embora geralmente pensemos em *e-mail*, a transmissão de mensagens via computadores, como meio de comunicação individual, ele também desempenha um papel importante na comunicação em toda a organização. Com o clique de um botão, os gestores podem enviar um *e-mail* para todos na empresa a partir de listas de distribuição. Quando a Microsoft anunciou que demitiria 18 mil empregados, 14% de sua força de trabalho, a CEO Satya Nadella anunciou a notícia em um discurso para os empregados da empresa, acompanhado por um *e-mail* longo e detalhado, no qual afirmou: "Nada está fora da mesa sobre como pensamos em mudar nossa cultura para implementar essa estratégia básica [tornar-se a primeira empresa em telefonia móvel e na nuvem]. As organizações vão mudar. Fusões e aquisições ocorrerão. As responsabilidades do trabalho evoluirão. Serão formadas novas parcerias. Antigas tradições serão questionadas. Nossas prioridades serão ajustadas. Novas habilidades serão construídas. Novas ideias serão ouvidas. Novas contratações ocorrerão. Processos serão simplificados. E se quiser prosperar na Microsoft e causar um impacto mundial, você e sua equipe devem incluir inúmeras mudanças adicionais nessa lista cuja condução o entusiasmará".[71] Nadella concluiu: "Mudança de cultura significa que faremos as coisas de forma diferente. Muitas vezes, as pessoas pensam que isso significa todo mundo menos elas. Na realidade, significa que todos adotamos uma nova abordagem e trabalhamos juntos para melhorar a Microsoft".[72]

Sites colaborativos são outro meio para promover eletronicamente a comunicação de toda a organização. **Fóruns de discussão *on-line*** usam ferramentas de discussão baseadas na internet ou *software* para permitir que os empregados da empresa perguntem e compartilhem conhecimento entre si facilmente. O objetivo é compartilhar conhecimentos, e não repetir soluções já descobertas por outros na empresa. Além disso, como os *sites* de discussão colaborativa permanecem *on-line*, eles fornecem uma base de dados histórica para pessoas que lidam com problemas específicos pela primeira vez.

Os *sites* de discussão colaborativa geralmente são organizados por tópico, projeto ou pessoa, e podem assumir a forma de *blogs* que permitem aos leitores postar comentários, *wikis* para permitir discussões colaborativas, compartilhamento e edição de documentos ou fóruns de discussão tradicionais (ver Capítulo 17 para mais explicações). **Slack** é uma plataforma robusta de comunicação de grupo (em computadores, *smartphones* e *tablets*) que inclui arquivamento automático, um mecanismo de busca poderoso e uma colaboração *on-line* mais informal e acessível. Os "canais abertos" do Slack aumentam a transparência da comunicação, tornando visíveis mensagens, arquivos, comentários, imagens e vídeos para todos os outros na equipe (ou empresa). E com tudo pesquisável, qualquer um pode rapidamente acompanhar para descobrir onde projetos ou discussões se encontram. Walmart, Comcast, Blue Bottle Coffee Company, *New York Times* e muitas outras empresas adotaram o Slack principalmente porque aumenta a eficácia da comunicação, tanto que o uso de *e-mail* em equipes ou empresas geralmente cai em 70% ou 80%. O repórter do *New York Times* Farhad Manjoo, baseado na Califórnia, descobriu que o Slack o ajuda a se manter conectado à "nave-mãe em Nova York": "Usando o Slack, posso compartilhar discussões que nunca me teriam sido acessíveis. Posso ver como os produtores e os editores que estão lidando com minha coluna estão discutindo como apresentá-la e como a equipe que supervisiona a página inicial está pensando no meu trabalho".[73]

A Figura 15.6 enumera as etapas pelas quais as empresas precisam passar para criar *sites* de discussão colaborativa com sucesso. Primeiro, identificar os principais ativos intelectuais da sua empresa por meio de uma auditoria de conhecimento e espalhar esse conhecimento por toda a organização. Segundo, criar um diretório *on-line* detalhando a experiência dos trabalhadores individuais e disponibilizá-lo para todos os empregados. Terceiro, criar *sites* de discussão colaborativa na intranet para que gestores e trabalhadores possam colaborar na resolução de problemas. Finalmente, recompensar o compartilhamento de informações, fazendo que seja uma parte fundamental das pontuações de desempenho.

Discursos e reuniões televisionados/gravados em vídeo são um terceiro método eletrônico de comunicação em toda a organização. Trata-se simplesmente de discursos e reuniões criados originalmente para um pequeno público simultaneamente transmitidos para outros locais da empresa ou filmados para posterior distribuição e visualização por um público mais amplo.

Mensagens de voz, ou correio de voz, é um sistema de atendimento telefônico que grava mensagens de áudio. Em uma pesquisa, 89% dos entrevistados disseram que a mensagem de voz é fundamental para a comunicação empresarial, 78% afirmaram que melhora a produtividade e 58% mencionaram que preferem deixar uma mensagem em um sistema de mensagens de voz a entregá-la a uma recepcionista.[74] No entanto, a maioria das pessoas não está familiarizada com a capacidade de transmitir mensagens de voz ao enviar uma mensagem gravada a todos na empresa. A *transmissão de correio de voz* dá aos altos executivos uma forma rápida e conveniente de abordar suas forças de trabalho via comunicação oral

B Calkins/Shutterstock.com

Para que seja construtivo e não destrutivo, o *feedback* deve ser imediato e focado em comportamentos e problemas específicos.

Fóruns de discussão *on-line* o equivalente interno dos *newsgroups* da internet. Ao usarem ferramentas de discussão baseadas na internet ou software disponíveis em toda a empresa, os empregados podem facilmente fazer perguntas e compartilhar conhecimento entre si.

Discursos e reuniões televisionados/gravados em vídeo discursos e reuniões originalmente feitos para um público menor simultaneamente transmitidos para outros locais da empresa ou filmados para posterior distribuição e visualização.

Figura 15.6

Estabelecimento de *sites* de discussão colaborativa

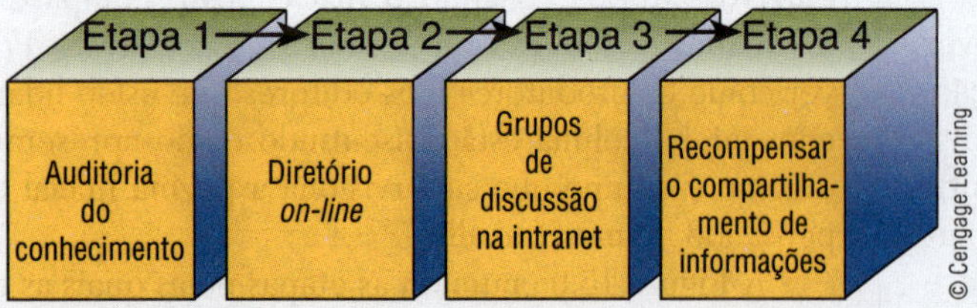

apenas se as pessoas realmente ouvirem a mensagem; isto acaba sendo um desafio para os trabalhadores de hoje, muito mais propensos a usar seus *smartphones* para redes sociais em vez de chamadas telefônicas. Consequentemente, os líderes da empresa usam cada vez mais ferramentas como a Yammer, uma plataforma de mídia social semelhante ao Facebook para empresas, ou Lync, uma versão do Skype para empresas, para transmitir mensagens de texto ou de vídeo para suas forças de trabalho. Ryan Holmes, CEO da Hootsuite, um sistema de medição e monitoramento de redes sociais para empresas, afirma: "Acredito que as mídias sociais são o novo aquecedor de água, no sentido de que cada vez mais pessoas estão falando, compartilhando histórias e, em geral, criando vínculos sociais por meio de canais como Facebook e Twitter. Dessa forma, as mídias sociais são como um exercício contínuo de construção de equipes. Quando os membros do C-Suite se juntam numa conversa, eles ficam mais em contato com seus empregados e só então podem usar esses canais para impulsionar o envolvimento interno".[75]

Silêncio organizacional quando os empregados se calam sobre informações relacionadas a questões ou problemas organizacionais.

Linhas diretas da empresa números de telefone que qualquer pessoa da empresa pode chamar anonimamente para deixar informações à alta direção.

***Feedback* de pesquisa** é uma informação coletada por pesquisa junto a membros da organização e, em seguida, compilada, disseminada e utilizada para desenvolver planos de ação para melhorias.

15-4b Melhorando a recepção: ouvindo o que outros sentem e pensam

Quando as pessoas pensam em comunicação "em toda a organização", imaginam que os CEO e principais gestores enviam mensagens para todos os membros da empresa. Mas comunicação em toda a organização também significa encontrar formas de ouvir o que as pessoas estão pensando e sentindo. Isso é importante porque a maioria dos empregados e gestores reluta em compartilhar seus pensamentos e sentimentos com os principais gestores. Pesquisas indicam que apenas 29% dos gestores de primeiro nível sentem que suas empresas encorajam os empregados a expressar suas opiniões abertamente. Outro estudo realizado com 22 empresas descobriu que 70% das pessoas entrevistadas temiam falar sobre problemas que sabiam existir no trabalho.

Calar-se quanto às informações sobre questões ou problemas organizacionais é chamado de **silêncio organizacional.** Ele ocorre quando os empregados acreditam que informar a direção sobre os problemas não fará diferença ou que serão punidos ou prejudicados de alguma forma por compartilhar essa informação.[76] Uma pesquisa feita com executivos descobriu que 85%, em algum momento, tinham ficado em silêncio quando viram um problema sério no trabalho.[77] Na Jetstar Airways, uma companhia aérea australiana, os pilotos temiam falar sobre fadiga por voarem horas demais. O capitão Richard Woodward, então vice-presidente da Associação de Pilotos Australianos e Internacionais, disse que sua organização recebeu dezenas de reclamações dos pilotos da Jetstar, que temiam queixar-se à direção da empresa porque "havia uma cultura de medo e intimidação naquela companhia aérea".[78] Um programador de escala de trabalho de pilotos disse a seus pilotos: "Acordem, princesas! Vocês não estão cansados, estão desanimados e não estão a fim de ir trabalhar". Um relatório da Autoridade de Segurança da Aviação Civil da Austrália concluiu o seguinte: "Ainda há relutância de uma série de equipes em relatar risco de fadiga e/ou dizer não a um prolongamento da jornada de trabalho com base na punição natural que é percebida quando se tomam tais atitudes".[79]

Linhas diretas na empresa, *feedback* de pesquisas, reuniões informais frequentes, visitas de surpresa e *blogs* são formas adicionais de superar o silêncio organizacional. **Linhas diretas da empresa** são números de telefone que qualquer pessoa da empresa pode chamar anonimamente para deixar informações à alta direção. Elas são incrivelmente úteis, já que 47% das chamadas resultam em uma investigação e alguma forma de ação corretiva dentro da organização. O anonimato também é crítico, porque, à medida que essas investigações prosseguiram, 54% dos chamadores não queriam que suas identidades fossem reveladas.[80]

***Feedback* de pesquisa** é uma informação coletada por pesquisa junto a membros da organização e, em seguida, compilada, disseminada e utilizada para desenvolver planos de ação para melhorias. Muitas organizações fazem uso do *feedback* de pesquisa junto a seus gestores e empregados várias vezes ao ano. A **Sunovian Pharmaceuticals**, uma pequena fabricante de medicamentos em Massachusetts, que tinha um escritório dividido, com empregados no segundo andar e executivos dois andares acima, descobriu por meio de sua pesquisa anual que os empregados se sentiam afastados de seus líderes. Então, o diretor comercial Rick Russell, que gerenciou 1.100 pessoas, colocou uma mesa em um escritório de parede de vidro no meio do segundo andar, que os empregados rapidamente apelidaram de "aquário", onde trabalhava todas as sextas-feiras sem um assistente. Em pouco tempo, o diretor médico da empresa se juntou a ele, e, no ano seguinte, os comentários da pesquisa mostraram que a confiança dos empregados na liderança superior melhorou. De acordo com Russell: "Você tem que reunir as tropas. E não pode fazê-lo em um memorando".[81]

Reuniões informais frequentes entre altos executivos e empregados de nível inferior são uma das melhores formas para os principais gestores ouvirem o que os outros pensam e sentem. Muitas pessoas assumem que os

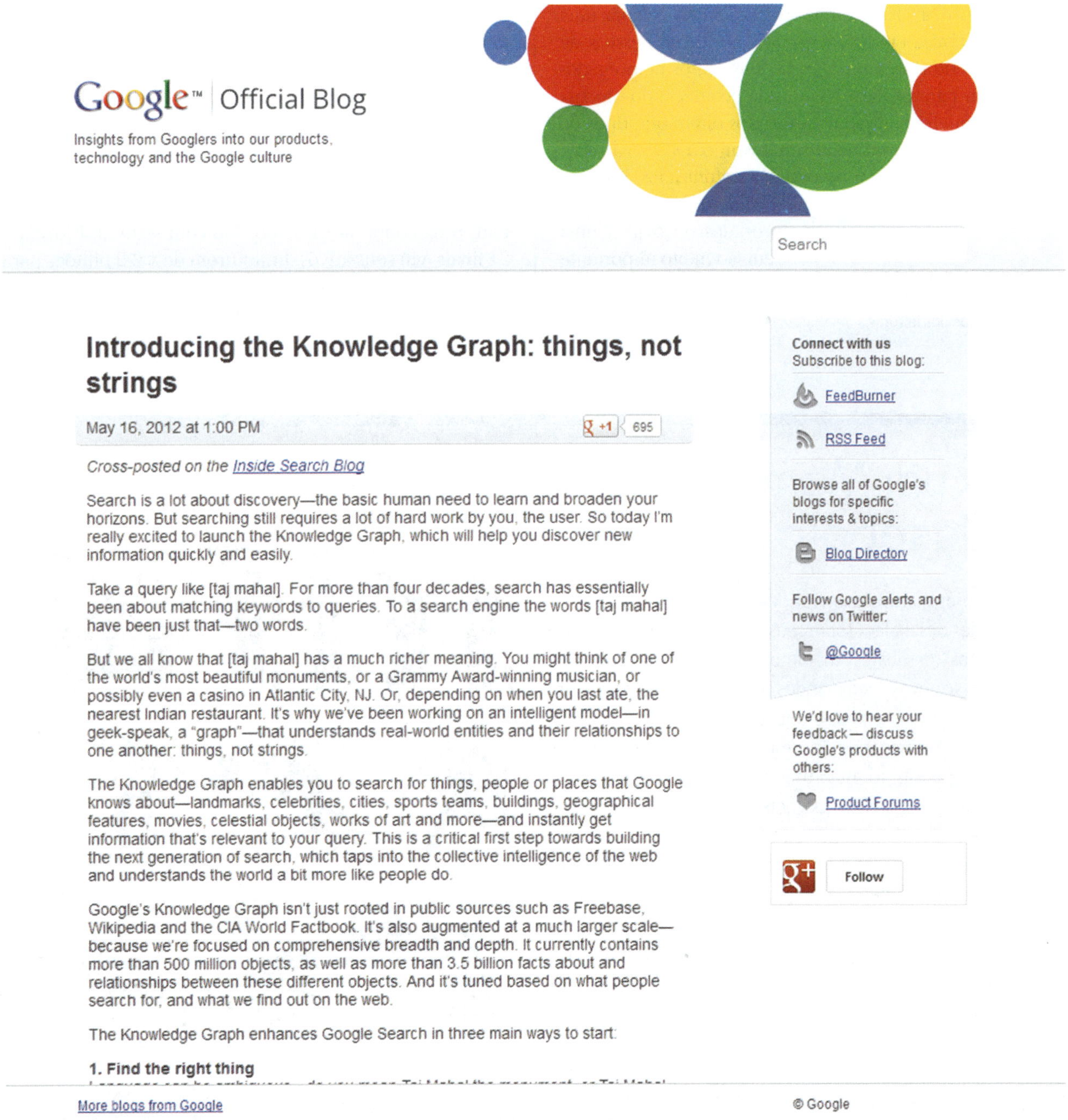

Google™ Official Blog

Insights from Googlers into our products, technology and the Google culture

Search

Introducing the Knowledge Graph: things, not strings

May 16, 2012 at 1:00 PM +1 695

Cross-posted on the Inside Search Blog

Search is a lot about discovery—the basic human need to learn and broaden your horizons. But searching still requires a lot of hard work by you, the user. So today I'm really excited to launch the Knowledge Graph, which will help you discover new information quickly and easily.

Take a query like [taj mahal]. For more than four decades, search has essentially been about matching keywords to queries. To a search engine the words [taj mahal] have been just that—two words.

But we all know that [taj mahal] has a much richer meaning. You might think of one of the world's most beautiful monuments, or a Grammy Award-winning musician, or possibly even a casino in Atlantic City, NJ. Or, depending on when you last ate, the nearest Indian restaurant. It's why we've been working on an intelligent model—in geek-speak, a "graph"—that understands real-world entities and their relationships to one another: things, not strings.

The Knowledge Graph enables you to search for things, people or places that Google knows about—landmarks, celebrities, cities, sports teams, buildings, geographical features, movies, celestial objects, works of art and more—and instantly get information that's relevant to your query. This is a critical first step towards building the next generation of search, which taps into the collective intelligence of the web and understands the world a bit more like people do.

Google's Knowledge Graph isn't just rooted in public sources such as Freebase, Wikipedia and the CIA World Factbook. It's also augmented at a much larger scale—because we're focused on comprehensive breadth and depth. It currently contains more than 500 million objects, as well as more than 3.5 billion facts about and relationships between these different objects. And it's tuned based on what people search for, and what we find out on the web.

The Knowledge Graph enhances Google Search in three main ways to start:

1. Find the right thing

Connect with us
Subscribe to this blog:
FeedBurner
RSS Feed
Browse all of Google's blogs for specific interests & topics:
Blog Directory
Follow Google alerts and news on Twitter:
@Google
We'd love to hear your feedback — discuss Google's products with others:
Product Forums
Follow

More blogs from Google

Chapel House Photography

Um *blog* corporativo é uma forma eficaz de os líderes se comunicarem com amplos grupos em toda a empresa.

altos executivos estão no centro de tudo o que acontece nas organizações, mas os principais gestores geralmente se sentem isolados da maioria de seus gerentes e empregados de nível inferior.[82] Consequentemente, cada vez mais altos gestores estão programando reuniões informais frequentes com pessoas de todas a empresa.

A **Mazor Robotics**, uma empresa de tecnologia médica com sede em Israel, tem instalações nos Estados Unidos, na Ásia e Europa. Com empregados espalhados por todo o mundo, manter uma boa comunicação é fundamental. Segundo o CEO Ori Hadomi: "Acho que a maneira mais construtiva e a mais produtiva de se comunicar é a comunicação informal". Então, uma vez por semana, ele faz uma ligação telefônica em grupo de uma hora com pessoas de todos os escritórios. Sem agenda definida, os empregados se revezam para explicar o que está acontecendo em sua divisão, o que foi realizado nos últimos dias e que tipos de problema devem surgir no futuro próximo. De acordo com Hadomi: "Em uma hora, todos estão sintonizados. E quando falo com muitos empregados, ouço que é uma reunião muito importante para eles porque lhes dá a oportunidade de saber mais sobre o negócio".[83]

Blog *site* pessoal que fornece opiniões ou recomendações pessoais, resumos de notícias e comentários dos leitores.

Você já esteve por perto quando um supervisor descobre que a alta direção vai fazer uma visita? Primeiro, há um choque. Em seguida, ansiedade. E então pânico, quando todos recebem a ordem de deixar de lado o que estão fazendo para limpar, esfregar e enfeitar o local de trabalho para que pareça perfeito durante a visita. Claro, quando as visitas são feitas nessas condições, os principais gestores não têm uma visão realista sobre o que está acontecendo na empresa. Consequentemente, uma das formas de ter uma imagem precisa é fazer *visitas surpresa* a várias partes da organização. Tais visitas não devem ser apenas inspeções surpresa, mas também ser usadas como oportunidades para incentivar comunicação ascendente significativa daqueles que geralmente não têm a chance de se comunicar com a alta direção.

Blogs são outra forma de ouvir o que as pessoas estão pensando e dizendo, tanto dentro como fora da organização. **Blog** é um *site* pessoal que fornece opiniões ou recomendações pessoais, resumos de notícias e comentários dos leitores. Quando a recessão chegou, a **GTE Financial**, uma cooperativa de crédito com sede na Flórida e 21 filiais, viu seus ativos diminuírem de $ 2,2 bilhões para $ 1,5 bilhão e teve que demitir 245 de seus 690 empregados. Quando o novo CEO Joe Brancucci chegou, reduziu as taxas de cheques e Automated Teller Machine (ATM)

Faça um Memo: o surgimento do desabafo anônimo

Um novo aplicativo, chamado Memo, permite que os empregados desabafem sobre seus empregadores publicando "memorandos" (desabafos) anônimos. Os usuários do aplicativo podem postar novos memorandos, comentar existentes e até mesmo fazer *upload* de fotos e documentos para justificar seus memorandos. Empregados de empresas como Delta Airline, Ernst & Young e Hasbro estão usando o Memo para desabafar sobre remuneração, ineficiência gerencial e trabalho em casa. Depois que um usuário é verificado, o Memo remove todos os dados identificáveis sobre a atividade da pessoa, tornando suas postagens completamente anônimas. Os memos (postagens) são organizados em fóruns de mensagens públicas que podem ser vistos por todos os usuários e conselhos privados organizados pela empresa. Nem todas as empresas estão entusiasmadas com a disponibilidade do Memo. Visa, Boeing e Hewlett-Packard distribuíram memos corporativos internos (do tipo tradicional) que desencorajavam os empregados a usar o aplicativo e lembrando-lhes do risco de vazamento de informações sigilosas para o público.

Leremy/Shutterstock.com

Fonte: L. Gellman. App lets workers vent anonymously, *Wall Street Journal*, 20 jan. 2015. Disponível em: <http://www.wsj.com/articles/memo-app-lets-workers-vent-anonymously-1421805377>. Acesso em: 12 maio 2015.

que aborreciam os clientes, os empréstimos incobráveis de 4,06% para 3,58% e, depois de cortar o salário dos empregados, criou incentivos salariais ligados ao crescimento de empréstimos e novos membros. Mas, do ponto de vista da comunicação, a coisa mais importante que ele fez foi iniciar um *blog* interno no qual publicava atualizações para todos os empregados da GTE. Segundo Brancucci: "Nunca enfeitei nada. Falava sobre o que estávamos passando, as situações que enfrentávamos, por que as enfrentávamos e por que estávamos fazendo mudanças". Agora, as declarações financeiras trimestrais são postadas no *blog*. "Nossos associados sabem exatamente o que está acontecendo. Não escondemos nada", acrescenta Brancucci.[84]

O monitoramento de mídias sociais, como *blogs*, Twitter e Facebook, escritos por pessoas de fora da empresa pode ser uma boa forma de descobrir o que os outros estão falando ou pensando da sua organização ou dos seus produtos ou ações. Mas acompanhar esses meios de comunicação exige que alguém na empresa monitore ativamente o que está sendo dito nas mídias sociais. Em sua sede no Texas, a Dell opera um Centro de Comando de Acompanhamento da Mídia Social, onde os membros do canal acompanham o que está sendo dito sobre a empresa em uma variedade de *sites* de redes sociais, como Facebook, Twitter e YouTube, além de *blogs*. Quando veem que um cliente da Dell publica um problema com um produto da empresa, contatam rapidamente o cliente e tomam as medidas necessárias para resolver o problema. Quase dois terços dos consumidores da Dell contatados pelo Centro relatam experiências de serviço positivas. De acordo com Manish Mehta, à época vice-presidente de mídia social e comunidade da Dell: "Os clientes ficaram entusiasmados e exultantes pelo fato de a Dell estar chegando a eles. Isso mudou sua percepção em relação à empresa".[85]

Finalmente, além de ser uma forma de comunicação organizacional, as chamadas *reuniões da prefeitura* podem ser um meio eficaz para as empresas ouvir comentários dos empregados. Em 2014, a **Emirates Airline**, com sede em Dubai, transportou 44,5 milhões de passageiros e, até 2020, espera que esse número suba para 70 milhões. Para atender à crescente demanda, a Emirates Airline contratará cinco mil empregados de cabine adicionais; entretanto, os 20 mil empregados atuais da equipe de cabine estão trabalhando mais horas com intervalos para descanso mais curtos. Os membros da tripulação que trabalharam na primeira classe, um posto de prestígio, estão tendo que retornar à classe econômica para cobrir a falta de pessoal. Muitos membros da equipe tiveram programações de férias anuais negadas. Para entender melhor as queixas dos membros da tripulação, a companhia aérea realizou três reuniões gerencias – a primeira durou quatro horas, durante as quais o pessoal apresentou queixas para a alta direção. Terry Daly, o vice-presidente sênior de despacho da Emirates, anunciou as reuniões por *e-mail*, escrevendo que estava "consciente de que há uma série de assuntos que estão causando preocupação no momento" e que as reuniões seriam "uma oportunidade para conversar sobre isso diretamente comigo".[86]

15

FERRAMENTA DE ESTUDO

Leia o cartão de revisão do capítulo e reveja o conteúdo.

PARTE
5

16 Controle

Annopk/Shutterstock.com

RESULTADOS DE APRENDIZAGEM

16-1 Descrever o processo de controle básico.

16-2 Discutir os vários métodos que os gestores podem usar para manter o controle.

16-3 Descrever os comportamentos, processos e resultados que os gestores da atualidade têm escolhido em suas organizações para controle.

16-1 PROCESSO DE CONTROLE

Para todas as empresas, o sucesso passado não é garantia de sucesso futuro. Mesmo as empresas de sucesso falham ou enfrentam desafios, e, portanto, precisam fazer mudanças. **Controle** é um processo regulatório de estabelecer padrões para alcançar metas organizacionais, comparar o desempenho real com os padrões e tomar medidas corretivas quando necessário para restaurar o desempenho para satisfazer a esses padrões. O controle é alcançado quando o comportamento e os procedimentos de trabalho estão em conformidade com os padrões e quando as metas da empresa são realizadas.[1] No entanto, controle não é apenas um processo posterior ao fato. Medidas preventivas também são uma forma de controle.

O torneio de tênis Grand Slam do French Open no Estádio de Roland Garros, em Paris, usa aves de rapina para prevenir e controlar problemas com pombos, como excrementos e jogadas interrompidas por pombos que pousam nas quadras. Com quase 430 mil pessoas presentes durante o torneio de duas semanas, Roland Garros é o equivalente a um café parisiense para pombos, graças a toda comida servida e jogada fora. Mas as aves de rapina que circundam os céus "criam uma sensação de perigo para os pombos, e eles não se atrevem a pousar", diz o treinador de aves de rapina Ludwig Verschatse.[2] Embora as aves de rapina não possam ser soltas no ar quando as multidões estão presentes durante o dia, elas circulam em torno de Roland Garros todas as manhãs, antes do início do jogo, e à noite, quando os jogos do dia terminam. Para evitar protestos de grupos de direitos dos animais, as aves de rapina são alimentadas com 10% do seu peso corporal por dia para que não tenham a tentação de pegar e comer os pombos. Estratégias semelhantes de prevenção ou controle são usadas no Aberto da Austrália, que usa águias, e em Wimbledon, que usa um falcão chamado Rufus.

O processo de controle básico ***16-1a começa com o estabelecimento de padrões claros de desempenho; 16-1b envolve uma comparação de desempenho com esses padrões; 16-1c toma medidas corretivas, se necessário, para corrigir as deficiências de desempenho; 16-1d é um processo cibernético e dinâmico;*** *e* ***16-1e consiste em três métodos básicos: controle de feedback, simultâneo e antecipado preventivo.*** *No entanto, tanto quanto os gestores gostariam,* ***16-1f controle nem sempre vale a pena ou é possível.***

16-1a Padrões

O processo de controle começa quando os gestores estabelecem metas, como satisfazer 90% dos clientes ou aumentar as vendas em 5%. Em seguida, as empresas especificam os padrões de desempenho que devem ser cumpridos para atingir tais metas. **Padrões** são uma base de comparação para medir o grau no qual o desempenho organizacional é satisfatório ou insatisfatório. Por exemplo, muitas pizzarias usam 30 a 40 minutos como padrão para o tempo de entrega. Como qualquer tempo mais longo é visto como insatisfatório, geralmente reduzirão o preço se não puderem entregar uma *pizza* quente nesse espaço de tempo.

Então, como os gestores estabelecem padrões? Como eles decidem quais níveis de desempenho são satisfatórios e quais são insatisfatórios? O primeiro critério para um bom padrão é que ele deve permitir a realização de metas. Se você está cumprindo o padrão, mas ainda não está atingindo as metas da empresa, o padrão pode precisar ser alterado. Quando introduzido, o iPhone 5 da Apple tinha um corpo de alumínio criado para ser mais forte, mais leve, mais fino e mais elegante do que os modelos anteriores. No entanto, após apenas alguns dias de uso leve, o verso e os lados do telefone podem ficar arranhados ou amassados. Pior ainda, os primeiros clientes relataram a ocorrência de arranhões em telefones totalmente novos ao serem tirados da caixa. A Apple respondeu pedindo ao seu fabricante de iPhone, a Foxconn, que implantasse padrões de controle de qualidade mais rigorosos na fabricação e manipulação de iPhone 5s em suas fábricas, bem como inspeções mais rigorosas para que iPhones com arranhões não sejam enviados para clientes.[3]

As empresas também determinam os padrões ouvindo os comentários, as reclamações e sugestões dos clientes ou observando os concorrentes. Sarah Beatty começou o Green Depot, que vende materiais de construção ambientalmente responsáveis, porque o *greenwashing*, ou "lavagem verde", que representa os produtos como verdes quando não o são, foi generalizado entre os concorrentes. Beatty contratou engenheiros para ajudar o Green Depot a desenvolver padrões CLEAR, para **C**onservação (recursos reciclados, recuperados, reutilizados ou rapidamente renováveis), **L**ocais (baixos resíduos de carbono), **E**nergia (economia de energia ou recursos renováveis), qualidade do **A**r (não tóxico, não alergênico, ou sem gases ou partículas) e **R**esponsabilidade (trabalhos ecológicos, proteção dos trabalhadores e *marketing* verdadeiro). Quando os padrões foram desenvolvidos, Beatty e sua equipe enviaram questionários de dez páginas aos fabricantes pedindo explicações detalhadas sobre produção e componentes do produto. Cada produto é medido em cada um dos cinco padrões. Se um padrão tiver sido cumprido, o Green Depot exibirá um ícone desse padrão

Controle processo regulatório de estabelecer padrões para atingir metas organizacionais, comparar o desempenho real com os padrões e tomar medidas corretivas quando necessário.

Padrões base de comparação para medir o grau no qual vários tipos de desempenho organizacional são satisfatórios ou insatisfatórios.

na página do produto no GreenDepot.com. Como o *site* do Green Depot explica: "Nosso sistema de ícones Green Depot foi criado para mostrar rapidamente por que dizemos que um item em particular é ecológico".[4] Os padrões também podem ser definidos pelo processo de **benchmarking** de outras empresas, o processo de determinar quão bem outras empresas (não apenas as concorrentes) desempenham funções ou tarefas empresariais. Em outras palavras, *benchmarking* é o processo de determinação dos padrões de outras empresas. Ao assim definir padrões, o primeiro passo é determinar o que comparar. As organizações podem comparar tudo, desde a duração do ciclo (quão rápido) até a qualidade (quão bom) e o preço (por quanto). Por exemplo, com base em estudos nacionais de *benchmarking* envolvendo milhares de brigadas, espera-se que muitos bombeiros devem responder a um alarme de incêndio em 15 segundos em 95% das vezes. Além disso, em 90% das vezes, os bombeiros não devem demorar mais de 60 segundos para sair do quartel e chegar ao local do incêndio em não mais de quatro minutos.[5]

Depois de definir os padrões, o próximo passo é identificar as empresas *nas quais* identificar tais padrões. O último passo é coletar dados para identificar os padrões de desempenho de outras empresas. A Intuit, fabricante de *software* financeiro e *sites* como QuickBooks, Intuit Payroll e TurboTax, obtém cerca de 40% de suas receitas vendendo seus produtos e serviços a dezenas de milhares de pequenas e médias empresas em diferentes indústrias. De acordo com Fred Shilmover, CEO da InsightSquared, que vende ferramentas de análise de dados para essas empresas: "A Intuit descobriu como alavancar sua equipe interna de dados para seus clientes quando essas empresas não conseguiram reunir dados por conta própria para entender as maiores tendências [da indústria e de negócios]".[6] E como a Intuit também vende produtos e serviços complementares para ajudar a gerenciar folha de pagamento, estoque, financiamento, clientes, tendências do ponto de venda e o *marketing on-line*/mídias sociais, Shilmover diz que essas empresas "podem agora comparar seus custos [e o desempenho organizacional em todas essas áreas] entre si". Esse *benchmarking* mostra se estão acima ou abaixo de milhares de outras empresas em uma série de dimensões críticas.

Kering define o padrão para a sustentabilidade na moda

Das dezenas de marcas pertencentes ao conglomerado de moda Kering, várias estão implantando iniciativas de sustentabilidade em larga escala. Stella McCartney, uma ativista de direitos dos animais de longa data, desenvolveu uma técnica para produzir couro real em um laboratório usando DNA de vacas. A Gucci, que ainda usa peles reais para seu couro, desenvolveu um processo de bronzeamento que usa muito menos poluentes e compartilha essa tecnologia e metodologia com quem quiser. Em todas as suas empresas, a Kering está testando uma técnica desenvolvida por uma empresa britânica que permite que tintas, produtos químicos e outros sejam separados para que a fibra possa ser reciclada. O conglomerado também possui uma equipe de 50 pessoas dedicadas à sustentabilidade que trabalham com um comitê associado de 15 especialistas dos setores de energia e transporte. Para o CEO François-Henri Pinault, a sustentabilidade estende-se além da economia de custos e da construção de marca. Sobre a tecnologia de bronzeamento ele afirma: "Se você encontra uma solução como esta e você a usa como uma vantagem competitiva você perdeu completamente o foco".

Fonte: R. Feitelberg, Pinault delves into sustainability. *WWD*, 6 abr. 2015, p. 2.

16-1b Comparação com padrões

O próximo passo no processo de controle é comparar o desempenho real com padrões de desempenho. Embora isso pareça simples, a qualidade da comparação depende, em grande parte, dos sistemas de medição e informação que uma empresa usa para monitorar seu desempenho. Quanto melhor o sistema, mais fácil é para as empresas acompanhar o progresso e identificar os problemas que precisam ser corrigidos.

Benchmarking processo de identificar práticas, processos e padrões existentes em outras empresas e adaptá-los à sua empresa.

Em média, 5% dos pacientes hospitalares contraem uma infecção no hospital. Custa em média $ 15 mil por incidente tratar tais infecções, e 100 mil pacientes morrem por ano por causa delas. Por quê? Porque, na maioria dos hospitais, os profissionais de saúde lavam as mãos apenas 50% do tempo antes de examinar ou tocar um paciente. Por causa dos riscos, o Centro de Controle de Doenças criou um vídeo, *Higiene das mãos salva vidas*, a ser mostrado aos pacientes internados em hospitais. No vídeo, a esposa de um paciente pede ao médico do marido, ao entrar no quarto do hospital, para que lave as mãos antes de começar o exame.[7]

Então, como um hospital pode medir a taxa em que seus empregados lavam as mãos para que possa comparar a taxa real com o objetivo de lavagem das mãos? Na University Health Network de Toronto, pesquisadores monitoraram eletronicamente o sistema de higiene das mãos. Apertar o bico de um dispensador de sabão envia um sinal que registra a ocorrência do evento de lavagem das mãos em um banco de dados central. Embora o hospital tenha podido medir digitalmente a taxa de lavagem das mãos, descobriu-se que, com a presença de um auditor – uma pessoa com um jaleco branco de laboratório (que não conhecia o propósito do estudo) –, a taxa de lavagem das mãos quase triplicou para 3,75 lavagens por hora contra 1,07 lavagem por hora quando nenhum auditor estava presente.[8]

16-1c Ação corretiva

O próximo passo no processo de controle é identificar desvios de desempenho, analisá-los e, em seguida, desenvolver e implantar programas para corrigi-los. Isto é semelhante ao processo de planejamento discutido no Capítulo 5. O *feedback* regular e frequente do desempenho permite que trabalhadores e gestores acompanhem o próprio desempenho e façam ajustes em esforços, direção e estratégias.

Depois de descobrir que a equipe da UTI estava lavando as mãos apenas 6,5% do tempo, o Hospital da Universidade North Shore decidiu que o *feedback* frequente era a melhor maneira de mudar o comportamento de lavagem das mãos dos trabalhadores de saúde. Então, forneceu *feedback* de duas formas. Em primeiro lugar, um *display* de LED na área dos enfermeiros mostra a porcentagem de lavagem das mãos de cada turno e uma avaliação como “Excelente turno!”. Em segundo lugar, o supervisor de enfermagem do turno recebe um *e-mail* com as taxas de lavagem das mãos do turno três horas após a entrada do turno, e novamente, ao final dele. Quando esse sistema foi instalado, as taxas de lavagem de mãos na UTI do North Shore aumentaram de 6,5% para 81%.[9]

16-1d Processo cibernético, dinâmico

Conforme mostrado na Figura 16.1, controle é um processo cibernético, contínuo e dinâmico. Ele começa definindo padrões, medindo o desempenho e depois comparando-o com os padrões. Se o desempenho se desviar dos padrões, gestores e empregados analisam os desvios, desenvolvem e implantam programas corretivos que (eles esperam) conseguirão atingir o desempenho desejado, atendendo aos padrões. Os gestores devem repetir o processo todo continuamente em um ciclo de *feedback* infinito (um processo contínuo). Assim, o controle não é uma conquista ou um resultado único. Continua ao longo do tempo (ou seja, é dinâmico) e exige atenção diária, semanal e mensal dos gestores para manter os níveis de desempenho dentro do padrão (ou seja, é cibernético). **Cibernética** deriva da palavra grega *kubernetes*, que significa “timoneiro”, ou seja, que orienta ou continua em curso.[10] O processo de controle mostrado na Figura

Figura 16.1

Processo de controle cibernético

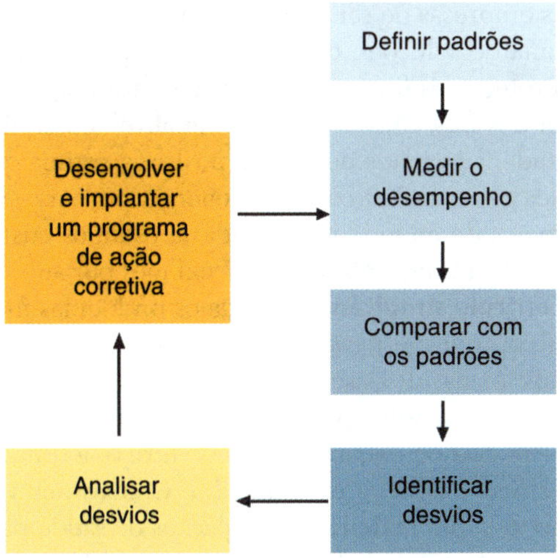

Fonte: *Business Horizons*, jun. 1972. H. Koontz e R. W. Bradspies. Managing through feedforward control: a future directed view, p. 25-36.

16.1 é cibernético porque a atenção constante ao ciclo de *feedback* é necessária para manter a atividade da empresa na rota prevista.

16-1e Controles de *feedback*, simultâneo e antecipado preventivo

Os três métodos de controle básicos são controle de *feedback*, simultâneo e antecipado preventivo. **Controle de *feedback*** é um mecanismo para reunir informações sobre as deficiências de desempenho *depois* que elas ocorrem. Essas informações são usadas para corrigir ou evitar deficiências de desempenho. Diversas pesquisas mostraram claramente que o *feedback* melhora o desempenho individual e organizacional. Na maioria das circunstâncias, qualquer *feedback* é melhor do que nenhum.

Se o *feedback* tem uma desvantagem é porque ele sempre vem após o fato. Por exemplo, quando um transformador elétrico funciona mal em um poste de energia da vizinhança, 90% do tempo a causa do problema é um esquilo. Segundo Brian Manthey, gestor de relações de mídia da We Energies: “Se eles estiverem em um fio e tocarem um equipamento

Cibernética processo de direção ou manutenção da rota prevista.

Controle de *feedback* mecanismo para reunir informações sobre deficiências de desempenho depois que elas ocorrem.

que está aterrado, a corrente elétrica passa através deles. Eles são mortos e às vezes a energia das casas e empresas cai".[11] E nunca há um aviso antes de o fato ocorrer, e geralmente não sobra nada do esquilo por causa da alta tensão elétrica ou porque predadores comeram seus restos. As empresas de serviços públicos testaram uma ampla gama de soluções, como tampas de proteção, capas para proteger os fios e defletores que fazem os esquilos caírem dos fios. Mas um método infalível ainda não foi inventado.[12] A cidade de Austin, no Texas, estima que os esquilos causem 300 cortes de energia por ano. As interrupções de energia relacionadas a esquilos custam à economia da Califórnia até $ 317 milhões por ano.[13]

Controle simultâneo aborda os problemas inerentes ao controle de *feedback*, reunindo informações sobre deficiências de desempenho à medida que ocorrem. Assim, é uma melhoria em relação ao *feedback* porque tenta eliminar ou encurtar o atraso entre o desempenho e o *feedback* sobre o desempenho. Concussões representam uma das maiores preocupações de saúde para os jogadores de futebol. Porém, às vezes, pode ser difícil dizer se um jogador sofreu uma concussão. E, como não querem sair do jogo, os jogadores nem sempre serão honestos com os médicos sobre seus sintomas. Outras vezes, equipes, especialmente de escolas secundárias e de faculdades pequenas, não possuem empregados treinados adequadamente para diagnosticar concussões. Para resolver esse problema, a Battle Sports Science criou o Indicador de Impacto, uma alça de queixo equipada com um acelerômetro que mede instantaneamente a intensidade do impacto que um jogador sofre quando for atingido. Quando os sensores detectam um golpe muito forte que tenha uma chance de 50% ou mais de provocar lesões, uma luz indicadora pisca, permitindo que o pessoal médico da linha lateral saiba que deve examinar melhor o jogador para verificar possíveis sinais de uma concussão.[14]

Controle simultâneo mecanismo para coletar informações sobre deficiências de desempenho à medida que ocorrem, eliminando ou reduzindo o atraso entre desempenho e *feedback*.

Controle antecipado preventivo mecanismo para monitorar desempenho em seu princípio, em vez de monitorar resultados, para prevenir ou minimizar as deficiências de desempenho antes que ocorram.

Perda de controle situação em que o comportamento e os procedimentos de trabalho não estão em conformidade com os padrões.

Custos de regulação custos associados à implantação ou manutenção do controle.

Controle antecipado preventivo é um mecanismo para reunir informações sobre deficiências de desempenho *antes* que ocorram. Em contraste com o *feedback* e o controle simultâneo, que fornecem *feedback* com base em resultados, o controle antecipado preventivo fornece informações sobre deficiências de desempenho, monitorando o início das ações, e não seus resultados. Assim, o controle antecipado preventivo procura prevenir ou minimizar as deficiências de desempenho antes que elas aconteçam. Empresas de energia basearam-se tradicionalmente nos consumidores para informar cortes de energia. Então, quando as equipes de reparo chegam, detectores de falhas que exibem uma bandeira ou uma luz podem lhes dizer qual linha não está funcionando, mas as equipes ainda precisam examinar visualmente quilômetros de linhas de energia, muitas vezes em condições meteorológicas com fraca visibilidade, para encontrar a causa precisa da interrupção. A Tollgrade, no entanto, está fazendo sensores do tamanho de um pão, instalados e alimentados pela eletricidade que flui através dos fios, que podem notificar as empresas de energia sobre os problemas antes de acontecerem (ou seja, de forma antecipada e preventiva). Com características do GPS (localização) e dos sistemas sem fio (comunicação), os sensores monitoram as flutuações no fluxo de eletricidade, de cortes a reduções de transmissões normais e sobrecargas de tensão, e enviam instantaneamente mensagens de alerta para engenheiros da empresa de energia quando há problemas.[15] A Orange & Rockland Utilities, da Pensilvânia, foi alertada para um problema de linha elétrica durante um final de semana de 4 de julho, e o aviso-prévio da interrupção propiciou tempo suficiente para que as equipes de reparo solucionassem o problema antes de um único cliente reclamar. De acordo com Haukur Asgeirsson, gestor de tecnologia da DTE Energy: "Você pode realmente fazer um trabalho preventivo antes que uma interrupção permanente ocorra. Parece realmente muito promissor".[16]

16-1f Controle nem sempre vale a pena ou é possível

O controle é alcançado quando o comportamento e os procedimentos de trabalho estão em conformidade com os padrões e os objetivos são alcançados. Em contraste, **perda de controle** ocorre quando o comportamento e os procedimentos de trabalho não estão em conformidade com os padrões.[17] Pela primeira vez em seus 108 anos de história, a Blue Bell Creameries passou por um surto de listeria, causada por uma bactéria que se desenvolve em ambientes refrigerados e que pode causar febre, dores musculares, náuseas, dor abdominal e, às vezes, morte. Como resultado, a Blue Bell anunciou um *recall* voluntário e completo de oito milhões de galões de sorvete e de produtos de iogurte congelados em 23 Estados.[18]

Manter o controle é importante porque sua perda impede as organizações de alcançar suas metas. Quando ocorre perda de controle, os gestores precisam descobrir o que, se houver algo, poderiam ter feito para preveni-lo. Geralmente, isso significa identificar desvios do desempenho padrão, analisar as causas desses desvios e tomar medidas corretivas. Mesmo assim, implantar controles nem sempre vale a pena ou é possível. Vejamos os custos de regulação e a viabilidade cibernética para entender por que isso ocorre.

Para determinar se o controle vale a pena, os gestores precisam avaliar cuidadosamente os **custos de regulação**, ou seja, se os custos e as consequências indesejadas do controle excedem os benefícios. Se um processo de controle custa mais do que beneficia, pode não valer a pena. Como o vidro pode ser continuamente reciclado, e como era rentável reciclar, empresas de resíduos pagavam às cidades pelo vidro que coletavam. De fato, para aumentar a quantidade de vidro coletada para reciclagem, a indústria de resíduos incentivou as cidades a permitir que as famílias misturassem vidro, plástico e latas em um mesmo recipiente de coleta seletiva. A consequência não intencional dessa decisão, de acordo com Curt Bucey da Strategic Materials, a maior recicladora de vidro dos Estados Unidos, é que metade das cargas de vidro para reciclagem não é vidro. Segundo Bucey: "Agora, o que vem com o vidro são pedras, papel picado, ossos de frango deixados em seus recipientes para viagem e agulhas hipodérmicas".[19] Como é necessário um equipamento muito caro para separar o vidro de outros materiais, a Startegic Materials agora cobra das cidades de \$ 10 a \$ 40 por tonelada, dependendo de quão "sujas" são suas cargas de reciclagem de vidro. E para as cidades que costumavam ter ganhos com a reciclagem de vidro, ter que pagar às empresas de coleta de resíduos para levar o vidro representa um alto custo de regulação. De acordo com James Young, diretor de programas de resíduos sólidos nos arredores de Charleston, na Carolina do Sul: "Quando você está perdendo dinheiro e tempo processando vidro por uma baixa receita, é uma batalha perdida e não sustentável".[20]

Outro fator a considerar é a **viabilidade cibernética**, o grau em que é possível implantar cada uma das três etapas do processo de controle. Se uma ou mais etapas não puderem ser implantadas, manter um controle eficaz pode ser difícil ou impossível.

16-2 MÉTODOS DE CONTROLE

Em janeiro de 2010, um galão de óleo diesel custava \$ 2,95. Em maio de 2014, o preço subiu 34%, para \$ 3,95.[21] Consequentemente, as empresas com frotas de caminhões se tornaram muito mais agressivas na exploração de formas para reduzir os custos de combustível e aumentar a quilometragem por litro. Por exemplo, em maio de 2014, a Kroger comprou 40 caminhões a gás natural que usam um tanque de gás natural frio de última geração (para maior distância percorrida). O gás natural custa \$ 1,50 menos por galão do que o diesel.[22] A UPS, por sua vez, está controlando os custos de combustível usando compósitos (materiais compostos) em caminhões, que são mais de mil quilos mais leves do que os caminhões comuns fabricados com aço e alumínio. Combinados com 13% de melhor aerodinâmica, os caminhões da UPS que usam compósitos usam 40% menos combustível diesel. Segundo Dale Spencer, diretor de engenharia da UPS: "Essa tecnologia está disponível atualmente. Não precisamos nos preocupar em ligá-la ou conseguir propano ou GNV (gás natural veicular)".[23]

Tupungato/Shutterstock.com

*Os gestores podem usar cinco diferentes métodos para obter controle em suas organizações: **16-2a burocrático, 16-2b objetivo, 16-2c normativo, 16-2d autônomo** e **16-2e de autocontrole**.*

16-2a Controle burocrático

Quando a maioria das pessoas pensa no controle gerencial, o que elas têm em mente é o **controle burocrático**, ou seja, o controle de cima para baixo, no qual os gestores tentam influenciar o comportamento dos empregados recompensando-os ou punindo-os pelo cumprimento ou descumprimento de políticas, regras e procedimentos organizacionais. A maioria dos empregados, no entanto, argumentaria que os gerentes burocráticos enfatizam a punição pelo não cumprimento muito mais do que a recompensas pelo cumprimento.

Como você aprendeu no Capítulo 2, gestão e controle burocrático foram criados exatamente para evitar este tipo de comportamento gerencial. Ao encorajar os gestores a aplicar regras, políticas e procedimentos bem pensados, de forma consistente e imparcial a todos na organização, o controle burocrático deve tornar as empresas mais eficientes, eficazes e justas. Ironicamente, muitas vezes o que se obtém é o efeito oposto. Os gestores que usam o controle burocrático muitas vezes enfatizam o cumprimento das regras acima de tudo.

Outra característica das empresas controladas burocraticamente é que, devido à sua tomada de decisão baseada em regras e políticas, são altamente resistentes à mudança e lentas para responder aos clientes e concorrentes. No Capítulo 2, vimos que até mesmo Max Weber, o filósofo alemão amplamente reco-

Viabilidade cibernética grau em que é possível implantar cada passo no processo de controle.

Controle burocrático uso da autoridade hierárquica para influenciar o comportamento dos empregados ao recompensá-los ou puni-los pelo cumprimento ou descumprimento de políticas, regras e procedimentos organizacionais.

nhecido por popularizar os ideais burocráticos no final do século XIX, referiu-se à burocracia como a "gaiola de ferro": "Uma vez totalmente estabelecida, a burocracia está entre as estruturas sociais mais difíceis de destruir".[24] É claro que o governo nacional, com centenas de órgãos, agências reguladoras e departamentos, é tipicamente a maior burocracia na maioria dos países. De acordo com as novas regras do Departamento de Transporte dos Estados Unidos para o transporte de longa distância, os motoristas agora podem dirigir apenas 70 horas por semana, abaixo das 82 horas estabelecidas anteriormente. E eles devem ter um intervalo de 34 horas em duas noites entre as semanas de trabalho. Destinadas a aumentar a segurança, de modo a evitar que motoristas de caminhão cansados durmam ao volante, as mudanças elevam o volume de negócios do motorista (ironicamente colocando motoristas menos experientes na estrada), colocam mais caminhões na estrada no horário do pico e forçam os motoristas a tentar dormir quando não estão cansados e dirigir quando estão. Manny Hernandez, que conduziu caminhões por três décadas, diz que as novas regras o impedem de chegar em casa para ver a família. Onde quer que esteja quando o limite de 70 horas é alcançado, ele tem que parar por 34 horas em duas noites. De acordo com Hernandez: "Pode ser um pesadelo ter que se sentar por 48 horas, cansado, quando tudo o que você quer fazer é chegar em casa. (...) Quem fez essas regras?. Eles tinham alguma experiência na condução de caminhões no tráfego e de lidar com os clientes e (o tempo perdido com) suas avarias (do caminhão)? Às vezes, acho que eles estão tentando sufocar a indústria do transporte rodoviário".[25]

16-2b Controle objetivo

Controle objetivo uso de medidas observáveis de comportamento ou resultados dos trabalhadores para avaliar o desempenho e influenciar o comportamento.

Controle de comportamento regulação dos comportamentos e das ações dos trabalhadores no trabalho.

Controle de resultado regulação dos resultados dos trabalhadores por meio de recompensas e incentivos.

Controle normativo regulação do comportamento e das decisões dos trabalhadores por meio de valores e crenças organizacionais amplamente compartilhados.

Em muitas empresas, o controle burocrático evoluiu para o **controle objetivo**, o uso de medidas observáveis de comportamento ou de resultados do empregado para avaliar o desempenho e influenciar o comportamento. Enquanto o controle burocrático se concentra em verificar se as políticas e as regras estão sendo seguidas, o controle objetivo se concentra na observação e medição do comportamento ou resultados do trabalhador. Angus Barn, uma *steakhouse* de Raleigh, na Carolina do Norte, tem uma rígida política de privacidade porque é visitado por inúmeras celebridades – empregados e gerentes devem manter privativas as experiências de jantar de todos os clientes. Um garçom foi demitido por infringir a política depois de fazer o *upload* de uma cópia do recibo de jantar do *quarterback* da Liga Nacional de Futebol, Peyton Manning, depois que ele jantou no restaurante. A imagem, que rapidamente "viralizou" na internet, mostrava que Manning havia deixado uma gorjeta generosa de $ 200, além da gratificação de 18% que o restaurante já havia adicionado à conta. Falando sobre o incidente e a demissão, Van Eure, o proprietário do Angus Barn, afirmou: "Isso vai contra todas as políticas que temos. É horrível".[26]

Existem dois tipos de controle objetivo: de comportamento e de resultado. **Controle de comportamento** é a regulação de comportamentos e ações dos trabalhadores no trabalho. O pressuposto básico é que, se você fizer as coisas certas (ou seja, os comportamentos certos) todos os dias, isso deve levar à realização de metas. No entanto, o controle de comportamento ainda é baseado em gestão, o que significa que os gestores são responsáveis pelo monitoramento e, em seguida, pela recompensa ou punição dos trabalhadores por exibirem comportamentos desejados ou indesejados.

Em vez de medir o que gestores e trabalhadores fazem, o **controle de resultado** mede os resultados de seus esforços. Considerando que o controle do comportamento regula, guia e mede como os trabalhadores se comportam no trabalho, o controle de resultado dá aos gestores e trabalhadores a liberdade de se comportar conforme acham adequado, desde que realizem resultados previamente especificados e mensuráveis. O controle de resultado geralmente é combinado com recompensas e incentivos.

Três coisas devem ocorrer para o controle de resultado levar a melhores resultados comerciais. Em primeiro lugar, as medidas de controle de resultado devem ser confiáveis, justas e precisas. Em segundo, empregados e gestores devem acreditar que podem produzir os resultados desejados. Se assim não for, controles de resultado não afetarão seu comportamento. Em terceiro lugar, recompensas ou incentivos ligados às medidas de controle de resultado devem ser verdadeiramente dependentes da obtenção de padrões estabelecidos de desempenho. O programa "Drive Safe & Save", no State Farm Insurance, é baseado em controle de resultado. Usando um dispositivo que se conecta ao portal de diagnóstico do seu carro, o State Farm monitora quando você dirige, sua freagem, aceleração, curvas à esquerda e à direita e se você excede a velocidade de 130 km/h. Os motoristas que participam são elegíveis a descontos de até 50%, com os índices de condução determinando o valor do desconto. Segundo Ed Scharlau, de Austin, no Texas: "Como dirijo deve afetar o meu prêmio de seguro". Além disso, ele diz que o *feedback* diário do programa faz que ele e a esposa conversem "sobre nossa própria condução e o que vemos ao nosso redor: 'Opa, acabamos de perder pontos?'".[27]

16-2c Controle normativo

Em vez de monitorar regras, comportamento ou resultado, outra maneira de controlar o que acontece nas organizações é usar o controle normativo para moldar as crenças e os valores das pessoas que lá trabalham. Com **controles normativos**, valores e crenças amplamente compartilhados de uma empresa orientam o comportamento e as decisões dos trabalhadores.

JPMorgan Chase descobriu que a cultura tem tanto a ver com controle quanto com algoritmos, por isso designou mais de 300 executivos "embaixadores culturais" que se concentram em padrões. A empresa publicou um memorando que encorajava os empregados a apontar quaisquer preocupações de conformidade e enfatizava que o mau cumprimento e os escândalos prejudicavam a reputação do banco e afetavam todos, tanto profissional quanto financeiramente. O objetivo do programa é remodelar as crenças e os valores dos empregados do banco, de modo que a conformidade e a gestão ética-financeira façam parte da cultura da empresa.[28]

Angelina Dimitrova/Shutterstock.com

O JPMorgan Chase descobriu que a cultura tem tanto a ver com o controle quanto com os algoritmos, por isso adicionou e designou mais de 300 executivos como "embaixadores culturais".

Controles normativos são criados de duas formas. Primeiro, as empresas que utilizam controles normativos são muito cuidadosas escolhendo quem contratam. Embora muitas selecionem potenciais candidatos com base em suas habilidades, as empresas com controle normativo tendem igualmente a selecionar candidatos potenciais com base em atitudes e valores. Os Hotéis Four Seasons, uma marca luxuosa de cinco estrelas, são conhecidos por seu excepcional serviço de hospedagem. De acordo com o fundador Isadore Sharp: "Competência podemos ensinar. Atitude está enraizada".[29] Ex-vice-presidente executivo de RH, Nick Mutton concorda: "As habilidades de trabalho podem ser ensinadas mais tarde. A qualidade do nosso pessoal – atitude, profissionalismo, crescimento pessoal – é realmente o que somos como um negócio. Nosso foco na atitude é primordial porque empregados comprometidos que se preocupam com nossos clientes constroem nosso produto, e isso claramente contribui diretamente para nossos resultados".[30]

Em segundo lugar, com controles normativos, gestores e empregados aprendem o que devem e não devem fazer, observando empregados experientes e ouvindo as histórias que contam sobre a empresa. Aprendemos a importância da narrativa e da cultura organizacional no Capítulo 3. Para que controles normativos funcionem, os gestores não devem apenas selecionar as pessoas certas, mas recompensar empregados que honram tais atitudes e valores e lidar com aqueles que não o fazem. A Elite SEM é uma empresa de *marketing* de mecanismos de busca baseada em Nova York que ajuda as empresas da *Fortune* 500 a aumentar sua oferta quando potenciais clientes realizam buscas na internet. Essa empresa valoriza contratar pessoas com habilidades técnicas avançadas e atitudes cooperativas. Mais especificamente, orgulha-se de ser um "local de trabalho sem idiotas". Portanto, há consequências para empregados e gestores que, como diz o CEO Ben Kirshner, "não abraçam nossos valores fundamentais". Quando um novo empregado se recusou a trabalhar até tarde em sua primeira semana de trabalho, foi demitido. Segundo Kirshner: "Ele era uma semente ruim!". E, devido às longas horas que as pessoas colocam para atender às necessidades dos clientes, a Elite SEM tem uma política de refeições grátis. Então, quando outro novo empregado pediu comida e café da manhã de $ 30, Kirshner afirma: "Todo mundo pulou em cima dele".[31]

16-2d Controle autônomo

Considerando que os controles normativos são baseados em crenças fortemente mantidas e amplamente compartilhadas em toda a empresa, **controles autônomos** são baseados em crenças moldadas e negociadas por grupos

Controle autônomo regulação do comportamento e das decisões dos trabalhadores por meio dos valores e crenças do grupo de trabalho.

de trabalho.[32] Enquanto os controles normativos são conduzidos por fortes culturas organizacionais, controles autônomos geralmente surgem quando as empresas conferem aos grupos de trabalho autonomia e responsabilidade completas pela conclusão da tarefa (ver Capítulo 10 para uma discussão completa sobre o papel da autonomia em equipes e grupos). Grupos mais autônomos operam sem gestores e são completamente responsáveis pelo controle de processos, resultados e comportamento do grupo de trabalho. Tais grupos fazem suas próprias contratações, demissões, disciplina do trabalhador, agendamento, pedido de materiais, elaboração de orçamento, reuniões e tomada de decisão.

Alexmillos/Shutterstock.com

O controle autônomo não é estabelecido da noite para o dia. Grupos de trabalho muito autônomos evoluem ao longo de duas fases à medida que desenvolvem controle autônomo. Na primeira fase, os membros do grupo aprendem a trabalhar entre si, supervisionam o trabalho uns dos outros e desenvolvem valores e crenças que guiarão e controlarão seu comportamento. E como desenvolvem tais valores e crenças, os membros do grupo de trabalho se sentem seguros para segui-los.

Na indústria siderúrgica, a Nucor foi considerada há muito tempo como novata entre as "grandes" U. S. Steel e Bethlehem Steel. Hoje, no entanto, não só a Nucor conseguiu superar muitas outras usinas, mas também comprou mais 13 usinas nos últimos cinco anos. A Nucor tem uma cultura única que dá poder real aos empregados de linha e promove o trabalho em equipe em toda a organização. Esse tipo de trabalho pode ser difícil para um grupo de empregados de uma empresa recentemente adquirida se acostumar. Por exemplo, na primeira aquisição da Nucor em Auburn, em Nova York, David Hutchins era um supervisor de linha de frente, ou "líder" no laminador, onde o aço do forno é espalhado o suficiente para ser cortado em folhas. Quando a usina era de seus antigos proprietários, se os trabalhadores que estavam fazendo o corte se atrasassem, os que faziam o rolamento, incluindo Hutchins, apenas fariam uma pausa. Segundo Hutchins: "Sentávamo-nos, tomávamos uma xícara de café e reclamávamos: 'Esses caras são terríveis'". Demorou seis meses para convencer os empregados da fábrica de Auburn de que o modo de trabalho em equipe da Nucor era melhor que o antigo. Agora, de acordo com Hutchins: "Na Nucor, não somos 'vocês' e 'nós'. Todos somos nós. Onde quer que esteja o gargalo, vamos lá e todos trabalham nisso".[33]

Autocontrole (autogestão) sistema de controle no qual gestores e trabalhadores controlam o próprio comportamento, definindo as próprias metas, monitorando o próprio progresso e se recompensando pela realização de metas.

A segunda fase no desenvolvimento do controle autônomo é o surgimento e a formalização de regras objetivas para orientar e controlar o comportamento. Crenças e valores desenvolvidos na primeira fase geralmente se desenvolvem em regras mais objetivas à medida que novos membros se juntam às equipes. Quanto mais claras forem essas regras, mais fácil será para os novos membros descobrirem como se comportar e o que não fazer.

Ironicamente, o controle autônomo pode levar a um estresse ainda maior para os trabalhadores se adequarem às expectativas do que o controle burocrático. Sob o controle burocrático, a maioria dos trabalhadores só precisa se preocupar em agradar ao chefe. Mas, com um controle autônomo, seu comportamento deve satisfazer o restante dos membros da equipe. Por exemplo, um membro da equipe diz: "Não tenho que me sentar lá e ver onde está o chefe, e, se o chefe não estiver por perto, posso sentar e conversar com meu vizinho ou fazer o que quero. Agora, toda a equipe está ao meu redor e toda a equipe está observando o que estou fazendo".[34] Além disso, com o controle autônomo, os membros da equipe têm um segundo papel muito mais estressante a desempenhar: garantir que todos adotem os valores e as regras da equipe.

16-2e Autocontrole

Autocontrole, também conhecido como **autogestão**, é um sistema de controle no qual gestores e trabalhadores controlam o próprio comportamento.[35] O autocontrole não resulta em anarquia, na qual todos conseguem fazer o que querem e o que desejam. No autocontrole ou autogestão, líderes e gestores fornecem aos trabalhadores limitações claras dentro das quais podem orientar e controlar os próprios objetivos e comportamentos.[36] Líderes e gestores também contribuem para o autocontrole ao ensinar as habilidades de que os outros precisam para maximizar e monitorar a própria eficácia no trabalho. Por sua vez, os indivíduos que se gerem e se lideram sozinhos estabelecem autocontrole instituindo os próprios objetivos, monitorando o próprio progresso, recompensando-se ou punindo-se por alcançar ou não seus objetivos autoinstituídos e construir padrões de pensamento positivos que os relembrem da importância de seus objetivos e sua capacidade de realizá-los.[37]

Por exemplo, vamos assumir que você precisa fazer um melhor trabalho de elogio e reconhecimento do bom trabalho que sua equipe faz por você. Você pode usar o estabelecimento de metas, auto-observação e autorre-

Resistir é inútil! (Ou não?)

A maneira mais fácil de resistir à tentação pode ser evitá-la completamente. Um estudo realizado por pesquisadores do estado da Flórida deu aos participantes a opção de fazer um teste *on-line* em um de dois formatos. O formato padrão era estático, mas o estilizado incluía arte em ambos os lados da tela que mudava periodicamente. Dos participantes com alto autocontrole, 67% selecionaram o teste padrão em preto e branco. Em contraste, apenas 43% dos participantes com baixo autocontrole escolheram o teste padrão. A maioria escolheu o teste estilizado, apesar de terem sido avisados antecipadamente da potencial distração. O segredo das pessoas altamente disciplinadas é uma prevenção proativa ou simplesmente evitar situações em que seu autocontrole possa falhar.

Fonte: A. Lukits. The secret to resisting temptation. *Wall Street Journal*, 24 nov. 2014. Disponível em: <http://www.wsj.com/articles/the-secret-to-resisting-temptation-1416852990>. Acesso em: 16 ago. 2017.

compensa para gerenciar esse comportamento por conta própria. Para auto-observação, escreva "elogio/reconhecimento" em um cartão de 8 por 13 cm. Coloque-o no seu bolso. Faça uma marcação no cartão cada vez que elogiar ou reconhecer alguém. (Espere até que a pessoa tenha saído antes de fazer isso.) Mantenha o controle por uma semana. Isto serve como sua linha de base ou ponto de partida. Apenas fazer esse acompanhamento provavelmente aumentará a frequência com que você faz isso. Após uma semana, avalie sua linha de base, ou ponto de partida, e, em seguida, defina um objetivo específico. Por exemplo, se sua linha de base fosse duas vezes por dia, você pode definir um objetivo específico para elogiar ou reconhecer o trabalho dos outros cinco vezes por dia. Continue monitorando o desempenho com seus cartões. Depois de atingir seu objetivo todos os dias durante uma semana, conceda-se uma recompensa (talvez um filme ou um almoço com um amigo em um novo restaurante) por alcançar seu objetivo.[38]

Como você pode ver, os componentes da autogestão, do autoestabelecimento de metas, da auto-observação e da autorrecompensa têm suas raízes nas teorias de motivação que você pode ler no Capítulo 13. A principal diferença, porém, é que metas, *feedback* e recompensas são originários dos próprios empregados, e não de seus gestores ou organizações.

16-3 O QUE CONTROLAR?

Na primeira seção deste capítulo, discutimos os conceitos básicos do processo de controle e o fato de que o controle nem sempre vale a pena ou é possível. Na segunda seção, analisamos as várias maneiras pelas quais o controle pode ser alcançado. Nesta terceira e última seção, abordamos uma questão igualmente importante: "O que os gestores devem controlar? Custos? Qualidade? Satisfação do cliente?". A forma como os gestores respondem a esta questão tem implicações críticas para a maioria das empresas.

Se você controla apenas uma coisa, por exemplo, custos, como muitos supermercados fizeram em seus departamentos de carne, então outras dimensões, como *marketing*, atendimento ao cliente e qualidade provavelmente sofrerão. Mas, se você tentar controlar muitas coisas, gestores e empregados ficam confusos sobre o que é realmente importante. No final, as empresas bem-sucedidas encontram um equilíbrio entre fazer três ou quatro coisas corretamente, como gerenciar custos, fornecer valor e manter clientes e empregados satisfeitos.

Depois de ler esta seção, você deve ser capaz de explicar ***16-3a a abordagem do balanced scorecard*** ***para o controle e como as empresas conseguem um controle equilibrado do seu desempenho ao escolherem controlar; 16-3b orçamentos, fluxos de caixa e valor agregado econômico; 16-3c deserções de clientes; 16-3d qualidade;*** *e* ***16-3e desperdício e poluição.***

16-3a *Balanced scorecard*

A maioria das empresas mede o desempenho usando medidas financeiras e contábeis padronizadas, como retorno sobre o capital, sobre ativos, sobre investimentos, fluxo de caixa, lucro líquido e margens líquidas. O ***balanced scorecard*** encoraja os gestores a analisar essas medidas financeiras tradicionais em quatro perspectivas diferentes do desempenho da empresa. Como os clientes nos veem (perspectiva do cliente)? No que devemos nos destacar (perspectiva interna)? Podemos continuar a melhorar e criar valor (perspectiva de inovação e de aprendizagem)? Como os acionistas nos veem (perspectiva financeira)?[39]

O *balanced scorecard* tem várias vantagens em relação aos processos de controle tradicionais que dependem exclusivamente de medidas financeiras. Primeiro, força os gestores em cada nível da empresa a estabelecer metas específicas e medir o desempenho em cada uma das quatro áreas. Por exemplo, a Figura 16.2 mostra que a Southwest Airlines usa nove medidas diferentes

Balanced scorecard medida do desempenho organizacional em quatro áreas de importâncias equivalentes: finanças, clientes, operações internas e inovação e aprendizagem.

em seu *balanced scorecard* para avaliar se está cumprindo os padrões que definiu para si mesma no processo de controle. Desses, apenas três (valor de mercado, receita média por assento e custos de arrendamento de aeronaves), por meio de várias taxas de crescimento anual composto (*compounded annual growth rates* – CAGR), são medidas financeiras padrão de desempenho. Além disso, a Southwest mede sua classificação de chegada com pontualidade da Administração Federal de Aviação (Federal Aviation Administration – FAA) e o custo de suas tarifas aéreas em comparação com as dos concorrentes (perspectiva do cliente), quanto tempo cada avião gasta em solo após o desembarque e a porcentagem de aviões que partem com pontualidade (perspectiva comercial interna) e a porcentagem de seus trabalhadores da equipe de solo, como mecânicos e manipuladores de bagagem, que possuem ações da empresa e que receberam treinamento no trabalho (perspectiva de aprendizagem).

Subotimização melhoria de desempenho em uma parte de uma organização, à custa da diminuição do desempenho em outra parte.

A segunda grande vantagem da abordagem de controle do *balanced scorecard* é que ele minimiza as chances de **subotimização**, que ocorre quando o desempenho melhora em uma área à custa da diminuição do desempenho em outras. De acordo com Jon Meliones, diretor médico da UTI cardiopediátrica no Duke Children's Hospital: "Explicamos a teoria (do *balanced scorecard*) para clínicos e administradores assim: se você se sacrificar demais em um quadrante para satisfazer outro, sua organização como um todo fica desbalanceada. Poderíamos, por exemplo, reduzir os custos para melhorar o quadrante financeiro demitindo metade da equipe, mas isso prejudicaria a qualidade do serviço e o quadrante do cliente ficaria desbalanceado. Ou podemos aumentar a

Figura 16.2
Balanced scorecard da Southwest Airlines

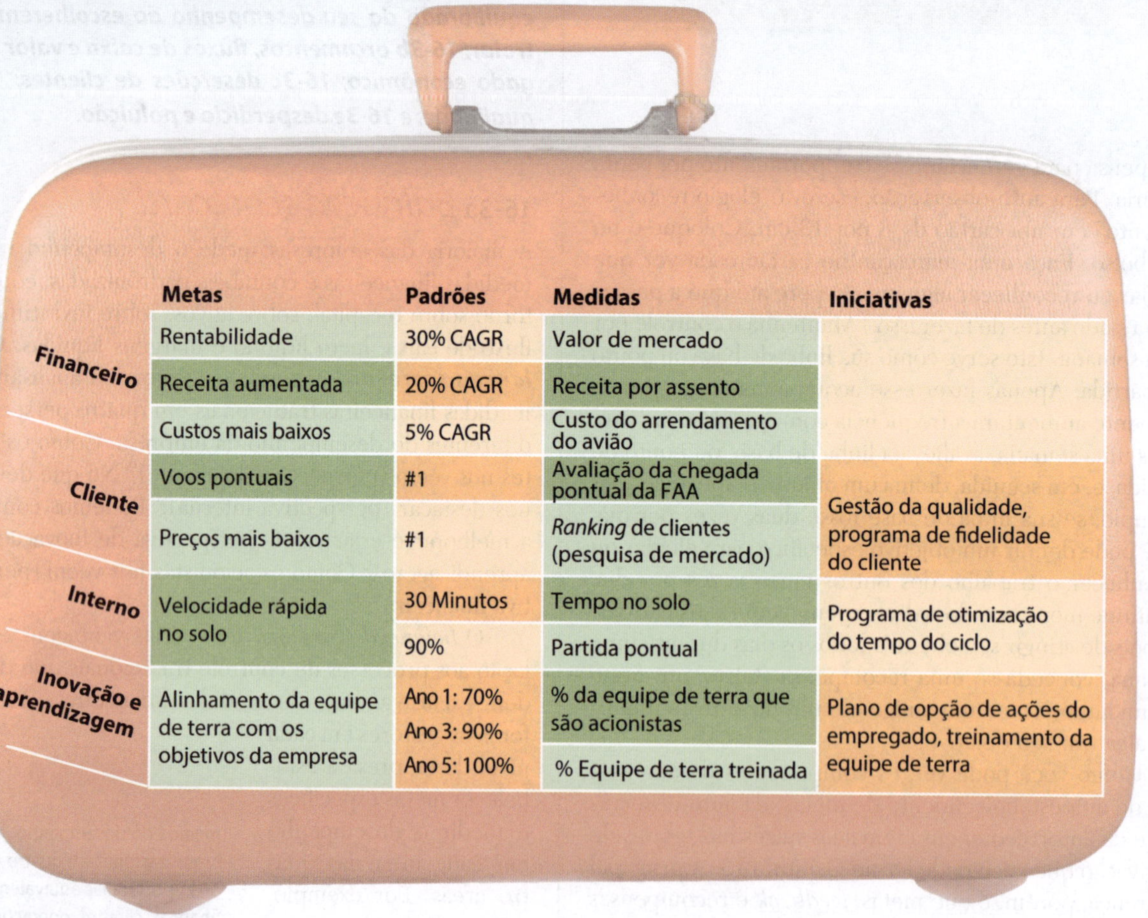

	Metas	Padrões	Medidas	Iniciativas
Financeiro	Rentabilidade	30% CAGR	Valor de mercado	
	Receita aumentada	20% CAGR	Receita por assento	
	Custos mais baixos	5% CAGR	Custo do arrendamento do avião	
Cliente	Voos pontuais	#1	Avaliação da chegada pontual da FAA	Gestão da qualidade, programa de fidelidade do cliente
	Preços mais baixos	#1	*Ranking* de clientes (pesquisa de mercado)	
Interno	Velocidade rápida no solo	30 Minutos	Tempo no solo	Programa de otimização do tempo do ciclo
		90%	Partida pontual	
Inovação e aprendizagem	Alinhamento da equipe de terra com os objetivos da empresa	Ano 1: 70% Ano 3: 90% Ano 5: 100%	% da equipe de terra que são acionistas % Equipe de terra treinada	Plano de opção de ações do empregado, treinamento da equipe de terra

Kao/Shutterstock.com

Fonte: G. Anthes. ROI guide: balanced scorecard. *Computer World*, 17 fev. 2003. Disponível em: <http://www.computerworld.com/article/2579980 /it-management/roi-guide--balanced-scorecard.html>. Acesso em: 16 ago. 2017.

produtividade no quadrante do negócio interno atribuindo mais pacientes a uma enfermeira, mas isso aumentaria a probabilidade de erros – uma escolha inaceitável".[40]

Examinemos algumas das maneiras pelas quais as empresas estão controlando os quatro componentes básicos do *balanced scorecard*: perspectiva financeira (orçamentos, fluxos de caixa e valor econômico agregado), perspectiva do cliente (evasão dos clientes), perspectiva interna (gestão da qualidade total) e perspectiva de inovação e aprendizagem (sustentabilidade).

16-3b Perspectivas financeiras: orçamentos de controle, fluxos de caixa e valor econômico agregado

A abordagem tradicional para controlar o desempenho financeiro concentra-se em ferramentas contábeis, como análise do fluxo de caixa, balanços patrimoniais, demonstrações de resultados, índices financeiros e orçamentos. A **análise do fluxo de caixa** prevê como as mudanças em uma empresa afetarão sua capacidade de receber mais dinheiro do que pagar. Os **balanços patrimoniais** fornecem uma fotografia da posição financeira de uma empresa em determinado momento (mas não do futuro). As **demonstrações de resultados**, também denominadas demonstrações de lucros e perdas, mostram o que aconteceu com as receitas, as despesas e o lucro líquido de uma organização (receitas menos despesas) ao longo de um período de tempo. Os **índices financeiros** são geralmente utilizados para monitorar a liquidez (caixa), a eficiência e a rentabilidade de uma empresa em comparação com outras do mesmo setor. Finalmente, os **orçamentos** são utilizados para projetar custos e receitas, priorizar e controlar as despesas e garantir que estas não excedam os recursos disponíveis e as receitas. Em um processo típico de orçamentação, um gestor usa o orçamento do ano anterior e o ajusta para refletir a situação atual, mas um **orçamento de base zero** requer que os gestores esbocem um orçamento a partir do zero a cada ano. Ao fazê-lo, devem justificar todas as despesas, até o número de cópias em cores e sacos de lixo usados, todos os anos. Heinz, Kraft e Anheuser-Busch usam o orçamento de base zero, assim como o processador de frangos Pilgrim's Pride, que monitora com zelo a quantidade de papel usado para imprimir documentos, sabonete usado pelos empregados nos banheiros e quantos Gatorades os trabalhadores bebem a cada turno. De acordo com um gerente de fábrica, o processo de orçamentação transformou a cultura. Quando um trabalhador lhe disse "Ei, preciso de uma lanterna", ele respondeu: "Você realmente precisa de uma lanterna?".[41]

Por si só, nenhuma dessas ferramentas – análises do fluxo de caixa, balanços patrimoniais, demonstrações de resultados, índices financeiros ou orçamentos – contam toda a história financeira de um negócio. Elas devem ser usadas em conjunto para se avaliar o desempenho financeiro da empresa. Como essas ferramentas são revisadas em detalhes nas aulas de contabilidade e finanças, apenas uma breve visão geral é fornecida aqui. Ainda assim, são ferramentas necessárias para controlar as finanças e as despesas organizacionais, e devem fazer parte da sua caixa de ferramentas de negócios. Infelizmente, a maioria dos gestores não tem um bom entendimento dessas ferramentas contábeis, embora devesse.[42]

Apesar de ninguém discutir a importância das análises do fluxo de caixa, balanços patrimoniais, demonstrações de resultados, índices financeiros ou orçamentos para determinar a saúde financeira de uma empresa, a pesquisa contábil também indica que a complexidade e a enorme quantidade de informações contidas nessas ferramentas contábeis podem bloquear o cérebro e embaçar os olhos até mesmo do gestor mais experiente.[43] Às vezes, há simplesmente muita informação para entender. O *balanced scorecard* simplifica as coisas concentrando-se em uma questão simples quando se trata de finanças: "Como os acionistas nos veem?". Uma forma de responder a esta pergunta é algo chamado valor econômico agregado.

Conceitualmente, **valor econômico agregado (*economic value added* – EVA)** não é o mesmo que lucros. É o montante pelo qual os lucros excedem o custo do capital num determinado ano. Baseia-se na simples ideia de que o capital é necessário para administrar um negócio, e esse capital tem um custo. Embora a maioria das pessoas pense em capital como dinheiro, depois de investido (ou seja, gasto), o capital é mais provável de ser encontrado em uma empresa sob a forma de computadores, fábricas, empregados, matérias-primas, e assim por diante. E, assim como os juros que um proprietário paga em uma hipoteca ou que um estudante da faculdade paga em um financiamento estudantil, há um custo associado a esse capital.

Os custos de capital mais comuns são os juros

Análise do fluxo de caixa um tipo de análise que prevê como as mudanças em uma empresa afetarão sua capacidade de receber mais dinheiro do que pagar.

Balanços patrimoniais demonstrações contábeis que fornecem uma fotografia da posição financeira de uma empresa em determinado momento.

Demonstrações de resultados demonstrações contábeis, também denominadas "demonstrações de lucros e perdas", que mostram o que aconteceu com as receitas, as despesas e o lucro líquido de uma organização ao longo de um período de tempo.

Índices financeiros cálculos geralmente utilizados para monitorar a liquidez (caixa), a eficiência e a rentabilidade de empresas ao longo do tempo em comparação com outras do mesmo setor.

Orçamentos planos quantitativos por meio dos quais os gestores decidem como alocar o dinheiro disponível para melhor alcançar as metas da empresa.

Valor econômico agregado (EVA) valor pelo qual os lucros da empresa (receitas menos despesas menos impostos) excedem o custo do capital em determinado ano.

pagos sobre os empréstimos bancários de longo prazo utilizados para comprar todos esses recursos, os juros pagos aos detentores de obrigações (que emprestam seu dinheiro para as organizações) e os dividendos (pagamentos em dinheiro) e o crescimento do valor da ação que são devidos aos acionistas. O EVA é positivo quando os resultados da empresa (receitas menos despesas menos impostos) excedem o custo do capital em determinado ano. Em outras palavras, se uma empresa deve crescer verdadeiramente, suas receitas devem ser suficientemente grandes para cobrir os custos de curto prazo (despesas e impostos anuais) e os custos de longo prazo (o custo do capital de empréstimos dos detentores de títulos e acionistas). Se você está um pouco confuso, o falecido Roberto Goizueta, ex-CEO da Coca-Cola, explicou desta forma: "Você toma dinheiro emprestado a uma certa taxa de juros, investe esse dinheiro a uma taxa maior e fica com a diferença. É simples. Essa é a essência da operação bancária".[44]

A Figura 16.3 mostra como calcular o EVA. Em primeiro lugar, começando com a demonstração de resultados de uma empresa, você calcula o lucro operacional líquido após impostos (Lolai), subtraindo do resultado das operações os impostos devidos. (Lembre-se de que uma revisão rápida de uma demonstração de resultados está no cartão de revisão *Revisão financeira*, disponível na página do livro, no *site* da Cengage.) O Lolai mostrado na Figura 16.3 é de \$ 3.500.000. Em segundo lugar, identifique a quantidade de capital que a empresa investiu (ou seja, gasto). O passivo total (o que a empresa deve) menos contas a pagar e menos despesas acumuladas, sobre nenhum dos quais incidem juros, fornece uma aproximação desse valor. Na Figura 16.3, o capital total investido é de \$ 16.800.000. Em terceiro lugar, calcule o custo (ou seja, a taxa) pago pelo capital, determinando os juros pagos aos credores (que emprestam seu dinheiro para as organizações), que geralmente fica entre 5% e 8%, e o retorno que os acionistas desejam em termos de dividendos e valorização das ações, que historicamente é de quase 13%. Faça uma média ponderada dos dois para determinar o custo total do capital. Na Figura 16.3, o custo do capital é de 10%. Em quarto lugar, multiplique o capital total (\$ 16.800.000) da etapa 2 pelo custo do capital (10%) da etapa 3. Na Figura 16.3, esse valor é de \$ 1.680.000. Em quinto lugar, subtraia o custo total de capital do capital na etapa 4 do Lolai na etapa 1. Na Figura 16.3, esse valor é de \$ 1.820.000, o que significa que, no nosso exemplo, a empresa criou valor ou riqueza econômica este ano. Se o nosso número EVA tivesse sido negativo, significaria que a empresa não obteve lucros suficientes para cobrir o custo de capital dos detentores de títulos e acionistas; ela teria destruído valor econômico ou riqueza, absorvendo mais dinheiro do que devolvendo.[45]

Por que o EVA é tão importante? Em primeiro lugar, e mais importante, como inclui o custo do capital, ele mostra se um negócio, divisão, departamento, centro de lucro ou produto realmente está se pagando. A chave é garantir que gestores e empregados possam ver como suas escolhas e comportamentos afetam o EVA da empresa. Por exemplo, por causa dos sistemas de treinamento e informação em EVA, os trabalhadores da fábrica da Herman Miller, um dos principais fabricantes de móveis de escritório, entendem que o uso de materiais mais eficientes, como a placa de madeira compensada de custo inferior, em vez de placas de madeira maciça, contribui com dinheiro extra de EVA em cada mesa que a empresa fabrica. Em seu *site*, a Herman Miller explica: "Nos termos do plano de EVA, mudamos nosso foco de desempenho orçamentário para melhorias contínuas no longo prazo e a criação de valor econômico. Quando fazemos planos para melhorias, incluímos uma análise EVA. Quando tomamos decisões para adicionar ou cortar programas, analisamos o impacto no EVA. Todos

Figura 16.3

Calculando o Valor Econômico Agregado (EVA)

1. Calcular o lucro operacional líquido após impostos (Lolai).	\$ 3.500.000	
2. Identificar quanto do capital a empresa investiu (isto é, despesa).	\$16.800.000	
3. Determinar o custo (isto é, taxa) pago pelo capital (geralmente entre 5% e 8%).	10%	
4. Multiplicar o capital utilizado (etapa 2) pelo custo do capital (etapa 3).	(10% × \$16.800.000) = \$1.680.000	
5. Subtrair o custo total em dólares do capital do lucro líquido após impostos.	\$3.500.000	Lolai
	– \$1.680.000	Custo total do capital
	\$1.820.000	EVA

os meses, estudamos nosso desempenho em termos de EVA, e esse sistema de medição é uma das primeiras coisas que novos empregados da empresa aprendem".[46] "O resultado é uma mão de obra altamente motivada e treinada em negócios que desafia as convenções e se esforça para criar cada vez mais valor para clientes e proprietários. Todos os meses, a empresa e todos os empregados revisam o desempenho em termos de EVA, que provou ser um corolário forte para o valor para o acionista."[47]

Em segundo lugar, como o EVA pode ser facilmente determinado para subconjuntos de uma empresa, como divisões, escritórios regionais, fábricas e, às vezes, até departamentos, ele leva os gestores e trabalhadores de todos os níveis a prestar uma atenção muito maior ao segmento do negócio. Em outras palavras, o EVA motiva gestores e trabalhadores a pensar como pequenos empresários que devem lutar para conter custos e gerar negócios suficientes para atender às suas contas a cada mês. E, ao contrário de muitos tipos de controles financeiros, o EVA não especifica o que deve ou não ser feito para melhorar o desempenho. Assim, incentiva gestores e trabalhadores a serem criativos na busca de formas de melhorar o desempenho do EVA.

Rose Carson/Shutterstock.com

Lembre-se de que o EVA é o valor pelo qual os lucros excedem o custo do capital em um determinado ano. Assim, quanto mais exceder o custo total do capital, mais bem uma empresa usou o dinheiro dos investidores naquele ano. Por exemplo, a Apple teve um EVA de $ 28 bilhões em 2012, de longe o maior no mundo. A empresa mais próxima naquele ano foi o Google com $ 5,28 bilhões. Para colocar o desempenho da Apple no EVA de 2012 em perspectiva, note que ele cresceu astronomicamente 74% por ano entre 2010 e 2012 e que o EVA de $ 28 bilhões foi 16,5 vezes o EVA médio da Apple de apenas $ 1,7 bilhão por ano entre 2005 e 2009. O desempenho financeiro do EVA da Apple em 2012 foi realmente extraordinário e o maior já alcançado por qualquer empresa.[48]

16-3c Perspectiva do cliente: controle de evasão de clientes

O segundo aspecto do desempenho organizacional que o *balanced scorecard* ajuda os gestores a monitorar é o cliente. Ele faz isso forçando os gestores a abordar a seguinte questão: "Como os clientes nos veem?". Infelizmente, a maioria das empresas tenta responder a essa pergunta por meio de pesquisas de satisfação do cliente, mas estas geralmente são bastante positivas. A maioria dos clientes reluta em falar sobre seus problemas porque não sabem a quem se queixar ou acham que reclamar não vai adiantar. Na verdade, um estudo do Escritório Federal de Assuntos do Consumidor australiano descobriu que 96% dos clientes infelizes nunca se queixam a ninguém na empresa.[49]

Uma das razões pelas quais as pesquisas de satisfação do cliente podem ser enganosas é que, às vezes, os clientes muito satisfeitos farão negócios com os concorrentes. Em vez de analisar as pesquisas de satisfação dos clientes atuais, estudos indicam que as empresas podem fazer melhor trabalho para responder à pergunta "Como os clientes nos veem?" monitorando de perto a **evasão de clientes**, ou seja, identificar quais clientes a empresa está perdendo e medir a taxa em que estão saindo. Ao contrário dos resultados das pesquisas de satisfação do cliente, evasão e retenção de clientes têm um grande efeito sobre os lucros.

Como a maioria dos sistemas contábeis mede o impacto financeiro da atividade atual (vendas) de um cliente, em vez do valor perpétuo de cada cliente, poucos gestores percebem o impacto financeiro que até mesmo uma baixa taxa de evasão de clientes pode ter sobre um negócio. As empresas frequentemente perdem de 15% a 20% de seus clientes a cada ano, de forma que mesmo uma pequena melhoria na retenção pode ter um impacto significativo nos lucros. De fato, manter apenas 5% mais clientes por ano pode aumentar os lucros anuais de 25% a 100%. Portanto, os gestores devem prestar mais atenção à evasão de clientes. John Tschohl, escritor e consultor de negócios, trabalhou com uma rede de 17 centros de doação de plasma sanguíneo para determinar o impacto financeiro da evasão. Com 40.600 doadores por ano, a análise da rede mostrou que o "tempo de vida" de um doador típico, enquanto está ativo, era de 3,4 anos. Durante esse tempo de vida cada doador contribuía com lucro de cerca de $ 6.000 para a empresa. No entanto, todos os anos, uma coorte de 2.340 doadores se evadia, fazendo que a taxa de evasão de clientes anual da rede fosse de 6%. Embora a taxa pudesse ser modesta, o impacto financeiro era considerável, resultando em mais de $ 100 milhões em receitas perdidas e $ 60 milhões em redução de lucros por ano, ou $ 200 milhões em termos de perpetuidade (3,4 anos) de uma única coorte (2.430 pessoas) de evasores.[50]

Além dos benefícios claros para os resultados, o segundo motivo para estudar as evasões de clientes é que aqueles que partem são muito mais propensos do que os clientes atuais a dizer o que você está fazendo de errado. Talvez a melhor maneira de aproveitar essa fonte de *feedback* é ter gestores de alto nível de vários departamentos conversando diretamente com os clientes que evadiram. Também vale a pena ter gestores da alta administração conversando com clientes insatisfeitos que ainda estão com a empresa. Finalmente, as empresas que entendem por que os clientes evadem

Evasão de clientes uma avaliação de desempenho na qual as empresas identificam quais clientes estão evadindo e medem a taxa em que estão evadindo.

Mantenha o foco nos melhores clientes e abdique dos piores

Ironicamente, servir os melhores clientes exige diferenciar o melhor do pior. Uber e Lyft querem que seus motoristas possam se concentrar em seus melhores clientes, de modo que seus robustos sistemas de classificação permitem que os motoristas classifiquem cada passageiro em uma escala de uma a cinco estrelas depois de cada trajeto. As classificações dos motoristas podem identificar os clientes que vomitaram no carro ou cujos pedidos de condução parecem fazer do motorista um condutor para atividades criminosas. (Airbnb e OpenTable usam sistemas similares de classificação de clientes.) Identificar clientes ruins realmente permite que as empresas (e motoristas e proprietários) cultivem uma grande clientela, evitando clientes ruins e focando em atender os melhores.

Fonte: J. Weed. For Uber, Airbnb and other companies, customer ratings go both ways, *New York Times*, 1º dez. 2014, B7.

não só podem tomar medidas para corrigir problemas, mas também identificar quais tendem a evadir e fazer mudanças para evitar que se evadam.

16-3d Perspectiva interna: controle de qualidade

A terceira parte do *balanced scorecard*, perspectiva interna, consiste em processos, decisões e ações que gestores e trabalhadores fazem dentro da organização. Em contraste com as perspectivas financeiras do EVA e do cliente, a perspectiva interna se concentra em processos e sistemas internos que agregam valor à organização. Para o McDonald's, essa perspectiva pode se referir a processos e sistemas que permitem que a empresa ofereça alimentos consistentes, rápidos e de baixo custo. Para a Toyota, pode ser confiabilidade quando você liga seu carro e dá partida, não importa se o carro tem 20 mil ou 200 mil km rodados. No entanto, independentemente da área escolhida por uma empresa, a chave é nela se destacar. Consequentemente, a perspectiva interna do *balanced scorecard* geralmente leva os gestores a um foco na qualidade.

Qualidade é tipicamente definida e medida de três maneiras: excelência, valor e conformidade com as expectativas.[51] Quando a empresa define seu objetivo de qualidade como de *excelência*, os gestores devem tentar produzir um produto ou serviço de desempenho e recursos inigualáveis. A revista *Condé Nast Traveler* classifica as companhias aéreas globais há 26 anos. Durante 25 anos, a Singapore Airlines foi nomeada a melhor companhia aérea do mundo.[52] Enquanto muitas companhias aéreas tentam apertar passageiros em cada centímetro disponível em um avião, a Singapore Airlines oferece conforto para incentivar negócios repetidos e atrair clientes dispostos a pagar preços *premium*. Em seus aviões mais novos, a cabine de primeira classe é dividida em oito miniquartos privativos, cada um com um assento de couro incomumente largo e reciclável para dormir, uma TV LCD de 23 polegadas que funciona como um monitor de computador e uma mesa ajustável.

Valor percepção do cliente de que a qualidade do produto é excelente pelo preço oferecido.

Essas comodidades e serviços são comuns para jatos particulares, mas verdadeiramente exclusivos no setor de companhias aéreas comerciais.[53] Na década de 1970, a Singapore Airlines foi a primeira companhia aérea a introduzir uma escolha de refeições, bebidas de cortesia e fones de ouvido na classe econômica. Foi a primeira a introduzir serviços de vídeo, notícias, telefonia e fax em todo o mundo; a primeira a exibir monitores pessoais para filmes, notícias, documentários e jogos. A Singapore Airlines colocou energia elétrica para computadores portáteis há algum tempo, e, recentemente, tornou-se a primeira companhia aérea a introduzir o acesso à internet de alta velocidade a bordo.

Valor é a percepção do cliente de que a qualidade do produto é excelente pelo preço oferecido. A um preço mais elevado, por exemplo, os clientes podem perceber que o produto tem menos valor. Quando uma empresa enfatiza o valor como seu objetivo de qualidade, os gestores devem simultaneamente controlar excelência, preço, durabilidade e quaisquer outros recursos de um produto ou serviço que os clientes associem fortemente com o valor. O Kia Optima foi recentemente reconhecido pela *Kiplinger's Personal Finance* como o Melhor Valor para Carro Novo. Ele possui um motor turbinado com não apenas a potência mais elevada em sua classe, mas também a maior eficiência de combustível. O equipamento padrão inclui conectividade *bluetooth*, assentos com ajuste motorizado, rádio por satélite, um porta-luvas refrigerado e sistema de entretenimento controlado por voz. O carro também tem uma garantia, bem como um programa de assistência rodoviária de cinco anos. Com todas essas características e um preço de $ 25 mil a $ 30 mil, vários milhares de dólares mais barato do que o Toyota Camry e Honda Accord, as vendas subiram 131%.[54]

Quando uma empresa define seu objetivo de qualidade em conformidade com as especificações, os empregados devem basear decisões e ações avaliando se os serviços e os produtos estão em conformidade com o padrão. Em comparação com a excelência e as definições de qualidade baseadas em valor que podem ser um pouco ambíguas, medir se produtos e serviços estão "conforme a especificação" é relativamente fácil. Além disso, embora a conformidade com as especificações (por exemplo, tolerâncias precisas para o peso ou a espessura de uma peça) seja geralmente associada à produção, pode ser usada igualmente para controlar a qualidade em trabalhos não relacionados à produção. A Figura 16.4 mostra uma lista de verificação que um cozinheiro ou proprietário de restaurante usaria para garantir qualidade ao comprar peixe fresco.

A forma como uma empresa define qualidade afeta os métodos e as medidas que os trabalhadores usam para controlar a qualidade. Dessa forma, a Figura 16.5 mostra as vantagens e desvantagens associadas à excelência, ao valor e à conformidade com as especificações de qualidade.

16-3e Perspectiva de inovação e de aprendizagem: sustentabilidade

A última parte do *balanced scorecard*, a perspectiva de inovação e de aprendizagem, aborda a seguinte questão:

Figura 16.4

Conformidade com a lista de verificação de especificações para comprar peixe fresco

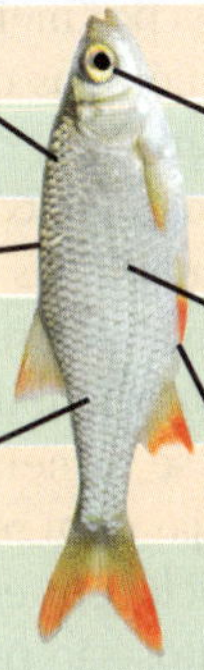

Peixe inteiro fresco	Aceitável	Não aceitável
Guelras	✓ vermelha brilhante, sem limo, muco claro	✗ de marrom a cinza, espessa, muco amarelo
Olhos	✓ claros, brilhantes, chatos, pupilas pretas	✗ opacos, afundados, embaçados, pupilas cinzentas
Cheiro	✓ inofensivo, leve cheiro de maresia	✗ cheiro pútrido de amoníaco
Pele	✓ brilho opalescente, as escamas aderem firmemente à pele	✗ cor apagada ou desbotada, escamas faltando ou facilmente removíveis
Carne	✓ firme e elástica ao toque, colada aos ossos	✗ mole e flácida, separando-se dos ossos
Cavidade do ventre	✓ sem vísceras ou sangue visível, cobertura intacta, sem protuberâncias ósseas	✗ evisceração incompleta, cortes ou ossos salientes, cheiro estranho

Fontes: A closer look: buy it fresh, keep it fresh. *Consumer Reports Online*. disponível em: <http://www.seagrant.sunysb.edu/SeafoodTechnology/SeafoodMedia/CR02-2001/CR-SeafoodII020101.htm>. Acesso em: 20 jun. 2005; How to purchase: buying fish, *AboutSeaFood*. Disponível em: <http://www.aboutseafood.com/faqs/purchase1.html>. Acesso em: 20 jun. 2005.

Figura 16.5

Vantagens e desvantagens de diferentes medidas de qualidade

Medida de qualidade	Vantagens	Desvantagens
Excelência	Promove uma visão organizacional clara.	Fornece pouca orientação prática para gestores.
	Ser/fornecer o "melhor" motiva e inspira gestores e empregados.	Excelência é um termo ambíguo. O que significa? Quem a define?
	Apela a clientes que conhecem a excelência "quando a veem".	Difícil de medir e controlar.
Valor	Os clientes reconhecem diferenças de valor.	Controlar o equilíbrio entre excelência e custo (ou seja, uma excelência acessível) pode ser difícil.
	Mais fácil de medir e comparar se produtos/serviços diferem em valor.	Pode ser difícil determinar quais fatores influenciam se um produto/serviço é visto como tendo valor.
Conformidade com as especificações	As especificações podem ser escritas, a conformidade com as especificações geralmente é mensurável.	Muitos produtos/serviços não podem ser facilmente avaliados em termos de conformidade com as especificações.
	Deve levar a uma maior eficiência.	Como promove a padronização, pode prejudicar o desempenho quando se adaptar às mudanças é mais importante.
	Promove a consistência na qualidade.	Pode ser menos apropriado para os serviços, que dependem de um alto grau de contato humano.

Fonte: Briar Cliff Manor. NY, 10510-8020; C. A. Reeves; D. A. Bednar. Defining quality: alternatives and implications. *Academy of Management Review*, p. 19 (1994), p. 419-45.

"Podemos continuar a melhorar e criar valor?". Assim, a perspectiva de inovação e de aprendizagem envolve a melhoria contínua nos produtos e serviços existentes (assunto discutido no Capítulo 18), bem como reaprender e redesenhar os processos pelos quais produtos e serviços são criados (tema abordado no Capítulo 7). Como esses temas são discutidos com mais detalhes em outras partes do livro, esta seção analisa um tema cada vez mais importante: a sustentabilidade. A Figura 16.6 mostra os quatro níveis de sustentabilidade, da eliminação de resíduos, que produz menor minimização de resíduos, até a prevenção e redução de resíduos, o que produz maior minimização.[55]

Os objetivos do nível superior, *prevenção e redução de resíduos*, são para evitar o desperdício e a poluição antes que ocorram ou para reduzi-los quando ocorrem. Em seu novo estádio de $ 1,2 bilhão em Santa Clara, na Califórnia, o San Francisco 49ers da National Football League colocou grama do tipo Bander Bermuda no campo porque consome metade da água do gramado de esportes regulares. O estádio tem um jardim de 18 mil metros quadrados em cima das suítes de luxo para fornecer isolamento e reduzir o uso de energia, mil painéis solares para gerar energia e um sistema de coleta de águas pluviais para refrigeração e irrigação. No total, o estádio é neutro em termos energéticos, o que significa que gera totalmente sua própria energia para jogos em casa. De acordo com seu presidente, Paraag Marathe: "Onde estamos no Vale do Silício, é como se fosse nossa obrigação. Se não fôssemos ambientalmente responsáveis, não seríamos tão bem-sucedidos".[56]

Existem três estratégias para prevenção e redução de resíduos:

1. *Boa manutenção* – realização de manutenção preventiva regularmente programada para escritórios, instalações e equipamentos. Exemplos de boas tarefas internas incluem o conserto imediato de válvulas com vazamentos para evitar água desperdiçada e certificar-se de que as máquinas estão funcionando corretamente para que não utilizem mais combustível do que o necessário. Da mesma forma, as empresas também estão começando a aplicar boas práticas de limpeza para seus serviços de computação em nuvem. As empresas tendem a superestimar suas necessidades de capacidade de computação, mas, como as taxas de computação em nuvem funcionam de forma semelhante a um taxímetro (o medidor está sempre rodando), podem acabar gastando muito dinheiro em capacidade de computação não utilizada. Para remediar esse problema, os engenheiros da **Netflix** criaram um *software* que encerra automaticamente o serviço durante as horas fora do horário de pico e o retoma quando a atividade faz *backup*. A **ThermoFisher**, uma empresa de biotecnologia, fez o mesmo e também redefiniu o dimensionamento dos servidores de computação em nuvem menos potentes que melhoram suas necessidades e custam muito menos para usar.[57]
2. *Substituição de material/produto* – substituição de materiais tóxicos ou perigosos por materiais menos prejudiciais.
3. *Modificação do processo* – mudança de etapas ou procedimentos para eliminar ou reduzir o desperdício.

No segundo nível de sustentabilidade, *reciclagem e reúso*, os resíduos são reduzidos reutilizando materiais ao máximo possível ou coletando materiais para reciclagem interna ou fora da empresa. A H&M, uma varejista mundial de vestuário, usa poliéster reciclado a partir de mais de 9,5 milhões de garrafas PET em seus produtos e tem um programa de reciclagem na loja por meio do qual coletou mais de cinco mil toneladas métricas de roupas usadas que doa para instituições de caridade, recicla retalhos ou os usa para fazer *jeans* novos. A H&M vende cinco novos tipos de roupas de *jeans* fabricadas com pelo menos 20% de algodão e 28% de poliéster reciclados. Segundo Henrik Lampa, gestor de sustentabilidade da H&M: "Não queremos que as roupas se tornem desperdícios, em vez disso, queremos que sejam um recurso".[58]

Uma tendência crescente na reciclagem é o *design para desmontagem*, em que os produtos são projetados desde o início para fácil desmontagem, reciclagem e reutilização depois que não são mais utilizáveis. A Kyocera, com sede no Japão, usou os princípios do *design* para desmontagem para criar impressoras a *laser* sem cartuchos (por causa de sua complexidade, os cartuchos de impressora são difíceis de reciclar). Para tornar suas impressoras fáceis de desmontar no final do seu ciclo de vida, a Kyocera as projetou com apenas cinco partes em vez de 70 inicialmente, clipes de plástico usados em vez de fixadores de metal, e marcou cada parte com códigos

Mike Brake/Shutterstock.com

No novo Levi's Stadium, existem mil painéis solares que são usados para gerar energia e um sistema de coleta de águas pluviais para refrigeração e irrigação.

Figura 16.6 Os quatro níveis da sustentabilidade

Fonte: Business Horizons, set.-out. 1995. D. R. May e B. L. Flannery, Cutting waste with employee involvement teams, p. 28-38.

que explicam como devem ser recicladas. Os projetos cuidadosos da Kyocera reduziram os resíduos de carbono em 55%, o desperdício em 85% e os custos em 54%.[59]

No terceiro nível de sustentabilidade, *tratamento de resíduos*, as empresas usam processos biológicos, químicos ou outros para transformar resíduos potencialmente nocivos em compostos inofensivos ou subprodutos úteis. Geralmente, os supermercados descartam a comida que não vendem, mas, no Reino Unido, várias cadeias de supermercados estão usando água morna e bactérias para converter resíduos de alimentos em um biogás rico em metano que alimenta geradores elétricos. Como os supermercados são tributados em $ 98 por cada tonelada de lixo que entra nos aterros, a Marks & Spencer agora envia 89% de seus resíduos de alimentos para a conversão de biogás, economizando $ 163 milhões por ano.[60]

O quarto e menor nível de sustentabilidade é a *eliminação de resíduos*. Os resíduos que não podem ser evitados, reduzidos, reciclados, reutilizados ou tratados devem ser descartados com segurança em unidades de processamento ou em aterros sanitários ambientalmente seguros que evitem vazamentos e contaminação do solo e do lençol freático. Contrariamente à crença comum, todas as empresas, e não apenas as de manufatura, têm problemas de descarte de resíduos. Por exemplo, como o computador médio dura apenas três anos, cerca de 60 milhões de computadores são descartados por ano, criando problemas de eliminação para todas as partes do mundo. Mas as organizações não podem simplesmente jogar computadores antigos no lixo porque eles possuem tubos de raios catódicos que contêm chumbo nos monitores, metais tóxicos nas placas de circuitos, plástico revestido de tinta e revestimentos metálicos que podem contaminar o lençol freático.[61] Muitas empresas doam computadores antigos e equipamento de informática para centros locais de reciclagem de computadores que distribuem os utilizáveis para organizações sem fins lucrativos ou descartam com segurança o chumbo e outros materiais tóxicos. Uma série de varejistas e fabricantes de eletrônicos opera programas de reciclagem para manter a eletrônica fora dos aterros sanitários. Por exemplo, os clientes podem descartar computadores, TVs, leitores de DVD, baterias e outros itens nas lojas Best Buy. Há uma taxa de reciclagem de $ 10 para qualquer coisa com uma tela, mas a Best Buy compensa isso com um vale presente de $ 10. A Best Buy pretendia reciclar 36 mil toneladas de produtos eletrônicos em 2015. Mas, para aqueles itens que ainda funcionam, a Costco e a Newegg.com trabalham com a Gazelle.com, que compra, remodela e revende 250 mil itens no exterior e no eBay. O estudante universitário Bobby Lozano vendeu seu iPod Nano usado e o telefone LG EnV Touch para a Gazelle: "Consegui um iPhone, então não precisava mais dos outros dois". A Gazelle limpou os dispositivos de informações pessoais e colocou $ 70 na conta PayPal de Lozano.[62]

16

FERRAMENTA DE ESTUDO

Leia o cartão de revisão do capítulo e reveja o conteúdo.

17 Gestão da informação

Stephen Coburn/Shutterstock.com

RESULTADOS DE APRENDIZAGEM

17-1 Explicar a importância estratégica da informação.

17-2 Descrever as características da informação útil (isto é, seu valor e seus custos).

17-3 Explicar os conceitos básicos de coleta, processamento e proteção de informações.

17-4 Descrever como as empresas podem acessar e compartilhar informações e conhecimentos.

17-1 IMPORTÂNCIA ESTRATÉGICA DA INFORMAÇÃO

Há uma geração, *hardware* e *software* de computador tinham pouco a ver com a gestão de informações comerciais. Em vez de armazenar informações em discos rígidos, os gestores as guardavam em arquivos. Em vez de fazer o envio de vendas diárias e níveis de estoque por satélite para a sede corporativa, eles enviavam resumos impressos para a sede no final de cada mês. Em vez de processadores de texto, os relatórios eram digitados em máquinas de escrever elétricas. Em vez de planilhas, eram feitos cálculos em calculadoras. Os gestores se comunicavam por notas adesivas, não por *e-mail*. Mensagens telefônicas eram escritas por assistentes e colegas de trabalho, não encaminhadas em seu *e-mail* como um arquivo de som com a mensagem convertida em texto. Os trabalhadores não usavam computadores *desktop*, *laptop* ou *tablet* ou *smartphones* como ferramentas diárias para fazer o trabalho. Em vez disso, agendavam o tempo de acesso limitado para executar tarefas em lote no computador *mainframe* (e rezavam para que o código do computador do trabalho em lote que haviam escrito funcionasse).

Hoje, uma geração depois, *hardware* e *software* de computador são parte integrante da gestão de informações comerciais. Isso se deve principalmente a algo chamado **Lei de Moore**. Gordon Moore é um dos fundadores da Intel Corporation, que faz 75% dos processadores integrados usados em PCs. Em 1965, Moore previu que o poder de processamento de computadores dobraria e que seu custo diminuiria em 50% a cada dois anos.[1] Como mostra a Figura 17.1, Moore estava certo. O poder de computação, medido pelo número de transistores por *chip* de computador, mais do que duplicou em poucos anos, assim como o tamanho do disco rígido e a densidade de *pixels* (ou seja, a resolução da tela). Consequentemente, o computador pousado em seu colo ou instalado em sua mesa (ou na sua mão!) não é apenas menor, mas também muito mais barato e mais poderoso do que os grandes computadores *mainframe* utilizados pelas empresas da *Fortune* 500 há 30 anos. Por exemplo, o seu iPhone substitui 13 de 15 itens, como um computador *desktop*, celular, CD *player*, filmadora e assim por diante, geralmente vendido pela Radio Shack em 1991, itens que custariam $ 3.071,21 à época ou, corrigido pela inflação, $ 5.374,46 atualmente. Portanto, seu iPhone de $ 600 não só substitui um monte de engenhocas eletrônicas de 1991, mas o faz por apenas 11% do custo.[2] Isto é a Lei de Moore atuando. Ela um dia falhará e o progresso tecnológico acabará por diminuir? Talvez, na medida em que a física e os custos do desenvolvimento de *chips* mais rápidos e mais poderosos (os *chips* de hoje já se baseiam em circuitos da espessura de um bilionésimo de metro) possam eventualmente retardar a taxa de desenvolvimento. Mas os fabricantes de *chips* já estão enfrentando os desafios de circuitos menores com soluções práticas, como os circuitos de empilhamento uns sobre os outros. Em vez de uma camada de circuitos eletrônicos, os chamados *chips* NAND 3D terão de 32 a 48 camadas em cada *chip* que já podem conter 384 *gigabytes*, três vezes mais que *chips* de uma camada.[3]

Tooykrub/Shutterstock.com

Frits van Paasschen, CEO do Starwood Hotels & Resorts, valoriza informação muito mais do que dados. Se os funcionários enviarem uma folha de cálculo volumosa, ele envia de volta, pedindo-lhes que resumam os pontos-chave.

Dados brutos são fatos e números. Por exemplo, 11, $ 762, 32 e 26.100 são alguns dados que usei no dia em que escrevi esta seção do capítulo. No entanto, fatos e números não são particularmente úteis a menos que tenham significado. Por exemplo, você provavelmente não pode adivinhar o que esses quatro itens de dados brutos representam, pode? Se você não puder, esses dados são inúteis. É por isso que os pesquisadores fazem a distinção entre dados brutos e informação. Enquanto dados brutos consistem em fatos e números, **informação** refere-se a dados úteis que podem influenciar as escolhas e o comportamento de alguém. Uma forma de entender a diferença entre dados e informação é que esta tem contexto. Frits van Paasschen, CEO do Starwood Hotels & Resorts, valoriza a informação muito mais do que dados. Se os funcionários enviarem uma folha de cálculo volumosa, ele nem vai ler: "Quando recebo um arquivo grande, a primeira coisa que faço é enviá-lo de volta solicitando que me digam os pontos principais que realmente preciso entender".[4]

Lei de Moore previsão de que, a cada dois anos, o poder de processamento de computadores dobraria e seu custo cairia em 50%.

Dados brutos fatos e números.

Informação dados úteis que podem influenciar as escolhas e o comportamento das pessoas.

Figura 17.1
Lei de Moore

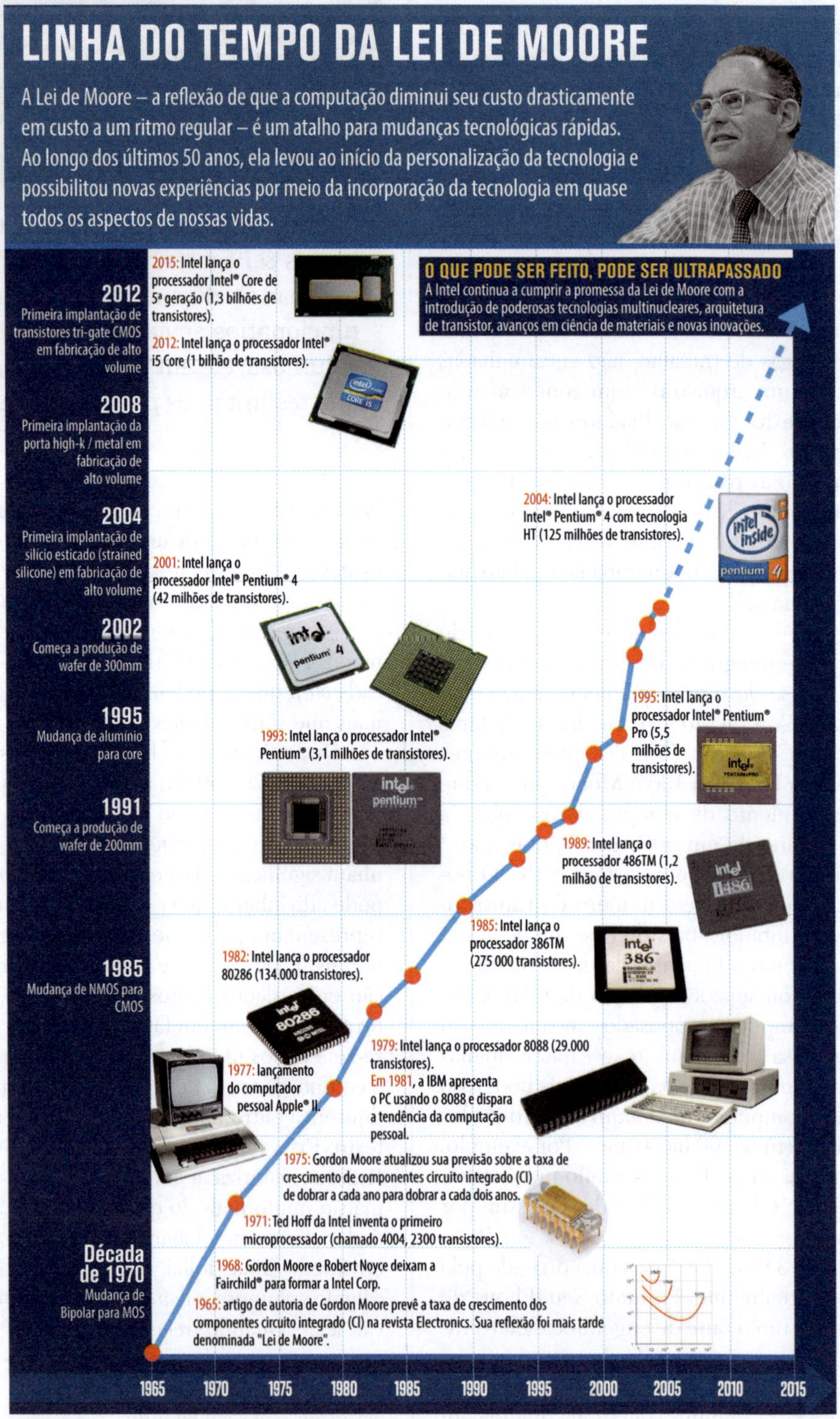

LINHA DO TEMPO DA LEI DE MOORE
A Lei de Moore – a reflexão de que a computação diminui seu custo drasticamente em custo a um ritmo regular – é um atalho para mudanças tecnológicas rápidas. Ao longo dos últimos 50 anos, ela levou ao início da personalização da tecnologia e possibilitou novas experiências por meio da incorporação da tecnologia em quase todos os aspectos de nossas vidas.
2012
Primeira implantação de transistores tri-gate CMOS em fabricação de alto volume
2008
Primeira implantação da porta high-k / metal em fabricação de alto volume
2004
Primeira implantação de silício esticado (strained silicone) em fabricação de alto volume
2002
Começa a produção de wafer de 300mm
1995
Mudança de alumínio para core
1991
Começa a produção de wafer de 200mm
1985
Mudança de NMOS para CMOS
Década de 1970
Mudança de Bipolar para MOS
2015: Intel lança o processador Intel® Core de 5ª geração (1,3 bilhões de transistores).
2012: Intel lança o processador Intel® i5 Core (1 bilhão de transistores).
O QUE PODE SER FEITO, PODE SER ULTRAPASSADO
A Intel continua a cumprir a promessa da Lei de Moore com a introdução de poderosas tecnologias multinucleares, arquitetura de transistor, avanços em ciência de materiais e novas inovações.
2004: Intel lança o processador Intel® Pentium® 4 com tecnologia HT (125 milhões de transistores).
2001: Intel lança o processador Intel® Pentium® 4 (42 milhões de transistores).
1995: Intel lança o processador Intel® Pentium® Pro (5,5 milhões de transistores).
1993: Intel lança o processador Intel® Pentium® (3,1 milhões de transistores).
1989: Intel lança o processador 486TM (1,2 milhão de transistores).
1985: Intel lança o processador 386TM (275 000 transistores).
1982: Intel lança o processador 80286 (134.000 transistores).
1979: Intel lança o processador 8088 (29.000 transistores).
Em 1981, a IBM apresenta o PC usando o 8088 e dispara a tendência da computação pessoal.
1977: lançamento do computador pessoal Apple® II.
1975: Gordon Moore atualizou sua previsão sobre a taxa de crescimento de componentes circuito integrado (CI) de dobrar a cada ano para dobrar a cada dois anos.
1971: Ted Hoff da Intel inventa o primeiro microprocessador (chamado 4004, 2300 transistores).
1968: Gordon Moore e Robert Noyce deixam a Fairchild® para formar a Intel Corp.
1965: artigo de autoria de Gordon Moore prevê a taxa de crescimento dos componentes circuito integrado (CI) na revista Electronics. Sua reflexão foi mais tarde denominada "Lei de Moore".
1965
1970
1975
1980
1985
1990
1995
2000
2005
2010
2015

"Moore's Law Timeline", Intel, http://download.intel.com. Acesso em 27 de setembro de 2015.

Então, o que esses quatro dados significam? Bem, 11 representa Channel 11, o afiliado local da CBS no qual assisti à parte do torneio masculino de golfe PGA; $ 762 é o quanto me custará alugar uma *minivan* por uma semana se eu for esquiar nas férias de primavera; 32 é para o cartão de armazenamento de 32 *gigabytes* que quero adicionar à minha câmera digital (os preços estão baixos, então provavelmente vou comprar); e 26.100 significa que é hora de trocar o óleo do meu carro.

Nos ambientes de negócios extremamente competitivos de hoje, informação é tão importante quanto capital (isto é, o dinheiro) para o sucesso comercial, seja sobre estoque de produtos, preços ou custos. É preciso dinheiro para começar as empresas, mas elas não podem sobreviver e crescer sem a informação certa.

> A chave para sustentar uma vantagem competitiva é o uso da tecnologia da informação para melhorar continuamente e apoiar as principais funções de uma empresa.

A informação tem importância estratégica para as organizações porque pode ser usada para ***17-1a obter vantagem do pioneiro*** *e* ***17-1b sustentar a vantagem competitiva depois que ela foi criada.***

17-1a Vantagem do pioneiro

Vantagem do pioneiro é a vantagem estratégica que as empresas ganham ao ser as primeiras em uma indústria a usar a nova tecnologia da informação para reduzir substancialmente os custos ou diferenciar um produto ou serviço dos concorrentes. A Pandora, por exemplo, foi pioneira na transmissão de música e lidera esse mercado altamente competitivo com uma participação de 9,13% do mercado total de escuta de rádio dos Estados Unidos (que inclui todas as estações de rádio e serviços de transmissão), em comparação com 7,29% no ano anterior. A Pandora, que é gratuita para ouvintes, porque ganha dinheiro da propaganda, tem 79,2 milhões de ouvintes ativos, acima dos 75,3 milhões no ano anterior.[5]

Embora a vantagem do pioneiro geralmente leve a lucros e participação de mercado acima da média, não imuniza uma empresa da concorrência. A Pandora já enfrenta três concorrentes principais: Spotify (60 milhões de ouvintes, 15 milhões de assinantes), Deezer (16 milhões de ouvintes, 6 milhões de assinantes) e iTunes Radio da Apple (40 milhões de ouvintes gratuitos). Dois novos concorrentes ao *streaming* de música, o Prime Music da Amazon, gratuito para os membros estimados em 40 milhões de Amazon Prime (que pagam $ 99 por ano pela adesão Prime, que inclui entregas em dois dias e outros benefícios) e Beats Music da Apple (300 mil assinantes), adquirida por $ 3 bilhões da Beats Electronics por seu serviço de assinatura Beats Music, representam novas e graves ameaças para a Pandora.[6]

Muitos pioneiros não conseguiram capitalizar suas vantagens estratégicas. O Netscape perdeu a vantagem do pioneiro nos navegadores da *web*, assim como o MySpace nas mídias sociais e o Yahoo! nos mecanismos de busca.[7] Um estudo realizado com 30 pioneiros descobriu que dois fatores eram importantes para sustentar a vantagem do pioneiro: o ritmo em que a tecnologia do produto muda e a rapidez com que o mercado cresce.[8] Como mostram esses exemplos, se melhor tecnologia está sendo introduzida rapidamente por novos participantes e o mercado está crescendo rapidamente (o que atrai novos concorrentes que querem uma parcela desse mercado em crescimento), pode ser difícil sustentar a vantagem do pioneiro.

17-1b Como sustentar a vantagem competitiva

Conforme descrito, as empresas que usam tecnologia da informação para estabelecer a vantagem do pioneiro geralmente têm maiores participações de mercado e lucros maiores. De acordo com a visão baseada em recursos da tecnologia da informação mostrada na Figura 17.2, as empresas precisam abordar três questões críticas para sustentar uma vantagem competitiva com a tecnologia da informação. Em primeiro lugar, a tecnologia da informação cria valor para a empresa, reduzindo custos ou fornecendo um produto ou serviço melhor? Se uma tecnologia da informação não adiciona valor, investir nela colocaria a empresa em desvantagem competitiva em relação às empresas que escolhem tecnologias da informação que agregam valor.

Em segundo lugar, a tecnologia da informação é igual ou diferente em empresas concorrentes? Se todas as empresas tiverem acesso à mesma tecnologia da informação e usarem da mesma forma, nenhuma empresa terá vantagem em relação a outra (ou seja, haverá paridade competitiva).

> **Vantagem do pioneiro** vantagem estratégica que a empresa ganha ao ser a primeira a usar uma nova tecnologia da informação para reduzir substancialmente os custos ou para tornar um produto ou serviço diferente do dos concorrentes.

Figura 17.2

Usando tecnologia da informação para sustentar uma vantagem competitiva

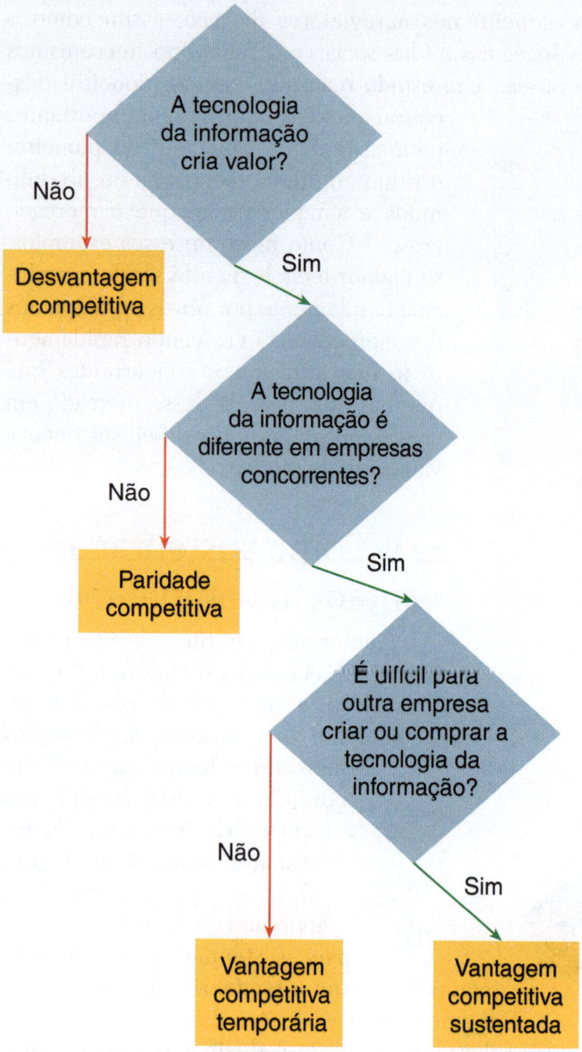

Fonte: Adaptada de F. J. Mata; W. L. Fuerst; J. B. Barney. Information technology and sustained competitive advantage: a resource-based analysis, *MIS Quarterly* 19, n. 4, dez. 1995: p. 487-505.

Em terceiro lugar, é difícil para outra empresa criar ou comprar a tecnologia da informação utilizada pela empresa? Se assim for, a empresa estabeleceu uma vantagem competitiva sustentável em relação aos concorrentes pela tecnologia da informação. Caso contrário, a vantagem competitiva é apenas temporária, e os competidores poderão eventualmente duplicar as vantagens que a empresa líder ganhou com a tecnologia da informação.

Em suma, a chave para sustentar uma vantagem competitiva não é ter computadores mais rápidos, mais memória ou discos rígidos maiores. A chave é o uso da tecnologia da informação para continuamente melhorar e dar suporte às principais funções de uma empresa. Embora a American Airlines tenha sido a primeira companhia aérea a fornecer computadores *tablet* para pilotos com o propósito de substituir manuais e gráficos de navegação (anteriormente mantidos em pastas dentro de sacos pesando 18 kg), a British Airways está usando iPads para melhorar a parte central de seus negócios, o nível de serviços que os comissários de bordo apresentam no atendimento a passageiros importantes viajando na cabine *executive* e na primeira classe. Anteriormente, antes de cada partida, os comissários liam pilhas de textos impressos para memorizar as preferências de passageiros importantes. Agora, no entanto, com iPads atualizados automaticamente horas antes da partida dos voos e disponíveis discretamente na cabine durante toda a viagem, os comissários têm acesso imediato ao que os passageiros gostam ou não, pedidos de refeições especiais e até necessidades médicas. Além disso, os iPads contêm tabelas de assentos que mostram onde os membros do clube de fidelidade estão sentados, para que os comissários possam cumprimentá-los pessoalmente quando embarcarem. Segundo o comissário de bordo Daljit Kaur: "Estou à frente de mim mesmo, sabendo onde nossos clientes corporativos e de alto valor estão sentados e quem precisa de ajuda". Como os comissários podem atender tão bem, "Eles olham para você e dizem: 'Você teve algum curso especial?'". Para finalizar, os comissários de bordo usam os iPads para enviar reclamações de clientes. De acordo com Pippa Grech, que gerencia o programa de iPad da British Airways: "A tripulação faz isso para que os passageiros não tenham que perder suas férias tentando fazer as reclamações por conta própria. Caso contrário, quando saírem do avião, eles pensarão: 'Ah, não vou me preocupar com isso'".[9]

17-2 CARACTERÍSTICAS E CUSTOS DA INFORMAÇÃO ÚTIL

Em 2014, os jogadores da NFL trocaram grossas pastas de três argolas pelo PlayerLync, uma plataforma eletrônica para visualização de livros didáticos em *tablets*. Para Jacob Tamme, atacante do Denver Broncos: "Isso muda a forma como você se prepara. Você pode sair do campo de treino, entrar na banheira fria e assistir a um filme... no seu iPad".[10] A próxima onda de informações úteis vem por dispositivos que os jogadores usam na prática ou nos jogos. Câmeras nos capacetes de *quarterbacks* mostram para onde ele estava olhando durante os *check downs* (ou seja, "Meu primeiro receptor está marcado. Olhe para o segundo receptor. Ele está marcado. Olhe para o *running back*. Ele está livre. Jogue para ele"). Do mesmo modo, as etiquetas de identificação por radiofrequência (discutidas na seção 17-3a) nas almofadas de ombro indicam

RJ Sangosti/Denver Post/Getty Images

Greg Menard, cofundador e CTO da PlayerLync, mostra como os jogadores e a equipe de treinadores do Denver Broncos analisam a fita do jogo em *tablets*.

a velocidade com que os jogadores correm, o trabalho duro nos treinos ou quantas calorias queimam. O diretor-geral de Pittsburgh Steelers, Kevin Colbert, está entusiasmado com as possibilidades: "Ser capaz de dizer a um *quarterback* onde ele deveria estar, para poder mostrar a um defensor como um ataque é visto no nível do solo, seria ótimo. Seria mais realista".[11]

Como o uso da NFL de câmeras e chips *RFID demonstra, a informação é útil quando é* ***17-2a precisa, 17-2b completa, 17-2c relevante*** *e* ***17-2d oferecida no momento certo.*** *No entanto, pode haver custos de* ***17-2e aquisição, 17-2f processamento, 17-2g armazenamento, 17-2h recuperação*** *e* ***17-2i comunicação associados à informação útil.***

17-2a Informação precisa

Informação é útil quando é precisa. Antes de confiar em informações para tomar decisões, você deve saber se a informação está correta. Mas, e se não for? Muitos varejistas usam pesquisas de satisfação do cliente para determinar o que precisam melhorar e se os tempos de espera na fila estão sempre próximos do topo da lista. Mas perguntar aos clientes sobre os tempos de espera na fila do caixa pode produzir dados imprecisos. Os clientes estimam com precisão tempos de espera de três minutos ou menos, mas superestimam tempos de espera de quatro minutos, que relatam como cinco ou seis, e erram completamente estimativas de cinco minutos de espera, que relatam como dez. Geralmente, os varejistas que dependem desses dados superestimam o tempo de espera da compra e podem acabar contratando muitos caixas para resolver o problema.[12]

A **Kroger**, em vez disso, obtém dados mais precisos das câmeras infravermelhas que contam o número de clientes na loja que estão nos caixas. Esses dados mostraram à Kroger que suas lojas tinham muitos clientes no almoço e pela manhã comprando apenas alguns itens, que seriam mais bem atendidos por caixas expressos. Então, a Kroger adicionou mais dois mil caixas expressos a suas lojas. Como resultado dessas mudanças, feitas com base em informações mais precisas, a espera média na Kroger caiu de quatro minutos para 26 segundos.[13]

Controlando os riscos dos programas BYOD (Bring Your Own Device – Traga Seu Próprio Equipamento)

No trabalho, milhões de funcionários usam seus próprios dispositivos para realizar negócios. Os programas de *Bring-your-own-device* são convenientes e econômicos para funcionários e empregadores. Os funcionários já não têm que fazer malabarismos com dispositivos e muitas vezes são reembolsados por uma parte de suas contas de telefonia sem fio. Os empregadores não precisam comprar para todos no escritório o mais recente *smartphone*. Mas os programas BYOD não são livres de desvantagens, particularmente no caso de uma quebra de segurança. Usando o *software* desenvolvido pela Fiberlink, os empregadores podem limpar remota e completamente todos os dispositivos em sua rede, sem distinguir entre informações profissionais e pessoais. Isso significa que fotos pessoais, música e aplicativos são apagados, além de *e-mails*, contatos e documentos da empresa. A Fiberlink limpa quase 100 mil dispositivos por ano, e, embora apagar arquivos possa ser inconveniente para os funcionários, a tendência BYOD não mostra sinais de desaceleração. De acordo com a Gartner Research, até 2017 metade de todos os empregadores dos Estados Unidos vão parar de fornecer equipamentos para funcionários para fins de trabalho; há a expectativa de que eles usem os seus próprios.

Fonte: L. Weber. Workers' devices get a remote cleaning. *Wall Street Journal*, 10 set. 2014, p. B7.

17-2b Informação completa

Informação é útil quando está completa. Informação incompleta, ou sua omissão, dificulta o reconhecimento de problemas e a identificação de soluções potenciais. Após um acidente de avião, investigadores recuperam informações essenciais das gravações da caixa-preta do avião. Se ela for perdida ou danificada, os pesquisadores talvez nunca compreendam o que aconteceu. "Todos falam sobre a caixa-preta em um avião", diz Vic Charlebois, vice-presidente de operações da companhia aérea canadense First Air, "mas ela está permanentemente instalada em um avião, e se o avião desaparecer, a caixa-preta sumirá com ele".[14] Na verdade, quando o voo 370 da Malaysia Airlines desapareceu na rota de Kuala Lumpur para Pequim, em março de 2014, os investigadores tiveram que adivinhar a causa do desaparecimento porque o avião e sua caixa-preta ainda estavam desaparecidos, mesmo após uma busca de quatro meses.[15]

Reguladores sugeriram há muito tempo colocar sistemas de dados ao vivo em aviões para transmitir dados do voo em tempo real, mas as companhias aéreas hesitaram por causa dos custos estimados em $ 100 mil por avião.[16] A First Air, com sede no Canadá, está instalando um serviço de transmissão de dados ao vivo que pode fornecer muito mais informações completas e úteis. Desenvolvido pela Flyht, do Canadá, o sistema FLYHTStream aplicado pela First Air pode ser pré-programado para transmitir automaticamente dados ao vivo sob certas condições ou ser ativado manualmente pelo piloto ou pelos controladores terrestres. De acordo com Vic Charlebois da First Air: "Vamos tomar o caso da aeronave da Malásia. Se estivesse sendo monitorado por satélites e um controlador visse que ela estava se afastando da rota, o procedimento seria ativar o FLYHTStream e depois entrar em contato com a equipe para ver o que estava acontecendo".[17]

17-2c Informação relevante

Você pode ter informação completa e precisa, mas não será muito útil se não diz respeito aos problemas que enfrenta. Por exemplo, se você tiver o azar de contrair penfigoide bolhoso, uma doença de pele rara que resulta em grandes bolhas aquosas nas partes internas das coxas e nos membros superiores, é provável que o dermatologista que consultá-lo não tenha nenhuma experiência relevante com essa doença para ser capaz de reconhecê-la e tratá-la. E foi exatamente o que aconteceu com a Dra. Kavita Mariwalla, que ficou perplexa quando um paciente apareceu com esses problemas. Então, ela procurou o Modernizing Medicine, um sistema de registros médicos baseado em iPad, para obter as informações relevantes necessárias para determinar o que estava errado. Modernizing Medicine é um banco de dados baseado na internet contendo informações de mais de 14 milhões de consultas com pacientes compiladas por 3.700 médicos que utiliza o mesmo tipo de *data mining* e a inteligência artificial usada por *sites* como o Amazon.com. Segundo o Dr. Eric Horvitz, diretor-gerente de pesquisa da Microsoft: "Os registros de saúde eletrônicos são como grandes jazidas onde há muito ouro, e estamos começando a explorá-las".[18] A Dra. Mariwalla conseguiu rapidamente acesso a casos semelhantes no banco de dados do Modernizing Medicine e encontrou outros medicamentos eficazes nesses casos. De acordo com Mariwalla, o Modernizing Medicine "Dá acesso a dados, e os dados dominam. Foi muito útil, especialmente em situações clinicamente desafiadoras".[19]

Fonte: Meadowbrook Acres, Inc.

Para reduzir o tempo gasto em busca de pontos de vazamento da seiva, a Meadowbrook Maple Syrup instalou um sistema Tap Track que usa energia solar para monitorar a pressão da seiva em cada árvore.

17-2d Informação no momento certo

Finalmente, a informação é útil quando chega no momento certo. Para tanto, a informação deve estar disponível quando necessária para resolver um problema ou começar a identificar possíveis soluções. Se já pensou "Gostaria de ter sabido isso antes", entende a importância de ter a informação no momento certo e o custo de oportunidade de não tê-la.

A seiva de *maple* (plátano, em português) costumava ser coletada em baldes pendurados em tubulações fixadas nas árvores para seu recolhimento. Em vez de baldes, a extração moderna de seiva de *maple* usa longos tubos de plástico flexíveis para transportar a seiva aos armazéns. Quando o fluxo é interrompido devido a vazamentos, pode-se levar vários dias caminhando entre as ávores para localizá-los. E com uma curta safra de quatro a seis semanas, estancar vazamentos rapidamente é essencial. A Meadowbrook Maple Syrup, em Vermont, tem cinco mil tubos e 29 km de tubulações espalhados por mais de 40 hectares. Para reduzir o tempo gasto na busca de vazamentos, a Meadowbrook instalou um sistema Tap Track que usa sensores de energia solar para monitorar a pressão do tubo em cada árvore. Quando o sistema detecta uma queda de pressão (indicando um vazamento), envia um alerta para computadores da empresa e *smartphones*. Eric Sorkin, da Thunder Basin Maple Works, descreveu como o sistema Tap Track dirigia seus trabalhadores para um vazamento causado por um porco-espinho. Enquanto consertavam esse vazamento, o sistema os alertou para outro, próximo. Segundo Sorkin: "Você podia seguir o porco-espinho na próxima linha que ele cortaria. Caso contrário, seriam necessários mais alguns dias para encontrar essas duas linhas".[20]

17-2e Custos de aquisição

Custo de aquisição é o custo de obtenção de dados que você não possui. A Acxiom, uma empresa de bilhões de dólares, reúne e processa dados para empresas de *marketing* de mala direta. Se você recebeu recentemente um pedido de cartão de crédito não solicitado, "pré-aprovado" (e quem não recebe?), as chances são de que a Acxiom tenha ajudado a empresa de cartão de crédito a coletar informações sobre você. Onde a Acxiom obtém essas informações? De empresas que vendem relatórios de crédito ao consumidor a um custo por atacado de $ 1 cada. A Acxiom também obtém informações de varejistas. Cada vez que você usa seu cartão de crédito, os *sites* e os *scanners* dos caixas dos varejistas coletam informações sobre seus hábitos de consumo e preferências de produtos. A Acxiom também usa informações publicamente disponíveis, como registros de veículos motorizados e imóveis, bem como o tráfego de *sites*.

Então, por que pagar por essa informação? A aquisição pode ajudar as empresas de cartão de crédito a identificar melhor quem enviará de volta um pedido de cartão de crédito assinado e quem o rasgará e jogará no lixo. Da mesma forma, as informações da Acxiom ajudam os varejistas categorizando os consumidores em 70 grupos demográficos. Por exemplo, a Nordstrom, uma loja de departamentos de luxo, achou que valeria a pena anunciar para "Famílias Torta de Maçã", ou seja, proprietários de imóveis casados, com idade entre 46 e 65 anos, que vivem em áreas urbanas, ganham de $ 100 mil a $ 500 mil e têm crianças em idade escolar. Da mesma forma, o Walmart está na melhor posição para anunciar para "Caminhões e *Trailers*", pessoas entre 30 e 45 anos que ganham menos de $ 100 mil e vivem em áreas rurais. Pagar à Acxiom para adquirir esse tipo de dados aumenta significativamente o retorno que os varejistas e as empresas de cartões de crédito obtêm da propaganda e do *marketing* direto.

Custo de aquisição custo de obtenção de dados que você não possui.

Custo de processamento custo de transformar dados brutos em informação utilizável.

Custo de armazenamento custo de arquivar física ou eletronicamente informação para posterior recuperação e uso.

17-2f Custos de processamento

As empresas geralmente têm enormes quantidades de dados, mas não na forma ou combinação que precisam. **Custo de processamento** é o custo de transformar dados brutos em informação utilizável. Embora o Google ofereça uma ampla gama de serviços *on-line*, a maior parte de suas receitas provém de anúncios relacionados à pesquisa. Mas esses anúncios são eficazes apenas quando o Google oferece pesquisas precisas que ajudam as pessoas a encontrar o que estão procurando. Embora já opere dez centros de dados extraordinariamente caros em todo o mundo, as necessidades de processamento continuam crescendo. Por isso, o Google comprometeu-se a construir um novo *data center* de $ 1 bilhão em Council Bluffs, em Iowa (depois de ter construído lá um *data center* de $ 1,5 bilhão, em 2007).[21] Da mesma forma, na Europa, investirá $ 772 milhões para construir um *data center* em Eemshaven, na Holanda, onde há energia renovável de baixo custo, uma estação de cabos de dados internacionais subaquáticos e um clima ameno.[22] O retorno desses vários bilhões de dólares em investimentos? Eles permitem que o Google processe 40 mil pesquisas por segundo (3,5 bilhões por dia, 1,2 trilhão por ano), opere mais de 500 milhões de contas de *e-mail* do Gmail e forneça vídeos no YouTube a um bilhão de usuários, tudo isso com o objetivo de oferecer anúncios dirigidos de forma mais precisa para as pessoas que se interessam por seus serviços.[23]

17-2g Custos de armazenamento

Custo de armazenamento é o custo de arquivar física ou eletronicamente informação para posterior recuperação e uso. Embora a sua conta no Facebook seja gratuita, ele gasta bilhões para que mais de um bilhão de

Coleção valiosa de dados

Kobby Dagan/Shutterstock.com

Se houver custos associados à informação, existirá um valor associado aos dados. Pelo menos é isso que os credores da Caesars Entertainment pensam do seu programa de fidelidade Total Rewards, com o poder de 45 milhões de membros e até um *site* dedicado. Os fãs do programa são obcecados com as valorizações e a possibilidade de resgatar pontos. Os credores da empresa ficaram igualmente obcecados com o programa quando a Caesars pediu falência, declarando uma dívida de $ 18,4 bilhões. Com uma avaliação de $ 1 bilhão, o programa era um dos ativos mais significativos da Caesars, e logo surgiu uma disputa legal pelo seu controle (e dos seus dados). Outra empresa que declarou falência, mas tem uma enorme coleção de dados valiosa, é a Radio Shack, cujo banco de dados inclui nomes, endereços e dados de transações reunidos ao longo de décadas sobre cerca de 65 milhões de pessoas. No caso da Radio Shack, seus acordos de privacidade, estritos e rígidos, podem ser a única coisa que mantenha seus dados fora das mãos dos credores.

Fonte: K. O'Keefe. Real prize in Caesars fight: data on players. *Wall Street Journal*, 20 mar. 2015, p. B1; P. Brickley e D. FitzGerald. Radio Shack Is dead, long live Radio Shack *Wall Street Journal*, 2 abr. 2015, p. B1.

usuários em todo o mundo possam se conectar com os amigos, participar de jogos *on-line* e compartilhar fotos. Além disso, além dos *data center* de Oregon, na Carolina do Norte, e da Suécia, o Facebook está construindo um *data center* de $ 300 milhões com 44.000 m² em Altoona, Iowa. De acordo com Jay Parikh, vice-presidente de engenharia de infraestrutura do Facebook: "Quando concluído, Altoona estará entre as instalações mais avançadas e eficientes em termos de energia em sua categoria". Segundo Tom Furlong, vice-presidente de Operações do *Site* do Facebook: "Essa localização tinha fibra, energia e um *site* preparado para avançar com determinação". O Facebook planeja triplicar seu investimento inicial em Iowa alcançando mais de um bilhão.[24]

17-2h Custos de recuperação

Custo de recuperação é o gasto com acesso a informações já armazenadas e processadas. Um dos mal-entendidos mais comuns sobre a informação é que ela é fácil e barata de recuperar depois que a empresa a tiver. Nem tanto. Primeiro, você deve encontrar a informação. Em seguida, convencer quem quer que a tenha a compartilhá-la com você. Então, a informação deve ser processada em um formato útil para você. Quando você receber as informações de que precisa, talvez já não seja mais o momento certo.

Por exemplo, à medida que as empresas se movem em direção a sistemas de escritório sem papel, como funcionários recuperam *e-mails* arquivados, registros de arquivos, informações do *site*, documentos de processamento de texto ou imagens de forma rápida e fácil? Da mesma forma, como gestores e funcionários recuperam informações sobre custos, estoque e vendas de forma rápida e fácil?

Custo de recuperação gasto com acesso a informações já armazenadas e processadas.

Uma solução é amplamente conhecida como *software de inteligência empresarial*, que transforma, em tempo real, dados armazenados e não estruturados em informações significativas para análise e tomada de decisão empresarial. Por exemplo, os varejistas agora usam sensores, vídeos e rastreamento de celulares *bluetooth* para contar e monitorar o fluxo de compradores em todas as lojas. Tais sensores monitoram quais entradas e saídas são mais comumente usadas, onde os clientes gastam a maior parte do tempo na loja, quanto tempo permanecem em um determinado local, e assim por diante. Durante a temporada de férias, quando as lojas estavam lotadas, a Sunhee Moon, uma loja de varejo de São Francisco, ficou surpresa ao saber que os clientes passavam mais tempo em prateleiras perto da parte de trás da loja e não na entrada. Assim, peças de propaganda de férias foram movidas para a parte de trás, onde mais clientes iriam vê-las.[25] Da mesma forma, por meio do rastreamento *bluetooth* do seu telefone, os varejistas poderiam, por exemplo, notar que você esteve na loja quatro vezes sem comprar. O sistema de rastreamento poderia então ser programado para enviar ao seu telefone um cupom virtual assim que você entrar na loja. Como os cupons virtuais enviados ao celular são usados dez vezes mais do que os cupons de papel, e os usuários de *smartphones* são 14% mais propensos do que aqueles sem *smartphones* a usar esses cupons virtuais enquanto estiverem na loja, o monitoramento do sistema de inteligência empresarial oferece aos varejistas poderosas novas ferramentas para monitorar o desempenho das lojas e aumentar as vendas.[26]

17-2i Custos de comunicação

Custo de comunicação é o dispêndio da transmissão de informações de um lugar para outro. Por exemplo, uma pequena empresa, com 20 pessoas, que precisa de linhas telefônicas, com um *site* hospedado e acesso à internet de alta velocidade, paga para a Comcast cerca de $ 1.300 por mês por este acesso. O Google, a Microsoft e o Facebook fazem o mesmo para seus funcionários. Mas, devido ao volume do fluxo de dados de seus *sites* para os clientes, eles pagam milhões a mais em taxas de acesso para a Comcast e Time Warner Cable, que fornecem a espinha dorsal pela qual passam os dados da internet. Embora esses pagamentos sejam raros, é sensato que os geradores de tráfego pesado da internet paguem mais, especialmente porque o tráfego da internet da Comcast está crescendo 55% ao ano. A Netflix, que representa 35% do tráfego noturno na internet devido ao *streaming* de vídeo, também começou a pagar para a Comcast e outros provedores de internet de modo que seus serviços de transmissão sejam priorizados no tráfego de rede para as casas dos clientes.[27]

17-3 COLETANDO, PROCESSANDO E PROTEGENDO INFORMAÇÃO

Em 1907, a Metropolitan Life Insurance construiu um grande edifício de escritórios na cidade de Nova York para seu novo sistema de tecnologia da informação que representava o estado da arte. Qual foi o grande avanço na gestão da informação? Arquivos de cartões. Isso mesmo, o mesmo sistema de arquivos de cartões que todas as bibliotecas nos Estados Unidos usavam antes dos computadores. A tecnologia da informação da Metropolitan Life consistiu em 20 mil gavetas separadas arrumadas em centenas de arquivos com mais de 4,5 m de altura. Esse sistema de arquivamento mantinha 20 milhões de propostas de seguros, 700 mil livros de contabilidade e 500 mil atestados de óbito. A empresa empregava 71 pessoas que nada mais faziam além de ordenar, arquivar e subir escadas para puxar arquivos conforme necessário.[28]

A forma como conseguimos e compartilhamos informações mudou claramente. O custo, a ineficiência e a ineficácia de usar esse sistema no estado da arte de então tirariam do mercado uma companhia de seguros em poucos meses. Hoje, se tempestades, incêndios ou acidentes danificarem a propriedade dos segurados, as companhias de seguros emitirão cheques no próprio local para cobrir as perdas. Quando os segurados compram um carro, acionam o corretor de seguros de dentro da concessionária para ativar o seguro antes de dirigirem seus carros novos. Agora, as companhias de seguros estão comercializando seus produtos e serviços para clientes diretamente na internet. De cartões para a internet em apenas menos de um século, a taxa de mudança na tecnologia da informação é espetacular.

Nesta seção, você aprenderá sobre as tecnologias da informação que as empresas usam para ***17-3a coletar, 17-3b processar*** *e* ***17-3c proteger informação.***

17-3a Coletando informação

Existem dois métodos básicos para coletar informação: manual e eletrônico. A coleta manual de informação é um processo lento, dispendioso, intensivo em mão de obra e muitas vezes impreciso, que implica a gravação e a entrada de dados manualmente em um dispositivo de armazenamento de dados. Por exemplo, quando você solicitou uma carteira de motorista, provavelmente registrou suas informações pessoais preenchendo um formulário. Então, depois de passar no teste de direção, alguém digitou suas informações manuscritas no banco de dados do departamento de veículos motorizados para que as polícias local e estadual pudessem acessá-las de seus carros de patrulha no caso de pará-lo por excesso de velocidade. (Informação não é uma coisa excelente?) Para evitar os problemas inerentes a esse sistema, as empresas se baseiam mais na coleta eletrônica. Ela usa dispositivos de armazenamento eletrônico, como códigos de barras, etiquetas de identificação por radiofrequência (RFID) e *scanners* de documentos para coletar e gravar dados eletronicamente.

Códigos de barras representam dados numéricos, variando a espessura e o padrão de barras verticais. A principal vantagem dos códigos de barras é que os dados que representam podem ser lidos e gravados em um instante com um *scanner* de mão ou de caneta. Com uma passagem do *scanner* (ok, às vezes várias) e "bip!", a informação foi coletada. Os códigos de barras reduzem os tempos de espera em filas pela metade, os erros de entrada de dados em 75%, e economizam dinheiro para as lojas, já que os funcionários não precisam passar pelo processo intensivo em mão de obra de colocar um preço em cada item da loja.[29] E, com aplicativos de celular, os códigos de barras estão se tornando onipresentes em viagens (cartões de embarque virtuais), programas de fidelidade e pagamento de clientes (Starbucks) e em entretenimento, como filmes (Fandango) e eventos ao vivo (LiveNation ou

> **Custo de comunicação** dispêndio da transmissão de informações de um lugar para outro.
>
> **Código de barras** padrão visual que representa dados numéricos, variando a espessura e o padrão de barras verticais.

TicketMaster). Os códigos QR (*quick response* – resposta rápida) são códigos de barras com padrões em preto e branco digitalizados com o seu *smartphone*. Embora venham sendo usados no Japão há uma década, os códigos QR são utilizados em uma variedade de maneiras diferentes. Nas lojas da Dick's Sporting Goods, a digitalização de um código QR para uma *medicine ball* de 5 kg mostra um vídeo que indica como realizar um arremesso, fazer flexões e um movimento de agachamento usando a *medicine ball* no exercício.[30] Consumidores chineses podem pagar rapidamente por trajetos de táxis escaneando o código QR do motorista de táxi, usando o Alipay Wallet (equivalente ao PayPal do chinês Alibaba).[31] O sistema CloudClock do Replicon funciona fazendo que os funcionários digitalizem um código QR que ativa uma câmera para tirar uma fotografia e marcar a hora nela, indicando quando eles começaram e pararam o trabalho.[32] Finalmente, o BMO Harris Bank está lançando máquinas de atendimento automático (ATMs) sem cartão, nas quais os clientes usam o aplicativo bancário para indicar quanto dinheiro desejam sacar. O aplicativo gera um código QR que a ATM verifica e autoriza antes de liberar dinheiro em apenas 15 segundos, só um terço do tempo de uma transação com cartão. Além disso, os códigos QR eliminam o risco de clonagem de cartão no qual *hackers* invadem o dispositivo de leitura de cartões em ATMs.[33]

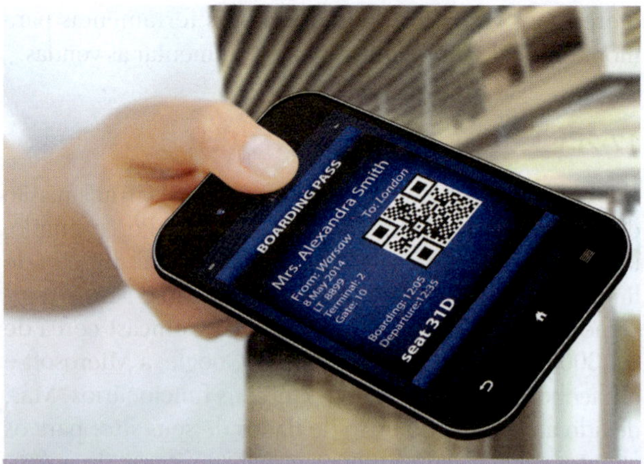

Com aplicativos de celular, os códigos de barras estão se tornando onipresentes em viagens (cartões de embarque móveis), fidelização de clientes, programas de pagamento e entretenimento, como filmes (Fandango) e eventos ao vivo (TicketMaster).

Etiquetas de identificação por radiofrequência (*radio frequency identification* – RFID) contêm *microchips* minúsculos e antenas que transmitem informações por meio de ondas de rádio.[34] Ao contrário dos códigos de barras, que exigem uma linha visual de escaneamento, as etiquetas RFID são lidas ativando um leitor RFID que, como um rádio, sintoniza uma frequência específica para determinar o número e a localização dos produtos, das peças ou de qualquer outra coisa em que as etiquetas estejam coladas. Ao ligar um leitor RFID, todas as etiquetas RFID dentro do alcance do leitor (de várias centenas a vários milhares de metros) são contabilizadas.

Etiquetas de identificação por radiofrequência (RFID) etiquetas que contêm microchips minúsculos que transmitem informações por ondas de rádio e podem ser usadas para rastrear o número e a localização dos objetos nos quais as etiquetas foram inseridas.

***Scanner* eletrônico** dispositivo eletrônico que converte texto e imagens impressas em imagens digitais.

Reconhecimento óptico de caracteres *software* com capacidade para converter documentos digitalizados em texto ASCII (código padrão norte-americano para troca de informações) que pode ser pesquisado, lido e editado por processamento de texto e outros tipos de *software*.

Como agora são muito baratos, etiquetas e leitores RFID estão sendo usados de inúmeras formas em todos os tipos de negócio. A Disney World está usando sensores de RFID para oferecer aos hóspedes uma experiência de férias personalizada e eficiente com pulseiras equipadas com RFID. As MagicBands, como a Disney as chama, permitem que os clientes entrem no parque com uma rápida passada de pulso, em vez de usar em ingressos de papel, e podem ser vinculadas a informações de pagamento dos visitantes, o que significa não ter que carregar dinheiro ou cartões de crédito para pagar um terceiro prato de *waffles* do Mickey. As MagicBands também facilitam uma experiência personalizada compartilhando nomes, aniversários e preferências com os funcionários do parque (a critério dos pais, é claro) para que uma aniversariante conheça a Cinderela, sua princesa favorita, seja saudada pelo nome e com desejos especiais de feliz aniversário. Nada disso poderia acontecer sem a RFID.[35]

***Scanners* eletrônicos**, que convertem texto e imagens impressas em imagens digitais, tornaram-se um método cada vez mais popular de coletar dados eletronicamente porque são baratos e fáceis de usar. O primeiro requisito para um bom *scanner* é um alimentador de documentos que abastece automaticamente as páginas do documento no *scanner* ou as transforma (muitas vezes com um sopro de ar) ao digitalizar livros ou documentos encadernados. O texto que foi digitalizado não pode ser pesquisado nem editado como o texto regular em seu *software* de processamento de texto. No entanto, o segundo requisito para um bom *scanner* é o *software* de **reconhecimento óptico de caracteres** para digitalizar e converter documentos originais ou digitalizados em texto ASCII (American Standard Code for Information Interchange – Código Padrão Norte-Americano para Troca de Informações) ou documentos em PDF, da Adobe. O texto ASCII pode ser pesquisado, lido e editado com processamento de texto padrão, *e-mail*, editoração eletrônica, gerenciamento de banco de dados e *software* de planilha, e os documentos em PDF podem ser pesquisados e editados com o *software* Acrobat, da Adobe.

17-3b Processamento de informação

Processamento de informação significa transformar dados brutos em informação significativa que pode ser aplicada na tomada de decisões empresariais. Avaliar dados de vendas para determinar os produtos que vendem mais ou menos, examinar registros de consertos para determinar a confiabilidade do produto e monitorar o custo das chamadas telefônicas de longa distância são exemplos de processamento de dados brutos em informação significativa. Com a coleta eletrônica automatizada de dados, o aumento do poder de processamento e formas mais baratas e mais abundantes de armazená-los, os gestores não se preocupam mais com a obtenção de dados. Em vez disso, buscam formas de utilizar a enorme quantidade de dados que lhes chegam todos os dias. Além disso, a maioria dos gestores sabe pouco sobre estatística e não tem tempo nem vocação para aprender a usá-la na análise dos dados.

Uma ferramenta promissora para ajudar os gestores a encontrar um caminho sob a avalanche de dados é a ***data mining***, o processo de descobrir padrões e relacionamentos em grandes quantidades de dados.[36] Ela é realizada por meio de algoritmos complexos, como redes neurais, indução de regras e árvores de decisão. Se você não sabe o que é isso, tudo bem. Com a *data mining*, você não precisa saber. A maioria dos gestores só precisa saber que a *data mining* procura padrões que já estão nos dados, mas são muito complexos para que possam detectar por conta própria. A Netflix é um serviço de assinatura para transmissão de filmes e programas de TV e aluguel de DVDs, de modo que muitos acharam que a empresa estava correndo risco ao produzir sua primeira série, *House of cards*, um drama político com Kevin Spacey. No entanto, com 33 milhões de assinantes apertando *play* 30 milhões de vezes ao dia, adicionando quatro milhões de avaliações por dia para ao que assistem e procurando o *site* três milhões de vezes por dia, a Netflix tinha dados para serem propectados que a maioria das empresas de entretenimento não tem. Esses dados mostraram que os clientes gostaram do ator Kevin Spacey, da versão britânica original da *House of cards* e do diretor David Fincher. De acordo com o diretor de comunicações Jonathan Friedland: "Como temos uma relação direta com os consumidores, sabemos o que as pessoas gostam de assistir e isso nos ajuda a entender o nível de interesse para um determinado programa. Isso nos deu uma certa confiança de que poderíamos encontrar uma audiência para um programa como *House of cards*.[37]

A *data mining* geralmente divide um conjunto de dados ao meio, encontra padrões em uma metade e, em seguida, testa a validade desses padrões tentando encontrá-los novamente na segunda metade do conjunto de dados. Em geral, os dados são provenientes de um ***data warehouse*** (armazém de dados) que armazena enormes quantidades de dados preparados para análise da *data mining*, sem erros nem redundâncias. Para a análise dos dados em um *data warehouse*, podem-se utilizar dois tipos de *data mining*. A ***data mining* supervisionada** geralmente começa com o usuário dizendo ao *software* de *data mining* para procurar e testar padrões e relacionamentos específicos em um conjunto de dados. Em geral, isso é feito por meio de uma série de perguntas ou declarações do tipo "E se?". Por exemplo, um gerente de supermercado pode instruir o *software* de *data mining* a determinar se os cupons colocados no jornal de domingo aumentam ou diminuem as vendas. Em contraste, na ***data mining* não supervisionada**, o usuário simplesmente diz ao *software* de *data mining* descobrir quaisquer padrões e relacionamentos que possa encontrar em um conjunto de dados. Por exemplo, como a cidade de Nova York tem cerca de três mil grandes incêndios por ano, os analistas do Departamento de Bombeiros utilizam a *data mining* para prever quais dos 330 mil edifícios da cidade estão sob maior risco de pegar fogo. O programa de *data mining* verifica 60 fatores de risco diferentes, comumente correlacionados a incêndios, como idade do edifício, elevadores (que deixam fumaça e ar superaquecido passarem entre andares) e se o prédio está desocupado, abandonado ou teve problemas elétricos. Em seguida, gera uma pontuação de risco para cada edifício, permitindo que os inspetores de incêndio priorizem prédios de alto risco para fiscalizações no local.[38] A *data mining* não supervisionada é particularmente boa na identificação de padrões de associação ou afinidade, de sequência e preditivos. Também pode identificar o que os técnicos de *data mining* chamam de *clusters* de dados.[39]

Padrões de associação ou de afinidade ocorrem quando dois ou mais elementos do banco de dados tendem a ocorrer juntos de forma significativa. A maioria dos varejistas

Pocessamento de informação transformação de dados brutos em informação significativa.

Data mining processo de descobrir padrões e relacionamentos desconhecidos em grandes quantidades de dados.

Data warehouse banco de dados que armazena enormes quantidades de dados preparados para *data mining*, sem erros nem redundâncias.

***Data mining* supervisionada** processo em que o usuário informa ao *software* de *data mining* a procurar e testar padrões e relacionamentos específicos em um conjunto de dados.

***Data mining* não supervisionada** processo em que o usuário simplesmente diz ao *software* de *data mining* para descobrir quaisquer padrões e relacionamentos que ele possa encontrar em um conjunto de dados.

Padrões de associação ou de afinidade ocorrem quando dois ou mais elementos do banco de dados tendem a ocorrer juntos de forma significativa.

envia folhetos e cupons sobre produtos para bebês depois que uma mulher deu à luz (depois que o anúncio do nascimento é tornado público), mas a Target queria agir mais cedo, em algum momento das primeiras 20 semanas de gravidez, quando as mães começam a comprar itens para o bebê. Então, a empresa voltou-se para padrões de associação e de afinidade para ver se havia uma maneira de identificar nos padrões de compras quando uma mulher estava grávida. O departamento de análise de *marketing* de clientes da Target analisou os dados de consumidor de registro de bebê disponíveis na empresa e descobriu que, no início do segundo trimestre, as mulheres grávidas frequentemente compravam loções, suplementos minerais e vitamínicos, sabonete sem perfume, desinfetante para mãos e toalhinhas. A Target encontrou um padrão de 25 produtos que identificavam as clientes grávidas com tanta precisão que a empresa poderia até mesmo estimar a data do parto. Por exemplo, se você é do sexo feminino, tem 23 anos e comprou uma loção de manteiga de cacau, uma bolsa grande que funciona como uma bolsa de fraldas, suplementos de zinco e magnésio (tomados por mulheres grávidas) e um tapete azul ou rosa, há 87% de chances de estar grávida. Por quê? Porque essas compras estão quase sempre associadas à gravidez.[40]

Padrões de sequência
quando dois ou mais elementos do banco de dados ocorrem juntos em um padrão significativo em que um dos elementos precede o outro

Padrões preditivos
padrões que ajudam a identificar elementos do banco de dados que são diferentes.

Padrões de sequência aparecem quando dois ou mais elementos do banco de dados ocorrem juntos em um padrão significativo em que um dos elementos precede o outro. Os hospitais norte-americanos adotam a Classificação de Advertência Preventiva Modificada (Modified Early Warning Score – MEWS), que usa sinais vitais comumente medidos, como pressão arterial, temperatura e frequência cardíaca, para prever a probabilidade de um paciente entrar em Código Azul, ou seja, parada respiratória ou cardíaca. Os pacientes com pontuações MEWS maiores são monitorados de forma mais próxima. Os médicos do NorthShore University HealthSystem de Chicago usaram a *data mining* para ver a precisão com que 72 variáveis médicas predisseram a probabilidade de um paciente passar para o Código Azul. Em um conjunto de dados de 133 mil pacientes, a *data mining* previu corretamente Códigos Azuis em 72% das vezes quatro horas antes de acontecerem. Em contraste, as pontuações da MEWS previam com precisão os Códigos Azuis apenas 30% das vezes.[41]

Padrões preditivos são exatamente o oposto dos padrões de associação ou de afinidade. Considerando que os padrões de associação ou de afinidade procuram elementos do banco de dados que são idênticos, os **padrões preditivos** ajudam a identificar os elementos do banco de dados que são diferentes. Bancos e empresas de cartões de crédito usam a *data mining* para encontrar padrões preditivos que distinguem os clientes que têm baixo risco de crédito daqueles que têm alto risco de crédito e que são menos propensos a pagar seus empréstimos e contas mensais. Da mesma forma, o InterContinental Hotels Group usa a *data mining* para personalizar mensagens de *marketing* para diferentes tipos de cliente. Uma campanha de *marketing* típica terá de 7 a 15 mensagens destinadas ao cliente médio do InterContinental.

iStockphoto.com/Alvinburrows

Mas, graças à *data mining*, as campanhas de *marketing* do InterContinental têm agora 1.500 mensagens para 12 grupos de clientes diferentes, cada uma relacionada a diferenças nítidas em quatro mil variáveis ou atributos. Por exemplo, um grupo de clientes à procura de barganhas usa pontos de recompensa e tende a se hospedar em finais de semana. Então, só recebem mensagens de *marketing* sobre pacotes e eventos de final de semana, em contraste com viajantes de negócios, menos sensíveis ao preço, que pagam com cartões de crédito corporativos e permanecem durante a semana.[42]

***Clusters* de dados** são o último tipo de padrão encontrado pela *data mining*. Eles surgem quando três ou mais elementos do banco de dados ocorrem juntos (ou seja, estão em *cluster*) de uma forma significativa. Por exemplo, depois de analisar vários anos de consertos e reclamações de garantia, a Ford Motor Company pode achar que, em comparação com os carros construídos em sua fábrica de Chicago, os que constrói em Kansas City (primeiro elemento) são mais propensos a ter problemas com correias de ventilador apertadas (segundo elemento) que se rompem (terceiro elemento) e resultam em motores superaquecidos (quarto elemento), radiadores danificados (quinto elemento) e gastos com caminhões de reboque (sexto elemento), pagos pela sua garantia estendida de cinco anos ou 100 mil km.

Tradicionalmente, a *data mining* tem sido muito cara e complexa. No entanto, hoje, os serviços e as análises de *data mining* estão muito mais acessíveis e ao alcance dos orçamentos da maioria das empresas. E, se seguir o caminho da maioria das tecnologias, a *data mining* se tornará ainda mais fácil e mais barata para uso no futuro.

17-3c Proteção de informação

Proteção de informação é o processo de garantir que os dados sejam confiáveis e consistentemente recuperáveis em um formato utilizável para usuários autorizados, e para ninguém mais. Infelizmente, isso não aconteceu quando *hackers* norte-coreanos invadiram os computadores corporativos da Sony Pictures, liberando o *malware* que destruiu completamente importantes bancos de dados e, em seguida, revelando *e-mails* embaraçosos em retaliação a um filme de comédia, *The interview*, no qual dois jornalistas são recrutados pela CIA para assassinar o líder norte-coreano Kim Jong Un.[43] Os *hackers* também lançaram cópias de filmes da Sony na internet, bem como informações pessoais confidenciais, incluindo números de seguridade social de 47 mil pessoas. No início, a quantidade de dados destruídos dificultou para os investigadores identificar os *hackers*. Segundo Michael Lynton, CEO da Sony Entertainment: "Levei 24 ou 36 horas para entender completamente que não era algo que poderíamos recuperar nas próximas duas semanas".[44]

Pessoas de dentro e fora das organizações podem roubar ou destruir dados da empresa de várias maneiras, incluindo ataques ao servidor de internet que passa então a negar serviços que podem reduzir alguns dos *sites* mais movimentados e de melhor execução; vírus e *malware*, *spyware* ou *adware* que se espalham rapidamente e podem resultar em perda de dados e interrupção de negócios; monitoramento de teclado, em que cada clique do *mouse* e cada pressão de tecla são monitorados, armazenados e enviados para usuários não autorizados; *software* de *quebra* de senha, que rouba senhas supostamente seguras; e o *phishing*, em que *e-mails* e *sites* falsos, mas reais, enganam os usuários ao solicitarem o compartilhamento de informações pessoais (nomes de usuários, senhas, números de conta), o que leva ao acesso não autorizado à conta. Em média, 30% dos computadores estão infectados com *malware*. Destes, 57% estão infectados com vírus e 21% com Trojans, um *malware* disfarçado para parecer um arquivo ou programa normal.[45] Estudos mostram que as ameaças listadas na Figura 17.3 estão tão difundidas, que ataques automáticos começarão em um computador desprotegido 15 segundos depois que se conectar à internet.[46]

Conforme mostrado na coluna da direita da Figura 17.3, podem-se adotar várias medidas para proteger dados e redes de dados. Algumas das mais importantes são autenticação e autorização, *firewalls*, *software* antivírus para PCs e servidores de *e-mail*, criptografia de dados e redes privadas virtuais.[47] Examinaremos essas etapas e terminaremos esta seção com uma breve revisão dos perigos das redes sem fio.

São necessários dois passos críticos para se certificar de que somente usuários autorizados, e ninguém mais, possam acessar os dados. Um é a **autenticação**, isto é, certificar-se de que os usuários são quem afirmam ser.[48] Outro é a **autorização**, ou seja, conceder aos usuários autenticados acesso aprovado a dados, *software* e sistemas.[49] Quando um caixa eletrônico lhe pede que insira seu número identificação pessoal (*personal identification number* – PIN), o banco está autenticando que você é você. Depois de ter sido autenticado, você, e ninguém mais, está autorizado a acessar seus fundos. Naturalmente, como qualquer pessoa que perdeu um PIN ou senha, ou no caso de estes terem sido roubados, sabe que sistemas de autenticação de usuários não são infalíveis. Em particular, os usuários criam riscos de segurança quando não alteram suas senhas de conta pessoal (como datas de nascimento) ou quando

***Clusters* de dados** quando três ou mais elementos de banco de dados ocorrem juntos (ou seja, estão agrupados) de forma significativa.

Proteção de informação processo de garantir que os dados sejam confiáveis e consistentemente recuperáveis em um formato utilizável somente para usuários autorizados.

Autenticação certificação de que potenciais usuários são quem afirmam ser.

Autorização concessão de acesso aprovado para dados, *software* e sistemas a usuários autenticados.

Figura 17.3

Ameaças de segurança para dados e redes de dados

Problema de segurança	Fonte	Afeta	Gravidade	A ameaça	A solução
Negação de serviço; ataques de servidor da internet e ataques de rede corporativa	*Hackers* da internet	Todos os servidores	Alta	Perda de dados, interrupção e roubo de serviço	Implantar *firewall*, controle de senha, revisão do servidor, monitoramento de ameaças e correções de erros, desligar os PCs quando não estiverem em uso.
Software de quebra de senha e acesso não autorizado a PCs	Rede de área local, internet	Todos os usuários, especialmente usuários de internet assinantes digitais e de internet a cabo	Alta	Os *hackers* assumem o controle dos PCs. Privacidade pode ser invadida. Sistemas de usuários corporativos estão expostos às outras máquinas da rede.	Fechar portas e *firewalls*, desativar compartilhamento e impressões de arquivos e usar senhas fortes.
Vírus, *worms*, *Trojans* e *rootkits*	*Software* baixado e distribuído por *e-mail*	Todos os usuários	De moderada a alta	Monitorar as atividades e causar perda de dados e exclusão de arquivos, comprometer a segurança às vezes escondendo sua presença.	Usar *software* antivírus e *firewalls*. Controlar o acesso à internet.
Malware, *spyware*, *adware*, *scripts* maliciosos e *applets*	Páginas da internet vampiras	Todos os usuários	De moderada a alta	Invasão de privacidade, interceptação de senhas e danos de arquivos ou sistema de arquivos.	Desativar o suporte ao *script* do navegador, usar *software* de segurança, bloqueio e *spyware/adware*.
Snooping de *e-mail*	*Hackers* na sua rede e na internet	Todos os usuários	De moderada a alta	Pessoas leem seu *e-mail* de servidores intermediários ou pacotes, ou acessam fisicamente sua máquina.	Criptografar mensagens, garantir proteção de senha forte e limitar o acesso físico às máquinas.
Monitoramento de teclas	*Trojans*, pessoas com acesso direto a PCs	Todos os usuários	Alta	Grava tudo que é digitado no teclado e intercepta as teclas antes de ocultar a senha ou criptografia.	Usar *software* antivírus para pegar *Trojans*, controlar o acesso à transmissão de internet e implantar o monitoramento do sistema e controle de acesso físico.
Phishing	*Hackers* na sua rede e na internet	Todos os usuários, incluindo clientes	Alta	*E-mails* e *sites* falsos, mas reais, que enganam os usuários para compartilhar informações pessoais com o que pensam erroneamente ser o *site* da empresa. Isso leva ao acesso não autorizado à conta.	Educar e avisar usuários e clientes sobre os perigos. Incentivá-los a não clicar em URLs potencialmente falsas, o que pode levá-los a *sites* de *phishing*. Pedir-lhes que escrevam o URL da sua empresa no navegador da internet.
Spam	*E-mail*	Todos os usuários e corporações	De leve a alta	Obstrui e sobrecarrega servidores de *e-mail* e caixas de entrada com lixo eletrônico. O spam baseado em HTML pode ser usado para perfis e identificação de usuários.	Filtrar fontes de spam conhecidas e remetentes em servidores de *e-mail*; os usuários devem criar listas adicionais de remetentes aprovados e não aprovados em seus PCs.
Cookies	*Sites* visitados	Usuários individuais	De leve a moderada	Monitora o uso da internet e permite a criação de páginas personalizadas que acompanham o comportamento e os perfis de interesse.	Usar gerenciadores para controlar e editar *cookies*, e usar bloqueadores de anúncios.

Fontes: The 11 most common computer security threats… and what you can do to protect yourself from them. Symantec-Norton. Disponível em: <http://www.symantec-norton.com/11-most-common-computer-security-threats_k13.aspx>. Acesso em 19 ago. 2017; K. Bannan, Look out: watching you, watching me, *PC Magazine*, jul. 2002, p. 99; A. Dragoon. Fighting phish, fakes, and frauds. *CIO*, 1º set. 2004, p. 33; B. Glass. Are you being watched?. PC *Magazine*, 23 abr. 2002. p. 54; K. Karagiannis. DDoS: are you next?. *PC Magazine*, jan. 2003, p. 79; B. Machrone. Protect & defend. *PC Magazine*, 27 jun. 2000, p. 168-181; Top 10 security threats. *PC Magazine*, 10 abr. 2007, p. 66. M. Sarrel, Master end-user security, *PC Magazine*, maio 2008, 101.

usam senhas fracas, como nomes ("Larry") ou palavras completas ("futebol") que são rapidamente identificadas por *software* de *quebra* de senha.[50]

É por isso que muitas empresas agora estão se voltando para a **autenticação de dois fatores**, baseada no que os usuários conhecem, como uma senha, e no que têm em sua posse, como um cartão de identificação seguro, seus telefones ou informações exclusivas que só eles sabem.[51] Ao fazer o *login*, os usuários primeiro são solicitados a fornecer as senhas. Então, devem fornecer um segundo fator de autenticação, como uma resposta a uma pergunta de segurança (ou seja, informações exclusivas) ou um código de validação enviado para o seu celular. O Google, por exemplo, requer autenticação de dois fatores para seus Google Apps (Gmail, Calendário, Drive, Docs etc.). Depois de inserir as senhas, os usuários podem usar o código enviado via texto para o telefone ou um código gerado pelo aplicativo Authenticator do Google. O Google Authenticator funciona por meio da sua conexão de telefone celular ou Wi-Fi, oferece a capacidade de gerar códigos de autenticação para várias contas (incluindo contas não Google) e gera códigos que são válidos por apenas 60 segundos.[52]

Infelizmente, senhas roubadas ou quebradas não são as únicas formas de os *hackers* e ladrões eletrônicos terem acesso aos recursos de um computador. A menos que sejam implantadas salvaguardas especiais, cada vez que os usuários corporativos estão *on-line*, não há literalmente nada entre seus PCs e a internet (usuários domésticos com DSL de alta velocidade ou acesso à internet por cabo enfrentam os mesmos riscos). Os *hackers* podem acessar arquivos, executar programas e controlar partes-chave de computadores se precauções não forem tomadas. Para reduzir esses riscos, as empresas usam ***firewalls***, dispositivos de *hardware* ou *software* que ficam entre os computadores em uma rede organizacional interna e redes externas, como a internet. *Firewalls* filtram e verificam os dados recebidos e de saída. Eles impedem que os integrantes da empresa acessem *sites* não autorizados ou enviem informações confidenciais da empresa para pessoas fora de fora; também impedem a pessoa de fora de se identificar e obter acesso a computadores e dados da empresa. Se um *firewall* estiver funcionando corretamente, os computadores da empresa que estão por trás dele literalmente não poderão ser vistos ou acessados por pessoas de fora.

Vírus é um programa ou código que, sem o seu conhecimento, se liga a outros programas no seu computador e pode desencadear qualquer coisa, desde uma mensagem inofensiva até a reformatação do seu disco rígido e o desligamento da rede em todo o sistema. Antes, era preciso fazer ou executar algo para pegar um vírus, como clicar duas vezes em um anexo de *e-mail* infectado. Os vírus atuais são muito mais ameaçadores. Na verdade, com alguns, apenas conectar-se a uma rede pode infectar seu computador. Um *software antivírus para PC* verifica *e-mail*, arquivos baixados e discos rígidos, unidades de disco e memória do computador para detectar e impedir que vírus de computadores causem danos. No entanto, este *software* só será eficaz se os usuários de computadores individuais tiverem e usarem versões atualizadas. Com novos vírus aparecendo o tempo todo, os usuários devem atualizar o *software* antivírus semanalmente ou, melhor ainda, configurar o *software* de vírus para verificar, baixar e instalar atualizações automaticamente. Em contrapartida, um *software antivírus corporativo* verifica automaticamente os anexos de *e-mail*, como documentos, gráficos ou arquivos de texto do Microsoft Word, à medida que se depara com o servidor de *e-mail* da empresa, e também monitora e verifica todos os *downloads* de arquivos em bancos de dados da empresa e servidores de rede. Assim, enquanto o *software* antivírus para PC impede que computadores individuais sejam infectados, o *software* antivírus corporativo para servidores de *e-mail*, bancos de dados e servidores de rede adiciona outra camada de proteção, evitando que arquivos infectados sejam multiplicados e enviados para outros.

Outra maneira de proteger a informação é criptografar dados confidenciais. A **criptografia de dados** transforma dados em códigos digitais codificados complexos que podem ser descriptografados apenas por usuários autorizados que possuem chaves de descriptografia únicas. Um método de criptografia de dados é usar produtos da Symantec (http://buy.symantec.com/estore/clp/home) para criptografar os arquivos armazenados em PCs ou servidores de rede e bancos de dados. Isto é especialmente importante para computadores portáteis, facilmente roubados. Com as pessoas ganhando cada vez mais acesso não autorizado a mensagens de *e-mail*, o chamado *snooping* de *e-mail*, também é importante criptografar mensagens de *e-mail* e anexos de arquivos confidenciais. Você pode usar um sistema chamado "criptografia de chave pública" para fazê-lo. Primeiro, dê cópias de sua "chave pública" a qualquer pessoa que lhe envie arquivos ou *e-mail*. Peça ao remetente que use a chave pública, na verdade um *software*, para criptografar os arquivos antes de enviá-los para você. A única maneira de

Autenticação de dois fatores autenticação baseada no que os usuários conhecem, como uma senha, e no que têm em sua posse, como um cartão de identificação ou chave segura.

Firewall dispositivo de *hardware* ou *software* de proteção que fica entre os computadores (integrantes de rede organizacional interna) e redes externas, como a internet.

Vírus programa ou código que, sem o seu conhecimento, se liga a outros programas no seu computador e pode desencadear qualquer coisa, desde uma mensagem inofensiva até a reformatação do disco rígido e o desligamento da rede em todo o sistema.

Criptografia de dados transformação de dados em códigos digitais complexos que podem ser descriptografados apenas por usuários autorizados que possuem chaves de descriptografia únicas.

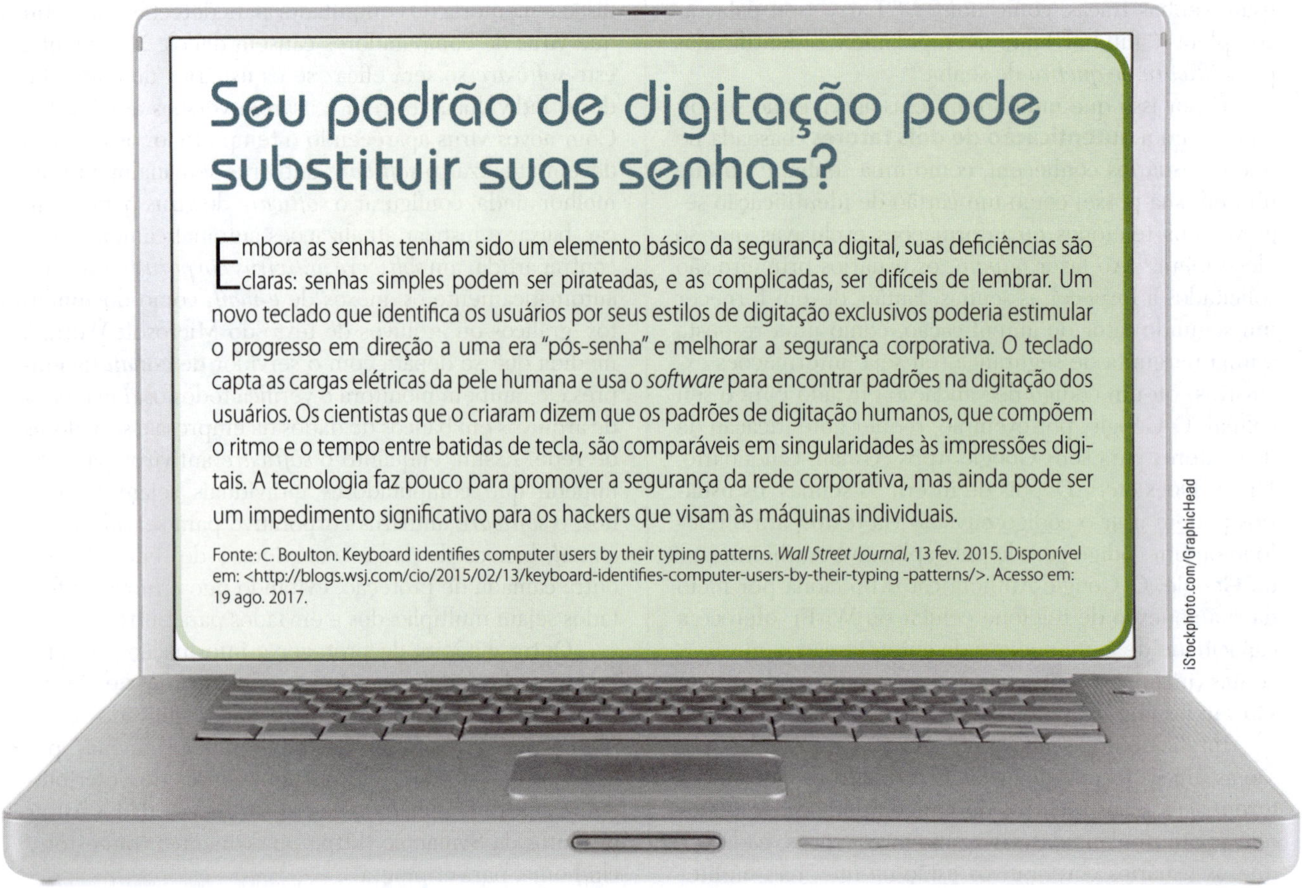

iStockphoto.com/GraphicHead

Seu padrão de digitação pode substituir suas senhas?

Embora as senhas tenham sido um elemento básico da segurança digital, suas deficiências são claras: senhas simples podem ser pirateadas, e as complicadas, ser difíceis de lembrar. Um novo teclado que identifica os usuários por seus estilos de digitação exclusivos poderia estimular o progresso em direção a uma era "pós-senha" e melhorar a segurança corporativa. O teclado capta as cargas elétricas da pele humana e usa o *software* para encontrar padrões na digitação dos usuários. Os cientistas que o criaram dizem que os padrões de digitação humanos, que compõem o ritmo e o tempo entre batidas de tecla, são comparáveis em singularidades às impressões digitais. A tecnologia faz pouco para promover a segurança da rede corporativa, mas ainda pode ser um impedimento significativo para os hackers que visam às máquinas individuais.

Fonte: C. Boulton. Keyboard identifies computer users by their typing patterns. *Wall Street Journal*, 13 fev. 2015. Disponível em: <http://blogs.wsj.com/cio/2015/02/13/keyboard-identifies-computer-users-by-their-typing -patterns/>. Acesso em: 19 ago. 2017.

descriptografar os arquivos é com uma "chave privada" complementar que você mantém consigo.

Embora os *firewalls* possam proteger PCs e servidores de rede conectados à rede corporativa, pessoas afastadas de seus escritórios (por exemplo, vendedores, viajantes empresariais, funcionários que trabalham de casa) que interagem com suas redes de empresas pela internet enfrentam um risco de segurança. Como os dados da internet não são criptografados, o *software "packet sniffer"* (farejador de pacotes) permite facilmente que os *hackers* leiam tudo que é enviado ou recebido, exceto os arquivos que foram criptografados antes do envio. Anteriormente, a única solução prática era fazer que os funcionários ligassem para linhas telefônicas seguras da empresa para acesso direto à rede da empresa. Claro, com chamadas internacionais e de longa distância, os custos aumentam rapidamente. Atualmente, as **redes privadas virtuais (*virtual private networks* – VPNs)** resolveram este problema ao usar *software* para criptografar todos os dados da internet nas duas extremidades do processo de transmissão. Em vez de fazer chamadas de longa distância, os funcionários se conectam à internet. Mas, ao contrário das conexões típicas da internet em que os pacotes de dados são descriptografados, a VPN criptografa os dados enviados por funcionários fora da rede informática da empresa, descriptografa os dados quando chegam à rede da empresa e faz o mesmo quando os dados são enviados de volta para o computador fora da rede. Conexões VPN oferecem acesso seguro a tudo na rede de uma empresa. Se seu empregador ou universidade não fornecer uma VPN, você pode comprar serviços VPN para uso pessoal e proteção de provedores bem conhecidos, como AnchorFree Hotspot Shield (www.anchorfree.com) ou Cloak VPN (www.getcloak.com), por cerca de $ 3 por mês. Os serviços VPN devem ser usados quando conectados a sistemas públicos de Wi-Fi, como hotéis, aeroportos ou cafés, onde qualquer pessoa na rede pública pode monitorar ou espionar o que você está fazendo.

Alternativamente, muitas empresas estão agora adotando **criptografia de camada de *sockets* seguros (*secure sockets layer* – SSL)** baseada na internet para fornecer acesso *off-site* seguro a dados e programas. Se você já inseriu seu cartão de crédito em um navegador da internet para fazer uma compra *on-line* usou a tecnologia SSL para criptografar e proteger essa informação.

Rede privada virtual (VPN) *software* que criptografa dados com segurança enviados por funcionários externos à rede da empresa, descriptografa os dados quando chegam à rede de computadores da empresa e faz o mesmo quando os dados são enviados de volta aos funcionários externos à rede.

Criptografia de camada de *sockets* seguros (SSL) criptografia baseada no navegador de internet que fornece acesso seguro à internet *off-site* para alguns dados e programas.

Você pode saber se a criptografia SSL está sendo usada em um *site* se vir um ícone de cadeado (dourado no Internet Explorer ou Firefox, verde no Google Chrome ou prateado no Safari) ou se a URL começar com "https". A criptografia SSL funciona da mesma forma no local de trabalho. Gestores e funcionários que não estão no escritório simplesmente conectam-se à internet, abrem um navegador e, em seguida, inserem nome de usuário e senha para obter acesso a dados e programas criptografados por SSL.

Finalmente, muitas empresas agora possuem redes sem fio, o que possibilita a qualquer pessoa com um *laptop* e uma placa sem fio acessar a rede da empresa em qualquer lugar do escritório. Embora as redes sem fio estejam equipadas com capacidade de segurança e criptografia que, em teoria, permitem que apenas usuários autorizados acessem a rede sem fio, tais capacidades são facilmente ignoradas com as ferramentas certas. Combinando o problema, muitas redes sem fio são fornecidas com suas capacidades de segurança e criptografia desligadas para facilidade de instalação.[53] O cuidado é importante mesmo quando a criptografia está ativada, pois o protocolo de segurança WEP (Wired Equivalent Privacy) é facilmente comprometido. Se você trabalha em casa ou em algum outro lugar, cuidado extra é fundamental porque as redes Wi-Fi em casas e locais públicos, como *lobbies* de hotéis, estão entre as mais visadas por *hackers*.[54] Veja o *site* da Wi-Fi Alliance em <www.wi-fi.org> para obter informações mais recentes sobre segurança sem fio e protocolos de criptografia que oferecem proteção muito mais forte para a rede sem fio da sua empresa.

Finalmente, as empresas estão combatendo ameaças à segurança contratando *hackers de chapéu branco*, chamados mocinhos, que testam pontos fracos de segurança em sistemas de informação para que possam ser consertados. Embora isso seja tipicamente feito usando ferramentas de *hacking* tradicionais, conforme discutido na Figura 17.3, os *hackers* de chapéu branco também testam a segurança por meio da *engenharia social*, na qual enganam as pessoas para conseguir senhas e protocolos de autenticação ou, sem que saibam, fornecer acesso não autorizado a computadores da empresa. Um teste envolve o envio de uma foto de um gato com um topete roxo com o assunto "Veja esses gatinhos!" para funcionários com um *link* para mais fotos de gatinhos fofos. Quando você clica em um *link* incorporado em "mais fotos de gatinhos fofos", é levado ao aviso de um *site* da empresa sobre os perigos dos golpes de *phishing*. Acha que não cairia nessa? Em geral, 48% dos funcionários que recebem esse *e-mail* clicam no *link*.[55] Outro teste envolve *pendrives* USB propositalmente perdidos ou esquecidos, identificados de forma evidente como pertencentes à concorrência. Quando a pessoa que pegou o *pendrive* o insere em um computador, ela instala o *software* que usa a *webcam* para tirar uma foto do funcionário, que então recebe uma visita da equipe de segurança de TI.[56]

Escondendo-se do big data

Neste capítulo, você leu que a *Target* pôde determinar que uma mulher estava grávida mesmo antes de ela própria saber usando coleções de dados. A professora assistente de sociologia da Universidade de Princeton Janet Vertesi decidiu fazer um experimento: tentou manter a própria gravidez em segredo do *big data* o maior tempo possível. Vertesi censurou o que fazia e dizia nas mídias sociais, pedindo aos amigos que fizessem o mesmo. Ela fazia toda a navegação na internet relacionada a bebês usando um navegador sem rastreador e fez todas as compras para o bebê com dinheiro ou cartões de presente da Amazon comprados em dinheiro. Ainda fazia que os pedidos fossem enviados para uma caixa postal anônima para que não fossem ligados ao endereço da sua casa. Segundo Vertesi: "Eu não esperava que fosse tão difícil. Foi extremamente impraticável e inconveniente". Ela também descobriu que era muito mais caro, pois evitar cartões de fidelidade significava perder muitas ofertas. Vertesi observou que muitas das coisas que ela tinha que fazer, vistas em conjunto, davam a sensação de que estava cometendo algo ilícito. Seu veredito é: "Não recomendo [ficar de fora]". A propagação de atividades em diferentes servidores é mais eficiente e menos inconveniente.

Fonte: J. Goldstein. Meet the woman who did everything in her power to hide her pregnancy from big data. *ThinkProgress*, 29 abr. 2014. Disponível em: <http://thinkprogress.org/culture/2014/04/29/3432050/can-you-hide-from-big-data/>. Acesso em: 2 jun. 2014.

17-4 ACESSANDO E COMPARTILHANDO INFORMAÇÃO E CONHECIMENTO

Atualmente, as tecnologias da informação estão permitindo que as empresas comuniquem, compartilhem e forneçam acesso a dados, trabalhadores, gestores, fornecedores e clientes de formas impensáveis apenas alguns anos atrás.

Depois de ler esta seção, você será capaz de explicar como as empresas usam a tecnologia da informação para melhorar o ***17-4a acesso interno e o compartilhamento de informação, 17-4b acesso externo e o compartilhamento de informação*** *e* ***17-4c compartilhamento de conhecimentos e de expertise***.

17-4a Acesso interno e compartilhamento

Executivos, gestores e trabalhadores da empresa usam três tipos de tecnologia da informação para acessar e compartilhar informações: sistemas de informação executiva, intranets e portais. Um **sistema de informação executiva (SIE)** usa fontes internas e externas de dados para fornecer a gestores e executivos a informação de que precisam para monitorar e analisar o desempenho organizacional.[57] O objetivo de um SIE é fornecer informações precisas, completas, relevantes e no momento certo para os gestores. Com apenas alguns cliques do *mouse* e comandos básicos, como *encontrar*, *comparar* e *mostrar*, o SIE exibe custos, receitas de vendas e outros tipos de dado em tabelas e gráficos codificados por cores. Os gestores podem detalhar para visualizar e comparar dados por região global, país, Estado, período de tempo e produto. Os gestores da Colgate-Palmolive – que fabrica produtos dentários (pastas de dente Colgate), pessoais (sabonete Irish Spring e antitranspirantes Speed Stick) e produtos para cuidados domésticos (detergente para louça Palmolive), bem como nutrição para animais de estimação (Hill's Science Diet) – usam seus SIE, que chamam de "painel de controle", para ver como a empresa está operando. De acordo com Ruben Panizza, diretor global de TI da Business Intelligence da Colgate:

"Esses painéis em tempo real são uma mudança para as pessoas que estavam acostumadas a ver muitos números em seus dados. Mas elas rapidamente percebem que podem usar as informações, pois são apresentadas nos painéis para tomar decisões mais rápidas. No passado, os executivos confiavam em outras pessoas para obter relatórios e dados personalizados. Agora, eles podem olhar para a própria informação. Veem os dados reais como estão no sistema muito mais fácil e rapidamente. Pela primeira vez, muitos dos líderes empresariais da empresa estão executando ferramentas de BI [*business intelligence*] – neste caso, painéis – para monitorar o negócio e ver o que está acontecendo em um alto nível".[58]

Sistema de informação executiva (SIE) sistema de processamento de dados que usa fontes de dados internas e externas para fornecer as informações necessárias para monitorar e analisar o desempenho organizacional.

Intranets redes privadas de empresas que permitem aos funcionários acessar, compartilhar e publicar informações com facilidade usando o *software* da internet.

Portal corporativo híbrido de sistemas de informação executiva e intranets que permite aos gestores e funcionários usar um navegador da internet para obter acesso a informações personalizadas e concluir transações especializadas.

Intranets são redes privadas de empresas que permitem que os funcionários acessem, compartilhem e publiquem informações com facilidade usando o *software* da internet. *Sites* da intranet são como *sites* externos, mas o *firewall* que separa a rede interna da empresa da internet só permite o acesso interno autorizado.[59] Em geral, as empresas usam intranets para compartilhar informações (por exemplo, sobre benefícios) e substituir formulários em papel por formulários *on-line*. Muitas intranets de empresa são construídas no modelo da internet, tal como existia há uma década. As intranets estão evoluindo para incluir:

- ferramentas de colaboração, como *wikis*, em que os membros da equipe podem publicar todas as informações relevantes para um projeto no qual estão trabalhando juntos;
- contas de *e-mail* personalizáveis;
- informação de presença (informações sobre se alguém que você está procurando na rede está no escritório, em uma reunião, trabalhando em casa e assim por diante);
- mensagens instantâneas;
- acesso simultâneo a arquivos para membros de equipe virtual.

A **Acorda Therapeutics**, que desenvolve medicamentos para doenças neurológicas, opera uma intranet da empresa chamada Synapse que foi reconhecida como um dos dez melhores *sites* de intranet do mundo. A Acorda, que dobrou em tamanho ao longo dos últimos anos, "precisava desenvolver uma ferramenta que ajudasse nossos associados a permanecer conectados à cultura e aos valores da empresa e acompanhar as crescentes necessidades de negócios da nossa organização", diz o CEO Ron Cohen. Uma seção da Synapse hospeda documentos de que os funcionários podem precisar, desde políticas e formulários de recursos humanos até projetos e atualizações de pesquisa e desenvolvimento. Outra característica, chamada Chatter, funciona como o Twitter, permitindo que os funcionários compartilhem fotos, documentos e notícias. O Chatter também mostra um *feed* ao vivo, em que os funcionários respondem a comentários, notícias e documentos do Chatter, com o efeito de moldar ideias de forma colaborativa. A Synapse também possui uma tabela de postos de toda a empresa mostrando onde está o escritório de todos e permitindo a comunicação, discando automaticamente o telefone de uma pessoa quando você clica no seu perfil na Synapse.[60]

Finalmente, **portais corporativos** são um híbrido de sistemas de informação executiva e intranets. Enquanto um SIE fornece a gestores e executivos as informações de que precisam para monitorar e analisar o desempenho organizacional, e as intranets ajudam as empresas a distribuir e publicar informações e formulários dentro da empresa, os portais corporativos permitem que gestores e funcionários da empresa acessem informações personalizadas e completem transações especializadas usando um navegador de internet.

17-4b Acesso externo e compartilhamento

Historicamente, as empresas não conseguem permitir que grupos externos tenham acesso a informações corporativas ou relutam em fazê-lo. Atualmente, no entanto, uma série de tecnologias da informação – intercâmbio eletrônico de dados (EDI), extranets e serviços da internet e a própria internet – facilita o compartilhamento de dados da empresa com grupos externos, como fornecedores e clientes. As tecnologias da informação também estão reduzindo os custos, aumentando a produtividade, eliminando o processamento manual de informações (70% da saída de dados de uma empresa, como um pedido de compra, acabam como entrada de dados em outra empresa, como uma fatura de vendas ou ordem de entrega), reduzindo os erros de entrada de dados, melhorando o atendimento ao cliente e acelerando as comunicações. Como resultado, os gestores estão se apressando para adotar essas tecnologias.

Com o **intercâmbio eletrônico de dados (EDI)**, duas empresas convertem informações de compra e pedidos em um formato padronizado para permitir a transmissão eletrônica direta dessa informação do sistema de informática de uma empresa para o de outra. Por exemplo, quando um funcionário do caixa do Walmart passa um iPod da Apple pelo *scanner* de pagamento, o sistema de estoque computadorizado do Walmart automaticamente faz o pedido de outro iPod pela conexão EDI direta que seu computador possui com o computador do fabricante e entrega da Apple. Ninguém no Walmart ou na Apple emite documentos físicos. Ninguém faz ligações telefônicas. Não há atrasos na espera para saber se a Apple tem o iPod em estoque. A transação ocorre de forma instantânea e automática porque os dados de ambas as empresas foram traduzidos para um formato padronizado, compartilhável e compatível.

Serviços da internet são outra forma para as empresas transmitirem direta e automaticamente dados de compras e pedidos do sistema de informática de uma empresa para o de outra. **Serviços da internet** usam protocolos padronizados para descrever e transferir dados de uma empresa de tal forma que esses dados possam ser lidos, compreendidos, transcritos e processados automaticamente por diferentes sistemas de informática em outra empresa.[61] A Route One, que ajuda revendedores de automóveis a processar empréstimos para compradores de automóveis, foi iniciada por empresas financiadoras da DaimlerChrysler, Ford, General Motors e Toyota. Não surpreendentemente, cada concessionária possui um sistema de informática diferente com diferentes sistemas operacionais, programas e estruturas de dados. A Route One conta com serviços da internet para conectar esses diferentes sistemas de computador à grande variedade de diferentes bancos de dados e *software* utilizados por várias concessionárias de automóveis, agências de crédito, bancos e outras empresas de autofinanciamento. Sem os serviços da internet, não há como diferentes empresas e sistemas compartilhar informação.[62]

Agora, qual é a diferença entre serviços da internet e o EDI? Para que o EDI funcione, os dados nos sistemas de computador, no banco de dados e na rede de diferentes empresas devem aderir a um determinado conjunto de padrões de estrutura e processamento de dados. Por exemplo, a empresa X, que tem um sistema de numeração de peças de sete dígitos, e a empresa Y, que possui um sistema de numeração de peças de oito dígitos, concordam em converter seus sistemas internos de numeração de peças em números idênticos de dez dígitos quando os sistemas de computadores falam um com o outro. Em contrapartida, as ferramentas subjacentes aos serviços da internet, como a linguagem de marcação extensível (ou XML), fazem automaticamente a descrição e transcrição para que dados com diferentes estruturas possam ser compartilhados em sistemas de informática muito diferentes em diferentes empresas. (Não se preocupe se você não entende como isso funciona, apenas reconheça o que ele faz.) Como resultado, ao lidarem automaticamente com tais diferenças, os serviços da internet permitem que as organizações comuniquem dados sem um conhecimento especial dos sistemas de informação de computador umas das outras.

No EDI e nos serviços da internet, as diferentes aplicações de compras e pedidos em cada empresa interagem automaticamente sem qualquer entrada humana. Ninguém precisa levantar um dedo para clicar no *mouse*, inserir dados ou pressionar a tecla Enter. Uma **extranet**, ao contrário, permite que as empresas troquem informações e realizem transações fornecendo propositadamente a pessoas de fora acesso direto, protegido por senha e baseado em navegador para partes autorizadas da intranet ou do sistema de informações de uma empresa.[63]

Na tentativa de melhorar os esforços de *marketing* das empresas contratadas com as quais trabalha, a Mitsubishi Electric Cooling & Heating desenvolveu a extranet do seu centro criativo. O *site* fornece uma série de ferramentas que as contratadas podem usar para expandir seus negócios. Elas incluem uma gama de ferramentas de *marketing* aprovadas pela empresa,

Intercâmbio eletrônico de dados (*eletronic data interchange* – EDI) quando duas empresas convertem suas informações de compra e pedidos em um formato padronizado para permitir a transmissão eletrônica direta dessas informações do sistema de informática de uma empresa para o de outra.

Serviços da internet *software* que usa protocolos padronizados para descrever dados de uma empresa de tal forma que esses dados sejam automaticamente lidos, compreendidos, transcritos e processados por diferentes sistemas de computador em outra empresa.

Extranet redes que permitem às empresas trocar informações e realizar transações com pessoas externas dando-lhes acesso direto baseado na internet a partes autorizadas da intranet ou do sistema de informação de uma empresa.

como anúncios de jornais, cartazes e *banners* que cada contratada pode personalizar para sua preferência e usar para promover tanto seu negócio como a marca Mitsubishi Electric Cooling & Heating.[64]

Finalmente, as empresas têm reduzido a documentação e o processamento manual de informações usando a internet para automatizar transações eletronicamente com os clientes. Isso é semelhante à forma como as extranets são usadas para lidar com transações com fornecedores e distribuidores. Por exemplo, a maioria das companhias aéreas automatizou o processo de emissão de bilhetes, eliminando todos os de papel. Basta comprar um *e-ticket* pela internet e, em seguida, fazer seu próprio *check-in* por meio de um aplicativo em seu *smartphone* ou imprimir seu cartão de embarque em seu PC ou um quiosque no aeroporto. Compras na internet, viagens sem bilhete e *check-in* automatizados juntos automatizaram totalmente a compra de passagens aéreas. O uso de quiosques de autoatendimento também está em expansão.

Nas lojas Hertz Rent-a-Car, quiosques de autoatendimento estão equipados com dois monitores. Os clientes podem usar um monitor para passar por todo o processo de aluguel, desde verificar identidade e seguro até fazer o pagamento com um cartão de crédito. Os clientes que precisam de ajuda com o processo, especialmente na primeira vez, podem usar o outro monitor para *chat* de vídeo com um agente de serviço ao cliente que os guia no processo. Quando completado o processo, o quiosque entrega um cartão com um *chip* RFID para desbloquear o carro alugado pelo cliente. Os quiosques permitem que a Hertz ofereça aluguel 24 horas em locais não tradicionais, como oficinas de conserto de automóveis ou centrais de estacionamento, sem contratar agentes para cada local.[65]

Conhecimento o entendimento que se obtém da informação.

Sistema de apoio a decisões (SAD) sistema de informação que ajuda os gestores a entender tipos específicos de problemas e soluções potenciais.

Tupungato/Shutterstock.com

Clientes podem usar monitores de vídeo na Hertz para verificar suas identidades e seguro de carro e pagar pelo aluguel de um carro com um cartão de crédito.

No longo prazo, o objetivo é vincular *sites* da internet com intranets (ou EDI) da empresa e extranets para que todos – funcionários e gestores de uma empresa, bem como fornecedores e distribuidores fora da empresa – os envolvidos em fornecer um serviço ou fabricar um produto para um cliente sejam automaticamente informados quando uma compra é feita. Empresas que usam EDI, serviços da internet, extranets e a internet para compartilhar dados com clientes e fornecedores alcançam aumentos de produtividade 2,7 vezes maiores do que as que não o fazem.[66]

17-4c Compartilhando conhecimento e *expertise*

No início do capítulo, fizemos uma distinção entre dados brutos, que consistem em fatos e números, e informação, que consiste em dados úteis que influenciam as escolhas e o comportamento de alguém. É necessário fazer uma distinção mais importante, a saber, que dados e informação não representam o mesmo que conhecimento. **Conhecimento** é o entendimento que se obtém da informação. É importante ressaltar que o conhecimento não reside na informação, mas nas pessoas. É por isso que as empresas contratam consultores e médicos de família encaminham pacientes para especialistas. Infelizmente, pode ser bastante caro contratar consultores e especialistas. Assim, as empresas começaram a usar duas tecnologias de informação para coletar e compartilhar conhecimento de consultores e de especialistas com outros gestores e trabalhadores: sistemas de apoio a decisões e sistemas especializados.

Enquanto um sistema de informação executiva acelera e simplifica a aquisição de informações, um **sistema de apoio a decisões (SAD)** ajuda os gestores a entender os problemas e as soluções potenciais, adquirindo e analisando informações com modelos e ferramentas sofisticados.[67] Além disso, enquanto os programas SIE são amplos em escopo e permitem que os gestores recuperem todos os tipos de informação sobre uma empresa, os programas SAD geralmente são específicos em escopo e visam ajudar os gestores a resolver tipos específicos de problemas. Programas SAD foram desenvolvidos para ajudar os gestores a escolher as rotas mais curtas e mais eficientes para os caminhões de entrega, selecionar a melhor carteira de ações para os investidores e agendar a movimentação do estoque em processamento nas instalações de fabricação complexas.

É importante entender que os programas SAD não substituem a tomada de decisões gerencial. Eles a *melhoram*, promovendo a compreensão de gestores e trabalhadores sobre os problemas que enfrentam e as soluções que podem funcionar. Embora usados por apenas 2% dos médicos, os programas médicos do SAD mantêm a promessa de ajudá-los a fazer diagnósticos mais precisos de pacientes. Um estudo britânico de 88 casos mal diagnosticados ou inicialmente mal diagnosticados (que vieram a ser corretamente diagnosticados muito mais tarde) descobriu que um SAD médico fez o diagnóstico correto em 69% das vezes.[68] Com

Consegui seus dados! O que você vai fazer sobre isso?

Ljupco Smokovski/Shutterstock.com

Segurança através de obscuridade costumava ser um mantra de pequenas empresas. Muitas vezes operando em áreas geográficas limitadas, as pequenas empresas também eram, pequenas demais para os criminosos cibernéticos perceberem e muito menos se importarem – até recentemente. As pequenas empresas são cada vez mais vítimas de *ransomware*, um tipo de código malicioso introduzido em seus servidores que bloqueia seus dados. A única maneira de recuperar o acesso aos dados é pagando um resgate. E mesmo que os resgates geralmente sejam baixos, $ 500 ou mais, o tempo de inatividade associado ao ataque, o pagamento do resgate e o retorno *on-line* podem parecer uma eternidade para pequenas empresas, 80% das quais não usam proteção de dados. Se a sua empresa for vítima de um ataque de ransomware, desconecte o computador da rede, passe-o no pente-fino e verifique se não há outros contaminados na rede. Em seguida, atualize sua proteção de segurança na internet.

Fonte: R. Simon. "Ransomware" becomes bigger company threat. *Wall Street Journal*, 16 abr. 2015, p. B1.

um SAD médico, os médicos inserem dados do paciente, como idade, gênero, peso e sintomas médicos. O SAD médico produz uma lista de doenças e condições, classificadas por probabilidade, baixa ou alta, ou por especialidades médicas, como cardiologia ou oncologia. Por exemplo, quando o médico da sala de emergência, Dr. Harold Cross, atendeu um garoto de 10 anos que tinha náuseas e tonturas durante duas semanas, ele não tinha certeza do que estava errado, porque o menino tinha um apetite normal, não apresentava dor abdominal e se queixava apenas de uma pequena dor de cabeça. No entanto, quando o SAD médico utilizado sugeriu um possível problema na parte de trás do cérebro do menino, Cross pediu um exame de ressonância magnética, que revelou um tumor, removido com sucesso dois dias depois. De acordo com Cross: "Meu conhecimento pessoal da literatura e das descobertas médicas não me levou a suspeitar de um tumor cerebral".[69]

Sistemas de especialistas são criados por meio da coleta dos conhecimentos especializados e das regras de decisão usados por especialistas e tomadores de decisão experientes. Eles permitem que funcionários inexperientes se apoiem nessa base de conhecimento especializado para tomar decisões. A maioria dos sistemas de especialistas funciona usando uma coleção de regras "se-então" para classificar a informação e recomendar um curso de ação. Por exemplo, digamos que você está usando seu cartão American Express para ajudar seu cônjuge a comemorar por ter sido promovida. Depois de um jantar e um filme, vocês vão a um escritório de viagens com um cartaz de Las Vegas na vitrine. Trinta minutos depois, no impulso, você se encontra no balcão do aeroporto tentando comprar bilhetes de última hora para Las Vegas. Mas há apenas um problema. O American Express não aprovou sua compra. Na verdade, o agente do balcão do bilhete está agora ao telefone com um agente de atendimento ao cliente do American Express. Então, o que impediu temporariamente o seu fim de semana em Las Vegas? Um sistema especializado que o American Express chama Assistente de Autorização.[70]

A primeira regra "se-então" que impediu sua compra foi a regra "*se* uma compra é muito maior do que os hábitos de gastos regulares do titular do cartão, *então* negue a aprovação da compra". Essa regra "se-então", apenas uma dentre três mil, é colocada no sistema de processamento de transações do American Express que gerencia milhares de pedidos de compra por segundo. Agora que o agente de atendimento ao cliente do American Express está na linha, ele é solicitado pelo Assistente de Autorização a pedir ao agente do balcão de bilhetes que verifique sua identificação. Você entrega sua carteira de motorista e outro cartão de crédito para provar que você é você. Em seguida, o agente de bilhetes solicita seu endereço, número de telefone, número de Seguro Social e nome de solteira da sua mãe e transmite as informações para o American Express. Finalmente sua compra de bilhetes é aprovada. Por quê? Porque você conheceu a última série de regras "se-então". *Se* o comprador pode fornecer uma prova de identidade e *se* pode fornecer informações pessoais que não são conhecimentos comuns, *então* aprove a compra.

Sistema de especialistas sistema de informação que contém conhecimentos especializados e regras de decisão usados por especialistas e decisores experientes de forma que os que não são especialistas possam usar esse conhecimento em sua tomada de decisões.

17

FERRAMENTA DE ESTUDO

Leia o cartão de revisão do capítulo e reveja o conteúdo.

18 Gerenciamento de serviços e operações de produto

Nattanan726/Shutterstock.com

RESULTADOS DE APRENDIZAGEM

18-1 Discutir os tipos de produtividade e sua importância na gestão de operações.

18-2 Explicar o papel que a qualidade desempenha na gestão de operações.

18-3 Explicar o essencial da gestão de um negócio de serviços.

18-4 Descrever os diferentes tipos de operação de produção.

18-5 Explicar por que e como as empresas devem gerenciar os níveis de estoque.

18-1 PRODUTIVIDADE

Fabricantes de móveis, hospitais, restaurantes, montadoras, companhias aéreas e muitos outros tipos de empresa têm dificuldade para encontrar maneiras de produzir bens e serviços de qualidade de forma eficiente e depois entregá-los em tempo hábil. A gestão da produção diária de bens e serviços, ou **gestão de operações**, é uma parte fundamental do trabalho de um gestor. Mas uma organização depende da qualidade de seus produtos e serviços, bem como de sua produtividade.

No dia da ancoragem, o navio de cruzeiro Oasis of the Seas, da Royal Caribbean, chega ao porto às 6 horas, desembarca seis mil passageiros, reabastece suprimentos, embarca seis mil novos passageiros e parte às 16h30. Segundo o mestre de provisão Rodolfo Corrales: "O dia de embarque é frenético. Não é apenas corrido, é loucamente corrido".[1] Corrales e outros membros da tripulação embarcarão no navio 12 mil malas, 24 mil garrafas de cerveja, 1.400 garrafas de champanhe, sete toneladas de batatas, quatro toneladas de tomate e nove mil latas de refrigerantes. Em 2.700 cabines, os atendentes tirarão as roupas de cama e as toalhas, que vão para sacos verdes e vermelhos (para facilitar o manuseio de 42 toneladas de roupa). Para a limpeza de 2.700 cabines e banheiros, há 189 arrumadeiras. O que possibilita tudo isso são trabalhos e tarefas precisamente coreografados, bem como um corredor de serviço (que os passageiros nunca veem), apelidado de I-95, porque percorre o comprimento do navio, facilitando que qualquer coisa vá para qualquer lugar rapidamente. Nada disso é acidental. Na verdade, a Royal Caribbean trouxe especialistas em produtividade da Porsche, fabricante de automóveis alemão, e da DHL, empresa de logística de entrega, para aprender como gerenciar melhor o fluxo de mercadorias, pessoas e bagagens. O diretor do hotel do navio, Martin Rissley, afirma: "As economias de minutos que você pode criar no processo fazem uma grande diferença no final".[2]

No seu núcleo, as organizações são sistemas de produção. As empresas combinam entradas como trabalho, matérias-primas, capital e conhecimento para produzir saídas na forma de produtos ou serviços finais. **Produtividade** é uma medida de desempenho que indica quantas entradas são necessárias para produzir ou criar uma saída.

$$\text{Produtividade} = \frac{\text{Saídas}}{\text{Entradas}}$$

Quanto menos entradas são necessárias para criar uma saída (ou quanto maior a saída a partir de uma entrada), maior a produtividade. Por exemplo, a ArcellorMittal, que possui fábricas de aço em todo o mundo, mede a produtividade em termos de horas-homem por tonelada de aço. Quanto menos horas-homem são necessárias para produzir uma tonelada de aço, maior a produtividade. Nos Estados Unidos, a produtividade média nas usinas siderúrgicas é de duas horas-homem por tonelada de aço. A melhor fábrica da ArcellorMittal, em Gent, na Bélgica, é 35% mais eficiente do que isso, pois faz uma tonelada de aço usando apenas 1,3 hora-homem.[3]

*Vamos examinar **18-1a por que a produtividade é importante** e **18-1b os diferentes tipos de produtividade**.*

18-1a Por que a produtividade é importante

Por que a produtividade é importante? Para as empresas, maior produtividade, isto é, fazer mais com menos, resulta em menores custos, preços mais baixos, serviço mais rápido, maior participação de mercado e maiores lucros. Em 1989, 85% dos itens em um caminhão de entrega da UPS foram enviados para empresas. Hoje, 60% desses itens são entregues a consumidores, um terço enviado pela Amazon.com. Embora a UPS ganhe $ 11 bilhões por ano com entregas de comércio eletrônico, as receitas por envio estão caindo, enquanto os custos de entrega por pacote aumentando, tudo graças ao aumento das entregas domésticas. Consequentemente, a UPS está intensificando o seu já forte foco na produtividade gastando $ 500 milhões em preparação para a temporada de férias, quando, no seu pico, entregará 34 milhões de encomendas em um dia (o dobro de um dia médio). No entanto, está aumentando muito a produtividade do seu "Next Generation Sort Aisle", em que os separadores digitalizam um código de barras do pacote (assim como nas lojas), ouvem um sinal sonoro (indicando uma verificação bem-sucedida) e, em seguida, leem o nome de um código de cor para a rampa à qual os pacotes precisam ir. Antes do sistema de digitalização, os funcionários eram treinados durante duas semanas em computadores para memorizar 120 códigos postais. Agora, novos funcionários podem ser treinados em dois ou três dias. Segundo Rosemary Etheredge, que trabalhou na UPS por dez anos: "Para novos funcionários, é muito melhor".[4] De fato, com o sistema de digitalização Next Generation, os separadores podem processar 15% mais pacotes por dia, o que significa que a UPS pode contratar o mesmo número de trabalhadores temporários para a temporada de férias de dois anos atrás mesmo que os volumes de produtos estejam aumentando mais de 10% ao ano.[5]

A produtividade é importante porque resulta em um padrão de vida mais elevado em termos de salários mais elevados, doações para caridade e produção de produtos mais acessíveis. Quando as empresas podem fazer mais com menos, podem aumentar os salários dos funcionários sem aumentar os preços ou sacrificar os lucros normais. Por exemplo, recentes dados econômicos do governo

Gestão de operações gerenciamento diário da produção de bens e serviços.

Produtividade medida de desempenho que indica quantas entradas são necessárias para produzir ou criar uma saída.

iStockphoto.com/CT757fan

indicaram que as empresas norte-americanas pagavam aos trabalhadores 2,6% a mais do que no ano anterior. Mas, como os trabalhadores estavam produzindo 1,5% a mais do que no ano anterior, os custos efetivos do trabalho de fato aumentaram.[6]

A família norte-americana média ganhava cerca de $ 63.815 em 2013. Se a produtividade crescer 1% ao ano, a renda da família aumentará para $ 81.838 em 2038. Mas, se a produtividade crescer 2% ao ano, sua receita em 2038 será de $ 104.695, um aumento de $ 22.857, e isso sem trabalhar mais horas.[7]

Graças aos aumentos de longo prazo da produtividade nos negócios, a família norte-americana média hoje ganha 12,7% mais do que ganhava em 1980 e 31,9% mais do que em 1967, depois de compensar a inflação.[8] A produtividade aumentou em média 2,2% entre 1997 e 2006, e depois desacelerou para uma média de 1,2% de 2007 a 2012.[9] E, de 2002 a 2012, a economia dos Estados Unidos criou quase 10,1 milhões de novos empregos.[10]

E quando mais pessoas têm empregos que pagam mais, elas doam mais para caridade. Por exemplo, em 2013 os norte-americanos doaram mais de $ 335 bilhões para instituições de caridade, em comparação com $ 230 bilhões em 2000 e $ 261 bilhões em 2009.[11] Os norte-americanos se tornaram mais atenciosos, carinhosos, conscienciosos e caridosos? Provavelmente não. No entanto, devido ao aumento da produtividade durante esse período, a receita média americana aumentou em 50%, passando de $ 36,433 em 2000 para $ 54,597 em 2014.[12] Como as pessoas ganharam mais dinheiro, podiam compartilhar sua sorte com os outros dando mais à caridade.[13]

Outro benefício da produtividade é que ela torna os produtos mais acessíveis ou melhores. Uma forma de demonstrar isso é comparando quantas horas de trabalho seriam necessárias para ganhar dinheiro suficiente para comprar um produto no presente em relação ao passado. Por exemplo, em 1958, quando o salário médio dos Estados Unidos era de $ 1,98 por hora, uma torradeira custava $ 12,95. Entretanto, em 2012, quando o salário médio por hora era de $ 19,19, uma torradeira custava $ 25,99. A torradeira de 2012 não é apenas melhor (acredite em mim quando digo isso!), é mais barata, porque leva apenas 1,35 hora de trabalho para se pagar em comparação com 6,54 horas em 1958. De igual modo, em 1958, uma TV em preto e branco de 24 polegadas (programas de televisão em horário nobre não eram transmitidos em cores até 1965) custava $ 270 e 136,3 horas de trabalho em comparação com uma TV LCD HD de 26 polegadas de 2012 que custava $ 250 e 13,03 horas de trabalho. Finalmente, um fonógrafo estéreo de 1958 que reproduzia discos de vinil (veja no sótão de seus avós, eles ainda podem ter um) custava $ 84,95 e 43 horas de trabalho, enquanto um iPod Classic 2012 custa $ 235 e apenas 12,25 horas de trabalho.[14]

Maquinário envelhecido dos Estados Unidos pronto para substituição

Muitos fabricantes dos Estados Unidos estão abandonando investimentos de capital para aquisições e recompras de ações, colocando as capacidades de fabricação doméstica em risco de cair ainda mais em relação aos concorrentes estrangeiros no futuro. Os fabricantes norte-americanos estão substituindo equipamentos envelhecidos a taxas historicamente baixas. A partir de 2014, a idade média dos equipamentos industriais no país era de mais de dez anos, um quadro não visto desde 1938. Em vez disso, os fabricantes dos Estados Unidos estão colocando seu dinheiro na aquisição de outras empresas, gastando mais de $ 80 bilhões em aquisições na primeira metade de 2014, valor superior aos $ 69,5 bilhões gastos em 2013. Embora aquisições de curto prazo possam parecer um investimento mais seguro do que a alocação de capital em equipamentos, o equipamento antigo não pode durar tanto tempo, e o adiamento contínuo acabará resultando em quebras que podem prejudicar a produtividade ou mesmo pôr trabalhadores em risco. Além disso, à medida que os tipos de fabricação evoluem para atender a constantes inovações de produtos, máquinas antigas podem simplesmente não ser capazes de produzir os novos produtos que os compradores estão procurando. Daniel Meckstroth, economista chefe da Manufactures Alliance for Productivity (Aliança de Fabricantes para Produtividade e Inovação), espera aumentar a alocação de capital em equipamentos: "Adiamos o investimento tanto tempo que agora ele é quase obrigatório".

Fonte: J. R. Hagerty. U. S. manufacturing is rolling on aged wheels, *Wall Street Journal*, 3 set. 2014. Disponível em: <http://www.wsj.com/articles/u-s-manufacturing-is-rolling-on-aged-wheels-1409677342>. Acesso em: 24 ago. 2017.

As pessoas gostam de relembrar os "bons tempos", quando as coisas eram "mais baratas". Mas, na verdade, realmente não eram. Graças aos aumentos constantes da produtividade, a maioria dos bens se torna mais acessível ao longo do tempo.

18-1b Tipos de produtividade

Duas medidas comuns de produtividade são parcial e multifatorial. **Produtividade parcial** indica quanto de um tipo específico de entrada é necessário para produzir uma saída.

$$\text{Produtividade parcial} = \frac{\text{Saídas}}{\text{Tipo específico de entrada}}$$

A mão de obra é um tipo de entrada com frequência usado na determinação da produtividade parcial. A *produtividade da mão de obra* geralmente indica o custo ou o número de horas de trabalho necessárias para obter um produto. Em outras palavras, quanto menor for o custo de mão de obra para produzir uma unidade de um produto ou quanto menor for o tempo necessário para produzi-la, maior será a produtividade do trabalho. O custo da mão de obra como porcentagem da receita é uma medida básica da produtividade do trabalho utilizada no setor aéreo. Quanto menor a porcentagem de receita atribuível aos custos trabalhistas, mais produtivamente uma companhia aérea usa mão de obra para gerar uma unidade de receita (ou seja, dólares, euros etc.). Na Europa, por exemplo, Wizz Air (6,5%), Ryanair (9,5%) e easyJet (12,4%) apresentam alguns dos custos trabalhistas mais baixos por unidade de receita, especialmente quando comparados às principais operadoras, como British Airways (21,7%), Lufthansa (23,4%), Air France (29,9%) e Scandinavian Airlines (32,1%).[15]

Produtividade parcial medida de desempenho que indica quanto de um tipo particular de entrada é necessário para produzir uma saída.

Produtividade multifatorial medida geral de desempenho que indica quanto trabalho, capital, materiais e energia são necessários para produzir uma saída.

A produtividade parcial avalia como as empresas usam de forma eficiente apenas uma entrada, como mão de obra, ao criarem saídas. A produtividade multifatorial é uma medida geral de produtividade que avalia como as empresas utilizam de forma eficiente todas as entradas necessárias para produzir saídas. Mais especificamente, a **produtividade multifatorial** indica quanto trabalho, capital, materiais e energia são necessários para produzir uma saída.[16]

Figura 18.1

Crescimento da produtividade multifatorial em diversas indústrias

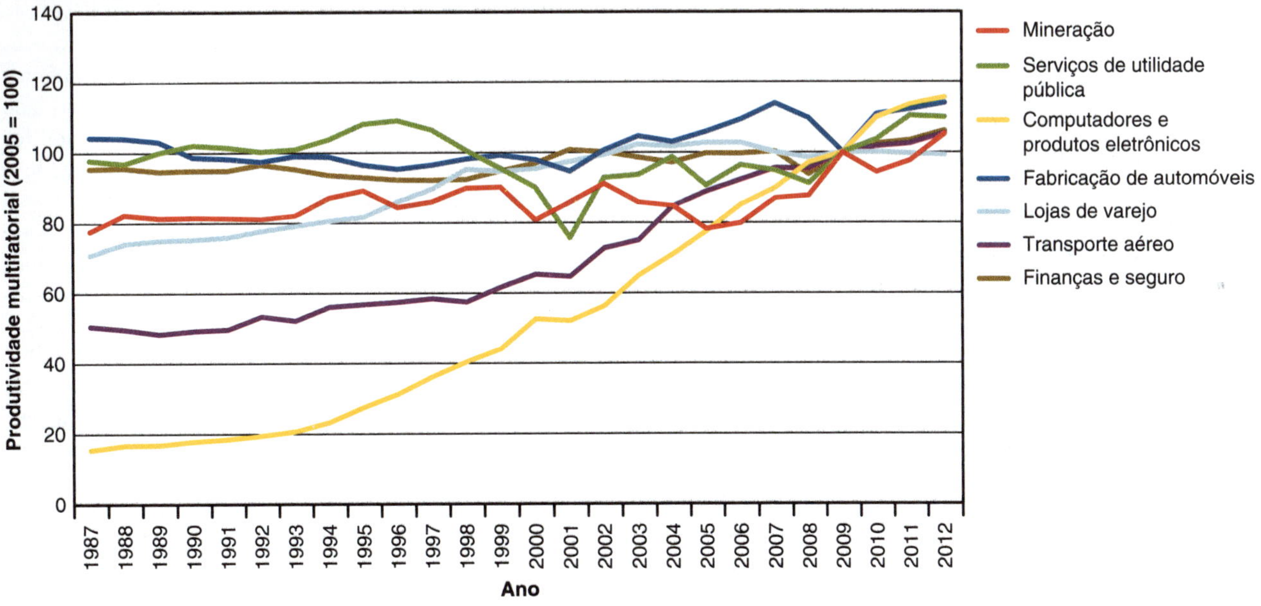

Fonte: Nonmanufacturing Sectors and NIPA-level Nonmanufacturing Industries KLEMS Multifactor Productivity Tables by Industry: Table Multifactor Productivity and Related KLEMS Measures from the NIPA Industry Database, 1987 to 2012. Bureau of Labor Statistics, Division of Industry Productivity Studies, 18 set. 2014. Disponível em: <http://www.bls.gov/mfp/special_requests/klemsmfpxg.zip>. Acesso em: 24 ago. 2017. Manufacturing Sector and NIPA-level Manufacturing Industries KLEMS Multifactor Productivity Tables by Industry: Table Multifactor Productivity and Related KLEMS Measures from the NIPA Industry Database, 1987 to 2012. Bureau of Labor Statistics, Division of Industry Productivity Studies, 21 ago. 2014. Disponível em: <http://www.bls.gov/mfp/special_requests/prod3.klemsmfp.zip>. Acesso em: 24 ago. 2017.

$$\text{Produtividade multifatorial} = \frac{\text{Saídas}}{(\text{mão de obra} + \text{capital} + \text{materiais} + \text{energia})}$$

A Figura 18.1 mostra as tendências da produtividade multifatorial em várias indústrias dos Estados Unidos desde 1987.

Com um aumento de 15,7% (em escala 1:100) entre 2009 e 2012 e de 7,5 vezes desde 1987, o crescimento da produtividade multifatorial na indústria de computação e produtos eletrônicos superou amplamente o crescimento da produtividade em mineração, serviços de utilidade pública, fabricação de automóveis, lojas de varejo, transporte aéreo e serviços financeiros e seguros, bem como a maioria das outras indústrias cujas informações são registradas pelo governo dos Estados Unidos.

Os gestores devem usar medidas de produtividade múltiplas ou parciais? Em geral, devem usar ambas. A produtividade multifatorial indica o nível geral de produtividade de uma empresa em relação a seus concorrentes. No final, é o que mais vale. No entanto, as medidas de produtividade multifatorial não indicam como as contribuições específicas que trabalho, capital, materiais ou energia influenciam a produtividade geral. Para analisar as contribuições desses componentes individuais, os gestores precisam usar medidas parciais de produtividade. Isso pode ajudá-los a determinar quais fatores precisam ser ajustados ou em que áreas o ajuste pode fazer a maior diferença na produtividade geral.

18-2 QUALIDADE

Com o carro médio custando $ 33.560, os consumidores querem garantir que estão obtendo uma boa qualidade por seu dinheiro.[17] Felizmente, conforme indicado pelo número de problemas a cada 100 carros (PP100), os carros de hoje apresentam qualidade muito maior que os modelos anteriores. Em 1981, os carros japoneses alcançavam a média de 240 PP100. Os carros da GM atingiram a média de 670 PPP100, os da Ford, de 740 PPP100, e os da Chrysler, 870 PP100! Em outras palavras, conforme medido pelo PP100, a qualidade dos carros norte-americanos era de duas a três vezes pior do que a dos japoneses. Porém, em 1992, os fabricantes de automóveis dos Estados Unidos fizeram grandes progressos, reduzindo significativamente o número de problemas para uma média de 155 PP100. Os veículos japoneses também melhoraram, com uma média de apenas 125 PP100. Contudo, de acordo com o levantamento de 2014 da J. D. Power and Associates sobre a qualidade inicial dos carros, conforme demonstrado na Figura 18.2, a qualidade geral melhorou para 116 problemas a cada 100 veículos, e até mesmo os mais mal avaliados superaram as avaliações dos carros japoneses de décadas atrás. Líderes de categoria, como Porsche, Jaguar, Lexus e Hyundai, tiveram pontuações abaixo de 100. Isso significa menos de um problema por carro![18]

Qualidade produto ou serviço sem deficiências ou as características de um produto ou serviço que satisfazem às necessidades do cliente.

A American Society for Quality dá dois significados para **qualidade**. Pode significar um produto ou serviço sem deficiências, como o número de problemas por cada 100 carros, ou as características de um produto ou serviço que satisfaça às necessidades dos clientes.[19] Os carros atuais são de maior qualidade do que os produzidos 20 anos atrás em ambos os sentidos. Não só têm menos problemas por 100 carros, como também têm uma série de características padrão adicionais (potência de freios e direção, aparelho de som/CD/MP3 *player*, vidros e portas elétricos, *air bags*, controle de velocidade).

Nesta parte do capítulo, você aprenderá sobre 18-2a características relacionadas à qualidade para produtos e serviços, 18-2b ISO 9000 e 14000, 18-2c o Prêmio Baldrige de Excelência no Desempenho e 18-2d gestão da qualidade total.

18-2a Características relacionadas à qualidade para produtos e serviços

Produtos de qualidade geralmente possuem três características: confiabilidade, facilidade de manutenção e durabilidade.[20] Uma avaria ocorre quando um produto deixa de funcionar ou não faz o que foi projetado para fazer. Quanto mais um produto demora para quebrar, ou quanto maior o tempo entre avarias, mais confiável ele será. Consequentemente, muitas empresas definem *confiabilidade do produto* em termos do tempo médio entre avarias. *Facilidade de manutenção* refere-se a quão fácil ou difícil é consertar um produto. Quanto mais fácil for manter um produto funcionando ou corrigir um produto quebrado, mais fácil de manter será esse produto.

Uma quebra do produto pressupõe que ele pode ser consertado. No entanto, alguns produtos não se quebram, falham. *Falha do produto* significa que os produtos não podem ser consertados, apenas substituídos. *Durabilidade* é definida como o tempo médio até a falha. Uma lâmpada incandescente típica, por exemplo, tem um tempo médio de uso de mil horas. Em contrapartida, as lâmpadas LED, que utilizam a mesma tecnologia que acende as HDTVs e as telas do telefone celular, têm um tempo médio de uso entre 20 e 25 anos. Além disso, as economias de energia de uma lâmpada LED de $ 10 significam que ela se pagará em dois anos e, em seguida, proporcionará mais 20 anos de iluminação, enquanto economiza $ 149 em custos de energia ao longo da sua vida útil.[21]

Enquanto produtos de alta qualidade são caracterizados por confiabilidade, facilidade de manutenção e durabilidade, serviços são diferentes. Não vale a pena avaliar a durabilidade de um serviço porque os serviços não duram, são consumidos no momento em que são executados. Por exemplo, depois que um jardineiro aparou seu gramado, o trabalho está feito até que ele volte na semana seguinte para fazê-lo de novo. Serviços também não têm manutenção. Você não pode manter ou consertar um serviço. Se um serviço não foi executado corretamente, tudo o que você pode fazer é executá-lo novamente. Em vez de manutenção e durabilidade, as interações de qualidade do serviço geralmente dependem de como o provedor de serviços interage com o cliente. O prestador de serviços foi amigável, grosseiro, ou útil? Cinco características tipicamente distinguem um serviço de qualidade: confiabilidade, tangibilidade, capacidade de resposta, garantia e empatia.[22]

Confiabilidade do serviço é a capacidade de executar o serviço consistentemente bem. Estudos mostram claramente que a confiabilidade é mais importante para os clientes do que qualquer outra coisa na compra de serviços. Quando você leva suas roupas para a lavanderia, não quer que elas retornem com botões quebrados ou amassados. Se o seu serviço de lavanderia sempre devolve roupas perfeitamente limpas e passadas, ele está fornecendo um serviço confiável.

Além disso, embora serviços em si não sejam tangíveis (você não pode vê-los ou tocá-los), eles são fornecidos em locais tangíveis. Assim, *tangibilidade* refere-se à aparência de escritórios, equipamentos e pessoal envolvido com a entrega do serviço. Um dos melhores exemplos do efeito da tangibilidade na percepção de qualidade é o banheiro. Quando você come em um restaurante elegante, espera banheiros limpos e sofisticados. Qual percepção você tem de outro negócio, digamos, um posto de gasolina, que tem banheiros limpos em vez de imundos?

Capacidade de resposta é a prontidão e a boa vontade com que os prestadores de serviços prestam um bom serviço. *Garantia* é a confiança de que os prestadores de serviços são conhecedores, corteses e confiá-

Figura 18.2

Pesquisa de qualidade da J. D. Power de 2014

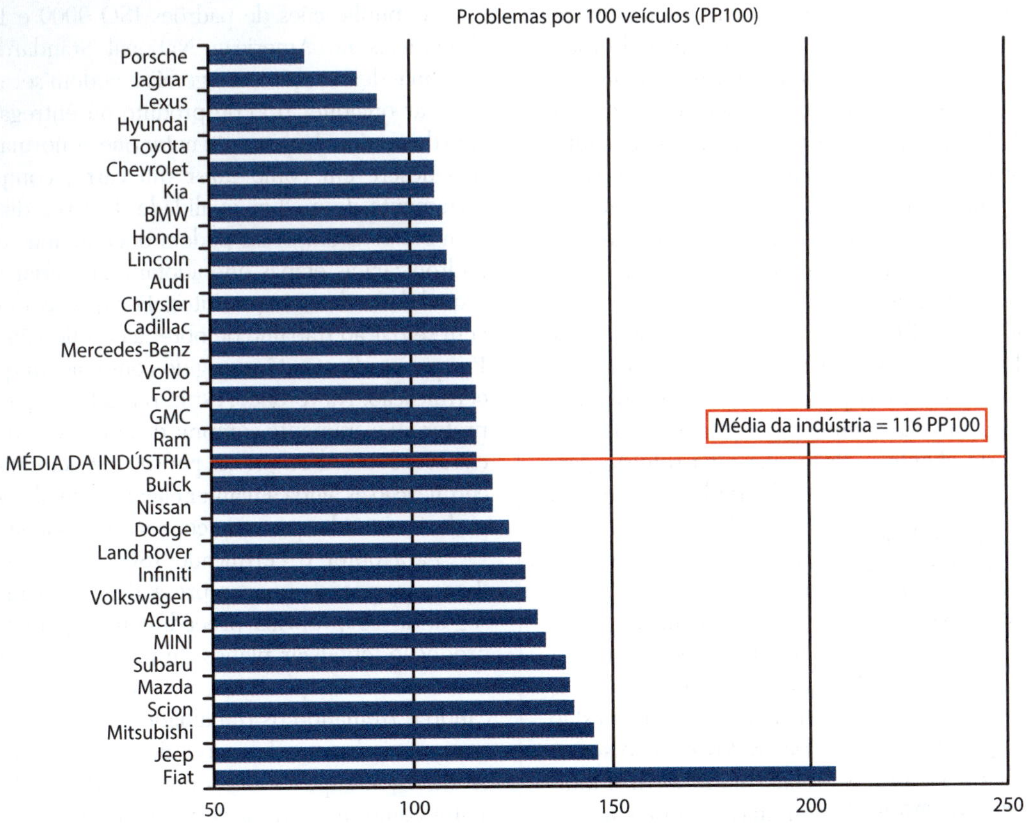

Fonte: Press Release. J. D. Power reports: initial quality problems increase as automakers struggle to launch vehicles with technology that consumers find easy to use. J. D. Power, 18 jun. 2014. Disponível em: <http://www.jdpower.com/sites/default/files/2014087_IQS.pdf>. Acesso em: 24 ago. 2017.

veis. *Empatia* é a medida em que os prestadores de serviços se preocupam e dão atenção individualizada às preocupações e aos problemas dos clientes.

Quando a Apple lançou suas lojas de varejo, previa-se amplamente que fracassariam, considerando todos os locais já disponíveis onde os consumidores poderiam comprar equipamentos de computador e eletrônicos. No entanto, tais previsões se mostraram erradas, e 395 milhões de pessoas visitaram as 416 lojas da Apple em 2013.[23] Por quê? Porque as lojas são ótimas em oferecer capacidade de resposta, garantia e empatia.

Maxstockphoto/Shutterstock.com

Nas lojas da Apple, a capacidade de resposta manifesta-se como uma filosofia de vendas de não vender. Em vez disso, os funcionários são treinados para ajudar os clientes a resolver problemas. Um manual de treinamento da Apple diz o seguinte: "Seu trabalho é entender todas as necessidades dos seus clientes, algumas das quais talvez nem eles mesmos perceberam". De acordo com David Ambrose, ex-funcionário da Apple: "Você nunca tenta fechar uma venda. Trata-se de encontrar soluções para o cliente e identificar seus problemas".

Os funcionários das lojas da Apple demonstram segurança por meio do alto nível de treinamento que recebem. Os "gênios" da Apple, funcionários do Genius Bar em cada loja da Apple, são treinados na sede da empresa e, de acordo com seu *site*, "podem cuidar de tudo, desde a resolução de problemas até consertos reais". Os gênios são testados regularmente em seus conhecimentos e habilidades de resolução de problemas para manter sua certificação. Outros funcionários das lojas da Apple também são altamente treinados e não têm permissão para ajudar os clientes até que tenham passado de duas a quatro semanas acompanhando e sendo treinados por funcionários experientes da loja.

O acrônimo APPLE instrui os funcionários sobre como atender os clientes empaticamente: "Aproxime-se dos clientes com uma recepção calorosa e personalizada", "Pergunte educadamente para entender todas as necessidades do cliente", "Proponha uma solução para o cliente levar hoje para casa", "Lide atentamente com quaisquer problemas ou preocupações " e "Encerre com uma despedida divertida e um convite para retornar". E quando os clientes estão frustrados e nervosos, o conselho é "ouvir e limitar suas respostas a simplesmente afirmar que você está fazendo. 'Uh-huh', 'Eu entendo' etc.".

ISO 9000 uma série de cinco padrões internacionais, da ISO 9000 à ISO 9004, que visam alcançar consistência na gestão da qualidade e garantia de qualidade de empresas em todo o mundo.

ISO 14000 uma série de padrões internacionais para gerenciar, monitorar e minimizar os efeitos prejudiciais de uma organização sobre o meio ambiente.

Os resultados da abordagem varejista da Apple falam por si mesmos, uma vez que as vendas no varejo da empresa são de $ 423 por metro quadrado, mais altas do que as lojas de joias Tiffany & Co. ($ 283), o varejo de luxo Coach ($ 142) ou Deckers Outdoor ($ 116, empresa de calçados específicos para alguns segmentos profissionais.[24]

18-2b ISO 9000 e 14000

ISO vem da palavra grega *isos*, que significa "igual, semelhante, similar ou idêntico", e também é um acrônimo para a Organização Internacional de Padronização (International Organization for Standardization – ISO), que ajuda a estabelecer padrões para 163 países. O objetivo dessa agência é desenvolver e publicar padrões que facilitem o intercâmbio internacional de bens e serviços.[25] A **ISO 9000** é uma série de cinco padrões internacionais, da ISO 9000 à ISO 9004, que visam alcançar consistência na gestão da qualidade e garantia de qualidade de empresas em todo o mundo. A **ISO 14000** é uma série de padrões internacionais para gerenciar, monitorar e minimizar os efeitos prejudiciais de uma organização sobre o meio ambiente.[26] (Para obter mais informações sobre qualidade e questões ambientais, consulte a subseção 16-3e do Capítulo 16 sobre sustentabilidade).

As publicações de padrões ISO 9000 e ISO 14000, disponíveis no American National Standards Institute (ver final desta seção), são gerais e podem ser usadas para fabricar qualquer tipo de produto ou entregar qualquer tipo de serviço. Importante notar que as normas ISO 9000 não descrevem como fazer um carro, computador ou ferramenta de melhor qualidade. Em vez disso, descrevem como as empresas podem documentar (e, portanto, padronizar) as etapas que adotam para criar e melhorar a qualidade de seus produtos. Por que as empresas devem se dar ao trabalho de obter a certificação ISO 9000? Porque os clientes têm exigido com mais frequência esta certificação. Na verdade, estudos mostram que os clientes preferem claramente comprar de empresas com certificação ISO 9000. As empresas, por sua vez, acreditam que esta certificação as ajuda a manter clientes que, de outra forma, poderiam mudar para um concorrente que já a tenha.[27]

Para obter o certificado ISO, processo que pode demorar meses, uma empresa deve mostrar que está seguindo os próprios procedimentos para melhorar a produção, atualizar planos de projeto e especificações, mantendo o maquinário em melhores condições, educando e treinando os trabalhadores, e lidando satisfatoriamente com as reclamações dos clientes.[28] Um terceiro credenciado supervisiona o processo de certificação ISO, assim como um auditor certificado verifica se as prestações de contas financeiras de uma empresa estão atualizadas e precisas. Depois que uma empresa foi certificada como compatível com a ISO 9000, o terceiro credenciado emitirá o certificado que a empresa pode usar em sua propaganda e em publicações. Este é o equivalente de qualidade do selo de aprovação *Good Housekeeping*. Mas a certificação ISO 9000 continuada não é garantida. Terceiros credenciados geralmente realizam auditorias periódicas para garantir que a empresa ainda esteja seguindo procedimentos de qualidade. Se não estiver, a certificação é suspensa ou cancelada.

Para obter informações adicionais sobre orientações e procedimentos da ISO 9000, consulte o American National Standards Institute (www.webstore.ansi.org, as publicações de padrões ISO 9000 e ISO 14000 estão disponíveis por cerca de $ 550 e $ 599, respectivamente), a American Society for Quality (www.asq.org) e o IOS (www.iso.org).

18-2c Programa Baldrige de Excelência no Desempenho

O Prêmio Baldrige de Excelência no Desempenho, administrado pelo Instituto Nacional de Padrões e Tecnologia do governo norte-americano, é concedido "como reconhecimento às empresas dos Estados Unidos por suas realizações em qualidade e desempenho empresarial e para aumentar a conscientização sobre a importância da qualidade e da excelência no desempenho como vantagem competitiva".[29] Todo ano podem ser concedidos até três prêmios nas categorias de fabricação, educação, cuidados de saúde, serviços, pequenas empresas e organizações sem fins lucrativos.

O custo da candidatura ao Prêmio Baldrige inclui taxa de elegibilidade de $ 360, taxa de inscrição de $ 18 mil para empresas, fabricantes e $ 9.600 para pequenas empresas, mais uma taxa de visitação de $ 50 mil a $ 60 mil para empresas fabricantes e de $ 30 mil a $ 35 mil para pequenas empresas.[30] Por que custa tanto? Porque você obtém uma grande quantidade de informações úteis sobre seu negócio, mesmo que não vença. No mínimo, cada empresa que se candidata recebe um extenso relatório baseado em 300 horas de avaliação de pelo menos oito especialistas em negócios e qualidade. Com $ 10 por hora para pequenas empresas e cerca de $ 20 por hora para empresas de manufatura e serviços, o *Journal for Quality and Participation,* também chamado relatório de comentários da Baldrige, é "a melhor oferta de consultoria nos Estados Unidos".[31] De acordo com Arnold Weimerskirch, ex-presidente do painel de juízes do Prêmio Baldrige e ex-vice-presidente de qualidade da Honeywell: "O processo de inscrição e revisão do Prêmio Baldrige é o melhor, mais abrangente e que apresenta maior efetividade de custo dentre as auditorias de saúde comercial que você pode encontrar".[32]

As empresas que se candidatam ao Prêmio Baldrige são julgadas pelos sete critérios mostrados na Figura 18.3: liderança; planejamento estratégico; clientes; medição, análise e gestão do conhecimento; força de trabalho; operações; e resultados.[33] O critério "resultados" é geralmente o mais importante. Em outras palavras, além dos outros seis critérios, as empresas devem mostrar que obtiveram qualidade superior quando se trata de produtos e processos, seus clientes, força de trabalho, liderança, governança (responsabilidade social) e resultados financeiros e de mercado. Essa ênfase nos resultados é o que diferencia o Prêmio Baldrige dos padrões ISO 9000. Ele indica até que ponto as empresas realmente alcançaram qualidade de classe mundial e se a empresa está seguindo o sistema de gestão que implementou para melhorar a qualidade. Na verdade, a certificação ISO 9000 cobre menos de 10% dos requisitos para o Prêmio Baldrige.[34]

Por que as empresas deveriam se candidatar ao Prêmio Baldrige? A examinadora do programa Baldrige, Betsy Beam, explica que não se trata apenas de ganhar o prêmio, mas também de obter a oportunidade de melhorar: "O Ritz-Carlton ganhou o Prêmio Baldrige duas vezes. Mesmo nos (...) anos em que ganhou, foram identificadas 35 oportunidades de melhoria. Essa é uma jornada muito difícil para qualquer organização, mas vale a pena, já que as mudanças [necessárias] tornam-se óbvias".[35]

Mensageiro robótico

Na próxima vez que você solicitar uma escova de dente ou uma toalha sobressalente à recepção do hotel, pode achar que o carregador é um pouco mais baixo e mais mecânico do que o esperado. O Hotel Aloft, de Cupertino, na Califórnia, empregou um robô de 90 cm de altura chamado Botlr para complementar sua equipe humana de atendimento ao cliente. O mensageiro automatizado pode ser uma adição óbvia ao serviço de manutenção do Aloft, considerando que o hotel fica em frente ao *campus* corporativo da Apple. Tanto o hotel quanto o *designer* do robô, Savioke, insistem em que o Botlr não irá substituir o talento humano. Em vez disso, ele destina-se a ajudar a entregar itens pequenos, como barbeador, carregadores de *smartphones* e lanches. Viajando até 6,5 km/h, Botlr pode chegar a qualquer um dos 150 quartos do Aloft em menos de três minutos. Ele trabalha por avaliações, que podem ser inseridas em um *display* frontal, em vez de gorjetas. O melhor de tudo é que o robô amigável realiza uma pequena dança para os hóspedes após receber uma avaliação positiva.

Fonte: J. Marko. "Beep" says the bellhop. *New York Times*, 12 ago. 2014, B1.

18-2d Gestão da qualidade total

Gestão da qualidade total (*total quality management* – TQM) é uma estratégia organizacional ampla

Gestão da qualidade total (TQM) estratégia organizacional ampla e integrada para melhorar a qualidade de produto e de serviço.

e integrada para melhorar a qualidade de produto e de serviço.[36] TQM não é uma ferramenta ou técnica específica. Trata-se de uma filosofia ou abordagem ampla de gestão caracterizada por três princípios: foco e satisfação do cliente, melhoria contínua e trabalho em equipe.[37]

Embora a maioria dos economistas, contadores e financistas argumente que as empresas existem para gerar lucros para os acionistas, a TQM sugere que o foco no cliente e a sua satisfação devem ser os principais objetivos da empresa. **Foco no cliente** significa que toda a organização, de cima a baixo, deve se concentrar em atender às necessidades dos clientes. O resultado deve ser a **satisfação do cliente**, que ocorre quando os produtos ou serviços da empresa atendem às expectativas dos clientes ou as excedem.

Em empresas nas quais a satisfação do cliente é levada a sério, como a **Alaska Airlines**, os salários dependem de manter os clientes satisfeitos. Todos na Alaska Airlines, do CEO aos pilotos e às pessoas que manuseiam a bagagem, recebem um bônus mensal, do qual 70% são baseados em ganhos e os 30% restantes divididos entre custos, segurança e satisfação do cliente. A J. D. Power and Associates classificou a Alaska Airlines como a que consegue a maior satisfação do cliente entre as companhias aéreas tradicionais dos Estados Unidos de 2008 a 2013. Da mesma forma, de acordo com a FlightStats, a Alaska Airlines era, de 2010 a 2014, a melhor companhia aérea norte-americana em termos de pontualidade no horário de chegada, uma questão-chave no que concerne à satisfação do cliente.[38]

Melhoria contínua é um compromisso contínuo para aumentar a qualidade do produto e do serviço ao avaliar e melhorar constantemente os processos e procedimentos utilizados para criá-los. Como as empresas sabem se estão conseguindo uma melhoria contínua? Além da maior satisfação do cliente, a melhoria contínua geralmente está associada a uma redução na **variação**, um desvio na forma, condição ou aparência de um produto em relação ao padrão de qualidade para este produto. Quanto menos um produto varia em relação ao padrão de qualidade ou quanto mais consistentemente os produtos de uma empresa atendem a um padrão de qualidade, maior é a qualidade. Além da segurança, o padrão de qualidade para uma companhia aérea é partida e chegada com pontualidade. Sua variação significa atrasos e, pior ainda, cancelamentos. Em média, 1,7% dos voos é cancelado por ano, às vezes por causa do clima, mas muitas devido a decisões de gestão ruins. A Delta Airlines, no entanto, cancela apenas 0,3% de seus voos porque estoca peças extras (motores de arranque) que muitas vezes causam atrasos, mantém 20 aviões extras colocados em serviço quando um jato tem problemas mecânicos e organiza as limitações de horas de voo para as tripulações (geralmente 8 horas a cada 24), com aviões fazendo paradas intermediárias (o que significa menos de oito horas) com novas equipes assumindo o controle. Com 15 mil

Foco no cliente objetivo organizacional que visa concentrar a atenção no atendimento às necessidades dos clientes em todos os níveis da empresa.

Satisfação do cliente objetivo organizacional que visa fornecer produtos ou serviços que atinjam ou excedam as expectativas dos clientes.

Melhoria contínua compromisso contínuo de uma organização em avaliar e melhorar constantemente os processos e procedimentos utilizados para criar produtos e serviços.

Variação desvio na forma, condição ou aparência de um produto em relação ao padrão de qualidade para esse produto.

Figura 18.3

Critérios para o Prêmio Nacional de Qualidade Baldrige

Categoria/Itens 2015-2016

1 Liderança
1.1 Liderança sênior
1.2 Governança e responsabilidade social

2 Planejamento estratégico
2.1 Desenvolvimento da estratégia
2.2 Implementação da estratégia

3 Clientes
3.1 Voz do cliente
3.2 Envolvimento de clientes

4 Medição, análise e gestão do conhecimento
4.1 Medição, análise e melhoria do desempenho organizacional
4.2 Gestão do conhecimento, informação e tecnologia da informação

5 Força de trabalho
5.1 Ambiente da força de trabalho
5.2 Envolvimento da força de trabalho

6 Operações
6.1 Processos de trabalho
6.2 Eficiência operacional

7 Resultados
7.1 Resultados do produto e do processo
7.2 Resultados focados no cliente
7.3 Resultados focados na força de trabalho
7.4 Resultados de liderança e governança
7.5 Resultados financeiros e de mercado

Fonte: 2015-2016 Baldrige Performance Excellence Framework. *Baldrige Performance Excellence Program*. Disponível em: < http://www.nist.gov/baldrige/publications/upload/2015_2016_Category_and_Item_Commentary_BNP.pdf>. Acesso em: 11 maio 2015.

Chris Parypa Photography/Shutterstock.com

Todos na Alaska Airlines, do CEO aos pilotos e às pessoas que manuseiam bagagem, recebem um bônus mensal baseado, em parte, na satisfação do cliente.

voos diários, a Delta cancela apenas 45 por dia. Mas, se a Delta estivesse na média da taxa de cancelamento, cancelaria 255 voos por dia, ou cinco vezes mais.[39]

O terceiro princípio da TQM é o **trabalho em equipe**, que significa colaboração entre gestores e não gestores, entre as funções de negócios e entre a empresa e seus clientes e fornecedores. Em suma, a qualidade melhora quando todos na empresa recebem incentivo para trabalhar em conjunto, a responsabilidade e a autoridade para fazer melhorias e para resolver problemas. No início do capítulo, você aprendeu que a fábrica da ArcellorMittal, de Gent, na Bélgica, precisa apenas de 1,3 horas-homem para fazer uma tonelada de aço, ou um terço menos do que a média. Uma das práticas da ArcellorMittal é o"emparelhamento" de suas melhores fábricas, como a localizada em Gent, com suas fábricas que têm fraco desempenho, como a de Burns Harbour, em Indiana. Então, ela usa o trabalho em equipe e a competição para melhorar ambas. Assim, enviou 100 engenheiros e gestores de Burns Harbor para Gent e lhes disse: "Façam o que os belgas fazem", enquanto os belgas foram informados para manter sua vantagem. Segundo o fundador Lakshmi Mittal: "O processo não muda: ferro fundido, forja, laminação. Mas sempre há melhorias incrementais que você pode fazer. Queríamos que Burns Harbor fosse mais como Gent".[40] O trabalho em equipe entra em jogo, já que as equipes das duas fábricas se reúnem regularmente para discutir o desempenho e compartilhar os passos que estão sendo dados para melhorar. Seguindo as práticas em Gent, Burns Harbor começou a usar um bocal de água de alta pressão diferente para remover flocos (isto é, imperfeições) do aço superaquecido. Não só a qualidade do aço melhorou, o bico usou menos água e menos energia, economizando $ 1,4 milhão anuais em energia. Da mesma forma, os trabalhadores de Burns Harbor começaram a cortar menos aço nas laterais das bobinas de aço, economizando 725 bobinas de aço por ano, o equivalente a 17 mil carros. Hoje, graças ao emparelhamento e ao trabalho em equipe, Burns Harbour produz 900 toneladas de aço por empregado por ano, bem próximo das 950 toneladas produzidas em Gent.

O foco no cliente e sua satisfação, a melhoria contínua e o trabalho em equipe se reforçam mutuamente para melhorar a qualidade em toda a empresa. A melhoria contínua focada no cliente é necessária para aumentar a sua satisfação. Ao mesmo tempo, a melhoria contínua depende do trabalho em equipe em diferentes partes funcionais e hierárquicas da empresa.

18-3 OPERAÇÕES DE SERVIÇO

No início deste capítulo, você aprendeu que gestão de operações significa gerenciar a produção diária de bens e serviços. Então, aprendeu que, para gerenciar a produção, você deve supervisionar os fatores que afetam a produtividade e a qualidade. Nesta metade do capítulo, você aprenderá sobre a gestão de operações em empresas de prestação de serviços e de fabricação. O capítulo termina com uma discussão sobre a gestão de estoque, um fator chave na lucratividade da empresa.

Imagine que seu confiável gravador de vídeo digital TiVo (DVR) quebre enquanto tenta gravar seu programa de TV favorito. Você tem duas escolhas: correr para o Walmart e gastar $ 250 para comprar um novo DVR, ou gastar menos (essa é a sua expectativa) para consertá-lo em uma oficina. De qualquer forma, você termina com o mesmo produto, um DVR em funcionamento. No entanto, a primeira opção, obter um novo DVR, envolve a compra de um produto físico (um bem), enquanto a segunda, lidar com uma oficina de consertos, envolve a compra de um serviço.

Serviços diferem de bens de várias formas. Em primeiro lugar, bens são produzidos, os serviços, executados. Em outras palavras, serviços são quase sempre intensivos em mão de obra, na medida em que alguém geralmente deve fazer o serviço para você. Uma oficina de consertos pode fornecer as peças necessárias para consertar seu DVR antigo, mas você ainda terá um DVR quebrado sem o técnico para fazer o conserto. Em segundo lugar, bens são tangíveis, mas serviços são intangíveis. Você pode tocar e ver esse novo DVR, mas não pode tocar ou ver o serviço fornecido pelo técnico que consertou seu aparelho antigo. Tudo o que você pode "ver" é que o DVR funciona. Em terceiro lugar, serviços são perecíveis e não podem

Trabalho em equipe
colaboração entre gestores e não gestores, entre funções de negócios e entre a empresa, seus clientes e fornecedores.

Qualidade do serviço interno qualidade do tratamento que os funcionários recebem da direção e de outras divisões de uma empresa.

ser estocados. Se você não usar enquanto estiverem disponíveis, eles serão desperdiçados. Por exemplo, se sua loja de consertos de DVR estiver com trabalhos atrasados, você precisará esperar até a semana seguinte para consertar o aparelho. Não é possível armazenar um serviço não utilizado e usá-lo quando você quiser. Em contraste, você pode comprar um bem, como o óleo do motor, e armazená-lo até que esteja pronto para usá-lo.

Como serviços são diferentes de produtos, gerenciar uma operação de serviço é diferente de gerenciar uma operação de fabricação ou produção.

Vejamos ***18-3a a cadeia de serviço-lucro*** *e* ***18-3b a recuperação de serviço e empoderamento.***

18-3a Cadeia de serviço-lucro

Um dos principais pressupostos no negócio de serviços é que o sucesso depende de quão bem os funcionários, isto é, os provedores de serviços, entregam seus serviços aos clientes. Mas o sucesso realmente começa com o quão bem a direção trata os funcionários que prestam serviços, como demonstra a cadeia de serviço-lucro representada na Figura 18.4.[41]

O conceito-chave por trás da cadeia serviço-lucro é a **qualidade do serviço interno**, que significa a qualidade do tratamento que os funcionários recebem dos provedores de serviços internos de uma empresa, como gestão, folha de pagamento e benefícios, recursos humanos, e assim por diante. Por exemplo, os funcionários da Clif Bar, fabricante de barras e bebidas energéticas orgânicas, têm direito a usufruir de 2,5 horas por semana do centro de *fitness* da empresa, equipado com uma parede de escalada, além de outras atividades, como ioga, aulas de *spin* e sessões gratuitas com treinadores e nutricionistas; têm um *concierge* que fornece lavagem de carros, lavanderia, limpeza a seco e outros serviços; podem se candidatar para receber incentivos por partilhar caronas (até $ 960 por ano), comprar um carro movido a biodiesel ($ 6.500), ir trabalhar de bicicleta ($ 500) ou fazer melhorias ecológicas em suas casas ($ 1.000); e estão matriculados no plano de participação acionário dos funcionários, adquirido após três anos, momento em que o funcionário recebe ações que lhes garantem participação total na propriedade da empresa. Esses benefícios extraordinários são claramente um sinal de uma empresa com orientação à qualidade de serviço interno.[42]

Como descrito na Figura 18.4, um bom serviço interno leva à satisfação dos funcionários e à capacidade de serviço. A *satisfação dos funcionários* ocorre quando as empresas os tratam de uma forma que atenda às suas expectativas ou as exceda. Em outras palavras, quanto mais bem os funcionários são tratados, mais satisfeitos ficam, e mais provavelmente prestarão um serviço de alto valor que satisfaça aos clientes. A maneira como os empregadores tratam os funcionários é importante porque afeta a *capacidade do serviço*, ou seja, a percepção de um funcionário de sua capacidade de atender bem os clientes. Quando uma organização atende seus funcionários de maneira que os ajude a fazer bem seus trabalhos, eles, por sua vez, são mais propensos a acreditar que podem e devem fornecer serviços de alto valor aos clientes.

Finalmente, de acordo com a cadeia de serviço-lucro mostrada na Figura 18.4, *serviço de alto valor* leva à *satisfação* e *fidelidade do cliente*, o que, por sua vez, leva a *lucros e crescimento de longo prazo*.[43] Qual é a

Figura 18.4

Cadeia de serviço-lucro

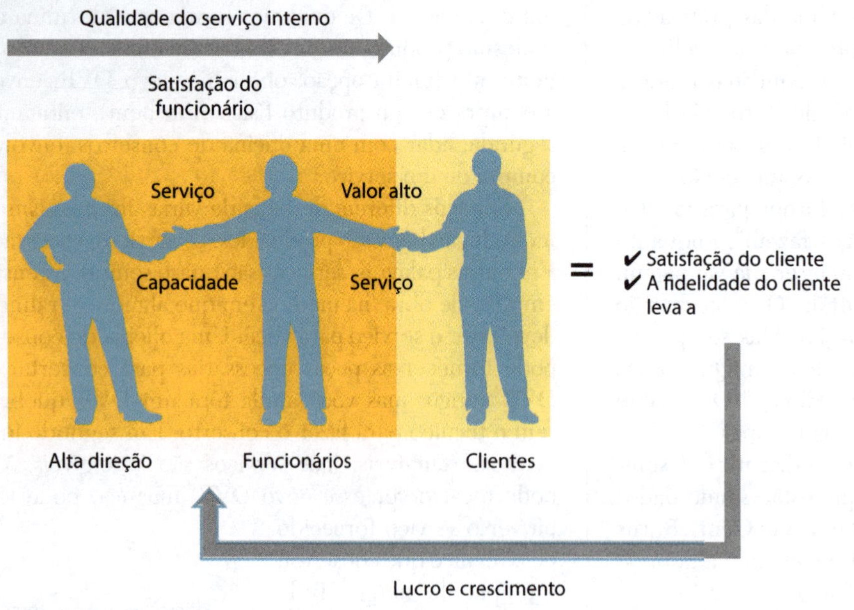

Fontes: R. Hallowell; L. A. Schlesinger; J. Zornitsky. Internal service quality, customer and job satisfaction: linkages and implications for management, *Human Resource Planning* 19 (1996), p. 20-31. J. L. Heskett; T. O. Jones; G. W. Loveman; W. E. Sasser Jr.; L. A. Schlesinger. Putting the service-profit chain to work. *Harvard Business Review*, mar.-abr. 1994, p. 164-74.

ligação entre satisfação e fidelidade do cliente e lucros? Para começar, a empresa média retém apenas de 70% a 90% de seus clientes a cada ano. Não é grande coisa, você diria? Basta substituir os clientes que partem pelos novos. Bem, há um problema significativo com essa solução. Custa dez vezes mais encontrar um novo cliente do que manter um existente. Além disso, novos clientes geralmente compram apenas 20% do que clientes estabelecidos compram. De fato, reter os clientes existentes é tão econômico, que a maioria das empresas poderia dobrar seus lucros simplesmente aumentando a retenção em 5% de seus clientes por ano![44] Como isso funciona? Imagine que reter mais seus clientes transforme alguns deles em clientes para toda vida. Quanta diferença isso faria aos negócios da empresa? Considere que apenas um cliente de toda vida gasta $ 8 mil em *pizza* e mais de $ 330 mil em carros de luxo![45]

18-3b Reparação de serviço e empoderamento

Quando erros são cometidos, quando ocorrem problemas e quando os clientes ficam insatisfeitos com o serviço que receberam, as empresas prestadoras de serviços devem substituir o processo de entrega de serviços pelo processo de **recuperação do serviço** ou restauração da satisfação de clientes muito insatisfeitos.[46] Ou, como o consultor de negócios, Barry Moltz, explica: "Quando um cliente diz que está insatisfeito, a empresa tem a chance de corrigir e transformá-lo em um cliente mais fiel".[47] A reparação de serviços às vezes exige que os funcionários prestadores do serviço não apenas corrijam o erro cometido, mas também façam atos heroicos de serviço que encantem os clientes muito insatisfeitos, superando suas expectativas de tratamento justo. Jason Friend, cofundador do 37signals.com, que fornece *software* de colaboração na internet, como o Basecamp e o Campfire, comprou uma bicicleta personalizada pela internet da Mission Bicycle Company de São Francisco. Quando chegou, ele encontrou um corte profundo na lateral do quadro do bicicleta. Ele descreveu o que aconteceu quando contatou a Mission: "Eles disseram que enviar a bicicleta de volta seria um exagero, pois a única parte danificada era o quadro. Além disso, a bicicleta era desmontável, tratava-se apenas de um problema de pintura, então enviá-la de volta significaria que eu não teria uma bicicleta por uma semana mais ou menos. Eles não se sentiam bem com isso. Então, eis o que fizeram: chamaram uma loja local (On The Route) e se organizaram para lhes enviar um novo quadro. Depois, um de seus técnicos dirigiria até o meu escritório, trocaria o quadro e montaria a bicicleta para mim. Tudo isso à custa da Mission. Esse é um serviço ao cliente incrível. Sou um cliente feliz por toda vida. Se você estiver procurando por uma ótima bicicleta personalizada, consulte as boas pessoas e os produtos da Mission Bicycle Company".[48]

Infelizmente, quando ocorrem erros, os funcionários prestadores do serviço muitas vezes não têm o poder de decisão para resolver reclamações dos clientes. Clientes que querem que os funcionários do serviço corrijam ou compensem o mau serviço frequentemente recebem as seguintes informações: "Não tenho permissão para fazer isso", "Estou apenas seguindo as normas da empresa" ou "Desculpe, apenas os gerentes podem fazer alterações de qualquer tipo". Em outras palavras, as regras da empresa impedem que eles se envolvam em ações de reparação de serviço que transformem clientes insatisfeitos em satisfeitos. O resultado é frustração para clientes e funcionários, além de a empresa perder clientes.

No entanto, muitas empresas estão empoderando seus funcionários.[49] No Capítulo 9, você aprendeu que *empoderar trabalhadores* significa passar permanentemente autoridade e responsabilidade de decisão dos gestores para os trabalhadores. No que diz respeito à reparação do serviço, significa dar aos funcionários prestadores do serviço a autoridade e a responsabilidade de tomar decisões que resolvam imediatamente os problemas dos clientes.[50] Por exemplo, quando os clientes invocam o Nicor National, um serviço público de energia, para pedir créditos para suas contas, não são transferidos para o departamento de cobrança. O cliente não é colocado em espera enquanto o operador procura um supervisor ou gerente. Em vez disso, o operador, que tem poderes para tomar essa decisão, simplesmente concede o crédito pleiteado sem ter que receber aprovação de ninguém. De acordo com Barbara Porter, vice-presidente de Desenvolvimento de Negócios e Atendimento ao Cliente da empresa, empoderar o *call center* dessa maneira é uma resolução rápida e fácil: "Eles são profissionais e confiamos neles para tomar as decisões certas".[51]

Quando as coisas correm mal para os clientes, até que ponto a reparação do serviço funciona? Dos clientes, 79% veem a resolução rápida de seus problemas como o aspecto central para o bom atendimento. Além disso, cerca de metade deixará de comprar de uma empresa quando o mau serviço prestado ao cliente não for resolvido. De qualquer forma, cerca de 9 em cada 10 clientes contarão a outros sobre o seu mau serviço prestado ao cliente ou sobre como você resolveu o seu problema.[52]

18-4 OPERAÇÕES DE FABRICAÇÃO

A Ford faz carros, e a Dell, computadores. A BP produz gasolina, enquanto a Sherwin-Williams faz tintas. A Boeing faz aviões a jato, e a Budweiser, cerveja. A Maxtor faz discos rígidos, e a Maytag fabrica eletrodomésticos. As *operações*

Recuperação do serviço restauração da satisfação de clientes muito insatisfeitos.

de fabricação dessas empresas produzem bens físicos. Mas nem todas as operações de fabricação, especialmente essas, são as mesmas.

Vamos aprender como várias operações de fabricação são feitas em termos de ***18-4a a quantidade de processamento para produzir e montar um produto*** *e* ***18-4b a flexibilidade para mudar quantidade, tipo e características dos produtos que são produzidos.***

18-4a Quantidade de processamento nas operações de fabricação

Operações de fabricação podem ser classificadas de acordo com a quantidade de processamento ou montagem que ocorre após a recepção de um pedido do cliente. O maior grau de processamento ocorre nas **operações sob encomenda**. Uma operação sob encomenda não inicia o processamento ou a montagem de produtos até receber um pedido do cliente. Na verdade, algumas operações desse tipo podem inclusive não encomendar peças aos fornecedores até que um pedido do cliente seja recebido. Não é de surpreender que as operações de fabricação sob encomenda produzam ou montem produtos altamente especializados ou personalizados para os clientes. O trator John Deere 8R, por exemplo, vem com milhares de opções que podem ser personalizadas para as necessidades de um fazendeiro de milho no Kansas ou um fazendeiro de arroz na Índia. Os compradores escolhem entre seis tipos de eixo, cinco transmissões, 13 tipos de engates traseiros e 54 diferentes configurações de roda e pneu. Existem 354 pacotes de opções para o trator básico e 114 para acessórios. Devido a tantas combinações de opções, a Deere produziu 7.800 tratores 8R exclusivos em 2014. Em média, cada configuração do trator foi construída apenas 1,5 vez, e mais da metade das configurações foram construídas apenas uma vez, verdadeiramente uma operação sob encomenda.[53]

Operação sob encomenda operação de fabricação que não começa a processar ou a montar produtos até que um pedido do cliente seja recebido.

Operações de montagem sob encomenda operação de fabricação que divide os processos de fabricação em partes ou módulos separados que são combinados para criar produtos semipersonalizados.

Operações de produção para estoque operação de fabricação que encomenda peças e monta produtos padronizados antes de receber pedidos de clientes.

Flexibilidade de fabricação grau em que as operações de fabricação podem alterar de forma fácil e rápida a quantidade, o tipo e as características dos produtos que produzem.

Um grau moderado de processamento ocorre em **operações de montagem sob encomenda**. Uma empresa que usa uma operação assim divide seu processo de fabricação ou montagem em partes ou módulos separados. A empresa solicita peças e monta módulos antes de receber os pedidos dos clientes. Em seguida, com base nos pedidos reais dos clientes ou na pesquisa de previsão do que os clientes desejam, esses módulos são combinados para criar produtos semipersonalizados. Por exemplo, quando um cliente compra um carro novo, a GM pode já ter encomendado dos fornecedores as peças ou os módulos básicos de que precisa. Em outras palavras, com base em previsões de vendas, a GM já pode ter encomendado de fornecedores pneus, compressores de ar-condicionado, sistemas de freio e assentos para acomodar quase todos os pedidos de clientes em um determinado dia. Pedidos especiais de clientes e revendedores de automóveis são então usados para determinar a lista de verificação da montagem final para carros específicos à medida que se deslocam pela linha de montagem.

O menor grau de processamento ocorre nas **operações de produção para estoque** (também chamadas "montar para estocar"). Como os produtos são padronizados, o que significa que cada produto é exatamente igual ao seguinte, uma empresa que usa a operação de produção para estoque inicia a encomenda de peças e a montagem de produtos acabados antes de receber pedidos de clientes. Os clientes então adquirem esses produtos padronizados, como recipientes de armazenamento Rubbermaid, fornos de micro-ondas e aspiradores de pó, nas lojas de varejo ou diretamente do fabricante. Como as peças são encomendadas e os produtos montados antes de os clientes encomendarem os produtos, as operações de estoque são altamente dependentes da precisão das previsões de vendas. Se as previsões de vendas estiverem incorretas, as operações de produção para estoque podem acabar produzindo produtos a mais ou a menos, ou podem fazer produtos com características erradas ou sem as características que os clientes desejam.

18-4b Flexibilidade das operações de fabricação

Uma segunda forma de classificar as operações de fabricação é pela **flexibilidade de fabricação**, ou seja, o grau em que as operações de fabricação podem alterar de forma fácil e rápida a quantidade, o tipo e as características dos produtos que produzem. A flexibilidade permite que as empresas respondam rapidamente às mudanças no mercado (ou seja, respondam aos concorrentes e aos clientes) e reduzam o tempo entre o pedido e a entrega dos produtos. Entretanto, com frequência há uma escolha entre flexibilidade e custos, sendo as operações de fabricação mais flexíveis com frequência as que operam com custos mais elevados por unidade, e as menos flexíveis, as que operam com custos mais baixos por unidade. Algumas operações de fabricação comuns, ordenadas das menos às mais flexíveis, são produção de fluxo contínuo, em linha, em lote e oficinas de trabalho sob encomenda.

A maioria dos processos de produção gera produtos acabados a uma taxa de variável discreta. Um produto está concluído, e, talvez alguns segundos, minutos ou horas depois, outro estará concluído, e assim por diante. Por exemplo, se você estivesse no final de uma linha de montagem de automóveis, teria a sensação de que nada acontece por 55 segundos de cada minuto. Nos últimos cinco segundos, no entanto, um novo carro começa a ser produzido e sai da linha de montagem pronto para o proprietário. Em comparação, na **produção de fluxo contínuo**, a produção é feita de forma contínua, e não a uma taxa de variável discreta. Como uma mangueira de água que nunca é desligada e a água continua fluindo, a fabricação do produto final nunca para. Até recentemente, as empresas farmacêuticas usavam operações de variável discreta de produção para fabricar medicamentos, misturando ingredientes em grandes cubas em fábricas separadas. Mas, para reduzir os custos e aumentar a qualidade, muitas estão mudando para a produção de fluxo contínuo, em que as matérias-primas usadas para produzir medicamentos são "alimentadas em um único processo contínuo".[54] Johnson & Johnson, GlaxoSmithKline e Novartis estão construindo fábricas de fluxo contínuo, o que deve reduzir os custos operacionais em 30% e aumentar a qualidade, porque correções podem ser feitas imediatamente e não depois de grandes lotes terem sido produzidos. Além disso, as fábricas farmacêuticas de fluxo contínuo são muito menores, ocupando 340 m^2 em comparação com a fábrica típica de medicamentos que ocupava 9.300 m^2, e, portanto, muito menos caras para construir. Finalmente, as velocidades de produção e as quantidades produzidas podem ser muito maiores. Por exemplo, enquanto é necessário um período de quatro a seis semanas para fazer 100 mil comprimidos do novo medicamento para fibrose cística da Vertex, sua nova fábrica de fluxo contínuo pode fazer a mesma quantidade de comprimidos em uma hora![55] Apesar de suas inúmeras vantagens, os processos de produção de fluxo contínuo são as operações de fabricação mais padronizadas e menos flexíveis. Em outras palavras, uma fábrica de fluxo contínuo dedicada à produção de medicamentos para fibrose cística não poderia ser usada para fazer outro tipo de droga.

JuliusKielaitis/Shutterstock.com

Os processos de **produção em linha** são preestabelecidos, ocorrem de forma serial ou linear e são dedicados a fazer um tipo único de produto. Dessa forma, os 10 passos diferentes necessários para fabricar o produto X podem ser completados em um processo de fabricação separado (com máquinas, peças, tratamentos, locais e trabalhadores separa-

Produção de fluxo contínuo operação de fabricação que produz bens em uma taxa contínua, em vez daquela de variável discreta.

Produção em linha processos de fabricação preestabelecidos que ocorrem de forma serial ou linear e são dedicados a fazer um tipo único de produto.

A caçada aos fabricantes de contratos dos Estados Unidos

Uma rápida busca por fabricantes de contratos no *site* chinês Alibaba.com produz milhares de listagens. Costumava ser tão fácil encontrar um fabricante de contrato nos Estados Unidos, mas não é mais o caso. Quando a K'Nex Brands LP, uma fabricante de brinquedos de propriedade familiar, queria trazer a produção do brinquedo icônico Lincoln Logs de volta para os Estados Unidos da China, teve problemas para encontrar uma fábrica doméstica que pudesse produzir os pequenos blocos de madeira. As fábricas de madeira remanescentes nos Estados Unidos foram criadas para fazer grandes itens, como mobiliário e armários. Da mesma forma, quando a Marshmallow Fun Co., que projeta armas de brinquedo que atiram marshmallows, queria repatriar sua fabricação de brinquedos, o CEO Beaver Raymond tentou por meses encontrar uma fábrica dos Estados Unidos. O fabricante de especialidades que encontrou em Wisconsin exigiu uma quantidade mínima de pedido de 60 mil unidades para justificar os $ 80 mil que precisaria gastar em ferramentas e moldes de plástico. (Raymond queria pedir apenas dez mil.) Os gestores da K'Nex tiveram melhor sorte. Depois de ler um artigo sobre sua pesquisa no *Wall Street Journal*, um fabricante de taco de golfe no Maine os contatou para dizer que seus equipamentos poderiam fazer o Lincoln Logs, cujo primeiro lote chegou às prateleiras em 2015.

Fontes: J. R. Hagerty. It's no fun making toys or toasters in the USA. *Wall Street Journal*, 10 fev. 2015, p. B1-B2; J. R. Hagerty; M. Magnier. Companies tiptoe back toward "Made in the USA". *Wall Street Journal*, 14 jan. 2015, p. A1-A12.

dos) das 12 etapas diferentes necessárias para fabricar o produto Y. Os processos da produção de fluxo de linha são inflexíveis porque em geral são dedicados a fabricar um tipo único de produto. Por exemplo, o processo de produção do carro Modelo S da Tesla Motors começa com grandes chapas de alumínio, que são prensadas, cortadas e depois estampadas nas formas dos painéis da carroceria do carro (isto é, teto, porta-malas, frente esquerda e assim por diante). Os painéis moldados são então movidos para a oficina de carroceria, onde a plataforma do carro, as laterais e a frente são unidos por meio de máquinas de solda robotizadas. Depois que a estrutura do carro é formada, ela é preparada, pintada e movida para a linha de montagem. Lá, três mil trabalhadores e 160 robôs instalam a bateria, o motor, os cabos elétricos, o interior, os assentos e o restante das mais de 30 mil peças do carro. O processo de montagem de um carro demora de três a cinco dias. No total, a fábrica do Modelo S da Tesla produz cerca de 400 carros por semana.[56]

A próxima operação de fabricação mais flexível é a **produção em lote**, que envolve a fabricação de grandes lotes de diferentes produtos em um lote de tamanho padrão. Um trabalhador em uma operação de produção em lote executará o mesmo ato de fabricação em 100 cópias do produto X, seguido de 200 cópias do produto Y, e, em seguida, 50 cópias do produto Z. Além disso, esses lotes movem-se pelos departamentos de fabricação seguindo um processo que respeita uma ordem idêntica. Assim, se o departamento de pintura se seguir ao de tratamento químico e este agora está processando um lote de 50 cópias do produto Z, a próxima tarefa do departamento de pintura será pintar 50 cópias do produto Z. A produção em lote está encontrando uso crescente entre cadeias de restaurantes. Para garantir a consistência no gosto e na qualidade de seus produtos, muitas cadeias de restaurantes têm cozinhas centrais, ou agentes, que produzem lotes de alimentos, como purê de batatas, recheio, macarrão com queijo, arroz, recheio de *quiche* e chili, em volumes que variam de 45 a 900 litros. Esses lotes são então entregues nos locais de restaurantes individuais, que, por sua vez, servem a comida aos clientes.

Produção em lote operação de fabricação que produz bens em grandes lotes de tamanhos padronizados.

Oficinas de trabalho sob encomenda operações de fabricação que lidam com pedidos personalizados ou trabalhos em pequenos lotes.

Estoque quantidade e número de matérias-primas, peças e produtos acabados que uma empresa tem em sua posse.

Em seguida, em termos de flexibilidade, há as **oficinas de trabalho sob encomenda**, que são em geral pequenas operações de fabricação que lidam com processos ou trabalhos especiais de fabricação. Em contraste com a produção em lote, que lida com grandes lotes de produtos diferentes, as oficinas de trabalho sob encomenda geralmente lidam com lotes muito pequenos, alguns tão pequenos quanto um produto único ou processo por lote unitário. Basicamente, cada trabalho em uma oficina sob encomenda é diferente, e, depois que um trabalho é feito, a oficina passa para outro trabalho ou processo de fabricação completamente diferente, provavelmente para um cliente diferente. Por exemplo, a **Grauch Enterprises**, de Philipsburg, na Pensilvânia, é uma oficina de trabalho sob encomenda que fabrica, transforma, perfura, pinta e faz o acabamento de tudo, desde plásticos, como náilon, policarbonatos e laminados, até metais, como latão, alumínio, aço inoxidável e ligas de aço, titânio e ferro fundido. Ela fez 650 peças diferentes para um cliente apenas e recebeu um pedido para fazer cinco mil unidades de 20 mil peças individuais. Quando se trata de fazer peças diferentes para clientes diferentes, o dono Fred Grauch afirma: "Existe muito pouco que não vamos tentar".[57]

EpicStockMedia/Shutterstock.com

O Modelo S da Tesla começa com grandes chapas de alumínio, que são estampadas na forma do carro.

18-5 ESTOQUE

Estoque é a quantidade e o número de matérias-primas, peças e produtos que a empresa tem em sua posse. Quando o ebola matou cinco mil pessoas na África Ocidental, no outono de 2014, apenas alguns fornecedores faziam as roupas que protegiam os cuidadores do contato direto com os fluidos corporais mortais dos doentes. Fabricantes, como a DuPont, foram forçados a selecionar os compradores, vendendo primeiro para aqueles que tratavam pacientes com ebola e, em seguida, para aqueles que estavam se preparando para esta possibilidade, como os Centros de Controle e Prevenção de Doenças dos Estados Unidos, que compraram $ 2,7 milhões de roupas protetoras para criar um estoque estratégico nacional no caso de a doença se disseminar no país. Ainda assim, houve falta crítica. Finalmente, depois de seis meses, o fabricante de roupas protetoras Lakeland Industries conseguiu duplicar a capacidade de produção comprando novas máquinas de fabricação e contratando novos trabalhadores.[58]

*Nesta seção, você aprenderá sobre **18-5a os diferentes tipos de estoque, 18-5b a medição dos níveis de estoque, 18-5c os custos de manutenção de estoque** e **18-5d os diferentes sistemas de gestão de estoque**.*

18-5a Tipos de estoque

A Figura 18.5 mostra os quatro tipos de estoque de um fabricante: matérias-primas, componentes, produtos em processamento e produtos acabados. O fluxo de estoque em uma fábrica começa quando o departamento de compras adquire matérias-primas de fornecedores. Os **estoques de matérias-primas** são os insumos básicos no processo de manufatura. Por exemplo, para que possam começar a produzir um carro, os fabricantes adquirem matérias-primas como aço, ferro, alumínio, cobre, borracha e plástico não processados.

Em seguida, as matérias-primas são transformadas ou processadas em **estoques de peças componentes**, ou seja, as peças básicas utilizadas na fabricação de um produto. Por exemplo, em uma fábrica de automóveis, o aço é transformado ou processado nos painéis da carroceria de um carro, e aço e ferro são derretidos e moldados em peças do motor, como pistões ou blocos de motores. Algumas peças e componentes são comprados de fornecedores, em vez de fabricados internamente.

As peças e os componentes são então montados para fazer **estoques de produtos em processamento**, também conhecidos como produtos parcialmente finalizados. Esse processo também é chamado de *montagem inicial*. Por exemplo, os painéis de aço são soldados entre si e com a moldura do carro para fazer um "monobloco", que compreende o quadro interior não pintado e a estrutura exterior do carro. Do mesmo modo, pistões, eixos e outras peças do motor são inseridos no bloco do motor para criar um motor.

Em seguida, todos os estoques de produtos em processamento são montados para criar **estoques de produtos acabados**, ou seja, os resultados finais do processo de fabricação. Esse processo também é chamado de *montagem final*. Para um carro, o motor, as rodas, o sistema de freio, a suspensão, o interior e o sistema elétrico são montados no monobloco pintado de um carro para fazer o automóvel, o produto acabado da fábrica. Na última etapa do processo, os produtos acabados são enviados para depósitos, centros de distribuição ou atacadistas, e depois para revendedores para a venda final aos clientes.

Estoques de matérias-primas insumos básicos de um processo de manufatura.

Estoques de peças componentes peças básicas utilizadas na fabricação que são produzidas a partir de matérias-primas.

Estoques de produtos em processamento produtos parcialmente finalizados constituídos por peças e componentes montados.

Estoques de produtos acabados os resultados finais das operações de fabricação.

Figura 18.5

Tipos de estoque

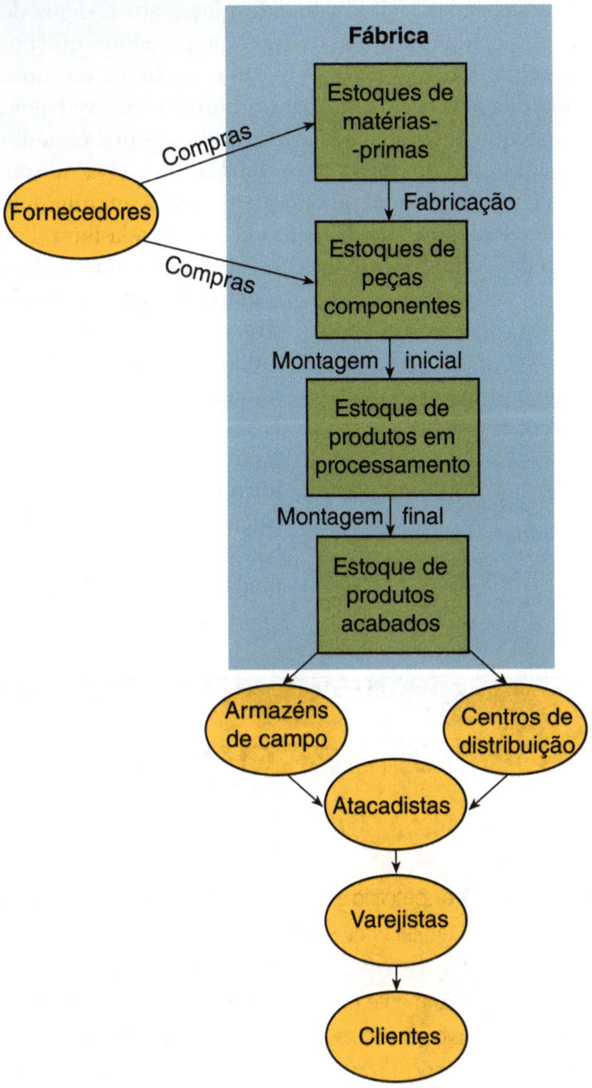

Fonte: de Markland/Vickery/Davis. *Operations Management*, 2E. Cengage Learning, Inc.

18-5b Medição do estoque

Como você aprenderá em seguida, estoque descontrolado pode levar a enormes custos em uma operação de fabricação. Consequentemente, os gestores precisam de boas avaliações do estoque para evitar que seus custos aumentem muito. Há três formas básicas de avaliação do estoque: estoque agregado médio, semanas de fornecimento e giro do estoque.

Se você já trabalhou em uma loja de varejo e teve que fazer um inventário do estoque, provavelmente não estava muito entusiasmado com o processo de contar cada item na loja e no depósito. É uma tarefa extensa, um pouco mais fácil atualmente graças aos códigos de barras que identificam itens e aos computadores que podem contá-los e monitorá-los. No entanto, os estoques ainda diferem de um dia para o outro. Uma contagem de estoque realizada no início do mês provavelmente será diferente da realizada no final do mês. Da mesma forma, uma contagem de estoque realizada em uma sexta-feira será diferente da realizada na segunda-feira. Por causa dessas diferenças, as empresas geralmente medem o **estoque agregado médio**, que é o estoque geral médio durante um determinado período de tempo. Estoque agregado médio para um mês pode ser determinado simplesmente calculando a média das contagens de estoque no final de cada dia útil desse mês. Uma forma de as empresas saberem se têm muito ou pouco estoque é comparar seu estoque agregado médio com a média da indústria. Por exemplo, 72 dias de estoque é a média para a indústria automobilística.

Estoque agregado médio estoque geral médio durante um determinado período de tempo.

Ruptura ponto em que uma empresa fica sem produto acabado.

A indústria automobilística registra o estoque em termos de dias de fornecimento, mas a maioria das outras indústrias mede o estoque em termos de *semanas de suprimento*, o que significa o número de semanas necessário para uma empresa consumir todo o suprimento atual em estoque. Em geral, há um número aceitável de semanas de estoque para um determinado tipo de negócio. Poucas semanas de estoque e uma empresa corre o risco de ficar em **ruptura** de estoque, ou seja, ficar sem estoque. Quando uma disputa de contrato de trabalhadores portuários da costa oeste diminuiu as remessas de batatas congeladas nos Estados Unidos em 86%, 100 McDonald's da Venezuela viram-se incapazes de vender batatas fritas aos clientes. Então, as substituíram por arepas (massa feita com farinha de milho cozido) ou aipim fritos. Maria Guerreiro saiu de um McDonald's de Caracas infeliz porque queria comprar um McLanche Feliz (com batatas fritas) como agrado para sua filha de 2 anos de idade. Guerreiro, cuja filha não come aipim, disse: "Um total desastre".[59]

A dependência dos norte-americanos do frete gratuito dá impulso à logística reversa

É difícil vencer o comércio eletrônico de conveniência. Não tem certeza de qual tamanho de sapato se encaixa melhor? Compre dois (ou três) tamanhos diferentes de Zappos.com. Quando eles chegam no dia seguinte, experimente todos e simplesmente devolva os que são muito apertados ou muito largos. Ou devolva todos se você não gostar da cor. Independente disso, tudo o que você precisa fazer é embalá-los, colar o rótulo de remessa e deixar a UPS fazer o resto.

Ethan Miller/Getty Images News/Getty Images

Ao longo dos últimos 20 anos, os varejistas desenvolveram operações de logística sofisticadas, projetadas para entregar os produtos encomendados pela internet nas casas dos consumidores dos Estados Unidos, em questão de dias ou, em alguns lugares, até horas. No ambiente de varejo atual, no entanto, não é mais o preço baixo e a entrega rápida do produto que dão a uma empresa uma vantagem competitiva. O transporte de baixo custo e a facilidade de devolução pelos clientes também fazem parte da crescente concorrência entre varejistas. De acordo com Gailen Vick, da Associação de Logística Reversa, as devoluções chegam a um custo elevado, particularmente para empresas que não possuem um programa sólido: "Se não estão fazendo nada hoje, estão perdendo cerca de 5% a 7% de seus lucros". Esse número é muito maior no varejista eletrônico Best Buy, que em 2014 perdeu 10% de sua receita, ou $ 400 milhões, por causa dos produtos devolvidos. As empresas sem um sistema eficiente para processar as devoluções dos clientes e recolocar o produto devolvido nas prateleiras põem em risco a satisfação dos clientes, além de perderem dinheiro com destruição ou obsolescência do produto. Gary Shapiro, da Associação de Eletrônicos para o Consumidor, diz que os desafios da logística reversa chegaram para ficar por um simples motivo: "Os norte-americanos pensam ter o direito constitucional de devolver seus produtos".

Fonte: E. Phillips. Do customers have a constitutional right to return stuff ordered online?. *Wall Street Journal*, 1º maio 2015. Disponível em: <http://www.wsj.com/articles/do-customers-have-a-constitutional-right-to-return-stuff-ordered-online-1430490642>. Acesso em 25 ago. 2017.

Outra medida de estoque comum, **giro do estoque**, é o número de vezes por ano que uma empresa vende, ou "gira", o estoque médio. Por exemplo, se uma empresa mantém uma média de 100 ferramentas acabadas em estoque por mês e vendeu mil ferramentas este ano, então ela girou seu estoque dez vezes este ano.

Em geral, quanto maior o número de giros de estoque, melhor. Na prática, um alto giro significa que uma empresa pode continuar suas operações diárias com apenas uma pequena quantidade de estoque disponível. Por exemplo, duas empresas, A e B, com níveis idênticos de estoque (520 mil ferramentas e matérias-primas) durante um ano. Se a empresa A gira seu estoque 26 vezes por ano, irá reabastecê-lo completamente a cada duas semanas e ter um estoque médio de 20 mil ferramentas e matérias-primas. Em contrapartida, se a empresa B girar seus estoques apenas duas vezes por ano, irá reabastecê-lo completamente a cada seis semanas e ter um estoque médio de 260 mil ferramentas e matérias-primas. Assim, ao repor o estoque mais frequentemente, a empresa A tem 92% menos estoque disponível em qualquer momento do que a empresa B.

Em todos os tipos de fábrica, o número médio de giros de estoque é de aproximadamente oito por ano, embora a média possa ser maior ou menor para diferentes indústrias.[60] Por exemplo, enquanto a empresa de automóveis média transforma todo o seu estoque 13 vezes por ano, algumas das melhores empresas automobilísticas mais do que dobram essa taxa, girando seu estoque 27,8 vezes por ano ou uma vez a cada duas semanas.[61] O giro do estoque com mais frequência do que a média da indústria pode reduzir os custos de uma empresa de automóveis em várias centenas de milhões de dólares por ano. Finalmente, deve-se ressaltar que mesmo as empresas de fabricação sob demanda, como a Dell, giram seu estoque. Em teoria, as empresas sob demanda não possuem estoque. Na verdade elas têm, mas você deve medi-lo em horas. Por exemplo, a Dell gira o estoque em suas instalações 35,6 vezes por ano, o que significa que, em média, tem dez dias de estoque em suas fábricas.[62]

"EM TEORIA, AS EMPRESAS SOB DEMANDA NÃO POSSUEM ESTOQUE. NA VERDADE ELAS TÊM, MAS VOCÊ DEVE MEDI-LO EM HORAS."

B Calkins/Shutterstock.com

18-5c Custos de manutenção de estoque

Manter um estoque incorre em quatro tipos de custo: pedido, preparação, manutenção e ruptura. O **custo de pedido** não é o custo do próprio estoque, mas os custos associados ao pedido do estoque. Inclui os custos de preencher a papelada, inserir dados manualmente em um computador, fazer chamadas telefônicas, obter ofertas concorrentes, corrigir erros e simplesmente determinar quando e quanto novo estoque deve ser pedido. Por exemplo, os custos de pedido são relativamente elevados no negócio de restaurantes, porque 80% dos pedidos de serviço de alimentos (para os quais os restaurantes fazem pedidos) são processados manualmente. Um relatório, *Propiciando o crescimento da lucratividade nas indústrias de alimentos preparados fora do domicílio*, estimou que a indústria de alimentos poderia economizar $ 14,3 bilhões se todos os restaurantes passassem a adotar o intercâmbio eletrônico de dados (ver Capítulo 17), em que informações de compra e pedido do sistema de informática de uma empresa são retransmitidas automaticamente para o sistema de informática de outra empresa. Para este fim, um esforço de todo o setor, o Efficient Foodservice Response (EFR), está em andamento para melhorar a eficiência na cadeia de fornecimento de serviços de alimentos.[63]

Custo de preparação é o dispêndio de mudar ou ajustar uma máquina para que ela possa produzir um tipo diferente de estoque.[64] Por exemplo, a 3M usa a mesma máquina de produção para produzir vários tipos de fita industrial, mas deve ajustar as máquinas sempre que muda de um tipo de fita para outro. Existem dois tipos de custos de preparação: tempo de inatividade e perda de eficiência. *Tempo de inatividade* ocorre sempre que uma máquina não está sendo usada para produzir. Se forem necessárias cinco horas para preparar uma máquina para processar um tipo de produto para outro, então haverá cinco horas de tempo de inatividade. Este tempo é caro porque as empresas têm um retorno econômico somente quando as máquinas estão ativamente transformando matérias-primas em pe-

Giro do estoque número de vezes por ano que uma empresa vende, ou "gira", o estoque médio.

Custo de pedido custos associados ao pedido de estoque, incluindo o custo da entrada de dados, chamadas telefônicas, obtenção de lances, correção de erros e determinação de quando e quanto de estoque deve ser encomendado.

Custo de preparação custos decorrentes do tempo de inatividade e perda de eficiência que ocorrem quando uma máquina é preparada ou ajustada para produzir um tipo diferente de estoque.

ças ou peças em produtos acabados. O segundo custo de preparação é a *perda de eficiência*. Recalibrar uma máquina para suas configurações ótimas após uma alternância geralmente demanda algum tempo. Podem ser necessários vários dias de ajustes antes que uma máquina finalmente produza o número de peças de alta qualidade que se espera. Assim, cada vez que uma máquina precisa ser preparada para produzir um tipo diferente de produto, os custos de preparação (tempo de inatividade e perda de eficiência) aumentam.

Custo de manutenção, também conhecido como *custo de retenção* ou *armazenamento*, é o dispêndio de manter o estoque até que seja usado ou vendido. Inclui o custo das instalações para armazenamento, seguro para proteger o estoque de danos ou roubo, impostos de estoque, custo da obsolescência (manutenção de estoque que não é útil para a empresa) e o custo de oportunidade de gastar dinheiro em estoque que poderia ter sido gasto em outros lugares da empresa. Por exemplo, estima-se que as companhias aéreas dos Estados Unidos tenham um total de $ 48 bilhões em peças de avião em estoque, em qualquer momento para manutenção, reparo e revisão de seus aviões. O custo de manutenção para gerenciar, armazenar e comprar essas peças é de quase $ 12 bilhões, ou cerca de um quarto do custo das próprias peças.[65]

Custo de ruptura é o custo incorrido quando uma empresa fica sem um produto acabado. Existem dois tipos básicos de custo de ruptura. O primeiro é quando a empresa incorre nos custos de transação do trabalho extra, envio e outros, tentando preencher rapidamente novos estoques. O segundo e talvez mais prejudicial é a perda da boa vontade dos clientes quando uma empresa não pode entregar os produtos que prometeu. Rupturas ocorrem mais frequentemente do que você pensa. Nos Estados Unidos, a taxa média de ruptura da indústria de supermercados (a porcentagem de itens que não estão disponíveis em um determinado momento) é de 7,9%, de acordo com a empresa de pesquisa Market6. Itens com muita promoção têm, como seria de esperar, uma taxa média de ruptura de estoque mais alta, de 13,1%. Quanto custa para as lojas ficarem sem estoque? Segundo a Market6, a falta de estoque nas 25 categorias de produtos mais vendidas pode reduzir a receita de um supermercado em uma média de $ 200 mil por ano.[66] Em geral, os varejistas poderão aumentar as vendas em 4% se nunca entrarem em ruptura de estoque.

> **Custo de manutenção** o custo de manter o estoque até que seja usado ou vendido, incluindo armazenamento, seguro, impostos, obsolescência e custos de oportunidade.
>
> **Custo de ruptura** custo incorrido quando uma empresa esgota o estoque de um produto acabado, incluindo custos de transação para repor estoque e a perda da boa vontade dos clientes.
>
> **Sistema do Lote Econômico (*economic order quantity* – EOQ)** sistema de fórmulas que minimiza os custos de pedido e de manutenção e ajuda a determinar quanto e com que periodicidade o estoque deve ser solicitado.

18-5d Gestão de estoque

A gestão de estoque tem dois objetivos básicos. O primeiro é evitar a falta de estoque e, em consequência, clientes irritados e insatisfeitos. Este objetivo procura aumentar o estoque para um nível seguro que não provoque desastres. O segundo é reduzir eficientemente os níveis de estoque e os custos, tanto quanto possível sem prejudicar as operações diárias. Este busca um nível mínimo de estoque. As seguintes técnicas de gestão de estoque – lote econômico (*economic order quantitiy* – EOQ), estoque *just-in-time* (JIT) e planejamento de requisitos de materiais (MRP) – são formas diferentes de equilibrar esses objetivos concorrentes.

Lote econômico (*economic order quantity* – EOQ) é um sistema de fórmulas que ajuda a determinar quanto e com que frequência a solicitação de reposição do estoque deve ser emitida O sistema do lote econômico leva em consideração a demanda global (D) para um produto, enquanto tenta minimizar os custos de pedido (P) e os de manutenção (M). A fórmula para o lote econômico é

$$\text{EOQ} = \sqrt{\frac{2\text{DP}}{\text{M}}}$$

Por exemplo, se uma fábrica usa 40 mil litros de tinta por ano (D), os custos de pedidos (P) são de $ 75 por pedido, e os de manutenção (M) $ 4 por galão; então o lote econômico é de 1.225 galões:

$$\text{EOQ} = \sqrt{\frac{2(40.000)(75)}{4}} = 1.225$$

Com 40 mil galões de tinta sendo usados por ano, a fábrica usa aproximadamente 110 galões por dia:

$$\frac{4.000 \text{ galões}}{365 \text{ dias}} = 110$$

Consequentemente, a fábrica pediria 1.225 galões de tinta novos aproximadamente a cada 11 dias:

$$\frac{1.225 \text{ galões}}{110 \text{ galões por dia}} = 11{,}1 \text{ dias}$$

Em geral, as fórmulas do lote econômico fazem um bom trabalho para permitir que os gestores saibam qual o tamanho ou a quantidade de estoque que devem pedir para minimizar os custos de pedidos e de manutenção. Mark Lore, ex-fundador da Diapers.com, explica como usou as fórmulas do lote econômico para decidir com precisão o estoque a ser mantido: "Construímos um *software* com algoritmos computacionais para determinar qual o número ótimo de caixas devíamos ter no depósito e quais os tamanhos dessas caixas. Devemos armazenar vários tipos de caixa para enviar o produto? 20 tipos? 50 tipos? E qual deve ser o tamanho dessas caixas? Neste momento, são 23 tamanhos de caixa, dado o que vendemos, a fim de minimizar o custo de sacos de estiva (esses pequenos sacos plásticos cheios de ar ou pipoca), o custo das caixas de papelão ondulado e o custo do transporte. Refazemos a simulação a cada trimestre".[67] Como este exemplo deixa claro, as fórmulas e os modelos de lote econômico podem se tornar muito mais complexos à medida que são feitos ajustes para mudanças de preços, descontos de quantidade, custos de preparação e muitos outros fatores.[68]

Enquanto as fórmulas de lote econômico tentam minimizar os custos de manutenção e de pedido, a abordagem *just-in-time* (JIT) para a gestão de estoque tenta eliminar os custos de manutenção, reduzindo os níveis de estoque para perto de zero. Com um **sistema de estoque *just-in-time* (JIT)**, as peças e componentes chegam dos fornecedores, quando e onde são necessárias em cada estágio de produção. Ao ter peças chegando exatamente no momento em que são necessárias, o fabricante tem pouco estoque disponível e, assim, evita os custos associados à manutenção do estoque. Graças ao seu sistema de estoque JIT rigoroso, a Apple tem a menor quantidade de estoque entre as empresas de tecnologia, com uma média de apenas 5,2 dias de estoque de iPhones, iPads e MacBook Pros esperando para ser enviados. Esses cinco dias de estoque equivalem a um giro de estoque de 69,2 vezes por ano (lembre-se de que quanto mais giros melhor). A Samsung Electronics é a próxima com 18,1 giros por ano, seguida pela Cisco Systems, com 12,3 giros por ano, e Amazon, com 8,9.[69]

Ter apenas a quantidade certa de estoque chegando no momento certo exige uma estreita coordenação entre as operações de fabricação e os fornecedores. Uma maneira de promover esta coordenação no JIT é a proximidade. A maioria dos fornecedores de peças para o sistema JIT da Toyota em sua fábrica de Georgetown, Kentucky, está localizada em um raio de 300 km da fábrica. Além disso, as peças são retiradas dos fornecedores e entregues à Toyota até 16 vezes por dia.[70] Uma segunda forma é ter um sistema de informação compartilhado que permita que um fabricante e seus fornecedores conheçam a quantidade e os tipos do estoque de peças que o outro tem em estoque. Geralmente, fábricas e fornecedores facilitam o compartilhamento de informações usando os mesmos números e nomes. O fornecedor de assentos da Ford cumpre isto colando um código de barras em cada assento, e a Ford então usa o adesivo para acompanhar o trajeto do assento pela fábrica.

As operações de fabricação e seus fornecedores de peças também podem facilitar uma coordenação próxima ao usar o sistema ***kanban***, que em japonês significa "sinal", um sistema simples baseado em cartões que indicam quando é hora de fazer o pedido de estoque. Os fornecedores anexam cartões *kanban* em lotes de peças. Então, quando um trabalhador da linha de montagem usa a primeira parte de um lote, o cartão *kanban* é removido. Os cartões são

> **Sistema de estoque *just-in-time* (JIT)** sistema de estoque no qual peças e componentes chegam de fornecedores exatamente quando são necessários em cada estágio de produção.
>
> ***Kanban*** sistema JIT baseado em cartões que indicam quando fazer o pedido de estoque.

A GM tem uma visão de longo prazo do cálculo do lote econômico

Linda Parton/Shutterstock.com

A General Motors está tendo uma visão de longo prazo com seu programa de gestão de estoque e pedindo a seus fornecedores que assinem contratos de longo prazo, talvez até décadas, para peças automotivas. Estabelecer uma quantidade de pedido econômico minimiza os custos, mas a GM espera que o fechamento de contratos de peças mais longos, para quantidades maiores e valores globais mais elevados, produza uma série de outros benefícios. Como os contratos mais longos indicam um maior compromisso com os fornecedores, a expectativa da GM é melhorar o relacionamento com eles. (Os fornecedores de peças classificam a qualidade das relações da GM com seus fornecedores como ruins, atrás da Toyota, Nissan e Honda). Por sua vez, a GM espera que melhores relacionamentos produzam maior colaboração com os fornecedores e lhe dê acesso às tecnologias mais avançadas no início do ciclo de desenvolvimento. O chefe de compras da GM, Steve Keifer, justificou a mudança para contratos mais longos: "Queremos que nossos fornecedores compartilhem riscos e resultados conosco". Até 2017, a GM espera assinar bilhões de dólares nesses contratos com seus 30 maiores fornecedores.

Fonte: J. Bennett. GM wants long-term parts contracts. *Wall Street Journal*, 15 abr. 2015, p. B3.

então coletados, classificados e devolvidos rapidamente ao fornecedor, que começa a reabastecer a fábrica com peças que combinam as informações do pedido nos cartões *kanban*. Glenn Uminger, ex-gerente de controle de produção e logística da fábrica da Toyota em Georgetown, Kentucky, disse que colocava "pedidos para novas peças quando a primeira peça era retirada de uma caixa". Como os preços e os tamanhos dos lotes são em geral aceitos previamente, os cartões *kanban* reduzem muito a papelada e os custos de pedidos.[71]

Um terceiro método para gerenciar estoque é o **planejamento de requisitos de materiais (*materials requirement planning* – MRP).**

O MRP é um sistema de produção e controle de estoque que, do início ao fim, determina com precisão o cronograma de produção, o tamanho dos lotes de produção e os estoques necessários para completar os produtos acabados. As três partes-chave dos sistemas MRP são: cronograma de produção mestre, lista de materiais e registros de estoque. O *cronograma de produção mestre* é um cronograma detalhado que indica a quantidade de cada item a ser produzido, as datas de entrega planejadas para esses itens e o tempo no qual cada etapa do processo de produção deve ser completada para atender às datas de entrega. Com base na quantidade e no tipo de produtos estabelecidos no cronograma de produção mestre, a *lista de materiais* identifica todas as peças e estoques necessários, a quantidade ou o volume do estoque a ser pedido e a ordem em que as peças e o estoque devem ser montados. Os *registros de estoque* indicam o tipo, a quantidade e a localização do estoque disponível ou que foi encomendado. Quando os registros de estoque são combinados com a lista de materiais, o relatório resultante indica o que comprar, quando comprar e o quanto custará por pedido. Hoje, quase todos os sistemas MRP estão disponíveis sob a forma de *software* de computador poderoso e flexível.[72]

Planejamento de requisitos de materiais (MRP) sistema de produção e de controle de estoque que determina o cronograma de produção, o tamanho do lote de produção e o estoque necessário para concluir os produtos acabados.

Sistema de demanda independente sistema de estoque no qual o nível de um tipo de estoque não depende de outro.

Sistema de demanda dependente sistema de estoque no qual o nível de estoque depende do número de unidades acabadas a ser produzidas.

Qual sistema de gestão de estoque você deve usar? As fórmulas de lote econômico devem ser utilizadas com **sistemas de demanda independentes**, nos quais o nível de um tipo de estoque não depende de outro. Por exemplo, como os níveis de estoque dos pneus de automóveis não estão relacionados aos níveis de estoque dos vestidos femininos, a Sears poderia usar as fórmulas de lote econômico para calcular quantidades separadas para vestidos e pneus. Em contraste, JIT e MRP são usados com **sistemas de demanda dependentes**, nos quais o nível de estoque depende do número de unidades acabadas a ser produzidas. Por exemplo, se a Yamaha fizer mil motocicletas por dia, então precisará de mil assentos, mil tanques de combustível e duas mil rodas e pneus por dia. Assim, quando os níveis de estoque ótimos dependem da quantidade de produtos a ser produzidos, use um sistema de gestão JIT ou MRP.

18

FERRAMENTA DE ESTUDO

Leia o cartão de revisão do capítulo e reveja o conteúdo.

Notas finais

1

1. S. Kapner, "Sears Cashes Out of Prime Stores", *Wall Street Journal*, 8 de outubro de 2013, acesso em 24 de abril de 2015, http://www.wsj.com/articles/SB10001424052702303643304579109023202738550; S. Kapner, "Sears Bets Big on Technology, but at the Expense of Its Stores", *Wall Street Journal*, 16 de dezembro de 2014, acesso em 24 de abril de 2015, http://www.wsj.com/articles/sears-bets-big-on-technology-but-at-the-expense-of-its-stores-1418787001; K. Gustafson, "Sears to Accelerate Closings, Shutter 235 Stores", CNBC, 4 de dezembro de 2014, acesso em 24 de abril de 2015, http://www.cnbc.com/id/102237069.

2. "Industry Snapshot: Management, Scientific, and Technical Consulting Services (NAICS 5416)", US Census Bureau, acesso em 24 de abril de 2015, http://thedataweb.rm.census.gov/TheDataWeb_HotReport2/econsnapshot/2012/snapshot.hrml?NAICS=5416.

3. "What Do Managers Do?" Adaptado de "The Wall Street Journal Guide to Management" by Alan Murray. *Wall Street Journal*, acesso em 3 de junho de 2014, http://guides.wsj.com/management/developing-a-leadership-style/what-do-managers-do/.

4. M. Phillips, "Starbucks Is Now Selling 46% More Things na Hour Than It Was Five Years Ago", Quartz, 22 de novembro de 2013, acesso em 11 de junho de 2014, http://qz.com/149995/starbucks-is-now-selling-46-more-things-an-hour-than-it-was-five-years-ago/.

5. Admin, "How Mobile Payments and IoT Can Save Starbucks $1 Million Per Day", Journal of Things, 16 de julho de 2013, acesso em de junho de 11, 2014, http://journalofthings.com/how-mobile-payments-and-internet-of-things-saves-starbucks-mone/.

6. T. Soper",More Than 14% of Starbucks Transactions Are Now Made with a Mobile Device", GeekWire, 19 de março de 2014, acesso em 11 de junho de 2014, http://www.geekwire.com/2014/starbucks-annual-meeting/.

7. S.Banzo, S. Kapner, S. Ng, e L. Stevens, "Late Surge in Web Buying Blindsides UPS, Retailers", *Wall Street Journal*, 25 de dezembro de 2013, acesso em 11 de junho de 2014, http://www.wsj.com/articles/SB10001424052702304753504579280194287430208.

8. G. Bensinger e L. Stevens, "Amazon, in Threat to UPS, Tries Its Own Deliveries", *Wall Street Journal*, 24 de abril de 2014, acesso em de junho de 11, 2014, http://www.wsj.com/articles/SB10001424052702304788404579521522792859890; M. Wohlsen, "Amazon's Drones are Useless. But Its Trucks Could Crush UPS", *Wired*, 11 de dezembro de, 2013, acesso em 12 de junho de 2014, http://www.wired.com/2013/12/amazon-fresh-trucks/.

9. D. A. Wren, A. G. Bedeian, e J. D. Breeze, "The Foundations of Henri Fayol's Administrative Theory", *Management Decision* 40 (2002): 906–918.

10. A. Bryant",Google's Quest to Build a Better Boss", *New York Times*, 12 e março de 2011, acesso em 23 de fevereiro de 2012, http://www.nytimes.com/2011/03/13/business/13hire.html?_r=0; B. Hall, "Google's Project Oxygen Pumps Fresh Air into Management", The Street, de fevereiro de 11, 2014, acesso em 11 de junho de 2014, http://www.thestreet.com/story/12328981/1/googles-project-oxygen-pumps-fresh-air-into-management.html.

11. H. Fayol, *General and Industrial Management* (London: Pittman & Sons, 1949).

12. R. Stagner, "Corporate Decision Making", *Journal of Applied Psychology* 53 (1969): 1–13.

13. D. W. Bray, R. J. Campbell, e D. L. Grant, *Formative Years in Business: A Long-Term AT&T Study of Managerial Lives* (New York: Wiley, 1993).

14. P. Mozur, "Deal-Hungry Alibaba Enters New Field: The Soccer Pitch", *Wall Street Journal*, 6 de junho de 2014, acesso em de junho de 12, 2014, http://www.wsj.com/articles/alibaba-buys-stake-in-chinese-soccer-team-guangzhou-evergrande-1401940574

15. S. Carey, "United Continental: One Sick Bird", *Wall Street Journal*, 8 de junho de 2014, acesso em 12 de junho de 2014, http://www.wsj.com/articles/united-continental-struggles-to-stabilize-1402263534

16. M. J. Credeur, "Making United and Continental Fly in Formation", *Bloomberg Businessweek*, 30 de junho de 2011, acesso em 23 de fevereiro de 2012, http://www.bloomberg.com/bw/magazine/making-united-and-continental-y-in-formation-07012011.html.

17. E. Martinson, "Corner Office: Eileen Martinson of Sparta Systems on Clarity of Leadership", entrevistado por A. Bryant, *New York Times*, 9 de janeiro de 2014, acesso em 3 de junho de 2014, http://www.nytimes.com/2014/01/10/business/eileen-martinson-of-sparta-systems-on-clarity-of-leadership.html.

18. Ibid.

19. S. Kapner, "Citi's CEO Is Keeping Score— New Chief Plans Broad Benchmarks for Executives", *Wall Street Journal*, 5 de março de 2013, C1.

20. H. S. Jonas III, R. E. Fry e S. Srivastva, "The Office of the CEO: Understanding the Executive Experience", *Academy of Management Executive* 4 (1990): 36–47.

21. J. Chesto",Moving to Boston Is Cosi's Recipe for Success", *Boston Globe*, 18 de março de 2015, acesso em 24 de abril de 2015, http://www.bostonglobe.com/business/2015/03/17/cosi-recipe-for-success-the-boston-way/3dFx7EaJKv10uGKW4FTIWJ/story.html; J. Lublin",Rookie CEOs Face a Steep Learning Curve", *Wall Street Journal*, 24 de junho de 2014, acesso em 24 de abril de 2015, http://www.wsj.com/articles/rookie-ceos-face-a-steep-learning-curve-1403656894.

22. Jonas et al., "The Office of the CEO."

23. Dina Bass, "Beyond Windows", *Bloomberg Businessweek*, 2–8 de fevereiro de 2015, pp. 30–31.

24. Jonas et al., "The Office of the CEO."

25. M. Porter, J. Lorsch e N. Nohria, "Seven Surprises for New CEOs", *Harvard Business Review* (De outubro de 2004): 62.

26. P. Martens, "Corner Office: Phil Martens of Novelis, on Consistent Leadership", entrevistado por A. Bryant, *New York Times*, 26 de outubro de 2013, acesso em 3 de junho de 2014, http://www.nytimes.com/2013/10/27/business/phil-martens-of-novelis-on-consistent-leadership.html.

27. Novelis, "Sustainability Through Disruptive Innovation: Sustainability Report 2013", 2013, p. 44, acesso em 3 de junho de 2014, http://www.novelis.com/Documents/Sustainability/2013_Novelis_Sustainability_Report_En.pdf.

28. Q. Huy, "In Praise of Middle Managers", *Harvard Business Review* (setembro de 2001): 72–79.

29. "Using Their Own Words, Middle Managers Describe the Nature of Their Jobs", *Wall Street Journal*, 6 de agosto de 2013, acesso em 12 de junho de 2014, www.wsj.com/articles/SB10001424127887323420604578652110485397972.

30. M. Korn, "What It's Like Being a Middle Manager Today", *Wall Street Journal*, 5 de agosto de 2013, acesso em 3 de junho de 2014, http://www.wsj.com/articles/SB10001424127887323420604578650074170664066.

31. "Using Their Own Words, Middle Managers Describe the Nature of Their Jobs."

32. Ibid.

33. R. Silverman, "Some Tech Firms Ask: Who Needs Managers?" *Wall Street Journal*, 6 de agosto de 2013, acesso em 12 de junho de 2014, http://www.wsj.com/articles/SB10001424127887323420604578652051466314748

34. S. Tully, "What Team Leaders Need to Know", *Fortune*, 20 de fevereiro de 1995, 93.

35. B. Francella, "In a Day's Work", *Convenience Store News*, 25 de setembro de 2001, 7.

36. L. Liu e A. McMurray, "Frontline Leaders: The Entry Point for Leadership Development in the Manufacturing Industry", *Journal of European Industrial Training* 28, no. 2–4 (2004): 339–352.

37. A. Nowogrodski, "Corner Office: Avinoam Nowogrodski of Clarizen, on the Rewards of Listening", entrevistado por A. Bryant, *New York Times*, 13 de março de 2014, acesso em 3 de junho de 2014, http://www.nytimes.com/2014/03/14/business/avinoam-nowogrodski-of-clarizen-on-the-rewards-of-listening.html.

38. K. Hultman, "The 10 Commandments of Team Leadership", *Training & Development*, 1 de fevereiro de 1998, 12–13.

39. A. Nowogrodski, "Corner Office: Avinoam Nowogrodski of Clarizen, on the Rewards of Listening.

40. Ibid.

41. R. Silverman, "Who's the Boss? There Isn't One", Wall Street Journal, de junho de 20, 2012, B1.

42. N. Steckler e N. Fondas, "Building Team Leader Effectiveness: A Diagnostic Tool", *Organizational Dynamics* (Inverno de 1995): 20–34.

43. H. Mintzberg, *The Nature of Managerial Work* (New York: Harper & Row, 1973).

44. K. Bowers, "Corner Office: Kim Bowers of CST Brands, on Managing Up vs. Managing Down", entrevistado por A. Bryant, *New York Times*, 5 de abril de 2014, acesso em 3 de junho de 2014, http://www.nytimes .com/2014/04/06/business/kim-bowers-of-cst-brands-on-managing-up-vs-managing-down.html.

45. C. P. Hales, "What Do Managers Do? A Critical Review of the Evidence", *Journal of Management Studies* 23, no. 1 (1986): 88–115.

46. B. Kilkha, "FENDI Celebrates the Opening of the New York Flagship Store", *Forbes*, 14 de fevereiro de 2015, acesso em 24 de abril de 2015, http://www.forbes.com/sites/bettinazilkha/2015/02/14/fendi-celebrates-the-opening-of-the-new-york- agship-store/.

47. A. Preuschat, "Huawei Enterprise Business Grew More in Europe Than Home Last Year", *Wall Street Journal*, 10 de março de 2014, acesso em 3 de junho de 2014, http://www.wsj.com/articles/SB10001424052702304704504579431302282650692.

48. M. Murphy e E. Chasan, "A Boardroom with a View—Outside Directorships Can Offer CFOs

Fresh Perspective, Add to Financial Toolbox", *Wall Street Journal*, 7 de maio de 2013, B7.

49. J. Light, "Study Points to Benefits of Outside Board Seats", *Wall Street Journal*, 23 de maio de 2011, B6.

50. "News by Industry", *Business Wire*, acesso em 11 de março de 2009, http://www.businesswire.com/portal/site/home/news/industries/.

51. "Media Monitoring", CyberAlert, acesso em 11 de março de 2009, http://www.cyberalert.com.

52. "What Is FNS News Clips Online?" FNS NewsClips, acesso em 11 de março de 2009, http://www.fednews.com/.

53. A. Bryant, "Transparency Is Much More Than a Buzzword", *New York Times*, 2 de março de, 2013, acesso em 14 de maio de 2013, http://www.nytimes.com/2013/03/03/business/ryan-smith-of-qualtrics-on-building-a-transparent-culture.html.

54. M. Wohlsen, "Jeff Bezos Says Amazon Is Seriously Serious about Drone Deliveries", Wired, 11 de abril de 2014, acesso em 13 de junho de 2014, http://www.wired.com/2014/04/amazon-delivery-drones/.

55. "Amazon Tests Drones for Same-Day Parcel Delivery, Bezos Says", *Bloomberg News*, 2 de dezembro de 2013, acesso em 13 de junho de 2014, http://www.bloomberg.com/news/articles/2013-12-02/amazon-testing-octocopters-for-delivery-ceo-tells -60-minutes-.

56. B. Stone, "Half Off Whole Foods: Following a Very Bad Year, The Elite Grocer Says It's Ready to Compete Like a Big-Box Chain", *Bloomberg Businessweek*, 2–8 de fevereiro de 2015, pp. 45–49.

57. M. Townsend, "Why Target Is Raking Up Its Maple Leaves", *Bloomberg Businessweek*, 26 de janeiro–1 de fevereiro de 2015, pp.24–25; I. Austen e H. Tabuchi, "Target's Red Ink Runs Out in Canada", *The New York Times*, 15 de janeiro de 2015, acesso em 24 de abril de 2015, http://www.nytimes.com/2015/01/16/business/target-to-close-stores-in-canada.html.

58. M. Ramsey, "Fuel Goal Tests Ford's Mettle", *Wall Street Journal*, 13 de janeiro de 2014, B1.

59. G. Farley, "Colorful Airline CEO Negotiates Multi- Billion Dollar Deal", KING 5 News, 9 de setembro de 2014, acesso em 24 de abril de 2015, http://www.king5.com/story/tech/science/aerospace/2014/09/09/michael-oleary-cuts-deal-with-boeing/15364151/; A. Scott, "Ryanair Buys 100 Boeing 737 MAX Jets, Sees Fare Price War", Reuters, 8 de setembro de 2014, acesso em 24 de abril de 2015, http://uk.reuters.com/article/2014/09/08/uk-boeing-ryanairhldgs-idUKKBN0H31E220140908.

60. L. A. Hill, *Becoming a Manager: Mastery of a New Identity* (Boston: Harvard Business School Press, 1992).

61. R. L. Katz, "Skills of an Effective Administrator", *Harvard Business Review* (setembro–outubro 1974): 90–102.

62. C. A. Bartlett e S. Ghoshal, "Changing the Role of Top Management: Beyond Systems to People", *Harvard Business Review* (maio–junho 1995): 132–142.

63. F. L. Schmidt e J. E. Hunter, "Development of a Causal Model of Process Determining Job Performance", *Current Directions in Psychological Science* 1 (1992): 89–92.

64. J. B. Miner, "Sentence Completion Measures in Personnel Research: The Development and Validation of the Miner Sentence Completion Scales", in *Personality Assessment in Organizations*, ed. H. J. Bernardin e D. A. Bownas (New York: Praeger, 1986), 145–176.

65. M. W. McCall, Jr. e M. M. Lombardo, "What Makes a Top Executive?" *Psychology Today*, fevereiro de 1983, 26–31; E. van Velsor e J. Brittain, "Why Executives Derail: Perspectives Across Time and Cultures", *Academy of Management Executive* (novembro de 1995): 62–72.

66. Ibid.

67. J. Lublin, "How to Delegate the Right Way", *Wall Street Journal*, 13 de março de 2014, acesso em 3 de junho de 2014, http://www.wsj.com/articles/SB10001424052702304185104579435640803345898.

68. A. K. Naj, "Corporate Therapy: The Latest Addition to Executive Suite Is Psychologist's Couch", *Wall Street Journal*, 29 de agosto de 1994, A1.

69. Ibid.

70. P. Wallington, "Leadership: How to Spot a Toxic Boss", CIO, 26 de abril de 2006, acesso em 13 de junho de 2014, http://www.cio.com/article/20139/Leadership_How_to_Spot_a_Toxic_Boss; P. Wallington, "Management2 Toxic!" *Financial Mail*, 28 de julho de 2006, 48.

71. J. Sandberg, "Overcontrolling Bosses Aren't Just Annoying; They're Also Inefficient", *Wall Street Journal*, 30 de março de 2005, B1.

72. P. Drexler, "Managing Up: When Your Boss Is an Obsessive Micromanager", *Forbes*, 13 de junho de 2013, acesso em 3 de junho de 2014, http://www.forbes.com/sites/peggydrexler/2013/06/13/managing-up-when-your-boss-is-an-obsessive-micromanager/.

73. Hill, *Becoming a Manager*, p. 17.

74. Ibid., p. 55.

75. Ibid., p. 57.

76. Ibid., p. 64.

77. Ibid., p. 67.

78. Ibid., p. 161.

79. J. Pfeffer, *The Human Equation: Building Profits by Putting People First* (Boston: Harvard Business School Press, 1996); *Competitive Advantage Through People: Unleashing the Power of the Work Force* (Boston: Harvard Business School Press, 1994).

80. M. A. Huselid, "The Impact of Human Resource Management Practices on Turnover, Productivity, and Corporate Financial Performance", *Academy of Management Journal* 38 (1995): 635–672.

81. D. McDonald e A. Smith, "A Proven Connection: Performance Management and Business Results", Compensation & Benefits Review 27, no. 6 (1 de janeiro de 1995): 59.

82. J. Combs, Y. Liu, A. Hall e D. Ketchen, "How Much Do High-Performance Work Practices Matter? A Meta-Analysis of Their Effects on Organizational Performance", *Personnel Psychology*, 2006, 59, 501–528.

83. I. Fulmer, B. Gerhart e K. Scott, "Are the 100 Best Better? An Empirical Investigation of the Relationship between Being a 'Great Place to Work' and Firm Performance", *Personnel Psychology* (Inverno de 2003): 965–993.

84. B. Schneider e D. E. Bowen, "Employee and Customer Perceptions of Service in Banks: Replication and Extension", *Journal of Applied Psychology* 70 (1985): 423–433; B. Schneider, J. J. Parkington e V. M. Buxton, "Employee and Customer Perceptions of Service in Banks", *Administrative Science Quarterly* 25 (1980): 252–267.

85. "How Investing in Intangibles—Like Employee Satisfaction—Translates into Financial Returns", *Knowledge@Wharton*, 9 de janeiro de 2008, acesso em 24 de janeiro de 2010, http://knowledge.wharton.upenn.edu/article.cfm?articleid=1873.

2

1. C. S. George, Jr., *The History of Management Thought* (Englewood Cliffs, NJ: Prentice-Hall, 1972).

2. D. Schmandt-Besserat, *How Writing Came About* (Austin: University of Texas Press, 1997).

3. A. Erman, *Life in Ancient Egypt* (London: Macmillan & Co., 1984).

4. J. Burke, *The Day the Universe Changed* (Boston: Little, Brown, 1985).

5. S. A. Epstein, *Wage Labor and Guilds in Medieval Europe* (Chapel Hill: University of North Carolina Press, 1991).

6. R. Braun, *Industrialization and Everyday Life*, trad. S. Hanbury-Tenison (Cambridge: Cambridge University Press, 1990).

7. J. B. White, "The Line Starts Here: Mass-Production Techniques Changed the Way People Work and Live Throughout the World", *Wall Street Journal*, 11 de janeiro de 1999, R25.

8. R. B. Reich, *The Next American Frontier* (New York: Time Books, 1983).

9. J. Mickelwait e A. Wooldridge, *The Company: A Short History of a Revolutionary Idea* (New York: Modern Library, 2003).

10. H. Kendall, "Unsystematized, Systematized, and Scientific Management", in *Scientific Management: A Collection of the More Significant Articles Describing the Taylor System of Management*, ed. C. Thompson (Easton, PA: Hive Publishing, 1972), 103–131.

11. United States Congress, House, Special Commit- tee, Hearings to Investigate the Taylor and Other Systems of Shop Management, vol. 3 (Washington, DC: Government Printing Office, 1912).

12. Ibid.

13. Ibid.

14. A. Derickson, "Physiological Science and Scientific Management in the Progressive Era: Frederic S. Lee and the Committee on Industrial Fatigue", *Business History Review* 68 (1994): 483–514.

15. U.S. Congress, House, Special Committee, 1912.

16. F. W. Taylor, *The Principles of Scientific Management* (New York: Harper, 1911).

17. C. D. Wrege e R. M. Hodgetts, "Frederick W. Taylor's 1899 Pig Iron Observations: Examining Fact, Fiction, and Lessons for the New Millennium", *Academy of Management Journal*, 43 (dezembro de 2000): 1283; J. R. Hough and M. A. White, "Using Stories to Create Change: The Object Lesson of Frederick Taylor's 'Pig-tale,'" *Journal of Management*, 27, no. 5 (outubro de 2001): 585–601; E. A. Locke, "The Ideas of Frederick W. Taylor: An Evaluation", *Academy of Management Review* 7, no. 1(1982) 14–24.

18. Locke, "The Ideas of Frederick W. Taylor."

19. George, *The History of Management Thought*.

20. F. Gilbreth e L. Gilbreth, "Applied Motion Study", in *The Writings of the Gilbreths*, ed.

W. R. Spriegel e C. E. Myers (1917; reimpressão, Homewood, IL: Irwin, 1953), 207–274.

21. Ibid.

22. D. Ferguson, "Don't Call It 'Time and Motion Study,'" *IIE Solutions* 29, no. 5 (1997): 22–23.

23. H. Gantt, "A Graphical Daily Balance in Manufacture", *Transactions of the American Society of Mechanical Engineers* 24 (1903): 1325.

24. P. Peterson, "Training and Development: The View of Henry L. Gantt (1861–1919)", *SAM Advanced Management Journal* (Inverno de 1987): 20–23.

25. H. Gantt, "Industrial Efficiency", *National Civic Federation Report of the 11th Annual Meeting*, New York, 12 de janeiro de 1991, 103.

26. Ibid.

27. M. Weber, *The Theory of Social and Economic Organization*, trad. A. Henderson e T. Parsons (New York: Free Press, 1947).

28. M. Weber, *The Protestant Ethic and the Spirit of Capitalism* (New York: Scribner's, 1958).

29. George, *The History of Management Thought*.

30. D. A. Wren, "Henri Fayol as Strategist: A Nineteenth Century Corporate Turnaround", *Management Decision*, 39, no. 6 (2001): 475–487; D. Reid, "Fayol: From Experience to Theory", *Journal of Management History* (Archive) 1, no. 3 (1995): 21–36.

31. Ibid.

32. Ibid.

33. Ibid.

34. F. Blancpain, "Les cahiers inédits d'Henri Fayol", trad. D. Wren, *Extrait du bulletin de l'institut international d'administration publique* 28–29 (1974): 1–48.

35. D. A. Wren, A. G. Bedeian e J. D. Breeze, "The Foundations of Henri Fayol's Administrative Theory", *Management Decision* 40 (2002): 906–918.

36. H. Fayol, *General and Industrial Management* (London: Pittman & Sons, 1949); Wren, Bedeian e Breeze, "Foundations."

37. P. Graham, ed., *Mary Parker Follett—Prophet of Management: A Celebration of Writings from the 1920s* (Boston: Harvard Business School Press, 1995).

38. D. Linden, "The Mother of Them All", *Forbes*, 16 de janeiro de 1995, 75.

39. J. H. Smith, "The Enduring Legacy of Elton de maio deo", *Human Relations* 51, no. 3 (1998): 221–249.

40. E. de maio deo, *The Human Problems of an Industrial Civilization* (New York: Macmillan, 1933).

41. Ibid.

42. "Hawthorne Revisited: The Legend and the Legacy", *Organizational Dynamics* (Inverno de 1975): 66–80.

43. E. de maio deo, *The Social Problems of an Industrial Civilization* (Boston: Harvard Graduate School of Business Administration, 1945).

44. "Hawthorne Revisited: The Legend and the Legacy."

45. de maio deo, *The Social Problems of an Industrial Civilization*, 45.

46. George, *The History of Management Thought*.

47. C. I. Barnard, *The Functions of the Executive* (Cambridge, MA: Harvard University Press, 1938), 4.

48. C. I. Barnard, *The Functions of the Executive: 30th Anniversary Edition* (Cambridge, MA: Harvard University Press, 1968), 5.

49. J. Fuller e A. Mansour, "Operations Management and Operations Research: A Historical and Relational Perspective", *Management Decision* 41 (2003): 422–426.

50. D. Wren e R. Greenwood, "Business Leaders: A Historical Sketch of Eli Whitney", *Journal of Leadership & Organizational Studies* 6 (1999): 131.

51. "Monge, Gaspard, comte de Péluse", *Britannica Online*, acesso em 9 de janeiro de 2005, http://www.britannica .com/biography/Gaspard-Monge-comte-de-Peluse.

52. M. Schwartz e A. Fish, "Just-in-Time Inventories in Old Detroit", *Business History* 40, no. 3 (julho de 1998): 48.

53. D. Ashmos e G. Huber, "The Systems Paradigm in Organization Theory: Correcting the Record and Suggesting the Future", *Academy of Management Review* 12 (1987): 607–621; F. Kast e J. Rosenzweig, "General Systems Theory: Applications for Organizations and Management", *Academy of Management Journal* 15 (1972): 447–465; D. Katz e R. Kahn, *The Social Psychology of Organizations* (New York: Wiley, 1966).

54. R. Mockler, "The Systems Approach to Business Organization and Decision Making", *California Management Review* 11, no. 2 (1968): 53–58.

55. F. Luthans e T. Stewart, "A General Contingency Theory of Management", *Academy of Management Review* 2, no. 2 (1977): 181–195.

3

1. L. Fleisher, "Thousands of Taxi Drivers Protest Uber Across Europe", *Wall Street Journal*, 12 de junho de 2014, B2; C. Matlack, "Europe's Cabbies, Fed Up with Uber, Plan a Day of Traffic Chaos", *Bloomberg Businessweek*, 10 de junho de 2014, acesso em 15 de junho de 2014, http://www.businessweek.com/articles/2014-06-10/europes-cabbies-fed-up-with-uber-plan-a-day-of-traffic-chaos.

2. D. Herbert, "Rest in Peace for Less with Caskets Made in China", *Bloomberg Businessweek*, 20 de fevereiro de 2015, acesso em 24 de abril de 2015, http://www.bloomberg.com/news/features/2015-02-20/casket-industry-fends-off-chinese-imports-favored-by-vegas-entrepreneur; P. Cain, "The Living Dead: New Embalming Method Aids Surgical Training", *BBC News*, 15 de junho de 2013, acesso em 24 de abril de 2015, http://www.bbc.com/news/health-22908661.

3. Tim Stevens, "Apple iPhone 6 Plus Review—The Most Serious Apple Phone Yet", CNET.com, 16 de setembro de 2014, acesso em 28 de março de http://www.cnet.com/products/apple-iphone-6-plus/; https://www.apple.com/iphone-6/.

4. E. Romanelli e M. L. Tushman, "Organizational Transformation as Punctuated Equilibrium: An Empirical Test", *Academy of Management Journal* 37 (1994): 1141–1166.

5. H. Banks, "A Sixties Industry in a Nineties Economy", *Forbes*, 9 de maio de 1994, 107–112.

6. L. Cowan, "Cheap Fuel Should Carry Many Airlines to More Record Profits for 1st Quarter", *Wall Street Journal*, 4 de abril de 1998, B17A.

7. "Annual Revenues and Earnings: US Airlines—All Services", Air Transport Association, acesso em 15 de janeiro de 2005, http://www.airlines.org; S. Carey, "Carrier Makes Deeper Cuts as It Seeks Federal Backing Needed to Exit Chapter 11", *Wall Street Journal*, 27 de novembro de 2002, A3; S. Carey",UAL Will Lay Off 1,500 Workers as Part of Cost-Cutting Strategy", *Wall Street Journal*, 6 de janeiro de 2003, A3; D. Carty, "Oral Testimony of Mr. Donald J. Carty, Chairman and CEO, American Airlines: United States Senate, Committee on Commerce, Science, and Transportation", acesso em 9 de janeiro de 2003, http://www.amrcorp.com; S. McCartney, M. Trottman e S. Carey, "Northwest, Continental, America West Post Losses as Delta Cuts Jobs", *Wall Street Journal*, 18 de novembro de 2002, B4.

8. "Airlines Still in Upheaval, 5 Years after 9/11", CNNMoney.com, 8 de setembro de 2006, acesso em 25 de julho de 2008, http://money.cnn.com/2006/09/08/news/companies/airlines_sept11/?postversion=2006090813&eref=yahoo.

9. R. Schifter, "Why Airlines Are Flying High", *Wall Street Journal*, 4 de fevereiro de 2015, A15.

10. S. Carey e J. Nicas, "Leaner Airlines, Meaner Routes", *Wall Street Journal*, 8 de maio de 2013, B1.

11. A. Madrigal, "The Perfect Milk Machine: How Big Data Transformed the Dairy Industry", *The Atlantic*, 1 de maio de 2012, acesso em 25 de abril de 2015, http://www.theatlantic.com/technology/archive/2012/05/the-perfect-milk-machine-how-big-data -transformed-the-dairy-industry/256423/.

12. "US Dairy: Total Milk Production 2014", Statista, acesso em 25 de abril de 2015, http://www.statista.com/statistics/194937/total-us-milk-production-since-1999/.

13. Press Release, "PC Shipments Post the Steepest Decline Ever in a Single Quarter, According to IDC", International Data Corporation, 10 de abril de 2013, acesso em 14 de maio de 2013, http://www.idc.com/getdoc.jsp?containerId=prUS24065413; K. Bora, "Worldwide PC Shipments Showed Signs of Improvement Despite 1.7% Annual Decline in Q1 2014", International Business Times, 15 de abril de 2014, acesso em 25 de abril de 2015, http://www.ibtimes.com/worldwide-pc-shipments-showed-signs-improvement -despite-17-annual-decline-q1-2014-1571663; S. Ovide, "Microsoft to Show Off Windows 10—CEO Nadella, Others to Give Most Detailed Glimpse So Far", *Wall Street Journal*, 19 de janeiro de 2015,
acesso em 25 de abril de 2015, http://www.wsj.com/articles/microsoft-to-show-off-latest-windows-launching-this-year-1421695264; D. Bass, "Beyond Windows", *Bloomberg Businessweek*, 23 de fevereiro–1 de março de 2015, pp. 30–31; N. Ralph, "Microsoft Windows 10 Preview", CNET.com, 2 de abril de 2015, acesso em 25 de abril de 2015, http://www.cnet.com/products/microsoft-windows-10/.

14. D. Charles, "Thanks to Nutella, The World Needs More Hazelnuts", All Things Considered, NPR, 16 de setembro de 2014, acesso em 25 de abril de 2015, www.npr.org/blogs/thesalt/2014/09/16/347749070/thanks-to-nutella-the-world-needs-more-hazelnuts; V. Wong, "Nutella Hogs Hazelnuts to Meet the World's Insatiable Craving for Chocolaty Goodness", *Bloomberg Businessweek*, 14 de agosto de 2014, acesso em 25 de abril de 2015, www.businessweek.com/articles/2014-08-14/nutella-buys-hazelnut-supplier -to-protect-against-worldwide-shortage.

15. T. Stynes, "Yum's Sales in China Still Struggling", *Wall Street Journal*, 13 de janeiro de 2014, acesso em 4 de junho de 2014, http://online.wsj.com/news/articles/SB10001424052702304049704579319020232064980?KEYWORDS=yum+brands&mg=reno64-wsj.

16. OECD (2014), "OECD Forecasts During and After the Financial Crisis: A Post Mortem", OECD Economics Department Policy Notes, No. 23, fevereiro de 2014.

17. "CEO Confidence Improves Slightly", The Conference Board, de janeiro de 8, 2015, acesso em 25 de abril de 2015, https://www.conference-board.org/data/ceoconfidence.cfm.

18. "Unflinching Small Business Optimism", WSJ/Vistage Small Business CEO Survey, 28 de fevereiro–março de 2015, acesso em 25 de abril de 2015, http://www.vistage.com/wp-content/uploads/2015/03/WSJ-CEO-Survey-0215.pdf; http://www.vistage.com/press-center/wallsjvistage-ceo-survey/.

19. C. Paris, "Carnival Sails Toward China Growth", *Wall Street Journal*, 22 de janeiro de 2015, B7.

20. V. Fuhrmans, "Europe's Car Makers Spin Their Wheels", *Wall Street Journal*, 30 de setembro de 2013, acesso em 4 de junho de 2014, http://online.wsj.com/news/articles/SB1000142412788733623304579057220451906010?KEYWORDS=europe%27s+car+makers +spin&mg=reno64-wsj.

21. "The Civil Rights Act of 1991", US Equal Employment Opportunity Commission, acesso em 25 de julho de 2008, http://www.eeoc.gov/policy/cra91.html.

22. "Compliance Assistance—Family and Medical Leave Act (FMLA)", US Department of Labor: Employment Standards Administration, Wage and Hour Division, acesso em 25 de julho de 2005, http://www.dol.gov/.

23. A Loten, "Small Business Owners Scramble to Prepare for New Tax Form", *Wall Street Journal*, 4 de março de 2015, B5.

24. R. J. Bies e T. R. Tyler, "The Litigation Mentality in Organizations: A Test of Alternative Psychological Explanations", *Organization Science* 4 (1993): 352–366.

25. M. Orey, "Fear of Firing", *BusinessWeek*, 23 de abril de 2007, 52–62.

26. S. Gardner, G. Gomes e J. Morgan, "Wrongful Termination and the Expanding Public Policy Exception: Implications and Advice", *SAM Advanced Management Journal* 65 (2000): 38.

27. "Bases by Issue: FY 2010 - FY 2014", U.S. Equal Employment Opportunity Commission, acesso em 25 de abril de 2015, http://www1.eeoc.gov//eeoc/statistics/enforcement/bases_by_issue.cfm?renderforprint=1.

28. J. Mundy, "Wrongful Termination Lawsuits on the Rise", *LawyersandSettlements.com*, 5 de janeiro de 2011, acesso em 4 de junho de 2014, http://www.lawyersandsettlements.com/articles/wrongful-termination/wrongful-termination-law-11-15747.html#.U48_GvldWSp.

29. Orey, "Fear of Firing."

30. Ibid.

31. "Little Gym Case Study", Listen360, abril de 2014, acesso em 4 de abril de 2015, http://listen360.com/assets/case_studies/LittleGym_4-2014.pdf.

32. R. Johnston e S. Mehra, "Best-Practice Complaint Management", *Academy of Management Experience* 16 (novembro de 2002): 145–154.

33. D. Smart e C. Martin, "Manufacturer Responsiveness to Consumer Correspondence: An Empirical Investigation of Consumer Perceptions", *Journal of Consumer Affairs* 26 (1992): 104.

34. K. Rosman, "Weather Channel Now Also Fore- casts What You'll Buy", *Wall Street Journal*, 14 de agosto de 2013, acesso em 16 de junho de 2014, http://online.wsj.com/news/articles/SB10001424127887323639704579012674092402660.

35. Ibid.

36. S. A. Zahra e S. S. Chaples, "Blind Spots in Competitive Analysis", *Academy of Management Executive* 7 (1993): 7–28.

37. K. Hagey e S. Ramachandran, "Pay TV's New Worry: 'Shaving' the Cord", *Wall Street Journal*, 9 de outubro de 2014, acesso em 25 de abril de 2015, http://www.wsj.com/articles/pay-tvs-new-worry-shaving-the-cord-1412899121; D. Beres, "150,000 Cable Subscribers Cut the Cord Last Quarter", Huffington Post, 14 de novembro de 2014, acesso em 25 de abril de 2015, http://www.huffingtonpost.com/2014/11/14/cord-cutting_n_6159502.html; E. Deggans, "Evaluating Whether It's Time to Cut the Cord", *Morning Edition* on NPR, 27 de março de 2015, acesso em 25 de abril de 2015, http://www.npr.org/2015/03/27/395698509/how-to-evaluate-whether-its-time-for-you-to-cut-the-cord; E. Lee, "TV Subscriptions Fall for First Time as Viewers Cut the Cord", *BloombergBusiness*.com, 19 de março de 2014, acesso em 25 de abril de 2015, http://www.bloomberg.com/news/articles/2014-03-19/u-s-pay-tv-subscriptions-fall-for-first-time-as-streaming-gains.

38. K. G. Provan, "Embeddedness, Interdependence, and Opportunism in Organizational Supplier-Buyer Networks", *Journal of Management* 19 (1993): 841–856.

39. J. Lessin, L. Luk e J. Osawa",Apple Finds It Difficult to Divorce Samsung", *Wall Street Journal*, 29 de junho de 2013, A1.

40. D. Clark, "Samsung's Chip Choice Is a Mixed Verdict for Qualcomm", *Wall Street Journal*, 3 de abril de 2015, acesso em 25 de abril de 2015, http://blogs.wsj.com/digits/2015/04/03/samsungs-chip-choice-is-a-mixed-verdict-for-qualcomm/.

41. J. Lee e I. King, "Samsung Said to Win Apple A9 Chip Orders for Next iPhone", *BloombergBusiness*, 2 de abril de 2015, acesso em 25 de abril de 2015, http://www.bloomberg.com/news/articles/2015-04-03/samsung-said-to-win-apple-a9-chip-orders-for-next-iphone.

42. Ibid.

43. Ibid.

44. Ibid.

45. S. Parker e C. Axtell, "Seeing Another Viewpoint: Antecedents and Outcomes of Employee Perspective Taking", *Academy of Management Journal* 44 (2001): 1085–1100; B. K. Pilling,

L. A. Crosby e D. W. Jackson, "Relational Bonds in Industrial Exchange: An Experimental Test

of the Transaction Cost Economic Framework", *Journal of Business Research* 30 (1994): 237–251.

46. M. Hickins, "CIO Journal: H-P Reinvents Itself", *Wall Street Journal*, 25 de abril de 2013, B5.

47. K. O'Brien, "DreamWorks Animation Data Center On-Site", *Storage Review*, 24 de outubro de 2012, acesso em 16 de junho de 2014, http://www.storagereview.com/dreamworks_animation_data_center_onsite.

48. "FDA Finalizes Menu and Vending Machine Calorie Labeling Rules", US Food and Drug Ad- ministration, 25 de novembro de 2014, acesso em 25 de abril de 2015, http://www.fda.gov/NewsEvents/Newsroom/PressAnnouncements/ucm423952.htm.

49. A. Martin, "Inside the Powerful Lobby Fighting for Your Right to Eat Pizza", *Chicago Tribune*, 9 de março de 2015, acesso em 25 de abril de 2015, http://www.chicagotribune.com/news/sns-wp-blm-news-bc-pizza-lobby09-20150309-story.html#page=2.

50. "CPSC Approves Strong Federal Safety Standard for High-Powered Magnet Sets to Protect Children and Teenagers", United States Consumer Product Safety Commission, 25 de setembro de 2014, Edição número 14-283, acesso em 25 de abril de 2015, http://www.cpsc.gov/en/Newsroom/News-Releases/2014/CPSC-Approves-Strong-Federal-Safety-Standard-for-High-Powered-Magnet-Sets-to-Protect-Children-and-Teenagers/; M. Lipka, "After Death and Recalls, Feds Ban High-Powered Magnets", CBS Moneywatch, 25 de setembro de 2014, acesso em 25 de abril de 2015, http://www.cbsnews.com/news/after-deaths-and-recalls-feds-ban-high-powered-magnets/; R. Abrams, "High-Power Mag- nets Get Temporary Reprieve from Safety Rules", *Boston Globe*, 4 de abril de 2015, acesso em 25 de abril de 2015, https://www.bostonglobe.com/business/2015/04/03/high-power-magnets-get-temporary-reprieve-from-safety-rules/TK26SoOCz82d3XSu2655LK/story.html.

51. "Sean Lennon, Yoko Ono Recruit Famous Friends for Anti-Fracking Clip", *Rolling Stone*, 11 de março de 2013, acesso em 15 de maio de 2013, http://www.rollingstone.com/music/videos/sean-lennon-yoko-ono-recruit-celebrity-friends-for-anti-fracking-clip-20130311.

52. D. Kline, "Cadbury Recall Threatens Its Business in the Muslim World", Motley Fool, 30 de maio de 2014, acesso em 17 de junho de 2014, http://www.fool.com/investing/general/2014/05/30/cadbury-recall-threatens-its-business-in-the-musli.aspx.

53. "Cadbury Chocolate Pork Free, Says Malaysian Islamic Body", *BBC News*, 2 de junho de 2014, acesso em 17 de junho de 2014, http://www.bbc.com/news/business-27663857.

54. C. Mims, "Amid Stratospheric Valuations, Google Unearths a Deal with Skybox", *Wall Street Journal*, 15 de junho de 2014, http://online.wsj.com/articles/amid-stratospheric-valuations-google-unearths-a-deal-with-skybox-1402864823?KEYWORDS=google+acquisition+satellite.

55. D. F. Jennings e J. R. Lumpkin, "Insights Between Environmental Scanning Activities and Porter's Generic Strategies: An Empirical Analysis", *Journal of Management* 4 (1992): 791–803.

56. "China's Unsafe Water Is Nestlé's Opportunity", *Bloomberg Businessweek*, 28 de janeiro–3 de fevereiro, 2013, 19–20.

57. E. Jackson e J. E. Dutton, "Discerning Threats and Opportunities", *Administrative Science Quarterly* 33 (1988): 370–387.

58. B. Thomas, S. M. Clark e D. A. Gioia, "Strategic Sensemaking and Organizational Performance: Linkages Among Scanning, Interpretation, Action, and Outcomes", *Academy of Management Journal* 36 (1993): 239–270.

59. R. Daft, J. Sormunen e D. Parks, "Chief Executive Scanning, Environmental Characteristics,

and Company Performance: An Empirical Study", *Strategic Management Journal* 9 (1988): 123–139; V. Garg, B. Walters e R. Priem, "Chief Executive Scanning Emphases, Environmental Dynamism, and Manufacturing Firm Performance", *Strategic Management Journal* 24 (2003): 725–744; D. Miller e P. H. Friesen, "Strategy-Making and Environment: The Third Link", *Strategic Management Journal* 4 (1983): 221–235.

60. A. Gasparro e A. Prior, "Kellogg's Profit Falls 16% as Cereal Sales Drop", *Wall Street Journal*, 31 de julho de2014, acesso em 25 de abril de 2015, http://www.wsj.com/articles/kelloggs-profit-pressured-by-cereal-sales-1406809902.

61. D. Leonard, "Bad News in Cereal City—Will Kellogg Ever Catch a Break?" *Bloomberg Businessweek*, 2–8 de março de 2015, pp. 42–47.

62. "Modernization of the Panama Canal", *The Washington Post*, acesso em 17 de junho de 2014, http://www.washingtonpost.com/wp-srv/special/world/modernization-of-panama-canal/index.html.

63. K.Park",Maersk Line to Dump Panama Canal for Suez as Ships Get Bigger", *Bloomberg*, 11 de março de 2013, acesso em 17 de junho de, 2014, http://www.bloomberg.com/news/2013-03-11/maersk-line-to-dump-panama -canal-for-suez-as-ships-get-bigger.html.

64. "Frequently Asked Questions", Official Website for the Panama Canal Expansion, acesso em 17 de junho de, 2014, http://micanaldepanama.com/expansion/faq/#prettyPhoto.

65. R. Feitelberg, "Building a Winning Culture", *WWD*, 1 de dezembro de 2011, SR12; Under Armour, *Inc*., "2013 Under Armour Annual Report", 21 de fevereiro de 2014 p. 4.

66. S. Berfield, "Container Store: Conscious Capitalism and the Perils of Going Public", *Bloomberg Business*, 19 de fevereiro de 2015, acesso em 25 de abril de 2015, http://www.bloomberg.com/news/articles/2015-02-19/container-store-conscious-capitalism-and-the-perils-of-going-public.

67. Ibid.; K. Gustafson, "Retail's Turnover a Plus for Economy But Challenge for Stores", *CNBC*, 23 de setembro de 2014, acesso em 25 de abril de 2015, http://www.cnbc.com/id/102021496.

68. D. M. Boje, "The Story telling Organization: A Study of Story Performance in an Office-Supply Firm", *Administrative Science Quarterly* 36 (1991): 106–126.

69. B. Horowitz, "6 Questions for: Nobody Said Startups Would Be Easy", *Inc*., abril de 2014, 39–40.

70. F. D'Souza, "Corner Office: Francisco D'Souza of Cognizant, on Finding Company Heroes", entrevistado por A. Bryant, *New York Times*, 31 de agosto de 2013, acesso em 4 de junho de 2014, http://www.nytimes.com/2013/09/01/business/francisco-dsouza-of-cognizant-on-finding-company-heroes.html.

71. F. D'Souza, "Corner Office: Francisco D'Souza of Cognizant, on Finding Company Heroes."

72. D. R. Denison e A. K. Mishra, "Toward a Theory of Organizational Culture and Effectiveness", *Organization Science* 6 (1995): 204–223.

73. P. Ziobro, "Floundering Mattel Tries to Make Things Fun Again", *Wall Street Journal*, 22 de dezembro de 2014, acesso em 26 de abril de 2015, http://www.wsj.com/articles/oundering-mattel-tries-to-make-things-fun-again-1419305830.

74. "Our Philosophy", BPV Capital Management, 18 de junho de 2014, acesso em 18 de junho de 2014, http://www.backporchvista.com/about-bpv/our-philosophy/.

75. D. Gilbert e R. Gold, "As Big Drillers Move In, Safety Goes Up", *Wall Street Journal*, 2 de abril de 2013, A1; "Shell Code of Conduct: How to Live by the Shell General Business Principles", Shell, acesso em 16 de maio de 2013, http://s06.static-shell.com/content/dam/shell/static/public/downloads/corporate-pkg/code-of-conduct-english.pdf.

76. A. Zuckerman, "Strong Corporate Cultures and Firm Performance: Are There Tradeoffs?" *Academy of Management Executive*, novembro de 2002, 158–160.

77. E. Schein, *Organizational Culture and Leadership*, 2a. ed. (São Francisco: Jossey-Bass, 1992).

78. J. Lublin, "This CEO Used to Have an Office—At Dynegy, Boss's Drive for a 'Winning' Culture Means More Cubicles and Fewer Emails", *Wall Street Journal*, 13 de março de 2013, B1.

79. D. MacMillan, "AOL Tries for Some Silicon Valley Cred", *Bloomberg Businessweek*, 24 de março de 2011, acesso em 26 de fevereiro de 2012, http://www.businessweek.com/magazine/content/11_14/b4222043205512.htm.

80. T. Pluto, "Terry's Talkin' about Cleveland Browns Free Agency and Quarterbacks, Tribe's Pitching, Cavs Guards", 29 de março de 2014, acesso em 17 de junho de 2014, http://www.cleveland.com/pluto/index.ssf/2014/03/terrys_talkin_about_the_clevel_5.html.

81. G. Bensinger, "Amazon Recruits Face 'Bar Raisers,'" *Wall Street Journal*, 8 de janeiro de 2014, B1.

4

1. "2014 Edelman Trust Barometer Annual Global Study", Edelman Berland, acesso em de junho de 19, 2014, http://www.edelman.com/insights/intellectual-property/2014-edelman-trust-barometer/; D. Meinhert, "Creating an Ethical Workplace", *HR Magazine* 59 (abril 2014): 4, https://www.shrm.org/Publications/hrmagazine/EditorialContent/2014/0414/Pages/0414-ethical-workplace-culture.aspx (acesso em 4 de junho de 2014).

2. "2013 National Business Ethics Survey of the U.S. Workforce", Ethics Resource Center, 2014, acesso em 4 de junho de 2014, http://www.ethics.org/downloads/2013NBESFinalWeb.pdf.

3. "2013 National Business Ethics Survey of the U.S. Workforce", Ethics Resource Center.

4. C. Smith, "The Ethical Workplace", *Association Management* 52 (2000): 70–73.

5. "Trust in the Workplace: 2010 Ethics & Workplace Survey", Deloitte LLP, 2010, acesso em 4 de junho de 2014, http://www.deloitte.com/assets/Dcom-United-States/Local%20Assets/Documents/us_2010_Ethics_and_Workplace_Survey_report_071910.pdf.

6. "Communication, Honesty among Traits Most Desired and Lacking in Corporate Leaders, ASQ Survey Says", Reuters.com, 11 de fevereiro de 2014, acesso em 11 de abril de 2015, http://www.reuters.com/article/2014/02/11/idUSnGNX91ymYv+1c2+GNW20140211.

7. A. Bryant, "In a Word, He Wants Simplicity", *New York Times*, 23 de maio de, 2009, acesso em 15 de agosto de 2010, http://www.nytimes.com/2009/05/24/business/24corner.html?_r=2&pagewanted=1.

8. Association of Certified Fraud Examiners, "Report to the Nation on Occupational Fraud and Abuse: 2014 Global Fraud Study", acesso em 11 de abril de 2015, http://www.acfe.com/rttn-summary.aspx. K. Gibson, "Excuses, Excuses: Moral Slippage in the Workplace", *Business Horizons* 43, no. 6 (2000): 65; S. L. Robinson e R. J. Bennett, "A Typology of Deviant Workplace Behaviors: A Multidimensional Scaling Study", *Academy of Management Journal* 38 (1995): 555–572.

9. Harvard Management Update, "Learn by 'Failing Forward,'" *Globe & Mail*, 31 de outubro de 2000, B17.

10. "Challenger de março de Madness Report", Challenger, Gray & Christmas, Inc., 11 de março de 2015, acesso em 11 de abril de 2015, http://www.challengergray.com/download/file/fid/215.

11. B. Falcon, "Oil Thieves Plague Shell in Nigeria", *Wall Street Journal*, 12 de abril de 2013, B1.

12. M. Korolov, "Overall Jump Linked to Increase in Employee Theft and Higher Security Spending", CSO Online, 7 de movembro de 2014, acesso em 11 de abril 2015, http://www.csoonline.com/article/2845058/loss-prevention/cost-of-retail-crime-skyrockets-nearly-30-percent.html; Global Retail Theft Barometer 2014, acesso em 11 de abril de 2015, http://globalretailtheftbarometer.com/.

13. J.L. Hayes, "26th Annual Retail Theft Survey", Hayes International press release, 25 de junho de 2014, acesso em 11 de abril de 2015, http://jacklhayes.com/26th-annual-retail-theft-survey/.

14. A. Wren, "Sweethearting: A Bottom Line Drain for Retailers", Chain Store Age, 21 de junho de 2012, acesso em 11 de abril de 2015, http://www.chainstoreage.com/article/sweethearting-bottom-line-drain-retailers; M. K. Brady, C. M. Voorhees, M. J. Brusco, "Service Sweethearting: Its Antecedents and Customer Consequences", *Journal of Marketing* 76 (2012): 81–98.

15. J. Norman, "Cultivating a Culture of Honesty", The Orange County [California] Register, 23 de outubro de 2006.

16. Workplace death stats: "Revisions to the 2012 Census of Fatal Occupational Injuries (CFOI) Counts", US Bureau of Labor Statistics, abril de 2014, acesso em 11 de abril de 2015, http://www.bls.gov/iif/oshwc/cfoi/cfoi_revised12.pdf.

17. D. Palmer e A. Zakhem, "Bridging the Gap Between Theory and Practice: Using the 1991 Federal Sentencing Guidelines as a Paradigm for Ethics Training", *Journal of Business Ethics* 29, no. 1/2 (2001): 77–84.

18. K. Tyler, "Do the Right Thing: Ethics Training Programs Help Employees Deal with Ethical Dilemmas", *HR Magazine*, fevereiro de 2005, acesso em 13 de março de 2009, http://www.shrm.org/publications/hrmagazine/editorialcontent/pages/0205tyler.aspx.

19. D. R. Dalton, M. B. Metzger e J. W. Hill, "The 'New' US Sentencing Commission Guidelines: A Wake-up Call for Corporate America", *Academy of Management Executive* 8 (1994): 7–16.

20. G. Marcias, "Q&A: Gayle Macias, World Vision", entrevistado por B. DiPietro, *Wall Street Journal*, 12 de junho de 2013, acesso em 4 de junho de 2014, http://blogs.wsj.com/riskandcompliance/2013/06/12/qa-gayle-macias-world-vision/.

21. B. Ettore, "Crime and Punishment: A Hard Look at White-Collar Crime", *Management Review* 83 (1994): 10–16.

22. F. Robinson e C. C. Pauze, "What Is a Board's Liability for Not Adopting a Compliance Program?" *Healthcare Financial Management* 51, no. 9 (1997): 64.

23. D. Murphy, "The Federal Sentencing Guidelines for Organizations: A Decade of Promoting Compliance and Ethics", *Iowa Law Review* 87 (2002): 697–719.

24. Robinson e Pauze, "What Is a Board's Liability?"

25. B. Schwartz, "The Nuts and Bolts of an Effective Compliance Program", *HR Focus* 74, no. 8 (1997): 13–15.

26. T. Martin, B. Morris e S. Thurm, "UPS to End Health Benefits for Some Working Spouses of Employees", *Wall Street Journal*, 21 de agosto de 2013, acesso em 4 de junho de 2014, http://online.wsj.com/news/articles/SB10001424127887323980604579027082775945544?KEYWORDS=UPS+to+end+health&mg=reno64-wsj.

27. S. Morris e R. McDonald, "The Role of Moral Intensity in Moral Judgments: An Empirical Investigation", *Journal of Business* Ethics 14 (1995): 715–726; B. Flannery e D. de maio de, "Environmental Ethical Decision Making in the US Metal-Finishing Industry", *Academy of Management Journal* 43 (2000): 642–662.

28. L. Kohlberg, "Stage and Sequence: The Cognitive- Developmental Approach to Socialization", in *Handbook of Socialization Theory and Research*, ed. D. A. Goslin (Chicago: Rand McNally, 1969); L. Trevino, "Moral Reasoning and Business Ethics: Implications for Research, Education, and Management", *Journal of Business Ethics* 11 (1992): 445–459.

29. L. Trevino e M. Brown, "Managing to Be Ethical: Debunking Five Business Ethics Myths", *Academy of Management Executive* 18 (maio de 2004): 69–81.

30. L. T. Hosmer, "Trust: The Connecting Link Between Organizational Theory and Philosophical Ethics", *Academy of Management Review* 20 (1995): 379–403.

31. T. Martin, et.al., "UPS to End Health Benefits for Some Working Spouses of Employees."

32. Ibid.

33. Ibid.

34. Ibid.

35. "2013 National Business Ethics Survey of the U.S. Workforce", Ethics Resource Center.

36. H. J. Bernardin, "Validity of an Honesty Test in Predicting Theft Among Convenience Store Employees", *Academy of Management Journal* 36 (1993): 1097–1108.

37. J. M. Collins e F. L. Schmidt, "Personality, Integrity, and White Collar Crime: A Construct Validity Study", *Personnel Psychology* (1993): 295–311.

38. W. C. Borman, M. A. Hanson e J. W. Hedge, "Personnel Selection", *Annual Review of Psychology* 48 (1997).

39. P. E. Murphy, "Corporate Ethics Statements: Current Status and Future Prospects", *Journal of Business Ethics* 14 (1995): 727–740.

40. "Code of Ethical Business Conduct", The Hershey Company, sem data, acesso em 26 de fevereiro de 2012, http://www.thehersheycompany.com/investors/corporate-governance/code-of-conduct.aspx.

41. "More Corporate Boards Involved in Ethics Programs; Ethics Training Becoming Standard Practice", *PR Newswire*, 16 de outubro de 2006.

42. S. J. Harrington, "What Corporate America Is Teaching about Ethics", *Academy of Management Executive* 5 (1991): 21–30.

43. L. A. Berger, "Train All Employees to Solve Ethical Dilemmas", *Best's Review–Life-Health Insurance Edition* 95 (1995): 70–80.

44. D. Meinhert, "Creating an Ethical Workplace."

45. Ibid.

46. L. Trevino, G. Weaver, D. Gibson e B. Toffler, "Managing Ethics and Legal Compliance: What Works and What Hurts", *California Management Review* 41, no. 2 (1999): 131–151.

47. M. Swanton, "Compliance Comedy", *Inside Counsel* 22 (2011): 56.

48. "Leader's Guide: A Culture of Trust 2008", Lockheed Martin, acesso em 17 de julho de 2008, http://www.lockheedmartin.com/data/assets/corporate/documents/ethics/2008_EAT_Leaders_Guide.pdf.

49. D. Meinhert, "Creating an Ethical Workplace."

50. E. White, "Theory & Practice: What Would You Do? Ethics Courses Get Context; Beyond Checking Boxes, Some Firms Start Talking about Handling Gray Areas", *Wall Street Journal*, 12 de junho de 2006, B3.

51. "The State of Ethics in Large Companies: A Research Report from the National Business Ethics Survey (NBES)", Ethics Research Center, 2015, acesso em 11 de abril de 2015, http://www.ethics.org/nbes/wp-content/uploads/2015/03/LargeCompaniesExecSummary.pdf.

52. Ibid.

53. G. Weaver e L. Trevino, "Integrated and Decoupled Corporate Social Performance: Management Commitments, External Pressures, and Corporate Ethics Practices", *Academy of Management Journal* 42 (1999): 539–552; Trevino, Weaver, Gibson, e Toffler, "Managing Ethics and Legal Compliance."

54. "2013 National Business Ethics Survey of the U.S. Workforce", Ethics Resource Center.

55. J. Salopek, "Do the Right Thing", *Training & Development* 55 (julho de 2001): 38–44.

56. M. Gundlach, S. Douglas e M. Martinko, "The Decision to Blow the Whistle: A Social Information Processing Framework", *Academy of Management Executive* 17 (2003): 107–123.

57. "Retaliation: When Whistleblowers Become Victims: A Supplemental Report of the 2011 National Business Ethics Survey", Ethics Resource Center, 2012, acesso em 21 de maio de 2013, http://www.ethics.org/les/u5/RetaliationFinal.pdf.

58. "2013 National Business Ethics Survey of the U.S. Workforce", Ethics Resource Center; "The State of Ethics in Large Companies: A Research Report from the National Business Ethics Survey (NBES)."

59. "OSHA Found Airline Violated Whistleblower Protection Provision of AIR21", OSHA News Release: 11-1814-ATL, 17 de janeiro de 2012, acesso em 22 de maio de 2013, http://www.osha.gov/pls/oshaweb/owadisp.show_document?p_id=21651&p_table=NEWS_RELEASES; J. Incas, "Ex-AirTran Pilot Ordered Reinstated", *Wall Street Journal*, 18 de janeiro de 2012, B2.

60. J. Deschenaux, "High Court Extends Employee Whistle-blower Protections", *Society for Human Resource Management*, 5 de março de 2014, acesso em 4 de junho de 2014, http://www.shrm.org/LegalIssues/FederalResources/Pages/High-Court-Extends-Employee-Whistle-blower-Protections.aspx.

61. M. Mucci, "Compliance Without Compliance Officer: Q&A with Martin Mucci of Paychex", entrevistado por G. Millman, *Wall Street Journal*, 6 de fevereiro de 2014, acesso em 4 de junho de 2014, http://blogs.wsj.com/riskandcompliance/2014/02/06/compliance-without-a-chief-compliance-officer-qa-with-martin-mucci-of-paychex/?KEYWORDS=ethics+training.

62. M. P. Miceli e J. P. Near, "Whistleblowing: Reaping the Benefits", *Academy of Management Executive* 8 (1994): 65–72.

63. M. Mucci, "Compliance Without Compliance Officer: Q&A with Martin Mucci of Paychex."

64. Ibid.

65. M. Masterand E. Heresniak, "The Disconnect in Ethics Training", *Across the Board* 39 (setembro de 2002): 51–52.

66. H. R. Bower, *Social Responsibilities of the Businessman* (New York: Harper & Row, 1953).

67. "Beyond the Green Corporation", *BusinessWeek*, 29 de janeiro de 2007.

68. S. L. Wartick e P. L. Cochran, "The Evolution of the Corporate Social Performance Model", *Academy of Management Review* 10 (1985): 758–769.

69. J. Nocera, "The Paradox of Businesses as Do-Gooders", *New York Times*, 11 de novembro de 2006, C1.

70. S. Waddock, C. Bodwell e S. Graves, "Responsibility: The New Business Imperative", *Academy of Management Executive* 16 (2002): 132–148.

71. T. Donaldson e L. E. Preston, "The Stakeholder Theory of the Corporation: Concepts, Evidence, and Implications", *Academy of Management Review* 20 (1995): 65–91.

72. D. Gilbert, "Exxon Agrees to Disclose Fracking Risks", *Wall Street Journal*, 3 de abril de 2014, acesso em, http://online.wsj.com/news/articles/SB10001424052702303847804579479640318263438?mod=WSJ_hps_sections_management&mg=reno64-wsj.

73. M. B. E. Clarkson, "A Stakeholder Framework for Analyzing and Evaluating Corporate Social Performance", *Academy of Management Review* 20 (1995): 92–117.

74. B. Agle, R. Mitchell e J. Sonnenfeld, "Who Matters to CEOs? An Investigation of Stakeholder Attributes and Salience, Corporate Performance, and CEO Values", *Academy of Management Journal* 42 (1999): 507–525.

75. M. Handley, "Keystone Still Faces Delays, Fierce Opposition from Green Groups", *US News & World Report*, 7 de março de 2013, acesso em 22 de maio de 2013, http://www.usnews.com/news/articles/2013/03/07/keystone-still-faces-delays-fierce-opposition-from-green-groups; P. Vieira, "Survey Finds Majority Backs Keystone Pipeline", *Wall Street Journal*, 22 de abril de 2013, acesso em 22 de maio de 2013, http://online.wsj.com/article/SB10001424127887323735604578438471635120616.html.

76. E. W. Orts, "Beyond Shareholders: Interpreting Corporate Constituency Statutes", *George Washington Law Review* 61 (1992): 14–135.

77. A. B. Carroll, "A Three-Dimensional Conceptual Model of Corporate Performance", *Academy of Management Review* 4 (1979): 497–505.

78. Ibid.

79. J. Owens, "Biz Break: CEO Con Mattrick Leaves Zynga in 'Clear Firing,' Founder Mark Pin- cus Returns to Helm", Paradise Post, 8 de abril de 2015, acesso em 11 de abril de 2015, http://www.paradisepost.com/general-news/20150408/biz-break-ceo-don-mattrick-leaves-zynga-in-clear-firing-founder-mark-pincus-returns-to-helm; R. Greenfield, "Zynga Reminds Us to Be Careful What We Wish For", *Fortune*, 10 de abril de 2015, acesso em 26 de abril de 2015, http://fortune.com/2015/04/10/zynga-mark-pincus-gaming/; S. Dredge, "Zynga Founder Mark Pincus Back in Charge as CEO Don Mattrick Steps Down", *The Guardian*, 9 de abril de 2015, acesso em 26 de abril de 2015, http://www.theguardian.com/technology/2015/apr/09/zynga-mark-pincus-don-mattrick-social-games.

80. D. Yadron e J. Lublin, "Symantec Fires Another CEO—Struggling Antivirus Software Maker Boots Second Chief in Less than Two Years", *Wall Street Journal*, 21 de março de 2014, B1.

81. J. Lublin e M. Murray, "CEOs Leave Faster Than Ever Before as Boards, Investors Lose Patience", *Wall Street Journal Interactive*, 27 de outubro de 2000.

82. "Fewer CEOs of Large U.S. Companies Lost Their Job in 2013, Contributing to Record Tenure", The Conference Board, 9 de abril de 2014, acesso em 22 de junho de 2014, https://www.conference-board.org/press/pressdetail.cfm?pressid=5152.

83. R. Bender, "Secret Dairy Cartel Ends in $204 Million of Fines", *Wall Street Journal*, 13 de março de 2015, B1.

84. S. Banjo, "Wal-Mart will Tie Executive Pay to Compliance Overhaul", *Wall Street Journal*, 23 de abril de 2014, B8.

85. D. Barstow, "Wal-Mart Hushed Up a Vast Mexican Bribery Case", *The New York Times*, de abril de 21, 2012, acesso em 22 de junho de 2014, http://www.nytimes.com/2012/04/22/business/at-wal-mart-in-mexico-a-bribe-inquiry-silenced.html?pagewanted=all.

86. M. Bustillo, "Wal-Mart Faces Risk in Mexican Bribe Probe", *Wall Street Journal*, 23 de abril de 2012, B1.

87. S. Banjo, "Wal-Mart will Tie Executive Pay to Compliance Overhaul", *Wall Street Journal*, 23 de abril de 2014, B8.

88. "JPMorgan Chase Offers Relief Following Hurricane Sandy", Business Wire, 1 de novembro de 2012, acesso em 22 de maio de 2013, http://www.businesswire.com/news/home/20121101006246/en/JPMorgan-Chase-Offers-Relief-Hurricane-Sandy; G. Szalai, "Time Warner to Donate $1 Million for Hurricane Sandy Relief Efforts", *The Hollywood Reporter*, 2 de novembro de 2012, acesso em 22 de maio de 2013, http://www.hollywoodreporter.com/news/hurricane-sandy-time-warner-donates-million-401982; A. Stonich, "How Outdoor Gear Companies Helped Hurricane Sandy Relief Efforts", *Beyond the Edge-National Geographic Adventure Blog*, 13 de dezembro de 2012, acesso em 22 de maio de 2013, http://adventureblog.nationalgeographic.com/2012/12/13/how-outdoor-gear-companies-helped-hurricane-sandy-relief-efforts/.

89. J. Bennett, "GM Now Says It Detected Ignition Switch Problem Back in 2001", *Wall Street Journal*, 12 de março de 2014, acesso em 4 de junho de 2014, http://online.wsj.com/news/articles/SB10001424052702304914904579435171004763740?KEYWORDS.

90. Ibid.

91. J. Bennett e S. Hughes, "New Details Emerge in GM Cobalt Recall", *Wall Street Journal*, 24 de março de 2014, acesso em 4 de junho de 2014, http://online.wsj.com/news/articles/SB10001424052702303949704579459783108376974?KEYWORDS=jeff+bennett&mg=reno64-wsj.

92. J. Bennett, "GM Now Says It Detected Ignition Switch Problem Back in 2001. J. White e J. Bennett, "Some at GM Brass Told of Cobalt Woe", *Wall Street Journal*, 11de abril de 2014, acesso em 4 de junho de 2014, http://online.wsj.com/news/articles/SB10001424052702303873604579495592901143598?KEYWORDS=jeff+bennett&mg=reno64-wsj.

93. C. Duhigg, "In China, Human Costs Are Built into an iPad", New York Times, 25 de janeiro de 2012, acesso em 28 de fevereiro de 2012, http://www.nytimes.com/2012/01/26/business/ieconomy-apples-ipad-and-the-human-costs-for-workers-in-china.html?pagewanted=all; H. Perlberg e T. Culpan, "Apple Says Fair Labor Association Began Foxconn Inspection", *Bloomberg Businessweek*, 14 de fevereiro de 2012, acesso em de 28 fevereiro

de 2012, http://www.bloomberg.com/news/2012-02-13/apple-says-fair-labor -association-will-inspect-suppliers-including-foxconn.html; J. Stern, "Foxconn, Apple, and the Fair Labor Association Respond to ABC News' Exclusive Report", *ABCNews*, 22 de fevereiro de 2012, acesso em de 28 fevereiro de 2012, http://abcnews.go.com/blogs/technology/2012/02/foxconn-apple-and-the-fair-labor-association-respond-to-abc-news-exclusive-report/.

94. M. Negishi e M. Falconi, "Novartis Replaces Top Management in Japan", *Wall Street Journal*, 3 de abril de 2014, acesso em de junho de 4, 2014, http://online.wsj.com/news/articles/SB100014240527023 03532704579478620558665270?mod=WSJ_hps_sections_management&mg=reno64-wsj.

95. Ibid.

96. D. Kesmodel, J. Bunge e A. Gasparro, "McDonald's to Curb Antibiotics Use", *Wall Street Journal*, 5 de março de 2015, B1, B2.

97. A. McWilliams e D. Siegel, "Corporate Social Responsibility: A Theory of the Firm Perspective", *Academy of Management Review* 26, no.1 (2001): 117–127; H. Haines, "Noah Joins Ranks of Socially Responsible Funds", Dow Jones News Service, 13 de outubro de 1995. Uma meta-análise de 41 estudos diferentes também não encontrou nenhuma relação entre responsabilidade social corporativa e rentabilidade. Embora não seja relatado na meta-análise, quando os intervalos de confiança se situam em torno de sua correlação média ponderada por amostra de 0,06, o intervalo de confiança mais baixo inclui zero, levando à conclusão de que não há relação entre responsabilidade social corporativa e lucratividade.

See M. Orlitzky, "Does Firm Size Confound the Relationship Between Corporate Social Responsibility and Firm Performance?" *Journal of Business Ethics* 33 (2001): 167–180; S. Ambec e P. Lanoie, "Does It Pay to Be Green? A Systematic Overview", *Academy of Management Perspectives*, 22 (2008): 45–62.

98. M. Orlitzky, "Payoffs to Social and Environmental Performance", *Journal of Investing* 14 (2005): 48–51.

99. M. Orlitzky, F. Schmidt e S. Rynes, "Corporate Social and Financial Performance: A Meta-analysis", *Organization Studies* 24 (2003): 403–441.

100. Orlitzky, "Payoffs to Social and Environmental Performance."

101. J. Millman, "After Cutting Cigarettes, CVS Is Encouraging Other Pharmacies to Do the Same", *Washington Post*, 20 de outubro de 2014, acesso em 13 de abril de 2015, http://www.washingtonpost.com/blogs/wonkblog/wp/2014/10/20/after-cutting-tobacco-sales-cvs-is-pressuring-other-pharmacies -to-do-the-same/; T. Martin e M. Esterl, "CVS to Stop Selling Cigarettes", *Wall Street Journal*, 4 de fevereiro de 2014, acesso em 13 de abril de 2015, http://www.wsj.com/articles/SB100014240527023 04851104579363520905849600; H. Stuart, "CVS's Cigarette Ban Appears to Have Boosted Sales", *Huffington Post*, 4 de novembro de 2014, acesso em 13 de abril de 2015, http://www.huffingtonpost.com/2014/11/04/cvs-cigarettes-sales_n_6101086.html.

102. Orlitzky, Schmidt e Rynes, "Corporate Social and Financial Performance."

103. "GM Offers Big Discounts to Boost Volt Sales", Fox News, 24 de setembro de 2012, acesso em 24 de maio de 2013, http://www.foxnews.com/leisure/2012/09/24/gm-offers-big-discounts-to-boost-volt-sales; P. Lienert & B. Woodall, "GM Planning Lower- Priced Version of 2016 Chevy Volt", Reuters, 8 de abril de 2014, acesso em 22 de junho de 2014, http://www.reuters .com/article/2014/04/08/us-autos-gm-volt-idUSBREA371XW20140408; M. Maynard, "Stunner: GM May Be Losing $50,000 on Each Chevrolet Volt", Forbes, 10 de setembro de 2012, acesso em 24 de maio de 2013, http://www.forbes.com/sites/michelinemaynard/2012/09/10/stunner-gm-may-be-losing-50000-on-each-chevrolet-volt/; B. Woodall, P. Lienert e B. Klayman, "Insight: GM's Volt: The Ugly Math of Low Sales, High Costs", Reuters, 10 de setembro de 2012, acesso em 24 de maio de 2013, http://www.reuters.com/article/2012/09/10/us-generalmotors-autos-volt-idUSBRE88904J20120910. "GM to Suspend Volt Production for 4 Weeks This Summer", Petoskey News, 13 de abril de 2015, acesso em 13 de abril de 2015, http://www.petoskeynews.com/news/business/gm-to-suspend-volt-production-for-weeks-this-summer/article_6429471f-8537-5722-9d89-09fc17881ca8.html; D. Shepardson, "Chevy Volt Sales Fall 30% in November", Detroit News, 2 de dezembro de 2014, acesso em 13 de abril de 2015, http://www.detroitnews.com/story/business/autos/general-motors/2014/12/02/gm-chevrolet-volt-sales/19776623/.

5

1. L. A. Hill, *Becoming a Manager: Master a New Identity* (Boston: Harvard Business School Press, 1992).

2. L. Lazo, "VRE Kicks Off Major Expansion Plan with New Spotsylvania Station", *Washington Post*, 18 de abril de 2015, acesso em 26 de abril de 2015, http://www.washingtonpost.com/local/trafficandcommuting/vre-kicks-off-major-expansion-plan-with-a-new-spotsylvania-county-stop/2015/04/18/63576394-e1f8-11e4-b510-962fcfabc310_story.html.

3. E. A. Locke e G. P. Latham, *A Theory of Goal Setting & Task Performance* (Englewood Cliffs, NJ: Prentice Hall, 1990).

4. M. E. Tubbs, "Goal-Setting: A Meta-Analytic Examination of the Empirical Evidence", *Journal of Applied Psychology* 71 (1986): 474–483.

5. J. Bavelas e E. S. Lee, "Effect of Goal Level on Performance: A Trade-Off of Quantity and Quality", *Canadian Journal of Psychology* 32 (1978): 219–240.

6. D. Turner, "Ability, Aspirations Fine, But Persistence Is What Gets Results", Seattle Times, 13 de fevereiro de 2005, http://community.seattletimes.nwsource.com/archive/?date=20030215&slug=dale15m.

7. I. Wladawsky-Berger, "Managing Innovation Requires Unique Leaders and Goals", *Wall Street Journal*, 25 de agosto de 2013, acesso em 5 de junho de 2014, http://blogs.wsj.com/cio/2013/08/25/managing-innovation-requires-unique-leaders-and-goals/?KEYWORDS=achieving+goals.

8. C. C. Miller, "Strategic Planning and Firm Performance: A Synthesis of More Than Two Decades of Research", *Academy of Management Performance* 37 (1994): 1649–1665.

9. H. Mintzberg, "Rethinking Strategic Planning: Part I: Pitfalls and Fallacies", *Long Range Planning* 27 (1994): 12–21, e "Part II: New Roles for Planners", 22–30; H. Mintzberg, "The Pitfalls of Strategic Planning", *California Management Review* 36 (1993): 32–47.

10. S. Berfield e L. Rupp, "The Aging of Abercrombie & Fitch: Behind the Decline of Abercrombie & Fitch and the Fall of Its Mastermind, Michael Jeffries", *BloombergBusiness*, 22 de janeiro de 2015, acesso em 26 de abril de 2015, http://www.bloomberg.com/news/features/2015-01-22/the-aging-of-abercrombie-fitch-i58ltcqx; L. Rupp, "Abercrombie's Next CEO Needs to Revamp Outdated Brand, Again", *Bloomberg Business*, 9 de dezembro de 2014, acesso em 26 de abril de 2015, http://www.bloomberg.com/news/articles/2014-12-10/abercrombies-next-ceo-will-have-to-revamp-outdated-brand-again.

11. Mintzberg, "The Pitfalls of Strategic Planning."

12. P. Sonne e P. Evans, "The $1.6 Billion Grocery Flop: Tesco Poised to Quit US", *Wall Street Journal*, 6 de dezembro de 2012, acesso em 24 de maio de 2013, http://www.wsj.com/articles/SB10001 424127887324640104578160514192695162.

13. Locke e Latham, A Theory of Goal Setting & Task Performance.

14. A. King, B. Oliver, B. Sloop e K. Vaverek, *Planning & Goal Setting for Improved Performance: Participant's Guide* (Cincinnati, OH: Thomson Executive Press, 1995).

15. M. Prior, "Lafly: P&G Getting into Shape", *WWD*, 20 de fevereiro de 2015, p. 9, *P&G 2014 Annual Report*, acesso em 26 de abril de, 2015 http://www.pginvestor.com/interactive/lookandfeel/4004124/PG_Annual_Report_2014.pdf; J. Hawkins, "Procter & Gamble Looking to Trim Its Brand Portfolio by Exiting over 100 Brands", Mainenewsonline, 23 de fevereiro de 2015, acesso em 26 de abril de 2015, http://mainenewsonline.com/content/15022993-procter-gamble-looking-trim-its-brand-portfolio-exiting-over.

16. Ibid.

17. Ibid.

18. C. Loomis, J. Schlosser, J. Sung, M. Boyle e P. Neering, "The 15% Delusion: Brash Predictions about Earnings Growth Often Lead to Missed Targets, Battered Stock, and Creative Accounting—and That's When Times Are Good", *Fortune*, 5 de fevereiro de 2001, 102; H. Paster, "Manager's Journal: Be Prepared", *Wall Street Journal*, 24 de setembro de 2001, A24; P. Sellers, "The New Breed: The Latest Crop of CEOs Is Disciplined, Deferential, Even a Bit Dull", *Fortune*, 18 de novembro de 2002, 66; H. Klein e M. Wesson, "Goal and Commitment and the Goal-Setting Process: Conceptual Clarification and Empirical Synthesis", *Journal of Applied Psychology* 84 (1999): 885–896.

19. Locke e Latham, A Theory of Goal Setting & Task Performance.

20. J. Light, "Facebook's Early Buyers Burned, Too", *Wall Street Journal*, 7 de junho de 2012, acesso em 24 de maio de 2013, http://online.wsj.com/article/SB10001424052702303506404577448651877204794.html; E. Rustle, "The Facebook IPO, One Year Later", *Wall Street Journal*, 17 de maio de 2013, B1.

21. A. Bandura e D. H. Schunk, "Cultivating Competence, Self-Efficacy, and Intrinsic Interest Through Proximal Self-Motivation", *Journal of Personality & Social Psychology* 41 (1981): 586–598.

22. Locke e Latham, *A Theory of Goal Setting & Task Performance*.

23. M. J. Neubert, "The Value of Feedback and Goal Setting over Goal Setting Alone and Potential Moderators of This Effect: A Meta-Analysis", *Human Performance* 11 (1998): 321–335.

24. E. H. Bowman e D. Hurry, "Strategy Through the Option Lens: An Integrated View of Resource Investments and the Incremental-Choice Process", *Academy of Management Review* 18 (1993): 760–782.

25. "How Design Thinking Transformed Airbnb from a Failing Startup to a Billion Dollar Business", *Design Magazine*, 2014, http://rstround.com/review/How-design-thinking-transformed-Airbnb-from-failing-startup-to-billion dollar-business/.

26. M. Lawson, "In Praise of Slack: Time Is of the Essence", *Academy of Management Executive* 15 (2000): 125–135.

27. B. Morris, "Union Pacific's Full Steam Ahead", *Wall Street Journal*, 18 de abril de 2014, acesso em 5 dee junho de, 2014, http://blogs.wsj.com/corporate-intelligence/2014/04/18/union-pacifics-full-steam-ahead/?mod=WSJBlog&mod=WSJ_corp_intel.

28. M. Prior, "Lafley: P&G Getting into Shape", *WWD*, 20 de fevereiro de, 2015, p. 9; C. Hymowitz e L. Coleman-Lochner, "Lafley Pivots from Builder to Demolition Man as He Shrinks P&G", *Bloomberg News*, 14 de abril de 2015, acesso em 27 de abril de 2015, http://www.bloomberg.com/news/articles/2015-04-14/lafley-pivots-from-builder-to-demolition-man-as-he-shrinks-p-g.

29. J. C. Collins e J. I. Porras, "Organizational Vision and Visionary Organizations", *California Management Review* (Fall 1991): 30–52.

30. Ibid.

31. J. Dulski, "Jennifer Dulski of Change.org, on Problem-Solving", entrevistado por A. Bryant, *New York Times*, 30dde novembro de 2013, acesso em 5 de junho de 2014, http://www.nytimes.com/2013/12/01/business/jennifer-dulski-of-changeorg-on-problem-solving.html?ref=business.

32. Collins e Porras, "Organizational Vision and Visionary Organizations"; J. A. Pearce II, "The Company Mission as a Strategic Goal", *Sloan Management Review* (Primavera de 1982): 15–24.

33. "President Bush Announces New Vision for Space Exploration Program", The White House, acesso em 17 de abril de, 2005, http://www.whitehouse.gov/news/releases/2004/01/20040114-1.html.

34. E. Musk, "The Secret Tesla Motors Master Plan (just between you and me)", Tesla Motors (blog), 2 de agosto de 2006, acesso em 5 de junho de 2014, http://www.teslamotors.com/blog/secret-tesla-motors-master-plan-just-between-you-and-me.

35. J. Boudreau, "Tesla Motors begins delivering Model S electric cars in a Silicon Valley milestone", *San Jose Mercury News*, 22 de junho de 2012, acesso em 5 de junho de 2014, http://www.mercurynews.com/business/ci_20919722/silicon-valley-milestone-tesla-motors-begins-delivering-model?refresh=no.

36. D. Choy, "Tesla Model X Release Date Early 2015: Price Estimated Just Under $70,000", *LA Times*, 17 de junho de 2014, acesso em 23 de junho de 2014, http://www.latintimes.com/tesla-model-x-release-date-early-2015-price-estimated-just-under-70000-report-182247; N. Bilton, "Disruptions: The Echo Chamber of Silicon Valley", *New York Times*, 2 de junho de 2013, acesso em 5 de junho de 2014, http://bits.blogs.nytimes.com/2013/06/02/disruptions-the-echo -chamber-of-silicon-valley/.

37. A. Gasparro, "McDonald's to Ax More Underperforming Stores", *Wall Street Journal*, 22 de abril de, 2015 acesso em 27 de abril de 2015, http://www.wsj.com/articles/mcdonalds-reports-steeper-profit-drop-1429704778.

38. Ibid.

39. M. Sparkes, "McDonald's Will Allow Customers to Build Their Own Burgers", *The Telegraph*, 10 de dezembro de 2014, acesso em 27 de abril de 2015, http://www.telegraph.co.uk/technology/news/11284762/McDonalds-will-allow-customers-to-customise-burgers.html.

40. I. Brat, "McDonald's to Test Expanded Breakfast Hours", *Wall Street Journal*, 30 de março de 2015, acesso em 27 de abril de 2015, http://www.wsj.com/articles/mcdonalds-to-test-expanded-breakfast-hours-1427757395.

41. R. Smith e G. Tabbing, "Why Radical Transparency Is Good Business", *HBR Blog Network*, 11 de outubro de 2012, acesso em 25 de maio de 2013, https://hbr.org/2012/10/why-radical-transparency-is-good -business.

42. A. Bryant, "Transparency Is Much More Than a Buzzword", *New York Times*, 2 de março de 2013, acesso em 14 de maio de 2013, http://www.nytimes.com/2013/03/03/business/ryan-smith-of-qualtrics-on-building-a-transparent-culture.html?_r=0.

43. T. Mann e V. McGrane, "GE to Cash Out of Banking Business", *Wall Street Journal*, 11 de abril de 2015, A1.

44. S. McCartney, "Inside an Airline's Winter War Room", *Wall Street Journal*, 5 de fevereiro de 2015, D1.

45. J. Paterson, "Presenteeism on the Rise Among UK Workforce", *Employee Benefits*, maio de 2013, 3.

46. S. Shellenbarger, "The Art of Calling in Sick—Or Not", *Wall Street Journal*, 12 de outubro de 2012, D1.

47. S. McCartney, "The Trouble with Keeping Commercial Flights Clean", *Wall Street Journal*, 18 de setembro de 2014, D1.

48. N. Humphrey, "References a Tricky Issue for Both Sides", *Nashville Business Journal* 11 (8 de maio de 1995): 1A.

49. K. R. MacCrimmon, R. N. Taylor e E. A. Locke, "Decision Making and Problem Solving", in *Handbook of Industrial & Organizational Psychology*, ed. M. D. Dunnette (Chicago: Rand McNally, 1976), 1397–1453.

50. L. Weber, "Businesses Use New Apps for Workplace Scheduling", *Wall Street Journal*, 15 de setembro de 2013, acesso em 23 de junho de 2014, http://online.wsj.com/news/articles/SB10001424127887324139404579017193724502688?mg=reno64-wsj.

51. MacCrimmon, Taylor e Locke, "Decision Making and Problem Solving."

52. G. Kress, "The Role of Interpretation in the Decision Process", *Industrial Management* 37 (1995): 10–14.

53. M. Esterl, "Coke Chief's Solution for Lost Fizz: More Soda", *Wall Street Journal*, 19 de março de 2015, A1, A12.

54. L. Weber, "Businesses Use New Apps for Workplace Scheduling", *Wall Street Journal*, 15 de setembro de 2013, acesso em 23 de junho de 2014, http://online.wsj.com/news/articles/SB10001424127887324139404579017193724502688?mg=reno64-wsj.

55. "New-Vehicle Ratings Comparison by Car Category", *ConsumerReports.org*, 19 de fevereiro de 2005, http://www.consumerreports.org/cro/cars/index.htm.

56. P. Djang, "Selecting Personal Computers", *Journal of Research on Computing in Education* 25 (1993): 327.

57. "European Cities Monitor", *Cushman & Wakefield*, 2010, http://www.europeancitiesmonitor.eu/wp-content/uploads/2010/10/ECM-2010-Full-Version.pdf.

58. J. Stiff, "6 Tips to Build Your Social Media Strategy", CIO, 8 de maio de 8 2013, acesso em 26 de maio de 2013, http://www.cio.com/article/732975/6_Tips_to_Build_Your_Social_Media_Strategy.

59. "The Critical Role of Teams", *The Ken Blanchard Companies*, 23 de março de 2006, acesso em 5 de junho de 2014, http://www.kenblanchard.com/img/pub/pdf_critical_role_teams.pdf.

60. I. L. Janis, *Groupthink* (Boston: Houghton Mifflin, 1983).

61. C. P. Neck e C. C. Manz, "From Groupthink to Teamthink: Toward the Creation of Constructive Thought Patterns in Self-Managing Work Teams", *Human Relations* 47 (1994): 929–952; J. Schwartz e M. L. Wald, "'Groupthink' Is 30 Years Old, and Still Going Strong", *New York Times*, 9 de março de 2003, 5.

62. J. McIntosh, "Assumptions of Quality Could Hinder Group Decision-Making Ability", *Medical News Today*, de março de 10, 2015, acesso em de abril de 27, 2015, http://www.medicalnewstoday.com/articles/290618.php.

63. A. Mason, W.A. Hochwarter, K.R. Thompson, "Conflict: An Important Dimension in Successful Management Teams", *Organizational Dynamics* 24 (1995): 20.

64. D. Merrill, "Corner Office: Douglas Merrill of ZestFinance: Steer Clear of What You Can't Measure", entrevistado por A. Bryant, 20 de março de 2014, acesso em 5 de junho de 2014, http://www.nytimes.com/2014/03/21/business/douglas-merrill-of-zestfinance -steer-clear-of-what-you-cant-measure.html.

65. J. Freeman, "The Soul of a Hedge Fund 'Machine,'" *Wall Street Journal*, 6 de junho de 2014, acesso em 24 de junho de 2014, http://online.wsj.com/articles/james-freeman-the-soul-of-a-hedge-fund -machine-1402094722.

66. A. Mason, W. A. Hochwarter e K. R. Thompson, "Conflict: An Important Dimension in Successful Management Teams", *Organizational Dynamics* 24 (1995): 20.

67. R. Cosier e C. R. Schwenk, "Agreement and Thinking Alike: Ingredients for Poor Decisions", *Academy of Management Executive* 4 (1990): 69–74.

68. K. Jenn e E. Mannix, "The Dynamic Nature of Conflict: A Longitudinal Study of Intragroup Conflict and Group Performance", *Academy of Management Journal* 44, no. 2 (2001): 238–251; R. L. Priem, D. A. Harrison e N. K. Muir, "Structured Conflict and Consensus Outcomes in Group Decision Making", *Journal of Management* 21 (1995): 691–710.

69. A. Van de Ven e A. L. Delbecq, "Nominal versus Interacting Group Processes for Committee Decision Making Effectiveness", *Academy of Management Journal* 14 (1971): 203–212.

70. P. Gilbert, "Hearing Every Voice in the Room: How IBM Brings Ideas Forward from Its Teams", *New York Times*, 6 de dezembro de 2014, BU8.

71. A. R. Dennis e J. S. Valicich, "Group, Sub-Group, and Nominal Group Idea Generation: New Rules for a New Media?" *Journal of Management* 20 (1994): 723–736.

72. R. B. Gallupe, W. H. Cooper, M. L. Grise e L. M. Bastianutti, "Blocking Electronic Brainstorms", *Journal of Applied Psychology* 79 (1994): 77–86.

73. E. Bernstein, "Speaking Up Is Hard to Do: Researchers Explain Why", *Wall Street Journal*, 7 de fevereiro de 2012, acesso em 27 de maio de 2013, http://online.wsj.com/article/SB10001424052970204136404577207020525853492.html.

74. R. B. Gallupe e W. H. Cooper, "Brainstorming Electronically", *Sloan Management Review*, Fall 1993, 27–36.

75. Ibid.

76. G. Kay, "Effective Meetings through Electronic Brainstorming", *Management Quarterly* 35 (1995): 15.

6

1. "Microsoft Surface Usage Share Takes Slight Dip in Early 2014", Chitika, 20 de maio de 2014, acesso em 24 de junho de 2014, http://chitika.com/insights/2014/surface-over-time D. Resinger, "What Caused the Tablet Sales Slowdown of Q4 2014", eWeek, 3 de fevereiro de 2015, 11.

2. iPad Usage Share Rises Since July Drops Slightly Year-over-Year", Chitika, 6 de novembro de 2014, acesso em 27 de abril de 2015, https://chitika.com/insights/2014/q4-tablet-update.

3. J. Barney, "Firm Resources and Sustained Competitive Advantage", *Journal of Management* 17 (1991): 99–120; J. Barney, "Looking Inside for Competitive Advantage", *Academy of Management Executive* 9 (1995): 49–61.

4. D. Bailey, "Is It Time to Say Goodbye to Net- books?" *The Motley Fool*, 30 de abril de 2011, acesso em 1 de março de 2012, http://www.fool.com/investing/general/2011/04/30/is-it-time-to-say-goodbye-to-netbooks.aspx; S. Lohr, "Netbooks Lose Status as Tablets Like the iPad Rise", *New York Times*, 13 de fevereiro de 2011, acesso em 1 de março de 2012, http://www.nytimes.com/2011/02/14/technology/14netbook.html?pagewanted=all.

5. C. Arther, "Netbooks Plummet While Tablets and Smartphones Soar, Says Canalys", *The Guardian* (technology blog), 3 de fevereiro de 2012 (5:38), acesso em 5 de junho de 2014, http://www.theguardian.com/technology/blog/2012/feb/03/netbooks-pc-canalys-tablet.

6. D. Pogue, "Just How Many Android Tablet Apps Are There?" *New York Times*, 1 de julho de 2011, acesso em 2 de março de 2012, http://pogue.blogs.nytimes.com/2011/07/01/mystery-how-many-android-tablet-apps/.

7. B. Snyder, "Tech's Bottom Line", InfoWorld, 17 de abril de 2015, http://www.infoworld.com/article/2910323/mobile-security/for-android-adware-is-the-threat-not-malware.html; "One in Six Android Apps Is a Malware, Says Study", The Times of India, 23 de abril de 2015, http://timeso ndia.indiatimes.com/tech/tech-news/One-in-six-Android-apps-is-a-malware-says-study/articleshow/47021326.cms.

8. 2015 Data Breach Investigations Report, Verizon Enterprise Solutions, p. 18, acesso em 27 de abril de 2015, http://www.verizonenterprises.com/DBIR/2015/.

9. J. Newman, "In Defense of Google Music", Time, 24 de fevereiro de 2012, acesso em 1 de março de 2012, http://techland.time.com/2012/02/24/in-defense-of-google-music/; D. Pogue, "A Look at Apple's iCloud", *New York Times*, 13 de outubro de 2011, acesso em 1 de março de 2012, http://pogue.blogs.nytimes.com/2011/10/13/a-look-at-icloud/; B. Stone, "Will Amazon's Cloud Music Service Fly?" *Bloomberg Businessweek*, 31 de março de 2011, acesso em 1 de março de 2012, http://www.businessweek.com/magazine/content/11_15/b4223043644684.htm.

10. D. MacMillan and T. Demos, "Spotify Nears Deal to Raise $400 Million at $8.4 Billion Valuation", *Wall Street Journal*, 10 de abril de 2015, acesso em 27 de abril de 2015, http://www.wsj.com/articles/spotify-nears-deal-to-raise-400-million-at-8-4-billion-valuation-1428700668; E. Blattberg, "Apple Has Nearly 800 Million iTunes Accounts", *Venture Beat*, 23 de abril de 2014, acesso em 27 de abril de 2015, http://venturebeat.com/2014/04/23/apple-has-nearly-800-million-itunes-accounts/.

11. S. Hart e C. Banbury, "How Strategy- Making Processes Can Make a Difference", *Strategic Management Journal* 15 (1994): 251–269.

12. R. A. Burgelman, "Fading Memories: A Process Theory of Strategic Business Exit in Dynamic Environments", *Administrative Science Quarterly* 39 (1994): 24–56; R. A. Burgelman e A. S. Grove, "Strategic Dissonance", *California Management Review* 38 (Inverno de 1996): 8–28.

13. E. Byron e J. Lublin, "Lackluster Avon Explores Makeover", *Wall Street Journal*, 27 de abril de 2015, acesso em 28 de abril de 2015, http://www.wsj.com/articles/lackluster-avon-explores-makeover-1430188201?KEYWORDS=avon.

14. Ibid.

15. J. Lublin e E. Byron, "Avon Explores Strategic Alternatives: Options Include Possible Sale of Struggling North America Business", *Wall Street Journal*, 14 de abril de 2015, acesso em 27 de abril de2015, http://www.wsj.com/articles/avon-explores-strategic-alternatives-1429030371; S. Mitchell, "Sephora to Open Stores in Australia", *Financial Review*, 8 de abril de 2014, acesso em 27 de abril de 2015, http://www.afr.com/business/sephora-to-open-stores-in-australia-20140408-ix7ac; R. Duprey, "Why Procter & Gamble Company Is Shedding Its Cosmetics Business", The Motley Fool.com, 23 de abril 2015, acesso em 27 de abril de 2015, http://www.fool.com/investing/general/2015/04/23/putting-lipstick-on-a-pig-ma-heats-up-in-beauty-ca.aspx.

16. E. Byron e J. Lublin, "Lackluster Avon Explores Makeover."

17. R. A. Burgelman e A. S. Grove, "Strategic Dissonance", *California Management Review* 38 (Inverno de 1996): 8–28.

18. Y. Koh, "Airline Learns to Be Nimble—Starting Up Budget Carriers Helped All Nippon Restructure Its Own Operations", *Wall Street Journal*, 23 de maio de 2013, B8.

19. J. Mahler, "For SkyMall, It All Seemed So Cool at Six Miles High", *The New York Times*, 23 de janeiro de 2015, acesso em 28 de abril de 2015, http://www.nytimes.com/2015/01/24/business/it-all-seemed-so-cool-at-six-miles-high.html?_r=0.

20. A. Fiegenbaum, S. Hart e D. Schendel, "Strategic Reference Point Theory", *Strategic Management Journal* 17 (1996): 219–235.

21. "Consumer Reports Automaker Report Cards 2012: Subaru Drives into Top Spot as Honda Slips", *Sacramento Bee*, 1 de março de 2012, acesso em 1 de março de 2012, http://www.sacbee.com/2012/02/28/4297509/consumer-reports-automaker-report.html.

22. B. Gottesman, "The Tech Brands You Trust Most", *PC Magazine*, outubro de 2011, 30–43.

23. S. Clifford, "Where Wal-Mart Failed, Aldi Succeeds", *New York Times*, 29 de março de 2011, acesso em 1 de março de 2012, http://www.nytimes.com/2011/03/30/business/30aldi.html?pagewanted=all.

24. A. Fiegenbaum e H. Thomas, "Strategic Groups as Reference Groups: Theory, Modeling and Empirical Examination of Industry and Competitive Strategy", *Strategic Management Journal* 16 (1995): 461–476.

25. "HIRI/IHS Global Insight for 2014 up 4.0%, Expecting 5.7% Sales Growth in 2015", Home Improvement Research Institute, 2 de março de 2015, acesso em 23 de abril de 2015, http://www.hiri.org/.

26. R. K. Reger e A. S. Huff, "Strategic Groups: A Cognitive Perspective", *Strategic Management Journal* 14 (1993): 103–124.

27. "Interconnecting—Delivering a Seamless Customer Experience", 2014 Home Depot Annual Report, acesso em 23 de abril de 2015, http://www.homedepotar.com/; "Never Stop Improving", 2014 Lowe's Annual Report, acesso em 23 de abril de 2015, http://phx.corporate -ir.net/phoenix.zhtml?c=95223&p=irol-IRHome.

28. "Frequently Asked Questions", Ace Hardware, acesso em 31 de maio de 2013, http://www.acehardware.com/corp/index.jsp?page=faq.

29. "About Aubuchon Hardware", acesso em 23 de abril de 2015, http://www.hardwarestore.com/corporate.aspx.

30. "Frequently Asked Questions", Ace Hardware, acesso em 29 de julho de 2008, http://www.acehardware.com/corp/index.jsp?page=faq; "Company History: 2010s", Ace Hardware, acesso em 5 de junho de 2014, http://www.acehardware.com/category/index.jsp?categoryId=34641526.

31. "History of 84 Lumber", acesso em 23 de abril de 2015, http://www.84lumber.com/About/History.aspx.

32. J. Mangalindan, "eBay's Back!" *Fortune*, 5 de fevereiro de 2013, 58–65.

33. Ibid.

34. Ibid.

35. G. Bensinger, "eBay's New Goal: Double Its Users", *Wall Street Journal*, 29 de março de 2013, B5.

36. M. Lubatkin, "Value-Creating Mergers: Fact or Folklore?" *Academy of Management Executive* 2 (1988): 295–302; M. Lubatkin e S. Chatterjee, "Extending Modern Portfolio Theory into the Domain of Corporate Diversication: Does It Apply?" *Academy of Management Journal* 37 (1994): 109–136; M. H. Lubatkin e P. J. Lane, "Psst... The Merger Mavens Still Have It Wrong!" *Academy of Management Executive* 10 (1996): 21–39.

37. "Science Applied to Life, Annual Report 2014", 3M, acesso em 28 de abril de 2015, http://investors.3m.com/les/doc_financials/2014/ar/2014_3M_Annual_Report.pdf.

38. P. Morris, "Why Warren Buffett Just Bought Duracell", Money, 14 de novembro de 14, 2014, acesso em 28 de abril de 2015, http://time.com/money/3585592/warren-buffett-duracell/; P. Ziobro e E. Byron, "P7G to Unload Duracell as CEO Lafley Focuses on Best Sellers", *Wall Street Journal*, 14 de outubro de 2014, acesso em 28 de abril de 2015, http://online.wsj.com/articles/p-g-to-exit-duracell-battery-ops-1414149781; "Mars to Buy Most of P&G's Pet Food Business for $2.9 Billion", Reuters.com, 9 de abril de 2014, acesso em 28 de abril de 2015, http://uk.reuters.com/article/2014/04/09/uk-mars-pgpetcare-acquisition-idUKBREA3813B20140409.

39. All Products, GE, acesso em 22 de abril de 2015, http://www.ge.com/products.

40. "Affiliated Companies", Samsung, acesso em 7 de abril de 2011, http://www.samsung.com/levant/aboutsamsung/samsung/affiliatedcompanies.html.

41. http://www.bcg.com/about/heritage/default.aspx.

42. D. Hambrick, I. MacMillan e D. Day, "Strategic Attributes and Performance in the BCG Matrix—A PIMS-based Analysis of Industrial Product Businesses", *Academy of Management Journal* 25 (1982): 510–531.

43. J. Armstrong e R. Brodie, "Effects of Portfolio Planning Methods on Decision Making: Experimental Results", *International Journal of Research in Marketing* 11 (1994): 73–84.

44. M. Rogowsky, "Microsoft Office: Could the Cash Cow's Long-Awaited Death Finally Be Imminent", *Forbes*, 5 de maio de 2014, acesso em 28 de abril de 2015, http://www.forbes.com/sites/markrogowsky/2014/05/05/microsoft-office-could-the-cash-cows-long-awaited-death-finally-be-imminent/.

45. "Up-to-Date Program for Pages, Numbers, and Keynote", Apple, acesso em 28 de abril de 2015, https://www.apple.com/creativity-apps/mac/up-to-date/; T. Green, "What did Microsoft's Earnings Reveal about Its Biggest Cash Cow?" *The Motley Fool*, 30 de abril de 2014, acesso em 28 de abril de 2015, http://www.fool.com/investing/general/2014/04/30/microsofts-stellar-quarter-was-driven-by-office.aspx.

46. S. Ovide, "Microsoft Outperforms Its Low Growth Expectations", *Wall Street Journal*, 24 de abril de 2015, B4.

47. J. A. Pearce II, "Selecting among Alternative Grand Strategies", *California Management Review* (Primavera de 1982): 23–31.

48. "AT&T to Buy DirecTV for $48.5 Billion", CBS News, 18 de maio de 2014, acesso em 24 de junho de 2014, http://www.cbsnews.com/news/at-t-to-buy-directv-for-49-billion/.

49. M. Reardon, "AT&T Defends Benefits of Proposed DirecTV Merger", cNet, de junho de 24, 2014, acesso em 24 de junho de 2014, http://www.cnet.com/news/at-t-defends-benefits-of-proposed-directv-merger/.

50. M. Laycock, "Aero Sales Help York Nestle Factory in Tough Year", *The Press*, 31 de dezembro de 2011, acesso em 2 de março de 2012, http://www.yorkpress.co.uk/news/9446032.Aero_sales_help_York_factory_in_tough_year/; T. Mulier, "Breathing More Profit into Chocolate Bars", *Bloomberg Businessweek*, 24 de fevereiro de 2011, acesso em 2 de março de 2012, http://www.businessweek.com/magazine/content/11_10/b4218021563564.htm; "Nestle Reports £6.5bn Annual Profit", *The Independent*, 16 de fevereiro de 2012, acesso em 2 de março de 2012, http://www.independent.co.uk/news/business/news/nestle-reports-65bn-annual-profit-6977817.html.

51. "ABM Launches New Brand", ABM Industries, acesso em 31 de maio de 2013, http://www.abm.com/about-abm/pages/our-new-brand.aspx.

52. J. A. Pearce II, "Retrenchment Remains the Foundation of Business Turnaround", *Strategic Management Journal* 15 (1994): 407–417.

53. "Goldsmith Bankers", *Encyclopedia of Money*, acesso em 25 de junho de 2014, http://encyclopedia-of-money.blogspot.com/2010/03/goldsmith-bankers.html; "Timeline | 1690: The Start of Barclays", Barclays Plc, acesso em de junho de 25, 2014, http://www.barclays.com/about-barclays/history.html.

54. M. Colchester e D. Enrich, "Barclays Dashes Its Global Dreams—U.K. Lender to Cut Investment Bank Nearly in Half as Expansion Efforts Falter; 'Bold Simplication,'" *Wall Street Journal*, 9 de maio de 2014, C1.

55. M. Berry, "Barclays to Axe 14,000 Jobs and Create 'Bad Bank,'" FundWeb, 8 de maio de 2014, acesso em 25 de junho de 2014, http://www.fundweb.co.uk/news-and-analysis/uk/barclays-to-axe-14000-jobs -and-create-bad-bank/2009986.article.

56. S. Ovide, "A Price War Erupts in Cloud Services", *Wall Street Journal*, 15 de abril de 2014, acesso em 25 de junho de 2014, http://online.wsj.com/news/articles/SB10001424052702303887804579503713914245756.

57. D. Gallagher, "Cloud Investing Beyond Amazon, Google and Microsoft", *Wall Street Journal*, 15 de abril de 2014, acesso em 25 de junho de 2014, http://online.wsj.com/news/articles/SB10001424052702303887804579503903597265752#printMode.

58. S. Ovide, "Cisco Set to Take on Amazon in the Cloud", *Wall Street Journal*, 24 de março de 2014, B1; A. Spencer, "H-P Sets $1 Billion for 'Cloud' Investment", *Wall Street Journal*, 7 de maio de 2014, B6.

59. A. Kessler, "The Weekend Interview with Travis Kalanick: The Transportation Trustbuster", *Wall Street Journal*, 26 de janeiro de 2013, A13.

60. C. Henshaw, "Australia Farmers Look to Bypass Trading Companies", *Wall Street Journal*, 30 de maio de 2013, acesso em 1 de junho de 2013, http://online.wsj.com/article/SB10001424127887324412604578514740822671524.html.

61. B. Tuttle, "Meet the Low-Key, Low-Cost Grocery Chain Being Called 'Walmart's Worst Nightmare,'" *Time*, 7 de agosto de 2013, acesso em de junho de 25, 2014, http://business.time.com/2013/08/07/meet-the-low-key-low-cost-grocery-chain-being-called-wal-marts-worst-nightmare/.

62. J. Springer, "Pricing: WinCo Keeps Costs Down and Velocity High", *Super Market News*, 29 de abril de 2013, acesso em 25 de junho de 2014, http://supermarketnews.com/retail-amp-financial/pricing-winco-keeps-costs-down-and-velocity-high.

63. B. Tuttle, "Meet the Low-Key, Low-Cost Grocery Chain Being Called 'Walmart's Worst Nightmare,'" *Time*, 7 de agosto de 2013, acesso em 25 de junho de 2014, http://business.time.com/2013/08/07/meet-the-low-key-low-cost-grocery-chain-being-called-wal-marts-worst-nightmare/.

64. "Norweb Microber", Norwex, acesso em de junho de 26, 2014, http://www.norwex.biz/pws/home2999999/tabs/microber.aspx.

65. E. Byron, "It Cleans, Polishes and Scrubs: It's a $27 Cloth and Water", *Wall Street Journal*, 25 de junho de 2014, D1.

66. "'Our Purpose' Can One Person Change the World? At Norwex—We Think We Can", Norwex, acesso em 26 de junho de 2014, http://www.norwex.biz/pws/home2999999/tabs/our-purpose.aspx.

67. Pirate Joe's, acesso em 28 de abril de 2015, http://www.piratejoes.ca/.

68. C. Dawson, "This Pirate Sells Treasures from Trader Joe's to Canadians: Retailer Drives to US to Stock Up on Grocer's Goodies, Nuts, Coffee, Maple Syrup", *Wall Street Journal*, 7 de março de 2015, acesso em 28 de abril de 2015, http://www.wsj.com/articles/pirate-joes-sells-treasures-from-trader-joes-to-canadians-1425660654.

69. R. E. Miles e C. C. Snow, *Organizational Strategy, Structure, & Process* (New York: McGraw-Hill, 1978); S. Zahra e J. A. Pearce, "Research Evidence on the Miles-Snow Typology", *Journal of Management* 16 (1990): 751–768; W. L. James e K. J. Hatten, "Further Evidence on the Validity of the Self Typing Paragraph Approach: Miles and Snow Strategic Archetypes in Banking", *Strategic Management Journal* 16 (1995): 161–168.

70. W. Boston, "Porsche Tries to Remain Exclusive as Luxury Demand Surges", *Wall Street Journal*, 17 de março de 2015, http://www.wsj.com/articles/porsche-tries-to-keep-itself-exclusive-as-luxury -demand-surges-1426591087.

71. L. Carlozo, "How Does Walmart's VUDU Movie Streaming Service Stack Up?" *Deal News*, 3 de agosto de 2012, acesso em 1 de junho de 2013, http://dealnews.com/features/How-Does-Walmarts-VUDU-Movie-Streaming-Service-Stack-Up-/598146.html; D. Kerr, "Redbox Instant Launches Video Streaming to the Public", *cNet*, 14 de março de 2013, acesso em 1 de junho de 2013, http://news.cnet.com/8301-1023_3-57574480-93/redbox-instant-launches-video-streaming-to-the -public; D. Pogue, "Potluck for the Eyeballs: Amazon's Streaming Service", *New York Times*, 29 de agosto de 2012, acesso em 1 de junho de 2013, http://www.nytimes .com/2012/08/30/technology/personaltech/amazons-streaming-movie-service-offers-its-own-potluck-state-of-the-art.html?pagewanted=all.

72. C. Katje, "Amazon vs. Net ix: Battle to Become Streaming King Heats Up", *Variety*, 2 de agosto de 2013, acesso em 5 de junho de 2014. http://variety.com/2013/biz/news/amazon-turning-svod -space-into-a-two-company-race-1200571585/;

M. Shields e D. MacMillan, "Yahoo Makes New Push into Video Content", *Wall Street Journal*, 6 de abril de 2014, acesso em 5 de junho de 2014, http://online.wsj.com/news/articles/SB10001424052702304819004579485820610824060?mg=reno64-wsj.

73. W. Boston, "In Luxury Race, Profits Get Dented", *Wall Street Journal*, 13 de março de 2015, B1.

74. M. Chen, "Competitor Analysis and Interfirm Rivalry: Toward a Theoretical Integration", *Academy of Management Review* 21 (1996): 100–134; J. C. Baum e H. J. Korn, "Competitive Dynamics of Interfirm Rivalry", *Academy of Management Journal* 39 (1996): 255–291.

75. M. Chen, "Competitor Analysis and Interfirm Rivalry: Toward a Theoretical Integration", *Academy of Management Review* 21 (1996): 100–124.

76. C. Giammona e L. Patton, "Playing Chicken in the Burger Wars", *BloombergBusiness*, 19–25 de janeiro de 2015, pp. 28–29.

77. J. White, "Wendy's Wendy Gets a Makeover", *Wall Street Journal*, 11 de outubro de 2012, acesso em 5 de junho de 2014. http://blogs.wsj.com/corporate-intelligence/2012/10/11/wendy/?KEYWORDS =wendy%27s+strategy.

78. "Wendy's Plans to Double Pace of Image Activation Reimages in 2014", Yahoo! Finance, 27 de fevereiro 2014, acesso em 5 de junho de 2014, http://finance.yahoo.com/news/wendys-plans-double-pace-image-123613973.html.

79. A. Gasparro, "McDonald's New Chief Plots Counter Attack", *Wall Street Journal*, 2 de março de 2015, B1.

80. L. Lavelle, "The Chickens Come Home to Roost, and Boston Market Is Prepared to Expand", *The Record*, 6 de outubro de 1996.

81. "2015 Franchise 500—Subway", *Entrepreneur*, acesso em 28 de abril de 2015, http://www.entrepreneur.com/franchises/subway/282839-0.html; acesso em 28 de abril de 2015, http://www.subway.com/subwayroot/ExploreOurWorld.aspx; I. Brat, "Jamba Plans to Sell 100 Stores", *Wall Street Journal*, 2 de abril de 2015, B2; "Company Profile—McDonald's Is Global— And in Your Hometown", acesso em 23 de abril de 2015, http://www.aboutmcdonalds.com/mcd/investors/company_profile.html.

82. "Frequently Asked Questions", Subway Restaurants, acesso em 18 de março de 2009, http://www.subway.com/ContactUs/CustServFAQs.aspx.

83. B. Heater, "Amazon Kindle Paperwhite Hands-on (Update: video)", *Engadget*, 6 de setembro de 2012, acesso em 5 de junho de 2014, http://www.engadget.com/2012/09/06/amazon-kindle-paperwhite-hands-on/.

84. S. Buckley, "Nook Simple Touch with GlowLight gets another $20 price drop, undercuts competition", *Engadget*, 18 de agosto de 2013, acesso em 5 de junho de 2014, http://www.engadget.com/2013/08/18/nook-simple-touch-with-glowlight-gets-another-20-price-drop/.

85. J. Volpe, "E Ink's New Higher Contrast Carta Display Is the Secret behind Amazon's Refreshed Kindle Paperwhite", Engadget, 4 de setembro de 2013, acesso em 5 de junho de 2014, http://www.engadget.com/2013/09/04/e-ink-new-higher-contrast-carta-display-amazon-kindle-paperwhite/.

86. D. Ketchen, Jr., C. Snow e V. Street, "Improving Firm Performance by Matching Strategic Decision-Making Processes to Competitive Dynamics", *Academy of Management Executive* 18 (2004): 29–43.

87. M. Gottfried, "T-Mobile's Shine Dims Sprint's Deal Hopes", *Wall Street Journal*, 1 de março de 2014, B14.

88. M. Gottfried, "T-Mobile Takes Toll on Verizon", *Wall Street Journal*, 25 de abril de 2014, C8; E. Mason, "T-Mobile's Loss Widens as Costs Press Higher", *Wall Street Journal*, 26 de fevereiro de 2014, B4; T Gryta & B. Rubin, "T-Mobile Posts Big Gain in Subscribers", *Wall Street Journal*, 1 de maio de 2014, acesso em 26 de junho de 2014, http://online.wsj.com/news/articles/SB10001424052702304677904579535291254065308.

89. Z. Epstein, "The Most Important Wireless Carrier in America", *BGR*, 10 de outubro de 2013, acesso em 26 de junho de 2014, http://bgr.com/2013/10/10/t-mobile-free-international-roaming-analysis/; T. Gryta, "T-Mobile will Waive Data Fees for Music Services", *Wall Street Journal*,

18 de junho de 2014, acesso em 26 de junho de 2014, http://online.wsj.com/articles/t-mobile-will-waive-data-fees-for-music-service-1403142678.

90. J. Hagerty e K. Linebaugh, "GE, Caterpillar Face Off in Hot Locomotive Market", *Wall Street Journal*, 11 de abril de 2012, acesso em 1 de junho de 2013, http://www.wsj.com/articles/SB10001424052702304177104577307663292911878

91. K. Linebaugh, "GE to Cut Back Trains", *Wall Street Journal*, 9 de abril de 2013, acesso em 1 de junho de 2013, http://www.wsj.com/articles/SB10001424127887324504704578413034136398490

92. C. Boulton, "Amazon's Fire Phone Aims For 'Showrooming on Steroids' - The CIO Report", *Wall Street Journal*, 19 de junho de 2014, acesso em 28 de abril de 2015, http://blogs.wsj.com/cio/2014/06/19/amazons-re-phone-aims-for-showrooming-on-steroids/.

93. Associate Press, "Best Buy's Store Closing List: Is Yours on It?" *CBS News*, 16 de abril de 2012, acesso em 1 de junho de 2013, http://www.cbsnews.com/8301-505144_162-57414517/best-buys-store-closing-list-is-yours-on-it/; G. Bensinger, "When Apps Attack: Industries Under Pressure", *Wall Street Journal*, 27 de março de 2013, acesso em 1 de junho de 2013, http://online.wsj.com/article/SB10001424127887324392804578358793409826294.html; M. Bustle, "Best Buy Pays Price to Rival Amazon", *Wall Street Journal*, 14 de dezembro de 2011, acesso em 1 de junho de 2013, http://online.wsj.com/article/SB10001424052970203518404577096160252527328.html; A. Zimmerman, "Can Electronics Stores Survive?" *Wall Street Journal*, 20 de agosto de 2012, acesso em 1 de junho de 2013, http://www.wsj.com/articles/SB10000872396390444772804577621581739401906.

7

1. J. Tierney, "A Hearing Aid That Cuts Out All the Clatter", *New York Times*, 23 de outubro de 2011, acesso em 2 de maio de 2012, http://www.nytimes.com/2011/10/24/science/24loops.html.

2. P. Anderson e M. L. Tushman, "Managing Through Cycles of Technological Change", Research/Technology Management, maio–junho de 1991, 26–31.

3. R. N. Foster, *Innovation: The Attacker's Advantage* (New York: Summit, 1986).

4. "The Silicon Engine: A Timeline of Semiconductors in Computers", Computer History Museum, acesso em 22 de abril de 2001, http://www.computer history.org/semiconductor/; "The Evolution of a Revolution", Intel, acesso em 2 de junho de 2013, http://download.intel.com/pressroom/kits/IntelProcessorHistory.pdf; T. Smith, "Inside Intel's Haswell: What do 1.4 BEELION transistors get you?" *The Register*, 3 de junho de 2013, acesso em 13 de junho de 2014, http://www.theregister.co.uk/2013/06/03/feature_inside_haswell_intel_4g_core/; "Intel Xeon E5-2600 v3 Processor Overview", *PC Perspective*, 8 de setembro de 2014, acesso em 25 de abril de 2015, http://www.pcper.com/reviews/Processors/Intel-Xeon-E5-2600-v3-Processor-Overview-Haswell-EP-18-Cores.

5. J. Burke, *The Day the Universe Changed* (Boston: Little, Brown, 1985).

6. D. Wakabayashi, "The Point-and-Shoot Camera Faces Its Existential Moment", *Wall Street Journal*, 30 de julho de 2013, acesso em 30 de junho de 2014, http://online.wsj.com/news/articles/SB10001424127887324251504578580263719432252.

7. J. Osawa, "Phones Imperil Fancy Cameras", Wall Street Journal, 7 de novembro de 2013, acesso em 13 de junho de 2014, http://online.wsj.com/news/articles/SB10001424052702304672404579183643696236868?KEYWORDS=high-end+camera&mg=reno64-wsj.

8. "HTC Talks Camera Tech: DSLR-Destroying Optical Zooming '18 Months' Away", *Official Vodafone UK blog* (blog), 18 de abril de 2014, acesso em 13 de junho de 2014, http://blog.vodafone.co.uk/2014/04/18/htc-talks-camera-tech-optical-zooming/;

J. Osawa, "Are Camera Apps Enough for Photo Enthusiasts?" *Wall Street Journal*, 8 de novembro de 2013, acesso em 13 de junho de 2014, http://blogs.wsj.com/digits/2013/11/08/are-camera-apps-enough-for-photo-enthusiasts/?KEYWORDS=dslr+camera.

9. M. L. Tushman, P. C. Anderson, e C. O'Reilly, "Technology Cycles, Innovation Streams, and Ambidextrous Organizations: Organization Renewal Through Innovation Streams and Strategic Change", in *Managing Strategic Innovation and Change*, ed. M. L. Tushman e P. Anderson (New York: Oxford Press, 1997), 3–23.

10. L. Grush, "Magnetically Levitating Elevators Could Reshape Skylines—They Go Up, Down, and All Around", *Popular Science*, 14 de abril de 2015, acesso em 26 de abril de 2015, http://www.popsci.com/elevator-will-reshape-skylines; "ThyssenKrupp Develops the World's First Rope-Free Elevator System to Enable the Building Industry to Face the Challenges of Global Urbanization", ThyssenKrupp, 27 de novembro de 2014, acesso em 4 de maio de 2015, http://www.thyssenkrupp-elevator.com/Show-article.104.0.html?&L=1&cHash=08b38cb686f00ec874ad82c44c737427&tx_ttnews%5Btt_news%5D=546.

11. S. J. Blumberg e J. V. Luke, "Wireless Substitution: Early Release of Estimates from the National Health Interview Survey, January–June 2014", US Department of Health and Human Services, Centers for Disease Control and Prevention, dezembro de 2014, acesso em 25 de abril de 2015, http://www.cdc.gov/nchs/data/nhis/earlyrelease/wireless201412.pdf.

12. Staff, "Landline Phone Penetration Dwindles as Cell-Only Households Grow", Marketing Charts, 6 de junho de 2012, acesso em 2 de junho de 2013, http://www.marketingcharts.com/direct/landline-phone -penetration-dwindles-as-cell-only-households-grow-22577/.

13. S. J. Blumberg e J. V. Luke, "Wireless Substitution: Earl Release of Estimates from the National Health Interview Survey, January–June 2014."

14. "AT&T, Verizon Are Leaving Landlines Behind", *Wall Street Journal News Hub*, online video, 17:27, 8 de abril de 2014, acesso em 13 de junho de 2014, http://live.wsj.com/video/att-verizon-are-leaving-landlines-behind/7874152B-A635-4092-9B7B-69EB86AE3787.html?KEYWORDS=milestones#!7874152B-A635-4092-9B7B-69EB86AE3787.

15. R. Knutson, "Who Needs a Wireless Carrier? Go Wi-Fi Only", *Wall Street Journal*, 2 de março de 2015, B1.

16. Ibid.

17. E. Schlossberg, *Interactive Excellence: defining and Developing New Standards for the Twenty-First Century* (New York: Ballantine, 1998).

18. W. Abernathy e J. Utterback, "Patterns of Industrial Innovation", *Technology Review* 2 (1978): 40–47.

19. D. Howley, "Wireless Charging Standard Gets One Step Closer", *Laptop Magazine*, 1 de fevereiro de 2014, acesso em 1 de julho de 2014, as reported at http://www.techhive.com/article/2096802/wireless-charging-alliances-teaming-up-to-work-toward-a-cable-free-world.html.

20. "Wireless Charging Surge Seen", *Investor's Business Daily*, 24 de março de 2014, A02.

21. R. Jones, "Wireless Races to define 5G", *Wall Street Journal*, 10 de março de 2015, B7.

22. M. Schilling, "Technological Lockout: An Integrative Model of the Economic and Strategic Factors Driving Technology Success and Failure", *Academy of Management Review* 23 (1998): 267–284; M. Schilling, "Technology Success and Failure in Winner-Take-All Markets: The Impact of Learning Orientation, Timing, and Network Externalities", *Academy of Management Journal* 45 (2002): 387–398.

23. R. Verrier, "Small-town Movie Theaters Threatened by Shift to Digital Cinema", *Los Angeles Times*, 4 de maio de 2013, acesso em 2 de junho de 2013, http://articles.latimes.com/print/2013/may/04/entertainment/la-et-ct-last-picture-show-20130504.

24. T. M. Amabile, R. Conti, H. Coon, J. Lazenby e M. Herron, "Assessing the Work Environment for Creativity", *Academy of Management Journal* 39 (1996): 1154–1184.

25. Ibid.

26. M. Csikszentmihalyi, *Flow: The Psychology of Optimal Experience* (New York: Harper & Row, 1990).

27. R. Feintzeig, "Can Furniture Help Workers Stay Focused?" *Wall Street Journal*, 22 de abril de 2015, B7.

28. L. Emarian, "Creating Culture of IT Innovation Includes Rewarding Failure", *Computer World*, 6 de abril de 2012, acesso em 2 de junho de 2013, http://www.computerworld.com/s/article/9225870/Creating_culture_of_IT_innovation_includes_rewarding_failure.

29. A. Ahrendts, "The Experts: How Should Leaders Spur Innovation?" entrevistado por C. Wiens, 12 de março de 2013, acesso em 13 de junho de 2014, http://online.wsj.com/news/articles/SB10001424127887323826704578352921473825316?mg=reno64-wsj&url=http%3A%2F%2Fonline.wsj.com%2Farticle%2FSB10001424127887323826704578352921473825316.html.

30. Ibid.

31. Ibid.

32. L. Kwoh, "Memo to Staff: Take More Risks", *Wall Street Journal*, 20 de março de 2013, acesso em 2 de junho de 2013, http://online.wsj.com/article/SB10001424127887323639604578370383939044780.html.

33. K. M. Eisenhardt, "Accelerating Adaptive Processes: Product Innovation in the Global Computer Industry", *Administrative Science Quarterly* 40 (1995): 84–110.

34. Ibid.

35. R. Fleming, "Oculus Rift Has Sold Over 85,000 Prototypes", *Digital Trends*, 16 de abril de 2014, acesso em 13 de junho de 2014, http://www.digitaltrends.com/gaming/oculus-rift-sold-85000-prototypes/#!YqqBJ.

36. K. Naughton e J. Green, "Crash Test City", *Bloomberg Businessweek*, 6–12 de abril de 2015, pp. 19–20.

37. A. Barr, "Google Lab Puts a Time Limit on Innovation", *Wall Street Journal*, 1 de abril de 2015, B6.

38. D. Wakabayashi e M. Ramsey, "Apple Gears Up to Challenge Tesla in Electric Cars", *Wall Street Journal*, 13 de fevereiro de 2015, B1; T. Bradshaw, "Batteries Suit Offers Clues to Apple's Car Ambitions", *Financial Times*, 19 de fevereiro de 2015, acesso em 26 de abril de 2015, http://www.ft.com/intl/cms/s/0/b061736c-b874-11e4-a2fb-00144feab7de.html#axzz3YRCCbjHx.

39. D. Gates, "McNerney: No More 'Moonshots' as Boeing Develops New Jets", *The Seattle Times*, 22 de maio de 2014, acesso em 4 de maio de 2015, http://www.seattletimes.com/business/mcnerney-no-more-lsquomoonshotsrsquo-as-boeing -develops-new-jets/

40. D. Gates, "McNerney: No More 'Moonshots' as Boeing Develops New Jets."; J. Ostrower, "At Boeing, Innovation Means Small Steps, Not Giant Leap", *Wall Street Journal*, 3 de abril de 2015, B1.

41. L. Kraar, "25 Who Help the US Win: Innovators Everywhere Are Generating Ideas to Make America a Stronger Competitor. They Range from a Boss Who Demands the Impossible to a Mathematician with a Mop", *Fortune*, 22 de março de 1991.

42. M. W. Lawless e P. C. Anderson, "Generational Technological Change: Effects of Innovation and Local Rivalry on Performance", *Academy of Management Journal* 39 (1996): 1185–1217.

43. "USB.org—Hi-Speed FAQ", USB Implementers Forum, acesso em 1 de julho de 2014, http://www.usb.org/developers/usb20/faq20/; "USB.org—SuperSpeed USB", USB Implementers Forum, acesso em 1 de julho de 2014, http://www.usb.org/developers/ssusb/.

44. A. Vance, "Ansys Aids Innovation with Its Simulation Software", *Bloomberg Businessweek*, 7 de março de 2013, acesso em 2 de junho de 2013, http://www.businessweek.com/articles/2013-03-07/ansys-aids-innovation-with-its-simulation-software.

45. J. Brustein, "Inside RadioShack's Collapse—How Did the Electronics Retailer Go Broke? Gradually, Then All at Once", *Bloomberg Businessweek*, 9–15 de fevereiro de 2015, p. 56. "Table 13–AT&T Interstate Residential Tariff Rates for 10-Minute Calls", *The Industry Analysis Division's Reference Book of Rates, Price Indices, and Household Expenditures for Telephone Service*, março de 1997, Federal Trade Commission, p. 69, acesso em 25 de abril de 2015, http://transition.fcc.gov/Bureaus/Common_Carrier/Reports/FCC-State_Link/IAD/ref97.pdf.

46. J. Brustein, "Inside RadioShack's Collapse—How Did the Electronics Retailer Go Broke? Gradually, Then All at Once."

47. P. Strebel, "Choosing the Right Change Path", *California Management Review* (Inverno de 1994): 29–51.

48. D. Fitzgeral e M. Jarzemsky, "Besieged RadioShack Spirals Into Bankruptcy", *Wall Street Journal*, 6 de fevereiro de 2015, acesso em 4 de maio de 2015, http://www.wsj.com/articles/SB21810972877477764694704580441814139751730.

49. P. Brickley e D. FitzGerald, "RadioShack Is Dead, Long Live RadioShack", *Wall Street Journal*, 2 de abril de 2015, B1.

50. K. Lewin, *Field Theory in Social Science: Selected Theoretical Papers* (New York: Harper & Brothers, 1951).

51. J. Owen, "Film is finished - this could be its last Oscars", *The Independent*, 24 de fevereiro de 2013, acesso em 13 de junho de 2014, http://www.independent.co.uk/arts-entertainment/lms/news/lm-is-finished—this-could-be-its-last-oscars-8508257.html?printService=print.

52. Lewin, *Field Theory in Social Science*.

53. A. B. Fisher, "Making Change Stick", *Fortune*, 17 de abril de 1995, 121.

54. J. P. Kotter e L. A. Schlesinger, "Choosing Strategies for Change", *Harvard Business Review* (março–abril de 1979): 106–114.

55. S. Giessner, G. Viki, T. Otten, S. Terry, e D. Tauber, "The Challenge of Merging: Merger Patterns, Premerger Status, and Merger Support", *Personality and Social Psychology Bulletin* 32, no. 3 (2006): 339–352.

56. E. Cassano, "How Vince Donnelly Led PMA Companies Through an Acquisition by Involving Everyone", *Smart Business*, 1 de fevereiro de 2012, acesso em 7 de março de 2012, http://www.sbnonline.com/article/how-vince-donnelly-led-pma-companies-through-an-acquisition-by-involving-everyone/.

57. D. Bennett, "Marriage at 30,000 Feet", *Bloomberg Businessweek*, 6–12 de fevereiro de 2012, 58–63.

58. D. Meinert, "An Open Book", *HR Magazine*, abril de 2013, 42–46.

59. J. P. Kotter, "Leading Change: Why Transformation Efforts Fail", *Harvard Business Review* 73, no. 2 (março–abril de 1995): 59.

60. P. Smith, "The Nokia Insider Who Knows Why It Failed Warns Apple It Could Be Next", *Financial Review*, 6 de setembro de 2013, acesso em 13 de junho de 2014, http://www.afr.com/p/technology/next_nokia_insider_who_knows_why_Z8at1lqZLp3mAutUO0ye0H.

61. Ibid.

62. G. Pitts, "A Classic Turnaround—With Some Twists", *The Globe and Mail*, 7 de julho de 2008, B1.

63. P. Burrows, "Stephen Elop's Nokia Adventure", *Bloomberg Businessweek*, 2 de junho de 2011, acesso em 3 de junho de 2013, http://www.businessweek.com/magazine/content/11_24/b4232056703101.htm.

64. J. Rossi, "Nokia Releases New Lumia Phone", *Wall Street Journal*, 14 de maio de 2013, acesso em 5 de junho de 2013, http://online.wsj.com/article/SB10001424127887323716304578482482212916580.html.

65. S. Cramm",A Change of Hearts", CIO, 1 de abril de 2003, 20 de maio de 2003, http://www.cio.com/archive/040103/hsleadership.html.

66. J. Scheck, "New Shell CEO Van Beurden Lays Out Turnaround Plan", *Wall Street Journal*, 27 de abril de 2014, acesso em 1 de julho de 2014, http://online.wsj.com/news/articles/SB10001424052702304163604579527901868370442?KEYWORDS=Ben+van+Beurden+CEO+Royal+Dutch+Shell&mg=reno64-wsj.

67. R. N. Ashkenas e T. D. Jick, "From Dialogue to Action in GE WorkOut: Developmental Learning in a Change Process", in *Research in Organizational Change and Development*, vol. 6, ed. W. A. Pasmore e R. W. Woodman (Greenwich, CT: JAI Press, 1992), 267–287.

68. T. Stewart, "GE Keeps Those Ideas Coming", *Fortune*, 12 de agosto de 1991, 40.

69. W. J. Rothwell, R. Sullivan e G. M. McLean, *Practicing Organizational Development: A Guide for Consultants* (San Diego, CA: Pfeiffer & Co., 1995).

70. Ibid.

8

1. "Web Table 34. Number of Parent Corporations and Foreign Affiliates, by Region and Economy", *World Investment Report 2011*, United Nations Conference on Trade and Development, acesso em 10 de junho de 2013, http://unctad.org/Sections/dite_dir/docs/WIR11_web%20tab%2034.pdf.

2. M. Scott, "Cap Gemini Agrees to Buy IGATE, Merging Rivals Focused on Tech and Outsourcing", *New York Times*, 27 de abril de 2015, acesso em 5 de maio de 2015, http://www.nytimes.com/2015/04/28/business/dealbook/capgemini-agrees-to-buy-igate-for-4-billion.html.

3. L. Stevens, M. van Tartwijk e T. Fairless, "FedEx's Priority: Bulk Up in Europe", *Wall Street Journal*, 8 de abril de 2015, B1.

4. K. Ellis, "Mexican Import Rules Hit US Fashion Firms", *WWD*, 3 de março de 2015, pp. 1, 8.

5. "Govt May Hike Sugar Import Duty to 40% to Check Price Fall", *Times of India*, 21 de abril de 2015, acesso em 5 de maio de 2015, http://timesofindia.indiatimes .com/business/india-business/Govt-may-hike-sugar-import-duty-to-40-to-check-price-fall/articleshow/47002065.cms.

6. B. Fritz e L. Burkitt, "Chinese Film Company Takes Role in Hollywood", *Wall Street Journal*, 20 de abril de 2015, B1.

7. Reuters, "Mexico Bows to Brazilian Pressure on Auto Exports", *Reuters*, 15 de março de 2012, acesso em 8 de junho de 2013, http://www.reuters.com/article/2012/03/16/mexico-brazil-autos-idUSL2E8EF 3C420120316.

8. "Understanding the WTO", *World Trade Organization*, acesso em 5 de agosto de 2008, http://www.wto .org/english/thewto_e/whatis_e/tif_e/agrm9_e.htm.

9. "Pangasius June 2014", *Globefish*, junho de 2014, http://www.globefish.org/pangasius-june-2014.html; T. Tracy, "U.S. Catfish Farmers Go After Asian Rival", *Wall Street Journal*, 24 de março de 2015, B6.

10. T. Tracy, "U.S. Catfish Farmers Go After Asian Rival."

11.Ibid.

12. J. Wehrman, "Farm Bill's Subsidy for Sugar Under Pressure", *The Columbus Dispatch*, 20 de junho de 2013, acesso em 2 de julho de 2014, http://www.dispatch.com/content/stories/local/2013/06/20/farm-bills-subsidy-for-sugar-under-pressure.html.

13. A. Wexler, "Big Sugar Is Set for a Sweet Bailout", *Wall Street Journal*, 13 de março de 2013, acesso em 2 de julho de 2014, http://online.wsj.com/news/articles/SB10001424127887324096404578356740206766164.

14. J. Wehrman, "Farm Bill's Subsidy for Sugar Under Pressure", The Columbus Dispatch, 20 de junho de 2013, https://duckduckgo.com/?q=Farm%20Bill's%20Subsidy%20for%20Sugar%20Under%20Pressure, acesso em 25 de agosto de 2015.

15. "GATT/WTO", *Duke Law: Library & Technology*, acesso em 12 de junho de 2009, https://law.duke.edu/lib/researchguides/gatt/.

16. "IFPI Publishes Digital Music Report 2013", *International Federation of the Phonographic Industry*, 26 de fevereiro de 2013, acesso em 8 de junho de 2013, http://www.ifpi.org/content/section_resources/dmr2013.html; P. Sonne e M. Colchester, "France, the UK Take Aim at Digital Pirates", *Wall Street Journal*, 15 de abril de 2010, acesso em 9 de junho de 2010, http://online.wsj.com/article/SB10001424052702304604204575181820755061494.html.

17. D. Price, "Sizing the Piracy University", *Netnames*, setembro de 2013, acesso em 2 de julho de 2014, http://www.netnames.com//sites/default/les/netnames-sizing_piracy_universe-FULLreport-sept2013.pdf.

18. "Shadow Market: 2011 BSA Global Software Piracy Study, 9ª. Edição", BSA | *The Software Alliance*, 15 de maio de 2012, acesso em 8 de junho de 2013, http://globalstudy.bsa.org/2011/downloads/study_pdf/2011_BSA_Piracy_Study-Standard.pdf.

19. C. Bialik, "Putting a Price Tag on Film Piracy", *Wall Street Journal*, 5 de abril de 2013, acesso em 8 de junho de 2013, http://blogs.wsj.com/numbersguy/putting-a-price-tag-on-film-piracy-1228/.

20. "Countries: On the Road to EU Membership", *European Union*, acesso em 11 de agosto de 2013, http://europa.eu/about-eu/countries/index_en.htm.

21. M. Villarreal e I. Ferguson, "NAFTA at 20: Overview and Trade Effects", *Congressional Research Service*, 21 de fevereiro de 2013, acesso em 10 de junho de 2013, http://www.fas.org/sgp/crs/row/R42965.pdf.

22. "Dominican Republic-Central America-United States Free Trade Agreement", US Department of Commerce, 29 de abril de 2014, acesso em 5 de maio de 2015, http://export.gov/%5C/FTA/cafta-dr/index.asp.

23. "UNASUR: Union of South American Nations", Communidad Andina, acesso em 2 de julho de 2014, http://www.communidadandina.org/ingles/sudamerican.htm.

24. "Selected Basic ASEAN Indicators", *Association of Southeast Asian Nations*, 30 de abril de 2014, acesso em 13 de junho de 2014, http://www.asean.org/images/resources/Statistics/2014/SelectedKeyIndicatorAsOfApril/table1_as%20of%20Apr14_upload.pdf; "Overview of ASEAN -US Dialoge Relations", *Association of Southeast Asian Nations*, acesso em 2 de julho de 2014, http://www.asean.org/news/item/overview-of-asean-us-dialogue-relations.

25. "Selected Basic ASEAN Indicators, 2005", *Association of Southeast Asian Nations*, acesso em 6 de agosto de 2008, http://www.aseansec.org/stat/Table1.pdf; "Top Ten ASEAN Trade Partner Countries/Regions, 2005", *Association of Southeast Asian Nations*, acesso em 6 de agosto de 2008, http://www.aseansec.org/Stat/Table20.pdf; "ASEAN Free Trade Area (AFTA)", *Association of Southeast Asian Nations*, acesso em 6 de agosto de 2008, http://www.aseansec.org/12021.htm.

26. "Frequently Asked Questions", *Asia-Pacific Economic Cooperation*, acesso em 2 de julho de 2014, http://www.apec.org/FAQ.aspx/; "StatsAPEC—Data for the Asia-Pacific Region—Economic and Social Statistics & Bilateral Trade and Investment Flows", StatsAPEC, acesso em 2 de julho de 2014, http://statistics .apec.org/.

27. "Member Economies", Asia Pacific Economic Cooperation, acesso em 6 de agosto de 2008, http://www .apec.org/About-Us/About-APEC/Member-Economies.aspx; "Frequently Asked Questions (FAQs)", Asia -Pacific Economic Cooperation, acesso em 6 de agosto de 2008, http://www.apec.org/FAQ.aspx.

28. "Gross National Income (GNI) per Capita 2013, Atlas Method and PPP", The World Bank, 14 de abril de 2015, acesso em 5 de maio de 2015, http://databank.worldbank.org/data/download/GNIPC.pdf.

29. Ibid.

30. "The Global Competitiveness Report: 2008–2009", *World Economic Forum*, acesso em 14 de junho de 2009, http://www.weforum.org/reports/global-competitiveness-report-2008-2009.

31. M. Yamaguchi, "Japan-US Talks on Pacific Trade Accord Get Push from 'Fast-Track' Proposal in US Congress", *US News & World Report*, 17 de abril de 2015, acesso em 28 de abril de 2015, http://www.usnews.com/news/business/articles/2015/04/17/trade-talks-in-tokyo-get-push-from-fast-track-deal-in-us; "Commodity Policies", US Department of Agriculture, Economic Research Service, de agosto de 7, 2014, acesso em 28 de abril de 2015, http://www.ers.usda.gov/topics/international-markets-trade/countries-regions/japan/policy.aspx.

32. L. Lockwood, "Ralph's Brazilian Vibe", *WWD*, 13 de abril de 2015, p. 2.

33. S. Schechner, "Netflix Launches in France in First Phase of Expansion", *Wall Street Journal*, 16 de setembro de 2014, B1.

34. M. Gao, "Culture Determines Business Models: Analyzing Home Depot's Failure Case in China for International Retailers from a Communication Perspective", *Thunderbird International Business Review*, março/abril de 2013: 173-191.

35. L. Burkitt", Home Depot Learns Chinese Prefer 'Do-It-for-Me,'" *Wall Street Journal*, 14 de setembro de 2012, acesso em 8 de junho de 2013, http://online.wsj.com/article/SB10000872396390444433504577651072911154602.html.

36. Katie Englehart, "Starbucks Go Home", *Macleans*, 25 de janeiro de 2013, acesso em 2 de julho de 2014, http://online.wsj.com/news/articles/SB10001424052702304607104579209971318755960.

37. A. Sundaram e J. S. Black, "The Environment and Internal Organization of Multinational Enterprises", *Academy of Management Review* 17 (1992): 729–757.

38. H. S. James, Jr. e M. Weidenbaum, *When Businesses Cross International Borders: Strategic Alliances & Their Alternatives* (Westport, CT: Praeger Publishers, 1993).

39. I. Brat e K. Gee, "U.S. Dairies Get Crash Course in Exporting", *Wall Street Journal*, 9 de janeiro de 2015, acesso em 5 de maio de 2015, http://www.wsj.com/articles/dairy-factory-gears-up-for-production-1420765811

40. Ibid.

41. K. Schweizer, "'Desperate Housewives' Gets Turkish Twist as Disney Looks Abroad", *Bloomberg Businessweek*, 18 de setembro de 2012, acesso em 9 de junho de 2013, http://www.bloomberg.com/news/articles/2012-09-18/-desperate-housewives-gets-turkish-twist-as-disney-looks-abroad.

42. M. Willens, "NBCUniversal to Produce American TV Shows for European Broadcasters", International Business Times, 14 de abril de 2015, acesso em 28 de abril de 2015, http://www.ibtimes.com/nbcuniversal-produce-american-tv-shows-european-broadcasters-1881835.

43. "2015 Franchise 500—McDonald's at a Glance", Entrepreneur.com, acesso em 28 de abril de 2015, http://www.entrepreneur.com/franchises/mcdonalds/282570-0.html; "New Restaurants", McDonald's.com, acesso em 28 de abril de 2015, http://www.aboutmcdonalds.com/mcd/franchising/us_franchising/acquiring_a_franchise.html.

44. A. Lutz, "McDonald's Franchisees Are Furious about How Much It Costs to Operate a Restaurant", *Business Insider*, 6 de agosto de 2013, acesso em 13 de junho de 2014, http://www.businessinsider.com/mcdonalds-franchise-owners-hold-meeting-2013-8.

45. K. Le Mesurier, "Overseas and Overwhelmed", *BRW*, 25 de janeiro de 2007, 51.

46. P. Rana, "Dipping into India, Dunkin' Donuts Changes Menu", *Wall Street Journal*, 28 de novembro de 2014, http://online.wsj.com/articles/dipping-into-india-dunkin-donuts-changes-menu-1417211158.

47. E. Dou, "Hewlett-Packard, Foxconn Launch Joint Server Venture", *Wall Street Journal*, 30 de abril de 2014, acesso em 13 de junho de 2014, http://online.wsj.com/news/articles/SB100014240527023 03948104579533080961860334?mod=WSJ_hp_LEFTWhatsNewsCollection&mg=reno64-wsj.

48. S. Chaudhuri, "Tesco Caps Tumultuous Year with Huge Loss", *Wall Street Journal*, 22 de abril de 2015, http://www.wsj.com/articles/tesco-reports-full-year-loss-1429683249; "Supermarket Operator Kroger Ends Joint Venture with Dunnhumby, Starts Customer Data Subsidiary", *Associated Press*, 27 de abril de 27, 2015, acesso em 5 de maio de 2015, http://www.foxbusiness.com/markets/2015/04/27/supermarket-operator-kroger-ends-joint-venture-with-dunnhumby-starts-customer/; S. Watkins, "Kroger Executive: Dunnhumby Sale Won't Keep Us from Data", *Cincinnati Business Courier*, 27 de março de 2015, acesso em 5 de maio de 2015, http://www.bizjournals.com/cincinnati/news/2015/03/27/kroger-executive-nothing-would-preclude-us-from.html?page=all.

49. J. R. Hagerty, "Japanese Toilet Maker Lixil Buys American Standard", 28 de junho de 2013, acesso em 13 de junho de 2014, http://online.wsj.com/news/articles/SB10001424127887323419604578573121801745426?KEYWORDS=japanese+toilet+maker&mg=reno64-wsj.

50. P. Margot, "Standard Chartered Looks to Get Slimmer", *Wall Street Journal*, 4 de março de 2014, C3; P. Margot, "Standard Chartered to Sell 2 Korean Units", *Market Watch*, 16 de junho de 2014, acesso em 2 de julho de 2014, https://secure.marketwatch.com/story/standard-chartered-to-sell-2-korean-units-2014-06-16.

51. W. Hordes, J. A. Clancy e J. Baddaley, "A Primer for Global Start-Ups", *Academy of Management Executive*, maio de 1995, 7–11.

52. P. Dimitratos, J. Johnson, J. Slow e S. Young, "Micromultinationals: New Types of Firms for the Global Competitive Landscape", *European Management Journal* 21, no. 2 (abril de 2003): 164; B. M. Oviatt e P. P. McDougall, "Toward a Theory of International New Ventures", *Journal of International Business Studies* (Primavera de 1994): 45–64;

S. Zahra, "A Theory of International New Ventures: A Decade of Research", *Journal of International Business Studies* (janeiro de 2005): 20–28.

53. B. Keplesky, "MakerBot's Bre Pettis on the Next Industrial Revolution", *Entrepreneur*, 9 de março de 2013, acesso em 10 de junho de 2013, http://www.entrepreneur.com/article/226044; M. Wolf, "How 3D Printing Is Now Helping NASA Get to Space", *Forbes*, 12 de janeiro de 2013, acesso em 10 de junho de 2013, http://www.forbes.com/sites/michaelwolf/2013/01/12/how-3d-printing-is-now-helping-nasa -get-to-space/; "Official International MakerBot Distributors", *MakerBot*, acesso em 10 de junho de 2013, http://www.makerbot.com/distributors/.

54. "Shaping Our Future: 2014 Annual Review", Coca-Cola, acesso em de maio de 5, 2015,, http://assets.coca-colacompany.com/6c/70/b23ba5fe42bb86846726cf4779c4/2014-year-in-review-pdf.pdf.

55. "Coca-Cola Bottle (500ml) Prices", Humuch .com, acesso em 5 de maio de 2015, http://www.humuch.com/prices/CocaCola-Bottle-20oz500ml/______/40# .VT_FdiFVhBc.

56. "2010 Annual Report", *The Coca-Cola Company*.

57. "After a Year of Delays."

58. J. Stoll, "Volvo to Open Plant in the US", *Wall Street Journal*, 30 de março de 2015, acesso em 5 de maio de 2015, http://www.wsj.com/articles/volvo-to-open-plant-in-the-u-s-1427688301.

59. D. Shepardson, "Volvo Plans $500M Factory in US to Revive Sales", *The Detroit News*, 30 de março de 2015, acesso em 5 de maio de 2015, http://www.detroitnews.com/story/business/autos/foreign/2015/03/30/volvo-us-plant/70657920/.

60. "Tax Environment", NFIA, acesso em 13 de junho de 2014, http://www.na.com/tax.html; D. Dzombak, "The Highest Corporate Tax Rates in the World", *The Motley Fool*, 1 de março de 2014, acesso em 2 de julho de 2014, http://www.fool.com/investing/general/2014/03/01/the-highest-corporate-tax-rates-in-the-world.aspx.

61. "Special Eurobarometer 386: Europeans and Their Languages", European Commission, junho de 2012, acesso em 5 de maio de 2015, http://ec.europa.eu/public_opinion/archives/ebs/ebs_386_en.pdf.

62. "IMD World Talent Report 2014", IMD World Competitiveness Center, novembro de 2014, acesso em 5 de maio de 2015, http://www.imd.org/uupload/imd.website/wcc/NewTalentReport/IMD_World_Talent_Report_2014bis.pdf.

63. "Foreign Corrupt Business Practices Act", *US Department of Justice*, 10 de maio de 2003, http://www.usdoj.gov/criminal/fraud/.

64. S. Adams, "2015's Most and Least Reliable Countries to Do Business In", *Forbes*, 31 de março de 2015, acesso em 28 de abril de 2015, http://www.forbes.com/sites/susanadams/2015/03/31/2015s-most-and-least-reliable-countries-to-do-business-in/; "Resilience Index", FM Global, http://www.fmglobal.com/assets/pdf/Resilience_Methodology.pdf.

65. J. Oetzel, R. Bettis e M. Zenner, "How Risky Are They?" *Journal of World Business* 36, no. 2 (Verão de 2001): 128–145.

66. K. D. Miller, "A Framework for Integrated Risk Management in International Business", *Journal of International Business Studies*, 2nd Quarter 1992, 311.

67. M. Bahree, "Foreign Retailers Regroup in India", *Wall Street Journal*, 12 de dezembro de 2011, B3.

68. J. Bennett e J. Stoll, "GM's Hopes for Russia Go in Reverse", *Wall Street Journal*, 19 de março de 2015, pp. B1, B2; D. Levin, "GM Exits Russia", *Fortune*, 27 de março de 2015, acesso em 5 de maio de 2015, http://fortune.com/2015/03/27/gm-exits-russia/.

69. D. Levin, "GM Exits Russia."

70. "Chapter 1: Political Outlook", *UAE Business Forecast Report*, 2007, 1st Quarter, 5–10.

71. R. Roy, "Foreign Online Retailers Ask India to Allow Direct Sales", *Wall Street Journal*, 12 de fevereiro de 2013, acesso em 10 de junho de 2013, http://www.wsj.com/articles/SB10001424127887324880504578299454251603948.

72. C. Alessi, "India Invests in Germany's Family Firms", *Wall Street Journal*, 11–12 de abril de 2015, B4.

73. G. Hofstede, "The Cultural Relativity of the Quality of Life Concept", *Academy of Management Review* 9 (1984): 389–398; G. Hofstede, "The Cultural Relativity of Organizational Practices and Theories", *Journal of International Business Studies*, Fall 1983, 75–89; G. Hofstede, "The Interaction Between National and Organizational Value Systems", *Journal of Management Studies*, julho de 1985, 347–357; M. Hoppe, "An Interview with Geert Hofstede", *Academy of Management Executive*, fevereiro de 2004, 75–79.

74. C. Alessi, "India Invests in Germany's Family Firms."

75. Ibid.

76. Ibid.

77. R. Hodgetts, "A Conversation with Geert Hofstede", *Organizational Dynamics*, Primavera de 1993, 53–61.

78. T. Lenartowicz e K. Roth, "Does Subculture within a Country Matter? A Cross-Cultural Study of Motivational Domains and Business Performance in Brazil", *Journal of International Business Studies* 32 (2001): 305–325.

79. M. Koren, "Why Russians Aren't Smiling at You in Sochi", *National Journal*, 7 de fevereiro de 2014, acesso em 13 de junho de 2014, http://www.nationaljournal.com/politics/why-russians-aren-t-smiling-at-you-in-sochi-20140207.

80. J. S. Black, M. Mendenhall e G. Oddou, "Toward a Comprehensive Model of International Adjustment: An Integration of Multiple Theoretical Perspectives", *Academy of Management Review* 16 (1991): 291–317; R. L. Tung, "American Expatriates Abroad: From Neophytes to Cosmopolitans", *Columbia Journal of World Business*, 22 de junho de 1998, 125; A. Harzing, "The Persistent Myth of High Expatriate Failure Rates", *International Journal of Human Resource Management* 6 (1995): 457–475; A. Harzing, "Are Our Referencing Errors Under- mining Our Scholarship and Credibility? The Case of Expatriate Failure Rates", *Journal of Organizational Behavior* 23 (2002): 127–148; N. Forster, "The Persistent Myth of High Expatriate Failure Rates: A Reappraisal", *International Journal of Human Resource Management* 8 (1997): 414–433.

81. J. Black, "The Right Way to Manage Expats", *Harvard Business Review* 77 (março–abril de 1999): 52; C. Joinson, "No Returns", *HR Magazine*, 1 de novembro de 2002, 70.

82. "International assignment perspectives: Critical issues facing the globally mobile work- force", *PricewaterhouseCoopers*, Vol. 5, novembro de 2011, acesso em 13 de junho de 2014, http://www.pwc.com/en_US/us/hr-international-assignment-services/publications/assets/ny-12-0258_ias_journal_volume_5_new_images.pdf.

83. R. Feintzeig, "After Stints Abroad, Re-Entry Can Be Hard", *Wall Street Journal*, 17 de setembro de 2013, acesso em 14 de junho de 2014, http://online.wsj.com/news/articles/SB10001424127887323342404579081382781895274?KEYWORDS=after+stints+abroad&mg=reno64-wsj.

84. "Ten Examples of Cross-Cultural Blunders", *UKProEdits*, 7 de junho de 2012, acesso em 10 de junho de 2013, http://ukproedits.com/uncategorized/ten-examples-of-cross-cultural-mistakes.

85. J. S. Black e M. Mendenhall, "Cross-Cultural Training Effectiveness: A Review and Theoretical Framework for Future Research", *Academy of Management Review* 15 (1990): 113–136.

86. K. Essick, "Executive Education: Transferees Prep for Life, Work in Far-Flung Lands", *Wall Street Journal*, 12 de novembro de 2004, A6.

87. Ibid.

88. P. W. Tam, "Culture Course—'AwarenessTraining' Helps US Workers Better Know Their Counter- parts in India", *Wall Street Journal*, 25 de maio de 2004, B1.

89. S. Hamm, "Aperian: Helping Companies Bridge Cultures", *BusinessWeek*, 8 de setembro de 2008, 16.

90. W. Arthur, Jr. e W. Bennett, Jr., "The International Assignee: The Relative Importance of Factors Perceived to Contribute to Success", *Personnel Psychology* 48 (1995): 99–114; B. Cheng, "Home Truths about Foreign Postings; To Make an Overseas Assignment Work, Employers Need More Than an Eager Exec with a Suitcase. They Must Also Motivate the Staffer's Spouse", *BusinessWeek Online*, acesso em 20 de março de 2009, http://www.businessweek.com/careers/content/jul2002/ca20020715_9110.htm.

91. B. Groysberg e R. Abrahams, "A Successful International Assignment Depends on These Factors", Harvard Business Review (blog), 13 de fevereiro de 2014, 10:00, acesso em 15 de junho de 2014, http://blogs.hbr.org/2014/02/a-successful-international-assignment-depends-on-these-factors/.

92. "OAI: Overseas Assignment Inventory", Prudential Real Estate and Relocation Services Intercultural Group, 11 de maio de 2011, http://www.performanceprograms.com/self-assessments/work-across-cultures/overseas-assignment-inventory/.

93. S. P. Deshpande e C. Viswesvaran, "Is Cross-Cultural Training of Expatriate Managers Effective? A Meta-Analysis", *International Journal of Intercultural Relations* 16, no. 3 (1992): 295–310.

94. D. M. Eschbach, G. Parker e P. Stoeberl, "American Repatriate Employees' Retrospective Assessments of the Effects of Cross-Cultural Training on Their Adaptation to International Assignments", *International Journal of Human Resource Management* 12 (2001): 270–287; "Culture Training: How to Prepare Your Expatriate Employees for Cross-Cultural Work Environments", *Managing Training & Development*, 1 de fevereiro de 2005.

95. I. Driscoll, "You Love Going Abroad for Work. Your Spouse Hates It." BBC, 11 de novembro de 2014, acesso em de 5 maio de 2015, http://www.bbc.com/capital/story/20141110-the-reluctant-expat-spouse.

96. Ibid.

9

1. M. Lia, "Thomson Reuters Restructures", *Wall Street Journal*, 28 de setembro de 2011, acesso em 12 de junho de 2013, http://www.wsj.com/articles/SB10001424052970204138204576598671601828928; "Annual Review 2013", *Thomson Reuters*, acesso em 16 de junho de 2013, https://ar.thomsonreuters.com/financial-performance; "Know–Annual Report 2014", Thomson Reuters, 13 de março de 2015, acesso em 5 de maio de 2015, http://ir.thomsonreuters.com/phoenix.zhtml?c=76540&p=irol-irhome.

2. M. Hammer e J. Champy, *Reengineering the Corporation: A Manifesto for Business Revolution* (New York: Harper & Row, 1993).

3. J. Mick, "Windows 8 Public 'Consumer Preview' Beta Is Live", *Daily Tech*, 29 de fevereiro de 2012, acesso em 11 de março de 2012, http://www.dailytech.com/Windows+8+Public+Consumer+Preview+Beta+is+Live/article24123.htm; J. Mick, "Microsoft's Windows 10 Now Has Over 2 Million Public Testers", Daily Tech, 28 de janeiro de 2015, acesso em 1 de maio de 2015, http://www.dailytech.com/Microsofts+Windows+10+Now+Has+Over+2+Million+Public+Testers/article37113.htm.

4. J. G. March e H. A. Simon, *Organizations* (New York: John Wiley & Sons, 1958).

5. M. Isaac, "EBay to Cut 2,400 Jobs, and Weighs 2nd Spinoff", *New York Times*, 22 de janeiro de 2015, B4.

6. "At a Glance", UTC, acesso em 7 de julho de 2014, http://www.utc.com/Our-Businesses/Pages/At-A-Glance.aspx#bis.

7. United Technologies 2014 Annual Report, acesso em 30 de abril de 2015, http://2014ar.utc.com/assets/pdfs/UTCAR2014_FullReport.pdf.

8. "Structure—Group Structure & Corporate Management", *Swisscom AG*, acesso em 16 de junho de 2014, http://www.swisscom.ch/en/about/company/structure.html.

9. *Anheuser-Busch InBev Annual Report 2014*, acesso em 30 de abril de 2015, http://www.ab-inbev.com/content/dam/universaltemplate/abinbev/pdf/investors/annual-and-hy-reports/2014/AB_InBev_AR14_EN_full.pdf.

10. Ibid.

11. Ibid.

12. Business Wire, "Procter & Gamble Announces Organization Changes", *Motley Fool*, 5 de junho de 2013, acesso em 7 de julho de 2014, http://www.fool.com/investing/businesswire/2013/06/05/procter-gamble-announces-organization-changes.aspx; "P&G Annual Report 2014, acesso em de abril de 30, 2015, http://www.pginvestor.com/interactive/lookandfeel/4004124/PG_Annual_Report_2014.pdf; "Strength in Structure", P&G, acesso em de maio de 5, 2015, http://www.pg.com/en_US/company/global_structure_operations/corporate_structure.shtml

13. Ibid.

14. L. R. Burns, "Adoption and Abandonment of Matrix Management Programs: Effects of Organizational Characteristics and Interorganizational Networks", *Academy of Management Journal* 36 (1993): 106–138.

15. H. Fayol, *General and Industrial Management*, trad. C. Storrs (London: Pitman Publishing, 1949).

16. M. Weber, *The Theory of Social and Economic Organization*, trad. e ed. A. M. Henderson e T. Parsons (New York: Free Press, 1947).

17. Fayol, *General and Industrial Management*.

18. C. Zillman, "With Co-CEOs, Companies Flirt with Disaster", *Fortune*, 20 de setembro de 2014,

acesso em 1 de maio de 2015, http://fortune.com/2014/09/20/oracle-two-ceos-disaster/; M. Chan, "Ellison Was the Longest-Tenured Tech CEO. Who Is Now?" *BloombergBusinessweek*, 9 de setembro de 2014, acesso em 1 de maio de 2015, http://www.bloomberg.com/news/2014-09-19/ellison-was-the-longest-tenured-tech-ceo-who-is-it-now-.html.

19. A. Lashinsky, "Inside Apple, from Steve Jobs Down to the Janitor: How America's Most Successful —and Most Secretive—Big Company Really Works", *Fortune*, 23 de maio de 2011, 125–134.

20. H. Gayle, "Corner Office: Helene Gayle of CARE, on Managers as Dual citizens", entrevistado por A. Bryant, *New York Times*, 22 de junho de 2013, acesso em 16 de junho de 2014, http://www.nytimes.com/2013/06/23/business/helene-gayle-of-care-on-managers-as-dual-citizens.html?_r=1&.

21. J. Jargon, "McDonald's Plans to Change U.S. Structure", *Wall Street Journal*, 20 de outubro de 2014, acesso em 5 de maio de 2015, http://www.wsj.com/articles/mcdonalds-to-change-u-s-structure-1414695278.

22. E. E. Lawler, S. A. Mohrman, e G. E. Ledford, *Creating High Performance Organizations: Practices and Results of Employee Involvement and Quality Management in Fortune 1000 Companies* (San Francisco: Jossey-Bass, 1995).

23. Y. Kubota, "Toyota Unveils Revamped Manufacturing Process", *Wall Street Journal*, 26 de março de 2015, acesso em 1 de maio de 2015, http://www.wsj.com/articles/toyota-unveils-revamped-manufacturing-process-1427371432.

24. "Economists Notebook: Hospitality Employee Turnover Rose in 2014", National Restaurant Association, de março de 11, 2015, acesso em de maio de 1, 2015, http://www.restaurant.org/News-Research/News/Hospitality-employee-turnover-rose-in-2014.

25. R. W. Griffin, *Task Design* (Glenview, IL: Scott, Foresman, 1982).

26. F. Herzberg, *Work and the Nature of Man* (Cleveland, OH: World Press, 1966).

27. R. Hackman e G. R. Oldham, *Work Redesign* (Reading, MA: Addison-Wesley, 1980).

28. T. Burns e G. M. Stalker, *The Management of Innovation* (London: Tavistock, 1961).

29. Hammer e Champy, *Reengineering the Corporation*.

30. Ibid.

31. J. D. Thompson, *Organizations in Action* (New York: McGraw-Hill, 1967).

32. G. James, "World's Worst Management Fads", *Inc.*, 10 de maio de 2013, acesso em 1 de maio de 2015 http://www.inc.com/geoffrey-james/worlds-worst -management-fads.html.

33. J. B. White, " 'Next Big Thing': Re-Engineering Gurus Take Steps to Remodel Their Stalling Vehicles", *Wall Street Journal Interactive*, 26 de novembro de 1996.

34. C. Tuna, "Remembrances: Champion of 'Re-Engineering' Saved Companies, Challenged Thinking", *Wall Street Journal*, 6 de setembro de 2008, A12.

35. G. M. Spreitzer, "Individual Empowerment in the Workplace: Dimensions, Measurement, and Validation", *Academy of Management Journal* 38 (1995): 1442–1465.

36. D. Vidalon e P. Denis, "Carrefour Bets on Store Bosses in French Revamp", cNBC, 12 de março de 2013, acesso em 8 de julho de 2014, http://article.wn.com/view/2013/03/12/Carrefour_bets_on_store_bosses_in_French_revamp/.

37. K. W. Thomas e B. A. Velthouse, "Cognitive Elements of Empowerment", *Academy of Management Review* 15 (1990): 666–681.

38. C. Gallo, "How Wegmans, Apple Store and Ritz-Carlton Empower Employees to Offer Best -in-Class Service", *Retail Customer Experience*, 27 de dezembro de 2012, acesso em 12 de junho de 2013, http://www.retailcustomerexperience.com/article/205849/How-Wegmans-Apple-Store-and-Ritz-Carlton-empower-employees-to-offer-best-in-class-service.

39. K. D. Backer e S. Miroudot (2013), "Mapping Global Value Chains", *OECD Trade Policy Papers*, No. 159, OECD Publishing, 19 de dezembro de 2013, acesso em 8 de julho de 2014, http://dx.doi.org/10.1787/5k3v1trgnbr4-en.

40. W. Bulkeley, "New IBM Jobs Can Mean Fewer Jobs Elsewhere", *Wall Street Journal*, 8 de março de 2004, B1.

41. H. Thomas, "Pharma Companies' Cost Cuts Could Be a Tonic for Quintiles", *Wall Street Journal*, 21 de dezembro de 2013, B14.

42. C. C. Snow, R. E. Miles e H. J. Coleman, Jr., "Managing 21st Century Network Organizations", *Organizational Dynamics*, Inverno de 1992, 5–20.

43. J. H. Sheridan, "The Agile Web: A Model for the Future?" *Industry Week*, 4 de março de 1996, 31.

10

1. B. Dumaine, "The Trouble with Teams", *Fortune*, 5 de setembro de 1994, 86–92.

2. K. C. Stag, E. Salas e S. M. Fiore, "Best Practices in Cross Training Teams", in *Workforce Cross Training Handbook*, ed. D. A. Nembhard (Boca Raton, FL: CRC Press), 156–175.

3. M. Marks, "The Science of Team Effectiveness", *Psychological Science in the Public Interest* (dezembro de 2006): pi–i.

4. J. R. Katzenbach e D. K. Smith, *The Wisdom of Teams* (Boston: Harvard Business School Press, 1993).

5. S. G. Cohen e D. E. Bailey, "What Makes Teams Work: Group Effectiveness Research from the Shop Floor to the Executive Suite", *Journal of Management* 23, no. 3 (1997): 239–290.

6. S. E. Gross, *Compensation for Teams* (NewYork: American Management Association, 1995);

B. L. Kirkman e B. Rosen, "Beyond Self-Management: Antecedents and Consequences of Team Empowerment", *Academy of Management Journal* 42 (1999): 58–74; G. Stalk e T. M. Hout, *Competing Against Time: How Time-Based Competition Is Reshaping Global Markets* (New York: Free Press, 1990); S. C. Wheelwright e K. B. Clark, *Revolutionizing New Product Development* (New York: Free Press, 1992).

7. D. A. Harrison, S. Mohamed, J. E. McGrath, A. T. Florey e S. W. Vanderstoep, "Time Matters in Team Performance: Effects of Member Familiarity, Entrainment, and Task Discontinuity on Speed and Quality", *Personnel Psychology* 56, no. 3 (agosto de 2003): 633–669.

8. R. Parsons, "Barclays Seeks 'Voice of Customer' for Rebuilding Efforts", *Marketing Week*, 20 de setembro de 2013, 12.

9. M. Iqbal, "Blog Archives: Barclays Bank", The Customer & Leadership Blog, 9 de maio de 2014, acesso em 8 de julho de 2014, http://thecustomerblog.co.uk/tag/barclays-bank/.

10. R. D. Banker, J. M. Field, R. G. Schroeder e K. K. Sinha, "Impact of Work Teams on Manufacturing Performance: A Longitudinal Field Study", *Academy of Management Journal* 39 (1996): 867–890.

11. "Entire Organization Rallies to Improve Product Ratings, Sales", *Bazaarvoice*, acesso em 21 de maio de 2011, http://www.bazaarvoice.com/resources/case-studies/entire-organization-rallies-improve-product-ratings-sales.

12. J. L. Cordery, W. S. Mueller e L. M. Smith, "Attitudinal and Behavioral Effects of Autonomous Group Working: A Longitudinal Field Study", *Academy of Management Journal* 34 (1991): 464–476; T. D. Wall, N. J. Kemp, P. R. Jackson e C. W. Clegg, "Outcomes of Autonomous Workgroups: A Long-Term Field Experiment", *Academy of Management Journal* 29 (1986): 280–304.

13. "Great Little Box Company: A Team Approach to Success", *Industry Canada*, 7 de maio de 2012, acesso em 13 de junho de 2013, http://www.ic.gc.ca/eic/site/061.nsf/eng/rd02456.html.

14. R. Silverman, "At Zappos, Some Employees Find Offer to Leave Too Good to Refuse", *Wall Street Journal*, 7 de maio de 2015, acesso em 8 de maio de 2015, http://www.wsj.com/articles/at-zappos-some-employees-find-offer-to-leave-too-good-to-refuse-1431047917?KEYWORDS=zappos.

15. R. Liden, S. Wayne, R. Jaworski e N. Bennett, "Social Loafing: A Field Investigation", *Journal of Management* 30 (2004): 285–304.

16. J. George, "Extrinsic and Intrinsic Origins of Perceived Social Loafing in Organizations", *Academy of Management Journal* 35 (1992): 191–202.

17. T. T. Baldwin, M. D. Bedell e J. L. Johnson, "The Social Fabric of a Team-Based M.B.A. Program: Network Effects on Student Satisfaction and Performance", *Academy of Management Journal* 40 (1997): 1369–1397.

18. K. H. Price, D. A. Harrison e J. H. Gavin, "Withholding Inputs in Team Contexts: Member Composition, Interaction Processes, Evaluation Structure and Social Loa ng", *Journal of Applied Psychology* 91(6) (2006): 1375–1384.

19. L. P. Tost, F. Gino e R. P. Larrick, "When Power Makes Others Speechless: The Negative Impact of Leader Power on Team Performance", *Academy of Management Journal* 35, no. 5, 1 de outubro de 2013, 1465–1486, acesso em 16 de junho de 2014, http://amj.aom.org/content/56/5/1465.

20. C. Joinson, "Teams at Work", *HR Magazine*, 1 de maio de 1999, 30.

21. R. Wageman, "Critical Success Factors for Creating Superb Self-Managing Teams", *Organizational Dynamics* 26, no. 1 (1997): 49–61.

22. R. Etherington, "Audi Announces New Design Strategy", *Dezeen*, 19 de dezembro de 2012, acesso em 13 de junho de 2013, http://www.dezeen.com/2012/12/19/audi-announces-new-car-design-strategy/.

23. Kirkman e Rosen, "Beyond Self- Management: Antecedents and Consequences of Team Empowerment."

24. K. Kelly, "Managing Workers Is Tough Enough in Theory. When Human Nature Enters the Picture, It's Worse", *BusinessWeek*, 21 de outubro de 1996, 32.

25. S. Easton e G. Porter, "Selecting the Right Team Structure to Work in Your Organization", in *Handbook of Best Practices for Teams*, vol. 1, ed. G. M. Parker (Amherst, MA: Irwin, 1996).

26. S. Wilhelm, "Quadrupling 787 Production Won't Be Easy for Boeing, Just Necessary", *Puget Sound Business Journal*, 10 de fevereiro de 2012, acesso em 12 de março de 2012, http://www.bizjournals.com/seattle/print-edition/2012/02/10/quadrupling-787-production-wont-be.html?page=all.

27. R. M. Yandrick, "A Team Effort: The Promise of Teams Isn't Achieved without Attention to Skills and Training", *HR Magazine*, junho de 2001, 46(6), 136–144.

28. "Self-Directed Teams Improve On-Time Delivery and Quality", *Manufacturing.net*, 29 de junho de 2012, acesso em 13 de junho de 2013, http://www.manufacturing.net/articles/2012/06/self-directed-teams-improve-on-time-delivery-and-quality.

29. R. Williams, "Self-Directed Work Teams: A Competitive Advantage", *Quality Digest*, acesso em 18 de novembro de 2009, http://www.qualitydigest.com.

30. Yandrick, "A Team Effort."

31. "Valve: Handbook for New Employees", Valve, acesso em 8 de maio de 2015, http://media.steampowered.com/apps/valve/Valve_Handbook_LowRes.pdf.

32. Ibid.

33. R. Silverman, "Who's the Boss? There Isn't One", *Wall Street Journal*, 19 de junho de 2012, acesso em 8 de maio de 2015, http://www.wsj.com/articles/SB10001424052702303379204577474953586383604.

34. R. J. Recardo, D. Wade, C. A. Mention, e J. Jolly, *Teams* (Houston: Gulf Publishing Co., 1996).

35. D. R. Denison, S. L. Hart e J. A. Kahn, "From Chimneys to Cross-Functional Teams: Developing and Validating a Diagnostic Model", *Academy of Management Journal* 39, no. 4 (1996): 1005–1023.

36. A. M. Townsend, S. M. DeMarie e A. R. Hendrickson, "Virtual Teams: Technology and the Workplace of the Future", *Academy of Management Executive* 13, no. 3 (1998): 17–29.

37. F. Rendón, "Understanding the Proliferation of Virtual Teams in the Global Economy", *Huffington Post*, 28 de abril de 2014, acesso em 16 de junho de 2014, http://www.huffingtonpost.com/frankie-rendon/understanding-the-prolife_b_5212366.html.

38. M. E. Slater, "How to Effectively Delegate to Your Remote Team", *Startup Collective*, acesso em 8 de maio de 2015, http://startupcollective.com/effectively-delegate-remote-team/.

39. N. Radley, "Survey: How Team Members Prefer to Communicate on Virtual Projects", Software Advice, 17 de julho de 2014, acesso em 8 de maio de 2015, http://blog.softwareadvice.com/articles/project-management/survey-communication virtual-projects-0714/.

40. Slater, "How to Effective Delegate to Your Remote Team."

41. Ibid.

42. D. Mankin, S. G. Cohen e T. K. Bikson, *Teams and Technology: Fulfilling the Promise of the New Organization* (Boston: Harvard Business School Press, 1996).

43. A. P. Ammeter e J. M. Dukerich, "Leadership, Team Building, and Team Member Characteristics in High Performance Project Teams", *Engineering Management* 14, no. 4 (2002, dezembro de3–11.

44. K. Lovelace, D. Shapiro e L. Weingart, "Maximizing Cross-Functional New Product Teams' Innovativeness and Constraint Adherence: A Conflict Communications Perspective", *Academy of Management Journal* 44 (2001): 779–793.

45. L. Holpp e H. P. Phillips, "When Is a Team Its Own Worst Enemy?" *Training*, 1 de setembro de 1995, 71.

46. S. Asche, "Opinions and Social Pressure", *Scientific American* 193 (1995): 31–35.

47. J. Stephens, "Corner Office: Rah-Rah Isn't for Everyone", entrevistado por A. Bryant, *New York Times*, 9 de abril de 2010, acesso em 11 de junho de 2010, http://www.nytimes.com/2010/04/11/business/11corner.html?pagewanted=.

48. S. G. Cohen, G. E. Ledford e G. M. Spreitzer, "A Predictive Model of Self-Managing Work Team Effectiveness", *Human Relations* 49, no. 5 (1996): 643–676.

49. R. Collett, "How to Improve Product Development Productivity—Lessons from the Checklist Manifesto", *The EE Compendium: The Home of Electronic Engineering and Embedded Systems Programming*, acesso em de 22 maio de 2011, http://ee.cleversoul.com/news/lessons-from-the-checklist-manifesto.html.

50. "Institute for Healthcare Improvement: World Health Organization (WHO) Surgical Safety Checklist and Getting Started Kit", World Health Organization, acesso em 9 de julho de 2014, http://www.ihi.org/resources/Pages/Tools/WHOSurgicalSafetyChecklistGettingStartedKit.aspx; M. Semel, S. Resch, A. Haynes, L. Funk, A. Bader, W. Berry, T. Weiser e A. Gawande, "Adopting a Surgical Safety Checklist Could Save Money and Improve the Quality of Care in US Hospitals", *Health Affairs* 29, no. 9 (2010): 1593–1599.

51. K. Bettenhausen e J. K. Murnighan, "The Emergence of Norms in Competitive Decision-Making Groups", *Administrative Science Quarterly* 30 (1985): 350–372.

52. M. E. Shaw, *Group Dynamics* (New York: McGraw Hill, 1981).

53. E. Levenson, "The Power of an Idea", *Fortune*, 12 de junho de 2006, 131.

54. R. E. Silverman, "Tracking Sensors Invade the Workplace", *Wall Street Journal*, 7 de março de 2013, acesso em 16 de junho de 2014, http://online.wsj.com/news/articles/SB10001424127887324034804578344303429080678.

55. S. M. Gully, D. S. Devine e D. J. Whitney, "A Meta-Analysis of Cohesion and Performance: Effects of Level of Analysis and Task Interdependence", *Small Group Research* 26, no. 4 (1995): 497–520.

56. B. Cohen, "Golden State: The Team That Eats Together", *Wall Street Journal*, 11 de fevereiro de 2015, acesso em 8 de maio de 2015, http://www.wsj.com/articles/golden-state-the-team-that-eats-together-1423682960.

57. Gully, Devine e Whitney, "A Meta-Analysis of Cohesion and Performance."

58. F. Tschan e M. V. Cranach, "Group Task Structure, Processes and Outcomes", in *Handbook of Work Group Psychology*, ed. M. A. West (Chichester, UK: Wiley, 1966); J. Lublin, "Smaller Boards Get Bigger Returns", *Wall Street Journal*, 26 de agosto de 2014, acesso em 3 de maio de 2015, http://www.wsj.com/articles/smaller-boards-get-bigger-returns-1409078628.

59. J. Lublin, "Smaller Boards Get Bigger Returns", *Wall Street Journal*, 26 de agosto de 2014, acesso em 8 de maio de 2015, http://www.wsj.com/articles/smaller-boards-get-bigger-returns-1409078628.

60. Ibid.

61. Ibid.

62. D. E. Yeatts e C. Hyten, *High-Performing Self-Managed Work Teams* (Thousand Oaks, CA: Sage Publications, 1998); H. M. Guttman e R. S. Hawkes, "New Rules for Strategic Development", *Journal of Business Strategy* 25, no. 1 (2004): 34–39.

63. Yeatts e Hyten, *High-Performing Self- Managed Work Teams*; J. Colquitt, R. Noe e C. Jackson, "Justice in Teams: Antecedents and Consequences of Procedural Justice Climate", *Personnel Psychology*, 1 de abril de 2002, 83.

64. D. S. Kezsbom, "Re-Opening Pandora's Box: Sources of Project Team Conflict in the '90s", *Industrial Engineering* 24, no. 5 (1992): 54–59.

65. A. C. Amason, W. A. Hochwarter e K. R. Thompson, "Conflict: An Important Dimension in Successful Management Teams", *Organizational Dynamics* 24 (1995): 20.

66. A. C. Amason, "Distinguishing the Effects of Functional and Dysfunctional Conflict on Strategic Decision Making: Resolving a Paradox for Top Management Teams", *Academy of Management Journal* 39, no. 1 (1996): 123–148.

67. K. M. Eisenhardt, J. L. Kahwajy e L. J. Bourgeois III, "How Management Teams Can Have a Good Fight", *Harvard Business Review* 75, no. 4 (julho–agosto de 1997): 77–85.

68. S. Shellenbarger, "Meet the Meeting Killers", *Wall Street Journal*, 15 de maio de 2012, acesso em 8 de maio de 2015, http://www.wsj.com/articles/SB10001424052702304192704577404434001058726.

69. Eisenhardt, Kahwajy e Bourgeois III, "How Management Teams Can Have a Good Fight."

70. C. Nemeth e P. Owens, "Making Work Groups More Effective: The Value of Minority Dissent", in *Handbook of Work Group Psychology*, ed. M. A. West (Chichester, UK: Wiley, 1996).

71. J. M. Levin e R. L. Moreland, "Progress in Small Group Research", *Annual Review of Psychology* 9 (1990): 72–78; S. E. Jackson, "Team Composition in Organizational Settings: Issues in Managing a Diverse Work Force", in *Group Processes and Productivity*, ed. S. Worchel, W. Wood, e J. Simpson (Beverly Hills, CA: Sage, 1992).

72. J. Lublin, "Arguing with the Boss: A Winning Career Strategy", *Wall Street Journal*, 9 de agosto de 2012, acesso em 8 de maio de 2015, http://www.wsj.com/articles/SB10000872396390443991704577579201 122821724.

73. Eisenhardt, Kahwajy e Bourgeois, "How Management Teams Can Have a Good Fight."

74. Ibid.

75. B. W. Tuckman, "Development Sequence in Small Groups", *Psychological Bulletin* 63, no. 6 (1965): 384–399.

76. Gross, *Compensation for Teams*.

77. J. F. McGrew, J. G. Bilotta e J. M. Deeney, "Software Team Formation and Decay: Extending the Standard Model for Small Groups", *Small Group Research* 30, no. 2 (1999): 209–234.

78. J. Case, "What the Experts Forgot to Mention: Management Teams Create New Difficulties, But Succeed for XEL Communication", *Inc.*, 1 de setembro de 1993, 66.

79. J. R. Hackman, "The Psychology of Self-Management in Organizations", in *Psychology and Work: Productivity, Change, and Employment*, ed. M. S. Pallak e R. Perloff (Washington, DC: American Psychological Association, 1986), 85–136.

80. A. O'Leary-Kelly, J. J. Martocchio e D. D. Frink, "A Review of the Influence of Group Goals on Group Performance", *Academy of Management Journal* 37, no. 5 (1994): 1285–1301.

81. A. Zander, "The Origins and Consequences of Group Goals", in *Retrospections on Social Psychology*, ed. L. Festinger (New York: Oxford University Press, 1980), 205–235.

82. M. Erez e A. Somech, "Is Group Productivity Loss the Rule or the Exception? Effects of Culture and Group-Based Motivation", *Academy of Management Journal* 39, no. 6 (1996): 1513–1537.

83. S. Sherman, "Stretch Goals: The Dark Side of Asking for Miracles", *Fortune*, 13 de novembro de 1995.

84. J. Muller, "GM's New Goal Is a Stretch: Auto Industry's MVP", *Forbes*, 31 de janeiro de 2013, acesso em 13 de junho de 2013, http://www.forbes.com/sites/joannmuller/2013/01/31/gms-new-goal-seems-a-bit-of-a-stretch-auto-industrys-mvp/.

85. K. R. Thompson, W. A. Hochwarter e N. J. Mathys, "Stretch Targets: What Makes Them Effective?" *Academy of Management Executive* 11, no. 3 (1997): 48–60.

86. B. Stone, "Inside Google's Secret Lab—*Businessweek*", 22 de maio de 2013, acesso em 9 de julho de 2014, http://www.businessweek.com/articles/2013-05-22/inside-googles-secret-lab.

87. Dumaine, "The Trouble with Teams."

88. G. A. Neuman, S. H. Wagner e N. D. Christiansen, "The Relationship Between Work-Team Personality Composition and the Job Performance of Teams", *Group & Organization Management* 24, no. 1 (1999): 28–45.

89. M. A. Campion, G. J. Medsker e A. C. Higgs, "Relations Between Work Group Characteristics and Effectiveness: Implications for Designing Effective Work Groups", *Personnel Psychology* 46, no. 4 (1993): 823–850.

90. B. L. Kirkman e D. L. Shapiro, "The Impact of Cultural Values on Employee Resistance to Teams: Toward a Model of Globalized Self-Managing Work Team Effectiveness", *Academy of Management Review* 22, no. 3 (1997): 730–757.

91. J. Pavlus, "SAP Looks to XRX for R&D Inspiration", *Bloomberg Businessweek*, 2-8 de fevereiro de 2015, p. 32.

92. A. Galinsky, "Is Your Team Too Talented", Columbia Ideas at Work, 30 de outubro de 2014, acesso em 8 de maio de 2015, http://www8.gsb.columbia.edu/ideas-at-work/publication/1700.

93. J. Bunderson e K. Sutcliffe, "Comparing Alternative Conceptualizations of Functional Diversity in Management Teams: Process and Performance Effects", *Academy of Management Journal* 45 (2002): 875–893.

94. A. Zynga, "The Cognitive Bias Keeping Us from Innovating", *Harvard Business Review* (HBR Blog Network), 13 de junho de 2013, acesso em 16 de junho de 2014, http://blogs.hbr.org/2013/06/the-cognitive-bias-keeping-us-from/#disqus_thread.

95. J. Hackman, "New Rules for Team Building—The Times Are Changing—And So Are the Guidelines for Maximizing Team Performance", *Optimize*, 1 de julho de 2002, 50.

96. Joinson, "Teams at Work."

97. Strozniak, "Teams at Work."

98. Ibid.

99. P. Nicholas, "It's All About Flight or Fight", *Weekend Australian*, 14 de março de 2009, 1.

100. Wellins, Byham e Dixon, *Inside Teams*.

101. E. Salas, D. DiazGranados, C. Klein, C. Burke, K. Stagl, G. Goodwin e S. Halpin, "Does Team Training Improve Team Performance? A Meta-Analysis", *Human Factors* 50, no. 6 (2008): 903–933.

102. S. Caudron, "Tie Individual Pay to Team Success", *Personnel Journal* 73, no. 10 (outubro de 1994): 40.

103. Ibid.

104. Gross, *Compensation for Teams*.

105. G. Ledford, "Three Case Studies on Skill-Based Pay: An Overview", *Compensation & Benefits Review* 23, no. 2 (1991): 11–24.

106. T. Law, "Where Loyalty Is Rewarded", *The Press*, 29 de setembro de 2008, Business Day 4.

107. J. R. Schuster e P. K. Zingheim, *The New Pay: Linking Employee and Organizational Performance* (New York: Lexington Books, 1992).

108. Cohen e Bailey, "What Makes Teams Work."

109. R. Allen e R. Kilmann, "Aligning Reward Practices in Support of Total Quality Management", *Business Horizons* 44 (maio de 2001): 77–85.

11

1. J. Emshwiller e G. Fields, "Decadeslong Arrest Wave Vexes Employers", *Wall Street Journal*, 12 de dezembro de 2014, acesso em 7 de maio de 2015, http://www.wsj.com/articles/decadeslong-arrest-wave-vexes-employers-1418438092.

2. S. Thurm, "Background Checks Fuel Jobs Debate", *Wall Street Journal*, 11 de junho de 2013, acesso em 7 de maio de 2015, http://www.wsj.com/articles/SB10001424127887323495604578539283518855020.

3. Ibid.

4. Emshwiller e Fields, "Decadeslong Arrest Wave Vexes Employers."

5. "Genetic Information Discrimination", U.S. Equal Employment Opportunity Commission, acesso em 9 de julho de 2014, http://www.eeoc.gov/laws/types/genetic.cfm.

6. K. McGowan, "Barring Male Guards for Female Inmates Might Violate Title VII, Ninth Circuit Rules", *Bloomberg BNA*, 8 de julho de 2014, acesso em 7 de maio de 2015, http://www.bna.com/barring-male-guards-n17179891923/.

7. P. S. Greenlaw e J. P. Kohl, "Employer 'Business' and 'Job' Defenses in Civil Rights Actions", *Public Personnel Management* 23, no. 4 (1994): 573.

8. Greenlaw e Kohl, "Employer 'Business' and 'Job' Defenses in Civil Rights Actions."

9. City News Service, "66-Year-Old Man Awarded $26 Million in Age Discrimination Lawsuit", *Los Angeles Daily News*, 27 de fevereiro de 2014, acesso em 9 de julho de 2014, http://www.dailynews.com/general-news/20140227/66-year-old-man-awarded-26-million-in-age-discrimination-lawsuit-against-staples.

10. W. Peirce, C. A. Smolinski e B. Rosen, "Why Sexual Harassment Complaints Fall on Deaf Ears", *Academy of Management Executive* 12, no. 3 (1998): 41–54.

11. R. Gray, "First Student to Pay $150K to Settle Sexual Harassment, Retaliation Suit", *School Transportation News*, 4 de fevereiro de 2011, acesso em 23 de maio de 2011, http://stnonline.com/index.php/news/blogs/item/3104-first-student-to-pay-$150k-to-settle-sexual-harassment-retaliation-suit.

12. E. Francis, "$168 Million Awarded to Woman Harassed in 'Raunchy' Cardiac Surgery Unit", ABC News, 2 de março de 2012, acesso em 9 de julho de 2014, http://abcnews.go.com/US/LegalCenter/168-million-awarded-woman-harassed-raunchy-cardiac-surgery/story?id=15835342&singlePage=true.

13. Peirce, Smolinski e Rosen, "Why Sexual Harassment Complaints Fall on Deaf Ears."

14. Ibid.

15. E. Larson, "The Economic Costs of Sexual Harassment", *The Freeman 46*, agosto de 1996, acesso em 13 de agosto de 2008, http://fee.org/freeman/the-economic-costs-of-sexual-harassment.

16. G. Hyland-Savage, "General Management Perspective on Staffing: The Staffing Commandments", in *On Staffing*, eds. N. C. Bukholder, P. J. Edwards, Jr. e L. Sartain (Hoboken, NJ: Wiley, 2004), 280.

17. R. D. Gatewood e H. S. Field, *Human Resource Selection* (Fort Worth, TX: Dryden Press, 1998).

18. Ibid.

19. E. Gaydos, "Three Awesome Examples of Great Job Descriptions", *TLNT*, 2 de agosto de 2012, acesso em 14 de junho de 2013, http://www.tlnt.com/2012/08/02/three-awesome-examples-of-great-job-descriptions/.

20. *Griggs v. Duke Power Co.*, 401 US 424, 436 (1971); *Albemarle Paper Co. v. Moody*, 422 US 405 (1975).

21. R. E. Silverman e N. Waller, "The Algorithm That Tells the Boss Who Might Quit", *Wall Street Journal*, 13 de março de 2015, acesso em 5 de maio de 2015, http://www.wsj.com/articles/the-algorithm-that-tells-the-boss-who-might-quit-1426287935.

22. J. A. Breaugh, *Recruitment: Science and Practice* (Boston: PWSKent, 1992).

23. R. Albergotti, "LinkedIn Wants to Help You Stay at Your Company", *Wall Street Journal* (blog), 10 de abril de 2014, acesso em 17 de junho de 2014, http://blogs.wsj.com/atwork/2014/04/10/linkedin-wants-to-help-you-stay-at-your-company/.

24. Ibid.

25. R. Silverman e L. Weber, "An Inside Job: More Firms Opt to Recruit from Within", *Wall Street Journal*, 29 de maio de 2012, acesso em 14 de junho de 2013, http://online.wsj.com/article/SB10001424052702303395604577434563715828218.html.

26. L. Klaff, "New Internal Hiring Systems Reduce Cost and Boost Morale", *Workforce Management* 83 (março de 2004): 76–79.

27. R. Silverman e L. Weber, "An Inside Job: More Firms Opt to Recruit from Within", *Wall Street Journal*, 29 de maio de 2012, acesso em 14 de junho de 2013, http://online.wsj.com/article/SB10001424052702303395604577434563715828218.html.

28. R. E. Silverman, "Climbing the Career Ladder with Help", *Wall Street Journal*, 14 de janeiro de 2015, B6.

29. Ibid.

30. J. Dao, "Wal-Mart Plans to Hire Any Veteran Who Wants a Job", *The New York Times*, 14 de janeiro de 2013, acesso em 14 de junho de 2013, http://www.nytimes.com/2013/01/15/us/wal-mart-to-announce-extensive-plan-to-hire-veterans.html?_r=1.

31. J. Breaugh e M. Starke, "Research on Employee Recruitment: So Many Studies, So Many Remaining Questions", *Journal of Management* 26 (2000): 405–434.

32. J. J. Colao, "The Facebook Job Board Is Here: Recruiting Will Never Look the Same", *Forbes*, 14 de novembro de 2012, acesso em 5 de maio de 2015, http://www.forbes.com/sites/jjcolao/2012/11/14/the-facebook-job-board-is-here-recruiting-will-never-look-the-same/; J. Zappe, "Now Almost Gone: The Decline of Print-Based Help-Wanted Ads", Source Con, 20 de março de 2012, acesso em 5 de maio de 2015, http://www.sourcecon.com/news/2012/03/20/now-almost-gone-the-decline-of-print-based-help-wanted-ads/.

33. *2014 Jobvite Job Seeker Nation Study*, Jobvite, acesso em 5 de maio de 2015, http://web.jobvite.com/rs/jobvite/images/2014%20Job%20Seeker%20Survey.pdf.

34. S. Akiode, "The Social Recruiting Pocket Guide", Herd Wisdom, 9 de junho de 2013, acesso em 5 de maio de 2015, http://socialmeep.com/infographic-the-social-recruiting-pocket-guide/.

35. R. E. Silverman, "New Year, New Job? Read This First", *Wall Street Journal*, 2 de janeiro de 2015, B1, B4.

36. Ibid.

37. N. Buhayar, "Be a Grand Pooh-Bah of Probability", *Bloomberg Businessweek*, 16–22 de março de 2015, pp. 34–35.

38. C. Gordon, "Getting a Job at Facebook: Inside the 'Meritocratic' Hiring Process", *AOL Jobs*, 5 de outubro de 2012, acesso em 14 de junho de 2013, http://jobs.aol.com/articles/2012/10/05/want-to-get-a-job-at-facebook-weve-demystified-the-hiring-proc/.

39. C. Camden e B. Wallace, "Job Application Forms: A Hazardous Employment Practice", *Personnel Administrator* 28 (1983): 31–32.

40. J. Valentino-Devries, "Bosses May Use Social Media to Discriminate Against Job Seekers", *Wall Street Journal*, 20 de novembro de 2013, acesso em 10 de julho de 2014, http://online.wsj.com/news/articles/SB10001424052702303755504579208304255139392.

41. "Fifty-Eight Percent of Employers Have Caught a Lie on a Résumé, According to a New Career- Builder Survey", CareerBuilder.com, 7 de agosto de 2014, acesso em 7 de maio de 2015, http://www.careerbuilder.com/share/aboutus/pressreleasesdetail.aspx?sd=8%2F7%2F2014&id=pr837&ed=12%2F31%2F2014.

42. D. Kerr, "Uber's Background Checks Don't Catch Criminals", Cnet.com, 17 de abril de 2015, acesso em 5 de maio de 2015, http://www.cnet.com/news/ubers-background-checks-dont-catch-criminals-says-houston/.

43. S. Adler, "Verifying a Job Candidate's Background: The State of Practice in a Vital Human Resources Activity", *Review of Business* 15, n. 2 (1993/1994): 3–8.

44. W. Woska, "Legal Issues for HR Professionals: Reference Checking/Background Investigations", *Public Personnel Management* 36 (Primavera de 2007): 79–89.

45. "More Than 70 Percent of HR Professionals Say Reference Checking Is Effective in Identifying Poor Performers", *Society for Human Resource Management*, acesso em 3 de fevereiro de 2005, http://www.shrm.org/press_published/CMS_011240.asp.

46. P. Babcock, "Spotting Lies: The High Cost of Careless Hiring", *HR Magazine* 48, n. 10 (outubro de 2003).

47. E. Leizerman, "Oregon Jury Renders $5.2M Verdict Against Trucking Broker and Driver in Negligent Hiring Case", *PRWeb*, 6 de março de 2012, acesso em 14 de junho de 2013, http://www.prweb.com/releases/2012/3/prweb9258166.htm.

48. M. Le, T. Nguyen e B. Kleiner, "Legal Counsel: Don't Be Sued for Negligent Hiring", *Nonprofit World*, 1 de maio de 2003, 14–15.

49. "SHRM FInds Fewer Employers Using Back- ground Checks in Hiring", 19 de julho de 2012, acesso em 5 de maio de 2015, http://www.shrm.org/about/pressroom/pressreleases/pages/backgroundchecks.aspx.

50. D. Belkin, "More Job Seekers Scramble to Erase Their Criminal Past", *Wall Street Journal*, 11 de novembro de 2009, A1.

51. J. Emshwiller e G. Fields, "Decadeslong Arrest Wave Vexes Employers."; S. Thurm, "Back- ground Checks Fuel Jobs Debate", *Wall Street Journal*, 11 de junho de 2013, acesso em 7 de maio de 2015, http://www.wsj.com/articles/SB10001424127887323 495604578539283518855020.

52. A. Athavaley, "Job References You Can't Control", *Wall Street Journal*, 27 de setembro de 2007, D1.

53. C. Cohen, "Reference Checks", *CA Magazine*, novembro de 2004, 41.

54. Keith J. Winstein, "Inflated Credentials Surface in Executive Suite", *Wall Street Journal*, 13 de novembro de 2008, acesso em 30 de maio de 2011, http://online.wsj.com/article/SB122652836844 922165.html.

55. B. Ellis, "For Hire: Professional Liars for Job Seekers", *CNN Money*, 17 de julho de 2013, acesso em 10 de julho de 2014, http://money.cnn.com/2013/07/17/pf/professional-liars/.

56. L. Weber, "To Get a Job, New Hires Are Put to the Test", *Wall Street Journal*, 15 de abril de 2015, A1, A10.

57. D. Hambrick e C. Chabris, "Yes, IQ Really Matters", *Slate*, 14 de abril de 2014, acesso em 10 de julho de 2014, http://www.slate.com/articles/health_and_science/science/2014/04/what_do_sat_and_iq_tests_measure_general_intelligence_predicts_school_and.html.

58. J. Hunter, "Cognitive Ability, Cognitive Aptitudes, Job Knowledge, and Job Performance", *Journal of Vocational Behavior* 29 (1986): 340–362.

59. F. L. Schmidt, "The Role of General Cognitive Ability and Job Performance: Why There Cannot Be a Debate", *Human Performance* 15 (2002): 187–210.

60. D. Hambrick e C. Chabris, "Yes, IQ Really Matters."

61. E. E. Cureton, "Comment", in *Research Conference on the Use of Autobiographical Data as Psychological Predictors*, ed. E. R. Henry (Greensboro, NC: The Richardson Foundation, 1965), 13.

62. J. R. Glennon, L. E. Albright e W. A. Owens, *A Catalog of Life History Items* (Greensboro, NC: The Richardson Foundation, 1966).

63. Gatewood e Field, *Human Resource Selection*.

64. R. E. Silverman, "New Year, New Job? Read This First", *Wall Street Journal*, 2 de janeiro de 2015, B1, B4.

65. L. Weber, "To Get a Job, New Hires Are Put to the Test", *Wall Street Journal*, 15 de abril de 2015, A1, A10.

66. M. S. Taylor e J. A. Sniezek, "The College Recruitment Interview: Topical Content and Applicant Reactions", *Journal of Occupational Psychology* 57 (1984): 157–168.

67. M. Harris, "Reconsidering the Employment Interview: A Review of Recent Literature and Suggestions for Future Research", *Personnel Psychology* (Inverno de 1989): 691–726.

68. Taylor e Sniezek, "The College Recruitment Interview."

69. C. Mims, "At Google, The Science of Working Better", *Wall Street Journal*, 29 de março de 2015, B1.

70. R. Burnett, C. Fan, S. J. Motowidlo e T. DeGroot, "Interview Notes and Validity", *Personnel Psychology* 51, (1998): 375–396; M. A. Campion, D. K. Palmer e J. E. Campion, "A Review of Structure in the Selection Interview", *Personnel Psychology* 50, no. 3 (1997): 655–702.

71. T. Judge, "The Employment Interview: A Review of Recent Research and Recommendations for Future Research", *Human Resource Management Review* 10, no. 4 (2000): 383–406.

72. J. Cortina, N. Goldstein, S. Payne, K. Davison e S. Gilliland, "The Incremental Validity of Interview Scores Over and Above Cognitive Ability and Conscientiousness Scores", *Personnel Psychology* 53, no. 2 (2000): 325–351; F. L. Schmidt e J. E. Hunter, "The Validity and Utility of Selection Methods in Personnel Psychology: Practical and Theoretical Implications of 85 Years of Research Findings", *Psychological Bulletin* 124, no. 2 (1998): 262–274.

73. K. Tyler, "Training Revs Up", *HR Magazine* (abril de 2005), *Society for Human Resource Management*, acesso em 23 de março de 2009, http://www.shrm.org.

74. "2013 State of the Industry", *ASTD Research*, 2013, acesso em 17 de junho de 2014, https://www.td.org/Publications/Research-Reports/2013/2013-State-of-the-Industry

75. S. Lupkin, "Texas Health Workers Use Tabasco to Help Train for Ebola", Good Morning America, 23 de outubro de 2014, acesso em 7 de maio de 2015, http://abcnews.go.com/Health/texas-health-workers -tabasco-train-ebola/story?id=26385702.

76. Lupkin, "Texas Health Workers Use Tabasco to Help Train for Ebola."

77. R. King, "The Games Companies Play", *Bloomberg Businessweek*, 4 de abril de 2011, acesso em 14 de março de 2012, http://www.bloomberg.com/bw/stories/2011-04-05/the-games-companies-playbusinessweek-business-news-stock-market-and-financial-advice; "Siemens' Plantville Celebrates One Year, Announces New Site Features", *Siemens*, 30 de março de 2012, http://news.usa.siemens.biz/press-release/industry/siemens-plantville-celebrates-one-year-announces-new-site-features

78. "Westinghouse University Case Study: Aligning a Corporate University to Meet the Needs of the Business", *CORP/U*, 1 de maio de 2012, acesso em 14 de junho de 2013, http://www.corpu.com/research/westinghouse-university-aligning-corporate-university-meet-needs-business/; L. Weber, "Fine-Tuning the Perfect Employee—Companies Take to Training Staff, New Hires to Make Up for Low-Skilled Workers", *Wall Street Journal*, 5 de dezembro de 2011, B9.

79. D. L. Kirkpatrick, "Four Steps to Measuring Training Effectiveness", *Personnel Administrator* 28 (1983): 19–25.

80. L. Bassi, J. Ludwig, D. McMurrer e M. Van Buren, "Profiting from Learning: Do Firms' Investments in Education and Training Pay Off?" *American Society for Training and Development*, acesso em 14 de agosto de 2008, https://www.td.org/Publications/Research-Reports/2000/Profiting-from-Learning

81. Daley, "It's Shaping Up to Be a Good Year", *Entrepreneur*, janeiro de 2014, 92.

82. S. Culbert, "Get Rid of the Performance Review!" *Wall Street Journal*, 21 de junho de 2012, acesso em 14 de junho de 2013, http://www.wsj.com/articles/SB122426318874844933.

83. D. Murphy, "Are Performance Appraisals Worse Than a Waste of Time? Book Derides Unintended Consequences", *San Francisco Chronicle*, 9 de setembro de 2001, W1.

84. K. R. Murphy e J. N. Cleveland, *Understanding Performance Appraisal: Social, Organizational and Goal-Based Perspectives* (Thousand Oaks, CA: Sage, 1995).

85. R. Feintzeig, "The Trouble with Grading Employees", *Wall Street Journal*, 22 de abril de 2015, B1, B7.

86. U. J. Wiersma *and* G. P. Latham, "The Practicality of Behavioral Observation Scales, Behav- ioral Expectation Scales, and Trait Scales", *Personnel Psychology* 39 (1986): 619–628; U. J. Wiersma, P. T. Van Den Berg e G. P. Latham, "Dutch Reactions to Behavioral Observation, Behavioral Expectation, and Trait Scales", *Group & Organization Management* 20 (1995): 297–309.

87. D. J. Schleicher, D. V. Day, B. T. Mayes e R. E. Riggio, "A New Frame for Frame-of-Reference Training: Enhancing the Construct Validity of Assessment Centers", *Journal of Applied Psychology* (agosto de 2002): 735–746.

88. R. Feintzeig, "Everything Is Awesome! Why You Can't Tell Employees They're Doing a Bad Job", *Wall Street Journal*, 10 de fevereiro de 2015, acesso em 7 de maio de 2015, http://www.wsj.com/articles/everything-is-awesome-why-you-cant-tell-employees-theyre-doing-a-bad-job-1423613936.

89. R. Feintzeig, "TheTroublewithGradingEm- ployees", *Wall Street Journal*, 22 de abril de 2015, B1, B7.

90. H. H. Meyer, "A Solution to the Performance Appraisal Feedback Enigma", *Academy of Management Executive* 5, no. 1 (1991): 68–76;

G. C. Thornton, "Psychometric Properties of Self-Appraisals of Job Performance", *Personnel Psychology* 33 (1980): 263–271.

91. Thornton, "Psychometric Properties of Self-Appraisals of Job Performance."

92. J. Smither, M. London, R. Flautt, Y. Vargas e I. Kucine, "Can Working with an Executive Coach Improve Multisource Feedback Ratings Over Time? A Quasi-Experimental Field Study", *Personnel Psychology* (Primavera de 2003): 21–43.

93. A. Walker e J. Smither, "A Five-Year Study of Upward Feedback: What Managers Do with Their Results Matters", *Personnel Psychology* (Verão de 1999): 393–422.

94. K. Chu, "China: A Billion Strong But Short on Workers", *Wall Street Journal*, 1 de maio de 2013, acesso em 14 de junho de 2013, http://www.wsj.com/articles/SB10001424127887323798104578455 153999658318

95. K. Chu, "China Factories Try Karaoke, Speed Dating to Keep Workers", *Wall Street Journal*, 2 de maio de 2013, acesso em 11 de setembro de 2013, http://www.wsj.com/articles/SB10001424127887323 798104578452634075519230

96. G. T. Milkovich e J. M. Newman, Compensation, 4a. ed. (Homewood, IL: Irwin, 1993).

97. M. L. Williams e G. F. Dreher, "Compensation System Attributes and Applicant Pool Characteristics", *Academy of Management Journal* 35, no. 3 (1992): 571–595.

98. S. Quinton, "The Trader Joe's Lesson: How to Pay a Living Wage and Still Make Money in Retail", *The Atlantic*, 25 de março de 2013, acesso em 14 de junho de 2013, http://www.theatlantic.com/business/archive/2013/03/the-trader-joes-lesson-how-to-pay-a-living-wage-and-still-make-money-in-retail/274322/.

99. S. Cooper e C. Debaise, "Best Ways to Pay Your Sales Staff", *Bloomberg Businessweek*, 5 de junho de 2009, acesso em 6 de setembro de 2010, http://www.businessweek.com/magazine/content/09_66/s0906028668952.htm.

100. J. Blasi, "Southwest Airlines' Profit-Sharing Payout: What Capitalism Should Be", *Fortune*, 17 de abril de 2014, acesso em 17 de junho de 2014, http://fortune.com/2014/04/17/southwest-airlines-profit-sharing-payout-what-capitalism-should-be/.

101. M. Josephs, "The Millionaire Truck Driver and Other ESOP Miracles", *Forbes*, 30 de abril de 2014, acesso em 17 de junho de 2014, http://www.forbes.com/sites/maryjosephs/2014/04/30/the-millionaire-truck-driver-and-other-esop-miracles/.

102. A. Loten, "Founders Cash Out, But Do Workers Gain?—US Employee-Owned Firms Top 10,000, with More Expected as Owners Retire; Critics Point to Potential Drawbacks", *Wall Street Journal*, 18 de abril de 2013, B4.

103. M. Bloom, "The Performance Effects of Pay Dispersion on Individuals and Organizations", *Academy of Management Journal* 42, no. 1 (1999): 25–40.

104. "CEOs Make 296 Times More Than Workers, CNN Money, 12 de junho de 2014, acesso em 7 de maio de 2015, http://money.cnn.com/2014/06/12/news/economy/ceo-pay/.

105. W. Grossman e R. E. Hoskisson, "CEO Pay at the Crossroads of Wall Street and Main: Toward the Strategic Design of Executive Compensation", *Academy of Management Executive* 12, no. 1 (1998): 43–57.

106. Bloom, "The Performance Effects of Pay Dispersion."

107. M. Bloom e J. Michel, "The Relationships Among Organizational Context, Pay Dispersion, and Managerial Turnover", *Academy of Management Journal* 45 (2002): 33–42.

108. S. Needleman, "Bad Firings Can Hurt Firm's Reputation", *Wall Street Journal*, 8 de julho de 2008, D4.

109. J. Strickland, "Zynga Layoffs: The Aftermath", *Inc*, 3 de junho de 2013, acesso em 17 de junho de 2014, http://www.inc.com/julie-strickland/zynga-lay-off-eighteen-percent-staff-close-three-offices.html.

110. A. Rupe, "Horrors from the Bad-Firing File", *Workforce Management*, novembro de 2003, 16.

111. D. Mattel, J. Lublin e R. Silverman, "Bad Call: How Not to Fire a Worker", *Wall Street Journal*, 9 de setembro de 2011, B2.

112. P. Michal-Johnson, *Saying Good-Bye: A Manager's Guide to Employee Dismissal* (Glenview, IL: Scott, Foresman & Co., 1985).

113. M. Bordwin, "Employment Law: Beware of Time Bombs and Shark-Infested Waters", *HR Focus*, 1 de abril de 1995, 19; D. Jones, "Fired Workers Fight Back... and Win; Laws, Juries Shift Protection to Terminated Employees", *USA Today*, 2 de abril de 1998, 01B.

114. Table 3. Industry Distribution: Extended Mass Layoff Separations, Private Nonfarm Sector, 50 Highest Six-Digit NAICS Industries, 2010–2012", Bureau of Labor Statistics, Mass Layoff Statistics, 2010-2012, acesso em 6 de maio de 2015, http://www.bls.gov/mls/mlsreport1043.pdf.

115. "Mass Layoffs in de dezembro de 2007 and Annual Totals for 2007", Bureau of Labor Statistics News, 24 de janeiro de 2008, acesso em 15 de agosto de 2008, http://www.bls.gov/news.release/archives/mmls_01242008.pdf.

116. J. Bort, "By Firing 4,000 More People, Cisco Will Have Cut 12,000 Jobs in Two Years", *Business Insider*, 15 de agosto de 2013, acesso em 17 de junho de 2014, http://www.businessinsider.com/cisco-has-fired -12000-in-last-two-years-2013-8#!KmyxQ.

117. W. F. Cascio, "Employment Downsizing and Its Alternatives: Strategies for Long-Term Success", SHRM Foundation's Effective Practice Guideline Series, Society for Human Resource Management Foundation, acesso em 10 de julho de 2014, http://www.shrm.org/about/foundation/products/Documents/Downsizing%20EPG-%20Final.pdf.

118. K. E. Mishra, G. M. Spreitzer, e A. K. Mishra, "Preserving Employee Morale During Downsizing", *Sloan Management Review* 39, no. 2 (1998): 83–95.

119. K. Frieswick, "Until We Meet Again?" *CFO*, 1 de outubro de 2001, 41; W. F. Cascio, "Employment Downsizing and Its Alternatives: Strategies for Long-Term Success"; L. Weber e R. Feintzeig, "Assistance for Laid-Off Workers Gets Downsized", *Wall Street Journal*, 18 de fevereiro de 2013, acesso em 10 de julho de 2014, http://www.wsj.com/news/articles/SB10001424052702304899704579391254047535652

120. Cascio, "Employment Downsizing and Its Alternatives: Strategies for Long-Term Success."

121. J. Hilsenrath, "Adventures in Cost Cutting", *Wall Street Journal*, 10 de maio de 2004, R1.

122. M. Jackson, "Downsized, But Still in the Game: Keeping Up Morale Crucial After Job Cuts", *Boston Globe*, 11 de janeiro de 2009, G1.

123. J. Ackerman, "Helping Layoff Survivors Cope: Companies Strive to Keep Morale High", *Boston Globe*, 30 de dezembro de 2001, H1.

124. D. Ferrari, "Designing and Evaluating Early Retirement Programs: The State of Wyoming Experience", *Government Finance Review* 15, no. 1 (1999): 29–31.

125. Hilsenrath, "Adventures in Cost Cutting."

126. J. Lublin and S. Thurm, "How Companies Calculate Odds in Buyout Offers", *Wall Street Journal*, 27 de março de 2009, B1.

127. M. Willett, "Early Retirement and Phased Retirement Programs for the Public Sector", *Benefits & Compensation Digest*, abril de 2005, 31.

128. "2014 Jobvite Job Seeker Nation Study", Jobvite, acesso em 7 de maio de 2015, http://web.jobvite.com/rs/jobvite/images/2014%20Job%20Seeker%20 Survey.pdf.

129. D. R. Dalton, W. D. Todor, e D. M. Krackhardt, "Turnover Overstated: The Functional Taxonomy", *Academy of Management Review* 7 (1982): 117–123.

130. J. R. Hollenbeck e C. R. Williams, "Turnover Functionality versus Turnover Frequency: A Note on Work Attitudes and Organizational Effectiveness", *Journal of Applied Psychology* 71 (1986): 606–611.

131. R. E. Silverman e N. Waller, "The Algo- rithm That Tells the Boss Who Might Quit."

132. C. R. Williams, "Reward Contingency, Unemployment, and Functional Turnover", *Human Resource Management Review* 9 (1999): 549–576.

12

1. "Table 6. Percent Distribution of the Projected Population by Race and Hispanic Origin for the United States: 2015 to 2060", U.S. Census Bureau acesso em 10 de julho de 2014, http://www.census.gov/population/projections/data/national/2012/summarytables.html.

2. M. Toosi, "Table 4. Continued-Civilian Labor Force, by Age, Gender, Race, and Ethnicity, 1990, 2000, 2010, and Projected 2020", in "Labor Force Projections to 2020: A More Slowly Growing Workforce", *Monthly Labor Review*, janeiro de 2012, 43–64.

3. "Table 3.4. Civilian Labor Force by Age, Sex, Race, and Ethnicity, 1992, 2002, 2012, and Projected 2022 [Numbers in Thousands]", de "Employment Projections: Civilian Labor Force by Age, Sex, Race, and Ethnicity", *Bureau of Labor Statistics*, 19 de dezembro de 2013, acesso em 17 de junho de 2014, http://www.bls.gov/emp/ep_table_304.htm.

4. "Discover McDonald's Around the Globe", *McDonald's*, acesso em 15 de junho de 2013, http://www.aboutmcdonalds.com/mcd/country/map.html.

5. O. Putnal, "11 Global McDonald's Menu Items", Women's Day, acesso em 15 de junho de 2013, http://www.womansday.com/food-recipes/11-global-mcdonalds-menu-items-104999.

6. E. York, "In Speech, McDonald's Thompson Puts Focus on Diversity", *Chicago Tribune*, 2 de maio de 2012, acesso em 15 de junho de 2013, http://articles.chicagotribune.com/2012-05-02/business/chi-in-speech-mcdonalds-thompson-puts-focus-on-diversity-20120502_1_diversity-women-and-minority-owned-businesses-mcbites.

7. Equal Employment Opportunity Commission, "Affirmative Action Appropriate Under Title VII of the Civil Rights Act of 1964, as Amended. Chapter XIV—Equal Employment Opportunity Commission, Part 1608", acesso em 5 de novembro de 2009, http://www.access.gpo.gov/nara/cfr/waisidx_04/29cfr1608_04.html.

8. Equal Employment Opportunity Commission, "Federal Laws Prohibiting Job Discrimination: Questions and Answers", acesso em 21 de agosto de 2008, http://www.eeoc.gov/facts/qanda.html.

9. A. P. Carnevale e S. C. Stone, *The American Mosaic: An In-Depth Report on the Future of Diversity at Work* (New York: McGraw-Hill, 1995).

10. T. Roosevelt, "From Affirmative Action to Af rming Diversity", *Harvard Business Review* 68, no. 2 (1990): 107–117.

11. A. M. Konrad e F. Linnehan, "Formalized HRM Structures: Coordinating Equal Employment Opportunity or Concealing Organizational Practices?" *Academy of Management Journal* 38, no. 3 (1995): 787–820; ver, por exemplo, *Hopwood v. Texas*, 78 F.3d 932 (5th Cir., 18 de março de 1996). O Supremo Tribunal dos Estados Unidos confirmou o princípio da ação afirmativa, mas anulou alguns programas específicos.

12. J. Bravin, "Court Backs Affirmative Action Ban—Justices Uphold State Initiative to End Race-Based Admissions, But Are Divided on Broader Issue", *Wall Street Journal*, 23 de abril de 2014, A1.

13. P. Schmidt, "5 More States May Curtail Affirmative Action", *The Chronicle of Higher Education*, 19 de outubro de 2007, A1.

14. M. E. Heilman, C. J. Block e P. Stathatos, "The Affirmative Action Stigma of Incompetence: Effects of Performance Information Ambiguity", *Academy of Management Journal* 40, no. 3 (1997): 603–625; D. Evans, "A Comparison of the Other-Directed Stigmatization Produced by Legal and Illegal Forms of Affirmative Action", *Journal of Applied Psychology* 88, no. 1 (2003): 121–130.

15. L. Leslie, D. Mayer e D. Kravitz, "The Stigma of Affirmative Action: A Stereotyping-Based Theory and Meta-Analytic Test of the Consequences for Performance." *Academy of Management Journal* 57, no. 4 (2014): 964-989

16. E. Orenstein, "The Business Case for Diversity", *Financial Executive*, maio de 2005, 22–25; G. Robinson e K. Dechant, "Building a Business Case for Diversity", *Academy of Management Executive* 11, no. 3 (1997): 21–31.

17. E. Esen, "2005 Workplace Diversity Practices: Survey Report", *Society for Human Resource Management*, acesso em 24 de março de 2009, http://www.shrm.org/research.

18. Orenstein, "Business Case for Diversity."

19. Esen, "2005 Workplace Diversity Practices: Survey Report."

20. Orenstein, "Business Case for Diversity."

21. K. Wiese, "Judge Approves Merrill Lynch's $160 Million Racial Bias Settlement", *Bloomberg Businessweek*, 6 de dezembro de 2013, acesso em 11 de julho de 2014, http://www.businessweek.com/articles/2013-12-06/judge-approves-merrill-lynchs-160-million-racial-bias-settlement.

22. P. Wright e S. P. Ferris, "Competitiveness Through Management of Diversity: Effects on Stock Price Valuation", *Academy of Management Journal* 38 (1995): 272–285.

23. Ibid.

24. "State & Country QuickFacts", *US Census Bureau*, 6 de junho de 6, 2013, acesso em15 de junho de 2013, http://quickfacts.census.gov/qfd/states/00000.html; J. Humphreys, "The Multicultural Economy 2012", Selig Center for Economic Growth, Terry College of Business, University of Georgia, 2012.

25. S. Murray, "How One Company Put Women in Charge", *Wall Street Journal*, 1 de abril de 2014, acesso em 11 de julho de 2014, http://blogs.wsj.com/atwork/2014/04/01/how-one-company-put-women-in-charge/.

26. Anonymous, "Bumpkin Bosses; Schumpeter", *The Economist*, 10 de maio de 2014, 70.

27. W. W. Watson, K. Kumar e L. K. Michaelsen, "Cultural Diversity's Impact on Interaction Process and Performance: Comparing Homogeneous and Diverse Task Groups", *Academy of Management Journal* 36 (1993): 590–602; K. A. Jehn, G. B. Northcraft e M. A. Neale, "Why Differences Make a Difference: A Field Study of Diversity, Conflict, and Performance in Workgroups", Administrative Science Quarterly 44 (1999): 741–763; E. Kearney, D. Gebert e S. Voelpel, "When and How Diversity Bene ts Teams: The Importance of Team Members' Need for Cognition", *Academy of Management Journal* 52 (2009): 581–598.

28. L. Visconti, "Novartis' David Epstein: A Diverse Team Can 'Accomplish Feats Nobody Thought Possible,'" *DiverstyInc*, 2 de fevereiro de 2013, acesso em 15 de junho de 2013, http://www.diversityinc.com/leadership/novartis-david-epstein-a-diverse-team-can-accomplish-feats-nobody-thought-possible/.

29. M. R. Carrell e E. E. Mann, "De ning Work- place Diversity Programs and Practices in Organizations", *Labor Law Journal* 44 (1993): 743–764.

30. D. A. Harrison, K. H. Price e M. P. Bell, "Beyond Relational Demography: Time and the Effects of Surface- and Deep-Level Diversity on Work Group Cohesion", *Academy of Management Journal* 41 (1998): 96–107.

31. D. Harrison, K. Price, J. Gavin e A. Florey, "Time, Teams, and Task Performance: Changing Effects of Surface- and Deep-Level Diversity on Group Functioning", *Academy of Management Journal* 45 (2002): 1029–1045.

32. Harrison, Price e Bell, "Beyond Relational Demography."

33. Ibid.

34. R. Alsop, "Why your grandfather might land a job before you do", *BBC*, 25 de outubro de 2013, acesso em 17 de junho de 2014, http://www.bbc.com/capital/story/20131024-older-workers-fogey-or-find; E. White, "The New Recruits: Older Workers", *Wall Street Journal*, 14 de janeiro de 2008, B3.

35. M. Kane, "Say What? 'Young People are Just Smarter,'" CNET, 28 de março de 2007, acesso em 9 de maio de 2015, http://www.cnet.com/news/say-what-young-people-are-just-smarter/.

36. V. Giang, "This Is the Latest Way Employers Mask Age Bias, Lawyers Say", *Fortune*, 4 de maio de 2015, http://fortune.com/2015/05/04/digital-native-employers-bias/, acesso em 9 de maio de 2015;

37. Ibid.

38. "Age Discrimination in Employment Act (includes Concurrent Charges with Title VII, ADA and EPA) FY 1997–FY 2014", US Equal Employment Opportunity Commission, acesso em 9 de maio de 2015, http://www.eeoc.gov/eeoc/statistics/enforcement/adea.cfm.

39. S. R. Rhodes, "Age-Related Differences in Work Attitudes and Behavior", *Psychological Bulletin* 92 (1983): 328–367.

40. T. Ng e D. Feldman, "The Relationship of Age to Ten Dimensions of Job Performance", *Journal of Applied Psychology* 93, no. 2 (2008): 392–423.

41. G. M. McEvoy e W. F. Cascio, "Cumulative Evidence of the Relationship Between Employee Age and Job Performance", *Journal of Applied Psychology* 74 (1989): 11–17; T. Ng e D. Feldman, "The Relationship of Age to Ten Dimensions of Job Performance", *Journal of Applied Psychology* 93, no. 2 (2008): 392–423; A. Tergesen, "Why Everything You Think about Aging de maio de Be Wrong", *Wall Street Journal*, 30 de novembro de 2014, acesso em 9 de maio de 2015, http://www.wsj.com/articles/why-everything-you-think-about-aging-may-be-wrong-1417408057.

42. S. E. Sullivan e E. A. Duplaga, "Recruiting and Retaining Older Workers for the Millen- nium", *Business Horizons* 40 (12 de novembro de 1997): 65; E. Townsend, "To Keep Older Workers, Consider New Responsibilities and Guard Against Discrimination", SHRM Foundation, acesso em 17 de junho de 2014, http://www.shrm.org/about/foundation/pages/researchthatmatters.aspx.

43. T. Maurer e N. Rafuse, "Learning, Not Litigating: Managing Employee Development and Avoiding Claims of Age Discrimination", *Academy of Management Executive* 15, no. 4 (2001): 110–121.

44. D. Brady, "The Bottom-Line Reasons for Mixing the Young and Old at Work", *Bloomberg Businessweek*, 10 de abril de 2014, acesso em 11 de julho de 2014, http://www.businessweek.com/articles/2014-02-10/workplaces-boost-profits-when-young-and-old-workers-mentor-each-other; B. L. Hassell e P. L. Perrewe, "An Examination of Beliefs About Older Workers: Do Stereotypes Still Exist?" *Journal of Organizational Behavior* 16 (1995): 457–468.

45. "Charge Statistics: FY 1997 Through FY 2012", *US Equal Employment Opportunity Commission*, acesso em 15 de junho de 2013, http://eeoc.gov/eeoc/statistics/enforcement/charges.cfm.

46. Women in the Labor Force: A Databook, US Bureau of Labor Statistics, de dezembro de 2014, acesso em 9 de maio de 2015, http://www.bls.gov/opub/reports/cps/women-in-the-labor-force-a-databook-2014.pdf.

47. Atualização do 2014 State of Women-Owned Businesses Report: A Summary of Important Trends 1997–2014, encomendado pela American Express OPEN, com o auxílio da Divisão de Censo Econômico da Divisão de Estatística do US Census Bureau, março de 2014, acesso em 9 de maio de 2015, http://www.womenable.com/content/userfiles/2014_State_of_Women-owned_Businesses_public.pdf.

48. "Chart 1. Women's Earnings as a Percent of Men's, by Age, Full-Time Wage and Salary Workers, 1979-2012 Annual Averages", in "Highlights of Women's Earnings 2012", US Department of Labor, US Bureau of Labor Statistics, de outubro de 2013, acesso em de maio de 8, 2014, http://www.bls.gov/cps/cpswom2012.pdf; BLS Reports, "Highlights of Women's Earnings in 2013", US Bureau of Labor Statistics, dezembro de 2014, acesso em 9 de maio de 2015, http://www.bls.gov/opub/reports/cps/highlights-of-womens-earnings-in-2013.pdf.

49. "US Women in Business", *Catalyst*, de junho de 10, 2014, acesso em 11 de julho de 2014, http://www.catalyst.org/knowledge/us-women-business-0.

50. R. Molla, "Meet the Women CEOs of the Fortune 500", *Wall Street Journal*, 7 de março de 2014, acesso em 12 de julho de 2014, http://blogs.wsj.com/atwork/2014/03/07/meet-the-women-ceos-of-the-fortune-500/; "Statistical Overview of Women in the Workplace", *Catalyst*, 3 de março de 2014, acesso em 17 de junho de 2014, http://www.catalyst.org/knowledge/statistical-overview-women-workplace.

51. "Women CEOs of the Fortune 1000", *Catalyst*, de junho de 10, 2014, acesso em 17 de junho de 2014, http://www.catalyst.org/knowledge/women-ceos-fortune-1000.

52. "StatisticalOverviewofWomenintheWorkplace."

53. M. Bertrand and K. Hallock, "The Gender Gap in Top Corporate Jobs", *Industrial & Labor Relations Review* 55 (2001): 3–21.

54. J. R. Hollenbeck, D. R. Ilgen, C. Ostroff e J. B. Vancouver, "Sex Differences in Occupational Choice, Pay, and Worth: A Supply-Side Approach to Understanding the Male-Female Wage Gap", *Personnel Psychology* 40 (1987): 715–744.

55. S. Shellenbarger, "Does Having Kids Dull Career Opportunities?" *WSJ Blogs: The Juggle, Wall Street Journal*, 6 de abril de 2011, acesso em 28 de maio de 2011, http://blogs.wsj.com/juggle/2011/04/06/does-having-kids-dull-job-ambition/.

56. A. Chaker e H. Stout, "Second Chances: After Years Off, Women Struggle to Revive Careers", *Wall Street Journal*, 6 de maio de 2004, A1.

57. C. Friedersdorf, "Why PepsiCo CEO Indra K. Nooyi Can't Have It All", *The Atlantic*, 1 de julho de 2014, acesso em 12 de julho de 2014, http://www.theatlantic.com/business/archive/2014/07/why-pepsico-ceo-indra-k-nooyi-cant-have-it-all/373750/.

58. Department of Industry, Labor and Human Relations, Report of the Governor's Task Force on the Glass Ceiling Commission (Madison, WI: State of Wisconsin, 1993); S. Devillard, S. Sancier, C. Werner, I. Maller e C. Kossoff, "Women Matter 2013, Gender Diversity in Top Management: Moving Corporate Culture, Moving Boundaries", *McKinsey & Company*, novembro de 2013, 10–11; E. O. Wright e J. Baxter, "The Glass Ceiling Hypothesis: A Reply to Critics", *Gender & Society* 14 (2000): 814–821.

59. M. Fix, G. C. Galster e R. J. Struyk, "An Overview of Auditing for Discrimination", in *Clear and Convincing Evidence: Measurement of Discrimination in America*, ed. M. Fix e R. Struyk (Washington, DC: Urban Institute Press, 1993), 1–68.

60. S. Devillard, S. Sancier, C. Werner, I. Maller, C. Kossoff, "Women Matter 2013, Gender Diversity in Top Management: Moving Corporate Culture, Moving Boundaries", *McKinsey & Company*, novembro de 2013, 13–14.

61. S. Shellenbarger, "One Way to Get Unstuck and Move Up? All You Have to Do Is Ask" *Wall Street Journal*, 15 de abril de 2015, D3.

62. J. Lublin, "Men Enlist in Fight for Gender Equality", *Wall Street Journal*, 11 de março de 2015, B7.

63. J. Hoobler, G. Lemmon e S. Wayne, "Women's Managerial Aspirations: An Organizational Development Perspective" *Journal of Management* 40 (2014): 703–730.

64. "Charge Statistics: FY 1997 Through FY 2013", *US Equal Employment Opportunity Commission*, acesso em 12 de julho de 2014, http://eeoc.gov/eeoc/statistics/enforcement/charges.cfm.

65. "Ask DiversityInc: Where's the Diversity in Fortune 500 CEOs?" DiversityInc, acesso em 17 de junho de 2014, http://www.diversityinc.com/diversity-facts/wheres-the-diversity-in-fortune-500-ceos/.

66. "Household Data Annual Averages: Table 11. Employed Persons by Detailed Occupation, Sex, Race, and Hispanic or Latino Ethnicity", in "Labor Force Statistics from the Current Population Survey", *Bureau of Labor Statistics, US Department of Labor*, 26 de fevereiro de 2014, acesso em 17 de junho de 2014, http://www.bls.gov/cps/cpsaat11.pdf.

67. D. A. Neal e W. R. Johnson, "The Role of Premarket Factors in Black-White Wage Differences", *Journal of Political Economy* 104, no. 5 (1996): 869–895.

68. Fix, Galster e Struyk, "An Overview of Auditing for Discrimination."

69. S. Mullainathan, "Racial Bias Even When We Have Good Intentions", *New York Times*, 3 de janeiro de 2015, BU6.

70. M. Bendick, Jr., C. W. Jackson e V. A. Reinoso, "Measuring Employment Discrimination through Controlled Experiments", in *African- Americans and Post-Industrial Labor Markets*, ed. James B. Stewart (New Brunswick, NJ: Transaction Publishers, 1997), 77–100.

71. P. B. Riach e J. Rich, "Measuring Discrimination by Direct Experimental Methods: Seeking Gunsmoke", *Journal of Post Keynesian Economics* 14, no. 2 (Inverno de 1991–1992): 143–150.

72. A. P. Brief, R. T. Buttram, R. M. Reizenstein e S. D. Pugh, "Beyond Good Intentions: The Next Steps Toward Racial Equality in the American Workplace", *Academy of Management Executive* 11 (1997): 59–72.

73. L. E. Wynter, "Business & Race: Federal Agencies, Spurred on by Nonpro t Groups, Are Increasingly Embracing the Use of Undercover Investigators to Identify Discrimination in the Marketplace", *Wall Street Journal*, 1 de julho de 1998, B1.

74. "Americans with Disabilities Act Questions and Answers", *US Department of Justice*, acesso em 12 de julho de 2014, http://www.ada.gov/qandaeng.htm.

75. M. Brault, "Americans with Disabilities: 2010, Household Economic Studies", in "Current Population Reports", *US Census Bureau*, edição de julho de 2012, 70–131.

76. M. Brault, "Americans with Disabilities: 2010, Household Economic Studies", in "Current Population Reports", *US Census Bureau*, edição de julho de 2012, 70–131.

77. Louis Harris & Associates, Inc., *Public Attitudes Toward People with Disabilities* (Washington, DC: National Organization on Disability, 1991); Louis Harris & Associates, Inc., *The ICD Survey II: Employing Disabled Americans* (New York: Louis Harris & Associates, Inc., 1987).

78. R. Greenwood e V. A. Johnson, "Employer Perspectives on Workers with Disabilities", *Journal of Rehabilitation* 53 (1987): 37–45.

79. M. Zelley e R. Keys, "Give Michigan's Disabled a Chance to Work", *Detroit News*, 14 de novembro de 2014, acesso em 9 de maio de 2015, http://www.detroitnews.com/story/opinion/2014/11/06/give-disabled-workers-chance/18553557/. http://www.washingtonpost.com/blogs/on-leadership/wp/2015/04/06/microsoft -launches-a-pilot-program-for-hiring-autistic-workers/

80. B. Loy, "Accommodation and Compliance Series Workplace Accommodations: Low Cost, High Impact", *Job Accommodation Network*, 1 de setembro de 2013, acesso em 17 de junho de 2014, https://askjan.org/media/lowcosthighimpact.html.

81. T. E. Narashimhan e G. Babu, "The Chosen Ones", *Business Standard*, 11 de março de 2012, acesso em 16 de março de 2012, http://www.business-standard.com/india/news/the-chosen-ones/467290/.

82. "Study on the Financing of Assistive Technology Devices and Services for Individuals with Disabilities: A Report to the President and the Congress of the United States", *National Council on Disability*, acesso em 21 de agosto de 2008, http://www.ncd.gov/newsroom/publications/assistive.html.

83. R. B. Cattell, "Personality Pinned Down", *Psychology Today* 7 (1973): 40–46; C. S. Carver e M. F. Scheier, *Perspectives on Personality* (Boston: Allyn & Bacon, 1992).

84. S. Berfield, "Will Investors Put the Lid on the Container Store's Generous Wages", *Bloomberg Businessweek*, 19 de fevereiro de 2015, acesso em 8 de maio de 2015, http://www.bloomberg.com/news/articles/2015-02-19/container-store-conscious-capitalism-and-the-perils-of-going-public.

85. J. M. Digman, "Personality Structure: Emergence of the Five-Factor Model", *Annual Review of Psychology* 41 (1990): 417–440; M. R. Barrick e M. K. Mount, "The Big Five Personality Dimensions and Job Performance: A Meta-Analysis", *Personnel Psychology* 44 (1991): 1–26.

86. R. Wall, "Germanwings Co-Pilot Andreas Lubitz Appeared to Rehearse Crash, Investigators Say", *Wall Street Journal*, 6 de maio de 2015, acesso em 9 de maio de 2015, http://www.wsj.com/articles/germanwings-co-pilot-andreas-lubitz-altered-settings-of-earlier-flight -investigators-say-1430908536.

87. A. George, "How Airlines Screen Their Pilots and Watch Out for Warning Signs", *Popular Mechanics*, 10 de abril de 2015, acesso em 7 de maio de 2015, http://www.popularmechanics.com/flight/a14776/how-airlines-screen-pilots-germanwings-9525/.

88. R. Cook, "The Changing 'Face' of Your Business: Finding Good People...and Keeping Them Motivated", *PRO Magazine*, março de 2005, 43.

89. O. Behling, "Employee Selection: Will Intelligence and Conscientiousness Do the Job?" *Academy of Management Executive* 12 (1998): 77–86.

90. R. S. Dalal, "A Meta-Analysis of the Relationship Between Organizational Citizenship Behavior and Counterproductive Work Behavior", *Journal of Applied Psychology* 90 (2005): 1241–1255.

91. Barrick e Mount, "The Big Five Personality Dimensions and Job Performance"; M. K. Mount e M. R. Barrick, "The Big Five Personality Dimensions: Implications for Research and Practice in Human Resource Management", *Research in Personnel & Human Resources Management* 13 (1995): 153–200; M. K. Mount e M. R. Barrick, "Five Reasons Why the 'Big Five' Article Has Been Frequently Cited", *Personnel Psychology* 51 (1998): 849–857; D. S. Ones, M. K. Mount, M. R. Barrick e J. E. Hunter, "Personality and Job Performance: A Critique of the Tett, Jackson, and Rothstein (1991) Meta-Analysis", *Personnel Psychology* 47 (1994): 147–156.

92. Mount e Barrick, "Five Reasons Why the 'Big Five' Article Has Been Frequently Cited."

93. J. A. Lopez, "Talking Desks: Personality Types Revealed in State Workstations", *Arizona Republic*, 7 de janeiro de 1996, D1.

94. "The Diverse Work Force", *Inc.*, janeiro de 1993,33.

95. J. Stillman, "Hiring? Personality Trumps Skills", *Inc.*, 7 de abril de 2014, acesso em 9 de maio de 2015, http://www.inc.com/jessica-stillman/hiring-personality-trumps-skills.html.

96. D. A. Thomas e R. J. Ely, "Making Differences Matter: A New Paradigm for Managing Diversity", *Harvard Business Review* 74 (setembro-outubro de 1996): 79–90.

97. Esen, "2005 Workplace Diversity Practices: Survey Report."

98. D. A. Thomas and S. Wetlaufer, "A Question of Color: A Debate on Race in the US Workplace", *Harvard Business Review* 75 (setembro–outubro de 1997): 118–132.

99. E. Esen, "2007 State of Workplace Diversity Management. A Survey Report by the Society for Human Resource Management", 2008.

100. "Oshkosh Corporation—Diversity & Inclusion", Oshkosh, acesso em 12 de julho de 2014, http://www.oshkoshcorporation.com/about/diversity.html.

101. J. Espinoza, "Working to Prove Benefits of More Women at the Top", *Wall Street Journal*, 27 de fevereiro de 2011, acesso em 15 de março de 2011, http://www.wsj.com/articles/SB100014240527487041506045761664830128 21352.

102. J. R. Norton e R. E. Fox, *The Change Equation: Capitalizing on Diversity for Effective Organizational Change* (Washington, DC: American Psychological Association, 1997).

103. Ibid.

104. Thomas e Ely, "Making Differences Matter."

105. R. R. Thomas, Jr., *Beyond Race e Gender: Unleashing the Power of Your Total Workforce by Managing Diversity* (New York: AMACOM, 1991).

106. Ibid.

107. T. Cox, Jr., "The Multicultural Organization", *Academy of Management Executive* 5 (1991): 34–47.

108. S. Lubove, "Damned If You Do, Damned If You Don't: Preference Programs Are on the Defensive in the Public Sector, but Plaintiffs' Attorneys and Bureaucrats Keep Diversity Inc. Thriving in Corpo- rate America", *Forbes*, 15 de dezembro de 1997, 122.

109. L. S. Gottfredson, "Dilemmas in Developing Diversity Programs", in *Diversity in the Workplace*, ed. S. E. Jackson & Associates (New York: Guilford Press, 1992).

110. J. Graham e S. Kerr, "Mentoring", in *Diversity in Engineering: Managing the Workforce of the Future* (Washington, DC: National Academies Press, 2002), acesso em 16 de junho de 2013, http://www.nap.edu/openbook.php?record_id=10377&page=99.

111. J. Longman, "Pioneer of a Crossover Move: How Becky Hammon Became NBA's First Full-Time Female Assistant Coach", *New York Times*, 12 de agosto de 2014, B8.

112. "Diversity at Work: Public Relations Makes a Difference for Global Giants."

113. Carnevale e Stone, The American Mosaic.

114. J. Lublin, "Men Enlist in Fight for Gender Equality", *Wall Street Journal*, 11 de março de 2015, B7.

115. A. Greenwald, B. Nosek e M. Banaji, "Understanding and Using the Implicit Association Test: I. An Improved Scoring Algorithm", *Journal of*

Personality & Social Psychology (agosto de 2003): 197–206; J. S. Lublin, "Bringing Hidden Biases into the Light", *Wall Street Journal*, 9 de janeiro de 2014, acesso em 17 de junho de 2014, http://online.wsj.com/news/articles/SB10001424052702303754404579308562690896896; "The IAT | The Blind Spot", *The Blind Spot*, acesso em 13 de julho de 2014, http://spottheblindspot.com/the-iat/.

116. F. Oswald, G. Mitchell, H. Blanton, J. Jaccard e P. Tetlock, "Predicting Ethnic and Racial Discrimination: A Meta-Analysis of IAT Criterion Studies", *Journal of Personality and Social Psychology* 105 (2013): 171–192.

117. "2010 Corporate Responsibility Report", *Intel*, acesso em 5 de maio de 2012, http://csrreportbuilder.intel.com/PDFFiles/CSR_2010_Full-Report.pdf.

118. "Intel Corp.—2012 50 Out Front #16", *Diversity MBA Magazine*, 16 de setembro de 2011, acesso em 16 de março de 2012, http://diversitymbamagazine.com/tag/intel.

119. R. Joplin e C. S. Daus, "Challenges of Leading a Diverse Workforce", *Academy of Management Executive* 11 (1997): 32–47.

120. A. Fisher, "Should People Choose Their Own Mentors?" *Fortune*, 29 de novembro de 2004, 72.

121. N. Byrnes e R. O. Crocket, "An Historic Succession at Xerox", *Business Week*, 8 de junho de 2009, 18–22.

122. P. Dvorak, "How Executives Are Pushed to Foster Diversity", *Wall Street Journal*, 18 de dezembro de 2006, acesso em 16 de março de 2012, http://online.wsj.com/article/SB116640764543853102.html?mod=rss_build.

13

1. "State of the Global Workplace: Employee Engagement Insights for Business Leaders Worldwide", Gallup, 8 de outubro de 2013, acesso em 13 de julho de 2014, http://www.gallup.com/services/178517/state-global-workplace.aspx

2. P. Campbell e R. D. Pritchard, "Motivation Theory in Industrial and Organizational Psychology", in *Handbook of Industrial and Organizational Psychology*, ed. M. D. Dunnette (Chicago: Rand McNally, 1976).

3. J. Fried, "When the Only Way Up Is Out", *Inc.*, abril de 2011, 35–36.

4. A. Locke, "The Nature and Causes of Job Satisfaction", in *Handbook of Industrial and Organizational Psychology*, ed. M. D. Dunnette (Chicago: Rand McNally, 1976).

5. Mr. Everyday Dollar, "I Just Became a Millionaire at Age 35, and It's a Huge Letdown", *Business Insider*, 27 de março de 2015, acesso em 10 de maio de 2015, http://www.businessinsider.com/i-just-became-a-millionaire-at-age-35-and-its-a-huge-letdown-2015-3.

6. H. Maslow, "A Theory of Human Motivation", *Psychological Review* 50 (1943): 370–396.

7. P. Alderfer, *Existence, Relatedness, and Growth: Human Needs in Organizational Settings* (New York: Free Press, 1972).

8. C. McClelland, "Toward a Theory of Motive Acquisition", *American Psychologist* 20 (1965): 321–333; D. C. McClelland e D. H. Burnham, "Power Is the Great Motivator", *Harvard Business Review* 54, no. 2 (1976): 100–110.

9. J. H. Turner, "Entrepreneurial Environments and the Emergence of Achievement Motivation in Adolescent Males", *Sociometry* 33 (1970): 147–165.

10. L. W. Porter, E. E. Lawler III e J. R. Hackman, *Behavior in Organizations* (New York: McGraw-Hill, 1975).

11. C. Ajila, "Maslow's Hierarchy of Needs Theory: Applicability to the Nigerian Industrial Setting", *IFE Psychology* (1997): 162–174.

12. M. A. Wahba e L. B. Birdwell, "Maslow Reconsidered: A Review of Research on the Need Hierarchy Theory", *Organizational Behavior & Human Performance* 15 (1976): 212–240;

J. Rauschenberger, N. Schmitt e J. E. Hunter, "A Test of the Need Hierarchy Concept by a Markov Model of Change in Need Strength", *Administrative Science Quarterly* 25 (1980): 654–670.

13. E. E. Lawler III e L. W. Porter, "The Effect of Performance on Job Satisfaction", *Industrial Relations* 7 (1967): 20–28.

14. Porter, Lawler e Hackman, Behavior in Organizations.

15. E. White, "Employers Increasingly Favor Bonuses to Raises", *Wall Street Journal*, 28 de agosto de 2006, B3.

16. F. Koller, "American Factory Workers Getting $33,029 Yearly Bonuses de maio de Sound Insane, But It's True", *The Motley Fool*, 1 de fevereiro de 2014, acesso em 14 de julho de 2014, http://www.fool.com/investing/general/2014/02/01/american-factory-workers-getting-33029-yearly-bonu.aspx.

17. Porter, Lawler, e Hackman, *Behavior in Organizations*.

18. J. Bohannon, "One Type of Motivation de maio de Be Key to Success", *Science*, 1 de julho de 2014, acesso em 8 de maio de 2015, http://news.sciencemag.org/brain-behavior/2014/07/one-type-motivation-de maio de-be-key-success; A. Wrzesniewski, B. Schwartz, X. Cong, M. Kane, A. Omar e T. Kolditz, "Multiple Types of Motives Don't Multiply the Motivation of West Point Cadets", Proceedings of the National Academy of Sciences of the United States of America, 111 no. 30 (2014): 10990–10995.

19. C. Caggiano, "What Do Workers Want?" *Inc.*, novembro de 1992, 101–104; "National Study of the Changing Workforce", *Families & Work Institute*, acesso em 31 de maio de 2005, http://www.familiesandwork.org/summary/nscw.pdf.

20. C. Lee, A. Alonso, E. Esen, J. Coombs e Y. Dong, "Employee Job Satisfaction and Engagement: The Road to Economic Recovery", *Society for Human Resource Management*, 7 de maio de 2014, acesso em de 18 junho de 2014, http://www.shrm.org/Research/SurveyFindings/Documents/14-0028%20JobSatEngage_Report_FULL_FNL.pdf.

21. N. Jackson, "5 Ways to Reward Employees When Raises Aren't an Option", *Entrepreneur*, 24 de agosto de 2012, acesso em 16 de junho de 2013, http://www.entrepreneur.com/article/224249.

22. C. Lee, et. al., "Employee Job Satisfaction and Engagement: The Road to Economic Recovery."

23. S. Berfield, "Will Investors Put the Lid on the Container Store's Generous Wages", *Bloomberg Businessweek*, 19 de fevereiro de 2015, acesso em 9 de maio de 2015, http://www.bloomberg.com/news/articles/2015-02-19/container-store-conscious-capitalism -and-the-perils-of-going-public.

24. J. Laabs, "Satisfy Them with More Than Money", *Personnel Journal* 77, no. 11 (1998): 40.

25. R. Kanfer e P. Ackerman, "Aging, Adult Development, and Work Motivation", *Academy of Management Review* (2004): 440–458.

26. "CEOs Make 296 Times More Than Workers", *CNNMoney*, 12 de junho de 2014, acesso em 10 de maio de 2015, http://money.cnn.com/2014/06/12/news/economy/ceo-pay/index.html.

27. V. Giang, "The 15 Highest-Paid CEOs in America", *Business Insider*, 26 de outubro de 2013, acesso em 18 de junho de 2014, http://www.businessinsider.com/15-highest-paid-ceos-in-america-2013-10?op=1; K. Hagey, "Discovery Communications CEO Gets 2014 Compensation of $156.1 Million", *Wall Street Journal*, 4 de abril de 2015, acesso em 10 de maio de 2015, http://www.wsj.com/articles/discovery-communications-ceo-gets-2014-compensation-of-156-1-million-1428164100..

28. L. Culpepper e E. Hurst, "Reporting CEO- to-Employee Pay Ratios: Navigating the Minefield", *Society for Human Resource Management*, 1 de novembro de 2010, acesso em 16 de junho de 2013, http://www.shrm.org/hrdisciplines/compensation/articles/pages/payratios.aspx.

29. C. T. Kulik e M. L. Ambrose, "Personaland Situational Determinants of Referent Choice", *Academy of Management Review* 17 (1992): 212–237.

30. L. Stevens, "Amazon Vexed by Strikes in Germany", *Wall Street Journal*, 19 de junho de 2013, B1.

31. J. S. Adams, "Toward an Understanding of Inequity", *Journal of Abnormal Social Psychology* 67 (1963): 422–436.

32. S. Choudhury e D. Thoppil, "Toyota Sputters in India—Workers Remain on Strike, Refuse to Sign Code of Conduct", *Wall Street Journal*, 28 de março de 2014, B4.

33. D. Primack, "CEO Gives Back Bonus, Says He Doesn't Deserve It", *Fortune*, 18 de dezembro de 2014, acesso em 8 de maio de 2015, http://fortune.com/2014/12/18/ceo-gives-back-bonus-says-he-doesnt-deserve-it/.

34. C. Elliott, "When Labor Woes Cause Turbulence for Fliers", *Washington Post*, 30 de setembro de 2012, F2; G. Karp, "American Airlines Cancels Flights on Alleged Pilots' 'Sickout,'" Chicago Tribune, 18 de setembro de 2012, acesso em 16 de junho de 2013, http://articles.chicagotribune.com/2012-09-18/business/chi-american-airlines-cancels-flights-on-pilots-sickout-20120918_1_dennis-tajer-sickout-american-airlines.

35. "Overtime Pay—Wage and Hour Division (WHD)", U.S. Department of Labor, acesso em 15 de julho de 2014, http://www.dol.gov/whd/overtime_pay.htm.

36. S. Banjo, "Wal-Mart to Pay $4.8 Million in Back Wages, Damages", *Wall Street Journal*, 2 de maio de 2013, B3.

37. Wage and Hour Division, "2008 Statistical Fact Sheet", *United States Department of Labor*, dezembro de 2008, acesso em 18 de junho de 2014, http://www.dol.gov/whd/statistics/2008FiscalYear.htm.

38. L. Badoux, "Trends in Wage and Hour Litigation Over Unpaid Work Time and the Precautions Employers Should Take", *ADP*, Roseland, NJ, 2012, acesso em 18 de junho de 2014, https://www.adp.com/workforce-management/docs/whitepaper/trendsinwageandhourlitigation_05292012.pdf.

39. C. Chen, J. Choi e S. Chi, "Making Justice Sense of Local-Expatriate Compensation Disparity: Mitigation by Local Referents, Ideological Explanations, and Interpersonal Sensitivity in China- Foreign Joint Ventures", *Academy of Management Journal* (2002): 807–817.

40. K. Bradsher, "Even as Wages Rise, China Exports Grow", *The New York Times*, 9 de janeiro de 2014, acesso em 15 de julho de 2014, http://www.nytimes.com/2014/01/10/business/international/chinese-exports-withstand-rising-labor-costs.html?_r=0; M. Gimein, "If US Wages Rose as Fast as China's, Factories Would Now Pay $50 an Hour", *Bloomberg*, 27 de março de 2013, acesso em 15 de julho de 2014, http://go.bloomberg.com/market-now/2013/03/27/if-u-s-wages-rose-as-fast-as-chinas-factories-would-pay-50-an-hour/.

41. J. Quiqley, "Lenovo CEO to Share $3 Million Bonus with 10,000 Employees", *The Diplomat*, 3 de setembro de 2013, acesso em 15 de julho de 2014, http://thediplomat.com/2013/09/lenovo-ceo-to-share-3-million-bonus-with-10000-employees/.

42. Bloomberg News, "Lenovo Chief Yang Shares Bonus with Workers a Second Year", *Bloomberg-Businessweek*, 2 de setembro de 2013, acesso em 15 de julho de 2014, http://www.bloomberg.com/news/articles/2013-09-01/lenovo-chief-yang-shares-bonus-with-workers-for-second-year.

43. "Apple Supplier Foxconn Cuts Working Hours, Workers Ask Why", *Reuters*, 30 de março de 2012, acesso em 8 de maio de 2012, http://www.reuters.com/article/2012/03/30/us-apple-foxconn-workers-idUSBRE82T0FC20120330; D. Barboza, "Foxconn Plant to Lift Pay Sharply at Factories in China", *New York Times*, 18 de fevereiro de 2012, acesso em 21 de março de 2012, http://www.nytimes.com/2012/02/19/technology/foxconn-to-raise-salaries-for-workers-by-up-to-25.html; M. Brown, "New Report Details Onerous, Illegal Working Conditions at Foxconn", *Wired.com*, 6 de maio de 2011, acesso em 21 de março de 2012, http://www.wired.com/epicenter/2011/05/foxconn-no-suicide-pledge/; H. Koch, "We Were Not a Very Open Company Before", *Spiegel Online*, 11 de maio de 2011, acesso em 21 de março de 2012, http://www.spiegel.de/international/world/0,1518,761934,00.html.

44. R. Folger e M. A. Konovsky, "Effects of Procedural and Distributive Justice on Reactions to Pay Raise Decisions", *Academy of Management Journal* 32 (1989): 115–130; M. A. Konovsky, "Understanding Procedural Justice and Its Impact on Business Organizations", *Journal of Management* 26 (2000): 489–512.

45. E. Barret-Howard e T. R. Tyler, "Procedural Justice as a Criterion in Allocation Decisions", *Journal of Personality & Social Psychology* 50 (1986): 296–305; Folger e Konovsky, "Effects of Procedural and Distributive Justice on Reactions to Pay Raise Decisions."

46. R. Folger e J. Greenberg, "Procedural Justice: An Interpretive Analysis of Personnel Systems", in *Research in Personnel and Human Resources Management*, vol. 3, ed. K. Rowland e G. Ferris (Greenwich, CT: JAI, 1985); R. Folger, D. Rosenfield, J. Grove, e L. Corkran, "Effects of 'Voice' and Peer Opinions on Responses to Inequity", *Journal of Personality & Social Psychology* 37 (1979): 2253–2261; E. A. Lind e T. R. Tyler, *The Social Psychology of Procedural Justice* (New York: Plenum, 1988); Konovsky, "Understanding Procedural Justice and Its Impact on Business Organizations."

47. V. H. Vroom, *Work and Motivation* (New York: John Wiley & Sons, 1964); L. W. Porter e E. E. Lawler III, *Managerial Attitudes and Performance* (Homewood, IL: Dorsey & Richard D. Irwin, 1968).

48. C. Schultz, "When You Reward, Make It About the Employee—Not the Employer", *TLNT*, 16 de maio de 2012, acesso em 16 de junho de 2013, http://www.tlnt.com/2012/05/16/when-you-reward-make-it-about-the-employee-not-the-employer/.

49. S. Miller, "Countering the Employee Recognition Gap", SHRM Library, *Society for Human Resource Management*, fevereiro de 2006, acesso em 25 de março de 2009, http://www.shrm.org.

50. G. Douglas, "Survey Finds Many Employers Not Satisfied with Their Pay-for-Performance Programs", Bloomberg BNA, 30 de dezembro de 2013, acesso em 15 de julho de 2014, http://www.bna.com/survey-finds-employers-n17179881003/.

51. E. Bernstein e H. Blunden, "The Sales Director Who Turned Work into a Fantasy Sports Competition", *Harvard Business Review*, 27 de março de 2015, acesso em 10 de maio de 2015, https://hbr.org/2015/03/the-sales-director-who-turned-work-into-a-fantasy-sports-competition.

52. E. Bernstein e H. Blunden, "The Sales Director Who Turned Work into a Fantasy Sports Competition", *Harvard Business Review*, 27 de março de 2015, acesso em 10 de maio de 2015, https://hbr.org/2015/03/the-sales-director-who-turned-work-into-a-fantasy-sports-competition.

53. K. W. Thomas e B. A. Velthouse, "Cognitive Elements of Empowerment", *Academy of Management Review* 15 (1990): 666–681.

54. E. L. Thorndike, *Animal Intelligence* (New York: Macmillan, 1911).

55. G. Karp, "United Posts Best On-Time Month of 2012 in November", *Chicago Tribune*, 3 de dezembro de 2012, acesso em 16 de junho de 2013, http://articles.chicagotribune.com/2012-12-03/business/chi-united-posts-best-monthly-ontime-performance-in-november-20121203_1_dispatch-system-software-international-flights-regional-flights.

56. B. F. Skinner, *Science and Human Behavior* (New York: Macmillan, 1954); B. F. Skinner, *Beyond Freedom and Dignity* (New York: Bantam, 1971); B. F. Skinner, *A Matter of Consequences* (New York: New York University Press, 1984).

57. A. M. Dickinson e A. D. Poling, "Schedules of Monetary Reinforcement in Organizational Behavior Management: Latham and Huber Revisited", *Journal of Organizational Behavior Management* 16, no. 1 (1992): 71–91.

58. L. Weber, "Wellness Programs Get a Health Check", *Wall Street Journal*, 10 de outubro de 2014, acesso em 10 de maio de 2015, http://www.wsj.com/articles/wellness-programs-get-a-health-check-1412725776.

59. L. Weber, "Wellness Program at Honeywell Faces Test", *Wall Street Journal*, 29 de outubro de 2014, acesso em 10 de maio de 2015, http://www.wsj.com/articles/wellness-program-at-honeywell-faces-test-1414626180.

60. D. Fitzgerald, "Staples Defends Executive Bonuses", *Wall Street Journal*, 26 de maio de 2014, acesso em 15 de julho de 2014, http://online.wsj.com/news/articles/SB10001424052702304811904579586173092378940.

61. J. B. Miner, *Theories of Organizational Behavior* (Hinsdale, IL: Dryden, 1980).

62. Dickinson e Poling, "Schedules of Monetary Reinforcement in Organizational Behavior Management."

63. F. Luthans e A. D. Stajkovic, "Reinforce for Performance: The Need to Go Beyond Pay and Even Rewards", *Academy of Management Executive* 13, no. 2 (1999): 49–57.

64. D. Anderson, *Up Your Business! 7 Steps to Fix, Build or Stretch Your Organization* (New York: Wiley, 2003).

65. K. D. Butterfield, L. K. Trevino e G. A. Ball, "Punishment from the Manager's Perspective: A Grounded Investigation and Inductive Model", *Academy of Management Journal* 39 (1996): 1479–1512.

66. R. D. Arvey e J. M. Ivancevich, "Punishment in Organizations: A Review, Propositions, and Research Suggestions", *Academy of Management Review* 5 (1980): 123–132.

67. R. D. Arvey, G. A. Davis e S. M. Nelson, "Use of Discipline in an Organization: A Field Study", *Journal of Applied Psychology* 69 (1984): 448–460; M. E. Schnake, "Vicarious Punishment in a Work Setting", *Journal of Applied Psychology* 71 (1986): 343–345.

68. G. A. Yukl e G. P. Latham, "Consequences of Reinforcement Schedules and Incentive Magnitudes for Employee Performance: Problems Encountered in a Field Setting", *Journal of Applied Psychology* 60 (1975): 294–298.

69. E. A. Locke e G. P. Latham, Goal Setting: A Motivational Technique That Works (Englewood Cliffs, NJ: Prentice-Hall, 1984); E. A. Locke e G. P. Latham, *A Theory of Goal Setting and Task Performance* (Englewood Cliffs, NJ: Prentice-Hall, 1990).

70. D. Wessel, "Gaming the System to Beat Rush-Hour Traffic", *Wall Street Journal*, 31 de julho de 2013, acesso em 15 de julho de 2014, http://online.wsj.com/news/articles/SB10001424127887323997004578639802367960498.

71. S. Berfield, "Will Investors Put the Lid on the Container Store's Generous Wages", *Bloomberg Businessweek*, 19 de fevereiro de 2015, acesso em 10 de maio de 2015, http://www.bloomberg.com/news/articles/2015-02-19/container-store-conscious-capitalism-and-the-perils-of-going-public.

72. G. P. Latham e E. A. Locke, "Goal Setting— A Motivational Technique That Works", *Organizational Dynamics* 8, no. 2 (1979): 68.

73. Ibid.

14

1. A. Bryant, "Before the Meeting Adjourns, Tell Me What You'll Do Next", *New York Times*, 11 de agosto de 2012, acesso em 17 de junho de 2013, http://www.nytimes.com/2012/08/12/business/bill-flemming-of-skanska-usa-building-on-leadership.html?_r=0.

2. W. Bennis, "Why Leaders Can't Lead", *Training & Development Journal* 43, no. 4 (1989).

3. T. Foster, "How Etsy CEO Chad Dickerson Walks the Talk", *Inc.*, dezembro de 2013/ janeiro de 2014, acesso em 10 de maio de 2015, http://www.inc.com/magazine/201312/tom-foster/etsy-chad-dickerson-walks-the-talk.html.

4. M. Langley, "IBM Chief Searches for Big Blue's Next Act", *Wall Street Journal*, 21 de abril de 2015, A1, A16.

5. A. Zaleznik, "Managers and Leaders: Are They Different?" *Harvard Business Review* 55 (1977): 76–78; A. Zaleznik, "The Leadership Gap", *Washington Quarterly* 6 (1983): 32–39.

6. Bennis, "Why Leaders Can't Lead."

7. D. Clark, "New CEO Is Insider, Sales Pro", *Wall Street Journal*, 5 de maio de 2015, B1, B5.

8. B. Fritz, "Sony Names New Movie Chief", *Wall Street Journal*, 24 de fevereiro de 2015, acesso em 10 de maio de 2015, http://www.wsj.com/articles/sony-pictures-names-tom-rothman-new-movie-chief-1424802775.

9. D. Jones, "Not All Successful CEOs Are Extroverts", *USA Today*, 7 de junho de 2006, B.1.

10. S. Cole, "7 Famous Leaders Who Prove Introverts Can Be Wildly Successful", *Fast Company*, 18 de junho de 2014, acesso em 10 de maio de 2015, http://www.fastcompany.com/3032028/the-future-of-work/7-famous-leaders-who-prove-introverts-can-be-wildly-successful.

11. G. Murray, "Caveman Politics", *Psychology Today*, 15 de dezembro de 2011, acesso em 19 de junho de 2014, http://www.psychologytoday.com/blog/caveman-politics/201112/are-you-sure-we-prefer-taller-leaders; G. Murray e J. Schmitz, "Caveman Politics: Evolutionary Leadership Preferences and Physical Stature", *Social Science Quarterly* 92 (2011): 1215-1235.

12. M. Gladwell, "Why Do We Love Tall Men?" Gladwell.com, acesso em 16 de julho de 2014, http://gladwell.com/blink/why-do-we-love-tall-men/.

13. Schumpeter, "The Look of a Leader", *The Economist*, 27 de setembro de 2014, acesso em 10

de maio de 2015, http://www.economist.com/news/business/21620197-getting-top-much-do-how-you-look-what-you-achieve-look-leader.

14. R. J. House e R. M Aditya, "The Social Scientific Study of Leadership: Quo Vadis?" *Journal of Management* 23 (1997): 409–473; T. Judge, R. Illies, J. Bono e M. Gerhardt, "Personality and Leader- ship: A Qualitative and Quantitative Review", *Journal of Applied Psychology* (agosto de 2002): 765–782; S. A. Kirkpatrick e E. A. Locke, "Leadership: Do Traits Matter?" *Academy of Management Executive* 5, no. 2 (1991): 48–60.

15. House e Aditya, "The Social Scientific Study of Leadership"; Kirkpatrick e Locke, "Leadership: Do Traits Matter?"

16. C. Rose, "Charlie Rose Talks to . . . Jack Ma", *Bloomberg Businessweek*, 29 de janeiro de 2015, 36.

17. J. Jurgensen, "How to Run a Creative Hothouse", *Wall Street Journal*, 13 de março de 2015, D1, D2.

18. I. Mochari, "The Most Valuable Lesson Jeff Weiner Learned as LinkedIn's CEO", *Inc*, 7 de fevereiro de 2014, acesso em 19 de junho de 2014, http://www.inc.com/ilan-mochari/3-tips-fire-fast.html.

19. B. Fritz e E. Schwartzel, "Iger 'Clone' Rises in Disney's Ranks", *Wall Street Journal*, 14-15 de fevereiro de 2015, B1, B3.

20. Kirkpatrick e Locke, "Leadership: Do Traits Matter?"

21. E. A. Fleishman, "The Description of Supervisory Behavior", *Journal of Applied Psychology* 37 (1953): 1–6; L. R. Katz, New Patterns of Management (New York: McGraw-Hill, 1961).

22. C. Dawson, "Nissan Drives to Close Gap", *Wall Street Journal*, 27 de junho de 2011, acesso em 17 de junho de 2013, http://www.wsj.com/articles/SB10001424052702304447804576409472071237288; J. Ramsey, "Nissan Announces 'Power 88' Business Plan, All-New Vehicles Every Six Weeks for Six Years", *AutoBlog*, 27 de junho de 2011, acesso em 17 de junho de 2013, http://www.autoblog.com/2011/06/27/nissan-announces-power-88-business-plan-all-new-vehicles-ever/.

23. J. Jargon, "At Popeye's, Recipe for a Turnaround", *Wall Street Journal*, 9 de março de 2014, acesso em 10 de maio de 2015, http://www.wsj.com/articles/SB10001424052702304181204579368983741915774.

24. J. Goudreau, "The CEO of Popeyes Says Becom- ing a 'Servant Leader' Helped Her Turn Around the Struggling Restaurant Chain", *Business Insider*, 24 de março de 2015, acesso em 10 de maio de 2015, http://www.businessinsider.com/popeyes-ceo-servant-leadership-traits-2015-3.

25. P. Weissenberg e M. H. Kavanagh, "The Independence of Initiating Structure and Consideration: A Review of the Evidence", *Personnel Psychology* 25 (1972): 119–130.

26. R. J. House e T. R. Mitchell, "Path-Goal Theory of Leadership", *Journal of Contemporary Business* 3 (1974): 81–97; F. E. Fiedler, "A Contingency Model of Leadership Effectiveness", in *Advances in Experimental Social Psychology*, ed. L. Berkowitz (New York: Academic Press, 1964); V. H. Vroom e P. W. Yetton, *Leadership and Decision Making* (Pittsburgh: University of Pittsburgh Press, 1973); P. Hersey and K. H. Blanchard, *The Management of Organizational Behavior*, 4a. ed. (Englewood Cliffs, NJ: Prentice Hall, 1984); S. Kerr e J. M. Jermier, "Substitutes for Leadership: Their Meaning and Measurement", *Organizational Behavior & Human Performance* 22 (1978): 375–403.

27. A. Grant, F. Gino e D. Hofmann, "The Hidden Advantage of Quiet Bosses", *Harvard Business Review* 88, no. 12 (2010): 28.

28. F. E. Fiedler e M. M. Chemers, *Leadership and Effective Management* (Glenview, IL: Scott, Foresman, 1974); F. E. Fiedler e M. M. Chemers, *Improving Leadership Effectiveness: The Leader Match Concept*, 2a. ed. (New York: Wiley, 1984).

29. A. Davis, "Corner Office: Angus Davis of Swipely, on Working Around Flaws", entrevistado por A. Bryant, *New York Times*, 24 de abril de 2014, acesso em 19 de junho de 2014, http://www.nytimes.com/2014/04/25/business/angus-davis-of-swipely-on-working-around-flaws.html.

30. Fiedler e Chemers, *Improving Leadership Effectiveness*.

31. F. E. Fiedler, "The Effects of Leadership Training and Experience: A Contingency Model Interpretation", *Administrative Science Quarterly* 17, no. 4 (1972): 455; F. E. Fiedler, *A Theory of Leadership Effectiveness* (New York: McGraw-Hill, 1967).

32. L. S. Csoka e F. E. Fiedler, "The Effect of Military Leadership Training: A Test of the Contingency Model", *Organizational Behavior & Human Performance* 8 (1972): 395–407.

33. House e Mitchell, "Path-Goal Theory of Leadership."

34. "Up and Coming Leaders", *Entrepreneur*, 26 de março de 2014, acesso em 17 de julho de 2014, http://www.entrepreneur.com/article/231531.

35. M. Tenney, "More Than Money", *Collector*, outubro de 2013, 26-28.

36. House e Mitchell, "Path-Goal Theory of Leadership."

37. B. M. Fisher e J. E. Edwards, "Consideration and Initiating Structure and Their Relationships with Leader Effectiveness: A Meta-Analysis", *Proceedings of the Academy of Management*, agosto de 1988, 201–205.

38. Kotter International, "Leadership Lessons from Domino's Pizza: NFL Draft Edition", *Forbes*, 12 de maio de 2014, acesso em 19 de junho de 2014, http://www.forbes.com/sites/johnkotter/2014/05/12/leadership-lessons-from-dominos-pizza-nfl-draft-edition/.

39. L. Faw, "For Domino's, 'Failure Is an Option,'" *Mediapost Agency Daily*, 14 de abril de 2014, acesso em 17 de julho de 2014, http://www.mediapost.com/publications/article/223604/for-dominos-failure-is-an-option.html.

40. Domino's TV Commercial, "Failure Is an Option", YouTube.com, 2014, 15 de abril de 2014, acesso em 17 de julho de 2014, https://www.youtube.com/watch?v=wRaM3x78FEw

41. Kotter International, "Innovation Secrets from Domino's Pizza", *Forbes*, 27 de março de 2012, acesso em de 19 junho de 2014, http://www.forbes.com/sites/johnkotter/2012/03/27/innovation-secrets-from-dominos-pizza/.

42. E. Dou, "Asustek Seeks to Challenge Apple in Tablets", *Wall Street Journal*, 3 de dezembro de 2013, acesso em 18 de junho de 2013, http://blogs.wsj.com/digits/2012/12/03/asustek-seeks-to-challenge-apple-in-tablets/; E. Dou, "Asustek to Make Small Windows 8 Tablets", *Wall Street Journal*, 6 de maio de 2013, acesso em 18 de junho de 2013, http://online.wsj.com/article/SB10001424127887324326504578466122367669576.html?mod=WSJ_qtoverview_wsjlatest.

43. J. C. Wofford e L. Z. Liska, "Path-Goal Theories of Leadership: A Meta-Analysis", *Journal of Management* 19 (1993): 857–876.

44. House e Aditya, "The Social Scientific Study of Leadership."

45. V. H. Vroom e A. G. Jago, *The New Leadership: Managing Participation in Organizations* (Englewood Cliffs, NJ: Prentice Hall, 1988).

46. C. Fishman, "How Teamwork Took Flight: This Team Built a Commercial Engine—and Self-Managing GE Plant—from Scratch", *Fast Company*, 1 de outubro de 1999, 188.

47. Ibid.

48. Ibid.

49. N. Fallon, "Is Your Management Style Hurting Your Team?" *Business News Daily*, 14 de maio de 2014, acesso em 19 de junho de 2014, http://www.businessnewsdaily.com/6409-management-styles-strategies.html.

50. G. A. Yukl, *Leadership in Organizations*, 3a. ed. (Englewood Cliffs, NJ: Prentice Hall, 1995).

51. B. M. Bass, *Bass & Stogdill's Handbook of Leadership: Theory, Research, and Managerial Applications* (New York: Free Press, 1990).

52. R. D. Ireland e M. A. Hitt, "Achieving and Maintaining Strategic Competitiveness in the 21st Century: The Role of Strategic Leadership", *Academy of Management Executive* 13, no. 1 (1999): 43–57.

53. J. Lublin, "Rookie CEOs Face a Steep Learning Curve", 24 de junho de 2014, acesso em 10 de maio de 2015, http://www.wsj.com/articles/rookie-ceos-face-a-steep-learning-curve-1403656894.

54. P. Thoms e D. B. Greenberger, "Training Business Leaders to Create Positive Organizational Visions of the Future: Is It Successful?" *Academy of Management Journal* (Best Papers & Proceedings 1995): 212–216.

55. M. Weber, *The Theory of Social and Economic Organizations*, trad. R. A. Henderson e T. Parsons (New York: Free Press, 1947).

56. D. A. Waldman e F. J. Yammarino, "CEO Charismatic Leadership: Levels-of-Management and Levels-of-Analysis Effects", *Academy of Management Review* 24, no. 2 (1999): 266–285.

57. K. B. Lowe, K. G. Kroeck e N. Sivasubramaniam, "Effectiveness Correlates of Transformational and Transactional Leadership: A Meta -Analytic Review of the MLQ Literature", *Leadership Quarterly* 7 (1996): 385–425.

58. J. M. Howell e B. J. Avolio, "The Ethics of Charismatic Leadership: Submission or Liberation?" *Academy of Management Executive* 6, no. 2 (1992): 43–54.

59. G. Colvin, "The Greatest Business Decisions of All Time: Tata Steel", *Fortune*, 1 de outubro de 2012, acesso em 18 de junho de 2013, http://money.cnn.com/gallery/news/companies/2012/10/01/greatest-business-decisions.fortune/4.html.

60. J. Bunge, "Peregrine Founder Hit with 50 Years", *Wall Street Journal*, 1 de fevereiro de 2013, C1; T. Polansek e R. Schlader, "Peregrine CEO Pleads Guilty to Fraud; To Stay in Jail", Reuters, 17 de setembro de 17, 2012, acesso em 19 de junho de 2013, http://www.reuters.com/article/2012/09/17/us-peregrine-wasendorf-idUSBRE88G16U20120917.

61. D. J. Chandler, "The Perfect Storm of Leaders' Unethical Behavior: A Conceptual Framework", *International Journal of Leadership Studies* 5, no.1 (2009): 69-93.

62. Howell e Avolio, "The Ethics of Charismatic Leadership."

63. B. M. Bass, "From Transactional to Transformational Leadership: Learning to Share the Vision", *Organizational Dynamics* 18 (1990): 19–36.

64. B. M. Bass, *A New Paradigm of Leadership: An Inquiry into Transformational Leadership* (Alexandra, VA: US Army Research Institute for the Behavioral and Social Sciences, 1996).

65. CNN Wire Staff, "Network: Leno Took 50% Pay Cut to Reduce 'Tonight Show' Layoffs", CNN, 8 de setembro de 2012, acesso em 17 de julho de 2014, http://www.cnn.com/2012/09/07/showbiz/jay-leno-tonight-show/; A. Farnham, "Bosses Who Volunteer for Pay Cuts", ABC News, 11 de

setembro de 2012, acesso em 17 de julho de 2014, http://abcnews.go.com/Business/bosses-pay-cuts/story?id=17209062.

66. J. Gapper e T. Powley, "Inside the Dyson Dynasty", *Financial Times*, 10 de abril de 2015, acesso em 10 de maio de 2015, http://www.ft.com/intl/cms/s/2/528c518c-de2e-11e4-8d14-00144feab7de .html.

67. Bass, "From Transactional to Transformational Leadership."

15

1. E. E. Lawler III, L. W. Porter e A. Tannenbaum, "Manager's Attitudes Toward Interaction Episodes", *Journal of Applied Psychology* 52 (1968): 423–439; H. Mintzberg, *The Nature of Managerial Work* (New York: Harper & Row, 1973).

2. J. D. Maes, T. G. Weldy e M. L. Icenogle, "A Managerial Perspective: Oral Communication Competency Is Most Important for Business Students in the Workplace", *Journal of Business Communication* 34 (1997): 67–80.

3. E. E. Jones e K. E. Davis, "From Acts to Dispositions: The Attribution Process in Person Per- ception", in *Advances in Experimental and Social Psychology*, vol. 2, ed. L. Berkowitz (New York: Academic Press, 1965), 219–266; R. G. Lord e J. E. Smith, "Theoretical, Information-Processing, and Situational Factors Affecting Attribution Theory Models of Organizational Behavior", *Academy of Management Review* 8 (1983): 50–60.

4. D. Simons e C. Chabris, "Gorillas in Our Midst: Sustained Inattentional Blindness for Dynamic Events", *Perception* 28 (1999): 1059–1074.

5. J. Zadney e H. B. Gerard, "Attributed Inten- tions and Informational Selectivity", *Journal of Experimental Social Psychology* 10 (1974): 34–52.

6. M. Beck, "What Cocktail Parties Teach Us", *Wall Street Journal*, 23 de abril de 2012, D1.

7. H. H. Kelly, *Attribution in Social Interaction* (Morristown, NJ: General Learning Press, 1971).

8. J. M. Burger, "Motivational Biases in the Attribution of Responsibility for an Accident: A Meta-Analysis of the Defensive-Attribution Hypoth- esis", *Psychological Bulletin* 90 (1981): 496–512.

9. D. A. Hofmann e A. Stetzer, "The Role of Safety Climate and Communication in Accident Interpretation: Implications for Learning from Negative Events", *Academy of Management Journal* 41, no. 6 (1998): 644–657.

10. C. Perrow, *Normal Accidents: Living with High-Risk Technologies* (New York: Basic Books, 1984).

11. A. G. Miller e T. Lawson, "The Effect of an Informational Opinion on the Fundamental Attribution Error", *Journal of Personality & Social Psychology* 47 (1989): 873–896; J. M. Burger, "Changes in Attribution Errors Over Time: The Ephemeral Fundamental Attribution Error", *Social Cognition* 9 (1991): 182–193.

12. F. Heider, *The Psychology of Interpersonal Relations* (New York: Wiley, 1958); D. T. Miller e M. Ross, "Self-Serving Biases in Attribution of Causality: Fact or Fiction?" *Psychological Bulletin* 82 (1975): 213–225.

13. J. R. Larson, Jr., "The Dynamic Interplay Between Employees' Feedback-Seeking Strategies and Supervisors' Delivery of Performance Feedback", *Academy of Management Review* 14, no. 3 (1989): 408–422.

14. R. C. Rabin, "15-Minute Visits Take a Toll on the Doctor-Patient Relationship", *Kaiser Health News*, 21 de abril de 2014, acesso em 20 de junho de 2014, http://www.kaiserhealthnews.org/Stories/2014/April/21/15-minute-doctor-visits.aspx; S. Wilkins, "The Truth About Those High Patient Satisfaction Scores for Doctor-Patient Communication", *Center For Advancing Health* (Prepared Patient Blog), 11 de abril de 2013, acesso em 20 de junho de 2014, http://www.cfah.org/blog/2013/the-truth-about-those-high-patient-satisfaction-scores-for-doctor-patient-communication.

15. Ibid.

16. S. Brownlee, "The Doctor Will See You—If You're Quick", *The Daily Beast*, 16 de abril de 2012, acesso em 19 de julho de 2014, http://www.thedailybeast.com/newsweek/2012/04/15/why-your-doctor-has-no-time-to-see-you.html.

17. S. Wilkins, "The Truth About Those High Patient Satisfaction Scores for Doctor-Patient Communication."

18. "The Experts: How to Improve Doctor-Patient Communication", *Wall Street Journal*, 12 de abril de 2013, acesso em 20 de junho de 2013, http://www.wsj.com/articles/SB10001424127887324050304578411251805908228.

19. Ibid.

20. S. Wilkins, "The Truth About Those High Patient Satisfaction Scores for Doctor-Patient Communication", Center for Advancing Health (Prepared Patient Blog), 11 de abril de 2013, acesso em 20 de junho de 2014, http://www.cfah.org/blog/2013/the-truth-about-those-high-patient-satisfaction-scores-for-doctor-patient-communication.

21. "The Experts: How to Improve Doctor-Patient Communication."

22. L. Davey, "Managing Emotional Outbursts on Your Team", *Harvard Business Review*, 30 de abril de 2015, acesso em 13 de maio de 2015, https://hbr.org/2015/04/handling-emotional-outbursts-on-your-team.

23. Early. Green, "The Origins of Office Speak", *The Atlantic*, 24 de abril de 2014, acesso em 20 de junho de 2014, http://www.theatlantic.com/business/archive/2014/04/business-speak/361135/.

24. C. Hymowitz, "Mind Your Language: To Do Business Today, Consider Delayering", *Wall Street Journal*, 27 de março de 2006, B1.

25. G. L. Kreps, *Organizational Communication: Theory and Practice* (New York: Longman, 1990).

26. Ibid.

27. J. Jusko, "A Little More Communication", *Industry Week*, 1 de março de 2010, 19.

28. "S. Shellenbarger, "To Fight or Not to Fight? How to Pick Your Battles in the Workplace", *Wall Street Journal*, 14 de dezembro de 2014, B1.

29. Ibid.

30. Ibid.

31. E. Swallow, "How Rumors Could Actually Strengthen Your Company Culture", *Forbes*, 1 de março de 2013, acesso em 19 de junho de 2013, http://www.forbes.com/sites/ericaswallow/2013/03/01/rumor-jar/.

32. J. Sandberg, "Ruthless Rumors and the Managers Who Enable Them", *Wall Street Journal*, 29 de outubro de 2003, B1.

33. E. Holm e J. S. Lublin, "Loose Lips Trip Up a Good Hands Executive", *Wall Street Journal*, 1 de agosto de 2011, C1.

34. K. Voight, "Office Intelligence", *Asian Wall Street Journal*, 21 de janeiro de 2005, P1.

35. A. Aschale, "Review of the Grapevine Communication", junho de 2013, http://www.academia.edu/4362950/Review_of_the_Grapevine_Communication.

36. W. C. Redding, *Communication within the Organization: An Interpretive View of Theory and Research* (New York: Industrial Communication Council, 1972).

37. D. T. Hall, K. L. Otazo e G. P. Hollenbeck, "Behind Closed Doors: What Really Happens in Executive Coaching", *Organizational Dynamics* 27, no. 3 (1999): 39–53.

38. J. Kelly, "Blowing the Whistle on the Boss", *PR Newswire*, 15 de novembro de 2004, acesso em agosto de 2015, http://www.prnewswire.com/news-releases/blowing-the-whistle-on-the-boss-75393797.html?$G1Ref.

39. R. McGarvey, "Lords of Discipline", *Entrepreneur Magazine*, 1 de janeiro de 2000, número da página não disponivel.

40. Jack Welch, "'Rank-and-Yank'? That's Not How It's Done", *Wall Street Journal*, 15 de novembro de 2013, A.15.

41. N. Goodman, "Jack Welch on How to Manage Employees", *Entrepreneur*, 5 de outubro de 2012, acesso em 19 de julho de 2014, http://www.entrepreneur.com/blog/224604.

42. C. Hirschman, "Firm Ground: EAP Training for HR and Managers Improves Supervisor- Employee Communication and Helps Organizations Avoid Legal Quagmires", *Employee Benefit News*, 13 de junho de 2005, available athttp://www.highbeam.com/doc/1G1-121455684.html.

43. L. V. Gillespie, "Raising A-Wear-Ness", *Employee Benefit News*, 1 de dezembro de 2011, acesso em 27 de março de 2012, http://ebn.benefitnews .com/news/hiv-aids-levi-strauss-eap-disease-management-2720149-1.html.

44. A. Mehrabian, "Communication without Words", *Psychology Today* 3 (1968): 53; A. Mehrabian, *Silent Messages* (Belmont, CA: Wadsworth, 1971); R. Harrison, *Beyond Words: An Introduction to Nonverbal Communication* (Upper Saddle River, NJ: Prentice Hall, 1974); A. Mehrabian, *Non-Verbal Communication* (Chicago: Aldine, 1972).

45. M. L. Knapp, *Nonverbal Communication in Human Interaction*, 2a. ed. (New York: Holt, Rinehart & Winston, 1978).

46. H. M. Rosenfeld, "Instrumental Af liative Functions of Facial and Gestural Expressions", *Journal of Personality & Social Psychology* 24 (1966): 65–72; P. Ekman, "Differential Communi- cation of Affect by Head and Body Cues", *Journal of Personality & Social Psychology* 23 (1965): 726–735; A. Mehrabian, "Signicance of Posture and Position in the Communication of Attitude and Status Relationships", *Psychological Bulletin* 71 (1969): 359–372.

47. J. Gottman e R. Levenson, "The Timing of Divorce: Predicting When a Couple Will Divorce over a 14-Year Period", *Journal of Marriage & the Family* 62 (agosto de 2000): 737–745; J. Gottman, R. Levenson e E. Woodin, "Facial Expressions During Marital Con ict", *Journal of Family Communication* 1, no. 1 (2001): 37–57.

48. T. Bradberry e K. Kruse, "Why Successful People Never Bring Smartphones into Meetings", LinkedIn, 22 de setembro de 2014, acesso em 12 de maio de 2015, https://www.linkedin.com/pulse/20140922000612-50578967-why-successful-people-never-bring-smartphones-into-meetings.

49. Ibid.

50. Ibid.

51. S. Shellenbarger, "Is This How You Really Talk?" *Wall Street Journal*, 23 de abril de 2013, acesso em 20 de junho de 2014, http://www.wsj.com/news/articles/SB10001424127887323735604578440851083674898.

52. C. A. Bartlett e S. Ghoshal, "Changing the Role of Top Management: Beyond Systems to People", *Harvard Business Review*, maio–junho de 1995, 132–142.

53. J. Lublin, "Managers Need to Make Time for Face Time", *Wall Street Journal*, 18 de março de 2015, B6.

54. J. Fry, "When Talk Isn't Cheap: Is Emailing Colleagues Who Sit Feet Away a Sign of Office Dysfunction, or a Wise Move?" *Wall Street Journal*, 28 de novembro de 2005, http://www.wsj.com/articles/SB113293718044406629.

55. "The Joys of Voice Mail", *Inc.*, novembro de 1995, 102.

56. E. Bernstein, "Thou Shalt Not Send in Anger: Recovering from a Snippy Email to Friends, Even the Boss, Is Possible If You Grovel", *Wall Street Journal*, 14 de outubro de 2014, D1, D4.

57. D. F. Larcker, S. Miles, B. Tayan, e M. E. Gutman, "2013 CEO Performance Evaluation Survey", *Stanford Graduate School of Business*, acesso em 20 de junho de 2014, http://www.gsb.stanford.edu/cldr/research/surveys/performance.html.

58. E. Atwater, I Hear You, ed. revisada (New York: Walker, 1992).

59. R. G. Nichols, "Do We Know How to Listen? Practical Helps in a Modern Age", in *Communication Concepts and Processes*, ed. J. DeVitor (Englewood Cliffs, NJ: Prentice Hall, 1971); P. V. Lewis, *Organizational Communication: The Essence of Effective Management* (Columbus, OH: Grid Publishing Company, 1975); S. Khan, "Why Long Lectures Are Ineffective", *Time*, 2 de outubro de 2012, acesso em 13 de maio de 2015, http://ideas.time.com/2012/10/02/why-lectures-are-ineffective/.

60. A. Stevenson, "T-Mobile CEO to Cramer: 'Shut Up and Listen,'"*CNBC*, 28 de abril de 2015, acesso em 13 de maio de 2015, http://www.cnbc.com/id/102628529.

61. D. A. Kaplan, "Undercover Employee: A Day on the Job at Three Best Companies", *CNNMoney*, 20 de janeiro de 2011, acesso em 27 de março de 2012, http://features.blogs.fortune.cnn.com/2011/01/20/undercover-employee-a-day-on the-job-at-three-best-companies/.

62. L. Gurkow, "The Art of Active Listening", *Jerusalem Post*, 11 de maio de 2014, acesso em 20 de junho de 2014, http://www.jpost.com/Jewish-World/Judaism/Active-listening-351878.

63. E. Bernstein, "How 'Active Listening ' Makes Both Participants in a Conversation Feel Better", *Wall Street Journal*, 12 de janeiro de 2015, acesso em 13 de maio de 2015, http://www.wsj.com/articles/how-active-listening-makes-both-sides-of-a-conversation-feel-better-1421082684.

64. J. Jargon, "Fast-Food Turnaround: Popeyes Louisiana Kitchen CEO Cheryl Bachelder Talks About Her Secret for Repairing Relationships with Angry Franchisees", *Wall Street Journal*, 10 de março de 2014, R3.

65. Ibid.

66. Atwater, *I Hear You*.

67. C. Edwards, "Death of a Pushy Salesman", *BusinessWeek*, 3 de julho de 2006, 108.

68. J. Sandberg, "Not Communicating with Your Boss? Count Your Blessings", *Wall Street Journal*, 22 de maio de 2007, B1.

69. A. Tugend, "You've Been Doing a Fantastic Job. Just One Thing ...", *The New York Times*, 6 de abril de 2013, B5.

70. M. Flatt, "How to Give Feedback That Works", *Inc.*, 21 de dezembro de 2011, acesso em 27 de março de 2012, http://www.inc.com/michael-flatt/how-to-give-feedback-that-works.html.

71. "Satya Nadella's Email to Employees: Bold Ambition and Our Core", Microsoft, 18 de julho de 2014, acesso em 20 de julho de 2014, http://www.microsoft.com/en-us/news/ceo/index.html.

72. Ibid.

73. F. Manjoo, "Slack, the Office Messaging App That May Finally Sink Email", *New York Times*, 22 de março de 2015, B1.

74. A. Bryant, "The Memo List: Where Everyone Has an Opinion", *New York Times*, 10 de março de 2012, acesso em 27 de março de 2012, http://www.nytimes.com/2012/03/11/business/jim-whitehurst-of-red-hat-on-merits-of-an-open-culture.html.

75. D. Pontefract, "The Social C-Suite", *Chief Learning Officer Magazine*, 13 de março de 2013, acesso em 20 de julho de 2014, http://www.clomedia.com/articles/the-social-c-suite.

76. E. W. Morrison, "Organizational Silence: A Barrier to Change and Development in a Pluralistic World", *Academy of Management Review* 25 (2000): 706–725.

77. M. Heffernan, "Encourage Employees to Speak Up", *Inc*, 9 de abril 2014, acesso em 21 de julho de 2014, http://www.inc.com/margaret-heffernan/encourage-employees-to-speak-up.html.

78. R. Willingham, "Jetstar Pilots 'Afraid to Report Risks,'" *The Age*, 19 de março de 2011, acesso em 17 de junho de 2011, http://www.theage.com.au/travel/travel-news/jetstar-pilots-afraid-to-report-risks-20110318-1c0mi.html.

79. Ibid.

80. "An Inside Look at Corporate Hotlines", Security Director's Report, fevereiro de 2007, 8.

81. Lublin, "Managers Need to Make Time for Face Time."

82. C. Hymowitz, "Sometimes, Moving Up Makes It Harder to See What Goes on Below", *Wall Street Journal*, 15 de outubro de 2007, B1.

83. A. Bryant, "Every Team Should Have a Devil's Advocate", *New York Times*, 24 de dezembro de 2011, acesso em 21 de junho de 2013, http://www.nytimes.com/2011/12/25/business/ori-hadomi-of-mazor-robotics-on-choosing-devils-advocates.html?pagewanted=all.

84. R. Birch, "How GTE FCU Turned Itself Around After 'Closing Down the Shop,'" *Credit Union Journal*, 18 de junho de 2012, 40.

85. D. Kirkpatrick e D. Roth, "Why There's No Escaping the Blog", *Fortune* (Europe), 24 de janeiro de 2005, 64.

86. R. Jones, "Labor Strife at Emirates Air", *Wall Street Journal*, 23 de março de 2015, B3.

16

1. R. Leiferand P. K. Mills, "An Information Processing Approach for Deciding Upon Control Strategies and Reducing Control Loss in Emerging Organizations", *Journal of Management* 22 (1996): 113–137.

2. C. Passariello, "Fiercest Match of French Open Tennis Tournament? Raptor vs. Pigeon", *Wall Street Journal*, 6 de junho de 2014, http://wsj.com/articles/ercest-match-of-french-open-tennis-tournament-raptor-vs-pigeon-1402101392.

3. J. Bookwalter, "Report: Apple Slows iPhone 5 Production to Address Aluminum Scratches", *TechRadar*, 10 de outubro de 2012, acesso em 21 de junho de 2013, http://www.techradar.com/us/news/phone-and-communications/mobile-phones/report-apple-slows-iphone-5-production-to-address-aluminum-scratches-1103440.

4. "Our Green Filter", Green Depot, acesso em 21 de junho de 2013, http://www.greendepot.com/greendepot/dept.asp?dept_id=12; N. Leiber, "With Eco- Friendly Building Supplies, Green Depot Thrives in the Construction Rebound", *Bloomberg Businessweek*, 11 de abril de 2013, acesso em 21 de junho de 2013, http://www.businessweek.com/articles/2013-04-11/with-eco-friendly-building-supplies-green-depot-thrives-in-the-construction-rebound.

5. R. Upson e K. Notarianni, "Quantitative Evaluaton of Fire and EMS Mobilization Times", The Fire Protection Research Foundation, maio de 2010, p. 1.

6. D. Robb, "Is Big Data Right for Small Business?" *Tech Page One*, 26 de junho de 2014, acesso em 21 de julho de 2014, http://techpageone.dell.com/technology/is-big-data-right-for-small-business/.

7. L. Landro, "Why Hospitals Want Patients to Ask Doctors, 'Have You Washed Your Hands?'" *Wall Street Journal*, 30 de setembro de 2013, acesso em 21 de julho de 2014, http://wsj.com/news/articles/SB10001424052702303918804579107202360565642.

8. University Health Network, "HealthCare Worker Hand Hygiene Rates Increase Three-Fold When Auditors Visible", *Science Daily*, 8 de julho de 2014, acesso em 14 de maio de 2015, http://www.sciencedaily.com/releases/2014/07/140708165727.htm.

9. T. Rosenberg, "An Electronic Eye on Hospital Hand-Washing", *New York Times*, 24 de novembro de 2011, http://opinionator.blogs.nytimes.com/2011/11/24/an-electronic-eye-on-hospital-hand-washing.

10. N. Wiener, *Cybernetics; Or Control and Communication in the Animal and the Machine* (New York: Wiley, 1948).

11. Most. Rohde, "Squirrelly Behavior: Critters Shock the System", *Daily Reporter*, 4 de janeiro de 2011, acesso em 20 de junho de 2011, http://dailyreporter.com/2011/01/04/squirrely-behavior-critters-shock-the-system/.

12. J. Mooallem, "Squirrel Power!" *New York Times*, 31 de agosto de 2013, acesso em 23 de junho de 2014, http://www.nytimes.com/2013/09/01/opinion/sunday/squirrel-power.html?pagewanted=all.

13. Ibid.

14. K. Stack, "Concussion-Sensing Chin Strap Raises Questions", *Wired.com*, 26 de março de 2012, acesso em 28 de março de 2012, http://www.wired.com/playbook/2012/03/battle-sports-science-impact-indicator/.

15. M. Griggs, "In Nasty Weather, High-Tech Sen- sors Get the Lights Back on Faster", Popu*lar Science*, 23 de dezembro de 2014, acesso em 14 de maio de 2015, http://www.popsci.com/high-tech-power-line-sensors-get-lights-turned-faster.

16. D. Cardwell, "Grid Sensors Could Ease Disruptions of Power", *New York Times*, 3 de fevereiro de 2015, B4.

17. Leifer e Mills, "An Information Processing Approach."

18. A. Gasparro e J. Newman, "Blue Bell Recall Shows Difficulty of Controlling Listeria", *Wall Street Journal*, 21 de abril de 2015, acesso em 14 de maio de 2015, http://www.wsj.com/articles/blue-bell-recall-shows -difficulty-of-controlling-listeria-1429653383.

19. S. Ng, "Big Cracks Spread in Glass Recycling", *Wall Street Journal*, 23 de abril de 2015, B8.

20. Ibid.

21. "Average Diesel Cost Falls for Second Straight Week", *HDT Truckinginfo*, 12 de maio de 2014, acesso em 23 de junho de 2014, http://www.truckinginfo.com/channel/fuel-smarts/news/story/2014/05/average-diesel-cost-falls-for-second-straight-week.aspx.

22. "Kroger Co. Adopts Westport iCEPACKTM LNG Tank System for Sustainability and Savings", *PRNewswire*, 6 de maio de 2014, acesso em 23 de junho de 2014, http://www.prnewswire.com/news-releases/kroger-co-adopts-westport-ice-pack-lng-tank-system-for-sustainability-and-savings-258148831.html.

23. C. Woodyard, "UPS Tries to Save Fuel by Cutting Weight", *USA Today*, 9 de junho de 2011, acesso em 28 de março de 2012, http://www.usatoday.com/money/autos/environment/2011-06-09-ups-vans-save-energy_n.htm.

24. M. Weber, *The Protestant Ethic and the Spirit of Capitalism* (New York: Scribner's, 1958).

25. B. Morris, "Truckers Tire of Government Sleep Rules", *Wall Street Journal*, acesso em 22 de julho de 2014, http://wsj.com/news/articles/SB10001424052702304672404579182522881942740.

26. D. Gibson, "Angus Barn's Eure: Peyton Manning Check Posting 'Horrible'", *Triangle Business Journal*, 7 de março de 2012, acesso em 29 de março de 2012, http://www.bizjournals.com/triangle/blog/2012/03/peyton-leaves-whopper-tip-at-angus-barn.html.

27. L. Scism, "State Farm Is There: As You Drive", *Wall Street Journal*, 4 de agosto de 2013, acesso em 22 de julho de 2014, http://wsj.com/news/articles/SB10001424127887323420604578647950497541958.

28. H. Son, "'Bob in Accounting Is Going to Fix Currency Rates.'—'I'll tell Jamie Dimon,'" *Bloomberg Businessweek*, 13–19 de abril de 2015, pp. 34–35.

29. Rajul, "Four Seasons Park Lane Shares Hiring Secrets", London Hotel Insight, 24 de janeiro de 2011, acesso em 23 de julho de 2014, http://londonhotelsinsight.com/2011/01/24/four-seasons-park-lane-shares-hiring-secrets/.

30. "About Four Seasons: Nick Mutton", Four Seasons, acesso em 23 de julho de 2014, http://www.fourseasons.com/about_four_seasons/nick-mutton/.

31. A. Kadet, "City News—Metro Money/Jerks Need Not Apply", *Wall Street Journal*, 18 de janeiro de 2014, acesso em 23 de julho de 2014, A16.

32. J. R. Barker, "Tightening the Iron Cage: Concertive Control in Self-Managing Teams", *Administrative Science Quarterly* 38 (1993): 408–437.

33. N. Byrnes, "The Art of Motivation", *BusinessWeek*, 1 de maio de 2006, 56–62.

34. Barker, "Tightening the Iron Cage."

35. C. Manz e H. Sims, "Leading Workers to Lead Themselves: The External Leadership of Self-Managed Work Teams", *Administrative Science Quarterly* 32 (1987): 106–128.

36. J. Slocum e H. A. Sims, "Typology for Integrating Technology, Organization and Job Design", *Human Relations* 33 (1980): 193–212.

37. C. C. Manz e H. P. Sims, Jr., "Self-Management as a Substitute for Leadership: A Social Learning Perspective", *Academy of Management Review* 5 (1980): 361–367.

38. C. Manz e C. Neck, *Mastering Self-Leadership*, 3a. ed. (Upper Saddle River, NJ: Pearson, Prentice Hall, 2004).

39. R. S. Kaplan e D. P. Norton, "Using the Balanced Scorecard as a Strategic Management System", *Harvard Business Review* (janeiro–fevereiro de 1996): 75–85; R. S. Kaplan e D. P. Norton, "The Balanced Scorecard: Measures That Drive Performance", *Harvard Business Review* (janeiro–fevereiro de 1992): 71–79.

40. J. Meliones, "Saving Money, Saving Lives", *Harvard Business Review* (novembro–dezembro de 2000): 57–65.

41. D. Kesmodel e A. Gasparro, "Lean Recipe Fuels Food Deals", *Wall Street Journal*, 26 de março de 2015, A1, A6.

42. S. L. Fawcett, "Fear of Accounts: Improving Managers' Competence and Con dence Through Simulation Exercises", *Journal of European Industrial Training* (fevereiro de 1996): 17.

43. M. H. Stocks e A. Harrell, "The Impact of an Increase in Accounting Information Level on the Judgment Quality of Individuals and Groups", *Accounting, Organizations & Society* (outubro–novembro de 1995): 685–700.

44. B. Morris, "Roberto Goizueta and Jack Welch: The Wealth Builders", *Fortune*, 11 de dezembro de 1995, 80–94.

45. G. Colvin, "America's Best & Worst Wealth Creators: The Real Champions Aren't Always Who You Think. Here's an Eye-Opening Look at Which Companies Produce and Destroy the Most Money for Investors—Plus a New Tool for Spotting Future Winners", *Fortune*, 18 de dezembro de 2000, 207.

46. "About Herman Miller: Operational Excellence", *Herman Miller*, acesso em de junho de 20, 2011, http://www.hermanmiller.com/About-Us/About-Herman-Miller/Operational-Excellence.

47. M. Schurman, "A Herman Miller Primer", *Herman Miller*, acesso em 20 de junho de 2011, http://www.hermanmiller.com/MarketFacingTech/hmc/about_us/News_Events_Media/Corporate_Backgrounder.pdf.

48. B. Stewart, *Best-Practice EVA: The definitive Guide to Measuring and Maximizing Shareholder Value* (New York: Wiley Finance, 2013).

49. "Welcome Complaints", *Office of Consumer and Business Affairs, Government of South Australia*, acesso em 20 de junho de 2005, http://www.ocba.sa.gov.au/businessadvice/complaints/03_welcome.html.

50. J. Tschohl, "Cultivate Loyal Customers: The Value of Defection Management", Desk.com, 23 de maio de 2013, acesso em 13 de maio de 2015, http://www.desk.com/blog/loyal-customers/.

51. C. A. Reeves e D. A. Bednar, "Defining Quality: Alternatives and Implications", *Academy of Management Review* 19 (1994): 419–445.

52. "The Best Airlines in the World: Readers' Choice Awards 2014", *Condé Nast Traveler*, 29 de outubro de 2014, acesso em 8 de setembro de 2015, http://www.cntraveler.com/stories/2014-10-29/the-best-airlines-in-the-world-readers-choice-2014; "About Us: Singapore Airlines—Our Awards", *Singapore Airlines*, acesso em 23 de junho de 2014, http://www.singaporeair.com/en_UK/about-us/sia-history/sia-awards/.

53. S. Holmes, "Creature Comforts at 30,000 Feet", *BusinessWeek*, 18 de dezembro de 2006, 138.

54. C. Krome, "Kia Optima Earns 'Best Value' Award, Debuts SX Limited", *Autobytel*, 13 de fevereiro de 2012, acesso em 29 de março de 2012, http://www.autobytel.com/kia/optima/2012/news/kia-optima-earns-best-value-award-debuts-sx-limited-109911/.

55. D. R. May e B. L. Flannery, "Cutting Waste with Employee Involvement Teams", *Business Horizons*, setembro–outubro de 1995, 28–38.

56. J. Carlton, "Some NFL Teams Are Going Green", *Wall Street Journal*, 18 de maio de 2014, acesso em 23 de junho de 2014, http://wsj.com/news/articles/SB10001424052702304677904579537882691550494.

57. C. Boulton, "Exposing the Hidden Waste and Expense of Cloud Computing", *Wall Street Journal*, 17 de fevereiro de 2015, B4.

58. A. K. Streeter, "H&M Collects Your Old Clothes to Make New Jeans", *treehugger*, 30 de maio de 2014, acesso em 23 de junho de 2014, http://www.treehugger.com/corporate-responsibility/hm-collecting-your-old-clothes-make-new-jeans.html.

59. M. Perella, "How HP and Kyocera Are Applying Circular Economy to Printing", The Guardian, 28 de maio de 2014, acesso em 23 de junho de 2014, http://www.theguardian.com/sustainable-business/hp-kyocera-circular-economy-printing.

60. L. Downing, "British Retailers Turn Waste into Power", *Bloomberg Businessweek*, d14 e junho de 2012, acesso em 21 de junho de 2013, http://www.businessweek.com/articles/2012-06-14/british-retailers-turn -waste-into-power.

61. "The End of the Road: Schools and Computer Recycling", *Intel*, acesso em 5 de setembro de 2008, http://www.intel.com/education/recycling_computers/recycling.htm.

62. M. Meece, "Giving Those Old Gadgets a Proper Green Burial", *New York Times*, 6 de janeiro de 2011, acesso em 5 de março de 2011, http://www.nytimes.com/2011/01/06/technology/personaltech/06basics.html?ref=recyclingofwastematerials.

17

1. R. Lenzner, "The Reluctant Entrepreneur", *Forbes*, 11 de setembro de 1995, 162–166.

2. "Inflation Calculator | Find US Dollar's Value from 1913-2014", US Inflation Calculator, acesso em 24 de julho de 2014, http://www.usinflationcalculator.com/; T. Lee, "Today's iPhone Is More Useful Than $3,000 Worth of Gadgets from a 1991 Radio Shack", *The Washington Post*, 31 de janeiro de 2014, acesso em 24 de julho de 2014, http://www.washingtonpost.com/blogs/the-switch/wp/2014/01/31/todays-iphone-is-more-useful-than-3000-worth-of -gadgets-from-a-1991-radio-shack/.

3. D. Clark, "Moore's Law Shows Its Age", *Wall Street Journal*, 17 de abril de 2005, acesso em 12 de maio de 2015, http://www.wsj.com/articles/moores-law-runs-out-of-gas-1429282819.

4. S. Norton, "A Post-PC CEO: No Desk, No Desktop", *Wall Street Journal*, 20 de novembro de 2014, B5.

5. Zacks, "Pandora Listener Hours Up in May—Analyst Blog", *nasdaq.com*, 5 de junho de 2014, acesso em 24 de junho de 2014, http://www.nasdaq.com/article/pandora-listener-hours-up-in-may-analyst-blog-cm359420; "Pandora Dropped 2.3 Million Listeners in Last 3 Months, Stock Falls as Net Loss Widens", Hypebot.com, 24 de abril de 2015, acesso em 12 de maio de 2015, http://www.hypebot.com/hypebot/2015/04/pandora-stock-falls-as-net-losses-widen.html.

6. H. Michael, "Updated Numbers: Beats Music Now Has 250,000 Subscribers", PhoneArena, 29 de maio de 2014, acesso em 24 de julho de 2014, http://www.phonearena.com/news/Updated-numbers-Beats-Music-now-has-250000-subscribers_id56644; H. Karp e A. Barr, "Apple Taps Tastemakers to Regain Music Mojo", *Wall Street Journal*, 29 de maio de 2014, A1; "Information: What Is Spotify", Spotify, acesso em 12 de maio de 2015, https://press.spotify.com/us/information/; "Hans-Holger Albrecht to Give Midem 2015 Keynote", Deezer, de abril de 21, 2015, acesso em 12 de maio de 2015, http://blog.deezer.com/press/tag/gb/; T. Risen, "Consumers Want Free Music from Apple Beats", *US News*, 6 de maio de 2015, acesso em 12 de maio de 2015, http://www.usnews.com/news/articles/2015/05/06/consumers-want-free-music-from-apple-beats; E. Weise, "Amazon Prime Is Big, But How Big?" *USA Today*, 3 de fevereiro de 2015, acesso em 12 de maio de 2015, http://www.usatoday.com/story/tech/2015/02/03/amazon-prime-10-years-old-anniversary/22755509/.

7. D. A. Fields, "The Myth of First-Mover Advantage", *Industry Week*, 12 de junho de 2013, acesso em 24 de junho de 2014, http://www.industryweek .com/innovation/myth-first-mover-advantage.

8. F. Suarez e G. Lanzolla, "The Half-Truth of First Mover Advantage", *Harvard Business Review*, abril de 2005, acesso em 24 de junho de 2014, http://hbr.org/2005/04/the-half-truth-of-first-mover-advantage/ar/1.

9. S. Rothwell, "British Airways Crews Read Up on VIPs on iPads", *Bloomberg Businessweek*, 15 de

fevereiro de 2012, acesso em 2 de abril de 2012, http://www.bloomberg.com/news/2012-02-16/british-airways-crews-tap-into-ipads-for-lowdown-on -vip- yers.html.

10. K. Linendoll, "NFL Playbooks: There's an App for That", *ESPN*, 6 de novembro de 2012, acesso em 22 de junho de 2013, http://espn.go.com/blog/playbook/tech/post/_/id/2808/n-teams-prefer-ipads-over-playbooks.

11. K. Clark, "NFL Practices: Getting Geeky", *Wall Street Journal*, 19 de agosto de 2014, acesso em 12 de maio de, 2015, http://www.wsj.com/articles/n-practices-getting-geeky-1408488632.

12. R. Smith, "Find the Best Checkout Line—Retailers Try to Speed Up; What Works, What Adds to Shopper Aggravation", *Wall Street Journal*, 8 de dezembro de 2011, D1.

13. J. Jargon, "Kroger's New Weapon: Infrared Cameras—Technology Helps Kroger Reduce Wait Times to 26 Seconds", *Wall Street Journal*, 2 de maio de 2013, B4.

14. N. Bogart, "Canadian Airline First Air to Live Stream Black Box Data", *Global News*, 6 de maio de 2014, acesso em 24 de junho de 2014, http://globalnews.ca/news/1314398/canadian-airline-first-air-to-live-stream-black-box-data/.

15. D. Stacey e G. Raghuvanshi, "Malaysia Airlines Flight 370: Contractor Will Get 300 Days to Complete Search", *Wall Street Journal*, 4 de junho de 2014, acesso em 24 de julho de 2014, http://online.wsj.com/articles/contractor-will-get-300-days-to-complete-malaysia-airlines-flight-370-search-1401849756.

16. A. Pasztor e J. Ostrower, "Missing Malaysia Jet Adds Fuel to 'Live Black Box' Debate", *Wall Street Journal*, 9 de março de 2014, acesso em 24 de junho de 2014, http://online.wsj.com/news/articles/SB1000142405270230402010457012023351669

2014?KEYWORDS=missing+malaysia+jet+adds+fuel&mg=reno64-wsj.

17. Bogart, "Canadian Airline First Air to Live Stream Black Box Data."

18. D. Hernandez, "Artificial Intelligence Is Now Telling Doctors How to Treat You", *Wired*, 2 de junho de 2014, acesso em 24 de junho de 2014, http://www.wired.com/2014/06/ai-healthcare/.

19. Ibid.

20. Associated Press, "Syrup-makers Go High-Tech with Wireless Monitoring", *Wall Street Journal*, 1 de abril de 2014, acesso em 24 de junho de 2014, http://online.wsj.com/article/APe9ecdb54499c4294840e59e763ef3e38.html?KEYWORDS=monitoring.

21. D. Chernicoff, "Another Billion Dollar Data Center Investment for Google", ZDNet, 21 de abril de 2015, acesso em 12 de maio de 2015, http://www.zdnet.com/article/another-billion-dollar-data-center-investment-for-google/.

22. D. Meyer, "Google to Build Gigantic "120-megawatt" Data Center in the Netherlands", Gigaom, 23 de setembro de 2014, acesso em 12 de maio de 2015, https://gigaom.com/2014/09/23/google-to-build-gigantic-120-megawatt-data-center-in-the -netherlands/.

23. "Google Search Statistics - Internet Live Stats", Google, acesso em 12 de maio de 2015, http://www.internetlivestats.com/google-search-statistics/#trend; "Statistics - YouTube", YouTube, acesso em 12 de maio de 2015, http://www.youtube.com/yt/press/statistics.html.

24. R. Miller, "Facebook Decloaks, Confirms Plans for Iowa Server Farm", *Data Center Knowledge*, 23 de abril de 2013, acesso em 22 de junho de 2013, http://www.datacenterknowledge.com/archives/2013/04/23/facebook-decloaks-confirms-plans-for-iowa-server-farm/.

25. E. Dwoskin e G. Bensinger, "Hot New Thing at the Mall: Heat Maps Track Shoppers", *Wall Street Journal*, 9 de dezembro de 2013, B1.

26. K. Kamenec, "How Apples iBeacon Could Upend Retail Shopping", *PC Magazine*, 24 de outubro de 2013, acesso em 25 de julho de 2014, http://www.pcmag.com/article2/0,2817,2425052,00.asp.

27. S. Ramachandran, "Netflix Will Pay Comcast for Speed", *Wall Street Journal*, 24 de fevereiro de 2014, A1; S. Ramachandran e D. Fitzgerald, "For Web Firms, Faster Access Comes at a Price", *Wall Street Journal*, 19 de junho de 2013, B1; "Netflix Still Dominates Internet Traffic", Advanced Television, 20 de novembro de 2014, acesso em 12 de maio de 2015, http://advanced-television.com/2014/11/20/netflix-still-dominates -internet-traffic/.

28. S. Lubar, *Infoculture: The Smithsonian Book of Information Age Inventions* (Boston: Houghton Mifflin, 1993).

29. Ibid.

30. G. M., "They've Got Sklz", *Entrepreneur*, janeiro de 2012, 43.

31. P. Mozur e J. Osawa, "Can Alibab's Taxi App Be New Growth Driver", *Wall Street Journal*, 17 de março de 2014, B4.

32. Anonymous, "Home & Digital: #ASKWSJD", *Wall Street Journal*, 5 de março de 2014, D3.

33. R. Trichur, "Global Finance: No Cards Necessary with New ATM Grid", *Wall Street Journal*, 16 de março de 2015, C3.

34. B. Worthen, "Bar Codes on Steroids", *CIO*, 15 de dezembro de 2002, 53.

35. B. Barnes, "At Disney Parks, a Bracelet Meant to Build Loyalty (and Sales)", *New York Times*, 7 de janeiro de 2013, acesso em 22 de junho de 2013, http://www.nytimes.com/2013/01/07/business/media/at-disney-parks-a-bracelet-meant-to-build-loyalty-and-sales.html?pagewanted=all&_r=0; M. Wilson, "A $1 Billion Project to Remake the Disney World Experience, Using RFID", *FastCoDesign*, acesso em 22 de junho de 2013, http://www.fastcodesign.com/1671616/a-1-billion-project-to-remake-the-disney-world-experience-using-rd#1.

36. N. Rubenking, "Hidden Messages", *PC Magazine*, 22 de maio de 2001, 86.

37. D. Carr, "Giving Viewers What They Want", *New York Times*, 24 de fevereiro de 2013, acesso em 22 de junho de 2013, http://www.nytimes.com/2013/02/25/business/media/for-house-of-cards-using-big-data-to-guarantee-its-popularity.html?pagewanted=all.

38. E. Dwoskin, "How New York's Fire Department Uses Data Mining", *Wall Street Journal* (Digits blog), 24 de janeiro de 2014, 2:12 p.m., acesso em 24 de junho de 2014, http://blogs.wsj.com/digits/2014/01/24/how-new-yorks-fire-department-uses-data-mining/.

39. Rubenking, "Hidden Messages."

40. C. Duhigg, "How Companies Learn Your Secrets", *New York Times*, 16 de fevereiro de 2012, acesso em 3 de abril de 2012, http://www.nytimes.com/2012/02/19/magazine/shopping-habits.html?pagewanted=all.

41. A. Rutkin, "Machine Predicts Heart Attacks 4 Hours before Doctors", *NewScientist*, 11 de agosto de 2014, acesso em 12 de maio de 2015, http://www.newscientist.com/article/mg22329814.400-machine-predicts-heart-attacks-4-hours-before-doctors.html#.VVKi5mBtEkE.

42. S. Rosebush e M. Totty, "How Big Data Is Changing the Whole Equation for Business", *Wall Street Journal*, 11 de março de 2013, R1.

43. K. Johnson, O. Dorell e E. Weise, "Of cial: North Korea behind Sony Hack", *USA Today*, 18 de dezembro de 2014, acesso em 12 de maio de 2015, http://www.usatoday.com/story/news/world/2014/12/17/north-korea-sony-hack/20558135/.

44. B. Fritz, D. Yadron e E. Schwartzel, "Behind the Scenes at Sony as Hacking Crisis Unfolded", *Wall Street Journal*, 30 de dezembro de 2014, acesso em 12 de maio de 2015, http://www.wsj.com/articles/behind-the-scenes-at-sony-as-hacking-crisis-unfolded-1419985719.

45. "Cloud Infographic: Computer Virus Facts and Stats", *CloudTweaks*, 11 de abril de 2014, acesso em 12 de maio de 2015, http://cloudtweaks.com/2014/04/cloud-infographic-computer-virus-facts-stats/.

46. B. Gottesman e K. Karagiannis, "A False Sense of Security", *PC Magazine*, 22 de fevereiro de 2005, 72.

47. F. J. Derfler, Jr., "Secure Your Network", *PC Magazine*, 27 de junho de 2000, 183–200.

48. "Authentication", *PC Magazine*, acesso em 24 de junho de 2014, http://www.pcmag.com/encyclopedia/term/38192/authentication.

49. "Authorization", *PC Magazine*, acesso em 24 de junho de 2014, http://www.pcmag.com/encyclopedia/term/38202/authorization.

50. L. Seltzer, "Password Crackers", *PC Magazine*, 12 de fevereiro de 2002, 68.

51. "Two-Factor Authentication", *Information Security Glossary*, acesso em 28 de junho de 2009, http://www.rsa.kz/node/glossary/default4b75.html?id=1056.

52. W. Gordon, "Here's Everywhere You Should Enable Two-Factor Authentication Right Now", *LifeHacker*, 10 de dezembro de 2013, acesso em 26 de julho de 2014, http://lifehacker.com/5938565/heres-everywhere-you-should-enable-two-factor-authentication-right-now; L. Tung, "Google to Slap Two-Factor Across Apps via Suspicious Logins Trigger", *ZD Net*, 15 de maio de 2014, acesso em 24 de junho de 2014, http://www.zdnet.com/google-to-slap-two-factor-across-apps-via-suspicious-logins-trigger -7000029476/.

53. C. Metz "Total Security", *PC Magazine*, 1 de outubro de 2003, B3.

54. J. DeAvila, "Wi-Fi Users, Beware: Hot Spots Are Weak Spots", *Wall Street Journal*, 16 de janeiro de 2008, D1; J. Vijayan, "Hotel Router Vulnerability a Reminder of Untrusted WiFi Risks", 27 de março de 2015, Information Week Dark Reading, acesso em 12 de maio de 2015, http://www.darkreading.com/perimeter/hotel-router-vulnerability-a-reminder-of-untrusted-wifi-risks/d/d-id/1319668.

55. G. A. Fowler, "You Won't Believe How Adorable This Kitty Is! Click For More!", *Wall Street Journal*, 26 de março de 2013, acesso em 24 de junho de 2014, http://online.wsj.com/news/articles/SB10001424127887324373204578373011392662962?mg=reno64-wsj.

56. Ibid.

57. J. van den Hoven, "Executive Support Systems & Decision Making", *Journal of Systems Management* 47, no. 8 (março–abril de 1996): 48.

58. D. Hannon, "Colgate-Palmolive Empowers Senior Leaders with Executive Dashboards", InsiderProfiles, 1 de abril de 2011, acesso em 26 de junho de 2011, http://insiderprofiles.wispubs.com/article.aspx?iArticleId=5720.

59. "Intranet", *PC Magazine*, acesso em 24 de junho de 2014, http://www.pcmag.com/encyclopedia/term/45310/intranet.

60. "Accorda Therapeutics Announces Company Intranet Named One of Ten Best in the World", *Yahoo! Finance*, 14 de fevereiro de 2013, acesso em 24 de junho de 2013, http://finance.yahoo.com/news/acorda-therapeutics-announces-company-intranet-120000651.html; K. Kass, "It's Not Always

the Size That Counts in Internal Communication", Simply-communicate.com, http://www.simply-communicate.com/case-studies/company-profile/it%E2%80%99s-not-always-size-counts-internal-communication.

61. "Web Services", *PC Magazine*, acesso em 24 de junho de 2014, http://www.pcmag.com/encyclopedia/term/54345/web-services.

62. S. Overby, "This Could Be the Start of Something Small", *CIO*, 15 de fevereiro de 2003, 54.

63. "Extranet", *PC Magazine*, acesso em 24 de junho de 2014, http://www.pcmag.com/encyclopedia/term/42945/extranet.

64. "MitsubishiOpensSales/TrainingCenter; Establishes Online Creative Centers", *Contracting Business.com*, 27 de março de 2012, acesso em 3 de abril de 2012, http://contractingbusiness.com/news/Mitsubishi-training-creative-centers-0328/.

65. M. Hickins, "Hertz Counts on Self-Service Kiosks to Spur Growth", *Wall Street Journal*, 8 de maio de 2012, acesso em 22 de junho de 2013, http://blogs.wsj.com/drivers-seat/2012/05/08/hertz-counts-on-self-service-kiosks-to-spur-growth/.

66. S. Hamm, D. Welch, W. Zellner, F. Keenan e F. Engardio, "Down But Hardly Out: Downturn Be Damned, Companies Are Still Anxious to Expand Online", *BusinessWeek*, 26 de março de 2001, 126.

67. K. C. Laudon e J. P. Laudon, *Management Information Systems: Organization and Technology* (Upper Saddle River, NJ: Prentice Hall, 1996).

68. J. Borzo, "Software for Symptoms", *Wall Street Journal*, 23 de maio de 2005, R10.

69. Ibid.

70. R. Hernandez, "American Express Authorizer's Assistant", *Business Rules Journal*, agosto de 2001, acesso em 26 de junho de 2011, http://bizrules.info/page/art_amexaa.htm.

18

1. J. Mouawad, "A Luxury Liner Docks, and the Countdown's On", *The New York Times*, 22 de março de 2015, BU1.

2. Ibid.

3. J. Miller, "Remade in the USA: Indiana Steel Mill Revived with Lessons from Abroad", *Wall Street Journal*, 21 de maio de 2012, A1.

4. L. Stevens, "For UPS, E-Commerce Brings Big Business and Big Problems", *Wall Street Journal*, 11 de setembro de 2014, acesso em 11 de maio de 2015, http://www.wsj.com/articles/for-ups-e-commerce-brings-big-business-and-big-problems-1410489642.

5. Ibid.

6. "Employment Cost Index News Release Text", Bureau of Labor Statistics, de abril de 30, 2015, acesso em 11 de maio de 2015, http://www.bls.gov/news.release/eci.nr0.htm; "Productivity and Costs: First Quarter 2015, Preliminary", Bureau of Labor Statistics, 6 de maio de 2015, acesso em 11 de maio de 2015, http://www.bls.gov/news.release/prod2.nr0.htm.

7. "Historical Income Tables—Families: Table F-23—Families by Total Money Income, Race, and Hispanic Origin of Householder: 1967 to 2013", U.S. Census Bureau, Current Population Survey, Annual Social and Economic Supplements, acesso em 11 de maio de 2015, http://www.census.gov/hhes/www/income/data/historical/families/2013/f23.xls.

8. Ibid.

9. The Conference Board Total Economy Data Base, Summary Statistics 1997–2014, "Table 3: Growth of Labor Productivity, Real GDP and Total Hours Worked by Region for Advanced Countries, 1997–2014", The Conference Board, acesso em acesso em 11 de maio de 2015, http://www.conference -board.org/retrieve le.cfm?filename=Summary Tables_Jan20141.pdf&type=subsite.

10. "Employment Projections, Table 1: Civilian Labor Force by Sex, Age, Race, and Ethnicity, 1992, 2002, 2012, and projected 2022", Bureau of Labor Statistics, 19 de dezembro de 2013, acesso em 11 de maio de 2015, http://www.bls.gov/emp/ep_table_301.htm.

11. "Charitable Giving Statistics", National Philanthropic Trust, acesso em 11 de maio de 2015, http://www.nptrust.org/philanthropic-resources/charitable-giving-statistics/; C. Lourosa-Ricardo, "How America Gives to Charity", *Wall Street Journal*, 14 de dezembro de 2014, http://www.wsj.com/articles/how-america-gives-to-charity-1418619046, acesso em 11 de maio de 2015.

12. "GDP per Capita by Country 1980-2014: United States", Knoema, acesso em 11 de maio de 2015, http://knoema.com/pjeqzh/gdp-per-capita-by-country-1980-2014.

13. "Philanthropy in the American Economy", *Council of Economic Advisers*, 19 de fevereiro de 2002, acesso em 13 de abril de 2009, http://clinton4.nara.gov/media/pdf/philanthropy.pdf.

14. M. Perry, "Christmas Shopping 1958 vs. 2012 Illustrates the 'Miracle of the Marketplace' Which Delivers Better and Cheaper Goods", *American Enterprise Institute*, 28 de dezembro de 2013, acesso em 27 de julho de 2014, http://www.aei-ideas.org/2013/12/christmas-shopping-1958-vs-2012-illustrates-the-miracle-of-the-marketplace-which-delivers-better-and-cheaper-goods/.

15. "European Airline Labor Productivity: CAPA Rankings", *CAPA Centre for Aviation*, 9 de abril de 2013, acesso em 11 de maio de 2015, http://centreforaviation.com/analysis/european-airline-labour-productivity-capa-rankings-104204.

16. "Productivity (MFP): Frequently Asked Questions", Bureau of Labor Statistics, acesso em 28 de julho de 2014, http://www.bls.gov/mfp/mprfaq.htm#1.

17. J. Healey, "Average New Car Price Zips 2.5% to $33,560", *USA Today*, 4 de maio de 2015, acesso em 11 de maio de 2015, http://www.usatoday.com/story/money/cars/2015/05/04/new-car-transaction-price-3-kbb-kelley-blue-book/26690191/.

18. C. Woodyard e F. Meier, "GM Makes Big Move Up in J.D. Power Quality Survey", *USA Today*, 19 de junho de 2012, acesso em 23 de junho de 2013, http://www.usatoday.com/story/money/cars/2013/06/19/jd-power-initial-quality-survey-gm-ford/2437115/.

19. "Basic Quality Concepts", *American Society for Quality*, acesso em 2 de agosto de 2009, http://www.asq.org/learn-about-quality/basic-concepts.html.

20. R. E. Markland, S. K. Vickery e R. A. Davis, "Managing Quality" (Chapter 7), in *Operations Management: Concepts in Manufacturing and Services* (Cincinnati, OH: South-Western College Publishing, 1998).

21. J. Ewoldt, "A Brighter Day for LED Bulbs", *StarTribune*, 3 de abril de 2013, acesso em 23 de junho de 2013, http://www.startribune.com/business/201357281.html?refer=y; M. White, "Light Switch: Why You'll Start Using LED Bulbs This Year", *Time*, 25 de abril de 2013, acesso em 23 de junho de 2013, http://business.time.com/2013/04/25/light-switch-why-youll-start-using-led-bulbs-this-year/.

22. L. L. Berry e A. Parasuraman, *Marketing Services* (New York: Free Press, 1991).

23. asymco-admin, "The Quantum Leap in Retail", *Asymco*, 31 de outubro de 2013, acesso em 25 de junho de 2014, http://www.asymco.com/2013/10/31/the-quantum-leap-in-retail/; R. Devine, "Apple Retail Store Numbers Are Up, 30 New Stores for Fiscal 2014", iMore, 28 de outubro de 2013, acesso em 28 de julho de 2014, http://www.imore.com/apple-retail-store-numbers-are-30-new-stores-fiscal-2014.

24. "Apple, Murphy USA, Tiffany & Co. Top New eMarketer Store Productivity Rankings", *eMarketer Retail*, 26 de maio de 2014, acesso em 28 de julho de 2014, http://retail.emarketer.com/apple-murphy-usa-tiffany-co-top-new-emarketer-store-productivity-rankings/.

25. "About ISO", *International Organization for Standardization*, acesso em 25 de junho de 2014, http://www.iso.org/iso/home/about.htm.

26. "ISO 9000 Essentials", e "ISO 14000 Essen- tials", *International Organization for Standardization*, acesso em 12 de setembro de 2009, http://www.iso.org/iso/iso_catalogue/management_standards/iso_9000_iso_14000.htm.

27. J. Briscoe, S. Fawcett e R. Todd, "The Implementation and Impact of ISO 9000 Among Small Manufacturing Enterprises", *Journal of Small Business Management* 43 (1 de julho de 2005): 309.

28. R. Henkoff, "The Hot New Seal of Quality (ISO 9000 Standard of Quality Management)", *Fortune*, 28 de junho de 1993, 116.

29. "Baldridge Frequently Asked Questions: Baldrige Performance Excellence Program", *National Institute of Standards and Technology*, acesso em 12 de setembro de 2009, http://www.nist.gov/baldrige/about/baldrige_faqs.cfm.

30. "Baldrige Award Process Fees", *National Institute of Standards and Technology*, acesso em 11 de maio de 2015, http://www.nist.gov/baldrige/enter/award_fees.cfm.

31. "Frequently Asked Questions About the Malcolm Baldrige National Quality Award."

32. Ibid.

33. "Criteria for Performance Excellence", *Baldrige National Quality Program 2008*, acesso em 15 de setembro de 2008, http://www.quality.nist.gov/PDF_files/2008_Business_Criteria.pdf.

34. Ibid.

35. D. C. Moody, "Beam Integral Part of Prestigious Baldridge Program", *theeasleyprogress.com*, 4 de junho de 2014, acesso em 25 de junho de 2014, http://www.theeasleyprogress.com/news/home_top-news/4915403/Beam-integral-part-of-prestigious-Baldridge-Program.

36. J. W. Dean, Jr. e J. Evans, *Total Quality: Management, Organization, and Strategy* (St. Paul, MN: West, 1994).

37. J. W. Dean, Jr. e D. E. Bowen, "Management Theory and Total Quality: Improving Research and Practice Through Theory Development", *Academy of Management Review* 19 (1994): 392–418.

38. "Alaska Airlines Awards and Recognition", Alaska Airlines, acesso em 11 de maio de 2015, http://www.alaskaair.com/content/about-us/newsroom/alaska-awards.aspx; M. Kaminsky, "The Weekend Interview with Bill Ayer: An Airline That Makes Money—Really", *Wall Street Journal*, 4 de fevereiro de 2012, A13; T. Maxon, "JetBlue Leads American Customer Satisfaction Index for Second Year", *Dallas Morning News*, 18 de junho de 2012, acesso em 23 de junho de 2013, http://aviationblog.dallasnews.com/2013/06/jetblue-leads-american-consumer-satisfaction-index-for-second-year.html/.

39. S. McCartney, "A World Where Flights Aren't Canceled", *Wall Street Journal*, 2 de abril de 2014, acesso em 28 de julho de 2014, http://wsj.com/news/articles/SB10001424052702303987004579477412359027986.

40. J. Miller, "Remade in the USA: Indiana Steel Mill Revived with Lessons from Abroad", *Wall Street Journal*, 21 de maio de 2012, A1.

41. R. Hallowell, L. A. Schlesinger e J. Zornitsky, "Internal Service Quality, Customer and Job Satisfaction: Linkages and Implicationsfor Management", *Human Resource Planning* 19 (1996): 20–31; J. L. Heskett, T. O. Jones, G. W. Loveman, W. E. Sasser, Jr. e L. A. Schlesinger, "Putting the Service-Profit Chain to Work", *Harvard Business Review* (março–abril de1994): 164–174.

42. L. Drell, "6 Companies with Awesome Employee Perks", *Mashable Business*, 7 de agosto de 2011, acesso em 9 de abril de 2012, http://mashable.com/2011/08/07/startup-employee-perks/.

43. J. Paravantis, N. Bouranta e L. Chitiris, "The Relationship Between Internal and External Service Quality", *International Journal of Contemporary Hospital Management* 21 (2009): 275–293.

44. G. Brewer, "The Ultimate Guide to Winning Customers: The Customer Stops Here", *Sales & Marketing Management* 150 (março de 1998): 30; F. F. Reichheld, *The Loyalty Effect: The Hidden Force Behind Growth, Profits, and Lasting Value* (Cambridge, MA: Harvard Business School Press, 2001).

45. J. Heskett, T. Jones, G. Loveman, E. Sasser e L. Schlesinger, "Putting the Service-Profit Chain to Work", *Harvard Business Review* 86 (julho–agosto de 2008): 118–129.

46. L. L. Berry e A. Parasuraman, "Listening to the Customer—The Concept of a Service- Quality Information System", *Sloan Management Review* 38, no. 3 (Primavera de 1997): 65; C. W. L. Hart, J. L. Heskett e W. E. Sasser, Jr., "The Profitable Art of Service Recovery", *Harvard Business Review* (julho–agosto de 1990): 148–156.

47. A. L. Rodgers, "A 5-Point Plan for Making the Most of Customer Complaints", *Inc.*, 14 de janeiro de 2014, acesso em 25 de junho de 2014, http://www.inc.com/the-build-network/a-5-point-plan-for-making-the-most-of-customer-complaints.html.

48. "Great Customer Service from the Mission Bicycle Company", *37signals.com*, 16 de agosto de 2011, acesso em 9 de abril de 2012, http://37signals.com/svn/posts/2989-great-customer-service-from-the-mission-bicycle-company.

49. D. E. Bowen e E. E. Lawler III, "The Empowerment of Service Workers: What, Why, How, and When", *Sloan Management Review* 33 (Primavera de 1992): 31–39; D. E. Bowen e E. E. Lawler III, "Empowering Service Employees", *Sloan Management Review* 36 (Verão de 1995): 73–84.

50. Bowen e Lawler, "The Empowerment of Service Workers: What, Why, How, and When."

51. J. Shelly, "Empowering Employees", *Human Resource Executive*, 2 de outubro de 2011, acesso em 9 de abril de 2012, http://www.hreonline.com/HRE/view/story.jhtml?id=533341639.

52. "Customer Service and Business Results: A Survey of Customer Service from Mid-Size Companies", *ZenDesk*, abril de 2013, acesso em 28 de julho de 2014, http://cdn.zendesk.com/resources/whitepapers/Zendesk_WP_Customer_Service_and_Business_Results.pdf.

53. B. Gruel e S. Singh, "Deere's Big Green Profit Machine", *Bloomberg Businessweek*, 5 de julho de 2012, acesso em 23 de junho de 2013, http://www.businessweek.com/articles/2012-07-05/deeres-big-green-profit-machine.

54. J. Rockoff, "Drug Making Breaks Away from Its Old Ways", *Wall Street Journal*, 8 de fevereiro de 2015, acesso em 11 de maio de 2015, http://www.wsj.com/articles/drug-making-breaks-away-from-its-old-ways-1423444049.

55. Ibid.

56. D. Lavrinc, "Peek Inside Tesla's Robotic Factory", *Wired*, 16 de julho de 2013, acesso em 25 de junho de 2014, http://www.wired.com/2013/07/tesla-plant-video/.

57. "Job Shop Hits Bull's Eye with Multitasking", *Manufacturing Engineering* (novembro de 2008): 43–105.

58. D. Hinshaw, "U.S. Buys Up Ebola Gear, Leaving Little for Africa", *Wall Street Journal*, 25 de novembro de 2014, acesso em 11 de maio de 2015, http://www.wsj.com/articles/u-s-buys-up-ebola-gear-leaving-little-for-africa-1416875059.

59. H. Dreier, "McDonald's Runs Out of French Fries in Venezuela", Yahoo News (Associated Press), 6 de janeiro de 2015, acesso em 11 de maio de 2015, http://news.yahoo.com/mcdonalds-runs-french-fries-venezuela-172701168.html.

60. D. Drickhamer, "Reality Check", *Industry Week*, novembro de 2001, 29.

61. D. Drickhamer, "Zeroing In on World-Class", *Industry Week*, novembro de 2001, 36.

62. "Gartner Announces Rankings of Its 2012 Supply Chain Top 25", *Gartner*, 22 de maio de 2012, acesso em 12 de junho de 2013, http://www.gartner.com/newsroom/id/2023116; S. Sage, "Apple Boasts Strongest Manufacturing Supply Chain in the World, Turns Over Inventory in Five Days", *iMore*, 1 de junho de 2012, acesso em 23 de junho de 2013, http://www.imore.com/apple-boasts-strongest-supply-chain-world-turns-inventory-days.

63. "Efficient Foodservice Response (EFR)", acesso em 3 de agosto de 2009, http://www.ifdaonline.org/webarticles.

64. J. R. Henry, "Minimized Setup Will Make Your Packaging Line S.M.I.L.E.", *Packaging Technology & Engineering*, 1 de fevereiro de 1998, 24.

65. M. McFadden, "Global Outsourcing of Aircraft Maintenance", *Journal of Aviation Technology and Engineering*, 1 no 2 (2012): 63–73.

66. K. Clark, "An Eagle Eye for Inventory", *Chain Store Age*, maio de 2005, Supplemento, 8A.

67. "The Way I Work: Marc Lore of Diapers.com", *Inc.*, 1 de setembro de 2009, acesso em 15 de março de 2010, http://www.inc.com/magazine/20090901/the-way-i-work-marc-lore-of-diaperscom.html.

68. E. Powell, Jr. e F. Sahin, "Economic Production Lot Sizing with Periodic Costs and Overtime", *Decision Sciences* 32 (2001): 423–452.

69. "Gartner Announces Rankings of Its 2014 Supply Chain Top 25", *Gartner*, 22 de maio de 2014, acesso em 11 de maio de 2015, http://www.gartner.com/newsroom/id/2747417.

70. N. Shirouzu, "Why Toyota Wins Such High Marks on Quality Surveys", *Wall Street Journal*, 15 de março de 2001, A1.

71. Ibid.

72. C. Gruman, "Supply on Demand; Manufacturers Need to Know What's Selling Before They Can Produce and Deliver Their Wares in the Right Quantities", *InfoWorld*, 18 de abril de 2005, acesso em 15 de abril de 2009, http://www.infoworld.com/article/2669692/database/supply-on-demand.html.